Andreas Kühnel

C# 8 mit Visual Studio 2019

Das umfassende Handbuch

Auf einen Blick

Wir hoffen, dass Sie Freude an diesem Buch haben und sich Ihre Erwartungen erfüllen. Ihre Anregungen und Kommentare sind uns jederzeit willkommen. Bitte bewerten Sie doch das Buch auf unserer Website unter **www.rheinwerk-verlag.de/feedback**.

An diesem Buch haben viele mitgewirkt, insbesondere:

Lektorat Anne Scheibe
Korrektorat Petra Biedermann, Reken
Herstellung Denis Schaal
Typografie und Layout Vera Brauner
Einbandgestaltung Mai Loan Nguyen Duy
Coverbild iStock: 32928936 © StockRocket
Satz SatzPro, Krefeld
Druck C.H.Beck, Nördlingen

Dieses Buch wurde gesetzt aus der TheAntiquaB (9,35/13,7 pt) in FrameMaker.
Gedruckt wurde es auf chlorfrei gebleichtem Offsetpapier (70 g/m²).
Hergestellt in Deutschland.

Bibliografische Information der Deutschen Nationalbibliothek:
Die Deutsche Nationalbibliothek verzeichnet diese Publikation in der Deutschen Nationalbibliografie; detaillierte bibliografische Daten sind im Internet über *http://dnb.d-nb.de* abrufbar.

ISBN 978-3-8362-6458-7

8., aktualisierte Auflage 2019
© Rheinwerk Verlag, Bonn 2019

Informationen zu unserem Verlag und Kontaktmöglichkeiten finden Sie auf unserer Verlagswebsite **www.rheinwerk-verlag.de**. Dort können Sie sich auch umfassend über unser aktuelles Programm informieren und unsere Bücher und E-Books bestellen.

Inhalt

1 Allgemeine Einführung in .NET 37

2 Grundlagen der Sprache C# 65

3 Das Klassendesign 145

4   Vererbung, Polymorphie und Interfaces   221

5 Delegaten, Ereignisse und Lambda-Ausdrücke

6   Strukturen und Enumerationen   319

7   Fehlerbehandlung und Debugging   331

8   Auflistungsklassen (Collections) 371

9   Generics – generische Datentypen 401

11 LINQ – Language Integrated Query   505

12 Arbeiten mit Dateien und Streams   539

13 Serialisierung

14 Multithreading

15 Die Task Parallel Library (TPL)

16 Grundlegende .NET-Klassen 679

17 Projektmanagement und Visual Studio 2019 721

18 Die Zukunft: .NET Core und .NET Standard — 773

19   Einführung in das Entity Framework   789

20   Database First mit dem EDM-Designer   815

21   Entity Framework – Code First

22   Einführung in die WPF und XAML

23   Die WPF-Layoutcontainer

24   Fenster in der WPF

25 WPF-Steuerelemente

26   Dependency Properties

27   Ereignisse in der WPF 1115

28   Ressourcen, Styles, Trigger und Templates 1135

29   WPF-Datenbindung

30   WPF – weitergehende Techniken

31   WPF-Commands   1307

32   Das MVVM-Pattern   1331

33   2D-Grafik

34   Komponententests (Unit-Tests)

Materialien zum Buch

Auf der Webseite zu diesem Buch stehen folgende Materialien für Sie zum Download bereit:

▶ **alle Beispielprogramme**

Gehen Sie auf *www.rheinwerk-verlag.de/4699*. Klicken Sie auf den Reiter MATERIALIEN ZUM BUCH. Sie sehen die herunterladbaren Dateien samt einer Kurzbeschreibung des Dateiinhalts. Klicken Sie auf den Button HERUNTERLADEN, um den Download zu starten. Je nach Größe der Datei (und Ihrer Internetverbindung) kann es einige Zeit dauern, bis der Download abgeschlossen ist.

Gewidmet meiner Frau Analyn und meinem Vater

Vorwort zur 8. Auflage

Mit dem Erscheinen des .NET Frameworks im Jahr 2002 wagte Microsoft einen revolutionären Schritt und stellte eine Plattform bereit, die es möglich machte, nahezu alle erdenklichen Anwendungen mit einer Entwicklungssprache nach Wahl zu programmieren. Innerhalb dieser Sprachenvielfalt war C# die einzige wirklich von Grund auf neu gestaltete Sprache, spezialisiert auf und angepasst an das neue Framework. C# war damit auch frei von allen Altlasten, die teilweise die anderen Sprachen beeinflussten, und hat sich als die primäre .NET-Sprache etabliert.

Die Resonanz auf das .NET Framework war anfangs geteilt. Neben der vielfach geäußerten Euphorie gab es auch Skeptiker, die der neu geschaffenen Plattform kritisch gegenüberstanden und die angepriesenen Vorteilen anzweifelten. Im Laufe der Zeit mussten aber auch die Skeptiker erkennen, dass .NET viele Vorteile hat, die die Entwicklung von Programmen vereinfachen, und damit Raum und Zeit schafft, effizientere und qualitativ bessere Software zu schreiben.

Seit dem ersten Release von .NET sind ungefähr 17 Jahre vergangen. Viele Softwarehäuser setzen mittlerweile auf .NET. Deutlich erkennbar ist, dass insbesondere Unternehmensanwendungen und Portale mit dem .NET Framework realisiert wurden. Das Entity Framework (EF) hat genauso wie die Windows Presentation (WPF) die meisten Entwickler erreicht und andere, veraltete Technologien abgelöst.

Die Einführung neuer Technologien hatte zur Folge, dass es im .NET Framework viele Bibliotheken gibt, die im Laufe der Jahre durch neuere ersetzt worden sind. Aus Gründen der Abwärtskompatibilität wird der alte »Ballast« aktuell noch immer mitgeschleppt. Zudem hat sich die Entwicklung mobiler Anwendungen in den letzten Jahren sehr in den Vordergrund gedrängt. Die Welt der Anwendungsentwicklung mit .NET ist im Umbruch begriffen.

».NET ist tot, es lebe .NET!« So könnte man die aktuelle Situation beschreiben. Das alte und vielen Entwicklern vertraute .NET Framework wird »schleichend« duch .NET Core ersetzt oder, besser ausgedrückt, neu aufgelegt. Während mit dem .NET Framework im Grunde genommen nur die Entwicklung Windows-basierter Software möglich ist, soll .NET Core die Brücke zu anderen Systemen wie MacOS und Linux schlagen und auf allen drei Betriebssystem lauffähig sein. Mit dem schon vor ein paar Jahren eingeführten .NET Standard wird eine weitere, noch höhere Abstraktionsebene definiert.

Mit der immer weiter zunehmenden Präsenz von .NET Core werden gleichzeitig auch viele alte Zöpfe abgeschnitten. Zu den konkreten Plänen Microsofts für die Zukunft von .NET gehört beispielsweise, ASP.NET-Webforms und die Windows Workflow Foundation (WF) nicht mehr zu unterstützen. Das sind nur zwei von mehreren Technologien, die sich anscheinend momentan in der »Endphase« befinden. Die fließende Einführung von .NET Core bedeutet jedoch nicht, dass Sie zu einem bestimmten Zeitpunkt wieder komplett bei null einfangen müssen. Sie können später, wenn sich .NET Core etabliert hat, auf das angeeignete Wissen zurückgreifen.

Kommen wir nun zum Inhalt dieses Buches selbst, in dem .NET Core und auch .NET Standard meinerseits erstmalig thematisiert werden. Allerdings werde ich nicht zu sehr in die Tiefe gehen können, da mit dem Release von Visual Studio 2019 die alles entscheidende Version 3.0 von .NET Core erst als Preview vorliegt.

Wie auch in den vergangenen Auflagen werden im ersten Teil des Buches bis einschließlich Kapitel 18 die Grundlagen zur Verwendung der Sprache C# 8.0 und zu den wichtigsten Klassen in .NET vermittelt. Kapitel 18 selbst beschreibt die Philosophie, die sich hinter .NET Standard und .NET Core verbirgt.

Datenbankprogrammierung spielt in den meisten der zu entwickelnden Anwendungen eine wichtige Rolle. War es in den vergangenen Jahren üblich, Datenbankzugriffe mit ADO.NET umzusetzen, lässt sich ein deutlicher Trend in Richtung des Entity Frameworks erkennen. Im Vergleich zu den vorherigen Auflagen wird das Thema ADO.NET daher nicht mehr behandelt, dafür aber das Thema Entity Framework deutlich vertieft.

Dem schließt sich ein deutlich umfangreicher gewordener Teil zur Programmierung von Windows-Anwendungen mit der Windows Presentation Foundation (WPF) an. Ich kann hier nicht alle Aspekte berücksichtigen, die während eines WPF-Projekts auftreten können. Aber ein gutes Fundament zu legen, um Ihnen mehr als nur den einfachen Einstieg in XAML und WPF zu ermöglichen, war die erklärte Zielsetzung dieses Teilabschnitts.

Der Abschluss des Buches ist dem Unit-Testing gewidmet. Dieses Kapitel ist komplett neu. Das Thema habe ich mit in das Buch aufgenommen, weil sich meiner Erfahrung nach immer mehr Unternehmen zunehmend darüber bewusst werden, dass nur eine möglichst fehlerfreie Software zur Kundenzufriedenheit und letztlich zur Kundenbindung führt. Das war in der Vergangenheit leider nicht immer so.

Zum Schluss gilt mein Dank all denjenigen, die durch ihre konstruktive Kritik und durch Verbesserungsvorschläge geholfen haben, den inhaltlichen Wert dieses Buches zu steigern.

Besonders betonen möchte ich zum Schluss die ausgesprochen gute Zusammenarbeit mit meiner Lektorin Anne Scheibe, die zur zügigen Umsetzung dieses Buches beigetragen hat – neben allen namentlich ungenannten, die im Hintergrund ihren Anteil zur Gestaltung dieses Buches geleistet haben.

Über den Autor

Andreas Kühnel studierte ursprünglich Luft- und Raumfahrttechnik in Aachen, wechselte aber bereits wenige Jahre nach seinem Studium in die damals aufblühende IT-Branche. Hier ist er seit 25 Jahren als IT-Trainer und Softwareentwickler tätig. Andreas Kühnel ist erfolgreicher Autor vieler Bücher zu C# und VB.NET, die beim Rheinwerk Verlag (ehemals Galileo Press) erschienen sind. Zudem ist er als Co-Autor bei mehreren Büchern zum Thema MS-SQL Server aufgetreten.

Andreas Kühnel arbeitet als freiberuflicher IT-Trainer und Entwickler. Die Schwerpunkte seiner Schulungen und Interessen liegen auf den Themen Windows Presentation Foundation (XAML und WPF), mobile Anwendungen mit Xamarin, ASP.NET MVC und Datenbanken – alles natürlich im Umfeld von C# und VB.NET. In Aachen hat er einen eigenen Schulungsraum, führt seine Aufträge aber auch im gesamten deutschsprachigen Raum inhouse bei seinen Kunden aus. Zu seinen Kunden zählt er zahlreiche namhafte Unternehmen.

Zu seinen Interessen gehören Reisen in ferne, meist asiatische Länder. Dort kann er auch immer bestens seinem zweiten Hobby frönen: Videos drehen.

Sie können ihn gerne über seine Internetseite *www.dotnet-training.de* kontaktieren.

Kapitel 1
Allgemeine Einführung in .NET

1.1 Warum .NET?

Einem Leser, der über fundierte Grundlagenkenntnisse verfügt, eine Thematik nahezubringen, die seine Aufmerksamkeit erregt und ihm neue Kenntnisse vermittelt, ist ein nicht ganz einfaches Unterfangen. Dabei gleichzeitig einen Programmieranfänger behutsam in die abstrakte Denkweise der Programmlogik einzuführen, ohne zugleich Frust und Enttäuschung zu verbreiten, dürfte nahezu unmöglich sein. Ich versuche mit diesem Buch dennoch, diesen Weg zu beschreiten, auch wenn es manchmal einer Gratwanderung zwischen zwei verschiedenen Welten gleicht. Dabei baue ich schlicht und ergreifend auf den jahrelangen Erfahrungen auf, die ich als Trainer in vielen Seminaren mit teilweise ausgesprochen heterogenen Gruppen erworben habe.

Vielleicht wissen Sie überhaupt noch nicht, was sich hinter .NET verbirgt? Vielleicht haben Sie sich für dieses Buch entschieden, ohne die Tragweite Ihres Entschlusses für .NET zu kennen. Ich möchte Ihnen das zunächst einmal erläutern.

Blicken wir ein paar Jahre zurück, sagen wir in die 90er-Jahre, und stellen wir uns die Frage, wie damals Anwendungen entwickelt wurden und wie sich die IT-Welt während dieser Zeit entwickelt hat. Am Anfang des von uns betrachteten Jahrzehnts war der Hauptschauplatz der Desktop-PC, Netzwerke steckten noch mehr oder weniger in den Kinderschuhen. Grafische Benutzeroberflächen hielten langsam Einzug auf den Rechnern, das Internet war einem nur mehr oder weniger elitären Benutzerkreis bekannt und zugänglich. Desktop-PCs wurden mit immer besserer Hardware ausgestattet; ein Super-PC von 1990 galt zwei Jahre später als total veraltet und musste wegen der gestiegenen Anforderungen der Software an die Hardware oft zumindest drastisch aufgerüstet, wenn nicht sogar ersetzt werden.

Sie merken vielleicht an diesen wenigen Worten, wie dramatisch sich die IT-Welt seitdem verändert hat. Die Evolution betraf aber nicht nur Software und Hardware. Software muss, ehe sie den Benutzer bei seiner täglichen Arbeit unterstützen kann, entwickelt werden. Hier kochten viele Unternehmen ein eigenes Süppchen und warben bei den Entwicklern und Entscheidungsträgern mit Entwicklungsumgebungen, die zum einem auf den unterschiedlichsten Programmiersprachen aufsetzten und zudem mit eigenen Funktionsbibliotheken aufwarteten: Borlands Delphi, Microsofts Visual Basic, für die Puristen C und C++ – um nur die bekanntesten Vertreter zu nennen.

Die Vielfalt betraf jedoch nicht nur die Entwicklung der Software. Immer neue Plattformen, angepasst an den jeweils aktuellen Trend der Zeit, eroberten den Markt und verschwanden nicht selten auch schnell wieder. Die Unternehmensnetzwerke mussten mit der stürmischen Entwicklung Schritt halten, wurden komplexer und komplizierter und öffneten sich zunehmend auch der Welt nach außen.

In dieser Periode begann auch der Siegeszug des Internets. Obgleich es anfangs nur als weltweiter Verteiler statischer Dateninformationen positioniert war, wurden immer mehr Technologien ausgedacht, die die statischen Webseiten durch dynamische ersetzten, die dem Anwender nicht immer dieselben Informationen bereitstellten, sondern genau die, für die er sich interessierte. Datenbanken wurden hinter die Webserver geschaltet und fütterten die Webseiten mit dem aktuellsten Informationsstand.

Kluge Köpfe erkannten auch sehr schnell, dass die Spezifikationen des Internets sich auch dazu eignen, mehrere Unternehmen zu koppeln. Damit wurde die Grundlage dafür geschaffen, dass Sie heute im Reisebüro oder im Internetbrowser eine Reise buchen können, die nicht nur den Flug, sondern gleichzeitig eine gültige Hotelzimmerbuchung, vielleicht sogar samt Mietwagen, umfasst – obwohl hierzu schon drei Informationsquellen mit unterschiedlicher Software abgezapft werden müssen: ein nicht ganz einfaches Unterfangen, wenn Sie bedenken, dass möglicherweise die Schnittstellen, über die die verschiedenen Komponenten sich zwangsläufig austauschen müssen, nicht einheitlich definiert sind.

Bei dieser rasanten Entwicklung der Möglichkeiten, Daten auszutauschen oder auch nur weiterzuleiten, sollten Sie nicht vergessen, dass auch die Hardware eine ähnliche Entwicklung genommen hat. Ein Phone besitzen heutzutage schon die meisten schulpflichtigen Kinder, und der mobile Sektor entwickelt sich immer noch dramatisch schnell. Ein Ende dieser Spirale ist derzeit nicht zu erkennen.

An der Schnittstelle all dieser Vielfältigkeit steht der Entwickler – was nutzen die beste Hardware und die ausgeklügelten Spezifikationen, wenn die Bits sich nicht den Weg von einem zum anderen Endpunkt bahnen? Für diesen Bitfluss wollen Sie als Entwickler sorgen. Damit fangen aber wegen der oben erwähnten Vielgestaltigkeit der IT-Welt die Probleme an: verschiedene Plattformen, unterschiedliche Programmiersprachen, mehrere Klassenbibliotheken, eine Vielzahl zu beachtender Spezifikationen usw.

Einen ersten Schritt in Richtung Vereinheitlichung beschritt die Firma Sun mit Java. Der Erfolg, den diese plattformunabhängige Sprache hatte und auch immer noch hat, war auch ein Zeichen für Microsoft, um das Entwicklerterrain zu kämpfen. Nach einer eingehenden Analyse der Anforderungen, die gegen Ende der 90er-Jahre an die damalige Software gestellt wurden, sowie einer Trendanalyse der Folgejahre wurde das .NET Framework entwickelt. Dabei konnte Microsoft die »Gunst der späten Stunde« nutzen und die Nachteile und Schwachpunkte, die jedes Produkt, also auch Java, hat, durch neue Ideen ausmerzen.

Nein, .NET ist natürlich auch kein Heilsbringer und wird sicherlich nicht die Menschheit überdauern. Aber nach heutigen Maßstäben ist .NET das wahrscheinlich effizienteste Framework, in dessen Mittelpunkt die .NET Klassenbibliothek steht. Diese bietet Ihnen alles, was Sie zum Entwickeln brauchen – egal, ob es sich um eine einfache Anwendung handelt, die nur ein paar Daten anzeigt, oder um eine Unternehmensanwendung großen Stils. Sie können Desktop-Anwendungen genauso erstellen wie eine hochkomplexe Internetanwendung. Sie können die Microsoft Office-Produkte damit programmieren, fremde Datenquellen anzapfen, Programme für Ihr Phone schreiben und vieles mehr. Dazu müssen Sie sich nicht immer wieder in neue Programmiersprachen und neue Entwicklungsumgebungen einarbeiten, denn alles ist wie aus einem Guss.

Ich möchte jetzt nicht den Eindruck vermitteln, dass alles ganz einfach ist und Sie demnächst ganz tolle Anwendungen mit den tollsten Features präsentieren können. Dafür ist die .NET-Klassenbibliothek einfach zu umfangreich. Aber Sie können sich darauf verlassen, dass Sie sich nun auf das Wesentliche Ihrer Arbeit konzentrieren können: Sie arbeiten unabhängig vom Typ der zu entwickelnden Anwendung immer in derselben Umgebung, zum Beispiel mit Visual Studio 2019. Sie brauchen sich nicht immer wieder aufs Neue in andere Programmiersprachen einzuarbeiten, sondern können auf gewonnene Kenntnisse aufsetzen. Und Ihnen werden alle Mittel an die Hand gegeben, um auf wirklich einfachste Weise mit fremden Anwendungen zu kommunizieren, wenn sich diese an bestimmten, allgemein anerkannten Spezifikationen orientieren.

Eine Funktionssammlung (eigentlich müsste ich an dieser Stelle richtigerweise von einer Klassenbibliothek sprechen) ist nur so gut, wie sie auch zukünftige Anforderungen befriedigen kann. Dass .NET hier architektonisch den richtigen Weg beschritten hat, beweist die derzeit aktuelle Version 4.7.x.

Genau an dieser Stelle darf ich Ihnen natürlich auch den großen Haken nicht verschweigen, den die ansonsten so hervorragende Umgebung hat: Sie werden mit Sicherheit niemals alle Tiefen von .NET ergründen. Als jemand, der von der ersten Beta-Version mit dabei war, muss ich sagen, dass ich mich immer wieder aufs Neue davon überraschen lassen muss, welche Fähigkeiten in der .NET-Klassenbibliothek schlummern. Verabschieden Sie sich von der Idee, jemals alle Klassen mit ihren Fähigkeiten erfassen zu können. Dafür ist die Klassenbibliothek ist einfach zu mächtig.

1.1.1 Die Zukunft von .NET

.NET lebt, aber das .NET Framework ist mit Visual Studio 2019 in seine letzte Runde eingetreten. Warum das, werden Sie sich an dieser Stelle fragen.

Wie viele Dinge im Leben, bedarf .NET einer Grunderneuerung. Viele Bibliotheken sind veraltet und wurden durch neue Bibliotheken ersetzt. Viele APIs (Programmierschnittstellen) sind obsolet, sollten also nicht mehr verwendet werden. Allerdings wurde bisher der alte »Ballast« immer mitgeschleppt. Zudem hat sich sehr viel in der Welt der Programmierung getan: Neben Windows werden nunmehr auch andere Betriebssysteme wie macOS und Linux von Microsoft akzeptiert. Darüber hinaus dürfen wir nicht übersehen, dass der mobile

Sektor in allen Bereichen Einzug gehalten hat: Android hat beispielsweise in Deutschland einen Marktanteil von 71 %, iOS liegt bei ungefähr 25 %. Den Trend zu alternativen Betriebssystemen konnte Microsoft nicht weiter ignorieren. Das äußerte sich einerseits in der Übernahme von Xamarin (ein Tool, mit dem sich Windows-Phone-, iOS- und Android-Apps mit C# entwickeln lassen), aber auch die Einführung von .NET Core. Und damit ist auch bereits das wichtige Stichwort gefallen: .NET Core. .NET Core beschreibt Klassenbibliotheken, die sowohl unter Windows, aber auch unter Linux und macOS lauffähig sind. Gleichzeitig wird der alte Ballast über Bord geworfen, .NET Core ist also schlanker als das .NET Framework.

Welche Konsequenzen wird .NET Core auf die Entwicklung einer Software mit C# ausüben? Die Antwort ist recht einfach, nämlich (fast) keine. Sie werden weiterhin Ihre Programme in Visual Studio entwickeln und die Sprache C# nutzen. Möglicherweise werden Sie sich Core-spezifische Sprachergänzungen ansehen, die nur im Umfeld von .NET Core genutzt werden können. Das betrifft bereits die aktuelle Version C# 8.0, wenn auch in sehr geringem Umfang. Was ich Ihnen in diesem Buch zeigen werde, hat also Zukunft.

.NET Core existiert derzeit in der Version 2.0. Ursprünglich war geplant, .NET Core 3.0 zusammen mit Visual Studio 2019 zu veröffentlichen. Das hat aber nicht geklappt. Momentan (April 2019) ist die Veröffentlichung des Releases auf die zweite Hälfte 2019 datiert. In Kapitel 18, »Die Zukunft: .NET Core und .NET Standard«, werde ich auf .NET Core eingehen und darüber hinaus den neu definierten .NET Standard erklären.

1.1.2 Ein paar Worte zu diesem Buch

Mit der Einführung von .NET im Jahr 2002 änderte sich die Philosophie der Anwendungsentwicklung – zumindest im Hause Microsoft. Die Karten wurden neu gemischt, denn das architektonische Konzept neu. Da .NET von seinem Ansatz her grundsätzlich plattformunabhängig ist, ähnlich wie Java, zeigte Microsoft gleichzeitig zum ersten Mal ernsthaft die Akzeptanz anderer Plattformen. Ehrlicherweise muss man jedoch auch anmerken, dass die Plattformunabhängigkeit von Microsoft anfangs praktisch nicht weiter unterstützt wurde. Eine kleine Gruppe von Enthusiasten verschrieben sich dem Mono-Projekt und versuchten damit, eine .NET-Basis für Linux zu schaffen, konnten aber mit der rasanten Entwicklung von .NET nicht Schritt halten.

.NET ist 100%ig objektorientiert. Das ist Fakt. Obwohl das objektorientierte Programmieren schon seit vielen Jahren in vielen Sprachen eingeführt worden ist, sind nicht alle professionellen Entwickler in der Lage, auf dieser Basis Programme zu entwickeln. Teilweise sträuben sie sich sogar mit Händen und Füßen gegen die Denkweise in Klassen und Objekten, denn ihre Denkweise ist zu sehr in der prozeduralen Programmierung verwurzelt.

Es spielt keine Rolle, ob man einfachste Programme zur Konsolenausgabe entwickelt, lokale Windows-Anwendungen oder Applikationen für das Internet – immer spielen Klassen und Objekte die tragende Rolle. Daher ist es unumgänglich, zunächst die Grundlagen einer .NET-

Entwicklungssprache einschließlich des objektorientierten Ansatzes zu beherrschen, bevor man sich in das Abenteuer visualisierter Oberflächen stürzt.

In diesem Buch möchte ich Ihnen diese notwendigen Grundlagen fundiert und gründlich vermitteln und danach zeigen, wie Sie mit der *Windows Presentation Foundation* (*WPF*) Windows-Anwendungen entwickeln und wie Sie mit dem *Entity Framework* auf SQL-Datenbanken zugreifen können. Das Buch ist in Kapitel aufgeteilt, die thematisch und logisch aufeinander aufbauen. Jedes Kapitel enthält wiederum einzelne Abschnitte, die ein untergeordnetes Thema abgrenzen. Die Gliederung könnte man wie folgt beschreiben:

▶ Einführung in die Entwicklungsumgebung

▶ die Sprachsyntax von Visual C# einschließlich des objektorientierten Ansatzes

▶ die wichtigsten .NET-Klassenbibliotheken

▶ Datenzugriffe mit dem Entity Framework

▶ die Entwicklung einer grafischen Benutzerschnittstelle mit der Windows Presentation Foundation (WPF)

▶ Komponententests mit MSTest

In diesem Kapitel werde ich zuerst die elementaren Grundlagen von .NET erörtern. Zwangsläufig fallen deshalb schon im ersten Kapitel Begriffe, die Ihnen möglicherweise zu diesem Zeitpunkt nicht sehr viel sagen. Ich gebe gern zu, auch ich hasse Bücher, die sich zunächst ausgiebig über eine Technologie auslassen, mit Fachbegriffen jonglieren und sich erst nach einigen frustrierenden Seiten dem eigentlichen Thema widmen. Dennoch ist es unumgänglich, zuerst den Kern von .NET mit seinen Vorteilen für den Programmierer zu erläutern, bevor man sich mit der Sprache auseinandersetzt. Allerdings werde ich mir Mühe geben, Sie dabei nicht allzu sehr zu strapazieren, und mich auf das beschränken, was für den Einstieg als erste Information unumgänglich ist. Lassen Sie sich also nicht entmutigen, wenn ein Begriff fällt, den Sie nicht zuordnen können, und lesen Sie ganz locker weiter – in diesem Buch werde ich nichts als bekannt voraussetzen, Sie werden alles noch intensiv lernen.

Bevor wir uns ab Kapitel 2 der Sprache C# widmen, werde ich die überarbeitete Entwicklungsumgebung Visual Studio 2019 vorstellen (die übrigens jetzt auch mit der WPF gestaltet wurde). Wenn Sie mit einer alten Version von Visual Studio gearbeitet haben, werden Sie sicherlich schnell mit der neuen vertraut, obwohl sich in der neusten Version das Layout deutlich verändert hat. Sollten Sie keine Erfahrungen mitbringen, dürften am Anfang einige Probleme mit dem Handling auftreten. Dazu kann ich Ihnen nur einen Rat geben: Lassen Sie sich nicht aus der Fassung bringen, wenn sich »wie von Geisterhand« klammheimlich plötzlich ein Fenster in die Entwicklungsumgebung scrollt oder Sie die Übersicht verlieren – vor den Erfolg haben die Götter den Schweiß gesetzt.

In Kapitel 2 beginnen wir mit dem eigentlichen Thema dieses Buches. Ich stelle Ihnen die Syntax der Sprache C# 8.0 vor, lasse dabei aber noch sämtliche Grundsätze des objektorientierten Ansatzes weitestgehend außer Acht. Sie sollen zunächst lernen, Variablen zu deklarieren, mit Daten zu operieren, Schleifen zu programmieren usw. In Kapitel 3 bis Kapitel 18 wenden wir uns ausführlich dem objektorientierten Ansatz zu und werden auch ein paar besondere Technologien beleuchten.

Diese Kapitel gehören sicherlich zu den wichtigsten in diesem Buch, denn Sie werden niemals eine .NET-basierte Anwendung entwickeln können, wenn Sie nicht in der Lage sind, klassenorientierten Code zu lesen und zu schreiben.

Datenbanken spielen in nahezu jeder Anwendung eine wichtige Rolle. In Kapitel 19 bis Kapitel 21 werden wir uns daher mit dem Entity Framework beschäftigen. Anschließend stelle ich Ihnen die *Windows Presentation Foundation* (*WPF*) vor. Mit dieser Programmierschnittstelle können Sie Windows-Anwendungen entwickeln, basierend auf der Beschreibungssprache *XAML*.

Vielleicht werden Sie sich fragen, wo denn *ASP.NET-Webanwendungen, ASP.NET-Webdienste, .NET-Remoting, Windows Communication Foundation* (*WCF*) usw. ihre Erwähnung finden. Meine Antwort dazu lautet: Nirgendwo in diesem Buch. Denn schauen Sie sich nur den Gesamtumfang des Buches an, das Sie gerade in den Händen halten. Die Themen, die darin beschrieben sind, werden nicht nur oberflächlich behandelt, sondern gehen oft auch ins Detail. Es bleibt also kein Platz mehr für die anderen Technologien.

1.1.3   Die Beispielprogramme

Begleitend zu der jeweiligen Thematik werden wir in jedem Kapitel Beispiele entwickeln, die Sie auf *www.rheinwerk-verlag.de/4699* unter MATERIALIEN ZUM BUCH finden. Im Buch sind diese Beispiele am Anfang des Quellcodes häufig wie folgt gekennzeichnet:

```
\\Beispiel: ..\Kapitel 3\GeometricObjectsSolution_1
```

Eine allgemeine Bemerkung noch zu den Beispielen und Codefragmenten: Als Autor eines Programmierbuches steht man vor der Frage, welchen Schwierigkeitsgrad die einzelnen Beispiele haben sollen. Werden komplexe Beispiele gewählt, liefert man häufig eine Schablone, die in der täglichen Praxis mit mehr oder weniger vielen Änderungen oder Ergänzungen übernommen werden kann. Andererseits riskiert man damit aber auch, dass mit der Komplexität der Blick des Lesers für das Wesentliche verloren geht und schlimmstenfalls die Beispiele nicht mit der Intensität studiert werden, die zum Verständnis der Thematik erforderlich wäre.

Ich habe mich für einfachere Beispielprogramme entschieden. Einen erfahrenen Entwickler sollte das weniger stören, weil er sich normalerweise mehr für die Möglichkeiten der Sprache interessiert, während für einen Einsteiger kleine, überschaubare Codesequenzen verständlicher und letztendlich auch motivierender sind.

1.2 .NET unter die Lupe genommen

1

1.2.1 Das Entwicklerdilemma

Mit .NET hat Microsoft im Jahr 2002 eine Entwicklungsplattform veröffentlicht, die inzwischen von vielen Entwicklungsteams akzeptiert und auch eingesetzt wird. Kommerzielle Gründe spielten für Microsoft sicherlich auch eine Rolle, damals einen Neuanfang in der Philosophie seiner Softwareentwicklung herbeizuführen.

In den Jahren zuvor hatte sich bereits abgezeichnet, dass sich die Ansprüche an moderne Software grundlegend ändern würden. Das Internet spielte dabei wohl die wesentlichste Rolle, aber auch die Anforderung, dem erhöhten Aufkommen clientseitiger Anfragen an einen Zentralserver durch skalierbare Anwendungen zu begegnen. Der Erfolg von Java, das sich in den Jahren zuvor als eine der bedeutendsten Programmiersprachen etablierte, mag der Beweis dafür sein, denn Java spielt seine Stärken in erster Linie bei der Entwicklung webbasierter und verteilter Anwendungen aus.

Die damaligen Probleme waren nicht neu, und Technologien gab es bereits schon länger – auch bei Microsoft. Mit COM/COM+ ließen sich zwar auch vielschichtige und skalierbare Anwendungen entwickeln, aber unzweifelhaft war die Programmierung von COM+ wegen der damit verbundenen Komplexität als nicht einfach zu bezeichnen. Es gibt nicht sehr viele Entwickler, die von sich behaupten können, diese Technologie »im Griff« gehabt zu haben. Damit trat auch ein Folgeproblem auf, denn grundsätzlich gilt: Je komplizierter eine Technologie ist, desto fehleranfälliger wird die Software. Man muss nicht unbedingt ein Microsoft-Gegner sein, um zu sagen, dass selbst der Urheber dieser Technologien diese oft nur unzureichend in den hauseigenen Produkten umsetzt.

Die Aussage, dass die Vorteile der .NET-Systemplattform nur der Entwicklung verteilter Systeme wie dem Internet zugutekommen, beschreibt ihre Möglichkeiten nur völlig unzureichend. Selbstverständlich lassen sich auch einfache Windows- und Konsolenanwendungen auf Basis von .NET entwickeln. Die Vorteile beziehen sich aber nicht nur auf Anwendungen selbst, sondern lösten auch ein Dilemma der Entwickler. Die Entscheidung für eine bestimmte Programmiersprache war in der Vergangenheit fast schon eine Glaubensfrage gewesen – nicht nur, was die Programmiersprache anging, denn die Festlegung auf eine bestimmte Sprache war auch die Entscheidung für eine bestimmte Funktions- bzw. Klassenbibliothek.

Windows-Programme basieren alle auf der Systemschnittstelle einer Funktionssammlung, die als *Win32-API* bezeichnet wird. Da diese Funktionssammlung einige tausend Funktionen enthält, wurden verwandte Funktionalitäten in Klassen zusammengeführt und konnten über Methodenaufrufe angesprochen werden. Dieses Prinzip vereinfachte die Programmierung deutlich, aber bedauerlicherweise gab es nicht eine einzige, sondern gleich mehrere herstellerspezifische Klassenbibliotheken, die zwar ein ähnliches Leistungsspektrum aufwiesen, aber grundlegend anders definiert waren. Die *Microsoft Foundation Classes* (*MFC*) für

Visual C++ ist die Klassenbibliothek von Microsoft, und Borland-Inprise kochte mit der *Object Windows Library* (*OWL*) ein eigenes Süppchen. Der Wechsel von einer Programmiersprache zu einer anderen bedeutete in der Regel auch, sich in eine andere Bibliothek einzuarbeiten. Beides kostet nicht nur sehr viel Zeit, sondern bedeutet auch finanziellen Aufwand.

Es mag fast erstaunen (oder auch nicht) – es gibt neben Windows tatsächlich andere Betriebssysteme, denen man durchaus auch eine Existenzberechtigung zuschreiben muss. Die Entwickler von Java haben das schon vor Jahren erkannt und mit der *Virtual Machine* (*VM*) eine Komponente bereitgestellt, die auf verschiedene Betriebssystemplattformen portiert werden kann. Dies ist einer der größten Vorteile von Java und hat sicherlich viele Entscheidungsträger in den Unternehmen beeinflusst. Code lässt sich auf Windows-Plattformen entwickeln und auf einer Unix-Maschine installieren – ein reizvoller Gedanke, Investitionen von einem bestimmten System zu lösen und sie nicht daran zu binden.

1.2.2 .NET – ein paar allgemeine Eigenschaften

Es ist kein Zufall, dass ich im vorherigen Abschnitt öfter Java erwähnt habe. Wenn Sie das Konzept von Java kennen oder vielleicht in der Vergangenheit sogar mit Java programmiert haben, werden Sie sehr viele Parallelitäten zu .NET sehen. Microsoft ist in der Vergangenheit sicher nicht entgangen, worauf der Erfolg von Java zurückzuführen ist. In Kenntnis der Fakten hat man die Idee, die hinter Java steckt, übernommen und dabei versucht, die bekannten Schwachstellen des Ansatzes bzw. der Sprache auszumerzen. Es darf sich bei Ihnen jetzt allerdings nicht die Meinung festigen, .NET sei nur eine Kopie von Java – .NET hat die Messlatte spürbar höher gelegt.

Wir wollen uns nun ansehen, welche wesentlichen programmiertechnischen Neuerungen .NET mit sich bringt.

▶ **Objektorientierung**
.NET ist 100%ig objektbasiert und bildet eine konsistente Schicht zur Anwendungsentwicklung. Es gibt keine Elemente, die sich nicht auf Objekte zurückführen lassen. Sogar so einfache Datentypen wie der Integer werden als Objekte behandelt. Auch Zugriffe auf das darunterliegende Betriebssystem werden durch Klassen gekapselt.

▶ **WinAPI-32-Ersatz**
Langfristig beabsichtigt Microsoft, die Win32-API durch die Klassen des .NET Frameworks zu ersetzen. Damit verwischen auch die charakteristischen Merkmale der verschiedenen Sprachen. Ob eine Anwendung mit Visual Basic .NET programmiert wird oder mit C# oder C++ – es spielt keine Rolle mehr. Alle Sprachen greifen auf die gleiche Bibliothek zurück; sprachspezifische, operative Bibliotheken gibt es nicht mehr. Die Konsequenz ist, dass die Wahl einer bestimmten Sprache nicht mehr mit der Entscheidung gleichzusetzen ist, wie effizient eine Anwendung geschrieben werden kann oder was sie zu leisten imstande ist.

▶ **Plattformunabhängigkeit**

Anwendungen, die auf .NET basieren, laufen in einer Umgebung, die mit der virtuellen Maschine von Java verglichen werden kann, in der erst zur Laufzeit einer Anwendung der Maschinencode erzeugt wird. Die Spezifikation der Laufzeitumgebung (*Common Language Runtime – CLR*) ist keine geheime Verschlusssache von Microsoft, sondern offen festgelegt. In letzter Konsequenz bedeutet das aber auch, dass sich die Common Language Runtime auch auf Plattformen portieren lässt, die nicht Windows heißen, z. B. auf Unix oder Linux. Ehrlicherweise muss man hier anmerken, dass die Plattformunabhängigkeit in der Vergangenheit eher lustlos von Microsoft verfolgt worden ist. Das hat sich spätestens mit Einführung von .NET Core 1.0 verändert.

▶ **Sprachunabhängigkeit**

Es spielt keine Rolle, in welcher Programmiersprache eine Komponente entwickelt wird. Eine in C# geschriebene Klasse kann aus VB.NET, F# oder jeder anderen .NET-konformen Sprache heraus aufgerufen werden, ohne den Umweg über eine spezifizierte Schnittstellentechnologie wie COM/COM+ gehen zu müssen. Darüber hinaus lässt sich beispielsweise eine in Visual C# implementierte Klasse auch aus einer VB.NET-Klasse ableiten – oder umgekehrt.

▶ **Speicherverwaltung**

Die Freigabe von nicht mehr benötigtem Speicher war schon immer ein Problem. Unter .NET braucht sich ein Entwickler darum nicht mehr zu kümmern, da der im Hintergrund arbeitende Prozess des *Garbage Collectors* diese Aufgaben übernimmt und nicht mehr benötigte Objekte erkennt und automatisch aus dem Speicher entfernt.

▶ **Weitergabe**

Ein .NET-Programm weiterzugeben ist viel einfacher geworden – insbesondere im Vergleich zu einem auf COM basierenden Programm, das Einträge in die Registrierungsdatenbank vornehmen muss. Im einfachsten Fall reicht es vollkommen aus, ein .NET-Programm (d. h. eine EXE- oder DLL-Datei) in das dafür vorgesehene Verzeichnis zu kopieren. Darüber hinaus ist aber auch die Verteilung mit einem Installationsassistenten und – ganz neu unter .NET 2.0 – mit ClickOnce möglich.

1.2.3   Das Sprachenkonzept

Die drei Entwicklungssprachen, die in der Vergangenheit hauptsächlich das Bild in der Anwendungsentwicklung prägten, waren C++, Java und Visual Basic 6.0. Seit dem Jahr 2002 und dem Erscheinen des .NET Frameworks 1.0 gesellten sich noch die .NET-Sprachen dazu, allen voran C#.

Betrachten wir jetzt nur die drei zuerst genannten Sprachen. Nehmen wir an, wir würden mit jeder ein einfaches ausführbares Programm schreiben. Wie sehen die Kompilate dieser drei Sprachen aus, und wie werden die drei Kompilate ausgeführt, wenn wir sie auf einen Rechner kopieren, auf dem nur das Betriebssystem installiert ist?

▶ Nach der Kompilierung des C/C++-Quellcodes erhalten wir eine *.exe*-Datei, die beispielsweise durch einen einfachen Doppelklick im Explorer des frisch installierten Rechners gestartet werden kann. Das Kompilat wird jedoch auf einer anderen Plattform nicht lauffähig sein, denn dazu wäre zuerst eine Neukompilierung erforderlich.

▶ Eine mit dem VB6-Compiler erzeugte ausführbare Datei kann auf unserer jungfräulichen Betriebssysteminstallation nicht sofort gestartet werden, obwohl die Dateiendung *.exe* lautet. Wir benötigen zur Ausführung einen Interpreter, d. h. das Laufzeitmodul von Visual Basic, der uns den kompilierten Zwischencode in den ausführbaren nativen CPU-Maschinencode übersetzt. Die Portierung eines VB-Programms auf eine andere Plattform ist nicht möglich.

▶ Java arbeitet prinzipiell ähnlich wie Visual Basic 6.0. Es wird ein Zwischencode generiert, der sogenannte *Bytecode*. Die kompilierten Dateien haben die Dateiendung *.class*. Zur Laufzeit wird dieser Code zuerst durch einen Interpreter geschickt, der als *virtuelle Maschine* (*VM*) bezeichnet wird. Vorausgesetzt, die VM wurde bei der Installation des Betriebssystems installiert, kann man die Java-Anwendung starten. Das Kompilat ist sogar plattformunabhängig und kann auch auf andere Systeme verteilt werden.

Insbesondere die Plattformunabhängigkeit des Kompilats ist bisher ein deutliches Argument für viele Unternehmen gewesen, nicht nur in heterogenen Umgebungen verstärkt auf Java zu setzen.

Entwickeln wir eine .NET-basierte Anwendung, ähnelt der Ablauf der Kompilierung bis zum Start der Laufzeitumgebung dem Ablauf unter Java. Zuerst wird ein Zwischencode erzeugt, der CPU-unabhängig ist. Die Dateiendung lautet *.exe*, wenn wir eine eigenstartfähige Anwendung entwickelt haben. Allerdings ist diese Datei nicht ohne weiteres lauffähig, sie benötigt zur Laufzeit einen »Endcompiler«, der den Zwischencode in nativen, plattformspezifischen Code übersetzt. Der Zwischencode einer .NET-Anwendung wird als *MSIL*-Code (*Microsoft Intermediate Language*) oder nur kurz als *IL* bezeichnet, und der Endcompiler wird *JIT*-Compiler (*Just-In-Time*) oder auch nur kurz *JITter* genannt.

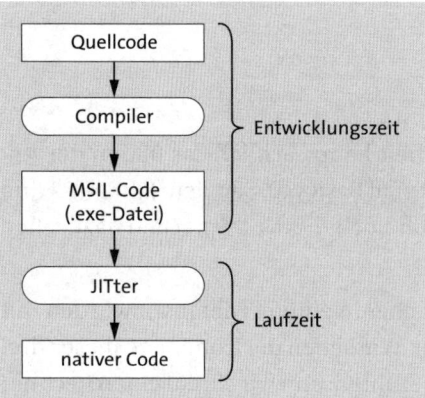

Abbildung 1.1 Der Ablauf der Entwicklung eines .NET-Programms bis zur Laufzeit

1.2.4 Die Common Language Specification (CLS)

Wenn Sie sich in Abbildung 1.1 den Prozessablauf vom Quellcode bis zur Ausführung einer .NET-Anwendung ansehen, müssten Sie sich sofort die Frage stellen, wo der Unterschied im Vergleich zu einer Java-Anwendung zu finden ist – das Diagramm scheint, bis auf die Namensgebung, austauschbar zu sein. Dabei verzichten wir jedoch darauf, andere spezifische Merkmale der beiden Umgebungen zu betrachten, die bei einer genaueren Analyse auch eine Rolle spielen würden.

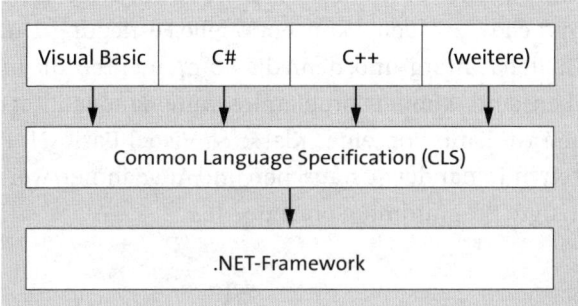

Abbildung 1.2 Die Common Language Specification als Basis der Sprachunabhängigkeit

Vielleicht ist es Ihnen nicht aufgefallen, aber ich habe die Wörter ».NET-Anwendung« und »Java-Anwendung« benutzt – eine kleine Nuance mit weitreichender Konsequenz. Eine Java-Anwendung ist, darauf weist schon der Name hin, mit der Programmiersprache Java entwickelt worden; eine .NET-Anwendung hingegen ist nicht sprachgebunden. Sicher, in diesem Buch werden wir uns mit C# beschäftigen, aber es macht praktisch keinen Unterschied, ob die Anwendung in C#, in Visual Basic .NET oder F# entwickelt worden ist. Ausschlaggebend ist am Ende des Kompiliervorgangs nur ein kompatibler IL-Code, ungeachtet der zugrunde liegenden Sprache.

Um sprachunabhängigen Code erzeugen zu können, muss es Richtlinien geben, an die sich alle .NET-Sprachen halten müssen, um ein Fiasko zu vermeiden. Diese Richtlinien, in denen die fundamentalen Eigenschaften einer .NET-kompatiblen Sprache festgelegt sind, werden durch die *Common Language Specification* (*CLS*) beschrieben. Die Common Language Specification ist ein offener Standard. Das hatte schon frühzeitig zur Folge, dass lange vor der offiziellen Einführung von .NET viele Softwareunternehmen andere Sprachen, beispielsweise Delphi, Eiffel und Cobol, auf .NET portierten.

Wenn alle Sprachen tatsächlich gleichberechtigt sind und dasselbe Ergebnis liefern, stellt sich natürlich die Frage, warum es zukünftig nicht nur eine Sprache gibt. Sogar Microsoft bietet mit C#, F#, C++ und VB .NET in Visual Studio vier verschiedene Sprachen an. Der Grund ist recht einfach: Man möchte den Entwicklern nicht eine vollkommen neue Sprache aufzwingen, sondern ihnen die gewohnte sprachspezifische Syntax lassen.

Wenn Sie nun anmerken sollten, dass es sich bei C# um eine völlig neue Sprache handelt, die mit der Veröffentlichung des .NET Frameworks zur Verfügung gestellt worden ist, haben Sie vollkommen recht. Allerdings assoziiert bereits der Name C# unzweifelhaft, dass die Wurzeln dieser Sprache in C/C++ zu finden sind.

Die Konsequenzen, die sich aus der CLS ergeben, sind weitreichend – nicht für den Endanwender, den es nicht im geringsten interessiert, in welcher Sprache seine Applikation entwickelt wird, sondern vielmehr für ein heterogenes Entwicklerteam in einem Softwareunternehmen. Die Entscheidung, eine Anwendung auf der Grundlage von .NET zu entwickeln, ist keine Entscheidung für oder gegen eine Sprache – es ist eine konzeptionelle Festlegung. Die Bedeutung der einzelnen Sprachen rückt in den Hintergrund, denn die Komponenten, die in einer .NET-konformen Sprache geschrieben sind, können problemlos miteinander interagieren. Eine Klasse, die in C# geschrieben ist, kann von einer Klasse in Visual Basic .NET beerbt werden. Beide Klassen können Daten miteinander austauschen und Ausnahmen weiterreichen. Es gibt unter .NET keine bevorzugte Programmiersprache.

1.2.5 Das Common Type System (CTS)

Jede Entwicklungsumgebung beschreibt als eines ihrer wichtigsten Merkmale ein Typsystem, in dem einerseits Datentypen bereitgestellt werden und andererseits Vorschriften definiert sind, nach denen ein Entwickler die standardmäßigen Typen durch eigene erweitern kann. Darüber hinaus muss eine Regelung getroffen werden, wie auf die Typen zugegriffen wird.

Mit dem *Common Type System* (*CTS*) der .NET-Plattform wird die sprachübergreifende Programmentwicklung spezifiziert und sichergestellt, dass Programmcode unabhängig von der zugrunde liegenden Sprache miteinander interagieren kann. Damit legt das Common Type System die Grundlage für die im vorhergehenden Abschnitt erläuterte Sprachunabhängigkeit.

Alle Typen, die unter .NET zur Verfügung gestellt werden, lassen sich in zwei Kategorien aufteilen:

▶ Wertetypen

▶ Referenztypen

Wertetypen werden auf dem Stack abgelegt. Zu ihnen gehören die in der Entwicklungsumgebung eingebauten ganzzahligen Datentypen und die Datentypen, die Fließkommazahlen beschreiben. Referenztypen werden hingegen auf dem Heap abgelegt. Zu ihnen gehören unter anderem die aus den Klassen erzeugten Objekte.

Obwohl Wertetypen im ersten Moment nicht den Anschein erwecken, dass sie von der .NET-Laufzeitumgebung als Objekte behandelt werden, ist dies kein Widerspruch zu der Aussage von vorhin, dass .NET nur Objekte kennt. Tatsächlich erfolgt zur Laufzeit eine automatische

Umwandlung von einen Werte- in einen Referenztyp durch ein Verfahren, das als *Boxing* bezeichnet wird.

Typen können ihrerseits Mitglieder enthalten: Felder, Eigenschaften, Methoden und Ereignisse. Dem Common Type System nur die Festlegung von Typen zuzuschreiben würde die vielfältigen Aufgaben nur vollkommen unzureichend beschreiben. Das CTS gibt zudem die Regeln vor, nach denen die Sichtbarkeit dieser Typmitglieder festgelegt wird. Ein als öffentlich deklariertes Mitglied eines vorgegebenen Typs könnte beispielsweise über die Grenzen der Anwendung hinaus sichtbar sein; andere Sichtbarkeiten beschränken ein Mitglied auf die aktuelle Anwendung oder sogar nur auf den Typ selbst.

Das vom Common Type System festgelegte Regelwerk ist grundsätzlich nichts Neues. Alle anderen Sprachen, auch die, die nicht auf .NET aufsetzen, weisen ein ähnliches Merkmal auf, um ein Typsystem in die Sprache zu integrieren. Aber es gibt einen entscheidenden Unterschied, durch den sich alle Sprachen der .NET-Umgebung vom Rest abheben: Während die Definition des Typsystems bei herkömmlichen Sprachen Bestandteil der Sprache selbst ist, wandert das .NET-Typsystem in die Laufzeitumgebung. Die Folgen sind gravierend: Kommunizieren zwei Komponenten miteinander, die in unterschiedlichen Sprachen entwickelt worden sind, sind keine Typkonvertierungen mehr notwendig, da sie auf demselben Typsystem aufsetzen.

Stellen Sie sich vor, es würde keine Regelung durch das CTS geben und C# würde einen booleschen Typ definieren, der 2 Byte groß ist, während C++ .NET denselben Datentyp definiert, jedoch mit einer Größe von 4 Byte. Der uneingeschränkte Informationsaustausch wäre nicht möglich, sondern würde zu einem Merkmal der Sprache degradiert. Im gleichen Moment würde das ansonsten sehr stabile Framework wie ein Kartenhaus in sich zusammenbrechen – eine fundamentale Stütze wäre ihm entzogen. Dieses Dilemma ist nicht unbekannt und beschert anderen Sprachen große Schwierigkeiten dabei, Funktionen der WinAPI-32 direkt aufzurufen. Ein Beispiel für diese Sprachen ist Visual Basic 6.0.

1.2.6   Das .NET Framework

Ein Framework ist ein Gerüst, mit dem Anwendungen entwickelt, kompiliert und ausgeführt werden. Es setzt sich aus verschiedenen Richtlinien und Komponenten zusammen. Sie haben in Abschnitt 1.2.4 mit der Common Language Specification (CLS) und dem Common Type System (CTS) bereits einen Teil des .NET Frameworks kennengelernt. Wir müssen aber dieses Anwendungsgerüst noch um zwei sehr wichtige Komponenten ergänzen:

▶ die *Common Language Runtime* (CLR)

▶ die .NET-Klassenbibliothek

Sie können in manchen Veröffentlichungen noch weitere Komponentenangaben finden, beispielsweise ADO.NET und ASP.NET. Es ist wohl mehr eine Sache der Definition, wo die Grenzen eines Frameworks gesetzt werden, da sich dieser Begriff nicht mit einer klar umrissenen Definition beschreiben lässt. Die .NET-Klassenbibliothek ihrerseits stellt einen Oberbegriff dar, unter dem sich sowohl ADO.NET als auch ASP.NET eingliedern lassen.

1.2.7   Die Common Language Runtime (CLR)

Die *Common Language Runtime* (*CLR*) ist die Umgebung, in der die .NET-Anwendungen ausgeführt werden – sie ist gewissermaßen die allen gemeinsame Laufzeitschicht. Der Stellenwert dieser Komponente kann nicht hoch genug eingestuft werden, denn mit ihren Fähigkeiten bildet die CLR den Kern von .NET.

Die CLR ist ein Verwalter – auf Englisch *manager*. Tatsächlich wird der Code, der in der Common Language Runtime ausgeführt wird, auch als *verwalteter Code* bezeichnet – oder im Englischen als *managed code*. Umgekehrt kann mit Visual Studio 2019 auch unverwalteter Code geschrieben werden. In *unverwaltetem* oder *unmanaged Code* sind beispielsweise Treiberprogramme geschrieben, die direkt auf die Hardware zugreifen und deshalb plattformabhängig sind.

Sie müssen sich die Common Language Runtime nicht als eine Datei vorstellen, der eine bestimmte Aufgabe im .NET Framework zukommt, wenn verwalteter Code ausgeführt wird. Vielmehr beschreibt die CLR zahlreiche Dienste, die als Bindeglied zwischen dem verwalteten IL-Code und der Hardware den Anforderungen des .NET Frameworks entsprechen und diese sicherstellen. Zu diesen Diensten gehören:

▶ der *Class Loader*, der Klassen in die Laufzeitumgebung lädt

▶ der *Type Checker* zur Unterbindung unzulässiger Typkonvertierungen

▶ der *JITter*, der den MSIL-Code zur Laufzeit in nativen Code übersetzt, der im Prozessor ausgeführt werden kann

▶ der *Exception Manager*, der die Ausnahmebehandlung unterstützt

▶ der *Garbage Collector*, der eine automatische Speicherbereinigung anstößt, wenn Objekte nicht mehr benötigt werden

▶ der *Code Manager*, der die Ausführung des Codes verwaltet

▶ die *Security Engine*, die sicherstellt, dass der User über die Berechtigung verfügt, den angeforderten Code auszuführen

▶ die *Debug Machine* zum Debuggen der Anwendung

▶ der *Thread Service* zur Unterstützung multithreadingfähiger Anwendungen

▶ der *COM Marshaller* zur Sicherstellung der Kommunikation mit COM-Komponenten (COM = *Component Object Model*)

Die Liste ist zwar lang, vermittelt aber einen Einblick in die verschiedenen unterschiedlichen Aufgabenbereiche der Common Language Runtime.

1.2.8   Die .NET-Klassenbibliothek

Das .NET Framework, das inzwischen in der Version 4.8 vorliegt, ist ausnahmslos objekt-orientiert ausgerichtet. Für Entwickler, die sich bisher erfolgreich dem objektorientierten Konzept widersetzt und beharrlich auf prozeduralen Code gesetzt haben (solche gibt es häu-figer, als Sie vielleicht vermuten), fängt die Zeit des Umdenkens an, denn an der Objektorien-tierung führt unter .NET kein Weg mehr vorbei.

Alles in .NET Framework wird als Objekt betrachtet. Dazu zählen sogar die nativen Daten-typen der *Common Language Specification* wie der Integer. Die Folgen sind weitreichend, denn schon mit einer einfachen Deklaration wie

```
int iVar;
```

erzeugen wir ein Objekt mit allen sich daraus ergebenden Konsequenzen. Wir werden darauf in einem der folgenden Kapitel noch zu sprechen kommen.

Die .NET-Klassen stehen nicht zusammenhangslos im Raum, wie beispielsweise die Funktio-nen der WinAPI-32, sondern stehen ausnahmslos in einer engen Beziehung zueinander, der .NET-Klassenhierarchie. Eine Klassenhierarchie können Sie sich wie einen Familienstamm-baum vorstellen, im dem sich, ausgehend von einer Person, alle Nachkommen abbilden las-sen. Auch die .NET-Klassenhierarchie hat einen Ausgangspunkt, gewissermaßen die Wurzel der Hierarchie: Es ist die Klasse Object. Jede andere Klasse des .NET Frameworks kann auf sie zurückgeführt werden und erbt daher ihre Methoden. Außerdem kann es weitere Nachfolger geben, die sowohl die Charakteristika der Klasse Object erben als auch die ihrer direkten Vor-gängerklasse. Auf diese Weise bildet sich eine mehr oder weniger ausgeprägte Baumstruktur.

Für Visual-C++-Programmierer ist eine Klassenhierarchie nichts Neues, sie arbeiten bereits seit vielen Jahren mit den *MFC* (*Microsoft Foundation Classes*). Auch Java-Programmierer haben sich an eine ähnliche Hierarchie gewöhnen müssen.

Eine Klassenhierarchie basiert auf einer Bibliothek, die strukturiert ihre Dienste zum Wohle des Programmierers bereitstellt und letztendlich die Programmierung vereinfacht. Um allerdings in den Genuss der Klassenbibliothek zu kommen, ist ein erhöhter Lernaufwand erforderlich. Wenn man aber aus dieser Phase heraus ist, kann man sehr schnell und zielori-entiert Programme entwickeln, die anfänglichen Investitionen zahlen sich also schnell aus.

Einen kurzen Überblick über den Inhalt der .NET-Klassenbibliothek zu geben ist schwer, wenn nicht sogar vollkommen unmöglich, denn es handelt sich dabei um einige Tausend vordefinierte Typen. Wenn man sich jetzt vorstellt, dass in jeder Klasse mehr oder weniger viele Methoden definiert sind, also Funktionen im prozeduralen Sinne, kommt man sehr schnell in Größenordnungen von einigen Zehntausend Methoden, die insgesamt von den Klassen veröffentlicht werden. Alle zu kennen dürfte nicht nur an die Grenze der Unwahr-scheinlichkeit stoßen, sondern diese sogar deutlich überschreiten. Außerdem kann man davon ausgehen, dass im Laufe der Zeit immer weitere Klassen mit immer mehr zusätzlichen und verfeinerten Features in die Klassenhierarchie integriert werden – sowohl durch Microsoft selbst als auch durch Drittanbieter.

1.2.9   Das Konzept der Namespaces

Da jede Anwendung von Funktionalitäten lebt und der Zugriff auf die Klassenbibliothek zum täglichen Brot eines .NET-Entwicklers gehört, ist ein guter Überblick über die Klassen und insbesondere deren Handling im Programmcode sehr wichtig. Hier kommt uns ein Feature entgegen, das die Arbeit deutlich erleichtert: Es sind die *Namespaces*. Ein Namespace ist eine logische Organisationsstruktur, die völlig unabhängig von der Klassenhierarchie eine Klasse einem bestimmten thematischen Gebiet zuordnet. Damit wird das Auffinden einer Klasse, die bestimmte Leistungsmerkmale aufweist, deutlich einfacher. Das Konzept ist natürlich nicht ganz neu. Ob Java wieder Pate gestanden hat, wissen wir nicht. Aber in Java gibt es eine ähnliche Struktur, die als *Package* bezeichnet wird.

Dass das Auffinden einer bestimmten Klasse erleichtert wird, ist nur ein Argument, das für die Namespaces spricht. Einem zweiten kommt eine ebenfalls nicht zu vernachlässigende Bedeutung zu: Jede Klasse ist durch einen Namen gekennzeichnet, der im Programmcode benutzt wird, um daraus möglicherweise ein Objekt zu erzeugen und auf dessen Funktionalitäten zuzugreifen. Der Name muss natürlich eindeutig sein, schließlich können Sie auch nicht erwarten, dass ein Brief, der nur an »Hans Fischer« adressiert ist, tatsächlich den richtigen Empfänger erreicht. Namespaces verhindern Kollisionen zwischen identischen Klassenbezeichnern, sind also mit der vollständigen Adressierung eines Briefes vergleichbar. Nur innerhalb eines vorgegebenen Namespace muss ein Klassenname eindeutig sein.

Die Namespaces sind auch wieder in einer hierarchischen Struktur organisiert. Machen Sie aber nicht den Fehler, die Klassenhierarchie mit der Hierarchie der Namespaces zu verwechseln. Eine Klassenhierarchie wird durch die Definition der Klasse im Programmcode festgelegt und hat Auswirkungen auf die Fähigkeiten einer Klasse, bestimmte Operationen auszuführen, während die Zuordnung zu einem Namespace keine Konsequenzen für die Fähigkeiten eines Objekts einer Klasse hat. Dass Klassen, die einem bestimmten Namespace zugeordnet sind, auch innerhalb der Klassenhierarchie eng zusammenstehen, ist eine Tatsache, die aus den Zusammenhängen resultiert, ist aber kein Muss.

Wenn die Aussage zutrifft, dass Namespaces in einer baumartigen Struktur organisiert werden, muss es auch eine Wurzel geben. Diese heißt im .NET Framework `System`. Dieser Namespace organisiert die fundamentalsten Klassen in einen Verbund. Weiter oben habe ich erwähnt, dass sogar die nativen Datentypen wie der Integer auf Klassendefinitionen basieren – im Namespace `System` ist diese Klasse neben vielen weiteren zu finden. (Anmerkung: Falls Sie die Klasse jetzt aus Neugier suchen sollten – sie heißt nicht Integer, sondern `Int32`).

Unterhalb von `System` sind die anderen Namespaces angeordnet. Sie sind namentlich so gegliedert, dass man schon erahnen kann, über welche Fähigkeiten die einem Namespace zugeordneten Klassen verfügen. Damit Sie ein Gefühl hierfür bekommen, sind in Tabelle 1.1 auszugsweise ein paar Namespaces angeführt.

Namespace	Beschreibung
System.Collections	Klassen, die Auflistungen beschreiben
System.Data	Enthält die Klassen für den Zugriff über ADO.NET auf Datenbanken.
System.Drawing	Klassen, die grafische Funktionalitäten bereitstellen
System.IO	Klassen für Ein- und Ausgabeoperationen
System.Web	Enthält Klassen, die im Zusammenhang mit dem Protokoll HTTP stehen.
System.Windows.Forms	Enthält Klassen für die Entwicklung Windows-basierter Anwendungen.

Tabelle 1.1 Auszug aus den Namespaces des .NET Frameworks

Die Tabelle gibt kaum mehr als einen Bruchteil aller .NET-Namespaces wieder. Sie sollten allerdings erkennen, wie hilfreich diese Organisationsstruktur bei der Entwicklung einer Anwendung sein kann. Wenn Sie die Lösung zu einem Problem suchen, kanalisieren die Namespaces Ihre Suche und tragen so zu einer effektiveren Entwicklung bei.

Ich kann in diesem Buch natürlich nicht alle Namespaces, geschweige denn alle Klassen des .NET Frameworks behandeln. Ob das überhaupt jemals ein Buch zu leisten vermag, darf mehr als nur angezweifelt werden – zu umfangreich ist die Klassenbibliothek.

Sie sollten die wichtigsten Klassen und Namespaces kennen. Was zu den wichtigsten Komponenten gezählt werden kann, ist naturgemäß subjektiv. Ich werde mich daher auf diejenigen konzentrieren, die praktisch in jeder Anwendung von Belang sind bzw. bei jeder eigenen Klassendefinition in die Überlegung einbezogen werden müssen. In diesem Sinne werde ich mich auf die fundamentalen Bibliotheken beschränken, einschließlich der Bibliotheken, die zur Entwicklung einer Windows-Anwendung notwendig sind.

1.3   Assemblies

Das Ergebnis der Kompilierung von .NET-Quellcode ist eine Assembly. Bei der Kompilierung wird, abhängig davon, welchen Projekttyp Sie gewählt haben, entweder eine EXE- oder eine DLL-Datei erzeugt. Wenn Sie nun in diesen Dateien ein Äquivalent zu den EXE- oder DLL-Dateien sehen, die Sie mit Visual Basic 6.0 oder C/C++ erzeugt haben, liegen Sie falsch – beide sind nicht miteinander vergleichbar.

Assemblies liegen im IL-Code vor. Zur Erinnerung: IL bzw. MSIL ist ein Format, das erst zur Laufzeit einer Anwendung vom JITter in nativen Code kompiliert wird. Eine Assembly kann nicht nur eine, sondern auch mehrere Dateien enthalten – eine Assembly ist daher eher als die Baugruppe einer Anwendung zu verstehen.

Assemblies liegen, wie auch die herkömmlichen ausführbaren Dateien, im *PE*-Format (*Portable Executable*) vor, einem Standardformat für Programmdateien unter Windows. Das Öffnen einer PE-Datei hat zur Folge, dass die Datei der Laufzeitumgebung übergeben und als Folge dessen ausgeführt wird. Daher wird Ihnen beim Starten auch kein Unterschied zwischen einer Assembly und einer herkömmlichen Datei auffallen.

1.3.1   Die Metadaten

Assemblies weisen eine grundsätzlich neue, andersartige Struktur auf. Assemblies enthalten nämlich nicht nur IL-Code, sondern auch sogenannte *Metadaten*. Die Struktur einer kompilierten .NET-Komponente gliedert sich demnach in

► IL-Code und

► Metadaten.

Metadaten sind Daten, die eine Komponente beschreiben. Das hört sich im ersten Moment kompliziert an, ist aber ein ganz triviales Prinzip. Nehmen wir an, Sie hätten die Klasse *Auto* mit den Methoden *Fahren*, *Bremsen* und *Hupen* entwickelt. Wird diese Klasse kompiliert und der IL-Code erzeugt, lässt sich nicht mehr sagen, was der Binärcode enthält, und vor allem, wie er genutzt werden kann. Wenn eine andere Komponente auf die Idee kommt, den kompilierten Code eines *Auto*-Objekts zu nutzen, steht sie vor verschlossenen Türen.

Den Zusammenhang zwischen Metadaten und IL-Code können Sie sich wie das Verhältnis zwischen einem Inhaltverzeichnis und dem Buchtext vorstellen: Man sucht unter einem Stichwort im Inhaltverzeichnis nach einem bestimmten Begriff, findet eine Seitenzahl und kann zielgerichtet im Buch das gewünschte Thema nachlesen. Viel mehr machen die Metadaten eines .NET-Kompilats auch nicht, wenn auch die Funktionsweise naturgemäß etwas abstrakter ist: Sie liefern Objektinformationen, beispielsweise die Eigenschaften eines Objekts und die Methoden. Das geht sogar so weit, dass wir über die Metadaten in Erfahrung bringen, wie die Methoden aufgerufen werden müssen.

Das grundsätzliche Prinzip der Aufteilung in Code und Metadaten ist nicht neu und wurde auch schon unter COM angewandt – allerdings mit einem kleinen, aber doch sehr wesentlichen Unterschied: COM trennt Code und Metadaten. Die Metadaten einer COM-Komponente, die man auch als *Typbibliothek* bezeichnet, werden in die Registry eingetragen und dort ausgewertet. Das ist nicht gut, denn schließlich sollten Sie Ihren Personalausweis immer bei sich tragen und ihn nicht irgendwo hinterlegen. Ebenso sollte auch der Code nicht von seinen Metadaten getrennt werden. COM ist dazu nicht in der Lage; erst innerhalb des .NET Frameworks wird dieser fundamentalen Forderung nach einer untrennbaren Selbstbeschreibung Rechnung getragen.

Die Metadaten versorgen die .NET-Laufzeitumgebung mit ausreichenden Informationen zum Erstellen von Objekten sowie zum Aufruf von Methoden und Eigenschaften. Sie bilden eine klar definierte Schnittstelle und vereinheitlichen den Objektzugriff, was allen .NET-Entwicklern zugutekommt: Unabhängig von der Sprache – vorausgesetzt, sie ist .NET-konform – können problemlos Objekte verwendet werden, die von anderen Entwicklern bereitgestellt werden. Dass die Objekte in einer beliebigen .NET-Sprache entwickelt sein können, brauche ich fast nicht zu erwähnen.

1.3.2   Das Manifest

Die Folgen der Trennung von Code und Selbstbeschreibung einer COM-Komponente sind uns wahrscheinlich allen bewusst: Durch die Installation einer neuen Anwendung werden alte COM-Komponenten überschrieben, die für andere Anwendungen von existenzieller Bedeutung sind. Die Auswirkungen können fatal sein: Eine Anwendung, die auf die Methoden der überschriebenen Komponente zugreifen will, kann sich im schlimmsten Fall mit einem Laufzeitfehler sang- und klanglos verabschieden.

Mit Assemblierungen gehören diese Fehler definitiv der Vergangenheit an. Verantwortlich dafür sind Metadaten, die nicht die einzelnen Objekte, sondern die Assemblierung als Ganzes beschreiben. Diese Daten werden als *Manifest* bezeichnet. Ein Manifest enthält die folgenden Informationen:

▸ Name und Versionsnummer der Assembly

▸ Angaben über andere Assemblierungen, von denen die aktuelle Assembly abhängt

▸ die von der Assembly veröffentlichten Typen

▸ Sicherheitsrichtlinien, nach denen der Zugriff auf die Assembly festgelegt wird

Das Manifest befreit eine Assembly von der Notwendigkeit, sich in die Registrierung eintragen zu müssen, und die logischen Konsequenzen gehen sogar noch weiter: Während sich COM-Komponenten erst durch eine Setup-Routine oder zusätzliche Tools in die Registrierungsdatenbank eintragen, können Sie mit den primitivsten Copy-Befehlen eine Assemblierung in ein beliebiges Verzeichnis kopieren – Altbewährtes ist manchmal doch nicht so schlecht.

1.4   Die Entwicklungsumgebung

.NET-Anwendungen lassen sich »notfalls« auch mit MS Editor entwickeln. Natürlich macht das keinen Spaß und ist mühevoll. Auf die Unterstützung, die eine moderne Entwicklungsumgebung bietet, werden Sie vermutlich nicht verzichten wollen. Microsoft bietet mit

Visual Studio 2019 ein Entwicklungstool an, mit dem sich nahezu jede beliebige Anwendung entwickeln lässt.

1.4.1   Editionen von Visual Studio 2019

Es gibt mehrere verschiedene Editionen, die spezifisch auf die unterschiedlichen Anforderungen bei der Anwendungsentwicklung zugeschnitten sind:

- **Visual Studio 2019 Enterprise:** Diese Edition gibt auch großen Entwicklerteams Tools einer effizienten Lebenszyklusverwaltung in die Hand.
- **Visual Studio 2019 Professional:** Diese Edition ist für den professionellen Einsatz kleinerer Entwicklerteams durchaus gut geeignet. Im Vergleich zur Enterprise Edition weist sie einige Einschränkungen auf, wenn Sie die Architektur einer Software beispielsweise validieren oder einige spezielle Testtools einsetzen möchten.
- **Visual Studio 2019 Community Edition:** Die kostenlose Version von Visual Studio hat natürlich nochmals weitere Einschränkungen gegenüber der Professional Edition, ist aber sehr gut zum Lernen und auch für kleinere Projekte geeignet.

Wenn Sie sich für die genauen Details der drei genannten Versionen interessieren, sollten Sie diese im Internet nachlesen oder die drei Editionen austesten. Während die Community unbegrenzt einsetzbar ist, können Sie die Professional und Enterprise Edition ebenfalls downloaden und 30 Tage lang kostenlos testen.

1.4.2   Hard- und Softwareanforderungen

Es verwundert nicht, dass die Systemanforderungen relativ hoch sind:

- Betriebssysteme: Windows 10, Version 1703, Windows Server 2016 oder 2019, Windows Server 2012 R2, Windows 8.1, Windows 7 SP1
- Architekturen: 32 Bit (x86) und 64 Bit (x64)
- Prozessor: 1,8 GHz
- RAM: mind. 2 GB, empfohlen werden 8 GB
- Festplatte: mindestens 800 MB, aber je nach Installation könnte der Bedarf auch maximal 210 GB erreichen. Typischerweise werden um die 50 GB benötigt. Eine SSD ist empfehlenswert.
- Grafikkarte: Auflösung mindestens 1.280 × 720. Je höher die Auflösung, desto besser ist das Arbeiten mit Visual Studio 2019.

Das sind die wichtigsten Eckdaten. Je nach Installation (.NET Core, Xamarin etc.) sind darüber hinaus weitere Anforderungen zu beachten. Sollten Sie sich dafür interessieren, sollten Sie diese auf der Website von Microsoft nachlesen.

1.4.3   Die Installation

Die Installation von Visual Studio 2019 verläuft in der Regel problemlos, unterscheidet sich jedoch von den Installationen bis Visual Studio 2015. Nachdem Sie die EXE-Datei aus dem Internet heruntergeladen haben, wird – so noch nicht auf Ihrem Rechner installiert – der Visual Studio Installer auf Ihrem Rechner installiert. Dieses Tool ist sehr sinnvoll, denn es gestattet, jederzeit Änderungen an einer bestehenden Installation vorzunehmen. Auch Aktualisierungen, die in einem kurzen Rhythmus von Microsoft bereitgestellt werden, werden vom Visual Studio Installer aus gestartet.

In Abbildung 1.3 sehen Sie die Oberfläche des Visual Studio Installers. Sie erkennen, dass sowohl Visual Studio 2017 als auch Visual Studio 2019 bereits installiert sind. Über die Schaltfläche ÄNDERN passen Sie bei Bedarf die aktuelle Installation an: Sollte eine Aktualisierung anstehen, ändert sich die Beschriftung der Schaltfläche in AKTUALISIEREN.

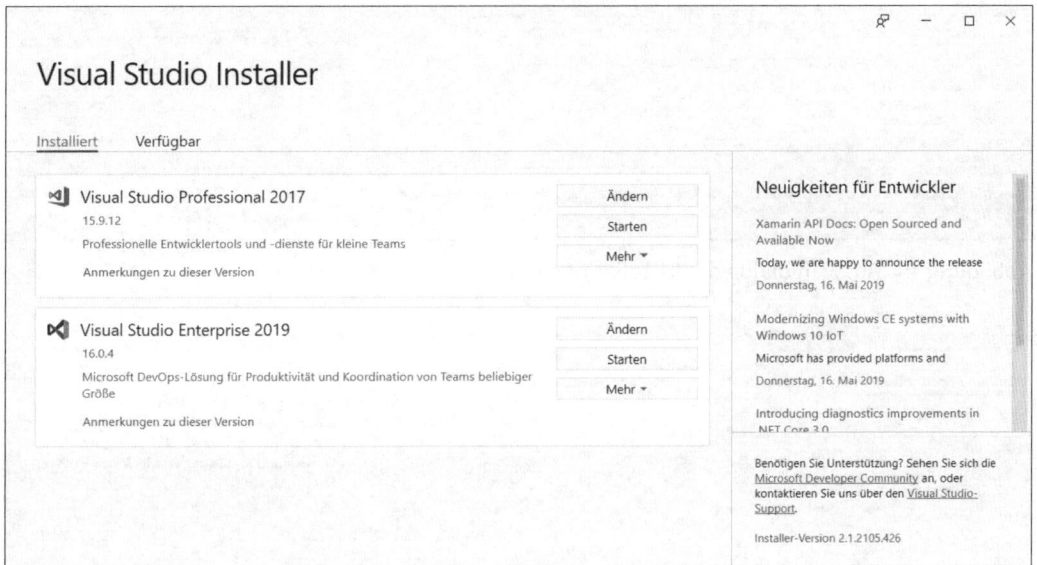

Abbildung 1.3 Die Oberfläche des Visual Studio Installers

Kommen wir zur Installation von Visual Studio selbst. Die Oberfläche, in dem Sie die Auswahl darüber treffen, was Sie installieren möchten, sehen Sie in Abbildung 1.4. Um den Beispielen in diesem Buch zu folgen, sollten Sie im Minimum die Option .NET-DESKTOPENTWICKLUNG auswählen.

Nachdem Sie Ihre Auswahl getroffen haben, klicken Sie bitte noch nicht sofort auf die Schaltfläche rechts unten (in Abbildung 1.4. ist sie mit SCHLIESSEN beschriftet). Achten Sie einmal darauf, dass das Dialogfenster etwas unscheinbare Registerkarten anbietet. In Abbildung 1.4 ist WORKLOADS selektiert. Daneben befinden sich aber noch EINZELNE KOMPONENTEN, SPRACHPAKETE und INSTALLATIONSPFADE. Insbesondere die erstgenannte Registerkarte, EINZELNE KOMPONENTEN, verbirgt noch zahlreiche Zusatzoptionen für die Installation von

Visual Studio 2019 (siehe Abbildung 1.5). Ich empfehle Ihnen, hier in jedem Fall HELP VIEWER auszuwählen. Erst mit dieser Wahl ist es möglich, zumindest Teile der erforderlichen .NET-Dokumentation lokal auf Ihrem Rechner zu installieren und anzusehen. Ansonsten sind Sie auf das Internet angewiesen.

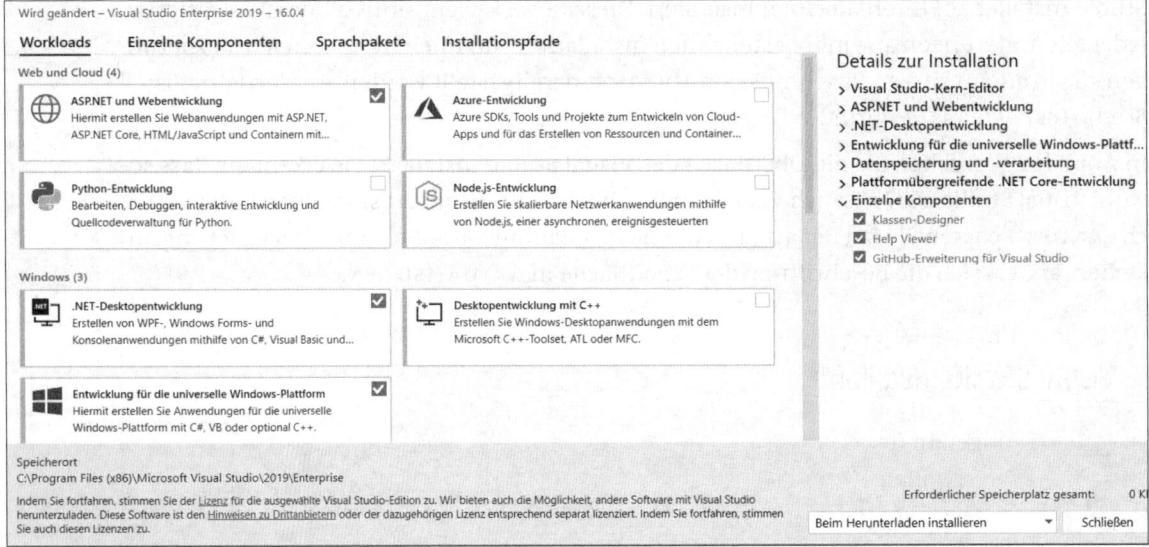

Abbildung 1.4 Auswahldialog der Installationsroutine

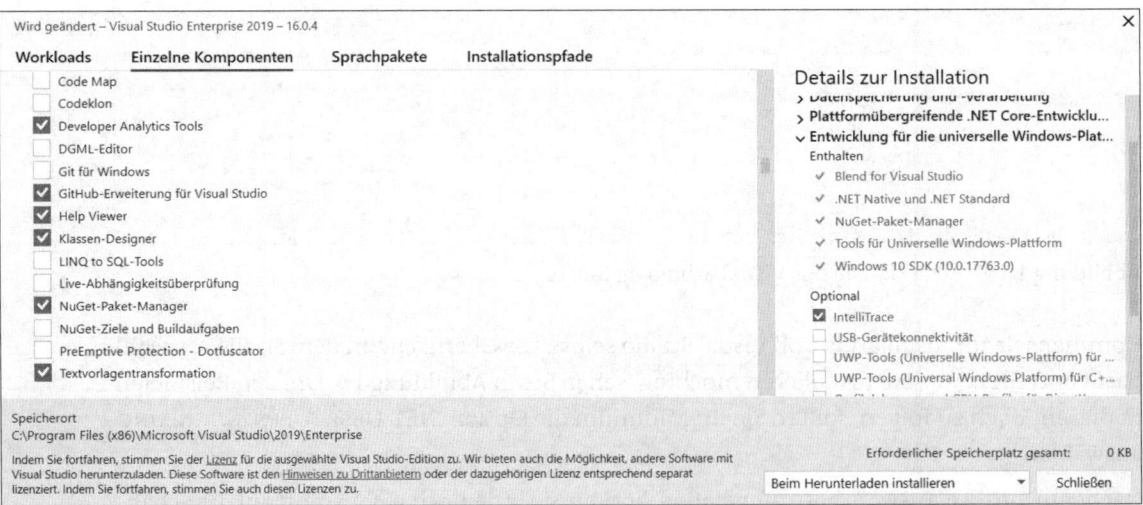

Abbildung 1.5 Weitere spezifische Auswahloptionen

Möchten Sie Visual Studio 2019 mit mehreren Sprachen betreiben, können Sie die gewünschten Sprachen in der Registerkarte SPRACHPAKETE auswählen.

1.4.4   Die Entwicklungsumgebung von Visual Studio 2019

Wie Sie ein neues Projekt im Visual Studio anlegen, unterscheidet sich gravierend von allen älteren Visual Studios. Ich werde Ihnen das in Kapitel 2, »Grundlagen der Sprache C#«, zeigen. An dieser Stelle möchte ich Ihnen nur die wichtigsten Fenster erklären, mit denen Sie es zu tun haben werden:

- der Code-Editor
- der visuelle Editor
- der Projektmappen-Explorer
- das Eigenschaftsfenster
- die Toolbox
- die Fehlerliste

Hier alle Fenster aufzulisten, mit denen Sie während der Entwicklung einer .NET-Anwendung konfrontiert werden, ist nahezu unmöglich. Ich belasse es deshalb bei den genannten, die Sie, mit Ausnahme des Code-Editors, in Abbildung 1.6 wiederfinden. Dabei entspricht die Anordnung ungefähr der, die Sie nach der Installation vorfinden, wenn Sie eine WPF-Anwendung entwickeln wollen.

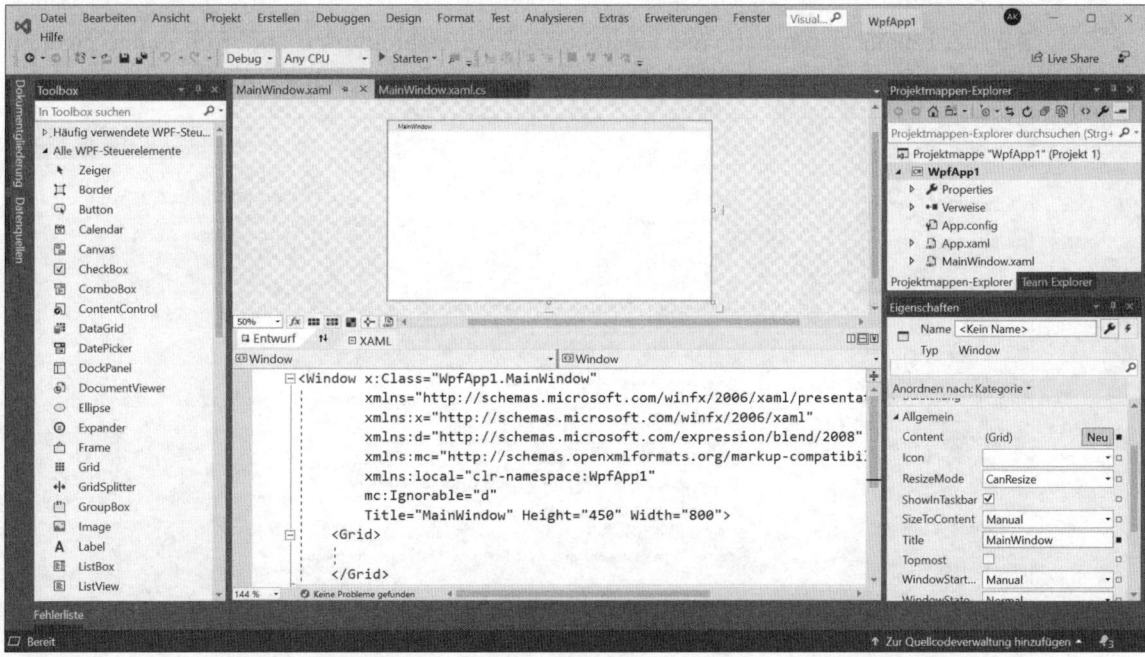

Abbildung 1.6 Die Entwicklungsumgebung eines WPF-Projekts

Nachfolgend möchte ich Ihnen kurz die wichtigsten Fenster von Visual Studio 2019 vorstellen.

Der Code-Editor

Die wichtigste Komponente der Entwicklungsumgebung ist natürlich das Fenster, in dem wir unseren Programmcode schreiben. Abhängig von der gewählten Programmiersprache und der Projektvorlage wird automatisch Code generiert – gewissermaßen als Unterstützung zum Einstieg in das Projekt. Sie können in den meisten Fällen diesen Code nach Belieben ändern – solange Sie wissen, welche mögliche Konsequenz das nach sich zieht.

Insgesamt gesehen ist die Handhabung des *Code-Editors* nicht nur sehr einfach, sondern sie unterstützt den Programmierer durch standardmäßig bereitgestellte Features. Zu diesen zählen:

▶ automatischer Codeeinzug (Tabulatoreinzug). Die Breite des Einzugs lässt sich auch manuell anders festlegen.

▶ automatische Generierung von Code, beispielsweise zur Kennzeichnung des Abschlusses eines Anweisungsblocks

▶ Ein- und Ausblendung der Anweisungsblöcke (Namespaces, Klassen, Prozeduren)

▶ IntelliSense-Unterstützung

▶ Darstellung jeder geöffneten Quellcodedatei auf einer eigenen Registerkarte

▶ eigene Vorder- und Hintergrundfarbe der verschiedenen Elemente

Darüber hinaus lassen sich viele Einstellungen benutzerdefiniert ändern und den eigenen Wünschen anpassen. Dazu öffnen Sie das Menü EXTRAS und wählen hier OPTIONEN…

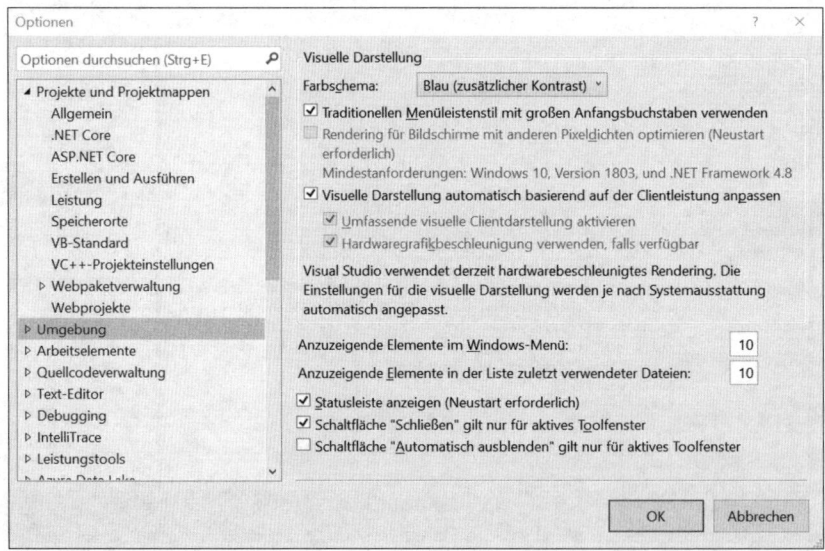

Abbildung 1.7 Der Dialog »Optionen«

Eine Anwendung kann sich aus mehreren Quellcodedateien zusammensetzen. Für jede geöffnete Quellcodedatei wird im Code-Editor eine eigene Registerkarte bereitgestellt. Wird die Anzahl der angezeigten Registerkarten zu groß, lässt sich jede einzelne über das spezifische Kreuz rechts oben auf der Karte wieder schließen.

Quellcode kann sehr lang und damit insgesamt auch unübersichtlich werden. Mit Hilfe der Zeichen »+« und »−« können Sie Codeblöcke aufklappen und wieder schließen. Ist ein Block geschlossen, wird nur die erste Zeile angezeigt, die mit drei Punkten endet. Insgesamt trägt diese Möglichkeit maßgeblich zu einer erhöhten Übersichtlichkeit des Programmcodes bei.

Per Vorgabe zeigt Visual Studio 2019 nur einen Code-Editor im Zentralbereich an. Oft werden Sie aber das Bedürfnis haben, gleichzeitig den Code von zwei Quellcodedateien einzusehen, und werden nicht mehr zwischen den Registerkarten umschalten wollen. Um das zu erreichen, klicken Sie im Editorbereich mit der rechten Maustaste auf eine beliebige Registerkarte und öffnen damit das Kontextmenü. Sie erhalten dann die Auswahl zwischen NEUE HORIZONTALE REGISTERKARTENGRUPPE und NEUE VERTIKALE REGISTERKARTENGRUPPE.

Der Projektmappen-Explorer

Jede .NET-Anwendung setzt sich aus mehreren Codekomponenten zusammen, und jede .NET-Anwendung kann ihrerseits ein Element einer Gruppe von Einzelprojekten sein, die als *Projektmappe* bezeichnet wird. Der *Projektmappen-Explorer* zeigt die Struktur aller geladenen Projekte an, indem er einerseits die einzelnen Quellcodedateien, die unter Visual C# die Dateiendung *.CS* haben, angibt und andererseits alle Abhängigkeiten eines Projekts (Verweise) mitteilt.

Für uns ist der Projektmappen-Explorer neben der Klassenansicht, die ich im folgenden Abschnitt beschreiben werde, diejenige Komponente der Entwicklungsumgebung, die uns bei der Navigation in unserem Anwendungscode maßgeblich unterstützt: Ein Doppelklick auf eine der aufgelisteten Dateien öffnet im Code-Editor eine Registerkarte, die den Quellcode der Datei enthält. Der Projektmappen-Explorer in Abbildung 1.8 enthält zwei Projekte: *ConsoleApp1* und *ConsoleAppl2*.

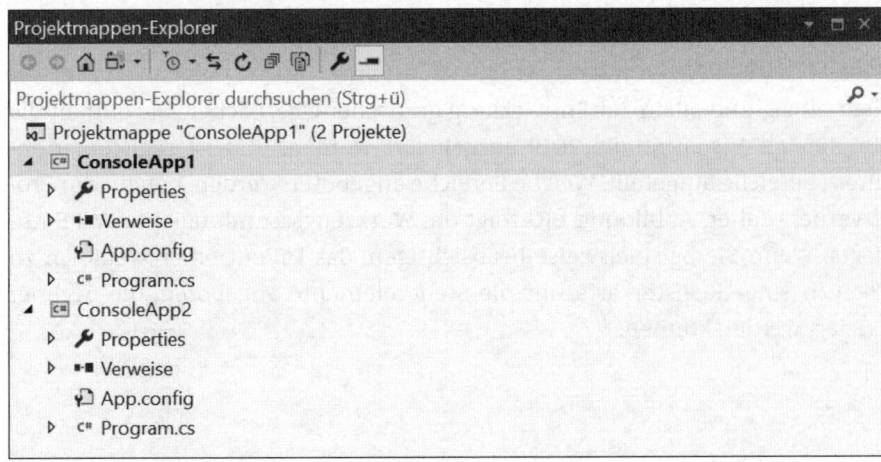

Abbildung 1.8 Der Projektmappen-Explorer

Das Eigenschaftsfenster

Ein Fenster, das sich von Anfang an in der Entwicklungsumgebung einnistet, ist das Fenster *Eigenschaften*. Seine ganze Stärke bei der Anwendungsentwicklung spielt dieses Fenster hauptsächlich dann aus, wenn grafische Oberflächen wie die einer Windows-Anwendung eine Rolle spielen. Sie können hier auf sehr einfache und übersichtliche Art und Weise die Eigenschaften von Schaltflächen, Forms etc. einstellen.

Abbildung 1.9 zeigt den Eigenschaften-Dialog, wenn im Projektmappen-Explorer ein WPF-Window markiert ist. Sie könnten nun beispielsweise die Eigenschaft Background ändern, um eine vom Standard abweichende Hintergrundfarbe des Fensters festzulegen. Ändern lassen sich natürlich nur die aktivierten Eigenschaften, die in schwarzer Schriftfarbe erscheinen. Eigenschaften in grauer Schriftfarbe sind schreibgeschützt.

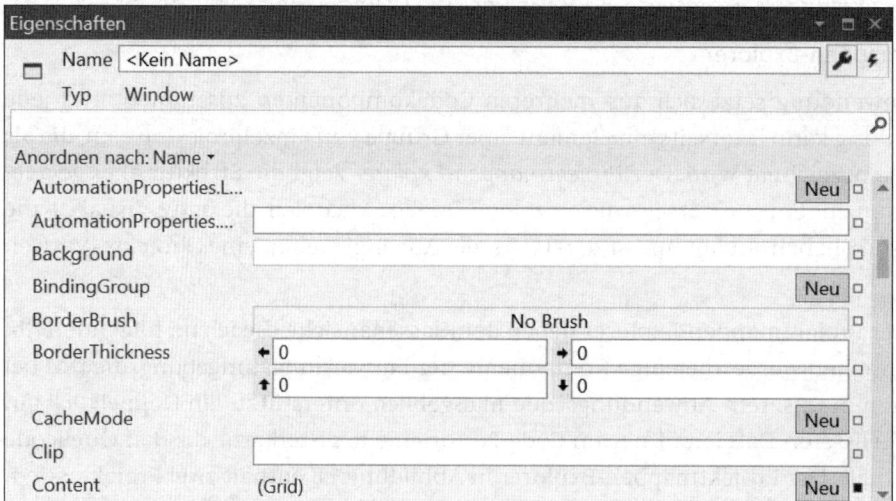

Abbildung 1.9 Das Eigenschaftsfenster

Der Werkzeugkasten (Toolbox)

Die *Toolbox* dient einzig und allein zur Entwicklung grafischer Oberflächen. Sie enthält die Steuerelemente, die mit Visual Studio 2019 ausgeliefert werden, und ist registerkartenähnlich in mehrere Bereiche aufgeteilt. Welche Bereiche angeboten werden, hängt vom Projekttyp ab und variiert daher. Abbildung 1.10 zeigt die Werkzeugsammlung eines WPF-Anwendungsprojekts. Wenn Sie beispielsweise beabsichtigen, das Layout einer Webform zu gestalten, werden in einer Registerkarte nur die Steuerelemente angeboten, die in einer HTML-Seite platziert werden können.

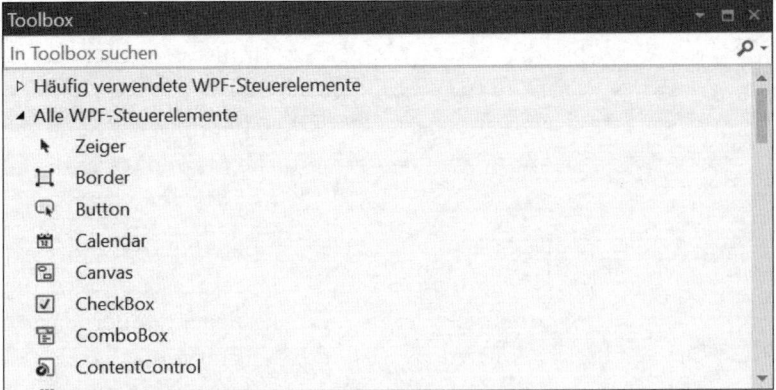

Abbildung 1.10 Die Toolbox

Im zweiten Teil dieses Buches, in dem wir uns der WPF-Programmierung widmen, werden Sie lernen, die meisten der in der Toolbox angebotenen Steuerelemente einzusetzen.

Der Server-Explorer

Die meisten der bisher erwähnten Dialoge der Entwicklungsumgebung dienen der direkten Entwicklungsarbeit. Ich möchte Ihnen aber an dieser Stelle noch einen weiteren Dialog vorstellen, der Sie bei der Anwendungserstellung zumindest indirekt unterstützt: Es ist der *Server-Explorer*. Sie können ihn zur Entwicklungsumgebung von Visual Studio 2019 hinzufügen, indem Sie ihn im Menü ANSICHT auswählen.

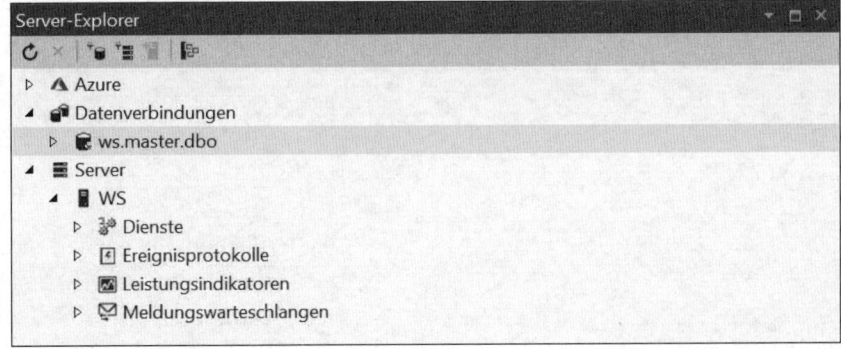

Abbildung 1.11 Der Server-Explorer

Die Leistungsfähigkeit des Server-Explorers ist wirklich beeindruckend, denn er integriert den Zugriff auf Dienste und Datenbanken in die Entwicklungsumgebung – und das nicht nur bezogen auf die lokale Maschine, sondern auch auf Systemressourcen, auf die über das Netzwerk zugegriffen werden kann (entsprechende Berechtigungen natürlich vorausgesetzt). Ihnen bleibt es damit erspart, aus Visual Studio heraus immer wieder andere Programme aufzurufen, um an benötigte Informationen zu gelangen.

Kapitel 2
Grundlagen der Sprache C#

2.1 Konsolenanwendungen

2.1.1 Allgemeine Anmerkungen

Nach der Einführung im ersten Kapitel wenden wir uns nun der Programmierung mit C# zu, die sich grundsätzlich in zwei Bereiche unterteilen lässt:

▶ die fundamentale Sprachsyntax

▶ die Objektorientierung

Ein tiefgehendes Verständnis beider Ansätze ist Voraussetzung, um eine auf .NET basierende Anwendung entwickeln zu können. Wenn Sie keine Programmierkenntnisse haben, auf die aufgebaut werden kann, ist das gleichzeitige Erlernen beider Teilbereiche schwierig und hindernisreich – ganz abgesehen von den Problemen, die der Umgang mit der komplexen Entwicklungsumgebung aufwirft. Wir werden uns daher in diesem Kapitel zunächst der elementaren Syntax von C# ohne Berücksichtigung der Objektorientierung zuwenden – zumindest weitestgehend, denn ohne den einen oder anderen flüchtigen Blick in die .NET-Klassenbibliothek werden wir nicht auskommen.

Um den Einstieg möglichst einfach zu halten, insbesondere für diejenigen Leser, die sich zum ersten Mal mit der Programmierung beschäftigen, werden wir unsere Programmbeispiele zunächst nur als Konsolenanwendungen entwickeln. Diese sind einerseits überschaubarer als Anwendungen mit visualisiertem UI, andererseits können Sie sich mit der Entwicklungsumgebung schrittweise vertraut machen, ohne durch die vielen Dialogfenster und den automatisch generierten Code sofort den Überblick zu verlieren.

Das Ziel dieses Kapitels ist es, Ihnen die fundamentale Sprachsyntax von C# näherzubringen. Erst danach soll der objektorientierte Ansatz ab Kapitel 3, »Das Klassendesign«, eingehend erläutert werden.

2.1.2 Ein erstes Konsolenprogramm

Sollten Sie bereits mit einer alten Version von Visual Studio gearbeitet haben, werden Sie feststellen, dass sich der Startvorgang nun deutlich geändert hat. Es wird nämlich nicht sofort Visual Studio geöffnet, sondern zuerst ein Dialog wie in Abbildung 2.1 angezeigt.

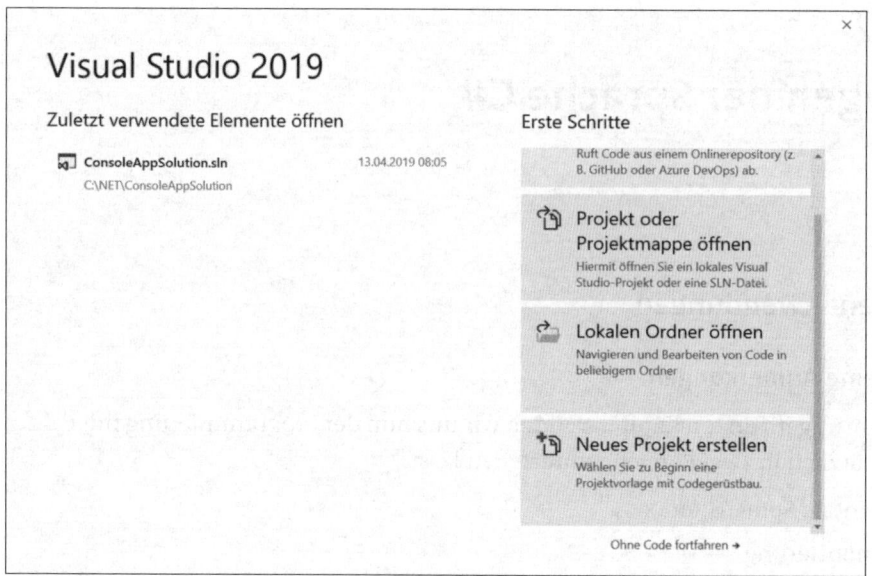

Abbildung 2.1 Der erste Dialog nach dem Start von Visual Studio 2019

In der linken Hälfte des Dialogs werden alle Projekte aufgelistet, die Sie mit Visual Studio erstellt haben. Hier haben Sie per Link die Möglichkeit, sehr schnell ein Projekt zu öffnen, an dem Sie weiterarbeiten möchten. Im rechten Teilbereich werden Ihnen andere Optionen angeboten. Mit dem untersten Eintrag erstellen Sie ein komplett neues Projekt. Haben Sie diese Option gewählt, wird ein weiterer Dialog geöffnet (siehe Abbildung 2.2).

In diesem Dialog müssen Sie die gewünschte Projektvorlage einstellen. Davon gibt es je nachdem, was Sie installiert haben, sehr viele. Um die angebotenen Projektvorlagen einzugrenzen, können Sie die SPRACHE (hier C#), die PLATTFORM (hier Windows) und den PROJEKTTYP einstellen. Da wir uns in den ersten Kapiteln dieses Buches mit den Grundlagen von C# und der objektorientierten Programmierung beschäftigen werden, sollten Sie unter PROJEKTTYP das Angebot KONSOLE auswählen. Möglicherweise werden Ihnen nun mehrere Auswahlmöglichkeiten angezeigt. Achten Sie bitte darauf, dass Sie sich für KONSOLEN-APP (.NET FRAMEWORK) entscheiden und nicht beispielsweise FÜR KONSOLEN-APP (.NET CORE).

Im linken Bereich werden Ihnen alle Projektvorlagen gezeigt, mit denen Sie in der Vergangenheit gearbeitet haben. Oft ist es besser und schneller, hier die Wahl zu treffen.

Der dritte Dialog (siehe Abbildung 2.3) dient dazu, dem neu anzulegenden Projekt einen passenden Bezeichner zu geben und den Speicherort des Projekts festzulegen. Darüber hinaus sollten Sie einen passenden Projektmappenbezeichner wählen. Einer Projektmappe können mehrere Projekte hinzugefügt werden, unabhängig davon, ob sie miteinander in Beziehung stehen oder nicht. Damit ist eine Projektmappe nur ein Verwaltungsorgan von Visual Studio und befreit Sie davon, für jedes Projekt sofort eine neue Instanz von Visual Studio starten zu müssen.

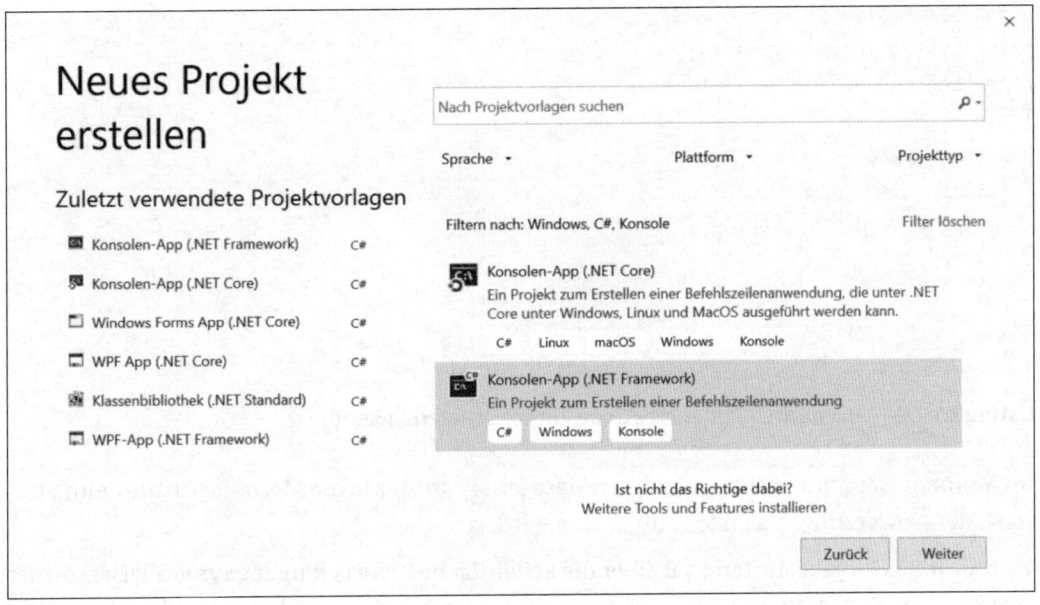

Abbildung 2.2 Auswahl der Projektvorlage

Abbildung 2.3 Anlegen eines neuen Projekts

Nach Betätigen der Taste ERSTELLEN wird im Code-Editor eine Codestruktur angezeigt, die der gewählten Projektvorlage entspricht. Bei einer Konsolenanwendung sieht das so aus:

```
using System;
using System.Collections.Generic;
using System.Linq;
```

```
using System.Text;
using System.Threading.Tasks;
namespace ConsoleApp1
{
  class Program
  {
    static void Main(string[] args)
    {
    }
  }
}
```

Listing 2.1 Der automatisch generierte Code einer Konsolenanwendung

Im Moment ist es nur wichtig, zu wissen, dass `static void Main` die Methode ist, die beim Starten einer Anwendung als Erstes aufgerufen wird.

Wenn wir das Projekt starten (z. B. über die Schaltfläche STARTEN in der Symbolleiste) öffnet sich kurz das Kommandofenster, das im Moment noch leer ist, in dem wir aber Informationen ausgeben können. Das wollen wir nun in unserer ersten kleinen Anwendung realisieren und uns die Zeichenfolge »C# macht Spaß.« anzeigen lassen. Dazu ergänzen Sie den Programmcode folgendermaßen:

```
static void Main(string[] args)
{
  Console.WriteLine("C# macht Spaß.");
  Console.ReadLine();
}
```

Listing 2.2 Eine erste Ausgabe in der Konsole

Wir haben zwei Zeilen Programmcode eingefügt. Die erste Anweisung dient dazu, eine Ausgabe in die Konsole zu schreiben. Die genaue Syntax werde ich später noch erklären. Würden wir auf die zweite Anweisung verzichten, würde sich das Konsolenfenster zwar öffnen, aber auch sofort wieder schließen, weil das Ende von `Main`, nämlich die schließende geschweifte Klammer, erreicht wird. Wir könnten kaum die Ausgabe der Zeichenfolge lesen. Mit

```
Console.ReadLine();
```

stellen wir also sicher, dass die Konsole so lange geöffnet bleibt, bis der Anwender sie mit der ⏎-Taste schließt. Nahezu gleichwertig können Sie auch

```
Console.ReadKey();
```

schreiben. Der Unterschied ist der, dass `ReadKey` auf jede Taste reagiert, `ReadLine` aber nur auf ⏎.

Nun wollen wir uns vom Erfolg unserer Aktion natürlich auch noch überzeugen und das Laufzeitverhalten testen. Dazu gibt es mehrere Möglichkeiten:

▶ Sie klicken in der Symbolleiste auf die Schaltfläche STARTEN.

▶ Sie wählen im Menü DEBUGGEN das Element DEBUGGEN STARTEN.

▶ Sie drücken die ⎡F5⎤-Taste auf der Tastatur.

> **Hinweis**
>
> Sie können das Projekt aus der Entwicklungsumgebung auch starten, wenn Sie im Menü DE-BUGGEN das Untermenü STARTEN OHNE DEBUGGEN wählen. Das hat den Vorteil, dass Sie auf die Anweisung
>
> `Console.ReadLine();`
>
> verzichten können. Dafür wird an der Konsole automatisch die Aufforderung `Drücken Sie eine beliebige Taste ...` angezeigt.

Wenn die Ausführung gestartet wird, sollte sich das Konsolenfenster öffnen und wunschgemäß die Zeichenfolge `C# macht Spaß.` anzeigen. Geschlossen wird die Konsole durch Drücken der ⎡↵⎤-Taste. Die Laufzeit wird dann beendet.

Nehmen wir an, Sie hätten einen kleinen Fehler gemacht und vergessen, hinter der Anweisung

`Console.ReadLine()`

ein Semikolon anzugeben. Wie Sie später noch erfahren werden, muss jede C#-Anweisung mit einem Semikolon abgeschlossen werden. Nun würde ein syntaktischer Fehler vorliegen, den unser C#-Compiler nicht akzeptiert. Sie bekommen eine Meldung zu dem aufgetretenen Fehler in einem separaten Fenster angezeigt, in der sogenannten *Fehlerliste* (siehe Abbildung 2.4).

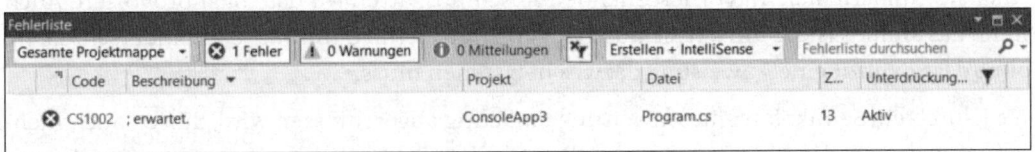

Abbildung 2.4 Die Liste mit den Fehlermeldungen

In unserem Beispiel ist nur ein Fehler aufgetreten. Wären es mehrere, würden sie der Reihe nach untereinander angezeigt. Die Beschreibung des Fehlers ist in den meisten Fällen recht informativ – zumindest wenn man etwas Erfahrung im Umgang mit .NET hat. Da sich .NET-Anwendungen in der Regel aus mehreren Dateien zusammensetzen, wird zudem die betroffene Datei genannt und die Zeile, in der der Fehler aufgetreten ist.

Anmerkung

Sollten Sie im Codefenster keine Zeilennummern sehen, können Sie die Anzeige über das Menü EXTRAS • OPTIONEN einstellen. Markieren Sie dazu in der Liste den Eintrag TEXT-EDITOR • ALLE SPRACHEN, und setzen Sie das Häkchen vor ZEILENNUMMERN.

Doppelklicken Sie auf einen Listeneintrag im Fenster FEHLERLISTE, springt der Eingabecursor in die Codezeile, die den Fehler verursacht hat. An dieser Stelle sei angemerkt, dass mehrere Fehlereinträge nicht zwangsläufig verschiedene Fehlerursachen haben müssen. Häufig kommt es vor, dass ein einzelner Fehler zu Folgefehlern bei der Kompilierung führt, die alle in der Liste erscheinen. Daher sollten Sie sich in der Fehlerliste immer zuerst dem ersten Eintrag widmen, da seine Beseitigung oft zu einer Reduzierung oder gar kompletten Auflösung der Fehlerliste führt.

2.2 Grundlagen der C#-Syntax

2.2.1 Kennzeichnen, dass eine Anweisung abgeschlossen ist

C#-Programme setzen sich aus vielen Anweisungen zusammen, die der Reihe nach ausgeführt werden. Anweisungen legen fest, was das Programm zu tun hat und auf welche Art und Weise es das tut. Sie haben im vorherigen Abschnitt bereits Ihr erstes, wenn auch sehr kleines Programm mit zwei Anweisungen geschrieben:

```
Console.WriteLine("C# macht Spaß.");
Console.ReadLine();
```

Jede Anweisung verlangt nach einer Kennzeichnung, die das Ende der Anweisung angibt. Dazu wird in C# das Semikolon eingesetzt. Wenn Sie das Semikolon vergessen, erhalten Sie einen Kompilierfehler. Im vorhergehenden Abschnitt hatten wir das sogar provoziert. Auch wenn das sinnlos ist, so dürfen Sie durchaus mehrere Semikolons hintereinanderschreiben, ohne dass explizit eine Anweisung dazwischen stehen muss.

Weil durch ein Semikolon eine Anweisung eindeutig abgeschlossen wird, dürfen auch mehrere Anweisungen in eine Zeile geschrieben werden. Im Umkehrschluss kann eine Anweisung auch problemlos auf mehrere Zeilen verteilt werden, ohne dass es den Compiler stört.

Bei der Gestaltung des Programmcodes lässt C# Ihnen sehr viele Freiheiten. Leerzeichen, Tabulatoren und Zeilenumbrüche können nach Belieben eingestreut werden, ohne dass sich das auf die Kompilierung des Quellcodes oder die Ausführung des Programms auswirkt. Daher dürfte der Code unseres ersten Beispiels oben auch wie folgt aussehen:

```
Console.
    WriteLine("C# macht Spaß.")     ;
```

```
Console.
          ReadLine   (
)
              ;
```

Listing 2.3 »Streuung« des Programmcodes

Dass eine Streuung wie die gezeigte die gute Lesbarkeit des Codes beeinträchtigt, steht außer Frage. Aber der Compiler führt diesen Code dennoch korrekt aus.

Mit Einrückungen tragen Sie zu einer guten Lesbarkeit des Programmcodes bei. Sehen Sie sich dazu das Listing 2.2 an. Anweisungen, die innerhalb von geschweiften Klammern stehen, werden üblicherweise nach rechts eingerückt. Wenn Sie sich an den Beispielen in diesem Buch orientieren, werden Sie sehr schnell ein Gefühl dafür bekommen, wie Sie mit Einrückungen leichter lesbaren Code schreiben. Feste Regeln gibt es dazu allerdings nicht, es sind stillschweigende Konventionen.

2.2.2   Anweisungs- und Gliederungsblöcke

C#-Programmcode ist blockorientiert, das heißt, dass C#-Anweisungen grundsätzlich immer innerhalb eines Paars geschweifter Klammern geschrieben werden. Jeder Block kann eine beliebige Anzahl von Anweisungen enthalten – oder auch keine. Somit hat ein Anweisungsblock allgemein die folgende Form:

```
{
  Anweisung 1;
  Anweisung 2;
  [...]
}
```

Listing 2.4 Einfacher Anweisungsblock

Anweisungsblöcke lassen sich beliebig ineinander verschachteln. Dabei beschreibt jeder Anweisungsblock eine ihm eigene Ebene, z. B.:

```
{
  Anweisung 1;
  {
    Anweisung 2;
    Anweisung 3;
  }
  Anweisung 4;
}
```

Listing 2.5 Verschachtelte Anweisungsblöcke

Beachten Sie, wie Einzüge hier dazu benutzt werden, optisch die Zugehörigkeit einer oder mehrerer Anweisungen zu einem bestimmten Block deutlich zu machen. Die Anweisungen 2 und 3 sind zu einem Block zusammengefasst, der sich innerhalb eines äußeren Blocks befindet. Zum äußeren Anweisungsblock gehören Anweisung 1 und Anweisung 4 sowie natürlich auch der komplette innere Anweisungsblock.

2.2.3 Kommentare

Sie sollten nicht mit Kommentaren geizen. Kommentare helfen, den Programmcode der Anwendung besser zu verstehen. C# bietet zwei Möglichkeiten, Kommentare, die vom Compiler während des Kompiliervorgangs ignoriert werden, in den Quellcode einzustreuen. Die am häufigsten benutzte Variante ist die Einleitung eines Kommentars mit zwei Schrägstrichen:

```
// dies ist ein Kommentar
```

Ein //-Kommentar gilt für den Rest der gesamten Codezeile, kann jedes beliebige Zeichen enthalten und darf auch nach einer abgeschlossenen Anweisung stehen.

```
Console.WriteLine("..."); //Konsolenausgabe
```

Sollen viele zusammenhängende Zeilen zu einem längeren Kommentar zusammengefasst werden, bietet sich die zweite Alternative an, bei der ein Kommentar mit /* eingeleitet und mit */ abgeschlossen wird. Alle Zeichen, die sich dazwischen befinden, sind Bestandteil des Kommentars.

```
/* Console.WriteLine("...");
Console.ReadLine();*/
```

Tatsächlich kann man diesen Kommentar sogar mitten in einer Anweisung schreiben, ohne dass der C#-Compiler das als Fehler ansieht:

```
Console.WriteLine /* Kommentar */("...");
```

Die Entwicklungsumgebung von Visual Studio bietet eine recht interessante und einfache Alternative, insbesondere größere Blöcke auf einen Schlag auszukommentieren. Sie müssen dazu nur sicherstellen, dass in der Entwicklungsumgebung die Symbolleiste TEXT-EDITOR angezeigt wird. Dazu brauchen Sie nur mit der rechten Maustaste das Kontextmenü einer der aktuellen Symbolleisten zu öffnen. Im Kontextmenü finden Sie alle Symbolleisten der Entwicklungsumgebung aufgelistet. Da die Anzahl als nicht gering bezeichnet werden kann, lassen sich die einzelnen Symbolleisten nach Bedarf ein- oder ausblenden.

Die Symbolleiste *Text-Editor* enthält zwei Schaltflächen, um markierte Codeblöcke auszukommentieren ❶ oder eine Kommentierung wieder aufzuheben ❷ (siehe Abbildung 2.5).

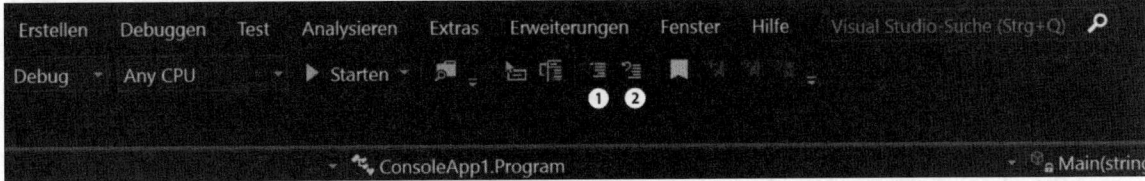

Abbildung 2.5 Kommentare mit Hilfe der Symbolleiste

Anmerkung

In diesem Buch werden alle Kommentare grau hinterlegt, um auf einen Blick deutlich zwischen Code und Kommentar unterscheiden zu können. Zudem bezieht sich in diesem Buch
jeder Kommentar auf die darunterliegende Anweisung.

2.2.4   Die Groß- und Kleinschreibung

C# gehört zu der Gruppe von Programmiersprachen, die zwischen Groß- und Kleinschreibung unterscheiden. Falls Sie die Anweisung zur Konsolenausgabe mit

```
Console.Writeline("...");
```

codieren, werden Sie bei der Kompilierung mit einer Fehlermeldung konfrontiert. Korrekt
müsste es lauten:

```
Console.WriteLine("...");
```

Die Folge ist, dass zwei gleich lautende Bezeichner, die sich nur durch Groß- und Kleinschreibung unterscheiden, in C# auch für zwei unterschiedliche Programmelemente stehen.

2.2.5   Die Struktur einer Konsolenanwendung

Sehen Sie sich noch einmal Listing 2.1 an. Dabei handelt es sich um den Code, den uns die
Entwicklungsumgebung nach dem Öffnen eines neuen Projekts erzeugt.

Wir erkennen nun mehrere verschachtelte Blockstrukturen. Der äußere Block definiert
einen Namespace mit dem Namen `ConsoleApp1`. Namespaces dienen zur Sicherstellung der
Eindeutigkeit eines Bezeichners (hier der Klasse `Program`). Wir kommen auf die Details der
Namespaces am Ende von Kapitel 3, »Das Klassendesign«, noch einmal zu sprechen. Im
Namespace eingebettet ist eine Klassendefinition, die einen eigenen Anweisungsblock
beschreibt:

```
namespace ConsoleApp1
{
  class Program
  {
  }
}
```

Listing 2.6 Im Namespace eingebettete Klassendefinition

C# ist eine 100%ig objektorientierte Sprache. Das bedeutet, dass grundsätzlich immer eine Klassendefinition vorliegen muss, um mit einem Objekt arbeiten zu können.

Eine Klasse beschreibt einen Typ, und in unserem Fall heißt dieser Typ Program. Der Bezeichner Program ist nur als Vorschlag der Entwicklungsumgebung anzusehen und darf innerhalb des aktuellen Namespaces (hier also ConsoleApp1) frei vergeben werden, solange die Eindeutigkeit innerhalb des Namespace gewährleistet ist.

Wie Sie sehen, kommen wir schon an dieser Stelle zum ersten Mal mit Klassen in Berührung. Was eine Klasse darstellt und wie man sie einsetzt, beschreibe ich in Kapitel 3, »Das Klassendesign«. Interessanter ist für uns momentan der Anweisungsblock, der innerhalb der Klasse Program vordefiniert ist. In ihm wird die Methode Main beschrieben:

```
static void Main(string[] args)
{
}
```

Bei Main handelt es sich um eine Methode, die für uns von herausragender Bedeutung ist: Wenn wir die Laufzeitumgebung einer eigenstartfähigen Anwendung (EXE-Datei) starten, wird zuerst Main ausgeführt. Sie dürfen den Namen von Main auch nicht ändern und müssen natürlich auch die Großschreibweise berücksichtigen, denn beim Start der Laufzeitumgebung wird immer nach Main gesucht und nicht nach main oder nach start.

Weiter oben habe ich gesagt, dass Anweisungen immer innerhalb eines Blocks aus geschweiften Klammern codiert werden. Wir können diese Aussage nun präzisieren: Anweisungen werden grundsätzlich immer innerhalb des Anweisungsblocks einer Methode implementiert (siehe Listing 2.2).

Sehen wir uns noch kurz die Definition der Main-Methode an. Die beiden dem Bezeichner vorausgehenden Schlüsselwörter static und void sind zwingend notwendig. Sollten Sie bereits mit C++ oder Java Anwendungen entwickelt haben, werden Sie die Bedeutung dieser beiden Modifizierer kennen: Mit static werden Methoden bezeichnet, die beim Aufruf kein konkretes Objekt voraussetzen, und void beschreibt eine Methode ohne Rückgabewert. Im Moment soll diese Information genügen, denn eine genauere Kenntnis hätte derzeit keine Auswirkungen auf die ersten Schritte in die Welt der C#-Programme.

Ein Konsolenprogramm wird gestartet, indem Sie den Namen der Anwendungsdatei an der Konsole eingeben. Manchmal ist es notwendig, dem Programm beim Start Anfangswerte mitzuteilen, die vom laufenden Programm zur Ausführung und Weiterverarbeitung benötigt werden. Angenommen, Sie wollen einer Konsolenanwendung mit dem Dateinamen *MyApplication.exe* die drei Zahlen 10, 14 und 17 übergeben, sähe der Aufruf an der Eingabeaufforderung wie folgt aus:

```
MyApplication.exe 10 14 17
```

Diese drei Zahlen werden vom Parameter `args`, der hinter dem Bezeichner `Main` in runden Klammern angegeben ist, in Empfang genommen.

Wie die übergebenen Daten im Programmcode verarbeitet werden können, folgt später. Die Angabe der Parameterliste ist optional. Benötigt ein Programm bei seinem Aufruf keine Daten, kann die Parameterliste leer bleiben. Die Angabe der runden Klammern ist aber unbedingt erforderlich.

2.3   Variablen und Datentypen

Dateninformationen bilden die Grundlage der Datenverarbeitung und hauchen einem Programm Leben ein: Daten können anwendungsspezifisch sein, den Zustand von Objekten beschreiben, Informationen aus Datenbanken repräsentieren oder auch nur eine Netzwerkadresse. Daten bilden also gemeinhin die Basis der Gesamtfunktionalität einer Anwendung.

2.3.1   Variablendeklaration

Praktisch jedes Programm benötigt Daten, um bestimmte Aufgaben zu erfüllen. Daten werden in Variablen vorgehalten. Dabei steht eine Variable für eine Adresse im Hauptspeicher des Rechners. Ausgehend von dieser Adresse wird eine bestimmte Anzahl von Bytes reserviert – entsprechend dem Typ der Variablen. Das, was eine Variable repräsentiert, kann vielfältiger Art sein: eine einfache Ganzzahl, eine Fließkommazahl, ein einzelnes Zeichen, eine Zeichenkette, eine Datums- oder Zeitangabe, aber auch die Referenz auf die Startadresse eines Objekts.

Der Bezeichner einer Variablen dient dazu, die Speicheradresse des Werts im Programmcode mit einem Namen anzusprechen, der sich einfach merken lässt. Er ist also vom Wesen her nichts anderes als ein Synonym oder Platzhalter eines bestimmten Speicherorts.

Variablen müssen deklariert werden. Unter einer *Deklaration* wird die Bekanntgabe des Namens der Variablen sowie des von ihr repräsentierten Datentyps verstanden. Die Deklaration muss vor der ersten Wertzuweisung an die Variable erfolgen. Dabei wird zuerst der

Datentyp angegeben, dahinter der Variablenname. Abgeschlossen wird die Deklaration mit einem Semikolon. Beispielsweise könnte eine zulässige Deklaration wie folgt aussehen:

```
int value;
```

Damit wird dem Compiler mitgeteilt, dass der Bezeichner value für einen Wert steht, der vom Typ einer Ganzzahl, genauer gesagt vom Typ int (Integer) ist. Mit

```
value = 1000;
```

wird dieser Variablen ein gültiger Wert zugewiesen. Man spricht dann auch von der *Initialisierung* der Variablen.

Wenn Sie versuchen, auf eine nicht deklarierte Variable zuzugreifen, wird der C#-Compiler einen Fehler melden. Ebenso falsch ist es, den Inhalt einer nicht initialisierten Variablen auswerten zu wollen. Deklaration und Initialisierung können auch in einer einzigen Anweisung erfolgen:

```
int value = 0;
```

Auf diese Weise vermeiden Sie eine nicht initialisierte Variable. Müssen Sie mehrere Variablen vom gleichen Typ deklarieren, können Sie die Bezeichner, getrennt durch ein Komma, hintereinander angeben:

```
int a, b, c;
```

Sie können dann auch eine oder mehrere Variablen sofort initialisieren:

```
int a, b = 9, c = 12;
```

2.3.2 Der Variablenbezeichner

Ein Variablenname unterliegt besonderen Reglementierungen:

▶ Ein Bezeichner darf sich nur aus alphanumerischen Zeichen und dem Unterstrich zusammensetzen. Leerzeichen und andere Sonderzeichen wie beispielsweise #, § und $ sind nicht zugelassen.

▶ Ein Bezeichner muss mit einem Buchstaben oder dem Unterstrich anfangen.

▶ Ein einzelner Unterstrich als Variablenname ist nicht zulässig.

▶ Der Bezeichner muss eindeutig sein. Er darf nicht gleichlautend mit einem Schlüsselwort, einer Methode, einer Klasse oder einem Objektnamen sein.

Noch ein Hinweis zur Namensvergabe: Wählen Sie grundsätzlich beschreibende Namen, damit Ihr Code später besser lesbar wird. Einfache Bezeichner wie x oder y usw. sind wenig aussagekräftig. Besser wäre eine Wahl wie color, salary oder firstName. Nur den Zählervariablen von Schleifen werden meistens Kurznamen gegeben.

Hinweis

Die hier exemplarisch angegebenen Variablenbezeichner fangen alle mit einem Kleinbuchstaben an. Folgen Sie der allgemeinen .NET-Namenskonvention, sollten alle Variablen, die innerhalb einer Methode definiert sind, mit einem Kleinbuchstaben beginnen. Man spricht bei diesen Variablen auch von *lokalen Variablen*. Alle weiteren Fälle jetzt aufzuführen, würde den Rahmen momentan sprengen. Es sei aber angemerkt, dass in diesem Buch die Variablenbezeichner fast durchweg der .NET-Namenskonvention folgen.

2.3.3 Der Zugriff auf eine Variable

Wir wollen uns jetzt noch ansehen, wie wir uns den Inhalt einer Variablen an der Konsole ausgeben lassen können. Wir deklarieren dazu eine Variable vom Typ long und weisen ihr einen Wert zu, den wir danach an der Konsole ausgeben lassen.

```
static void Main(string[] args)
{
  long value = 4711;
  Console.WriteLine("value = {0}", value);
  Console.ReadLine();
}
```

Listing 2.7 Variablen innerhalb der Methode »Main«

Die Ausgabe im Befehlsfenster wird wie folgt lauten:

```
value = 4711
```

In diesem Listing wird eine andere Variante der Konsolenausgabe erstmalig benutzt:

```
Console.WriteLine("value = {0}",value);
```

In diesem Listing wird eine andere Variante der Konsolenausgabe erstmalig benutzt:

```
Console.WriteLine("value = {0}",value);
```

Sie haben bereits gesehen, dass mit Console.WriteLine eine einfache Konsolenausgabe codiert wird. WriteLine ist eine Methode, die in der Klasse Console definiert ist. Jetzt fehlt noch die genaue Erklärung der verwendeten Syntax zur Ausgabe der Daten.

2.3.4 Ein- und Ausgabemethoden der Klasse »Console«

Es bleibt uns nichts anderes übrig, als an dieser Stelle einen kleinen Ausflug in die Welt der Klassen und Objekte zu unternehmen, weil wir immer wieder mit den Methoden verschiedener Klassen arbeiten werden. Es handelt sich dabei meist um Methoden, die an der Eingabekonsole Ein- und Ausgabeoperationen durchführen: `Write` und `WriteLine` sowie `Read` und `ReadLine`.

Die Methoden »WriteLine«, »ReadLine«, »Write« und »Read«

Die Klasse `Console` ermöglicht es, über die beiden Methoden `Write` und `WriteLine` auf die Standardausgabeschnittstelle zuzugreifen. Der Begriff »Ausgabeschnittstelle« mag im ersten Moment ein wenig verwirren, aber tatsächlich wird darunter die Anzeige an der Konsole verstanden. `WriteLine` und `Write` unterscheiden sich dahingehend, dass die erstgenannte Methode dem Ausgabestring automatisch einen Zeilenumbruch anhängt und den Cursor in die folgende Ausgabezeile setzt. Nach dem Aufruf der Methode `Write` verbleibt der Eingabecursor in der aktuellen Ausgabezeile. Beide Methoden sind aber ansonsten identisch.

Grundsätzlich gilt: Wollen wir die Methode eines Objekts oder einer Klasse aufrufen, geben wir den Objekt- bzw. Klassennamen an und von diesem durch einen Punkt getrennt den Namen der Methode. Man spricht hierbei auch von der sogenannten *Punktnotation*. An den Methodennamen schließt sich ein Klammerpaar an. Allgemein lautet die Syntax also:

```
Objektname.Methodenname();
```

Sie können sich mit dieser Syntax durchaus schon vertraut machen, denn sie wird Ihnen ab sofort überall begegnen, da sie in objektorientiertem Programmcode elementar ist.

Das runde Klammerpaar hinter der `Read`- bzw. `ReadLine`-Methode bleibt immer leer. Bei den Methoden `Write` und `WriteLine` werden innerhalb der Klammern die auszugebenden Daten einschließlich ihres Ausgabeformats beschrieben. Allerdings dürfen auch bei den beiden letztgenannten Methoden die Klammern leer bleiben. Im einfachsten Fall wird einer der beiden Ausgabemethoden eine Zeichenfolge in Anführungsstrichen übergeben:

```
Console.WriteLine("C# macht Spaß.");
```

Formatausdrücke in den Methoden »Write« und »WriteLine«

Damit sind die Möglichkeiten der `Write`/`WriteLine`-Methoden noch lange nicht erschöpft. Die flexiblen Formatierungsmöglichkeiten erlauben die Ausgabe von Daten an beliebigen Positionen innerhalb der Ausgabezeichenfolge. Dazu dient ein Platzhalter, der auch als *Formatausdruck* bezeichnet wird. Er ist an den geschweiften Klammern zu erkennen und enthält zumindest eine Zahl. Hinter der auszugebenden Zeichenfolge werden, durch ein Komma getrennt, die Informationen übergeben, was anstelle des Formatausdrucks auszugeben ist. Sehen wir uns dazu ein Beispiel an:

```
string text1 = "C#";
string text2 = "Spass";
Console.Write("{0} macht {1}.", text1, text2);
```

Listing 2.8 Formatausdruck in der Methode »Console.WriteLine«

Hier sind die beiden Variablen text1 und text2 vom Typ string deklariert, die mit einer in Anführungsstrichen gesetzten Zeichenfolge initialisiert werden.

Die auszugebende Zeichenfolge wird in Anführungsstriche gesetzt. Getrennt durch Kommata werden dahinter die beiden Variablen text1 und text2 bekannt gegeben. Der Inhalt der zuerst genannten Variablen text1 ersetzt den Formatausdruck {0} innerhalb der Ausgabezeichenfolge, die zweite Variable text2 ersetzt den Formatausdruck {1}. Entscheidend ist, dass dem ersten Parameter (text1) die Zahl 0 zugeordnet wird, dem zweiten (text2) die Zahl 1 usw. Die Konsolenausgabe lautet:

```
C# macht Spaß.
```

Innerhalb des Ausgabestrings müssen die anzuzeigenden Listenelemente nicht der Reihenfolge nach durchlaufen werden. Man kann sie beliebig ansprechen oder sogar einfach ungenutzt lassen. Die Anweisung

```
Console.Write("{1} macht {0}.", text1, text2);
```

würde demnach zu der folgenden Ausgabe führen:

```
Spaß macht C#.
```

Der Formatausdruck dient nicht nur der eindeutigen Bestimmung des Elements, er ermöglicht auch eine weitergehende Einflussnahme auf die Ausgabe. Soll der einzusetzende Wert eine bestimmte Breite einnehmen, gilt die syntaktische Variante:

```
{N, M}
```

Dabei gilt Folgendes:

▶ N ist ein nullbasierter Zähler.

▶ M gibt die Breite der Ausgabe an.

Unbesetzte Plätze werden durch eine entsprechende Anzahl von Leerzeichen aufgefüllt. Sehen wir uns dazu ein Codefragment an:

```
int value = 10;
Console.WriteLine("Ich kaufe {0,3} Eier", value);
Console.WriteLine("Ich kaufe {0,10} Eier", value);
```

Listing 2.9 Erweiterte Formatierungsmöglichkeiten

Die Ausgabe von Listing 2.9 lautet:

```
Ich kaufe  10 Eier
Ich kaufe         10 Eier
```

Die erste Ausgabe hat eine Gesamtbreite von drei Zeichen, die Zahl selbst ist allerdings nur zwei Ziffern breit. Daher wird vor der Zahl ein Leerzeichen gesetzt. Da für die Breite der zweiten Ausgabe zehn Zeichen vorgeschrieben sind, werden links von der Zahl acht Leerstellen eingefügt.

Die Breitenangabe darf auch negativ sein. Die Ausgabe erfolgt dann linksbündig, daran schließen sich die Leerstellen an.

Sie können den Formatausdruck so spezifizieren, dass numerische Ausgabedaten eine bestimmte Formatierung annehmen. Das führt uns zu der vollständigen Syntax des Formatausdrucks:

```
// Syntax des Formatausdrucks
{N [,M][:Format]}
```

Format spezifiziert, wie die Daten angezeigt werden. In Tabelle 2.1 werden die möglichen Optionen aufgelistet.

Formatangabe	Beschreibung
C	Zeigt die Zahl im lokalen Währungsformat an.
D	Zeigt die Zahl als dezimalen Integer an.
E	Zeigt die Zahl im wissenschaftlichen Format an (Exponentialschreibweise).
F	Zeigt die Zahl im Festpunktformat an.
G	Eine numerische Zahl wird entweder im Festpunkt- oder im wissenschaftlichen Format angezeigt. Zur Anzeige kommt das »kompakteste« Format.
N	Zeigt eine numerische Zahl einschließlich Kommaseparatoren an.
P	Zeigt die numerische Zahl als Prozentzahl an.
X	Die Anzeige erfolgt in Hexadezimalnotation.

Tabelle 2.1 Formatangaben der Formatausgabe

An alle Formatangaben kann eine Zahl angehängt werden, aus der die Anzahl der signifikanten Stellen hervorgeht. Nachfolgend sollen einige Beispiele den Einsatz der Formatangaben demonstrieren:

```
int value = 4711;
// Ausgabe: value=4,711000E+03
Console.WriteLine("value={0:E}", value);
// Ausgabe: value=4,71E+003
Console.WriteLine("value={0:E2}", value);
float value1 = 0.2512F;
// Ausgabe: value1=     0,2512
```

```
Console.WriteLine("value1={0,10:G}", value1);
// Ausgabe: value1=25,1200%
Console.WriteLine("value1={0:P4}", value1);
```

Listing 2.10 Verschieden formatierte Ausgaben

Stringinterpolation

Formatausdrücke haben das Ziel, durch Vermeidung von Stringverkettungen eine Zeichenfolge besser lesbar zu machen. Andererseits können viele Formatausdrücke dazu führen, dass die Zuordnung eines Formatausdrucks zu seinem Wert mühsam wird. Hier hilft ein Feature weiter, das in C# 6.0 eingeführt wurde: die Stringinterpolation. Die String-Interpolation erlaubt die Angabe der Variablen direkt innerhalb der geschweiften Klammern des Formatausdrucks. Dazu ein kleines Beispiel:

```
int a = 67;
int b = 771;
Console.WriteLine($"a = {a}, b = {b}");
```

Listing 2.11 String-Interpolation

Beachten Sie, dass vor der Zeichenfolge das Zeichen $ gesetzt werden muss.

Escape-Zeichen

Ähnlich wie andere Hochsprachen stellt C# eine Reihe von Escape-Sequenzen zur Verfügung, die dann verwendet werden, wenn Sonderzeichen innerhalb einer Zeichenfolge ausgegeben werden sollen. Beispielsweise erzwingen Sie mit dem Zeichen \n einen Zeilenumbruch:

```
Console.Write("C#\nmacht\nSpaß.");
```

An der Konsole wird dann

```
C#
macht
Spaß.
```

angezeigt.

Escape-Zeichen	Beschreibung
\'	Fügt ein Hochkomma in die Zeichenfolge ein.
\''	Fügt Anführungsstriche ein.
\\	Fügt einen Backslash in die Zeichenfolge ein.

Tabelle 2.2 Die Escape-Zeichen

Escape-Zeichen	Beschreibung
\a	Löst einen Alarmton aus.
\b	Führt zum Löschen des vorhergehenden Zeichens.
\f	Löst einen Formularvorschub bei Druckern aus.
\n	Löst einen Zeilenvorschub aus (entspricht der Funktionalität der ⏎-Taste).
\r	Führt zu einem Wagenrücklauf.
\t	Führt auf dem Bildschirm zu einem Tabulatorsprung.
\u	Fügt ein Unicode-Zeichen in die Zeichenfolge ein.
\v	Fügt einen vertikalen Tabulator in eine Zeichenfolge ein.

Tabelle 2.2 Die Escape-Zeichen (Forts.)

Mit Escape-Sequenzen lässt sich die Ausgabe von Sonderzeichen sicherstellen. Es ist aber auch vorstellbar, dass Zeichen, die vom Compiler als Escape-Sequenz interpretiert werden, selbst Bestandteil der Zeichenfolge sind. Fügen Sie dann noch einen zweiten Backslash ein. Dazu ein kleines Beispiel. Angenommen, Sie möchten die Ausgabe

```
Hallo\nWelt
```

erzwingen. Sie müssen dann die folgende Anweisung codieren:

```
Console.WriteLine("Hallo\\nWelt");
```

Um die Interpretation als Escape-Sequenz für eine gegebene Zeichenfolge vollständig abzuschalten, wird vor der Zeichenfolge das Zeichen @ gesetzt.

```
Console.Write(@"C#\nmacht\nSpaß.");
```

Jetzt lautet die Konsolenausgabe:

```
C#\nmacht\nSpaß.
```

Die Methoden »ReadLine« und »Read«

Die Methode ReadLine liest ein oder mehrere Zeichen aus dem Eingabestrom – in unserem Fall ist das die Tastatur. Die Bereitschaft der Methode, auf Zeichen zu warten, endet mit dem Zeilenumbruch, der jedoch selbst nicht zu den eingelesenen Daten gehört. Die eingelesene Zeichenfolge wird von der Methode als Zeichenfolge vom Typ string zurückgeliefert und kann einer string-Variablen zugewiesen werden.

```
string input = Console.ReadLine();
Console.WriteLine(input);
```

Wir haben bisher die ReadLine-Methode dazu benutzt, um die Konsole bis zum Drücken der ⏎-Taste geöffnet zu halten. In diesem Fall war der Eingabestrom immer leer, der Rückgabewert wurde ignoriert und landete im Nirwana.

Werfen wir nun einen Blick auf die Read-Methode. Diese nimmt nur ein Zeichen aus dem Eingabestrom und gibt dessen ASCII-Wert zurück. Der Rückgabewert von Read ist daher keine Zeichenfolge, sondern eine Zahl vom Typ int.

Es gibt aber noch einen weiteren, nicht weniger wichtigen Unterschied zwischen Read und ReadLine: Die ReadLine-Methode liest eine ganze Zeile und benutzt den Zeilenumbruch dazu, das Ende der Eingabe zu erkennen. Danach wird der Zeilenumbruch dem Eingabestrom entnommen und gelöscht. Die Read-Methode arbeitet anders, denn der Zeilenumbruch wird nicht aus dem Eingabestrom geholt, sondern verbleibt dort und wird so lange gepuffert, bis er von einer anderen Anweisung gelöscht wird. Das kann wiederum nur die Methode ReadLine sein. Schauen Sie sich dazu Listing 2.12 an:

```
static void Main(string[] args)
{
  int input = Console.Read();
  Console.WriteLine(input);
  Console.ReadLine();
}
```

Listing 2.12 Ein Zeichen mit »Console.Read« einlesen

Nach dem Start des Programms wartet Read auf die Eingabe des Anwenders und erkennt am Zeilenumbruch das Eingabeende. Der Zeilenumbruch befindet sich weiterhin im Eingabestrom und harrt geduldig der kommenden Anweisungen. Die Anweisung in der letzten Zeile, die ReadLine-Methode, reagiert als Erstes wieder auf den Eingabestrom, erkennt darin den Zeilenumbruch und verarbeitet ihn. Das ist gleichzeitig auch das Signal, mit der nächsten Anweisung fortzufahren. Da aber das Ende der Main-Methode erreicht ist, schließt sich das Konsolenfenster. Erst ein zweiter Aufruf von ReadLine würde den eigentlich angedachten Zweck erfüllen, nämlich das Fenster geöffnet zu halten und die Ausgabe der WriteLine-Methode auf unbestimmte Zeit anzuzeigen.

2.3.5   Die elementaren Datentypen von .NET

Die .NET-Laufzeitumgebung verfolgt das Konzept der Objektorientierung nach strengen Maßstäben. Selbst einfache Datentypen werden als Objekte angesehen, die Methoden bereitstellen, um mit einer Variablen bestimmte Aktionen auszuführen. In Tabelle 2.3 sind alle Datentypen von C# zusammenfassend aufgeführt, die allgemein als *elementare Datentypen* bezeichnet werden.

.NET-Laufzeittyp	C#-Alias	CLS-konform	Wertebereich
Byte	byte	ja	0 ... 255
SByte	sbyte	nein	−128 ... 127
Int16	short	ja	$−2^{15} ... 2^{15} − 1$
UInt16	ushort	nein	0 ... 65.535
Int32	int	ja	$−2^{31} ... 2^{31} − 1$
UInt32	uint	nein	$0 ... 2^{32} − 1$
Int64	long	ja	$−2^{63} ... 2^{63} − 1$
UInt64	ulong	nein	$0 ... 2^{64} − 1$
Single	float	ja	$1,4 \times 10^{−45}$ bis $3,4 \times 10^{38}$
Double	double	ja	$5,0 \times 10^{−324}$ bis $1,7 \times 10^{308}$
Decimal	decimal	ja	+/−79E27 ohne Dezimalpunktangabe; +/−7.9E−29, falls 28 Stellen hinter dem Dezimalpunkt angegeben werden. Die kleinste darstellbare Zahl beträgt +/−1.0E−29.
Char	char	ja	Unicode-Zeichen zwischen 0 und 65.535
String	string	ja	ca. 2^{31} Unicode-Zeichen
Boolean	bool	ja	true oder false
Object	object	ja	Eine Variable vom Typ Object kann jeden anderen Datentyp enthalten, ist also universell.

Tabelle 2.3 Die elementaren Datentypen

In der ersten Spalte ist der Typbezeichner in der .NET-Klassenbibliothek angeführt. In der zweiten Spalte steht der C#-Alias, der bei der Deklaration einer Variablen dieses Typs angegeben werden kann.

In der dritten Spalten ist angegeben, ob der Typ den Vorgaben der *Common Language Specification* (*CLS*) entspricht. Das ist, wie Sie sehen können, nicht bei allen Datentypen der Fall. Doch welche Konsequenzen hat das für Sie und Ihr Programm? Wie ich bereits in Kapitel 1, »Allgemeine Einführung in .NET«, erwähnt habe, steht C# nur an der Spitze vieler .NET-spezifischer Programmiersprachen. Alle müssen der CLS entsprechen, das ist die Spielregel. Für die in Tabelle 2.3 aufgeführten nicht-CLS-konformen Datentypen bedeutet das, dass eine .NET-Sprache diese Typen nicht unterstützen muss. Infolgedessen sind auch unter Umständen keine Operatoren für diese Datentypen definiert und es können keine mathematischen Operationen durchgeführt werden.

Wie Tabelle 2.3 auch zu entnehmen ist, basieren alle Typen auf einer entsprechenden Definition im .NET Framework. Das hat zur Folge, dass anstelle der Angabe des C#-Alias zur Typbeschreibung auch der .NET-Laufzeittyp genannt werden kann. Damit sind die beiden folgenden Deklarationen der Variablen value absolut gleichwertig:

```
int value;
Int32 value;
```

Ganzzahlige Datentypen

C# stellt acht ganzzahlige Datentypen zur Verfügung, von denen vier vorzeichenbehaftet sind, der Rest nicht. Die uns interessierenden CLS-konformen Datentypen sind:

▶ Byte

▶ Int16

▶ Int32

▶ Int64

Int16, Int32 und Int64 haben einen Wertebereich, der nahezu gleichmäßig über die negative und positive Skala verteilt ist. Die vorzeichenlosen Datentypen, zu denen auch Byte gehört, decken hingegen nur den positiven Wertebereich, beginnend bei 0, ab. Der vorzeichenlose Typ Byte, der im Gegensatz zu SByte CLS-konform ist, ist insbesondere dann von Interesse, wenn auf binäre Daten zugegriffen wird.

Dezimalzahlen

Versuchen Sie einmal, die beiden folgenden Codezeilen zu kompilieren:

```
float value = 0.123456789;
Console.WriteLine(value);
```

Normalerweise würde man erwarten, dass der C#-Compiler daran nichts zu beanstanden hat. Dennoch zeigt er erstaunlicherweise einen Kompilierfehler an. Wie ist das zu erklären?

Auch ein Literal wie unsere Zahl 0,123456789 muss zunächst temporär in den Speicher geschrieben werden, bevor es endgültig der Variablen zugewiesen werden kann. Um eine Zahl im Speicher abzulegen, muss die Laufzeitumgebung aber eine Entscheidung treffen: Es ist die Entscheidung darüber, wie viel Speicherplatz dem Literal zugestanden wird. Das kommt aber auch der Festlegung auf einen bestimmten Datentyp gleich.

> **Merkregel**
>
> Literale, die eine Dezimalzahl beschreiben, werden von der .NET-Laufzeitumgebung als Double-Typ angesehen. Literale hingegen, die eine Ganzzahl beschreiben, werden von der Laufzeitumgebung als int (Int32) betrachtet.

Nun kommt es bei der Zuweisung unseres Literals an value jedoch zu einem Problem: Das Literal ist vom Typ double, und die Variable, die den Inhalt aufnehmen soll, ist vom Typ float. Per Definition weist double aber einen größeren Wertebereich als float auf – mit der Folge, dass unter Umständen vom Literal ein Wert beschrieben sein könnte, der größer ist als der, den ein float zu speichern vermag. Der Compiler verweigert deshalb diese Zuweisung.

Es gibt einen sehr einfachen Ausweg aus diesem Dilemma: Hängen Sie dazu an das Literal ein passendes Suffix an, hier F (oder gleichwertig f), mit dem Si den Typ float für das Literal erzwingen:

```
float value = 0.123456789F;
Console.WriteLine(value);
```

Nun ist der C#-Compiler in der Lage, den Inhalt an der Konsole anzuzeigen – vorausgesetzt, die Zahl entspricht dem Wertebereich eines float-Typs.

Suffix	Fließkommatyp
F oder f	float
D oder d	double
M oder m	decimal

Tabelle 2.4 Typsuffix der Fließkommazahlen

Die Genauigkeit von Dezimalzahlen

Die drei Typen float, double und decimal, mit denen unter C# Fließkommazahlen dargestellt werden, beschreiben nicht nur unterschiedliche Wertebereiche, sondern auch – was im Grunde genommen noch viel wichtiger ist – unterschiedliche Genauigkeiten. Auf herkömmlichen Systemen beträgt die Genauigkeit eines float-Typs etwa zehn Stellen, die eines double-Typs etwa 16 Stellen, die eines decimal-Typs ca. 25–26. Abhängig ist die Genauigkeit dabei immer von der Anzahl der Ziffern des ganzzahligen Anteils der Dezimalzahl.

Die zeichenbasierten Datentypen »string« und »char«

Variablen vom Typ char können ein Zeichen des Unicode-Zeichensatzes aufnehmen. Unicode ist die Erweiterung des ein Byte großen ASCII- bzw. ANSI-Zeichensatzes mit seinen insgesamt 256 verschiedenen Zeichen. Unicode berücksichtigt die Bedürfnisse außereuropäischer Zeichensätze, für die eine Ein-Byte-Codierung nicht ausreichend ist. Jedes Unicode-Zeichen beansprucht zwei Byte, folglich ist der Unicode-Zeichensatz auf 65.536 Zeichen beschränkt. Die ersten 128 Zeichen (0–127) entsprechen denen des ASCII-Zeichensatzes, die folgenden 128 Zeichen beinhalten unter anderem Sonderzeichen und Währungssymbole.

Literale, die dem Typ char zugewiesen werden, werden in einfache Anführungsstriche gesetzt, z. B.:

```
char letter = 'A';
```

Um den ASCII-Wert eines einzelnen Zeichens zu erhalten, weisen Sie einfach den Typ char einem Zahlentyp wie beispielsweise einem int zu:

```
char letter = 'A';
int letterASCII = letter;
// Ausgabe: 65
Console.WriteLine(letterASCII);
```

Listing 2.13 Ermitteln des ASCII-Werts eines Characters

Die implizite Umwandlung eines char in einen Zahlenwert bereitet anscheinend keine Probleme, der umgekehrte Weg – die Umwandlung eines Zahlenwerts in einen char – ist allerdings nicht ohne weiteres möglich.

char beschränkt sich auf ein Zeichen. Um eine Zeichenkette, die sich aus keinem oder bis zu maximal ca. 2^{31} Einzelzeichen zusammensetzt, zu speichern oder zu bearbeiten, deklarieren Sie eine Variable vom Datentyp string. Die Einzelzeichen werden dabei wie bei char als Unicode-Zeichen der Größe 16 Bit behandelt. Zeichenketten werden grundsätzlich in doppelte Anführungsstriche gesetzt:

```
string str = "C# ist spitze."
```

Die Datentypen »Boolean«

Variablen vom Typ bool (Boolean) können nur zwei Zustände beschreiben, nämlich true oder false, z. B.:

```
bool flag = true;
```

false ist der Standardwert.

Hinweis

In vielen Programmiersprachen wird false numerisch mit 0 beschrieben und true durch alle Werte, die von 0 abweichen. .NET ist hier viel strenger, denn true ist nicht –1 und auch nicht 67, sondern ganz schlicht true.

Der Datentyp »Object«

Der allgemeinste aller Datentypen ist Object. Er beschreibt in seinen vier Byte einen Zeiger auf die Speicheradresse eines Objekts. Eine Variable dieses Typs kann jeden beliebigen anderen Datentyp beschreiben: Ob es sich um eine Zahl, eine Zeichenfolge, eine Datenbankverbindung oder um ein anderes Objekt wie zum Beispiel um die Schaltfläche in einem Window handelt, spielt dabei keine Rolle. Zur Laufzeit wird eine auf Object basierende Variable passend aufgelöst und die gewünschte Operation darauf ausgeführt.

Um das zu demonstrieren, ist im folgenden Codefragment eine Variable vom Typ object deklariert, der zuerst ein Zahlenliteral und anschließend eine Zeichenfolge zugewiesen wird:

```
object universal;
universal = 5;
Console.WriteLine(universal);
universal = "Hallo Aachen";
Console.WriteLine(universal);
```

Listing 2.14 Zuweisungen an eine Variable vom Typ »Object«

Die Variable universal verarbeitet beide Zuweisungen anstandslos – an der Konsole wird zuerst die Zahl 5 und danach die Zeichenfolge angezeigt.

Damit ist bei weitem noch nicht alles zum Typ Object gesagt. Es gibt noch zahlreiche andere Gesichtspunkte, die einer Erwähnung oder Diskussion würdig wären. Aber dazu müssen wir erst in die Tiefen der Objektorientierung gehen. Für den Moment ist die oberflächliche Erwähnung des Typs Object völlig ausreichend.

Die einfachen Datentypen als Objekte

Eine Variable zu deklarieren, sieht harmlos und unscheinbar aus. Und dennoch, hinter dem Variablennamen verbergen sich Möglichkeiten, die Sie bisher vermutlich noch nicht erahnen. In der .NET-Laufzeitumgebung wird alles durch die objektorientierte Brille betrachtet – sogar die einfachen Datentypen.

Ein simpler Short soll ein Objekt sein? Wenn Sie dieser Aussage keinen Glauben schenken wollen, schreiben Sie folgende Codezeile:

```
Int16.
```

Beachten Sie bitte hierbei den Punkt, der auf Int16 folgt. Sie werden feststellen, dass hinter der Punktangabe eine Liste aufgeklappt wird, die *IntelliSense-Unterstützung* (siehe Abbildung 2.6).

In dieser Liste sind alle Eigenschaften und Methoden aufgeführt, die den Typ Int16 auszeichnen. Sie können aus dem Angebot auswählen, indem Sie mit den Pfeiltasten zu der gewünschten Funktionalität navigieren und dann die ⇥-Taste drücken. Der ausgewählte Eintrag aus IntelliSense wird vom Code übernommen, was den Vorteil hat, dass Schreibfehler ausgeschlossen sind.

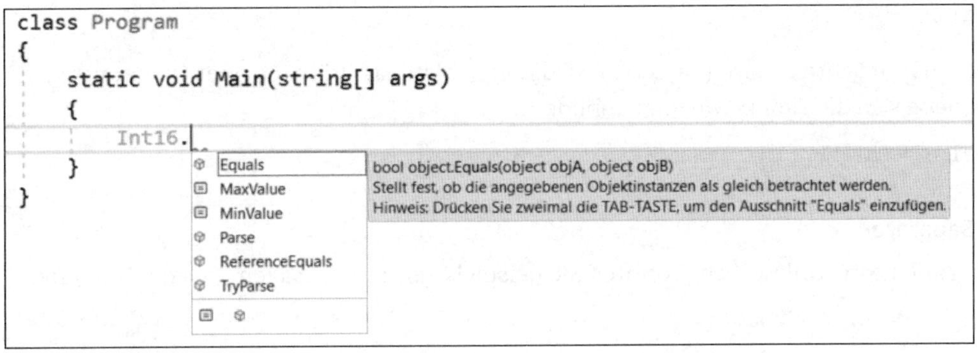

```
class Program
{
    static void Main(string[] args)
    {
        Int16.
    }
}
```

⊕	Equals	bool object.Equals(object objA, object objB)
⊡	MaxValue	Stellt fest, ob die angegebenen Objektinstanzen als gleich betrachtet werden.
⊡	MinValue	Hinweis: Drücken Sie zweimal die TAB-TASTE, um den Ausschnitt "Equals" einzufügen.
⊕	Parse	
⊕	ReferenceEquals	
⊕	TryParse	

Abbildung 2.6 IntelliSense-Unterstützung in der Entwicklungsumgebung

Wenn Sie beispielsweise wissen wollen, wo die wertmäßige Ober- und Untergrenze des Int16-Typs liegen, könnten Sie dies mit Listing 2.15 abfragen:

```
Console.WriteLine("Int16(min) = {0}", Int16.MinValue);
Console.WriteLine("Int16(max) = {0}", Int16.MaxValue);
```

Listing 2.15 Bereichsgrenzen des »Int16«-Datentypen abfragen

An der Konsole erfolgt danach die Anzeige:

```
Int16(min) = -32768
Int16(max) = 32767
```

Wahrscheinlich werden Sie schon festgestellt haben, dass IntelliSense nicht nur im Zusammenhang mit der Punktnotation funktioniert. Sobald Sie in einer Codezeile den ersten Buchstaben eintippen, wird IntelliSense geöffnet und bietet Ihnen alle programmierbaren Optionen an, auf die mit dem eingegebenen Buchstaben zugegriffen werden kann. Die Auswahl erfolgt analog wie oben beschrieben.

2.3.6 Ausgabe ganzzahliger Datentypen

Ganzzahlige Literale lassen sich in unterschiedlichen Formaten angeben:

▶ im dezimalen Zahlenformat

▶ im hexadezimalen Zahlenformat

▶ im binären oder dualen Zahlenformat

Am gebräuchlichsten ist mit Sicherheit das dezimale Format, z. B.:

```
int value = 650;
```

Hexadezimale Zahlen (Basis = 16) erhalten zusätzlich das Präfix 0x oder 0X. Die folgende Variable value beschreibt die Dezimalzahl 225:

```
int value = 0xE1;
```

In der binären Schreibweise (Basis = 2) wird den Zahlen das Präfix 0b oder 0B vorangestellt. Somit ließe sich die Zahl 15 wie folgt abbilden:

```
int value = 0b1111;
```

Digit Separator

Große Zahlen sind unleserlich. Könnten Sie beispielsweise sofort sagen, welche Zahl durch

```
long value = 8761438740847;
```

beschrieben wird? Zur Verbesserung der Lesbarkeit wurde mit C# 7.0 der Unterstrich als Trenner (*Digit Separator*) eingeführt. Damit lässt sich die Variable value nun durch

```
long value = 8_761_438_740_847;
```

darstellen. Dabei spielt es keine Rolle, wie Sie die Gruppierung vornehmen: Es ist beliebig.

```
long value = 87_61_438_7_40847;
```

Digit Separators sind nicht nur auf das dezimale Zahlenformat beschränkt. Sie dürfen diese Schreibweise auch im Zusammenhang mit hexadezimalen und binären Zahlen benutzen.

2.3.7 Elementare Typkonvertierung

Sehen wir uns die folgenden beiden Anweisungen in Listing 2.16 an:

```
int value1 = 12000;
long value2 = value1;
```

Listing 2.16 Zuweisung einer »int«-Variablen an eine »long«-Variable

Hier wird die Variable value1 vom Typ int deklariert und ihr ein Wert zugewiesen. Im zweiten Schritt erfolgt wiederum eine Variablendeklaration, diesmal vom Typ long. Der Inhalt der zuvor deklarierten Variablen value1 wird value2 zugewiesen. Der C#-Compiler wird beide Anweisungen anstandslos kompilieren.

Nun ändern wir die Reihenfolge von Listing 2.16 ab und deklarieren zuerst die long-Variable, weisen ihr den Wert von 12.000 zu und versuchen dann, *diese* der int-Variablen zuzuweisen:

```
long value1 = 12000;
int value2 = value1;
```

Listing 2.17 Zuweisung einer »long«-Variablen an eine »int«-Variable

Diesmal ist das Ergebnis nicht wie vielleicht erwartet – der C#-Compiler quittiert die Zuweisung mit einer Fehlermeldung, obwohl der Wertebereich eines int-Typs die Zuweisung von 12.000 eindeutig verkraftet.

Das auftretende Problem beruht darauf, dass der Wertebereich eines int- kleiner als der eines long-Typs ist. Im Gegensatz dazu ist die Zuweisung eines int-Typs an einen long eine zulässige *Operation*, weil der long einen größeren Wertebereich abdeckt als ein int.

Immer dann, wenn bei einer Operation zwei unterschiedliche Datentypen im Spiel sind, muss der Typ, der rechts vom Zuweisungsoperator steht, in den Typ umgewandelt werden, der sich auf der linken Seite befindet. Man spricht hierbei auch von der *Konvertierung*. Prinzipiell werden zwei Arten der Konvertierung unterschieden:

▶ die implizite Konvertierung
▶ die explizite Konvertierung

Die implizite Konvertierung

Eine *implizite Konvertierung* nimmt der C#-Compiler selbst vor und bedarf keines zusätzlichen Programmcodes. Implizit wird immer dann konvertiert, wenn der zuzuweisende Wert grundsätzlich immer kleiner oder gleich dem Datentyp ist, der den Wert empfängt. Schauen wir uns dazu Abbildung 2.7 an.

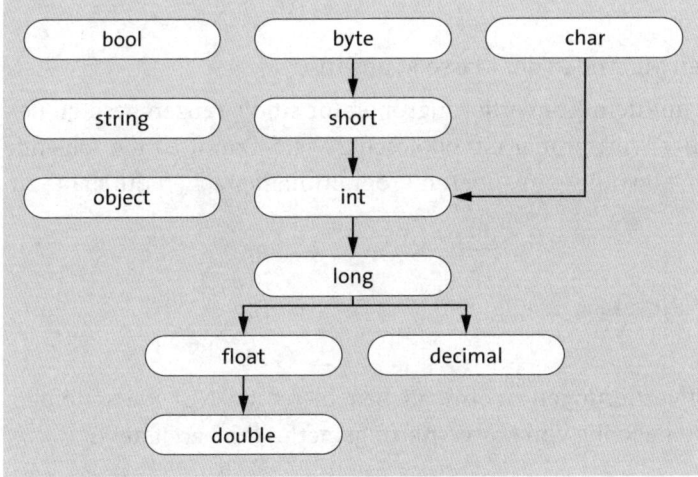

Abbildung 2.7 Die implizite Konvertierung einfacher Datentypen

Die Pfeilrichtung gibt eine implizite Konvertierung vor, entgegengesetzt der Pfeilrichtung wird explizit konvertiert. Demzufolge wird ein byte anstandslos implizit in einen short, int, long usw. konvertiert, aber nicht umgekehrt beispielsweise ein int in byte. Beachten Sie insbesondere, dass es keine impliziten Konvertierungen zwischen den Gleitkommatypen float/double und decimal gibt.

Eine besondere Stellung nehmen bool, string, char und object ein. Mit einem bool oder einem string sind keine impliziten Konvertierungen möglich, ein char kann mit Ausnahme von byte und short jedem anderen Typ zugewiesen werden. Variablen vom Typ object wiederum unterliegen Gesichtspunkten, die ich erst ab Kapitel 3, »Das Klassendesign«, erörtern werde.

Die explizite Konvertierung

Unter *expliziter Konvertierung* versteht man die ausdrückliche Anweisung an den Compiler, den Wert eines bestimmten Datentyps in einen anderen umzuwandeln. Explizite Konvertierung folgt einer sehr einfachen Syntax: Vor dem zu konvertierenden Ausdruck wird in runden Klammern der Typ angegeben, in den die Konvertierung erfolgen soll, also:

(Zieldatentyp)Ausdruck

Man spricht bei den so eingesetzten runden Klammern auch vom *Typkonvertierungsoperator*.

Mit der expliziten Konvertierung wären die folgenden beiden Zuweisungen möglich:

```
float value1 = 3.12F;
decimal value2 = (decimal)value1;
long value3 = 20;
int c = (int)value3;
```

Explizite Konvertierung mit den Methoden der Klasse »Convert«

Der expliziten Konvertierung mit dem Konvertierungsoperator sind Grenzen gesetzt. Beispielsweise bleibt ein boolescher Wert immer ein boolescher Wert. Damit ist die folgende Konvertierung unter C# falsch, obwohl sie in anderen Programmiersprachen durchaus zulässig ist:

```
int value = 1;
// fehlerhafte explizite Konvertierung
bool bolVar = (bool)value;
```

Um auch solche expliziten Konvertierungen zu ermöglichen, bietet die .NET-Klassenbibliothek die Klasse Convert an, die eine Reihe von Konvertierungsmethoden bereitstellt.

Methode	Beschreibung
ToBoolean(*Ausdruck*)	Konvertiert den Ausdruck in einen bool-Typ.
ToByte(*Ausdruck*)	Konvertiert den Ausdruck in einen byte-Typ.
ToChar(*Ausdruck*)	Konvertiert den Ausdruck in einen char-Typ.

Tabelle 2.5 Die Konvertierungsmethoden der Klasse »Convert« (Auszug)

Methode	Beschreibung
ToDecimal(*Ausdruck*)	Konvertiert den Ausdruck in einen decimal-Typ.
ToDouble(*Ausdruck*)	Konvertiert den Ausdruck in einen double-Typ.
ToInt16(*Ausdruck*)	Konvertiert den Ausdruck in einen short-Typ.

Tabelle 2.5 Die Konvertierungsmethoden der Klasse »Convert« (Auszug) (Forts.)

Damit ist das Codefragment

```
long value1 = 4711;
int value2 = (int)value1;
```

gleichwertig mit:

```
long value1 = 4711;
int value2 = Convert.ToInt32(value1);
```

In zwei ganz wesentlichen Punkten unterscheidet sich die Konvertierung mit den Methoden der Convert-Klasse von der mit dem Konvertierungsoperator:

▶ Es können Konvertierungen durchgeführt werden, die mit dem Typkonvertierungsoperator () unzulässig sind. Allerdings sind die Methoden der Klasse Convert nur elementare Datentypen sowie auf einige wenige Klassen beschränkt (z. B. DateTime).

▶ Grundsätzlich werden alle Konvertierungen mit den Methoden der Convert-Klasse auf einen eventuellen Überlauf hin untersucht.

Wenden wir uns an dieser Stelle zunächst dem erstgenannten Punkt zu. Angenommen, wir wollen an der Eingabeaufforderung die Eingabe in einer Integer-Variablen speichern, muss die Anweisung dazu wie folgt lauten:

```
int value = Convert.ToInt32(Console.ReadLine());
```

Bekanntlich liefert ReadLine die Benutzereingabe als Zeichenfolge vom Typ string zurück. Wäre die Methode Convert.ToInt32 gleichwertig mit dem Typkonvertierungsoperator, würde der C#-Compiler auch die folgende Anweisung anstandslos kompilieren:

```
// fehlerhafte Anweisung
int intDigit = (int)Console.ReadLine();
```

Allerdings wird uns der Compiler diese Anweisung mit einer Fehlermeldung quittieren, denn eine explizite Konvertierung des Typs string in einen numerischen Typ mit dem Typkonvertierungsoperator ist auch dann unzulässig, wenn die Zeichenfolge eine Zahl beschreibt. Nur die Methoden der Klasse Convert sind so geprägt, dass dennoch eine Konvertierung erfolgt. Natürlich muss die Konvertierung aus logischer Sicht sinnvoll sein. Solange aber eine Zeichenfolge eine Zahl beschreibt, darf auch eine Zeichenfolge in einen numerischen Typ überführt werden.

Bereichsüberschreitung infolge expliziter Konvertierung

Eine explizite Konvertierung lässt eine einengende Umwandlung zu, beispielsweise wenn ein long-Wert einer int-Variablen zugewiesen wird. Damit drängt sich sofort eine Frage auf: Was passiert, wenn der Wert der Übergabe größer ist als der Maximalwert des Typs, in den konvertiert wird? Nehmen wir dazu beispielsweise an, wir hätten eine Variable vom Typ short deklariert und ihr den Wert 436 zugewiesen. Nun soll diese Variable in den Typ byte überführt werden, der den Wertebereich zwischen 0–255 beschreibt.

```
short value1 = 436;
byte value2 = (byte)value1;
Console.WriteLine(value2);
```

Dieser Code resultiert in der folgenden Ausgabe:

```
180
```

Um zu verstehen, wie es zu dieser zunächst unverständlichen Ausgabe kommt, müssen wir uns die bitweise Darstellung der Zahlen ansehen. Für den Inhalt der Variablen value1 ist das:

```
436 = 0000 0001 1011 0100
```

Nach der Konvertierung liegt das Ergebnis 180 vor, beschrieben durch:

```
180 = 1011 0100
```

Vergleichen wir jetzt die bitweise Darstellung der beiden Zahlen, kommen wir sehr schnell zu der Erkenntnis, dass bei einer expliziten Konvertierung mit dem Typkonvertierungsoperator beim Überschreiten der Bereichsgrenze des Zieldatentyps die überschüssigen Bits einfach ignoriert werden. Aus dem verbleibenden Rest wird die neue Zahl gebildet.

Dieses Verhalten kann zu sehr schwer zu lokalisierenden, ernsthaften Fehlern in einer Anwendung führen. Wenn Sie Programmcode schreiben und explizit konvertieren müssen, sollten Sie daher die Kontrolle über einen eventuell eintretenden Überlauf haben. Unter C# gibt es dazu drei Alternativen:

▶ die Operatoren checked und unchecked

▶ eine entsprechende Einstellung im *Projekteigenschaftsfenster*

▶ der Verzicht auf den Typkonvertierungsoperator und stattdessen die Verwendung der Klasse Convert

Die Operatoren »checked« und »unchecked«

Wenden wir uns zunächst den Schlüsselwörtern checked und unchecked zu, und schauen wir uns an einem Beispiel den Einsatz und die Wirkungsweise an:

```
// Beispiel: ..\Kapitel 2\CheckedSample
static void Main(string[] args)
{
  // Zahleneingabe anfordern
  Console.Write("Geben Sie eine Zahl im Bereich von ");
  Console.Write($"0...{Int16.MaxValue} ein: ");
  // Eingabe einem short-Typ zuweisen
  short value1 = Convert.ToInt16(Console.ReadLine());
  // Überlaufprüfung einschalten
  byte value2 = checked((byte)value1);
  Console.WriteLine(value2);
  Console.ReadLine();
}
```

Listing 2.18 Arithmetischen Überlauf mit »checked« prüfen

Nach dem Starten der Anwendung wird der Benutzer dazu aufgefordert, eine Zahl im Bereich von 0 bis zum Maximalwert eines short-Typs einzugeben. Entgegengenommen wird die Eingabe durch die Methode Console.ReadLine, die ihrerseits die Eingabe als Zeichenfolge, also vom Typ string, zurückliefert. Um die gewünschte Zahl einer short-Variablen zuweisen zu können, muss explizit konvertiert werden. Beachten Sie, dass wir dazu die Methode ToInt16 der Klasse Convert einsetzen müssen, da eine Konvertierung eines string- in einen short-Typ mit dem Typkonvertierungsoperator nicht zulässig ist:

```
short value1 = Convert.ToInt16(Console.ReadLine());
```

Gibt der Anwender eine Zahl ein, die den Wertebereich des short-Typs überschreitet, wird ein Laufzeitfehler ausgelöst und die Laufzeit der Anwendung beendet. Falls der Wertebereich nicht überschritten wird, wird die dann folgende Anweisung ausgeführt:

```
byte value2 = checked((byte)value1);
```

In dieser Anweisung steckt allerdings eine Gemeinheit, denn nun soll der Inhalt der short-Variablen einer byte-Variablen zugewiesen werden. Je nachdem, welche Zahl der Anwender eingegeben hat, wird die Zuweisung fehlerfrei erfolgen oder – bedingt durch die Überprüfung mit checked – zu einem Fehler führen. Löschen Sie checked aus dem Programmcode, wird die Zuweisung einer Zahl, die den Wertebereich eines byte-Typs überschreitet, keinen Fehler verursachen.

checked ist ein Operator und wird verwendet, um einen eventuell auftretenden arithmetischen Überlauf zu steuern. Tritt zur Laufzeit ein Überlauf ein, weil der Anwender eine Zahl eingegeben hat, die den Wertebereich des Typs überschreitet, in den konvertiert werden soll, wird ein Laufzeitfehler ausgelöst, der unter .NET auch als *Ausnahme* bzw. *Exception* bezeichnet wird. Geben wir beispielsweise an der Konsole die Zahl 436 ein, werden wir die in Abbildung 2.8 gezeigte Mitteilung erhalten.

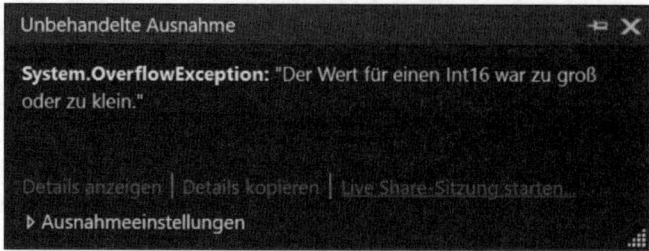

Abbildung 2.8 Fehlermeldung durch Überlauf

Nach dem Schließen der Fehlermeldung wird die Anwendung nicht ordentlich beendet. Nun könnten Sie argumentieren, dass das Beenden der Laufzeitumgebung auch nicht das sein kann, was unbedingt erstrebenswert ist. Dieses Argument ist vollkommen richtig, aber Laufzeitfehler lassen sich mittels Programmcode abfangen, und die Anwendung bleibt danach in einem ordnungsgemäßen Laufzeitzustand. Diesem Thema werden wir uns in Kapitel 7, »Fehlerbehandlung und Debugging«, noch ausgiebig widmen.

Falls nicht nur ein einzelner Ausdruck, sondern mehrere Ausdrücke innerhalb eines Anweisungsblocks auf einen möglichen Überlauf hin kontrolliert werden sollen, können Sie hinter checked einen Anweisungsblock angeben, innerhalb dessen der unkontrollierte Überlauf durch die Auslösung eines Laufzeitfehlers unterbunden wird. Wie diese Variante von checked eingesetzt wird, können Sie dem folgenden Beispiel entnehmen.

```csharp
static void Main(string[] args)
{
  checked
  {
    short shortValue = 436;
    int integerValue = 1236555;
    byte byteValue = (byte)shtVar;
    shortValue = (short)integerValue;
    Console.WriteLine(byteValue);
    Console.ReadLine();
  }
}
```

Listing 2.19 Mehrere Ausdrücke gleichzeitig auf Überlauf hin prüfen

Wir können festhalten, dass wir mit checked eine gewisse Kontrolle ausüben können, falls zur Laufzeit bedingt durch die explizite Konvertierung ein Überlauf eintreten kann. Der Operator unchecked ist die Umkehrung der Arbeitsweise von checked, er schaltet die Überprüfung des Überlaufs aus und ist der Standard.

Während checked sich nur lokal auf den in runden Klammern stehenden Ausdruck bzw. einen eingeschlossenen Anweisungsblock bezieht, kann durch eine Änderung im Projekteigenschaftsfenster die Kontrolle über sämtliche auftretenden Überläufe in einer Anwendung ausgeübt werden. Öffnen Sie dieses Fenster, indem Sie im Projektmappen-Explorer das Projekt markieren, dessen Kontextmenü mit der rechten Maustaste öffnen und dann EIGENSCHAFTEN wählen.

Das Projekteigenschaftsfenster wird als zusätzliche Registerkarte im Code-Editor angezeigt. Am linken Rand werden mehrere Auswahloptionen angeboten. Um unser Problem zu lösen, müssen Sie sich für BUILD entscheiden. Daraufhin öffnet sich eine neue Registerkarte. In dieser sehen Sie rechts unten die Schaltfläche ERWEITERT ... Klicken sie darauf, wird ein Dialog geöffnet, der die von uns gesuchte Option anbietet: AUF ARITHMETISCHEN ÜBER-/UNTERLAUF ÜBERPRÜFEN (siehe Abbildung 2.9). Markieren Sie das Kontrollkästchen, um sicherzustellen, dass eine generelle Überprüfung auf eine Über- oder Unterschreitung des Wertebereichs erfolgt. Damit vermeiden Sie möglichen Datenverlust.

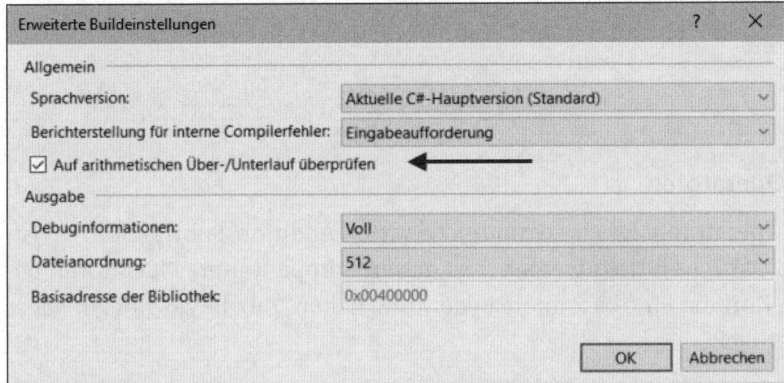

Abbildung 2.9 Einstellen der standardmäßigen Überprüfung des Überlaufs im Projekteigenschaftsfenster

Mit dieser Einstellung können Sie auf alle expliziten Angaben von checked verzichten, denn die Überprüfung des Unter- bzw. Überlaufs wird in der Anwendung zum Standard erklärt. Möchten Sie aus bestimmten Gründen auf die Überprüfung verzichten, kommt der Operator unchecked ins Spiel und hebt für den entsprechenden Ausdruck die Überprüfung wieder auf.

2.4 Operatoren

Im vorhergehenden Abschnitt haben wir uns eingehend mit den Daten auseinandergesetzt. Nun werden Sie lernen, wie Daten mit C# verarbeitet werden können. Bevor wir uns an die Details begeben, müssen wir uns zunächst mit der Terminologie befassen.

An oberster Stelle steht der Begriff *Ausdruck*. Ein Ausdruck ist die kleinste ausführbare Einheit eines Programms und setzt mindestens einen Operator voraus. Im einfachsten Fall gilt schon die Anweisung

```
value = 22;
```

als Ausdruck. Ein Ausdruck wird immer aus mindestens einem *Operanden* und einem *Operator* gebildet. Der Operator im Beispiel oben ist der Zuweisungsoperator, als Operand gilt sowohl die Konstante 22 als auch die Variable value. Operatoren verknüpfen Operanden miteinander und führen Berechnungen durch. Nahezu alle Operatoren von C# benötigen zwei Operanden. Das Kernkonstrukt von Ausdrücken sind die Operatoren, die sich entsprechend ihrer Arbeitsweise in verschiedene Gruppen aufteilen lassen:

- arithmetische Operatoren
- Vergleichsoperatoren
- logische Operatoren
- bitweise Operatoren
- Zuweisungsoperatoren
- sonstige Operatoren

2.4.1   Arithmetische Operatoren

C# kennt die üblichen Operatoren der vier Grundrechenarten Addition, Subtraktion, Division und Multiplikation. Darüber hinaus werden von dieser Gruppe weitere Operatoren beschrieben, die in ihrem Kontext eine besondere Bedeutung haben. Tabelle 2.6 gibt zunächst einen allgemeinen Überblick.

Operator	Beschreibung
+	Hat zwei Funktionalitäten: - Als Additionsoperator bildet er die Summe zweier Operanden (x + y). - Als Vorzeichenoperator beschreibt er eine positive Zahl (+x), ist also ein einstelliger (unärer) Operator.
-	Hat ebenfalls zwei Funktionalitäten: - Als Subtraktionsoperator eingesetzt, bildet er die Differenz zweier Operanden (x - y). - Als unärer Vorzeichenoperator beschreibt er eine negative Zahl (-x).
*	Multiplikationsoperator; multipliziert zwei Operanden (x * y).

Tabelle 2.6 Arithmetische Operatoren

Operator	Beschreibung
/	Divisionsoperator; dividiert zwei Operanden (x / y), behält den Nachkommateil der Division.
%	Restwertoperator; dividiert zwei Operanden und liefert als Ergebnis den Restwert der Operation (x % y).
++	Erhöht den Inhalt des Operanden um 1. Das Ergebnis der Operation ++x ist der Wert des Operanden nach der Erhöhung. Das Ergebnis der Operation x++ ist der Wert des Operanden vor der Erhöhung.
--	Verringert den Inhalt des Operanden um 1. Das Ergebnis der Operation --x ist der Wert des Operanden nach der Verringerung. Das Ergebnis der Operation x-- ist der Wert des Operanden vor der Verringerung.

Tabelle 2.6 Arithmetische Operatoren (Forts.)

Der Einsatz der Operatoren zur Formulierung mathematischer Ausdrücke ist trivial. Zwei Operanden werden miteinander verknüpft, und das Ergebnis der Operation wird der links vom Zuweisungsoperator stehenden Variablen zugewiesen.

```
int value1 = 30;
int value2 = 55;
int result = value1 + value2;
```

Eine besondere Stellung nimmt der %-Operator ein, dessen Ergebnis einer Division der ganzzahlige Divisionsrest ist. Dazu ein Beispiel:

```
int x = 100;
int y = 17;
Console.WriteLine("Division mit % - Ergebnis = {0}", x % y);
```

Die Zahl 17 ist fünfmal in der Zahl 100 enthalten. Damit lautet die Konsolenausgabe 15.

Dezimalzahlen als Operanden des %-Operators sind ebenfalls zugelassen, die Rückgabe ist dabei selbst eine Dezimalzahl:

```
float x = 100.35F;
float y = 17.45F;
Console.WriteLine("Division mit % - Ergebnis = {0}", x % y);
```

Wenn Sie diesen Code ausführen, wird im Konsolenfenster die Ausgabe 13,09999 erscheinen.

Widmen wir uns jetzt noch einem Beispiel, an dem die Arbeitsweise der Inkrement- bzw. Dekrement-Operationen ersichtlich wird.

Zunächst betrachten wir das Codefragment einer Postfixinkrement-Operation:

```
int x = 5;
int y = x++; // x hat den Inhalt 6 und y den Inhalt 5
```

Zuerst wird der Variablen x der Wert 5 zugewiesen. Im zweiten Schritt wird der aktuelle Inhalt von x an y übergeben und danach x um eins erhöht. Nach Beendigung der zweiten Anweisung weist x den Inhalt 6 auf und y den Inhalt 5.

Ein abweichendes Ergebnis erhalten wir, wenn wir den ++-Operator als Präfixinkrementoperator einsetzen.

```
int x = 5;
int y = ++x; // x und y haben den Inhalt 6
```

In diesem Fall wird zuerst der Inhalt der Variablen x um eins erhöht, und erst danach erfolgt die Zuweisung an die Variable y. Die Folge ist, dass sowohl x als auch y den Wert 6 beschreiben.

Vielleicht wird Ihnen aufgefallen sein, dass Tabelle 2.6 keinen Potenzoperator beschreibt. Das ist keine Unterlassungssünde des Autors, da C# tatsächlich keinen bereitstellt. Stattdessen gibt es in der .NET-Klassenbibliothek eine Klasse namens Math, die diverse Methoden für mathematische Operationen bereitstellt, unter anderem die Methode Pow zum Potenzieren. Wollen Sie beispielsweise das Ergebnis von 2^5 berechnen, müssen Sie Folgendes codieren:

```
double value = Math.Pow(2, 5);
```

Hinweis

In C# gibt es tatsächlich den ^-Operator. Allerdings wird er als bitweiser Xor-Operator verwendet (siehe Abschnitt 2.4.4).

Besonderheiten einer Division

Bei einer Division zweier ganzer Zahlen gibt es einen Haken, der im ersten Moment nicht offensichtlich ist. Betrachten Sie dazu die beiden folgenden Anweisungen:

```
double value = 3/4;
Console.WriteLine(value);
```

An der Konsole wird nicht, wie zu erwarten wäre, das Ergebnis 0.75 angezeigt, sondern 0. Die Begründung dieses Phänomens ist recht einfach. Zur Laufzeit muss für die beiden Literale 3 und 4 Speicher reserviert werden. Die Laufzeitumgebung erkennt, dass es sich um ganze Zahlen handelt, und interpretiert den Typ der beiden Literale jeweils als int. Das Ergebnis der Division wird vor der endgültigen Zuweisung an value zwischengespeichert. Dazu wird Speicherplatz reserviert, der dem Typ des größten der beiden beteiligten Operanden entspricht, mit der Folge, dass der Dezimalteil des Ergebnisses abgeschnitten wird. Bei der anschließenden Zuweisung an `value` ist das Kind bereits in den Brunnen gefallen – das Ergebnis ist falsch.

Zur Lösung dieser Problematik muss sichergestellt werden, dass einer der beiden Operanden als Dezimalzahl erkannt wird. Sie können das erreichen, indem Sie beispielsweise

```
double value = 3.0/4;
```

codieren. Die Zahl 3 wird jetzt nicht mehr als Integer, sondern als `double` verarbeitet. Dieser Typ ist erfreulicherweise in der Lage, auch Nachkommastellen aufzunehmen, und das Ergebnis wird korrekt angezeigt.

Eine andere Möglichkeit wäre es, einen der Operanden explizit in eine Dezimalzahl zu konvertieren:

```
double value = (double)3 / 4;
```

2.4.2 Vergleichsoperatoren

Vergleichsoperatoren vergleichen zwei Ausdrücke miteinander. Der Rückgabewert ist immer ein boolescher Wert, also entweder `true` oder `false`. Vergleiche können auf Gleichheit bzw. Ungleichheit sowie auf »größer« und »kleiner« durchgeführt werden.

Operator	Beschreibung
a == b	(Vergleichsoperator) prüft, ob Ausdruck a Ausdruck b entspricht, und gibt in diesem Fall `true` zurück.
a != b	Ergebnis der Operation ist `true`, wenn a ungleich b ist.
a > b	Ergebnis der Operation ist `true`, wenn a größer b ist.
a < b	Ergebnis der Operation ist `true`, wenn a kleiner b ist.
a <= b	Ergebnis der Operation ist `true`, wenn a kleiner oder gleich b ist.
a >= b	Ergebnis der Operation ist `true`, wenn a größer oder gleich b ist.

Tabelle 2.7 Vergleichsoperatoren

Sehen wir uns einige boolesche Ausdrücke an:

```
bool compare;
compare = value <= 100;
```

Vergleichsoperatoren genießen eine höhere Priorität als der Zuweisungsoperator, daher wird zuerst der Teilausdruck `value <= 100` ausgewertet. Das Ergebnis des Vergleichs, je nachdem, ob der Vergleich wahr oder falsch ist, wird der Variablen `compare` zugewiesen. Sie können die boolesche Operation auch direkt zur Initialisierung bei der Deklaration verwenden:

```
bool compare = intVar <= 100;
string text1 = "Hallo";
string text2 = "hallo";
bool compare = text1 == text2;
```

2.4.3   Logische Operatoren

Operator	Beschreibung
!	Unärer Negationsoperator. Der Ausdruck !a ist true, wenn a einen unwahren Wert beschreibt, und false, wenn a wahr ist.
&	(And-Operator, 1. Variante) Der Ausdruck a & b ist dann true, wenn sowohl a als auch b true sind. Dabei werden in jedem Fall beide Ausdrücke ausgewertet.
|	(Or-Operator, 1. Variante) Der Ausdruck a | b ist true, wenn entweder a oder b wahr ist. Dabei werden in jedem Fall beide Ausdrücke ausgewertet.
^	(Xor-Operator) Der Ausdruck a ^ b ist true, wenn die beiden beteiligten Operanden unterschiedliche Wahrheitswerte haben.
&&	(And-Operator, 2. Variante) Der Ausdruck a && b ist true, wenn sowohl a als auch b true sind. Zuerst wird a ausgewertet. Sollte a false sein, ist in jedem Fall der Gesamtausdruck unabhängig von b auch falsch. b wird dann nicht mehr ausgewertet.
||	(Or-Operator, 2. Variante) Der Ausdruck a || b ist true, wenn entweder a oder b true ist. Zuerst wird a ausgewertet. Sollte a bereits true sein, ist in jedem Fall der Gesamtausdruck unabhängig von b auch wahr. b wird dann nicht mehr ausgewertet.

Tabelle 2.8 Logische Operatoren

Das Ergebnis einer Operation, an der logische Operatoren beteiligt sind, lässt sich am besten anhand einer Wahrheitstabelle darstellen.

Bedingung 1	Bedingung 2	And-Operator	Or-Operator	Xor-Operator
false	false	false	false	false
true	false	false	true	true
false	true	false	true	true
true	true	true	true	false

Tabelle 2.9 Wahrheitstabelle

Sehr häufig werden logische Operatoren benutzt, wenn eine Entscheidung darüber getroffen werden muss, welcher Programmcode in Abhängigkeit vom Ergebnis einer Bedingungsprüfung ausgeführt werden soll:

```
if(x != y)
  Console.WriteLine("x ist ungleich y");
```

In diesem einfachen Beispiel, das auch ohne größere Erklärung verständlich sein dürfte, wird die WriteLine-Methode dann ausgeführt, wenn die Bedingung

```
x != y
```

erfüllt ist, also true liefert.

Bedingungen können durchaus komplexer werden und neben logischen Operatoren auch mehrere Vergleichsoperatoren enthalten. Betrachten wir das folgende Codefragment:

```
if(x < 5 || y > 20)
  Console.WriteLine("Bedingung ist erfüllt");
```

In diesem Codefragment haben wir es mit drei verschiedenen Operatoren zu tun. Da stellt sich sofort die Frage, in welcher Reihenfolge sie zur Bildung des Gesamtergebnisses herangezogen werden. Von den drei Operatoren hat der ||-Operator die geringste Priorität, < und > sind in dieser Hinsicht gleichwertig (siehe Abschnitt 2.4.8). Folglich wird zuerst das Ergebnis aus

```
x < 5
```

gebildet und danach das aus

```
y > 20
```

Beide Teilergebnisse sind entweder true oder false und werden am Schluss mit || verglichen, woraus das endgültige Resultat gebildet wird. Manchmal ist es allerdings wegen der besseren Lesbarkeit einer komplexen Bedingung durchaus sinnvoll, auch im Grunde genommen überflüssige Klammerpaare zu setzen:

```
if((x < 5) || (y > 20))
```

Interessant sind insbesondere die ähnlichen Paare & und && bzw. | und ||. Um die Unterschiede in der Verhaltensweise genau zu verstehen, wollen wir ein kleines Beispielprogramm entwickeln, das auch syntaktische Elemente enthält, die bisher noch nicht unser Thema waren.

```
// Beispiel: ..\Kapitel 2\LogischeOperatoren
class Program
{
  static void Main(string[] args)
  {
```

```
    int x = 8;
    int y = 9;
    // wenn die Bedingung wahr ist, dann dies durch eine
    // Ausgabe an der Konsole bestätigen
    if ((x != y) | DoSomething())
      Console.WriteLine("Bedingung ist erfüllt");
    Console.ReadLine();
  }
  // benutzerdefinierte Methode
  static bool DoSomething()
  {
    Console.WriteLine("in DoSomething");
    return true;
  }
}
```

Listing 2.20 Testen einer komplexeren Bedingungsprüfung

Neu ist in diesem Beispiel die Definition einer Methode, die hier DoSomething heißt. DoSomething macht nicht sehr viel: Sie schreibt nur eine Meldung in das Konsolenfenster und gibt immer den booleschen Wert true als Ergebnis des Aufrufs zurück. In Main werden den beiden Variablen x und y feste Werte zugewiesen. Daraus folgt, dass die Bedingung

```
x != y
```

immer wahr ist. Verknüpft wird diese Bedingung über den Oder-Operator | mit dem Aufruf der benutzerdefinierten Funktion. Da diese einen booleschen Wert zurückliefert, ist der Code syntaktisch korrekt. Führen wir das Programm aus, wird an der Konsole

```
in DoSomething
Bedingung ist erfüllt
```

angezeigt. Halten wir an dieser Stelle die folgende Tatsache fest: Zwei Ausdrücke sind mit dem Oder-Operator | verknüpft. Beide Bedingungen werden vollständig geprüft, bevor das Gesamtergebnis der Operation feststeht. Der Wahrheitstabelle (Tabelle 2.9) können wir aber entnehmen, dass die Gesamtbedingung in jedem Fall true ist, wenn einer der beiden Ausdrücke wahr ist. Folglich wäre es auch vollkommen ausreichend, nach dem Prüfen der Bedingung x != y die zweite Bedingung keiner eigenen Überprüfung zu unterziehen, da das Endergebnis bereits feststeht. Hier betritt nun der zweite Oder-Operator (||) die Bühne. Wenn wir die Bedingung nun mit

```
if((x != y) || DoSomething())
```

formulieren, lautet die Ausgabe an der Konsole nur noch:

```
Bedingung ist erfüllt
```

2

Der Wahrheitsgehalt der zweiten Bedingung wird erst gar nicht mehr überprüft, da er das Endergebnis nicht mehr beeinflussen kann. Genauso arbeiten auch die beiden Operatoren & und &&.

In der Praxis kann dieser Unterschied bedeutend hinsichtlich der Performance einer Anwendung sein. Wenn die zweite Bedingung nämlich eine länger andauernde Ausführungszeit für sich beansprucht und das Ergebnis der ersten Operation die Prüfung der zweiten Bedingung unnötig macht, leisten || bzw. && durchaus ein kleinen Beitrag zur Verbesserung der Gesamtleistung.

2.4.4   Bitweise Operatoren

Bitweise Operatoren dienen dazu, auf die Bitdarstellung numerischer Operanden zuzugreifen. Dabei kann die Bitdarstellung eines numerischen Operanden sowohl abgefragt als auch manipuliert werden.

Operator	Beschreibung
~	Invertiert jedes Bit des Ausdrucks (Einerkomplement).
|	Aus x|y resultiert ein Wert, bei dem die korrespondierenden Bits von x und y Or-verknüpft werden.
&	Aus x&y resultiert ein Wert, bei dem die korrespondierenden Bits von x und y And-verknüpft werden.
^	Aus x^y resultiert ein Wert, bei dem die korrespondierenden Bits von x und y Xor-verknüpft werden.
<<	Aus x<<y resultiert ein Wert, der durch die Verschiebung der Bits des ersten Operanden x um die durch im zweiten Operanden y angegebene Zahl nach links entsteht.
>>	Aus x>>y resultiert ein Wert, der durch die Verschiebung der Bits des ersten Operanden x um die durch im zweiten Operanden y angegebene Zahl nach rechts entsteht.

Tabelle 2.10 Bitweise Operatoren

Beachten Sie, dass die Operatoren & und | sowohl als Vergleichsoperatoren (vergleiche auch mit Tabelle 2.7) auch als bitweise Operatoren eingesetzt werden können. Als Vergleichsoperatoren werden zwei boolesche Operanden miteinander verglichen und ein Wahrheitswert als Ergebnis der Operation zurückgeliefert. Bitweise Operatoren vergleichen hingegen die einzelnen Bits einer bestimmten Speicheradresse und bilden daraus das Ergebnis. Wir sehen uns jetzt an einigen Beispielen an, wie Sie diese Operatoren einsetzen können.

Beispiel 1: Im Folgenden werden die beiden Literale 13 und 5 mit dem bitweisen &-Operator verknüpft:

```
a = 13 & 5;
Console.WriteLine(a);
```

Die Bitdarstellung dieser beiden Literale sieht wie folgt aus:

```
13 = 0000 0000 0000 1101
 5 = 0000 0000 0000 0101
```

An der Konsole wird als Ergebnis die Zahl 5 angezeigt, was der Bitdarstellung

```
0000 0000 0000 0101
```

entspricht. Wir können unser Ergebnis auch wie folgt interpretieren:

Eine vorgegebene Bitsequenz kann mit dem bitweisen &-Operator daraufhin untersucht werden, ob die vom rechten Operanden beschriebenen Bits in der vorgegebenen Bitfolge gesetzt sind. Das ist genau dann der Fall, wenn das Ergebnis der &-Verknüpfung dasselbe Ergebnis liefert wie im rechtsseitigen Operanden angegeben.

Beispiel 2: Verknüpfen wir nun zwei Literale mit dem bitweisen Oder-Operator |, also beispielsweise:

```
int a = 71 | 49;
Console.WriteLine(a);
```

Die Bitdarstellung dieser beiden Literale sieht wie folgt aus:

```
71 = 0000 0000 0100 0111
49 = 0000 0000 0011 0001
```

Das Ergebnis wird 119 lauten oder in Bitdarstellung:

```
0000 0000 0111 0111
```

Beispiel 3: Dem Xor-Operator ^ kommt ebenfalls eine ganz besondere Bedeutung zu, wie das folgende Beispiel zeigt:

```
int a = 53;
a = a ^ 22;
Console.WriteLine(a);
```

Sehen wir uns zunächst wieder die durch die beiden Literale beschriebenen Bitsequenzen an:

```
53 = 0000 0000 0011 0101
22 = 0000 0000 0001 0110
```

Lassen wir uns das Ergebnis an der Konsole anzeigen, wird 35 ausgegeben. Das entspricht folgender Bitfolge:

0000 0000 0010 0011

Hier werden also das zweite, dritte und das fünfte Bit des linken Operanden invertiert – so wie es der rechte Operand vorgibt. Analysieren wir das Ergebnis, kommen wir zu der folgenden Merkregel:

In einer vorgegebenen Bitsequenz können ganz bestimmte Bits mit dem bitweisen ^-Operator invertiert werden. Die Ausgangsbitfolge steht links vom Operator, und die Zahl, die die Bits repräsentiert, die invertiert werden sollen, steht rechts vom Operator.

Wenden wir auf das Ergebnis ein zweites Mal den ^-Operator an, also

```
int a = 53;
a = a ^ 22;
a = a ^ 22;
```

wird die Variable a wieder den ursprünglichen Wert 53 enthalten.

Beispiel 4: Zum Abschluss nun noch ein Beispiel mit dem Verschiebeoperator <<. Die Bits der Zahl 37 sollen um zwei Positionen nach links verschoben werden, und die Anzeige soll sowohl im Dezimal- als auch im Hexadezimalformat erfolgen.

```
c = 37 << 2;
Console.WriteLine("dezimal    : {0}",c);
Console.WriteLine("hexadezimal: 0x{0:x}",c);
```

Die Zahl 37 entspricht der Bitdarstellung:

0000 0000 0010 0101

Nach der Verschiebung um die geforderten zwei Positionen nach links ergibt sich:

0000 0000 1001 0100

Das entspricht wiederum der Zahl 148 oder in hexadezimaler Schreibweise 0x94, was uns auch die Laufzeitumgebung bestätigt.

Mit

```
c = 37 >> 2;
```

lautet das Ergebnis 9, was zu der folgenden Aussage führt:

Bei der Bitverschiebung eines positiven Operanden mit dem <<- oder >>-Operator werden die frei werdenden Leerstellen mit 0-Bits aufgefüllt.

2.4.5   Zuweisungsoperatoren

Bis auf die Ausnahme des einfachen Gleichheitszeichens dienen alle anderen Zuweisungs-operatoren zur verkürzten Schreibweise einer Anweisung, bei der der linke Operand einer Operation gleichzeitig der Empfänger des Operationsergebnisses ist.

Operator	Beschreibung
=	x = y weist x den Wert von y zu.
+=	x += y weist x den Wert von x + y zu.
-=	x -= y weist x den Wert von x - y zu.
*=	x *= y weist x den Wert von x * y zu.
/=	x /= y weist x den Wert von x / y zu.
%=	x %= y weist x den Wert von x % y zu.
&=	x &= y weist x den Wert von x & y zu.
|=	x |= y weist x den Wert von x | y zu.
^=	x ^= y weist x den Wert von x ^ y zu.
<<=	x <<= y weist x den Wert von x << y zu.
>>=	x >>= y weist x den Wert von x >> y zu.

Tabelle 2.11 Zuweisungsoperatoren

2.4.6   Stringverkettung

Den +-Operator haben Sie bereits in Verbindung mit arithmetischen Operationen kennenge-lernt. Ihm kommt allerdings eine zweite Aufgabe zu, nämlich die Verkettung von Zeichenfol-gen. Ist wenigstens einer der beiden an der Operation beteiligten Operanden vom Typ string, bewirkt der +-Operator eine Stringverkettung. Bei Bedarf wird der Operand, der nicht vom Typ string ist, implizit in einen solchen konvertiert. Das Ergebnis der Stringverkettung ist wieder eine Zeichenfolge. Nachfolgend finden Sie einige Anweisungen, die Beispiele für Stringverkettungen zeigen.

```
string text1 = "Leckere";
string text2 = "Suppe";
// text3 hat den Inhalt "leckere Suppe"
string text3 = text1 + " " + text2;
int value = 4711;
string text = "Hallo";
```

```
// text hat den Inhalt "Hallo4711"
text += value;
string text1 = "4";
string text2 = "3";
// an der Konsole wird "43" ausgegeben
Console.WriteLine(text1 + text2);
```

2.4.7 Sonstige Operatoren

Wir sind noch nicht am Ende der Aufzählung der Operatoren von C# angelangt. Es stehen dem Entwickler noch einige besondere Operatoren zur Verfügung, mit denen Sie in den vorhergehenden Abschnitten teilweise schon gearbeitet haben oder die Sie im weiteren Verlauf dieses Buches noch kennenlernen werden. Der Vollständigkeit halber sind die Operatoren dieser Gruppe in Tabelle 2.12 aufgeführt.

Operator	Beschreibung
.	Der Punktoperator wird für den Zugriff auf die Eigenschaften oder Methoden einer Klasse verwendet, z. B. `Console.ReadLine();`
[]	Der []-Operator wird für Arrays, Indexer und Attribute verwendet, z. B. `arr[10]`.
()	Der ()-Operator dient zwei Zwecken: Er gibt die Reihenfolge der Operationen vor und wird auch zur Typkonvertierung eingesetzt.
?:	Der ?:-Operator gibt einen von zwei Werten in Abhängigkeit von einem dritten zurück. Er ist eine einfache Variante der `if`-Bedingungsprüfung.
new	Dient zur Instanziierung einer Klasse.
is	Prüft den Laufzeittyp eines Objekts mit einem angegebenen Typ.
typeof	Ruft das `System.Type`-Objekt für einen Typ ab.
checked/unchecked	Steuert die Reaktion der Laufzeitumgebung bei einem arithmetischen Überlauf.

Tabelle 2.12 Sonstige C#-Operatoren

2.4.8 Operator-Vorrangregeln

Enthält ein Ausdruck mehrere Operatoren, entscheiden die Operator-Vorrangregeln über die Reihenfolge der Ausführung der einzelnen Operationen. In Tabelle 2.13 sind die Operatoren so angeordnet, dass die weiter oben stehenden Vorrang vor den weiter unten stehenden haben.

Rang	Operator
1	x.y (Punktoperator), a[x], x++, x--, new, typeof, checked, unchecked
2	+ (unär), - (unär), !, ~, ++x, --x, (<Typ>)x
3	*, /, %
4	+ (additiv), - (subtraktiv)
5	<<, >>
6	<, >, <=, >=, is
7	==, !=
8	&
9	^
10		
11	&&
12			
13	?:
14	=, *=, /=, %=, +=, -=, <<=, >>=, &=, ^=, |=

Tabelle 2.13 Operator-Vorrangregeln

2.5 Datenfelder (Arrays)

Arrays, die manchmal auch als Datenfelder bezeichnet werden, ermöglichen es, eine nahezu beliebig große Anzahl von Variablen gleichen Namens und gleichen Datentyps zu definieren. Unterschieden werden die einzelnen Elemente nur anhand einer Indizierung. Arrays kommen insbesondere dann zum Einsatz, wenn in Programmschleifen dieselben Operationen auf alle oder einen Teil der Elemente ausgeführt werden sollen.

2.5.1 Die Deklaration und Initialisierung eines Arrays

Die Deklaration eines Arrays wird am besten an einem Beispiel verdeutlicht:

```
int[] elements;
```

Mit dieser Anweisung wird das Array elements deklariert, das Integer-Werte beschreibt. Um wie viele es sich handelt, ist noch nicht festgelegt. Die Kennzeichnung als Array erfolgt durch die eckigen Klammern, die hinter dem Datentyp angegeben werden. Danach folgt der Bezeichner des Arrays.

Das Array elements ist zwar deklariert, aber noch nicht initialisiert. Insbesondere benötigt die Laufzeitumgebung eine Angabe darüber, wie viele Elemente sich im Array befinden. Arrays werden von der .NET-Laufzeitumgebung als Objekt angesehen, deshalb unterscheidet sich die Initialisierung von der einer herkömmlichen Variablen:

```
int[] elements;
elements = new int[3];
```

Das Schlüsselwort new kennzeichnet die Erzeugung eines Objekts, dahinter wird der Datentyp genannt. Die Anzahl der Array-Elemente – man spricht auch von der Größe des Arrays – geht aus der Zahlenangabe in den eckigen Klammern hervor: In unserem Fall verwaltet das Array elements genau drei Integer. Die Angabe in den eckigen Klammern der Initialisierung ist immer eine Zahl vom Typ int.

> **Merke**
>
> Die Anzahl der Elemente eines Arrays ergibt sich aus der Angabe in den eckigen Klammern bei der Initialisierung mit new.

Eine alternative, gleichwertige Deklarations- und Initialisierungsanweisung ist einzeilig und bietet sich an, wenn bei der Deklaration bekannt ist, wie viele Elemente das Array haben soll:

```
int[] elements = new int[3];
```

Alle Elemente dieses Arrays sind danach mit dem Wert 0 vorinitialisiert. Steht zum Deklarationszeitpunkt bereits fest, welche Daten die Array-Elemente aufnehmen sollen, bietet sich auch die *literale Initialisierung* an, bei der die Daten in geschweiften Klammern bekannt gegeben werden:

```
int[] elements = new int[3]{23, 9, 7};
```

Gleichwertig ist auch diese Initialisierung:

```
int[] elements = new int[]{23, 9, 7};
```

Wer es ganz besonders kurz mag, darf auch die folgende Schreibweise einsetzen, bei der die Größe des Arrays automatisch anhand der Anzahl der zugewiesenen Elemente bestimmt wird:

```
int[] elements = {23, 9, 7};
```

Die literale Initialisierung setzt voraus, dass allen Elementen ein gültiger Wert übergeben wird. Deshalb ist die folgende Initialisierung falsch:

```
// falsche literale Initialisierung
int[] elements = new int[3] { 23 };
```

2.5.2 Der Zugriff auf die Array-Elemente

Bei der Initialisierung eines Arrays werden die einzelnen Elemente durchnummeriert. Dabei hat das erste Element den Index 0, das letzte Element den Index

Anzahl der Elemente - 1

Ein Array, das mit

```
int[] elements = new int[3];
```

deklariert und initialisiert worden ist, enthält somit drei Elemente: `elements[0]`, `elements[1]` und `elements[2]`. Beabsichtigen wir, dem ersten Element des Arrays die Zahl 55 zuzuweisen, müsste die Anweisung wie folgt lauten:

```
elements[0] = 55;
```

Analog erfolgt auch die Auswertung des Elementinhalts durch die Angabe des Index:

```
int value = elements[0];
```

Im folgenden Beispiel werden zwei Arrays deklariert und mit Werten initialisiert, die anschließend an der Konsole ausgegeben werden.

```
// Beispiel: ..\Kapitel 2\ArraySample
class Program
{
  static void Main(string[] args)
  {
    long[] lngVar = new long[4];
    string[] strArr = new String[2];
    // Wertzuweisungem
    lngVar[0] = 230;
    lngVar[1] = 4711;
    lngVar[3] = 77;
    strArr[0] = "C# ";
    strArr[1] = "macht Spaß!";
    // Konsolenausgaben
    Console.WriteLine("lngVar[0] = {0}", lngVar[0]);
    Console.WriteLine("lngVar[1] = {0}", lngVar[1]);
    Console.WriteLine("lngVar[2] = {0}", lngVar[2]);
    Console.WriteLine("lngVar[3] = {0}", lngVar[3]);
```

```
    Console.Write(strArr[0]);
    Console.WriteLine(strArr[1]);
    Console.ReadLine();
  }
}
```

Listing 2.21 Beispielprogramm mit einem Array

Das Array lngVar hat eine Größe von insgesamt vier Elementen und ist vom Typ long; das Array strArr vom Typ string enthält zwei Elemente. Bis auf das dritte Element des long-Arrays mit dem Index 2 wird allen Elementen ein Wert zugewiesen. Die Ausgabe des Programms zur Laufzeit lautet:

```
lngVar[0] = 230
lngVar[1] = 4711
lngVar[2] = 0
lngVar[3] = 77
C# macht Spass!
```

2.5.3 Mehrdimensionale Arrays

Die bisher behandelten Arrays können Sie sich als eine einfache Folge von Daten auf einer Geraden vorstellen. Sie werden als *eindimensionale Arrays* bezeichnet. Zur Darstellung komplexer Datenstrukturen, beispielsweise räumlicher, sind eindimensionale Arrays aber nicht besonders gut geeignet. Daher kommen in der Praxis auch häufig zweidimensionale oder noch höher dimensionierte Arrays zum Einsatz.

Ein *zweidimensionales Array* können Sie sich als Matrix oder Tabelle vorstellen. Bekanntermaßen ist jede Zelle einer Tabelle eindeutig durch die Position in einer Reihe und einer Spalte identifizierbar. Um den Inhalt einer Tabellenzelle durch ein bestimmtes Array-Element zu beschreiben, bietet sich ein zweidimensionales Array an: Eine Dimension beschreibt die Reihe, die andere Dimension die Spalte.

Angenommen, eine Tabelle hat vier Reihen und drei Spalten, dann könnte die Deklaration

```
int[,] zelle = new int[4,3];
```

lauten. Etwas schwieriger ist die literale Initialisierung eines *mehrdimensionalen Arrays.* Jede Dimensionsebene wird durch ein Paar geschweifte Klammern dargestellt, bei einem eindimensionalen Array also – wie oben eingangs gezeigt – durch ein Klammerpaar:

{Anzahl der Elemente der ersten Dimension}

Da ein zweidimensionales Array als ein Feld zu verstehen ist, bei dem jedes Array-Element selbst wieder ein eigenes Feld gleichen Typs definiert, wird jedes Element der Initialisierung eines eindimensionalen Arrays durch ein Paar geschweifter Klammern ersetzt, in dem wiederum Werte des »Unterarrays« angegeben werden:

{{Anzahl der Elemente der zweiten Dimension}, { }, ...}

Die literale Zuweisung an ein zweidimensionales Array könnte demnach wie folgt aussehen:

```
int[,] point = new int[,]{{1,2,3},{4,5,6}};
```

Zulässig ist ebenfalls die kürzere Schreibweise mit:

```
int[,] point = {{1,2,3},{4,5,6}};
```

Diese Systematik setzt sich mit jeder weiteren Dimension fort. Beispielhaft sei das noch an einem dreidimensionalen Array gezeigt:

{{{Anzahl der Elemente der dritten Dimension}, { }, ...}, { }, ...}

Das folgende Codebeispiel zeigt anhand eines dreidimensionalen Arrays, dass die Initialisierung mit zunehmender Dimensionstiefe schon verhältnismäßig komplex und dazu auch noch schlecht lesbar ist:

```
int[,,] elements = {
                    { {1,2,3,4},{3,4,5,6},{6,7,8,9}},
                    { {3,4,6,1},{6,19,3,4},{4,1,8,7}}
                   };
```

Das Array `elements` entspricht einem Array `elements[2,3,4]`. Es weist in der dritten Dimension vier Elemente auf, in der zweiten drei und in der ersten zwei.

Beim Zugriff auf ein mehrdimensionales Array müssen Sie jede Dimension des entsprechenden Elements angeben. Beispielsweise schreibt die Anweisung

```
Console.WriteLine(elements[1,1,1]);
```

die Zahl 19 in das Konsolenfenster.

2.5.4 Festlegen der Array-Größe zur Laufzeit

Nicht immer sind wir in der glücklichen Lage, schon zur Entwicklungszeit die Größe eines Arrays zu kennen, da diese sich möglicherweise erst zur Laufzeit ergibt. In dieser Situation kann die Festlegung der Größe auch über eine Variable erfolgen, die zur Laufzeit mit einem konkreten Wert initialisiert wird. Das folgende Beispiel demonstriert das. Die Aufgabenstellung soll dabei sein, jedem Array-Element als Wert das Quadrat seines Index zuzuweisen.

```
// Beispiel: ..\Kapitel 2\ArrayInitialisierung
class Program
{
  static void Main(string[] args)
  {
```

```
int[] liste;
// Eingabe der Array-Größe
Console.Write("Geben Sie die Anzahl der Elemente ein: ");
int number = Convert.ToInt32(Console.ReadLine());
// Initialisierung des Arrays
liste = new int[number];
// jedes Element des Arrays in einer Schleife durchlaufen
// und jedem Array-Element einen Wert zuweisen und danach
// an der Konsole ausgeben
for (int i = 0; i < number; i++)
{
  liste[i] = i * i;
  Console.WriteLine("liste[{0}] = {1}", i, liste[i]);
}
Console.ReadLine();
  }
 }
}
```

Listing 2.22 Das Beispielprogramm »ArrayInitialisierung«

Zuerst wird das Array liste deklariert, dessen Größe zunächst noch unbestimmt ist. Im nächsten Schritt wird der Anwender zur Angabe der gewünschten Elementanzahl aufgefordert. Die Eingabe wird von der Methode ReadLine entgegengenommen und als Rückgabewert vom Typ string geliefert. Da wir das Array mit einem Integer initialisieren müssen, muss die Benutzereingabe vor der Zuweisung an die Variable number zuerst in den richtigen Typ konvertiert werden. Wir benutzen dazu wieder die Methode ToInt32 der Klasse Convert. Jetzt wissen wir, wie groß das Array liste tatsächlich werden soll, und können es mit

```
liste = new int[number];
```

initialisieren.

Thematisch noch nicht behandelt haben wir bisher Schleifen, die Anweisungen wiederholt ausführen. Das soll uns aber in diesem Beispiel nicht davon abhalten, schon einmal einen kurzen Blick auf die for-Schleife zu werfen, die solche Anforderungen erfüllt. Die Anzahl der Schleifendurchläufe muss dabei vor dem Eintreten in die Schleife bekannt sein. Auf die Details der Syntax kommen wir in Abschnitt 2.7.1 noch zu sprechen.

In unserem Beispiel wird die Schleife vom ersten Index (= 0) bis zum letzten Index, der erst zur Laufzeit der Anwendung festgelegt wird, durchlaufen. Innerhalb des Anweisungsblocks wird anforderungsgerecht zuerst das Quadrat des Index ermittelt und das Ergebnis dem entsprechenden Array-Element zugewiesen. Anschließend erfolgt die Ausgabe an der Konsole.

Wenn Sie zur Laufzeit auf Aufforderung hin die Zahl 4 eingeben, wird im Fenster der Eingabekonsole die folgende Ausgabe erscheinen:

```
liste[0] = 0
liste[1] = 1
liste[2] = 4
liste[3] = 9
```

2.5.5 Bestimmung der Array-Obergrenze

Es kommt häufig vor, dass Sie zur Laufzeit die Array-Obergrenze ermitteln müssen, bei einem mehrdimensionalen Array vielleicht sogar die Obergrenze einer bestimmten Dimension. Insbesondere bei Arrays, deren Größe ähnlich wie im vorhergehenden Abschnitt gezeigt erst zur Laufzeit festgelegt wird, kommt dieser Fragestellung Bedeutung zu.

Da ein Array ein Objekt ist, können auf dem Array-Bezeichner Methoden aufgerufen werden. Dazu gehört auch die Methode GetLength, die uns für jede beliebige Dimension eines vorgegebenen Arrays die Anzahl der Elemente zurückliefert. Auch wenn wir thematisch jetzt ein wenig vorgreifen, sollten wir uns kurz die Definition dieser Methode ansehen:

```
public int GetLength(int dimension)
```

Der Zugriffsmodifizierer public interessiert uns an dieser Stelle noch nicht. In einem anderen Zusammenhang werden wir uns mit ihm noch beschäftigen. Die Methode liefert einen int als Resultat zurück, gekennzeichnet durch die entsprechende Angabe vor dem Methodenbezeichner. In den runden Klammern ist ebenfalls ein int deklariert. Hier erwartet die Methode von uns die Angabe, von welcher Dimension wir die Elementanzahl, also die Größe, erfahren wollen. Dabei gilt, dass die erste Dimension mit 0 angegeben wird, die zweite mit 1 usw.

Haben wir ein zweidimensionales Array mit

```
int[,] elements = new int[20,45];
```

deklariert, wird uns die Anweisung

```
Console.WriteLine(elements.GetLength(1));
```

die Größe der zweiten Dimension ausgeben, also 45.

2.5.6 Die Gesamtanzahl der Array-Elemente

Liegt ein mehrdimensionales Array vor, können wir die Gesamtanzahl der Elemente ermitteln, indem wir die Methode GetLength auf jeder Dimension aufrufen und anschließend die Rückgabewerte multiplizieren – aber es geht auch anders. Die Klasse Array bietet mit der Eigenschaft Length die Möglichkeit, auf einfache Art und Weise an die gewünschte Information zu gelangen:

```
int[,] elements = new int[20,45];
Console.WriteLine(elements.Length);
```

Die Ausgabe dieses Codefragments wird 900 sein, denn das Array enthält insgesamt 20 × 45 Elemente.

Bei einem eindimensionalen Array wird uns Length ebenfalls die Anzahl der Elemente liefern. In Schleifen, die Element für Element durchlaufen werden sollen, benötigen wir jedoch meist den letzten Index des Arrays. Dieser ist um genau eins niedriger als der Wert, der von Length zurückgegeben wird, also:

```
letzterArrayIndex = Array-Bezeichner.Length - 1;
```

2.5.7   Verzweigte Arrays

In allen bisherigen Ausführungen hatten unsere Arrays eine rechteckige Struktur. In C# haben Sie aber auch die Möglichkeit, ein Array zu deklarieren, dessen Elemente selbst wieder Arrays sind. Ein solches Array wird als *verzweigtes Array* bezeichnet. Da die Anzahl der Dimensionen eines verzweigten Arrays für jedes Element unterschiedlich groß sein kann, ist ein solches Array äußerst flexibel.

Die Deklaration und Initialisierung eines verzweigten Arrays ist nicht mehr so einfach wie die eines herkömmlichen mehrdimensionalen Arrays. Betrachten wir dazu zunächst ein Beispiel:

```
int[][] myArray = new int[4][];
```

Das Array myArray enthält insgesamt vier Elemente, die ihrerseits wieder Arrays sind. Kennzeichnend für verzweigte Arrays ist die doppelte Angabe der rechteckigen Klammern sowohl links vom Gleichheitszeichen bei der Deklaration als auch rechts bei der Initialisierung. Im ersten Moment mag das verwirrend erscheinen, aber vergleichen wir doch einmal: Würden wir ein eindimensionales Array deklarieren und initialisieren, müsste die Anweisung dazu wie folgt lauten:

```
int[] myArray = new int[4];
```

Durch das Hinzufügen einer zweiten Klammer, sowohl im deklarierenden als auch im initialisierenden Teil, machen wir deutlich, dass jedes Array-Element seinerseits ein Array repräsentiert.

Hätten wir es mit einem einfachen Array zu tun, würde es als initialisiert gelten. Nun ist der Sachverhalt aber anders, denn jedes Element eines verzweigten Arrays muss seinerseits selbst initialisiert werden. Bezogen auf das oben deklarierte Array myArray könnte das beispielsweise wie folgt aussehen:

```
myArray[0] = new int[3];
myArray[1] = new int[4];
myArray[2] = new int[2];
myArray[3] = new int[5];
```

Wenn die einzelnen Elemente aller Arrays bekannt sind, kann alternativ auch literal mit

```
myArray[0] = new int[3]{1,2,3};
myArray[1] = new int[4]{1,2,3,4};
myArray[2] = new int[2]{1,2};
myArray[3] = new int[5]{1,2,3,4,5};
```

oder mit

```
int[][] myArray = {new int[]{1,2,3},
                   new int[]{1,2,3,4},
                   new int[]{1,2},
                   new int[]{1,2,3,4,5}};
```

initialisiert werden.

Beim Zugriff auf das Element eines verzweigten Arrays muss zuerst berücksichtigt werden, in welchem Unterarray sich das gewünschte Element befindet. Danach wird die Position innerhalb des Unterarrays bekannt gegeben. Angenommen, Sie möchten den Inhalt des fünften Elements im Unterarray mit dem Index 3 auswerten, würde auf dieses Element wie folgt zugegriffen:

```
Console.WriteLine(myArray[3][4]);
```

Verzweigte Arrays sind nicht nur auf eindimensionale Arrays beschränkt, sondern können auch mit mehrdimensionalen kombiniert werden. Benötigen Sie zum Beispiel ein verzweigtes, zweidimensionales Array, müssen Sie das sowohl im Deklarations- als auch im Initialisierungsteil berücksichtigen. In jedem Teil dient die jeweils zweite eckige Klammer zur Angabe der Dimensionsgröße:

```
int[][,] myArray = new int[2][,];
```

2.6 Kontrollstrukturen

Es gibt sicherlich kein Programm, das ohne die Steuerung des Programmablaufs zur Laufzeit auskommt. Das Programm muss Entscheidungen treffen, die vom aktuellen Zustand oder von den Benutzereingaben abhängen. Jede Programmiersprache kennt daher Kontrollstrukturen, um den Programmablauf der aktuellen Situation angepasst zu steuern. In diesem Abschnitt werden Sie die Möglichkeiten kennenlernen, die Sie unter C# nutzen können.

2.6.1   Die »if«-Anweisung

Die if-Anweisung bietet sich an, wenn bestimmte Programmteile nur beim Auftreten einer bestimmten Bedingung ausgeführt werden sollen. Betrachten wir dazu das folgende Beispiel:

```csharp
static void Main(string[] args)
{
  Console.Write("Geben Sie Ihren Namen ein: ");
  string name = Console.ReadLine();
  if(name == "")
    Console.WriteLine("Haben Sie keinen Namen?");
  else
    Console.WriteLine($"Ihr Name ist \'{name}\'");
  Console.ReadLine();
}
```

Listing 2.23 Einfache »if«-Anweisung

Das Programm fordert den Anwender dazu auf, seinen Namen einzugeben. Die Benutzereingabe wird von der Methode ReadLine der Klasse Console entgegengenommen und als Rückgabewert des Aufrufs der Variablen name zugewiesen. Um sicherzustellen, dass der Anwender überhaupt eine Eingabe vorgenommen hat, die aus mindestens einem Zeichen besteht, wird der Inhalt der Stringvariablen name mit

```csharp
if (name == "")
```

überprüft. Wenn name einen Leerstring enthält, wird an der Konsole

```
Haben Sie keinen Namen?
```

ausgegeben. Beachten Sie, dass die zu prüfende Bedingung hinter dem Schlüsselwort if grundsätzlich immer einen booleschen Wert, also true oder false, zurückliefert. Hat der Anwender eine Eingabe gemacht, wird die Eingabe mit einem entsprechenden Begleittext an der Konsole ausgegeben.

Das Kernkonstrukt der Überprüfung ist die if-Struktur, deren einfachste Variante wie folgt beschrieben wird:

```csharp
if (Bedingung)
{
  // Anweisung1
}
[else
{
  // Anweisung2
}]
```

Die if-Anweisung dient dazu, in Abhängigkeit von der Bedingung entweder Anweisung1 oder Anweisung2 auszuführen. Ist die Bedingung wahr, wird Anweisung1 ausgeführt, ansonsten Anweisung2 hinter dem else-Zweig – falls ein solcher angegeben ist, denn der else-Zweig ist optional. Bei Anweisung1 und Anweisung2 kann es sich natürlich auch um beliebig viele Anweisungen handeln.

> **Hinweis**
>
> Hinter if und else können Sie auf die geschweiften Klammen verzichten, wenn es sich um genau eine Anweisung handelt. Sind es mehrere Anweisungen, sind die geschweiften Klammern Pflicht.

Beachten Sie, dass es sich bei der Bedingung in jedem Fall um einen booleschen Ausdruck handelt. Diese Anmerkung ist wichtig, denn wenn Sie bereits mit einer anderen Programmiersprache wie beispielsweise C/C++ gearbeitet haben, werden Sie wahrscheinlich zum Testen einer Bedingung einen von 0 verschiedenen Wert benutzt haben. In C# funktioniert das nicht! Nehmen wir an, Sie möchten feststellen, ob eine Zeichenfolge leer ist, dann müssten Sie die Bedingung wie folgt definieren:

```
// Deklaration und Initialisierung der Variablen text
string text = "";
[...]
if(text.Length != 0)
  Console.Write("Inhalt der Variablen = {0}", text);
```

Length liefert die Anzahl der Zeichen der Zeichenfolge zurück.

Da es in C# keine Standardkonvertierung von einem int in einen bool gibt, wäre es falsch, die Bedingung folgendermaßen zu formulieren:

```
// Achtung: In C# nicht zulässig
if (text.Length)...
```

In einer if-Bedingung können Sie beliebige Vergleichsoperatoren einsetzen, auch in Kombination mit den logischen Operatoren. Das kann zu verhältnismäßig komplexen Ausdrücken führen, beispielsweise:

```
if (a <= b && c != 0)...
if ((a > b && c < d)||(e != f && g < h))...
```

Bisher sind wir vereinfachend davon ausgegangen, dass unter einer bestimmten Bedingung immer nur eine Anweisung ausgeführt wird. Meistens müssen jedoch mehrere Anweisungen abgearbeitet werden. Um mehrere Anweisungen beim Auftreten einer bestimmten Bedingung auszuführen, müssen sie lediglich in einen Anweisungsblock zusammengefasst werden, beispielsweise:

```
static void Main(string[] args)
{
  Console.Write("Geben Sie eine Zahl zwischen 0 und 9 ein: ");
  int zahl = Convert.ToInt32(Console.ReadLine());
  if(zahl > 9 || zahl < 0)
  {
    Console.WriteLine("Ihre Zahl ist unzulässig");
    Console.Write("Versuchen Sie es erneut: ");
    zahl = Convert.ToInt32(Console.ReadLine());
  }
  else
  {
    Console.WriteLine("Korrekte Eingabe.");
    Console.WriteLine("Sie beherrschen das Zahlensystem!");
  }
  Console.WriteLine("Die Eingabe lautet:{0}", zahl);
  Console.ReadLine();
}
```

Listing 2.24 Mehrere Anweisungen zusammengefasst in einem Anweisungsblock

Eingebettete »if«-Statements

if-Anweisungen dürfen ineinander verschachtelt werden, d. h., dass innerhalb eines äuße-ren if-Statements eine oder auch mehrere weitere if-Anweisungen eingebettet werden kön-nen. Damit stehen wir aber zunächst vor einem Problem, wie im folgenden Codefragment gezeigt wird:

```
Console.Write("Geben Sie eine Zahl zwischen 0 und 9 ein: ");
int zahl = Convert.ToInt32(Console.ReadLine());
if(zahl >= 0 && zahl <= 9)
if(zahl <= 5)
Console.Write("Die Zahl ist 0,1,2,3,4 oder 5");
else
Console.Write("Die Zahl ist unzulässig.");
```

Listing 2.25 Eingebettetes »if«-Statement

Um die ganze Problematik anschaulich darzustellen, wurde auf sämtliche Tabulatoreinzüge verzichtet, denn Einzüge dienen nur der besseren Lesbarkeit des Programmcodes und haben keinen Einfluss auf die Interpretation der Ausführungsreihenfolge.

Die Frage, die aufgeworfen wird, lautet, ob else zum inneren oder zum äußeren if-State-ment gehört. Wenn wir den Code betrachten, sind wir möglicherweise geneigt zu vermuten, else mit der Meldung

Die Zahl ist unzulässig.

dem äußeren if zuzuordnen, wenn eine Zahl kleiner 0 oder größer 9 eingegeben wird. Tatsächlich werden wir mit dieser Meldung genau dann konfrontiert, wenn eine Zahl zwischen 6 und 9 eingeben wird, denn der Compiler interpretiert den Code wie folgt:

```csharp
if(zahl >= 0 && zahl <= 9)
{
  if(zahl <= 5)
    Console.Write("Die Zahl ist 0,1,2,3,4 oder 5");
  else
    Console.Write("Die Zahl ist unzulässig.");
}
```

Listing 2.26 Listing 2.25 nun mit Tabulatoreinzügen

Das war natürlich nicht unsere Absicht, denn rein logisch soll die else-Klausel der äußeren Bedingungsprüfung zugeordnet werden. Um das zu erreichen, müssen wir in unserem Programmcode das innere if-Statement als Block festlegen:

```csharp
if(zahl >= 0 && zahl <= 9)
{
  if(zahl <= 5)
    Console.Write("Die Zahl ist 0,1,2,3,4 oder 5");
}
else
  Console.Write("Die Zahl ist unzulässig.");
```

Listing 2.27 Richtige Zuordnung des »else«-Zweigs

Unsere Erkenntnis können wir auch in eine allgemeingültige Regel formulieren:

> **Merke**
>
> Eine **else**-Klausel wird immer an das am nächsten stehende if gebunden. Dies kann nur durch das Festlegen von Anweisungsblöcken umgangen werden.

Das eben geschilderte Problem der else-Zuordnung ist unter dem Begriff *dangling else* bekannt, zu Deutsch »baumelndes else«. Es führt zu logischen Fehlern, die nur sehr schwer aufzuspüren sind.

Es kommt in der Praxis sehr häufig vor, dass mehrere Bedingungen der Reihe nach ausgewertet werden müssen. Unter Einbeziehung der Regel über die Zuordnung der else-Klausel könnte eine differenzierte Auswertung einer eingegebenen Zahl beispielsweise wie folgt lauten:

```
Console.Write("Geben Sie eine Zahl zwischen 0 und 9 ein: ");
int zahl = Convert.ToInt32(Console.ReadLine());
if(zahl == 0)
   Console.WriteLine("Die Zahl ist 0");
else
   if(zahl == 1)
      Console.WriteLine("Die Zahl ist 1");
   else
      if(zahl == 2)
         Console.WriteLine("Die Zahl ist 2");
      else
         if(zahl == 3)
            Console.WriteLine("Die Zahl ist 3");
         else
            Console.WriteLine("Zahl > 3");
```

Listing 2.28 Komplexeres »if«-Statement (1)

Um jedes else eindeutig zuordnen zu können, weist dieses Codefragment entsprechende Einzüge auf, die keinen Zweifel aufkommen lassen. Das täuscht dennoch nicht darüber hinweg, dass die Lesbarkeit leidet und der Code mit wachsender Anzahl der zu testenden Bedingungen unübersichtlich wird. Unter C# bietet es sich daher an, im Anschluss an das Schlüsselwort else sofort ein if anzugeben, wie im folgenden identischen Codefragment, das wesentlich überschaubarer wirkt und damit auch besser lesbar ist:

```
if(zahl == 0)
   Console.WriteLine("Die Zahl ist 0");
else if(zahl == 1)
   Console.WriteLine("Die Zahl ist 1");
else if(zahl == 2)
   Console.WriteLine("Die Zahl ist 2");
else if(zahl == 3)
   Console.WriteLine("Die Zahl ist 3");
else
   Console.WriteLine("Zahl > 3");
```

Listing 2.29 Komplexeres »if«-Statement (2)

Bedingte Zuweisung mit dem »?:«-Operator

Manchmal sehen wir uns mit der Aufgabe konfrontiert, eine Bedingung nur auf ihren booleschen Wert hin zu prüfen und in Abhängigkeit vom Testergebnis eine Zuweisung auszuführen. Eine if-Anweisung könnte dazu wie nachfolgend gezeigt aussehen:

```
int x, y;
Console.Write("Geben Sie eine Zahl ein: ");
x = Convert.ToInt32(Console.ReadLine());
if(x == 0)
   y = 1;
else
   y = x;
```

Gibt der Anwender die Zahl 0 ein, wird der Variablen y der Wert 1 zugewiesen. Weicht die Eingabe von 0 ab, ist der Inhalt der Variablen x mit der Variablen y identisch.

Es kann auch ein von C# angebotener spezieller Bedingungsoperator eingesetzt werden. Sehen wir uns zunächst dessen Syntax an:

<Variable> = <Bedingung> ? <Wert1> : <Wert2>

Zuerst wird die Bedingung ausgewertet. Ist deren Ergebnis true, wird Wert1 der Variablen zugewiesen, andernfalls Wert2. Damit können wir das Beispiel von oben vollkommen äquivalent auch anders implementieren:

```
int x, y;
Console.Write("Geben Sie eine Zahl ein: ");
x = Convert.ToInt32(Console.ReadLine());
y = x == 0 ? 1 : x;
```

Im ersten Moment sieht der Code schlecht lesbar aus. Wenn wir allerdings zusätzliche Klammern setzen, wird die entsprechende Codezeile schon deutlicher:

```
y = (x == 0 ? 1 : x);
```

Zuerst wird die Bedingung

```
x == 0
```

geprüft. Ist das Ergebnis true, wird y die Zahl 1 zugewiesen. Ist das Ergebnis false, werden die beiden Variablen gleichgesetzt.

2.6.2   Das »switch«-Statement

Mit der if-Anweisung können Bedingungen auf Basis sowohl verschiedener Vergleichsoperatoren als auch verschiedener Operanden formuliert werden. In der Praxis muss jedoch häufig derselbe Operand überprüft werden. Nehmen wir beispielsweise an, eine Konsolenanwendung bietet dem Anwender eine Auswahl diverser Optionen an, die den weiteren Ablauf des Programms steuert:

```
static void Main(string[] args)
{
  string message = "Treffen Sie eine Wahl:\n\n";
```

```
message += "(N) - Neues Spiel\n";
message += "(A) - Altes Spiel fortsetzen\n";
message += "(E) - Beenden\n";
Console.WriteLine(message);
Console.Write("Ihre Wahl lautet: ");
string choice = Console.ReadLine().ToUpper();
if (choice == "N")
{
  Console.Write("Neues Spiel...");
  // Anweisungen, die ein neues Spiel starten
}
else if (choice == "A")
{
  Console.Write("Altes Spiel laden ...");
  // Anweisungen, die einen alten Spielstand abrufen
}
else if (choice == "E")
{
  Console.Write("Spiel beenden ...");
  // Anweisungen, um das Spiel zu beenden
}
else
{
  Console.Write("Ungültige Eingabe ...");
  // weitere Anweisungen
}
Console.ReadLine();
}
```

Listing 2.30 Komplexe Bedingungsprüfung

Der Ablauf des Programms wird über die Eingabe »N«, »A« oder »E« festgelegt. Stellvertretend wird in unserem Fall dazu eine Konsolenausgabe angezeigt. Vor der Eingabeüberprüfung sollten wir berücksichtigen, dass der Anwender möglicherweise der geforderten Großschreibweise der Buchstaben keine Beachtung schenkt. Um diesem Umstand Rechnung zu tragen, wird die Eingabe mit

```
string choice = Console.ReadLine().ToUpper();
```

in jedem Fall in einen Großbuchstaben umgewandelt. Verantwortlich dafür ist die Methode ToUpper der Klasse String, die direkt auf dem Rückgabewert aufgerufen wird.

Alternativ zur if-Struktur könnte die Programmlogik auch mit einer switch-Anweisung realisiert werden. Im obigen Beispiel müsste der if-Programmteil dann durch den folgenden ersetzt werden:

```
// Beispiel: ..\Kapitel 2\SwitchSample
[...]
switch (choice)
{
  case "N":
    Console.Write("Neues Spiel...");
    // Anweisungen, die ein neues Spiel starten
    break;
  case "A":
    Console.Write("Altes Spiel laden...");
    // Anweisungen, die einen alten Spielstand laden
    break;
  case "E":
    Console.Write("Spiel beenden...");
    // Anweisungen, um das Spiel zu beenden
    break;
  default:
    Console.Write("Ungültige Eingabe...");
    // weitere Anweisungen
    break;
}
[...]
```

Listing 2.31 Das »switch«-Statement

Sehen wir uns nun die allgemeine Syntax der switch-Anweisung an:

```
switch(Ausdruck)
{
  case Konstante1:
    // Anweisungen
    break;
  case Konstante2:
    // Anweisungen
    break;
  ...
  [default:
    // Anweisungen
    break;
  ]
}
```

Mit der switch-Anweisung lässt sich der Programmablauf ähnlich wie mit der if-Anweisung steuern. Dabei wird überprüft, ob der hinter switch aufgeführte Ausdruck, der im Regelfall entweder eine Ganzzahl oder eine Zeichenfolge sein muss, mit einer der hinter case angegebenen Konstanten übereinstimmt. Nacheinander wird dabei zuerst mit Konstante1 verglichen, danach mit Konstante2 usw. Stimmen Ausdruck und Konstante überein, werden alle folgenden Anweisungen bis zur Sprunganweisung break ausgeführt. Wird zwischen dem Ausdruck und einer der Konstanten keine Übereinstimmung festgestellt, werden die Anweisungen hinter der default-Marke ausgeführt – falls eine solche angegeben ist, denn default ist optional. Achten Sie auch darauf, hinter jeder Konstanten und hinter default einen Doppelpunkt zu setzen.

> **Anmerkung**
>
> Tatsächlich muss es sich bei dem hinter switch angegeben Ausdruck seit der Version C# 7.0 nicht mehr nur um eine Ganzzahl oder einen String handeln. Mit der Einführung des *Pattern Matchings* wurde diese Regel gebrochen und erweitert. Allerdings werde ich erst in Kapitel 10, »Weitere C#-Sprachfeatures«, auf das Pattern Matching eingehen, da einige damit im Zusammenhang stehende Sprachgrundlagen an dieser Stelle noch nicht bekannt sind.

Die Sprunganweisung break ist in jedem Fall erforderlich, wenn hinter dem case-Statement eine oder mehrere Anweisungen codiert sind, ansonsten meldet der Compiler einen Syntaxfehler. Die break-Anweisung signalisiert, die Programmausführung mit der Anweisung fortzusetzen, die dem switch-Anweisungsblock folgt.

Auf break kann man verzichten, wenn mehrere case-Anweisungen direkt hintereinanderstehen. Die Folge ist dann, dass die Kette so lange durchlaufen wird, bis ein break erscheint. Daher wird im folgenden Codefragment die erste Ausgabeanweisung ausgeführt, wenn value den Wert 1, 2 oder 3 hat.

```
int value = ...;
switch(value)
{
  case 1:
  case 2:
  case 3:
    Console.Write("value = 1, 2 oder 3");
    break;
  case 4:
    Console.Write("value = 4");
    break;
}
```

Neben break gibt es mit goto eine weitere Sprunganweisung, hinter der eine Marke angegeben werden kann, beispielsweise:

```
goto case "E";
```

Die goto-Anweisung bietet sich insbesondere an, wenn für mehrere Konstanten dieselben Anweisungsfolgen ausgeführt werden müssen, z. B.:

```
int value = ...;
switch(value)
{
  case 1:
    Console.WriteLine("Im case 1-Zweig");
    goto case 3;
  case 2:
  case 3:
    Console.Write("value = 1, 2 oder 3");
    break;
  case 4:
    Console.Write("value = 4");
    break;
}
```

Nehmen wir an, value hätte den Wert 1. Das Programm reagiert wie folgt: Zuerst wird der case 1-Zweig ausgeführt und danach die Steuerung des Programms an den case 3-Zweig übergeben. Zwei Konsolenausgaben sind also die Folge:

```
Im case 1-Zweig
value = 1, 2 oder 3
```

Einschränkungen der »switch«-Anweisung

In C# gibt es keine Möglichkeit, einen zusammenhängenden Konstantenbereich hinter dem case-Statement anzugeben, wie es in einigen anderen Sprachen möglich ist. Wollen Sie beispielsweise für einen Ausdruck alle Zahlen im Bereich von 0 bis 10 gleichermaßen behandeln, müssen Sie für jede einzelne eine case-Anweisung implementieren. In solchen Fällen empfiehlt es sich, anstelle der switch-Anweisung das if-Statement zu verwenden.

Die »goto«-Anweisung

Die goto-Anweisung kann nicht nur innerhalb eines switch-Blocks angegeben, sondern auch generell dazu benutzt werden, eine beliebige Marke im Code anzusteuern. Solche Sprünge werden auch als *unbedingte Sprünge* bezeichnet, weil sie an keine besondere Bedingung geknüpft sind. Eine Marke ist ein Bezeichner, der mit einem Doppelpunkt abgeschlossen wird. Im folgenden Beispiel wird die Marke meineMarke definiert. Trifft das Programm zur Laufzeit auf das goto-Statement, verzweigt es zu den Anweisungen, die sich hinter der benutzerdefinierten Marke befinden.

```
static void Main(string[] args)
{
  int value = 4711;
  Console.WriteLine("Programmstart");
  goto meineMarke;
  Console.WriteLine("value = {0}",value);
meineMarke:
  Console.WriteLine("Programmende");
  Console.ReadLine();
}
```

Listing 2.32 Allgemeine Verwendung von »goto«

In diesem Listing wird es niemals zu der Ausgabe des Variableninhalts von value kommen. Das ist natürlich kein Fehler, sondern mehr eine programmiertechnische Unsauberkeit, die der Compiler sogar erkennt und im Fenster *Fehlerliste* als Warnhinweis anzeigt.

Neben der Möglichkeit, eine Sprunganweisung innerhalb einer switch-Anweisung zu codieren, bietet sich die goto-Anweisung auch dazu an, tief verschachtelte Schleifen zu verlassen (mehr dazu im folgenden Abschnitt). In allen anderen Fällen sollten Sie jedoch prinzipiell auf goto verzichten, denn es zeugt im Allgemeinen von einem schlechten Programmierstil.

2.7 Programmschleifen

Schleifen dienen dazu, Anweisungsfolgen wiederholt auszuführen. Dabei wird zwischen zwei Schleifentypen unterschieden:

▶ bestimmte Schleifen

▶ unbestimmte Schleifen

Ist beim Schleifeneintritt bekannt, wie oft die Anweisungsfolge durchlaufen werden muss, wird von einer *bestimmten Schleife* gesprochen. Ergibt sich erst während des Schleifendurchlaufs, wann die zyklische Bearbeitung abgebrochen werden kann oder muss, spricht man von *unbestimmten Schleifen*. Die Grenzen zwischen diesen beiden Typen sind dabei nicht eindeutig, sondern können durchaus verwischen. Eine bestimmte Schleife kann wie eine unbestimmte agieren, eine unbestimmte wie eine bestimmte.

2.7.1 Die »for«-Schleife

Man setzt eine for-Schleife meistens dann ein, wenn bekannt ist, wie oft bestimmte Anweisungen ausgeführt werden müssen. Die allgemeine Syntax des for-Schleifenkonstrukts sieht dabei wie folgt aus:

```
for (Ausdruck1; Ausdruck2; Ausdruck3)
{
   // Anweisungen
}
```

Die `for`-Schleife setzt sich aus zwei Komponenten zusammen: aus dem Schleifenkopf, der die Eigenschaft der Schleife beschreibt, und aus dem sich daran anschließenden Schleifenblock in geschweiften Klammern, der die wiederholt auszuführenden Anweisungen enthält. Handelt es sich dabei nur um eine Anweisung, können Sie auf die geschweiften Klammern verzichten.

Um die Anzahl der Durchläufe einer `for`-Schleife festzulegen, bedarf es eines Schleifenzählers, dessen Anfangswert durch *Ausdruck1* beschrieben wird. Der Endwert wird in *Ausdruck2* festgelegt, und *Ausdruck3* schließlich bestimmt, auf welchen Betrag der Schleifenzähler bei jedem Schleifendurchlauf erhöht werden soll. Dazu ein Beispiel:

```
for(int counter = 0; counter < 10; counter++)
{
   Console.WriteLine($"Zählerstand = {counter}");
}
```

Listing 2.33 Konstruktion einer einfachen »for«-Schleife

Der Schleifenzähler heißt hier `counter`. Sein Startwert beträgt 0, und er wird bei jedem Schleifendurchlauf um den Wert 1 erhöht. Erreicht `counter` den Wert 10, wird das Programm mit der Anweisung fortgesetzt, die dem Anweisungsblock der Schleife folgt.

Hinweis

Genauso wie bei einer `if`-Anweisung gilt auch für eine `for`-Schleife, dass Sie auf die geschweiften Klammern des Anweisungsblocks verzichten können, wenn die Operation in der Schleife nur durch eine einzige Anweisung beschrieben wird. Daher dürfte die `for`-Schleife aus Listing 2.33 auch wie folgt codiert werden:

```
for(int counter = 0; counter < 10; counter++)
   Console.WriteLine($"Zählerstand = {counter}");
```

Führen wir den Code aus, werden wir an der Konsole die folgende Ausgabe erhalten:

```
Zählerstand = 0
Zählerstand = 1
Zählerstand = 2
Zählerstand = 3
```

```
[...]
Zählerstand = 8
Zählerstand = 9
```

Weil der Schleifenblock nur eine Anweisung enthält, könnte die for-Schleife auch wie folgt codiert werden:

```
for(int counter = 0; counter < 10; counter++)
  Console.WriteLine("Zählerstand = {0}",counter);
```

Die Arbeitsweise der »for«-Schleife

Stößt der Programmablauf auf eine for-Schleife, wird zuerst Ausdruck1 – auch *Initialisierungsausdruck* genannt – ausgewertet. Dieser initialisiert den Zähler der Schleife mit einem Startwert. Der Zähler der Schleife in unserem Beispiel wird mit dem Startwert 0 initialisiert.

Ausdruck2, der *Bedingungsausdruck*, wertet vor jedem Schleifendurchlauf den aktuellen Stand des Zählers aus. Im Beispiel von oben lautet die Bedingung:

```
counter < 10
```

Der Bedingungsausdruck kann unter Einbeziehung der diversen Operatoren beliebig komplex werden, muss aber immer ein boolesches Ergebnis haben. Der Anweisungsblock wird nur dann ausgeführt, wenn Ausdruck2 true ist, ansonsten setzt das Programm seine Ausführung mit der Anweisung fort, die dem Schleifenblock folgt.

Ausdruck3 (*Reinitialisierungsausdruck*) übernimmt die Steuerung des Schleifenzählers. Er wird dazu benutzt, den Schleifenzähler entweder zu inkrementieren oder zu dekrementieren. In unserem Fall wird der Zähler jeweils um +1 erhöht. Die Erhöhung erfolgt immer dann, wenn der Anweisungsblock der Schleife durchlaufen ist. Danach bewertet der Bedingungsausdruck den neuen Zählerstand.

Die Zählervariable

Grundsätzlich gibt es zwei Möglichkeiten, die Zählervariable zu deklarieren, die für das Abbruchkriterium herangezogen wird:

► innerhalb des Schleifenkopfs
► vor der Schleife

Welcher Notation Sie den Vorzug geben, hängt davon ab, über welche Sichtbarkeit der Zähler verfügen soll. Betrachten Sie dazu zunächst das folgende Codefragment:

```
static void Main(string[] args)
{
  for (int index = 0; index <= 10; index++)
  {
    Console.WriteLine("Zählerstand = {0}", index);
```

131

```
  }
  // die folgende Anweisung verursacht einen Kompilierfehler
  Console.WriteLine(index);
}
```

Listing 2.34 Deklaration der Zählervariablen im Schleifenkopf

Eine Zählervariable, die im Schleifenkopf deklariert wird, gilt als lokale Variable der Schleife und ist deshalb auch nur innerhalb des Anweisungsblocks der for-Schleife gültig. Der Zugriff auf den Zähler von außerhalb der Schleife führt deshalb auch zu einem Kompilierfehler.

Implementieren Sie mehrere Schleifen, müssen Sie daher auch jedes Mal den Zähler neu deklarieren:

```
for(int index = 0; index <= 10 ;index++) { [...] }
[...]
for(int index = 12; index <= 100 ;index += 3) { [...] }
```

Die bessere Lösung wäre in diesem Fall die Deklaration der Zählervariablen vor dem Auftreten der ersten Schleife:

```
int index;
for(index = 0; index <= 10 ;index++) { [...] }
[...]
for(index = 12; index <= 100 ;index += 3){ [...] }
```

Wenn wir an diesem Punkt angekommen sind, stellt sich die Frage, ob beim Vorliegen einer einzigen for-Schleife die gleichzeitige Deklaration und Initialisierung im Schleifenkopf der vorgezogenen Deklaration der Zählervariablen vor dem Schleifenkopf vorzuziehen ist. Eine klare Antwort darauf gibt es nicht. Der besseren Übersichtlichkeit wegen scheint es jedoch vorteilhaft zu sein, die Deklaration im Initialisierungsausdruck vorzunehmen.

»for«-Schleifen mit beliebiger Veränderung des Zählers

In den meisten Fällen erfüllt eine ganzzahlige Schrittweite die Anforderungen vollkommen. Das ist aber nicht immer so. Manchmal werden auch kleinere Schrittweiten benötigt, also im Bereich von Fließkommazahlen. Fließkommazahlen sind naturgemäß systembedingt immer ungenau. Das kann bei Schleifen besonders fatale Folgen haben. Sehen Sie sich dazu Listing 2.35 an:

```
static void Main(string[] args)
{
  int value = 0;
  for(double counter = 0; counter <= 2 ;counter += 0.1)
  {
    value++;
```

```
    Console.WriteLine($"{value}. Zählerstand = {counter}");
  }
  Console.ReadLine();
}
```

Listing 2.35 »for«-Schleife mit Zähler vom Typ einer Dezimalzahl

Normalerweise würden wir auf den ersten Blick keinen Haken vermuten – erst wenn wir das Programm ausführen, werden wir feststellen, dass der letzte Zählerwert fehlt:

1. Zählerstand = 0
2. Zählerstand = 0,1
[...]
18. Zählerstand = 1,7
19. Zählerstand = 1,8
20. Zählerstand = 1,9

Die systembedingte Ungenauigkeit der Fließkommazahlen bewirkt, dass der Zählerstand im letzten Schritt nicht exakt 2 ist, sondern ein wenig größer. Damit wird der zweite Ausdruck des Schleifenkopfs zu false und bewirkt den vorzeitigen Ausstieg aus der Schleife – der letzte erforderliche Schleifendurchlauf wird überhaupt nicht ausgeführt. Diese These lässt sich beweisen, wenn wir die Anweisung zur Ausgabe an der Konsole durch die folgende ersetzen:

```
Console.WriteLine($"{value}. Zählerstand = {counter:E16}");
```

Wir erzwingen nun die Ausgabe in Exponentialschreibweise und geben eine Genauigkeit von 16 Nachkommastellen an – denn der Typ double wird an der 16. Nachkommastelle ungenau. Die Ausgabe an der Konsole sieht dann wie in Abbildung 2.10 gezeigt aus.

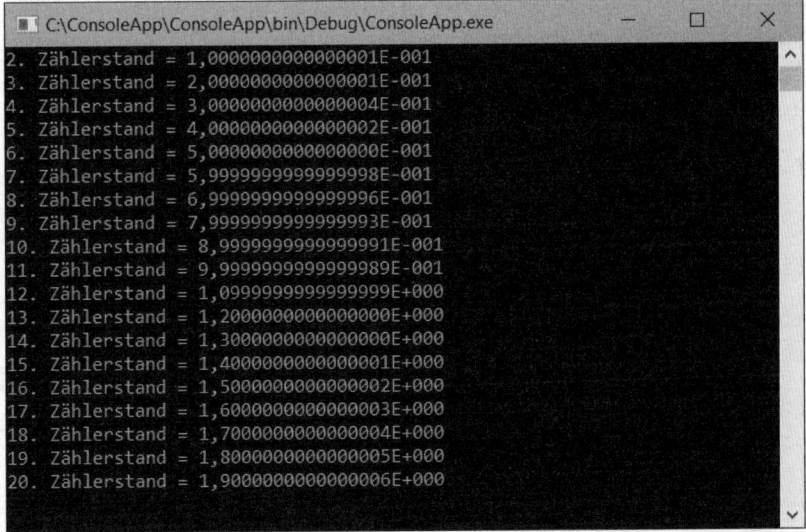

Abbildung 2.10 Fließkommazahl als Zähler – die Ausgabe an der Konsole

Diesen Fehler können Sie vermeiden, indem Sie sowohl den Zähler als auch die Schrittweite ganzzahlig machen. In unserem Beispiel wird mit dem Faktor 10 die Schrittweite auf +1 gesetzt. Analog muss die Ausstiegsbedingung angepasst werden. Um den Effekt bei der Ausgabe rückgängig zu machen, dividieren wir das auszugebende Datum am Ende durch denselben Faktor.

```csharp
static void Main(string[] args)
{
    int value = 0;
    for(double counter = 0; counter <= 20 ;counter++)
    {
        value++;
        Console.WriteLine($"{value}. Zählerstand = {counter/10}");
    }
    Console.ReadLine();
}
```

Listing 2.36 Anpassung des Codes aus Listing 2.35 an Ganzzahlen

Natürlich bewirkt die Division ihrerseits auch wieder eine Ungenauigkeit, aber das liegt in der Natur der Fließkommazahlen, was wir akzeptieren müssen. Andererseits haben wir aber die Gewissheit, dass zumindest die Anzahl der Schleifendurchläufe korrekt ist.

Die Initialisierung von Arrays in einer »for«-Schleife

Sie haben gesehen, dass mit for-Schleifen Anweisungssequenzen wiederholt ausgeführt werden. Dieser Schleifentyp eignet sich besonders dazu, Array-Elemente mit bestimmten Werten zu initialisieren. Machen wir uns das an einem einfachen Beispiel deutlich. Das Array liste soll mit Zahlen initialisiert werden, die dem Quadrat des Index des Elements entsprechen. Den höchsten vertretenen Index soll der Anwender an der Konsole eingeben. Der Code dazu sieht wie folgt aus:

```csharp
static void Main(string[] args)
{
    int[] liste;
    Console.Write("Geben Sie den höchsten Array-Index ein: ");
    liste = new int[Convert.ToInt32(Console.ReadLine()) + 1];
    for(int i = 0; i < liste.Length; i++)
    {
        liste[i] = i * i;
        Console.WriteLine(liste[i]);
    }
}
```

```
    Console.ReadLine();
}
```

Listing 2.37 Ein Array in einer Schleife initialisieren

Nach der Deklaration des Arrays und der sich anschließenden Aufforderung, die Größe des Arrays festzulegen, wird das Array entsprechend der Eingabe des Anwenders initialisiert. Die Anweisung dazu erscheint im ersten Moment verhältnismäßig komplex, ist aber recht einfach zu interpretieren. Dabei geht man – genauso wie es auch die Laufzeit macht – von der innersten Klammerebene aus, im vorliegenden Fall also von der Entgegennahme der Benutzereingabe:

```
Console.ReadLine()
```

Die Eingabe des Anwenders ist eine Zeichenfolge, also vom Typ string. Da die Indexangabe eines Arrays immer ein int sein muss, sind wir zu einer Konvertierung gezwungen:

```
Convert.ToInt32(Console.ReadLine())
```

Jetzt gilt es noch zu bedenken, dass per Vorgabe die Eingabe den höchsten Index des Arrays darstellt, wir aber bei einer Array-Initialisierung immer die Anzahl der Elemente angeben. Um unser Array endgültig richtig zu dimensionieren, müssen wir die konvertierte Benutzereingabe noch um 1 erhöhen, also:

```
Convert.ToInt32(Console.ReadLine()) + 1
```

Mit der daraus resultierenden Zahl kann das Array nun endgültig in der vom Anwender gewünschten Kapazität initialisiert werden.

Jetzt folgt die for-Schleife. Da wir jedem Array-Element im Schleifenblock das Quadrat seines Index zuweisen wollen, lassen wir den Schleifenzähler über alle vertretenen Indizes laufen – also von 0 bis zum höchsten Index. Letzteren ermitteln wir aus der Eigenschaft Length unseres Arrays, die uns die Gesamtanzahl der Elemente liefert. Diese ist immer um 1 höher als der letzte Index im Array. Daher entspricht die Bedingung

```
i < liste.Length
```

immer den Forderungen, denn die Schleife wird jetzt so lange durchlaufen, bis die Zahl erreicht ist, die kleiner ist als die Anzahl der Elemente. Gleichwertig könnten wir auch Folgendes formulieren:

```
i <= liste.Length - 1
```

Der Schleifenkopf ist nun anforderungsgerecht formuliert, die Anweisungen des Schleifenblocks werden genauso oft durchlaufen, wie das Array Elemente aufweist. Da bei jedem Schleifendurchlauf der Schleifenzähler ein Pendant in Form eines Array-Index aufweist, können wir den Zähler dazu benutzen, jedes einzelne Array-Element anzusprechen:

```
liste[i] = i * i;
```

Beim ersten Durchlauf mit i = 0 wird demnach liste[0] die Zahl 0 zugewiesen, beim zweiten Durchlauf mit i = 1 dem Element liste[1] der Wert 1 usw.

Die Argumente der »Main«-Prozedur

Bisher haben wir unsere Programme immer nur durch einen einfachen Aufruf gestartet, entweder direkt aus der Entwicklungsumgebung heraus oder durch die Angabe des Dateinamens an der Eingabekonsole. Verteilen wir eine Anwendung, wird ein Anwender jedoch niemals aus der Entwicklungsumgebung heraus die Applikation starten, sondern entweder durch Doppelklick auf die EXE-Datei im Explorer, durch die Eingabe des Namens der ausführbaren Datei an der Eingabekonsole oder über die Option START • AUSFÜHREN...

Die beiden letztgenannten Punkte eröffnen noch weitere Möglichkeiten: Es können der Main-Methode auch Befehlszeilenparameter als zusätzliche Informationen übergeben werden, die im Array args der Parameterliste der Main-Methode entgegengenommen werden:

```
static void Main(string[] args)
```

Nehmen wir an, wir würden eine Anwendung namens *MyApplication.exe* an der Konsole wie folgt starten:

```
MyApplication Peter Willi Udo
```

Die drei Übergabeparameter Peter, Willi und Udo werden von Main im string-Array args empfangen und können von der Anwendung für weitere Operationen benutzt werden. Da das Programm zur Laufzeit jedoch nicht weiß, ob und wie viele Parameter übergeben worden sind, wird das Array args zunächst dahingehend abgefragt, ob überhaupt ein gültiges Element enthalten ist. Wenn die Anzahl der Elemente größer 0 ist, können Sie mit einer for-Schleife in bekannter Weise auf jedes Array-Element zugreifen. Sehen wir uns das an einem konkreten Beispiel an:

```
// Beispiel: ..\Kapitel 2\Befehlszeilenparameter
static void Main(string[] args)
{
  // prüfen, ob beim Programmaufruf eine oder mehere Strings übergeben worden sind
  if (args.Length > 0)
  {
    // die Zeichenfolgen in der Konsole anzeigen
    for (int i = 0; i < args.Length; i++)
      Console.WriteLine(args[i]);
  }
  else
    Console.WriteLine("Kein Übergabestring");
```

```
Console.ReadLine();
}
```

Listing 2.38 Auswerten der Übergabeargumente an die Methode »Main«

Das if-Statement stellt durch Auswertung der Length-Eigenschaft auf args fest, ob das Array leer ist oder nicht. Hat der Anwender zumindest einen Parameter übergeben, wird die for-Schleife ausgeführt, die den Inhalt des Parameters an der Konsole ausgibt.

Grundsätzlich werden alle übergebenen Parameter als Zeichenfolgen empfangen. Das soll uns aber nicht davon abhalten, im Bedarfsfall der Laufzeitumgebung auch Zahlen zu übergeben. Allerdings dürfen wir dann nicht vergessen, mit einer der Methoden der Klasse Convert die Zeichenfolge in den erforderlichen Datentyp zu konvertieren.

Verschachtelte Schleifen

for-Schleifen können praktisch beliebig verschachtelt werden. Im nächsten Beispiel werde ich zeigen, wie Sie eine verschachtelte Schleife dazu benutzen können, einen Baum beliebiger Größe – hier durch Buchstaben dargestellt – an der Konsole auszugeben.

```
1:        M
2:       MMM
3:      MMMMM
4:     MMMMMMM
5:    MMMMMMMMM
6:   MMMMMMMMMMM
```

Jede Ausgabezeile setzt sich aus einer Anzahl von Leerzeichen und Buchstaben zusammen und hängt von der Größe der Darstellung ab. Für die Leerzeichen gilt:

Anzahl Leerzeichen = Gesamtanzahl der Zeilen – aktuelle Zeilennummer

Die auszugebenden Buchstaben folgen der Beziehung:

*Anzahl der Buchstaben = aktuelle Zeilennummer * 2 – 1*

Um die gewünschte Ausgabe zu erhalten, wird in einer äußeren for-Schleife jede Stufe (Zeile) des Baums separat behandelt. Darin eingebettet sind zwei weitere Schleifen implementiert, von denen jede für sich zuerst vollständig ausgeführt wird – wir haben es also mit zwei parallelen inneren Schleifen zu tun. Dabei werden in der ersten inneren Schleife zuerst die Leerzeichen geschrieben und in der zweiten die Buchstaben. Die Struktur der Schleifen sieht demnach wie folgt aus:

```
// Äußere Schleife beschreibt bei jedem Durchlauf eine Zeile
for (...)
{
```

```
  // Leerzeichen schreiben
  for (...) { [...] }
  // Buchstaben schreiben
  for (...) { [...] }
}
```

Sehen wir uns nun den Programmcode an, der den gestellten Anforderungen genügt. Das Programm verlangt nach dem Start, dass der Anwender die Anzahl der Stufen angibt.

```
// Beispiel: ..\Kapitel 2\Baumstruktur
static void Main(string[] args)
{
  Console.Write("Geben Sie die Anzahl der Stufen ein: ");
  int zeile = Convert.ToInt32(Console.ReadLine());
  // jede Stufe des Baums aufbauen
  for (int i = 1; i <= zeile; i++)
  {
    // Leerzeichen schreiben
    for (int j = 1; j <= zeile - i; j++)
      Console.Write(" ");
    // Buchstaben schreiben
    for (int j = 1; j <= i * 2 - 1; j++)
      Console.Write("M");
    Console.WriteLine();
  }
  Console.ReadLine();
}
```

Listing 2.39 Verschachtelte »for«-Schleifen

Vorzeitiges Beenden einer Schleife mit »break«

Es kann sich zur Laufzeit als erforderlich erweisen, nicht auf das Erfüllen der Abbruchbedingung zu warten, sondern den Schleifendurchlauf vorzeitig zu beenden. C# stellt ein Schlüsselwort zur Verfügung, das uns dazu in die Lage versetzt: break.

```
for(int i = 0; i <= 10; i++)
{
  if(i == 3)
    break;
  Console.WriteLine("Zähler = {0}", i);
}
```

Listing 2.40 »for«-Schleife mit »break« vorzeitig abbrechen

Dieses Codefragment wird zu der folgenden Ausgabe an der Konsole führen:

```
Zähler = 0
Zähler = 1
Zähler = 2
```

break beendet die Schleife unabhängig von der im Schleifenkopf formulierten Abbruchbedingung und setzt den Programmablauf hinter dem Anweisungsblock der for-Schleife fort.

Sie können break auch in einer verschachtelten Schleife einsetzen. Das wirkt sich nur auf die for-Schleife aus, in deren direktem Anweisungsblock der Abbruch programmiert ist. Die äußeren Schleifen sind davon nicht betroffen.

Abbruch der Anweisungen im Schleifenblock mit »continue«

Sehr ähnlich wie break verhält sich auch die Anweisung continue. Die Bearbeitung des Codes in der Schleife wird zwar abgebrochen, aber die Steuerung wieder an den Schleifenkopf übergeben. Mit anderen Worten: Alle Anweisungen, die zwischen continue und dem Ende des Anweisungsblocks stehen, werden übersprungen. Das wollen wir uns ebenfalls an einem Codefragment ansehen:

```
for(int i = 0; i <= 10; i++)
{
  if(i == 3)
    continue;
  Console.WriteLine("Zähler = {0}", i);
}
```

Listing 2.41 Abbruch eines Schleifendurchlaufs mir »break«

Die Ausgabe an der Konsole sieht wie folgt aus:

```
Zähler = 0
Zähler = 1
Zähler = 2
Zähler = 4
Zähler = 5
[...]
```

Steht der Zähler auf 3, ist die Abbruchbedingung erfüllt. Es wird continue ausgeführt mit der Folge, dass die Laufzeitumgebung die folgende Ausgabeanweisung überspringt und die Schleife mit dem Zählerstand 4 fortgesetzt wird.

Die Ausdrücke der »for«-Schleife

Zum Abschluss der Ausführungen über die Möglichkeiten der for-Schleife unter C# kommen wir noch einmal auf die drei Ausdrücke im Schleifenkopf zurück. Was ich bisher noch nicht erwähnt habe, sei an dieser Stelle nachgeholt: Alle drei Ausdrücke sind optional, müssen also nicht angegeben werden. Fehlt aber ein Ausdruck, gilt er stets als »erfüllt«. Im Extremfall lässt sich eine Schleife sogar ganz ohne explizit ausformulierten Schleifenkopf konstruieren. Wir erhalten dann die kürzeste for-Schleife überhaupt – allerdings handelt es sich dann um eine Endlosschleife, da das Abbruchkriterium in dem Sinne als erfüllt gilt, dass die Schleife nicht beendet werden soll:

```
// Endlosschleife
for (; ; );
```

2.7.2   Die »foreach«-Schleife

Die for-Schleife setzt drei Ausdrücke voraus, die erst in Kombination die gewünschte Iteration ermöglichen. C# kennt noch ein weiteres Konstrukt, das ein Array vom ersten bis zum letzten Element durchläuft: die foreach-Schleife. Sehen wir uns dazu ein Beispiel an, das genauso wie das oben gezeigte operiert:

```
int[] elements = {2,4,6,8};
foreach(int item in elements)
{
  Console.WriteLine(item);
}
```

Anstatt jedes Element über seinen Index anzusprechen, wird nun das Array als eine Einheit angesehen, die aus mehreren typgleichen Elementen gebildet wird. Das Array wird vom ersten bis zum letzten Mitglied durchlaufen, wobei die Adressierung nun über eine Laufvariable als temporäres Element erfolgt, das hier als item bezeichnet wird. Der Bezeichner ist natürlich frei wählbar. Bei der Iteration wird item jedes Mal auf ein anderes Array-Element verweisen. Daher ist die Indexangabe auch überflüssig.

Die allgemeine Syntax der foreach-Schleife lautet:

```
// Syntax: foreach-Schleife
foreach (Datentyp Bezeichner in Array - Bezeichner) { [...] }
```

Beachten Sie, dass die Deklaration der Laufvariablen in den Klammern nicht optional ist. Daher führt das folgende Codefragment zu einem Fehler:

```
int item;
// Fehler im foreach-Statement
foreach (item in intArr) { [...] }
```

Wenn Sie ein Array von Elementen eines einfachen Datentyps durchlaufen, sind die Daten schreibgeschützt, können also nicht verändert werden, z. B.:

```
int[] elements = {1,2,3,4,5};
```

```
foreach(int item in elements)
// Unerlaubte Änderung
  item = 33;
```

> **Hinweis**
>
> Möglicherweise lesen Sie diesen Hinweis erst, wenn Sie sich bereits beim Lesen dieses Buches in einem späteren Kapitel befinden. Daher muss ich an dieser Stelle der Vollständigkeit halber darauf hinweisen, dass ein Array nur schreibgeschützt ist, wenn es Wertetypen beschreibt. Zu diesen werden fast alle elementaren Datentypen gezählt. Ein Array von Objekten, die auf Referenztypen basieren, verhält sich anders: Die Objektdaten können durchaus in einer foreach-Schleife manipuliert werden. Für alle Leser, die noch nicht weiter in diesem Buch gelesen haben: Über Werte- und Referenztypen erfahren Sie alles Notwendige in Kapitel 3, »Das Klassendesign«.

2.7.3 Die »do«- und die »while«-Schleife

Ist die Anzahl der Iterationen bereits beim Eintritt in die Schleife bekannt, wird zumeist das for-Schleifenkonstrukt verwendet. Ergibt sich jedoch erst zur Laufzeit der Anwendung, wie oft der Schleifenkörper durchlaufen werden muss, bietet sich eher eine do- oder while-Schleife an. Grundsätzlich können alle auftretenden Anforderungen an wiederholt auszuführende Anweisungen mit einem dieser beiden Typen formuliert werden – sie können also die for-Schleife durchaus gleichwertig ersetzen.

Die »while«-Schleife

In eine Schleife wird dann eingetreten, wenn bestimmte Bedingungen erfüllt sind. Bei der for-Schleife wird diese Bedingung durch den Schleifenzähler festgelegt, bei einer while-Schleife wird die Bedingung hinter dem Schlüsselwort while in runden Klammern angegeben. Da sich die Anweisungen der Bedingungsprüfung anschließen, spricht man auch von einer kopfgesteuerten Schleife. Sehen wir uns daher zunächst die Syntax dieses Schleifentyps an:

```
while(Bedingung)
{
  [...]
}
```

Bei der Bedingung handelt es sich um einen booleschen Ausdruck, der aus den Vergleichsoperatoren gebildet wird und entweder true oder false liefert. Eine while-Schleife wird ausgeführt, solange die Bedingung wahr, also true ist. Die Schleife wird beendet, wenn die Bedingung false ist. Ist die Bedingung schon bei der ersten Überprüfung falsch, werden die Anweisungen im Schleifenkörper überhaupt nicht ausgeführt.

Da im Gegensatz zur for-Schleife die Bedingung zum Austritt aus der while-Schleife nicht automatisch verändert wird, muss innerhalb des Schleifenkörpers eine Anweisung stehen, die es ermöglicht, die Schleife zu einem vordefinierten Zeitpunkt zu verlassen. Wenn Sie eine solche Anweisung vergessen, liegt der klassische Fall einer Endlosschleife vor.

Hinweis

Wenn Sie beim Testen eines Programms aus der Entwicklungsumgebung heraus in eine Endlosschleife geraten, können Sie mit der Tastenkombination (Strg)+(Pause) die Laufzeitumgebung unterbrechen und wieder zur Entwicklungsumgebung zurückkehren.

Im folgenden Beispiel muss der Anwender zur Laufzeit eine Zahl angeben, mit der er die Anzahl der Schleifendurchläufe festlegt. Die zusätzliche Zählervariable counter dient als Hilfsvariable, um die Austrittsbedingung zu formulieren. Sie wird innerhalb der Schleife bei jedem Schleifendurchlauf um 1 erhöht und bewirkt, dass die while-Schleife zum gewünschten Zeitpunkt verlassen wird.

```csharp
// Beispiel: ..\Kapitel 2\WhileSample
static void Main(string[] args)
{
  Console.Write("Geben Sie eine Zahl zwischen\n");
  Console.Write("0 und einschließlich 10 ein: ");
  int number = Convert.ToInt32(Console.ReadLine());
  int counter = 1;
  while (counter <= number)
  {
    Console.WriteLine($"{counter}.Schleifendurchlauf");
    counter++;
  }
  Console.ReadLine();
}
```

Listing 2.42 Beispielprogramm zu einer »while«-Schleife

Genauso wie eine for-Schleife kann auch eine while-Schleife entweder mit break oder mit continue unterbrochen werden. Die Auswirkungen sind bekannt:

▶ Mit break wird die gesamte Schleife als beendet angesehen. Das Programm setzt seine Ausführung mit der Anweisung fort, die dem Anweisungsblock der Schleife folgt.

▶ Mit continue wird der aktuelle Iterationsvorgang abgebrochen. Anweisungen, die innerhalb des Schleifenblocks auf continue folgen, werden nicht mehr ausgeführt. Die Steuerung wird an die Schleife zurückgegeben.

Daher würde

```
int value = 0;
while(value < 5)
{
  value++;
  if(value == 3)
    break;
  Console.WriteLine(value);
}
```

die Ausgabe 1, 2 haben, während der Austausch von break gegen continue die Zahlenwerte 1, 2, 4, 5 ausgibt.

Die »do«-Schleife

Die do-Schleife unterscheidet sich dahingehend von der while-Schleife, dass die Schleifenbedingung am Ende der Schleife ausgewertet wird. Die do-Schleife ist eine fußgesteuerte Schleife. Die Folge ist, dass die Anweisungen innerhalb des Anweisungsblocks zumindest einmal durchlaufen werden.

```
do
{
  [...]
}while(<Bedingung>);
```

Der Anweisungsblock wird so lange wiederholt ausgeführt, bis die Bedingung false ist. Danach wird mit der Anweisung fortgefahren, die sich unmittelbar anschließt.

Die Tatsache, dass die Laufzeit einer Anwendung mindestens einmal in den Anweisungsblock der do-Schleife eintaucht, können Sie sich zunutze machen, wenn eine bestimmte Eingabe vom Anwender erforderlich wird. Ist die Eingabe unzulässig, wird eine Schleife so lange durchlaufen, bis sich der Anwender »überzeugen« lässt. Im folgenden Beispiel wird das demonstriert.

```
// Beispiel: ..\Kapitel 2\DoSample
static void Main(string[] args)
{
  // Informationsanzeige
  Console.Write("W - Programm fortsetzen\n");
```

```
Console.Write("E - Programm beenden\n");
Console.Write("-----------------------\n");
// Schleife wird so oft durchlaufen, bis der Anwender eine gültige Eingabe macht
do
{
  Console.Write("Ihre Wahl: ");
  string eingabe = Console.ReadLine();
  if (eingabe == "W")
    // das Programm nach dem Schleifenende fortsetzen
    break;
  else if (eingabe == "E")
    // das Programm beenden
    return;
  else
  {
    // Fehleingabe
    Console.Write("Falsche Eingabe - ");
    Console.Write("Neueingabe erforderlich\n");
    Console.Write("-----------------------\n");
  }
} while (true);
Console.WriteLine("...es geht weiter.");
Console.ReadLine();
}
```

Listing 2.43 Beispiel einer »do«-Schleife

Zugelassen sind nur die beiden Eingaben »W« und »E«. Jede andere Eingabe führt zu einer erneuten Iteration. Die do-Schleife ist wegen ihrer Austrittsbedingung

```
while(true)
```

als Endlosschleife konstruiert, aus der es ein kontrolliertes Beenden nur mit der Sprunganweisung break gibt, wenn der Anwender mit der Eingabe »W« eine Fortsetzung des Programms wünscht.

Mit der Anweisung return wird das laufende Programm vorzeitig beendet. Diese Anweisung dient per Definition dazu, die aktuell ausgeführte Methode zu verlassen. Handelt es sich dabei aber um die Main-Methode einer Konsolenanwendung, kommt das dem Beenden der Anwendung gleich.

Kapitel 3
Das Klassendesign

Die objektorientierte Programmierung mit allen ihren dahinterstehenden Konzepten ist nicht einfach zu lernen. Da sich das Konzept in nahezu allen Entwicklungsumgebungen durchgesetzt hat, muss es dafür Argumente geben. Die beiden wichtigsten seien an dieser Stelle genannt:

▶ **Wiederverwendbarkeit:** Klassen modularisieren eine Anwendung in unabhängige Einheiten. Sie verwalten zusammengehörende Daten und gruppieren ähnliche Methoden. Klassen können bausteinähnlich in verschiedenen Programmen – in der .NET-Laufzeitumgebung sogar vollkommen unabhängig von der verwendeten Programmiersprache – gleichwertig eingesetzt werden. Als Konsequenz dessen ändert sich auch der Arbeitsablauf der Programmierung: Programme müssen nicht mehr in allen Einzelheiten neu geschrieben werden, sie werden zu einem großen Teil aus fertigen Komponenten zusammengesetzt – vergleichbar mit der Entwicklung und dem Zusammenbau eines Motors, bei dem genormte Maschinenteile (Schrauben, Bolzen etc.) zum Einsatz kommen.

▶ **Wartungsaufwand:** Eine Klasse kann als eigene, separate und unabhängige Einheit getestet werden. Es ist vollkommen ausreichend, die Klassenimplementierung nur einmal ausgiebig zu testen. Verläuft der Test positiv, wird die Klasse mit jeder Anwendung zufriedenstellend zusammenarbeiten. Das Testen im Umfeld mehrerer Anwendungen entfällt, was die Effizienz der Programmierung sicherstellt.

In diesem Kapitel werden Sie lernen, wie Sie eine Klasse definieren und welche Mitglieder (Member) eine Klassendefinition enthalten kann. Das Klassenkonzept werden wir im nächsten Kapitel noch verbessern und verfeinern, wenn wir uns mit den Gesichtspunkten der Vererbung befassen.

3.1 Einführung in die Objektorientierung

Die beiden wichtigsten Begriffe, die im Mittelpunkt der objektorientierten Betrachtungen stehen, sind die der *Klasse* und des *Objekts*. Was ist darunter zu verstehen?

Stellen Sie sich ein Architekturbüro vor, das ein Einfamilienhaus plant und den Bauplan als Ergebnis aller anfänglichen Forderungen zeichnet. Der Bauplan enthält die Abmessungen des Grundrisses der einzelnen Etagen, die Angaben, wo Fenster und Türen eingebaut werden, die Mauerdicken, die Lage der Elektroverkabelung usw. Der fertige Bauplan dient anschließend als Vorlage für die Bauausführung. Vielleicht hat der Architekt sogar die Möglichkeit, den Bauplan mehrfach zu benutzen, um darauf basierend ein zweites oder gar ein drittes Haus zu erstellen. Die Häuser müssen nicht identisch sein, sie können sich in Einzelheiten unterscheiden: Die Außenfassade des ersten Hauses mag geputzt sein, die des zweiten geklinkert; ein Haus wird mit einer Ölheizung ausgestattet, das andere nutzt Fernwärme.

Der Bauplan dient also nur als Vorlage. Er ist also im weitesten Sinn eine Schablone, die zur Realisierung konkreter Häuser dient. Projiziert auf die objektorientierte Welt ist der Bauplan als eine Klasse zu verstehen und ein fertig gebautes Haus als ein Objekt. Liegt ein Bauplan (Klasse) vor, kann er dazu dienen, beliebig viele Häuser (Objekte) zu erstellen, die sich durchaus unterscheiden dürfen.

In der objektorientierten Programmierung spricht man von einem Objekt oder auch von einem *konkreten Objekt*, wenn aus der Klassendefinition heraus etwas »Gegenständliches« erzeugt wird. Ein weiterer, häufig benutzter Begriff ist der der *Klasseninstanz* oder einfach nur *Instanz* bzw. *Referenz*. Sie können diese Begriffe synonym verwenden, sie besagen dasselbe.

Ein Objekt wird durch bestimmte, charakteristische Merkmale beschrieben, die in der Klassendefinition festgelegt werden. Diese werden als *Eigenschaften* bezeichnet. Beispielsweise könnte ein Objekt vom Typ Person im Rahmen der anwendungsspezifischen Forderungen durch den Namen der Person, deren Augenfarbe, Schuhgröße und das Geschlecht ausreichend beschrieben sein.

Eine erste Klasse mit einer Eigenschaft und einer Methode

Im einfachsten Fall wird eine Eigenschaft als Variable innerhalb der Klassenstruktur definiert und als *Feld* bezeichnet, wie beispielsweise Name in der Klasse Person:

```
class Person
{
    public string Name;
}
```

Ein Objekt wäre demnach beispielsweise peter:

```
Person peter = new Person();
```

Wie bei jeder Variablendeklaration in C# üblich, wird zuerst der *Datentyp* angegeben. Eine Klassendefinition müssen Sie grundsätzlich immer als die Beschreibung eines Datentyps verstehen. Person ist daher ein Datentyp, genauso wie string oder int. Der Typangabe folgt der Variablenbezeichner. Mit dem Schlüsselwort new wird das Objekt schließlich erzeugt. Dabei wird ein sogenannter *Konstruktor* aufgerufen.

Eine Klasse abstrahiert Objekte aber nicht nur in der Weise, dass Objekte gleichen Typs ausschließlich durch die in der Klasse definierten Eigenschaften beschrieben werden. Objekte können auch Operationen ausführen, gewissermaßen also ein Verhalten zeigen. Beispielsweise könnte ein Person-Objekt laufen, rufen oder essen. Dabei handelt es sich um Operationen, die im objektorientierten Sprachgebrauch als *Methoden* bezeichnet werden.

Methoden werden innerhalb einer Klasse definiert. Das folgende Listing zeigt die um die Eigenschaft Alter und die Methode Laufen ergänzte Klasse Person:

```
class Person
{
  public string Name;
  public int Alter;
  public void Laufen()
  {
    [...]
  }
}
```

Jetzt wollen wir uns ansehen, wie wir mit der Klasse arbeiten. Dazu wird die Methode Main wie folgt codiert:

```
static void Main(string[] args)
{
  Person peter = new Person();
  // Festlegung des Alters
  peter.Alter = 34;
  // Das Person-Objekt laufen lassen
  peter.Laufen();
}
```

Zuerst besorgen wir uns ein Objekt vom Typ Person. Das Objekt heißt peter und hat die spezifischen Eigenschaften Name und Alter. Alle Eigenschaften (Felder) müssen nicht unbedingt auf einen objektspezifischen Wert festgelegt werden, sondern nur die, die im Kontext des Programmcodes notwendig sind. Hier ist es nur die Eigenschaft Alter, der ein Wert zugewiesen wird. Anschließend wird die Methode Laufen aufgerufen. Beachten Sie den Punktoperator, der dazu dient, eine Eigenschaft oder Methode eines bestimmten Objekts aufzurufen. Handelt es sich um eine Eigenschaft, muss ihr mit dem Zuweisungsoperator der gewünschte Wert zugewiesen werden.

Spielen mehrere Person-Objekte im Programm eine Rolle, muss die Klasse Person wiederholt instanziert werden. Im folgenden Code liegen zwei Objekte vor: peter und bettina. Beide unterscheiden sich im Alter.

```
Person peter = new Person();
peter.Alter = 34;
Person bettina = new Person();
bettina.Alter = 15;
```

Sie können sehr gut erkennen, dass mit einer Klassendefinition zwei unterschiedliche Objekt erzeugt worden sind. Es können aber auch beliebig viele sein, denn es sind in dieser Hinsicht keine Grenzen gesetzt.

3.2 Die Klassendefinition

3.2.1 Klassen in Visual Studio anlegen

Eine *Klasse* dient dazu, einen Datentyp zu definieren. Starten Sie ein neues Projekt vom Typ Konsolenanwendung, ist die Struktur einer Klasse bereits vordefiniert. Diese heißt Program. Der Quellcode befindet sich in einer Datei mit der Dateiendung .CS. Dateiname und Klassenbezeichner sind per Vorgabe identisch, müssen es aber nicht sein. In einer Quellcodedatei (Sourcecodedatei) können Sie durchaus mehrere Klassen definieren, was allerdings nicht empfehlenswert ist, weil darunter die Übersicht leidet. Möchten Sie eine zusätzliche Klasse in einer eigenen Quellcodedatei implementieren, haben Sie zwei Alternativen:

▶ Sie wählen im Menü PROJEKT der Entwicklungsumgebung das Untermenü KLASSE HINZUFÜGEN...

▶ Sie öffnen mit der rechten Maustaste das Kontextmenü des Projekts im Projektmappen-Explorer, wählen HINZUFÜGEN und danach aus der sich anschließend öffnenden Liste KLASSE HINZUFÜGEN...

Daraufhin öffnet sich das Dialogfenster NEUES ELEMENT HINZUFÜGEN, in dem die Vorlage KLASSE bereits vorselektiert ist. Sie sollten einen möglichst beschreibenden Klassennamen wählen, der gleichzeitig zum Namen der Quellcodedatei wird. Wenn Sie wollen, können Sie später jederzeit sowohl die Klasse als auch die Quellcodedatei umbenennen.

Zur Bezeichnung von Klassen gibt es Konventionen, an die Sie sich halten sollten:

▶ Der erste Buchstabe sollte großgeschrieben werden. Setzt sich der Bezeichner einer Klasse aus mehreren einzelnen Begriffen zusammen, wird empfohlen, zur besseren Lesbarkeit jeden Begriff mit einem Großbuchstaben zu beginnen. In der Programmierung wird das auch als *UpperCamelCase* bezeichnet.

▶ Ein Klassenbezeichner sollte nicht dadurch kenntlich gemacht werden, dass ihm ein »C« oder ein anderes Präfix vorangestellt wird, wie es in anderen objektorientierten Sprachen teilweise üblich ist.

Erscheint Ihnen der Name der Quellcodedatei zu einem späteren Zeitpunkt unpassend, können Sie

▶ im Projektmappen-Explorer das Kontextmenü der entsprechenden Datei öffnen, UMBENENNEN wählen und den neuen Namen eingeben oder

▶ im Projektmappen-Explorer die umzubenennende Datei selektieren und im Eigenschaftenfenster unter DATEINAME den neuen Namen eintragen.

Anmerkung

Die Klassen- und Dateibezeichner müssen nicht gleich lauten, obwohl das der Standard in Visual Studio ist. Allerdings erleichtern gleichlautende Bezeichner die spätere Identifizierung der Codekomponente.

3.2.2   Das Projekt »GeometricObjectsSolution«

Wir wollen an dieser Stelle mit einem Projekt beginnen, das uns über viele Kapitel dieses Buches hinweg begleiten wird. Nach und nach werden wir das Projekt ergänzen und erweitern, und am Ende werden nahezu alle objektorientierten Features von .NET in den zu diesem Projekt gehörenden Klassen enthalten sein. Bei den Klassen handelt es sich um die syntaktischen Beschreibungen geometrischer Objekte Kreis und Rechteck. Am Ende werden wir feststellen, dass die entwickelten Klassen nicht nur in einer Konsolenanwendung sinnvoll einzusetzen sind, sondern auch anderen Anwendungen als Bibliothek zur Verfügung gestellt werden können. Mit anderen Worten: Wir werden am Ende aus der ursprünglichen Konsolenanwendung eine Klassenbibliothek machen.

In einer laufenden Instanz von Visual Studio können Sie gleichzeitig mehrere Projekte bearbeiten. Diese können miteinander in Beziehung stehen (beispielsweise bei einer Client-Server-Lösung), müssen es aber nicht zwangsläufig. Alle Projekte werden von einer *Projektmappe* verwaltet, die die Anwendungen einer laufenden Visual-Studio-Instanz in einer SLN-Datei regelrecht zusammenschraubt. Die Dateierweiterung *.SLN* steht dabei für »Solution«. Die Projektmappe wird im Dateisystem durch einen Ordner beschrieben, in dem alle zu der Projektmappe gehörenden Projekte als Unterordner enthalten sind.

Wir wollen nun mit dem angekündigten Projekt starten, das als Konsolenanwendung bereitgestellt wird. Das Projekt sollte *GeometricObjectsSolution* heißen. Zudem können Sie bereits beim Anlegen des Projekts sofort eine Projektmappe bereitstellen und ihr einen passenden Namen geben. In diesem Buch wird als Projektmappenbezeichner immer die Kapitelnummer verwendet, hier also *Kapitel 3*.

Anmerkung

Wie angedeutet, wird uns das Projekt *GeometricObjectsSolution* über viele Kapitel dieses Buches begleiten. Um die einzelnen Zwischenstände unterscheiden zu können, bekommt der Projektbezeichner eine Ordnungszahl angehängt. Sie können natürlich darauf verzichten, falls Sie im Laufe der folgenden Abschnitte das Projekt immer weiter ergänzen wollen.

Achten Sie auch bitte darauf, die richtige Projektvorlage auszuwählen, nämlich KONSOLEN-APP (.NET FRAMEWORK), und nicht KONSOLEN-APP (.NET CORE).

Abbildung 3.1 Anlegen eines Projekts in einer Projektmappe

Nachdem wir das Projekt *GeometricObjectsSolution* angelegt haben, wollen wir uns der ersten Klasse widmen, die Circle heißen soll. Markieren Sie dazu das Projekt *GeometricObjects-Solution* im Projektmappen-Explorer, öffnen Sie das Kontextmenü, und wählen Sie HINZUFÜGEN • KLASSE... Tragen Sie den Namen der Datei im sich daraufhin öffnenden Dialog ein (*Circle.cs*), und bestätigen Sie die Angaben. Das Projekt wird danach um die Klasse Circle ergänzt, weil der Dateibezeichner automatisch auch als neuer Bezeichner der Klasse verwendet wird. Dass Datei und Klasse den gleichen Namen haben, ist keine zwingende Notwendigkeit. Die neue Klasse hat die folgende Struktur:

```
namespace GeometricObjects
{
  class Circle
  {
  }
}
```

Weil die Klasse später in Form einer Klassenbibliothek veröffentlicht werden soll, empfiehlt es sich, sie um den Zugriffsmodifizierer public zu ergänzen, also

```
public class Circle
```

Auf Zugriffsmodifizierer werden wir noch zu sprechen kommen.

3.2.3   Die Deklaration von Objektvariablen

Eine Klassendefinition beschreibt den Bauplan eines Objekts und gilt als Typdefinition. Um ein Objekt eines bestimmten Typs zu erzeugen, muss zunächst für jedes Objekt eine Objektvariable deklariert werden, beispielsweise:

```
Circle kreis;
```

Eine Objektvariable verweist auf einen Speicherbereich. Man sagt daher auch, dass eine Objektvariable ein Objekt *referenziert*, und spricht bei einer Objektvariablen von einer *Instanz* oder von einer *Referenz*. Tatsächlich ist unter einer Referenz ein Zeiger auf die Startadresse des Speicherbereichs zu verstehen, der alle Daten eines Objekts enthält, also die der Eigenschaften.

Bei der Deklaration der Objektvariablen kreis wird der für das Objekt erforderliche Speicher angefordert, aber ein konkretes Objekt existiert noch nicht, denn die Objektvariable ist noch nicht initialisiert. Zur Initialisierung einer Objektvariablen bieten sich zwei gleichwertige Alternativen an:

▶ die zweizeilige Variante:

```
Circle kreis;
kreis = new Circle();
```

▶ die kürzere, einzeilige Schreibweise:

```
Circle kreis = new Circle();
```

Beide weisen ein gemeinsames Merkmal auf: den Operator new, der für das Erzeugen eines Objekts verantwortlich ist. Erst mit new beginnt die Existenz des Objekts. Dahinter verbirgt sich der Aufruf einer ganz bestimmten Methode, die als *Konstruktor* bezeichnet wird. Wir werden uns weiter unten noch damit beschäftigen. Sie können in einer Anweisung auch mehrere Variablen desselben Typs deklarieren. Dazu schreiben Sie die Objektvariablen hintereinander und trennen sie durch ein Komma voneinander:

```
Circle kreis1, kreis2, kreis3;
```

Der C#-Compiler erlaubt auch die folgende Anweisung:

```
Circle kreis1, kreis2, kreis3 = new Circle();
```

Allerdings wird nur die zuletzt angegebene Objektvariable kreis3 initialisiert. kreis1 und kreis2 gelten nur als deklariert und müssen gegebenenfalls zu einem späteren Zeitpunkt noch mit

```
kreis1 = new Circle();
kreis2 = new Circle();
```

initialisiert werden.

3.2.4   Zugriffsmodifizierer einer Klasse

Entwickeln Sie eine neue Klasse, müssen Sie einem Umstand besondere Beachtung schenken: Entwerfen Sie die Klasse, um sie ausschließlich in der Anwendung zu verwenden, in der die Klasse definiert ist? Oder beabsichtigen Sie, die Klasse auch anderen Anwendungen zur Verfügung zu stellen? Diese Sichtbarkeit wird durch *Zugriffsmodifizierer* beschrieben. Bei Klassen spielen nur zwei eine Rolle: `public` und `internal`.

Modifizierer	Beschreibung
`public`	Die Instanziierbarkeit einer öffentlichen Klasse unterliegt keinerlei Beschränkungen. Die Klasse kann auch aus anderen Anwendungen heraus instanziiert werden.
`internal`	Beabsichtigen Sie, die Sichtbarkeit einer Klasse auf die Anwendung zu beschränken, in der die Klasse definiert ist, müssen Sie die Klasse `internal` deklarieren. Aus einer anderen Anwendung heraus kann dann kein Objekt dieser Klasse erzeugt werden.

Tabelle 3.1 Die Zugriffsmodifizierer einer Klassendefinition

Die Angabe des Zugriffsmodifizierers ist optional. Verzichten Sie darauf, gilt die Klasse als `internal`.

3.2.5   Splitten einer Klassendefinition mit »partial«

Klassendefinitionen in .NET lassen sich über mehrere Quellcodedateien verteilen. Partielle Klassen können beispielsweise dann sinnvoll eingesetzt werden, wenn mehrere Entwickler gleichzeitig mit einer Klassendefinition arbeiten wollen.

Das Prinzip der *partiellen Klassen* wird auch von der Entwicklungsumgebung bei einigen Projektvorlagen genutzt, denn durch die Aufteilung des Klassencodes lässt sich der von Visual Studio automatisch generierte Code von dem Code, den der Entwickler schreibt, sauber trennen.

Partielle Klassendefinitionen sind dadurch gekennzeichnet, dass man den Modifizierer `partial` vor alle Teildefinitionen der Klasse setzt. Die Signatur muss in jeder Teildefinition natürlich identisch sein. Nehmen wir beispielsweise an, Sie möchten die Klasse `Circle` auf die beiden Quellcodedateien *Circle1.cs* und *Circle2.cs* aufteilen. Dann müssten die Klassendefinitionen wie folgt lauten:

```
// in der Sourcecodedatei Circle1.cs
partial class Circle { [...] }
// in der Sourcecodedatei Circle2.cs
partial class Circle { [...] }
```

Eine Bedingung müssen Sie jedoch beachten: Beide Quellcodedateien müssen sich in derselben Anwendung befinden.

3.2.6   Arbeiten mit Objektreferenzen

Prüfen auf Initialisierung

Eine Objektvariable gilt als initialisiert, wenn sie auf ein konkretes Objekt zeigt oder den Wert null beschreibt. Verwechseln Sie null nicht mit der Zahl 0. null gibt an, dass eine Variable zwar initialisiert ist, aber kein konkretes Objekt referenziert. Mit

```
Circle kreis;
```

wird zwar eine Objektvariable deklariert, sie ist aber noch nicht initialisiert und hat auch **nicht** den Zustand null. Sehen wir uns in Listing 3.1 an, was passiert, wenn wir eine Objektvariable deklarieren und anschließend ohne vorhergehende Initialisierung auf null testen.

```
class Program
{
  static void Main(string[] args)
  {
    Circle kreis;
    if (kreis == null)
    {
      Console.WriteLine("Das Objekt existiert nicht!");
      kreis = new Circle();
    }
    else
      Console.WriteLine("Das Objekt existiert");
    Console.ReadLine();
  }
}
```

Listing 3.1 Prüfen einer Objektvariablen auf »null« (führt hier zu einem Fehler)

Der C#-Compiler erkennt, dass kreis vor der Prüfung im if-Statement zu keinem Zeitpunkt initialisiert wurde, und bricht die Kompilierung mit einer Fehlermeldung ab.

Eine initialisierte Objektvariable liegt immer dann vor, wenn Sie ihr null zuweisen oder mit new ein neues Objekt erzeugen. Somit wird mit den beiden folgenden Anweisungen die Objektvariable kreis initialisiert:

```
Circle kreis = null;
Circle kreis = new Circle();
```

Eine Objektvariable kann nur benutzt und in irgendeiner Form ausgewertet werden, wenn sie initialisiert ist. Objekteigenschaften oder Objektmethoden lassen sich allerdings nur dann aufrufen, wenn sich hinter einer initialisierten Objektvariablen auch tatsächlich ein Objekt verbirgt und nicht null. Sind Sie sich über den Zustand der initialisierten Variablen im Unklaren, müssen Sie ihn, wie im folgenden Codefragment gezeigt, überprüfen:

```
if(kreis == null)
    // die Variable kreis referenziert kein konkretes Objekt
else
    // kreis ist ein gültiges Objekt
```

Ebenso gut können Sie auch mit

```
if(kreis != null) [...]
```

prüfen, ob kreis ein gültiger Objektverweis ist.

Freigabe eines Objekts

Objekte beanspruchen den Speicher. Sie sollten daher ein Objekt freigeben, wenn Sie es nicht mehr benötigen. Dazu weisen Sie der Objektvariablen null zu, wie im folgenden Codefragment zu sehen ist:

```
Circle kreis = new Circle();
[...]
kreis = null;
```

Nun steht Ihnen das Objekt kreis nicht mehr zur Verfügung. Allerdings ist die Annahme falsch, dass das Objekt nun im Speicher gelöscht ist. Tatsächlich existiert es dort weiter, Sie können es nur nicht mehr aus dem Code heraus ansprechen. Zu einem späteren Zeitpunkt wird ein Mechanismus, die *Garbage Collection*, alle nicht mehr referenzierten Objekte im Speicher erfassen, und der von ihnen beanspruchte Speicherplatz wird wieder freigeben. So wird es auch dem Objekt kreis ergehen. Die Garbage Collection werde ich in Kapitel 4, »Vererbung, Polymorphie und Interfaces«, behandeln.

Mehrere Referenzen auf ein Objekt

Es kommt häufig vor, dass mehrere Referenzen auf dasselbe Objekt zeigen. Betrachten Sie dazu das folgende Listing:

```
Circle kreis1 = new Circle();
Circle kreis2 = kreis1;
```

Zuerst wird die Variable kreis1 vom Typ Circle deklariert und initialisiert. Anschließend wird kreis1 der Variablen kreis2 zugewiesen. Trotz zwei namentlich unterschiedlicher Referenzen liegt nur ein Objekt vor, das sowohl über kreis1 als auch über kreis2 angesprochen werden kann. Wenn Sie einem Feld über eine der beiden Referenzen einen Wert zuweisen, beispielsweise mit

```
kreis1.Radius = 10
```

können Sie auch mit der zweiten Objektreferenz den Inhalt der Eigenschaft auswerten:

```
Console.WriteLine(kreis2.Radius)
```

An der Konsole wird 10 angezeigt, da kreis2 dasselbe Objekt referenziert wie kreis1. Wird ein Objekt mehrfach referenziert, spielt es demnach keine Rolle, über welche Referenz der Eigenschaft ein Wert zugewiesen oder ein Feld ausgelesen wird – die Operation wird auf demselben Objekt ausgeführt.

Geben Sie eine der Referenzen mit null frei, können Sie über die zweite Referenz das Objekt immer noch ansprechen, z. B.:

```
Circle kreis1 = new Circle();
Circle kreis2 = kreis1;
kreis2.Radius = 20;
kreis2 = null;
Console.WriteLine(kreis1.Radius);
```

An der Konsole wird immer noch der Inhalt der Eigenschaft Radius ausgegeben, also 20. Erst mit der Freigabe der letzten gültigen Referenz auf das Objekt wird es unwiederbringlich freigegeben.

3.3 Referenz- und Wertetypen

In diesem Kapitel beschäftigen wir uns schwerpunktmäßig mit der Definition von Klassen. .NET kennt jedoch nicht nur Klassen zur Beschreibung von Typen. Insgesamt gibt es vier Typen, die uns zur Verfügung gestellt werden:

▶ Klassen (class)

▶ Strukturen (struct)

▶ Delegaten (delegate)

▶ Enumerationen (enum)

Im weiteren Verlauf dieses und der folgenden Kapitel werden Sie natürlich noch alle kennenlernen. Jedoch muss ich an dieser Stelle bereits erwähnen, dass sich die genannten vier Typdefinitionen zwei Kategorien zuordnen lassen:

▶ Wertetypen

▶ Referenztypen

Zu den Wertetypen werden elementare Datentypen wie int und long sowie alle anderen auf Strukturen oder Enumerationen basierenden Typen gezählt. Zu den Referenztypen gehören beispielsweise der Typ string, alle Arrays und – ganz allgemein ausgedrückt – alle Klassen und die Delegaten.

3.3.1 Werte- und Referenztypen nutzen

Referenz- und Wertetypen unterscheiden sich darin, wie der Speicher für die Daten reserviert wird. Eine Variable, die einen Wertetyp repräsentiert, allokiert auf dem *Stack* den erforderlichen Speicher für die Daten. Der Stack ist im RAM angesiedelt, wird aber vom Prozessor durch einen sogenannten *Stack Pointer* direkt unterstützt. Dieser ist in der Lage, auf dem Stack neuen Speicher zu reservieren, kann ihn aber auch freigeben. Dieses Verfahren ist sehr effizient und insbesondere schneller als das Allokieren von Speicher im Heap für Referenztypen. Als *Heap* wird der Speicher im RAM bezeichnet, der allgemeinen Zwecken zur Verfügung steht.

Deklarieren Sie mit

```
int value = 100;
```

eine int-Variable, wird der Wert auf dem Stack abgelegt, weil ein Integer als Struktur definiert ist und somit ein Wertetyp ist. Beachten Sie bitte, dass bei einem Wertetyp wie dem Integer der new-Operator zur Initialisierung nicht angegeben werden muss. Bei einem Referenztyp ist das eine unabdingbare Forderung, denn erst mit

```
Circle kreis = new Circle();
```

wird auf dem Heap ein Speicherbereich allokiert und initialisiert. Die Referenz kreis zeigt auf die Startadresse des allokierten Speicherbereichs.

Ein daraus folgendes wichtiges Unterscheidungsmerkmal zwischen Referenz- und Wertetypen ist, dass Wertetypen niemals den Inhalt null haben können.

Anmerkung

An dieser Stelle sei ein kurzer Hinweis erlaubt: Mit einem Feature von .NET, den Generics, kann auch ein Wertetyp den Wert null annehmen. Das wird uns später noch beschäftigen und sei an dieser Stelle nur der Vollständigkeit halber erwähnt.

Bemerkenswert ist zudem die unterschiedliche Wirkungsweise des Zuweisungsoperators zwischen einem Werte- und einem Referenztyp. Betrachten Sie dazu zunächst die beiden folgenden Anweisungen:

```
long value1 = 64;
long value2 = value1;
```

Nach der Ausführung des Codes existieren zwei Variablen vom Typ long, die denselben In-halt haben. Eine Variable vom Typ long wird als Wertetyp erkannt und entsprechend behan-delt. Die Änderung des Inhalts der Variablen value1 wird sich nicht auf den Inhalt der Varia-blen value2 auswirken, weil zwischen den beiden keine Beziehung existiert. Der Inhalt von value1 wird nur nach value2 *kopiert*.

Das ist bei Objekten, die auf Referenztypen basieren, ganz anders.

```
Circle kreis1 = new Circle();
Circle kreis2 = kreis1;
```

In diesem Fall haben wir zwar zwei Objektvariablen vorliegen, aber beide referenzieren den-selben Speicherbereich, mit anderen Worten, dasselbe Objekt. Wird der Radius der Referenz kreis1 verändert, kann der neue Wert auch mit der Referenz kreis2 abgerufen werden.

3.4   Die Eigenschaften eines Objekts

3.4.1   Öffentliche Felder

Eigenschaften werden durch Daten beschrieben. Welche das genau sind, hängt nur von den Anforderungen ab, die an das Objekt gestellt werden. Soll ein Circle-Objekt nicht gezeichnet werden, wird die Farbe vermutlich keine Bedeutung haben. Auf diese Eigenschaft kann dann verzichtet werden.

Alle im Programm notwendigen Objekteigenschaften müssen in der Klassendefinition Be-rücksichtigung finden. Gespeichert werden die Werte in Variablen, die in der Klasse definiert sind. Um ein Circle-Objekt durch einen Radius und seine Positionskoordinaten zu charakte-risieren, müssten Sie die Klassendefinition wie folgt schreiben:

```
public class Circle
{
   public double XCoordinate;
   public double YCoordinate;
   public int Radius;
}
```

Eigenschaften sind – einfach gesprochen - zunächst einmal nur Variablen, die innerhalb einer Klasse definiert sind, und werden als *Felder* bezeichnet. Der Zugriffsmodifizierer, hier public, beschreibt die Sichtbarkeit. In unserem Beispiel sind die drei Eigenschaften ohne jeg-liche Einschränkung überall sichtbar und damit auch editierbar. Grundsätzlich kann der Datentyp eines Feldes beliebig sein. Es kann sich um einen elementaren Datentyp wie int oder double handeln, aber durchaus auch um ein Array oder einen benutzerdefinierten Typ, also zum Beispiel um eine Klasse, die Sie selbst geschrieben haben.

Hinweis

Felder haben immer einen konkreten Initialisierungswert, auch wenn er nicht explizit angegeben wird. Beispielsweise weisen alle Datentypen, die Zahlen beschreiben, den Startwert 0 oder 0.0 auf, Referenztypen den Wert null. Ob Sie ein Feld mit

```
public int Radius;
```

oder

```
public int Radius = 0;
```

deklarieren, ist demnach gleich. Manchmal sorgt die explizite Zuweisung eines Startwerts für eine bessere Lesbarkeit des Programmcodes. Dieser Hinweis muss an dieser Stelle gegeben werden, weil sich lokale Variablendefinitionen (siehe Abschnitt 3.5.5) darin deutlich unterscheiden.

Der Zugriff auf eine Eigenschaft ist nicht schwierig: Instanziieren Sie zuerst die Klasse, damit Sie ein Objekt haben, und geben Sie danach die Eigenschaft, durch einen Punkt von der Objektvariablen getrennt, an.

```
Circle kreis = new Circle();
kreis.Radius = 10;
```

Jetzt hat das Circle-Objekt einen Radius von 10 Einheiten. Sehr ähnlich wird auch der Wert einer Eigenschaft ausgewertet.

```
int value = kreis.Radius;
```

Die Angabe der Eigenschaft bewirkt die Rückgabe des in ihr gespeicherten Werts. Sie können ihn, wie gezeigt, einer Variablen zuweisen oder direkt verarbeiten, beispielsweise durch Ausgabe an der Konsole:

```
Console.WriteLine($"Der Kreisradius beträgt {kreis.Radius}");
```

3.4.2   Datenkapselung mit Eigenschaftsmethoden (Properties)

Analysieren Sie die Eigenschaft Radius etwas genauer, werden Sie auf ein Problem stoßen, dem wir bisher noch keine Aufmerksamkeit geschenkt haben. Was ist beispielsweise, wenn wir mit

```
kreis.Radius = -12;
```

dem Radius einen negativen Wert übergeben? Sie werden mir zustimmen, dass das nicht akzeptabel ist. Sinnvoll sind nur Werte, die größer oder gleich 0 sind. Was müssen wir also tun, um die Bedingung

```
Radius >=  0
```

zu erfüllen? Theoretisch gibt es mehrere denkbare Lösungsansätze (beispielsweise, einen »passenderen« Datentyp wie uint zu wählen oder eine entsprechende Eingabeüberprüfung). Diese Ansätze sind jedoch schlecht. Der einzig gute Weg ist die Überprüfung in einer Methode der entsprechenden Klasse. Zu diesem Zweck bietet .NET uns Eigenschaftsmethoden an.

Eigenschaftsmethoden können Sie sich als Container für zwei Subroutinen mit jeweils einem eigenen Anweisungsblock vorstellen: Die Subroutinen heißen get und set. Der get-Block wird bei der Auswertung einer Eigenschaft ausgeführt, der set-Block, wenn der Eigenschaft ein Wert zugewiesen wird.

Sehen wir uns zuerst die Implementierung der Eigenschaft Radius an, die unsere Forderung erfüllt:

```
public class Circle
{
  private int _Radius;
  public int Radius
  {
    get
    {
      return _Radius;
    }
    set
    {
      if (value >= 0)
        _Radius = value;
      else
        Console.Write("Unzulässiger negativer Wert.");
    }
  }
  [...]
}
```

Listing 3.2 Die Eigenschaftsmethode »Radius«

Der Zahlenwert für den Radius wird weiterhin in einem Feld gespeichert. Dieses ist nun allerdings nicht mehr public definiert, sondern private. Private Member sind nur innerhalb der Klasse sichtbar, in der sie definiert sind. In unserem konkreten Beispiel wird damit sichergestellt, dass das Feld außerhalb der Klasse Circle nicht sichtbar ist, somit auch nicht verändert werden kann. Ganz allgemein wird dieses Prinzip als *Datenkapselung* bezeichnet.

Anmerkung

Die *Datenkapselung* ist eines der Schlüsselkonzepte der objektorientierten Programmierung, zu der auch noch die später zu behandelnde *Vererbung* und die *Polymorphie* gehören.

Der Zugriff auf das Feld _Radius erfolgt ausschließlich über den set- und get-Zweig der Eigenschaftsmethode. Da die öffentliche Eigenschaftsmethode Radius lautet, musste das private Feld aus Gründen der Eindeutigkeit umbenannt werden. Üblicherweise beginnen private-Felder entweder mit einem Kleinbuchstaben, oder es wird der öffentliche Bezeichner herangezogen, dem ein Unterstrich vorangestellt wird, hier _Radius.

Weisen Sie der Eigenschaft Radius mit

```
kreis.Radius = 10;
```

einen Wert zu, wird in der Eigenschaftsmethode der set-Zweig aufgerufen. Der zugewiesene Wert wird von einem impliziten, also nicht sichtbaren Parameter bereitgestellt, der immer value heißt. Der Datentyp von value entspricht dem Datentyp der Eigenschaft, in unserem Beispiel ist value demnach vom Typ int. Innerhalb des set-Anweisungsblocks können Sie Anweisungen programmieren, die den zu übergebenden Wert auf seine Zulässigkeit hin überprüfen. Natürlich können Sie auch beliebige andere Operationen in set codieren.

Die Auswertung der Eigenschaft mit

```
int value = kreis.Radius;
```

führt zum Aufruf des get-Blocks innerhalb der Eigenschaftsmethode. Meistens enthält der get-Block, ähnlich wie in unserem Beispiel, nur eine return-Anweisung, die den Inhalt des gekapselten Feldes (hier: _Radius) an den Aufrufer zurückgibt. Aber selbstverständlich dürfen Sie an dieser Stelle auch beliebige weitere Operationen codieren.

Anmerkung
Üblicherweise wird das, was ich hier als *Eigenschaftsmethode* bezeichne, einfach *Eigenschaft* oder *Property* genannt. Ich halte diese Bezeichnung allerdings für nicht gut gelungen, weil meiner Meinung nach eine komplette Objekteigenschaft nicht nur durch eine Methode beschrieben wird, sondern auch durch das dazugehörige Feld, das den eigentlichen Wert speichert.

In ähnlicher Weise, wie wir die Eigenschaft Radius implementiert haben, sollten wir auch die beiden öffentlichen Felder XCoordinate und YCoordinate durch Eigenschaftsmethoden ersetzen.

```
public class Circle
{
    private double _YCoordinate;
    public double YCoordinate
    {
        get { return _YCoordinate; }
        set { _YCoordinate = value; }
    }
}
```

```
private double _XCoordinate;
public double XCoordinate
{
  get { return _XCoordinate; }
  set { _XCoordinate = value; }
}
private int _Radius;
public int Radius
{
  get { return _Radius; }
  set
  {
    if (value >= 0)
      _Radius = value;
    else
      Console.WriteLine("Unzulässiger negativer Radius.");
  }
}
}
```

Listing 3.3 Die Kapselung von »Radius«, »XCoordinate« und »YCoordinate«

Sichtbarkeit der Accessoren »get« und »set«

Wird keine andere Angabe gemacht, entspricht die Sichtbarkeit der beiden Accessoren get und set per Vorgabe der Sichtbarkeit der Property. Ist die Property public definiert, sind get und set ebenfalls public. Jeder Accessor darf auch eine eigene, spezifische Sichtbarkeit aufweisen. Damit lässt sich der Zugriff im Bedarfsfall feiner steuern.

```
public int Value
{
  internal get { return _Value; }
  set { _Value = value; }
}
```

In diesem Codefragment ist die Property Value öffentlich definiert. Der set-Accessor hat keinen abweichenden Zugriffsmodifizierer und ist somit ebenfalls public. Im Gegensatz dazu schränkt der Zugriffsmodifizierer internal das Auswerten der Eigenschaft auf Code ein, der sich innerhalb der Anwendung befindet, in der die Eigenschaft codiert ist.

Beabsichtigen Sie, dem get- oder set-Zweig einen Zugriffsmodifizierer anzugeben, gelten die folgenden Regeln:

▶ In der Eigenschaftsmethode müssen beide Accessoren definiert sein.

▶ Nur bei einem der beiden Accessoren darf ein Zugriffsmodifizierer angegeben werden, der vom Zugriffsmodifizierer der Eigenschaftsmethode abweicht.

▶ Der Zugriffsmodifizierer des Accessors darf nur einschränkender sein als der der Eigenschaftsmethode.

Lese- und schreibgeschützte Eigenschaften

Häufig soll eine Eigenschaft entweder schreib- oder lesegeschützt sein. Die Realisierung ist denkbar einfach: Sie erstellen eine schreibgeschützte Eigenschaft ohne set-Block. Eine so definierte Eigenschaft kann nur ausgewertet werden.

```
private int _Value;
public int Value
{
  get { return _Value; }
}
```

Ein Benutzer der Klasse kann einer schreibgeschützten Eigenschaft von außen mit einer üblichen Zuweisung keinen Wert übergeben, daher muss es einen anderen Weg geben. Dieser führt in der Regel über den Aufruf einer Methode der Klasse.

Soll eine Objekteigenschaft zur Laufzeit einer Anwendung lesegeschützt sein, darf die Implementierung der Eigenschaft nur den set-Block enthalten.

```
private int _Value;
public int Value
{
  set { _Value = value; }
}
```

Der Wert einer lesegeschützten Eigenschaft kann selbstverständlich durch eine andere Methode der Klasse zurückgegeben werden, die das gekapselte Feld auswertet.

3.4.3   Auto-Properties (automatisch implementierte Properties)

Daten sollten grundsätzlich immer gekapselt werden. Betrachten Sie diese Aussage nicht als eine Option, sondern als feste Regel. Mit anderen Worten bedeutet das, dass Sie zur Beschreibung einer Objekteigenschaft immer ein als private deklariertes Feld anlegen und den Zugriff mit den beiden Accessoren get und set einer Eigenschaft steuern.

Oft werden Properties benötigt, ohne dass irgendein Programmcode erforderlich wäre, der über die Auswertung mit return oder die obligatorische Zuweisung hinausgeht. Sie sehen das in Listing 3.3 sehr gut bei XCoordinate und YCoordinate.

In solchen Fällen lässt sich der Programmcode reduzieren, indem Sie das Feature der *automatisch implementierten Eigenschaften* benutzen, häufig auch einfach nur als *Auto-Property* bezeichnet. Mit dieser Spracherweiterung ist es möglich, Properties wie folgt zu implementieren:

```
public class Circle
{
  public double XCoordinate {get; set;}
  public double YCoordinate {get; set;}
  [...]
}
```

Das reicht bereits aus. In beiden Fällen wird das jeweilige private Feld implizit bereitgestellt.

Einsatzmöglichkeiten für Auto-Properties

Auch für eine Auto-Property gilt: get und set weisen den Zugriffsmodifizierer auf, der der Definition der Auto-Property vorangestellt ist.

Relativ häufig werden Sie auf Auto-Properties stoßen, die schreibgeschützt sein sollen. Das ist sehr einfach umzusetzen, Sie müssen den set-Accessor nur private definieren:

```
public int Value { get; private set; }
```

Auto-Properties können bereits bei der Deklaration mit einem initialen Wert versehen werden. Nehmen wir an, in der Klasse Circle soll für XCoordinate und YCoordinate jeweils der Initialisierungswert 100 betragen, müssten Sie das wie folgt notieren:

```
public double XCoordinate {get; set;} = 100;
public double YCoordinate {get; set;} = 100;
```

Damit wäre der Wert 100 der Standardwert für jedes Circle-Objekt sowohl in X- als auch in Y-Richtung.

In einer Auto-Property dürfen Sie auch auf den set-Accessor verzichten, z. B:

```
public int Value { get;}
```

Hierbei handelt es um eine objektspezifische Konstante, der spätestens im Konstruktor ein Wert zugewiesen werden kann (Konstruktoren werde ich in Abschnitt 3.6 behandeln). Danach ist eine Änderung nicht mehr möglich. Einer solchen Auto-Property kann man auch direkt mit

```
public int Value { get;} = 5;
```

einen Wert mitteilen. Dieser kann noch im Konstruktor verändert werden, danach nicht mehr.

3.4.4   Unterstützung von Visual Studio

Visual Studio unterstützt Entwickler bei der automatischen Generierung von Programmcode noch mit einem anderen Feature: den Code-Snippets. Ich werde in Kapitel 17 noch genauer auf diese Möglichkeit eingehen. Weil aber das Erstellen einer Eigenschaft mit privatem Feld und den beiden veröffentlichenden Accessoren get und set relativ mühevoll ist, an dieser Stelle noch ein Tipp, wie Sie das entsprechende Code-Snippet nutzen können: Geben Sie im Code-Editor einfach propfull ein, und drücken Sie dann die ⇆-Taste. Es wird anschließend im Code-Editor das folgende Grundgerüst einer Eigenschaft erzeugt:

```
private int myVar;
public int MyProperty
{
  get { return myVar; }
  set { myVar = value; }
}
```

Sie müssen jetzt nur noch den passenden Datentyp und natürlich den passenden Bezeichner der Eigenschaft eintragen.

3.5   Methoden eines Objekts

In der Objektorientierung werden Klassendefinitionen dazu benutzt, einen logischen Zusammenhang zwischen Daten und Verhaltensweisen zu beschreiben. Wie Daten innerhalb einer Klasse zu behandeln sind, hat der letzte Abschnitt gezeigt. Nun wenden wir uns den Verhaltensweisen zu, die in der Objektorientierung als *Methoden* bezeichnet werden.

Grundsätzlich müssen wir zwei Methodengruppen unterscheiden:

▸ Methoden mit Rückgabewert

▸ Methoden ohne Rückgabewert

3.5.1   Methoden mit Rückgabewert

Sehen wir uns zunächst die allgemeine Syntax einer Methode mit Rückgabewert an:

```
[Modifizierer] Typ Bezeichner ([Parameterliste])
{
  [...]
  return Wert;
}
```

Einer Methode können Argumente übergeben werden, die von den Parametern in Empfang genommen werden. Parameter dienen dazu, die Anweisungen in der Methode mit Werten zu »füttern«, um auf diese Weise Einfluss auf das Verhalten auszuüben und den Ablauf zu steuern. Da die Parameterliste optional ist, gibt es auch Methoden, die parameterlos sind.

Die optionalen *Modifizierer* lassen sich in zwei Gruppen aufteilen:

▶ Modifizierer, die die Sichtbarkeit und damit den Zugriff auf eine Methode beschreiben (*Zugriffsmodifizierer*)

▶ Modifizierer, die eine weitergehende Beeinflussung der Verhaltensweise einer Methode bewirken, beispielsweise in der Vererbung

Zugriffsmodifizierer beschreiben die Sichtbarkeit. Wie Sie wissen, kann eine Klasse nur public oder internal sein. In ähnlicher Weise wird auch die Sichtbarkeit und damit der Zugriff auf Methoden gesteuert, zu denen natürlich auch die Eigenschaftsmethoden (Properties) zu zählen sind. Neben den beiden bereits bekannten Zugriffsmodifizierern public und internal gibt es für Methoden noch weitere, die Sie Tabelle 3.2 entnehmen können.

Zugriffsmodifizierer	Beschreibung
public	Der Zugriff unterliegt keinerlei Einschränkungen.
private	Der Zugriff auf ein als private definiertes Mitglied ist nur innerhalb der Klasse möglich, die den Member definiert. Alle anderen Klassen sehen private Member nicht. Deshalb ist darauf auch kein Zugriff möglich.
protected	Der Zugriff auf protected Member ähnelt dem der private definierten Member. Die Sichtbarkeit ist in ähnlicher Weise eingeschränkt mit dem kleinen Unterschied, dass protected definierte Mitglieder in abgeleiteten Klassen sichtbar sind. In Kapitel 4, »Vererbung, Polymorphie und Interfaces«, werden wir uns damit noch eingehend beschäftigen.
internal	Der Zugriff auf internal Member ist nur dem Programmcode gestattet, der sich in derselben Anwendung befindet.
protected internal	Stellt eine Kombination aus den beiden Modifizierern protected und internal dar.

Tabelle 3.2 Zugriffsmodifizierer der Klassenmitglieder

Die Angabe eines Zugriffsmodifizierers ist optional. Verzichten Sie darauf, gilt eine Methode als private deklariert.

Methoden können als Folge ihres Aufrufs ein Ergebnis an den Aufrufer zurückliefern. Dieses ist von einem bestimmten Datentyp und muss hinter der Liste der Modifizierer angegeben werden. Sehen wir uns das Beispiel der Klasse Circle an. Ergänzend zu der bisherigen Implementierung werden in der Klasse jetzt zusätzlich die beiden Methoden GetArea und GetPerimeter bereitgestellt:

```csharp
public class Circle
{
  [...]
  // Methoden
  public double GetArea()
  {
    double area = Math.Pow(Radius, 2) * Math.PI;
    return area;
  }
  public double GetPerimeter()
  {
    double perimeter = 2 * Radius * Math.PI;
    return perimeter;
  }
}
```

Listing 3.4 Methoden in der Klasse »Circle«

Die Bezeichner sind so gewählt, dass sie zweifelsfrei die Funktionalität der Methode verraten. Konventionsgemäß fangen öffentliche Methodenbezeichner mit einem Großbuchstaben an und setzen sich nach Möglichkeit aus mehreren Begriffen zusammen, die ihrerseits zur besseren Lesbarkeit immer mit einem Großbuchstaben beginnen. Der Rückgabewert, also das Ergebnis beider Methoden, ist vom Typ double. Beide Methoden sind public und somit uneingeschränkt sichtbar.

Da es in C# keinen Exponentialoperator gibt, wird der fehlende Operator durch die Methode Pow der Klasse Math ersetzt. Dem ersten Parameter wird dabei die zu potenzierende Zahl übergeben, dem zweiten Parameter der Exponent. Die Zahl PI wird durch die gleichnamige Konstante der Klasse Math beschrieben.

Hinter return wird das Resultat angegeben, das dem Aufrufer zurückgeliefert wird. In GetArea ist das der Inhalt der lokalen Variablen area, in GetPerimeter der Inhalt von perimeter. Sie können hinter return auch direkt eine mathematische Operation angeben, um den Code damit etwas kürzer zu formulieren:

```csharp
public double GetPerimeter()
{
  return 2 * Radius * Math.PI;
}
public double GetArea()
```

```
{
  return Math.Pow(Radius, 2) * Math.PI;
}
```

Listing 3.5 Verkürzte Methodenimplementierung

Der Typ des hinter return angegebenen Werts muss mit der Typangabe in der Methodensignatur übereinstimmen oder implizit in diesen konvertiert werden können. Andernfalls ist im return-Statement eine explizite Konvertierung erforderlich. Sobald return erreicht wird, kehrt die Programmausführung zu dem Code zurück, der die Methode aufgerufen hat. Alle Anweisungen, die möglicherweise einem return folgen, werden nicht mehr ausgeführt.

Eine Methode mit Rückgabewert ist der einfachste Weg, dem Methodenaufrufer Daten zu übermitteln. Der Methodenaufruf wird dabei wie eine Variable bewertet, da die Methode einen bestimmten Wert repräsentiert. Deshalb ist es möglich, einen Methodenaufruf in einem Ausdruck als Operand zu benutzen, wie das folgende Listing zeigt:

```
Circle kreis = new Circle();
kreis.Radius = 12;
int height = 30;
double volume = kreis.GetArea() * height;
```

Hier wird die Methode GetArea der Circle-Klasse dazu benutzt, das Volumen eines Zylinders zu berechnen.

Der Aufruf einer Methode

Von der Richtigkeit der beiden Methoden in der Klasse Circle (siehe Listing 3.5) wollen wir uns jetzt überzeugen. Um die Methode GetArea der Klasse Circle aufzurufen, muss Circle zuerst instanziiert werden. Anschließend legen wir den Radius des Objekts fest. GetArea wird auf der Referenz des Objekts mittels Punktnotation aufgerufen und liefert einen Rückgabewert, der in der Variablen area entgegengenommen und an der Konsole ausgegeben wird.

Obwohl GetArea und GetPerimeter einen Wert liefern, muss dieser nicht unbedingt in einer Variablen zwischengespeichert werden. Es reicht vollkommen aus, das Ergebnis direkt dem Methodenaufruf zu entnehmen. Das zeige ich anhand der Methode GetPerimeter:

```
class Program
{
  static void Main(string[] args)
  {
    Circle kreis = new Circle();
    kreis.Radius = 12;
    // Kreisfläche abrufen
    double area = kreis.GetArea();
    Console.WriteLine($"Fläche = {area}");
```

```
    // Kreisumfang abrufen
    Console.WriteLine($"Umfang = {kreis. GetPerimeter()}");
    Console.ReadLine();
  }
}
```

Listing 3.6 Testen der beiden Methoden »GetArea« und »GetPerimeter«

Den Rückgabewert einer Methode müssen Sie nicht zwangsläufig entgegennehmen, Sie können ihn auch ignorieren:

```
Circle kreis = new Circle();
kreis.Radius = 12;
kreis.GetArea();
```

Das Ergebnis des Methodenaufrufs landet im Nirwana, weil es weder zwischengespeichert noch ausgegeben wird. Vielleicht werden Sie nun sagen, dass der Methodenaufruf dann keinen Sinn mehr ergibt. Aber so einfach lässt sich das nicht verallgemeinern. In unserem Beispiel ist der Aufruf von GetArea zweifelsfrei sinnlos, aber es gibt viele Methoden, deren Rückgabewert Sie durchaus ignorieren können. Bei solchen Methoden kommt es nur auf die Operationen in der Methode an, während der Rückgabewert nur unter bestimmten Umständen von Interesse ist.

3.5.2   Methoden ohne Rückgabewert

Wie bereits weiter oben erwähnt gibt es auch Methoden, die per Definition keinen Rückgabewert liefern.

```
[Modifizierer] void Bezeichner ([Parameterliste])
{
  [...]
  return Wert;
}
```

Bei diesen Methoden wird anstelle des Rückgabedatentyps das Schlüsselwort void angegeben. Main, der Einstiegspunkt der Anwendung in die Laufzeit, ist ein typisches Beispiel dafür. Dem Methodennamen folgt in runden Klammern eine optionale Parameterliste, mit der Sie gegebenenfalls die Daten an den Methodenaufruf übergeben, die die Methode zur Ausführung benötigt.

Die return-Anweisung ist nicht nur auf Methoden mit Rückgabewert beschränkt. Auch void-Methoden können, falls erforderlich, damit vorzeitig verlassen werden. Auch hierbei gilt, dass Anweisungen, die dem Aufruf von return folgen, nicht mehr ausgeführt werden.

3.5.3 Methoden mit Parameterliste

Viele Methoden, unabhängig davon, ob sie einen Rückgabewert haben oder nicht, benötigen Dateninformationen, die den Ablauf oder die Steuerung der Operation beeinflussen. Diese Daten werden der Methode beim Aufruf als Argumente übergeben. Die Methode nimmt die Argumente in ihrer Parameterliste in Empfang.

Nehmen wir an, dass wir in der Klasse Circle eine Methode definieren möchten, die den Bezugspunkt des Circle-Objekts in X- und Y-Richtung relativ verschiebt. Die Methode soll Move heißen. In diesem Fall müssen Sie beim Aufruf der Methode die Werte, die die Verschiebung beschreiben, als Argumente übergeben:

```
public void Move(double dx, double dy)
{
  XCoordinate += dx;
  YCoordinate += dy;
}
```

Listing 3.7 Die Methode »Move« in der Klasse »Circle«

Die Definition eines Parameters erinnert an die Deklaration einer Variablen: Zuerst wird der Typ angegeben, danach folgt der Bezeichner. Beschreibt eine Methode mehrere Parameter, werden diese durch ein Komma getrennt.

Nun wollen wir die parametrisierte Methode testen. Dazu schreiben wir den folgenden Code:

```
static void Main(string[] args)
{
  Circle kreis = new Circle();
  kreis.XCoordinate = -100;
  kreis.YCoordinate = 90;
  kreis.Move(120, -200);
}
```

Bei Methoden, die mehr als einen Parameter erwarten, müssen Sie immer die Reihenfolge der übergebenen Argumente beachten: Das erste Argument wird dem ersten Parameter zugewiesen, das zweite Argument dem zweiten Parameter usw.

Eine weitere Methode in der Klasse »Circle«

Lassen Sie uns an dieser Stelle der Klasse Circle noch eine weitere Methode hinzufügen. Die Methode soll Bigger heißen und zwei Circle-Objekte miteinander vergleichen. Der Aufruf soll wie folgt aussehen:

```
static void Main(string[] args)
{
  Circle kreis1 = new Circle();
```

```
    kreis1.Radius = 12;
    Circle kreis2 = new Circle();
    kreis2.Radius = 23;
    if (kreis1.Bigger(kreis2) == -1)
      Console.WriteLine("kreis1 < kreis2");
    Console.ReadLine();
}
```

Listing 3.8 Aufruf der fiktiven Methode »Bigger«

Der Rückgabewert der Methode sei 1, wenn das Objekt, auf dem die Methode aufgerufen wird, größer ist als das Objekt, das dem Parameter übergeben wird. Sind beide Objekte gleich groß, sei der Rückgabewert 0, ansonsten -1.

Die Methode Bigger zu codieren, ist nicht weiter schwierig. Wir übergeben das Circle-Objekt, mit dem das aktuelle Objekt (in Listing 3.8 also kreis1) verglichen werden soll, an einen Parameter vom Typ Circle und können in der Methode den Radius des übergebenen Objekts zur Auswertung heranziehen. Der erste Entwurf sähe dann wie folgt aus:

```
public int Bigger(Circle kreis)
{
  if (Radius > kreis.Radius) return 1;
  if (Radius < kreis.Radius) return -1;
  return 0;
}
```

Allerdings müssen wir berücksichtigen, dass an den Parameter der Methode auch ein Objekt übergeben werden könnte, das mit null initialisiert ist. Auf diese Übergabe hin würde der Aufruf von kreis.Radius zu einer Ausnahme führen. Allerdings können wir auch feststellen, dass dann das Objekt, auf dem Bigger aufgerufen wird, größer ist als null. Diese Überlegung führt uns zu der endgültigen Fassung unserer Methode:

```
public int Bigger(Circle kreis)
{
  if (kreis == null || Radius > kreis.Radius) return 1;
  if (Radius < kreis.Radius) return -1;
  else return 0;
}
```

Listing 3.9 Die Methode »Bigger«

Beachten Sie, dass die Überprüfung auf null in der ersten Anweisung stehen muss!

3.5.4 Methodenüberladung

Im Verlauf der weiteren Entwicklung der Klasse Circle könnte sich herausstellen, dass noch eine weitere Methode erforderlich ist, die nicht nur den Bezugspunkt des Objekts relativ verschieben (gewissermaßen eine Verschiebung im Zweidimensionalen), sondern darüber hinaus den Radius ändern soll, was einer dreidimensionalen Verschiebung entspricht. Sie könnten jetzt eine neue Methode bereitstellen und ihr einen in der Klasse Circle eindeutigen Namen geben, beispielsweise Move3D. Sie können die neue Methode allerdings auch Move nennen, obwohl bereits eine Methode mit diesem Bezeichner in der Klasse existiert (siehe Listing 3.7). Die Technik, mehrere gleichnamige Methoden in einer Klasse zu definieren, wird *Methodenüberladung* genannt. Mit anderen Worten bedeutet dies, dass Sie die beiden Methoden

```
public void Move(double dx, double dy, int dRadius)
{
  XCoordinate += dx;
  YCoordinate += dy;
  Radius += dRadius;
}
```

und

```
public void Move(double dx, double dy)
{
  XCoordinate += dx;
  YCoordinate += dy;
}
```

in der Klasse Circle bereitstellen dürfen, ohne dass dadurch ein Kompilierfehler verursacht wird.

Eine Verbesserung des Codes wollen wir auch noch vornehmen. Da die Werte für die Eigenschaften XCoordinate und YCoordinate in beiden Methoden gleich berechnet werden, bietet es sich an, in der 3-fach parametrisierten Variante die 2-fach parametrisierte Move-Methode aufzurufen, also:

```
public void Move(double dx, double dy, int dRadius)
{
  Move(dx, dy);
  Radius += dRadius;
}
```

Die Methodenüberladung wird üblicherweise eingesetzt, wenn die gleiche oder zumindest eine ähnliche Basisfunktionalität unter Übergabe unterschiedlicher Argumente bereitgestellt werden soll.

Von einer gültigen Methodenüberladung wird genau dann gesprochen, wenn

▶ sich gleichnamige Methoden in der Anzahl der Parameter unterscheiden,

▶ bei gleicher Parameteranzahl zumindest ein Parameter einen anderen Datentyp beschreibt.

Gemäß den Regeln der Methodenüberladung gelten die folgenden Methodendefinitionen einer fiktiv angenommenen Klasse als regelkonform überladen:

▶ `public void DoSomething() {}`

▶ `public void DoSomething(byte x) {}`

▶ `public void DoSomething(long x) {}`

▶ `public void DoSomething(long x, long y) {}`

Eine Methode gilt als nicht gültig überladen, wenn

▶ sich die Parameter nur im Bezeichner unterscheiden,

▶ die Rückgabewerte der Methoden verschiedene Datentypen haben, bei ansonsten identischer Parameterliste.

Der Compiler trifft anhand der Übergabeargumente beim Methodenaufruf die Entscheidung, welche Überladung aufzurufen ist. Das führt unter Umständen zu Irritationen, wenn in einer Klasse zwei Methoden wie folgt deklariert sind:

```
public void DoSomething(int x){ [...] }
public void DoSomething(long x){ [...] }
```

Wird im aufrufenden Code ein Literal (also eine Zahl) übergeben, also beispielsweise

```
obj.DoSomething(78);
```

wird es standardmäßig als `int` interpretiert. Das bedeutet, dass die Überladung mit dem `long`-Parameter nie ausgeführt wird (es sei denn, das Übergabeargument wird explizit in `long` konvertiert).

Übergäben Sie an die Methode eine Variable vom Typ `byte`, würde der Compiler die Methode mit dem bestmöglichen Parametertyp suchen: In diesem Fall wäre das die Methode mit dem `int`-Parameter.

Zugriff auf Eigenschaften des aktuellen Objekts

Wir sollten noch einen Blick auf die Methodenimplementierung von Move werfen:

```
public void Move(double dx, double dy)
{
  XCoordinate += dx;
  YCoordinate += dy;
}
```

Dabei ist zu bemerken, dass die Verschiebung über den Aufruf des set-Accessors der entsprechenden Eigenschaftsmethoden führt. Natürlich hätten wir auch mit

```
public void Move(double dx, double dy)
{
  _XCoordinate += dx;
  _YCoordinate += dy;
}
```

den privaten Feldern die neuen Werte direkt mitteilen können. Das wäre allerdings sehr kurzsichtig und könnte zu einem späteren Zeitpunkt zu einer fehlerhaften Klasse führen. Momentan werden zwar alle X- und Y-Koordinatenwerte ohne Einschränkung akzeptiert, aber das muss nicht zwangsläufig immer so bleiben. Vielleicht wird zu einem späteren Zeitpunkt gefordert, dass der Bezugspunkt des Objekts nicht im dritten oder vierten Quadranten des kartesischen Koordinatensystems liegen darf. In diesem Fall müssten die set-Accessoren überarbeitet werden, um der neuen Anforderung zu genügen. Trägt die Methode Move die neuen Koordinatenwerte jedoch direkt in die privaten Felder ein, wären die neuen Werte falsch, und das Circle-Objekt hätte einen unzulässigen Bezugspunkt. Rufen Sie in Move jedoch den set-Zweig auf, kann Ihnen ein solches Malheur nicht passieren, denn bevor den Feldern die neuen Werte übergeben werden, durchlaufen sie den prüfenden Code des set-Zweigs in XCoordinate und YCoordinate.

Das Gleiche gilt natürlich für das Abrufen eines Eigenschaftswertes. Meistens enthalten die get-Accessoren nur eine return-Anweisung und liefern den Wert ohne weitere Überprüfung an den Aufrufer. Aber sind Sie sich wirklich sicher, ob in naher oder ferner Zukunft nicht auch noch eine Überprüfung des Benutzers notwendig wird, weil nicht jedem Anwender die Auswertung der entsprechenden Eigenschaft gestattet werden kann?

Beherzigen Sie daher immer den folgenden Tipp.

Tipp

Sie sollten prinzipiell nie direkt in private Felder schreiben oder diese direkt auswerten. Benutzen Sie dazu immer, soweit vorhanden, die get- und set-Accessoren der Eigenschaftsmethoden. Damit garantieren Sie eine robuste Klassendefinition, die auch nach einer Änderung fehlerfrei arbeitet.

3.5.5   Variablen innerhalb einer Methode (lokale Variablen)

Eine Variable, die im Anweisungsblock einer Methode deklariert ist, gilt als *lokale Variable*. Im nächsten Codefragment ist value eine lokale Variable.

```csharp
public void DoSomething()
{
  long value = 34;
  [...]
}
```

Eine lokale Variable ist nur in der Methode sichtbar, in der sie deklariert ist. Programmcode, der sich außerhalb der Methode befindet, kann lokale Variablen weder sehen noch manipulieren oder gar auswerten. Das gilt auch für Aufrufverkettungen, wenn beispielsweise aus einer Methode heraus eine andere aufgerufen wird.

Die Lebensdauer einer lokalen Variablen ist auf die Dauer der Methodenausführung begrenzt. Wird die Methode beendet, geht die lokale Variable samt ihrem Inhalt verloren. Ein wiederholter Methodenaufruf hat zur Folge, dass die lokale Variable neu erzeugt wird.

In C# wird eine lokale Variable nicht automatisch mit einem typspezifischen Standardwert initialisiert. Sie sollten daher alle lokalen Variablen möglichst sofort initialisieren und ihnen unter Berücksichtigung des Datentyps einen gültigen Startwert zuweisen. Der Zugriff auf eine nicht initialisierte Variable verursacht eine Fehlermeldung.

```csharp
public void DoSomething()
{
  int value;
  // die folgende Anweisung verursacht einen Compilerfehler
  Console.WriteLine(value);
}
```

Der Begriff *lokale Variable* lässt sich noch weiter ausdehnen, da nicht jede Variable, die innerhalb einer Methode deklariert ist, auch eine Sichtbarkeit aufweist, die sich über den gesamten Anweisungsblock der Methode erstreckt. Sehen Sie sich dazu das folgende Listing an:

```csharp
class Demo
{
  public void DoSomething()
  {
    int intVar = 0;
    if(intVar > 0)
    {
      int intX = 1;
      for(int i = 0; i <=100; i++)
      {
        double dblVar = 3.14;
      }
```

```
    }
   }
  }
}
```

In der Methode DoSomething sind einige Anweisungsblöcke ineinander verschachtelt. Anweisungsblöcke dienen nicht nur dazu, Anweisungssequenzen zusammenzufassen, sondern beschreiben darüber hinaus die Sichtbarkeit lokaler Variablen. Dabei wird die Sichtbarkeit von dem am nächsten stehenden äußeren geschweiften Klammerpaar begrenzt. Deshalb beschränkt sich die Sichtbarkeit von dblVar auf den Anweisungsblock der for-Schleife und die Sichtbarkeit von intX auf den Anweisungsblock des if-Statements, kann aber auch innerhalb der for-Schleife verwendet werden. Die lokale Variable intVar ist in der gesamten Methode DoSomething bekannt.

3.5.6 Modifizierer eines Parameters

Eine Reihe von Modifizierern gestattet uns, Einfluss auf die Parameter der Methoden auszuüben. Diese Möglichkeiten wollen wir uns nachfolgend ansehen.

Call-by-Value-Parameter

Sehen Sie sich bitte das folgende Beispiel an:

```
// Beispiel: ..\Kapitel 3\Call_By_Value
class Program
{
  static void Main(string[] args)
  {
    int value = 3;
    DoSomething(value);
    Console.WriteLine($"value = {value}");
    Console.ReadLine();
  }
  static void DoSomething(int param)
  {
    param = 550;
  }
}
```

Listing 3.10 Parameterübergabe (Call by Value)

In Main wird die lokale Variable value deklariert und danach der Methode DoSomething als Argument übergeben. Die Methode DoSomething nimmt das Argument im Parameter param entgegen und ändert danach den Inhalt von param in 550. Nachdem der Methodenaufruf beendet ist, wird der Inhalt der lokalen Variablen value in die Konsole geschrieben. Wenn Sie das Programm starten, lautet die Ausgabe an der Konsole:

```
value = 3
```

Der Inhalt der lokalen Variablen value hat sich nach dem Aufruf der Methode DoSomething nicht verändert.

Um zu verstehen, was sich bei diesem Methodenaufruf abspielt, müssen wir einen Blick in den Teilbereich des Speichers werfen, in dem die Daten vorgehalten werden. Zunächst wird für die Variable value Speicher allokiert. Nehmen wir an, es sei die Speicheradresse 1000. In diese Speicherzelle (genau genommen sind es natürlich vier Byte, die ein Integer für sich beansprucht) wird die Zahl 3 geschrieben.

Ein Parameter unterscheidet sich nicht von einer lokalen Variablen. Genau das ist der entscheidende Punkt, denn folgerichtig ist ein Parameter ebenfalls ein Synonym für eine bestimmte Adresse im Speicher. Mit der Übergabe des Arguments value beim Methodenaufruf wird von DoSomething zunächst Speicher für den Parameter param allokiert – wir gehen von der Adresse 2000 aus. Danach wird der Inhalt des Arguments value – also der Wert 3 – in die Speicherzelle 2000 kopiert.

Ändert DoSomething den Inhalt von param, wird die Änderung in die Adresse 2000 geschrieben. Damit weisen die beiden in unserem Beispiel angenommenen Speicheradressen die folgenden Inhalte auf:

Adresse 1000 = 3

Adresse 2000 = 550

Nachdem der Programmablauf zu der aufrufenden Methode zurückgekehrt ist, wird der Inhalt der Variablen value, also der Inhalt der Speicheradresse 1000, an der Konsole ausgegeben: Es ist die Zahl 3. Diese Technik der Argumentübergabe wird als *Wertübergabe* (englisch: *call by value*) bezeichnet.

Call-by-Reference-Parameter

Nehmen wir nun zwei kleine Änderungen an Listing 3.10 vor. Zuerst wird der Methodenaufruf in Main wie folgt codiert:

```
DoSomething(ref value);
```

Im zweiten Schritt ergänzen wir die Parameterliste von DoSomething um den Modifizierer ref:

```
public void DoSomething(ref int param) {...}
```

Wenn Sie jetzt das Beispiel erneut starten, wird das zu folgender Ausgabe führen:

```
value = 550
```

3

Die Ergänzung sowohl des Methodenaufrufs als auch der Parameterliste um das Schlüsselwort ref hat also bedeutende Konsequenzen für die lokale Variable value – sie hat nach dem Methodenaufruf genau den Inhalt angenommen, der dem Parameter param zugewiesen wurde. Wie ist das zu erklären?

Beim Aufruf von DoSomething wird nicht mehr der Inhalt der Variablen value übergeben, sondern ihre Speicheradresse, also 1000. Der empfangende Parameter param muss selbstverständlich wissen, was ihn erwartet (nämlich eine Speicheradresse), und wird daher ebenfalls mit ref definiert. Für param muss die Methode natürlich weiterhin Speicher allokieren – gehen wir auch in diesem Fall noch einmal von der Adresse 2000 aus. Alle Aufrufe an param werden nun jedoch an die Adresse 1000 umgeleitet. Die Methode DoSomething weist dem Parameter param die Zahl 550 zu, die in die Adresse 1000 geschrieben wird. Damit gilt:

Adresse param = Adresse value = 550

Nachdem der Programmablauf an die aufrufende Methode zurückgegeben worden ist, wird an der Konsole der Inhalt der Variablen value – also der Inhalt, der unter der Adresse 1000 zu finden ist – angezeigt: Es handelt sich um die Zahl 550. Diese Technik der Parameterübergabe wird als *Referenzübergabe* (englisch: *call by reference*) bezeichnet.

Folgende Regeln sind im Zusammenhang mit der Referenzübergabe zu berücksichtigen:

▶ In der Parameterliste der Methode muss der Parameter mit dem Schlüsselwort ref gekennzeichnet werden.

▶ Im Methodenaufruf muss dem zu übergebenden Argument das Schlüsselwort ref vorangestellt werden.

▶ Das zu übergebende Argument muss initialisiert sein, d. h., es muss einen gültigen Wert aufweisen.

▶ Das Übergabeargument darf keine Konstante sein. Lautet die Signatur einer Methode beispielsweise

```
public void DoSomething(ref int x)
```

ist der folgende Methodenaufruf falsch:

```
@object.DoSomething(ref 16);
```

▶ Das Übergabeargument darf nicht direkt aus einem berechneten Ausdruck in Form eines Methodenaufrufs bezogen werden, z. B.:

```
@object.DoSomething(ref a, ref obj.ProcB());
```

Anmerkung

Ich habe in zwei Listenpunkten den Variablenbezeichner @object verwendet. Im Grunde genommen handelt es sich bei object um ein C#-Schlüsselwort, das nicht als Variablenbezeichner verwendet werden darf. Mit dem Voranstellen des @-Zeichens wird diese Interpretation jedoch aufgehoben.

Parameter mit dem Modifizierer »out«

Zusätzlich zu diesen beiden Übergabetechniken kann ein Methodenparameter mit out spezifiziert werden, der in derselben Weise wie ref verwendet wird: Er muss sowohl als Modifizierer des Übergabearguments wie auch als Modifizierer des empfangenen Parameters in der Methodendefinition angegeben werden. Obwohl der Effekt, der mit out erzielt werden kann, derselbe wie bei ref ist, gibt es zwischen den beiden zwei Unterschiede:

▶ Die Übergabe einer nicht initialisierten Variablen mit ref an einen ref-Methodenparameter führt zu einem Kompilierfehler. Mit out ist die Übergabe an einen out-Parameter jedoch erlaubt.

▶ Innerhalb der Methode muss einem out-Parameter ein Wert zugewiesen werden, während das bei einem ref-Parameter nicht zwingend notwendig ist.

In der folgenden Methodendefinition von DoSomething ist param als out-Parameter definiert:

```
public void DoSomething(out int param)
{
  param = 550;
}
```

Die Methode kann wie folgt aufgerufen werden:

```
int value;
DoSomething(out value);
Console.WriteLine(value);
```

Beachten Sie, dass value nicht initialisiert ist. Die abschließende Konsolenausgabe lautet 550. Einem out-Parameter können Sie natürlich auch eine initialisierte Variable übergeben:

```
int value = 3;
DoSomething(out value);
```

Allerdings müssen Sie einen wichtigen Punkt bedenken: In der aufgerufenen Methode wird dem out-Parameter in jedem Fall ein neuer Wert zugewiesen. In der aufrufenden Methode hat das ziemlich brutale Konsequenzen: Die Variable, die als Argument übergeben wird, hat nach dem Methodenaufruf garantiert einen anderen Inhalt.

In C# 7.0 wurde eine Ergänzung zur Aufrufsyntax eines out-Parameters eingeführt. Statt

```
int value ;
DoSomething(out value);
```

können Sie nun den Methodenaufruf etwas kürzer schreiben:

```
DoSomething(out int value);
```

Immerhin, eine Codezeile weniger.

> **Hinweis**
>
> Dem out-Parameter einer Methode müssen Sie beim Methodenaufruf nicht zwangsläufig einen Wert übergeben. Wollen Sie darauf verzichten, geben Sie out gefolgt von einem Unterstrich an, also beispielsweise:
>
> ```
> DoSomething(out _);
> ```

Übergabe von Objekten

Wie Sie wissen, ordnet .NET alle Datentypen zwei Gruppen zu: entweder den Werte- oder den Referenztypen. Zu den Wertetypen gehören beispielsweise bool, byte, int, double usw., zu den Referenztypen alle Typen, die auf einer Klassendefinition basieren.

Bei der Übergabe eines Objekts an einen Parameter wird deutlich, wie wichtig die Unterscheidung zwischen Referenz- und Wertetypen ist. Ein Beispiel soll das zeigen.

```
// Beispiel: ..\Kapitel 3\ObjektUebergabe
class Program
{
  static void Main(string[] args)
  {
    Demo1 object1 = new Demo1();
    Demo2 object2 = new Demo2();
    object2.ChangeValue(object1);
    Console.WriteLine($"Value von object1: {object1.Value}");
    Console.ReadLine();
  }
}
class Demo1
{
  public int Value = 500;
}
class Demo2
{
  public void ChangeValue(Demo1 obj)
  {
```

```
    obj.Value = 4711;
  }
}
```

Listing 3.11 Übergabe einer Referenz an eine Methode

Hier sind die beiden Klassen Demo1 und Demo2 definiert. Demo2 hat eine Methode, der im Parameter obj ein Objekt vom Typ Demo1 übergeben wird. In der Methode wird das Feld Value des Demo1-Objekts manipuliert. In Main wird je ein Objekt der beiden Klassen erzeugt. Dem Aufruf der Methode ChangeValue des Demo2-Objekts wird das Objekt vom Typ Demo1 übergeben. Nach dem Methodenaufruf wird an der Konsole der Inhalt des Feldes Value des Demo1-Objekts angezeigt – es ist der Wert 4711.

Die Zuweisung eines Objekts an einen Parameter bedeutet, dass die Referenz auf das Objekt als Argument übergeben wird, nicht irgendein Wert. Eine Referenz beschreibt aber die Adresse des Objekts, wodurch Änderungen an den Werten des Objekts im ursprünglichen Objekt gespeichert werden. Die Übergabe eines Referenztyps entspricht demnach immer der Übergabe *by reference*. Wollen Sie diesen Effekt vermeiden, müssen Sie zuerst eine Kopie des Objekts erzeugen und dieses an den Parameter übergeben.

Nun nehmen wir eine Ergänzung in der Methode der Klasse Demo2 vor:

```
class Demo2
{
  public void ChangeValue(Demo1 obj)
  {
    obj = new Demo1();
    obj.Value = 4711;
  }
}
```

Listing 3.12 Änderung der Klasse »Demo2« aus Listing 3.11

obj wird beim Aufruf von ChangeValue der Verweis auf das Originalobjekt übergeben. In der Methode wird der Verweis jedoch »umgebogen«, indem ihm ein neues Demo1-Objekt zugewiesen wird. In diesem Moment liegen zwei Objekte vom Typ Demo1 vor. Der Aufrufer merkt von diesem Vorgang nichts. Er behält weiterhin die Referenz auf das Original, das sich nach Beendigung der Methode auch eindeutig durch das unveränderte Feld (500) zu erkennen gibt.

Eine Änderung des Parameters obj in der Weise, ihm das Schlüsselwort ref voranzustellen, hat allerdings Konsequenzen für den Aufrufer: das Originalobjekt wird zerstört und durch das neue ersetzt. Das lässt sich sehr einfach nachweisen, weil an der Konsole der Inhalt von Value als 4711 ausgegeben wird.

Zusammenfassend lässt sich feststellen, dass sich eine Wert- oder Referenzübergabe bei Referenztypen nur dann auswirkt, wenn in der aufgerufenen Methode der Parameter durch Zuweisung einer neuen Referenz überschrieben wird. Es gelten dabei dieselben Gesetze wie bei den Wertetypen.

Methodenüberladung und Parametermodifizierer

Weiter oben haben Sie gelernt, was unter der Methodenüberladung verstanden wird. An dieser Stelle ist noch eine kleine Ergänzung notwendig: Eine gültige Methodenüberladung ist nämlich auch dann gegeben, wenn der Parameter in der ersten Methode als Wertparameter definiert ist und in der überladenen Methode als Referenzparameter mit out bzw. ref. Damit ist die folgende Überladung richtig:

```
public void DoSomething(int x) { }
public void DoSomething(ref int x) { }
```

Eine unzulässige Methodenüberladung liegt dann vor, wenn sich die beiden typgleichen Parameter nur dadurch unterscheiden, dass der erste mit ref und der andere mit out definiert ist, beispielsweise:

```
// Unzulässige Methodenüberladung
public void DoSomething(out int x) { }
public void DoSomething(ref int x) { }
```

3.5.7   Besondere Aspekte einer Parameterliste

Den Typ des Arguments beachten

Nehmen Sie an, Sie hätten die Methode DoSomething in der Klasse Demo wie folgt definiert:

```
class Demo
{
  public void DoSomething(int x, float y)
  {
    [...]
  }
}
```

Die Idee, diese Methode unter Übergabe von Literalen aufzurufen, liegt nahe:

```
Demo obj = new Demo();
obj.DoSomething(7, 3.12);
```

Der C#-Compiler wird diesen Code jedoch nicht kompilieren, denn die Übergabe des zweiten Arguments ist falsch. Im ersten Moment mag das unverständlich sein, bei einer genaueren Analyse wird es aber klar, da die Übergabe eines Arguments an einen Parameter nichts anderes ist als eine Zuweisungsoperation, also:

```
float y = 3.12
```

Ein Literal vom Typ einer Fließkommazahl wird von der Laufzeitumgebung grundsätzlich als double interpretiert. Jetzt kommen die Regeln der impliziten Konvertierung ins Spiel, nach denen ein double implizit nicht in einen float konvertiert werden kann. Das Literal muss daher zuerst in einen float umgewandelt werden:

```
obj.DoSomething(7, (float)3.12);
```

Eine Alternative wäre es, in der aufrufenden Methode eine Variable vom Typ float zu deklarieren, ihr den Wert 3.12 zu übergeben und dann die Variable selbst als Argument anzugeben:

```
float value = 3.12F;
obj.DoSomething(7, value);
```

Denken Sie daran, hier das Typsuffix F bzw. f bei der Zuweisung des Dezimalzahl-Literals an die float-Variable anzugeben.

Übergabe eines Arrays an die Parameterliste

Das nächste Beispiel ist ein wenig komplexer. Bisher haben wir jeweils nur einfache Daten als Argument übergeben, nun sollen es mehrere sein. Dazu benutzen wir einen Parameter vom Typ eines Arrays.

```csharp
// Beispiel: ..\Kapitel 3\ArrayUebergabe
class Program
{
  static void Main(string[] args)
  {
    int[] array = { 3, 6, 9, 4, 13, 22, 2, 29, 17 };
    Console.WriteLine($"Maximalwert = {GetMaxValue(array)}");
    Console.ReadLine();
  }

  static int GetMaxValue(int[] arr)
  {
    int maxValue = arr[0];
    foreach (int element in arr)
      if (element > maxValue)
        maxValue = element;
    return maxValue;
  }
}
```

Listing 3.13 Parameter vom Typ eines Arrays

Die Methode GetMaxValue hat die Aufgabe, aus dem im Parameter übergebenen Array den größten Wert zu ermitteln. Dazu wird in der Methode zuerst die int-Variable maxValue deklariert und ihr der Inhalt des 0-indizierten Array-Elements zugewiesen. In einer foreach-Schleife werden danach alle Array-Elemente durchlaufen, und deren Inhalt wird geprüft. Ist dieser größer als der von maxValue, ersetzt der Array-Wert den alten Inhalt von maxValue. Am Ende wird maxValue an den Aufrufer zurückgegeben. Die foreach-Schleife bewirkt, dass das erste Array-Element insgesamt sogar zweimal ausgewertet wird: bei der Zuweisung an maxValue und in der Schleife. Wenn Sie das vermeiden wollen, können Sie auch eine einfache for-Schleife codieren:

```
for(int index = 1; index < arr.Length; index++) {[...]}
```

Der Parameter arr der Methode erwartet die Referenz auf ein Array. Da die Angabe des Array-Namens dieser Forderung entspricht, reicht die Übergabe von array beim Aufruf der Methode aus.

Der Modifizierer »params«

Stellen Sie sich vor, Sie beabsichtigen, eine Methode zu entwickeln, die Zahlen addiert. Eine Addition ist nur dann sinnvoll, wenn aus wenigstens zwei Zahlen eine Summe gebildet wird. Daher definieren Sie die Methode wie folgt:

```
public long Add(int value1, int value2)
{
  return value1 + value2;
}
```

Vielleicht haben Sie danach noch die geniale Idee, nicht nur zwei Zahlen, sondern drei oder vier zu addieren. Um dieser Forderung zu genügen, könnten Sie die Methode Add wie folgt überladen:

```
public long Add(int value1, int value2, int value3) {[...]}
public long Add(int value1, int value2, int value3, int value4) {[...]}
```

Wenn Ihnen dieser Ansatz kritiklos gefällt, sollten Sie sich mit der Frage auseinandersetzen, wie viele überladene Methoden Sie maximal zu schreiben bereit sind, wenn möglicherweise nicht nur 4, sondern 10 oder 25 oder beliebig viele Zahlen addiert werden sollen.

Es muss für diese Problemstellung eine bessere Lösung geben – und es gibt sie auch: Sie definieren einen Parameter mit dem Modifizierer params. Dieser gestattet es, einer Methode eine beliebige Anzahl von Argumenten zu übergeben. Die Übergabewerte werden der Reihe nach in ein Array geschrieben.

Nun kann die Methode Add diesen Feinschliff erhalten. Da eine Addition voraussetzt, dass zumindest zwei Summanden an der Operation beteiligt sind, werden zuerst zwei konkrete Parameter definiert und anschließend ein params-Parameter für alle weiteren Werte.

```
public long Add(int value1, int value2, params int[] liste)
{
  long sum = value1 + value2;
  foreach(int z in liste)
    sum += z;
  return sum;
}
```

Werden einem params-Parameter Werte zugewiesen, wird das Array anhand der Anzahl der übergebenen Argumente implizit dimensioniert. In unserem Beispiel werden alle Elemente des Arrays in einer Schleife addiert und in der lokalen Variablen sum zwischengespeichert. Nachdem für das letzte Element die Schleife durchlaufen ist, wird mit return das Ergebnis an den Aufrufer übermittelt.

Mit einem params-Parameter sind ein paar Regeln verbunden, die Sie einhalten müssen:

▶ In der Parameterliste darf nur ein Parameter mit params festgelegt werden.

▶ Ein params-Parameter steht immer an letzter Position in einer Parameterliste.

▶ Eine Kombination mit den Modifikatoren out oder ref ist unzulässig.

▶ Ein params-Parameter ist grundsätzlich eindimensional.

Wenn Sie eine Methode aufrufen, die einen params-Parameter enthält, haben Sie zwei Möglichkeiten, diesem Werte zuzuweisen:

▶ Sie übergeben die Referenz auf ein Array, z. B.:

```
int[] liste = {1, 2, 3};
Console.WriteLine(obj.Add(15, 19, liste));
```

▶ Sie übergeben diesem Methodenparameter eine Liste von Elementen:

```
obj.Add(1, 2, 3, 4, 5, 6);
```

Vielleicht stellen Sie sich an dieser Stelle die Frage, ob nicht die einfache Deklaration als Array dieselbe Leistung erbrächte. Mit anderen Worten: Wo liegt der Unterschied zwischen den beiden Methoden

```
public long Add(params int[] liste) {[...]}
```

und

```
public long Add(int[] liste) {[...]}
```

wenn beide die Übergabe eines Arrays ermöglichen? Die Antwort ist sehr einfach: Einem params-Parameter muss nicht zwangsläufig ein Wert oder Array übergeben werden, bei einem herkömmlichen Array ist das Pflicht.

Optionale Parameter

Als *optionale Parameter* werden Methodenparameter bezeichnet, die beim Aufruf in der Parameterliste nicht übergeben werden müssen. Optionale Parameter sind daran zu erkennen, dass ihnen in der Methodendefinition ein Standardwert zugewiesen wird. Wird dem optionalen Parameter beim Methodenaufruf kein Wert übergeben, behält der optionale Parameter den Standardwert.

Folgendes Codefragment zeigt die Implementierung der Methode DoSomething, die mit value einen optionalen Parameter beschreibt, dessen Standardwert -1 ist.

```
public void DoSomething(string name, int value = -1)
{
  [...]
}
```

> **Hinweis**
> Hat eine Methode sowohl feste als auch optionale Parameter, sind zuerst die festen und danach die optionalen anzugeben.

Wollen Sie wissen, ob dem optionalen Parameter ein Wert übergeben worden ist oder nicht, brauchen Sie nur zu prüfen, ob der Parameterwert vom Standardwert in der Parameterdefinition abweicht, also beispielsweise:

```
public void DoSomething(string name, int value = -1)
{
  if(value != -1)
    // dem optionalen Parameter wurde ein Wert übergeben
}
```

Die Methode DoSomething kann auf zweierlei Weise aufgerufen werden. Zunächst einmal können Sie den optionalen Parameter ignorieren, z. B.:

```
obj.DoSomething("Hallo");
```

Wollen Sie den optionalen Parameter nutzen, weisen Sie ihm einen Wert zu:

```
obj.DoSomething("Hallo", 100);
```

Mit optionalen Parametern ließe sich im Grunde genommen die Methodenüberladung durch ein Hintertürchen umgehen. Da optionale Parameter jedoch nicht zum fundamentalen Konzept der Objektorientierung gehören und auch nicht von allen .NET-basierten Programmiersprachen unterstützt werden, sollten Sie der Methodenüberladung den Vorzug geben.

Ein Problemfall ist sicherlich der Standardwert optionaler Parameter. Eine Änderung des Standardwerts in einer neuen Version einer Bibliothek ist nicht zulässig, da das ursprünglich spezifizierte Verhalten der Methode damit zu einem inkonsistenten Verhalten der Anwendung führen kann.

Methodenaufruf mittels benannter Argumente

Ein weiteres Sprachfeature ist der Methodenaufruf mittels benannter Argumente. Die folgende Anweisung zeigt den Aufruf der Methode Move der Klasse Circle mit benannten Argumenten:

```
kreis.Move(dx: 100, dy: -200);
```

Dazu geben Sie bei der Argumentübergabe den Bezeichner des Parameters an und dahinter, getrennt durch einen Doppelpunkt, das Argument. Die Reihenfolge der Argumente spielt keine Rolle, weil sie eindeutig den entsprechenden Parametern zugeordnet werden können.

Sie können unbenannte und benannte Argumente bei einem Methodenaufruf verwenden. Allerdings sind die benannten immer nach den unbenannten anzugeben.

Eine besondere Rolle kommt den benannten Argumenten im Zusammenhang mit Methoden zu, die mehrere optionale Parameter haben. Angenommen, eine Methode definiert vier optionale Parameter, beispielsweise

```
public void DoSomething(int a = 10, int b = 3, int c = -5, int d = 5) {[...]}
```

Ohne die syntaktische Fähigkeit benannter Argumente bliebe Ihnen nur übrig, allen Parametern ausdrücklich einen Wert zuzuweisen. Mit

```
obj.DoSomething(d: 4711);
```

wird aber die Zuweisung an den vierten optionalen Parameter zu einer sehr überschaubaren und auch gut lesbaren Angelegenheit.

3.5.8   Zugriff auf private Daten

Eine Objektmethode kann nicht auf die privaten Daten eines anderen Objekts zugreifen. Dies war bisher die Aussage, die allerdings nicht uneingeschränkt gültig ist, wie das folgende Beispiel der Klasse Demo zeigen soll:

```
class Demo
{
  private int _Value;
  public void DoSomething(Demo obj)
  {
    obj._Value = 122;
  }
  public int Value
  {
    get { return _Value; }
```

```
    set { _Value = value; }
  }
}
```

Listing 3.14 Klasse mit einem privaten Feld

In der Klassendefinition ist das Feld `_Value` privat definiert, um den direkten Zugriff von außen zu unterbinden. Das Feld kann also nur durch die Eigenschaft `Value` manipuliert werden.

Mit etwas Besonderem wartet die Methode `DoSomething` auf: Sie empfängt beim Aufruf im Parameter `obj` die Referenz auf ein anderes Objekt vom Typ `Demo`. Es mag überraschend klingen, aber diese Referenz soll dazu benutzt werden, auf die private Variable `_Value` des übergebenen Objekts zuzugreifen und einen Wert direkt zuzuweisen. Nach allen bisherigen Aussagen dürfte dieser Zugriff eigentlich nicht erlaubt sein. Mit dem folgenden Listing wollen wir das testen.

```
static void Main(string[] args)
{
  Demo object1 = new Demo();
  Demo object2 = new Demo();
  object1.Value = 4711;
  object2.DoSomething(object1);
  Console.WriteLine("Private Variable = {0}", object1.Value);
  Console.ReadLine();
}
```

Listing 3.15 Auf private Daten desselben Typs zugreifen

Zuerst werden zwei konkrete Objekte vom Typ `Demo` erzeugt, und der Eigenschaft `Value` des ersten wird ein Wert zugewiesen. Im nächsten Schritt folgt der Aufruf der `DoSomething`-Methode des Objekts `object2` unter Übergabe der Referenz auf das Objekt `object1`.

Tatsächlich wird an der Konsole der veränderte Inhalt des privaten Feldes angezeigt, also die Zahl 122. Die Kapselung des Feldes wird tatsächlich aufgebrochen, aber auch nur dann, wenn man sich innerhalb eines anderen Objekts derselben Klasse befindet. Diese Regel ist die einzige Ausnahme hinsichtlich der ansonsten strengen Datenkapselung.

3.5.9   Die Trennung von Daten und Code

Ein Objekt besteht im Wesentlichen aus Eigenschaften und Methoden. Eigenschaften sind im Grunde genommen nichts anderes als Elemente, die objektspezifische Daten enthalten. Objekte werden meist durch mehrere Eigenschaften beschrieben. Für jedes Feld wird entsprechend Speicher reserviert, für einen Integer beispielsweise vier Byte. Alle Eigenschaften eines Objekts sind natürlich nicht wild verstreut im Speicher zu finden, sondern in einem zusammenhängenden Block.

Typgleiche Objekte reservieren grundsätzlich gleich große Datenblöcke, deren interne Struktur vollkommen identisch aufgebaut ist. Wenn Sie in Ihrem Code die Objektvariable der Klasse Circle deklarieren, wird Speicherbereich reserviert, der groß genug ist, um alle Daten aufzunehmen. Mit

```
Circle kreis1 = new Circle();
```

zeigt die Objektvariable kreis1 auf die Startadresse dieses Datenblocks im Speicher: Sie referenziert das Objekt. Daher stammt auch die gebräuchliche Bezeichnung *Objektreferenz*.

Das Speicherprinzip ist in Abbildung 3.2 anhand der beiden Objekte kreis1 und kreis2 dargestellt. Tatsächlich sind die Vorgänge zur Laufzeit deutlich komplexer, aber zum Verständnis des Begriffs »Datenblock« und zur Erkenntnis, dass sich hinter jeder Objektvariablen eigentlich eine Speicheradresse verbirgt, trägt die Abbildung anschaulich bei.

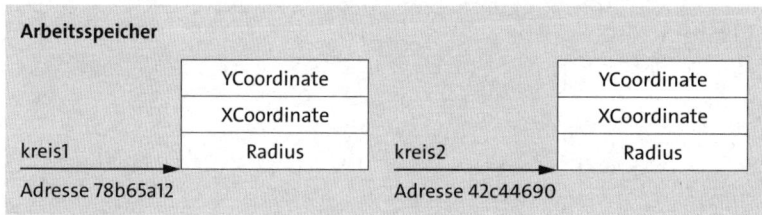

Abbildung 3.2 Prinzipielle Verwaltung von Objekten im Arbeitsspeicher

Jedes Objekt beansprucht einen eigenen Datenblock. Diese Notwendigkeit besteht nicht für die Methoden, also den Code einer Klasse. Dieser befindet sich nur einmal »en bloc« im Speicher. Der Code arbeitet zwar mit den Daten eines Objekts, ist aber trotzdem völlig unabhängig von ihnen. Im objektorientierten Sprachgebrauch wird dies auch als die *Trennung von Code und Daten* bezeichnet. Der Code der Methoden wird nur einmal im Speicher abgelegt, und zwar auch dann, wenn noch kein Objekt dieses Typs existiert.

3.5.10 Namenskonflikte mit »this« lösen

Felder und lokale Variablen können und dürfen gleichnamig sein, wie das folgende Codefragment demonstriert:

```
class Demo
{
  public int Value {get; set;}
  public void DoSomething1()
  {
    int Value = 0;
    [...]
```

```
    Value = 4711;
  }
  public void DoSomething2()
  {
    Value = 25;
  }
}
```

Die Klasse Demo definiert das Feld Value, derselbe Bezeichner wurde in der Methode DoSome-thing1 für eine lokale Variable gewählt. Eine Anweisung in DoSomething1 wie beispielsweise

```
Value = 4711;
```

verändert den Inhalt der lokalen Variablen, denn deren Gültigkeitsbereich liegt der Anweisung näher als die Felddefinition. Soll in DoSomething1 aber das gleichnamige Feld angesprochen werden, muss dem Feldnamen das Schlüsselwort this vorausgehen, z. B.:

```
this.Value = 245;
```

> **Hinweis**
>
> Bei dem this-Schlüsselwort handelt es sich um den Zeiger eines Objekts auf sich selbst. Damit kann das aktuelle Objekt seine eigene Referenz, also gemäß Abbildung 3.2 die Speicheradresse, abfragen oder weiterleiten. Mit this können alle Member einer Klasse adressiert werden, die sich im Kontext eines Objekts befinden.

DoSomething2 manipuliert ebenfalls Value. Da in DoSomething2 die lokale Variable Value der Methode DoSomething1 unbekannt ist, wird der Wert direkt dem Feld zugewiesen. Es wäre aber trotzdem nicht falsch, this zu verwenden.

3.5.11   Methode oder Eigenschaft?

Vielleicht haben Sie sich bei den vorherigen Ausführungen gefragt, warum eine relativ komplexe Eigenschaft mit get und set angeboten wird. Schließlich könnten wir auch über einen herkömmlichen Methodenaufruf einem Feld einen Wert zuweisen oder diesen abrufen.

Nehmen wir das Beispiel der Eigenschaft Radius in der Klasse Circle. Um den Paradigmen der Objektorientierung zu entsprechen, wird der Wert, den die Eigenschaft beschreibt, in einem privaten Feld gekapselt und über eine Eigenschaftsmethode der Außenwelt zugänglich gemacht.

```
public class Circle
{
  private int _Radius;
  public int Radius
  {
```

```
      get {return _Radius;}
      set {[...]}
    }
    [...]
}
```

Nun wollen wir einen alternativen Weg beschreiten. Identisch mit dem gezeigten Codefragment ist nur die private Variable _Radius. Um ihr einen Wert zuzuweisen, wird eine Methode SetRadius definiert. Der Parameter value empfängt den neuen Wert und weist ihn _Radius zu (die Überprüfung der Gültigkeit schenken wir uns der Einfachheit halber). Die Rückgabe des Eigenschaftswertes erfolgt über die Methode GetRadius.

```
public class Circle
{
  private int _Radius;
  public void SetRadius(int value)
  {
    _Radius = value;
  }
  public int GetRadius()
  {
    return _Radius;
  }
}
```

Syntaktisch ist am Code nichts zu beanstanden. Der Aufruf von SetRadius bewirkt, dass dem Feld _Radius ein Wert zugewiesen wird, während der Aufruf von GetRadius den Inhalt zurückliefert. Aber diese Variante ist nicht empfehlenswert, und das hat einen triftigen Grund: Die Syntax, um einer Eigenschaft einen Wert zuzuweisen, würde anders lauten. Normalerweise erwartet der Aufrufer, einer Klasse unter Angabe des Zuweisungsoperators einer Eigenschaft einen Wert zuzuweisen:

```
kreis.Radius = 100;
```

Würde stattdessen eine Methode ohne Rückgabewert implementiert, müsste der Wert als Argument in Klammern übergeben werden:

```
kreis.Radius(100);
```

Damit ist klar: Um der allgemeinen .NET-Konvention zu folgen und einer Eigenschaft mit dem Zuweisungsoperator einen Wert zuzuweisen oder die Eigenschaft auszuwerten, sollten Sie der Definition einer Eigenschaftsmethode den Vorzug geben.

3.5.12   Umbenennen von Methoden und Eigenschaften

Häufig werden Sie Programmcode schreiben und Variablen- oder Methodenbezeichner wählen, die Sie später ändern wollen. An dieser Stelle sei daher auch noch ein Hinweis gegeben, wie Sie mit der Unterstützung von Visual Studio auf sehr einfache Weise Methoden, Variablen oder Eigenschaften umbenennen können: Setzen Sie dazu den Eingabecursor auf den Bezeichner, den Sie ändern wollen. Automatisch werden alle Vorkommen des ausgewählten Bezeichners im aktuellen Codefenster farbig hinterlegt. Öffnen Sie nun das Kontextmenü, und wählen Sie hier UMBENENNEN. Jetzt können Sie dem Bezeichner einen anderen Namen geben, der auch sofort von den anderen Vorkommen übernommen wird. Darüber hinaus öffnet sich nach dem Klicken auf UMBENENNEN im Kontextmenü links oben im Code-Editor ein Hilfsfenster, in dem Sie angeben können, ob Kommentare und Zeichenfolgen in die Umbenennungsaktion einbezogen werden sollen (siehe Abbildung 3.3). Seien Sie aber vorsichtig, wenn Sie eine der beiden genannten Optionen auswählen – möglicherweise trifft die Aktion dann auch eine Stelle, die nicht umbenannt werden sollte.

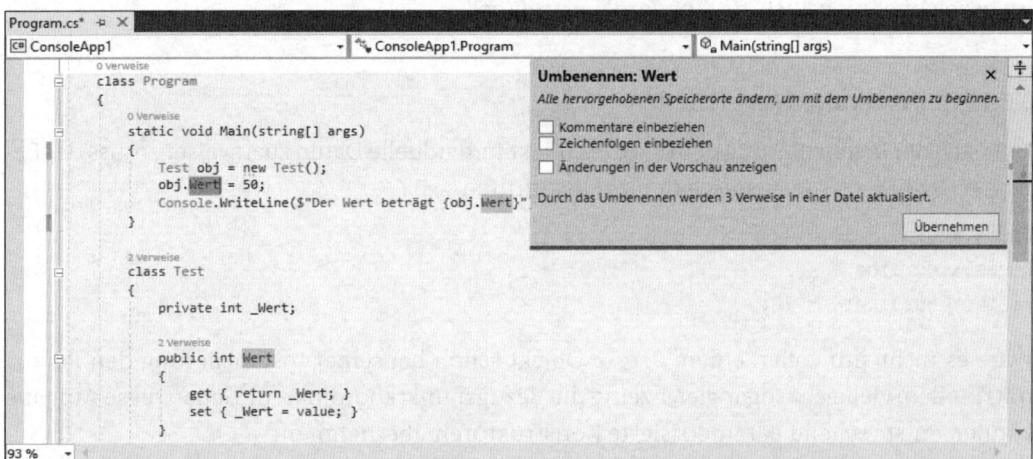

Abbildung 3.3 Umbenennen von Eigenschaften und Methoden in Visual Studio

3.6   Konstruktoren

Konstruktoren sind spezielle Methoden, die nur dann aufgerufen werden, wenn mit dem reservierten Wort new eine neue Instanz einer Klasse erzeugt wird. Sie dienen der kontrollierten Initialisierung von Objekten, um beispielsweise Eigenschaften Anfangswerte zuzuweisen, die Verbindung zu einer Datenbank aufzubauen oder eine Datei zu öffnen. Mit Konstruktoren lassen sich unzulässige Objektzustände vermeiden, damit einem Objekt nach Abschluss seiner Instanziierung nicht substanzielle Startwerte fehlen.

Genauso wie Methoden lassen sich Konstruktoren überladen. Allerdings haben Konstruktoren grundsätzlich keinen Rückgabewert, auch nicht void. Bei der Definition eines Konstruktors wird zuerst ein Zugriffsmodifizierer angegeben, direkt dahinter der Klassenbezeichner. Damit sieht der parameterlose Konstruktor der Klasse Circle wie folgt aus:

```
public Circle() {  }
```

Wird ein Objekt mit

```
Circle kreis = new Circle();
```

erzeugt, verbergen sich hinter dem Objekterstellungsprozess zwei Schritte:

► Der erforderliche Speicher für die Daten des Objekts wird reserviert.

► Ein Konstruktor wird aufgerufen, der das Objekt initialisiert.

Ein Blick in die aktuelle Implementierung der Klasse Circle wirft die Frage auf, wo der Konstruktor zu finden ist, der für die Initialisierung verantwortlich ist. Die Antwort ist einfach: Die augenblickliche Klassenimplementierung enthält zwar explizit keinen Konstruktor, er existiert aber dennoch, allerdings implizit. Diesen impliziten Konstruktor, der parameterlos ist, bezeichnet man auch als *Standardkonstruktor*.

3.6.1   Konstruktoren bereitstellen

Um nach der Instanziierung dem Circle-Objekt individuelle Daten zuzuweisen, muss der Benutzer der Klasse jede Eigenschaft einzeln aufrufen, z. B.:

```
kreis.Radius = 10;
kreis.XCoordinate = 20;
kreis.YCoordinate = 20;
```

Wäre es nicht sinnvoller, einem Circle-Objekt schon bei seiner Instanziierung den Radius mitzuteilen, vielleicht sogar gleichzeitig die Bezugspunktkoordinaten? Genau diese Aufgabe können entsprechend parametrisierte Konstruktoren übernehmen.

Das Beispiel der Circle-Klasse wollen wir daher nun so ergänzen, dass bei der Instanziierung unter drei Optionen ausgewählt werden kann:

► Ein Circle-Objekt kann wie bisher ohne Übergabe von Initialisierungsdaten erzeugt werden.

► Einem Circle-Objekt kann bei der Instanziierung ein Radius übergeben werden.

► Bei der Instanziierung kann sowohl der Radius als auch die Lage des Bezugspunktes festgelegt werden.

Mit diesen neuen Forderungen muss der Code der Circle-Klasse wie folgt ergänzt werden:

```
public Circle() {}
public Circle(int radius)
{
  Radius = radius;
```

```
}
public Circle(int radius, double x, double y)
{
  XCoordinate = x;
  YCoordinate = y;
  Radius = radius;
}
```

Listing 3.16 Konstruktoren in der Klasse »Circle«

Weiter oben haben Sie im Zusammenhang mit der Bereitstellung der Methode `Move` erfahren, dass die Zuweisung an ein gekapseltes Feld immer über die Eigenschaftsmethode führen sollte. An dieser Stelle wird dieser Sachverhalt bei der Zuweisung des Radius besonders deutlich: Würden Sie den vom ersten Parameter `radius` beschriebenen Wert direkt dem Feld `_Radius` zuweisen, könnte das `Circle`-Objekt tatsächlich einen negativen Radius aufweisen. Die Überprüfung im `set`-Accessor der Eigenschaftsmethode garantiert aber, dass der Radius des Kreises niemals negativ sein kann.

3.6.2   Die Konstruktoraufrufe

Im Allgemeinen werden Konstruktoren dazu benutzt, den Feldern eines Objekts bestimmte Startwerte mitzuteilen. Um ein `Circle`-Objekt zu erzeugen, stehen mit der obigen Konstruktorüberladung drei Möglichkeiten zur Verfügung:

▶ Es wird ein Kreis ohne die Übergabe eines Arguments erzeugt. Dabei wird der parameterlose Konstruktor aufgerufen:

```
Circle kreis = new Circle();
```

Der Kreis hat in diesem Fall den Radius 0, die Bezugspunktkoordinaten werden ebenfalls mit 0 initialisiert.

▶ Ein neuer Kreis wird nur mit dem Radius definiert, z. B.:

```
Circle kreis = new Circle(10);
```

Es wird der Konstruktor aufgerufen, der ein Argument erwartet. Da den Bezugspunktkoordinaten keine Daten zugewiesen werden, sind ihre Werte 0.

▶ Einem Kreis werden bei der Erzeugung sowohl der Radius als auch die Bezugspunktkoordinaten übergeben:

```
Circle kreis = new Circle(10, 15, 20);
```

Bei der Instanziierung einer Klasse muss der C#-Compiler selbst herausfinden, welcher Konstruktor ausgeführt werden muss. Dazu werden die Typen der übergebenen Argumente mit denen der Konstruktoren verglichen. Liegt eine Doppeldeutigkeit vor oder können die Argumente nicht zugeordnet werden, löst der Compiler einen Fehler aus.

3.6.3   Definition von Konstruktoren

Trotz der Ähnlichkeit zwischen Konstruktoren und Methoden unterliegen Konstruktoren bestimmten, teilweise auch abweichenden Regeln:

▶ Die Bezeichner der Konstruktoren einer Klasse entsprechen dem Klassenbezeichner.

▶ Konstruktoren haben grundsätzlich keinen Rückgabewert, auch nicht void.

▶ Die Parameterliste eines Konstruktors ist beliebig.

▶ Der Konstruktor einer Klasse wird bei der Instanziierung mit dem Schlüsselwort new aufgerufen.

▶ Ein Konstruktor kann nicht auf einem bereits bestehenden Objekt aufgerufen werden.

Enthält eine Klasse keinen parametrisierten Konstruktor, wird bei der Erzeugung eines Objekts der implizite, parameterlose Standardkonstruktor aufgerufen. Nun folgt noch eine weitere, sehr wichtige Regel:

> **Hinweis**
>
> Der implizite, parameterlose Standardkonstruktor existiert nur dann, wenn er nicht durch einen parametrisierten Konstruktor überladen wird.

Implementieren Sie einen parametrisierten Konstruktor, enthält die Klasse keinen impliziten Standardkonstruktor mehr. Sie können dann mit

```
Circle kreis = new Circle();
```

kein Objekt mehr erzeugen. Wollen Sie das dennoch sicherstellen, müssen Sie den parametrisierten Konstruktor ausdrücklich codieren. Aus diesem Grund haben wir auch in Circle einen parameterlosen Konstruktor definiert, obwohl er keinen Code enthält. Wir entsprechen damit unserer selbst auferlegten Forderung, ein Circle-Objekt ohne Startwerte erzeugen zu können.

3.6.4   »public«- und »internal«-Konstruktoren

Alle als public deklarierten Konstruktoren stehen allen Benutzern der Klasse zur Verfügung. Das ist natürlich im Grunde genommen nur dann sinnvoll, wenn die Klasse in einer Klassenbibliothek implementiert wird. In dem Fall kann eine andere Anwendung die öffentlichen Konstruktoren dazu benutzen, ein Objekt zu erzeugen. Manchmal ist es jedoch wünschenswert, einen bestimmten Konstruktor nur in der aktuellen Anwendung offenzulegen (also der Anwendung, in der die Klasse definiert ist), um damit eine bestimmte Instanziierung aus anderen Anwendungen heraus zu unterbinden. Mit dem Zugriffsmodifizierer internal können Sie eine solche Einschränkung realisieren. Denken Sie jedoch daran, dass der implizite Standardkonstruktor grundsätzlich immer öffentlich (public) ist.

3.6.5 »private«-Konstruktoren

Sie werden immer wieder Klassen entwickeln, die nicht instanziiert werden dürfen. Um die Instanziierung zu verhindern, muss der parameterlose Konstruktor, der standardmäßig public ist, mit einem private-Zugriffsmodifizierer überschrieben werden, z. B.:

```
public class Demo
{
  private Demo()
  {
    [...]
  }
}
```

Es sei bereits an dieser Stelle angemerkt, dass es mit C# noch eine weitere Möglichkeit gibt, eine Klasse zu definieren, die nicht instanziiert werden kann. Wir kommen später in diesem Kapitel noch darauf zu sprechen.

3.6.6 Konstruktoraufrufe umleiten

Es kann vorkommen, dass der Konstruktor einer Klasse Programmcode enthält, den ein anderer Konstruktor der Klasse bereits enthält. Sehen wir uns dazu die beiden parametrisierten Konstruktoren der Klasse Circle im folgenden Listing an:

```
public Circle(int radius)
{
  Radius = radius;
}
public Circle(int radius, double x, double y)
{
  XCoordinate = x;
  YCoordinate = y;
  Radius = radius;
}
```

Es fällt auf, dass in beiden Konstruktoren der Radius des Circle-Objekts festgelegt wird. Es liegt nahe, zur Vereinfachung den einfach parametrisierten Konstruktor aus dem dreifach parametrisierten heraus aufzurufen.

Da Konstruktoren eine besondere Spielart der Methoden darstellen und nur über den Operator new aufgerufen werden können, stellt C# eine syntaktische Variante bereit, mit der aus einem Konstruktor heraus ein anderer Konstruktor derselben Klasse aufgerufen wird. Hier kommt erneut das Schlüsselwort this ins Spiel:

```
public Circle(int radius)
{
  Radius = radius;
}
public Circle(int radius, double x, double y) : this(radius)
{
  XCoordinate = x;
  YCoordinate = y;
}
```

Listing 3.17 Konstruktoraufrufumleitung

Die Signatur des dreifach parametrisierten Konstruktors ist um

```
: this(radius)
```

ergänzt worden. Das hat den Aufruf eines anderen Konstruktors, in unserem Fall den Aufruf des einfach parametrisierten, zur Folge. Gleichzeitig wird der vom Aufrufer übergebene Radius, den der dreifach parametrisierte Konstruktor in seiner Parameterliste entgegennimmt, weitergeleitet an den einfach parametrisierten Konstruktor. Der einfach parametrisierte Konstruktor wird ausgeführt und gibt die Kontrolle danach an den aufrufenden Konstruktor zurück.

Konstruktorverkettung – die bessere Lösung

Betrachten wir unsere drei Konstruktoren in Circle jetzt einmal aus der Distanz, und nehmen wir an, es wäre unsere Absicht, den dreifach parametrisierten aufzurufen. Dieser leitet in den zweifach parametrisierten um und dieser möglicherweise sogar an den parameterlosen, wenn dieser eine Anweisung enthält, die von allen Konstruktoren aufgerufen werden muss. Solche Verkettungen über mehrere Konstruktoren hinweg können durchaus noch extremer ausfallen, wenn noch mehr Konstruktoren in der Klasse eine Rolle spielen. Zur besseren Lesbarkeit des Programmcodes trägt das nicht bei.

Sie sollten daher eine andere Reihenfolge bevorzugen: Leiten Sie immer direkt zu dem Konstruktor mit den meisten Parametern um. Dieser enthält dann die gesamte Initialisierungslogik. Soweit möglich, werden die Übergabeargumente des aufgerufenen Konstruktors weitergeleitet, ansonsten bieten sich Standardwerte an.

Mit dieser Überlegung ändern sich die Konstruktoren in Circle wie folgt:

```
public Circle() : this(0, 0, 0) {}
public Circle(int radius) : this(radius, 0, 0) {}
public Circle(int radius, double x, double y)
{
  Radius = radius;
```

```
  XCoordinate = x;
  YCoordinate = y;
}
```

Listing 3.18 Überarbeitete Konstruktoren in der Klasse »Circle«

3.6.7   Vereinfachte Objektinitialisierung

Um einem Circle-Objekt mit dem dreifach parametrisierten Konstruktor Daten zuzuweisen, schreiben Sie den folgenden Code:

```
Circle kreis = new Circle(12, -100, 250);
```

Es geht aber auch anders; Sie können die Startwerte in derselben Anweisungszeile in geschweiften Klammern angeben, wie das folgende Beispiel zeigt:

```
Circle kreis = new Circle() { XCoordinate = -7, YCoordinate = 2, Radius = 2 };
```

Sie können mit dieser Notation sogar auf die runden Klammern verzichten. Diese Art der Objektinitialisierung wird als *vereinfachte Objektinitialisierung* bezeichnet und orientiert sich nicht an den vorhandenen Konstruktoren.

Sie müssen nicht zwangsläufig alle Eigenschaften angeben. Felder, denen kein Wert übergeben wird, werden mit dem typspezifischen Standardwert initialisiert. Auch die Reihenfolge der durch ein Komma angeführten Eigenschaften spielt keine Rolle, z. B.:

```
Circle kreis = new Circle {XCoordinate = -100, YCoordinate = -100, Radius = 12};
```

Die IntelliSense-Hilfe unterstützt Sie bei dieser Initialisierung und zeigt Ihnen die Eigenschaften an, die noch nicht initialisiert sind. Übergeben Sie sowohl im Konstruktoraufruf als auch in den geschweiften Klammern derselben Eigenschaft einen Wert, wird der Wert des Konstruktors verworfen. Das ist wichtig zu wissen, denn ein mit

```
Circle kreis = new Circle(50) { Radius = 678 };
```

erzeugtes Objekt hat den Radius 678.

Es hat den Anschein, dass die vereinfachte Objektinitialisierung die Bereitstellung von überladenen Konstruktoren überflüssig macht. Dem ist nicht so, und Sie sollten eine solche Idee auch schnell wieder verwerfen. Konstruktoren folgen der Philosophie der Objektorientierung und werden von jeder .NET-Sprache unterstützt. Das ist bei der vereinfachten Objektinitialisierung nicht der Fall, die nur im Zusammenhang mit einer anderen Technologie eingeführt worden ist.

3.7   Der Destruktor

Ein Konstruktor wird aufgerufen, wenn das Objekt einer Klasse erzeugt wird. Damit beginnt der Lebenszyklus des Objekts, der spätestens in dem Moment endet, wenn das Pendant des Konstruktors aufgerufen wird: der *Destruktor*. Im Destruktor sind normalerweise Anweisungen enthalten, um die von einem Objekt beanspruchten Fremdressourcen (»unmanaged« Ressourcen) freizugeben. Dazu gehören unter anderem Netzwerk- oder Datenbankverbindungen, die in einer objektinternen Referenz vorgehalten werden.

Der Umstand, der zur Aufgabe eines Objekts führt, kann

▶ das Verlassen des Gültigkeitsbereichs der Objektvariablen oder

▶ die Zuweisung von null an die Objektreferenz

sein. Das bedeutet jedoch nicht, dass beim Eintreten einer dieser beiden Bedingungen der Destruktor sofort ausgeführt wird. Tatsächlich kann das noch eine unbestimmbare Zeit dauern, da für den Aufruf des Destruktors der sogenannte *Garbage Collector* zuständig ist – mit Programmcode ist das nicht möglich.

Der Destruktoraufruf wird also nur von der Laufzeit angestoßen. Mit anderen Worten bedeutet das aber auch, dass das Objekt zwar aus Sicht des Programms nicht mehr existiert, sich jedoch immer noch im Speicher befindet und dessen Ressourcen beansprucht.

Ich werde an dieser Stelle nicht auf die Aspekte und Hintergründe der Objektzerstörung näher eingehen. Dazu bedarf es umfassenderer Kenntnisse der Objektorientierung. Insbesondere sind damit die Interfaces gemeint, die ich im nächsten Kapitel behandeln werde. Erst im Kontext der Interfaces werden alle Zusammenhänge klar.

Da wir uns in diesem Kapitel aber mit den allgemeinen Kriterien des Klassenkonzepts beschäftigen, möchte ich den Destruktor zumindest erwähnen. Für unsere Klasse Circle lautet er wie folgt:

```
~Circle()
{
  [...]
}
```

Listing 3.19 Destruktor in der Klasse »Circle«

Eingeleitet wird der Destruktor mit dem Tildezeichen, danach folgt der Klassenbezeichner mit dem obligatorischen runden Klammerpaar, dem sich der Anweisungsblock anschließt. Ein Destruktor enthält weder einen Zugriffsmodifizierer noch eine Parameterliste oder die Angabe eines Rückgabetyps.

3.8   Konstanten in einer Klasse

3.8.1   Konstanten mit dem Schlüsselwort »const«

Benötigen Sie einen Wert, der während der Laufzeit der Anwendung nicht geändert werden darf, sollten Sie eine Konstante deklarieren. Kennzeichnend für eine Konstante ist das Schlüsselwort const zwischen dem Zugriffsmodifizierer und dem Datentyp, beispielsweise:

```
public class Mathematics
{
  public const double PI = 3.14;
  [...]
}
```

Um eine Konstante auszuwerten, muss der Name der Klasse, in der die Konstante definiert ist, angegeben werden, beispielsweise:

```
Mathematics.PI;
```

Der Zugriff über eine Objektreferenz ist nicht möglich.

Der Wert einer Konstanten wird schon bei der Kompilierung ausgewertet. Da Referenztypen erst zur Laufzeit aufgelöst werden können, kommen für diese Konstanten im Grunde genommen nur Wertetypen wie int, long und double in Frage. Eine Ausnahme bildet nur der Typ string, der unter .NET zwar als Referenztyp behandelt wird, aber dennoch als const-Konstante angegeben werden darf.

3.8.2   Schreibgeschützte Felder mit »readonly«

Durch das Eliminieren des set-Accessors in einer Property können Sie diese vor unbefugtem Schreibzugriff schützen. Dieses Verhalten kann auch innerhalb einer Felddefinition erreicht werden. Dazu wird die Deklaration um das reservierte Wort readonly ergänzt, z. B.:

```
public readonly double PI = 3.14;
```

Im Gegensatz zu einer const-Konstanten können Sie den Wert einer readonly-Konstanten sowohl bei der Deklaration als auch innerhalb eines Konstruktors festlegen. Das Festlegen nach dem beendeten Konstruktoraufruf ist nicht möglich.

Eine readonly-Konstante ist besonders dann sehr gut geeignet, wenn die Konstante einen Referenztyp beschreiben soll. Im Gegensatz zu einer const-Konstanten wird eine readonly-Konstante auf einer Objektreferenz aufgerufen.

Im folgenden Codebeispiel werden in der Klasse Coordinate die beiden Konstanten XCoordinate und YCoordinate beim Aufruf des Konstruktors festgelegt.

```
class Coordinate
{
  public readonly int XCoordinate;
  public readonly int YCoordinate;
  public Coordinate(int x, int y)
  {
    XCoordinate = x;
    YCoordinate = y;
  }
}
```

Die Auswertung der beiden Konstanten zeigen die folgenden drei Anweisungen:

```
Coordinate point = new Coordinate(-12, 76);
Console.WriteLine("X: " + point.XCoordinate);
Console.WriteLine("Y: " + point.YCoordinate);
```

3.9   Statische Klassenkomponenten

3.9.1   Statische Eigenschaften

In der Klasse Circle sind mit Radius, XCoordinate und YCoordinate drei Eigenschaften definiert, die den Zustand eines Objekts dieses Typs beschreiben. Jede Instanz der Klasse reserviert für ihre Daten einen eigenen Speicherbereich, der vollkommen unabhängig von den Daten anderer Objekte ist. Auch alle bisher implementierten Methoden nehmen Bezug auf Objekte, da sie mit deren Daten arbeiten.

Was ist aber, wenn Felder oder Methoden benötigt werden, die für alle Objekte einer Klasse gleichermaßen gültig sein sollen? Stellen Sie sich vor, Sie beabsichtigen, in der Klasse Circle einen Zähler zu implementieren, der die Aufgabe hat, die Gesamtanzahl der Circle-Objekte festzuhalten. Ein solcher Zähler entspricht der Forderung nach einem allgemeinen, objektunabhängigen Merkmal. Um den Objektzähler zu realisieren, brauchen wir ein Feld, das unabhängig von jedem Circle-Objekt ist und nur in einer festen Bindung zur Klasse Circle steht. Der Objektzähler wäre damit als eine gemeinsame Eigenschaft aller Objekte dieses Typs zu verstehen.

Probleme dieser Art, allen typgleichen Objekten klassen-, aber nicht objektgebundene Elemente zur Verfügung zu stellen, werden von C# durch das reservierte Wort static gelöst. Bezogen auf die Forderung nach einem Objektzähler, könnte die Problemlösung wie folgt aussehen:

```
public class Circle
{
  public static int CountCircles;
  [...]
}
```

Als static deklarierte Felder sind nicht an ein bestimmtes Objekt gebunden, sondern gehören dem Gültigkeitsbereich einer Klasse an. Sie werden als *Klassenfelder* bezeichnet. Demgegenüber werden an Objekte gebundene Felder *Instanzfelder* genannt. In der Klasse Circle sind _Radius, _XCoordinate und _YCoordinate Instanzfelder.

Da Klassenfelder unabhängig von einem konkreten Objekt sind, ist es unzulässig, sie auf einer Objektreferenz aufzurufen. Stattdessen werden sie unter Angabe des Klassenbezeichners angesprochen. Den Objektzähler in Circle werten Sie daher mit

```
int anzahl = Circle.CountCircles;
```

aus.

Für statische Felder gelten dieselben Regeln der Datenkapselung im Zusammenhang mit get und set wie für Instanzfelder, es gibt keinen Unterschied. Es bieten sich für statische Felder selbstverständlich auch Auto-Properties an. Da keine besonderen Maßnahmen für den Objektzähler ergriffen werden müssen, sollten wir eine Auto-Property auch für CountCircles verwenden. Dabei müssen wir bedenken, den set-Accessor private zu setzen, damit von außerhalb der Klasse Circle der Zähler nicht manipuliert werden kann.

```
public class Circle
{
  // Klasseneigenschaft
  public static int CountCircles {get; private set;}
  [...]
}
```

Listing 3.20 Objektzähler in der Klasse »Circle«

Nun enthält die Circle-Klasse den angestrebten Objektzähler. Allerdings ist die Klassendefinition noch unvollständig, denn es fehlt die Programmlogik, um den Zähler mit jeder neuen Objektinstanz zu erhöhen. Wir wissen, dass immer dann, wenn ein neues Objekt erzeugt wird, ein Konstruktor der Klasse aufgerufen wird. Eine andere Möglichkeit der Objekterzeugung gibt es nicht. Daher müssen wir den Objektzähler im Konstruktor erhöhen, in unserem Fall im dreifach parametrisierten, der bedingt durch die Konstruktoraufrufumleitung immer aufgerufen wird.

```
// Konstruktoren
public Circle() : this(0, 0, 0) { }
public Circle(int radius) : this(radius, 0, 0)) { }
```

```
public Circle(int radius, double x, double y)
{
  XCoordinate = x;
  YCoordinate = y;
  Radius = radius;
  Circle.CountCircles++;
}
```

Listing 3.21 Erhöhung des Objektzählers im Konstruktor

Anmerkung

An dieser Stelle ein wichtiger Hinweis: Nehmen wir an, aus irgendwelchen Gründen wird im Konstruktor eine Ausnahme ausgelöst. Das bedeutet, dass der Konstruktoraufruf nicht korrekt zu Ende geführt wird. Das hat zur Konsequenz, dass das Objekt nicht erstellt wird. Aus diesem Grund sollte der Zähler erst als letzte Anweisung im Konstruktor gesetzt werden.

Im Zusammenhang mit dem Objektzähler müssen wir uns natürlich auch Gedanken über die Reduzierung des Objektzählers machen. Dazu fällt uns sofort der Destruktor ein, der sich zu diesem Zweck zunächst gut zu eignen scheint. Der Haken ist allerdings, dass Sie den Destruktor nicht aus dem Code heraus aufrufen können. Das kann der sogenannte *Garbage Collector*. Wann der Garbage Collector seine Aufräumarbeiten durchführt, lässt sich aber nicht vorherbestimmen. Daher scheidet dieser Lösungsansatz im Grunde genommen aus.

Eine zweite Variante wäre es, den Zähler beim expliziten Aufruf einer Objektmethode zu verringern. Die Garantie, dass diese Methode aufgerufen wird, haben Sie aber ebenfalls nicht. Somit ist auch dies keine Lösung der erkannten Problematik.

Um es vorwegzunehmen: Eine 100 %ige Lösung gibt es nicht. Daher können Sie auch keine Gewähr für die Korrektheit der Zählerangabe übernehmen. Die insgesamt beste Lösung ist es, die beiden zuvor genannten Varianten zu kombinieren, auch wenn Sie damit auf ein neues Problem stoßen: Der Destruktor und die angedeutete Objektmethode müssen synchronisiert werden, damit der Zähler nicht mehrfach reduziert wird. Wie Sie diesen Lösungsansatz realisieren, werden Sie in Kapitel 4, »Vererbung, Polymorphie und Interfaces«, erfahren.

3.9.2 Statische Methoden

Nicht nur Felder, auch Methoden können objektunabhängig sein. Solche Methoden sind ebenfalls mit static signiert. Der Aufruf dieser sogenannten *Klassenmethoden* erfolgt wie bei den statischen Eigenschaften auf dem Klassenbezeichner.

Klassenmethoden haben wir schon häufig in den Listings dieses Buches benutzt: Es sind die Methoden WriteLine und ReadLine, die von der Klasse Console bereitgestellt werden. Auch

Main ist static definiert. Ein anderer typischer Vertreter ist die Klasse Math, in der ausnahmslos alle Member static sind. Wozu sollte auch eine Instanz der Klasse Math dienlich sein, um den Sinus von 45° zu ermitteln?

Sind in einer Klasse sowohl statische als auch objektbezogene Eigenschaften bzw. Methoden definiert, unterliegt der wechselseitige Zugriff der beiden Elementtypen den folgenden beiden Regeln:

▶ Aus einer Instanzmethode heraus lassen sich Klasseneigenschaften ändern und Klassenmethoden aufrufen.

▶ Der umgekehrte Weg, nämlich aus einer Klassenmethode heraus auf Instanzeigenschaften oder Instanzmethoden zuzugreifen, ist nicht möglich. Das ist auch logisch, denn der Zugriff wäre nicht eindeutig, da es immer mehrere Objekte des entsprechenden Typs geben kann.

Klassenmethoden in der Klasse »Circle«

In Circle wollen wir nun auch noch ein paar Klassenmethoden bereitstellen. Hier bietet es sich an, zunächst GetArea und GetPerimeter zusätzlich statisch zu implementieren. Damit wird es dem Benutzer der Klasse ermöglicht, die Kreisfläche oder den Kreisumfang eines beliebigen Kreises zu ermitteln, ohne dafür vorher ein Circle-Objekt erstellen zu müssen.

```
public static double GetArea(int radius)
{
  return Math.PI * Math.Pow(radius, 2);
}
public static double GetPerimeter(int radius)
{
  return 2 * Math.PI * radius;
}
```

Listing 3.22 Klassenmethoden in der Klasse »Circle«

Beide Methoden haben allgemeingültigen Charakter, denn die erforderlichen Dateninformationen werden nicht aus einem Objekt bezogen, sondern über einen Parameter den Methoden übergeben. Damit sind GetArea und GetPerimeter nach den Regeln der Methodenüberladung korrekt überladen, denn die Parameterlisten der gleichnamigen Instanz- und Klassenmethoden unterscheiden sich.

Darüber hinaus soll die Klasse Circle um die Methode Bigger ergänzt werden, die in der Lage ist, zwei Kreisobjekte miteinander zu vergleichen. Eine ähnliche Methode ist als Instanzmethode in Circle bereits enthalten.

In der Methode muss natürlich ebenfalls dem Umstand Rechnung getragen werden, dass eines der beiden Übergabeargumente null ist oder sogar beide gleichzeitig.

```
public static int Bigger(Circle kreis1, Circle kreis2)
{
  if (kreis1 == null && kreis2 == null) return 0;
  if (kreis1 == null) return -1;
  if (kreis2 == null) return 1;
  if(kreis1.Radius > kreis2.Radius) return 1;
  if(kreis1.Radius < kreis2.Radius) return -1;
  return 0;
}
```

Listing 3.23 Eine weitere Klassenmethode in »Circle«

3.9.3   Statische Klasseninitialisierer

Bei der Instanziierung einer Klasse wird ein Konstruktor aufgerufen. Auf Klassenbasis gibt es dazu ein Pendant, das als *statischer Konstruktor* bezeichnet wird. Der statische Konstruktor ist eine an die Klasse gebundene Methode, die nur auf die Klassenmember Zugriff hat. Der Aufruf des statischen Konstruktors erfolgt automatisch, bevor der Typ zum ersten Mal benutzt wird. Statische Konstruktoren werden nur einmal aufgerufen. Ein Aufruf per Code ist nicht möglich.

Die Definition des statischen Konstruktors in Circle sieht folgendermaßen aus:

```
static Circle() {[...]}
```

Beachten Sie, dass ein statischer Konstruktor keinen Zugriffsmodifizierer akzeptiert. Da der statische Konstruktor automatisch aufgerufen wird und niemals direkt, ist eine Parameterliste nicht sinnvoll – die runden Klammern sind daher grundsätzlich leer.

Statische Konstruktoren bieten sich an, um komplexe Initialisierungen vorzunehmen. Dabei könnte es sich beispielsweise um das Auslesen von Dateien oder auch um die Initialisierung statischer Arrays handeln.

3.9.4   Statische Klassen

Es gibt Klassen, die nur statische Mitglieder enthalten. Meistens handelt es sich dabei um Klassen, die allgemeingültige Operationen bereitstellen. In der .NET-Klassenbibliothek gibt es davon viele, die Klassen Math und Console gehören dazu. Ein besonderes Merkmal statischer Klassen ist, dass sie nicht instanziiert werden können.

Das folgende Listing zeigt die benutzerdefinierte Klasse Mathematics, die die beiden Methoden Addition und Subtract definiert:

```
public static class Mathematics
{
  public static double Addition(params double[] values)
```

```
{
    [...]
}
public static double Subtract(params double[] values)
{
    [...]
}
}
```

Der Aufruf statischer Klassen erfolgt unter Angabe des Klassenbezeichners, bezogen auf die Klasse Mathematics also mit:

```
Mathematics.Addition(2, 77, 99);
```

Wenn Sie static als Modifizierer einer Klasse angeben, müssen Sie die folgenden Punkte beachten:

▶ Statische Klassen dürfen nur statische Klassenmitglieder haben. Der Modifizierer static ist bei allen Membern anzugeben.

▶ Statische Klassen enthalten keine Konstruktoren und können deshalb auch nicht instanziiert werden. Der parameterlose Konstruktor ist implizit private.

3.9.5 Statische Klasse oder Singleton-Pattern?

Eine statische Klasse ist sinnvoll, wenn Sie keine Instanziierung der Klasse zulassen wollen. Man könnte auch sagen, in der Anwendung gibt es nur ein Objekt dieses Typs, obwohl der Begriff »Objekt« im Zusammenhang mit statischen Klassen nicht präzise verwendet wird. Dasselbe Ziel wird auch von einem Design-Pattern verfolgt, das als *Singleton-Pattern* bekannt ist.

Anmerkung

Als *Design-Pattern* bezeichnet man allgemein verwendbare Lösungsansätze für immer wiederkehrende Probleme im Umfeld eines Softwareentwurfs. Design-Patterns beschreiben also im weitestgehenden Sinn Schablonen, die in einem bestimmten Kontext einer Software immer wieder verwendet werden können.

Betrachten wir das Singleton-Pattern an dem konkreten Beispiel der Klasse Demo. Ergänzend zum allgemein verwendeten Pattern beschreibt die Klasse zu Demonstrationszwecken mit Value eine Eigenschaft.

```
public class Demo
{
    private static Demo _CreateInstance = null;
    public int Value { get; set;}
```

```
private Demo() { }
public static Demo CreateInstance
{
  get
  {
    if ( _CreateInstance == null)
      _CreateInstance = new Demo();
    return _CreateInstance;
  }
}
}
```

Listing 3.24 Klassendesign nach dem Singleton-Pattern

Werfen wir einen Blick in die Klassendefinition. Es fällt auf, dass der parameterlose Standardkonstruktor private implementiert ist. Da die Klasse keinen weiteren Konstruktor enthält, kann sie nicht instanziiert werden. In der Klasse ist ein statisches Feld vom Typ Demo definiert. Sie erinnern sich – statische Member können in einer laufenden Anwendung nur einmal existieren. Mit CreateInstance enthält die Klasse Demo auch eine statische Methode. Der Clou ist, dass innerhalb der Methode das statische Feld daraufhin geprüft wird, ob es ein konkretes Demo-Objekt beschreibt oder null ist. Im letztgenannten Fall wird ein Demo-Objekt erzeugt und die Referenz im statischen Feld _CreateInstance gespeichert. Hat das statische Feld jedoch nicht den Inhalt null, handelt es sich um ein Demo-Objekt, dessen Referenz an den Aufrufer der Methode CreateInstance zurückgeliefert wird.

Es ist kein Widerspruch darin zu sehen, dass die Klasse keinen öffentlichen Konstruktor enthält und plötzlich dennoch ein Objekt erzeugen kann. Der Konstruktor ist natürlich innerhalb der Klasse aufrufbar, somit kann auch ein Objekt erzeugt werden. Die Logik der Methode CreateInstance garantiert jedoch, dass nur einmal ein Demo-Objekt erzeugt werden kann.

Prüfen lässt sich die Klasse ganz simpel mit dem folgenden Listing:

```
Demo demo = Demo.CreateInstance;
demo.Value = 128;
Demo demo1 = Demo.CreateInstance;
Console.WriteLine(demo1.Value);
```

Listing 3.25 Testen eines Singleton-Klassendesigns

Trotz des zweimaligen Aufrufs von CreateInstance wird an der Konsole der Wert 128 ausgegeben – der Beweis dafür, dass tatsächlich nur ein Demo-Objekt existiert.

Dasselbe Ergebnis können wir auch erzielen, indem wir eine statische Klasse bereitstellen:

```
public static class Demo
{
  public static int Value { get; set;}
}
```

Welche Vorteile und Nachteile haben dann das Singleton-Pattern und eine statische Klassendefinition? Im Grunde genommen beschränken sich die Unterschiede auf zwei wesentliche Punkte:

▶ Bei Verwendung des Singleton-Patterns wird tatsächlich ein Objekt erzeugt, das zu einem späteren Zeitpunkt vom Garbage Collector zerstört werden muss. Eine statische Klasse beschreibt hingegen kein Objekt und fällt damit auch nicht in den Aufgabenbereich des Garbage Collectors. Ein Pluspunkt für die statische Klasse.

▶ Statische Klassen können nicht abgeleitet werden. Auch wenn uns die damit im Zusammenhang stehende Vererbung thematisch erst im nächsten Kapitel beschäftigen wird, sei dieser Punkt erwähnt.

3.10   Namensräume (Namespaces)

Die .NET-Klassenbibliothek enthält zahlreiche Klassendefinitionen, die dem Entwickler im Bedarfsfall ihre individuellen Dienste über Methoden bereitstellen. Wir können davon ausgehen, dass sich das Angebot im Laufe der Zeit durch neue Technologien noch deutlich erweitern wird. Dabei sind die benutzerdefinierten Klassen noch nicht berücksichtigt.

Gäbe es für dieses große Angebot keine besondere Verwaltungsstruktur, wäre das Chaos perfekt. Erfahrene Entwickler wissen, wie schwierig es ist, unter ca. 5.000 bis 6.000 verschiedenen Betriebssystemfunktionen eine bestimmte zu finden. Da hilft auch kein von Microsoft sorgfältig gewählter, beschreibender Funktionsname weiter: Die Suche gleicht dem Stöbern nach der berühmten Stecknadel im Heuhaufen.

Dieser Problematik waren sich die .NET-Architekten bewusst und haben das Konzept der *Namespaces* (Namensräume) eingeführt. Namespaces sind hierarchische, logische Organisationsstrukturen. Sie kategorisieren Typdefinitionen, um das Auffinden einer bestimmten Funktionalität auf ein Minimum an Aufwand zu reduzieren und Mehrdeutigkeiten zu vermeiden.

Namespaces lassen sich sehr gut mit der Ordnerstruktur eines Dateisystems vergleichen. Dabei ähnelt ein Namespace einem Verzeichnis. Jedes Verzeichnis enthält Dateien, die meist logisch miteinander in Beziehung stehen: Beispielsweise beschreiben die Dateien in einem Verzeichnis eine Anwendung, oder es handelt sich um gemeinsam verwaltete Benutzerdokumente. Innerhalb eines Namespace werden ebenfalls logisch zusammenhängende Typen verwaltet. Beim Vergleich mit dem physikalischen Dateisystem entspricht eine Typdefinition einer Datei. Innerhalb eines Ordners muss der Name einer Datei eindeutig sein – innerhalb eines Namespace gilt dasselbe für die Typbezeichner. Im Dateisystem können Verzeichnisse Unterverzeichnisse enthalten, um eine feinere Gliederung zu erzielen. Aus denselben Gründen können Namespaces verschachtelt werden.

Ein Namespace ist ein Verwaltungskonstrukt, in dem ein oder mehrere Typen logisch gruppiert werden, die funktional in einer engen Beziehung stehen. Beispielsweise sind alle Klassen des .NET Frameworks, die Dateioperationen zur Verfügung stellen, dem Namespace System.IO zugeordnet. Der größte Namespace ist der mit der Bezeichnung System. Er enthält die wichtigsten .NET-Typen und hat aus organisatorischen Gründen weitere, untergeordnete Namespaces.

Zwischen einem Namespace und einer Bibliotheksdatei (DLL), die Typdefinitionen enthält, besteht keine 1 : 1-Beziehung. Vielmehr kann sich ein Namespace über mehrere DLLs erstrecken. Umgekehrt können in einer DLL-Datei auch mehrere Namespaces definiert werden.

Grundsätzlich ist jede Typdefinition Mitglied eines Namespace. Folgerichtig wird auch jedweder Programmcode in Namespaces verwaltet. Jedes neue Projekt eröffnet dazu einen neuen Namespace, in dem alle Typen des aktuellen Projekts verwaltet werden.

3.10.1 Zugriff auf Namespaces

Es ist ein Irrtum, zu glauben, man könne ohne weitere Maßnahme auf jeden beliebigen Namespace und eine darin verwaltete Klasse Zugriff erhalten. Vielmehr muss die Klassenbibliothek, die den gewünschten Namespace enthält, referenziert werden.

Damit jedes Projekt von Anfang an eine gewisse Grundfunktionalität hat, werden die (nach Ansicht von Microsoft) wichtigsten Bibliotheken von Anfang an in jedes Projekt eingebunden. Sie finden die Liste der entsprechenden Dateiverweise im Projektmappen-Explorer, indem Sie den Knoten VERWEISE öffnen. Die Dateiendung wird in der Verweisliste nicht mit angegeben (siehe Abbildung 3.4).

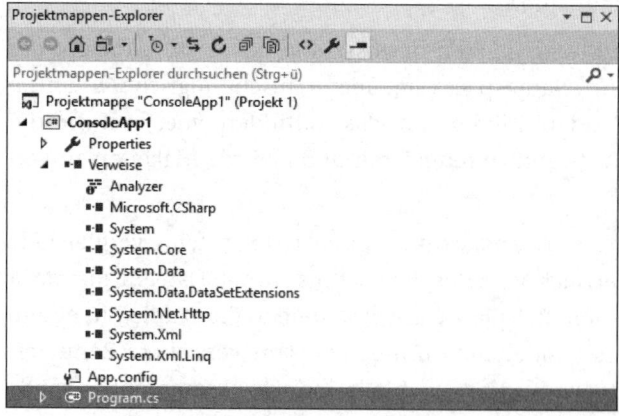

Abbildung 3.4 Der geöffnete Knoten »Verweise«

3

Damit stehen dem Entwickler bereits nach dem Anlegen eines neuen Projekts sehr viele Klassen zur Verfügung. Sollte es sich im Laufe der Entwicklungszeit herausstellen, dass darüber hinaus weitere Bibliotheken benötigt werden, muss die Verweisliste dementsprechend ergänzt werden. Dazu öffnen Sie das Kontextmenü des Knotens VERWEISE im Projektmappen-Explorer und wählen VERWEIS HINZUFÜGEN... Daraufhin wird das in Abbildung 3.5 dargestellte Dialogfenster VERWEIS-MANAGER angezeigt. In der Registerkarte .NET markieren Sie die gewünschte Datei und fügen sie über die Schaltfläche OK zur Liste der ausgewählten Komponenten hinzu. In Tabelle 3.3 sind die Registerkarten des Dialogs erläutert.

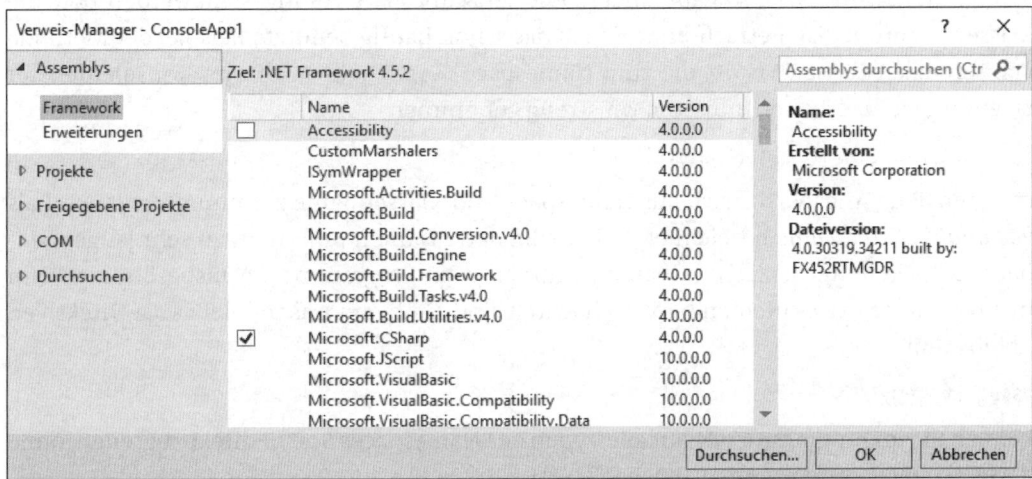

Abbildung 3.5 Der Dialog zum Hinzufügen von Verweisen

Registerkarte	Beschreibung
ASSEMBLYS	Wenn Sie diese Registerkarte aktivieren, werden weitere Untergruppen angezeigt: FRAMEWORK, ERWEITERUNGEN und unter Umständen AKTUELL. Unter FRAMEWORK sind alle Bibliotheken zu finden, die das .NET Framework in der Ausgangslage zur Verfügung stellt. Unter ERWEITERUNGEN sind die Komponenten externer Anbieter aufgelistet, und AKTUELL enthält alle Verweise, die abweichend von der Projektvorlage hinzugefügt wurden.
COM	Möchten Sie eine Komponente nutzen, die für COM/ActiveX entwickelt wurde, suchen Sie die gewünschte Komponente hier.
DURCHSUCHEN	Über diese Lasche können Sie zu einer Komponente im Dateisystem navigieren.
PROJEKTE	Hier werden alle (kompatiblen) Projekte in der Projektmappe aufgelistet.

Tabelle 3.3 Die Registerkarten des Dialogs »Verweis-Manager«

Wenn Sie wissen, welche Klasse Sie in Ihrem Projekt benötigen, stellt sich nur noch die Frage, in welcher Datei die Klasse zu finden ist. Die Lösung ist sehr einfach, wenn Sie sich das Datenblatt der entsprechenden Klasse in der .NET-Dokumentation ansehen. Darin werden Sie sowohl die Angabe des Namespace als auch die Angabe der zugehörigen Bibliotheksdatei finden.

3.10.2   Die »using«-Direktive

Standardmäßig muss der Angabe einer Klasse der Namespace vorangestellt werden, dem die Klasse zugeordnet ist. Betrachten wir dazu das schon häufig benutzte Beispiel der Methode WriteLine der Klasse Console, die zum Namespace System gehört. Um im Konsolenfenster eine Ausgabe zu erhalten, müssten wir streng genommen

```
System.Console.WriteLine("Hallo Welt");
```

codieren. Eine Angabe, die sich aus Namespace und Klassenname zusammensetzt, wird als *voll qualifizierter Name* bezeichnet. Voll qualifizierte Namen führen oft zu sehr langen, unübersichtlichen und schlecht lesbaren Ausdrücken im Programmcode, insbesondere wenn mehrere Namespaces ineinander verschachtelt sind. C# bietet uns mit der using-Direktiven Abhilfe. Mit

```
using System;
```

können Sie im Programmcode auf alle Typen des Namespaces System direkt zugreifen, ohne den voll qualifizierten Namen angeben zu müssen:

```
Console.WriteLine("Hallo Welt");
```

using-Direktiven stehen außerhalb der Klassendefinitionen und beziehen sich nur auf die entsprechende Quellcodedatei.

3.10.3   Globaler Namespace

In .NET gibt es einen sogenannten *globalen Namespace*. Ihm werden die folgenden Elemente zugeordnet:

▶ alle Top-Level-Namespaces

▶ alle Typen, die keinem Namespace zugeordnet sind

Der Zugriff auf den globalen Namespace unterliegt einer speziellen Syntax und wird in Abschnitt 3.10.5 erläutert.

3.10.4   Vermeiden von Mehrdeutigkeiten

Namespaces dienen der Strukturierung und Gruppierung von Klassen mit ähnlichen Merkmalen, aber auch zur Vermeidung von Mehrdeutigkeiten. Konflikte aufgrund gleicher Typbezeichner werden durch Namespaces vermieden. Allerdings kann die Bekanntgabe mehrerer Namespaces mit using Probleme bereiten, sollten sich in zwei verschiedenen Namespaces jeweils gleichnamige Typen befinden. Dann hilft using auch nicht weiter. Angenommen, in den beiden fiktiven Namespaces MyApplication und YourApplication wäre jeweils die Klasse Person definiert. Der folgende Code würde wegen der Uneindeutigkeit des Klassenbezeichners einen Fehler verursachen:

```
using MyApplication;
using YourApplication;
class Demo
{
  static void Main(string[] arr)
  {
    Person obj = new Person();
    [...]
  }
}
```

Die Problematik lässt sich vermeiden, indem der Namespace der Klasse Person näher spezifiziert wird, beispielsweise mit:

```
MyApplication.Person person = new MyApplication.Person();
```

Es gibt eine weitere Möglichkeit, den Eindeutigkeitskonflikt oder eine überlange Namespace-Angabe zu vermeiden: die Definition eines Alias. Während die einfache Angabe ohne Alias hinter using nur eine Namespace-Angabe erlaubt, ersetzt ein Alias den voll qualifizierenden Typbezeichner. Damit könnte die Klasse Person in den beiden Namespaces auch wie folgt genutzt werden:

```
using APerson = MyApplication.Person;
using BPerson = YourApplication.Person;
[...]
APerson person = new APerson();
```

Genauso können Sie, falls Sie Spaß daran haben, die Klasse Console »umbenennen«, z. B. in Ausgabe:

```
using Ausgabe = System.Console;
[...]
Ausgabe.WriteLine("Hallo Welt");
```

3.10.5   Namespaces festlegen

Jedem neuen C#-Projekt wird von der Entwicklungsumgebung automatisch ein Namespace zugeordnet. Standardmäßig sind Namespace- und Projektbezeichner identisch.

Jeden Namespace können Sie selbstverständlich nach eigenem Ermessen benennen. Häufig verwenden Firmen dazu ihren Unternehmensnamen. Zudem lassen sich mehrere Namespaces angeben, wie das folgende Listing zeigt:

```
using System;
using MyApp;
using ConsoleApplication;
namespace ConsoleApplication
{
  class Program
  {
    static void Main(string[] args)
    {
      // erfordert: using MyApp;
      Demo obj = new Demo();
    }
  }
}
namespace MyApp
{
  public class Demo
  {
    public void Test()
    {
      // erfordert: using ConsoleApplication;
      Program obj = new Program();
    }
  }
}
```

Das Beispiel zeigt die beiden parallelen Namespaces ConsoleApplication und MyApp. Jeder enthält eine Klasse mit einer Methode, in der ein Objekt vom Typ der Klasse aus dem anderen Namespace instanziiert wird. Da der Zugriff namespace-übergreifend ohne die Angabe des voll qualifizierten Bezeichners erfolgt, müssen beide Namespaces durch using bekanntgegeben werden.

Eingebettete Namespaces

Ein Namespace kann mit einem Ordner des Dateisystems verglichen werden. So wie ein Ordner mehrere Unterordner enthalten kann, können auch Namespaces eine hierarchische Struktur bilden. Der oberste Namespace, der entweder dem Projektnamen entspricht oder manuell verändert worden ist, bildet die Wurzel der Hierarchie, ähnlich einer Laufwerksangabe.

Soll dieser Stamm-Namespace eine feinere Strukturierung aufweisen und eingebettete Namespaces verwalten, definieren Sie innerhalb eines Namespace einen untergeordneten Namespace:

```
namespace Outer
{
  class DemoA
  {
    static void Main(string[] args)
    {
      DemoB obj = new DemoB();
    }
  }
  namespace Inner
  {
    class DemoB
    {
      public void TestProc() {/*...*/}
    }
  }
}
```

Ein Typ in einem übergeordneten Namespace hat nicht automatisch Zugriff auf einen Typ in einem untergeordneten Namespace. Damit das Codefragment tatsächlich fehlerfrei kompiliert werden kann, ist es erforderlich, mit

```
using Outer.Inner;
```

den inneren Gültigkeitsbereich den Typen in der übergeordneten Ebene bekanntzugeben.

3.10.6   Der »::«-Operator

Nicht nur für Klassen, sondern auch für einen Namespace können Sie einen Alias festlegen, beispielsweise:

```
using EA = System.IO;
```

Sie können nun wie gewohnt den Punktoperator auf den Alias anwenden, also:

```
EA.StreamReader reader = new EA.StreamReader("...");
```

Es bietet sich auch die Möglichkeit, mit dem ::-Operator auf einen Namespace-Alias zu verweisen:

```
EA::StreamReader reader = new EA::StreamReader("...");
```

Die Einführung des ::-Operators hatte den Grund, unschöne Effekte zu vermeiden, die sich im Zusammenhang mit Namespace-Aliassen und dem Punktoperator ergeben können. Sehen Sie sich dazu den folgenden Beispielcode an:

```
using System;
using Document = Tollsoft.Developement.Office;
namespace ConsoleApplication
{
  class Program
  {
    static void Main(string[] args)
    {
      Document.Demo demo = new Document.Demo();
    }
  }
}
namespace Tollsoft.Developement.Office
{
  class Demo { }
}
```

Listing 3.26 Programmbeispiel ohne »::«-Operator

Richten Sie Ihr Augenmerk auf die Anweisung in der Methode Main. Die Syntax Document. Demo lässt nicht eindeutig erkennen, ob es sich bei Document um einen Namespace handelt oder um einen Namespace-Alias (zur Erinnerung: Sowohl eine Klasse als auch ein Namespace kann über einen Alias angesprochen werden). Die Verwendung des ::-Operators wäre zumindest demjenigen Entwickler eine Hilfe, der sich in den Quellcode neu einarbeiten muss. Bezogen auf die Problematik in Listing 3.26 wäre also die folgende Anweisung besser:

```
Document::Demo demo = new Document::Demo();
```

Noch bedeutender wird der ::-Operator, wenn in einer anderen Assembly, auf die im Projekt verwiesen wird, ein Namespace oder ein Typ mit dem gleichen Namen wie der Alias angeboten wird. Die Syntax Document.Demo würde dann sogar zu einem Fehler führen, während Document::Demo eindeutig ist.

Der ::-Operator gestattet auch den Zugriff auf den globalen Namespace. Das setzt nur die Voranstellung des C#-Schlüsselworts global voraus. Auf Typen, die nicht explizit einem Namespace zugeordnet sind, können Sie auf diese Weise zugreifen. In Abbildung 3.6 trifft das auf die Klasse Demo zu.

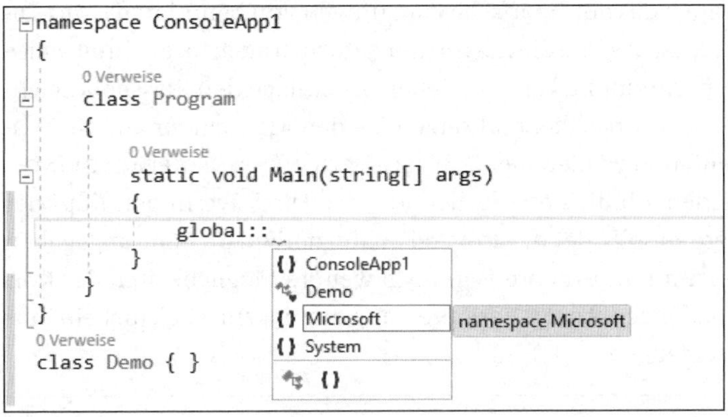

```
namespace ConsoleApp1
{
        0 Verweise
    class Program
    {
            0 Verweise
        static void Main(string[] args)
        {
            global::
        }
    }
}
    0 Verweise
class Demo { }
```

{} ConsoleApp1	
⚛ Demo	
{} Microsoft	namespace Microsoft
{} System	
⚛ {}	

Abbildung 3.6 Der globale Namespace

Halten wir an dieser Stelle für den Einsatz des ::-Operators fest:

▶ Der ::-Operator ist notwendig, um mit Hilfe von global auf den globalen Namespace zuzugreifen.

▶ Den ::-Operator sollten Sie benutzen, um bei Verwendung eines Namespace-Alias Eindeutigkeitskonflikte zu vermeiden.

3.10.7   Unterstützung von Visual Studio bei den Namespaces

Mit dem Anlegen eines neuen Projekts gibt Visual Studio eine Reihe von Namespaces automatisch mit using an. Welche das sind, hängt von der Projektvorlage ab. Darunter sind Namespaces, die durchaus benötigt werden, aber auch solche, von denen das Microsoft-Entwicklerteam denkt, dass ein Entwickler sie vielleicht gebrauchen könnte.

Sie können die in einer Quellcodedatei nicht benötigten Namespaces mit Hilfe der Entwicklungsumgebung sehr einfach loswerden: Öffnen Sie dazu das Kontextmenü des Code-Editors, und wählen Sie hier USING-DIREKTIVEN ENTFERNEN UND SORTIEREN (siehe Abbildung 3.7).

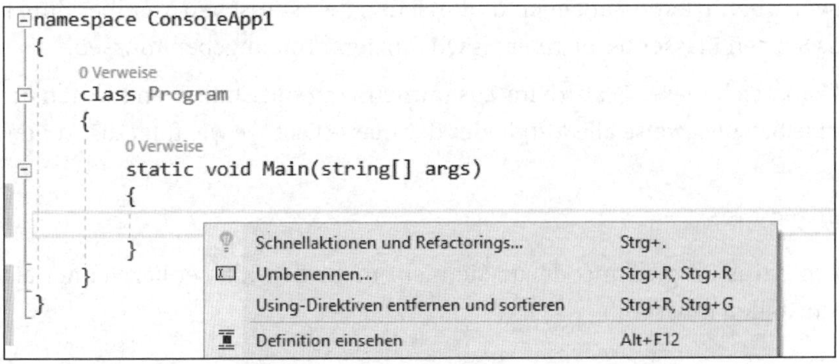

```
namespace ConsoleApp1
{
        0 Verweise
    class Program
    {
            0 Verweise
        static void Main(string[] args)
        {
```

💡	Schnellaktionen und Refactorings...	Strg+.
⬚	Umbenennen...	Strg+R, Strg+R
	Using-Direktiven entfernen und sortieren	Strg+R, Strg+G
🔍	Definition einsehen	Alt+F12

Abbildung 3.7 Verwalten der »using«-Direktiven in Visual Studio

Ein sehr sinnvolles Feature ist auch das automatische Hinzufügen von benötigten using-Direktiven. Das setzt allerdings voraus, dass Sie die Klasse und natürlich auch ihre Schreibweise hinsichtlich der Groß- und Kleinschreibung kennen. Geben Sie einfach den Klassenbezeichner im Editor ein, z. B. StreamReader. Anschließend setzen Sie den Mauscursor auf die Typangabe, öffnen das Kontextmenü und wählen hier SCHNELLAKTIONEN UND REFACTORINGS. Sie können sich dann entscheiden, ob die entsprechende using-Direktive in den Kopf der Quellcodedatei geschrieben werden soll oder der Typ voll qualifizierend im Code angegeben wird (siehe Abbildung 3.8). Da zumindest theoretisch noch weitere Möglichkeiten der Korrektur vorstellbar sind, werden alle denkbaren Varianten angeboten, zum Beispiel ein entsprechendes Feld in der Klasse erzeugen.

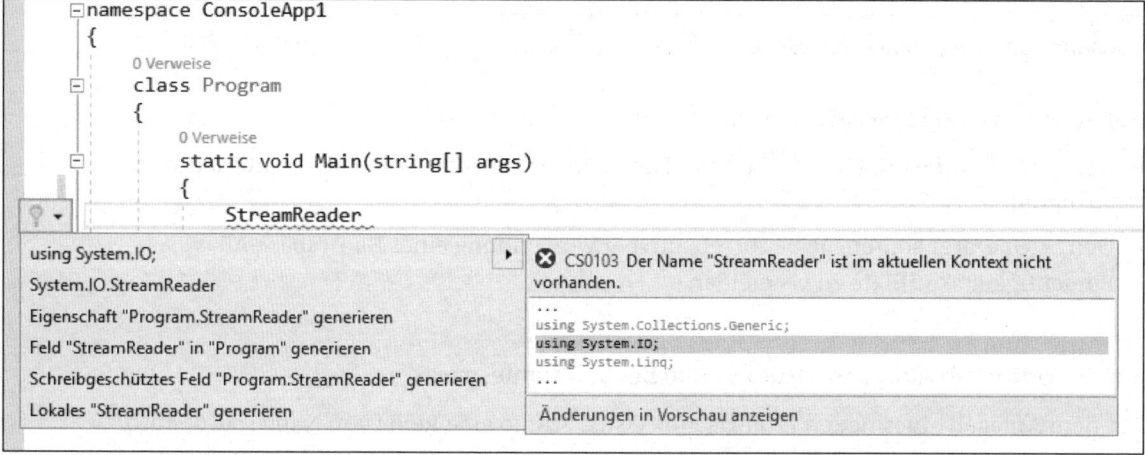

Abbildung 3.8 Unterstützung bei der Angabe der erforderlichen »using«-Direktiven

3.10.8   Die Direktive »using static«

Im Zusammenhang mit dem Schlüsselwort using wurde in C# 6.0 eine Neuerung eingeführt, die den Import von Klassen erlaubt: die Kombination using static. Hinter using static können Sie eine Klasse voll qualifizierend angeben und machen ihre statischen Member direkt verfügbar, ohne dass Sie den Klassenbezeichner als Qualifizierer mit angeben müssen.

Besonders wertvoll kann sich dieses Feature im Zusammenhang mit statischen Klassen erweisen. So könnten Sie beispielsweise alle Mitglieder der Klasse Console wie folgt direkt verfügbar machen:

```
using static System.Console;
```

Nun ersparen Sie sich etwas Programmcode, da Sie nicht mehr den Klassenbezeichner als Typqualifizierer voranstellen müssen:

```
static void Main(string[] args)
{
  WriteLine("Das neue C#-Feature 'using static'");
  ReadLine();
}
```

Eingeführt wurde using static, um einfacheren und besser lesbaren Code schreiben zu können. Das mag sicherlich im Zusammenhang mit Klassen wie beispielsweise Console oder
auch Math der Fall sein. Wird von using static in einer Quellcodedatei jedoch zu häufig Gebrauch gemacht, kann der gewünschte Effekt der besseren Lesbarkeit auch ins Gegenteil um-
schlagen. Dazu kommt natürlich die potenzielle Gefahr, dass sich in zwei Klassen gleichnamige statische Member befinden. Wegen der Uneindeutigkeit müsste dann doch wieder der
Qualifizierer vorangestellt werden.

> **Hinweis**
>
> Ich möchte an dieser Stelle darauf hinweisen, dass auch die Member von Enumeration (enum)
> und Strukturen (struct) mit using static direkt verfügbar gemacht werden können.

3.11   Aktueller Stand der Klasse »Circle«

Ehe wir uns im nächsten Kapitel den nächsten Themen widmen, wollen wir noch alle Codefragmente unserer Klasse Circle übersichtlich zusammenfassen.

Sie werden im Programmcode eine weitere interessante Feststellung machen: Die verschiedenen Memberbereiche sind mit der Direktiven #region - #endregion zusammengefasst. Die
Direktive hat keine Auswirkung auf das Kompilat selbst, sondern ermöglicht uns nur, im
Code-Editor frei wählbare Codeabschnitte ein- oder auszublenden. Damit können Sie sich
einen besseren Überblick über den Programmcode verschaffen.

```
// Beispiele: .. \Kapitel 3\GeometricObjectsSolution_1
public class Circle
{
  #region Konstruktoren
  public Circle() : this(0, 0, 0) { }
  public Circle(int radius) : this(radius, 0, 0) { }
  public Circle(int radius, double x, double y)
  {
    Radius = radius;
    XCoordinate = x;
    YCoordinate = y;
    Circle.CountCircles++;
```

```
  }
  #endregion

  #region Eigenschaften
  public double XCoordinate { get; set; }
  public double YCoordinate { get; set; }

  private int _Radius;
  public int Radius
  {
    get { return _Radius; }
    set
    {
      if (value >= 0)
        _Radius = value;
      else
        Console.WriteLine("Unzulässiger negativer Radius.");
    }
  }
  #endregion

  #region Methoden
  public double GetArea()
  {
    return Math.Pow(Radius, 2) * Math.PI;
  }

  public double GetPerimeter()
  {
    return 2 * Radius * Math.PI;
  }

  public int Bigger(Circle kreis)
  {
    if (kreis == null || Radius > kreis.Radius) return 1;
    if (Radius < kreis.Radius) return -1;
      else return 0;
  }

  public void Move(double dx, double dy)
  {
```

```csharp
    XCoordinate += dx;
    YCoordinate += dy;
  }

  public void Move(double dx, double dy, int dRadius)
  {
    XCoordinate += dx;
    YCoordinate += dy;
    Radius += dRadius;
  }
  #endregion

  #region Klasseneigenschaften
  public static int CountCircles { get; private set; }
  #endregion

  #region Klassenmethoden
  public static double GetArea(int radius)
  {
    return Math.Pow(radius, 2) * Math.PI;
  }

  public static double GetPerimeter(int radius)
  {
    return 2 * radius * Math.PI;
  }

  public static int Bigger(Circle kreis1, Circle kreis2)
  {
    if (kreis1 == null && kreis2 == null) return 0;
    if (kreis1 == null) return -1;
    if (kreis2 == null) return 1;
    if (kreis1.Radius > kreis2.Radius) return 1;
    if (kreis1.Radius < kreis2.Radius) return -1;
    return 0;
  }
  #endregion
}
```

Listing 3.27 Die Zusammenfassung der Klasse »Circle«

Kapitel 4
Vererbung, Polymorphie und Interfaces

Die objektorientierte Programmierung baut auf drei Säulen auf: *Datenkapselung*, *Vererbung* und *Polymorphie*. Viele Entwickler sprechen sogar von vier Säulen, weil sie die Klassendefinition einbeziehen. Über Letzteres lässt sich trefflich diskutieren, da eine Klassendefinition ihrerseits das Fundament der anderen drei Säulen ist. Aber wie dem auch sei, nachdem Sie in Kapitel 3, »Das Klassendesign«, die Klassen und die Datenkapselung kennengelernt haben, bleiben noch zwei Säulen übrig: nämlich die Vererbung und die Polymorphie. Beiden wollen wir uns in diesem Kapitel widmen.

4.1 Die Vererbung

Welche Fähigkeit würden Sie von einem Circle-Objekt neben den bereits implementierten Fähigkeiten noch erwarten? Wahrscheinlich eine ganz wesentliche, nämlich die Fähigkeit, sich in einer beliebigen grafikfähigen Komponente zu visualisieren. Bisher fehlt dazu noch eine passende Methode.

Die Klasse Circle wollen wir jedoch als abgeschlossen betrachten. Damit simulieren wir zwei Situationen, die in der täglichen Praxis häufig auftreten:

▶ Die Implementierung einer Klasse, wie beispielsweise Circle, ist für viele Anwendungsfälle völlig ausreichend. Eine Ergänzung der Memberliste würde nicht allgemeinen, sondern nur speziellen Zusatzanforderungen genügen.

▶ Die Klasse liegt im kompilierten Zustand vor. Damit besteht auch keine Möglichkeit, den Quellcode der Klasse um weitere Fähigkeiten zu ergänzen.

Wie können wir das Problem lösen, eine Klasse um zusätzliche Fähigkeiten zu erweitern, damit sie weiter gehenden Anforderungen gewachsen ist?

Die Antwort ist sehr einfach und lautet: Wir müssen eine neue Klasse definieren. Diese soll im weiteren Verlauf GraphicCircle heißen. Sie soll einerseits alle Fähigkeiten der Klasse Circle haben und darüber hinaus eine Methode namens Draw, die das Objekt zeichnet. Mit der Vererbung, einer der eingangs erwähnten Säulen der objektorientierten Programmierung, ist die Lösung sehr einfach zu realisieren.

Eine Klasse, die ihre Member als Erbgut einer abgeleiteten Klasse zur Verfügung stellt, wird als *Basisklasse* bezeichnet. Die erbende Klasse ist die *Subklasse* oder einfach nur die *abgelei-*

tete Klasse. Dem Grundprinzip der Vererbung folgend, verfügen abgeleitete Klassen immer über mehr Funktionalitäten als ihre Basisklasse.

Zwei Klassen, die miteinander in einer Vererbungsbeziehung stehen, werden, wie in Abbildung 4.1 gezeigt, durch einen Beziehungspfeil von der abgeleiteten Klasse in Richtung der Basisklasse dargestellt.

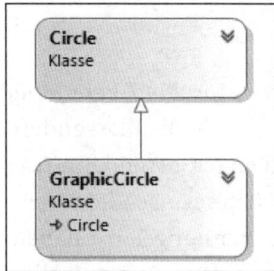

Abbildung 4.1 Die Vererbungsbeziehung zwischen den Klassen »Circle« und »GraphicCircle«

Die Vererbungslinie ist nicht zwangsläufig mit dem Ableiten einer Klasse aus einer Basisklasse beendet. Eine Subklasse kann ihrerseits selbst zur Basisklasse mutieren, wenn sie selbst abgeleitet wird. Es ist auch möglich, von einer Klasse mehrere verschiedene Subklassen abzuleiten, die dann untereinander beziehungslos sind. Am Ende kann dadurch eine nahezu beliebig tiefe und weit verzweigte Vererbungshierarchie entstehen, die einer Baumstruktur ähnelt.

Jeder Baum hat einen Stamm. Genauso sind auch alle Klassen von .NET auf eine allen gemeinsame Klasse zurückzuführen: Object. Diese Klasse ist die einzige in der .NET-Klassenbibliothek, die selbst keine Basisklasse hat. Geben Sie bei einer Klassendefinition keine Basisklasse explizit an, ist Object immer die direkte Basisklasse. Deshalb finden Sie in der IntelliSense-Hilfe auch immer die Methoden Equals, GetType, ToString und GetHashCode, die von Object geerbt werden.

Prinzipiell wird in der Objektorientierung zwischen der *Einfach-* und der *Mehrfachvererbung* unterschieden. Bei der einfachen Vererbung hat eine Klasse nur eine direkte Basisklasse, bei der Mehrfachvererbung können es mehrere sein. Eine Klassenhierarchie, die auf Mehrfachvererbung basiert, ist komplex und führt unter Umständen zu unerwarteten Nebeneffekten. Um Konflikten aus dem Weg zu gehen, wird die Mehrfachvererbung von .NET nicht unterstützt. Damit werden zwar bewusst Einschränkungen in Kauf genommen, allerdings werden diese durch die Schnittstellen (interface) nahezu gleichwertig ersetzt. Das Thema der Interfaces wird uns später in diesem Kapitel noch beschäftigen.

4.1.1 Die Ableitung einer Klasse

Wenden wir uns nun wieder unserem Beispiel zu, und ergänzen wir das Projekt *Geometric-ObjectsSolution* um die Klasse GraphicCircle, die die Klasse Circle ableiten soll. Zudem soll

GraphicCircle um die typspezifische Methode Draw erweitert werden. Die Ableitung wird in der neuen Klassendefinition durch einen Doppelpunkt und die sich daran anschließende Bekanntgabe der Basisklasse zum Ausdruck gebracht:

```
public class GraphicCircle : Circle
{
  public void Draw()
  {
    Console.WriteLine("Der Kreis wird gezeichnet");
  }
}
```

Listing 4.1 Die Definition der abgeleiteten Klasse »GraphicCircle«

Anmerkung
Wir wollen an dieser Stelle das Kreisobjekt nicht wirklich zeichnen, sondern stellvertretend nur eine Zeichenfolge an der Konsole ausgeben.

Die Konsequenz der Vererbung können Sie zu diesem Zeitpunkt bereits sehen, wenn Sie ein Objekt des Typs GraphicCircle mit

```
GraphicCircle gCircle = new GraphicCircle();
```

erzeugen und danach die Punktnotation auf den Objektverweis anwenden: In der IntelliSense-Hilfe werden neben der neuen Methode Draw alle öffentlichen Mitglieder der Klasse Circle angezeigt, obwohl sie in der abgeleiteten Klasse nicht definiert sind (siehe Abbildung 4.2). Natürlich fehlen auch nicht die aus Object geerbten Methoden, die ebenfalls über die »Zwischenstation« Circle zu Mitgliedern der Klasse GraphicCircle werden.

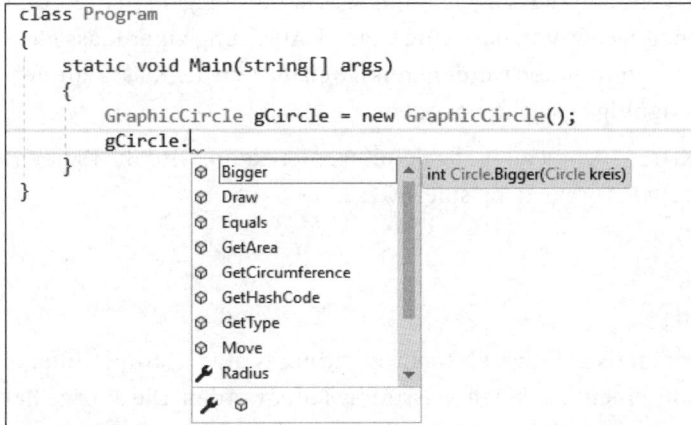

Abbildung 4.2 Die von der Klasse »Circle« geerbten Fähigkeiten

Die Tatsache, dass ein Objekt vom Typ `GraphicCircle` alle Komponenten der Klasse `Circle` offenlegt, lässt unweigerlich den Schluss zu, dass das Objekt einer abgeleiteten Klasse gleichzeitig ein Objekt der Basisklasse sein muss. Zwischen den beiden in der Vererbungshierarchie in Beziehung stehenden Klassen existiert eine Beziehung, die als *»Ist ein(e)«-Beziehung* bezeichnet wird.

> **Merkregel**
>
> Ein Objekt vom Typ einer abgeleiteten Klasse ist gleichzeitig **immer** ein Objekt vom Typ seiner Basisklasse.

Das bedeutet konsequenterweise, dass ein Objekt vom Typ `GraphicCircle` gleichzeitig ein Objekt vom Typ `Object` ist – so wie auch ein `Circle`-Objekt vom Typ `Object` ist. Letztendlich ist alles im .NET Framework vom Typ `Object`. Daraus können wir eine weitere wichtige Schlussfolgerung ziehen: In Richtung der Basisklassen werden die Objekte immer allgemeiner, in Richtung der abgeleiteten Klassen immer spezialisierter.

Die Aussage, dass es sich bei der Vererbung um die codierte Darstellung einer »Ist ein(e)«-Beziehung handelt, sollten Sie sich sehr gut einprägen. Es hilft dabei, Vererbungshierarchien sinnvoll und realitätsnah umzusetzen. Sie werden dann sicher nicht auf die Idee kommen, aus einem Elefanten eine Mücke abzuleiten, nur weil der Elefant Beine hat – wie auch eine Mücke. Sie würden in dem Sinne zwar aus einer Mücke einen Elefanten machen, aber eine Mücke ist nicht gleichzeitig ein Elefant ...

4.1.2   Klassen, die nicht abgeleitet werden können

Klassen, die als »sealed« definiert sind

Klassen, die abgeleitet werden, vererben den abgeleiteten Klassen ihre Eigenschaften und Methoden. Es kommt aber immer wieder vor, dass eine weitere Ableitung einer Klasse keinen Sinn macht oder sogar strikt unterbunden werden muss, weil die von der Klasse zur Verfügung gestellten Dienste als endgültig betrachtet werden.

Um sicherzustellen, dass eine Klasse nicht weiter abgeleitet werden kann, wird die Klassendefinition um den Modifizierer `sealed` ergänzt, beispielsweise:

```
public sealed class GraphicCircle {[...]}
```

Statische Klassen und Vererbung

Neben `sealed`-Klassen sind auch statische Klassen nicht vererbungsfähig. Darüber hinaus dürfen statische Klassen nicht aus einer beliebigen Klasse abgeleitet werden. Die einzige Basisklasse ist `Object`.

4.1.3 Konstruktoren in abgeleiteten Klassen

Bei der Erzeugung des Objekts einer abgeleiteten Klasse gelten dieselben Regeln wie beim Erzeugen des Objekts einer Basisklasse:

▶ Es wird generell ein Konstruktor aufgerufen.

▶ Der Subklassenkonstruktor darf überladen werden.

Konstruktoren werden grundsätzlich nicht von der Basisklasse an die abgeleitete Klasse weitervererbt. Daher müssen alle erforderlichen bzw. gewünschten Konstruktoren in der abgeleiteten Klasse definiert werden. Das gilt auch für den statischen Initialisierer. Abgesehen vom impliziten, parameterlosen Standardkonstruktor

```
public GraphicCircle(){}
```

ist die Klasse GraphicCircle daher noch ohne weiteren Konstruktor. Um dem Anspruch zu genügen, einem Circle-Objekt auch hinsichtlich der Instanziierbarkeit gleichwertig zu sein, benötigen wir insgesamt drei Konstruktoren, die in der Lage sind, entweder den Radius oder den Radius samt den beiden Bezugspunktkoordinaten entgegenzunehmen. Außerdem müssen wir berücksichtigen, dass Objekte vom Typ GraphicCircle gleichzeitig Objekte vom Typ Circle sind. Die logische Konsequenz ist, den Objektzähler mit jedem neuen GraphicCircle-Objekt zu erhöhen.

Mit diesen Vorgaben, die identisch mit denen in der Basisklasse sind, sieht der erste und, wie Sie noch sehen werden, etwas blauäugige und sogar naive Entwurf der Erstellungsroutinen in der Klasse GraphicCircle zunächst wie in Listing 4.2 gezeigt aus:

```
public class GraphicCircle : Circle
{
  public GraphicCircle() : this(0, 0, 0) { }
  public GraphicCircle(int radius) : this(radius, 0, 0) { }
  public GraphicCircle(int radius, double x, double y)
  {
    Radius = radius;
    XCoordinate = x;
    YCoordinate = y;
    Circle.CountCircles++;
  }
}
```

Listing 4.2 Erste Idee der Konstruktorüberladung in »GraphicCircle«

Der Versuch, diesen Programmcode zu kompilieren, endet jedoch in einem Fiasko, denn der C#-Compiler kann das Feld CountCircles nicht erkennen und verweigert deswegen die Kompilierung. Der Grund hierfür ist recht einfach: Der set-Accessor der Klasseneigenschaft CountCircles ist in der Basisklasse Circle private deklariert. Private Member sind aber grundsätzlich nur in der Klasse sichtbar, in der sie deklariert sind. Obwohl aus objektorientierter Sicht ein Objekt vom Typ `GraphicCircle` gleichzeitig ein Objekt vom Typ `Circle` ist, kann die strikte Kapselung eines als `private` deklarierten Members durch die Vererbung nicht aufgebrochen werden.

4.1.4   Der Zugriffsmodifizierer »protected«

Einen Ausweg aus diesem Dilemma, ein Klassenmitglied einerseits gegen den unbefugten Zugriff von außen zu schützen, es aber andererseits in einer abgeleiteten Klasse sichtbar zu machen, bietet der Zugriffsmodifizierer `protected`. Member, die als `protected` deklariert sind, verhalten sich ähnlich wie die als `private` deklarierten: Sie verhindern den unzulässigen Zugriff von außerhalb, garantieren jedoch andererseits, dass in einer abgeleiteten Klasse darauf zugegriffen werden kann.

Diese Erkenntnis führt zu einem Umdenken bei der Implementierung einer Klasse: Muss davon ausgegangen werden, dass die Klasse als Basisklasse ihre Dienste zur Verfügung stellt, sind alle privaten Member, die einer abgeleiteten Klasse zur Verfügung stehen sollen, als `protected` zu deklarieren. Daher müssen (oder besser »sollten« – siehe dazu auch die Anmerkung weiter unten) wir in der Klasse `Circle` noch folgende Änderungen vornehmen:

```
protected int _Radius;
public static int CountCircles {get; protected set;}
```

Erst jetzt sind auch diese Member der Klasse `Circle` in der Ableitung `GraphicCircle` sichtbar. Der C#-Compiler wird keinen Fehler mehr melden.

Anmerkung

Selbstverständlich könnte man an dieser Stelle auch argumentieren, dass der Modifikator `private` eines Feldes aus der Überlegung heraus gesetzt wurde, mögliche unzulässige Werte von vornherein zu unterbinden und – zumindest im Fall unseres Radius – den Zugang nur über `get` und `set` der Eigenschaftsmethode zu erlauben. Andererseits kann man dem entgegenhalten, dass man bei der Bereitstellung einer ableitbaren Klasse nicht weiß, welche Absicht hinter der Ableitung steckt. Mit dieser Argumentation ist eine »Aufweichung« des gekapselten Zugriffs durch `protected` durchaus vertretbar. In einer so geführten Diskussion muss dann aber auch ein weiterer Gesichtspunkt angeführt werden: Die Eigenschaftsmethode kann in einer ableitbaren Klasse auch neu implementiert werden. Darauf kommen wir später in diesem Kapitel noch zu sprechen.

Was also ist zu tun? `private` oder `protected`? Eine allgemeingültige Antwort gibt es nicht. Im Einzelfall müssen Sie selbst entscheiden, welchen Zugriffsmodifikator Sie einsetzen. Einfacher gestaltet sich die Diskussion nur hinsichtlich der Methoden. Wenn Sie den Zugriff aus einer abgeleiteten Klasse heraus auf eine Methode nicht wünschen, müssen Sie sie als `private` definieren, ansonsten als `protected`.

4.1.5 Die Konstruktorverkettung in der Vererbung

Wir wollen nun die Implementierung in Main testen, indem wir ein Objekt des Typs Graphic-Circle erzeugen und uns den Stand des Objektzählers, der von der Circle-Klasse geerbt wird, an der Konsole ausgeben lassen. Der Code dazu lautet:

```
static void Main(string[] args)
{
  GraphicCircle gc = new GraphicCircle();
  Console.WriteLine($"Anzahl der Kreise = {GraphicCircle.CountCircles }");
}
```

Listing 4.3 Ausgabe der Anzahl der Objekte

Völlig unerwartet werden wir mit folgender Situation konfrontiert: Mit

```
Anzahl der Kreise = 2
```

wird uns suggeriert, wir hätten zwei Kreisobjekte erzeugt, obwohl wir doch tatsächlich nur einmal den new-Operator benutzt haben und sich folgerichtig auch nur ein konkretes Objekt im Speicher befinden kann.

Das Ergebnis ist falsch und beruht auf der bisher noch nicht berücksichtigten Aufrufverkettung zwischen den Sub- und Basisklassenkonstruktoren. Konstruktoren werden bekanntlich nicht vererbt und müssen deshalb – falls erforderlich – in jeder abgeleiteten Klasse neu definiert werden. Dennoch kommt den Konstruktoren der Basisklasse eine entscheidende Bedeutung zu. Bei der Initialisierung eines Subklassenobjekts wird nämlich in jedem Fall zuerst ein Basisklassenkonstruktor aufgerufen. Es kommt zu einer Top-down-Verkettung der Konstruktoren, angefangen bei der obersten Basisklasse (Object) bis hinunter zu der Klasse, deren Konstruktor aufgerufen wurde (siehe Abbildung 4.3).

Die Verkettung der Konstruktoraufrufe dient dazu, zunächst die geerbten Komponenten der Basisklasse zu initialisieren. Erst danach wird der Konstruktor der direkten Subklasse ausgeführt, der eigene Initialisierungen vornehmen kann und gegebenenfalls auch die Vorinitialisierung der geerbten Komponenten an die spezifischen Bedürfnisse der abgeleiteten Klasse anpasst. Standardmäßig wird dabei immer zuerst der parameterlose Konstruktor der Basisklasse aufgerufen.

Die Konstruktorverkettung hat maßgeblichen Einfluss auf die Modellierung einer Klasse, die parametrisierte Konstruktoren enthält. Eine »konstruktorlose« Klasse hat grundsätzlich immer einen impliziten, parameterlosen Konstruktor. Ergänzt man jedoch eine Klasse um einen parametrisierten Konstruktor, existiert der implizite, parameterlose nicht mehr. Wird nun das Objekt einer abgeleiteten Klasse erzeugt, kommt es zum Aufruf des parameterlosen Konstruktors der Basisklasse. Wird dieser durch parametrisierte Konstruktoren überschrieben und nicht explizit codiert, meldet der Compiler einen Fehler.

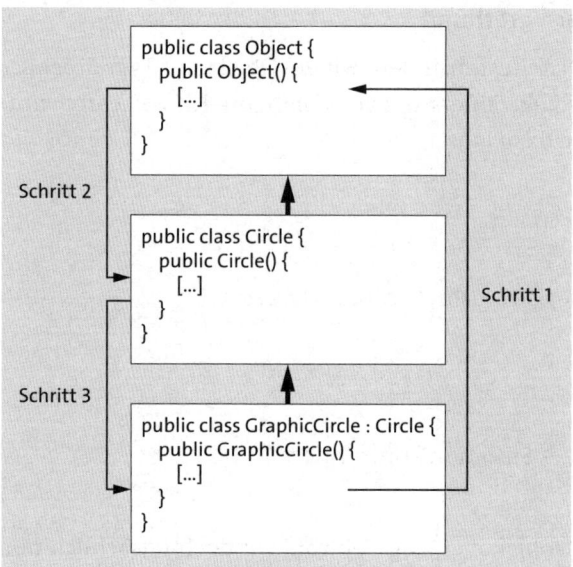

Abbildung 4.3 Die Verkettung der Konstruktoraufrufe in einer Vererbungslinie

Sie sollten sich dessen bewusst sein, wenn Sie eine ableitbare Klasse entwickeln und parametrisierte Konstruktoren hinzufügen. Das Problem ist sehr einfach zu lösen, indem Sie einen parameterlosen Konstruktor in der Basisklasse definieren.

Die Konstruktorverkettung mit »base« steuern

Nun erklärt sich auch das scheinbar unsinnige Ergebnis des Objektzählers im vorhergehenden Abschnitt, der bei der Instanziierung eines Objekts vom Typ GraphicCircle behauptete, zwei Kreisobjekte würden vorliegen, obwohl es nachweislich nur ein einziges war. Durch die Konstruktorverkettung wird zuerst der parameterlose Konstruktor der Basisklasse Circle aufgerufen, der den Aufruf direkt an den 3-fach parametrisierten weiterleitet, der den Zähler erhöht. Danach kommt es zum Aufruf des parameterlosen Konstruktors in der Klasse GraphicCircle, der seinerseits ebenfalls an den 3-fach parametrisierten Konstruktor umleitet – der den Zähler ebenfalls erhöht. Jetzt ist zumindest die Ursache für das falsche Ergebnis aus Listing 4.3 geklärt. Dazu müssen wir jetzt noch eine Lösung finden.

Betrachten wir noch einmal die Implementierung der Konstruktoren in GraphicCircle: Alle Konstruktoraufrufe werden derzeit mit this an den Konstruktor mit den meisten Parametern weitergeleitet. Bei der Erzeugung eines GraphicCircle-Objekts wird zudem standardmäßig der parameterlose Konstruktor der Klasse Circle aufgerufen, der den Aufruf seinerseits intern an den dreifach parametrisierten in dieser Klasse weiterleitet. Außerdem entspricht der Code in den Konstruktoren von GraphicCircle exakt dem Code in den gleich parametrisierten Konstruktoren in Circle.

Optimal wäre es, anstelle des klassenintern weiterleitenden this-Aufrufs in GraphicCircle den Aufruf direkt an den gleich parametrisierten Konstruktor der Basisklasse Circle zu delegieren. Dabei müssten die dem Konstruktor übergebenen Argumente an den gleich parametrisierten Konstruktor der Basisklasse weitergeleitet werden.

C# bietet eine solche Möglichkeit mit dem Schlüsselwort base an. Mit base kann der Konstruktoraufruf einer Klasse an einen bestimmten Konstruktor der direkten Basisklasse umgeleitet werden. base wird dabei genauso wie this eingesetzt, das heißt, Sie können base Argumente übergeben, um einen bestimmten Konstruktor in der Basis anzusteuern.

Das objektorientierte Paradigma schreibt vor, dass aus einer abgeleiteten Klasse heraus mittels Aufrufverkettung zuerst immer ein Konstruktor der Basisklasse ausgeführt werden muss. Per Vorgabe ist das standardmäßig der parameterlose. Mit base können wir die implizite, standardmäßige Konstruktorverkettung durch eine explizite ersetzen und die Steuerung selbst übernehmen: Es kommt zu keinem weiteren impliziten Aufruf des parameterlosen Basisklassenkonstruktors mehr. In unserem Beispiel der Klasse Circle bietet es sich sogar an, sofort den dreifach parametrisierten Konstruktor der Basis aufzurufen.

Sehen wir uns nun die überarbeitete Fassung der GraphicCircle-Konstruktoren an:

```
public GraphicCircle : base(0, 0, 0) { }
public GraphicCircle(int radius) : base(radius, 0, 0) { }
public GraphicCircle(int radius, double x, double y) : base(radius, x, y){ }
```

Listing 4.4 Die endgültige Version der Konstruktoren in »GraphicCircle«

Testen wir jetzt noch einmal mit dem Programmcode aus Listing 4.3, wird tatsächlich der korrekte Stand wiedergegeben.

Der Zugriff auf die Member der Basisklasse mit »base«

Mit base können Sie nicht nur die Konstruktorverkettung explizit steuern. Sie können das Schlüsselwort auch dazu benutzen, innerhalb einer abgeleiteten Klasse auf Member der Basisklasse zuzugreifen, solange sie nicht private deklariert sind. Dabei gilt, dass die Methode der Basisklasse, auf die zugegriffen wird, durchaus eine von dieser Klasse selbst geerbte Methode sein kann, also aus Sicht der base-implementierenden Subklasse aus einer indirekten Basisklasse stammt, beispielsweise:

```
class BaseClass
{
  public void DoSomething()
  {
    Console.WriteLine("In 'BaseClass.DoSomething()'");
  }
}
class SubClass1 : BaseClass
```

```
{}
class SubClass2 : SubClass1
{
  public void BaseTest()
  {
    base.DoSomething();
  }
}
```

Listing 4.5 Methodenaufruf in der direkten Basisklasse

Demgegenüber ist ein umgeleiteter Aufruf an eine indirekte Basisklasse mit

```
// unzulässiger Aufruf
base.base.DoSomething();
```

ist nicht gestattet. Handelt es sich bei der über base aufgerufenen Methode um eine parametrisierte, müssen Sie den Parametern die entsprechenden Argumente übergeben.

base ist eine implizite Referenz und als solche an eine konkrete Instanz gebunden. Das bedeutet konsequenterweise, dass dieses Schlüsselwort nicht zum Aufruf von statischen Methoden verwendet werden kann.

4.2   Der Problemfall geerbter Methoden

Um das objektorientierte Konzept zu erläutern, habe ich mich bisher meistens des Beispiels der beiden Klassen Circle und GraphicCircle bedient. Sie haben mit diesen beiden Klassen gelernt, wie die Struktur einer Klasse samt ihren Feldern, Methoden und Konstruktoren aufgebaut ist. Sie wissen nun auch, wie durch die Vererbung eine Klasse automatisch mit Fähigkeiten ausgestattet wird, die sie aus der Basisklasse erbt. Nun werden wir uns einer zweiten Klassenhierarchie zuwenden, um weitere Aspekte der Objektorientierung auf möglichst anschauliche Weise zu erklären.

Ausgangspunkt ist die Klasse Luftfahrzeug, die von den beiden Klassen Flugzeug und Hubschrauber beerbt wird. In der Klasse Luftfahrzeug sind die Felder definiert, die alle davon abgeleiteten Klassen gemeinsam aufweisen: Hersteller und Baujahr. Die Spannweite ist eine Eigenschaft, die nur ein Flugzeug hat, und ist daher in der Klasse Flugzeug implementiert. Ein Hubschrauber wiederum hat demgegenüber einen Rotordurchmesser. Da die abgeleiteten Typen starten können, ist die entsprechende Methode in der Basisklasse Luftfahrzeug implementiert.

Das folgende Codefragment bildet die Situation ab. Dabei enthält die Methode Starten nur »symbolischen« Code.

```csharp
public class Luftfahrzeug
{
  public string Hersteller {get; set;}
  public int Baujahr {get; set;}
  public void Starten()
  {
    Console.WriteLine("Das Luftfahrzeug startet.");
  }
}
public class Flugzeug : Luftfahrzeug
{
  public double Spannweite {get; set;}
}
public class Hubschrauber : Luftfahrzeug
{
  public double Rotor {get; set;}
}
```

Listing 4.6 Klassen der Hierarchie der Luftfahrzeuge

In Abbildung 4.4 sehen Sie die Zusammenhänge anschaulich dargestellt.

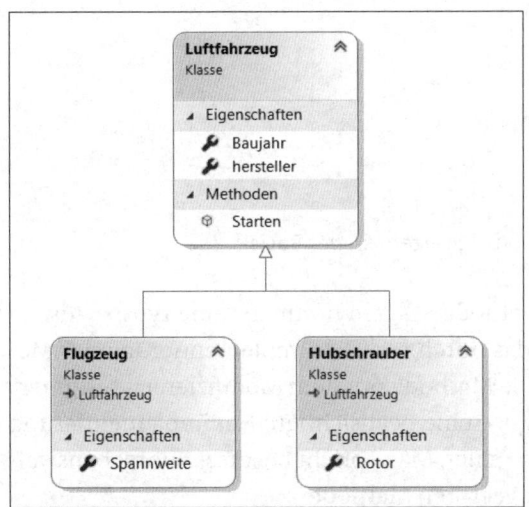

Abbildung 4.4 Die Hierarchie der Luftfahrzeuge

Grundsätzlich scheint die Vererbungshierarchie den Anforderungen zu genügen, aber denken Sie einen Schritt weiter: Ist die Implementierung der Methode Starten in der Basisklasse Luftfahrzeug anforderungsgerecht? Denn die tägliche Erfahrung lehrt uns, dass ein Flugzeug anders startet als ein Hubschrauber. Ganz allgemein ausgedrückt stehen wir vor der folgenden Frage: Wie kann eine Methode wie Starten in der Basisklasse implementiert werden, wenn sich das Verhalten der Methode in der abgeleiteten Klasse unterscheidet? Einfach auf die Bereitstellung der Methode in der Basisklasse zu verzichten, ist definitiv keine Lösung. Denn unsere Absicht ist es, zu garantieren, dass jede abgeleitete Klasse die Methode – in unserem Fall Starten – bereitstellt und das Startverhalten auch typspezifisch durchgeführt wird.

Prinzipiell bieten sich drei Lösungsansätze an:

▸ Wir verdecken die geerbte Methode der Basisklasse in der abgeleiteten Klasse mit dem Modifizierer new.

▸ Wir stellen in der Basisklasse eine abstrakte Methode bereit, die von der abgeleiteten Klasse überschrieben werden muss.

▸ Wir stellen in der Basisklasse eine virtuelle Methode bereit, die von der abgeleiteten Klasse überschrieben werden kann.

Nachfolgend wollen wir alle drei Alternativen genau untersuchen.

4.2.1   Geerbte Methoden mit »new« verdecken

Nehmen wir an, dass in der Basisklasse die Methode Starten wie folgt codiert ist:

```
public class Luftfahrzeug
{
  public void Starten()
  {
    Console.WriteLine("Das Luftfahrzeug startet.");
  }
}
```

Listing 4.7 Annahme: Implementierung der Methode »Starten« in der Basisklasse

In den beiden abgeleiteten Klassen soll die Methode Starten nunmehr eine typspezifische Implementierung aufweisen. Realisiert wird das durch eine Neuimplementierung der Methode in der abgeleiteten Klasse. Dabei muss die Methode mit dem Modifizierer new signiert werden, um deutlich zu machen, dass es sich um eine beabsichtigte Neuimplementierung handelt und nicht um einen unbeabsichtigten Fehler. Man spricht bei dieser Vorgehensweise auch vom *Ausblenden* oder *Verdecken* einer geerbten Methode.

Exemplarisch sei das an der Klasse Flugzeug gezeigt, es gilt aber natürlich analog auch für den Typ Hubschrauber:

```
public class Flugzeug : Luftfahrzeug
{
  public new void Starten()
  {
```

```
    Console.WriteLine("Das Flugzeug startet.");
  }
}
```

Listing 4.8 Verdecken der geerbten Methode mit dem Modifikator »new«

Vom Verdecken oder Ausblenden einer geerbten Basisklassenmethode wird gesprochen, wenn in der abgeleiteten Klasse eine Methode implementiert wird,

▶ die den gleichen Namen und

▶ die gleiche Parameterliste

besitzt wie eine Methode in der Basisklasse, diese aber durch eine eigene Implementierung vollständig ersetzt. Das ist beispielsweise der Fall, wenn die Implementierung in der Basisklasse für Objekte vom Typ der abgeleiteten Klasse falsch ist oder generell anders sein muss. Entscheidend für das Verdecken einer geerbten Methode ist die Ergänzung der Methodendefinition in der Subklasse um den Modifizierer new.

Wird eine Basisklassenmethode in der abgeleiteten Klasse verdeckt, wird beim Aufruf der Methode auf Objekte vom Typ der Subklasse immer die verdeckende Version ausgeführt. Zum Testen in Main schreiben wir den folgenden Code:

```
Flugzeug flg = new Flugzeug();
flg.Starten();
Hubschrauber hubi = new Hubschrauber();
hubi.Starten();
```

Im Befehlsfenster kommt es zu den Ausgaben Das Flugzeug startet. und Der Hubschrauber startet..

Hinweis

Sie finden das Beispiel in den Downloadmaterialen (*www.rheinwerk-verlag.de/4699*) unter *..\Beispiele\Kapitel 4\Aircrafts_1*.

Statische Member überdecken

In gleicher Weise, wie eine geerbte Instanzmethode in einer ableitenden Klasse verdeckt werden kann, lassen sich mit new auch Eigenschaftsmethoden und statische Komponenten einer Basisklasse verdecken und durch eine typspezifische Implementierung ersetzen. Die in den folgenden Abschnitten noch zu behandelnden Modifizierer abstract, virtual und override sind im Zusammenhang mit statischen Membern nicht erlaubt.

4.2.2 Abstrakte Methoden

Mit dem Modifizierer new können die aus der Basisklasse geerbten Methoden in der ableitenden Klasse überdeckt werden. Allerdings ist dieser Lösungsweg mit einem Nachteil behaftet, denn er **garantiert nicht**, dass alle ableitenden Klassen die geerbte Methode Starten durch eine typspezifische Implementierung ersetzen. Jede der abgeleiteten Klassen sollte aber hinsichtlich der Behandlung der Basisklassenoperation gleichwertig sein. Wird die Neuimplementierung beispielsweise in der Klasse Hubschrauber vergessen, ist dieser Typ mit einem möglicherweise entscheidenden Fehler behaftet, weil er kein typspezifisches Startverhalten zeigt.

Wie können wir aber alle Typen, die die Klasse Luftfahrzeug ableiten, dazu zwingen, die Methode Starten neu zu implementieren? Gehen wir noch einen Schritt weiter, und stellen wir uns die Frage, ob wir dann überhaupt noch Code in der Methode Starten der Klasse Luftfahrzeug benötigen. Anscheinend nicht! Dass wir die Methode in der Basisklasse definiert haben, liegt im Grunde genommen nur daran, dass wir die Garantie haben wollen, Starten in jeder das Luftfahrzeug ableitenden Klassen aufrufen zu können.

Mit dieser Erkenntnis mag die Lösung der aufgezeigten Problematik im ersten Moment verblüffen: Tatsächlich wird Starten in der Basisklasse nicht implementiert – sie bleibt einfach ohne Programmcode. Damit wäre aber noch nicht sichergestellt, dass die ableitenden Klassen die geerbte »leere« Methode typspezifisch implementieren. Deshalb wird in solchen Fällen sogar auf den Anweisungsblock verzichtet, der durch die geschweiften Klammern beschrieben wird.

In der objektorientierten Programmierung werden Methoden, die keinen Anweisungsblock haben, als *abstrakte Methoden* bezeichnet. Neben den Methoden, die das Verhalten eines Typs beschreiben, können auch Properties abstrakt definiert werden.

Abstrakte Methoden werden durch die Angabe des abstract-Modifizierers in der Methodensignatur gekennzeichnet, am Beispiel unserer Methode Starten also durch:

```
public abstract void Starten();
```

Abstrakte Methoden enthalten niemals Code. Die Definition einer abstrakten Methode wird mit einem Semikolon direkt hinter der Parameterliste abgeschlossen, die geschweiften Klammern des Anweisungsblocks entfallen.

Welchen Stellenwert nimmt aber eine Klasse ein, die eine Methode veröffentlicht, die keinerlei Verhalten aufweist? Die Antwort ist verblüffend einfach: Eine solche Klasse kann nicht instanziiert werden. Sie rechtfertigt ihre Existenz einzig und allein dadurch, den abgeleiteten Klassen als Methoden bereit zu stellen.

Eine nicht instanziierbare Klasse, die mindestens einen durch abstract gekennzeichneten Member enthält, ist ihrerseits selbst abstrakt und wird deshalb als *abstrakte Klasse* bezeichnet. Abstrakte Klassen sind nur dann sinnvoll, wenn sie abgeleitet werden. Syntaktisch wird dieses Verhalten in C# durch die Ergänzung des Modifikators `abstract` in der Klassensignatur beschrieben:

```
public abstract class Luftfahrzeug
{
  public abstract void Starten();
  [...]
}
```

Listing 4.9 Abstrakte Definition der Methode »Starten«

Neben abstrakten Methoden darf eine abstrakte Klasse auch vollständig implementierte, also nichtabstrakte Methoden und Eigenschaften bereitstellen.

Die Signatur einer Methode und infolgedessen auch der dazugehörigen Klasse mit dem Modifizierer `abstract` kommt einer Forderung gleich: Alle nichtabstrakten Ableitungen einer abstrakten Klasse werden gezwungen, die abstrakten Methoden der Basisklasse zu überschreiben. Wird in einer abgeleiteten Klasse das abstrakte Mitglied der Basisklasse nicht überschrieben, muss die abgeleitete Klasse ebenfalls `abstract` gekennzeichnet werden. Als Konsequenz dieser Aussagen bilden abstrakte Klassen das Gegenkonstrukt zu den Klassen, die mit `sealed` als nicht ableitbar gekennzeichnet sind. Daraus folgt auch, dass Sie die Modifizierer `sealed` und `abstract` nicht nebeneinander verwenden dürfen.

Hinweis

Eine Klasse, die eine abstrakt definierte Methode enthält, muss ihrerseits selbst abstrakt sein. Der Umkehrschluss ist allerdings nicht richtig, denn eine abstrakte Klasse muss nicht zwangsläufig ein abstraktes Mitglied enthalten. Eine Klasse kann auch dann abstrakt sein, wenn keiner ihrer Member abstrakt ist. Auf diese Weise wird eine Klasse nicht instanziierbar, und das Ableiten dieser Klasse wird erzwungen.

`abstract` kann nur im Zusammenhang mit Instanzmembern benutzt werden. Statische Methoden können nicht abstrakt sein, deshalb ist das gleichzeitige Auftreten von `static` und `abstract` in einer Methodensignatur unzulässig.

Abstrakte Methoden überschreiben

Listing 4.10 beschreibt die Klasse `Hubschrauber`. In der Klassenimplementierung wird die abstrakte Methode `Starten` der Basisklasse überschrieben. Zur Kennzeichnung des Überschreibens einer abstrakten Basisklassenmethode dient der Modifizierer `override`:

```
class Hubschrauber : Luftfahrzeug
{
  public override void Starten()
  {
```

```
      Console.WriteLine("Der Hubschrauber startet.");
   }
}
```

Listing 4.10 Überschreiben der geerbten abstrakten Methode

Sollten Sie dieses Beispiel ausprobieren, müssen Sie Starten selbstverständlich auch in der Klasse Flugzeug mit override überschreiben.

Hinweis

Sie finden das komplette Beispiel unter ..\Beispiele\Kapitel 4\Aircrafts_2.

4.2.3   Virtuelle Methoden

Widmen wir uns nun der dritten anfangs aufgezeigten Variante, den virtuellen Methoden. Ausgangspunkt sei dabei folgender: Wir wollen Starten in der Basisklasse vollständig implementieren. Damit wären wir wieder am Ausgangspunkt angelangt, mit einem kleinen Unterschied: Wir ergänzen die Methoden Starten mit dem Modifizierer virtual. Dann sieht die Klasse Luftfahrzeug wie folgt aus:

```
public class Luftfahrzeug
{
  public virtual void Starten()
  {
    Console.WriteLine("Das Luftfahrzeug startet.");
  }
}
```

Listing 4.11 Virtuelle Definition der Methode »Starten«

Nun ist die Methode virtuell in der Basisklasse definiert. Eine ableitende Klasse hat nun die Wahl zwischen drei Alternativen:

▶ Die ableitende Klasse erbt die Methode, ohne eine eigene, typspezifische Implementierung vorzusehen, also:

```
public class Flugzeug : Luftfahrzeug { }
```

▶ Die ableitende Klasse verdeckt die geerbte Methode mit new, also:

```
public class Flugzeug : Luftfahrzeug
{
  public new void Starten()
  {
```

```
    Console.WriteLine("Das Flugzeug startet.");
  }
}
```

▶ Die ableitende Klasse überschreibt die geerbte Methode mit override, also:

```
public class Flugzeug : Luftfahrzeug
{
  public override void Starten()
  {
    Console.WriteLine("Das Flugzeug startet.");
  }
}
```

> **Hinweis**
> Sie finden das komplette Beispiel unter ..*Beispiele\Kapitel 4\Aircrafts_3*.

Sie werden sich an dieser Stelle wahrscheinlich fragen, worin sich die beiden letztgenannten Varianten unterscheiden. Diese Überlegung führt uns nach der Datenkapselung und der Vererbung zum dritten elementaren Konzept der Objektorientierung: der *Polymorphie*. Ehe wir uns aber mit der Polymorphie beschäftigen, müssen wir die Typumwandlung in einer Vererbungshierarchie verstehen.

4.3   Typkonvertierung und Typuntersuchung von Objektvariablen

4.3.1   Die implizite Typkonvertierung von Objektreferenzen

Die Klasse Luftfahrzeug beschreibt Eigenschaften und Operationen, die allen Luftfahrzeugen, unabhängig vom Typ, eigen sind, denn die Klassen Flugzeug und Hubschrauber beerben als abgeleitete Klassen die Basisklasse.

Betrachten wir einen Ausschnitt der Klassenhierarchie, nämlich die beiden Klassen Flugzeug und Luftfahrzeug. Wenn wir unsere Erkenntnisse aus der realen Welt auf unseren Code projizieren, kommen wir zu der Aussage, dass ein Flugzeug ein Luftfahrzeug ist. Andererseits ist aber ein Luftfahrzeug nicht zwangsläufig ein Flugzeug, denn es könnte sich auch um einen Hubschrauber handeln. Die Tatsache, dass das Objekt einer abgeleiteten Klasse (hier Flugzeug) gleichzeitig ein Objekt der Basisklasse (hier Luftfahrzeug) ist, wird als »*Ist ein(e)*«-Beziehung bezeichnet. Diese Aussage ist nicht neu, ich habe sie bereits am Anfang dieses Kapitels gemacht.

Die Vererbung hat Konsequenzen, denn aufgrund dieser Beziehung können wir die Referenz eines Subklassenobjekts einer Basisklassenreferenz zuweisen:

```
Flugzeug flg = new Flugzeug();
Luftfahrzeug lfzg = flg;
```

Stehen zwei Klassen miteinander in einer Vererbungsbeziehung, kann eine Referenz vom Typ der abgeleiteten Klasse der Referenz vom Typ einer der Basisklassen mit

Basisklassenreferenz = Subklassenreferenz

zugewiesen werden. Dabei wird **implizit konvertiert**.

Die beiden Variablen flg und lfzg referenzieren denselben Speicherbereich – jedoch mit einer kleinen Einschränkung: Die Laufzeitumgebung betrachtet lfzg nur als Objekt vom Typ Luftfahrzeug und nicht als Flugzeug. Damit hat die Objektreferenz lfzg auch keinen Zugriff auf die Member, durch die sich ein Objekt vom Typ Flugzeug auszeichnet.

Bei einer Zuweisung einer Subklassenreferenz an eine Basisklassenreferenz müssen alle Member der links vom Zuweisungsoperator angegebenen Referenz einen konkreten Bezug zu einem Mitglied der rechts vom Zuweisungsoperator stehenden Referenz haben. Betrachten Sie dazu Abbildung 4.5, die diesen Sachverhalt veranschaulicht. Dass dabei das Feld Spannweite einer Flugzeug-Referenz keinen Abnehmer in der Luftfahrzeug-Referenz findet, spielt keine Rolle.

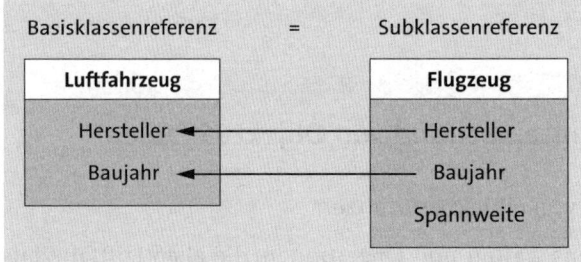

Abbildung 4.5 Zuweisung einer Subklassenreferenz an eine Basisklassenreferenz

Die Tatsache, dass ein Objekt vom Typ einer abgeleiteten Klasse gleichzeitig ein Objekt vom Typ seiner Basisklasse ist, können Sie sich bei der Typfestlegung eines Parameters zunutze machen:

```
public void DoSomething(Luftfahrzeug lfzg)
{
  [...]
}
```

Die Methode DoSomething erwartet vom Aufrufer die Referenz auf ein Luftfahrzeug. Ob es sich dabei um ein Objekt vom Typ Hubschrauber oder Flugzeug handelt, spielt keine Rolle. Ausschlaggebend ist ausschließlich, dass der Typ der übergebenen Referenz vom Typ Luftfahrzeug oder davon abgeleitet ist. Flugzeug erfüllt diese Bedingung. Daher können wir die Methode DoSomething folgendermaßen aufrufen:

```
Flugzeug flg = new Flugzeug();
Objektvariable.DoSomething(flg);
```

Parameter vom Typ einer Basisklasse werden häufig dann eingesetzt, wenn unabhängig vom genauen Typ innerhalb der Methode auf einen in der Basisklasse definierten Member zugegriffen wird. Beispielsweise könnte man sich vorstellen, dass in DoSomething die Methode Starten des übergebenen Objekts aufgerufen wird:

```
public void DoSomething(Luftfahrzeug lfzg)
{
  [...]
  lfzg.Starten();
  [...]
}
```

Da sowohl ein Flugzeug- als auch ein Hubschrauber-Objekt über diese Methode verfügt, ist DoSomething eine hinsichtlich der Luftfahrzeuge allgemein gehaltene Methode. Das erspart Ihnen, zwei verschiedene Methoden DoSomething zu definieren, denn genau das müssten Sie machen, gäbe es die implizite Konvertierung und Vererbung nicht. Zudem ist sichergestellt, dass die Methode DoSomething bei einer späteren Erweiterung der Vererbungshierarchie, beispielsweise durch eine Klasse Rakete, auch mit einem Objekt vom Typ Rakete einwandfrei funktioniert.

4.3.2   Die explizite Typkonvertierung von Objektreferenzen

Wenn es erforderlich ist, können Sie auch eine Basisklassenreferenz in eine Subklassenreferenz konvertieren. Also:

```
Flugzeug flg = new Flugzeug();
Luftfahrzeug lfzg = flg;
[...]
Flugzeug flugzeug = (Flugzeug)lfzg;
```

Bei der expliziten Typkonvertierung gilt die folgende Regel:

Subklassenreferenz = (Zieldatentyp)Basisklassenreferenz

Den Zieldatentyp geben Sie in runden Klammern vor der umzuwandelnden Referenz an. Eine erfolgreiche Typkonvertierung setzt allerdings voraus, dass vorher eine implizite Konvertierung des Subklassentyps in den Typ der Basisklasse stattgefunden hat. Die explizite Konvertierung ist demnach die Umkehrung einer vorhergegangenen impliziten Konvertierung, die nur dann erfolgt, wenn sich Ausgangs- und Zieldatentyp in einer Vererbungsbeziehung befinden.

Die explizite Konvertierung innerhalb einer Vererbungshierarchie auf horizontaler Ebene in einer Klassenhierarchie, beispielsweise vom Typ Flugzeug in den Typ Hubschrauber, ist nicht gestattet.

4.3.3   Typuntersuchung mit dem »is«-Operator

Manchmal ist es notwendig, den sich hinter einer Basisklassenreferenz verbergenden Typ festzustellen, beispielsweise wenn ein typspezifischer Member aufgerufen werden soll. Zur Lösung dieser Aufgabe bietet uns C# den is-Operator an.

Sehen wir uns dazu ein konkretes Beispiel an, und nehmen wir an, in der Methode DoSomething soll abhängig vom übergebenen Typ entweder die Spannweite oder der Rotordurchmesser ausgegeben werden. Wir müssen dann die Methode wie nachfolgend gezeigt ergänzen:

```
public void DoSomething(Luftfahrzeug lfzg)
{
  if (lfzg != null)
  {
    if (lfzg is Flugzeug)
      Console.WriteLine($"Spannweite: {((Flugzeug)lfzg).Spannweite}");
    else if (lfzg is Hubschrauber)
      Console.WriteLine($"Rotor: {((Hubschrauber)lfzg).Rotor}");
    else
      Console.WriteLine("Unbekannter Typ.");
  }
}
```

Listing 4.12 Typuntersuchung mit dem Operator »is«

In der Methode wird der Parameter lfzg zwei Überprüfungen unterzogen. Dabei steht links vom is-Operator die zu überprüfende Referenz, rechts davon der Typ, auf den hin die Referenz geprüft werden soll. Der Vergleich liefert true, wenn der Ausdruck, also die Referenz, in den rechts von is stehenden Typ umgewandelt werden kann.

Da der Methodenaufruf auch dann richtig ist, wenn dem Parameter null übergeben wird, sollte der Parameter als Erstes mit

```
if (lfzg != null)
```

daraufhin untersucht werden, ob er tatsächlich ein konkretes Objekt beschreibt. Beachten Sie im Codefragment auch die Konsolenausgabe, z. B.:

```
((Flugzeug)lfzg).Spannweite
```

Der Ausdruck (Flugzeug)lfzg ist in runden Klammern gesetzt, um eine Typkonvertierung vor dem Aufruf der Eigenschaft zu erzwingen. Grund dafür ist, dass der Punktoperator eine höhere Priorität besitzt als der Konvertierungsoperator. Nach der zusätzlichen Klammerung bezieht der Punktoperator seine Informationen aus dem Zieldatentyp der Umwandlung.

4.3.4   Typkonvertierung mit dem »as«-Operator

Eine Referenz kann mit dem ()-Konvertierungsoperator in einen anderen Typ konvertiert werden, wenn vorher eine implizite Konvertierung stattgefunden hat. Beispielsweise können wir eine Instanz der Klasse Luftfahrzeug in den Typ Flugzeug konvertieren:

```
Flugzeug flg = (Flugzeug)lfzg;
```

C# bietet mit dem as-Operator eine weitere Konvertierungsvariante an:

```
Flugzeug flg = lfzg as Flugzeug;
```

Das Ergebnis ist dasselbe, wenn sich hinter der Referenz lfzg tatsächlich eine Flugzeug-Referenz verbirgt. Beide Möglichkeiten, der Konvertierungs- und der as-Operator, verhalten sich aber unterschiedlich, wenn die Basisklassenreferenz keine Flugzeug-, sondern beispielsweise eine Hubschrauber-Referenz beschreibt:

▶ Die Typkonvertierung mit dem Konvertierungsoperator löst eine Exception (Ausnahme) aus, wenn die Konvertierung scheitert.

▶ Der as-Operator liefert als Ergebnis null.

Der as-Operator bietet sich daher auch in einem if-Statement als Bedingung an:

```
if(lfzg as Flugzeug != null)
    [...]
```

Beachten Sie, dass der as-Operator nur im Zusammenhang mit Referenztypen genutzt werden kann.

Die Methode DoSomething aus Listing 4.12 ließe sich mit dem as-Operator auch wie folgt schreiben:

```
public void DoSomething(Luftfahrzeug lfzg)
{
  if (lfzg != null)
  {
    if(lfzg as Flugzeug != null)
      Console.WriteLine($"Spannweite: {(lfzg as Flugzeug).Spannweite}");
    else if(lfzg as Hubschrauber != null)
      Console.WriteLine($"Spannweite: {(lfzg as Hubschrauber).Rotor}");
    else
      Console.WriteLine("Unbekannter Typ.");
```

```
      }
    }
}
```

Listing 4.13 Typuntersuchung mit dem Operator »as«

4.3.5   Pattern Matching (Musterabgleich) mit dem »is«-Operator

Typkonvertierungen mit dem as-Operator wurden viele Jahre wegen ihrer einfachen Handhabung von den Entwicklern bevorzugt eingesetzt. Mit dem in C# 7.0 eingeführten Pattern Matching kann die Typkonvertierung sogar noch einfacher umgesetzt werden. Dazu wird der is-Operator benutzt. Im Gegensatz zur Beschreibung von is in Abschnitt 4.3.3 wird hinter dem Datentyp eine Variable angegeben. Nach erfolgreicher Typprüfung beschreibt diese Variable die Referenz auf den konvertierten Typ, und der Ausdruck liefert true zurück.

```
public void DoSomething(Luftfahrzeug lfzg)
{
  if (lfzg != null)
  {
    if (lfzg is Flugzeug flg)
      Console.WriteLine($"Spannweite: {flg.Spannweite}");
    else if(lfzg is Hubschrauber heli)
      Console.WriteLine($"Spannweite: {heli.Rotor}");
    else
      Console.WriteLine("Unbekannter Typ.");
  }
}
```

Listing 4.14 Typprüfung und Typkonvertierung mit Pattern Matching

Dieses Pattern wird auch speziell als *Type-Pattern* bezeichnet.

> **Anmerkung**
>
> Die Prüfung einer Variablen auf null wurde in den Beispielen zuvor mit dem ===-Operator durchgeführt. Sie können nun auch den is-Operator benutzen, um ein entsprechendes Resultat zu erzielen, beispielsweise
>
> ```
> if (obj is null)
>   [...]
> ```
>
> Zudem lässt sich is verwenden, um auf einen konkreten Wert hin zu prüfen, wie das folgende Beispiel zeigt:

```
int value = 10;
if (value is 10)
  Console.WriteLine("value hat den Wert 10.");
```
Dieses spezielle Pattern wird *Const-Pattern* genannt.

4.4   Polymorphie

In Abschnitt 4.2 haben Sie erfahren, dass die Methode Starten in der Klasse Luftfahrzeug unterschiedlich bereitgestellt werden kann. Es ist nun an der Zeit, darauf einzugehen, welche Konsequenzen die drei Varianten haben.

Dazu schreiben wir in der Main-Methode zunächst Programmcode, mit dem abstrakt, virtuell und »klassisch« implementierte Methoden getestet werden sollen.

```
static void Main(string[] args)
{
  Luftfahrzeug[] arr = new Luftfahrzeug[4];
  arr[0] = new Flugzeug();
  arr[1] = new Hubschrauber();
  arr[2] = new Hubschrauber();
  arr[3] = new Flugzeug();
  foreach(Luftfahrzeug temp in arr) {
    temp.Starten();
  }
  Console.ReadLine();
}
```
Listing 4.15 Code, der die Methode »Starten« testet

Zuerst wird ein Array vom Typ Luftfahrzeug deklariert. Jedes Array-Element ist vom Typ Luftfahrzeug. Weil die Klassen Flugzeug und Hubschrauber von diesem Typ abgeleitet sind, kann jedem Array-Element nach der Regel der impliziten Konvertierung auch die Referenz auf ein Objekt vom Typ der beiden Subklassen zugewiesen werden:

```
arr[0] = new Flugzeug();
arr[1] = new Hubschrauber();
[...]
```

Danach wird innerhalb einer foreach-Schleife auf alle Array-Elemente die Methode Starten aufgerufen. Die Laufvariable ist vom Typ Luftfahrzeug, also vom Typ der Basisklasse. In der Schleife wird auf diese Referenz die Starten-Methode aufgerufen.

4.4.1 Die »klassische« Methodenimplementierung

Wir wollen an dieser Stelle zunächst die klassische Methodenimplementierung in der Basisklasse testen. Die beiden ableitenden Klassen sollen die geerbte Methode Starten mit dem Modifizierer new überdecken:

```csharp
public class Luftfahrzeug
{
  public void Starten()
  {
    Console.WriteLine("Das Luftfahrzeug startet.");
  }
}
public class Flugzeug : Luftfahrzeug
{
  public new void Starten()
  {
    Console.WriteLine("Das Flugzeug startet.");
  }
}
public class Hubschrauber : Luftfahrzeug
{
  public new void Starten()
  {
    Console.WriteLine("Der Hubschrauber startet.");
  }
}
```

Listing 4.16 Testen der überdeckenden Methode

Starten wir die Anwendung, wird die folgende Ausgabe viermal im Konsolenfenster angezeigt:

```
Das Luftfahrzeug startet.
```

Das Ergebnis ist zwar nicht spektakulär, hat aber weitreichende Konsequenzen: Wir müssen uns nämlich die Frage stellen, ob die Ausgabe das ist, was wir erreichen wollten. Vermutlich nicht, denn eigentlich sollte doch jeweils die typspezifische Methode Starten in der abgeleiteten Klasse ausgeführt werden.

Das ursächliche Problem ist das statische Binden des Methodenaufrufs an die Basisklasse. Statisches Binden heißt, dass die auszuführende Operation bereits zur Kompilierzeit festgelegt wird. Der Compiler stellt fest, von welchem Typ das Objekt ist, auf dem die Methode aufgerufen wird, und erzeugt den entsprechenden Code. Statisches Binden führt dazu, dass die

Methode der Basisklasse aufgerufen wird, obwohl eigentlich die »neue« Methode in der abgeleiteten Klasse erforderlich wäre.

Das Beispiel macht deutlich, welchen Nebeneffekt das Überdecken einer Methode mit dem Modifizierer new haben kann: Der Compiler betrachtet das Objekt, als wäre es vom Typ der Basisklasse, und ruft die unter Umständen aus logischer Sicht sogar fehlerhafte Methode in der Basisklasse auf.

4.4.2 Abstrakte Methoden

Nun ändern wir den Programmcode in der Basisklasse Luftfahrzeug und stellen die Methode Starten als abstrakte Methode zur Verfügung. Die ableitenden Klassen erfüllen die Vertragsbedingung und überschreiben die geerbte Methode mit override. Am Programmcode in Main nehmen wir keine Änderungen vor.

```
public abstract class Luftfahrzeug
{
  public abstract void Starten();
}
public class Flugzeug : Luftfahrzeug
{
  public override void Starten()
  {
    Console.WriteLine("Das Flugzeug startet.");
  }
}
public class Hubschrauber : Luftfahrzeug
{
  public override void Starten()
  {
    Console.WriteLine("Der Hubschrauber startet.");
  }
}
```

Listing 4.17 Testen der überschreibenden Methode

Ein anschließender Start der Anwendung bringt ein ganz anderes Ergebnis als im ersten Versuch:

```
Das Flugzeug startet.
Der Hubschrauber startet.
Der Hubschrauber startet.
Das Flugzeug startet.
```

Tatsächlich werden nun die typspezifischen Methoden aufgerufen.

Anscheinend ist die Laufvariable temp der foreach-Schleife in der Lage, zu entscheiden, welche Methode anzuwenden ist. Dieses Verhalten unterscheidet sich gravierend von dem, was wir im Zusammenhang mit den mit new ausgestatteten, überdeckenden Methoden zuvor gesehen haben. Das Binden des Methodenaufrufs kann nicht statisch sein, es erfolgt dynamisch zur Laufzeit.

Die Fähigkeit, auf einer Basisklassenreferenz die typspezifische Methode aufzurufen, wird als *Polymorphie* bezeichnet und ist neben der Kapselung und der Vererbung die dritte Säule der objektorientierten Programmierung. Polymorphie bezeichnet ein Konzept der Objektorientierung, das besagt, dass Objekte bei gleichen Methodenaufrufen unterschiedlich reagieren können. Dabei können Objekte verschiedener Typen unter einem gemeinsamen Oberbegriff (d. h. einer gemeinsamen Basis) betrachtet werden. Die Polymorphie sorgt dafür, dass der Methodenaufruf automatisch bei der richtigen, also typspezifischen Methode landet.

Polymorphie arbeitet mit dynamischer Bindung. Der Aufrufcode wird nicht zur Kompilierzeit erzeugt, sondern erst zur Laufzeit der Anwendung, wenn die konkreten Typinformationen vorliegen. Im Gegensatz dazu legt die statische Bindung die auszuführende Operation wie im Abschnitt zuvor gezeigt bereits zur Kompilierzeit fest.

4.4.3   Virtuelle Methoden

Überschreibt eine Methode eine geerbte abstrakte Methode, zeigt die überschreibende Methode immer polymorphes Verhalten. Wird in einer Basisklasse eine Methode »klassisch« implementiert und in der ableitenden Klasse durch eine Neuimplementierung mit new verdeckt, kann die verdeckende Methode niemals polymorph sein.

Vielleicht ahnen Sie an dieser Stelle schon, wozu virtuelle Methoden dienen. Erinnern wir uns: Eine Methode gilt als virtuell, wenn sie in der Basisklasse voll implementiert und mit dem Modifizierer virtual signiert ist, wie Listing 4.18 noch einmal zeigt:

```
public class Luftfahrzeug
{
  public virtual void Starten()
  {
    Console.WriteLine("Das Luftfahrzeug startet.");
  }
}
```

Listing 4.18 Virtuelle Methode in der Basisklasse

Sie müssen eine virtuelle Methode als ein Angebot der Basisklasse an die ableitenden Klassen verstehen. Es ist das Angebot, die geerbte Methode entweder so zu erben, wie sie in der

Basisklasse implementiert ist, sie bei Bedarf polymorph zu überschreiben oder eventuell einfach nur (nichtpolymorph) zu überdecken.

Polymorphes Überschreiben einer virtuellen Methode

Möchte die ableitende Klasse die geerbte Methode neu implementieren und soll die Methode polymorphes Verhalten zeigen, müssen Sie die überschreibende Methode mit dem Modifizierer override signieren, z. B.:

```
public class Flugzeug : Luftfahrzeug
{
  public override void Starten()
  {
    Console.WriteLine("Das Flugzeug startet.");
  }
}
```

Listing 4.19 Polymorphes Überschreiben einer geerbten virtuellen Methode

Das Ergebnis des Aufrufs von Starten auf eine Basisklassenreferenz ist identisch mit dem Aufruf einer abstrakten Methode: Es wird die typspezifische Methode ausgeführt. An dieser Stelle lässt sich sofort schlussfolgern, dass der Modifizierer override grundsätzlich immer Polymorphie signalisiert.

Nichtpolymorphes Überdecken einer virtuellen Methode

Soll eine ableitende Klasse eine geerbte virtuelle Methode nichtpolymorph überschreiben, kommt der Modifizierer new ins Spiel:

```
public class Flugzeug : Luftfahrzeug
{
  public new void Starten()
  {
    Console.WriteLine("Das Flugzeug startet.");
  }
}
```

Listing 4.20 Nichtpolymorphes Überschreiben einer geerbten virtuellen Methode

Die mit new neu implementierte virtuelle Methode zeigt kein polymorphes Verhalten, wenn wir die Testanwendung starten. Auch hier können wir unter Berücksichtigung des Verdeckens klassisch implementierter Methoden sagen, dass im Zusammenhang mit dem Modifizierer new niemals polymorphes Verhalten eintritt.

Weiter gehende Betrachtungen

Es ist möglich, innerhalb einer Vererbungskette ein gemischtes Verhalten von Ausblendung und Überschreibung vorzusehen, wie das folgende Codefragment zeigt:

```
public class Luftfahrzeug
{
  public virtual void Starten() { }
}
public class Flugzeug : Luftfahrzeug
{
  public override void Starten () { [...] }
}
public class Segelflugzeug : Flugzeug
{
  public new void Starten() { [...] }
}
```

Listing 4.21 Überschreiben und Ausblenden in einer Vererbungskette

Luftfahrzeug bietet die virtuelle Methode Starten an, und die abgeleitete Klasse Flugzeug überschreibt diese mit override polymorph. Segelflugzeug seinerseits ist die Ableitung von Flugzeug und überdeckt die Methode Starten nur noch mit new. Wenn Sie nun nach der Zuweisung

```
Luftfahrzeug lfzg = new Segelflugzeug();
```

auf der Referenz lfzg die Methode Starten aufrufen, wird die Methode Starten in Flugzeug ausgeführt, da diese die aus Luftfahrzeug geerbte Methode polymorph überschreibt. In der Klasse Segelflugzeug zeigt Starten wegen des Modifikators new kein polymorphes Verhalten mehr.

Das Überschreiben einer mit new überdeckenden Methode mit override ist hingegen nicht möglich, wie das folgende Codefragment zeigt:

```
public class Flugzeug : Luftfahrzeug
{
  public new void Starten() { [...] }
}
public class Segelflugzeug : Flugzeug
{
  public override void Starten () { [...] }
}
```

Listing 4.22 Fehlerhaftes Überschreiben und Ausblenden in einer Vererbungskette

Ein einmal verlorengegangenes polymorphes Verhalten kann nicht mehr reaktiviert werden.

Zusammenfassende Anmerkungen

Um polymorphes Verhalten einer Methode zu ermöglichen, muss sie in der Basisklasse als virtual definiert sein. Virtuelle Methoden haben immer einen Anweisungsblock und stellen ein Angebot an die ableitenden Klassen dar: entweder die Methode einfach nur zu erben oder sie anders zu implementieren. Zur Umsetzung des zuletzt angeführten Falls gibt es wiederum zwei Möglichkeiten:

▶ Wird in der abgeleiteten Klasse die geerbte Methode mit dem Schlüsselwort override implementiert, wird die ursprüngliche Methode überschrieben – die abgeleitete Klasse akzeptiert das Angebot der Basisklasse. Ein Aufruf an eine Referenz der Basisklasse wird polymorph an den sich tatsächlich dahinter verbergenden Typ weitergeleitet.

▶ In der abgeleiteten Klasse wird eine virtuelle Methode mit dem Modifizierer new ausgeblendet. Dann verdeckt die Subklassenmethode die geerbte Implementierung der Basisklasse und zeigt kein polymorphes Verhalten.

Eine statische Methode kann nicht virtuell sein. Ebenso ist eine Kombination des Schlüsselworts virtual mit abstract oder override nicht zulässig. Hinter der Definition einer virtuellen Methode verbirgt sich die Absicht, einer ableitenden Klasse polymorphes Verhalten anzubieten. Daher macht es auch keinen Sinn, ein privates Klassenmitglied virtual zu deklarieren – es kommt sogar zu einem Kompilierfehler. new und override schließen sich gegenseitig aus.

Anmerkung

Entwickeln Sie eine ableitbare Klasse, sollten Sie grundsätzlich immer an die ableitenden Klassen denken. Polymorphie gehört zu den fundamentalen Prinzipien des objektorientierten Ansatzes. Methoden, die in abgeleiteten Klassen neu implementiert werden müssen, werden fast immer polymorph überschrieben. Vergessen Sie daher die Angabe des Modifizierers virtual in keiner Methode – es sei denn, Sie haben handfeste Gründe, polymorphe Aufrufe bereits im Ansatz zu unterbinden.

Andererseits sollten Sie sich beim Einsatz von virtual auch darüber bewusst sein, dass die Laufzeitumgebung beim polymorphen Aufruf einer Methode dynamisch nach der typspezifischen Methode suchen muss, was natürlich zu Lasten der Performance geht. Sie sollten folglich nicht prinzipiell virtual mit dem Gießkannenprinzip auf alle Methoden verteilen, sondern sich auch über den erwähnten Nachteil im Klaren sein.

Die Methode »ToString()« der Klasse »Object« überschreiben

Die Klasse Object ist die Basis aller .NET-Typen und vererbt jeder Klasse eine Reihe elementarer Methoden. Dazu gehört ToString. Diese Methode ist als virtuelle Methode definiert und ermöglicht daher polymorphes Überschreiben. ToString liefert per Vorgabe den kompletten Typbezeichner des aktuellen Objekts als Zeichenfolge an den Aufrufer zurück, wird aber von vielen Klassen des .NET Frameworks überschrieben. Aufgerufen auf einen int liefert ToString beispielsweise den von der int-Variablen beschriebenen Wert als Zeichenfolge.

Wir wollen das Angebot der Methode ToString wahrnehmen und sie in der Klasse Circle ebenfalls polymorph überschreiben. Der Aufruf der Methode soll dem Aufrufer typspezifische Angaben liefern.

```
public class Circle
{
  [...]
  public override string ToString()
  {
    return "Circle, R=" + Radius + ",Fläche=" + GetArea();
  }
}
```

Listing 4.23 Überschreiben der geerbten Methode »Object.ToString()«

4.5   Weitere Gesichtspunkte der Vererbung

4.5.1   Versiegelte Methoden

Standardmäßig können alle Klassen abgeleitet werden. Ist dieses Verhalten für eine bestimmte Klasse nicht gewünscht, können Sie sie mit sealed versiegeln. Sie ist dann nicht ableitbar.

In ähnlicher Weise können Sie auch dem weiteren Überschreiben einer Methode einen Riegel vorschieben, indem Sie die Definition der Methode um den Modifizierer sealed ergänzen. sealed können Sie nur zusammen mit override einsetzen, kommt also nur in einer ableitenden Klasse zum Zug. Sehen Sie das in Listing 4.24 an:

```
class Flugzeug : Luftfahrzeug
{
  public sealed override void Starten()
  {
```

```
    Console.WriteLine("Das Flugzeug startet");
  }
}
```

Listing 4.24 Definition einer versiegelten Methode

Die von Luftfahrzeug geerbte Starten-Methode wird polymorph überschrieben, untersagt aber allen weiteren Ableitungen das polymorphe Überschreiben. In einer fiktiven Klasse Segelflugzeug würde demnach die Implementierung der Starten-Methode wie in Listing 4.25 gezeigt zu einem Fehler führen:

```
public class Segelflugzeug : Luftfahrzeug
{
  // Falsche Methodensignatur
  public override void Starten()
  { }
}
```

Listing 4.25 Unzulässiges Überschreiben der Methode »Starten«

Eine von Flugzeug abgeleitete Klasse erbt zwar die versiegelte Methode Starten, kann sie aber selbst nicht mit override überschreiben. Es ist jedoch möglich, in einer weiter abgeleiteten Klasse eine geerbte, versiegelte Methode mit new zu überdecken, um eine typspezifische Anpassung vornehmen zu können.

```
public class Segelflugzeug : Luftfahrzeug
{
  // Korrekte Methodensignatur
  public new void Starten()
  { }
}
```

Listing 4.26 Korrekte Methodensignatur einer geerbten »sealed override«-Methode

Weil eine geerbte sealed override-Methode nur mit new überdeckt werden kann, kann man eine Methode, die weder abstract noch virtual definiert ist, auch als sealed-Methode interpretieren. sealed ist demnach der Standard, falls kein Modifizierer eine andere Charakteristik vorschreibt.

4.5.2 Überladen einer Basisklassenmethode

Oft ist es notwendig, die von einer Basisklasse geerbten Methoden in der Subklasse zu überladen, um ein Objekt vom Typ der Subklasse an speziellere Anforderungen anzupassen. Von einer *Methodenüberladung* wird bekanntlich gesprochen, wenn sich zwei gleichnamige Methoden einer Klasse nur in ihrer Parameterliste unterscheiden. Derselbe Begriff hat sich geprägt, wenn eine geerbte Methode in der Subklasse nach den Regeln der Methodenüberladung ergänzt werden muss.

Betrachten wir dazu noch einmal die Starten-Methode in Luftfahrzeug. Die Klasse Flugzeug leitet Luftfahrzeug und überlädt die geerbte Methode:

```
public class Flugzeug : Luftfahrzeug
{
  public void Starten(double distance)
  {
    [...]
  }
}
```

Wird ein Objekt vom Typ Flugzeug erzeugt, kann auf die Referenz mit beiden Methoden operiert werden, z. B.:

```
flg.Starten();
flg.Starten(300);
```

4.5.3   Statische Member und Vererbung

Statische Member werden an die ableitenden Klassen vererbt. Eine statische Methode kann man auf die Klasse anwenden, in der die Methode definiert ist, oder auf die Angabe der abgeleiteten Klasse. Bezogen auf das Projekt *GeometricObjects* können Sie demnach die statische Methode Bigger entweder mit

```
Circle.Bigger(kreis1, kreis2);
```

oder mit

```
GraphicCircle.Bigger(kreis1, kreis2);
```

aufrufen. Dabei sind kreis1 und kreis2 Objekte vom Typ Circle.

Unzulässig ist die Definition einer statischen Methode mit virtual, override oder abstract. Wollen Sie dennoch eine geerbte statische Methode in der ableitenden Klasse neu implementieren, können Sie die geerbte Methode mit einer Neuimplementierung verdecken, die den Modifizierer new aufweist.

4.5.4   Geerbte Methoden ausblenden?

Zugriffsmodifizierer beschreiben die Sichtbarkeit. Ein als public deklariertes Mitglied ist über die Grenzen der aktuellen Anwendung hinaus bekannt, während der Modifizierer internal die Sichtbarkeit auf die aktuelle Assemblierung beschränkt. private-Klassenmitglieder hingegen sind nur in der definierenden Klasse sichtbar.

Ein verdeckender Member muss nicht zwangsläufig denselben Zugriffsmodifizierer haben wie das überdeckte Mitglied in der Basisklasse. Machen wir uns das kurz an der Klasse Flugzeug klar, und verdecken wir die geerbte öffentliche Methode Starten der Klasse Luftfahrzeug durch eine private-Implementierung in Flugzeug.

```
public class Flugzeug : Luftfahrzeug
{
  private new void Starten()
  {
    Console.WriteLine("Das Flugzeug startet.");
  }
}
```

Die verdeckende Methode Starten ist nun nur innerhalb von Flugzeug sichtbar. Einen interessanten Effekt stellen wir fest, wenn wir jetzt den folgenden Code schreiben:

```
static void Main(string[] args)
{
  Flugzeug flg = new Flugzeug();
  flg.Starten();
}
```

Im Konsolenfenster wird Das Luftfahrzeug startet. ausgegeben.

Aus allem, was bisher gesagt worden ist, müssen wir die Schlussfolgerung ziehen, dass das vollständige Ausblenden eines geerbten Mitglieds nicht möglich ist, auch nicht durch »Privatisierung«. Das führt uns zu folgender Erkenntnis:

> **Hinweis**
>
> Grundsätzlich werden alle Member von der Basisklasse geerbt. Davon gibt es keine Ausnahme. Auch das Ausblenden durch Privatisierung in der erbenden Klasse ist nicht möglich.

Wollen Sie unter keinen Umständen eine Methode aus der Basisklasse erben, bleibt Ihnen nur ein Weg: Sie müssen das Konzept Ihrer Vererbungshierarchie neu überdenken.

4.6   Das Projekt »GeometricObjectsSolution« ergänzen

Wir wollen uns nun wieder dem Beispielprojekt *GeometricObjectsSolution* zuwenden. Wir werden den Entwurf im ersten Schritt um zwei weitere Klassen, nämlich Rectangle und GraphicRectangle, ergänzen und uns dabei die in diesem Kapitel gewonnenen Kenntnisse zunutze machen. Die Klasse Rectangle soll ein Rechteck beschreiben, und die Klasse GraphicRectangle soll eine Operation bereitstellen, die ein Rectangle-Objekt in einer grafikfähigen Komponente darstellt – analog zur Klasse GraphicCircle.

Ebenso wie ein Circle-Objekt soll auch ein Rectangle-Objekt seine Lage beschreiben. Um bei der üblichen Konvention grafischer Benutzeroberflächen zu bleiben, soll es sich dabei um den oberen linken Punkt des Rechtecks handeln. Die Größe eines Rechtecks wird durch seine Breite und Länge definiert. Außerdem sind Methoden vorzusehen, die Umfang und Fläche berechnen und zwei Rectangle-Objekte vergleichen.

Anmerkung

Sie finden den Code der beiden neuen Klassen in den Downloadmaterialen unter ..\Beispiele\ Kapitel 4\GeometricObjectsSolution_2.

4.6.1   Die Klasse »GeometricObject«

Es ist zu erkennen, dass sich die Klassen Rectangle und Circle in vielen Punkten ähneln. Dies spricht dafür, den beiden Klassen eine Basisklasse vorzuschalten, die die gemeinsamen Merkmale eines Kreises und eines Rechtecks beschreibt: Wir werden diese Klasse im Folgenden GeometricObject nennen.

Ein weiteres Argument für diese Lösung ist die sich daraus ergebende Gleichnamigkeit der gemeinsamen Merkmale: Es werden dann die Methoden, die ihren Fähigkeiten nach Gleiches leisten, unabhängig vom Typ des zugrundeliegenden Objekts in gleicher Weise aufgerufen. Einerseits lässt sich dadurch die abstrahierte Artverwandtschaft der beiden geometrischen Objekte Kreis und Rechteck verdeutlichen, andererseits wird die Benutzung der Klassen wesentlich vereinfacht, weil nicht zwei unterschiedlich benannte Methoden dasselbe Leistungsmerkmal beschreiben. Nach diesen ersten Überlegungen wollen wir nun die Klasse GeometricObject implementieren.

Vergleichen wir jetzt Schritt für Schritt die einzelnen Klassenmitglieder von Circle und Rectangle, um daraus ein einheitliches Konzept für den Entwurf des Oberbegriffs Geometric-Object zu formulieren.

Instanzfelder und Eigenschaftsmethoden

Die Lage eines Circle- und Rectangle-Objekts wird durch XCoordinate und YCoordinate beschrieben. Es bietet sich an, diese beiden Eigenschaften in die gemeinsame Basisklasse auszulagern. Da wir auch berücksichtigen sollten, dass eine zukünftige Ableitung möglicherweise die Eigenschaftsmethoden überschreibt (z. B. um den Bezugspunkt im 4. Quadranten des kartesischen Koordinatensystems zu vermeiden), sollten wir die Eigenschaften virtual signieren.

```
public virtual double XCoordinate { get; set; }
public virtual double YCoordinate { get; set; }
```

Die Instanzmethoden

Widmen wir uns zunächst den Methoden GetArea und GetPerimeter. Wir wollen die Methoden zur Flächen- und Umfangsberechnung in jeder ableitenden Klasse garantieren, aber die Implementierung unterscheidet sich abhängig vom geometrischen Typ grundlegend. Get-Area und GetPerimeter können zwar in GeometricObject deklariert werden, müssen aber abstrakt sein. Infolgedessen müssen wir auch GeometricObject mit dem Modifizierer abstract kennzeichnen.

```
public abstract double GetArea();
public abstract double GetPerimeter();
```

Ein Vergleich hinsichtlich der Instanzmethoden beider Klassen führt zu der Erkenntnis, dass beide die gleichnamige überladene Methode Bigger veröffentlichen, die zwei Objekte miteinander vergleicht und einen Integer als Rückgabewert liefert.

Aus logischer Sicht leistet diese Methode sowohl in Circle als auch in Rectangle dasselbe und unterscheidet sich nur im Parametertyp: Die Bigger-Methode in der Circle-Klasse nimmt die Referenz auf ein Circle-Objekt entgegen, diejenige in der Klasse Rectangle die Referenz auf ein Rectangle-Objekt. Wir können uns den Umstand zunutze machen, dass sowohl die Circle- als auch die Rectangle-Klasse nunmehr aus derselben Basisklasse abgeleitet werden, und müssen dazu nur den Typ des Parameters und der Rückgabe entsprechend in Geometric-Object ändern. Als Nebeneffekt beschert uns diese Verallgemeinerung, dass wir nun in der Lage sind, die Flächen von zwei verschiedenen Typen zu vergleichen, denn nun kann die Bigger-Methode auf einer Circle-Referenz aufgerufen und als Argument die Referenz auf ein Rectangle-Objekt übergeben werden.

```
public virtual int Bigger(GeometricObject obj)
{
  if (obj== null || GetArea() > obj.GetArea()) return 1;
  if (GetArea() < obj.GetArea()) return -1;
  return 0;
}
```

In der Methode wird zum Vergleich die Methode GetArea herangezogen. Da wir sie als abstrakte Methode in der Basisklasse deklariert haben, erfolgt der Aufruf polymorph. Zudem sollten wir Bigger als virtuelle Methode bereitstellen. Damit ermöglichen wir den ableitenden Klassen, eine unter Umständen andere Implementierung unter Gewährleistung der Polymorphie zu implementieren.

Die zweifach parametrisierte Methode Move kann ebenfalls in GeometricObject implementiert werden, während die Überladung (in Circle mit drei und in Rectangle mit vier Parametern) kein Kandidat ist. Auch diese Methode wird mit dem Modifizierer virtual signiert.

```
public virtual void Move(double dx, double dy)
{
  XCoordinate += dx;
  YCoordinate += dy;
}
```

Die Klassenmethoden

Die Argumentation, die uns dazu brachte, die Instanzmethode Bigger in der Basisklasse GeometricObject zu codieren, gilt auch bei der gleichnamigen Klassenmethode. Wir müssen jeweils nur den Typ des Parameters ändern.

```
public static int Bigger(GeometricObject geo1, GeometricObject geo2)
{
  if (geo1== null && geo2== null) return 0;
  if (geo1== null) return -1;
  if (geo1== null) return 1;
  if (geo1.GetArea() > geo2.GetArea()) return 1;
  if (geo1.GetArea() < geo2.GetArea()) return -1;
  return 0;
}
```

Der Objektzähler

Aus den allgemeinen Betrachtungen der objektorientierten Programmierung fällt der Objektzähler grundsätzlich zunächst einmal heraus. Hier sind es die Anforderungen an die Anwendung, ob ein gemeinsamer Objektzähler für alle geometrischen Objekte den Forderungen genügt oder ob Circle- und Rectangle-Objekte separat gezählt werden sollen. Darüber hinaus könnte man sich auch vorstellen, beide denkbaren Zählervarianten bereitzustellen. So lösen wir es auch in unserem Beispiel.

Um einen gemeinsamen Objektzähler in GeometricObject zu realisieren, muss der Klasse ein Konstruktor hinzugefügt werden, der für die Aktualisierung des Zählers sorgt. Hier kommt uns zugute, dass bei der Instanziierung einer abgeleiteten Klasse die Konstruktorverkettung dafür sorgt, dass der Konstruktor der Basisklasse aufgerufen wird.

```
public abstract class GeometricObject
{
// Statische Eigenschaft
public static int CountGeometricObjects {get; private set;}
// Konstruktor
  public GeometricObject()
  {
    CountGeometricObjects++;
```

```
    }
}
```

Änderungen in den Klassen »Circle« und »Rectangle«

Zum Schluss sollten wir noch einen Blick in die Klassen Circle und Rectangle werfen. Nach den entsprechenden Änderungen aufgrund der Ableitung von GeometricObject sollten wir in Circle die Eigenschaftsmethode Radius und die Überladung von Move noch als virtual kennzeichnen. Analog verfahren wir in Rectangle mit Width, Length und der Überladung von Move.

Unter dem Gesichtspunkt, die Draw-Methode in GraphicCircle und GraphicRectangle polymorph anzubieten, erhalten beide Implementierungen ebenfalls den virtual-Modifizierer.

Anmerkung

Sie finden die vollständige Zusammenfassung des Programmcodes zu diesem Beispiel unter
..\Beispiele\Kapitel 4\GeometricObjectsSolution_3

4.7   Eingebettete Klassen

Nicht sehr häufig anzutreffen sind Klassen (oder ganz allgemein gesprochen »Typen«), die innerhalb anderer Klassen definiert sind. Diese Technik, die als *eingebettete Klassen* oder auch als *verschachtelte Klassen* bezeichnet wird, kann im Einzelfall dazu benutzt werden, entweder eine enge Beziehung zwischen zwei Typen zu beschreiben oder die innere Klasse vor dem Zugriff von außen zu schützen, weil sie nur innerhalb des Codes der äußeren Klasse sinnvoll ist.

Sehen wir uns an einem Beispiel die Codierung einer inneren Klasse an:

```
public class Outer
{
  public class Inner
  {
    [...]
  }
}
```

Listing 4.27 Struktur eingebetteter Klassen

Die innere Klasse Inner ist public deklariert und ermöglicht daher, von außerhalb der Klasse Outer ein Objekt zu erzeugen. Dabei erfolgt der Zugriff über die Angabe der äußeren Klasse, z. B.:

```
Outer.Inner @object = new Outer.Inner();
```

Wird die eingebettete Klasse jedoch als `private` definiert, ist ihre Existenz nur im Kontext der umgebenden äußeren Klasse sinnvoll. Von außen kann dann kein Objekt der inneren Klasse mehr erzeugt werden.

Da eingebettete Klassen nicht sehr häufig im .NET Framework auftreten, wollen wir hier auch nicht weiter in diese Programmiertechnik einsteigen.

4.8 Interfaces (Schnittstellen)

4.8.1 Einführung in die Schnittstellen

Das Konzept der Schnittstellen ist am einfachsten zu verstehen, wenn Sie sich deutlich machen, worin genau der Unterschied zwischen einer Klasse und einem Objekt besteht: Klassen sind Schablonen, in denen Methoden und Eigenschaften definiert sind. Die Methoden manipulieren die Eigenschaften und stellen damit das Verhalten eines Objekts sicher. Ein Objekt wird jedoch nicht durch sein Verhalten, sondern durch seine Daten beschrieben, die über Eigenschaften manipuliert werden.

Treiben wir die Abstraktion noch weiter. Wenn Objekte durch Daten beschrieben werden und in einer Klasse Eigenschaften und Methoden definiert sind, dann muss es auch ein Extrem geben, das nur Verhaltensweisen festlegt und keine Daten enthält. Genau diese Position nehmen die Schnittstellen ein.

Die Aufgaben der Schnittstellen gehen über die einfache Fähigkeit, Verhaltensweisen bereitzustellen, hinaus. Bekanntlich wird in .NET die Mehrfachvererbung nicht unterstützt. Damit sind die .NET-Architekten möglichen Schwierigkeiten aus dem Weg gegangen, die mit der Mehrfachvererbung (z. B. in C++) verbunden sind. Andererseits hielten die .NET-Architekten es aber für erstrebenswert, neben der Basisklasse weitere »Oberbegriffe« zuzulassen, um gemeinsame Merkmale mehrerer ansonsten unabhängiger Klassen beschreiben zu können. Mit der Schnittstelle wurde ein Konstrukt geschaffen, das genau diese Möglichkeiten bietet.

Sie müssen sich Schnittstellen wie eine Vertragsvereinbarung vorstellen. Sobald eine Klasse eine Schnittstelle implementiert, hat der auf ein Objekt dieser Klasse zugreifende Code die Garantie, dass die Klasse die Member der Schnittstelle aufweist. Mit anderen Worten: Eine Schnittstelle legt einen Vertragsrahmen fest, den die implementierende Klasse erfüllen muss.

4.8.2 Die Schnittstellendefinition

Schnittstellen können folgendes vorschreiben:

- Methoden
- Eigenschaften (Properties)
- Ereignisse
- Indexer

(Hinweis: Indexer und Ereignisse waren bisher noch kein Thema und werden erst in Kapitel 5, »Delegaten, Ereignisse und Lambda-Ausdrücke«, bzw. Kapitel 10, »Weitere C#-Sprachfeatures«, behandelt.) Es ist übrigens kein Widerspruch, wenn ich eingangs erwähnt habe, dass Schnittstellen keine Daten enthalten, und andererseits Eigenschaften (Properties) erlaubt sind. Mit den Eigenschaften sind die Eigenschaftsmethoden gemeint, die ein get und set beinhalten, nicht die privaten Felder.

Schnittstellen enthalten selbst keine Codeimplementierung, sondern nur abstrakte Definitionen. Schauen wir uns dazu eine einfache Schnittstelle an:

```
public interface ICopy
{
  string Caption {get; set;};
  void Copy();
}
```

Listing 4.28 Definition eines Interface

> **Hinweis**
>
> Konventionsgemäß wird dem Bezeichner einer Schnittstelle ein »I« vorangestellt. Man kann von Konventionen halten, was man will, aber diese sollten Sie unbedingt einhalten.

Die Definition einer Schnittstelle wie in Listing 4.28 ähnelt der Definition einer Klasse, bei der das Schlüsselwort class gegen das Schlüsselwort interface ausgetauscht wird. Fehlt die Angabe eines Zugriffsmodifizierers, gilt eine Schnittstelle standardmäßig als internal, ansonsten kann eine Schnittstelle noch public sein. Hinter der Definition werden in geschweiften Klammern alle Mitglieder der Schnittstelle aufgeführt. Beachten Sie, dass das von den abstrakten Klassen her bekannte Schlüsselwort abstract innerhalb einer Schnittstellendefinition nicht erlaubt ist.

Die Schnittstelle ICopy beschreibt die Eigenschaft Caption sowie die Methode Copy. Weil eine Schnittstelle grundsätzlich nur abstrakte Definitionen bereitstellt, hat kein Mitglied einen Anweisungsblock. Es ist auch kein Zugriffsmodifizierer angegeben. Der C#-Compiler reagiert sogar mit einer Fehlermeldung, wenn Sie einem Schnittstellenmitglied einen Zugriffsmodifizierer voranstellen. Alle von einer Schnittstelle vorgeschriebenen Member gelten grundsätzlich als public.

4.8.3 Die Schnittstellenimplementierung

Bei der Vererbung wird von *Ableitung* gesprochen, analog hat sich bei den Schnittstellen der Begriff *Implementierung* geprägt. Eine Schnittstelle ist wie ein Vertrag, den eine Klasse unterschreibt, sobald sie eine bestimmte Schnittstelle implementiert. Das hat Konsequenzen:

Eine Klasse, die eine Schnittstelle implementiert, muss ausnahmslos jedes Mitglied der Schnittstelle übernehmen. Das erinnert uns an das Ableiten einer abstrakten Klasse: Die ableitende Klasse muss die abstrakten Member implementieren – zumindest, solange die implementierende Klasse ihrerseits nicht selbst abstrakt sein soll.

Eine zu implementierende Schnittstelle wird, getrennt durch einen Doppelpunkt, hinter dem Klassenbezeichner angegeben. In der Klasse werden alle Member, die aus der Schnittstelle stammen (in unserem Beispiel die Methode Copy sowie die Eigenschaft Caption), mit den entsprechenden Anweisungen codiert.

```
class Document : ICopy
{
  public void Copy()
  {
    Console.WriteLine("Das Dokument wird kopiert.");
  }
  private string _Caption;
  public string Caption
  {
    get{ [...] }
    set{ [...] }
  }
  [...]
}
```

Listing 4.29 Implementierung einer Schnittstelle

Hinweis

Erst in der schnittstellenimplementierenden Klasse wird das Feld oder werden die Felder definiert, das bzw. die eine aus der Schnittstelle stammende Property benötigt (siehe Listing 4.29).

Grundsätzlich können Sie jeden beliebigen Code in die Schnittstellenmethoden schreiben. Das ist aber nicht Sinn und Zweck. Stattdessen sollten Sie sich streng daran halten, was die Dokumentation beschreibt. Das bedeutet im Umkehrschluss aber auch, dass eine Schnittstelle ohne Dokumentation wertlos ist. Nur die Dokumentation gibt Auskunft darüber, was eine aus einem Interface stammende Methode leisten soll und wie ihre Rückgabewerte zu interpretieren sind.

Eine Klasse ist nicht nur auf die Implementierung einer Schnittstelle beschränkt, es dürfen – im Gegensatz zur Vererbung – auch mehrere sein, die durch ein Komma voneinander getrennt werden.

```
class Document : ICopy, IDisposable
{
  [...]
}
```

Eine Klasse, die eine oder mehrere Schnittstellen implementiert, darf durchaus auch eine konkrete Basisklasse haben. Dabei wird die Basisklasse vor der Liste der Schnittstellen angegeben. Im folgenden Codefragment bildet Frame die Basis von Document.

```
class Document : Frame, ICopy, IDisposable
{
  [...]
}
```

Schnittstellen dürfen nach der Veröffentlichung, d. h. nach der Verteilung, unter keinen Umständen verändert werden, da sowohl das Interface als auch die implementierende Klasse in einem Vertragsverhältnis zueinander stehen. Die Bedingungen des Vertrags müssen von beiden Vertragspartnern eingehalten werden. Das steht ganz im Widerspruch zu den Verträgen, die Profifußballer heutzutage bei ihren Vereinen unterschreiben ...

> **Hinweis**
>
> Sollten Sie nach dem Veröffentlichen einer Schnittstelle Änderungen oder Ergänzungen vornehmen wollen, müssen Sie eine neue Schnittstelle bereitstellen.

Mit der Veröffentlichung einer Schnittstelle erklärt sich eine Klasse bereit, die Schnittstelle exakt so zu implementieren, wie sie entworfen wurde. Die von der Klasse übernommenen Mitglieder der Schnittstelle müssen daher in jeder Hinsicht identisch mit ihrer Definition sein:

▶ Der Name muss dem Namen in der Schnittstelle entsprechen.

▶ Der Rückgabewert und die Parameterliste dürfen nicht von denen in der Schnittstellendefinition abweichen.

Ein aus einer Schnittstelle stammender Member darf nur public sein. Zulässig sind außerdem die Modifizierer abstract und virtual, während static und const nicht erlaubt sind.

Aus Schnittstellen stammende Methoden zeigen in der implementierenden Klasse immer polymorphes Verhalten. Das setzt sich jedoch nicht automatisch bei den Klassen durch, die eine schnittstellenimplementierende Klasse ableiten. Eine ableitende Klasse kann daher im Weiteren die Schnittstellenmethode mit new verdecken. Soll die Schnittstellenmethode den ableitenden Klassen jedoch polymorph angeboten werden, muss sie mit virtual signiert werden.

Die Unterstützung von Visual Studio

Insbesondere wenn eine Klasse eine Schnittstelle mit vielen Membern implementiert, lohnt es sich, die Schnittstellenmember mit Hilfe von Visual Studio automatisch hinzuzufügen. Gehen Sie dazu mit dem Mauszeiger auf den Schnittstellenbezeichner, und klicken Sie im Kontextmenü auf SCHNELLE AKTIONEN. Wie in Abbildung 4.6 gezeigt, werden Ihnen danach die Optionen SCHNITTSTELLE IMPLEMENTIEREN und SCHNITTSTELLE EXPLIZIT IMPLEMENTIEREN angeboten. In der Regel werden Sie sich für den erstgenannten Punkt entscheiden. Die explizite Schnittstellenimplementierung werde ich weiter hinten noch behandeln.

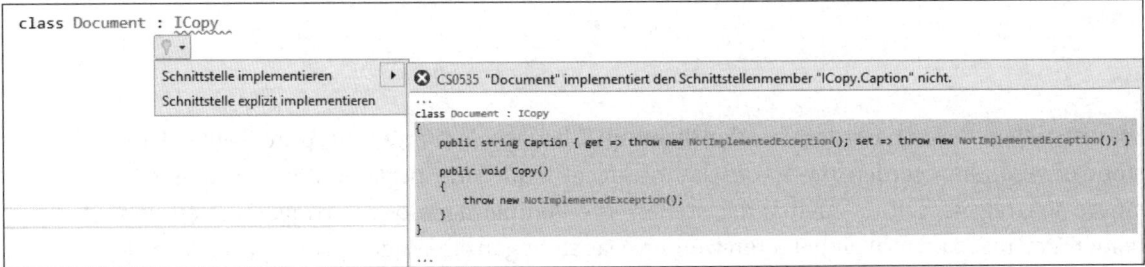

Abbildung 4.6 Die Unterstützung von Visual Studio bei der Schnittstellenimplementierung

Wählen Sie SCHNITTSTELLE IMPLEMENTIEREN, erzeugt Visual Studio den nachfolgend gezeigten Code automatisch.

```csharp
class Document : ICopy
{
  public string Caption
  {
    get => throw new NotImplementedException();
    set => throw new NotImplementedException();
  }
  public void Copy()
  {
    throw new NotImplementedException();
  }
}
```

Listing 4.30 Von Visual Studio automatische generierter Code für das Interface »ICopy«

> **Hinweis**
>
> Ihnen wird sicherlich der Code, der für get und set generiert wird, fremd vorkommen. Bei dem =>-Zeichen handelt es sich um den Lambda-Operator. Bisher haben wir den Lambda-Operator noch nicht betrachtet, werden es aber im nächsten Kapitel an passender Stelle nachholen.

Zugriff auf die Schnittstellenmethoden

Der Aufruf einer aus einer Schnittstelle stammenden Methode unterscheidet sich nicht vom Aufruf einer Methode, die in der Klasse implementiert ist:

```
Document doc = new Document();
doc.Copy();
```

Sie instanziieren zuerst die Klasse und rufen auf das Objekt die Methode auf.

Es gibt aber noch eine andere Variante, die ich Ihnen nicht vorenthalten darf, weil sie wesentlich zum Verständnis der Schnittstellen beiträgt (mehr dazu im folgenden Abschnitt):

```
Document doc = new Document();
ICopy copy = doc;
copy.Copy();
```

Listing 4.31 Zugriff auf die Methode »Copy« über eine Interface-Variable

Auch hierbei ist zunächst ein Objekt vom Typ Document notwendig. Dessen Referenz weisen wir aber anschließend einer Variablen vom Typ der Schnittstelle ICopy zu. Auf dieser rufen wir dann die Methode Copy auf.

Mehrdeutigkeiten mit expliziter Implementierung vermeiden

Implementiert eine Klasse mehrere Schnittstellen, kann es passieren, dass in zwei oder mehr Schnittstellen ein gleichnamiges Mitglied definiert ist. Diese Mehrdeutigkeit wird durch die *explizite Implementierung* einer Schnittstelle aus der Welt geschafft. Eine explizite Implementierung ist der vollständig kennzeichnende Name eines Schnittstellenmitglieds. Er besteht aus dem Namen der Schnittstelle und dem Bezeichner des implementierten Mitglieds, getrennt durch einen Punkt.

Nehmen wir an, in den beiden Schnittstellen ICopy und IAddress wäre jeweils eine Methode Copy definiert:

```
public interface ICopy
{
  void Copy();
}
public interface IAddress
{
  void Copy();
}
```

Listing 4.32 Mehrdeutigkeit bei Schnittstellen

In einer Klasse Document, die beide Schnittstellen aus Listing 4.32 implementiert, könnten die Methoden, wie im folgenden Codefragment gezeigt, explizit implementiert werden, um sie eindeutig den Schnittstellen zuzuordnen:

```
class Document : ICopy, IAddress
{
  void ICopy.Copy()
  {
    Console.WriteLine("Copy-Methode in ICopy");
  }
  void IAddress.Copy()
  {
    Console.WriteLine("Copy-Methode in IAdresse");
  }
  [...]
}
```

Listing 4.33 Explizite Schnittstellenimplementierung

Es müssen nicht zwangsläufig beide Copy-Methoden explizit implementiert werden. Um eine eindeutige Schnittstellenzuordnung zu gewährleisten, würde eine explizite Implementierung vollkommen ausreichen.

Explizit implementierte Schnittstellen haben keinen Zugriffsmodifizierer, denn im Zusammenhang mit der expliziten Schnittstellenimplementierung ist eine wichtige Regel zu beachten.

> Bei der expliziten Implementierung eines Schnittstellenmembers darf weder ein Zugriffsmodifizierer noch einer der Modifikatoren abstract, virtual, override oder static angegeben werden.

Auf die explizite Implementierung eines Schnittstellenmembers kann nur über eine Schnittstellenreferenz zugegriffen werden, wie das folgende Codefragment zeigt:

```
Document doc = new Document();
ICopy copy = doc;
copy.Copy();
IAddress adresse = doc;
adresse.Copy();
```

Jetzt ist gewährleistet, dass die jeweils korrekte Methode aufgerufen wird.

Schnittstellen, die selbst Schnittstellen implementieren

Mehrere Schnittstellen lassen sich zu einer neuen Schnittstelle zusammenfassen. Das folgende Codefragment zeigt, wie die Schnittstelle ICopy die Schnittstelle ICompare implementiert:

```
public interface ICompare
{
  int Compare(Object obj);
}
public interface ICopy : ICompare
{
  void Copy();
}
```

Eine Klasse, die sich die Dienste der Schnittstelle ICopy sichern möchte, muss beide Methoden bereitstellen: die der Schnittstelle ICompare und die spezifische der Schnittstelle ICopy:

```
class Document : ICopy
{
  public void Copy()
  {
    [...]
  }
  public int Compare(object obj)
  {
    [...]
  }
}
```

4.8.4 Die Interpretation der Schnittstellen

Schnittstellen zu codieren ist sehr einfach. Da werden Sie mir zustimmen. Aber wahrscheinlich werden Sie sich nun fragen, welchen Sinn bzw. welche Aufgabe eine Schnittstelle hat. Schließlich ließen sich die Schnittstellenmember doch auch direkt in einer Klasse codieren, ohne vorher den Umweg der Implementierung eines interface-Typs gehen zu müssen.

Natürlich steckt hinter einem interface nicht die Absicht, den Programmcode unnötig komplex zu gestalten. Tatsächlich lässt sich die Existenz durch zwei Punkte rechtfertigen:

▶ Mit einer Schnittstelle wird die fehlende Mehrfachvererbung ersetzt, ohne gleichzeitig deren gravierende Nachteile in Kauf nehmen zu müssen.

▶ Mit einer Schnittstelle kann ein Typ vorgegeben werden, dessen exakte Typangabe nicht bekannt ist.

Der letzte Punkt ist dabei nur eine logische Konsequenz des zuerst aufgeführten. Beide Aussagen möchte ich Ihnen im Folgenden beweisen.

Schnittstellen als Ersatz der Mehrfachvererbung

Weiter vorn in Listing 4.31 haben wir die folgenden beiden Anweisungen im Programmcode geschrieben:

```
Document doc = new Document();
ICopy copy = doc;
```

Kommt Ihnen das nicht bekannt vor? Sehr ähnlich sahen zwei Anweisungen aus, die wir in Abschnitt 4.3.1 geschrieben hatten:

```
Flugzeug flg = new Flugzeug();
Luftfahrzeug lfzg = flg;
```

Die beiden Anweisungen bildeten die Grundlage für die Aussage, dass Sie eine Subklassenreferenz immer einer Basisklassenreferenz zuweisen können. Wie das vorletzte Codefragment zeigt, können Sie einer Interface-Variablen die Referenz eines Objekts übergeben, das die entsprechende Schnittstelle implementiert. Das führt zu der folgenden Aussage:

> Im Programmcode kann eine Schnittstelle genauso behandelt werden, als würde es sich um eine Basisklasse handeln.

Die daraus resultierende Konsequenz und Interpretation möchte ich am Beispiel des Projekts *GeometricObjectsSolution* verdeutlichen. Erinnern Sie sich bitte an die Aussage, dass alle abgeleiteten Klassen gleichzeitig vom Typ der Basisklasse sind. Das bedeutet mit anderen Worten: Bei Objekten vom Typ Circle, Rectangle, GraphicCircle und GraphicRectangle handelt es sich um geometrische Objekte. GeometricObject beschreibt demnach eine Familie geometrischer Objekte, weil die ableitenden Klassen alle Member der Basisklasse GeometricObject aufweisen.

Betrachten wir nun die beiden Klassen GraphicCircle und GraphicRectangle. Beide weisen mit der Methode Draw ein gemeinsames Merkmal auf. Wir können die Methode Draw auch über eine Schnittstelle bereitstellen, die von GraphicCircle und GraphicRectangle implementiert wird.

```
public interface IDraw
{
  void Draw();
}
public class GraphicCircle : Circle, IDraw
{
  [...]
```

```
  public virtual void Draw()
  {
    Console.WriteLine("Der Kreis wird gezeichnet");
  }
}
public class GraphicRectangle : Rectangle, IDraw
{
  [...]
  public virtual void Draw()
  {
    Console.WriteLine("Das Rechteck wird gezeichnet");
  }
}
```

Listing 4.34 Ergänzung des Beispielprogramms »GeometricObjectsSolution« um »IDraw«

Ein erster Blick auf den überarbeiteten Programmcode scheint uns eher Nachteile als Vorteile zu bescheren, denn er ist komplexer geworden. Nun betrachten Sie bitte Abbildung 4.7. Entgegen der ansonsten üblichen normgerechten Darstellung einer Schnittstelle mit einem Strich, der an einem Ende einen kleinen Kreis hat, wird hier die Schnittstelle IDraw wie eine Basisklasse dargestellt. GeometricObject selbst beschreibt alle geometrischen Objekte und bildet damit eine Familie. In gleicher Weise beschreibt IDraw alle Objekte, die gezeichnet werden können. Dazu gehören GraphicCircle und GraphicRectangle. Die beiden letztgenannten sind damit sogar Mitglieder von zwei ganz unterschiedlichen Familien.

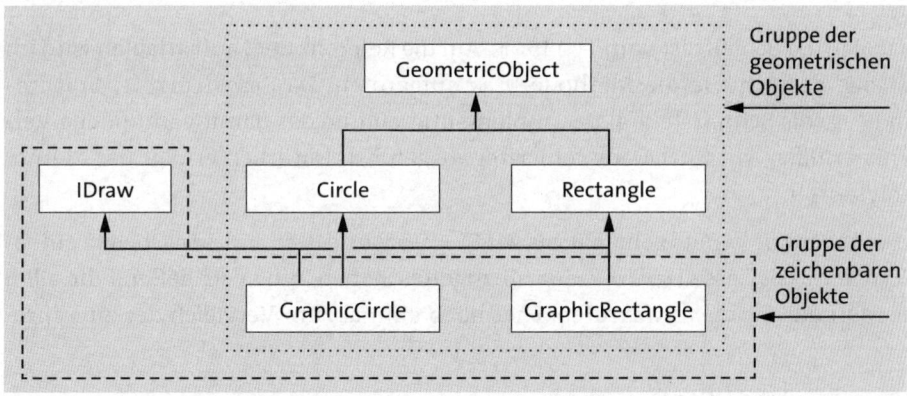

Abbildung 4.7 Die Interpretation einer Schnittstelle als Basisklasse und ihre Folgen

Nutzen können wir daraus erst ziehen, wenn wir eine weitere Klasse codieren – nennen wir sie Auto –, die ebenfalls die Schnittstelle IDraw implementiert.

```
public class Auto : IDraw
{
  [...]
  public virtual void Draw()
  {
    Console.WriteLine("Das Auto wird gezeichnet");
  }
}
```

Was hat nun die Klasse Auto beispielsweise mit GraphicCircle zu tun? Eigentlich nichts. Dennoch haben beide ein gemeinsames Merkmal: Objekte dieser beiden Klassen lassen sich zeichnen, weil beide dieselbe »Basis« haben und die Methode Draw implementieren.

Sie könnten nun Objekte vom Typ Auto, GraphicCircle und GraphicRectangle in ein Array vom Typ IDraw stecken und in einer Schleife die allen gemeinsame Methode Draw aufrufen, z. B.:

```
IDraw[] arr = new IDraw[5];
arr[0] = new GraphicCircle();
arr[1] = new GraphicRectangle();
arr[2] = new Auto();
arr[3] = new GraphicCircle();
arr[4] = new Auto();
foreach (IDraw item in arr)
  item.Draw();
```

Listing 4.35 Gemeinsame Behandlung mehrerer schnittstellengleicher Typen

Die Laufvariable in der Schleife ist vom Typ IDraw. Auf die Referenz der Laufvariablen wird im Anweisungsblock der Schleife die Methode Draw aufgerufen. Da GraphicCircle, GraphicRectangle und Auto die Schnittstelle IDraw implementieren und das damit verbundene Vertragsverhältnis erfüllen, wird der Code fehlerfrei ausgeführt. Natürlich erfolgt der Methodenaufruf polymorph.

Nichts anderes haben wir bereits gemacht, als wir Flugzeug- und Hubschrauber-Objekte einem Array vom Typ der Basisklasse Luftfahrzeug hinzugefügt haben, um anschließend die allen gemeinsame Methode Starten aufzurufen. Hier noch einmal zum Vergleich der angesprochene Code:

```
Luftfahrzeug[] arr = new Luftfahrzeug[5];
arr[0] = new Flugzeug();
arr[1] = new Zeppelin();
arr[2] = new Hubschrauber();
[...]
foreach (Luftfahrzeug item in arr)
  item.Starten();
```

Anhand dieser beiden Beispiele bestätigt sich die Aussage, dass Schnittstellen eine Alternative zu der von .NET nicht unterstützten Mehrfachvererbung darstellen und Interfaces im Programmcode genauso behandelt werden können, als wären sie Basisklassen.

Schnittstellen als Ersatz exakter Typangaben

Nun wollen wir mehrere verschiedene geometrische Objekte miteinander vergleichen und dabei eine Liste erstellen, bei deren Ausgabe die Objekte der Größe nach sortiert werden. Als Kriterium der Größe soll uns die Fläche der Objekte dienen, so dass wir auch Rechtecke mit Kreisen vergleichen können. Wir müssen nicht unbedingt eine eigene Methode mit einem Sortieralgorithmus schreiben, wir können dabei auf Methoden zurückgreifen, die in der .NET-Klassenbibliothek zu finden sind.

Jetzt stellt sich sofort die Frage: Wie soll das denn geschehen, denn die Architekten der .NET-Klassenbibliothek wussten doch nicht, dass wir mehrere Objekte vom Typ GeometricObject einem Vergleich unterziehen wollen? Wir hätten unsere Klassen Circle, GraphicCircle, Rectangle und GraphicRectangle auch anders benennen können.

Auch bei der Lösung dieses Problems spielen Schnittstellen die alles entscheidende Rolle. Ich möchte Ihnen das an einem Beispiel zeigen, in dem die zu sortierenden Objekte in einem Array zusammengefasst werden:

```
GeometricObject[] arr = new GeometricObject[5];
arr[0] = new Circle(34);
arr[1] = new Rectangle(10, 230);
[...]
```

Listing 4.36 Zusammenfassen mehrerer Objekte in einem Array

Mit Hilfe der Klasse Array, die uns die statische Methode Sort zur Verfügung stellt, können wir unsere geometrischen Objekte sortieren. Die Methode ist vielfach überladen. Für uns ist die folgende Überladung von Interesse:

```
public static void Sort(Array array, IComparer comparer)
```

Dem ersten Parameter übergeben wir das zu sortierende Array, in unserem Fall also arr. Der zweite Parameter ist vom Typ der Schnittstelle IComparer. Natürlich können Sie dem Methodenaufruf keine Instanz vom Typ IComparer übergeben, da Schnittstellen nicht instanziierbar sind. So ist die Typangabe des zweiten Parameters auch nicht zu verstehen. Stattdessen verlangt der zweite Parameter lediglich, dass das ihm übergebene Argument ein Objekt ist, das die Schnittstelle IComparer implementiert – egal, ob das Objekt vom Typ DemoClass, Circle, Auto oder HalliGalli ist.

Denken Sie noch einmal an die Aussagen in diesem Kapitel: Das Objekt einer abgeleiteten Klasse ist gleichzeitig ein Objekt der Basisklasse. Außerdem kann eine Schnittstelle wie eine Basisklasse betrachtet werden. Dadurch, dass ein Parameter vom Typ einer Schnittstelle definiert ist, wird uns lediglich vorgeschrieben, dass die Member der Schnittstelle – in diesem Fall IComparer – von der Klasse implementiert sind. Im Fall von IComparer handelt es sich um die Methode Compare, die zwei Objekte des angegebenen Arrays miteinander vergleicht. Welche weiteren Member sich noch in der Klasse tummeln, die ICompare implementiert, interessiert in diesem Zusammenhang nicht.

Sehen wir uns nun die Definition der Schnittstellenmethode von IComparer an:

```
int Compare(Object x, Object y)
```

Die Methode Sort der Klasse Array kann natürlich nicht wissen, nach welchen Kriterien zwei zu vergleichende Objekte als größer oder kleiner eingestuft werden sollen. Dies ist die Aufgabe der Methode Compare. Anhand des Rückgabewerts (siehe Tabelle 4.1) werden die Objekte im Array nach einem internen Algorithmus in Sort umgeschichtet, und zwar so lange, bis alle Array-Elemente in der richtigen Reihenfolge stehen.

Wert	Bedingung
< 0	x ist kleiner als y.
0	x und y sind gleich groß.
> 0	x ist größer als y.

Tabelle 4.1 Die Rückgabewerte der Methode »Compare« des Interface »IComparer«

4.8.5 Sortieren im Beispiel »GeometricObjectsSolution«

Wir wollen das zuvor beschriebene Sortieren der Elemente eines Arrays nun konkret am Beispiel unserer geometrischen Objekte ausprobieren. Dazu fügen wir, wie in Listing 4.34, die Schnittstellendefinition für IDraw dem Projekt hinzu und ergänzen die beiden Klassen GraphicCircle und GraphicRectangle um IDraw.

Wir benötigen dann noch die Vergleichsklasse, die IComparer implementiert. Sie soll GeometricObjectComparer heißen. Die Schnittstelle IComparer ist dem Namespace System.Collections zugeordnet, der mit using bekannt gegeben werden muss.

```
public class GeometricObjectComparer : IComparer
{
  public int Compare(object x, object y)
  {
    GeometricObject geo1 = x as GeometricObject;
    GeometricObject geo2 = y as GeometricObject;
    if (geo1 != null && geo2 != null)
      return geo1.Bigger(geo2);
    else
```

4.8.6   Weitere Anpassungen am Projekt »GeometricObjectsSolution«

Die Schnittstelle IDraw, von der die beiden Klassen GraphicCircle und GraphicRectangle durch Implementierung profitieren, haben wir bereits im letzten Abschnitt dem Projekt hinzugefügt. Aber es gibt noch eine weitere, sinnvolle Schnittstelle in diesem Zusammenhang. Den Hinweis dazu liefert die einfach parameterlose Methode Sort der Klasse Array. Diese Methode erwartet nur das zu sortierende Array. Allerdings muss die zu sortierende Klasse das Interface IComparable implementieren, das die Methode CompareTo vorschreibt. Diese wird wie folgt beschrieben:

```
int CompareTo(Object obj);
```

Wir müssen also, um die einfachste Variante der Sort-Methode nutzen zu können, die Klasse GeometricObject wie im folgenden Codefragment gezeigt erweitern:

```
public abstract class GeometricObject : IComparable
{
  [...]
}
```

Hinweis

Die beiden Schnittstellen IComparer und IComparable sind sehr ähnlich und leisten letztendlich dasselbe. IComparer dient dazu, die vorgeschriebene Compare-Methode in einer separaten Klasse zu implementieren, ähnlich wie es GeometricObjectComparer macht. IComparable wird von den Klassen implementiert, deren Objekte direkt sortiert werden sollen. Beispielsweise wird IComparable von allen elementaren Datentypen wie String, Boolean oder Int32 genutzt. Deshalb können Sie ohne besondere Maßnahmen eine Liste von Integer-Werten sofort sortieren.

Abgesehen vom Datentyp des Parameters und vom Bezeichner sind die Instanzmethode Bigger und die Schnittstellenmethode CompareTo gleich, da sie das gleiche Resultat an den Aufrufer zurückgeben. Es liegt also nahe, die derzeitige Implementierung

```
public virtual int Bigger(GeometricObject obj)
{
  if (obj == null || GetArea() > obj.GetArea()) return 1;
  if (GetArea() < obj.GetArea()) return -1;
  return 0;
}
```

Listing 4.39   Aktuelle Implementierung der Methode »Bigger«

umzuschreiben. Dazu müssen wir den Typ des Parameters ändern und natürlich auch den Methodenbezeichner. Innerhalb der Methode ist eine Konvertierung des Übergabeparameters vom Typ `Object` in `GeometricObject` notwendig. Dazu bietet sich der as-Operator an, der `null` zurückliefert, falls die Konvertierung nicht möglich ist.

Das einzige Problem, das wir lösen müssen, ist der Fall des Scheiterns der Konvertierung. Theoretisch könnten wir einen festgeschriebenen Fehlerwert an den Aufrufer zurückliefern, aber dieser würde unter Umständen zu einer Fehlinterpretation seitens des Aufrufers führen. Um einen zweckmäßigen, lauffähigen Code zu haben, ist es optimal, in diesem Fall eine Ausnahme auszulösen.

```
public virtual int CompareTo(Object obj)
{
  GeometricObject geoObject = obj as GeometricObject;
  if (geoObject != null)
  {
    if (GetArea() < geoObject.GetArea()) return -1;
    if (GetArea() == geoObject.GetArea()) return 0;
    return 1;
  }
  // Auslösen einer Ausnahme
  throw new ArgumentException("Es wird der Typ 'GeometricObject' erwartet.");
}
```

Listing 4.40 Ändern der ursprünglichen Methode »Bigger« in der Klasse »GeometricObject«

Da es jetzt keine Instanzmethode `Bigger` mehr gibt, würde das Kompilieren der Anwendung zum jetzigen Zeitpunkt zu einem Fehler führen, weil die Vergleichsklasse `GeometricObject-Comparer` `Bigger` aufruft. Wir müssen hier nur den Methodenaufruf von `Bigger` durch `CompareTo` ersetzen.

Anmerkung

Sie finden die vollständige Zusammenfassung des Codes unter ..*Beispiele\Kapitel 4\GeometricObjectsSolution_4*.

4.9   Das Zerstören von Objekten – der Garbage Collector

4.9.1   Die Arbeitsweise des Garbage Collectors

Ein Konstruktor wird aufgerufen, wenn das Objekt einer Klasse erzeugt wird. Damit beginnt der Lebenszyklus des Objekts. Objekte benötigen Speicherressourcen für ihre Daten. Solange ein Objekt noch referenziert wird, müssen die Daten im Speicher bleiben. Verliert ein Objekt seine letzte Referenz oder wird der Objektreferenz `null` zugewiesen, beispielsweise mit

```
Circle kreis = new Circle();
[...]
kreis = null;
```

können die vom Objekt beanspruchten Speicherressourcen freigegeben werden. Das geschieht jedoch nicht sofort. Vielmehr beanspruchen die Objekte weiterhin Speicher, obwohl sie vom laufenden Programm nicht mehr genutzt werden können. Unter .NET ist es, im Gegensatz zu anderen Programmierumgebungen, nicht möglich, mittels Programmcode den Speicher eines Objekts freizugeben. Stattdessen sorgt eine spezielle Komponente der Common Language Runtime (CLR) für die notwendige Speicherbereinigung: der *Garbage Collector* (GC).

Der Garbage Collector arbeitet nichtdeterministisch, das heißt, es kann nicht vorhergesagt werden, wann er aktiv wird. Damit stellt sich sofort die Frage, nach welchen Kriterien der GC seine Arbeit aufnimmt und eine Speicherbereinigung durchführt.

Als selbständige Ausführungseinheit (*Thread*) genießt der GC keine hohe Priorität und kann erst dann den Prozessor in Anspruch nehmen, wenn die Anwendung beschäftigungslos ist. Theoretisch könnte das bedeuten, dass eine vielbeschäftigte Anwendung dem GC keine Chance lässt, jemals aktiv zu werden. Dem ist tatsächlich so, es gibt aber eine wichtige Einschränkung: Noch bevor den Speicherressourcen der Anwendung die »Luft ausgeht«, ist die zweite Bedingung erfüllt, um die Speicherbereinigung mit dem GC anzustoßen. Der Garbage Collector wird also spätestens dann nach allen nicht mehr referenzierten Objekten suchen und ihren Speicherplatz freigeben, wenn die Speicherressourcen knapp werden. Die dritte Situation ist gegeben, wenn die Anwendung geschlossen wird. Auch in diesem Moment wird der Garbage Collector aktiv. Das hängt damit zusammen, dass dies die letzte Chance darstellt, von einem Objekt beanspruchte Fremdressourcen freizugeben.

> **Hinweis**
>
> Der Garbage Collector ist nur im Zusammenhang mit Referenztypen von Bedeutung. Daten, die auf Wertetypen basieren, hören automatisch auf zu existieren, wenn ihr Gültigkeitsbereich verlassen wird.

Die Arbeit des Garbage Collectors ist sehr zeitintensiv, da sich im Hintergrund sehr viele interne Aktivitäten abspielen, auch eine Defragmentierung des Speichers. Dabei werden Objekte in andere Bereiche des Heaps kopiert und die entsprechenden Verweise auf diese Objekte aktualisiert. Das kostet in jedem Fall Performance.

Damit der Garbage Collector nicht unnötig viel Zeit beansprucht, ist der Speicherbereinigungsprozess ein ausgesprochen ausgeklügeltes System. Unter anderem werden die Objekte auf drei separate Speicherbereiche aufgeteilt, die als *Generationen* bezeichnet werden. Das Konzept der Speicherbereinigung unter Berücksichtigung der Generationen ist dabei wie folgt:

▶ Generation 0 bleibt den neuen Objekten vorbehalten. Ist dieser Speicherbereich voll, wird der Garbage Collector aktiv und gibt die Speicherressourcen der nicht mehr benötigten Objekte der Generation 0 frei. Alle anderen Objekte dieser Generation werden in den Bereich der Generation 1 kopiert.

▶ Sollte der erste Vorgang nicht genügend Speicherressourcen freigesetzt haben, erfasst der Garbage Collector auch den Bereich der Objekte, die bereits Generation 1 zugeordnet sind. Objekte, die dort nicht mehr referenziert werden, werden gelöscht, alle anderen in den Bereich der Generation 2 verschoben.

▶ Reicht auch danach der Speicher immer noch nicht aus, wird der Garbage Collector auch alle nicht mehr benötigten Objekte der Generation 2 löschen.

Die Idee, die hinter dem Prinzip der Generationen steckt, beruht darauf, dass die meisten Objekte nur für eine relativ kurze Zeitspanne benötigt werden. Je »älter« aber ein Objekt ist, umso größer ist die Wahrscheinlichkeit, dass es auch weiterhin benötigt wird. Das ist der Grund, warum der Garbage Collector sich zuerst um die Objekte der Generation 0 (also verhältnismäßig »junge« Objekte) kümmert und nur dann die der Generation 1 und eventuell auch die der Generation 2 erfasst, wenn die freigegebenen Ressourcen anschließend immer noch nicht ausreichend sind.

4.9.2   Expliziter Aufruf des Garbage Collectors

Sie können mittels Code nicht die Speicherressourcen eines einzelnen Objekts freigeben, aber immerhin können Sie veranlassen, dass der Garbage Collector aktiv wird. Dazu rufen Sie die statische Methode Collect der Klasse GC auf:

Dieser Aufruf veranlasst den Garbage Collector, alle drei Generationen zu bereinigen. Sie können den Aufruf optimieren, indem Sie der Methode mitteilen, welche die letzte noch zu bereinigende Generation sein soll. Mit

```
GC.Collect(1);
```

erreichen Sie, dass die verwaisten Objekte der Generationen 0 und 1 zerstört werden.

Die Klasse GC eignet sich auch, um in Erfahrung zu bringen, welcher Generation ein bestimmtes Objekt zugeordnet ist. Rufen Sie dazu die statische Methode GetGeneration unter Übergabe des abzufragenden Objekts auf:

```
int generation = GC.GetGeneration(kreis);
```

4.9.3 Der Destruktor

Der Garbage Collector sorgt dafür, dass der Speicherplatz nicht mehr referenzierter Objekte freigegeben wird. Es gibt aber auch Objekte, die ihrerseits Referenzen auf externe Fremdressourcen halten. Dabei kann es sich zum Beispiel um Datenbankverbindungen oder geöffnete Dateien handeln. Solche Fremdressourcen werden vom Garbage Collector nicht verwaltet und konsequenterweise auch nicht freigegeben. Dafür sind die Objekte selbst verantwortlich.

Ein zweistufiges Modell unterstützt bei der Freigabe der Fremdressourcen:

▶ der Destruktor

▶ die Schnittstelle IDisposable

Widmen wir uns zuerst dem Destruktor, der im Fall der Klasse Circle wie folgt lautet:

```
~Circle() {  }
```

Eingeleitet wird der Destruktor mit dem Tildezeichen, danach folgt der Klassenbezeichner mit dem obligatorischen runden Klammerpaar und zum Schluss der Anweisungsblock. Ein Destruktor hat weder einen Zugriffsmodifizierer noch eine Parameterliste oder die Angabe eines Rückgabetyps. Der C#-Compiler wandelt den Destruktor in eine Überschreibung der von Object geerbten Methode Finalize um und markiert das Objekt gleichzeitig als »finalisierungsbedürftig«.

Bei der Instanziierung eines Objekts werden die Konstruktoren beginnend bei Object über den Konstruktor der davon direkt abgeleiteten Klasse bis hin zu der Klasse, von der das Objekt erstellt werden soll, durchlaufen (siehe Abbildung 4.3). Bei den Destruktoren kehrt sich dieser Sachverhalt genau um: Es wird zuerst der Destruktor der am meisten abgeleiteten Klasse aufgerufen und abgearbeitet, danach der der direkten Basisklasse und so weiter – bis hin zum Destruktor von Object (siehe Abbildung 4.8).

Aus dem Programmcode heraus kann der Destruktor nicht aufgerufen werden. Das kann nur der Garbage Collector bei seinen Aufräumarbeiten. Trifft der Garbage Collector auf ein verwaistes und zur Finalisierung anstehendes Objekt, erzeugt er einen neuen Objektverweis und stellt danach das Objekt in eine Finalisierungswarteschlange. Ein separater Thread arbeitet diese Warteschlange ab, ruft die Methode Finalize auf und markiert das Objekt. Erst beim nächsten Speicherbereinigungsprozess wird das Objekt komplett entfernt und dessen Speicherplatz freigegeben.

Der gesamte Vorgang ist sehr aufwendig und muss mit einer Leistungseinbuße bezahlt werden. Sie sollten daher nur dann einen Destruktor bereitstellen, wenn er tatsächlich benötigt wird.

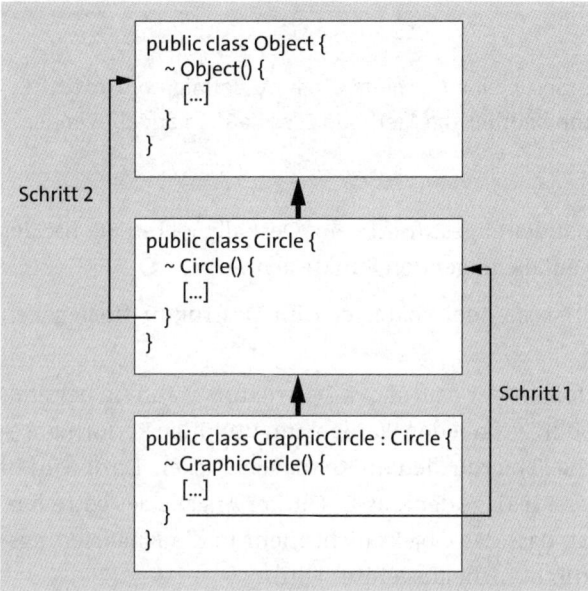

Abbildung 4.8 Verkettung der Destruktoraufrufe

4.9.4   Die »IDisposable«-Schnittstelle

Mit einem Destruktor sind zwei gravierende Nachteile verbunden:

▸ Wenn ein Destruktor implementiert ist, kann nicht exakt vorherbestimmt werden, wann er vom Speicherbereinigungsprozess ausgeführt wird.

▸ Ein Destruktor kann nicht explizit aus dem Code heraus aufgerufen werden.

Wie Sie bereits wissen, werden die Aufräumarbeiten angestoßen, wenn durch die Beschäftigungslosigkeit einer laufenden Anwendung der niedrig priorisierte Thread des Garbage Collectors seine Arbeit aufnimmt oder sich die Speicherressourcen verknappen. Tatsächlich sind sogar Situationen denkbar, die niemals zum Destruktoraufruf führen – denken Sie nur an den Absturz des Rechners. Folglich kann auch nicht garantiert werden, dass der GC überhaupt jemals seine ihm zugedachte Aufgabe verrichtet. Wenn ein Objekt aber kostspielige oder begrenzte Ressourcen beansprucht, muss sichergestellt sein, dass sie so schnell wie möglich wieder freigegeben werden.

Um dem Problem zu begegnen, können Sie zusätzlich zum Destruktor eine öffentliche Methode implementieren, die der Benutzer der Klasse explizit aufrufen kann. Grundsätzlich können Sie dazu jede beliebige Methode schreiben, jedoch empfiehlt es sich, die Schnittstelle IDisposable zu implementieren, die die Methode Dispose vorschreibt.

Hinweis

Es ist unüblich, anstelle der Methode Dispose eine Methode Close zu definieren. Trotzdem weisen viele Klassen in der .NET-Klassenbibliothek die Methode Close auf, in der aber in der Regel Dispose aufgerufen wird.

Destruktor und Dispose müssen aufeinander abgestimmt sein. Deshalb sollten Sie bei der Codierung von Destruktor und Dispose auf die folgenden Punkte achten:

▶ Alle Fremdressourcen sollten von Dispose oder spätestens im Destruktor freigegeben werden.

▶ Wird Dispose auf ein Objekt aufgerufen, ist der Aufruf des Destruktors während der endgültigen Finalisierung unnötig und sollte vermieden werden, um unnötige Performanceeinbußen zu vermeiden und mögliche Fehlerquellen im Keim zu ersticken. Dazu wird in Dispose die statische Methode SuppressFinalize der Klasse GC unter Angabe des betreffenden Objekts aufgerufen. Die Folge ist, dass das Objekt nicht mehr in die Finalisierungswarteschlange gestellt und der Destruktor nicht ausgeführt wird.

▶ Für den Fall, dass die Methode Dispose nicht explizit aufgerufen wird, sollte der Aufruf aus dem Destruktor heraus erfolgen.

▶ Im Destruktor werden in der Regel nur externe, nicht verwaltete Ressourcen freigegeben. Das bedeutet auch, dass Felder, die auf Referenztypen basieren, nur in Dispose freigegeben werden dürfen (z. B. durch Setzen auf null oder den Aufruf der Dispose-Methode dieser Objekte). Der Grund dafür ist, dass beim Aufruf von Dispose noch alle Objekte über einen Verweis erreichbar sind, bei der Ausführung des Destruktors jedoch nicht mehr.

▶ Möglicherweise sollte die Methode Dispose der Basisklasse aufgerufen werden.

▶ Sie sollten sicherstellen, dass Dispose bei einem mehrfachen Aufruf ohne Fehler reagiert.

Ein Codemuster, das den Anforderungen der genannten Punkte genügt, wird üblicherweise wie folgt implementiert:

```
public class Demo : IDisposable
{
  bool disposed = false;
  public void Dispose()
  {
    // wird nur beim ersten Aufruf ausgeführt
    if (!disposed)
    {
      Dispose(true);
      GC.SuppressFinalize(this);
      disposed = true;
    }
```

```
    }
    protected virtual void Dispose(bool disposing)
    {
      if (disposing)
      {
      // Freigabe verwalteter Objekte
      }
      // Freigabe von Fremdressourcen
    }
    // Destruktor
    ~Demo()
    {
      Dispose(false);
    }
}
```

Listing 4.41 Die Implementierung von »IDisposable« und Destruktor

Neben der parameterlosen Methode Dispose, die aus der Schnittstelle IDisposable stammt, und dem Konstruktor enthält die Klasse eine zweite, überladene Dispose-Methode. In dieser sind die Freigabe der Fremdressourcen und die Freigabe etwaig vorhandener verwalteter Objekte codiert.

Wie bereits oben beschrieben, dürfen verwaltete Ressourcen während der Destruktorausführung nicht mehr freigegeben werden. Daher wird die überladene Dispose-Methode vom Destruktor unter Übergabe von false, aus der parameterlosen Dispose-Methode unter Übergabe von true aufgerufen. Der Wert des booleschen Parameters wird ausgewertet und dazu benutzt, festzustellen, um welchen Aufrufer es sich handelt. Nach der Sondierung werden Fremdressourcen und verwaltete Ressourcen entsprechend bereinigt.

Hinweis

Wenn Sie die IDisposable-Schnittstelle mit Hilfe von Visual Studio über das Kontextmenü SCHNELLE AKTIONEN implementieren lassen, wird Ihnen die Option SCHNITTSTELLE MIT DISPOSE-MUSTER IMPLEMENTIEREN angeboten. Dabei wird die Struktur des Dispose-Patterns erzeugt, so wie Sie es in Listing 4.41 sehen.

4.9.5   Die »using«-Anweisung zum Zerstörung von Objekten

C# stellt eine alternative Möglichkeit bereit, ein Objekt schnellstmöglich zu zerstören. Es handelt sich hierbei um das Schlüsselwort using, das in diesem Fall nicht als Direktive, sondern als Anweisung eingesetzt wird.

```
using (Demo obj = new Demo())
{
  obj.DoSomething();
}
```

Im Ausdruck hinter using wird ein Objekt instanziiert, dessen Dispose-Methode automatisch nach dem Verlassen des Anweisungsblocks aufgerufen wird. Die Klasse, die im Ausdruck instanziiert wird, muss nur eine Bedingung erfüllen: Sie muss die Schnittstelle IDisposable implementieren.

Der Einsatzbereich von using im Zusammenspiel mit der Schnittstelle IDisposable hat sich mit C# 8.0 sogar noch erweitert. Soll die Methode Dispose für mehrere Objekte nach dem Schließen des Anweisungsblocks aufgerufen werden, können Sie alle Objekte vor dem Anweisungsblock instanziieren, so wie es das folgende Listing zeigt.

```
void DoSomething()
{
  using (Demo p1 = new Demo())
  using (Demo p2 = new Demo())
  using (Demo p3 = new Demo())
  {
    [...]
  }
}
```

Beachten Sie bitte, dass in diesem Einsatzfall weder Kommata noch ein Semikolon gesetzt wird.

Möchten Sie den Aufruf von Dispose erst am Ende einer Methode bewirken, notieren Sie die Anweisungen getrennt durch ein Semikolon. Außerdem dürfen die runden Klammern um die einzelnen Instanziierungsausdrücke nicht angegeben werden.

```
void DoSomething()
{
  using Demo p1 = new Demo();
  using Demo p2 = new Demo();
  using Demo p3 = new Demo();
  [...]
}
```

4.10   Die Ergänzungen in den Klassen »Circle« und »Rectangle«

Zum Abschluss der Betrachtungen zur Objektzerstörung sollen noch die Klassen Circle und Rectangle überarbeitet werden. Bisher ist es nämlich noch immer so, dass die Objektzähler zwar erhöht, aber bei Zerstörung eines Objekts nicht reduziert werden.

Wir implementieren daher in den genannten Klassen die IDisposable-Schnittstelle und den jeweiligen Destruktor. Nachfolgend zeige ich das exemplarisch anhand der Klasse Circle.

```csharp
public class Circle : GeometricObject, IDisposable
{
  private bool disposed;
  public void Dispose()
  {
    if (!disposed)
    {
      CountCircles--;
      CountGeometricObjects--;
      GC.SuppressFinalize(this);
      disposed = true;
    }
  }
  ~Circle()
  {
    Dispose();
  }
  [...]
}
```

Listing 4.42 Destruktor und »Dispose« in der Klasse »Circle«

Bei der Bereitstellung der Dispose-Methode in Circle und Rectangle müssen Sie darauf achten, auch den allgemeinen Zähler in GeometricObject zu reduzieren. Dazu ist in Dispose diese Anweisung notwendig:

```csharp
GeometricObject.CountGeometricObjects--;
```

Obwohl nun Destruktor und Dispose dafür sorgen, den Objektzähler bei Freigabe eines Objekts zu reduzieren, müssen Sie sich bewusst sein, dass Sie zu keinem Zeitpunkt garantieren können, dass der Zähler den richtigen Stand hat. Sie bleiben darauf angewiesen, dass die Dispose-Methode explizit aufgerufen oder der Garbage Collector aktiv wird.

> **Hinweis**
>
> Das komplette Beispiel des Projekts *GeometricObjects* mit allen Änderungen, die sich im Laufe dieses Kapitels ergeben haben, finden Sie unter ..*Beispiele\\Kapitel 4\\Geometric-ObjectsSolution_5*.

Kapitel 5
Delegaten, Ereignisse und Lambda-Ausdrücke

Ereignisse dienen der Interaktion zwischen einer Benutzeroberfläche (*GUI – Graphical User Interface*, beispielsweise ein Fenster oder eine Webseite) und dem Anwender. Erst Ereignisse ermöglichen einem Benutzer, die Benutzeroberfläche zu bedienen, Daten zu übergeben oder – ganz allgemein gesprochen – Aktionen auszuführen. Ereignisse spielen aber nicht nur im Zusammenhang mit grafischen Oberflächen eine wichtige Rolle. Auch Objekte, die nicht innerhalb einer GUI verwendet werden, können Ereignisse auslösen.

Ereignisse sind immer vom Typ eines Delegaten. Delegaten wiederum spielen nicht nur im Zusammenhang mit Ereignissen eine wichtige Rolle, sondern treten im .NET Framework an vielen anderen Stellen auf. Beispielsweise werden Delegaten bei der Multithreading-Programmierung eingesetzt. Mit Delegaten und Ereignissen wollen wir uns in diesem Kapitel schwerpunktmäßig beschäftigen. Hinzu kommen Lambda-Ausdrücke, mit denen die C#-Syntax etwas kompakter geschrieben werden kann.

5.1 Delegaten

»Delegate« ist das englische Wort für »Delegierter«, also für jemanden, der einen Auftrag weiterleiten soll. Tatsächlich leitet ein Delegat weiter, er leitet nämlich einen Methodenaufruf an eine bestimmte Methode weiter. Die Technik, die sich dahinter verbirgt, wird in der Sprache C auch als *Funktionszeiger* bezeichnet. Wie Sie wissen, basiert ausnahmslos alles in .NET auf Objekten. Da verwundert es nicht, dass auch die Funktionszeiger in ein Objekt verpackt und als *Delegat* bezeichnet ihren Weg in die Laufzeitumgebung finden.

> **Definition**
> Ein *Delegat* ist ein Typ, der den Zeiger auf eine Methode beschreibt.

5.1.1 Einführung in das Prinzip der Delegaten

Bevor wir uns mit den Details von Delegaten beschäftigen, wollen wir uns zunächst an einem einfachen Beispiel die grundsätzliche Arbeitsweise verdeutlichen.

Die Operation, die der Code in Listing 5.1 ausführt, ist recht einfach: Der Anwender gibt zwei Zahlen an der Konsole ein und hat anschließend die Wahl, ob beide Zahlen addiert oder subtrahiert werden sollen. Das Resultat der Operation wird an der Konsole ausgegeben.

```csharp
// Beispiel: ..\Kapitel 5\SimpleDelegate
public delegate double CalculateHandler(double value1, double value2);
class Program
{
  static void Main(string[] args)
  {
// Variable vom Typ des Delegaten
    CalculateHandler calculate;
    do
    {
    // Eingabe der Operanden
      Console.Clear();
      Console.Write("Geben Sie den ersten Operanden ein: ");
      double input1 = Convert.ToDouble(Console.ReadLine());
      Console.Write("Geben Sie den zweiten Operanden ein: ");
      double input2 = Convert.ToDouble(Console.ReadLine());
      // Wahl der Operation
      Console.Write("Operation: Addition - (A) oder Subtraktion - (S)? ");
      string wahl = Console.ReadLine().ToUpper();
      if (wahl == "A")
        calculate = new CalculateHandler(Mathematics.Add);
      else if (wahl == "S")
        calculate = new CalculateHandler(Mathematics.Subtract);
      else
      {
        Console.Write("Ungültige Eingabe");
        Console.ReadLine();
        return;
      }
      // Aufruf der Operation 'Add' oder 'Subtract' über den Delegaten
      double result = calculate(input1, input2);
      Console.WriteLine("----------------------------------");
      Console.WriteLine($"Ergebnis = {result}\n\n");
      Console.WriteLine("Zum Beenden F12 drücken.");
    } while (Console.ReadKey(true).Key != ConsoleKey.F12);
  }
}
class Mathematics
{
```

```
public static double Add(double x, double y)
{
  return x + y;
}
public static double Subtract(double x, double y)
{
  return x - y;
}
}
```

Listing 5.1 Das Beispielprogramm »SimpleDelegate«

In der Klasse Mathematics sind zwei statische Methoden definiert, die aus Main heraus aufgerufen werden und die beiden Operationen Add und Subtract beschreiben. Die Wahl, ob die beiden Zahlen addiert oder subtrahiert werden sollen, trifft der Anwender durch die Eingabe von A oder S an der Konsole. Um die Eingabe in Kleinschreibweise ebenfalls zu berücksichtigen, wird die Eingabe mit der Methode ToUpper der Klasse String in Großschreibweise umgewandelt.

Nachdem der Anwender seine Wahl getroffen hat, wird geprüft, wie diese ausgefallen ist, um entsprechend im Programmcode zu reagieren. Vermutlich hätten Sie eine solche Aufgabenstellung bisher wie folgt gelöst:

```
double result;
if(wahl == "A")
  result = Mathematics.Add(input1, input2);
else if(wahl == "S")
  result = Mathematics.Subtract(input1, input2);
[...]
```

Es gibt keinen Zweifel daran, dass diese Implementierung natürlich auch zum richtigen Ergebnis führt. Das Resultat der Operation wird in den Anweisungsblöcken hinter if bzw. else if abgerufen.

Nun betrachten wir die entscheidenden Anweisungen der Lösung aus dem Beispiel *SimpleDelegate* ausListing 5.1:

```
if(wahl == "A")
  calculate = new CalculateHandler(Mathematics.Add);
else if(wahl == "S")
  calculate = new CalculateHandler(Mathematics.Subtract);
[...]
```

Das Ergebnis der Addition bzw. Subtraktion wird nun nicht mehr in den beiden Anweisungsblöcken der if-Struktur abgerufen, sondern außerhalb derselben mit der Anweisung

```
double result = calculate(input1, input2);
```

Da die Wahl des Anwenders außerhalb der if-Struktur nicht bekannt sein kann, stehen wir vor der Frage, wie es möglich ist, die gewünschte Methode aufzurufen. Die Antwort darauf ist prinzipiell nicht schwierig: Wir müssen in einer Variablen die Laufzeitadresse auf die entsprechende Methode vorhalten, also einen Verweis konstruieren. Diesen können wir später an einer beliebigen Stelle im Code auswerten.

Bisher kennen Sie Verweise nur im Zusammenhang mit Objekten. Mit Objektverweisen werden zusammenhängende Datenblöcke im Hauptspeicher adressiert, in denen die Zustandsdaten eines ganz bestimmten Objekts beschrieben werden. Ein Verweis auf Programmcode ist im Grunde genommen nicht anders, zeigt aber auf Bytesequenzen, die anders interpretiert werden müssen – nämlich als ausführbarer Programmcode. Damit ist auch klar, dass ein Verweis auf Code anders definiert werden muss als ein Verweis auf Datenblöcke, den wir bisher immer verwendet haben. Aus diesem Grund wurden in .NET die Delegaten eingeführt.

Wie oben erwähnt, kapselt ein Delegat den Zeiger auf eine Methode, beschreibt also eine Speicheradresse. Sehen wir uns jetzt an, wie diese Anforderung gelöst wird. Im Code des Beispiels *SimpleDelegate* aus Listing 5.1 wird mit

```
public delegate double CalculateHandler(double value1, double value2);
```

ein Delegat definiert. Diese Definition erinnert ein wenig an die Signatur einer Methode namens CalculateHandler, die zwei Parameter vom Typ double empfängt und als Rückgabewert einen double liefert – nur ergänzt um das Schlüsselwort delegate.

Ein Delegatobjekt kapselt den Zeiger auf eine Methode – oder mit anderen Worten: Er steht für einen beliebigen Methodenaufruf. Ganz beliebig ist der Methodenaufruf allerdings nicht, denn jede Methode hat eine exakt definierte Parameterliste mit Parametern eines bestimmten Typs. Ein Delegat beschreibt den Zeiger auf eine Methode, wobei die Typen der Parameterliste der Methode, auf die der Delegat zeigt, mit der Parameterliste der delegate-Definition übereinstimmen müssen.

In unserem Beispiel werden in der Parameterliste des Delegaten CalculateHandler zwei Parameter vom Typ double aufgeführt. Damit ist ein Delegatobjekt in der Lage, jede x-beliebige Methode eines x-beliebigen Objekts aufzurufen – vorausgesetzt, die Methode definiert eine Parameterliste, die genau zwei double-Argumente erwartet. Die adressierte Methode darf natürlich auch statisch sein oder sich in einer anderen Klasse befinden – das alles spielt keine Rolle. Die einzige Bedingung ist, dass die durch den Delegaten beschriebene Methode mit Programmcode adressiert werden kann, also erreichbar ist.

Neben der Parameterliste spielt der Rückgabewert eine entscheidende Rolle. Im Beispiel des Delegaten CalculateHandler muss die Methode in jedem Fall einen Rückgabewert vom Typ double haben.

Sie können die Definition eines Delegaten mit der Definition einer Klasse vergleichen, denn beide beschreiben einen Typ. Um ein konkretes Objekt zu erhalten, muss zuerst eine Variable vom Typ der Klasse deklariert werden – das ist bei einem Delegaten nicht anders. In Listing 5.1 dient dazu folgende Anweisung:

```
CalculateHandler calculate;
```

Damit ist die Variable `calculate` vom Typ `CalculateHandler` deklariert, aber noch nicht initialisiert. Mit anderen Worten: `calculate` ist ein Delegat und kann auf eine Methode zeigen, die zwei `double`-Argumente erwartet und einen `double` als Resultat des Aufrufs zurückliefert. In diesem Moment weiß der Delegat allerdings noch nicht, um welche Methode es sich dabei genau handelt.

Die Initialisierung erfolgt – analog zur Instanziierung einer Klasse – mit dem Operator `new` unter Angabe des Delegattyps. Delegaten haben nur einen einfach parametrisierten Konstruktor, der den Bezeichner der Methode erwartet, die später aufgerufen werden soll. In unserem Beispiel handelt es sich um

```
calculate = new CalculateHandler(Mathematics.Add);
```

bzw. um

```
calculate = new CalculateHandler(Mathematics.Subtract);
```

Jetzt ist dem Delegat bekannt, welche Methode ausgeführt werden soll: entweder `Add` oder `Subtract`. Allerdings wird die Methode, auf die der Delegat in Form eines Zeigers verweist, noch nicht sofort ausgeführt, denn dazu bedarf es eines Anstoßes durch den Aufruf des Delegaten:

```
double result = calculate(input1, input2);
```

Der Aufruf erinnert an den Aufruf einer Methode, dabei wird allerdings der Methodenname durch die Variable vom Typ des Delegaten ersetzt. In den Klammern werden die erforderlichen Argumente an die Methode übergeben.

Damit die Anwendung nicht schon nach der ersten Berechnung beendet wird, ist die gesamte Programmlogik der Methode `Main` in einer `do ... while`-Schleife codiert. Im Schleifenfuß erfolgt eine Überprüfung, ob der Anwender die Anwendung beenden möchte. Dazu muss er die Taste F12 drücken.

```
do
{
  [...]
} while (Console.ReadKey(true).Key != ConsoleKey.F12);
```

Die statische Methode `ReadKey` ruft dabei die gedrückte Zeichen- oder Funktionstaste ab. Das Übergabeargument `true` sagt aus, dass das entsprechende Zeichen nicht in die Konsole geschrieben werden soll. Der Rückgabewert der Methode `ReadKey` ist vom Typ `ConsoleKeyInfo`. Darauf rufen wir mit der Eigenschaft `Key` die gedrückte Taste ab, die über die Konstantenauflistung `ConsoleKey` beschrieben wird.

5.1.2 Verwendung von Delegaten

Nachdem wir uns im letzten Abschnitt mit dem Einsatz der Delegaten beschäftigt haben, steht nunmehr die Frage im Raum, wann Delegaten verwendet werden. Grundsätzlich lässt sich sagen, dass Delegaten genau dann verwendet werden, wenn zur Entwicklungszeit noch nicht bekannt ist, wie die Methode heißt, die ausgeführt werden soll. Um es noch einmal zu erwähnen: Von der aufzurufenden Methode sind nur die Parameterliste und der Typ der Rückgabe vorgeschrieben.

Ein typisches Verwendungsgebiet werden Sie in Kapitel 14, »Multithreading«, noch kennenlernen: Es sind Threads. Aber insbesondere wenn Sie sich mit der Entwicklung grafischer Benutzerschnittstellen beschäftigen sollten (WinForm-Anwendungen, WPF-Anwendungen, ASP.NET usw.), kommen Sie an Delegaten nicht vorbei – obwohl Delegaten hier unter dem Begriff *Ereignis* verwendet werden. Darüber erfahren Sie alles Wesentliche in Abschnitt 5.2.

5.1.3 Vereinfachter Delegatenaufruf

Es gibt noch eine weitere Notation, um einen Delegaten zu instanziieren und ihm gleichzeitig die auszuführende Methode anzugeben. Diese ist etwas einfacher in der Handhabung und erspart uns etwas Tipparbeit. Sie können nämlich anstelle der Anweisung

```
CalculateHandler calculate = new CalculateHandler(Mathematics.Addition);
```

auch wie folgt codieren:

```
CalculateHandler calculate = Mathematics.Add;
```

5.1.4 Multicast-Delegaten

.NET bietet die Möglichkeit, mehrere Delegaten zu einem einzigen zusammenzufassen. Dadurch entsteht ein Delegatenverbund, der als *Multicast-Delegaten* bezeichnet wird. Der Vorteil ist, dass durch den Aufruf eines Delegaten mehrere Delegaten der Reihe nach ausgeführt werden können.

Es gibt zwei Möglichkeiten, aus einem Delegaten einen Multicast-Delegaten zu machen:

▶ die Methode Combine der Klasse Delegate

▶ der +=-Operator

Die Methode Combine wird selten verwendet. Vielmehr treffen Sie in der Regel auf den genannten Operator. Dennoch werden wir uns auch kurz die Methode ansehen.

Die Methode »Combine()«

Mit der statischen Methode Combine der Klasse Delegate lassen sich mehrere Delegaten miteinander verknüpfen. Die Methode ist wie folgt überladen:

```
public static Delegate Combine(Delegate[]);
public static Delegate Combine(Delegate del1, Delegate del2);
```

Sie können als Argument entweder ein Array vom Typ Delegate übergeben oder haben die Alternative, zwei Delegaten anzugeben. Der Rückgabewert ist in beiden Fällen vom Typ Delegate. An einem Beispiel sehen wir uns das nun auch an.

```
// Beispiel: ..\Kapitel 5\MulticastDelegateSample1
public delegate void MyDelegate();
class Program
{
  static void Main(string[] args)
  {
    MyDelegate del = (MyDelegate)Delegate.Combine(new MyDelegate(DoSomething),
                new MyDelegate(DoSomethingMore));
    // Multicast-Delegaten ausführen
    del();
    Console.ReadLine();
  }
  public static void DoSomething()
  {
    Console.WriteLine("In der Methode 'DoSomething'");
  }
  public static void DoSomethingMore()
  {
    Console.WriteLine("In der Methode 'DoSomethingMore'");
  }
}
```

Listing 5.2 Das Beispielprogramm »MulticastDelegateSample1«

In der Klasse Program sind mit DoSomething und DoSomethingMore zwei statische, parameterlose Methoden definiert. In Main wird mit del ein MyDelegate-Objekt erzeugt. Dazu wird die Methode Combine aufgerufen, und dabei werden zwei konkrete Delegaten übergeben, die auf die beiden Methoden DoSomething und DoSomethingMore verweisen. Da Combine eine Delegate-Referenz zurückliefert, muss diese noch in den tatsächlichen Typ umgewandelt werden. Anschließend wird del ausgeführt. In der Konsolenausgabe erkennen Sie, dass beide Methoden ausgeführt werden. Beachten Sie dabei auch, dass dem resultierenden MyDelegate-Objekt del nicht anzusehen ist, dass es intern zwei – oder noch mehr – andere Delegaten beschreibt.

Angemerkt sei hier noch abschließend, dass sich mit Remove ein Delegat aus der Liste auch wieder entfernen lässt.

Der »+=«-Operator

Die Combine-Methode einzusetzen, ist nicht besonders schwierig. Aber uns steht noch eine andere Variante zur Verfügung, die kürzer und damit wohl auch besser lesbar ist. Es handelt sich um den Operator +=. Um das zu demonstrieren, soll die Main-Methode des Beispielprogramms *MulticastDelegateSample1* aus Listing 5.2 entsprechend umgeschrieben werden.

```
// Beispiel: ..\Kapitel 5\MulticastDelegateSample2
static void Main(string[] args)
{
  MyDelegate del = new MyDelegate(DoSomething);
  del += new MyDelegate(DoSomethingMore);
  del();
  Console.ReadLine();
}
```

Listing 5.3 Das Beispielprogramm »MulticastDelegateSample2«

Analog zur Methode Remove lassen sich Delegaten mit dem -=-Operator auch aus der Aufrufliste der Delegaten entfernen. Achten Sie bitte unbedingt darauf, dass Sie beim Hinzufügen eines weiteren Delegaten zu einem bestehenden auch wirklich den +=-Operator verwenden. Mit dem einfachen Zuweisungsoperator würden Sie nämlich nur die bestehende Aufrufliste durch einen anderen Delegaten komplett ersetzen.

Wenn Sie möchten, können Sie die Zuweisungen im Beispielprogramm *MulticastDelegate-Sample2* aus Listing 5.3 auch noch kürzer schreiben:

```
MyDelegate del = DoSomething;
del += DoSomethingMore;
```

5.1.5   Kovarianz und Kontravarianz mit Delegaten

Delegaten sind typsichere Methodenzeiger. Jede Methode, die der Signatur des Delegaten entspricht, kann dem Delegaten zugewiesen werden. Sobald der Delegat auf eine Methode zeigt, verhält er sich so wie die Methode.

Bereits mit .NET 3.5 wurde die sogenannte *Varianzunterstützung* in allen Delegaten eingeführt. Das bedeutet, dass nicht nur Methoden, die über eine exakt übereinstimmende Signatur hinsichtlich der Parametertypen und des Rückgabedatentyps verfügen, einem Delegaten übergeben werden können, sondern auch davon abgeleitete Typen. Dabei wird zwischen der Kovarianz (Flexibilität hinsichtlich des Rückgabedatentyps) und der Kontravarianz (Flexibilität hinsichtlich der Parameterdatentypen) unterschieden. Das klingt kompliziert, daher wollen wir uns auch sofort entsprechende Beispiele ansehen.

Delegaten und Kovarianz

Von *Kovarianz* wird gesprochen, wenn der Datentyp der Rückgabe einer Methode einen höheren Ableitungsgrad hat als der, den der Delegat definiert. Beispielsweise hat in unserem Beispielprogramm *GeometricObjectsSolution* die Klasse Circle einen höheren Ableitungsgrad als die Klasse GeometricObject.

Das folgende Beispiel demonstriert die Kovarianz. Auch hier spielen die beiden Klassen GeometricObject und Circle eine Rolle. Dabei kommt es aber nicht auf die Implementierung selbst an, so dass die Klassen keinen weiteren Programmcode enthalten.

```csharp
// Beispiel: ..\Kapitel 5\Kovarianz
class GeometricObject  { }
class Circle : GeometricObject  { }
delegate GeometricObject CovarianceHandler();

class Program
{
  static void Main(string[] args)
  {
    CovarianceHandler handler = DoSomething;
    GeometricObject geo = handler();
    Console.WriteLine(geo.GetType());
    Console.ReadLine();
  }
  public static Circle DoSomething()
  {
    return new Circle();
  }
}
```

Listing 5.4 Beispiel zur Kovarianz von Delegaten

Richten Sie Ihr Augenmerk in dem Beispiel zuerst auf die Definition des Delegaten, der eine parameterlose Methode beschreibt und einen Rückgabewert vom Typ GeometricObject hat:

```csharp
delegate GeometricObject CovarianceHandler();
```

In der Klasse Program ist neben Main mit DoSomething eine weitere Methode definiert. Interessant ist, dass die Methode einen Rückgabewert vom Typ Circle beschreibt.

```csharp
public static Circle DoSomething()
{
  return new Circle();
}
```

Nun analysieren wir noch die Anweisung

```
CovarianceHandler handler = DoSomething;
```

Der Handler beschreibt einen GeometricObject-Rückgabedatentyp, die Methode DoSomething liefert ein Circle-Objekt, das selbst von GeometricObject abgeleitet ist. Da die Zuweisung der Referenz eines abgeleiteten Typs an die Referenz eines Basistyps mit der impliziten Konvertierung möglich ist, kann DoSomething dank der Kovarianz durch den beschriebenen Delegaten referenziert werden. Vor Einführung der Varianzunterstützung war das nicht möglich.

Delegaten und Kontravarianz

Kontravarianz ist der Kovarianz sehr ähnlich, bezieht sich aber nicht auf die Rückgabedatentypen, sondern auf die Datentypen der Parameter. Kontravarianz ermöglicht uns, einen Delegaten zu benutzen, dessen vorgeschriebener Parametertyp abgeleitet ist von dem Parametertyp der Methode, die der Delegat referenziert.

Verständlich wird der Sachverhalt, wenn wir uns auch hierzu ein Beispiel ansehen, das mit den Klassen GeometricObject und Circle sehr ähnlich dem vorhergehenden Beispiel aufgebaut ist.

```
// Beispiel: ..\Kapitel 5\Kontravarianz
class GeometricObject { }
class Circle : GeometricObject { }
delegate void ContravarianceHandler(Circle circle);

class Program
{
  static void Main(string[] args)
  {
    ContravarianceHandler handler = DoSomething;
    handler(new Circle());
    Console.ReadLine();
  }
  public static void DoSomething(GeometricObject geoObject) { }
}
```

Listing 5.5 Beispiel zur Kontravarianz von Delegaten

Der Delegat definiert in diesem Beispiel einen Parameter vom Typ Circle. Die Methode, die das Delegatobjekt in Main referenziert, beschreibt in ihrem Parameter mit GeometricObject einen Basistyp von Circle. Hier spiegelt sich genau das wider, was auch für alle Methoden gilt: Sie können an den Parameter einer Methode ein Objekt übergeben, das vom gleichen Typ ist wie der Parameter oder davon abgeleitet.

5.2   Ereignisse eines Objekts

Ein klassischer Methodenaufruf geht immer in Richtung vom Aufrufer zum Objekt, das daraufhin die Methode ausführt. Wir könnten in diesem Fall auch von einer Client-Server-Konstellation sprechen, wobei der Aufrufer der Client ist, das aufgerufene Objekt der Server. Da der Client den Typ des Servers kennt, kann er die Methode auch namentlich angeben, z. B.:

```
class Program
{
  static void Main(string[] args)
  {
    Circle kreis = new Circle();
    kreis.Move(-100, 200);
  }
}
```

Hier ist die Klasse Program der Client, das Circle-Objekt der Server. Das ist so weit noch sehr einfach. Gehen wir nun einen Schritt weiter: Stellen Sie sich vor, aus Move heraus soll der Methodenaufrufer (also der Client) davon in Kenntnis gesetzt werden, dass die Verschiebung erfolgreich verlaufen ist. Dann müsste in der Methode Move ein Methodenaufruf codiert werden, der eine Methode im Client – bezogen auf unser Codefragment also in der Klasse Program – adressiert. Ein solcher Methodenaufruf wäre hinsichtlich der Aufrufrichtung genau entgegengesetzt der Richtung des klassischen Methodenaufrufs – nämlich vom Server zum Client. Genau das ist ein *Ereignis*, im Englischen auch als *Event* bezeichnet. Ein Ereignis ist somit nichts anderes als ein Methodenaufruf. Im Allgemeinen spricht man bei einem solchen Methodenaufruf auch vom »Auslösen eines Ereignisses«.

Ereignisse spielen eine tragende Rolle bei der Programmierung grafischer Benutzeroberflächen (GUIs) und lassen sich so abstrahieren, dass sie den Nachrichtenverkehr zwischen einer Ereignisquelle und einem Ereignisempfänger beschreiben. Bezogen auf unsere Annahme wäre das Circle-Objekt die Ereignisquelle, die Klasse Program der Ereignisempfänger.

Nun stellt sich eine Frage: Wenn die Auslösung eines Ereignisses einem Methodenaufruf gleichgesetzt werden kann, welche Methode im Client wird dann ausgeführt? Zunächst einmal können wir festhalten, dass der potenzielle Ereignisempfänger auf ein Ereignis nicht reagieren muss – es ist eine Option. Dann müssen wir weitblickend auch feststellen, dass es unterschiedliche Clients, also Ereignisempfänger, geben kann: Im Codefragment oben ist es die Klasse Program, es könnte aber auch eine Klasse namens Demo sein oder ein Auto-Objekt oder wer auch immer. Als logische Konsequenz können wir auch nicht den Bezeichner der Methode kennen, die als Reaktion auf die Auslösung eines Ereignisses aufgerufen werden soll.

Merken Sie etwas? Hatten wir nicht eine ähnliche Situation im Zusammenhang mit dem Delegaten kennengelernt? Erinnern wir uns an die folgende Anweisung im Beispielprogramm *SimpleDelegate* aus Listing 5.1:

```
double result = calculate(input1, input2);
```

Die Variable `calculate` beschreibt einen Delegaten. Zur Entwicklungszeit ist nicht bekannt, welche Methode zur Laufzeit bei der Ausführung dieser Anweisung aufgerufen wird: Es könnte `Add` sein oder `Subtract`. Im Grunde genommen können wir die Situation der Variablen `calculate` mit der beim Auslösen eines Ereignisses vergleichen: Beide haben keine Kenntnis von der Methode, die daraufhin ausgeführt wird. Folgerichtig muss ein Ereignis ein Delegat sein.

Genug der Vorrede. Lassen Sie uns nun das Ganze an einem konkreten Beispiel durchspielen. Es wird nicht im Zusammenhang mit der Methode `Move` stehen (das werden wir am Ende des Kapitels noch nachholen), sondern zunächst einen anderen Ansatzpunkt haben.

5.2.1 Ereignisse bereitstellen

Erinnern wir uns dazu zunächst an die aktuelle Implementierung der Eigenschaftsmethode `Radius` in der `Circle`-Klasse:

```
public virtual int Radius
{
  get{return _Radius;}
  set
  {
    if(value >= 0)
      _Radius = value;
    else
      Console.Write("Unzulässiger negativer Radius.");
  }
}
```

Listing 5.6 Aktuelle Implementierung der Eigenschaft »Radius« in der Klasse »Circle«

Uns interessiert nunmehr der `set`-Accessor und dort wiederum sein Verhalten, wenn der Eigenschaft ein negativer Wert übergeben wird. Nach dem derzeitigen Stand führt das zu einer Benachrichtigung an der Konsole. Der Code funktioniert tadellos, unterliegt jedoch einer Einschränkung: Der Client muss die Nachricht entgegennehmen – ob er will oder nicht. Ein weiterer schwerwiegender Nachteil des bisherigen Lösungsansatzes: In einem GUI-Projekt, also beispielsweise einer WPF-Anwendung, wird das Konsolenfenster überhaupt nicht geöffnet. Unsere augenblickliche Lösung ist somit vollkommen indiskutabel.

Besser wäre es, wenn das `Circle`-Objekt stattdessen im Client eine Methode aufrufen würde, um damit zu signalisieren, dass die Wertübergabe nicht akzeptabel war. Mit anderen Worten: Wir wollen in dieser Situation ein Ereignis auslösen. Der Client kann dann als Ereignisempfänger auf das Ereignis reagieren.

Anmerkung

In der Praxis ist das Auslösen eines Ereignisses beim Auftreten eines Fehlers auch keine optimale Lösung, da eine Reaktion auf ein ausgelöstes Ereignis immer nur eine Option ist. Stattdessen sollte eine Ausnahme (Exception) »geworfen« werden, die behandelt werden muss. Zur Ehrenrettung unserer Idee muss an dieser Stelle aber auch festgestellt werden, dass es im .NET Framework Methoden gibt, die im Fehlerfall beide Alternativen anbieten: Entweder reagiert der Client auf ein Ereignis, oder er behandelt die Exception. Genauso werden wir später noch die Klasse Circle ergänzen, wenn wir uns in Kapitel 7, »Fehlerbehandlung und Debugging«, mit den Ausnahmen beschäftigen.

Unser Ziel sei es nun, die Anweisung

```
Console.Write("Unzulässiger negativer Radius.");
```

durch eine Ereignisauslösung zu ersetzen. Das Ereignis wollen wir InvalidMeasure nennen.

Der Programmablauf bis zu einer eventuellen Ereignisauslösung sähe wie folgt aus:

▶ Der Client erzeugt ein Objekt der Klasse Circle und weist der Eigenschaft Radius einen unzulässigen Wert zu.

▶ In der Eigenschaftsmethode Radius wird der übergebene Wert geprüft und im Fall der Unzulässigkeit das Ereignis InvalidMeasure ausgelöst. Das hat zur Folge, dass im Client nach einer Methode gesucht wird, die das Ereignis behandelt, also darauf reagiert.

▶ Erklärt sich der Client bereit, das Ereignis zu behandeln, wird im Client eine dem Ereignis zugeordnete Methode ausgeführt.

Kommen wir nun zu den Details der Ereignisimplementierung in der Ereignisquelle (hier: Circle). Jedes Ereignis muss in der Klassendefinition bekanntgegeben werden. Die allgemeine Syntax einer Ereignisdefinition lautet wie folgt:

```
[<Zugriffsmodifizierer>] event <Delegat-Typ> <Event-Bezeichner>;
```

Dem optionalen Zugriffsmodifizierer (der Standard ist private) folgt das Schlüsselwort event, und dahinter wird der Typ des Ereignisses bekanntgegeben. Dabei handelt es sich immer um einen Delegattyp. Weil ein Delegat den Zeiger auf eine Methode mit einer bestimmten Parameterliste und einem bestimmten Rückgabetyp beschreibt, wird damit gleichzeitig die Signatur der ereignisbehandelnden Methode im Client vorgeschrieben. Abgeschlossen wird die Deklaration mit dem Bezeichner des Ereignisses.

Unsere Anwendung müssen wir daher noch um eine Delegatdefinition ergänzen und in der Klasse Circle einen Event vom Typ dieses Delegaten deklarieren, um der selbstgestellten Anforderung zu genügen:

```
// Delegat
public delegate void InvalidMeasureEventHandler();
public class Circle : GeometricObject, IDisposable
{
// Ereignis
  public event InvalidMeasureEventHandler InvalidMeasure;
  [...]
}
```

Listing 5.7 Definition des Events »InvalidMeasure« in der Klasse »Circle«

Hinweis

Delegaten, die den Ereignissen als Typvorgabe dienen, haben im .NET Framework per Konvention das Suffix `EventHandler`.

Ausgangspunkt unserer Überlegungen war, bei einer unzulässigen Zuweisung an die Eigenschaft `Radius` eines `Circle`-Objekts das Ereignis `InvalidMeasure` auszulösen. Die Ereignisauslösung erfolgt, wenn die Überprüfung des Übergabewertes zu einer Ablehnung geführt hat. Die Ereignisauslösung selbst ist trivial, wir brauchen dazu nur den Namen des Ereignisses anzugeben. Diese Anweisung ersetzt in der Eigenschaft `Radius` die Konsolenausgabe im `else`-Zweig des `set`-Accessors:

```
public virtual int Radius
{
  get {return _Radius;}
  set
  {
    if(value >= 0)
      _Radius = value;
    else
      // Ereignis auslösen
      InvalidMeasure();
  }
}
```

Listing 5.8 Ereignisauslösung in der Eigenschaft »Radius«

Übergibt der Client der Eigenschaft `Radius` nun einen Wert, der der Bedingung

```
Radius < 0
```

entspricht, wird der Delegat aktiv und sucht im Aufrufer nach einer parameterlosen Methode ohne Rückgabewert.

5.2.2   Die Reaktion auf ein ausgelöstes Ereignis

Wie sich der Ereignisempfänger verhält, ob er die Ereignisauslösung ignoriert oder darauf reagiert, bleibt ihm selbst überlassen. Es ist eine Option, die wahrgenommen werden kann
oder auch nicht. In Kenntnis der Tatsache, dass ein Circle-Objekt ein Ereignis auslösen kann,
wenn der Eigenschaft Radius ein unzulässiger Wert übergeben wird, entwickeln wir zunächst
eine Methode, die bei der Auslösung des Ereignisses InvalidMeasure ausgeführt werden soll.
Solche Methoden werden auch als *Ereignishandler* bezeichnet. Da der Typ unseres Ereignisses InvalidMeasure ein parameterloser Delegat ist, muss die Parameterliste unserer Methode
natürlich leer sein.

```
public class Program
{
  static void Main(string[] args)
  {
    Circle kreis = new Circle();
    [...]
  }
  // Ereignishandler
  public static void kreis_InvalidMeasure()
  {
    Console.WriteLine("Unzulässiger negativer Radius.");
  }
}
```

Listing 5.9 Bereitstellen eines Ereignishandlers

Hinweis

Es ist üblich, einem Ereignishandler nach einem bestimmten Muster einen Bezeichner zu geben. Dabei wird zuerst der Objektname angegeben, gefolgt von einem Unterstrich und dem
sich anschließenden Ereignisbezeichner:

Objektname_Ereignisname

Sie können selbstverständlich von dieser Konvention abweichen. Die von Visual Studio automatisch generierten Ereignishandler folgen diesem Namensmuster.

Wir können dem Objekt kreis nun einen Radius von beispielsweise -1 zuweisen, aber die Methode kreis_InvalidMeasure würde daraufhin nicht ausgeführt. (Ganz im Gegenteil sogar: Es
tritt eine Ausnahme auf. Aber dem Phänomen widmen wir uns später noch.) Woher soll das
Objekt kreis auch wissen, welche Methode bei der Ereignisauslösung im Client ausgeführt
werden soll? Es könnten schließlich beliebig viele parameterlose void-Methoden im Ereignisempfänger definiert sein und prinzipiell als Ereignishandler in Frage kommen.

Um das Objekt entsprechend in Kenntnis zu setzen, müssen wir den von uns bereitgestellten Ereignishandler an das Ereignis InvalidMeasure des Objekts binden. Dazu übergeben wir dem Ereignis des Objekts mit dem +=-Operator eine Instanz des Delegaten InvalidMeasureEvent-Handler mit Angabe des Handlers:

```
kreis.InvalidMeasure += new InvalidMeasureEventHandler(kreis_InvalidMeasure);
```

Dieser Vorgang wird als das *Abonnieren eines Ereignisses* oder auch als *Registrieren eines Ereignishandlers* bezeichnet. Natürlich ist auch die Kurzform

```
kreis.InvalidMeasure += kreis_InvalidMeasure;
```

erlaubt. Die einzige Bedingung ist, dass die dem Konstruktor bekanntgegebene Methode den vom Delegaten festgelegten Kriterien hinsichtlich der Parameterliste und des Rückgabewerts genügt. Unser Code in Main könnte nun wie folgt lauten:

```
public void Main(string[] args)
{
  Circle kreis = new Circle();
  kreis.InvalidMeasure += kreis_InvalidMeasure;
  kreis.Radius = -1;
  Console.ReadLine();
}
```

Listing 5.10 Code, um den Ereignishandler zu testen

Wenn wir Code ausführen, der versucht, der Eigenschaft Radius den ungültigen Wert -1 zuzuweisen, wird der Client durch die Auslösung des Ereignisses InvalidMeasure und den Aufruf des Handlers kreis_InvalidMeasure über die ungültige Zuweisung benachrichtigt.

> **Anmerkung**
>
> Um es noch einmal deutlich zu machen, was bei dem Abonnieren eines Ereignishandlers passiert: Wir teilen mit
>
> ```
> kreis.InvalidMeasure += kreis_InvalidMeasure;
> ```
>
> dem Delegaten InvalidMeasure die Startadresse der Methode kreis_InvalidMeasure mit. Diese Information wird im Circle-Objekt gespeichert und beim Auslösen des Ereignisses benutzt, um die angegebene Methode aufrufen zu können.

Ein Tipp am Rande: Sie brauchen sich nicht die Mühe zu machen, den Delegaten des Ereignisses zu instanziieren und anschließend den Ereignishandler manuell anzugeben. Stattdessen können Sie Visual Studio die Arbeit überlassen. Achten Sie einmal darauf, dass Ihnen nach der Eingabe des +=-Operators angeboten wird, die ⇥-Taste zu drücken (siehe Abbildung 5.1). Nutzen Sie das Angebot, wird der Typ des Ereignisses automatisch instanziiert. Ein zweites Drücken der ⬲-Taste bewirkt das automatische Erzeugen des Ereignishandlers nach der oben beschriebenen Namenskonvention.

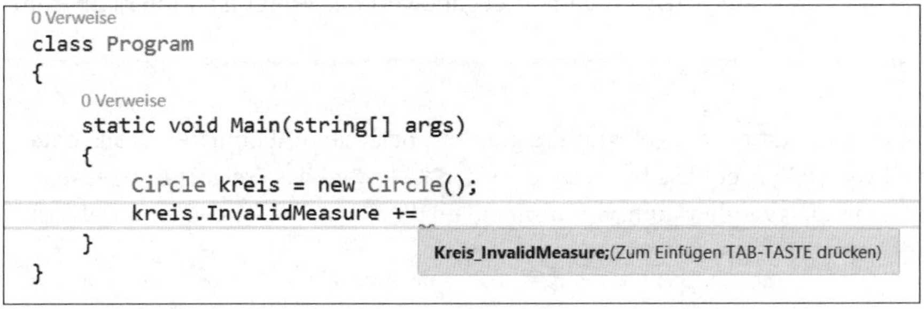

```
0 Verweise
class Program
{
    0 Verweise
    static void Main(string[] args)
    {
        Circle kreis = new Circle();
        kreis.InvalidMeasure +=
    }                          Kreis_InvalidMeasure;(Zum Einfügen TAB-TASTE drücken)
}
```

Abbildung 5.1 Automatisches Erzeugen des Ereignishandlers

5.2.3   Allgemeine Betrachtungen der Ereignishandler-Registrierung

In Abschnitt 5.1.4 habe ich die Multicast-Delegaten und den +=-Operator beschrieben. Da ein Ereignis immer vom Typ eines Delegaten ist, gelten die Regeln hinsichtlich der Multicast-Delegaten natürlich auch für Ereignisse. So können Sie beispielsweise mehrere verschiedene Ereignishandler für ein Ereignis abonnieren:

```
Circle kreis = new Circle();
kreis.InvalidMeasure += kreis_InvalidMeasure;
kreis.InvalidMeasure += RadiusError;
[...]
```

Analog zum Binden eines Ereignishandlers mit dem +=-Operator können Sie mit dem -=-Operator diese Bindung zu jedem beliebigen Zeitpunkt wieder lösen. Mit

```
Circle kreis = new Circle();
kreis.InvalidMeasure += kreis_InvalidMeasure;
kreis.InvalidMeasure -= kreis_InvalidMeasure;
[...]
```

weist das Objekt keinen registrierten Ereignishandler mehr auf. Es wird also beim Auslösen des Events nichts passieren.

Ereignishandler sind nicht nur von einem Objekt nutzbar, sondern können von mehreren Objekten gleichermaßen verwendet werden. Mit

```
Circle kreis1 = new Circle();
Circle kreis2 = new Circle();
kreis1.InvalidMeasure += kreis_InvalidMeasure;
kreis2.InvalidMeasure += kreis_InvalidMeasure;
```

wird der Ereignishandler sowohl vom Objekt kreis1 als auch vom Objekt kreis2 benutzt. Sie können sogar noch einen Schritt weiter gehen: Der Ereignishandler ist natürlich auch nicht einem bestimmten Typ verpflichtet. Sie können den Ereignishandler für jedes x-beliebige Objekt und hier für jedes x-beliebige Ereignis verwenden – vorausgesetzt, der Typ des Ereignisses stimmt mit der Parameterliste und dem Rückgabewert des Ereignishandlers überein.

Hinweis

Beachten Sie bitte, dass auf ein ausgelöstes Ereignis erst nach dem Abonnieren des Events reagiert werden kann. In Konsequenz bedeutet das aber auch, dass das Ereignis InvalidMeasure noch nicht behandelt werden kann, wenn wir einem der Konstruktoren einen negativen Wert für die Eigenschaft Radius übergeben.

5.2.4 Wenn der Ereignisempfänger ein Ereignis nicht behandelt

Clientseitig muss das von einem Objekt ausgelöste Ereignis nicht zwangsläufig an einen Ereignishandler gebunden werden. Legt man keinen Wert darauf, kann das Ereignis auch unbehandelt im Sande verlaufen, es findet dann keinen Abnehmer. Sehen wir uns in der Klasse Circle noch einmal die Eigenschaft Radius an:

```
public virtual int Radius
{
  get{return _Radius;}
  set
  {
    if(value >= 0)
      _Radius = value;
    else
      InvalidMeasure();
  }
}
```

Die Implementierung ist noch nicht so weit vorbereitet, dass der potenzielle Ereignisempfänger das Ereignis ignorieren könnte. Wenn nämlich mit

```
Circle kreis = new Circle();
kreis.Radius = -2;
```

ein unzulässiger negativer Wert zugewiesen wird und das Ereignis im Ereignisempfänger nicht behandelt wird, kommt es zur Laufzeit zu einer Ausnahme des Typs NullReferenceException, weil das Ereignis keinen Abnehmer findet.

Vor der Auslösung eines Events muss daher in der Ereignisquelle geprüft werden, ob der Ereignisempfänger überhaupt die Absicht hat, auf das Ereignis zu reagieren. Mit einer if-Anweisung lässt sich das sehr einfach feststellen:

```
public virtual int Radius
{
  get { return _Radius; }
  set
  {
    if (value >= 0)
      _Radius = value;
    else if
      (InvalidMeasure != null)
        InvalidMeasure();
  }
}
```

Listing 5.11 Vollständiger Code zur Ereignisauslösung

Null-bedingte Operatoren

Nehmen wir an, Sie hätten eine Methode geschrieben, die die Länge einer übergebenen Zeichenfolge auswertet und in die Konsole schreibt. Der Code könnte wie folgt aussehen:

```
static void Main(string[] args)
{
  DoSomething("GeometricObjects");
  Console.ReadLine();
}
static void DoSomething(string text)
{
  if (text != null)
    Console.WriteLine($"Länge: {text.Length}");
}
```

Natürlich müssen Sie eingangs der Methode DoSomething überprüfen, ob eine gültige Zeichenfolge übergeben worden ist oder null. Nur wenn es sich um ein gültiges Objekt handelt, darf die Eigenschaft Length zur Auswertung herangezogen werden.

Für solche Situationen, nämlich die Ausführung eines Memberzugriffs nach vorheriger null-Untersuchung gibt es eine kürzere Schreibweise mit dem Null-Bedingungsoperator ?., wie im folgenden Code gezeigt wird:

```
static void DoSomething(string text)
{
  Console.WriteLine($"Länge: {text?.Length}");
}
```

Der Null-Bedingungsoperator kann auch im Zusammenhang mit Delegaten verwendet werden. Dazu muss die Methode Invoke des Delegaten explizit aufgerufen werden (ansonsten passiert das immer implizit). Aus

```
if (InvalidMeasure != null)
  InvalidMeasure();
```

wird dann der einfache einzeilige Aufruf

```
InvalidMeasure?.Invoke();
```

5.2.5   Ereignisse mit Übergabeparameter

Bekanntgabe des Ereignisauslösers

Werfen wir noch einmal einen Blick auf den Ereignishandler, der den Event InvalidMeasure eines Circle-Objekts behandelt:

```
public void kreis_InvalidMeasure()
{
  Console.WriteLine("Unzulässiger negativer Radius.");
}
```

Einer kritischen Betrachtung kann der Code nicht standhalten, denn wir müssen erkennen, dass der Handler bisher nur allgemeingültig ist, da er keine Möglichkeit bietet, das auslösende Objekt zu identifizieren. Deshalb können wir auch nicht innerhalb des Ereignishandlers den Radius neu festlegen, was durchaus erstrebenswert wäre.

Das Problem ist sehr einfach zu lösen, indem der Ereignishandler einen Parameter bereitstellt, der die Referenz auf das ereignisauslösende Objekt beschreibt. Mit dem Parameter ist es dann möglich, dem Radius einen neuen Wert zuzuweisen.

```
public void kreis_InvalidMeasure(Circle sender)
{
  Console.Write("Unzulässiger negativer Radius. Neueingabe: ");
  sender.Radius = Convert.ToInt32(Console.ReadLine());
}
```

Jetzt ist der Ereignishandler so konstruiert, dass innerhalb des Handlers auf das auslösende Objekt zugegriffen werden kann. Wir nutzen den Parameter, um dem Radius einen neuen, dann hoffentlich akzeptablen Wert zuzuweisen.

Diese Überlegung hat auch weitere Änderungen zur Folge. Zunächst einmal muss die Definition des Delegaten (siehe Listing 5.7) entsprechend geändert werden:

```
public delegate void InvalidMeasureEventHandler(Circle sender);
```

Das ist nicht die einzige Änderung. Auch die Klasse Circle muss noch angepasst werden, denn jetzt muss das Ereignis dem Ereignishandler auch ein Argument übergeben, mit dem die Referenz auf das auslösende Objekt beschrieben wird. Da sich der Code innerhalb des auslösenden Objekts befindet, kann das Objekt die Referenz auf sich selbst mit this angeben.

```
public virtual int Radius
{
  get{return _Radius;}
  set
  {
    if(value >= 0)
      _Radius = value;
    else
      InvalidMeasure?.Invoke(this);
  }
}
```

Jetzt haben wir einen Stand erreicht, der auch einer kritischen Analyse standhält: Das Ereignis InvalidMeasure ist insgesamt so definiert, dass mit einem Ereignishandler mehrere Circle-Objekte gleich behandelt werden können.

Ereignishandler im .NET Framework

Obwohl wir nun im Ereignishandler das ereignisauslösende Objekt eindeutig identifizieren können, haben wir noch nicht den Stand erreicht, den alle Ereignishandler im .NET Framework haben. Denn alle Ereignishandler im .NET Framework weisen nicht nur einen, sondern zwei Parameter auf:

▶ Im ersten Parameter gibt sich das auslösende Objekt bekannt.

▶ Im zweiten Parameter werden ereignisspezifische Daten bereitgestellt.

Den ersten Parameter haben wir im letzten Abschnitt zwar schon behandelt, aber wir müssen noch eine kleine Nachbetrachtung anstellen. Grundsätzlich ist nämlich der erste Parameter immer vom Typ Object. Der Grund ist recht einfach, denn die den Ereignissen zugrundeliegenden Delegaten sollen prinzipiell mehreren unterschiedlichen Ereignissen zur Verfügung stehen, die auch von unterschiedlichen Typen ausgelöst werden können.

In einem zweiten Parameter werden immer ereignisspezifische Daten geliefert. Wir wollen uns dies am Beispiel der Klasse Circle verdeutlichen.

Nach dem derzeitigen Entwicklungsstand können wir im Ereignishandler nicht feststellen, welche Zuweisung an Radius nicht akzeptiert worden ist. Vielleicht möchten wir aber diese Information dem Ereignishandler bereitstellen, damit beispielsweise die Konsolenausgabe

```
Ein Radius von -22 ist nicht zulässig.
```

ermöglicht wird.

Zur Bereitstellung von ereignisspezifischen Daten werden spezielle Klassen benötigt, die von EventArgs abgeleitet sind. Damit lassen sich die Typen der zweiten Parameter auf eine gemeinsame Basis zurückführen. EventArgs dient einerseits selbst einigen Ereignissen als Typvorgabe (beispielsweise den Click-Ereignissen). Allerdings stellt EventArgs keine eigenen Daten zur Verfügung und ist daher als Dummy anzusehen, um der allgemeinen Konvention zu entsprechen, dass alle Ereignishandler zwei Parameter haben.

In unserem Beispiel könnte die Klasse für den zweiten Parameter wie folgt codiert sein:

```
public class InvalidMeasureEventArgs : EventArgs
{
  private int _InvalidMeasure;
  public int InvalidMeasure
  {
    get { return _InvalidMeasure; }
  }
  public InvalidMeasureEventArgs(int invalidMeasure)
  {
    _InvalidMeasure = invalidMeasure;
  }
}
```

Listing 5.12 Bereitstellung einer »EventArgs«-Klasse

Wir wollen dem Ereignishandler nur den Wert des fehlgeschlagenen Zuweisungsversuchs mitteilen. Es reicht dazu aus, den Wert in einer schreibgeschützten Eigenschaft zu kapseln.

Hinweis

Üblicherweise werden die Klassen, die als Typvorgabe für die Objekte der zweiten Parameter im Ereignishandler dienen, mit dem Suffix EventArgs ausgestattet. Häufig wird diesem der Ereignisname vorangestellt.

Sehen wir uns nun alle Änderungen an, die sich aus unseren Überlegungen ergeben. Da wäre zunächst einmal die Anpassung des Delegaten InvalidMeasureEventHandler, der nun im ersten Parameter den Typ Object vorschreibt und im zweiten ein Objekt vom Typ Invalid-MeasureEventArgs.

```
public delegate void InvalidMeasureEventHandler(Object sender,
                                        InvalidMeasureEventArgs e);
```

Listing 5.13 Endgültige Definition des Delegaten »InvalidMeasureEventHandler«

Nun müssen wir auch die Eigenschaft Radius in der Klasse Circle anpassen:

```
public virtual int Radius
{
  get { return _Radius; }
  set
  {
    if (value >= 0)
      _Radius = value;
    else
      InvalidMeasure?.Invoke(this, new InvalidMeasureEventArgs(value));
  }
}
```

Listing 5.14 Berücksichtigung des verbesserten Delegaten aus Listing 5.13

Der Ereignishandler muss natürlich ebenfalls entsprechend parametrisiert werden. Er gestattet uns nun nicht nur, zu erfahren, welches Objekt für die Ereignisauslösung verantwortlich ist, sondern auch die Auswertung, welcher Wert nicht akzeptiert werden konnte.

```
void kreis_InvalidMeasure(object sender, InvalidMeasureEventArgs e)
{
  Console.Write($"Ein Radius von {e.InvalidMeasure} ist nicht zulässig.");
  Console.Write("Neueingabe: ");
  Cirle circle = sender as Circle;
  if(circle != null)
    circle.Radius = Convert.ToInt32(Console.ReadLine());
}
```

Listing 5.15 Der endgültige Ereignishandler für den Event »InvalidMeasure«

Anmerkung

Selbstverständlich können Sie in der InvalidMeasureEventArgs-Klasse die Eigenschaft InvalidMeasure auch mit einem set-Accessor ausstatten. Das könnte aber zu einer Irritation führen, denn dann wäre im Ereignishandler die Anweisung

e.Radius = 10;

syntaktisch korrekt. Der Grund der Irritation ist recht einfach zu erklären: In der Eigenschaft Radius der Klasse Circle wird diese Zuweisung nicht ausgewertet, sie verpufft im Nirwana. In Abschnitt 5.4 werden Sie bei der Ergänzung des Projekts *GeometricObjectsSolution* einen Fall kennenlernen, bei dem der set-Zweig in einer Eigenschaft des EventArgs-Objekts von Bedeutung ist.

Zusammenfassung

Fassen wir an dieser Stelle noch einmal alle Erkenntnisse hinsichtlich der Ereignishandler im .NET Framework zusammen:

▶ Ereignishandler liefern niemals einen Wert an den Aufrufer zurück, sie sind immer `void` und haben zwei Parameter.

▶ Der erste Parameter ist grundsätzlich immer vom Typ `Object`. Hier gibt sich der Auslöser des Events bekannt.

▶ Der zweite Parameter ist vom Typ `EventArgs` oder davon abgeleitet. Er stellt ereignisspezifische Daten zur Verfügung. Dieser Parameter hat das Suffix `EventArgs`.

Nach diesen Vorgaben werden im .NET Framework die Delegaten definiert, die als Typvorgabe der Ereignisse dienen.

5.2.6   Ereignisse in der Vererbung

Ereignisse können nur in der Klasse ausgelöst werden, in der sie definiert sind. Mit anderen Worten bedeutet das auch, dass Ereignisse nicht vererbt werden. In der Klasse `GraphicCircle` könnte nach dem derzeitigen Stand des Klassencodes niemals das Ereignis `InvalidMeasure` ausgelöst werden, das bekanntlich nach derzeitigem Stand in der Klasse `Circle` definiert ist.

Aus diesem Grund wird in einer ableitbaren Klasse, in der ein Ereignis bereitgestellt wird, grundsätzlich eine zusätzliche Methode definiert, in der das Ereignis ausgelöst wird. Üblicherweise sind diese Methoden geschützt, also `protected`. Es ist eine allgemeine Konvention im .NET Framework, dass diese Methoden, die einzig und allein der Ereignisauslösung dienen, mit dem Präfix `On` gekennzeichnet werden, gefolgt vom Bezeichner des Events. Die `OnXxx`-Methoden definieren meist einen Parameter vom ereignisspezifischen `EventArgs`-Typ.

Für unser Ereignis `InvalidMeasure` sähe die Methode wie folgt aus:

```
protected virtual void OnInvalidMeasure(InvalidMeasureEventArgs e)
{
  InvalidMeasure?.Invoke(this, e);
}
```

Listing 5.16 Methode, die ein Ereignis den ableitenden Klassen zur Verfügung stellt

Die `OnXxx`-Methode wird von allen abgeleiteten Klassen geerbt. Weil die Methode in der Klasse definiert ist, in der auch das Ereignis bereitgestellt wird, bewirkt der Aufruf dieser Methode in der abgeleiteten Klasse auch die Auslösung des Events. Der Modifikator `virtual` gestattet zudem, in der Ableitung die geerbte Methode polymorph zu überschreiben, um möglicherweise typspezifische Anpassungen im Kontext der Ereignisauslösung vorzunehmen. Dieser Fall ist gar nicht selten im .NET Framework.

5.2.7   Ein Blick hinter die Kulissen des Schlüsselworts »event«

Rufen wir uns zum Abschluss noch einmal in Erinnerung, wie wir ein Ereignis definieren:

```
public event InvalidMeasureEventHandler InvalidMeasure;
```

Es stellt sich die Frage, warum ein Ereignis mit dem Schlüsselwort event deklariert werden muss. Da ein Ereignis vom Typ eines Delegaten ist, könnten wir doch vermutlich auch auf die Angabe von event verzichten, also:

```
public InvalidMeasureEventHandler InvalidMeasure;
```

Tatsächlich verbirgt sich hinter dem Schlüsselwort ein Mechanismus, der ähnlich wie eine Property aufgebaut ist. Unser Ereignis InvalidMeasure wird, zusammen mit dem event-Schlüsselwort, implizit wie folgt umgesetzt:

```
private InvalidMeasureEventHandler _InvalidMeasure;
public event InvalidMeasureEventHandler InvalidMeasure
{
  add { _InvalidMeasure += value; }
  remove { _InvalidMeasure -= value; }
}
```

Listing 5.17 Das Schlüsselwort »event« hinter den Kulissen

Durch das Schlüsselwort event werden die beiden Zweige add und remove implizit erzeugt. Der eigentliche Delegat bleibt in einem private-Feld verborgen. Nehmen wir an, wir würden auf die Angabe von event verzichten. Der Code wäre dann zwar syntaktisch nicht zu beanstanden, aber er würde auch gestatten, eine Aufrufliste, die möglicherweise mit Delegate.Combine erzeugt worden ist, mit

```
kreis.InvalidMeasure = null;
```

zu löschen. Bei der Definition eines Ereignisses mit event ist das nicht möglich, denn event kapselt den direkten Zugriff.

Mit event werden implizit ein add- und ein remove-Accessor bereitgestellt. Mit den beiden Operatoren += und -= wird bei der Registrierung eines Ereignishandlers gesteuert, welcher der beiden Zweige ausgeführt werden soll. Die Entwicklungsumgebung wird einen Kompilierfehler ausgeben, wenn Sie stattdessen nur den einfachen Zuweisungsoperator = benutzen.

Sie können per Programmcode ein Ereignis mit den beiden Routinen add und remove nachbilden. Das folgende Beispielprogramm demonstriert das. In der Klasse Demo ist das Ereignis OutOfCoffee definiert – ohne event anzugeben. Dieses Beispiel vollbringt keine besonderen Leistungen, es soll ausschließlich einen Blick hinter die Kulissen ermöglichen.

```csharp
// Beispiel: ..\Kapitel 5\EventDemonstration
class Program
{
  static void Main(string[] args)
  {
    Demo demo = new Demo();
    demo.OutOfCoffee += new EventHandler(demo_OutOfCoffee);
    demo.DoSomething();
    Console.ReadLine();
  }

  // Ereignishandler
  static void demo_OutOfCoffee(object sender, EventArgs e)
  {
    Console.WriteLine("Wo bleibt der Kaffee?");
  }
}
class Demo
{
  private EventHandler _OutOfCoffee;
  public event EventHandler OutOfCoffee
  {
    add { _OutOfCoffee += value; }
    remove { _OutOfCoffee -= value; }
  }
  public void DoSomething()
  {
    _OutOfCoffee?.Invoke(this, new EventArgs());
  }
}
```

Listing 5.18 Fundamentale Implementierung eines Ereignisses

5.2.8   Die Schnittstelle »INotifyPropertyChanged«

Im Zusammenhang mit den Ereignissen sollten wir an dieser Stelle auch eine besondere Schnittstelle berücksichtigen. Es handelt sich dabei um INotifyPropertyChanged. Das Interface schreibt der implementierenden Klasse das Ereignis PropertyChanged vor. Per Vorgabe soll das Ereignis ausgelöst werden, nachdem sich eine Eigenschaft geändert hat, also im set-Zweig. INotifyPropertyChanged kommt eine besondere Bedeutung insbesondere im Zusammenhang mit neueren Technologien zu. In der WPF beispielsweise informiert dieser Event die datenbindenden Komponenten, dass die Anzeige des Eigenschaftswerts aktualisiert werden muss. Wir kommen darauf im Kontext dieser Thematik noch zu sprechen.

Natürlich wollen wir die Schnittstelle auch in den beiden Klassen Circle und Rectangle benutzen, um eine Änderung an Radius, Length oder Width zu signalisieren. Um die Schnittstelle zu implementieren, sollten wir mit

```
using System.ComponentModel;
```

den Namespace bekanntgeben, in dem das Interface definiert ist. Dann können wir das Interface problemlos implementieren und sollten auch daran denken, eine entsprechende OnXxx-Methode bereitzustellen. Dabei ist zu berücksichtigen, dass das EventArgs-Objekt einen Parameter vom Typ string definiert, dem wir den Bezeichner der geänderten Eigenschaft übergeben. Das Interface INotifyPropertyChanged wird von der Klasse GeometricObject implementiert, damit die beiden abgeleiteten Klassen Circle und Rectangle gleichermaßen davon profitieren können.

```
public class GeometricObject : INotifyPropertyChanged
{
  // Ereignis der Schnittstelle INotifyPropertyChanged
  public event PropertyChangedEventHandler PropertyChanged;
  protected virtual void OnPropertyChanged(string propertyName)
  {
    PropertyChanged?.Invoke(this, new PropertyChangedEventArgs(propertyName));
  }
  [...]
}
```

Listing 5.19 Bereitstellung des Interface »INotifyPropertyChanged«

So ausgerüstet, kann nun die Eigenschaft Radius von diesem Ereignis profitieren:

```
public virtual int Radius
{
  get { return _Radius; }
  set
  {
    if (value >= 0)
    {
      _Radius = value;
      OnPropertyChanged("Radius");
    }
    else
      OnInvalidMeasure(new InvalidMeasureEventArgs(value));
  }
}
```

Listing 5.20 Änderung der Eigenschaft »Radius« aufgrund von Listing 5.19

In gleicher Weise sollten auch die Eigenschaften Length und Width von Rectangle und XCoordinate sowie YCoordinate in GeometricObject angepasst werden.

5.3 Lambda-Ausdrücke

Kommen wir noch einmal zurück zu den Delegaten. Delegaten haben wir bisher konstruiert, indem wir den Delegaten instanziiert und dem Konstruktor einen Methodenbezeichner übergeben haben. Das Beispiel *SimpleDelegate* (siehe Listing 5.1) eignet sich aber auch bestens, um Ihnen ein anderes syntaktisches Schmankerl zu zeigen: *Anonyme Methoden* und darauf aufbauend die *Lambda-Ausdrücke*.

5.3.1 Anonyme Methoden

Unter einer anonymen Methode wird ein Anweisungsblock verstanden, der nicht über einen Methodenbezeichner namentlich aufrufbar ist, sondern nur über einen Delegaten. Wir wollen uns das an einem Beispiel ansehen und ändern dazu das Beispielprogramm *SimpleDelegate* aus Listing 5.1 so ab, dass anstelle der Methoden Add und Subtract nun anonyme Methoden verwendet werden. Auf die Klasse Mathematics kann verzichtet werden, der Rest des Codings bleibt gleich.

```
// Beispiel: ..\Kapitel 5\AnonymeMethoden
class Program
{
  static void Main(string[] args)
  {
    CalculateHandler calculate;
    [...]
    if (wahl == "A")
      calculate = delegate(double x, double y)
      {
        return x + y;
      };
    else if (wahl == "S")
      calculate = delegate(double x, double y)
      {
        return x - y;
      };
    else
    {
      Console.Write("Ungültige Eingabe");
      Console.ReadLine();
```

```
    return;
  }
  [...]
  }
}
```

Listing 5.21 Das Beispielprogramm »AnonymeMethoden«

Der Code, der vorher noch in den Methoden Add und Subtract der Klasse Mathematics implementiert war, wird nun direkt nach der Deklaration der Variablen vom Typ des Delegaten angegeben.

```
if (wahl == "A")
  calculate = delegate(double x, double y)
  {
    return x + y;
  };
```

Das Schlüsselwort delegate dient dazu, einen Delegaten zu instanziieren und das Objekt direkt mit einer anonymen Methode zu verbinden. Hinter delegate ist die Parameterliste entsprechend der Delegatdefinition angegeben.

Da sich der Anweisungsblock einer anonymen Methode immer innerhalb einer anderen Methode befindet, kann aus der anonymen Methode heraus auf jede andere Variable der umgebenden Methode zugegriffen werden.

Anonyme Methoden unterliegen im Vergleich zu anderen Anweisungsblöcken nur einer Einschränkung: Mit den Sprunganweisungen continue, break und goto darf innerhalb einer anonymen Methode nicht zu einer Anweisung verzweigt werden, die außerhalb der anonymen Methode codiert ist. Ebenfalls unzulässig ist eine Sprunganweisung außerhalb einer anonymen Methode, deren Ziel innerhalb einer anonymen Methode zu finden ist.

5.3.2   Lambda-Ausdrücke

Ausgehend von Listing 5.21 möchte ich Ihnen nun die Lambda-Ausdrücke vorstellen. Bei einem Lambda-Ausdruck handelt es sich um eine anonyme Methode, die Ausdrücke und Anweisungen enthalten und für die Erstellung von Delegaten verwendet werden kann. Mit Hilfe von Lambda-Ausdrücken können Sie den Code von Listing 5.21 auch wie folgt formulieren:

```
[...]
if (wahl == "A")
  calculate = (double x, double y) => { return x + y;};
```

```
else if (wahl == "S")
  calculate = (double x, double y) => { return x - y; };
[...]
```

Listing 5.22 Lambda-Ausdrücke anstatt anonymer Methoden

Die beiden Lambda-Ausdrücke in diesem Codefragment sind dabei

```
(double x, double y) => { return x + y; };
```

und

```
(double x, double y) => { return x - y; };
```

Lambda-Ausdrücke verwenden den Operator =>. Links davon werden die Eingabeparameter angegeben, rechts davon steht der Anweisungsblock. Beachten Sie, dass der Lambda-Operator das in der ursprünglichen Fassung vorhandene Schlüsselwort delegate ersetzt.

Der Anweisungsblock eines Lambda-Ausdrucks kann beliebig viele Anweisungen enthalten. Es gibt jedoch einen Sonderfall, dem wir besondere Beachtung schenken müssen: Häufig anzutreffen sind nämlich Lambda-Ausdrücke, deren einzige Anweisung ein return ist. In einem solchen Fall dürfen Sie die return-Anweisung weglassen und können gleichzeitig auf die geschweiften Klammern verzichten.

```
[...]
if (wahl == "A")
  calculate = (double x, double y) => x + y;
else if (wahl == "S")
  calculate = (double x, double y) => x - y;
[...]
```

Listing 5.23 Lambda-Ausdrücke ohne explizite Angabe von »return«

Damit ist aber noch nicht das Ende der Fahnenstange erreicht, denn Sie können einen Lambda-Ausdruck sogar noch kürzer schreiben. Sehen Sie sich dazu Listing 5.24 an:

```
[...]
if (wahl == "A")
  calculate = (x, y) => x + y;
else if (wahl == "S")
  calculate = (x, y) => x - y;
[...]
```

Listing 5.24 Lambda-Ausdrücke in der kürzesten Fassung

Beachten Sie, dass nun auch die Angabe der Datentypen der Parameter entfernt worden ist. Es handelt sich jetzt um implizit typisierte Parameter, und der Compiler leitet die Parametertypen anhand des Delegattyps richtig ab (Näheres zur impliziten Typisierung in Kapitel 10, »Weitere C#-Sprachfeatures«).

Der Lambda-Ausdruck

```
(x, y)  => x + y
```

hat zwei Parameter, die in runden Klammern eingeschlossen und durch ein Komma getrennt sind. Liegt nur ein Parameter vor, müssen die runden Klammern der Parameterliste nicht angegeben werden:

```
x  => x + x
```

Hat der Lambda-Ausdruck eine leere Parameterliste, sind runde Klammern erforderlich:

```
()  => a * b
```

Ein Lambda-Ausdruck, der lediglich eine return-Anweisung enthält, wird als *Ausdrucksrumpf* bezeichnet.

Projektion und Prädikat

Der Datentyp der Rückgabe eines Lambda-Ausdrucks kann sich vom Datentyp des Parameters unterscheiden. Liegt ein solcher Lambda-Ausdruck vor, wird von einer *Projektion* gesprochen. Die folgende Anweisung zeigt eine solche. Dabei wird eine Zeichenfolge übergeben und ihre Länge geprüft. Der Rückgabewert ist vom Typ Integer.

```
str => str.Length
```

Ein Prädikat hingegen liefert einen booleschen Wert als Ergebnis einer Operation:

```
alter => alter > 65
```

5.3.3   Expression-bodied Member

Expression-bodied Member stellen eine weitere Vereinfachung der C#-Syntax dar und wurden in C# 6.0 eingeführt und in C# 7.0 ergänzt. Es handelt sich dabei um die Nutzung der Lambda-Ausdrücke in diversen Klassenmembern und ermöglicht uns, Methoden mit nur einer Anweisung im Anweisungsblock kürzer zu schreiben.

Anmerkung

Der aus dem englische Englischen stammende Begriff *Expression-Body* wird mit »Ausdruckskörper« ins Deutsche übersetzt und teilweise auch so verwendet. Da bleibe ich doch lieber bei dem englischen Ausdruck ...

Sehen wir uns ein zunächst ein Beispiel an. Im Projekt *GeometricObjectsSolution* finden wir mehrere Stellen, die uns geradezu dazu einladen, Expression-bodied Methoden zu verwenden. Dazu gehören auch die beiden Methoden GetArea und GetPerimeter in der Klasse Circle. Momentan ist der Stand des Programmcodes wie folgt:

```csharp
public override double GetArea()
{
  return Math.Pow(Radius, 2) * Math.PI;
}
public override double GetPerimeter()
{
  return 2 * Radius * Math.PI;
}
```

Beide Methoden lassen sich stattdessen mit Expression-Body-Syntax auch kürzer schreiben:

```csharp
public override double GetArea() => Math.Pow(Radius, 2) * Math.PI;
public override double GetPerimeter() => 2 * Radius * Math.PI;
```

Auch Methoden ohne Rückgabewert können die Technik Expression-bodied benutzen, z. B.:

```csharp
public void DoSomething(int param) => Console.WriteLine("param = {0}", param);
```

In der Version C# 7.0 hat Microsoft die Expression-bodied Member auch auf die Konstruktoren, den Destruktor und die Properties erweitert. Definieren Sie zum Beispiel das Feld Value in einer Klasse und nutzen die Kontextfunktion SCHNELLAKTIONEN UND REFACTORINGS, können Sie das Feld Value von Visual Studio kapseln lassen. Der automatisch erzeugte Code nutzt Expression-Body und sieht wie folgt aus:

```csharp
private int value;
public int Value { get => value; set => this.value = value; }
```

Sie können die Expression-bodied-Schreibweise nur dann verwenden, wenn in einem Anweisungsblock nur eine Anweisung steht. Ansonsten müssen Sie die geschweiften Klammern verwenden.

5.4   Änderungen im Projekt »GeometricObjectsSolution«

5.4.1   Überarbeitung des Events »InvalidMeasure«

In Abschnitt 5.2, »Ereignisse eines Objekts«, wurde das Ereignis InvalidMeasure in der Klasse Circle eingeführt. Eine inakzeptable Wertzuweisung kann natürlich auch die beiden Eigenschaften Length und Width der Klasse Rectangle betreffen. Wir sollten daher das Ereignis in der Basisklasse GeometricObject bereitstellen, einschließlich der entsprechenden OnXxx-Methode.

Nun könnte es natürlich sein, dass den Benutzer einer der von GeometricObject abgeleiteten Klassen interessiert, welche Eigenschaft von der Ablehnung der Zuweisung betroffen ist. Um auch diese Information zu liefern, wollen wir die Klasse InvalidMeasureEventArgs um eine Eigenschaft vom Typ string ergänzen, in der der Bezeichner der betroffenen Eigenschaft angegeben wird. Falls der Name der fehlerverursachenden Eigenschaft nicht ausdrücklich namentlich angegeben oder null übergeben wird, soll bei einer Auswertung von Property-Name die Ausgabe [unknown] erfolgen.

Nach diesen Vorgaben sieht der Code in der Klasse InvalidMeasureEventArgs wie folgt aus:

```
public class InvalidMeasureEventArgs : EventArgs
{
  // Felder
  private int _InvalidMeasure;
  private string _PropertyName;
  // Eigenschaften
  public int InvalidMeasure
  {
    get => _InvalidMeasure;
  }
  public string PropertyName
  {
    get => _PropertyName;
  }
  // Konstruktor
  public InvalidMeasureEventArgs(int invalidMeasure, string propertyName)
  {
    _InvalidMeasure = invalidMeasure;
    if (propertyName == "" || propertyName == null)
      _PropertyName = "[unknown]";
    else
      _PropertyName = propertyName;
  }
}
```

Listing 5.25 Die Definition der Klasse »InvalidMeasureEventArgs«

Natürlich müssen Sie diese Erweiterung auch in den Eigenschaften Radius, Width und Length berücksichtigen.

5.4.2 Weitere Ereignisse im Projekt »GeometricObjects«

Nun wollen wir unser Projekt auch um zwei Ereignisse erweitern, die in der Methode Move ausgelöst werden sollen. Es sind die Ereignisse Moving (wird ausgelöst vor der eigentlichen Verschiebung) und Moved (wird ausgelöst nach erfolgter Verschiebung). Solche Ereignispaare treten im .NET Framework häufiger auf und entsprechen in ihrem Verhalten immer demselben Muster. Werden die Xxxing-Ereignisse abonniert, besteht die Möglichkeit, die eingeleite-te Operation im buchstäblich letzten Moment doch noch abzubrechen. Üblicherweise stellt das EventArgs-Objekt dieser Ereignisse dazu eine Eigenschaft namens Cancel bereit, die in der Ereignisquelle nach der Eventauslösung ausgewertet werden muss. Zum Abbrechen der Operation muss der Ereignisempfänger Cancel nur auf true setzen.

```
public class MovingEventArgs : EventArgs
{
    public bool Cancel { get; set; }
}
```

Listing 5.26 Die Klasse »MovingEventArgs«

MovingEventArgs ist sehr einfach implementiert. Da die Eigenschaft Cancel im Ereignishand-ler unter Umständen einen neuen Wert erhält, der ausgewertet werden muss, genügt uns die einfache Deklaration einer booleschen Variablen.

Das Moved-Ereignis, das nach der Verschiebeoperation ausgelöst wird, dient dazu, dem Benut-zer die Möglichkeit zu eröffnen, nach der Verschiebung nach eigenem Ermessen zusätzliche Operationen zu codieren. Das EventArgs-Objekt soll selbst keine weiteren, zusätzlichen Daten bereitstellen. Daher können wir direkt auf die Klasse EventArgs zurückgreifen.

Mit diesen Überlegungen lassen sich die beiden notwendigen Delegaten beschreiben.

```
public delegate void MovingEventHandler(Object sender, MovingEventArgs e);
public delegate void MovedEventHandler(Object sender, EventArgs e);
```

Listing 5.27 Zusätzliche Delegaten im Projekt »GeometricObjects«

In der Klasse GeometricObject ist die Move-Methode definiert, in der die beiden Ereignisse Mo-ving und Moved ausgelöst werden sollen. Folglich gilt es, in dieser Klasse die beiden Ereignisse zu definieren. Dazu gehören auch die entsprechenden geschützten Methoden, die die Ereig-nisauslösung kapseln.

Move wird um den Code ergänzt, der prüft, ob der Anwender die eingeleitete Verschiebung des Bezugspunktes abbrechen möchte. Dazu wird die Eigenschaft Cancel des MovingEvent-Args-Objekts untersucht. Hat der Benutzer mit true kundgetan, doch nicht zu verschieben, wird Move mit return beendet.

```
public abstract class GeometricObject
{
    // Ereignisse
    public event MovingEventHandler Moving;
    public event MovedEventHandler Moved;
    // Geschützte Methoden
    protected virtual void OnMoving(MovingEventArgs e) => Moving?.Invoke(this, e);
```

```
protected virtual void OnMoved(EventArgs e) => Moved?.Invoke(this, e);
public virtual void Move(double dx, double dy)
{
  // Moving-Ereignis
  MovingEventArgs e = new MovingEventArgs();
  OnMoving(e);
  if (e.Cancel == true) return;
  XCoordinate += dx;
  YCoordinate += dy;
  // Moved-Ereignis
  OnMoved(new EventArgs());
}
[...]
}
```

Listing 5.28 Ergänzung der Klasse »GeometricObject«

Damit sind wir aber noch nicht fertig. Wir müssen uns noch einmal die Überladung der Methode Move in Circle genau ansehen, die momentan möglicherweise wie folgt implementiert ist:

```
public virtual void Move(double dx, double dy, int dRadius)
{
  Move(dx, dy);
  Radius += dRadius;
}
```

Listing 5.29 Momentane Implementierung der Überladung von »Move«

Beim Aufruf von Move in der ersten Anweisung könnte die eingeleitete Verschiebung noch abgebrochen werden. Das wird auch gemacht, aber nur ziemlich halbherzig: Die Bezugskoordinaten werden zwar in X- und Y-Richtung nicht verschoben, aber der Radius wird trotzdem geändert, weil die zweite Anweisung in der dreifach parametrisierten Move-Methode keine Kenntnis vom Abbruch der Operation bekommt. Besser wäre es stattdessen, den Aufruf der zweifach parametrisierten Methode durch die vollständige Implementierung zu ersetzen:

```
public virtual void Move(double dx, double dy, int dRadius)
{
  MovingEventArgs e = new MovingEventArgs();
  // Moving-Ereignis auslösen
  OnMoving(e);
  if (e.Cancel == true) return;
  XCoordinate += dx;
  YCoordinate += dy;
```

```
    Radius += dRadius;
    // Moved-Ereignis auslösen
    OnMoved(new EventArgs());
}
```

Listing 5.30 Änderung der überladenen »Move«-Methode

In gleicher Weise muss auch die vierfach parametrisierte Move-Methode in Rectangle ange-passt werden.

Zum Schluss werfen wir noch einmal einen Blick auf den Programmcode des Beispiels. Es fin-den sich einige Methoden, bei denen sich der Einsatz der Expression-bodied Syntax anbietet, wie beispielsweise GetArea, GetPerimeter und auch bei den ereigniskapselnden OnXxx-Metho-den sowie den Destruktoren.

Anmerkung

Sie finden den kompletten Code des überarbeiteten Beispiels unter *Kapitel 5\Geometric-ObjectsSolution_6*.

Kapitel 6
Strukturen und Enumerationen

6.1 Strukturen – eine Sonderform der Klassen

.NET stellt mit der *Struktur* ein Konstrukt bereit, das einer Klasse sehr ähnlich ist. Strukturen gehören zur Gruppe der Wertetypen und werden somit nicht im Heap, sondern auf dem Stack gespeichert.

Strukturen werden meistens dann eingesetzt, wenn sehr viele Objekte dieses Typs erwartet werden können. Nehmen wir dazu beispielsweise an, Sie beabsichtigen, jedes Pixel des Monitors durch ein Objekt zu beschreiben. Selbst bei einer Full-HD-Auflösung von 1.920 × 1.024 würden Sie 1.966.080 Objekte benötigen. Das ist schon eine beachtliche Zahl, bei der Sie sich Gedanken darüber machen sollten, ob anstatt einer Klasse nicht eine Strukturdefinition den Anforderungen besser gerecht würde. Im Gegensatz zu klassenbasierten Objekten, für die ein verhältnismäßig hoher Verwaltungsoverhead notwendig ist, beanspruchen strukturbasierte Objekte, die zu den Wertetypen gerechnet werden, relativ wenige Verwaltungsressourcen und sind deshalb performancetechnisch deutlich besser.

6.1.1 Die Definition einer Struktur

Stellen Sie sich vor, Sie möchten eine Person durch eine Klassendefinition beschreiben. Eine Person sei durch ihren Namen und das Alter gekennzeichnet. Außerdem soll die Klasse die Methode Run veröffentlichen. Die Klassendefinition könnte folgendermaßen lauten:

```
public class Person
{
  public string Name { get; set; }
  public int Age { get; set; }
  public void Run()
  {
    [...]
  }
}
```

Um Person als Struktur bereitzustellen, müssen Sie nur class durch struct ersetzen. Das ist in diesem Fall alles. Anders als in einigen anderen Programmiersprachen, dürfen Strukturen neben Eigenschaften auch Methoden und Ereignisse haben, können Interfaces implementieren und Konstruktoren bereitstellen.

Oberflächlich betrachtet unterscheidet sich damit die Definition des Typs `class Person` kaum von der einer gleichnamigen Struktur `struct Person` – abgesehen vom Austausch des Schlüsselwortes `class` durch `struct`. Das mag im ersten Moment zu der ersten Schlussfolgerung verleiten, man könne eine Klasse immer gleichwertig durch eine Struktur ersetzen. Es gibt jedoch ein paar Einschränkungen, die Sie in Kauf nehmen müssen, wenn Sie sich anstelle einer Klasse für eine Struktur entscheiden:

▶ Eine Struktur kann nicht aus einer beliebigen Klasse abgeleitet werden. Grundsätzlich ist `ValueType` die Basisklasse aller Strukturen. `ValueType` selbst ist direkt von `Object` abgeleitet.

▶ Eine Struktur kann nicht abgeleitet werden.

▶ Strukturen besitzen immer einen parameterlosen Konstruktor, der auch nicht überschrieben werden darf.

▶ Felder dürfen nicht mit einem Wert vorinitialisiert werden. Damit würde die folgende Strukturdefinition zu einem Fehler führen:

```
struct Person
{
   private int Age = 0;
   [...]
}
```

6.1.2   Initialisieren einer Strukturvariablen

Gehen wir zunächst davon aus, die Struktur `Person` sei wie folgt definiert:

```
public struct Person
{
  public string Name;
  public int Age;
  public void Run() { }
}
```

Um sich ein Objekt des Typs `Person` zu besorgen, stehen Ihnen zwei Möglichkeiten offen: Sie können in bekannter Weise den Operator `new` verwenden, also

```
Person pers = new Person();
pers.Name = "Willi Jakob";
```

Bei dieser Variante sind sofort alle Felder initialisiert, und Sie können das Objekt uneingeschränkt benutzen.

Sie können aber ohne Aufruf des new-Operators das Objekt erstellen, z. B.:

```
Person pers;
pers.Name = "Willi Jakob";
```

In diesem Fall ist aber Vorsicht geboten: Dem Feld Name wird in diesem Fall ausdrücklich ein Wert zugewiesen. Damit ist es initialisiert. Das Feld Age hingegen ist noch nicht initialisiert. Daher ist das Objekt noch nicht vollständig initialisiert, was wiederum bedeutet, dass Sie keine Methode auf die Objektvariable aufrufen können – ein Kompilierfehler wäre die Folge. Alle Felder müssen zuerst initialisiert werden.

Aus dem zuletzt Gesagten lässt sich eine weitere Schlussfolgerung ziehen: Enthält eine Klasse automatisch implementierte Eigenschaften (also beispielsweise public int Age { get; set; }), können Sie ein strukturbasiertes, voll initialisiertes Objekt ausschließlich mit dem Konstruktor erstellen.

6.1.3   Konstruktoren in Strukturen

Standardmäßig stellt eine Struktur einen parameterlosen Konstruktor bereit, der mit

```
Person pers = new Person();
```

aufgerufen werden kann. Strukturen lassen die Definition weiterer Konstruktoren zu, die jedoch parametrisiert sein müssen, denn das Überschreiben des parameterlosen Konstruktors einer Struktur ist nicht erlaubt. Fügen Sie einen parametrisierten Konstruktor hinzu, muss eine Bedingung erfüllt werden: Alle Felder der Struktur müssen initialisiert werden. Listing 6.1 zeigt dies:

```
public struct Person
{
  public string Name { get; set; }
  public int Age { get; set; }
  // Konstruktor
  public Person(string name)
  {
    Age = 0;
    Name = name;
  }
}
```

Listing 6.1 Konstruktor in einer Struktur

Der Aufruf eines parametrisierten Konstruktors führt nur über den new-Operator. Vorsicht ist hierbei geboten, denn das folgende Codefragment hat die doppelte Initialisierung der Variablen pers zur Folge, weil in der zweiten Anweisung ein parametrisierter Konstruktor aufgerufen wird:

```
Person pers;
pers = new Person("Willi");
```

Läge Person eine Klasse zugrunde, käme es nur zu einem Konstruktoraufruf.

6.1.4 Änderungen im Projekt »GeometricObjectsSolution«

Wir wollen uns nun erneut der Anwendung *GeometricObjectsSolution* zuwenden. An einer Stelle bietet es sich an, eine Struktur einzusetzen: Es handelt sich dabei um die beiden Mittelpunktskoordinaten XCoordinate und YCoordinate, die in der Klasse GeometricObject definiert sind und nun durch die Struktur Point ersetzt werden sollen. Der Typ Point ist sehr einfach aufgebaut und hat nur zwei Eigenschaften, die später den Bezugspunkt des geometrischen Objekts beschreiben sollen. Selbstverständlich werden die entsprechenden Felder auch gekapselt, d. h. über die Kombination der beiden Accessoren get und set veröffentlicht. Außerdem enthält die Struktur einen zweiparametrigen Konstruktor, dem beim Aufruf die Punktkoordinaten übergeben werden.

```
public struct Point
{
  private double _X;
  private double _Y;
  public double X
  {
    get => _X;
    set => _X = value;
  }
  public double Y
  {
    get => _Y;
    set => _Y = value;
  }
  public Point(double x, double y)
  {
    _X = x;
    _Y = y;
  }
}
```

Listing 6.2 Definition der Struktur »Point«

In der Klasse GeometricObject zieht das selbstverständlich Änderungen nach sich. Wir definieren zuerst ein Feld vom Typ der Struktur. Dieses soll in der überarbeiteten Fassung die Werte des Bezugspunktes aufnehmen.

```
protected Point _Center = new Point();
```

Dabei sollte explizit der parameterlose Konstruktor aufgerufen werden, damit X und Y im Feld _Center von Anfang an initialisiert sind und einen definierten Anfangszustand haben.

Einen wichtigen Punkt dürfen wir an dieser Stelle nicht außer Acht lassen: Da wir nun mit dem Feld _Center eine Point-Struktur eingeführt haben, die die Werte von XCoordinate und YCoordinate speichern soll, müssen wir die beiden noch vorhandenen privaten Felder _XCoordinate und _YCoordinate aus der Klasse GeoemtricObject löschen. Darüber hinaus gilt es, die beiden Eigenschaften XCoordinate und YCoordinate so anzupassen, dass die den Eigenschaften übergebenen Werte an die Felder der Point-Struktur übergeben bzw. daraus ausgelesen werden.

```
public virtual double XCoordinate
{
  get => _Center.X;
  set
  {
    _Center.X = value;
    OnPropertyChanged("XCoordinate");
  }
}
public virtual double YCoordinate
{
  get => _Center.Y;
  set
  {
    _Center.Y = value;
    OnPropertyChanged("YCoordinate");
  }
}
```

Listing 6.3 Änderung der Eigenschaften »XCoordinate« und »YCoordinate«

Von der Einführung der Struktur Point sind auch die Konstruktoren von Circle und Rectangle betroffen, die die beiden Mittelpunktskoordinaten in ihren Parametern erwarten.

```
public Circle(int radius, double x, double y)
{
  Radius = radius;
  _Center.X = x;
  _Center.Y = y;
  Circle._CountCircles++;
}
public Rectangle(int length, int width, double x, double y)
```

323

```
{
  Length = length;
  Width = width;
  _Center.X = x;
  _Center.Y = y;
  Rectangle._CountRectangles++;
}
```

Listing 6.4 Änderung der Konstruktoren in »Circle« und »Rectangle«

Eine gute Klassendefinition zeichnet sich nicht nur dadurch aus, dass sie die Implementierung auf das Notwendigste beschränkt, sondern deckt auch die Fälle ab, die für einen Benutzer unter Umständen sinnvoll sind. Soll der Mittelpunkt eines Kreisobjekts diagonal verschoben werden, sind zwei Anweisungen notwendig. Vorteilhafter ist es, dasselbe mit einer Anweisung zu erreichen. Die Verbesserung soll durch eine Methode erzielt werden, die wir als Move bezeichnen. Sie nimmt ein Point-Objekt vom Aufrufer entgegen und wird in GeometricObject definiert.

```
public virtual void Move(Point center)
{
    MovingEventArgs e = new MovingEventArgs();
    OnMoving(e);
    if (e.Cancel == true) return;
      _Center = center;
    OnMoved(new EventArgs());
}
```

Listing 6.5 Ergänzung um eine weitere Überladung der Methode »Move«

Da eine Struktur ein Wertetyp ist, schreiben sich die Felder X und Y der im Parameter center übergebenen Koordinaten in die gleichlautenden Felder von _Center.

Sehen wir uns nun in einem Codefragment an, wie einfach es ist, diese Methode zu benutzen. Es wird dabei davon ausgegangen, dass ein konkretes Circle-Objekt namens kreis vorliegt. Mit

```
Point pt = new Point(150, 315);
kreis.Move(pt);
```

übergeben wir der Methode ein Point-Objekt. Benötigen wir dieses Objekt zur Laufzeit der Anwendung nicht mehr, kann es auch in der Argumentenliste erzeugt werden.

```
kreis.Move(new Point(150, 315));
```

Zuletzt ergänzen wir die Klassen `Circle` und `Rectangle` noch um jeweils einen Konstruktor, der neben dem Radius bzw. den entsprechenden Längenangaben eine `Point`-Referenz als Argument erwartet:

```
public Circle(int radius, Point center)
{
  Radius = radius;
  _Center = center;
  Circle.CountCircles++;
}
public Rectangle(int length, int width, Point center)
{
  Length = length;
  Width = width;
  _Center = center;
  Rectangle.CountRectangles++;
}
```

Listing 6.6 Zusätzliche Konstruktoren in »Circle« und »Rectangle«

Da bei Aufruf dieses Konstruktors kein weiterer der Klasse ausgeführt wird, ist es auch notwendig, den Objektzähler der jeweiligen Klasse zu erhöhen.

Damit wird eine Instanziierung der Klasse `Circle` beispielsweise mit

```
Circle kreis = new Circle(2, new Point(5, 12));
```

möglich.

Anmerkung

Den Code des Beispiels *GeometricObjectsSolution* mit allen Änderungen, die wir bisher in diesem Kapitel vorgenommen haben, finden Sie unter ..*Kapitel 6\\GeometricObjectsSolution_7*.

6.2 Enumerationen (Aufzählungen)

Eine *Enumeration* (häufig auch als »Aufzählung« bezeichnet) ist als Gruppierung mehrerer Konstanten zu verstehen, die miteinander in einem logischen Zusammenhang stehen und zur Laufzeit nicht verändert werden können. Enumerationen werden meistens dazu verwendet, besser lesbaren Programmcode zu schreiben, und sind von der gemeinsamen Basisklasse `Enum` abgeleitet. Enumerationen werden zu den Wertetypen gerechnet.

Die Werte, die von den Konstanten einer Enumeration gebildet werden, sind vom gleichen Datentyp. Dabei kann es sich um byte, short, int oder long handeln. Andere Datentypen sind nicht zugelassen. Solange nicht anders angegeben, sind alle Enumerationsmember Integer.

Betrachten Sie das folgende Beispiel der Enumeration Spielkarte:

```
public enum Spielkarte
{
  Karo = 9,
  Herz = 10,
  Pik = 11,
  Kreuz = 12
}
```

Listing 6.7 Die Enumeration »Spielkarte«

> **Hinweis**
>
> Für diejenigen, für die die Wertzuweisung an die Konstanten beginnend mit Karo = 9 schleierhaft ist, sei angemerkt, dass es sich dabei um die Bewertung der Farben beim Kartenspiel Skat handelt.

Eine Enumeration wird mit dem Schlüsselwort enum eingeleitet. Hinter der Angabe des Bezeichners können Sie optional den von den Konstanten beschriebenen Datentyp angeben. Da Spielkarte keine Angabe hat, sind die vier Konstanten vom Typ Integer. Wird jedoch der Typ long gewünscht, ist dieser, getrennt durch einen Doppelpunkt, hinter dem Bezeichner der Enumeration anzugeben, z. B.:

```
public enum Spielkarte : long
{
  [...]
}
```

Der enum-Block enthält alle erforderlichen Konstanten, die bis auf das letzte Element voneinander durch ein Komma getrennt werden. Der von den Konstanten beschriebene Wert muss nicht ausdrücklich angegeben werden, es ist eine Option. Fehlt die Angabe, wird er nach einem bestimmten Algorithmus automatisch vergeben. Zur Wertbildung gibt es nur zwei Regeln:

▶ Wird der ersten Konstanten nicht ausdrücklich ein Wert zugewiesen, repräsentiert sie den Wert 0.

▶ Für alle anderen Konstanten ohne explizite Wertangabe gilt: Wert des Vorgängerelements plus eins.

Demnach würde es ausreichen, die Enumeration Spielkarte wie folgt zu definieren:

```
public enum Spielkarte
{
  Karo = 9,
  Herz,
  Pik,
  Kreuz
}
```

Listing 6.8 Gleichwertige Enumeration »Spielkarte«

6.2.1   Wertzuweisung an »enum«-Variablen

Enumerationen gehören zu der Gruppe der Wertetypen. Daher reicht auch eine einfache Variablendeklaration aus:

```
Spielkarte myGame;
```

Die Variable myGame kann nun für eine beliebige Konstante der Aufzählung Spielkarte stehen. Um welche es sich genau handelt, muss noch angegeben werden:

```
myGame = Spielkarte.Herz;
```

Wenn Sie am Zahlenwert, der dieser Konstanten zugeordnet ist, interessiert sind, müssen Sie explizit konvertieren:

```
int value = (int)Spielkarte.Herz;
```

6.2.2   Alle Mitglieder einer Aufzählung durchlaufen

Enumerationen werden uns im weiteren Verlauf dieses Buches noch häufig begegnen. Manchmal ist es sinnvoll, im Programmcode die Mitglieder einer Aufzählung in einer Schleife abzugreifen. Ich möchte Ihnen am Beispiel der Aufzählung Spielkarte demonstrieren, wie das programmiertechnisch umgesetzt wird.

```
class Program
{
  static void Main(string[] args)
  {
    foreach (Spielkarte karte in Enum.GetValues(typeof(Spielkarte)))
      Console.WriteLine(karte);
    Console.ReadLine();
  }
}
public enum Spielkarte
```

```
{
  Karo = 9,
  Herz,
  Pik,
  Kreuz
}
```

Listing 6.9 Die Liste der Enumerationsmitglieder durchlaufen

Eingangs habe ich bereits erwähnt, dass alle Enumerationen aus der Klasse `Enum` abgeleitet werden. Diese Klasse stellt mit `GetValues` eine statische Methode zur Verfügung, die uns eine Array-Referenz aller in der Enumeration enthaltenen Konstanten zurückliefert. `GetValues` ist wie folgt definiert:

```
public static Array GetValues(Type enumType);
```

Der Rückgabewert ist vom Typ `Array`, das Übergabeargument vom Typ `Type`. `Type` liefert Informationen über einen Datentyp, beispielsweise über die von einer Klasse veröffentlichten Methoden und Felder. Dazu müssen wir uns nur den `Type` eines bestimmten Datentyps besorgen. Hier hilft die C#-spezifische Funktion `typeof` weiter, der wir als Argument den Typbezeichner übergeben. Der Ausdruck

```
Enum.GetValues(typeof(Spielkarte)))
```

liefert die Elemente der Enumeration als Array, das wir in der Schleife vom ersten bis zum letzten Element durchlaufen. Der Konstantenbezeichner wird in der Konsole ausgegeben.

6.3   Boxing und Unboxing

Zu den Referenztypen werden Klassen und Delegaten gerechnet, Strukturen und Enumerationen bilden die Gruppe der Wertetypen. Um noch einmal die wichtigsten Unterschiede dieser beiden Kategorien auf den Punkt zu bringen: Objekte, die auf Klassen- oder Delegatdefinitionen basieren, werden auf dem Heap verwaltet, Objekte vom Typ einer Struktur oder Enumeration auf dem Stack. Die Verwaltung auf dem Stack schont die Ressourcen und verbessert die Performance, weil der komplexe Overhead der Objektverwaltung im Heap entfällt. Wertetypen sind deshalb dann besonders gut geeignet, wenn sehr viele Objekte eines Typs erwartet werden können.

In diesem Zusammenhang müssen wir noch eine weitere Technik erörtern: das *Boxing* und *Unboxing*. Was ist darunter zu verstehen? Betrachten wir das einfache Beispiel einer Integer-Variablen:

```
int value = 2;
```

Im nächsten Schritt weisen wir diese Variable einer `Object`-Variablen zu. Das ist grundsätzlich überhaupt kein Problem, da hierbei eine implizite Konvertierung stattfindet:

```
object @object = value;
```

Beachten Sie, dass dabei ein auf dem Stack abgelegter Wertetyp einem Referenztyp zugewiesen wird, der auf dem Heap gespeichert ist. Der als *Boxing* bezeichnete Vorgang erfordert natürlich einen Mehraufwand der Laufzeitumgebung im Vergleich zu einer Operation, bei der eine Referenzvariable der `Objekt`-Variablen zugewiesen wird.

Zu einem bestimmten Zeitpunkt soll die implizite Konvertierung auch wieder rückgängig gemacht werden. Bei dieser als *Unboxing* bezeichneten Operation muss der korrekte Zieldatentyp angegeben werden:

```
int item = (int)@object;
```

Aus einem auf dem Heap verwalteten Objekt wird nunmehr erneut ein Objekt, das auf dem Stack liegt. Auch dieser Vorgang geht deutlich zu Lasten der Performance. Microsoft selbst gibt dazu in der Dokumentation einen Faktor von bis zu 20 an, der aber wohl selten erreicht werden dürfte. Dennoch sollten Sie sich merken, dass Sie die Boxing-Operationen in einem Programm nach Möglichkeit vermeiden sollten – auch wenn das natürlich nicht immer möglich ist.

Kapitel 7
Fehlerbehandlung und Debugging

Fast alle Beispiele dieses Buches waren bisher so angelegt, als könnte nie ein Fehler auftreten. Aber Ihnen ist es beim Testen eines Beispielcodes sicherlich schon passiert, dass Sie anstatt einer Zahl einen Buchstaben eingegeben haben oder umgekehrt – genau entgegengesetzt zu dem, was das Programm in diesem Moment erwartete. Sie wurden danach mit einem *Laufzeitfehler* konfrontiert, was zur sofortigen Beendigung des Programms führte.

Dieser Umstand ist natürlich besonders dann unangenehm und inakzeptabel, wenn bei einem Endanwender ein solcher Fehler auftritt. Sollten diesem dann noch Daten unwiederbringlich verlorengegangen sein, ist der Ärger vorprogrammiert. Sie haben einen unzufriedenen Kunden, der an Ihren Qualitäten als Entwickler zweifelt, und anschließend noch die undankbare Aufgabe, den oder gar die Fehler zu lokalisieren und in Zukunft auszuschließen.

Welcher Entwickler kann zuverlässig voraussehen, welche Eingabe ein Anwender tätigt und vielleicht gar noch in welcher Reihenfolge, wenn dieser die grafische Benutzeroberfläche einer Applikation bedient? Welcher Anwender kann nach einem Fehler genau sagen, welche Arbeitsschritte und Eingaben zu der Fehlerauslösung geführt haben, welche Programme er über das Internet installiert hat usw.? Anwender sind fehlerfrei, sie machen alles richtig, nur das Programm ist schlecht. Seien wir doch einmal ehrlich zu uns selbst: Gibt es einen Entwickler, der von sich selbst behaupten kann, unter der Last des Termindrucks nicht schon mindestens einmal ein Programm ausgeliefert zu haben, das eine unzureichende Testphase durchlaufen hatte?

Es gibt aber auch eine Fehlergattung, die nicht das unplanmäßige Beenden des Programms nach sich zieht, sondern nur falsche Ergebnisse liefert: die logischen Fehler. Dies ist deshalb sehr unangenehm, weil solche Fehler oft sehr spät erkannt werden und weitreichende Konsequenzen haben können. Denken Sie einmal daran, welche Auswirkungen es nach sich ziehen könnte, wenn ein Finanz- und Buchhaltungsprogramm (Fibu) einen falschen Verkaufspreis ermitteln würde. Es kommt nicht zu einem Laufzeitfehler, der anzeigt, dass etwas nicht richtig abläuft. Solche Fehler gefährden im schlimmsten Fall sogar die Existenz eines gesamten Unternehmens. Um dieses Dilemma zu vermeiden, muss die Software ausgiebig getestet werden, wobei der *Debugger* der Entwicklungsumgebung wesentliche Unterstützung bietet und somit das wichtigste Hilfsmittel ist.

In diesem Abschnitt wollen wir uns mit der Fehlergattung auseinandersetzen, die zum Auslösen einer Ausnahme zur Laufzeit führt und die verschiedensten Ursachen haben kann:

- ▶ Anwender geben unzulässige Werte ein.

- ▶ Es wird versucht, eine nicht vorhandene Datei zu öffnen.

- ▶ Es wird versucht, eine Division durch »0« durchzuführen.

- ▶ Beim Zugriff auf eine Objektmethode ist der Bezeichner der Objektvariablen noch nicht initialisiert.

- ▶ Eine Netzwerkverbindung ist instabil.

- ▶ ... und noch viele andere Ursachen

Die Liste ist schier endlos lang. Aber allen Fehlern ist eines gemeinsam: Sie führen zum Absturz des Programms, wenn der auftretende Fehler nicht behandelt wird.

7.1   Laufzeitfehler erkennen

Listing 7.1 demonstriert einen typischen Laufzeitfehler und die daraus resultierenden Konsequenzen. Die Aufgabe, die das Programm ausführen soll, ist simpel: Es soll eine Textdatei öffnen und deren Inhalt in die Konsole schreiben.

```
using System.IO;
class Program
{
  static void Main(string[] args)
  {
    StreamReader stream = new StreamReader(@"C:\Text.txt");
    Console.WriteLine(stream.ReadToEnd());
    stream.Close();
    Console.ReadLine();
  }
}
```

Listing 7.1 Öffnen und Lesen einer Textdatei

> **Hinweis**
>
> Beachten Sie bitte, dass ein Backslash in einer Zeichenfolge als Escape-Sequenz interpretiert wird. Um diese Interpretation aufzuheben, geben Sie entweder zwei aufeinanderfolgende Backslashs an oder stellen Sie, wie oben gezeigt, der Zeichenfolge ein @-Zeichen voran.

Die Klassenbibliothek des .NET Frameworks bietet zum Öffnen einer Textdatei die Klasse StreamReader im Namespace System.IO an. Einer der Konstruktoren dieser Klasse erwartet den vollständigen Pfad zu der zu öffnenden Datei.

Aus dem Datenstrom können mit Read einzelne Zeichen gelesen werden, mit ReadLine eine komplette Zeile. ReadToEnd hingegen liest den ganzen Datenstrom vom ersten bis zum letzten Zeichen. In Listing 7.1 wird die letztgenannte Methode benutzt und die Rückgabe aus dem Datenstrom als Argument der WriteLine-Methode der Console übergeben.

Solange die angegebene Datei existiert, wird die Anwendung fehlerfrei ausgeführt. Wenn Sie dem Konstruktor der Klasse StreamReader allerdings eine Zeichenfolge auf eine nicht vorhandene Datei übergeben, wird die Laufzeit der Anwendung mit einer Ausnahme (Exception) beendet und eine Fehlermeldung angezeigt (siehe Abbildung 7.1).

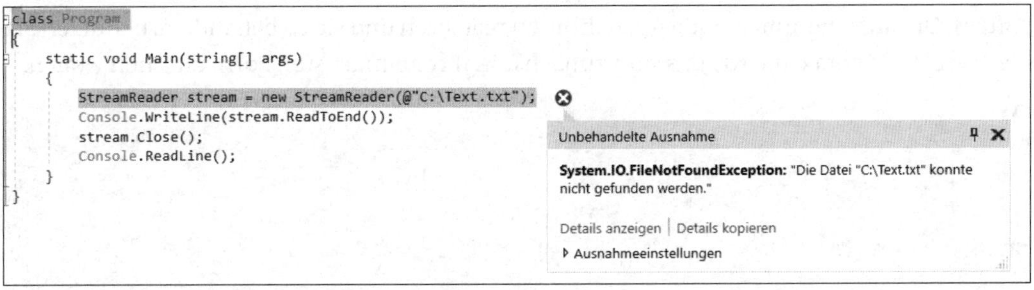

```
class Program
{
    static void Main(string[] args)
    {
        StreamReader stream = new StreamReader(@"C:\Text.txt");  ⊗
        Console.WriteLine(stream.ReadToEnd());
        stream.Close();
        Console.ReadLine();
    }
}
```

Unbehandelte Ausnahme   ⊣ ✕

System.IO.FileNotFoundException: "Die Datei "C:\Text.txt" konnte nicht gefunden werden."

Details anzeigen | Details kopieren

▷ Ausnahmeeinstellungen

Abbildung 7.1 Anzeige der Exception in Visual Studio

Sollte Ihnen der Hinweis auf die Ursache der Ausnahme nicht ausreichen, können Sie sich auch weitere Details dazu anzeigen lassen. Klicken Sie dazu auf den Link DETAILS ANZEIGEN im Ausnahmefenster. Daraufhin öffnet sich ein Dialog, dem Sie möglicherweise weitere interessante Details im Zusammenhang mit der Exception entnehmen können (siehe Abbildung 7.2).

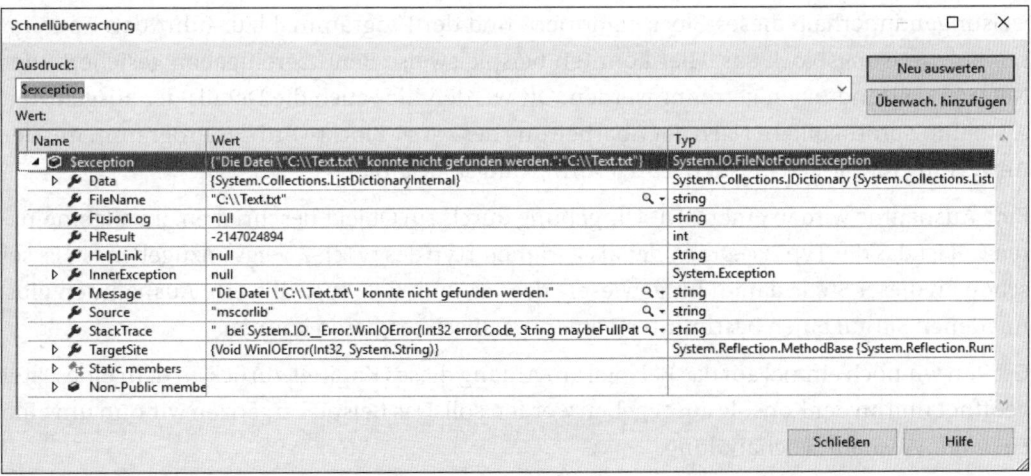

Abbildung 7.2 Details einer Exception

Fehler dieser Art müssen schon während der Programmierung erkannt und behandelt werden. Die Fehlerbehandlung hat die Zielsetzung, dem Anwender beispielsweise durch eine Eingabekorrektur die Fortsetzung des Programms zu ermöglichen oder – schlimmstenfalls – zumindest alle notwendigen Daten zu sichern, bevor das Programm ordentlich beendet wird.

7.1.1   Die »try ... catch«-Anweisung

Ein Programm wird sofort unplanmäßig beendet, wenn eine nicht behandelte Exception auftritt. Um auf eine auftretende Ausnahme zu reagieren und sie zu behandeln, benutzen Sie die try-catch-Syntax, die wir uns nun zunächst in ihrer einfachsten Form ansehen wollen.

```
try
{
  [...]
}
catch(Ausnahmetyp)
{
  [...]
}
[...]
```

Der try-Block enthält zumindest die Anweisungen, die potenziell eine Ausnahme verursachen können. Tritt kein Laufzeitfehler auf, werden alle Anweisungen im try-Block ausgeführt. Danach setzt das Programm hinter dem catch-Block seine Arbeit fort. Verursacht eine der Anweisungen innerhalb des try-Blocks jedoch einen Fehler, werden alle folgenden Anweisungen innerhalb dieses Blocks ignoriert, und der Programmablauf führt den Code im catch-Anweisungsblock aus. Hier könnten beispielsweise Benutzereingaben gesichert oder Netzwerkverbindungen getrennt werden. Oft werden hier auch die Details der ausgelösten Ausnahme protokolliert. Nach der Abarbeitung des catch-Blocks wird das Programm mit der Anweisung fortgesetzt, die dem catch-Anweisungsblock folgt.

Eine Ausnahme wird in einer OOP-Umgebung durch ein Objekt beschrieben. Im allgemeinsten Fall ist das der Typ Exception, der als Parametertyp des catch-Zweigs anzugeben ist. Es sei schon an dieser Stelle darauf hingewiesen, dass es sehr viele spezialisierte Ausnahmen gibt, mit denen Sie auf einen bestimmten Fehler spezifisch reagieren können.

Greifen wir noch einmal auf das Beispiel am Anfang dieses Kapitels zurück, in dem eine Datei geöffnet und an der Konsole ausgegeben werden soll. Das Beispiel ergänzen wir nun um eine passende Ausnahmebehandlung.

```
class Program
{
  static void Main(string[] args)
```

```
{
  StreamReader stream = null;
  Console.Write("Welche Datei soll geöffnet werden? ... ");
  string path = Console.ReadLine();
  try
  {
    // die folgende Anweisung kann eine Ausnahme auslösen
    stream = new StreamReader(path);
    Console.WriteLine(stream.ReadToEnd());
    stream.Close();
  }
  catch(Exception ex)
  {
    // Ausgabe der spezifischen Fehlermeldung
    Console.WriteLine(ex.Message);
  }
  Console.WriteLine("Nach der Exception-Behandlung");
  Console.ReadLine();
  }
}
```

Listing 7.2 Komplette Fehlerbehandlung zum Öffnen einer Datei

Starten Sie das Programm, und geben Sie nach der Aufforderung einen gültigen Zugriffspfad an, wird die Datei geöffnet und der Inhalt an der Konsole angezeigt. Das Programm wird bis zum catch-Statement ausgeführt und verzweigt danach zu der Anweisung, die dem catch-Block folgt, was durch eine Konsolenausgabe bestätigt wird.

Das ist der Normalfall – oder ist vielleicht eher eine falsche Benutzereingabe als normal anzusehen? Wie dem auch sei, unser kleines Programm ist in der Lage, auch damit umzugehen. Die Anweisung, die eine Ausnahme im obigen Beispiel auslösen könnte, ist anscheinend der Aufruf des Konstruktors der Klasse StreamReader, dem eine Pfadangabe als Argument übergeben wird:

```
stream = new StreamReader(path);
```

Bei einer Ausnahme verzweigt der Programmablauf in den catch-Block und führt die darin enthaltenen Anweisungen aus. Häufig wird man hier die Eigenschaft Message des Exception-Objekts abfragen, die eine benutzerfreundliche Fehlerbeschreibung liefert, z. B.:

```
Console.WriteLine(ex.Message);
```

Nach der Ausführung des catch-Blocks wird das Programm ordnungsgemäß mit den sich daran anschließenden Anweisungen fortgesetzt. Damit haben wir unser Ziel erreicht: Obwohl ein Laufzeitfehler aufgetreten ist, kontrollieren wir weiterhin das Laufzeitverhalten.

Hinweis

Sie müssen nicht unbedingt dem catch-Zweig eine Exception angeben, wie das folgende Codefragment zeigt:

```
catch
{
  [...]
}
```

Auch wenn die Variante jede Ausnahme abfängt und behandelt, können ausnahmespezifische Informationen wie beispielsweise die Eigenschaft Message (siehe Listing 7.2) nicht ausgewertet werden. Daher eignet sich diese allgemeine Form nur in wenigen Fällen und sollte in der Regel vermieden werden.

7.1.2   Behandlung mehrerer Exceptions

Der Grund für eine Ausnahme kann vielfältig sein. Beispielsweise kann in unserem Listing bei dem Versuch, eine Datei zu öffnen, ein falscher Dateiname oder ein nicht vorhandenes Verzeichnis angegeben werden. Oder es wird eine leere Zeichenfolge übergeben, oder null. Alle diese Fehler lösen unterschiedliche Exceptions aus.

Vielleicht werden Sie sich die Frage stellen, woher die Kenntnis stammt, welche Ausnahmen beim Aufruf des Konstruktors der Klasse StreamReader zumindest theoretisch ausgelöst werden können. Die Antwort ist sehr einfach: Die Angaben sind in der Dokumentation der entsprechenden Klasse zu finden. Ein Blick in die Dokumentation des in unserem Beispiel eingesetzten StreamReader-Konstruktors verrät, dass dieser fünf unterschiedliche Ausnahmen auslösen kann:

▶ ArgumentException

▶ ArgumentNullException

▶ FileNotFoundException

▶ DirectoryNotFoundException

▶ IOException

Die Ausnahme ArgumentException wird ausgelöst, wenn der Anwender an der Konsole nach der Aufforderung zur Eingabe des Pfades keine Angabe macht und das Programm fortsetzt. Eine ähnliche Ausnahme, ArgumentNullException, träte bei der Übergabe eines nichtinitialisierten Strings auf:

```
string path = null;
StreamReader dataStream = new StreamReader(path);
```

Geben Sie einen nicht existenten Datei- oder Ordnernamen ein, kommt es zu einer Ausnahme vom Typ `FileNotFoundException` bzw. `DirectoryNotFoundException`. Der letzten in der Dokumentation aufgeführten Ausnahme, `IOException`, kommt eine besondere Bedeutung zu, der wir uns gleich widmen werden.

Egal, welchen Fehler Sie im Beispielcode oben auch provozieren, er wird immer behandelt. Das hängt damit zusammen, dass alle Ausnahmen durch Klassen beschrieben werden, die auf die gemeinsame Basis `Exception` zurückzuführen sind (siehe Abbildung 7.3). Damit finden alle Ausnahmen im `catch`-Zweig mit dem Parametertyp `Exception` eine passende Behandlungsroutine.

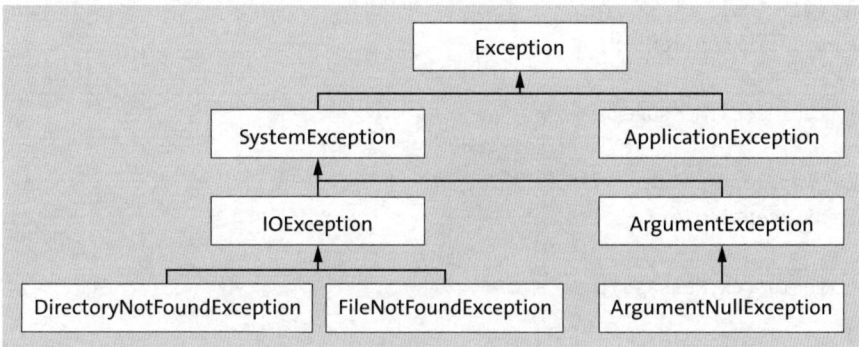

Abbildung 7.3 Die Hierarchie der Exceptions (Auszug)

Treten mehrere unterschiedliche Ausnahmen auf, auf die wir spezifisch reagieren wollen, geben wir mehrere `catch`-Anweisungsblöcke an, von denen jeder einen bestimmten Ausnahmetyp beschreibt.

```
// Beispiel: ..\Kapitel 7\TryCatch_Sample
class Program
{
  static void Main(string[] args)
  {
    StreamReader stream = null;
    Console.Write("Welche Datei soll geöffnet werden? ... ");
    string path = Console.ReadLine();
    try
    {
      stream = new StreamReader(path);
      Console.WriteLine("--- Dateianfang ---");
      Console.WriteLine(stream.ReadToEnd());
      Console.WriteLine("--- Dateiende -----");
      stream.Close();
    }
```

```
// Datei nicht gefunden
catch (FileNotFoundException ex)
{
  Console.WriteLine(ex.Message);
}
// Verzeichnis existiert nicht
catch (DirectoryNotFoundException ex)
{
  Console.WriteLine(ex.Message);
}
// Pfadangabe war 'null'
catch (ArgumentNullException ex)
{
  Console.WriteLine(ex.Message);
}
// Pfadangabe war leer ("")
catch (ArgumentException ex)
{
  Console.WriteLine(ex.Message);
}
// allgemeine Exception
catch (Exception ex)
{
  Console.WriteLine(ex.Message);
}
Console.WriteLine("Nach der Exception-Behandlung");
Console.ReadLine();
  }
}
```

Listing 7.3 Beispielprogramm mit detaillierter Fehleranalyse

Jeder catch-Zweig beschreibt einen bestimmten Ausnahmetyp. Beim Auftreten einer Ausnahme werden die catch-Zweige so lange der Reihe nach angesteuert, bis der Typ gefunden
wird, der die ausgelöste Ausnahme beschreibt. Anschließend wird der Programmablauf mit
den Anweisungen fortgesetzt, die sich hinter dem letzten catch-Zweig befinden.

Im Beispiel oben wird demnach zuerst geprüft, ob der Exception eine nicht existierende
Datei zugrunde liegt (FileNotFoundException). Hat die Ausnahme eine andere Ursache, wird
geprüft, ob dem Konstruktor ein ungültiges Verzeichnis übergeben wurde (DirectoryNot-
FoundException). War das auch nicht der Fall, wird der aufgetretene Fehler mit ArgumentNull-
Exception verglichen. Das setzt sich so lange fort, bis möglicherweise auch noch der letzte

catch-Zweig aufgerufen wird. Kann die Ausnahme keinem catch-Zweig zugeordnet werden, gilt sie als unbehandelt, und das Programm wird beendet.

Grundsätzlich plädiere ich dafür, in jeder Ausnahmebehandlung im letzten (oder vielleicht auch einzigen) catch-Zweig den Typ Exception anzugeben. Damit sind Sie als Entwickler immer auf der sicheren Seite, dass die Anwendung nicht unplanmäßig beendet wird (auch wenn der Anwender möglicherweise mit der Meldung »Unbekannter Fehler« konfrontiert werden muss). Verzichten wir auf den letzten catch-Zweig im Beispiel *TryCatch_Sample*, könnte nämlich trotz aller catch-Zweige immer noch eine Ausnahme auftreten. Es ist die Methode ReadToEnd, die eine OutOfMemoryException wirft, falls die Datei mangels Speicher nicht komplett eingelesen werden kann. Mal ganz ehrlich, hätten Sie daran gedacht?

7.1.3   Die Reihenfolge der »catch«-Zweige

Die Abarbeitung der catch-Zweige folgt dem »Ist ein(e)«-Prinzip der Vererbung. Daraus folgt, dass eine bestimmte Reihenfolge bei der Angabe der catch-Zweige eingehalten werden muss, und die lautet: Ausgehend vom ersten bis hin zum letzten catch-Zweig werden die angegebenen Ausnahmen immer allgemeiner. Sollten Sie diese Richtlinie nicht beachten, wird Visual Studio Sie darauf aufmerksam machen, weil dann Programmcode vorliegt, der nicht erreicht werden kann.

7.1.4   Ausnahmen in einer Methodenaufrufkette

Eine Ausnahme muss in jedem Fall behandelt werden, um das laufende Programm vor dem Absturz zu bewahren. Kennzeichnend war bisher, dass wir eine Ausnahme in der Methode behandelten, in der sie auftrat. Das muss aber nicht unbedingt so sein.

Stellen Sie sich vor, der Code zum Öffnen einer Datei unseres Beispiels *TryCatch_Sample* wäre nicht in Main, sondern einer anderen Methode – nennen wir sie wieder DoSomething – implementiert. Tatsächlich muss ein etwaig auftretender Fehler nicht in DoSomething mit try-catch behandelt werden, es kann auch in der Methode Main geschehen, wie das folgende Codefragment zeigt:

```
static void Main(string[] args)
{
  try
  {
    DoSomething();
  }
  // Behandlung der Ausnahme
  catch (Exception ex)
  {
    Console.WriteLine(ex.Message);
```

```
    }
}
static void DoSomething()
{
    // hier wird eine Exception ausgelöst, die nicht behandelt wird
}
```

Listing 7.4 Laufzeitfehler in einem Aufrufstack

Wird aus einer Methode heraus (hier Main) eine zweite (hier DoSomething) aufgerufen und tritt in letztgenannter eine Ausnahme auf, sucht die Laufzeitumgebung zunächst in der fehler-auslösenden Methode nach einer passenden Ausnahmebehandlung. Ist hier keine imple-mentiert oder wird die Ausnahme von keinem der catch-Zweige behandelt, wird die Ausnah-me an den Aufrufer übergeben. Nimmt sich die aufrufenden Methode des ausgelösten Fehlers an, ist den Anforderungen Genüge getan, und die Anwendung wird anstandslos wei-terlaufen, ansonsten gilt die Ausnahme als nicht behandelt, und die Anwendung stürzt un-weigerlich ab.

Die Methodenaufrufkette darf durchaus noch mehr Stationen haben. Wichtig ist nur, dass spätestens der Auslöser einer längeren Aufrufkette auf die Exception reagiert.

7.1.5   Ausnahmen werfen oder weiterleiten

In der Praxis werden Sie häufig auf den Umstand treffen, dass in einer Komponente eine Ausnahme ausgelöst und mit try-catch behandelt wird, die Ausnahme aber dennoch an den Aufrufer weitergeleitet werden muss. Das ist häufig der Fall, wenn Sie dem Anwender nicht direkt aus der auslösenden Komponente eine Information zukommen lassen können.

Um eine Ausnahme an den Aufrufer weiterzuleiten oder ganz generell eine neue (auch be-nutzerdefinierte) Ausnahme auszulösen, wird das throw-Statement benutzt, z. B.:

```
throw new XyzException();
```

Wird in einem catch-Block mit throw eine Exception geworfen, muss sie vom Aufrufer der fehlerverursachenden Methode behandelt werden.

7.1.6   Die »finally«-Anweisung

Die strukturierte Fehlerbehandlung bietet optional eine weitere, bislang noch nicht erwähn-te Klausel an, in der unterschiedliche Aufgaben erledigt werden können: die finally-Klausel, die unmittelbar dem letzten catch-Block folgt, falls sie angegeben wird.

```
[...]
try
{
```

```
  [...]
}
catch(Exception ex)
{
  [...]
}
finally
{
  [...]
}
[...]
```

Listing 7.5 Fehlerbehandlung mit »finally«-Zweig

Folgende Umstände führen zur Abarbeitung der Anweisungen im finally-Block:

▶ Es wird keine Ausnahme ausgelöst: Der try-Block wird komplett abgearbeitet, danach verzweigt das Programm zur finally-Klausel und wird anschließend mit der Anweisung fortgesetzt, die dem finally-Anweisungsblock folgt.

▶ Es tritt eine Exception auf: Von der fehlerauslösenden Codezeile im try-Block aus sucht die Laufzeitumgebung nach der passenden catch-Klausel, führt diese aus und verzweigt zur finally-Klausel. Anschließend wird die Anweisung ausgeführt, die dem finally-Anweisungsblock folgt.

Der finally-Block wird demnach in jedem Fall ausgeführt, unabhängig davon, ob eine Ausnahme aufgetreten ist oder nicht. Diese Feststellung gilt auch für alle Anweisungen, die dem finally-Block folgen.

Es gibt aber zwei Situationen, in denen der dem finally-Block folgende Code nicht mehr ausgeführt wird:

▶ Nehmen wir an, dass Sie nach der Behandlung der Ausnahme im catch-Block die Methode verlassen wollen, weil die Anweisungen, die sich den catch-Blöcken anschließen, nicht ausgeführt werden sollen. Sie werden dann im catch-Anweisungsblock mit return die Methode verlassen, z. B.:

```
catch(Exception ex)
{
  [...]
  return;
}
```

In diesem Fall hat return aber nicht die durchschlagende Konsequenz, die wir bisher von diesem Statement gewohnt sind. Die Methode wird nämlich nicht sofort verlassen, sondern es wird zunächst nach dem optionalen finally-Block gesucht. Ist er vorhanden, wird er ausgeführt. Es kommt allerdings nicht mehr zu der Ausführung der Anweisungen, die dem finally-Block folgen.

▶ Die zweite Situation tritt im Zusammenhang mit dem throw-Statement auf, das in einem catch-Block die Weiterleitung einer Exception erzwingt. Auch hierbei wird nicht sofort die Exception geworfen, sondern erst, nachdem finally abgearbeitet worden ist.

finally gestattet es somit, diverse Operationen unabhängig davon auszuführen, ob eine Exception aufgetreten ist oder nicht. Dabei handelt es sich in der Regel um die Freigabe von Fremdressourcen, beispielsweise um das Schließen einer Datenbankverbindung oder um die Freigabe einer Datei. finally ist nur sinnvoll im Zusammenhang mit throw oder return in einem catch-Block, weil dann die dem finally folgenden Anweisungen nicht mehr ausgeführt werden.

7.1.7 Ausnahmefilter

Obwohl es Ausnahmefilter schon lange in vielen anderen Sprachen gibt, wurde dieses Feature erst mit C# 6.0 eingeführt. Ausnahmefilter erlauben es, für jeden catch-Block eine Bedingung zu formulieren, die erfüllt sein muss, damit der Code im catch-Block ausgeführt wird. Die Bedingung muss in derselben Anweisungszeile definiert sein, in der der catch-Block deklariert ist. Die allgemeine Syntax lautet wie folgt:

```
catch(Exception ex) when (Bedingung)
```

Anstatt für jede Ausnahme einen eigenen catch-Block schreiben zu müssen, können Sie den Filter dazu benutzen, die Ausführung des catch-Blocks von einer Bedingung abhängig zu machen. Damit ist es zum Beispiel auch möglich, mehrere catch-Blöcke zu definieren, die dieselbe Exception behandeln. Als Unterscheidungsmerkmal der einzelnen catch-Blöcke könnte dann beispielsweise die Eigenschaft HResult der ausgelösten Ausnahme herangezogen werden. HResult ist eine Eigenschaft des Exception-Objekts und beschreibt einen Integer. Einige Ausnahmen des .NET Frameworks enthalten bereits vordefinierte Werte für HResult. Schreiben Sie eine eigene Exception, können Sie den Wert natürlich nach eigenem Ermessen festlegen. Bei Auslösung der Ausnahme müsste situationsbedingt nur der entsprechende, frei wählbare Wert übergeben werden. Sehen Sie sich dazu das Codefragment in Listing 7.6 an:

```
[...]
catch(MyException ex) when (ex.HResult == 1)
{
  [...]
}
catch(MyException ex) when (ex.HResult == 2)
{
  [...]
}
```

```
catch(MyException ex) when (ex.HResult == 3)
{
  [...]
}
catch(MyException ex)
{
  [...]
}
```

Listing 7.6 Einsatz eines Ausnahmefilters

Bei Auslösung der fiktiven Ausnahme `MyException` wird im ersten `catch`-Zweig der Inhalt von `HResult` auf den Wert 1 hin überprüft. Ist die Bedingung `true`, werden die Anweisungen im `catch`-Zweig ausgeführt, und die Ausnahme gilt als behandelt. Liefert die Bedingung `false`, wird der darauf folgende `catch`-Zweig geprüft. Das setzt sich so lange fort, bis der passende `catch`-Zweig lokalisiert ist.

Der letzte `catch`-Zweig in Listing 7.6 beschreibt die Ausnahme ohne Bedingung. Dieser Zweig, der jedes weitere Auftreten von `MyException` fängt, ist optional; Sie müssen ihn nicht bereitstellen. Sollte das aber erforderlich sein, darf er nur nach den `catch`-Zweigen mit der Filterbedingung stehen, da der Compiler ansonsten das Kompilieren verweigert.

7.1.8   Die Klasse »Exception«

Die Basisklasse aller Ausnahmen bildet die Klasse `Exception`, die zum Namespace `System` gehört. Grundsätzlich sind alle Ausnahmentypen auf diese Klasse zurückzuführen. `Exception` hat in der .NET-Klassenbibliothek nur zwei direkte Ableitungen, mit denen eine Unterscheidung zwischen system- und anwendungsdefinierten Ausnahmen vordefiniert wird:

▶ Die von `Exception` abgeleitete Klasse `SystemException` beschreibt alle Ausnahmen, die im Zusammenhang mit der *Common Language Runtime* (*CLR*) stehen. Ausnahmen aus diesem Bereich lassen sich als schwerwiegende Ausnahmen interpretieren, die aber noch vom Programm behandelt werden können.

▶ Die Klasse `ApplicationException`, die ebenfalls direkt von `Exception` abgeleitet ist, dient per Definition allen benutzerdefinierten Ausnahmeklassen als Basis. Allerdings wird diese »Vorschrift« inzwischen von Microsoft selbst aufgeweicht, weil erkannt worden ist, dass anwendungsspezifische Ausnahmen, die von `ApplicationException` abgeleitet sind, keinen Vorteil gegenüber den Ausnahmen haben, die `Exception` selbst ableiten.

In Abbildung 7.3 weiter oben ist der Zusammenhang zwischen `Exception`, `SystemException` und `ApplicationException` dargestellt.

Um den Code, der eine Ausnahme behandelt, mit möglichst vielen guten Informationen über die Ursache zu versorgen, stellt die Basis Exception eine Reihe von Eigenschaften bereit. In Tabelle 7.1 sind diese aufgeführt.

Eigenschaft	Beschreibung
Data	Stellt zusätzliche Informationen zu der Ausnahme bereit.
HelpLink	Verweist auf eine Hilfedatei, die diese Ausnahme beschreibt.
HResult	Dies ist ein Integer-Wert, der einer bestimmten Ausnahme zugeordnet ist.
InnerException	Falls bei der Behandlung einer Ausnahme eine weitere Exception ausgelöst wird, beschreibt diese Eigenschaft die neue (innere) Ausnahme.
Message	Liefert eine Zeichenfolge mit der Beschreibung des aktuellen Fehlers. Die Information sollte so formuliert sein, dass sie auch von einem Anwender verstanden werden kann.
Source	Liefert einen String zurück, der die Anwendung angibt, in der die Ausnahme ausgelöst wurde.
StackTrace	Beschreibt in einer Zeichenfolge die aktuelle Aufrufreihenfolge aller Methoden.
TargetSite	Liefert zahlreiche Informationen zu der Methode, in der die Ausnahme ausgelöst worden ist.

Tabelle 7.1 Die Eigenschaften der Klasse »Exception«

Wir wollen uns die wichtigsten Eigenschaften nun etwas genauer ansehen.

Die Eigenschaft »Message«

Die wohl am häufigsten ausgewertete Eigenschaft einer Ausnahme ist Message. Diese Eigenschaft beschreibt dem Anwender in leicht verständlicher Form die Ursache der aufgetretenen Ausnahme. Message ist schreibgeschützt, so dass Sie ihr nicht direkt einen Wert zuweisen können. Der einzige Weg, der Ausnahme eine spezifische Beschreibung mit auf den Weg zu geben, führt über den Konstruktor der Klasse. Dies zeige ich Ihnen in Abschnitt 7.1.9.

Die Eigenschaft »StackTrace«

Wie Sie wissen, muss eine Ausnahme nicht unbedingt in der Methode behandelt werden, in der die Ausnahme aufgetreten ist. Diesem Umstand trägt StackTrace Rechnung, denn diese Eigenschaft dokumentiert alle Methoden, die zum Zeitpunkt einer Ausnahme ausgeführt werden. An oberster Stelle ist dabei die Methode zu finden, die Auslöser der Exception ist.

Dazu ein einfaches Beispiel: Aus `Main` heraus wird die Methode `DoSomething1` aufgerufen, die selbst `DoSomething2` aufruft. In `DoSomething2` wird eine Exception vom Typ `ArgumentNull-Exception` ausgelöst. Behandelt wird die Ausnahme im Initiator `Main`.

```
// Beispiel: ..\Kapitel 7\StackTrace_Sample
class Program
{
  static void Main(string[] args)
  {
    try
    {
      DoSomething1();
    }
    catch (Exception ex)
    {
      Console.WriteLine(ex.StackTrace);
    }
    Console.ReadLine();
  }
  static void DoSomething1()
  {
    DoSomething2();
  }
  static void DoSomething2()
  {
    // hier wird die Exception ausgelöst
    throw new ArgumentNullException();
  }
}
```

Listing 7.7 Beispiel zur Eigenschaft »StackTrace«

Die Ausgabe an der Konsole sehen Sie in Abbildung 7.4.

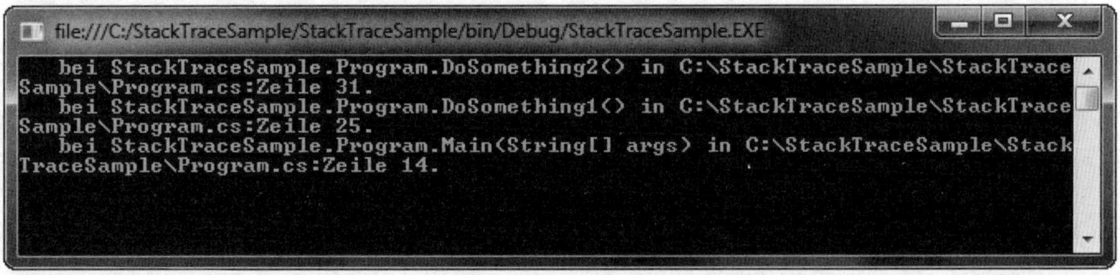

Abbildung 7.4 Die Ausgabe der Eigenschaft »StackTrace« des Beispielcodes

Die Eigenschaft »Data«

Die Eigenschaft Data ermöglicht es, im Ausnahmeobjekt mehrere Zusatzinformationen an die Routine weiterzuleiten, die die Ausnahme behandelt. Die von Data beschriebenen Informationen werden an ein Objekt weitergereicht, das die Schnittstelle IDictionary implementiert. Um es genauer zu formulieren: Bei dem Objekt handelt es sich um eine Collection, ähnlich einem Array. Allerdings werden die Daten nicht indexbasiert gespeichert und ausgewertet, sondern mit Hilfe eines eindeutigen Keys, bei dem es sich meistens um eine Zeichenfolge handelt.

> **Hinweis**
>
> In Kapitel 8, »Auflistungsklassen (Collections)«, werden wir uns mit den wichtigsten Collections noch genauer auseinandersetzen.

Einträge in die von Data referenzierte Liste erfolgen durch Aufruf der Methode Add. Dieser Methode wird zuerst der eindeutige Key genannt, danach der zu speichernde Wert.

Data soll nicht die Eigenschaft Message der Exception ersetzen, sondern dient vielmehr dazu, zusätzliche, meist detailliertere Informationen über die Ausnahme bereitzustellen. Data wird beispielsweise häufig dazu benutzt, der Fehlerbehandlung mitzuteilen, wann die Ausnahme aufgetreten ist, gewissermaßen liefert Data dann einen Timestamp. Auch das wollen wir uns an einem Beispiel ansehen.

```
// Beispiel: ..\Kapitel 7\Data_Sample
class Program
{
  static void Main(string[] args)
  {
    try
    {
      DoSomething();
    }
    catch(Exception ex)
    {
      Console.WriteLine($"Message: {ex.Message}");
      Console.WriteLine($"{ex.Data["Info"]} {ex.Data["Date"]}");
    }
    Console.ReadLine();
  }
  static void DoSomething()
  {
    Exception ex = new Exception();
    ex.Data.Add("Info", "Datum/Zeit:");
```

```
      ex.Data.Add("Date", DateTime.Now);
      throw ex;
   }
}
```

Listing 7.8 Die Eigenschaft »Data« der Klasse »Exception«

`DoSomething` hat hier die Aufgabe, eine Ausnahme auszulösen. Dazu wird ein Objekt der Klasse `Exception` erzeugt (es könnte aber auch ein beliebiger anderer Ausnahmetyp sein). Zwei zusätzliche Dateninformationen werden in den Keys `Info` und `Date` bereitgestellt. Die Namen der Keys sind frei gewählt. Während `Info` nur eine allgemeine Beschreibung enthält, wird in `Date` das aktuelle Datum samt Uhrzeit gespeichert. Dazu wird die Eigenschaft `Now` der Klasse `DateTime` abgerufen. Beide Informationen stehen in der Fehlerbehandlung von `Main` zur Verfügung und werden auch ausgewertet.

Die Eigenschaft »TargetSite«

Die Eigenschaft `TargetSite` liefert zahlreiche Informationen über die Methode, die die Ausnahme verursacht hat. Dabei können Sie im Bedarfsfall sogar so weit gehen, sich Informationen über die Liste der Parameter und deren Typen, den Rückgabewert der Methode und vieles weitere zu besorgen. Im folgenden Codefragment wird das Beispiel des vorhergehenden Abschnitts zugrunde gelegt und der `catch`-Zweig in `Main` wie folgt geändert:

```
[...]
catch(Exception ex)
{
  Console.WriteLine(ex.TargetSite.Name);
  Console.WriteLine(ex.TargetSite);
}
[...]
```

Listing 7.9 Weiter gehende Information mit der Eigenschaft »TargetSite«

In die Ausgabe der Konsole werden die folgenden Informationen geschrieben:

```
DoSomething
void DoSomething()
```

Die Informationen, die `TargetSite` liefern kann, sind noch deutlich vielfältiger, als unser Beispiel hier beschreibt. Sollten Sie sich dafür interessieren, lesen Sie bitte die Dokumentation.

Die Eigenschaft »HelpLink«

`TargetSite`, `StackTrace` und `Data` sind mit ihrem Informationsgehalt wohl eher dem Entwickler bei einer Fehleranalyse hilfreich, während die Eigenschaft `Message` per Definition dem Anwender eine leichtverständliche Fehlerbeschreibung liefert. Möchten Sie dem Anwender über Message hinaus zusätzliche Informationen bereitstellen, weisen Sie der Eigenschaft Help-Link eine URL zu, die die Adresse eines Dokuments mit den entsprechenden Zusatzinformationen beschreibt. Wie Sie HelpLink einsetzen, zeigt Listing 7.10.

```
static void Main(string[] args)
{
  [...]
  try
  {
    DoSomething();
  }
  catch (Exception e)
  {
    Console.WriteLine("Mehr Infos unter '{0}'", e.HelpLink);
  }
}
public static void DoSomething()
{
  Exception ex = new Exception();
  ex.HelpLink = "http://www.Tollsoft.de/Error712.htm";
  throw ex;
}
```

Listing 7.10 Mit »HelpLink« dem Anwender eine weitere Informationsquelle nennen

Die Eigenschaft »InnerException«

Nehmen wir an, Sie möchten innerhalb eines catch-Blocks alle mit der Exception verbundenen Informationen in einer Datei protokollieren, beispielsweise in einer Datei mit dem Pfad *C:\Log\Exception.txt*. Das Schreiben in Dateien ist genauso wie das Lesen grundsätzlich immer mit einem Ausnahmerisiko behaftet, da in diesem Zusammenhang eine weitere Ausnahme ausgelöst werden könnte. Was ist, wenn das Verzeichnis nicht mehr existiert oder die Datei gelöscht wurde? Sie müssen folglich im catch-Zweig, der die eigentlich aufgetretene Ausnahme behandelt, eine weitere, innere Ausnahmebehandlung codieren.

Tritt während einer Ausnahmebehandlung eine andere Ausnahme auf (im Allgemeinen als »innere Ausnahme« bezeichnet), kann die Ausnahmebehandlung als gescheitert angesehen werden. Die ursprüngliche Ausnahme muss erneut ausgelöst und an den Aufrufer weitergeleitet werden. Dabei sollte zusätzlich die innere Ausnahme angegeben werden. Dazu dient die Eigenschaft InnerException.

Sehen wir uns die Vorgehensweise an einem Codebeispiel an. Angenommen, es sei im Code versucht worden, durch die Zahl 0 zu dividieren. Den Gesetzen der Mathematik nach ist das keine gültige mathematische Operation, und es wird die Ausnahme `DivideByZeroException` ausgelöst. Nehmen wir zudem an, wir möchten die Ausnahme protokollieren. Dabei müssen wir berücksichtigen, dass auch das Schreiben in die Protokolldatei zu einer Ausnahme führen könnte.

```
[...]
catch(DivideByZeroException ex)
{
  try
  {
    FileStream stream = File.Open(...);
    [...]
  }
  catch(Exception ex2)
  {
    throw new DivideByZeroException(ex.Message, ex2)
  }
}
[...]
```

Listing 7.11 Auslösen einer inneren Ausnahme

Zur Beschreibung einer inneren Exception müssen Sie nur den passenden Konstruktor der entsprechenden `Exception`-Klasse aufrufen. Wie Sie später noch sehen werden, sollte jede `Exception`-Klasse (mindestens) vier Konstruktoren aufweisen. Eine Überladung nimmt dabei neben der Fehlerbeschreibung der äußeren Ausnahme auch die Referenz auf die neue, innere Ausnahme entgegen. Sollte das Öffnen der Protokolldatei fehlschlagen, wird die ursprüngliche (äußere) Exception an den Aufrufer weitergeleitet, der dann über die Auswertung der Eigenschaft `InnerException` die Möglichkeit hat, auch die innere, tatsächliche Fehlerquelle auszuwerten.

7.1.9 Benutzerdefinierte Ausnahmen

Die .NET-Klassenbibliothek stellt sehr viele Ausnahmeklassen zur Verfügung, mit denen die üblichen Ausnahmen im Rahmen einer Anwendung abgedeckt werden. Sehr oft reichen die vordefinierten `Exception`-Klassen jedoch nicht aus, weil anwendungsspezifische Umstände eine spezielle Ausnahme erfordern. In solchen Fällen sind Sie gezwungen, eigene Ausnahmeklassen bereitzustellen, die den folgenden Regeln entsprechen sollten:

▸ Leiten Sie Ihre benutzerdefinierte Ausnahme von der Klasse `Exception` oder `Application-Exception` ab. Die ursprüngliche Idee von Microsoft, dass `ApplicationException` die Basis aller benutzerdefinierten Ausnahmen darstellen soll, hat in der Praxis keine Vorteile gezeigt. Inzwischen empfiehlt auch Microsoft die Klasse `Exception` als Basis.

▶ Der Bezeichner jeder Ausnahme sollte mit `Exception` enden. Das ist zwar keine zwingende Vorschrift, sondern nur eine Konvention. Aber sie hilft, den Code besser zu verstehen.

▶ Sie sollten in jeder Ausnahmeklasse mindestens vier Konstruktoren vorsehen. Die Parameterlisten sollten dabei identisch mit den Parameterlisten der Konstruktoren von `Exception` sein. Natürlich können Sie darüber hinaus weitere Konstruktoren codieren.

▶ Die Ausnahmeklasse sollte mit dem Attribut `Serializable` markiert werden, um die Ausnahme serialisierbar zu machen. (Anmerkung: Bisher haben wir über die Themen »Attribute« und den »Serialisierungsprozess« noch nicht gesprochen. Trotzdem gehört dieser Punkt unbedingt in die Liste der zu berücksichtigenden Kriterien. Möchten Sie bereits an dieser Stelle mehr darüber erfahren, lesen Sie bitte Kapitel 10, »Weitere C#-Sprachfeatures«, und Kapitel 11, »LINQ – Language Integrated Query«.)

Benutzerdefinierte Ausnahmen im Projekt »GeometricObjectsSolution«

Wir wollen nun eine benutzerdefinierte Ausnahme an einem Beispiel entwickeln. Dazu benutzen wir das Beispiel der `Circle`-Klasse des Projekts *GeometricObjectsSolution*. Wie Sie sich sicherlich noch erinnern, hatten wir festgelegt, dass die Übergabe an die Eigenschaft `Radius` größer oder gleich 0 sein muss. Die Eigenschaftsmethode `Radius` der Klasse `Circle` löst das Ereignis `InvalidMeasure` aus, wenn versucht wird, dem Radius einen negativen Wert zuzuweisen.

Das ist definitiv keine gute Lösung, denn beim Auftreten eines Fehlers sollte der Aufrufer gezwungen sein, ihn zu behandeln. Auf einen Event zu reagieren ist hingegen nur eine Option, die wahrgenommen werden kann oder auch nicht. Es gibt noch einen zweiten Punkt, den wir berücksichtigen müssen. Betrachten Sie dazu ein Codefragment, in dem einem `Circle`-Objekt bei der Instanziierung ein negativer Radius übergeben wird:

```
Circle kreis = new Circle(-5);
kreis.InvalidMeasure += kreis_InvalidMeasure;
[...]
```

Listing 7.12 Registrieren des Ereignishandlers für den Event »InvalidMeasure«

Die Bindung des Ereignishandlers an das Ereignis erfolgt erst, nachdem der Konstruktoraufruf beendet ist. Folglich kann das Ereignis auch nicht während des Konstruktoraufrufs ausgelöst werden, und der Aufrufer erhält keine Informationen, dass der übergebene Wert nicht akzeptiert werden konnte.

Fehler sollten nicht zur Auslösung eines Ereignisses führen. Solche Lösungen sind nicht nur schlecht, sie sind sogar inakzeptabel. Ein Fehler muss immer das Auslösen einer Exception zur Folge haben, die behandelt werden muss. Allerdings können Sie sehr wohl eine Kombination von Exception und Ereignis in Betracht ziehen. Dazu gibt es auch einige Beispiele in der .NET-Klassenbibliothek. Eine solche Lösung sei am Ende der Ausführungen auch unser Ziel. Doch der Reihe nach ...

Zuerst wollen wir eine eigene Ausnahme bereitstellen, die wir als `InvalidMeasureException` bezeichnen. Um allen denkbaren Szenarien im Umfeld einer Ausnahme und deren möglichen Ableitungen zu entsprechen, sollten sich die vier Konstruktoren der Klasse `Exception` auch in einer benutzerdefinierten Ausnahme wiederfinden. Visual Studio unterstützt Sie dabei mit einem Code-Snippet (siehe Abbildung 7.5).

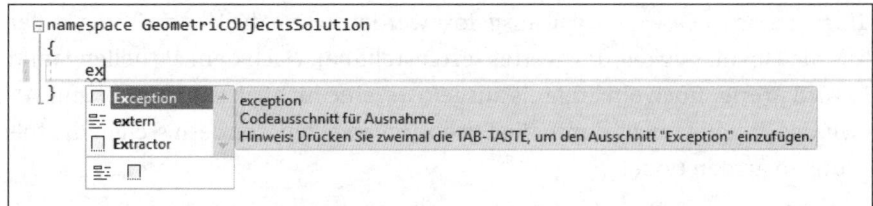

Abbildung 7.5 Das Code-Snippet einer Ausnahme

Nachdem Sie das Snippet durch zweimaliges Drücken der ⇥-Taste eingefügt und den Standardbezeichner in `InvalidMeasureException` umbenannt haben, steht das Gerüst der neuen Ausnahme. Es enthält vier Konstruktoren:

```
[Serializable]
public class InvalidMeasureException : Exception
{
  public InvalidMeasureException() { }
  public InvalidMeasureException(string message) : base(message) { }
  public InvalidMeasureException(string message, Exception inner)
        : base(message, inner) { }
  protected InvalidMeasureException(SerializationInfo info,
        StreamingContext context) : base(info, context) { }
}
```

Listing 7.13 Vom »Exception«-Snippet erzeugter Code (Bezeichner bereits angepasst)

Da in der Basisklasse `Exception` jeweils ein gleich parametrisierter Konstruktor definiert ist, werden die Parameter mit `base` an den gleich parametrisierten Konstruktor der Basisklasse weitergeleitet.

Neben dem parameterlosen Konstruktor enthält die Klassendefinition zwei Konstruktoren, die in ihrer Parameterliste einen Parameter namens `message` vom Typ `String` definieren. Hierbei handelt es sich um die Zeichenfolge, die bei der Ausnahmebehandlung mit der Eigenschaft `Message` abgerufen werden kann und eine kurze, leicht verständliche Beschreibung der Fehlerursache anzeigt.

Der vierte, mit `protected` gekennzeichnete Konstruktor dient zusammen mit dem Attribut `[Serializable]` der Objektserialisierung. Da ich bisher weder das Thema der Attribute noch das der Serialisierung behandelt habe, gehe ich auf diesen Konstruktor nicht näher ein. Um aber die Vollständigkeit unserer Klasse zu gewährleisten, ist der Konstruktor hier mit aufgeführt.

Es spricht nichts dagegen, die Klassendefinition um weitere Konstruktoren oder andere Member wie Eigenschaften und Methoden zu ergänzen. Das böte sich an, wenn im Zusammenhang mit der Ausnahme weiter gehende Anforderungen gestellt werden.

Die Ausnahme `InvalidMeasureException` soll ausgelöst werden, wenn die Überprüfung in der Eigenschaft `Radius` die Unzulässigkeit des Wertes festgestellt hat. Nach dem aktuellen Stand der Klasse `Circle` wird immer noch ein Ereignis ausgelöst – eine nicht akzeptable Lösung. Allerdings wollen wir das Ereignis nicht durch die Exception ersetzen, sondern stellen die folgenden Anforderungen an den Code:

▶ Die Ausnahme wird in jeden Fall ausgelöst, wenn ein unzulässiger Wert zugewiesen werden soll.

▶ Registriert der aufrufende Code einen Ereignishandler für `InvalidMeasure`, muss die Ausnahme nicht behandelt werden. Stattdessen wird die Ausnahme in einer weiteren Eigenschaft des `EventArgs`-Objekts bereitgestellt.

▶ Wird kein Ereignishandler registriert, muss die Ausnahme behandelt werden.

Hinweis

Diese Verhaltensweise, entweder ein Ereignis zu behandeln oder die ausgelöste Ausnahme, findet sich auch im .NET Framework wieder. Ein gutes Beispiel dafür ist in ADO.NET das Ereignis `RowUpdated` des `DataAdapter`-Objekts.

Um die drei Forderungen zu erfüllen, müssen wir im ersten Schritt die Klasse `InvalidMeasureEventArgs` überarbeiten. Sie wird um die schreibgeschützte Eigenschaft `Error` vom Typ `Exception` ergänzt. Außerdem erhält der Konstruktor einen dritten Parameter, der das `Exception`-Objekt entgegennimmt.

```csharp
// Ergänzte und geänderte InvalidMeasureEventArgs-Klasse
public class InvalidMeasureEventArgs : EventArgs
{
  // Felder
  private Exception _Error;
  // Eigenschaften
  public Exception Error
  {
    get => _Error;
  }
  // Konstruktor
  public InvalidMeasureEventArgs(int invalidMeasure, string propertyName,
                                 Exception error)
```

```
{
  _InvalidMeasure = invalidMeasure;
  _Error = error;
  if (propertyName == "" || propertyName == null)
    _PropertyName = "[unknown]";
  else
    _PropertyName = propertyName;
}
}
```

Listing 7.14 Die ergänzte Klasse »InvalidMeasureEventArgs«

Im nächsten Schritt müssen wir die Eigenschaft Radius anpassen. Ist der übergebene Wert unzulässig, wird zuerst ein Objekt der Ausnahme InvalidMeasureException erzeugt, ein Zeitstempel an die Eigenschaft Data übergeben und anschließend die geschützte Methode On-InvalidMeasure aufgerufen, die für die Auslösung des Ereignisses sorgt.

```
// Überarbeitete Eigenschaft
public virtual int Radius
{
  get => _Radius;
  set
  {
    if (value >= 0)
      _Radius = value;
    else
    {
      InvalidMeasureException ex = new InvalidMeasureException
            ("Ein Radius von " + value + " ist nicht zulässig.");
      ex.Data.Add("Time", DateTime.Now);
      OnInvalidMeasure(new InvalidMeasureEventArgs(value, "Radius", ex));
    }
  }
}
```

Listing 7.15 Änderung der Eigenschaft »Radius« in der Klasse »Circle«

Werfen wir einen Blick auf die ereigniskapselnde Methode OnInvalidMeasure in der Klasse GeometricObject, die momentan wie folgt codiert ist:

```
protected virtual void OnInvalidMeasure(InvalidMeasureEventArgs e) =>
                          InvalidMeasure?.Invoke(this, e);
```

An dieser Stelle können wir den ?.-Operator nicht mehr gebrauchen und müssen die Methode wie folgt umschreiben:

```
protected virtual void OnInvalidMeasure(InvalidMeasureEventArgs e) {
  if (InvalidMeasure != null)
    InvalidMeasure(this, e);
}
```

Anschließend wird in der Methode noch der else-Zweig ergänzt, in dem die Ausnahme geworfen wird, falls kein Ereignishandler registriert ist.

```
protected void OnInvalidMeasure(InvalidMeasureEventArgs e) {
  if (InvalidMeasure != null)
    InvalidMeasure(this, e);
  else
    throw e.Error;
}
```

Listing 7.16 Änderung der Methode »OnInvalidMeasure« in »GeometricObject«

Sehr wichtig ist es jetzt, nicht zu vergessen, dass wir das Ereignis InvalidMeasure auch in den Eigenschaften Length und Width der Klasse Rectangle auslösen. Wir müssen diese Klasse daher noch analog anpassen.

Zum Schluss bleibt noch, sich vom Erfolg der Implementierung zu überzeugen. Dazu dient der folgende Beispielcode, in dem beide Varianten einem Test unterzogen werden:

```
class Program
{
  static void Main(string[] args)
  {
    Circle kreis1 = null;
    Circle kreis2 = null;
    try
    {
      kreis1 = new Circle();
      kreis1.InvalidMeasure += kreis_InvalidMeasure;
      kreis1.Radius = -100;
      kreis2 = new Circle(-89);
      kreis2.Radius = -9;
    }
    catch (InvalidMeasureException ex)
    {
      Console.WriteLine("Im Catch-Block: " + ex.Message);
      Console.WriteLine($"Log-Daten: {ex.Data["Time"]}");
    }
    Console.ReadLine();
  }
```

```
// der Ereignishandler
static void kreis_InvalidMeasure(object sender, InvalidMeasureEventArgs e)
{
    Console.WriteLine("Ereignishandler: " + e.Error.Message);
}
}
```

Listing 7.17 Hauptprogramm zum Testen der Ausnahme

Das Objekt `kreis1` registriert das Ereignis `InvalidMeasure`, während `kreis2` auf diese Option verzichtet. Daraus resultiert das folgende Verhalten zur Laufzeit: Die Übergabe eines unzulässigen Radius an `kreis1` führt zur Ausführung des Ereignishandlers, während das Objekt `kreis2` die Exception behandeln muss.

Anmerkung

In der Gesamtlösung des Beispiels *GeometricObjects* unter *..\Beispiele\Kapitel 7\Geometric-ObjectsSolution_8* (*www.rheinwerk-verlag.de/4699*) sind neben der Änderung an der Klasse `Circle` auch die entsprechenden Änderungen an der Klasse `Rectangle` vorgenommen worden.

7.2 Debuggen mit Programmcode

7.2.1 Einführung

In Abschnitt 7.1, »Laufzeitfehler erkennen«, haben wir uns mit Fehlern beschäftigt, die nach der erfolgreichen Kompilierung zur Laufzeit auftreten können und, falls sie nicht behandelt werden, unweigerlich zum Absturz des Programms führen. Vielleicht noch schlimmer sind Fehler, die weder vom Compiler erkannt werden noch einen Laufzeitfehler verursachen. Es sind die logischen Fehler, aus denen ein falsches oder zumindest unerwartetes Ergebnis resultiert. Um logische Fehler aufzuspüren, müssen Sie die Anwendung unter Zuhilfenahme des integrierten Debuggers untersuchen.

Das .NET Framework stellt Ihnen eine Reihe von Hilfsmitteln für das Debuggen des Programmcodes zur Verfügung. Die Spanne reicht von der einfachen Ausgabe von Meldungen im Ausgabefenster bis zur Umleitung der Meldungen in eine Datei oder das Windows-Ereignisprotokoll. Dabei können Sie das Laufzeitverhalten einer Anwendung sowohl mit Programmcode als auch mit der Unterstützung von Visual Studio überprüfen. Ich werde in den nächsten Abschnitten auf alle Debugging-Techniken eingehen.

7.2.2   Die Klasse »Debug«

In den vorangegangenen Beispielen haben wir uns sehr häufig eines Kommandos bedient, um beispielsweise den Inhalt von Variablen zu überprüfen: Es war die Methode WriteLine der Klasse Console. Diese Technik hat zur Folge, dass die Ausgabe an der Konsole unübersichtlich wird und zwischen den erforderlichen Programminformationen immer wieder Informationen zu finden sind, die im Grunde genommen nur dazu dienen, die Entwicklung zu unterstützen. Bevor Sie ein solches Programm an den Kunden ausliefern, müssen Sie die Testausgaben aus dem Programmcode löschen.

Die Entwicklungsumgebung bietet Ihnen eine bessere Alternative an. Dazu wird die Ausgabe nicht in das Konsolenfenster geschrieben, sondern in das Ausgabefenster von Visual Studio. Standardmäßig wird dieses Fenster am unteren Rand der Entwicklungsumgebung angezeigt. Sie können es sich anzeigen lassen, indem Sie im Menü ANSICHT den Menüpunkt AUSGABE wählen.

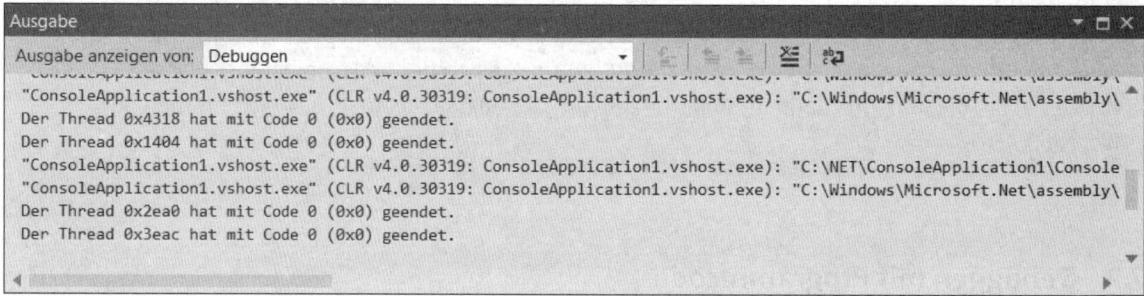

Abbildung 7.6 Das Fenster »Ausgabe«

Sie haben dieses Fenster wahrscheinlich schon häufig gesehen und aufmerksam seinen Inhalt gelesen, denn bei jeder Kompilierung werden hier Informationen ausgegeben, beispielsweise, ob die Kompilierung fehlerfrei war. Das Ausgabefenster zeigt Ihnen aber nicht nur Informationen an, die der Compiler hineinschreibt, Sie können auch eigene Meldungen in dieses Fenster umleiten.

Eine Debug-Information in das Ausgabefenster zu schreiben, ist genauso einfach wie die Ausgabe an der Konsole. Sie müssen nur die Anweisung

```
Console.WriteLine("...");
```

durch

```
Debug.WriteLine("...");
```

ersetzen. Debug ist eine nicht ableitbare Klasse des Namespace System.Diagnostics, die ausschließlich statische Member bereitstellt.

Die Methode Debug.WriteLine unterscheidet sich von der Methode Console.WriteLine dahingehend, dass sie keine Formatierungsmöglichkeiten erlaubt. Um mehrere Informationen in einer gemeinsamen Zeichenfolge unterzubringen, müssen Sie daher den Verknüpfungsoperator + benutzen:

```
Debug.WriteLine("Inhalt von value = " + value);
```

Programmablaufinformationen anzeigen

Debug.WriteLine ist mehrfach überladen und kann ein Argument vom Typ string oder object entgegennehmen. Eine parameterlose Überladung gibt es nicht. Optional können Sie auch ein zweites string-Argument übergeben, das eine detaillierte Beschreibung bereitstellt, die vor der eigentlichen Debug-Information ausgegeben wird.

Sehen wir uns das an einem Beispiel an. Die Anweisung

```
Debug.WriteLine("Inhalt von value = " + value, "Variable value");
```

wird in das Ausgabefenster

```
Variable value: Inhalt von value = 34
```

schreiben – vorausgesetzt, der Inhalt von value ist 34.

Neben WriteLine sind in der Klasse Debug weitere Methoden zur Ausgabe von Informationen definiert. Tabelle 7.2 gibt darüber Auskunft.

Methode	Beschreibung
Write	Schreibt Debug-Informationen ohne Zeilenumbruch.
WriteLine	Schreibt Debug-Informationen mit Zeilenumbruch.
WriteIf	Schreibt Debug-Informationen ohne Zeilenumbruch, wenn eine bestimmte Bedingung erfüllt ist.
WriteLineIf	Schreibt Debug-Informationen mit Zeilenumbruch, wenn eine bestimmte Bedingung erfüllt ist.

Tabelle 7.2 Ausgabemethoden der Klasse »Debug«

Die beiden zuletzt aufgeführten Methoden WriteIf und WriteLineIf schreiben nur dann Debug-Informationen, wenn eine vordefinierte Bedingung erfüllt ist. Damit lässt sich der Programmcode übersichtlicher gestalten. Beide Methoden sind genauso überladen wie Write bzw. WriteLine, erwarten jedoch im ersten Parameter zusätzlich einen booleschen Wert. Dessen Bedeutung verdeutlichen wir uns an einem Beispiel. Um den Inhalt des Feldes value zu testen, könnten wir in herkömmlicher Weise codieren:

```
if (value == 77)
  Debug.WriteLine("Inhalt von value ist 77");
```

Mit `WriteLineIf` wird daraus eine Codezeile:

```
Debug.WriteLineIf(value == 77, "Inhalt von value ist 77");
```

Einrücken der Ausgabeinformationen

Die Klasse `Debug` stellt uns Eigenschaften und Methoden zum Einrücken der Debug-Ausgaben zur Verfügung. Mit der Methode `Indent` wird die Einzugsebene um eins erhöht, mit `Unindent` um eins verringert. Standardmäßig beschreibt eine Einzugsebene vier Leerzeichen. Mit der Eigenschaft `IndentSize` können Sie einen anderen Wert bestimmen. `IndentLevel` erlaubt, eine bestimmte Einzugsebene festzulegen, ohne `Indent` mehrfach aufrufen zu müssen. An einem Beispiel wollen wir uns noch die Auswirkungen ansehen:

```
Debug.WriteLine("Ausgabe 1");
Debug.Indent();
Debug.WriteLine("Ausgabe 2");
Debug.IndentLevel = 3;
Debug.WriteLine("Ausgabe 3");
Debug.Unindent();
Debug.WriteLine("Ausgabe 4");
Debug.IndentSize = 2;
Debug.IndentLevel = 1;
Debug.WriteLine("Ausgabe 5");
```

Listing 7.18 Strukturierte Ausgabe im »Ausgabe«-Fenster

Der Code führt zu folgender Ausgabe:

```
Ausgabe 1
    Ausgabe 2
            Ausgabe 3
        Ausgabe 4
  Ausgabe 5
```

Die Methode »Assert«

Mit der Methode `Assert` können Sie eine Annahme prüfen, um beispielsweise unzulässige Zustände festzustellen. Die Methode zeigt eine Fehlermeldung an, wenn ein Ausdruck mit `false` ausgewertet wird.

```
Debug.Assert(value >= 0, "value ist negativ");
```

Hat die Eigenschaft `value` einen Wert, der kleiner 0 ist, erscheint auf dem Bildschirm die in Abbildung 7.7 gezeigte Nachricht.

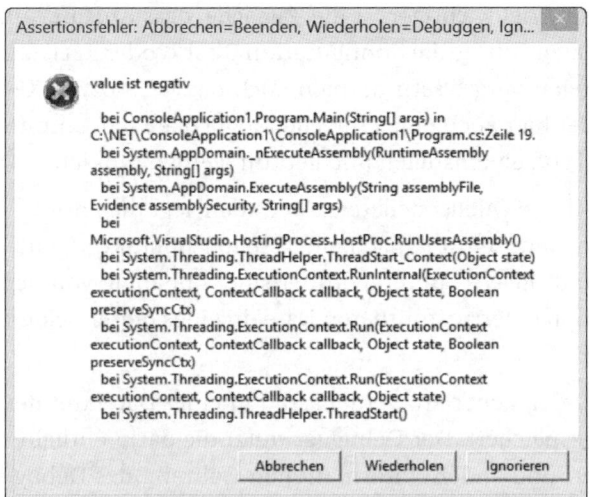

Abbildung 7.7 Die Meldung der Methode »Debug.Assert«

Das Dialogfenster enthält neben der dem zweiten Parameter übergebenen Zeichenfolge auch Informationen darüber, in welcher Klasse und welcher Methode der Assertionsfehler aufgetreten ist.

7.2.3 Die Klasse »Trace«

Die Klasse Trace unterscheidet sich in der Liste ihrer Eigenschaften und Methoden nicht von Debug. Dennoch gibt es einen Unterschied, der sich nur bei einem Wechsel der Build-Konfiguration zwischen RELEASE und DEBUG bemerkbar macht (siehe Abbildung 7.8).

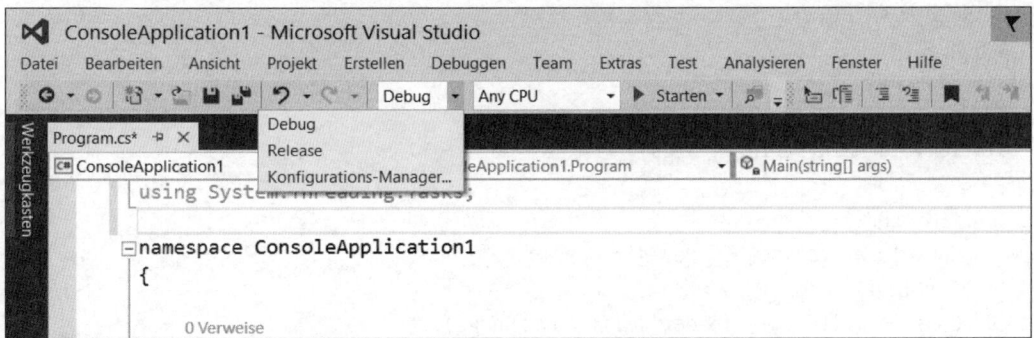

Abbildung 7.8 Die Einstellung der Debug/Release-Build-Konfiguration

Standardmäßig ist bei jedem neuen Projekt die Konfiguration DEBUG eingestellt. Anweisungen, die auf den Klassen Debug oder Trace basieren, werden dann grundsätzlich immer bearbeitet. Wählen Sie jedoch die Konfiguration RELEASE, ignoriert der C#-Compiler Aufrufe der Klasse Debug, während Aufrufe auf Trace weiterhin bearbeitet werden.

Das ist aber noch nicht das Wesentlichste. Viel wichtiger ist die Tatsache, dass Aufrufe auf Trace kompiliert werden – unabhängig davon, ob Sie die Konfiguration DEBUG oder RELEASE eingestellt haben. Viele Trace-Anweisungen vergrößern deshalb auch das DLL- bzw. EXE-Kompilat. Andererseits hat der Entwickler hier auch eine einfache Möglichkeit, bestimmte Zustände zu protokollieren, die sich zur Laufzeit einstellen und geprüft werden müssen.

Unterhalb des Verzeichnisses, in dem sich die Quellcodedateien befinden, legt die Entwicklungsumgebung das Verzeichnis \bin an, dem selbst je nach eingestellter Build-Konfiguration die beiden Verzeichnisse \Debug und \Release untergeordnet sind. Abhängig von der Konfigurationseinstellung wird das Kompilat der ausführbaren Datei in eines dieser beiden Unterverzeichnisse gespeichert.

Debug-Informationen, die beim Kompilieren generiert werden, sind in einer Datei mit der Dateierweiterung .pdb im Verzeichnis gespeichert. Der Debugger nutzt die darin enthaltenen Informationen, um Variablennamen und andere Informationen während des Debuggens in einem sinnvollen Format anzuzeigen.

7.2.4   Bedingte Kompilierung

Die bedingte Kompilierung ermöglicht es, Codeabschnitte oder Methoden nur dann zu kompilieren, wenn ein bestimmtes Symbol definiert ist. Üblicherweise werden bedingte Codeabschnitte dazu benutzt, während der Entwicklungsphase den Zustand der Anwendung zur Laufzeit zu testen. Bevor ein Release-Build der Anwendung erstellt wird, wird das Symbol entfernt. Die Abschnitte, deren Code als bedingt kompilierbar gekennzeichnet ist, werden dann nicht kompiliert.

Listing 7.19 zeigt ein Beispiel für bedingte Kompilierung:

```
#define MYDEBUG
using System;
class Program
{
  static void Main(string[] args)
  {
    #if(MYDEBUG)
      Console.WriteLine("In der #if-Anweisung");
    #elif(TEST)
      Console.WriteLine("In der #elif-Anweisung");
    #endif
  }
}
```

Listing 7.19 Bedingte Kompilierung

Mit der Präprozessordirektive #define wird das Symbol MYDEBUG definiert. Symbole werden immer vor der ersten Anweisung festgelegt, die selbst keine #define-Präprozessordirektive ist. Werte können den Symbolen nicht zugewiesen werden. Die Präprozessordirektive gilt nur in der Quellcodedatei, in der sie definiert ist, und wird nicht mit einem Semikolon abgeschlossen.

Mit #if oder #elif wird das Vorhandensein des angegebenen Symbols getestet. Ist das Symbol definiert, liefert die Prüfung das Ergebnis true, und der Code wird ausgeführt. #elif ist die Kurzschreibweise für die beiden Anweisungen #else und #if. Da im Beispielcode kein Symbol namens TEST definiert ist, wird die Ausgabe wie folgt lauten:

```
In der #if-Anweisung
```

Standardmäßig sind in C#-Projekten die beiden Symbole DEBUG und TRACE vordefiniert. Diese Vorgabe ist im Projekteigenschaftsfenster eingetragen (siehe Abbildung 7.9) und hat anwendungsweite Gültigkeit. Das Projekteigenschaftsfenster öffnen Sie, indem Sie im Projektmappen-Explorer den Knoten PROPERTIES doppelt anklicken. Sie können die Symbole löschen oder auch weitere hinzufügen, die Sie ihrerseits alle durch ein Semikolon voneinander trennen müssen.

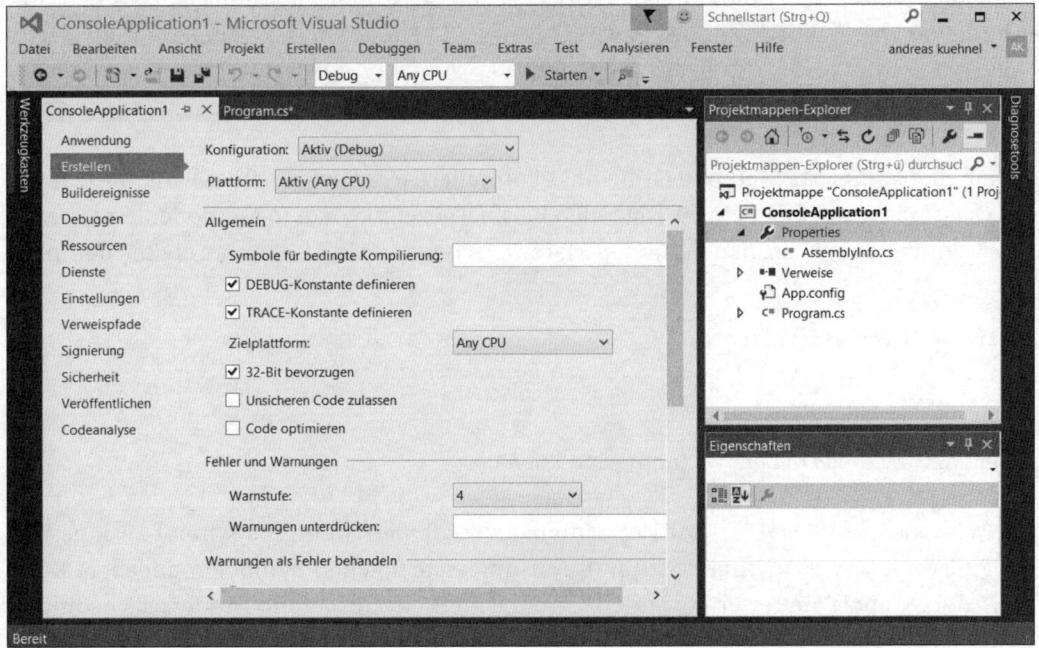

Abbildung 7.9 Festlegung der Symbole im Projekteigenschaftsfenster

Das Projekteigenschaftsfenster bietet darüber hinaus den Vorteil, dass sich die Symbole einer bestimmten Build-Konfiguration zuordnen lassen. Wählen Sie in der Dropdown-Liste KONFIGURATION die Build-Konfiguration aus, für die die unter BEDINGTE KOMPILIERUNGS-

KONSTANTEN angegebenen Symbole gültig sein sollen. Wenn Sie beispielsweise keine #define-Präprozessordirektive im Code angeben, dafür aber der Debug-Konfiguration das Symbol DEBUG zugeordnet haben, wird der in #if - #endif eingeschlossene Code im Debug-Build mitkompiliert, im Release-Build jedoch nicht.

Die im Projekteigenschaftsfenster definierten Konstanten gelten projektweit. Um in einer einzelnen Codedatei die Wirkung eines Symbols aufzuheben, müssen Sie das Symbol hinter der #undef-Direktive angeben.

Bedingte Kompilierung mit dem Attribut »Conditional«

Häufig ist es wünschenswert, eine komplette Methode als bedingt zu kompilierende Methode zu kennzeichnen. Hier hilft Ihnen .NET mit dem Attribut Conditional aus dem Namespace System.Diagnostics weiter.

Anmerkung

Hier muss ich Attribute erwähnen, ohne dass wir uns bisher diesem Thema gewidmet haben. Ich weiß, es ist nicht immer schön, auf Features zuzugreifen, die noch nicht behandelt worden sind. Ich mag das bei den Büchern, die ich lese, auch nicht. Nur leider lässt es sich nicht immer vermeiden, weil die Zahnrädchen des .NET Frameworks so komplex ineinandergreifen. Darum also der Hinweis: In Kapitel 10, »Weitere C#-Sprachfeatures«, werde ich Ihnen alles Wissenswerte zu den Attributen erzählen.

Damit eine komplette Methode als bedingt kompilierbar gekennzeichnet wird, müssen Sie das Conditional-Attribut (wie im folgenden Beispiel gezeigt) vor dem Methodenkopf in eckigen Klammern angeben. In den runden Klammern nennen Sie das Symbol als Zeichenfolge:

```
[Conditional("DEBUG")]
public void ConditionalTest() {
  [...]
}
```

Listing 7.20 Methode mit dem Attribut »Conditional«

Die Methode ConditionalTest wird jetzt nur dann kompiliert, wenn das Symbol DEBUG gesetzt ist. Sie können auch mehrere Attribute mit unterschiedlichen Symbolen angeben. Kann eines der Symbole ausgewertet werden, wird die Methode ausgeführt. Anders als bedingter Code, der durch #if ... #endif eingeschlossen ist, wird eine Methode, der das Conditional-Attribut angeheftet ist, immer kompiliert.

Beachten Sie, dass eine Methode mit einem Conditional-Attribut immer den Rückgabetyp void haben muss und nicht mit dem Modifizierer override gekennzeichnet sein darf.

7.3 Fehlersuche mit Visual Studio

Unter dem Begriff *Debuggen* ist die Suche nach Fehlern in einem Programm zu verstehen. Sie müssen ein Programm debuggen, wenn es nicht so funktioniert, wie Sie es sich vorgestellt haben, oder wenn es falsche Ergebnisse liefert. Die Ursache für das Fehlverhalten kann das Debuggen liefern. Visual Studio unterstützt das Debuggen sowohl von lokalen als auch von entfernten (Remote) .NET-Anwendungen. Da wir uns in diesem Buch nur mit lokalen Anwendungen beschäftigen, schenken wir dem Remote Debugging keine Beachtung.

Der Debugger kann nur zur Laufzeit eines Programms benutzt werden. Darüber hinaus muss das Programm angehalten sein. Hier gibt es drei verschiedene Möglichkeiten:

▶ Die Laufzeit der Anwendung erreicht einen Haltepunkt.

▶ Die Anwendung führt die Methode Break der Klasse Debugger aus.

▶ Es tritt eine Ausnahme auf.

7.3.1 Debuggen im Haltemodus

Auf der linken Seite im Code-Editor ist ein grauer, vertikaler Balken zu sehen. Dieser dient nicht dazu, die Optik des Codefensters zu verbessern, sondern in bestimmten Codezeilen Haltepunkte zu setzen. Dazu klicken Sie mit der Maus auf den grauen Balken. Alternativ können Sie auch den Cursor in die Zeile setzen, der ein Haltepunkt hinzugefügt werden soll, und dann die Taste F9 drücken. Haltepunkte können jeder Codezeile hinzugefügt werden, die eine Programmanweisung enthält. Ein roter Punkt symbolisiert den Haltepunkt, der beim Anklicken und durch die F9-Taste wieder entfernt wird.

Trifft die Laufzeitumgebung auf einen Haltepunkt, hält der Debugger an dieser Stelle die Programmausführung an. Die mit dem Haltepunkt gekennzeichnete Codezeile ist in diesem Moment noch nicht ausgeführt. Im Haltemodus können Sie einzelne Variableninhalte untersuchen, ändern oder den Programmcode in gewünschter Weise fortsetzen. Dabei werden Sie auch von mehreren Fenstern des Debuggers unterstützt: ÜBERWACHEN, LOKAL und AUTO.

Um ein unterbrochenes Programm fortzusetzen, haben Sie mehrere Möglichkeiten: über das Menü DEBUGGEN, die gleichnamige Symbolleiste (diese wird standardmäßig nicht angezeigt und muss gegebenenfalls der Entwicklungsumgebung hinzugefügt werden) und diverse Tastenkürzel.

Befindet sich die Laufzeit einer Anwendung im Haltemodus, können Sie die weitere Programmausführung wie folgt beeinflussen:

▶ **Einzelschritt**: Der Programmcode wird Zeile für Zeile ausgeführt. Das Tastaturkürzel dafür ist F11. Mit F11 wird auch in einer aufgerufenen benutzerdefinierten Methode jede Codezeile einzeln ausgeführt.

▶ **Prozedurschritt**: Der Programmcode wird weiterhin in Einzelschritten ausgeführt. Stößt er jedoch auf den Aufruf einer benutzerdefinierten Methode, wird diese sofort vollständig ausgeführt. Das Tastaturkürzel ist $\boxed{\text{F10}}$.

▶ **Ausführen bis Rücksprung**: Die aktuelle Methode wird bis zu ihrem Ende sofort ausgeführt. Danach wird der Haltemodus wieder aktiviert. Die Tastenkombination dazu ist $\boxed{\text{⇧}}$+$\boxed{\text{F11}}$.

Bei den Haltepunkten müssen Sie eine Besonderheit von Visual Studio im Zusammenhang mit den Eigenschaften beachten: Per Vorgabe werden die Eigenschaftsmethoden wie Variablen behandelt, was zur Konsequenz hat, dass beim Bearbeiten einer Eigenschaft nicht in die Eigenschaftsmethode gesprungen wird. Dieses Standardverhalten können Sie im OPTIONEN-Dialog abändern, indem Sie den Dialog unter EXTRAS • OPTIONEN öffnen und dort unter DEBUGGING • ALLGEMEIN die entsprechende Einstellung ändern (siehe Abbildung 7.10).

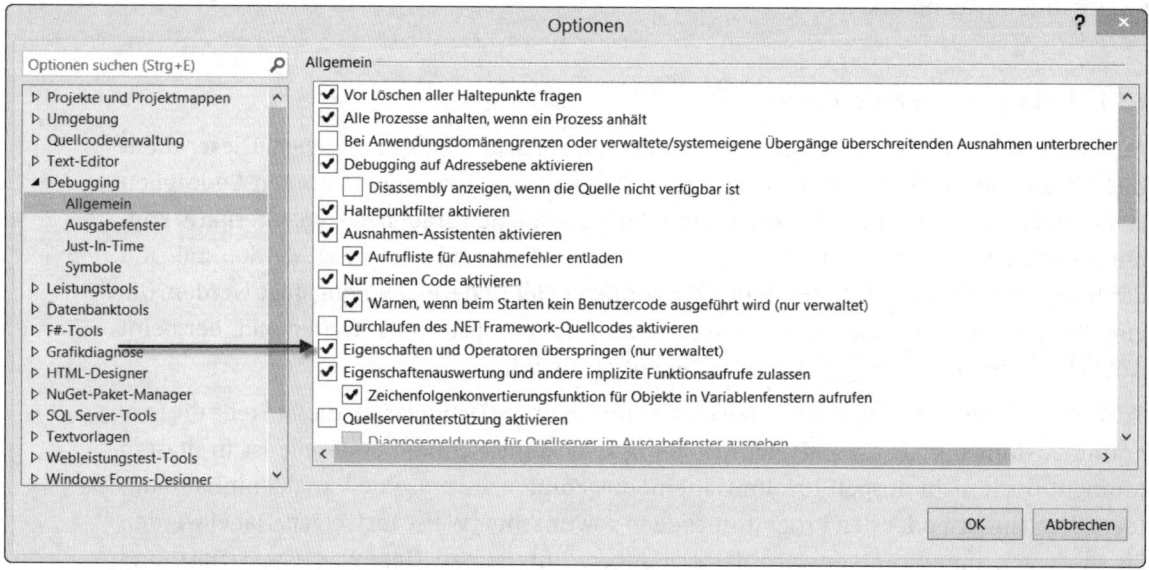

Abbildung 7.10 Option zum Überspringen von Eigenschaftsmethoden

Variableninhalte in einem »QuickInfo«-Fenster

Um sich den aktuellen Zustand einer Variablen anzeigen zu lassen, fahren Sie im Haltemodus mit dem Mauszeiger auf den Variablenbezeichner. Der Inhalt einschließlich einer kleinen Beschreibung wird daraufhin in einem QUICKINFO-Fenster angezeigt. Im QUICK-INFO-Fenster können Sie sogar den Inhalt der Variablen verändern.

364

Bedingte Haltepunkte

Die im vorhergehenden Abschnitt beschriebenen Haltepunkte unterbrechen in jedem Fall die Programmausführung, weil sie an keine Bedingungen gebunden sind. Der Debugger ermöglicht auch die Festlegung von Haltepunkten, die eine Anwendung nur dann in den Haltemodus setzen, wenn bei Erreichen des Haltepunkts bestimmte Bedingungen erfüllt sind. Um eine Bedingung festzulegen, gehen Sie mit dem Cursor auf den betreffenden Haltepunkt, öffnen das Kontextmenü und wählen BEDINGUNGEN…

Das Fenster, das sich daraufhin öffnet, sehen Sie in Abbildung 7.11.

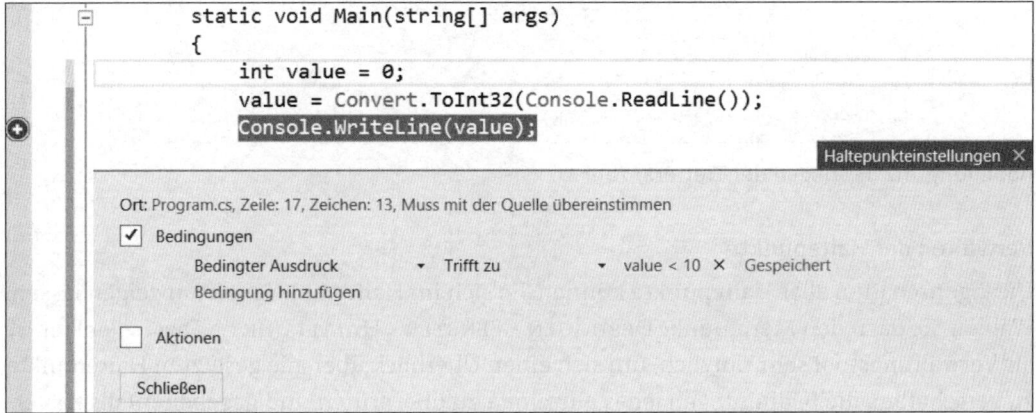

Abbildung 7.11 Festlegen einer Haltepunktbedingung

Legen Sie nun die Bedingung fest, unter der der Haltepunkt zur Laufzeit berücksichtigt werden soll. In der Abbildung wäre das genau dann der Fall, wenn die Variable value einen Wert kleiner als 10 aufweist. Ist value gleich oder größer als 10, wird das laufende Programm in dieser Codezeile nicht unterbrochen. Anstelle der Option TRIFFT ZU können Sie auch BEI ÄNDERUNG auswählen.

Haltepunkt mit Trefferanzahl aktivieren

Im Kontextmenü des Haltepunktes aus Abbildung 7.11 wurde die Voreinstellung auf BEDINGTER AUSDRUCK stehengelassen. Sie können auch für die Option TREFFERANZAHL… einstellen. Wenn für einen Haltepunkt keine Trefferanzahl angegeben wurde, wird das Programm immer unterbrochen, wenn der Haltepunkt erreicht wird oder die definierte Bedingung erfüllt ist. Die Festlegung der Trefferanzahl bietet sich zum Beispiel an, wenn die Anzahl der Schleifendurchläufe festgelegt werden soll, bis der Haltepunkt aktiv wird. Ist eine Vorgabe getroffen, wird die Ausführung nur bei Erreichen der Trefferanzahl unterbrochen (siehe Abbildung 7.12).

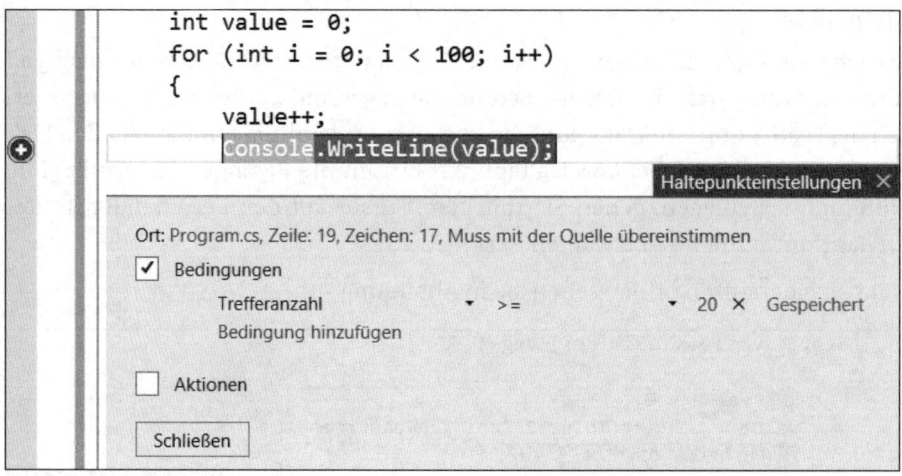

```
int value = 0;
for (int i = 0; i < 100; i++)
{
    value++;
    Console.WriteLine(value);
}
```

Haltepunkteinstellungen ✕

Ort: Program.cs, Zeile: 19, Zeichen: 17, Muss mit der Quelle übereinstimmen
☑ Bedingungen
    Trefferanzahl ▼ >= ▼ 20 ✕ Gespeichert
    Bedingung hinzufügen

☐ Aktionen

Schließen

Abbildung 7.12 Festlegen der Trefferanzahl

Verwalten der Haltepunkte

Die Eigenschaften aller Haltepunkte können Sie sich im Haltepunktfenster anzeigen lassen. Wählen Sie dazu den Menüpunkt DEBUGGEN • FENSTER • HALTEPUNKTE. Dieses Fenster ist als Verwaltungstool sehr nützlich, um sich einen Überblick über alle gesetzten Haltepunkte zu verschaffen, die Bedingungen jedes einzelnen zu überprüfen und gegebenenfalls zu verändern. Können oder wollen Sie zum Testen einer Anwendung auf einen oder mehrere Haltepunkte verzichten, entfernen Sie einfach das Häkchen vor dem entsprechenden Haltepunkt. Im Code-Editor ist die zu diesem Haltepunkt gehörende Kreisfläche danach nicht mehr farblich ausgefüllt, sondern nur noch als Kreis erkennbar. Die deaktivierten Haltepunkte lassen sich später wieder aktivieren, ohne dass die eingestellten spezifischen Eigenschaften verlorengehen.

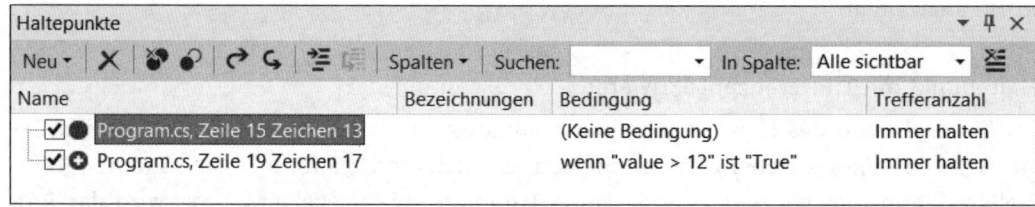

Abbildung 7.13 Die Liste aller Haltepunkte

Das Direktfenster

Das Direktfenster wird für Debug-Zwecke, das Auswerten von Ausdrücken, das Ausführen von Anweisungen, das Drucken von Variablenwerten usw. verwendet. Es ermöglicht die Eingabe von Ausdrücken, die von der Entwicklungssprache während des Debuggens ausgewertet oder ausgeführt werden sollen. Um das Direktfenster anzuzeigen, wählen Sie im Menü DEBUGGEN • FENSTER und dann DIREKT.

Welche Möglichkeiten sich hinter dem Direktfenster verbergen, sollten wir uns an einem Beispiel verdeutlichen. Zu Demonstrationszwecken bedienen wir uns des folgenden Programmcodes:

```csharp
class Program
{
  static void Main(string[] args)
  {
    int x = 10;
    int y = 23;
    int z = x + y;
    Console.Write(z);
  }
  static void DebugTestProc()
  {
    Console.WriteLine("In DebugTestProc");
  }
}
```

Listing 7.21 Code zum Testen des Direktfensters

Operationen im Direktfenster setzen den Haltemodus voraus. Daher legen wir einen Haltepunkt in der Codezeile

```csharp
int z = x + y;
```

fest. Nach dem Starten des Projekts stoppt das Programm die Ausführung am Haltepunkt. Sollte das Direktfenster in der Entwicklungsumgebung nicht angezeigt werden, müssen Sie es noch öffnen. Sie können nun im Direktfenster

```
?x
```

eingeben, um sich den Inhalt der Variablen x anzeigen zu lassen. Das Fragezeichen ist dabei notwendig. Ausgegeben wird im Befehlsfenster der Inhalt 10.

Wenn Sie Lust haben, können Sie auch den Inhalt aus dem Direktfenster heraus ändern. Dazu geben Sie

```
x = 250
```

ein. Wenn Sie danach den Code ausführen lassen, wird an der Konsole der Inhalt von z zu 273 berechnet und nicht, wie ursprünglich zu vermuten gewesen wäre, zu 33. Die Änderung einer Variablen im Direktfenster wird also von der Laufzeit berücksichtigt.

Sogar die Methode DebugTestProc können Sie aus dem Direktfenster heraus aufrufen. Dazu geben Sie nur

```
DebugTestProc()
```

ein.

7.3.2 Weitere Alternativen, Variableninhalte zu prüfen

Logische Fehler basieren darauf, dass Variablen unerwartete Inhalte aufweisen, der Programmcode aber syntaktisch richtig ist. Das Direktfenster ist eine Möglichkeit, Variablen zu prüfen, die jedoch nicht sehr komfortabel ist, wenn der Programmcode eines größeren Projekts untersucht werden muss. Visual Studio stellt aber mehrere weitere Alternativen zur Verfügung, die noch bessere und detailliertere Informationen bereitstellen. Allen Alternativen ist gemeinsam, dass sie nur im Haltemodus geöffnet werden können. Sie können dazu das Menü DEBUGGEN • FENSTER benutzen, teilweise auch das Kontextmenü des Code-Editors. Die Variableninhalte lassen sich, wie auch im Befehlsfenster, verändern, um beispielsweise das Laufzeitverhalten der Anwendung in Grenzsituationen zu testen.

Das »Auto«-Fenster

Das AUTO-Fenster zeigt alle Variablen der Codezeile an, in der sich der Haltemodus aktuell befindet, sowie alle Variablen der vorausgehenden Codezeile. Angezeigt werden neben dem Namen der Inhalt und der Datentyp. Setzen Sie beispielsweise im folgenden Codefragment

```
static void Main(string[] args)
{
    double a = 22.5;
    int x = 10;
    int y = 23;
    int z = x + y;
    Console.Write(z);
}
```

Listing 7.22 Programmcode zum Testen des »Auto«-Fensters

in der Zeile mit der Anweisung

```
int z = x + y;
```

einen Haltepunkt, werden im AUTO-Fenster die aktuellen Inhalte der Variablen x, y und z angezeigt (siehe Abbildung 7.14).

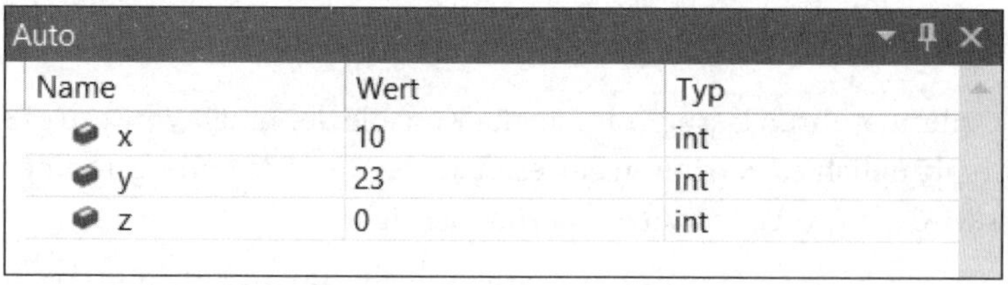

Name	Wert	Typ
x	10	int
y	23	int
z	0	int

Abbildung 7.14 Das »Auto«-Fenster

Das »Lokal«-Fenster

Das Fenster LOKAL enthält alle Variablen mit Namen, Wert und Typ, die in der aktuellen Methode definiert sind. Variablen, die sich zwar im Gültigkeitsbereich einer Methode befinden, aber außerhalb deklariert sind, werden nicht vom LOKAL-Fenster erfasst.

Das »Überwachen«-Fenster

Sie können ein Überwachungsfenster öffnen und die Variablen angeben, die vom Debugger überwacht werden sollen. Um eine Variable einem Überwachungsfenster zuzuordnen, markieren Sie die entsprechende Variable zur Laufzeit im Haltemodus und wählen im Kontextmenü ÜBERWACHUNG HINZUFÜGEN. Wollen Sie weitere Variablen überwachen lassen, können Sie sie auch manuell eintragen oder ebenfalls über das Kontextmenü der Variablen hinzufügen.

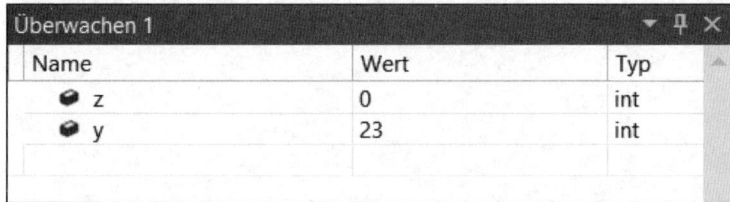

Abbildung 7.15 Das Fenster »Überwachen«

Kapitel 8
Auflistungsklassen (Collections)

Ein charakteristisches Merkmal der Arrays ist die freie Verfügbarkeit ihrer Indizes. Sie können ein Element einem Array an einer x-beliebigen Position hinzufügen – unabhängig davon, ob der Index bereits von einem anderen Element belegt ist oder nicht. Wird ein Element aus einem Array entfernt, bleibt ein unbesetzter Index zurück. Ein Array ist somit ein statischer Pool freier und belegter Elementpositionen ohne die Fähigkeit, sich bei Änderungen dynamisch anzupassen.

An dieser Stelle treten Klassen in Erscheinung, die ähnlich den Arrays als Container meist typgleicher Elemente dienen. Im Unterschied zu den herkömmlichen Arrays arbeiten diese Klassen jedoch dynamisch: Sie vergrößern ihre Kapazität entsprechend der Anzahl der Einträge und haben keine »leeren« Indizes. Ganz allgemein werden diese Klassen als *Collections*, als *Auflistungen* oder ganz einfach nur als *Listen* bezeichnet und sind in den beiden Namespaces

▶ System.Collections

▶ System.Collections.Specialized

zu finden. Jede Klasse unterscheidet sich von der anderen durch besondere Fähigkeiten und Charakteristiken – sei es die interne Verwaltung der Objekte, der Zugriff auf die Einträge oder die Geschwindigkeit, mit der innerhalb einer Liste nach einem bestimmten Eintrag gesucht werden kann.

> **Anmerkung**
>
> Es gibt noch eine zweite Gruppe von Auflistungen: Es handelt sich um die sogenannten *generischen Listenklassen*. Es sei an dieser Stelle schon verraten, dass es sich dabei um typisierte Listen handelt. Auf diese Gruppe werde ich in Kapitel 9 »Generics – generische Datentypen« zu sprechen kommen, wenn ich das Thema »Generics« allgemein behandelt habe.

8.1   Collections im Namespace »System.Collections«

In Tabelle 8.1 erhalten Sie einen Überblick über die wichtigsten Auflistungsklassen im Namespace System.Collections.

Klasse	Beschreibung
ArrayList	Bei dieser Liste handelt es sich wohl um die universellste. Sie nimmt beliebige Objekte auf und gestattet den wahlfreien Zugriff auf die Listenelemente.
BitArray	Verwaltet ein Array von Bits.
CollectionsUtil	eine Auflistung, die nicht zwischen Groß- und Kleinschreibung unterscheidet
Hashtable	Die Elemente werden als Schlüssel-Wert-Paare gespeichert. Der Zugriff auf die Elemente erfolgt über den jeweiligen Schlüssel.
HybridDictionary	Das Verhalten orientiert sich an der Anzahl der Listenelemente. Ist die Anzahl der Elemente gering, operiert diese Klasse als List-Dictionary-Collection, wird die Anzahl größer, als Hashtable.
ListDictionary	Solange die Anzahl der Elemente kleiner als zehn ist, werden die Operationen mit den Elementen schneller ausgeführt als bei einer Hashtable.
NameValueCollection	Verwaltet ein Schlüssel-Wert-Paar, wobei sowohl der Schlüssel als auch der Wert durch Zeichenfolgen beschrieben werden. Einem Schlüssel können mehrere Zeichenfolgen zugeordnet werden, d. h., der Schlüssel ist nicht eindeutig.
SortedList	Diese Auflistung verwaltet Schlüssel-Wert-Paare, die nach den Schlüsseln sortiert sind und auf die sowohl über Schlüssel als auch über Indizes zugegriffen werden kann. Damit vereint sie die Merkmale von Hashtable und ArrayList.
StringCollection	eine Auflistung, die nur Zeichenfolgen enthält
StringDictionary	Ähnlich einer Hashtable; der Schlüssel ist jedoch immer eine Zeichenfolge.

Tabelle 8.1 Auflistungsklassen im Namespace »System.Collections«(Auszug)

Diese Klassen unterscheiden sich in den Methoden, mit denen der Zugriff auf die Elemente erfolgt, und in der Speicherverwaltung der Elemente. Jede Listenklasse hat ihre eigene Charakteristik, auch hinsichtlich der Operationen, die auf den Elementen ausgeführt werden können.

Als zwei typische Vertreter der Auflistungsklassen im .NET Framework werden wir uns in diesem Kapitel exemplarisch auf die Charakteristik der beiden Klassen ArrayList und Hashtable konzentrieren und deren wesentlichsten Merkmale herausarbeiten. Zunächst einmal möchte ich die beiden Klassen allgemein beschreiben.

Die Klasse »ArrayList«

ArrayList ähnelt einem klassischen Array. Im Gegensatz zu einem herkömmlichen und damit statischen Array ist ein ArrayList-Objekt dynamisch. Sie können so lange Objekte zur Liste hinzufügen, bis dem Speicher regelrecht die Puste ausgeht. Der Zugriff auf ein Element einer ArrayList erfolgt über die Angabe des entsprechenden Listenindex.

Die Klasse »Hashtable«

Die Klasse Hashtable beschreibt eine Liste von Elementen, die im Gegensatz zur ArrayList nicht durch Indizes verwaltet werden, sondern durch ein Schlüssel-Wert-Paar. Der Vorteil eines Hashtable-Objekts ist, dass innerhalb der Liste sehr schnell nach bestimmten Objekten gesucht werden kann. Der Name der Klasse hat seinen Ursprung darin, dass für die Verwaltung der Elemente ein Hashcode für den Schlüssel verwendet wird. Ein Hashcode ist ein Wert, der aus den Daten eines Objekts gebildet wird und somit für gleiche Objekte gleich ist. Der Zugriff auf ein Element in dieser Liste erfolgt über den Schlüsselwert, der grundsätzlich ein beliebiges Objekt sein kann. In der Praxis wird dazu meist eine Zeichenfolge benutzt.

8.1.1   Die elementaren Schnittstellen der Auflistungsklassen

Die Grundfunktionalität aller Auflistungen lässt sich auf elementare Methoden zurückführen. Es ist deshalb nicht verwunderlich, dass die Gemeinsamkeiten durch Interfaces beschrieben werden, die von den Auflistungsklassen implementiert werden. Im Kern handelt es sich dabei um die Schnittstellen

▸ IEnumerable

▸ ICollection

▸ IDictionary

▸ IList

Die beiden zuerst aufgeführten Schnittstellen IEnumerable und ICollection werden von allen elementaren Auflistungsklassen implementiert und stellen allgemeine Verhaltensweisen sicher.

Das charakteristische Verhalten einer Auflistungsklasse (also entweder die Indexverwaltung oder die Verwaltung mit einem Schlüssel-Wert-Paar) wird durch die Implementierung des Interface IList oder des Interface IDictionary beschrieben. IList ist elementar für indexbasierte Auflistungen, IDictionary die Schnittstelle der Listen, die durch Schlüssel-Wert-Paare beschrieben werden.

Die Schnittstelle »IEnumerable«

Die Schnittstelle IEnumerable wird von allen Auflistungen implementiert. Sie ermöglicht, eine Liste in einer foreach-Schleife zu durchlaufen, und weist nur die Methode GetEnumerator auf, die ein Objekt zurückliefert, das die Schnittstelle IEnumerator implementiert. Dieser Enumerator verfügt über die Fähigkeit, eine Auflistung elementweise zu durchlaufen. Damit gleicht dieses Objekt einem Positionszeiger, dem drei Methoden Current, MoveNext und Reset zu eigen sind.

Der Enumerator positioniert sich standardmäßig vor dem ersten Eintrag einer Auflistung. Um ihn auf den ersten Eintrag und anschließend auf alle Folgeeinträge zeigen zu lassen, muss die Methode MoveNext ausgeführt werden. Mit Current wird auf den Eintrag zugegriffen, auf den der Enumerator aktuell zeigt. Reset setzt den Enumerator an seine Ausgangsposition zurück, also vor den ersten Eintrag.

Hinweis

In Abschnitt 8.5, »Eigene Auflistungen mit ›yield‹ durchlaufen«, werde ich noch einmal auf das Interface IEnumerable eingehen, wenn es darum geht, eigene Klassen zu entwickeln, die in einer foreach-Schleife durchlaufen werden können.

Die Schnittstelle »ICollection«

Die Schnittstelle ICollection stellt allen Auflistungen die Eigenschaften Count, IsSynchronized und SyncRoot zur Verfügung und darüber hinaus die Methode CopyTo. Die Eigenschaft Count liefert die Anzahl der Elemente einer Auflistung zurück, die Methode CopyTo kopiert die Elemente in ein Array. Auflistungen sind kritisch beim gleichzeitigen Zugriff mehrerer Threads. Um diesem Umstand Rechnung zu tragen, wird die Methode Synchronized bereitgestellt. Die Eigenschaft IsSynchronized gibt an, ob die Auflistung synchronisiert wird.

Wegen dieser elementaren Fähigkeiten ist es nicht verwunderlich, dass praktisch alle Auflistungen das Interface ICollection implementieren.

Die Schnittstelle »IList«

Auflistungen, die IList implementieren, verwalten ihre Elemente über Indizes. Das beste Beispiel hierfür dürfte die Klasse ArrayList sein.

Die wichtigsten von IList zur Verfügung gestellten Methoden sind Add, Clear, Contains, Insert, IndexOf und Remove. Sie werden Listen, die diese Methoden aufweisen, überall im .NET Framework begegnen.

Hinweis

Auch die Klasse Array, auf der alle herkömmlichen Arrays basieren, implementiert das Interface IList.

Die Schnittstelle »IDictionary«

IDictionary ist der Gegenspieler von IList. Während IList-implementierende Auflistungen den Zugriff auf die Elemente über einen Index sicherstellen, erfolgt er bei IDictionary-Auflistungen über einen Schlüssel. An dieser Stelle mehr über dieses Interface zu berichten, würde zu tief ins Detail führen. Aber ich werde im Zusammenhang mit der Klasse Hashtable noch darauf zu sprechen kommen.

8.2 Die Klasse »ArrayList«

ArrayList gehört zu den Klassen, die das Interface IList implementieren. Ein Objekt vom Typ ArrayList enthält zunächst einmal keine Elemente. Fügen Sie das erste Element hinzu, wird die Kapazität auf vier Elemente erhöht. Wird das fünfte Element hinzugefügt, verdoppelt sich die Kapazität automatisch auf acht Elemente. Grundsätzlich wird die Kapazität immer verdoppelt, wenn versucht wird, ein Element mehr hinzuzufügen, als es die aktuelle Kapazität bereitstellt. Dabei werden die ArrayList-Elemente im Speicher umgeschichtet, was einen Leistungsverlust zur Folge hat, der umso größer ist, je mehr Elemente sich bereits in der ArrayList befinden.

Sie sollten daher von Anfang an der ArrayList eine angemessene Kapazität zugestehen. Am besten ist es, einfach den parametrisierten Konstruktor aufzurufen und ihm die gewünschte Anfangskapazität mitzuteilen. Eine weitere Möglichkeit bietet die Eigenschaft Capacity.

8.2.1 Einträge hinzufügen

Mit der Methode Add lassen sich Objekte einer ArrayList-Instanz hinzufügen. Das erste Element wird den Index 0 haben, der zweite den Index 1 usw. Sie haben mit der Add-Methode keinen Einfluss darauf, an welcher Position der Liste das Objekt hinzugefügt wird, da es immer an das Listenende angehängt wird. Wollen Sie wissen, welchen Index ein hinzugefügtes Objekt erhalten hat, brauchen Sie nur den Rückgabewert der Add-Methode auszuwerten:

```
ArrayList liste = new ArrayList();
int index = liste.Add("Werner");
```

Die Add-Methode ist sehr typflexibel und definiert einen Parameter vom Typ Object. Sie können also alle Typen kunterbunt in die Liste packen, vom String über einen booleschen Wert, von einem Button- bis hin zu einem Circle-Objekt. Spätestens dann, wenn Sie die einzelnen Elemente auswerten wollen, werden Sie jedoch in Schwierigkeiten geraten, falls Sie nicht exakt wissen, welcher Typ sich hinter einem bestimmten Listenindex verbirgt. Genau das ist auch der Nachteil der ArrayList.

Über die Methode Add hinaus bietet ArrayList mit AddRange eine weitere, ähnliche Methode an, der Sie auch ein herkömmliches Array übergeben können:

```
ArrayList liste = new ArrayList();
int[] array = {0, 10, 22, 9, 45};
liste.AddRange(array);
```

Listing 8.1 Die Methode »AddRange« der Klasse »ArrayList«

Liegt das Array schon bei der Instanziierung von ArrayList vor, können Sie das Array auch direkt dem Konstruktor übergeben:

```
ArrayList arr = new ArrayList(intArr);
```

Collection-Initialisierer

Eine weitere Möglichkeit, einer ArrayList Elemente hinzuzufügen, sind Auflistungsinitia-lisierer. Damit können Sie bei der Initialisierung eines Auflistungsobjekts direkt Elemente übergeben. Sie verwenden geschweifte Klammern, in denen die einzelnen Elemente durch Kommata voneinander getrennt sind – was dann beispielsweise wie folgt aussieht:

```
ArrayList liste = new ArrayList() {"Aachen", "Bonn", "Köln", "Düsseldorf" };
```

Collection-Initialisierer erleichtern den Codierungsaufwand, da nicht immer wieder die Add-Methode aufgerufen werden muss.

Einträge aus einer »ArrayList« löschen

Mit der Methode Clear können Sie alle Elemente aus der ArrayList löschen. Die ArrayList wird danach, obwohl sie leer ist, ihre ursprüngliche Kapazität beibehalten, sie schrumpft also nicht.

Löschen Sie einzelne Elemente, bieten sich die Methoden Remove und RemoveAt an. Remove er-wartet die Referenz des zu löschenden Objekts, RemoveAt den Index des zu löschenden Ob-jekts. Beim Löschen ist ein ganz besonderes Verhalten der IList-basierten Auflistungen zu erkennen, das wir uns nun in einem Beispiel ansehen wollen.

```
// Beispiel: ..\Kapitel 8\ArrayList_Sample
class Program
{
  static void Main(string[] args)
  {
    ArrayList liste = new ArrayList() {"Peter", "Andreas", "Conie", "Michael",
                                       "Gerd", "Freddy"};
    PrintListe(liste);
    liste.Remove("Andreas");
    Console.WriteLine("--- Element gelöscht ---");
    PrintListe(liste);
    Console.ReadLine();
  }
```

```
// Ausgabe der Liste
static void PrintListe(IList liste)
{
  foreach (string item in liste)
    Console.WriteLine("Index: {0,-3}{1}", liste.IndexOf(item), item);
}
}
```

Listing 8.2 Beispiel mit einer einfachen »ArrayList«

8

Anmerkung

Achten Sie bitte bei diesem und allen anderen Beispielen in diesem Kapitel darauf, dass Sie den Namespace System.Collections mit using bekanntgeben.

Die benutzerdefinierte Methode PrintListe sorgt für die Ausgabe der Elemente an der Konsole. Das Übergabeargument ist vom Typ IList definiert. Daher können Sie der Methode jedes Objekt übergeben, das die Schnittstelle IList implementiert, beispielsweise auch ein herkömmliches Array – vorausgesetzt, es verwaltet Zeichenfolgen.

Nach dem Füllen der Auflistung wird der Inhalt an der Konsole ausgegeben. Neben der Zeichenfolge wird dabei der aktuelle Index, unter dem die Zeichenfolge eingetragen ist, angezeigt. Der aktuelle Index eines Elements lässt sich mit der Methode IndexOf unter Übergabe des Elements sehr einfach ermitteln.

Nach der Ausgabe der Liste wird das sich an zweiter Position (Index = 1) befindliche Element mit Remove aus der Auflistung gelöscht. Die Ausgabe der aktualisierten Liste beweist die weiter oben angedeutete typische Charakteristik der indexbasierten Collections: Der Index, den das aus der Liste gelöschte Element innehatte, bleibt nicht leer. Stattdessen verschieben sich alle nachfolgenden Elemente in der Weise, dass kein leerer Index zurückbleibt (siehe Abbildung 8.1).

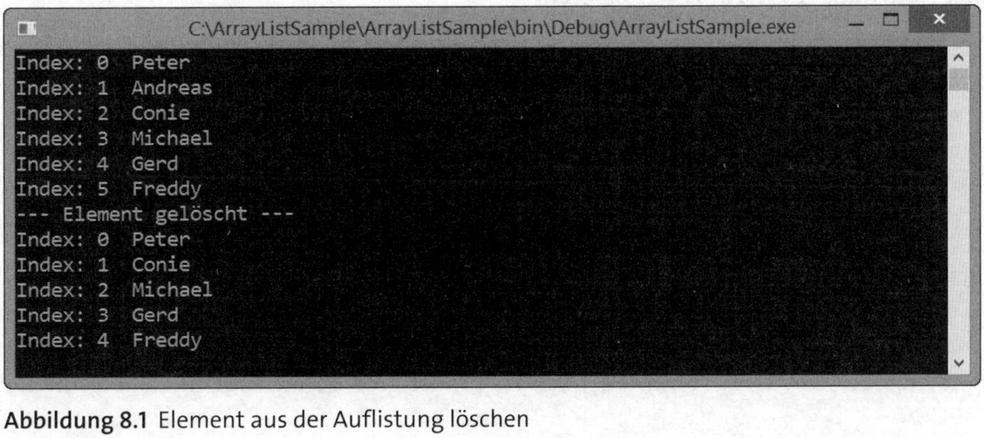

Abbildung 8.1 Element aus der Auflistung löschen

> **Hinweis**
>
> Sollte sich dasselbe Objekt mehrfach in der Liste befinden, wird nur das Objekt entfernt, das zuerst gefunden wird. Nehmen wir an, der Name »Andreas« wäre auch unter Index 6 zu finden, so würde nur der Eintrag mit dem Index 1 entfernt. Sie können doppelte Einträge in eine Liste vermeiden, wenn Sie vor dem Hinzufügen des Elements mit Contains prüfen, ob sich das Element eventuell bereits in der Liste befindet.

Möchten Sie während eines Schleifendurchlaufs ein Element aus der Liste löschen, ist eine foreach-Schleife als Schleifenkonstrukt denkbar ungeeignet, denn die Methoden des Interface IEnumerator funktionieren nur dann, wenn sich die Liste während des Schleifendurchlaufs nicht verändert. Eine Lösung in solchen Fällen ist die Verwendung der for- oder while-Schleife, z. B.:

```
for(int index = 0; index < liste.Count; index++)
{
  if( (string)liste[index] == "Andreas")
    liste.RemoveAt(index);
}
```

Listing 8.3 Löschen eines »ArrayList«-Elements in einer Schleife

Auf ein Listenelement greifen Sie über seinen Index zu, indem Sie den Index in eckige Klammern setzen. Da die Elemente als Object-Typen in die ArrayList eingetragen werden, ist eine Konvertierung in den passenden Typ notwenig, in unserem Code also in string.

8.2.2   Datenaustausch zwischen einem Array und einer »ArrayList«

Auflistungen zeichnen sich durch die beiden Interfaces IEnumerable und ICollection aus. Aus dem letztgenannten Interface stammt die Methode CopyTo, die es ermöglicht, die Einträge einer Auflistung in ein Array zu kopieren.

```
ArrayList liste = new ArrayList();
liste.Add("Anton");
liste.Add("Gustaf");
liste.Add("Fritz");
string[] arr = new string[10];
liste.CopyTo(arr, 3);
```

Listing 8.4 »ArrayList«-Elemente in ein Array kopieren

Der zweite Parameter von CopyTo gibt den Startindex im Array an, ab dem die Elemente der ArrayList in das Array kopiert werden. Das Array muss groß genug sein, um alle Elemente aufzunehmen, sonst wird eine Exception ausgelöst. Handelt es sich bei den zu kopierenden Einträgen um Objektreferenzen, werden nicht die Objekte, sondern nur die Referenzen kopiert. ArrayList überlädt CopyTo, so dass auch spezifizierte Teilbereiche der Liste kopiert werden können.

8.2.3   Die Elemente einer »ArrayList« sortieren

Zum Sortieren der Mitglieder einer ArrayList dient die Methode Sort. Diese Methode ist mehrfach überladen. Wir wollen uns zunächst mit der parameterlosen Version beschäftigen.

Die parameterlose »Sort«-Methode

Um die Elemente einer ArrayList mit der parameterlosen Sort-Methode zu sortieren, müssen die Elemente das Interface IComparable unterstützen. Diese Schnittstelle beschreibt nur die Methode CompareTo:

```
public interface IComparable
{
   int CompareTo(object obj);
}
```

Eine Klasse, die IComparable implementiert, garantiert die Existenz der Methode CompareTo. Darauf ist parameterlose Variante der Sort-Methode angewiesen. Der .NET-Dokumentation zu CompareTo können wir entnehmen, dass das Objekt, auf dem Sort aufgerufen wird, mit dem an den Parameter übergebenen Objekt verglichen wird. Als Resultat liefert der Methodenaufruf eines der drei folgenden Ergebnisse:

► < 0, wenn das Objekt, auf dem die Methode aufgerufen wird, kleiner als das Objekt obj ist

► 0, wenn das Objekt, auf dem die Methode aufgerufen wird, gleich dem Objekt obj ist

► > 0, wenn das Objekt, auf dem die Methode aufgerufen wird, größer als das Objekt obj ist

---

Anmerkung

Die Regel, nach der im deutschsprachigen Raum eine Zeichenfolge sortiert wird, vergleicht die Zeichen unter Berücksichtigung der Groß- und Kleinschreibung wie folgt:

1 < 2 ... < a < A < b < B < c < C ... < y < Y < z < Z

Da die parameterlose Sort-Methode das Interface IComparable voraussetzt, sind alle Klassen, die diese Schnittstelle implementieren, ohne zusätzlichen Programmcode dazu geeignet, innerhalb einer ArrayList sortiert zu werden. Das trifft insbesondere auf die elementaren Datentypen wie string, int oder double zu. Somit ist es uns auch möglich, die Listenelemente aus dem Beispiel *ArrayListSample* durch den Aufruf von Sort unkompliziert sortieren zu lassen.

```
static void Main(string[] args)
{
  ArrayList liste = new ArrayList() {"Peter", "Andreas", "Conie",
                                     "Michael", "Gerd", "Freddy"};

  liste.Sort();
  PrintListe(liste);
  Console.ReadLine();
}
```

Listing 8.5 Sortieren einer »ArrayList«

Die Ausgabe der sortierten Liste sehen Sie in Abbildung 8.2.

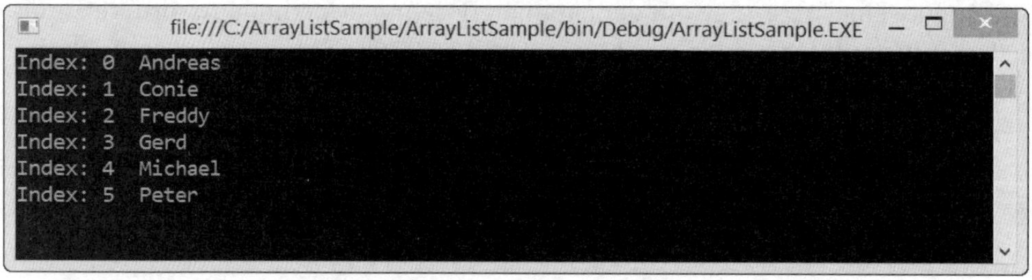

```
file:///C:/ArrayListSample/ArrayListSample/bin/Debug/ArrayListSample.EXE
Index: 0  Andreas
Index: 1  Conie
Index: 2  Freddy
Index: 3  Gerd
Index: 4  Michael
Index: 5  Peter
```

Abbildung 8.2 Die mit der Methode »Sort()« sortierten Listenelemente

Eigene Klassen mit »IComparable«

Viele Klassen des .NET Frameworks implementieren die IComparable-Schnittstelle. Das folgende Beispielprogramm zeigt, wie Sie dieses Interface auch für eigene Klassen einsetzen können. Dabei werden wir der Einfachheit halber nur mit einer sehr einfachen Klasse arbeiten, die neben der Schnittstellenimplementierung nur einen Integer-Wert in der Eigenschaft Value beschreibt.

```
public class Demo : IComparable
{
  public int Value {get; set;}
  public int CompareTo(object obj)
  {
    if(obj == null) return 1;
    Demo demo = obj as Demo;
    if (demo != null)
      return Value.CompareTo(demo.Value);
    throw new ArgumentException("Objekt ist nicht vom Typ Demo");
  }
}
```

Listing 8.6 Implementieren der Schnittstelle »IComparable«

Die Klasse Demo implementiert das Interface IComparable. Daher sind Objekte dieses Typs darauf vorbereitet, innerhalb einer ArrayList sortiert zu werden. Die Sortierreihenfolge soll sich am Inhalt des Felds Value orientieren. Da CompareTo den Parameter vom Typ Object definiert, müssen wir zwei besondere Situationen berücksichtigen:

▶ An den Parameter obj wird null übergeben.

▶ Da der Parameter vom Typ Object ist, könnte auch die Referenz auf ein Objekt übergeben werden, das nicht vom Typ Demo oder davon abgeleitet ist.

Daher überprüfen wir im ersten Schritt, ob die Übergabe an den Parameter null ist. Sollte das der Fall sein, wird die Methode unter Rückgabe des Wertes 1 verlassen. Sollte das Übergabeargument von null abweichen, wird im nächsten Schritt mit dem Operator as geprüft, ob es sich um ein Objekt vom Typ Demo handelt. Die Überprüfung mit as liefert null, falls es sich nicht um ein Demo-Objekt handelt.

Der konkrete Vergleich zwischen zwei Objekten vom Typ Demo ist sehr einfach. Da der Vergleich sich auf die Eigenschaft Value bezieht, die vom Typ Integer ist, können wir davon profitieren, dass Int32 selbst die Schnittstelle IComparable implementiert und somit auch die Methode CompareTo bereitstellt.

Generell sollten Sie die Methode CompareTo der Schnittstelle IComparable wie gezeigt implementieren, um gegen alle unzulässigen Aufrufe gewappnet zu sein und als robust zu gelten.

Natürlich wollen wir nun auch testen, ob wir unser Ziel erreicht haben. Dazu dient der folgende Code:

```
// Beispiel: ..\Kapitel 8\IComparable_Sample
class Program
{
  static void Main(string[] args)
  {
    Demo[] arr = new Demo[]
    {
      new Demo { Value = 56 },
      new Demo { Value = 72 },
      new Demo { Value = 35 },
      new Demo{ Value = 3 }
    };
    ArrayList liste = new ArrayList();
    liste.AddRange(arr);
    liste.Sort();
    foreach (Demo item in liste)
      Console.WriteLine($"Index: {liste.IndexOf(item} / Wert: {item.Value}");
```

```
        Console.ReadLine();
    }
}
```

Listing 8.7 Sortieren von »Demo«-Objekten (siehe Listing 8.5)

An der Konsole werden die Werte der Felder in der Reihenfolge 3, 35, 56 und 72 ausgegeben. Der Vergleich und die anschließende Sortierung finden also wie erwartet statt.

Vergleichsklassen mit »IComparer«

Das Sortieren einer ArrayList mit der parameterlosen Sort-Methode gestattet nur, ein durch das Interface IComparable vorgeschriebenes Vergleichskriterium zu nutzen. Manchmal ist es jedoch erforderlich, unterschiedliche Sortierkriterien zu berücksichtigen. Nehmen wir zum Beispiel die Klasse Person, die die beiden Felder Name und City beschreibt:

```
class Person
{
    public string Name {get; set;}
    public string City {get; set;}
}
```

Listing 8.8 Die Definition der Klasse »Person«

Würden die Klasse die Schnittstelle IComparable implementieren, müsste die Entscheidung getroffen werden, nach welchem Feld Objekte dieser Klasse sortiert werden können. Nun sollen beide Möglichkeiten angeboten werden: sowohl die Sortierung nach City als auch nach Name.

Die Lösung des Problems führt über die Bereitstellung sogenannter *Vergleichsklassen*, die die Schnittstelle IComparer implementieren. Jede Vergleichsklasse beschreibt genau ein Vergleichskriterium. Wollen wir einen bestimmten Objektvergleich erzwingen, müssen wir der Sort-Methode mitteilen, welche Vergleichsklasse dafür bestimmt ist. Dafür stehen uns zwei Überladungen zur Verfügung, denen die Referenz auf ein Objekt übergeben wird, das die Schnittstelle IComparer implementiert:

```
public virtual void Sort(IComparer);
public virtual void Sort(int, int, IComparer);
```

Mit der Überladung, die zwei Integer erwartet, können der Startindex und die Länge des zu sortierenden Bereichs festgelegt werden. Bei sehr großen Auflistungen steigert eine solche Bereichseingrenzung die Performance, da Sortiervorgänge immer sehr rechenintensiv sind.

Die Schnittstelle IComparer garantiert die Methode Compare, die zwei Objekte miteinander vergleicht:

```
int Compare(object x, object y);
```

Compare funktioniert ähnlich wie die weiter oben erörterte Methode CompareTo und gibt die folgenden Werte zurück:

▶ < 0, wenn das Objekt x kleiner als das Objekt y ist

▶ 0, wenn das Objekt x gleich dem Objekt y ist

▶ > 0, wenn das Objekt x größer als das Objekt y ist

Für die Klasse Person wollen wir nun die beiden Vergleichsklassen NameComparer und City-Comparer entwickeln, die gemäß unserer Anforderung die Schnittstelle IComparer implementieren und nach City bzw. Name sortieren.

```
// Vergleichsklasse - Kriterium City
class CityComparer : IComparer
{
  public int Compare(object x, object y)
  {
    if (x == null && y == null) return 0;
    Person x1 = x as Person;
    Person y1 = y as Person;
    if (x1 == null && y1 != null) return -1;
    if (x1 != null && y1 == null) return 1;
    if (x1 == null || y1 == null)
      throw new InvalidCastException("Ungültiger Typ");
    return x1.City.CompareTo(y1.City);
  }
}
```

Listing 8.9 Vergleichsklasse für die Klasse »Person« aus Listing 8.8

Genauso wird auch die Klasse NameComparer codiert. Allerdings natürlich mit der kleinen Änderung in der letzten Anweisung, dass statt der Eigenschaft City die Eigenschaft Name zum Vergleich herangezogen wird.

Im ersten Schritt wird überprüft, ob beide Übergabeargumente gleichzeitig den Wert null beschreiben. Ist das der Fall, liefert der Aufruf der Methode den Rückgabewert 0 zurück. Anschließend erfolgt das Konvertieren der beiden Parameter x und y nach Person. Da die zuvor beschriebene Anweisung nur prüft, ob beide Argumente gleichzeitig null sind, kann immer noch der Fall auftreten, dass nur ein Argument null ist. Dann ist das andere Argument aber mit Sicherheit vom Typ Person, und es wird der entsprechende Rückgabewert der Methode gebildet.

Ein weiterer Sonderfall liegt vor, wenn beide Argumente nicht vom Typ Person sind. In diesem Fall bietet sich das Auslösen der Exception InvalidCastException an. Sollten beide Argumente allerdings nicht null sein und gleichzeitig vom Typ Person, kann die CompareTo-Methode zur Bildung des Rückgabewertes herangezogen werden.

Haben wir ein ArrayList-Objekt mit Person-Objekten gefüllt, steht es uns frei, welche der beiden Vergleichsklassen wir zur Sortierung der Objekte benutzen, denn beide sind auf dieselbe Schnittstelle zurückzuführen und gegeneinander austauschbar.

Natürlich können Sie auch jederzeit die Klasse Person um die Schnittstelle IComparer erweitern. Syntaktisch bereitet das zumindest bei einem erforderlichen Vergleichskriterium überhaupt kein Problem. Andererseits müssen Sie sich auch vor Augen halten, wie Sie die Sort-Methode aufrufen müssten:

```
liste.Sort(new Person());
```

Dieser Code suggeriert, dass wir es mit einem weiteren, neuen Person-Objekt zu tun haben, obwohl wir das Objekt doch eigentlich nur dazu missbrauchen, das Vergleichskriterium der Sort-Methode anzugeben. Ähnlich schlecht les- und interpretierbarer Code wäre das Resultat, wenn wir mit

```
liste.Sort(person1);
```

irgendein existentes Person-Objekt übergäben. Daher sollten Sie von dieser Codeimplementierung Abstand nehmen. Sehen wir uns nun das Beispielprogramm an, in dem die oben beschriebenen Vergleichskriterien benutzt werden:

```
// Beispiel: ..\Kapitel 8\IComparer_Sample
class Program
{
  static void Main(string[] args)
  {
    ArrayList arrList = new ArrayList();
    // ArrayList füllen
    arrList.Add(new Person() { Name = "Meier", City = "Berlin" });
    arrList.Add(new Person() { Name = "Schulz", City = "Stuttgart" });
    arrList.Add(new Person() { Name = "Gerhards", City = "Hamburg" });
    arrList.Add(new Person() { Name = "Müller", City = "Bremen" });
    // nach Cities sortieren
    arrList.Sort(new CityComparer());
    Console.WriteLine("Liste nach Wohnorten sortiert");
    ShowSortedList(arrList);
    // nach Namen sortieren
    arrList.Sort(new NameComparer());
    Console.WriteLine("Liste nach Namen sortiert");
    ShowSortedList(arrList);
  }
  static void ShowSortedList(IList liste)
  {
    foreach (Person temp in liste)
    {
```

```
    if (temp != null)
    {
      Console.Write($"Name = {temp.Name,-12}");
      Console.WriteLine($"Wohnort = {temp.City}");
    }
  }
  Console.WriteLine();
  }
}
```

Listing 8.10 Das Beispielprogramm »IComparerSample«

Bitte beachten Sie, dass auch die Methode ShowSortedList dem Umstand Rechnung tragen muss, dass sich in der sortierten Liste ein null-Element befindet. Sollte das der Fall sein, wird dieses Element einfach ignoriert.

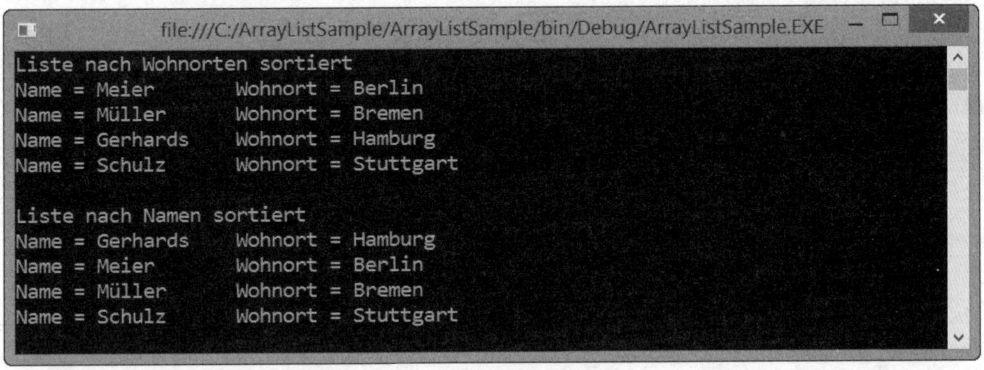

```
file:///C:/ArrayListSample/ArrayListSample/bin/Debug/ArrayListSample.EXE
Liste nach Wohnorten sortiert
Name = Meier        Wohnort = Berlin
Name = Müller       Wohnort = Bremen
Name = Gerhards     Wohnort = Hamburg
Name = Schulz       Wohnort = Stuttgart

Liste nach Namen sortiert
Name = Gerhards     Wohnort = Hamburg
Name = Meier        Wohnort = Berlin
Name = Müller       Wohnort = Bremen
Name = Schulz       Wohnort = Stuttgart
```

Abbildung 8.3 Ausgabe des Beispiels »IComparer_Sample«

8.2.4 Sortieren von Arrays mit »ArrayList.Adapter«

Ein herkömmliches Array bietet von Haus aus keine Möglichkeit, die in ihm enthaltenen Elemente zu sortieren. Nehmen wir beispielsweise dieses simple Integer-Array:

```
int[] liste = new int[10];
```

Auf die Referenz liste wird (leider) keine Methode zum Sortieren angeboten. Dennoch gibt es einen Weg, der über die klassische Methode Adapter der Klasse ArrayList führt.

```
public static ArrayList Adapter(IList list);
```

Der Methode wird ein IList-Objekt übergeben. Der »Zufall« will es, dass ein klassisches Array diese Schnittstelle implementiert. Adapter legt einen Wrapper (darunter ist eine Klasse zu verstehen, die gewissermaßen um eine andere herumgelegt wird) um das IList-Objekt. Der Rückgabewert ist die Referenz auf ein neues ArrayList-Objekt, auf dessen Methoden, unter anderem Sort, sich das IList-Objekt manipulieren lässt.

Wie Sie die Methode Adapter einsetzen können, möchte ich Ihnen an einem Beispiel zeigen. Dabei dient wieder die Klasse Person aus dem Beispiel *IComparer_Sample* als Grundlage. Zudem soll wieder die Möglichkeit eröffnet werden, entweder nach Name oder City zu sortieren. Dazu können wir die Vergleichsklassen des Beispiels *IComparer_Sample* des letzten Abschnitts wiederverwenden.

```
// Beispiel: ..\Kapitel 8\ArrayListAdapter_Sample
class Program
{
  static void Main(string[] args)
  {
    Person[] pers = new Person[3];
    pers[0] = new Person { Name = "Peter", City = "Celle" };
    pers[1] = new Person { Name = "Alfred", City = "München" };
    pers[2] = new Person { Name = "Hugo", City = "Aachen" };
    ArrayList liste = ArrayList.Adapter(pers);
    // Sortierung nach Namen
    liste.Sort(new NameComparer());
    Console.WriteLine("Sortiert nach den Namen:");
    for (int index = 0; index < 3; index ++)
      if( liste[index] != null)
        Console.WriteLine((liste[index] as Person).Name);
    // Sortierung nach der City
    Console.WriteLine("\nSortiert nach dem Wohnort:");
    liste.Sort(new CityComparer());
    for (int index = 0; index < 3; index ++)
      if( liste[index] != null)
        Console.WriteLine((liste[index] as Person).City);
    Console.ReadLine();
  }
}
```

Listing 8.11 Einsatz der Methode »ArrayList.Adapter«

Bei der Ausgabe der sortierten Listenelemente müssen wir ein wenig vorsichtiger sein, denn im Gegensatz zur ArrayList, die uns garantiert, dass sich hinter jedem Index ein gültiges Objekt verbirgt, kann der Index in einem klassischen Array null sein. Der Versuch einer Ausgabe oder ganz allgemein des Zugriffs auf ein null-Element würde mit einer Ausnahme quittiert. Daher ist unbedingt darauf zu achten, vor der Ausgabe mit

```
if (liste[index] != null)
```

auf den Inhalt null hin zu prüfen.

8.3   Die Klasse »Hashtable«

IList-Auflistungen verwalten ihre Elemente über Indizes. Dieses Konzept hat einen Nachteil: Wenn Sie nach einem bestimmten Element suchen und seine Position nicht kennen, müssen Sie die Liste so lange durchlaufen, bis Sie eine Übereinstimmung finden. Enthält die Auflistung sehr viele Einträge, kann das sehr zeitaufwendig sein und kostet Rechenleistung.

Kommt es nicht auf die Reihenfolge der Elemente an, können Sie sich für eine Auflistung entscheiden, die das Interface IDictionary implementiert. Zu dieser Gruppe gehört die Klasse Hashtable, die ich in diesem Abschnitt exemplarisch vorstellen werde. In IDictionary-Auflistungen kann ein bestimmtes Element zwar schnell gefunden werden, allerdings müssen Sie dabei in Kauf nehmen, keinen Einfluss auf die Positionierung der Elemente in der Liste zu haben, denn die Elemente werden in einer für sie passenden Reihenfolge sortiert.

8.3.1   Methoden und Eigenschaften der Schnittstelle »IDictionary«

Die meisten der von IDictionary veröffentlichten Methoden sind Ihnen bereits von der Schnittstelle IList her bekannt. Das erleichtert zwar einerseits die Einarbeitung, zwingt uns aber andererseits dennoch in einigen Fällen zu einer etwas genaueren Betrachtung. Jeder Listeneintrag in einer IDictionary-Auflistung wird durch ein Schlüssel-Wert-Paar beschrieben, was sich in der Parameterliste der Add-Methode niederschlägt:

```
void Add (object key, object value);
```

Der erste Parameter wird als Schlüssel für das hinzuzufügende Element verwendet und sorgt für die Identifizierbarkeit innerhalb einer Liste. Der zweite Parameter ist die Referenz auf das hinzuzufügende Element. Wir stoßen hier zum ersten Mal auf die Tatsache, dass IDictionary-Auflistungen anstelle eines Index einen Schlüssel verwenden.

Der Schlüssel begleitet uns durch alle Methoden und wird auch von Remove verwendet, um ein Objekt aus der Auflistung zu entfernen:

```
void Remove (object key);
```

Da IDictionary-Objekte nicht über Indizes verwaltet werden, brauchen nach dem Löschen eines Elements etwaige Folgeelemente auch keine Lücke zu schließen.

Dem Indexer, also dem [ ]-Klammerpaar, kommt nicht nur die Aufgabe zu, unter der Angabe des Schlüssels den Zugriff auf das gewünschte Element zu gewährleisten, vielmehr kann er auch dazu benutzt werden, den Wert eines Objekts zu verändern.

```
object this[object key] {get; set;}
```

Geben Sie einen Schlüssel an, der sich noch nicht in der Auflistung befindet, wird das Element hinzugefügt. Dabei bleibt der Wert leer, ist also null, was durchaus zulässig ist.

Die Schlüssel und die Werte werden in eigenen Auflistungen verwaltet. Die Referenz auf diese internen Auflistungen liefern die Eigenschaften Keys und Values.

```
ICollection Keys {get;}
ICollection Values {get;}
```

Mit Clear leeren Sie eine IDictionary-Auflistung, und mit Contains prüfen Sie, ob ein bestimmter Schlüssel bereits in der Liste enthalten ist.

Um nach einem Element in einer IDictionary-Auflistung zu suchen, wird eine Schlüsselinformation benötigt, der ein Wert zugeordnet ist. IDictionary-Auflistungen enthalten Elemente mit Schlüssel-Wert-Kombinationen. Der Schlüssel muss eindeutig sein und darf nicht den Inhalt null haben.

8.3.2   Beispielprogramm zur Klasse »Hashtable«

Die wichtigste Auflistung, die das IDictionary-Interface implementiert, wird von der Klasse Hashtable beschrieben. Im folgenden Beispiel wird eine Hashtabelle verschiedene Objekte vom Typ Artikel verwalten. Für die wichtigsten Eigenschaften und Methoden einer Hashtable werden in diesem Beispielprogramm jeweils separate Methoden bereitgestellt.

```
// Beispiel: ..\Kapitel 8\Hashtable_Sample
class Artikel
{
  public int Artikelnummer { get; set; }
  public string Bezeichner { get; set; }
  public double Preis { get; set; }
  public Artikel(int artNummer, string bezeichner, double preis)
  {
    Artikelnummer = artNummer;
    Bezeichner = bezeichner;
    Preis = preis;
  }
}
```

Listing 8.12 Die Klasse »Artikel« im Beispielprogramm »Hashtable_Sample«

Listenelemente hinzufügen

Gefüllt wird die Hashtable mit mehreren Artikel-Objekts durch den Aufruf der benutzerdefinierten Methode GetFilledHashtable. Im Gegensatz zur ArrayList (oder präziser ausgedrückt IList) stellt Hashtable mit Add nur eine Methode zur Verfügung, die der Auflistung Objekte hinzufügt. Üblicherweise wird für den Schlüssel eine Zeichenfolge verwendet, obwohl der schlüsselbeschreibende erste Parameter vom Typ `Object` ist. Das soll auch in unserem Beispiel nicht anders sein, wir verwenden dazu den Bezeichner des Artikels.

```
// Objekte der Hashtable hinzufügen
public static Hashtable GetFilledHashtable()
{
  Hashtable hash = new Hashtable();
  Artikel artikel1 = new Artikel(101, "Wurst", 1.98);
  Artikel artikel2 = new Artikel(45, "Käse", 2.98);
  Artikel artikel3 = new Artikel(126, "Kuchen", 3.50);
  Artikel artikel4 = new Artikel(6, "Fleisch", 7.48);
  Artikel artikel5 = new Artikel(22, "Milch", 0.98);
  Artikel artikel6 = new Artikel(87, "Schololade", 1.29);
  hash.Add(artikel1.Bezeichner, artikel1);
  hash.Add(artikel2.Bezeichner, artikel2);
  hash.Add(artikel3.Bezeichner, artikel3);
  hash.Add(artikel4.Bezeichner, artikel4);
  hash.Add(artikel5.Bezeichner, artikel5);
  hash.Add(artikel6.Bezeichner, artikel6);
  return hash;
}
```

Listing 8.13 Füllen der Hashtable im Beispielprogramm »Hashtable_Sample«

Die Listen der Schlüssel und Werte einer »Hashtable«

Zur Ausgabe aller Schlüsselwerte wird die Liste aller Schlüssel mit der Eigenschaft `Keys` abgerufen. Da wir für die Schlüssel Zeichenfolgen verwendet haben, kann die Laufvariable der Schleife vom Typ `string` sein.

```
// Ausgabe der Schlüsselliste
public static void GetKeyList(Hashtable hash)
{
  foreach (string item in hash.Keys)
    Console.WriteLine(item);
}
```

Listing 8.14 Ausgabe der Schlüsselliste im Beispielprogramm »Hashtable_Sample«

Sehr ähnlich besorgen wir uns auch die Liste aller gespeicherten Werte. Die Werte werden von der `Hashtable` durch Aufruf der Eigenschaft `Values` bereitgestellt. Die Einzelwerte selbst sind in unserem Beispiel `Artikel`-Objekte, deren Eigenschaften wir in die Konsole schreiben.

```
// Ausgabe der Werteliste
public static void GetValueList(Hashtable hash)
```

```
{
    foreach (Artikel item in hash.Values)
        Console.WriteLine($"{item.Artikelnummer,-4}{item.Bezeichner,-12}{item.Preis}");
}
```

Listing 8.15 Ausgabe der Wertliste im Beispielprogramm »Hashtable_Sample«

Auf Listenelemente zugreifen

Wir haben bisher ganz ausdrücklich die in der Auflistung enthaltenen Schlüssel und Werte mit den Eigenschaften Keys und Values abgefragt. Nun interessiert uns ein Listeneintrag als Ganzes. Dabei treffen wir auf ein ganz besonderes Charakteristikum einer IDictionary-Auflistung, denn die Laufvariablen der Schleifen können nicht dazu benutzt werden, auf das Listenelement zuzugreifen. Daher wird zur Laufzeit eine Ausnahme ausgelöst, wenn Sie versuchen, die Laufvariable mit

```
// Achtung: Falscher Zugriff auf die Hashtable
foreach(Artikel item in hash)
    Console.WriteLine(item.Bezeichner);
```

auszuwerten oder mit

```
// Achtung: Falscher Zugriff auf die Hashtable
foreach(object item in hash)
    Console.WriteLine((item as Artikel).Bezeichner);
```

zu konvertieren. Um auf ein Listenelement in einer foreach-Schleife zugreifen zu können, müssen Sie die Laufvariable vom Typ DictionaryEntry deklarieren. Von diesem Typ sind die Elemente in einer Hashtable. DictionaryEntry ist eine Struktur, die das Schlüssel-Wert-Paar für einen Hashtabelleneintrag enthält. Über die Eigenschaften Key und Value können wir die notwendigen Informationen beziehen. Während uns Key nur den Schlüssel liefert, können wir über den Rückgabewert von Value nach vorheriger Typumwandlung auf das Objekt zugreifen:

```
// Schlüssel-Wert-Paar über ein DictionaryEntry-Objekt ausgeben
public static void GetCompleteList(Hashtable hash)
{
    foreach (DictionaryEntry item in hash) {
        Console.Write(item.Key);
        Console.WriteLine(" - {0}", item.Value);
    }
}
```

Listing 8.16 Ausgabe der Elemente im Beispielprogramm »Hashtable_Sample«

Prüfen, ob ein Element bereits zur »Hashtable« gehört

Eine Hashtable dient zur Verwaltung mehrerer meist gleichartiger Objekte und hat im Vergleich zu anderen Auflistungen den Vorteil, einen sehr schnellen Zugriff über den Indexer zu ermöglichen. Manchmal interessiert auch die Antwort auf die Frage, ob in einer Hashtable bereits ein bestimmtes Element eingetragen ist. Sie können dabei so vorgehen, dass Sie entweder nach einem Schlüssel suchen oder nach einem bestimmten Wert.

Beginnen wir mit der Suche nach einem Schlüssel. Hierzu können wir zwei Methoden benutzen, die gleichwertig sind: Contains und ContainsKey. Beide liefern als Resultat einen booleschen Wert zurück.

```
// Prüfen, ob ein bestimmter Schlüssel enthalten ist
public static void SearchForKey(Hashtable hash)
{
  string text = "\n\nGeben Sie das auszuwertende Element an: ";
  string input;
  do
  {
    Console.Write(text);
    input = Console.ReadLine();
    if (hash.Contains(input))
      Console.WriteLine("ArtikelNr.: {0,-4} Preis: {1}",
                        ((Artikel)hash[input]).Artikelnummer,
                        ((Artikel)hash[input]).Preis);
    else
      Console.WriteLine("Nicht Element der Hashtable");
    Console.WriteLine("Zum Beenden F12 drücken ...");
  }
  while (Console.ReadKey(true).Key != ConsoleKey.F12);
}
```

Listing 8.17 Key-Suche im Beispielprogramm »HashtableSample«

Nicht nur über den Schlüssel lässt sich prüfen, ob ein Element Mitglied der Hashtabelle ist. Auch über den booleschen Rückgabewert von ContainsValue ist das möglich. Hierzu dient im Beispielprogramm die benutzerdefinierte Methode SearchForValue. Dieser Methode wird neben der Referenz auf die Auflistung das Artikel-Objekt übergeben, dessen Eintrag in der Liste zu prüfen ist.

```
// Prüfen, ob ein bestimmter Wert enthalten ist
public static void SearchForValue(Hashtable hash, Artikel artikel)
{
```

```
  if (hash.ContainsValue(artikel))
    Console.WriteLine("Das Objekt '{0}' ist enthalten.", artikel.Artikelnummer);
  else
    Console.WriteLine("Das Objekt '{0}' ist nicht enthalten.",
                      artikel.Artikelnummer);
}
```

Listing 8.18 Wert-Suche im Beispielprogramm »Hashtable_Sample«

Testen der Methoden

Zum Schluss an dieser Stelle auch noch das Beispielprogramm, in dem die zuvor gezeigten Methoden aufgerufen werden. Am Ende des Programms wird die Methode SearchForValue aufgerufen, die nach einem bestimmten Artikel sucht. Dabei wird ein neues Artikel-Objekt erzeugt mit Daten, die sich bereits in der Liste befinden. Trotzdem wird zur Laufzeit festgestellt, dass das Objekt noch kein Mitglied der Liste ist. Das Ergebnis verwundert nicht, da von unserer Hashtable nach Objektreferenzen bewertet und nicht nach den darin enthaltenen Daten.

```
static void Main(string[] args)
{
  Hashtable hash = GetFilledHashtable();
  // Liste der Schlüssel ausgeben
  Console.WriteLine("===== Schlüsselliste =====");
  GetKeyList(hash);
  // Liste der Werte ausgeben
  Console.WriteLine();
  Console.WriteLine("===== Werteliste =====");
  GetValueList(hash);
  // Liste der Schlüssel und Werte ausgeben
  Console.WriteLine();
  Console.WriteLine("===== Schlüssel-/Wertepaare =====");
  GetCompleteList(hash);
  // Suche nach einem bestimmten Schlüssel
  SearchForKey(hash);
  // Suche nach einem bestimmten Wert
  SearchForValue(hash, new Artikel(45, "Käse", 2.98));
  Console.ReadLine();
}
```

Listing 8.19 »Main«-Methode des Beispielprogramms »Hashtable_Sample«

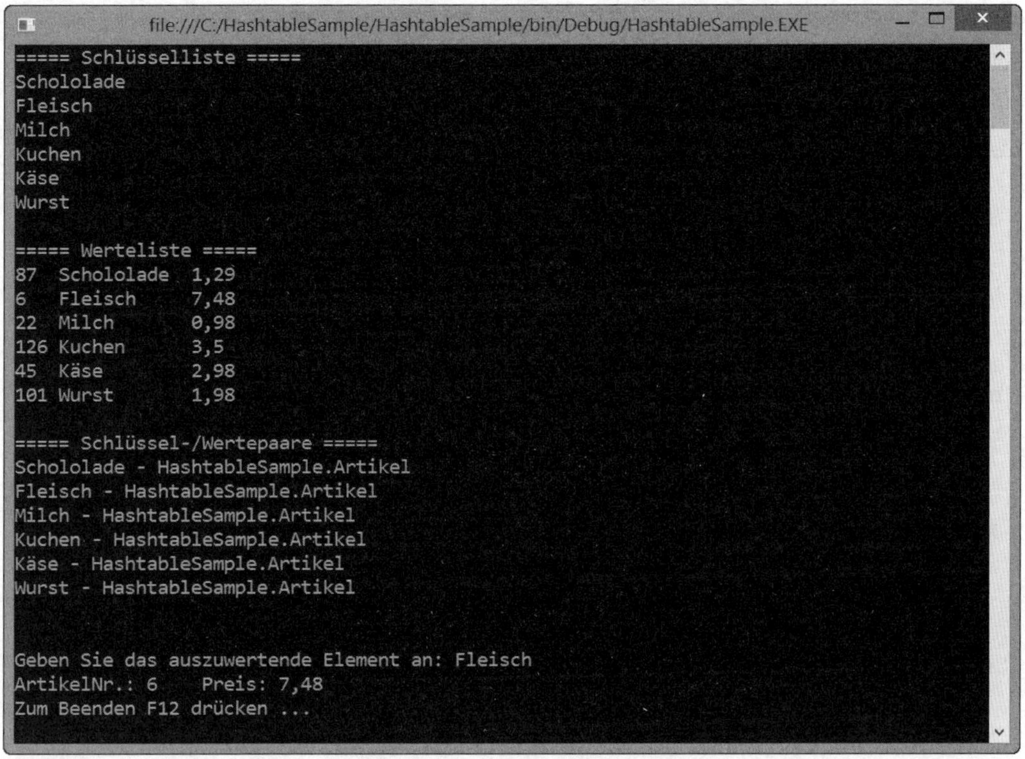
file:///C:/HashtableSample/HashtableSample/bin/Debug/HashtableSample.EXE
===== Schlüsselliste =====
Schololade
Fleisch
Milch
Kuchen
Käse
Wurst
===== Werteliste =====
87 Schololade 1,29
6 Fleisch 7,48
22 Milch 0,98
126 Kuchen 3,5
45 Käse 2,98
101 Wurst 1,98
===== Schlüssel-/Wertepaare =====
Schololade - HashtableSample.Artikel
Fleisch - HashtableSample.Artikel
Milch - HashtableSample.Artikel
Kuchen - HashtableSample.Artikel
Käse - HashtableSample.Artikel
Wurst - HashtableSample.Artikel
Geben Sie das auszuwertende Element an: Fleisch
ArtikelNr.: 6 Preis: 7,48
Zum Beenden F12 drücken ...

Abbildung 8.4 Ausgabe des Beispielprogramms »HashtableSample«

8.4 Die Klassen »Queue« und »Stack«

Ganz spezielle Listen werden durch die Klassen `Stack` und `Queue` zur Verfügung gestellt, denn beide implementieren weder das Interface `IList` noch `IDictionary`. Dennoch werden sie den Auflistungen zugerechnet, weil sie die Schnittstellen `ICollection` und somit auch `IEnumerable` implementieren.

`Stack` ist eine Datenstruktur, die nach dem LIFO-Prinzip (Last In, First Out) arbeitet: Das Element, das als letztes eingefügt wurde, wird beim folgenden Lesevorgang als erstes wieder entnommen. Daraus folgt, dass Sie auf das Element, das als Erstes auf den Stack gelegt worden ist, erst dann wieder zugreifen können, wenn alle anderen Elemente den Stack verlassen haben.

Ein `Queue`-Objekt ist das Pendant zu `Stack`. Es arbeitet nach dem FIFO-Prinzip (First In, First Out): Das zuerst in die Queue geschobene Element wird auch als erstes wieder entnommen. Das Prinzip gleicht also einer Warteschlange an der Kasse eines Fußballstadions.

8.4.1 Die Klasse »Stack«

Schauen wir uns an einem Beispiel an, wie man mit der Klasse Stack arbeitet.

```
// Beispiel: ..\Kapitel 8\Stack_Sample
class Program
{
  static void Main(string[] args) {
    Stack myStack = new Stack(11);
    // Stack füllen
    for(int i = 0; i <= 10; i++)
      myStack.Push(i * i);
    // Ausgabe in der Konsole
    PrintStack(myStack);
    Console.ReadLine();
  }
  public static void PrintStack(Stack obj)
  {
    // alle Elemente aus dem Stack holen
    while(obj.Count != 0)
      Console.WriteLine(obj.Pop());
  }
}
```

Listing 8.20 Beispielprogramm mit der Klasse »Stack«

Das Hinzufügen neuer Elemente geschieht durch den Aufruf der Methode Push, die als Argument ein Objekt erwartet. Im Beispielcode wird eine Schleife durchlaufen, in der insgesamt elf Zahlen auf den Stack gelegt werden. Es handelt sich dabei immer um das Quadrat des aktuellen Schleifenzählers.

Zugegriffen werden kann nur auf das oberste Element im Stack. Dabei handelt es sich immer um das Objekt, das als letztes mit der Push-Methode auf den Stack gelegt wurde.

Es bieten sich zwei Alternativen an, das oberste Element auszuwerten: Mit Pop wird das oberste Element nicht nur zurückgeliefert, sondern gleichzeitig der Stackverwaltung entzogen. Mit Peek erhalten Sie zwar die Referenz, ohne das Element jedoch gleichzeitig zu entfernen. Im Beispiel wird der Stack so lange mit Pop abgegriffen, bis die Liste wieder leer ist. Die Reihenfolge der Zahlen beim Hinzufügen lautete:

0 1 4 9 16 25 36 ... 81 100

Die Rückgabe erfolgt mit:

100 81 64 ... 25 16 9 4 1 0

Der Aufruf des parameterlosen Konstruktors der Klasse Stack führt zu einer Kapazität von 10 Elementen, die bei Bedarf automatisch erhöht wird, um weitere Elemente aufzunehmen.

Dabei werden alle Elemente in ein neues Array kopiert. Wenn Sie wissen, dass Sie diese Anzahl überschreiten werden, sollten Sie aus Gründen einer besseren Performance den parametrisierten Konstruktor wählen, der die Übergabe der erforderlichen Startkapazität ermöglicht:

```
Stack stack = new Stack(100);
```

Reicht das immer noch nicht aus und wird zur Laufzeit die Initialisierungsgröße trotzdem überschritten, verdoppelt sich die Kapazität automatisch.

8.4.2   Die Klasse »Queue«

Das Beispiel, das vorhin die Klasse Stack veranschaulichte, wird nun auf ein Queue-Objekt umgeschrieben:

```
// Beispiel: ..\Kapitel 8\Queue_Sample
class Program
{
  static void Main(string[] args)
  {
    Queue myQueue = new Queue();
    // Queue füllen
    for(int i = 0; i <= 10; i++)
      myQueue.Enqueue(i * i);
    // Ausgabe in der Konsole
    PrintQueue(myQueue);
    Console.ReadLine();
  }
  public static void PrintQueue(Queue obj)
  {
    // alle Elemente aus der Queue holen
    while(obj.Count != 0)
      Console.WriteLine(obj.Dequeue());
  }
}
```

Listing 8.21 Beispielprogramm mit der Klasse »Queue«

Diesmal sind es die beiden Methoden Enqueue und Dequeue, mit denen Elemente in die Liste geschoben und wieder aus ihr geholt werden. Dequeue liefert nicht nur die Referenz des sich am Anfang befindlichen Elements, es holt dieses Element auch aus der Warteschlange. Wie bei der Klasse Stack können Sie sich mit Peek auch die Referenz dieses Elements besorgen und es gleichzeitig in der Liste lassen.

Der Elementzugriff erfolgt in derselben Reihenfolge, in der die Objekte der Liste hinzugefügt wurden: Das erste hinzugefügte Element wird auch als erstes herausgeholt, danach können Sie das zweite in die Warteschlange gelegte Element holen usw. Ein Zugriff auf ein beliebiges Element ist weder beim Stack noch bei der Queue möglich.

Die Standardkapazität eines Queue-Objekts beträgt 32 Elemente, die Sie mit Hilfe eines anderen Konstruktors bei der Instanziierung bedarfsgerecht festlegen können.

8.5 Eigene Auflistungen mit »yield« durchlaufen

Nehmen wir an, wir hätten eine Klassendefinition wie folgt:

```
public class Months
{
  string[] months =
  {
    "Januar", "Februar", "März", "April", "Mai", "Juni", "Juli", "August",
    "September", "Oktober", "November", "Dezember"
  };
}
```

Listing 8.22 Definition der Klasse »Months«

Wäre es nicht schön, mit einer foreach-Schleife den Datenspeicher des Objekts months zu durchlaufen und Zugriff auf alle Elemente zu erhalten, etwa wie folgt?

```
Months monate = new Months();
foreach(string temp in monate)
  Console.WriteLine(temp);
```

Dass daran Bedingungen geknüpft sind, habe ich weiter oben schon erwähnt. Die Klasse Months muss dazu die Schnittstelle IEnumerable implementieren.

```
public class Months : IEnumerable
```

Die einzige in IEnumerable definierte Methode GetEnumerator liefert ein Objekt, das wiederum die Schnittstelle IEnumerator unterstützt.

```
IEnumerator GetEnumerator();
```

Das von der Methode GetEnumerator zurückgelieferte IEnumerator-Objekt muss die Methoden MoveNext und Reset sowie die Eigenschaft Current implementieren, damit das Durchlaufen des Objekts mit foreach möglich wird.

MoveNext positioniert den Enumerator nach dem ersten Aufruf vor das erste Element der Auflistung und setzt den Positionszeiger mit jedem Aufruf auf das nächste Element in der Liste. Gleichzeitig wird ein boolescher Wert zurückgeliefert, der true ist, wenn der Enumerator auf ein Element gesetzt werden konnte, und false, falls der Enumerator das Ende der Liste überschritten hat. Die Methode Reset setzt den Positionszeiger auf die Position vor dem ersten Element der Liste, und Current ruft das aktuelle Element ab.

Die Beschreibung macht deutlich, dass einiges an Codierungsaufwand erforderlich ist, um aus einer Klasse wie Months eine Liste zu machen, die in einer foreach-Schleife durchlaufen werden kann.

Durch den Einsatz des Schlüsselwortes yield geht es aber auch einfacher. Sie müssen zwar immer noch die Schnittstelle IEnumerable und damit auch die Methode GetEnumerator implementieren, benötigen aber keinen IEnumerator-Typ mehr. Stattdessen liefern Sie die Daten nur noch mit dem neuen Schlüsselwort yield aus, gefolgt von return.

```
// Beispiel: ..\Kapitel 8\Yield_Sample
class Program
{
  static void Main(string[] args)
  {
    Months months = new Months();
    foreach(string temp in months)
      Console.WriteLine(temp);
    Console.ReadLine();
  }
}
public class Months : IEnumerable
{
  string[] months =
  {
    "Januar", "Februar", "März", "April", "Mai", "Juni", "Juli", "August",
    "September", "Oktober", "November", "Dezember"
  };
  // Methode der Schnittstelle IEnumerable
  public IEnumerator GetEnumerator()
  {
    for (int i = 0; i < months.Length; i++)
      yield return months[i];
  }
}
```

Listing 8.23 Klasse, die in einer »foreach«-Schleife durchlaufen werden kann

yield in Kombination mit return wird zur Angabe des zurückgegebenen Wertes verwendet. Bei Erreichen von yield return wird die aktuelle Position gespeichert, und beim nächsten Aufruf der Schleife wird die Ausführung von dieser Position neu gestartet. Mehr haben Sie nicht zu tun, denn im Hintergrund generiert der Compiler automatisch die Methoden Current und MoveNext der IEnumerator-Schnittstelle, wenn er yield erkennt.

Sie können das Programm sogar noch einfacher schreiben und auf die Implementierung von IEnumerable verzichten. Überlassen Sie einfach alles dem Compiler und yield return. Dazu schreiben Sie ebenfalls eine Methode, deren spezielle Aufgabe es ist, die Objektmenge zurückzuliefern. Die Methode dürfen Sie beliebig nennen. Der Rückgabewert ist ein Objekt, das die Schnittstelle IEnumerable implementiert – und somit auch implizit die Methode Get-Enumerator. Hinter den Kulissen wird der Compiler dafür sorgen, dass der Iterator der anfragenden foreach-Schleife alle Daten der Reihe nach übergibt.

Listing 8.24 zeigt, wie einfach jetzt der Code ist. Beachten Sie bitte auch, dass in der foreach-Schleife nun die Methode GetList für die Bereitstellung der Objekte sorgt.

```
class Program
{
  static void Main(string[] args)
  {
    Months months = new Months();
    foreach(string temp in months.GetList())
      Console.WriteLine(temp);
    Console.ReadLine();
  }
}
public class Months
{
  string[] months = { [...] };
  public IEnumerable GetList()
  {
    for (int i = 0; i < months.Length; i++)
      yield return months[i];
  }
}
```

Listing 8.24 Klasse ohne das Interface »IEnumerable«

Einschränkungen von »yield return«

Der Einsatz von yield return unterliegt zwei Einschränkungen:

▶ yield return kann nicht innerhalb einer anonymen Methode codiert werden.

▸ yield return darf weder in einem catch-Block noch in einem try-Block verwendet werden, wenn Letzterer eine catch-Klausel hat. Die Verwendung in einem try-Block, dem sich nur noch ein finally-Block anschließt, ist jedoch möglich.

Weitere Möglichkeiten

yield return ist für den Compiler der Anstoß, automatisch einen Iterator zu erzeugen, der von einer foreach-Schleife genutzt werden kann. Sie können auch mehrfach hintereinander yield aufrufen, wie das Codefragment in Listing 8.25 zeigt:

```
// Methode der Schnittstelle IEnumerable
public IEnumerator GetEnumerator()
{
  yield return "Januar";
  yield return "Februar";
  yield return "März";
}
```

Listing 8.25 Mehrere Aufrufe von »yield«

Es werden der Reihe nach die drei Monate ausgegeben.

In einem Iterator-Block ist das Statement return nicht zulässig. Zum Abbruch einer Iteration kombinieren Sie stattdessen yield mit break:

yield break;

Kapitel 9
Generics – generische Datentypen

In der Programmierung dienen Variablen als Platzhalter für Daten. Die Idee, die hinter den Generics steckt, geht noch einen konsequenten Schritt weiter. Generics dienen ebenfalls als Platzhalter, allerdings für Datentypen. Mit Generics lassen sich Klassen und Methoden definieren, für die bestimmte Datentypen geprägt sind. Lassen Sie mich diese Aussage sofort an einem konkreten Beispiel zeigen. Dazu dient die benutzerdefinierte Klasse Stack mit den beiden Methoden Push und Pop als Ausgangspunkt der Überlegungen. Die Klasse sei zunächst noch »klassisch« definiert.

```
class Stack
{
  private readonly int size;
  private Object[] elements;
  private int pointer = 0;
  public Stack(int size)
  {
    this.size = size;
    elements = new Object[size];
  }
  public void Push(Object element)
  {
    if (pointer >= this.size)
      throw new StackOverflowException();
    elements[pointer] = element;
    pointer++;
  }
  public Object Pop()
  {
    pointer--;
    if (pointer >= 0)
      return elements[pointer];
    else {
      pointer = 0;
      throw new InvalidOperationException("Der Stack ist leer");
    }
  }
```

```
   public int Length
   {
     get { return this.pointer; }
   }
}
```

Listing 9.1 Die Definition einer Klasse, die einen allgemeinen Stack beschreibt

Die Daten werden in einem `Object`-Array gespeichert, dessen Kapazität beim Aufruf des einfach parametrisierten Konstruktors durch die Übergabe eines Integers festgelegt wird. Mit `Push` wird der `Stack`-Instanz ein Objekt übergeben. Sollte zu diesem Zeitpunkt die Kapazität des Arrays bereits ausgeschöpft sein, ist eine Ausnahme die Folge. Mit einer Ausnahme reagiert auch die Methode `Pop`, falls ein weiteres Element abgerufen wird, das Array aber bereits geleert ist und kein weiteres Element mehr enthält.

Jedes vom `Stack`-Objekt im Array verwaltete Element ist vom Typ `Object`. Das ist für eine Auswertung jedoch nicht präzise genug, was dazu führt, dass das Element in den richtigen Typ konvertiert werden muss. Das folgende Codefragment soll das verdeutlichen:

```
Stack stack = new Stack(10);
stack.Push(2);
int str = (int)stack.Pop();
```

Würden wir versuchen, das vom Stack geholte Element beispielsweise in eine Zeichenfolge zu konvertieren, also

```
string str = (string)stack.Pop();
```

wäre das Auslösen einer Ausnahme vom Typ `InvalidCastException` die unweigerliche Folge. Wie Sie sehen, birgt die Flexibilität des Typs `Object` gravierende Nachteile in sich. Sie können natürlich versuchen, mehrere Klassen zu entwickeln, die auf einen bestimmten Datentyp spezialisiert sind, z. B.:

```
public class StackInt
{
  private int[] elemente
  public void Push(int number) {...}
  [...]
}
```

Damit wäre gewährleistet, dass ein Objekt dieser Klasse nur Integer verwalten kann. Die Auswertung der einzelnen Objekte ist dann problemlos. Andererseits führt dieser Ansatz im Extremfall zu einer großen Anzahl ähnlicher Klassen, die jeweils nur für einen spezifischen Typ geeignet sind. Solche Lösungen sind zwar umsetzbar, allerdings schlecht zu warten. Zudem könnte sich in naher oder ferner Zukunft der Bedarf nach einem weiteren Stack mit einem noch nicht berücksichtigten Typ ergeben. Genau an diesem Punkt spielen Generics ihre ganze Stärke aus.

9.1 Bereitstellen einer generischen Klasse

Generics erlauben die Verwendung von Datentypen, die Sie zum Zeitpunkt der Entwicklung noch nicht festlegen können oder wollen. Anstelle eines konkreten Datentyps in der Klassendefinition geben Sie einen Platzhalter an, der innerhalb von spitzen Klammern steht. Dabei hat sich das Verwenden von Buchstaben eingebürgert. Am häufigsten trifft man auf das »T«, das für »Typ« steht. In der generischen Klasse kann der Platzhalter wie ein regulärer Datentyp verwendet werden.

Im folgenden Beispiel zeige ich, wie aus der Klasse Stack von Listing 9.1 eine generische Klasse Stack<T> (gesprochen: »Stack of T«, nicht nur »Stack«) wird.

```csharp
// Beispiel: ..\Kapitel 9\GenerischerStack
class Stack<T>
{
  private readonly int size;
  private T[] elements;
  private int pointer = 0;
  public Stack(int size)
  {
    this.size = size;
    elements = new T[size];
  }
  public void Push(T element)
  {
    if (pointer >= this.size)
      throw new StackOverflowException();
    elements[pointer] = element;
    pointer++;
  }
  public T Pop()
  {
    pointer--;
    if (pointer >= 0)
      return elements[pointer];
    else
    {
      pointer = 0;
      throw new InvalidOperationException("Der Stack ist leer");
    }
```

```
  }
  public int Length => this.pointer;
}
```

Listing 9.2 Beispiel einer generischen »Stack«-Klasse

Instanziieren Sie die generische Klasse Stack<T>, müssen Sie den Platzhalter T, der als *generischer Typparameter* bezeichnet wird, durch einen konkreten Datentyp ersetzen. In der folgenden Anweisung handelt es sich beispielsweise um int:

```
Stack<int> stack = new Stack<int>(10);
```

Aus der Klasse Stack<T> ist nun ein Objekt vom Typ Stack<int> geworden. Alle Member der Klasse, in denen der Typparameter T verwendet wird, ersetzen T nun durch den gewählten konkreten Datentyp und akzeptieren nur noch Integer-Werte (siehe Abbildung 9.1).

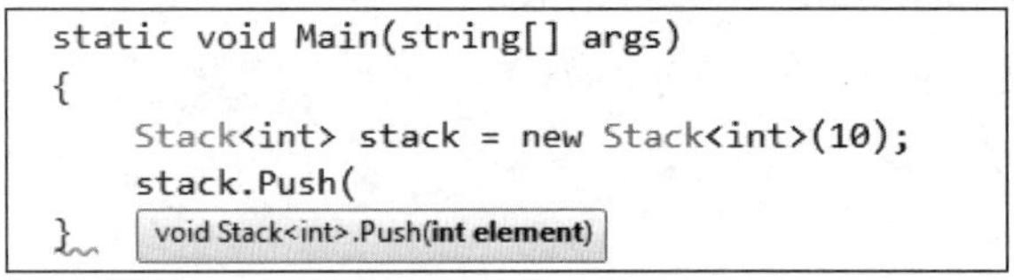

```
static void Main(string[] args)
{
    Stack<int> stack = new Stack<int>(10);
    stack.Push(
}       void Stack<int>.Push(int element)
```

Abbildung 9.1 Aufruf der »Push«-Methode der Klasse »Stack<int>«

Den Zugriff auf die generische Klasse Stack<int> zeigt nachfolgend die Methode Main. Der Code ist in einen try-Block gefasst, um ausgelöste Ausnahmen behandeln zu können.

```
static void Main(string[] args)
{
  try
  {
    Stack<int> stack = new Stack<int>(10);
    stack.Push(123);
    stack.Push(4711);
    stack.Push(34);
    for (int i = stack.Count; i > 0; i--)
      Console.WriteLine(stack.Pop());
    stack.Pop();
  }
  catch (Exception e) {
    Console.WriteLine(e.Message);
  }
  Console.ReadLine();
}
```

Listing 9.3 Auswerten des generischen Stacks aus Listing 9.2

In der for-Schleife werden alle Elemente der Reihe nach vom Stack geholt. Um eine Ausnahme zu provozieren, wird, nachdem der Stack bereits geleert ist, ein weiteres Mal die Pop-Methode aufgerufen.

Hinweis

Die .NET-Klassenbibliothek stellt eine generische Klasse Stack<T> im Namespace System.Collections.Generic zur Verfügung und eine nichtgenerische in System.Collections.

9.1.1   Mehrere generische Typparameter

Die zuvor verwendete generische Klasse Stack<T> definiert einen generischen Datentyp. Je nachdem, wie die Anforderungen an die generische Klasse definiert sind, kann der Bedarf an Typparametern jedoch auch größer sein. Sie könnten durchaus eine Klasse definieren, die zwei oder mehr generische Typparameter aufweist. Diese werden innerhalb der spitzen Klammern durch ein Komma voneinander getrennt, z. B.: Demo<T, A, B>. Hier handelt es sich sogar um die drei generischen Typparameter T, A und B.

9.1.2   Vorteile der Generics

Der offensichtlich größte Vorteil der Generics ist ihre Typsicherheit. Sie programmieren nur eine Klasse und können sie für unterschiedliche Datentypen prägen. Dass die Datentypen sogar bestimmten Bedingungen unterworfen werden können, sehen Sie im nächsten Abschnitt. Verwenden Sie im Programmcode einen generischen Typ, stellt bereits der Compiler fest, wenn Sie einen unzulässigen Datentyp verwenden. Natürlich sorgt auch die Laufzeitumgebung für die Gewährleistung der Typsicherheit.

Neben der Typsicherheit spricht für die Generics das bessere Leistungsverhalten, insbesondere bei der Verwaltung von Wertetypen. Stellen Sie sich nur vor, Sie würden in einer Array-List zahlreiche Integer-Werte speichern:

```
ArrayList liste = new ArrayList();
liste.Add(55);
[...]
```

Obwohl eine ArrayList sehr komfortabel zu handhaben ist, müssen Wertetypen vor der Zuweisung und bei der Auswertung implizit mit dem Boxing- oder Unboxing-Verfahren in Referenztypen umgewandelt werden. Das geht, wie in Abschnitt 6.3 beschrieben, zu Lasten der Anwendungsleistung und macht sich insbesondere bei großen Auflistungen deutlich bemerkbar.

9.2   Bedingungen (Constraints) festlegen

9.2.1   Constraints mit der »where«-Klausel formulieren

Mit der Definition

```
public class Stack<T> { [...] }
```

teilen wir dem Compiler mit, dass der verwaltete Datentyp zur Entwicklungszeit noch unbekannt ist. Der generische Typparameter kann in diesem Fall durch jeden x-beliebigen Datentyp ersetzt werden.

Müssen Sie innerhalb des Codes der generischen Klasse jedoch ein bestimmtes Klassenmitglied des verwendeten Typs aufrufen (beispielsweise eine Methode), kann ein Fehler auftreten, weil der verwendete Datentyp dieses Klassenmitglied nicht veröffentlicht.

Um die Problematik zu verstehen, sehen Sie sich Listing 9.4 an. Die Klasse Demo<T> enthält die Methode DoSomething, die einen Parameter des Typs T definiert. Was genau die Methode leisten soll, interessiert bei dieser Betrachtung nicht. Jedoch wird innerhalb der Methode auf das an den Parameter übergebene Objekt die Methode Dispose aufgerufen, die aus der Schnittstelle IDisposable stammt.

```
class Demo<T>
{
  public void DoSomething(T param)
  {
    [...]
    param.Dispose();
    [...]
  }
}
```

Listing 9.4 Generische Klasse, die die Methode »IDisposable.Dispose« voraussetzt

Bereits das Kompilieren wird zu einem Fehler führen, da der Typparameter T die Methode Dispose nicht beschreibt. Wir haben hier eine Bedingung vorliegen, die vom Typparameter erfüllt werden muss, nämlich die Implementierung der Schnittstelle IDisposable, um die Methode Dispose zu garantieren.

Die Lösung des Problems ist sehr einfach: Bedingungen an Typparameter werden ähnlich wie in einer SQL-Abfrage mit dem Schlüsselwort where spezifiziert. In unserem fiktiven Szenario müssten wir demnach die Klasse Demo folgendermaßen implementieren:

```
class Demo<T> where  T : IDisposable
{
```

```
public void DoSomething(T param)
{
  [...]
  param.Dispose();
  [...]
}
}
```

Listing 9.5 Generische Klasse mit einem Constraint

Jetzt ist eine Bedingung festgelegt, die der spätere konkrete Typ erfüllen muss: Er muss die Schnittstelle IDisposable unterstützen.

Mit einem Constraint lassen sich generische Typen einschränken, um damit vorzugeben, wie der generische Typ auszusehen hat und welche Verhaltensweisen erforderlich sind. Diese Typparameter werden auch als *gebundene Typparameter* bezeichnet (generische Typparameter ohne Constraints heißen entsprechend auch *ungebundene Typparameter*).

Dabei ist das Festlegen der Constraints äußerst flexibel und gestattet zahlreiche Möglichkeiten. So können Sie – falls erforderlich – auch mehrere Interfaces angeben, die Sie voneinander durch ein Komma trennen:

```
class Demo<T> where T : IDisposable, ICloneable, IComparable
```

Jetzt wird vorgeschrieben, dass der generische Typparameter nur durch Typen ersetzt werden kann, die gleichzeitig die drei Schnittstellen IDisposable, ICloneable und IComparable implementieren.

Eine Bedingung ist nicht nur auf Schnittstellen beschränkt. Sie können auch eine Klasse angeben und damit die Basisklasse des an den Typparameter T übergebenen konkreten Typs festlegen. Um beispielsweise vorzugeben, dass der generische Typparameter vom Typ GeometricObject (oder davon abgeleitet) sein muss, geben Sie die Klasse hinter where an:

```
class Demo<T> where T : GeometricObject
```

Sollten Sie eine Bedingung formulieren, die sowohl eine Klasse als auch eine Schnittstelle vorschreibt, muss die Angabe der Klasse vor der Schnittstelle stehen. Mehrere Klassen anzugeben ist nicht erlaubt.

9.2.2   Typparameter auf Klassen oder Strukturen beschränken

Die Angabe einer Einschränkung ist nicht nur auf konkrete Typen möglich. Sie können auch festlegen, dass der generische Typparameter entweder eine class- oder struct-Definition voraussetzt, z. B.:

```
class Demo<T> where T : class
{
  [...]
}
```

Listing 9.6 Generischer Typparameter, der auf Referenztypen beschränkt

9.2.3   Mehrere Constraints definieren

Beschreibt eine Klasse mehrere generische Typparameter, lassen sich Bedingungen für jeden einzelnen generischen Typparameter festlegen. Dazu müssen Sie den Constraint für jeden einzelnen Platzhalter mit where einleiten:

```
public class Demo<T, A> where T : IComparable, ICloneable
                        where A : IDisposable
{
  [...]
}
```

Listing 9.7 Mehrere generische Typparameter einschränken

9.2.4   Der Konstruktor-Constraint »new()«

Nehmen wir an, Sie möchten in einer generischen Klasse ein Objekt vom Typ des generischen Typparameters erzeugen. Das Problem dabei ist, dass der C#-Compiler nicht weiß, ob die den Typparameter ersetzende Klasse einen passenden Konstruktor hat. Die Folge wäre ein Kompilierfehler. Um in dieser Situation eine Lösung zu bieten, können Sie an die Liste der Constraints new() anhängen, wie das Codefragment in Listing 9.8 zeigt:

```
public class Demo<T> where T : new()
{
  public T DoSomething() => new T();
}
```

Listing 9.8 Generischer Typparameter, der den parameterlosen Konstruktor vorschreibt

Der generische Typparameter kann nunmehr nur durch Klassen ersetzt werden, die einen öffentlichen, parameterlosen Konstruktor haben. Einen parametrisierten Konstruktor vorzuschreiben ist nicht möglich. Werden mehrere Bedingungen definiert, steht new() grundsätzlich immer am Ende der Aufzählung.

9.2.5   Das Schlüsselwort »default«

Im Beispiel *GenerischerStack* (Listing 9.2) wird eine Exception ausgelöst, wenn die Methode Pop aufgerufen wird und der Stack leer ist. Eine andere Lösung hätte vermutlich auch zum Ziel geführt: die Rückgabe mit return.

```
public T Pop()
{
  pointer--;
  if (pointer >= 0)
    return elements[pointer];
  else {
    pointer = 0;
    // Problemfall: der Rückgabewert
    return null;
  }
}
```

Listing 9.9 Rückgabewert der Methode »Pop« der »Stack<T>«-Klasse

Dieser Ansatz ist richtig, solange der Typparameter durch einen Referenztyp beschrieben wird. Handelt es sich jedoch um einen Wertetyp, wird die Laufzeit in einem Desaster enden, da einem Wertetyp null nicht zugewiesen werden kann, denn die Rückgabe muss dann 0 sein. Andererseits kann bei Referenztypen nicht einfach der Wert 0 zurückgeliefert werden, denn hier muss es null sein.

Die Lösung des Problems führt über das C#-Schlüsselwort default. Dieses kann zwischen Referenz- und Wertetypen unterscheiden und liefert null, wenn es sich bei dem konkreten Typ um einen Referenztyp handelt, bzw. 0, wenn es ein den Wertetypen zugerechneter Typ ist.

```
public T Pop()
{
  pointer--;
  if (pointer >= 0)
    return elements[pointer];
  else
  {
    pointer = 0;
    return default(T);
  }
}
```

Listing 9.10 Rückgabewert »default(T)«

9.3 Generische Methoden

Generische Typen sind nicht nur im Zusammenhang mit Klassen möglich, sondern auch mit Methoden. Dabei ist es nicht zwingend notwendig, dass die Typparameter einer Methode denen der Klasse entsprechen:

```
class Demo<T>
{
  public void DoSomething<K>(K param) { [...] }
}
```

Im Gültigkeitsbereich der Klasse ist in diesem Fall der Typ T bekannt, K nur innerhalb der Methode. Sie dürfen generische, methodenspezifische Typparameter auch angeben, wenn die Klasse selbst keine definiert:

```
class Demo
{
  public void DoSomething<T>(T param) { [...] }
}
```

Der Aufruf einer Methode mit generischen Typparametern ist sehr einfach. Sie instanziieren in gewohnter Weise zuerst die Klasse und rufen die Methode unter Angabe des gewünschten konkreten Datentyps auf:

```
Demo<string> obj = new Demo<string>();
obj.DoSomething<int>(25);
```

Sie können es sogar noch kürzer formulieren, indem Sie auf die Typangabe beim Methodenaufruf verzichten. Der C#-Compiler wird in diesem Fall die richtige Schlussfolgerung ziehen. Daher ist der folgende Aufruf gleichwertig:

```
obj.DoSomething(25);
```

Generische Typparameter und Constraints können sowohl für Instanzmethoden als auch für statische Methoden festgelegt werden.

Hinweis

Dass Felder auf Klassenebene und Methodenparameter gleichnamig sein dürfen, ist Ihnen bekannt. Diese Freizügigkeit haben Sie mit generischen Typparametern nicht: Ein generischer Typparameter, der auf Klassenebene angegeben ist, darf für eine Methode nicht mehr verwendet werden, da der C#-Compiler nicht in der Lage ist, diese Doppeldeutigkeit aufzulösen.

```
class Demo<T>
{
  // fehlerhafter Typparameter
  public void DoSomething<T>(T obj) { [...] }
}
```

Richtig müsste es lauten:

```
class Demo
{
  public void DoSomething<T>(T obj) { [...] }
}
```

oder

```
class Demo<T>
{
  public void DoSomething(T obj) { [...] }
}
```

9.3.1   Methoden und Constraints

Muss der generische Typparameter einer Methode bestimmten Bedingungen genügen, legen Sie einen Constraint fest. Die Syntax entspricht der der Constraints einer Klasse. Allerdings ist es nicht möglich, einen Constraint für einen generischen Typparameter einer Methode zu definieren, der bereits auf Klassenebene festgelegt ist.

```
public void DoSomething<T>(T param) where T: IComparable
{
  [...]
}
```

9.4   Generics und Vererbung

Generische Klassen können abgeleitet werden. Die Regeln ähneln denen, die Sie schon kennen. Aufgrund der besonderen Natur generischer Klassen sind dabei jedoch ein paar Besonderheiten zu beachten.

Ist die Basisklasse generisch, kann die abgeleitete Klasse den generischen Typparameter übernehmen und selbst generisch sein.

```
class BaseClass<T> { [...] }
class SubClass<T> : BaseClass<T> { [...] }
```

Die Basisklasse könnte die konkreten Datentypen durch einen Constraint auf ganz bestimmte Typen eingrenzen. Dieser Constraint gilt auch für die abgeleitete Klasse und muss hinter der Angabe der Basisklasse berücksichtigt werden.

```
class BaseClass<T> where T : IComparable { [...] }
class SubClass<T> : BaseClass<T> where T : IComparable { [...] }
```

Soll die abgeleitete Klasse nicht generisch sein, muss der generische Typparameter der Basisklasse durch einen konkreten Datentyp in der abgeleiteten Klasse ersetzt werden, wie nachfolgend gezeigt wird:

```
class BaseClass<T> { [...] }
class SubClass : BaseClass<int> { [...] }
```

Sie können umgekehrt auch dann eine generische Subklasse entwickeln, wenn die Basisklasse nicht generisch ist.

9.4.1   Virtuelle generische Methoden

Sind in der Basisklasse virtuelle Methoden definiert, wird es noch einmal spannend, denn die Methode könnte in der Basisklasse einen generischen Typparameter haben. Virtuelle Methoden können mit override überschrieben werden. Ob der generische Typparameter durch einen konkreten Datentyp ersetzt werden muss oder ob der Typparameter auch in der überschreibenden Methode angeführt werden darf, entscheidet sich schon bei der Festlegung der Subklasse.

Spielen wir den Fall durch, dass die ableitende Klasse den geerbten generischen Typparameter konkret ersetzt, also:

```
class BaseClass<T>
{
  public virtual T DoSomething() { [...] }
}
class SubClass : BaseClass<int>
{
  public override int DoSomething() { [...] }
}
```

Wie ich weiter oben beschrieben habe, muss der Typparameter durch eine konkrete Angabe ersetzt werden. Das verpflichtet auch dazu, den gewünschten Datentyp in der Signatur der überschreibenden Methode zu benennen. Dass sich die Methode polymorph verhalten wird, bedarf kaum noch einer Erwähnung.

Soll auch die abgeleitete Klasse generisch sein, muss die virtuelle Methode mit generischen Typparametern überschrieben werden.

```
class BaseClass<T>
{
  public virtual T DoSomething() { [...] }
}
class SubClass<T> : BaseClass<T>
```

```
{
  public override T DoSomething() { [...] }
}
```

9.5 Typkonvertierung von Generics

Die implizite Konvertierung eines generischen Typparameters ist nur statthaft, wenn der Zieldatentyp Object ist oder einer der Typen, die als Constraint hinter where angeführt sind.

```
class Demo<T> where T : DemoBase, IComparable
{
  public void DoSomething(T param)
  {
    IComparable var1 = param;
    DemoBase var2 = param;
    Object var3 = param;
  }
}
```

Listing 9.11 Konvertierung eines generischen Typparameters

Die Klasse Demo beschreibt den Typparameter T, der von der Klasse DemoBase abgeleitet sein muss und das Interface IComparable implementiert. Die Zuweisungen in DoSomething sind damit gültig und typsicher.

An Demo wollen wir nun noch eine Manipulation vornehmen, indem wir auf die Constraints verzichten. Wir haben dann immer noch die Möglichkeit, implizit in Object zu konvertieren. Die Konvertierung in eine Schnittstelle muss explizit erfolgen. Weil der Compiler zur Kompilierzeit nicht weiß, durch welchen konkreten Typ der Typparameter zur Laufzeit ersetzt wird, wird er diese Konvertierung akzeptieren. Nicht erlaubt ist hingegen die explizite Konvertierung in irgendeine Klasse.

```
class Demo<T>
{
  public void DoSomething(T param)
  {
    IComparable var1 = (IComparable)param;  // korrekt !!!
    DemoBase var2 = (DemoBase)param;         // fehlerhaft !!!
    Object var3 = param;                     // korrekt !!!
  }
}
```

Listing 9.12 Typkonvertierung eines allgemeinen generischen Typparameters

Obwohl der Compiler die explizite Konvertierung in eine Schnittstelle akzeptiert, bleibt festzustellen, dass diese Operation nicht ganz ungefährlich ist und zur Laufzeit eine Ausnahme verursachen kann, wenn der generische Typ die Schnittstelle nicht implementiert. Um dieser potenziellen Gefahr aus dem Weg zu gehen, bietet sich eine Alternative mit den Operatoren is bzw. as an. Zur Erinnerung: Mit beiden Operatoren lässt sich der Typ einer Referenz überprüfen. is liefert true zurück, wenn der linke Operand vom Typ des rechten ist. Der as-Operator führt in diesem Fall sogar eine Konvertierung durch, andernfalls ist der Rückgabewert null.

Listing 9.13 zeigt, wie Sie die genannten Operatoren zur Typüberprüfung einsetzen können.

```
class Demo<T>
{
  public void DoSomething(T param)
  {
    if (param is IComparable) {[...]}
    // oder alternativ:
    if (param as IComparable!= null) {[...]}
  }
}
```

Listing 9.13 Konvertierung eines generischen Typparameters mit »is« oder »as«

9.6   Generische Delegaten

Generische Delegaten erweisen sich als besonders nützlich, wenn mehrere ähnliche Events ausgelöst werden. Ein kleiner Satz generischer Delegaten, die sich in der Anzahl und im Typ der Parameter unterscheiden, reicht oftmals vollkommen aus, um alle Ereignishandler bedienen zu können.

Sehen wir uns den generischen Delegaten EventHandler<T> an, der in der Klassenbibliothek zu finden ist:

```
public delegate void EventHandler<T>(object sender, T e) where T : EventArgs;
```

Der generische Typparameter T akzeptiert alle Typen, die auf die Basis EventArgs zurückzuführen sind. Mit dieser Delegatdefinition lassen sich prinzipiell alle Delegaten beschreiben, die als Typvorgabe von Ereignissen dienen. Leider wurden die Generics nicht schon mit .NET 1.0 eingeführt, sondern erst mit .NET 2.0. So müssen wir uns leider mit sehr vielen Delegaten auseinandersetzen, obwohl ein einziger bereits den Anforderungen vollends genügen würde.

9.6.1 Generische Delegaten und Constraints

Die Definition eines generischen Delegaten erlaubt es uns, eine Bedingung mit where zu formulieren. Wollen Sie beispielsweise den Typparameter T des Delegaten MyDelegate auf die Typen begrenzen, die von der Klasse Demo abgeleitet sind und die Schnittstelle IDisposable implementieren, würde die Anweisung wie folgt lauten:

```
public delegate void MyDelegate<T>(T param) where T : Demo, IDisposable;
```

9.7 »Nullable«-Typen

Angenommen, Sie greifen auf das Feld einer Tabelle in einer Datenbank zu. Der Datentyp des Feldes sei ein Integer. Damit ist der zulässige Wertebereich des Feldes bereits exakt beschrieben, der zwischen dem Minimal- und dem Maximalwert des Integers liegt. Spalten einer Datenbanktabelle müssen aber nicht zwangsläufig mit einem durch den Datentyp beschriebenen Wert gefüllt sein, sie dürfen auch leer bleiben und haben dann den Inhalt null. Somit wird in diesem Fall neben einem Zahlenwert auch null akzeptiert. Das steht aber im Gegensatz zu der Vorgabe, dass unter .NET ein Integer-Wert nicht durch null beschrieben werden kann.

Probleme dieser Art können nun ganz einfach durch Nullable-Typen gelöst werden. Dabei spielt der Typ Nullable<T>, der im Namespace System definiert ist, die entscheidende Rolle. Die Signatur deutet bereits an, dass es sich um eine generische Klasse handelt mit dem Ziel, einem Wertetyp die Verwendung von null zu ermöglichen. Die Definition lautet wie folgt:

```
public struct Nullable<T> where T : struct
```

Nullable<T> ist als Struktur definiert, schränkt die Verwendung auf Strukturen ein und kann beispielsweise wie folgt eingesetzt werden:

```
Nullable<int> x = 4711;
Nullable<int> y = null;
```

C# verfügt darüber hinaus über eine syntaktische Variante, die die Verwendung einfacher macht. Dafür wurde der neue Modifizierer ? eingeführt, der aus einem Datentyp einen nullfähigen Typ macht. Damit kann die Formulierung der beiden Anweisungen auch vereinfacht wie folgt lauten:

```
int? x = 4711;
int? y = null;
```

Da wir es jetzt mit einem neuen Datentyp zu tun haben, der auch null unterstützt, wird in der Klasse Nullable mit HasValue eine Eigenschaft angeboten, die einen booleschen Wert beschreibt. Er ist true, wenn der Inhalt der null-fähigen Variablen einen gültigen Wert aufweist, also ungleich null ist.

```
if (x.HasValue)
  Console.WriteLine("Der Wert ist ungleich null");
else
  Console.WriteLine("Der Wert ist null");
```

Der Inhalt der Variablen kann mit der Eigenschaft Value abgefragt werden. Sie liefert einen gültigen Wert, wenn HasValue den Wert true liefert. Ansonsten wird eine Ausnahme vom Typ InvalidOperationException ausgelöst.

Darüber hinaus können Sie Nullable-Typen in der üblichen Form eines Referenztyps verwenden und beispielsweise mit null vergleichen:

```
if(x != null)
{
  [...]
}
```

9.7.1 Konvertierungen mit »Nullable«-Typen mit dem »??«-Operator

Ein Nullable-Typ ist gegenüber seinem zugrundeliegenden Datentyp um die Fähigkeit erweitert, auch null zu unterstützen. Eine Zuweisung wie im folgenden Codefragment kommt einer aufweitenden Operation gleich und wird daher implizit durchgeführt.

```
int x = 20;
int? y = x;
```

Anders gelagert ist der Fall, wenn die Zuweisung eines null-fähigen Typs an seinen elementaren Typ erfolgen soll. Dann muss explizit in den Zieldatentyp – hier int – konvertiert werden.

```
int? nValue = 20;
int value = (int)nValue;
```

Listing 9.14 Unzureichende Zuweisung einer null-fähigen Variablen

Es gibt dabei allerdings einen Haken: Hat nValue in Listing 9.14 den Inhalt null, wird eine Ausnahme vom Typ InvalidOperationException ausgelöst. Deshalb ist die gezeigte Konvertierung unzureichend und sollte grundsätzlich vermieden werden.

Um die erforderliche Konvertierung in jedem Fall fehlerfrei ausführen zu können, sollten Sie den ??-Operator benutzen. Seine Aufgabe besteht darin, einer nicht-null-fähigen Variablen den Wert einer null-fähigen Variablen zuzuweisen – auch dann, wenn letztere den Wert null repräsentiert. In unseren Fall müsste die Konvertierung wie folgt codiert werden:

```
int? nValue = null;
int value = nValue ?? -1;
```

Listing 9.15 Korrekte Zuweisung einer null-fähigen Variablen

Der Variablen value wird der Inhalt von nValue zugewiesen, wenn er nicht null ist. Ist nValue jedoch null, wird der Wert -1 an value übergeben.

9.8   Generische Collections

Ein ganz wesentlicher Nachteil der Auflistungen des Namespace System.Collections ist, dass sie immer den Typ Object verwalten. Damit können Sie in einem Auflistungsobjekt alles speichern, von einem Integer über einen Stream bis hin zur Datenbanktabelle. Wissen Sie nicht, welche Typen von der Auflistung verwaltet werden, haben Sie praktisch keine Chance, die Elemente auszuwerten. Bedenken Sie, dass Sie jedes Element der Auflistung zuerst in den richtigen Typ konvertieren müssen, um die spezifischen Eigenschaften und Methoden nutzen zu können.

Generische Auflistungsklassen haben diesen Nachteil nicht. Sie sind für einen bestimmten Typ geprägt. Der Code wird dadurch einfacher und besser lesbar, und eine Konvertierung ist nicht notwendig, um auf die spezifischen Member der verwalteten Elemente zuzugreifen.

Im Wesentlichen habe ich Ihnen in Kapitel 8, »Auflistungsklassen (Collections)«, zwei nicht-generische Auflistungsklassen vorgestellt: die indexbasierte ArrayList und das Dictionary Hashtable. Beide haben einen generischen Gegenspieler in List<T> und Dictionary<TKey, TValue>. In diesem Abschnitt werde ich Ihnen List<T> vorstellen. Anhand des hier Gesagten erübrigt sich eine weitere Vertiefung der Klasse Dictionary<TKey, TValue>.

9.8.1   Die Interfaces der generischen Auflistungsklassen

Sie wissen, dass alle nichtgenerischen Auflistungsklassen die beiden Schnittstellen ICollection und IEnumerable implementieren. Zudem implementieren die indexbasierten Auflistungen die Schnittstelle IList, alle Schlüssel-Wert-Paar-Auflistungen hingegen die Schnittstelle IDictionary. Haben wir es mit generischen Auflistungsklassen zu tun, sind auch diese Schnittstellen generisch. Somit handelt es sich um:

- IEnumerable<T>
- ICollection<T>
- IDictionary<TKey, TValue>
- IList<T>

Eine genauere Beschreibung dieser Interfaces ist nicht notwendig, da sie sich in ihrem elementaren Verhalten nicht von den nichtgenerischen unterscheiden.

9.8.2   Die generische Auflistungsklasse »List<T>«

Im Großen und Ganzen ist kein wesentlicher Unterschied zwischen den Methoden und Eigenschaften einer ArrayList und List<T> festzustellen. Sie fügen mit Add oder AddRange Objekte hinzu, Sie löschen Auflistungselemente mit Remove oder RemoveAt und besorgen sich den Index eines Elements mit IndexOf. Natürlich sind alle Methoden generisch geprägt, also auf einen bestimmten Typ hin spezialisiert, den Sie bei der Instanziierung der Klasse angegeben haben. Konzentrieren wir uns daher sofort auf ein Beispielprogramm.

Sortieren einer indexbasierten Collection

In Kapitel 8, »Auflistungsklassen (Collections)«, habe ich Ihnen im Beispielprogramm IComparer_Sample den Einsatz von Vergleichsklassen vorgestellt, um die Elemente einer ArrayList nach eigenen Kriterien zu sortieren. Ausgangspunkt war die Klasse Person mit den beiden Feldern Name und City. In der Anwendung wurden mehrere Person-Objekte einem ArrayList-Objekt hinzugefügt und konnten entweder nach City oder Name sortiert an der Konsole ausgegeben werden. Vielleicht erinnern Sie sich noch, dass eine verhältnismäßig komplexe Konvertierung notwendig war, um am Ende den Rückgabewert des Vergleichs zu bilden. Hier noch einmal die Methode Compare in der Vergleichsklasse NameComparer:

```
public int Compare(object x, object y)
{
  if (x == null && y == null) return 0;
  Person x1 - x as Person;
  Person y1 = y as Person;
  if (x1 == null && y1 != null) return -1;
  if (x1 != null && y1 == null) return 1;
  if (x1 == null || y1 == null)
    throw new InvalidCastException("Ungültiger Typ");
  return x1.City.CompareTo(y1.City);
}
```

Mit der generischen Auflistungsklasse IList<T> geht alles einfacher. So wie die Klasse ArrayList bietet auch List<T> eine Methode Sort an, die eine Sortierung gewährleistet. Ihre Definition lautet wie folgt:

```
public void Sort(IComparer<T> comparer)
```

Im Gegensatz zur Methode Sort der ArrayList wird nun ein Objekt erwartet, das die generische Schnittstelle IComparer<T> implementiert. Sehen wir uns zuerst die Definition der Schnittstellenmethode an:

```
public interface IComparer<T>
{
  int Compare(T x, T y);
}
```

Compare vergleicht zwei Objekte miteinander, deren Typ durch den Typparameter T beschrieben wird. Bezogen auf unser Beispiel bedeutet das, den Typparameter T durch Person zu ersetzen. Damit werden die Referenzen, die der Methode Compare als Argumente übergeben werden, vor dem Eintritt in den Code der Methode gefiltert.

Diese Erkenntnis wollen wir nun auch umsetzen. Dazu sind die beiden Klassen NameComparer und CityComparer im Vergleich zur ersten Version des Beispielprogramms ein wenig zu ändern – oder besser gesagt, zu vereinfachen. Anhand der Klasse CityComparer sei dies gezeigt.

```
// Vergleichsklasse - Kriterium City
class CityComparer : IComparer<Person>
{
  public int Compare(Person x, Person y)
  {
    if (x == null && y == null) return 0;
    if (x == null) return -1;
    if (y == null) return 1;
    return x.City.CompareTo(y.City);
  }
}
```

Listing 9.16 Vergleichsklasse des Beispiels »GenericList_Sample«

Der Vergleich zweier Objekte ist deutlich einfacher geworden, weil keine Typkonvertierung mehr notwendig ist. Das ist darauf zurückzuführen, dass wir durch Einsatz der generischen Schnittstellenmethode garantieren können, ausschließlich Person-Objekte zu vergleichen. Zudem können wir uns die Typüberprüfung sparen, die in der Ursprungsversion unseres Beispiels noch notwendig war.

Zum Schluss folgt hier der gesamte Code des Beispiels:

```
// Beispiel: ..\Kapitel 9\GenericList_Sample
class Program
{
  static void Main(string[] args)
  {
    List<Person> liste = new List<Person>();
    // generische Liste füllen
    liste.Add(new Person() { Name = "Meier", City = "Berlin"});
    liste.Add(new Person() { Name = "Arnold", City = "Köln"});
    liste.Add(new Person() { Name = "Fischer", City = "Aachen"});
    // nach City sortieren
    liste.Sort(new CityComparer());
    Console.WriteLine("Liste nach Wohnorten sortiert");
    ShowSortedList(liste);
```

```
     // nach Namen sortieren
      liste.Sort(new NameComparer());
    Console.WriteLine("\nListe nach Namen sortiert");
    ShowSortedList(liste);
    Console.ReadLine();
  }
  static void ShowSortedList(IList<Person> liste)
  {
    foreach (Person temp in liste)
    {
      Console.Write($"Name = {temp.Name,-12}");
      Console.WriteLine($"Wohnort = {temp.City}");
    }
    Console.WriteLine();
  }
}
class Person
{
  public string Name {get; set; }
  public string City { get; set; }
}
```

Listing 9.17 Das Beispielprogramm »GenericList_Sample«

9.8.3   Vergleiche mit Hilfe des Delegaten »Comparison<T>«

Im Vergleich zur Klasse ArrayList hat die Klasse List<T> eine weitere interessante Überladung der Methode Sort, die es uns gestattet, den Code noch kürzer und intuitiver zu schreiben. Sehen wir uns die Definition der Methode an.

```
public void Sort(Comparison<T> comparison)
```

Die Überladung erwartet die Übergabe eines Comparison<T>-Objekts. Dabei handelt es sich um einen Delegaten, der auf die Methode zeigt, die den Vergleich zweier T-Objekte durchführt und das Resultat des Vergleichs an den Aufrufer liefert. Hier auch noch die Definition des Delegaten:

```
public delegate int Comparison<T>(T x, T y);
```

Bezogen auf das Beispielprogramm *GenericList_Sample* können wir auf die beiden Vergleichsklassen verzichten und stattdessen zwei Methoden bereitstellen, die dasselbe leisten. Das folgende Beispielprogramm zeigt, wie Sie diese Überladung von Sort einsetzen können.

```
// Beispiel: ..\Kapitel 9\GenericListWithComparison
class Program
```

```
{
  static void Main(string[] args)
  {
    List<Person> arrList = new List<Person>();
    ...
    // nach City sortieren
    arrList.Sort(CompareByCity);
    Console.WriteLine("Liste nach Wohnorten sortiert");
    ShowSortedList(arrList);
    // nach Namen sortieren
    arrList.Sort(CompareByName);
    Console.WriteLine("Liste nach Namen sortiert");
    ShowSortedList(arrList);
    Console.ReadLine();
  }
  public static int CompareByName(Person x, Person y)
  {
    // Prüfen auf null-Übergabe
    if (x == null && y == null) return 0;
    if (x == null) return -1;
    if (y == null) return 1;
    // Vergleich
    return x.Name.CompareTo(y.Name);
  }
  public static int CompareByCity(Person x, Person y)
  {
    // Prüfen auf null-Übergabe
    if (x == null && y == null) return 0;
    if (x == null) return -1;
    if (y == null) return 1;
    // Vergleich
    return x.City.CompareTo(y.City);
  }
  static void ShowSortedList(IList<Person> liste) { [...] }
}
```

Listing 9.18 Das Beispielprogramm »GenericListWithComparison«

9.9   Kovarianz und Kontravarianz generischer Typen

In Abschnitt 5.1.5 haben wir uns mit der Kovarianz und der Kontravarianz von Delegaten beschäftigt. Kovarianz und Kontravarianz wurden mit .NET 4.0 auch für generische Delegaten und Interfaces eingeführt. Allerdings sind nicht alle generischen Delegaten und Interfaces von Kovarianz und Kontravarianz betroffen, sondern nur einige wenige »Auserwählte«. Damit wurde es möglich, Code intuitiver zu schreiben.

9.9.1   Kovarianz mit Interfaces

Lassen Sie uns zunächst ansehen, was unter der Kovarianz eines Interface zu verstehen ist. Um das zu zeigen, sind die elementaren Klassen unseres Projekts *GeometricObjects* hervorragend geeignet, die wir auch hier zur Veranschaulichung einsetzen wollen. Stellen Sie sich einfach vor, Sie würden eine Methode DoSomething schreiben, deren Parameter Sie Listen von Circle- oder Rectangle-Objekten übergeben wollen. Eine erste Idee könnte es sein, die Methode wie in Listing 9.19 gezeigt zu überladen:

```
static void DoSomething(IEnumerable<Circle> param)
{
  [...]
}
static void DoSomething(IEnumerable<Rectangle> param)
{
  [...]
}
```

Listing 9.19 Methode mit Parameter vom Typ »IEnumerable<T>«

Der Zugriff auf diese Methoden könnte im Hauptprogramm folgendermaßen erfolgen:

```
static void Main(string[] args)
{
  List<Circle> listCircles = new List<Circle>();
  listCircles.Add(new Circle { Radius = 77 });
  listCircles.Add(new Circle { Radius = 23 });
  List<Rectangle> listRectangles = new List<Rectangle>();
  listRectangles.Add(new Rectangle { Length = 120, Width = 10 });
  listRectangles.Add(new Rectangle { Length = 80, Width = 20 });
  DoSomething(listCircles);
  DoSomething(listRectangles);
  Console.ReadLine();
}
```

Listing 9.20 Zugriff auf die Methoden aus Listing 9.19

Welche Operationen sich innerhalb der Methode DoSomething abspielen, ist bei unserer Betrachtung bedeutungslos. Beachten Sie hingegen, dass die Methoden einen Parameter vom Typ der Schnittstelle IEnumerable<T> definieren, der entweder für den Typ Circle oder den

Typ Rectangle geprägt ist. Wäre es nicht intuitiver, die Überladung der Methode DoSomething durch eine allgemeingültige Version zu ersetzen, die die gemeinsame Basis GeometricObject angibt? Also ändern wir die Methode wie in Listing 9.21 gezeigt ab:

```
static void DoSomething(IEnumerable<GeometricObject> param)
{
  [...]
}
```

Listing 9.21 Ersatz der Methoden aus Listing 9.19

Der Code wird einwandfrei kompiliert und fehlerfrei ausgeführt.

Betrachten wir noch einmal Listing 9.19 und Listing 9.21. Dass die Übergabe eines List<Circle>-Objekts an den Parameter der Methode DoSomething, der durch den Typ der Schnittstelle IEnumerable<Circle> beschrieben wird, keine Kopfschmerzen bereiten wird, geht aus der Beschreibung der Generics in diesem Kapitel bereits hervor.

Die Übergabe des List<Circle>-Objekts an den Parameter der Methode DoSomething aus Listing 9.21 entspricht im Grunde genommen der folgenden Zuweisungsoperation:

```
IEnumerable<GeometricObject> obj = new List<Circle>();
```

Die Zuweisung erscheint intuitiv, denn sie erinnert uns an die Polymorphie. Sie wird erst durch die *kovariante* Definition des generischen Typparameters möglich. Kovarianz wird durch die Angabe des Schlüsselwortes out vor dem generischen Typparameter sichergestellt. Nachfolgend sehen Sie die Definition des Interface IEnumerable<T>.

```
public interface IEnumerable<out T>
{
  IEnumerator<T> GetEnumerator();
}
```

Kovarianz bedeutet, dass auch ein abgeleiteter Typ anstelle des vom generischen Typparameter definierten verwendet werden kann. Das Schlüsselwort out gibt dabei an, dass der Typparameter nur als Typ einer Rückgabe verwendet werden kann (Ausgabe = Output). Dabei handelt es sich im Fall der IEnumerable<T>-Schnittstelle um die Rückgabe der Methode GetEnumerator.

> **Hinweis**
>
> Sie finden das komplette Beispiel unter ..*Kapitel 9\KovarianzSample* (Download von *www.rheinwerk-verlag.de/4699*, MATERIALIEN ZUM BUCH).
>
> Die Klassen Circle, Rectangle und GeometricObject sind in diesem Beispielprogramm auf das Wesentliche reduziert.

9.9.2 Kontravarianz mit Interfaces

Während ein kovarianter Typparameter den Typ der Rückgabe beschreibt, dient ein *kontravarianter* Typparameter der Typangabe des Übergabearguments an eine Methode. Es ist daher auch naheliegend, dass kontravariante Typparameter durch das Schlüsselwort in ergänzt werden, um zu signalisieren, dass es sich dabei um Eingabetypen handelt. Zu den generischen Schnittstellen mit einem kontravarianten Typparameter gehört auch die Schnittstelle IComparer<T>.

```csharp
public interface IComparer<in T>
{
  int Compare(T x, T y);
}
```

Listing 9.22 Die Definition der kontravarianten Schnittstelle »IComparer<T>«

Erst die Definition als kontravarianter Typparameter ermöglicht es uns, eine Vergleichsklasse zu schreiben, deren generischer Typparameter auf GeometricObject festgelegt ist und die dennoch auch von allen Objekten genutzt werden kann, die von GeometricObject abgeleitet sind.

Das folgende Beispielprogramm nutzt das kontravariante Interface IComparer<T>, um eine Liste des Typs List<Circle> zu sortieren.

```csharp
// Beispiel: ..\Kapitel 9\KontravarianzSample
class Program
{
  static void Main(string[] args)
  {
    List<Circle> liste = new List<Circle>();
    liste.Add(new Circle { Radius = 88 });
    liste.Add(new Circle { Radius = 22 });
    liste.Add(new Circle { Radius = 42 });
    liste.Add(new Circle { Radius = 76 });
    liste.Sort(new GeoComparer());
    foreach (GeometricObject item in liste)
      Console.WriteLine(item.GetArea());
    Console.ReadLine();
  }
}
class GeoComparer : IComparer<GeometricObject>
{
  public int Compare(GeometricObject x, GeometricObject y)
  {
```

```
      return x.GetArea().CompareTo(y.GetArea());
    }
}
```

Listing 9.23 Beispielprogramm zur Kontravarianz

9.9.3 Zusammenfassung

Kovarianz wird durch das Schlüsselwort out vor dem generischen Typparameter festgelegt und führt dazu, dass der generische Typparameter nur zur Beschreibung eines Rückgabedatentyps verwendet werden kann. Kontravarianz hingegen definiert einen generischen Typparameter, der nur der Übergabe an eine Methode dient und mit dem Schlüsselwort in verziert wird.

Um den Sachverhalt noch einmal deutlich darzulegen, sollten Sie das folgende Listing der fiktiven Schnittstelle IFactory<T> betrachten.

```
// CreateInstance verursacht Kompilierfehler
public interface IFactory<in T> {
  void DoSomething(T param);
  T CreateInstance();
}
```

Listing 9.24 Fehlerverursachende Schnittstelle mit kontravariantem Typparameter

Der generische Typparameter ist mit in kontravariant definiert. Damit kann die Methode Do-Something korrekt bedient werden, während CreateInstance einen Kompilierfehler verursacht.

Definieren Sie nun einen kovarianten Typparameter (siehe Listing 9.25), wird CreateInstance kein Problem mehr verursachen. Jedoch ist DoSomething nun der Urheber eines Kompilierfehlers, weil die Methode einen kontravarianten Typparameter voraussetzt.

```
// DoSomething verursacht Kompilierfehler
public interface IFactory<out T> {
  void DoSomething(T param);
  T CreateInstance();
}
```

Listing 9.25 Fehlerverursachende Schnittstelle mit kovariantem Typparameter

Damit wird deutlich, dass es keine gleichzeitige Kovarianz und Kontravarianz für einen Parameter gibt. Es ist eine Entscheidung »Entweder-oder«. Es sollte auch klar sein, dass nicht alle Interfaces einen kovarianten oder kontravarianten Typparameter definieren müssen. In der .NET-Klassenbibliothek sind daher aktuell nur IEnumerable<T>, IEnumerator<T>, IQueryable<T>

und IGrouping<T,K> kovariant, während zu den Schnittstellen mit kontravarianten generischen Typparametern IComparer<T> und IComparable<T> gerechnet werden.

9.9.4   Generische Delegaten mit varianten Typparametern

In .NET werden mit Action<> und Func<> generische Delegaten bereitgestellt, die allgemeinen Anforderungen genügen. Einfach gesagt beschreibt ein Delegat vom Typ Action<> eine void-Methode, also eine Methode ohne Rückgabewert, Func<> hingegen eine Methode mit Rückgabewert.

Mit Action<> können wir Methoden beschreiben, die 1 bis 16 Parameter definieren, mit Func<> Methoden mit 0 bis maximal 16 Parametern. Sehen wir uns exemplarisch die Definition von jeweils einer Version dieser beiden Delegaten an.

```
public delegate TResult Func<in T, out TResult>(T arg)
public delegate void Action<in T1, in T2>(T1 arg1, T2 arg2)
```

Hinsichtlich der beiden Schlüsselwörter in und out gilt dasselbe, was ich schon im Abschnitt zuvor erklärt habe: in gibt den Rahmen für die Typen der Eingabeparameter vor, out den Bereich der Typen für den Rückgabewert.

9.10   Ergänzungen im Beispielprojekt »GeometricObjectsSolution«

Werfen wir zum Schluss dieses Kapitels einen Blick auf das Projekt GeometricObjectsSolution, und lassen Sie uns versuchen, die generischen Datentypen hier sinnvoll zu nutzen.

Damit die parameterlose Sort-Methode der ArrayList zum Sortieren diverser geometrischer Objekte aufgerufen werden kann, haben wir bereits in Kapitel 4, »Vererbung, Polymorphie und Interfaces«, die Schnittstelle IComparable eingeführt. ArrayList ist jedoch nicht mehr ganz der Stand der Programmiertechnik und wurde mit Einführung von .NET 2.0 durch die Klasse List<T> nicht nur erweitert, sondern mehr oder weniger ersetzt. Die parameterlose Sort-Methode der Klasse List<T> setzt jedoch voraus, dass der zu sortierende Typ die Schnittstelle IComparable<T> implementiert. Da die Klasse GeometricObject aktuell dieses Interface noch nicht hat, wollen wir sie entsprechend erweitern. Der generische Typparameter wird durch GeometricObject beschrieben.

```
public abstract class GeometricObject : IComparable,
                                        IComparable<GeometricObject>,
                                        INotifyPropertyChanged
```

IComparable<T> schreibt die Methode CompareTo, die nunmehr einen Parameter vom Typ GeometricObject beschreibt. Im Gegensatz dazu ist der Parameter der CompareTo-Methode der Schnittstelle IComparer vom Typ Object. Bis auf die obligatorische Überprüfung des Parameters auf null können wir uns die Konvertierung ersparen, was die Implementierung der Com-pareTo-Methode deutlich vereinfacht.

```
public int CompareTo(GeometricObject geo)
{
  if (geo == null) return 1;
  if (GetArea() > geo.GetArea()) return 1;
  if (GetArea() == geo.GetArea()) return 0;
  return -1;
}
```

Listing 9.26 Die Implementierung der Methode »IComparable<T>.CompareTo«

Wir sollten jetzt auch noch daran denken, dass das Projekt die Klasse GeometricObjectCompa-rer enthält. Zur Erinnerung, diese Klasse diente dazu, eine überladene Version der Methode ArrayList.Sort(IComparer) bedienen zu können. Wir können diese Klasse weiterhin als all-gemeine Vergleichsklasse benutzen, wenn wir neben IComparer die Schnittstelle ICompa-rer<GeometricObject> implementieren.

```
public class GeometricObjectComparer : IComparer, IComparer<GeometricObject>
{
  [...]
  public int Compare(GeometricObject x, GeometricObject y)
                          => GeometricObject.Bigger(x, y);
}
```

Listing 9.27 Die Implementierung der Methode »IComparer<T>.Compare«

Zum Schluss sollten wir die Ergänzung noch testen. Dazu dient die Methode Main, in der wir den Programmcode aus Listing 9.28 schreiben:

```
static void Main(string[] args)
{
  List<GeometricObject> list = new List<GeometricObject>();
  list.Add(new Circle(28));
  list.Add(new Circle(45));
  list.Add(new Rectangle(120, 56));
  list.Add(new Rectangle(303, 17));
  list.Sort(new GeometricObjectComparer());
  foreach (var item in list)
    Console.WriteLine($"{item.GetArea()}");
  Console.ReadLine();
}
```

Listing 9.28 Testen der Sortierung der Collection »List<GeometricObject>.Sort«-Methode

427

Kapitel 10
Weitere C#-Sprachfeatures

Der Sprache C# 1.0 bis C# 8.0 wurden im Laufe der verschiedenen Versionen immer wieder weitere Sprachfeatures hinzugefügt. Viele davon sind zum Fundament neuer und besserer Technologien geworden, andere dienen einfach nur dazu, den Programmcode zu verkürzen oder/und besser lesbar zu machen.

In diesem Kapitel stelle ich Ihnen die augenblicklich aktuellen Sprachfeatures vor, die bisher noch keine Verwendung in unseren Beispielen gefunden haben. Manche davon werden Sie bestimmt täglich benutzen, andere hingegen eher selten oder überhaupt nicht. Das hängt ganz von Ihrer Aufgabe und deren Umsetzung ab.

10.1 Implizit typisierte Variablen

Bei der Deklaration einer Variablen müssen Sie deren Datentyp angeben. So haben Sie es gelernt. Mit Einführung von C# 3.0 hat sich das geändert. Die Typinferenz gestattet es Ihnen, eine Variable mit dem neuen Schlüsselwort var zu deklarieren, ohne dabei den Datentyp angeben zu müssen:

```
var x = 5;
```

Das Schlüsselwort var bewirkt, dass der Compiler den am besten passenden Datentyp aus dem Ausdruck rechts vom Zuweisungsoperator ableitet. In unserem Beispiel wäre es ein Integer. Der Compiler behandelt die Variable dann so, als wäre sie von diesem Typ deklariert worden.

Bei dem Typ kann es sich um einen integrierten Typ, einen anonymen Typ, einen benutzerdefinierten Typ, einen in der .NET-Framework-Klassenbibliothek definierten Typ oder um einen Ausdruck handeln. In Listing 10.1 sehen Sie einige Beispiele, die den Einsatz implizit typisierter Variablen demonstrieren.

```
// value wird als Integer behandelt
var value = 5;
// city wird als String behandelt
var city = "Aachen";
// arr wird als int[]-Array behandelt
var arr = new[] { 0, 1, 2 };
```

```
// liste wird als List<int> behandelt
var liste = new List<int>();
```

Listing 10.1 Implizit typisierte Variablen

Das Konzept implizit typisierter Variablen hat einige Einschränkungen:

▶ Die Variable muss eine lokale Variable sein.

▶ Die Initialisierung muss bei der Deklaration erfolgen.

▶ Einer implizit typisierten Variablen darf nicht null zugewiesen werden.

▶ Ein Methodenparameter darf nicht mit var deklariert werden.

▶ Der Rückgabetyp einer Methode darf ebenfalls nicht var sein.

Die Verwendung implizit typisierter Variablen ist nicht nur auf die Verwendung als lokale Variable beschränkt. Sie können sie auch in einer for- oder foreach-Schleife verwenden, wie die beiden folgenden Codefragmente zeigen:

```
for (var x = 0; x < 100; x++) [...]
foreach (var element in liste) [...]
```

Sie werden sich nun vermutlich fragen, wozu implizit typisierte Variablen dienen. Betrachten Sie sie einfach als optionales syntaktisches Hilfsmittel. Unverzichtbar werden implizit typisierte Variablen im Zusammenhang mit LINQ-Abfrageausdrücken (siehe auch Kapitel 11) und den dort anzutreffenden »anonymen Typ«.

10.2   Anonyme Typen

In C# können Sie Objekte erstellen, ohne den Typ explizit anzugeben. Dabei wird implizit eine neue Klasse erstellt – ein sogenannter *anonymer Typ*, z. B.:

```
var obj = new { Name = "Peter", Ort = "Hamburg" };
```

Die so generierte Klasse hat zwei private Felder und zwei öffentliche Eigenschaftsmethoden, die Name und Ort lauten. Das Objekt der anonymen Klasse wird anschließend einer implizit typisierten Variablen zugewiesen und kann über die Referenz obj abgefragt werden. Wegen der engen Beziehung zwischen der impliziten Typisierung mit var und dem anonymen Typ kann ein anonymer Typ nur lokal in einer Methode und nicht auf Klassenebene erzeugt werden.

Wenn Sie einen weiteren anonymen Typ erzeugen und dabei identisch benannte Eigenschaften angeben, sind die beiden anonymen Typen typgleich. Allerdings ist dabei nicht nur der Bezeichner maßgeblich entscheidend, sondern darüber hinaus die Reihenfolge der Bezeichner. Im folgenden Codefragment sind die beiden Referenzen obj1 und obj2 typgleich; obj3 weist jedoch eine andere Reihenfolge auf und wird daher als neuer anonymer Typ bewertet. Sie können sich das bestätigen lassen, indem Sie die von `Object` geerbte Methode `GetType` aufrufen.

```
var obj1 = new { Name = "Peter", Ort = "Hamburg" };
var obj2 = new { Name = "Uwe", Ort = "München" };
var obj3 = new { Ort = "Berlin", Name = "Hans" };
Console.WriteLine(obj1.GetType());
Console.WriteLine(obj2.GetType());
Console.WriteLine(obj3.GetType());
```

Listing 10.2 Mehrere anonyme Typen und die Typausgabe an der Konsole

Die Ausgabe von Listing 10.2 wird wie folgt lauten:

```
<>f__AnonymousType0'2[System.String,System.String]
<>f__AnonymousType0'2[System.String,System.String]
<>f__AnonymousType1'2[System.String,System.String]
```

10.3   Erweiterungsmethoden

Erweiterungsmethoden stellen ein wenig das strenge Konzept der Objektorientierung auf den Kopf. Unsere Aussage war bisher immer, dass Methoden, die allen ableitenden Klassen zur Verfügung gestellt werden sollen, in der Basisklasse implementiert werden müssen. Erweiterungsmethoden weichen dieses Prinzip auf, indem auch außerhalb einer Klasse Methoden definiert werden können, die sich wie eine Instanzmethode aufrufen lassen.

Nehmen wir dazu das Beispiel der hinlänglich bekannten Klasse `Circle`. Vielleicht genügt uns das Angebot an Methoden nicht, weil wir zusätzlich gern eine Methode hätten, die auf Grundlage des Radius das Kugelvolumen berechnet, beispielsweise so:

```
Circle kreis = new Circle(5);
Console.WriteLine("Kugelvolumen = {0}", kreis.GetVolume());
```

Durch Bereitstellung einer Erweiterungsmethode ist das kein Problem:

```
static class Extensionmethods
{
  // Erweiterungsmethode: Berechnung des Kugelvolumens eines Circle-Objekts
  public static double GetVolume(this Circle kreis)
        => Math.Pow(kreis.Radius, 3) * Math.PI * 4 / 3;
}
```

Listing 10.3 Definition einer Erweiterungsmethode

Erweiterungsmethoden werden in `static`-Klassen implementiert und müssen daher selbst `static` sein. Beachten Sie bitte, dass Erweiterungsmethoden trotz der `static`-Definition später wie Instanzmethoden aufgerufen werden. Der erste Parameter in der Parameterliste muss das Schlüsselwort `this` vor dem Parametertyp aufweisen. Dahinter wird der Typ angegeben, der um die genannte Methode erweitert wird. In unserem Beispiel handelt es sich um `Circle`. Sie können beliebig viele Erweiterungsmethoden für einen Typ schreiben, ganz so, wie Sie es benötigen. Üblicherweise werden Erweiterungsmethoden in eigens dafür vorgesehenen Klassenbibliotheken definiert.

Anmerkung

Die oben gezeigte Erweiterungsmethode `GetVolume` hat zwar einen Parameter, ist aber für den Typ `Circle` nur eine parameterlose Methode. Selbstverständlich können Sie auch beliebig parametrisierte Erweiterungsmethoden bereitstellen. Die Regeln dazu unterscheiden sich nicht von den Regeln herkömmlicher Methoden – einschließlich einer möglichen Methodenüberladung.

Mit Erweiterungsmethoden können Sie alle Klassen beliebig erweitern und so an Ihre spezifischen Anforderungen anpassen. Erweiterungsmethoden stellen die einzige Möglichkeit dar, sogar Klassen, die mit `sealed` als nicht ableitbar definiert worden sind, um eigene spezifische Methoden zu ergänzen. Eine von den Klassen, die in der Praxis häufig um Erweiterungsmethoden ergänzt werden, ist `String`. Da diese Klasse `sealed` ist, können Sie nicht durch eine klassische Ableitung weitere Features hinzufügen. Das ist im Grunde genommen sehr bedauerlich, da insbesondere die Verarbeitung von Zeichenfolgen oft nach spezifischen Gesichtspunkten erfolgen soll. Mit Erweiterungsmethoden ist das alles nun kein Problem mehr.

Dem Einsatz von Erweiterungsmethoden sind aber auch Grenzen gesetzt, denn Erweiterungsmethoden können nur `public`-Member der zu erweiternden Klasse aufrufen.

Wird eine Klasse um eine Erweiterungsmethode ergänzt, vererbt sich diese auch an die abgeleitete Klasse weiter. Bezogen auf unser Beispiel oben könnten Sie demnach `GetVolume` auch auf einem Objekt vom Typ `GraphicCircle` aufrufen. Hinsichtlich der Überladungsfähigkeit gelten dieselben Regeln wie bei den herkömmlichen Methoden.

10.3.1   Die Prioritätsregeln

Da Erweiterungsmethoden auch von Entwicklern geschrieben werden, die nicht Urheber der erweiterten Klasse sind, haben Erweiterungsmethoden nur eine untergeordnete Priorität. Betrachten Sie dazu Listing 10.4, in dem die Klasse `Circle` um die Methode `Draw` erweitert wird.

```
public static class Extensionmethods
{
  // Erweiterungsmethode GetVolume
```

```
public static double GetVolume(this Circle kreis)
    => Math.Pow(kreis.Radius, 3) * Math.PI * 4 / 3;
// Erweiterungsmethode Draw
public static void Draw(this Circle kreis)
    => Console.WriteLine("Draw in Erweiterungsmethode.");
}
```

Listing 10.4 Zwei Erweiterungsmethoden für die Klasse »Circle«

Circle ist um die Methode Draw erweitert worden, die sich an GraphicCircle weitervererbt. Da in GraphicCircle eine gleichnamige Instanzmethode existiert, muss zur Laufzeit die Entscheidung getroffen werden, welche der beiden zur Ausführung kommt: Es handelt sich definitiv um die Draw-Methode der Klasse GraphicCircle.

```
static void Main(string[] args)
{
    Circle kreis = new Circle(5);
    kreis.Draw();
    GraphicCircle g = new GraphicCircle();
    g.Draw();
}
```

Listing 10.5 Testen der geerbten Erweiterungsmethode »Draw«

Die Ausgabe dieses Codefragments wird lauten:

```
Draw in der Erweiterungsmethode.
Der Kreis wird gezeichnet.
```

Ob eine Erweiterungsmethode aufgerufen wird, hängt davon ab, ob eine gleichnamige Instanzmethode existiert. Wie Sie gesehen haben, hat eine Instanzmethode in jedem Fall Priorität vor einer gleichnamigen Erweiterungsmethode.

Die Erweiterungsmethode einer Klasse kann stets durch eine spezifischere Version ersetzt werden, die für einen Typ definiert ist. Gewissermaßen haben wir es dabei mit einer Überschreibung zu tun. Angenommen, die Klasse Object sei um die Methode Display erweitert worden. Damit steht jeder Klasse die Erweiterungsmethode zur Verfügung – soweit sie sich im aktuellen Namespace befindet oder in einem Namespace, der mit using importiert wird. Eine spezifische Version von Display kann aber auch für alle Objekte vom Typ Circle bereitgestellt werden. Die Circle-Version überdeckt in diesem Fall die »geerbte« Erweiterungsmethode der Klasse Object.

```
static class Extensionmethods
{
    public static void Display(this object obj)
        => Console.WriteLine(obj.ToString());
```

```
public static void Display(this Circle kreis)
   => Console.WriteLine("Kreis mit Radius {0}", kreis.Radius);
}
```

Listing 10.6 Überdecken einer geerbten Erweiterungsmethode

Die Spezialisierung einer Erweiterungsmethode für einen bestimmten Typ setzt sich auch in den abgeleiteten Klassen durch. Damit wird ein `GraphicCircle`-Objekt ebenfalls von der spezifischen Version profitieren, es sei denn, für den abgeleiteten Typ gibt es wiederum eine eigene Version der Erweiterungsmethode, die noch spezialisierter ist.

```
Circle kreis = new Circle(5);
kreis.Display();
GraphicCircle g = new GraphicCircle(3);
g.Display();
```

Listing 10.7 Aufruf der Erweiterungsmethode »Display«

10.3.2   Generische Erweiterungsmethoden

Erweiterungsmethoden lassen sich generisch prägen. Damit wird es möglich, eine Erweiterungsmethode beispielsweise nur für eine bestimmte Gruppe von Objekten zur Verfügung zu stellen. Der folgende Code beschreibt die Erweiterungsmethode `GetAreas`. Diese Methode erweitert alle Arrays vom Typ `GeometricObject` und somit auch Arrays vom Typ `Circle`, `Rectangle` usw.

```
namespace ConsoleApplication1
{
  class Program
  {
    static void Main(string[] args)
    {
      GeometricObject[] geoArr = new GeometricObject[3];
      geoArr[0] = new Circle(5);
      geoArr[1] = new GraphicCircle(9);
      geoArr[2] = new Rectangle(12, 7);
      geoArr.GetAreas();
      Console.ReadLine();
    }
  }
  static class Extensionmethods
  {
    public static void GetAreas<T>(this T[] objects) where T : GeometricObject
    {
```

```
      foreach (GeometricObject geoObj in objects)
        Console.WriteLine(geoObj.GetFlaeche());
    }
  }
}
```

Listing 10.8 Generische Erweiterungsmethode

10.3.3   Richtlinien für Erweiterungsmethoden

Mit den Erweiterungsmethoden wird uns ein sehr interessantes Feature an die Hand gegeben, um vorhandene Klassen zu erweitern. Im Allgemeinen sollten Sie aber darauf achten, dass Sie nur dann Erweiterungsmethoden implementieren, wenn es unbedingt notwendig ist. Meistens ist es ratsamer, eine Klasse abzuleiten, anstatt eine Erweiterungsmethode bereitzustellen.

Vermeiden Sie es, eine Klassenbibliothek zu veröffentlichen und die darin enthaltenen Typen bereits um Erweiterungsmethoden zu ergänzen. Diese sind nur dann ein sinnvolles Feature, wenn Ihnen anderweitig keine Möglichkeit mehr bleibt, beispielsweise weil Sie eine sealed-Klasse, also eine nicht ableitbare Klasse erweitern möchten.

Sie sollten sich aber auch darüber im Klaren sein, dass die Versionsänderung einer Assembly dazu führen kann, dass eine zuvor für eine Klasse bereitgestellte Erweiterungsmethode wirkungslos wird, weil die entsprechende Klasse um eine gleichnamige Instanzmethode ergänzt wurde.

> **Hinweis**
>
> Sie könnten vielleicht auf die Idee kommen, using static zusammen mit den Erweiterungsmethoden zu benutzen. Bezogen auf Listing 10.8 sähe das wie nachfolgend gezeigt aus:
>
> using static ConsoleApplication1.ExtensionMethods;
>
> Der direkte Zugriff auf die Erweiterungsmethoden wird damit nicht ermöglicht. Obwohl Erweiterungsmethoden static definiert werden, handelt es sich um Instanzmethoden, und sie müssen somit qualifiziert werden.

10.4   Spezielle Methoden

Methoden mit und ohne Rückgabewert bilden das Rückgrat jeder Anwendung und sind daher Bestandteil jeder Hochsprache in der Softwareentwicklung. Bei kritischer Hinterfragung spezieller syntaktischer Sonderfälle fällt jedoch auf, dass eine Sprache in manchen Situationen eine bessere Lösung bieten könnte, die über den klassischen Rahmen einer Anwendung hinausgehen.

Für zwei Sonderfälle bietet C# einen besonderen Lösungsansatz. Dabei handelt es sich um

- partielle Methoden
- lokale Funktionen

Während die partiellen Methoden schon mit .NET Framework 3.5 eingeführt wurden, stehen lokale Funktionen erst seit C# 7.0 den Entwicklern zur Verfügung.

10.4.1   Partielle Methoden

Partielle Klassen kennen Sie bereits, ich habe sie in Kapitel 3, »Das Klassendesign«, vorgestellt. Noch einmal zur Erinnerung: Eine Klasse kann mit dem Schlüsselwort `partial` auf zwei oder mehr Quellcode-Dateien verteilt werden. Zur Kompilierzeit wird die auf mehrere Quellcodedateien verteilte Klasse so behandelt, als läge sie in einer Quellcodedatei vor.

Es gibt neben den partiellen Klassen aber auch partielle Methoden. Partielle Methoden stellen eine Option dar, die Sie wahrnehmen können, aber nicht müssen. Das erinnert uns ein wenig an Ereignisse, auf deren Auslösung wir mit einem Ereignishandler reagieren können oder auch nicht. Tatsächlich sind sich Ereignisse und partielle Methoden sehr ähnlich. Doch ehe wir uns das im Detail ansehen, lassen Sie uns zuerst über die Bedingungen sprechen, die Sie beim Einsatz partieller Methoden beachten müssen:

- Partielle Methoden setzen eine partielle Klassendefinition voraus.
- Der Rückgabetyp einer partiellen Methode ist grundsätzlich `void`.
- Partielle Methoden dürfen keine `out`-Parameter haben.
- Eine partielle Methode darf weder einen Zugriffsmodifizierer noch `virtual`, `abstract`, `override`, `new` oder `sealed` aufweisen.

Nun wollen wir uns auch eine einfache Klasse ansehen, in der zwei partielle Methoden definiert sind:

```
// Beispiel: ..\Kapitel 10\PartielleMethoden
public partial class Person
{
  // Felder
  private string _Name { get; set; }
  public int Alter { get; set; }
  // Partielle Methoden
  partial void ChangingName(string name);
  partial void ChangedName();
  // Eigenschaft
  public string Name {
    get { return _Name; }
    set
```

```
  {
    ChangingName(_Name);
    _Name = value;
    ChangedName();
  }
 }
}
```

Listing 10.9 Generische Erweiterungsmethode

Die partiellen Methoden ChangingName und ChangedName werden aufgerufen, bevor beziehungsweise nachdem sich der Wert der Eigenschaft Name geändert hat. Erfährt die Klasse Person keine Erweiterung durch eine partielle Definition, wird der Compiler die partiellen Methoden nicht kompilieren und die Aufrufe der partiellen Methoden ignorieren.

Möglicherweise sind wir aber an einer Reaktion im Zusammenhang mit der Namensänderung interessiert. Vielleicht möchten wir diese sogar protokollieren oder uns nur die Änderung anzeigen lassen. Das ist ganz einfach zu realisieren, indem wir in der Klasse Person das Angebot der partiellen Methoden nutzen und diesen Code schreiben.

```
public partial class Person
{
  partial void ChangingName(string name)
    => Console.WriteLine($"Der alte Name '{name}' wird geändert.");
  }
  partial void ChangedName()
    => Console.WriteLine("Name erfolgreich geändert.");
}
```

Listing 10.10 Die partiellen Methoden des Beispielprogramms

Zum Testen der Klasse Person genügt uns ganz einfacher Programmcode:

```
static void Main(string[] args)
{
  Person pers = new Person { Name = "Fischer", Alter = 67 };
  pers.Name = "Müller";
  Console.WriteLine(pers.Name);
  Console.ReadLine();
}
```

Listing 10.11 Testen des Beispielprogramms

Die Ausgabe an der Konsole zeigt uns an, dass wir den Namen der Person verändert haben. Also nichts, was besonders aufregend wäre.

Wo partielle Methoden eingesetzt werden

Partielle Methoden sind hauptsächlich dort anzutreffen, wo Assistenten automatisch Code erzeugen. Nehmen wir beispielsweise an, ein Assistent würde die Klasse Person wie folgt erzeugen:

```
public class Person
{
  // Felder
  private string _Name { get; set; }
  public int Alter { get; set; }
  // Eigenschaft
  public string Name
  {
    get { return _Name; }
    set { _Name = value; }
  }
}
```

Listing 10.12 Nichtpartielle Klasse »Person«

Beachten Sie, dass die Klasse Person in Listing 10.12 nicht partial ist und folgerichtig auch keine partiellen Methoden anbieten kann. Sie können den Quellcode nach eigenem Ermessen anpassen oder verändern, beispielsweise in der Eigenschaft Name wie folgt:

```
public string Name
{
  get { return _Name; }
  set
  {
    Console.WriteLine($"Der alte Name '{_Name}' wird geändert.");
    _Name = value;
    Console.WriteLine("Name erfolgreich geändert.");
  }
}
```

Listing 10.13 Benutzerdefinierte Anpassung der Eigenschaft »Name«

Dagegen ist grundsätzlich nichts einzuwenden. Jetzt kommt das große Aber: Einige Assistenten (auch die in Visual Studio) ermöglichen eine Aktualisierung der automatisch erzeugten Klassen. In unserem fiktiven Fall wäre davon die Klasse Person betroffen. Aktualisiert der Assistent jedoch die Klasse Person, sind die Änderungen, die wir in der Property Name vorgenommen haben, verloren. Sie werden schlichtweg »wegaktualisiert«.

Und genau in solchen Situationen spielen partielle Methoden ihre Stärke aus. Hinterlegen Sie den zusätzlichen, benutzerdefinierten Programmcode nämlich in partiellen Methoden (wie im Beispiel *PartielleMethoden* gezeigt), werden die Codeergänzungen nicht überschrieben: Sie bleiben erhalten. Darüber hinaus ist gewährleistet, dass die partiellen Methoden aufgerufen werden – zumindest solange der Assistent partielle Methoden bereitstellt. Aber das ist in der Regel der Fall.

10.4.2   Lokale Funktionen

Um Modularität in der Anwendung zu erreichen, schreiben Entwickler private Methoden. Private Methoden werden jedoch sehr häufig nur von einer Methode der Klasse aufgerufen. In diesen Fällen ist es im Grunde genommen wenig sinnvoll, die private Methode mit einem eindeutigen Bezeichner auszustatten. Lokale Funktionen ermöglichen es, innerhalb einer Methode eine andere Methode zu definieren, die nur von der umschließenden Methode aufgerufen werden kann.

Sehen wir uns dazu ein einfaches Beispiel an. Ausgangspunkt sei die Methode Calculate, in der ein Array von Integer-Zahlen erzeugt wird. Danach wird das Array in einer Schleife durchlaufen, und alle Array-Werte, die größer oder gleich 50 sind, werden um den Faktor 2 erhöht. Am Ende werden die Listenwerte in der Konsole ausgegeben.

> **Anmerkung**
>
> Ich verwende hier ein sehr einfaches Beispiel, um Ihnen die Technik der lokalen Funktionen zu zeigen. Sie sollten sich daher nicht fragen, ob unser Beispiel nicht besser ohne lokale Funktionen auskäme. Tatsächlich ist dem so. In der Praxis sind Methoden allerdings meist viel komplexer, und dann können lokale Methoden durchaus positiv benutzt werden.

```
public static void Calculate()
{
  int[] liste = { 3, 12, 78, 33, 7, 81, 55, 34 };
  for (int i = 0; i < liste.Length; i++)
  {
    if (liste[i] >= 50)
      liste[i] *= 2;
    Console.WriteLine(liste[i]);
  }
}
```

Listing 10.14 Klassische Methodenimplementierung

Die Überprüfung des Werts wollen wir nun in eine separate Methode auslagern. Also schreiben wir eine private-Methode, die die entsprechende Logik enthält.

```
public static void Calculate()
{
  int[] liste = { 3, 12, 78, 33, 7, 81, 55, 34 };
  for (int i = 0; i < liste.Length; i++)
  {
    liste[i] = ChangeValue(liste[i]);
    Console.WriteLine(liste[i]);
  }
}
private static int ChangeValue(int value)
  => (value >= 50) ? value * 2 : value;
```

Listing 10.15 Eine private Methode für die Methode »Calculate«

Syntaktisch ist die Lösung nicht zu beanstanden. Allerdings ist die private Methode Change-Value in jeder anderen Methode derselben Klasse sichtbar und könnte dort aufgerufen werden, obwohl sie nur für die Methode Calculate interessant ist.

Ein anderer Lösungsansatz, der diesem Nachteil Rechnung trägt, wäre die Beschreibung der Logik durch einen Lambda-Ausdruck.

```
public static void Calculate()
{
  int[] liste = { 3, 12, 78, 33, 7, 81, 55, 34 };
  // Lambda-Ausdruck
  Func<int, int> del = (value) => (value >= 50) ? value * 2 : value;
  for (int i = 0; i < liste.Length - 1; i++)
  {
    liste[i] = del(liste[i]);
    Console.WriteLine(liste[i]);
  }
}
```

Listing 10.16 Implementierung eines Lambda-Ausdrucks anstelle einer private Methode

Der Lambda-Ausdruck in Listing 10.16 basiert auf dem Delegaten Func<>. Dieser Delegat gehört zur Klassenbibliothek des .NET Frameworks und beschreibt Methoden mit Rückgabewert. Der Datentyp der Rückgabe wird durch die Angabe im letzten generischen Typparameter beschrieben, alle anderen erforderlichen Parametertypen werden davor gelistet.

Nun haben wir die Prüfungslogik durch eine anonyme Methode beschrieben. So wurde es vielfach vor der Version C# 7.0 gemacht, um private Methoden zu vermeiden. Allerdings haben wir jetzt eine auf den ersten Blick bessere Lösung im Vergleich zur privaten Methode gefunden, uns jedoch dabei einen gravierenden Nachteil eingehandelt: Bei jedem Schleifendurchlauf muss für den Delegaten Speicher alloziert werden. Je öfter die Schleife durchlaufen wird, desto mehr werden die Speicherressourcen belastet. Im Endeffekt ist die Lösung mit einer anonymen Methode zumindest fragwürdig.

Jetzt kommen wir zum eigentlichen Thema dieses Abschnitts, den lokalen Methoden. Lokale Methoden sind Methoden, die in einer anderen Methode eingebettet sind. Sehen wir uns zuerst unser Beispiel von oben an, jetzt allerdings durch eine lokale Methode beschrieben.

```
public static void Calculate()
{
  int[] liste = { 3, 12, 78, 33, 7, 81, 55, 34 };
  for (int i = 0; i < liste.Length - 1; i++)
  {
    liste[i] = ChangeValue(liste[i]);
    Console.WriteLine(liste[i]);
  }
  // lokale Methode
  int ChangeValue(int value)
      => (value >= 50) ? value * 2 : value;
}
```

Listing 10.17 Implementierung einer lokalen Funktion

Die lokale Funktion, hier ChangeValue, ist nur innerhalb von Calculate sichtbar. Wir haben eine Modularisierung erreicht, die sich ausschließlich auf die umgebende Methode bezieht. Zudem werden die Speicherressourcen nicht unnötig belastet wie mit einer anonymen Methode.

Sie können lokale Funktionen in jeder Methodenart einsetzen, also auch in Konstruktoren und in get und set-Zweigen einer Property.

Lokale Funktionen haben direkten Zugriff auf alle Variablen der umgebenden Methode. Im folgenden Codefragment kann daher die lokale Funktion auf die int-Variable zugreifen und sie auch ändern.

```
public void DoSomething()
{
  int value = 154;
  LocalFunction();
  Console.WriteLine(value);
  void LocalFunction() => value = 89;
}
```

Möchten Sie vermeiden, dass die lokale Funktion Variablen aus der übergeordneten Methode erfassen kann, müssen Sie die lokale Funktion static definieren. Benötigen Sie in der lokalen Funktion eine Variable aus dem umschließenden Bereich, müssen Sie diese der lokalen Funktion als Parameter übergeben.

```
public void DoSomething()
{
  int value = 154;
  value = LocalFunction(value);
  Console.WriteLine(value);
  static int LocalFunction(int param) => param = 89;
}
```

10.5   Operatorüberladung

10.5.1   Einführung

C# verfügt über eine Reihe von Operatoren, die Sie für allgemeine Operationen einsetzen können. Werden zwei Zahlen dividiert, müssen Sie sich keine Gedanken darüber machen, welcher Code im Hintergrund vom Compiler erzeugt wird:

```
double result = value1 / value2;
```

Die Frage nach dem Typ der Operanden ist nicht bedeutungslos. Handelt es sich um ganzzahlige Typen, wird ein anderes Kompilat erzeugt, als würde es sich um zwei Dezimalzahlen handeln. Abhängig vom Typ der Operanden werden intern zwei unterschiedliche Operationen ausgeführt. Der Compiler entscheidet darüber, um welche Operation es sich dabei handelt, denn der /-Operator ist überladen. Insbesondere für die elementaren Datentypen wie int, long oder double sind die meisten Operatoren überladen.

Eine der großen Stärken von C# ist, dem Entwickler ein Instrumentarium an die Hand zu geben, das ihm ermöglicht, im Bedarfsfall Operatoren nach eigenem Ermessen zu überladen.

10.5.2   Die Syntax der Operatorüberladung

Zum Überladen von Operatoren in einer Klasse oder einer Struktur stellt C# das Schlüsselwort operator zur Verfügung, das nur in Verbindung mit public static verwendet werden darf. Hinter dem operator-Schlüsselwort wird der Operator angegeben, der überladen werden soll. Die folgende Syntax gilt für *binäre Operatoren*, die zwei Operanden für ihre Operation benötigen:

```
public static <Ergebnistyp> operator <Operator>(<Operand1>, <Operand2>)
```

Typische Vertreter binärer Operationen sind die Operationen +, - , * und auch /. Neben den binären gibt es *unäre Operatoren*, die nur einen Operanden verlangen. Stellvertretend seien hier die Operatoren ++ und -- genannt. Für diese Operatorengruppe ändert sich die Syntax wie folgt:

```
public static <Ergebnistyp> operator <Operator>(<Operand>)
```

Wenn Sie eine Klasse um Methoden zur Operatorüberladung erweitern, sollten Sie folgende Punkte berücksichtigen:

▶ Es können nur vordefinierte Operatoren überladen werden. Neue Operatoren zu »erfinden«, ist nicht möglich.

▶ Die Operationen von Operatoren auf den elementaren Datentypen können nicht umdefiniert werden.

▶ Die Grundfunktionalität eines Operators bleibt immer erhalten: Ein binärer Operator benötigt immer zwei Operanden, ein unärer immer nur einen. Die Vorrangregeln können nicht beeinflusst werden.

In Tabelle 10.1 sind alle Operatoren aufgeführt, die in einer Klasse oder Struktur überladen werden dürfen.

C#-Operator	Bedeutung
+, -, !, ~, ++, --, true, false	unäre Operatoren
+, -, *, /, %, &, |, ^, <<, >>	binäre Operatoren
==, !=, <, >, <=, >=	relationale Operatoren
[]	Dieser Operator kann eigentlich nicht überladen werden. Es gibt jedoch ein Ersatzkonstrukt (Indexer), das die gleiche Funktionalität bietet (siehe Abschnitt 10.7, »Indexer«).

Tabelle 10.1 Überladbare Operatoren

Einige Operatoren können nur paarweise überladen werden. Wollen Sie zum Beispiel den Vergleichsoperator == überladen, müssen Sie auch den Operator != überladen. Damit erzwingt C# eine konsistente Prüfung auf Übereinstimmung und Nichtübereinstimmung.

Einschränkungen der Operatorüberladung

Nicht alle Operatoren sind überladungsfähig. Ausgeschlossen ist unter anderem der Zuweisungsoperator =. Überladen Sie einen binären Operator, z. B. +, wird der Additionszuweisungsoperator += automatisch implizit überladen.

Zu den anderen nichtüberladbaren Operatoren gehören der Punktoperator, der bedingte Operator ?: sowie die Operatoren new, is, typeof und sizeof. Ebenso wenig überladbar sind die runden Klammern, mit denen eine Typkonvertierung durchgeführt wird. Stattdessen sollten benutzerdefinierte Konvertierungen codiert werden. Dieses Thema beschäftigt uns weiter unten.

10.5.3   Die Operatorüberladungen im Projekt »GeometricObjectsSolution«

Wir wollen uns die Operatorüberladung jetzt an einem Beispiel ansehen. Dazu rufen wir uns die Methode `Bigger` der Klasse `GeometricObject` in Erinnerung:

```csharp
public static int Bigger(GeometricObject geo1, GeometricObject geo2)
{
  if (geo1 == null || geo2 == null) return 0;
  if (geo1 == null) return -1;
  if (geo2 == null) return 1;
  if (geo1.GetArea() > geo2.GetArea()) return 1;
  if (geo1.GetArea() < geo2.GetArea()) return -1;
  return 0;
}
```

Listing 10.18 Die Methode »Bigger« der Klasse »GeometricObject«

Übergeben wir zwei `Circle`-Objekte, können wir zweifelsfrei feststellen, welches der beiden größer ist als das andere, z. B.:

```csharp
if(GeometricObject.Bigger(kreis1, kreis2) == 1)
  [...]
```

Selbstkritisch müssen wir aber auch feststellen, dass der gleichwertige Ausdruck

```csharp
if(kreis1 > kreis2)
```

eher einer üblichen Vergleichsoperation entspricht. Bisher ist diese Vergleichsoperation jedoch nicht möglich, weil sie weder für Objekte vom Typ der Basisklasse `GeometricObject` noch in einer der abgeleiteten Klassen definiert ist. Um dieses Defizit auszugleichen, wollen wir jetzt den >-Operator so überladen, dass er zur Laufzeit auf zwei Objekte vom Typ `GeometricObject` angewendet werden kann. Dabei müssen wir berücksichtigen, dass einer der beiden Operanden `null` sein könnte. In diesem Fall ist es üblich, eine Ausnahme auszulösen.

```csharp
public static bool operator >(GeometricObject geo1, GeometricObject geo2)
{
  if (geo1 == null || geo2 == null)
    throw new InvalidOperationException();
  return geo1.GetArea() > geo2.GetArea() ? true: false;
}
```

Listing 10.19 Überladen des »>«-Operators

Kompilieren wir die so ergänzte Klassendefinition, erhalten wir einen Compilerfehler, weil sich ein `GeometricObject`-Objekt jetzt nicht mehr eindeutig verhält. Wir werden gezwungen, einen weiteren Vergleichsoperator zu überladen, nämlich den, der die Umkehrung der bereits überladenen Vergleichsfunktion beschreibt.

```
public static bool operator <(GeometricObject geo1, GeometricObject geo2)
{
  if (geo1 == null || geo2 == null)
    throw new InvalidOperationException();
  return geo1.GetArea() < geo2.GetArea()? true: false;
}
```

Listing 10.20 Überladen des »<«-Operators

Nach dem anschließenden erfolgreichen Kompilieren können wir mit

```
Circle kreis1 = new Circle(6);
Circle kreis2 = new Circle(3);
if(kreis1 > kreis2) { [...] }
```

alternativ zu der von uns implementierten Methode Bigger Vergleichsoperationen mit Objekten unserer Klasse ausführen. Da die Überladung für alle Objekte vom Typ Geometric-Object gilt, lässt sich auch ein Circle mit einem Rectangle vergleichen.

Anmerkung

Der Vollständigkeit halber werden in der Klasse GeometricObject auch noch die beiden Operatoren <= und >= überladen. An dieser Stelle gehe ich darauf aber nicht mehr ein, weil damit keine neuen Erkenntnisse verbunden sind.

Überladen von Gleichheitsoperatoren

Im Abschnitt zuvor haben wir die Operatoren < und > überladen, um die Größe zweier geometrischer Objekte miteinander zu vergleichen. Vielleicht ist Ihnen aufgefallen, dass bisher der Vergleich mit dem ==-Operator nicht bereitgestellt worden ist. Das wollen wir nun tun. Dazu muss ich ein wenig ausholen, denn die Lösung der Problematik ist nicht ganz trivial.

Jede Klasse beerbt die Klasse Object. Damit hat jedes Objekt die Methoden, die in Object definiert sind. Zu diesen Methoden gehört die Methode Equals, mit der von Hause aus zwei Referenzen auf Gleichheit hin untersucht werden können. Das wollen wir uns an einem kleinen Beispiel zuerst ansehen:

```
Circle kreis1 = new Circle(12);
Circle kreis2 = kreis1;
if(kreis1.Equals(kreis2))
  Console.WriteLine("Referenzielle Gleichheit");
else
  Console.WriteLine("Zwei verschiedene Objekte");
```

Listing 10.21 Referenzen mit »Equals« auf Gleichheit hin prüfen

445

Verweisen beide Referenzen auf dasselbe Objekt, liefert die Equals-Methode als Rückgabewert true. Das ist das Standardverhalten dieser Methode. In gleicher Weise arbeitet der ==-Vergleichsoperator. Wir könnten demnach die if-Anweisung auch wie folgt formulieren:

```
if(kreis1 == kreis2)
  [...]
```

Der Vergleichsoperator == soll laut Definition die Syntax für den Vergleich mit Equals vereinfachen. Wird der Vergleichsoperator überladen, muss er von der Logik her mit Equals übereinstimmen. Der C#-Compiler gibt sogar eine Warnmeldung aus, wenn gegen diese Regel verstoßen wird.

Da es unser Ziel ist, den Vergleichsoperator == zu überladen, dürfen wir das Überschreiben der virtuellen Equals-Methode nicht vergessen. Und selbstverständlich gilt es auch, den Vergleich mit != zu implementieren.

Widmen wir unser Augenmerk zuerst der Überladung des Operators ==. Sie wird dabei wie folgt definiert:

```
public static bool operator ==(GeometricObject geo1,GeometricObject geo2)
```

Jetzt müssen wir mehrere Situationen betrachten:

1. Die beiden Parameter geo1 und geo2 verweisen auf dasselbe Objekt. Der Vergleich liefert dann den Rückgabewert true.

2. Entweder geo1 oder geo2 wird durch null beschrieben. Dann sollte der Rückgabewert in jedem Fall false sein.

3. Trifft keiner der vorgenannten Punkte zu, erfolgt der Vergleich anhand der Methode GetArea.

Widmen wir uns dem ersten Punkt. Um einen Referenzvergleich anstellen zu können, kommt die Methode Equals nicht mehr in Betracht, da wir sie später überschreiben müssen. Eine andere Möglichkeit liefert uns die statische Methode ReferenceEquals der Klasse Object, die wie folgt definiert ist:

```
public static bool ReferenceEquals(Object object1, Object object2)
```

Der Rückgabewert dieser Methode ist true, wenn es sich bei object1 und object2 um dieselbe Instanz handelt. Wird an einen der beiden Parameter aber null übergeben, ist der Rückgabewert false.

Mit dieser Erkenntnis können wir den Vergleichsoperator == nun wie in Listing 10.22 gezeigt überladen:

```
public static bool operator ==(GeometricObject geo1, GeometricObject geo2)
{
  if (ReferenceEquals(geo1, geo2)) return true;
  if (ReferenceEquals(geo1, null)) return false;
```

```
    return geo1.Equals(geo2);
}
```

Listing 10.22 Überladen des »==«-Operators

In der Überladung wird Equals aufgerufen. Die Idee, die sich dahinter verbirgt, ist, dass in Equals der tatsächliche Größenvergleich durchgeführt werden soll, also:

```
public override bool Equals(object obj)
{
    if (obj == null) return false;
    if (GetArea() == ((GeometricObject)obj).GetArea()) return true;
    return false;
}
```

Listing 10.23 Überschreiben der Methode »Equals«

Vielleicht stellen Sie sich die Frage, warum in der ersten Anweisung noch einmal eine Überprüfung auf null stattfindet, die doch eigentlich bereits in der Operatorüberladungsmethode durchgeführt worden ist. Aber vergessen Sie nicht, dass Equals auch unabhängig von der Nutzung des überladenen Vergleichsoperators auch auf eine GeometricObject-Referenz aufgerufen werden könnte.

Was uns nun noch fehlt, ist die Überladung des !=-Operators. Aber das ist nun wirklich keine schwierige Aufgabe mehr.

```
public static bool operator !=(GeometricObject obj1, GeometricObject obj2)
    => !(obj1 == obj2);
```

Listing 10.24 Überladung des »!=«-Operators

Starten Sie mit diesen Ergänzungen und dem folgenden Code zum Testen die Anwendung.

```
static void Main(string[] args)
{
    Circle kreis1 = new Circle(2);
    Circle kreis2 = new Circle(1);
    kreis1 = null;
    if (kreis1 == kreis2)
        Console.WriteLine("k1 == k2");
    else
        Console.WriteLine("k1 != k2");
    Console.ReadLine();
}
```

Listing 10.25 Testen der überladenen Operatoren »==« und »!=«

Sie werden feststellen, dass die Operatorüberladungen das tun, was wir von ihnen erwarten. Allerdings gibt es noch einen kleinen Wermutstropfen, denn wir erhalten einen Warnhinweis, der besagt, dass im Falle eines Überschreibens der Equals-Methode auch die von der Klasse Object geerbte Methode GetHashCode überschrieben werden muss, damit der Typ in einer Hashtabelle korrekt funktioniert.

```
public override int GetHashCode() => base.GetHashCode();
```

Listing 10.26 Überschreiben der Methode »GetHashCode«

Überladene Operatoren in der Vererbung

Wird aus einer Klasse, die Operatoren überlädt, eine weitere Klasse abgeleitet, vererben sich die überladenen Operatoren an die abgeleitete Klasse. In unserem Beispielprojekt werden somit die Klassen Circle und Rectangle von den Operatorüberladungen profitieren können.

Die Operatoren »true« und »false« überladen

Wenn Sie Tabelle 10.1 aufmerksam studiert haben, werden Ihnen vielleicht zwei ungewöhnlich erscheinende, überladungsfähige Operatoren aufgefallen sein: true und false. Diese dienen dazu, Operationen wie beispielsweise

```
if(value)
  [...]
```

zu ermöglichen. Diese Bedingungsprüfung ist sinnvoll, wenn der Rückgabewert direkt von einem Feld abhängt. Soll außerdem der Negationsoperator berücksichtigt werden, muss auch der !-Operator überladen werden.

```
if(!value)
  [...]
```

Die Operatoren true und false gehören ebenfalls zu der Gruppe der Operatoren, die man paarweise überladen muss. Die Rückgabe ist ein boolescher Wert. Das folgende Beispiel zeigt die Überladung der drei Operatoren true, false und !. Dazu wird festgelegt, dass ein Objekt dann als true zu bewerten ist, wenn der Inhalt des objektspezifischen Felds ungleich 0 ist.

```
// Beispiel: ..\Kapitel 10\Operatorüberladung_True_False
class Program
{
  static void Main(string[] args)
  {
    Demo obj = new Demo { Value = 12 };
    obj.Value = 8;
    if(obj)
      Console.Write("Wert ungleich 0");
    else
```

```
      Console.Write("Wert gleich 0");
    Console.ReadLine();
  }
}
// Klasse Demo
class Demo
{
  public int Value { get; set;}
  // Überladung des true-Operators
  public static bool operator true(Demo obj) => obj.Value != 0 ? true : false;
  // Überladung des false-Operators
  public static bool operator false(Demo obj) => obj.Value != 0 ? false : true;
  // Überladung des Negationsoperators
  public static bool operator !(Demo obj) => obj.Value != 0 ? false : true;
}
```

Listing 10.27 Das Beispielprogramm »Operatorüberladung_True_False«

Die dem Feld zugewiesene Zahl 12 wird mit

```
if(obj)
```

zu der Anzeige

```
Wert ungleich 0
```

führen. Benutzen wir im Ausdruck den !-Operator, kehrt sich die Logik um und führt zu folgender Ausgabe:

```
Wert gleich 0
```

10.5.4   Benutzerdefinierte Typkonvertierung

Eine Konvertierung, die Sie vermutlich schon sehr häufig benutzt haben, wird durch die beiden folgenden Anweisungen beschrieben:

```
int source = 9;
long target = source;
```

Ein Integer-Wert wird an den Datentyp long übergeben. Dabei spielt eine Konvertierung eine Rolle, die implizit ausgeführt wird. Wollen wir anschließend den long-Wert wieder einem Integer übergeben, müssen wir explizit den Zieldatentyp angeben, z. B.:

```
int newValue = (int)source;
```

Implizite und explizite Konvertierungen können Sie auch mit den Möglichkeiten von C# umsetzen. Damit könnten Sie beispielsweise erreichen, eine Circle-Referenz einer Rectangle-Referenz zuzuweisen:

```
Circle kreis = new Circle(100, 100, 100);
Rectangle rect = (Rectangle)kreis;
```

Listing 10.28 Typkonvertierung eines »Circle«-Objekts in ein »Rectangle«-Objekt

Natürlich ließe sich auch eine implizite Konvertierung ohne Angabe des Zieldatentyps realisieren oder eine Konvertierung in umgekehrter Richtung.

Die allgemeine Syntax der impliziten benutzerdefinierten Typkonvertierung lautet:

```
public static implicit operator <Zieldatentyp>(<Eingabetyp>)
```

Um eine benutzerdefinierte, explizite Typumwandlung zu implementieren, muss anstelle des Schlüsselworts implizit das Schlüsselwort explicit in der Methodensignatur angegeben werden. Ansonsten ist die Syntax der impliziten benutzerdefinierten Konvertierung identisch:

```
public static explicit operator <Zieldatentyp>(<Eingabedatentyp>)
```

> **Hinweis**
> Das gleichzeitige Implementieren einer expliziten und einer impliziten Konvertierungsfunktion mit demselben Zieldatentyp ist unzulässig.

Ich weiß, es ist ein wenig »an den Haaren herbeigezogen«, aber lassen Sie uns trotzdem die beiden Klassen Circle und Rectangle um benutzerdefinierte Konvertierungen so erweitern, dass der Code in Listing 10.29 fehlerfrei ausgeführt wird. Am Ende soll also ein Circle-Objekt einer Rectangle-Referenz zugewiesen werden können und umgekehrt. Beide Konvertierungen sollen als explizite Konvertierungen bereitgestellt werden. Mit einer vorgeschriebenen expliziten Konvertierung lässt sich eher deutlich machen, dass die Typumwandlung unter Zwang geschieht.

Sehen wir uns zuerst die Konvertierung eines Circle-Objekts in ein Rechteck an. Dabei muss zuvor eine Vereinbarung getroffen werden: Da das Verhältnis von Breite zu Länge des Rechtecks unbestimmbar ist, soll das Ergebnis der Konvertierung ein Quadrat sein, also der Sonderfall eines Rechtecks. Hierbei soll es sich um das Quadrat handeln, in dem das Circle-Objekt so eingebettet ist, dass es die vier Kanten des Quadrats innen berührt. Berücksichtigen sollten wir dabei auch, dass der Bezugspunkt des Kreises gleichzeitig dessen Mittelpunkt ist, während das Rechteck (bzw. das Quadrat) seinen Bezugspunkt auf der linken oberen Ecke definiert.

```
public class Circle
{
  [...]
  public static explicit operator Rectangle(Circle circle)
  {
```

```
    return new Rectangle(2 * circle.Radius, 2 * circle.Radius,
                    circle.XCoordinate - circle.Radius,
                    circle.YCoordinate - circle.Radius);
    }
}
```

Listing 10.29 Explizite Konvertierung eines »Circle«-Objekts in den Typ »Rectangle«

Etwas schwieriger gestaltet sich die Konvertierung eines Rechtecks in einen Kreis. Wir müssen zuerst die Fläche des Rechtecks ermitteln, um basierend auf der Fläche einen Radius für das Circle-Objekt zu berechnen. Wegen der Konvertierung eines double-Typs in einen int wird das Ergebnis natürlich an Genauigkeit verlieren.

Den Mittelpunkt des Kreises verschieben wir auf den Schnittpunkt der Diagonalen des Rechtecks:

```
public class Rectangle
{
  [...]
  public static explicit operator Circle(Rectangle rect)
  {
    int radius = (int)Math.Sqrt(rect.GetArea() / Math.PI);
    return new Circle(radius, radius + rect.Length/2,
                        Radius + rect.Width/2);
  }
}
```

Listing 10.30 Explizite Konvertierung eines »Rectangle«-Objekts in einen »Circle«

Nun wollen wir das Ergebnis noch mit dem Code aus Listing 10.31 testen:

```
static void Main(string[] args)
{
  Circle kreis = new Circle(100, 100, 100);
  Rectangle rect = (Rectangle)kreis;
  Console.WriteLine("Length|Width = {0}, X = {1}, Y = {2}",
                    rect.Length, rect.XCoordinate, rect.YCoordinate);
  Rectangle rect1 = new Rectangle(100, 50);
  Circle kreis1 = (Circle)rect1;
  Console.WriteLine("Radius = {0}, X = {1}, Y = {2}",
                    kreis1.Radius, kreis1.XCoordinate, kreis1.YCoordinate);
  Console.ReadLine();
}
```

Listing 10.31 Hauptprogramm zum Testen der expliziten Konvertierung

> **Hinweis**
>
> Sie finden das geänderte Beispielprogramm *GeometricObjectsSolution* in den Materialien zum Buch (Download von *www.rheinwerk-verlag.de/4699*) unter ..*Kapitel 10\\Geometric-ObjectsSolution_10*.

10.6   »Nullable«-Referenztypen

> **Anmerkung**
>
> Der Beispielcode dieses Abschnitts ist kurz nach dem Release von Visual Studio 2019 geschrieben worden. Dadurch, dass .NET im nahezu wöchentlichen Rhythmus aktualisiert wird, kann es sein, dass Sie den Beispielcode nicht nachvollziehen können. In diesem Fall sollten Sie auf die aktuelle .NET-Dokumentation zurückgreifen. Aber selbst bei einer Änderung ändert sich am grundsätzlichen Prinzip nichts.

Referenztypen, also Klassen und Delegaten, können den Inhalt null annehmen. Damit wird ein Zustand beschrieben, der das Fehlen eines konkreten Werts anzeigen soll. null wurde bereits mit dem .NET Framework 1.0 eingeführt und war – im Nachhinein betrachtet – wohl keine gute Entscheidung des .NET-Entwicklerteams. Dass uns einige Methoden anstatt einer Ausnahme ein gut auswertbares null im Fehlerfall zurückliefern, kann man hingegen durchaus als positiv ansehen, denn es erspart uns eine aufwendige Ausnahmebehandlung.

Das mögliche Auftreten von null verursacht einen Mehraufwand bei der Programmierung. Ein typisches Beispiel dafür ist die statische Methode Bigger der Klasse GeometricObject. Beide Parameter beschreiben einen Referenztyp und müssen daher auf null hin untersucht werden.

```
public static int Bigger(GeometricObject geo1, GeometricObject geo2)
{
  if (geo1 == null && geo2 == null) return 0;
  if (geo1 == null) return -1;
  if (geo1 == null) return 1;
  if (geo1.GetArea() > geo2.GetArea()) return 1;
  if (geo1.GetArea() < geo2.GetArea()) return -1;
  return 0;
}
```

Jeder Parameter in dieser Methode muss daraufhin geprüft werden, ob er null enthält oder nicht, denn das Aufrufen eines Members für einen null-Wert löst unweigerlich eine NullReferenceException aus (hier bei GetArea()).

Zudem müssen wir feststellen, dass es zwischen den Referenz- und Wertetypen eine Inkonsistenz gibt. Das ist darin begründet, dass Referenztypen standardmäßig null zulassen und Wertetypen standardmäßig nicht. Zwar können wir mit Nullable<T> bzw. dem Dekorator ? auch einen Wertetyp als null-fähig definieren, aber das führt insbesondere bei Neueinsteigern in C# oft zu Irritationen. Vom Grundsatz her wäre es daher sinnvoller, wenn sowohl die Referenz- als auch die Wertetypen standardmäßig nicht null-fähig wären und erst der Dekorator ? die null-Fähigkeit beider Gruppen ermöglichen würde.

Mit C# 8.0 kommt es nun zur »Rolle rückwärts«, und es wird genau diese Möglichkeit angeboten: Wir können jetzt Referenztypen bereitstellen, die den Wert null nicht akzeptieren. Dieses neue Feature steht Ihnen nicht automatisch zur Verfügung, Sie müssen es explizit angeben.

Öffnen Sie dazu das Projekteigenschaftsfenster durch einen Doppelklick auf den Knoten PROPERTIES im Projektmappen-Explorer. Aktivieren Sie danach im linken Bereich die Lasche BUILD. Im Bereich der Build-Einstellungen finden Sie unten eine Schaltfläche, die mit ERWEITERT beschriftet ist. Klicken Sie auf diese Schaltfläche öffnet sich der Dialog ERWEITERTE BUILDEINSTELLUNGEN. Stellen Sie hier die SPRACHVERSION C# 8.0 ein (siehe Abbildung 10.1).

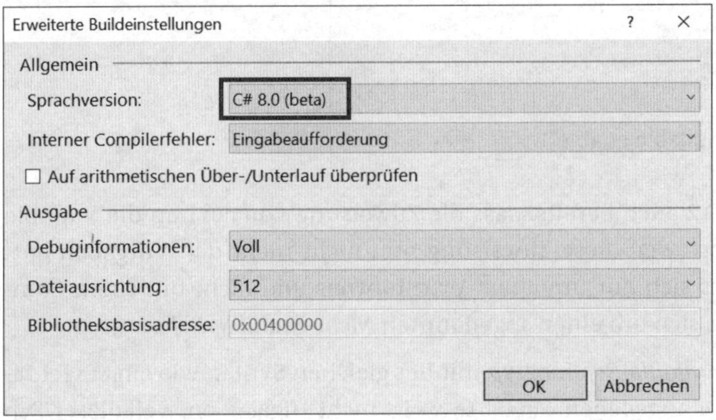

Abbildung 10.1 Umstellen der Sprachversion auf C# 8.0

Wir wollen diese Ergänzung jetzt an einem Beispiel testen. Der Code dazu soll wie folgt aussehen:

```
class Program
{
  static void Main(string[] args)
  {
    Person pers = new Person();
    pers = null;
  }
}
```

```
public class Person
{ }
```

Listing 10.32 Beispiel zum Testen von »Nullable«-Referenztypen

Auch mit der in Listing 10.32 gezeigten Änderung der Projektdatei ist es uns möglich, dem Person-Objekt null zuzuweisen. Wir müssen dazu in der Quellcodedatei noch die Direktive #nullable enable angeben (siehe Abbildung 10.2).

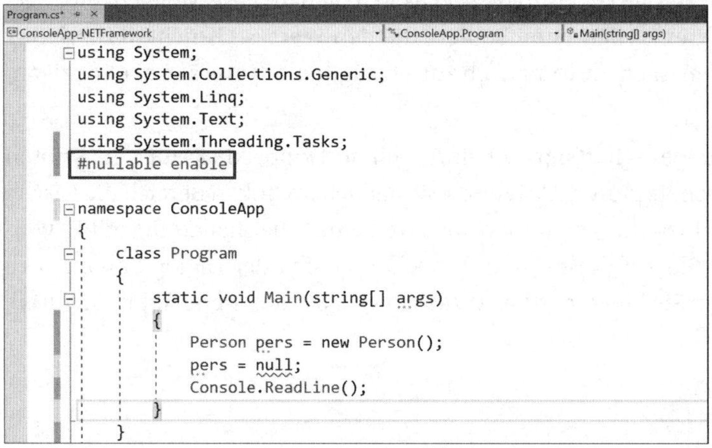

Abbildung 10.2 Angabe von »#nullable enable«

Sie erkennen in Abbildung 10.2 auch bereits, dass die Zuweisung von null an die Variable nun einen Warnhinweis liefert, weil diese Zuweisung nun nicht mehr den Vorgaben entspricht. Tatsächlich handelt es sich nur um einen Warnhinweis und nicht um einen Compilerfehler. Bei pers handelt es sich um einen sogenannten *Nicht-Nullable-Referenztyp*.

Im Gegensatz dazu wird ein *Nullable-Referenztyp* mit der gleichen Syntax wie ein Nullable-Wertetyp mit dem ?-Dekorator angegeben. Nullable<T> ist nicht zugelassen, weil dieser Typ auf Strukturen begrenzt ist. Bezogen auf die Klasse Person unseres Beispielcodes aus Listing 10.32 würde die Objektinitialisierung wie folgt geschrieben:

```
Person? pers = new Person();
```

Jetzt ist es möglich, auch der Instanz pers den Wert null zuzuweisen.

Hinweis

Per Vorgabe wird ein Verstoß gegen die Regel der Nullable-Referenztypen mit einem Warnhinweis reagiert. Sie können aber auch einstellen, dass Verstöße zu einer Fehlermeldung führen. Dazu öffnen Sie das Projekteigenschaftsfenster und aktivieren die BUILD-Lasche. Stellen Sie dort, wie in Abbildung 10.3 zu sehen ist, ein, dass ALLE Warnungen als Fehler zu behandeln sind.

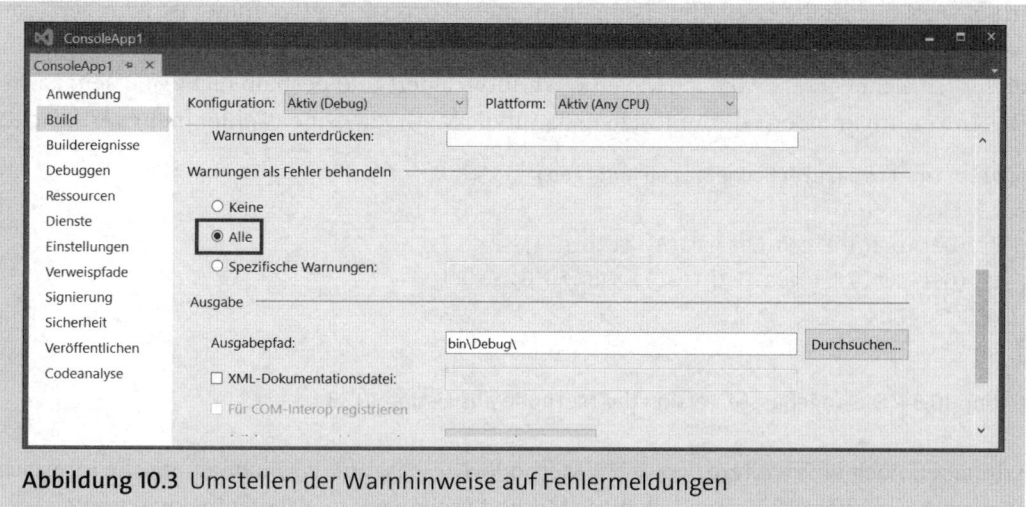

Abbildung 10.3 Umstellen der Warnhinweise auf Fehlermeldungen

10.6.1 »Nullable«-Referenztypen im Beispiel »GeometricObjects«

Wir wollen uns nun ansehen, wie wir die letzte Version des Beispielprogramms *Geometric-ObjectsSolution* (also die Version »10«) komplett umstellen müssen, um die null-Fähigkeit komplett abzuschalten.

Im ersten Schritt sollten wir die Sprachversion C# 8.0 einstellen, wie es in Abbildung 10.3 gezeigt wird. Darüber hinaus wird in jeder Quellcodedatei die Direktive #nullable enable angegeben. Empfehlenswert ist zudem, alle Warnhinweise als Fehlermeldungen auszugeben.

Wenn Sie nach diesen Vorgaben versuchen, das Projekt zu starten, werden Sie über insgesamt 22 Fehler informiert. Die meisten treten in der Klasse GeometricObject auf, ein paar weitere in der Klasse GeometricObjectComparer.

Beginnen wir mit den Anpassungen in der Klasse GeometricObject und hier mit der Methode CompareTo, die ihren Ursprung in der Schnittstelle IComparable<GeometricObject> hat. Die Methode ist aktuell noch wie folgt definiert:

```
public int CompareTo(GeometricObject geo)
{
  if (geo == null) return 1;
  if (GetArea() > geo.GetArea()) return 1;
  if (GetArea() == geo.GetArea()) return 0;
  return -1;
}
```

Listing 10.33 Die Methode »CompareTo« aus dem Interface »IComparable<GeometricObject>«

In der Methode ist die erste Anweisung nicht mehr korrekt. Der Parameter ist vom Typ `Geo-metricObject` und kann nun nicht mehr `null` sein. Sie müssen es sich so vorstellen, dass in dieser Hinsicht `GeometricObject` wie eine Wertetyp agiert und deshalb nicht `null` sein kann. Die Anweisung müssen wir nur löschen, damit die Methode keinen Fehler mehr verursacht.

```
public int CompareTo(GeometricObject geo)
{
  if (GetArea() > geo.GetArea()) return 1;
  if (GetArea() == geo.GetArea()) return 0;
  return -1;
}
```

Listing 10.34 Die angepasste Version der Methode aus Listing 10.33

Wir haben noch eine weitere `CompareTo`-Methode. Diese ist auf das nichtgenerische Interface `IComparable` zurückzuführen. Auch diese Methode sehen wir uns zuerst in der aktuellen Fassung an.

```
public virtual int CompareTo(Object obj)
{
  GeometricObject geoObject = obj as GeometricObject;
  if (geoObject != null)
  {
    if (GetArea() < geoObject.GetArea()) return -1;
    if (GetArea() == geoObject.GetArea()) return 0;
    return 1;
  }
  throw new ArgumentException("Es wird der Typ 'GeometricObject' erwartet.");
}
```

Listing 10.35 Die Methode »CompareTo« aus dem Interface »IComparable«

Um diese Methode an die neuen Bedingungen anzupassen, sind mehrere Schritte erforderlich. In der ersten Anweisung wird mit dem `as`-Operator versucht, den Parameter `obj` in den Typ `GeometricObject` zu konvertieren. Da sich `GeometricObject` nun wie ein Wertetyp verhält, darf der `as`-Operator darauf nicht angewendet werden, denn `as` setzt einen Referenztyp als Zieldatentyp voraus. Infolgedessen ist auch die zweite Anweisung fehlerhaft.

Eine Lösung ist es, zuerst den Parameter vom Typ `Object` auf den Typ `GeometricObject` hin zu untersuchen und im Erfolgsfall in `GeometricObject` zu konvertieren. Daran anschließend kann der Vergleich erfolgen.

```
public virtual int CompareTo(Object obj)
{
  if (obj is GeometricObject)
```

```
{
    GeometricObject geoObject = (GeometricObject)obj;
    if (GetArea() < geoObject.GetArea()) return -1;
    if (GetArea() == geoObject.GetArea()) return 0;
    return 1;
}
throw new ArgumentException("Es wird der Typ 'GeometricObject' erwartet.");
}
```

Listing 10.36 Überarbeitete Methode »CompareTo«

Die Anpassung der statischen Methode Bigger ist viel einfacher, da die Hälfte der Anweisungen im Anweisungsblock nur der null-Überprüfung der beiden Parameter geo1 und geo2 dient.

```
public static int Bigger(GeometricObject geo1, GeometricObject geo2)
{
    if (geo1 == null && geo2 == null) return 0;
    if (geo1 == null) return -1;
    if (geo1 == null) return 1;
    if (geo1.GetArea() > geo2.GetArea()) return 1;
    if (geo1.GetArea() < geo2.GetArea()) return -1;
    return 0;
}
```

Listing 10.37 Die ursprüngliche Fassung der Methode »GeometricObject.Bigger«

Nach der Änderung sieht die Methode wie in Listing 10.38 gezeigt aus:

```
public static int Bigger(GeometricObject geo1, GeometricObject geo2)
{
    if (geo1.GetArea() > geo2.GetArea()) return 1;
    if (geo1.GetArea() < geo2.GetArea()) return -1;
    return 0;
}
```

Listing 10.38 Die neue Fassung der Methode »GeometricObject.Bigger«

Die Operatorüberladungen von >, <, >=, und <= geben jeweils zwei Parameter vom Typ GeometricObject an, die im Anweisungsblock die jeweiligen Argumente auf null hin untersuchen. Stellvertretend für alle anderen sei hier die Operatorüberladung des >-Operators gezeigt.

```
public static bool operator >(GeometricObject geo1, GeometricObject geo2)
{
    if (geo1 == null || geo2 == null)
```

```
      throw new InvalidOperationException();
    return geo1.GetArea() > geo2.GetArea() ? true : false;
}
```

Listing 10.39 Die Überladung des Operators »>«

Weil weder geo1 noch geo2 den Wert null haben dürfen, können wir in allen Operatorüberladungen auf die null-Prüfung verzichten.

```
public static bool operator >(GeometricObject geo1, GeometricObject geo2)
    => geo1.GetArea() > geo2.GetArea() ? true : false;
```

Listing 10.40 Die angepasste Überladung des Operators »>«

Damit wären die Anpassungen in der Klasse GeometricObject abgeschlossen. Wenden wir uns zum Schluss noch der Klasse GeometricObjectComparer zu, in der wir noch die Methode Compare der Schnittstelle IComparer ändern müssen. Die Ausgangslage sehen Sie in Listing 10.41.

```
public int Compare(object x, object y)
{
  GeometricObject geo1 = x as GeometricObject;
  GeometricObject geo2 = y as GeometricObject;
  if (geo1 != null && geo2 != null)
    return geo1.CompareTo(geo2);
  else
    throw new InvalidCastException();
}
```

Listing 10.41 Die Methode »Compare« in der Klasse »GeometricObjectComparer«

Wie bereits weiter oben erläutert, kann im Zusammenhang mit der Technik der Nullable-Referenztypen der as-Operator nicht eingesetzt werden. Außerdem ist ein Vergleich mit null unzulässig, wenn ein Referenztyp den Wert null nicht annehmen kann. Die entsprechende Änderung sehen Sie in Listing 10.42.

```
public int Compare(object x, object y)
{
  if(x is GeometricObject && y is GeometricObject)
    return ((GeometricObject)x).CompareTo((GeometricObject)y);
  else
    throw new InvalidCastException();
}
```

Listing 10.42 Die geänderte Methode »Compare« in der Klasse »GeometricObjectComparer«

> **Hinweis**
>
> Sie finden das geänderte Beispielprogramm *GeometricObjectsSolution* unter ..*Kapitel 10*
> *GeometricObjectsSolution_11*.

10.7   Indexer

In Kapitel 2, »Grundlagen der Sprache C#«, haben Sie gelernt, mit Arrays zu arbeiten. Sie wissen, wie Sie ein Array deklarieren und auf die einzelnen Elemente zugreifen, z. B.:

```
int[] arr = new int[10];
arr[3] = 125;
```

Mit C# können Sie Klassen und Strukturen so definieren, dass deren Objekte wie ein Array indiziert werden können. Indizierbare Objekte sind in der Regel Objekte, die als Container für andere Objekte dienen – vergleichbar mit einem Array. Das .NET Framework stellt uns mit den Collections eine Vielzahl solcher Klassen zur Verfügung.

Stellen Sie sich vor, Sie würden die Klasse Team entwickeln. Eine Mannschaft setzt sich aus vielen Einzelspielern zusammen, die innerhalb der Klasse in einem Array vom Typ Player verwaltet werden. Wenn Sie die Klasse Team mit

```
Team Wacker = new Team();
```

instanziieren, wäre es doch zweckdienlich, sich von einem bestimmten Spieler mit der Anweisung

```
string name = Wacker[2].Name;
```

den Zunamen zu besorgen. Genau das leistet ein *Indexer*. Wir übergeben dem Objekt einen Index in eckigen Klammern, der ausgewertet wird und die Referenz auf ein Player-Objekt zurückliefert. Darauf können wir mit dem Punktoperator den Zunamen des gewünschten Spielers ermitteln, vorausgesetzt, diese Eigenschaft ist in der Klasse Player implementiert.

Ein Indexer ist prinzipiell eine Eigenschaft, die mit this bezeichnet wird und in eckigen Klammern den Typ des Index definiert. Weil sich this immer auf ein konkretes Objekt bezieht, können Indexer niemals static deklariert werden.

Die Definition des Indexers lautet:

```
<Modifikatoren> <Datentyp> this[<Parameterliste>]
```

Als Modifizierer sind neben den Zugriffsmodifikatoren auch new, virtual, sealed, override und abstract zulässig. Wenn wir uns in Erinnerung rufen, was wir im Abschnitt über Operatorüberladung gelernt haben, kommen wir auch nicht an der Aussage vorbei, Indexer als eine Überladung des []-Operators zu betrachten.

Wenn eine Klasse einen Indexer definiert, darf diese Klasse keine Item-Methode haben, weil interessanterweise ein Indexer als Item-Methode interpretiert wird.

Mit diesem Wissen ausgestattet, sollten wir uns nun die Implementierung der Klasse Mann-schaft ansehen.

```csharp
// Beispiel: ..\Kapitel 10\IndexerSample
class Program
{
  static void Main(string[] args)
  {
    Team Wacker = new Team();
    // Spieler der Mannschaft hinzufügen
    Wacker[0] = new Player { Name = "Fischer", Age = 23 };
    Wacker[1] = new Player { Name = "Müller", Age = 19 };
    Wacker[2] = new Player { Name = "Mamic", Age = 33 };
    Wacker[3] = new Player { Name = "Meier", Age = 31 };
    // Spielerliste ausgeben
    for (int index = 0; index < 25; index++)
    {
      if (Wacker[index] != null)
        Console.WriteLine("Name: {0,-10}Alter: {1}",
                          Wacker[index].Name, Wacker[index].Age);
    }
    Console.ReadLine();
  }
}
// Mannschaft
public class Team
{
  Player[] team = new Player[25];
  // Indexer
  public Player this[int index]
  {
    get { return team[index]; }
    set
    {
      // prüfen, ob der Index schon besetzt ist
      if (team[index] == null)
        team[index] = value;
      else
        // nächsten freien Index suchen
        for (int i = 0; i < 25; i++)
          if (team[i] == null)
```

```
      {
        team[i] = value;
        return;
      }
    }
  }
}
```
// Spieler
```
// Spieler
public class Player
{
  public string Name { get; set;}
  public int Age { get; set; }
}
```

Listing 10.43 Beispielprogramm zum Indexer

Jede Instanz der Klasse Team verhält sich wie ein Array. Dafür verantwortlich ist der Indexer, der über das Schlüsselwort this deklariert wird und einen Integer entgegennimmt. Der Indexer ist vom Typ Player. Der lesende und schreibende Zugriff auf ein Element erfolgt unter Angabe seines Index, also beispielsweise:

```
Wacker[6];
```

Die interne Struktur eines Indexers gleicht der einer Eigenschaftsmethode: Sie enthält einen get- und einen set-Accessor. get wird aufgerufen, wenn durch die Übergabe des int-Parameters Letzterer als Index der Player-Arrays ausgewertet wird und den entsprechenden Spieler aus dem privaten Array zurückgibt. Die Zuweisung eines weiteren Spielers hat den Aufruf des set-Zweiges zur Folge. Dabei wird überprüft, ob der angegebene Index noch frei oder bereits belegt ist. Im letzteren Fall wird der erste freie Index gesucht.

10.7.1 Überladen von Indexern

In einem herkömmlichen Array erfolgt der Zugriff auf ein Element grundsätzlich über den Index vom Typ int, aber Indexer lassen auch andere Datentypen zu. In vielen Situationen ist es sinnvoll, anstelle des Index eine Zeichenfolge anzugeben, mit der ein Element identifiziert wird. Meistens handelt es sich dabei um den Namen des Elements. Sind mehrere unterschiedliche Zugriffe wünschenswert, können Indexer nach den bekannten Regeln hinsichtlich Anzahl und Typ der Parameter überladen werden.

Das folgende Beispiel zeigt eine Indexerüberladung. Dazu benutzen wir das Beispiel aus dem vorherigen Abschnitt und ergänzen die Klasse Team um einen weiteren Indexer in der Weise, dass wir auch über den Namen des Spielers auf das zugehörige Objekt zugreifen können, also zum Beispiel mit

```
Player spieler = Wacker["Fischer"];
```

461

Angemerkt sei dabei, dass das Beispiel nur wunschgemäß funktioniert, solange die Namen eindeutig sind. Sollten mehrere Spieler gleichen Namens in der Liste zu finden sein, müssten weitere Kriterien zur eindeutigen Objektbestimmung herangezogen werden. Das soll aber an dieser Stelle nicht das Thema sein.

```csharp
// Beispiel: ..\Kapitel 10\IndexerUeberladungSample
class Program
{
  static void Main(string[] args)
  {
    Team Wacker = new Team();
    // Spieler der Mannschaft hinzufügen
    Wacker[0] = new Player { Name = "Fischer", Age = 23 };
    Wacker[1] = new Player { Name = "Müller", Age = 19 };
    Wacker[2] = new Player { Name = "Mamic", Age = 33 };
    Wacker[3] = new Player { Name = "Meier", Age = 31 };
    // Spieler suchen
    Console.Write("Spieler suchen: ... ");
    string spieler = Console.ReadLine();
    if (Wacker[spieler] != null)
      Console.WriteLine("{0} gefunden, Alter = {1}",
                        Wacker[spieler].Name, Wacker[spieler].Age);
    else
      Console.WriteLine("Der Spieler gehört nicht zum Team.");
    Console.ReadLine();
  }
}
// Mannschaft
public class Team
{
  private Player[] team = new Player[25];
  // Indexer
  public Player this[int index]
  {
    [...]
  }
  public Player this[string name]
  {
    get
    {
      for (int index = 0; index < 25; index++)
      {
        if (team[index] != null &&  team[index].Name == name)
```

```
        return team[index];
    }
    return null;
  }
 }
}
```

Listing 10.44 Beispiel mit Indexerüberladung

Die Überladung des Indexers mit einem `string` enthält nur den get-Accessor, da die Zuweisung eines neuen `Player`-Objekts nur anhand seines Namens in diesem Beispiel unsinnig wäre. Im get-Accessor wird eine Schleife über alle Indizes durchlaufen. Jeder Index wird dahingehend geprüft, ob er einen von `null` abweichenden Inhalt hat. Ist der Inhalt nicht `null` und verbirgt sich hinter dem Index auch das `Player`-Objekt mit dem gesuchten Namen, wird das Objekt an den Aufrufer zurückgegeben. Diese Operation wird durch

```
if (team[index] != null &&  team[index].Name == name)
  return team[index];
```

beschrieben. Sollte sich ein Spieler mit dem gesuchten Namen nicht in der Mannschaft befinden, ist der Rückgabewert `null`.

10.7.2 Parameterbehaftete Eigenschaften

Eigenschaften sind per Definition parameterlos. Mit anderen Worten: Sie können einen Eigenschaftswert nicht in Abhängigkeit von einer oder mehreren Nebenbedingungen setzen. Aber es geht doch! Tatsächlich ließe sich die folgende Wertzuweisung an eine Eigenschaft programmieren:

```
obj.MyProperty[2] = 10;
```

In der fiktiven Eigenschaft `MyProperty` lautet die Randbedingung 2. Unter dieser Prämisse soll der Eigenschaft die Zahl 10 zugewiesen werden. Der Code ähnelt ohne Zweifel einem Array und lässt sich auch so interpretieren: Es handelt sich um eine indizierte Sammlung gleichnamiger Eigenschaftselemente. Daher führt der Weg zur Lösung auch in diesem Fall über Indexer.

Wir sollten uns das Verfahren an einem konkreten Beispiel ansehen und stellen uns daher vor, wir würden eine Klasse `Table` codieren mit einer Eigenschaft `Cell`. Wenn `table` eine Instanz der Klasse `Table` ist, soll mit

```
table.Cell[2,1] = 97;
```

einer bestimmten Zelle der Tabelle ein Wert zugewiesen werden.

Ein Indexer setzt ein Objekt voraus, denn wie wir wissen, überladen wir den [ ]-Operator in `this`, dem aktuellen Objekt also. Daraus kann gefolgert werden, dass wir zusätzlich zur Klasse

Table eine zweite Klasse definieren müssen, die ihrerseits die Eigenschaft beschreibt. Im Folgenden soll der Name dieser Klasse Content lauten.

Wir könnten nun beide Klassen mit

```
public class Table { [...] }
public class Content { [...] }
```

festlegen.

Ein Objekt vom Typ Content soll einem Benutzer als schreibgeschützte Eigenschaft eines Table-Objekts angeboten werden. Wir ergänzen deshalb die Klassendefinition Table um ein Feld, das die Referenz auf ein Content-Objekt zurückliefert, und veröffentlichen diese über den get-Zweig der Eigenschaft Cell:

```
class Table
{
  private Content _Cell = new Content();
  public Content Cell
  {
    get { return _Cell; }
  }
}
```

Die Klasse Table können wir bereits als fertig betrachten. Widmen wir uns nun der Klasse Content und dem in dieser Klasse programmierten Indexer. Da wir die Absicht haben, als Randbedingung der Eigenschaft Cell den Index der Zeile und Spalte der von uns angesprochenen Zelle mitzuteilen, sieht ein erster Entwurf des Indexers wie folgt aus:

```
class Content
{
  public int this[int row, int column]
  {
    get { return arr[row, column]; }
    set { arr[row, column] = value; }
  }
}
```

Die Tabelle soll durch ein zweidimensionales Array dargestellt werden. Daher müssen wir sicherstellen, dass bei Übergabe der Bedingung nicht die Array-Grenzen überschritten werden – sowohl im set- als auch im get-Zweig. Eine private Methode in Content bietet sich zu diesem Zweck an:

```
private void CheckIndex(int row, int column)
{
  if (row < arr.GetLength(0) && column < arr.GetLength(1))
    return;
```

```
  else
    throw new IndexOutOfRangeException("Ungültiger Index");
}
```

Die Variable arr sei die Referenz auf das Array, das die Tabellendaten repräsentiert. Check-Index wird im set- und get-Zweig der Eigenschaft Cell aufgerufen.

Damit sind wir nahezu fertig mit dem Beispielprogramm. Was noch fehlt sind die Datenquelle, also das Array, und entsprechender Code zum Testen. Das Array können wir zu Testzwecken in der Klasse Content hinterlegen, das soll an dieser Stelle genügen.

Den gesamten Code zur Implementierung der parametrisierten Eigenschaft fassen wir an dieser Stelle endgültig zusammen.

10

```
// Beispiel: ..\Kapitel 10\ParametrisierteProperty
class Program
{
  static void Main(string[] args)
  {
    Table table = new Table();
    PrintArray(table);
    table.Cell[2,1] = 97;
    Console.WriteLine();
    PrintArray(table);
    Console.ReadLine();
  }
  // Ausgabe des Arrays im Tabellenformat
  static void PrintArray(Table tbl)
  {
    for(int row = 0; row < 4; row++)
    {
      for(int col = 0; col < 3; col++)
        Console.Write("{0,-3}",tbl.Cell[row, col]);
      Console.WriteLine();
    }
  }
}
// Klasse Table
class Table
{
  private Content _Cell = new Content();
  public Content Cell
  {
    get { return _Cell; }
  }
```

```
}
// Klasse Content
class Content
{
  private int[,] arr = { {1,2,3}, {4,5,6}, {7,8,9}, {10,11,12} };
  // Indexer
  public int this[int row, int column]
  {
    get
    {
      CheckIndex(row, column);
      return arr[row, column];
    }
    set
    {
      CheckIndex(row, column);
      arr[row, column] = value;
    }
  }
  // Prüfen der Array-Grenzen
  private void CheckIndex(int row, int column)
  {
    if (row < arr.GetLength(0) && column < arr.GetLength(1))
      return;
    else
      throw new IndexOutOfRangeException("Ungültiger Index");
  }
}
```

Listing 10.45 Definition einer parameterbehafteten Eigenschaft

10.8   Attribute

Ein Attribut ist ein Feature von .NET, das einer Komponente deklarativ Zusatzinformationen bereitstellt oder einfach nur allein durch seine Anwesenheit bestimmte Operationen ermöglicht oder gar steuert. Attribute gehören zu den Metadaten eines Programms und können zur Laufzeit ausgewertet werden.

Anmerkung

Metadaten sind ein Pflichtbestandteil jeder .NET-Anwendung. Metadaten beschreiben sprachneutral die gesamte Struktur einer Assembly. Dazu gehören alle enthaltenen Typen,

Methoden, Eigenschaften, Ereignisse, Konstruktoren, implementierte Interfaces usw. Zudem gehören zu den Metadaten weiter gehende Informationen, beispielsweise die Parameterlisten der Methoden einschließlich der Typangabe, die Sichtbarkeit der einzelnen Komponenten, Basisklassenangaben und viele andere Details. Der Vorteil ist, dass die Metadaten mit Hilfe der Reflection-API gelesen und ausgewertet werden können. Dazu muss noch nicht einmal eine Klasse geladen, geschweige denn ein Objekt erstellt werden. Die IntelliSense-Liste greift zum Beispiel auch die Metadaten ab, woher sollte sie auch sonst die Informationen beziehen?

Sie können sich die Metadaten natürlich selbst ansehen. Dazu stellt Visual Studio das Tool *IL-Disassembler* (*ildasm.exe*) zur Verfügung. Wenn Sie das Tool starten, müssen Sie nur die entsprechende EXE-Datei angeben, um die Metadaten zu sehen. Abbildung 10.4 zeigt exemplarisch das Kompilat der Datei *GeometricObjectsSolution.exe* des Beispielprogramms *GeometricObjectsSolution_10*.

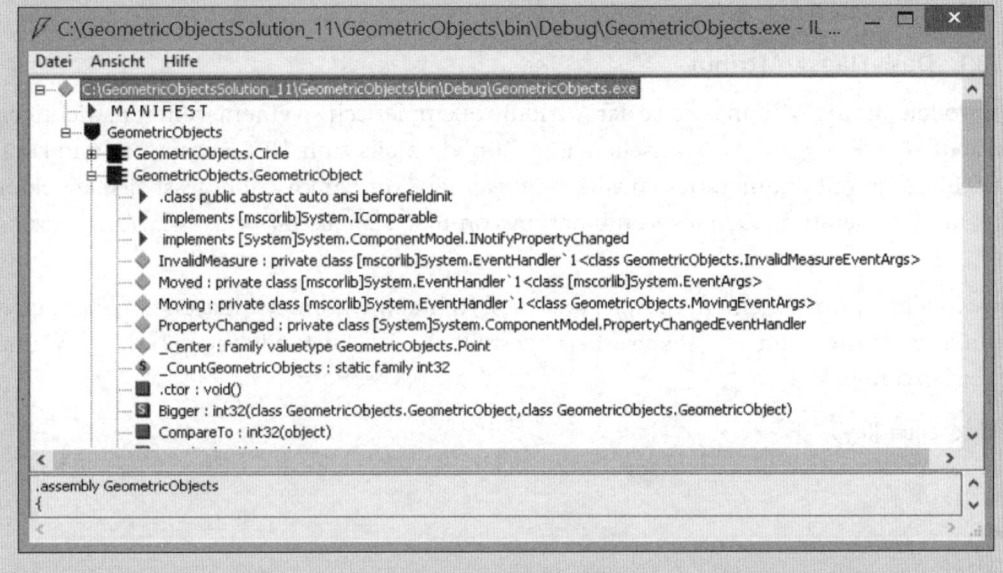

Abbildung 10.4 Die Metadaten der Klasse »GeometricObject«

Mit einem Attribut lässt sich das Laufzeitverhalten praktisch aller .NET-Komponenten beeinflussen: Assemblies, Klassen, Interfaces, Strukturen, Delegaten, Enumerationen, Konstruktoren, Methoden, Eigenschaften, Parameter, Ereignisse, ja sogar die Rückgabewerte von Methoden.

Ein ganz typisches Attribut ist das `SerializableAttribute`. Es kann zum Beispiel mit einer Klasse, Enumeration, Struktur oder einem Delegaten verknüpft werden, z. B.:

```
[SerializableAttribute]
public class Circle { [...] }
```

Und wozu dient dieses Attribut? Die Antwort ist ganz einfach: Es legt allein mit seiner Anwesenheit fest, dass der Typ, hier Circle, binär serialisiert werden kann. Ist das Attribut nicht vorhanden, können Sie mit den Klassen des .NET Frameworks die Daten nicht binär serialisieren. Somit kommt diesem Attribut, wie vielen anderen auch, einzig und allein die Bedeutung einer booleschen Variablen zu, die true oder false gesetzt ist. Der Clou an der Sache ist, dass dazu nicht erst eine Klasse geladen oder gar ein Objekt erstellt werden muss. Stattdessen werden zur Laufzeit nur die Metadaten per *Reflection* ausgewertet, und die Information steht bereit, da Attribute in den Metadaten zu finden sind.

Basisklasse aller Attribute ist die abstrakte Klasse System.Attribute. Schauen Sie in die Onlinedokumentation zu Attribute, werden Sie feststellen, dass das .NET Framework sehr viele Attribute vordefiniert. Alle denkbaren Anforderungen werden damit sicherlich nicht abgedeckt, deshalb können Sie auch benutzerdefinierte Attribute entwickeln und dadurch die Flexibilität Ihrer Anwendung erhöhen.

10.8.1 Das »Flags«-Attribut

Wir wollen uns die Wirkungsweise der Attribute exemplarisch an einem weiteren, wichtigen Attribut, dem FlagsAttribute, ansehen. Es gehört ebenfalls zum .NET Framework und kann ausschließlich mit Enumerationen verknüpft werden. Mit dem Attribut lässt sich angeben, dass die Enumeration auch als Kombination von Bits, also als Bit-Feld, aufgefasst werden kann.

Das wollen wir uns an einem Beispiel ansehen. Nehmen wir an, wir hätten eine benutzerdefinierte Enumeration namens Keys bereitgestellt, die drei Zustandstasten, [⇧], [Strg] und [Alt], beschreibt.

```
public enum Keys
{
  Shift = 1,
  Ctrl = 2,
  Alt = 4
}
```

Listing 10.46 Benutzerdefinierte Enumeration »Keys«

Die Enumerationsmitglieder sollen nun befähigt werden, als Bit-Feld interpretiert zu werden. Dazu wird das Attribut in eckige Klammern gefasst und vor der Definition der Enumeration angegeben:

```
[FlagsAttribute]
public enum Keys
{
  Shift = 1,
```

```
   Ctrl = 2,
   Alt = 4
}
```

Listing 10.47 Benutzerdefinierte Enumeration »Keys« mit dem »FlagsAttribute«

Nun können wir eine Variable vom Typ Keys deklarieren und ihr einen Wert zuweisen, der den Zustand der beiden gleichzeitig gedrückten Tasten $\boxed{\text{Strg}}$ und $\boxed{\triangle}$ beschreibt. Beide Member verknüpfen wir mit dem |-Operator:

```
Keys tastenkombination = Keys.Ctrl | Keys.Shift;
```

Mit den bitweisen Operatoren können wir nun prüfen, ob der Anwender eine bestimmte Taste oder gar Tastenkombination gedrückt hat.

```
Keys tastenkombination = Keys.Ctrl | Keys.Shift;
if ((tastenkombination & Keys.Alt) == Keys.Alt)
  Console.WriteLine("Alt gedrückt");
else
  Console.WriteLine("Alt nicht gedrückt");
```

Listing 10.48 Prüfen, ob eine bestimmte Tastenkombination gedrückt ist

Hier wird natürlich die Ausgabe lauten, dass die $\boxed{\text{Alt}}$-Taste nicht gedrückt ist, da die Variable tastenkombination die beiden Tasten $\boxed{\text{Strg}}$ und $\boxed{\triangle}$ beschreibt.

> **Hinweis**
>
> Eine ähnliche Enumeration, die allerdings jede Taste der Tastatur beschreibt, gibt es übrigens auch im Namespace System.Windows.Forms.

Lassen wir uns nun den Inhalt der Variablen tastenkombination mit

```
Console.WriteLine(tastenkombination.ToString());
```

ausgeben, erhalten wir:

```
Shift, Ctrl
```

Hätten wir FlagsAttribute nicht gesetzt, würde die Ausgabe 3 lauten. Sie müssen berücksichtigen, dass die Mitglieder solchermaßen definierter Enumerationen Zweierpotenzen sind (also 1, 2, 4, 8, 16, 32, 64 ...). Alternativ sind hexadezimale Zahlenwerte zulässig.

Attribute setzen

Attributbezeichner enden immer mit dem Suffix Attribute. Verknüpfen Sie ein Attribut mit einem Element, dürfen Sie auf das Suffix Attribute verzichten. Bezogen auf unser Beispiel dürfen Sie also

```
[FlagsAttribute]
public enum Keys {
    [...]
}
```

oder

```
[Flags]
public enum Keys {
    [...]
}
```

gleichwertig verwenden. Bemerkt die Laufzeit die Verknüpfung eines Attributs mit einem Element, sucht sie nach einer Klasse, die mit dem angegebenen Attributbezeichner übereinstimmt und gleichzeitig die Klasse Attribute ableitet, also beispielsweise nach einer Klasse namens Flags. Wird die Laufzeit nicht fündig, hängt sie automatisch das Suffix Attribute an den Bezeichner an und wiederholt ihre Suche.

Sie können auch mehrere Attribute gleichzeitig setzen. Beispielsweise könnten Sie mit dem ObsoleteAttribute das Element zusätzlich als veraltet kennzeichnen, z. B.:

```
[FlagsAttribute]
[Obsolete("Diese Enumeration ist veraltet.");
public enum Keys
{
    [...]
}
```

Listing 10.49 Verknüpfung von »Keys« mit den Attributen »Obsolete« und »Flags«

Anmerkung

Innerhalb einer mit Flags verknüpften Enumeration können Sie zur Zuweisung auch die bereits in der Enumeration angegebenen Konstanten verwenden. Stellen Sie sich beispielsweise vor, in unserer Keys-Enumeration soll zusätzlich der Member All hinzugefügt werden, der alle anderen Enumerationsmember beschreibt. Sie können das wie folgt umsetzen:

```
[FlagsAttribute]
public enum Keys
{
    Shift = 1,
    Ctrl = 2,
    Alt = 4
    All = Shift | Ctrl | Alt
}
```

10.8.2   Benutzerdefinierte Attribute

Attribute basieren auf Klassendefinitionen und können daher alle klassentypischen Elemente enthalten. Dazu gehören neben Konstruktoren auch Felder. Insbesondere diese beiden Elemente ermöglichen es, über ein Attribut dem attributierten Element Zusatzinformationen bereitzustellen. Wie das in der Praxis aussieht, wollen wir uns am Beispiel eines benutzerdefinierten Attributs verdeutlichen.

Obwohl das .NET Framework zahlreiche Attribute vordefiniert, können Sie auch für eigene Zwecke Attributklassen selbst schreiben. Allerdings müssen Sie für die Auswertung des Attributs zur Laufzeit dann auch selbst sorgen.

Drei Punkte müssen Sie beachten, um ein benutzerdefiniertes Attribut zu programmieren:

▶ Der Definition eines benutzerdefinierten Attributs selbst geht immer die Definition des Attributs `AttributeUsageAttribute` voraus.

▶ Die Klasse wird aus `Attribute` abgeleitet.

▶ Dem Klassenbezeichner sollten Sie das Suffix `Attribute` anhängen.

Lassen Sie uns an dieser Stelle exemplarisch ein eigenes Attribut erstellen, dessen Aufgabe es ist, sowohl den Entwickler einer Klasse oder Methode als auch seine Personalnummer anzugeben. Das folgende Beispiel zeigt die noch unvollständige Definition der Attributklasse:

```
[AttributeUsage(AttributeTargets.Class | AttributeTargets.Method,
                Inherited = false,
                AllowMultiple = false)]
public class DeveloperAttribute : Attribute
{
  [...]
}
```

Listing 10.50 Grundstruktur des benutzerdefinierten Attributs »DeveloperAttribute«

Die Voranstellung des Attributs `AttributeUsage` vor der Klasse legt elementare Eigenschaften der neuen Attributklasse fest. In diesem Zusammenhang sind drei Parameter besonders interessant:

▶ `AttributeTargets`

▶ `Inherited`

▶ `AllowMultiple`

Während `AttributeTargets` angegeben werden muss, sind die beiden anderen Angaben optional.

»AttributeTargets«

Jedes Attribut kann sich nur auf bestimmte Codeelemente auswirken. Diese werden mit AttributeTargets bekanntgegeben. Das Attribut Flags kann beispielsweise mit Klassen, Enumerationen, Strukturen und Delegaten verknüpft werden. Sie können den Einsatz eines Attributs ebenso gut nur auf Methoden oder Felder beschränken. Es steht dabei immer folgende Frage im Vordergrund: Was soll das Attribut letztendlich bewirken, welche Elemente sollen über das Attribut beeinflusst werden?

AttributeTargets ist als Enumeration vordefiniert und weist seinerseits selbst das FlagsAttribute auf, so dass Sie mehrere Zielelemente angeben können. In Tabelle 10.2 finden Sie alle möglichen Elemente, die generell mit Attributen verknüpft werden können.

Mitglieder	Beschreibung
All	Das Attribut gilt für jedes Element der Anwendung.
Assembly	Das Attribut gilt für die Assemblierung.
Class	Das Attribut gilt für die Klasse.
Constructor	Das Attribut gilt für den Konstruktor.
Delegate	Das Attribut gilt für den Delegaten.
Enum	Das Attribut gilt für die Enumeration.
Event	Das Attribut gilt für das Ereignis.
Field	Das Attribut gilt für das Feld.
Interface	Das Attribut gilt für die Schnittstelle.
Method	Das Attribut gilt für die Methode.
Module	Das Attribut gilt für das Modul.
Parameter	Das Attribut gilt für den Parameter.
Property	Das Attribut gilt für die Property.
ReturnValue	Das Attribut gilt für den Rückgabewert.
Struct	Das Attribut gilt für die Struktur.

Tabelle 10.2 Mitglieder der »AttributeTargets«-Enumeration

In Listing 10.51 sehen Sie den Teilausschnitt unseres benutzerdefinierten Attributs. Das Attribut kann entweder Klassen oder Methoden angeheftet werden.

```
[AttributeUsage(AttributeTargets.Class | AttributeTargets.Method)]
public class DeveloperAttribute : Attribute
{
  [...]
}
```

Listing 10.51 Die Zielmember des Attributs angeben

»Inherited«

Eine Klasse kann ihre Mitglieder einer abgeleiteten Klasse vererben. Einem Entwickler stellt sich natürlich die Frage, ob das Attribut in den Vererbungsprozess einbezogen wird oder ob es Gründe gibt, es davon auszuschließen. Einem benutzerdefinierten Attribut teilen wir dies durch den booleschen Parameter Inherited mit, den wir optional AttributeUsageAttribute übergeben können. Standardmäßig ist der Wert auf true festgelegt. Demnach vererbt sich ein gesetztes Attribut in einer Vererbungshierarchie weiter.

»AllowMultiple«

In wohl eher seltenen Fällen ist es erforderlich, ein Attribut demselben Element mehrfach zuzuweisen. Diese Situation wäre denkbar, wenn Sie über das Attribut einem Element mehrere Feldinformationen zukommen lassen möchten. Dann müssen Sie die mehrfache Anwendung eines Attributs explizit gestatten. Zur Lösung geben Sie den Parameter

```
AllowMultiple = true
```

an. Verzichten Sie auf diese Angabe, kann ein Attribut per Definition mit einem bestimmten Element nur einmal verknüpft werden.

Felder und Konstruktoren eines Attributs

Sie können in Attributklassen öffentliche Felder und Eigenschaften definieren, deren Werte an den Benutzer des Attributs weitergeleitet werden. Initialisiert werden die Felder über Konstruktoren.

Unser DeveloperAttribute soll nun um die beiden Felder Name und Identifier ergänzt werden. Das Feld Name wird beim Konstruktoraufruf initialisiert.

```
[AttributeUsage(AttributeTargets.Class | AttributeTargets.Method)]
public class DeveloperAttribute : Attribute
{
  public string Name { get; set; }
  public int Identifier { get; set; }
  public DeveloperAttribute(string name) => Name = name;
}
```

Listing 10.52 Vollständiges benutzerdefiniertes Attribut

Der Konstruktor nimmt einen Parameter entgegen, nämlich den Wert für das Feld Name. Bevor Sie sich darüber Gedanken machen, wie Sie das Feld Identifier initialisieren, sehen Sie sich an, wie das Attribut auf eine Klasse angewendet wird:

```
[DeveloperAttribute("Meier")]
public class Demo
{
  [...]
}
```

Listing 10.53 Verwenden des benutzerdefinierten Attributs

Mit dieser Definition wird der Konstruktor unter Übergabe einer Zeichenfolge aufgerufen. Das zweite Feld des Attributs (Identifier) wird mit keinem bestimmten Wert initialisiert, es enthält 0.

Positionale und benannte Parameter

Um Identifier einen individuellen Wert zuzuweisen, lässt sich DeveloperAttribute auch wie folgt mit der Klasse verknüpfen:

```
[DeveloperAttribute("Meier", Identifier = 8815)]
public class Demo
{
  [...]
}
```

Listing 10.54 Verwendung positionaler und benannter Parameter

Beachten Sie, dass wir jetzt zwei Argumente übergeben, obwohl der Konstruktor nur einen Parameter definiert. Dies ist ein besonderes Merkmal der Attribute, denn beim Initialisieren eines Attributs können Sie sowohl *positionale* als auch *benannte Parameter* verwenden.

- **Positionale Parameter** sind die Parameter für den Konstruktoraufruf und müssen immer angegeben werden, wenn das Attribut gesetzt wird.

- **Benannte Parameter** sind optionale Parameter. In unserem Beispiel ist Name ein positionaler Parameter, dem die Zeichenfolge Meier übergeben wird, während Identifier ein benannter Parameter ist.

Benannte Parameter sind sehr flexibel. Einerseits können sie Standardwerte aufweisen, die grundsätzlich immer gültig sind, andererseits können Sie den Wert im Bedarfsfall individuell festlegen.

Die Möglichkeit, benannte Parameter vorzusehen, befreit Sie von der Verpflichtung, für jede denkbare Kombination von Feldern und Eigenschaften überladene Konstruktoren in der

Attributdefinition vorzusehen. Andererseits wird Ihnen damit aber nicht die Alternative entzogen, dennoch den Konstruktor zu überladen. Da unterscheiden sich die herkömmlichen Klassendefinitionen nicht von denen der Attribute.

Verknüpfen Sie ein Attribut mit einem Element und verwenden Sie dabei positionale und benannte Parameter, müssen Sie eine wichtige Regel beachten: Zuerst werden die positionalen Parameter aufgeführt, danach die benannten. Die Reihenfolge der benannten Parameter ist beliebig, da der Compiler anhand der Parameternamen die angegebenen Werte richtig zuordnen kann. Benannte Parameter können alle öffentlich deklarierten Felder oder Eigenschaften sein – vorausgesetzt, sie sind weder statisch noch konstant definiert.

10.8.3 Attribute auswerten

Operationen, die auf die Existenz eines Attributs angewiesen sind, müssen zuerst feststellen, ob das erforderliche Attribut gesetzt ist oder nicht. Im folgenden Beispielprogramm soll dies für das Beispiel unseres eben entwickelten DeveloperAttribute gezeigt werden. Beachten Sie hier bitte, dass der Namespace System.Reflection bekanntgegeben werden muss.

```
// Beispiel: ..\Kapitel 10\Attribute_Sample
using System.Reflection
[Developer("Meier")]
class Demo
{
  [Developer("Fischer", Identifier=455)]
  public void DoSomething() { }
  public void DoMore() { }
}
[AttributeUsage(AttributeTargets.Class | AttributeTargets.Method)]
public class DeveloperAttribute : Attribute
{
  public string Name { get; set; }
  public int Identifier { get; set; }
  public DeveloperAttribute(string name) => Name = name;
}
class Program
{
  static void Main(string[] args)
  {
    Type tDemo = typeof(Demo);
    Type tAttr = typeof(DeveloperAttribute);
    MethodInfo mInfo1 = tDemo.GetMethod("DoSomething");
    MethodInfo mInfo2 = tDemo.GetMethod("DoMore");
```

```
// Prüfen, ob die Klasse Demo das Attribut hat
    DeveloperAttribute attr =
      (DeveloperAttribute)Attribute.GetCustomAttribute(tDemo, tAttr);
    if (attr != null) {
      Console.WriteLine("Name: {0}", attr.Name);
      Console.WriteLine("Identifier: {0}", attr.Identifier);
    }
    else
      Console.WriteLine("Attribut nicht gesetzt");
    // Prüfen, ob das Attribut bei der Methode DoSomething gesetzt ist
    attr = (DeveloperAttribute)Attribute.GetCustomAttribute(mInfo1, tAttr);
    if (attr != null) {
      Console.WriteLine("Name: {0}", attr.Name);
      Console.WriteLine("Identifier: {0}", attr.Identifier);
    }
    // Prüfen, ob das Attribut bei der Methode DoMore gesetzt ist
    bool isDefinied = Attribute.IsDefined(mInfo2, tAttr);
    if (isDefinied)
      Console.WriteLine("DoMore hat das Attribut.");
    else
      Console.WriteLine("DoMore hat das Attribut nicht.");
    Console.ReadLine();
  }
}
```

Listing 10.55 Beispielprogramm zur Auswertung eines Attributs

Das benutzerdefinierte Attribut DeveloperAttribute ist identisch mit demjenigen, das wir bereits in diesem Abschnitt behandelt haben. Es kann mit einer Klasse oder einer Methode verknüpft werden. Die Klasse Demo, die dieses Attribut aufweist, enthält mit DoSomething und DoMore zwei Methoden, von denen nur die erste mit dem Attribut verknüpft ist.

Zur Beantwortung der Frage, ob ein bestimmtes Element mit dem DeveloperAttribute verknüpft ist oder nicht, greifen wir auf die Möglichkeiten einer Technik zurück, die als *Reflection* bezeichnet wird. Reflection gestattet es, die Metadaten einer .NET-Assembly und die darin enthaltenen Datentypen zu untersuchen und auszuwerten. Zur Abfrage von Attributen stellt Reflection die Klasse Attribute mit der statischen Methode GetCustomAttribute bereit. Da wir sowohl die Klasse als auch die Methoden untersuchen wollen, müssen wir auf zwei verschiedene Überladungen zurückgreifen. Für die Klasse ist es die folgende:

```
public static Attribute GetCustomAttribute(Module, Type);
```

Um eine Methode zu untersuchen, ist es die folgende Überladung:

```
public static Attribute GetCustomAttribute(MemberInfo, Type);
```

Im ersten Argument geben wir den Typ des zu untersuchenden Elements an, im zweiten Parameter den Typ des Attributs. Zur Beschreibung des Typs mittels Code stellt Reflection die Klasse Type bereit. Diese beschreibt den Datentyp und kann auf zweierlei Art und Weise erzeugt werden:

▶ unter Verwendung des Operators typeof, dem der Typbezeichner übergeben wird (z. B. typeof(Demo))

▶ unter Aufruf der Methode GetType() auf eine Objektreferenz (z. B. obj.GetType())

Um die Attribute einer Klasse auszuwerten, übergeben Sie der Methode GetCustomAttribute nur den Typ der Klasse und den Type des gesuchten Attributs. Zur Auswertung einer Methode ist ein MemberInfo-Objekt erforderlich. MemberInfo ist eine abstrakte Klasse im Namespace System.Reflection. Wir erhalten die Metadaten der zu untersuchenden Methode, wenn wir die Methode GetMethod des Type-Objects unter Angabe des Methodenbezeichners aufrufen. Der Typ der Rückgabe ist MethodInfo, eine von MemberInfo abgeleitete Klasse.

Der Typ der Rückgabe der beiden Überladungen von GetCustomAttribute ist Attribute. Dabei handelt es sich entweder um die Referenz auf das gefundene Attribut oder null, falls das Attribut nicht mit dem im ersten Parameter angeführten Element verknüpft ist. Daher erfolgt zuerst eine Konvertierung in das Zielattribut und anschließend eine Überprüfung, ob der Rückgabewert null ist.

```
DeveloperAttribute attr =
  (DeveloperAttribute)Attribute.GetCustomAttribute(tDemo, tAttr);
if (attr != null)
{
  Console.WriteLine("Name: {0}", attr.Name);
  Console.WriteLine("Identifier: {0}", attr.Identifier;
}
else
  Console.WriteLine("Attribut nicht gesetzt");
```

Listing 10.56 Auswertung, ob ein Attribut gesetzt ist

Da wir bei der Implementierung von Main wissen, dass nur unser benutzerdefiniertes Attribut DeveloperAttribute gesetzt ist (oder auch nicht), genügt uns diese Untersuchung. Ein Element kann natürlich auch mit mehreren Attributen verknüpft sein. Im Code müssten wir dann die Elemente auf alle gesetzten Attribute abfragen.

10.8.4   Festlegen der Assembly-Eigenschaften in »AssemblyInfo.cs«

Jedes .NET-Projekt weist neben den Quellcodedateien auch die Datei *AssemblyInfo.cs* auf, die Metadaten über die Assemblierung beschreibt. Ganz allgemein dient diese Datei dazu, Zusatzinformationen zu der aktuellen Assemblierung bereitzustellen, beispielsweise eine

Beschreibung, Versionsinformationen, Firmenname, Produktname und mehr. Diese werden im Windows-Explorer in den Dateieigenschaften angezeigt. Da die Informationen die Assemblierung als Ganzes betreffen, müssen die Deklarationen außerhalb einer Klasse stehen und dürfen auch nur einmal gesetzt werden.

```
[assembly: AssemblyTitle("AssemblyTitle")]
[assembly: AssemblyDescription("AssemblyDescription")]
[assembly: AssemblyConfiguration("AssemblyConfiguration")]
[assembly: AssemblyCompany("Tollsoft")]
[assembly: AssemblyProduct("AssemblyProduct")]
[assembly: AssemblyCopyright("Copyright ©Tollsoft 2008")]
[assembly: AssemblyTrademark("AssemblyTrademark")]
[assembly: AssemblyCulture("")]
[assembly: ComVisible(false)]
[assembly: Guid("948efa6b-af3a-4ba2-8835-b54b058015d4")]
[assembly: AssemblyVersion("1.0.0.0")]
[assembly: AssemblyFileVersion("1.0.0.0")
```

Listing 10.57 Die Datei »AssemblyInfo.cs«

Sie können die gewünschten Assembly-Informationen in der Datei *AssemblyInfo.cs* eintragen, Sie können aber auch die Einträge im Eigenschaftsdialog des Projekts vornehmen. Dazu öffnen Sie das Eigenschaftsfenster des Projekts und wählen die Lasche ANWENDUNG. Auf dieser Registerkarte sehen Sie die Schaltfläche ASSEMBLY-INFORMATION..., über die Sie den in Abbildung 10.5 gezeigten Dialog öffnen.

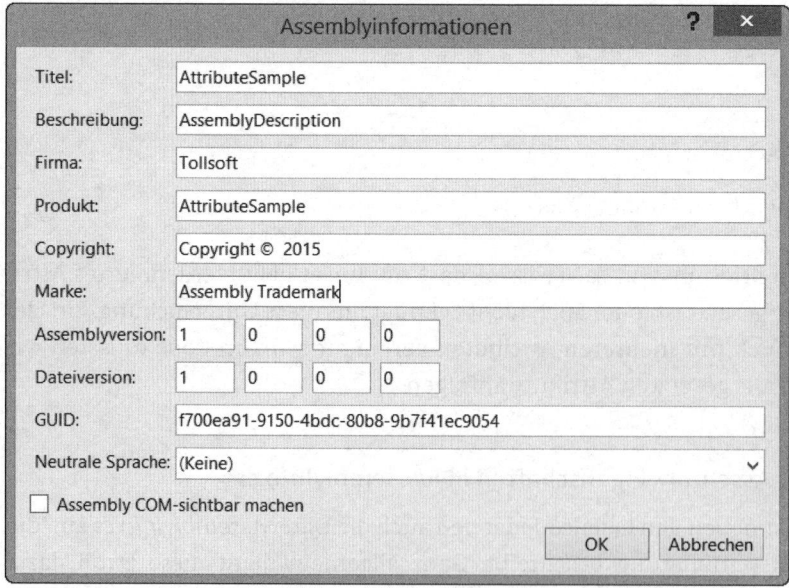

Abbildung 10.5 Eintragen der Assembly-Informationen in Visual Studio

10.9   Der bedingte NULL-Operator

In C# 6.0 wurden ein paar Änderungen eingeführt, die den Programmcode verkürzen und somit auch besser lesbar machen sollten. Die vielleicht interessanteste Neuerung war das Feature des bedingten NULL-Operators.

Betrachten wir zuerst die Lösung eines Problemfalls, wie es vor der Einführung des bedingten NULL-Operators ausgesehen hätte. Stellen wir uns dazu vor, wir hätten in unserem Programmcode eine Zeichenfolgevariable, die entweder eine gültige Zeichenfolge enthält oder den Wert null. Nehmen wir weiter an, wir müssten die Länge der Zeichenfolge mit deren Eigenschaft Length ermitteln.

Um Length eines Strings auswerten zu können, müssen wir zunächst wissen, ob die string-Variable den Inhalt null hat, denn ansonsten würde der Aufruf von Length auf die Zeichenfolgevariable zu einer Ausnahme führen. Sollte die Zeichenfolge den Inhalt null haben, soll dieser Umstand zudem durch das Ergebnis -1 kenntlich gemacht werden. Bis einschließlich C# 5.0 hätten wir vermutlich den folgenden Code geschrieben:

```
string test = null;
// oder eine gültige Zeichenfolge zuweisen
[...]
int length = 0;
if (test != null)
  length = test.Length;
else
  length = -1;
```

Eine kürzere, einzeilige Anweisung unter Benutzung des bedingten ?:-Operators (siehe Abschnitt 2.6.1) würde ebenfalls zur Lösung führen:

```
length = test != null ? test.Length : -1;
```

Während die zuerst gezeigte Variante gut lesbar, aber relativ aufwendig ist, ist die zweite zwar kurz, aber auch etwas schlechter zu lesen. Jetzt ist der Moment des bedingten NULL-Operators gekommen, der sowohl kurzen, aber dennoch gut lesbaren Programmcode liefert:

```
length = test?.Length ?? -1;
```

Das sieht doch viel angenehmer aus als die beiden zuvor gezeigten Lösungsansätze. Der bedingte NULL-Operator, beschrieben durch ?., prüft eine Objektvariable direkt auf null. Dabei wird das Fragezeichen direkt an die Objektvariable gehängt, ähnlich der Syntax eines Nullable-Typs. Anschließend wird ein Punkt gesetzt, der die Bedeutung des Punktoperators hat, nämlich um damit eine Eigenschaft oder Methode des Objekts aufzurufen. Allerdings erfolgt der Aufruf nur dann, wenn das zuvor angegebene Objekt nicht null ist. In unserer Lösung wird auch der ??-Operator (siehe Abschnitt 9.7.1) verwendet, um -1 zurückzuliefern, falls die Variable test den Wert null beschreibt.

Die größte Stärke spielen bedingte NULL-Operatoren dann aus, wenn wir es mit Verkettungen null-fähiger Objekte zu tun haben. Stellen Sie sich beispielsweise vor, Sie hätten es mit einer Klasse Product zu tun, die eine Eigenschaft Orders vom Typ Order hat. Sowohl Product als auch Orders können null sein. Ohne den Einsatz des bedingten NULL-Operators müssten Sie folgenden Code schreiben, um die Anzahl der Bestellungen zu ermitteln:

```
if (article != null && article.Orders != null)
  Console.WriteLine(article.Orders.Length);
else
  Console.WriteLine("-1");
```

Es muss sowohl die Variable article als auch ihre Eigenschaft Orders auf null hin untersucht werden. Mit einer einzigen Codezeile, die den bedingten NULL-Operator benutzt, erreichen wir dasselbe:

```
Console.WriteLine(article?.Orders?.Length ?? -1);
```

10.10   Der »nameof«-Operator

Möchten Sie eine Variable umbenennen, können Sie den Cursor in die Variable setzen und das Kontextmenü mit der rechten Maustaste öffnen. Alle Vorkommen der umzubenennenden Variablen werden im Code-Editor farblich hervorgehoben. Standardmäßig werden dabei die Inhalte von Zeichenfolgen nicht berücksichtigt (siehe die Variable pers in Abbildung 10.6).

In einem Hilfsdialog wird angeboten, Kommentare und Zeichenfolgen in den Änderungsvorgang einzubeziehen. Wählen Sie eine oder beide Optionen aus, könnte das dazu führen, dass eine Umbenennung auch an Stellen erfolgt, an denen es nicht gewünscht wird. Auch wenn Sie sich die Änderungen vor dem Übernehmen anzeigen lassen können, kann der beschriebene Vorgang des Umbenennens im Extremfall ziemlich umständlich sein.

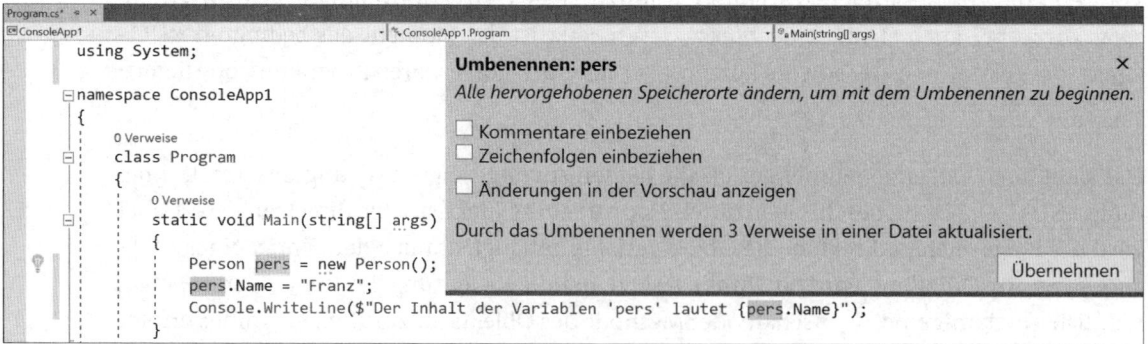

Abbildung 10.6 Umbenennen einer Variablen

Es gibt eine bessere Lösung: Der nameof-Operator erlaubt es uns, ein Element des Programmcodes als Zeichenfolge darzustellen. Das sehen wir uns an einem Beispiel an. Die folgende
Anweisung schreibt »Circle« in die Konsole:

```
Console.WriteLine(nameof(Circle));
```

Die Möglichkeiten des neuen Operators sind nicht nur auf die Zeichenfolgeausgaben von
Typnamen beschränkt. Sie können auch Parameter, Namespaces, lokale Variablen, Klassenmember und Parameter damit erfassen. Das folgende Codefragment zeigt Ihnen, wie einfach
es ist, den Parameterbezeichner als Zeichenfolge in die Ausgabe zu schreiben:

```
public void DoSomething(int param1) => Console.WriteLine(nameof(param1));
```

10.10.1 Einsatz in der Anwendung »GeometricObjects«

Es gibt auch innerhalb des Projekts *GeometricObjectsSolution* einige Stellen, an denen der
Einsatz von nameof sinnvoll ist. Sehen Sie sich dazu exemplarisch einen Teilbereich der Property Radius der Klasse Circle an.

```
public virtual int Radius
{
  get => _Radius;
  set {
    if (value >= 0)
    {
      _Radius = value;
      OnPropertyChanged("Radius");
    }
    else
    {
      InvalidMeasureException ex = new InvalidMeasureException(
                    "Ein Radius von " +  value + " ist nicht zulässig.");
      ex.Data.Add("Time", DateTime.Now);
      OnInvalidMeasure(new InvalidMeasureEventArgs(value, "Radius", ex));
    }
  }
}
```

Wahrscheinlich werden Sie die beiden Stellen schon gefunden haben, die sich exzellent für
den Einsatz des nameof-Operators eignen: Es sind die Aufrufe der Methoden OnProperty-
Changed und OnInvalidMeasure, denen als Zeichenfolge Radius übergeben wird. Die Angabe
der Zeichenfolge direkt im Programmcode kann sich als nachteilig erweisen, wenn zu einem
späteren Zeitpunkt der Bezeichner der Eigenschaft Radius mit dem Assistenten von Visual

10

Studio umbenannt wird. Das Problem dabei ist, dass die Zeichenfolge Radius selbst nicht mit umbenannt wird, das müssen Sie manuell tun. Übersehen oder vergessen Sie die Zeichenfolge, wird der Event PropertyChanged nicht ausgelöst. nameof löst dieses Problem sehr einfach:

```
OnPropertyChanged(nameof(Radius));
```

und

```
OnInvalidMeasure(new InvalidMeasureEventArgs(value, nameof(Radius), ex));
```

Da sich der Bezeichner Radius nun nicht mehr im Kontext einer Zeichenfolge befindet, würde ein Umbenennen dazu führen, dass auch nameof(Radius) erfasst würde.

10.11   Dynamisches Binden

Seit der Version 4.0 unterstützt C# die Fähigkeit des späten Bindens. Was ist darunter zu verstehen? Schauen wir uns dazu das folgende Beispiel an:

```
class Program
{
  static void Main(string[] args)
  {
    Mathematics math = new Mathematics();
    long result = math.Addition(56, 88);
  }
}
class Mathematics
{
  public long Addition(int x, int y) => x + y;
}
```

Listing 10.58 Statisches Binden

Die Klasse Mathematics wird instanziiert. Das ist ein statischer Vorgang, der bereits zur Kompilierzeit durchgeführt wird.

Mit Hilfe von Reflection ließ sich ein solcher Aufruf auch früher schon dynamisch formulieren, wie Listing 10.59 zeigt.

```
object math = new Mathematics();
Type mathType = math.GetType();
object obj = mathType.InvokeMember("Addition",
                                  BindingFlags.InvokeMethod,
                                  null,
```

```
                                        math,
                                        new object[] { 56, 88 });
long result = (long)obj;
```

Listing 10.59 Dynamisches Binden mit Reflection

Das Listing setzt voraus, dass der Namespace System.Reflection mit using bekanntgegeben worden ist.

Das Resultat des Konstruktoraufrufs von Mathematics wird einer Variablen vom Typ Object zugewiesen. Darauf besorgen Sie sich den Type des Objekts und rufen daraufhin die Methode InvokeMember auf. Unter Übergabe des Methodenbezeichners, des Elementtyps, der Referenz des abzurufenden Objekts und der Argumente für den Methodenaufruf wird ein Resultat gebildet, das am Ende nur noch in den Ergebnistyp long konvertiert werden muss.

Dieses Coding lässt sich unter Zuhilfenahme des Schlüsselworts dynamic auch deutlich kürzer ausdrücken:

```
dynamic obj = new Mathematics();
long result = obj.Addition(56, 88);
```

Listing 10.60 Dynamisches Binden mit »dynamic«

Das dynamic-Schlüsselwort wird zur Kompilierzeit statisch geprüft. Die Methode Addition hingegen ist dynamisch und wird nicht zur Kompilierzeit geprüft. Natürlich werden Sie auch keine IntelliSense-Hilfe nach dem Punktoperator nutzen können, Sie müssen die Methode Addition manuell angeben.

Bei obj handelt es sich um ein dynamisches Objekt, der Aufruf der Methode selbst ist dynamisch und wird erst zur Laufzeit geprüft.

10.11.1 Eine kurze Analyse

Lassen Sie uns an dieser Stelle die Objektvariablen betrachten und diese direkt miteinander vergleichen. Sie kennen mit dem in diesem Abschnitt beschriebenen Schlüsselwort dynamic inzwischen drei Varianten:

- Object myObject = new Mathematics();
- var myObject = new { [...] };
- dynamic myObject = new Mathematics();

Die zuerst aufgeführte Instanziierung deklariert eine Variable vom Typ Mathematics. Die Variable ist vom Typ Object, der Code ist streng typisiert. Sie können der Variablen jedes Objekt zuweisen, vorausgesetzt, es ist vom Typ Object und bekannt.

Flexibler ist bereits der zweite Ausdruck. Auch hier liegt eine strenge Typisierung vor, aber der Typ wird erst zur Laufzeit gebildet. Typischerweise handelt es sich dabei um anonyme Typen, die zur Kompilierzeit gebildet werden.

Auch die letzte Variante mit dynamic wird sehr wohl auch statisch geprüft, aber der Aufruf auf die dynamic-Variable erfolgt dynamisch. Zur Kompilierzeit steht noch nicht fest, welche Operationen mit dem Typ ausgeführt werden. Daher ist auch keine IntelliSense-Hilfe sichtbar.

10.11.2   Dynamische Objekte

Mit der Einführung des Schlüsselworts dynamic wurden auch einige Klassen zum .NET Framework hinzugefügt, die auf dynamic aufsetzen. Diese Klassen befinden sich im Namespace System.Dynamic. Am interessantesten scheint hier die Klasse DynamicObject zu sein, mit der Klassen zur Laufzeit dynamisch erweitert werden können. Sie müssen die Klasse ableiten und können die abgeleitete Klasse zur Laufzeit um Objekteigenschaften erweitern und diese abrufen. Sehen wir uns das im folgenden Beispielprogramm an.

```csharp
// Beispiel: ..\Kapitel 10\DynamicObjects
using System;
using System.Dynamic;
using System.Collections.Generic;
using System.Reflection;
class Program
{
  static void Main(string[] args)
  {
    dynamic pers = new Person();
    pers.Name = "Peter";
    pers.Alter = 12;
    pers.Ort = "Bonn";
    pers.Telefon = 0181812345;
    Console.WriteLine($"{pers.Name},{pers.Alter},{pers.Ort}, {pers.Telefon}");
    Console.ReadLine();
  }
}
class Person : DynamicObject
{
  Dictionary<string, Object> dic = new Dictionary<string, object>();
  public string Name { get; set; }
  public int Alter { get; set; }
  public override bool TryGetMember(GetMemberBinder binder, out object result)
  {
    return dic.TryGetValue(binder.Name, out result);
```

484

```
    }
    public override bool TrySetMember(SetMemberBinder binder, object value)
    {
        dic[binder.Name] = value;
        return true;
    }
}
```

Listing 10.61 Dynamische Objekte

Es ist die Klasse Person definiert, die die Klasse DynamicObject ableitet. Mit Name und Alter sind zwei Eigenschaften konkret festgelegt. Darüber hinaus enthält die Klasse Person ein Feld vom Typ der generischen Klasse Dictionary<>. Hierbei handelt es sich um eine generische Collection, in der alle Daten mit Hilfe eines Schlüssel-Wert-Paares beschrieben werden.

Das Dictionary<>-Objekt speichert Eigenschaften, die zur Laufzeit festgelegt werden. In Main sind das zum Beispiel die beiden Eigenschaften Ort und Telefon eines Person-Objekts, das zuvor mit dynamic erstellt wird – eine Voraussetzung für alle Typen, die von DynamicObject abgeleitet sind.

Damit die dynamischen Eigenschaften sich auch in das Objekt eintragen können, sind die beiden geerbten Methoden TrySetMember und TryGetMember überschrieben. Beide weisen mit GetMemberBinder und SetMemberBinder sehr ähnliche erste Parameter auf, die den dynamischen Member repräsentieren. Der Bezeichner der dynamischen Eigenschaft ist in der Eigenschaft Name der beiden Binding-Objekte zu finden.

Interessant werden dürfte die Klasse DynamicObject vermutlich in Zukunft im Zusammenhang mit Daten, deren Strukturen nicht vorhersehbar sind oder sich von Fall zu Fall ändern. In diesem Zusammenhang sei an die Tabellen einer Datenbank erinnert. Wie einfach ließen sich die Felder durch dynamische Member eines DynamicObject-Objekts beschreiben?

10.12   Tupel

Tupel beschreiben eine geordnete Menge heterogener Daten. So lautet die allgemeine Beschreibung der Tupel, aber was genau steckt dahinter?

Mit Tupeln können Sie mit einfacher Syntax Typen definieren, die mehrere Daten gruppieren. Ein typischer Einsatzfall sind Methoden, die mehrere Rückgabewerte haben. Sie werden sich erinnern, dass diese Problematik auch mit out-Parametern gelöst werden kann oder mit speziellen Klassen, die die diversen Rückgabewerte in einem Objekt zusammenfassen.

Seit C# 7.0 sind die Tupel eine weitere Alternative.

> **Hinweis**
>
> Der Vollständigkeit halber sollte erwähnt werden, dass der Namespace System schon länger eine Klasse Tuple bereitstellt. Deren Einsatz ist allerdings nicht so komfortabel wie die Technik, die ich Ihnen jetzt vorstellen werde. Tatsächlich basiert die neue Sprachsyntax auf einer Struktur ValueTuple, die die »alte« Klasse Tuple als Wertetyp veröffentlicht und um weitere Features ergänzt.

Um das Sprachfeature benutzen zu können, müssen Sie zuerst das NuGet-Paket *System.ValueTuple* installieren. Gehen Sie dazu wie folgt vor:

▶ Markieren Sie das Projekt, dem Sie die Tupeltechnik hinzufügen wollen, im Projektmappen-Explorer.

▶ Öffnen Sie mit der rechten Maustaste das Kontextmenü, und wählen Sie hier die Option NuGet-Pakete verwalten.

▶ In dem Dialogfenster, das nun geöffnet wird, wählen Sie den Link Durchsuchen links oben im Fenster. Tragen Sie nun als Suchbegriff »System.ValueTuple« ein.

▶ In der Liste des Dialogs wird das gesuchte NuGet-Paket angezeigt. Sie wählen es aus und klicken dann nur noch auf die Schaltfläche Installieren.

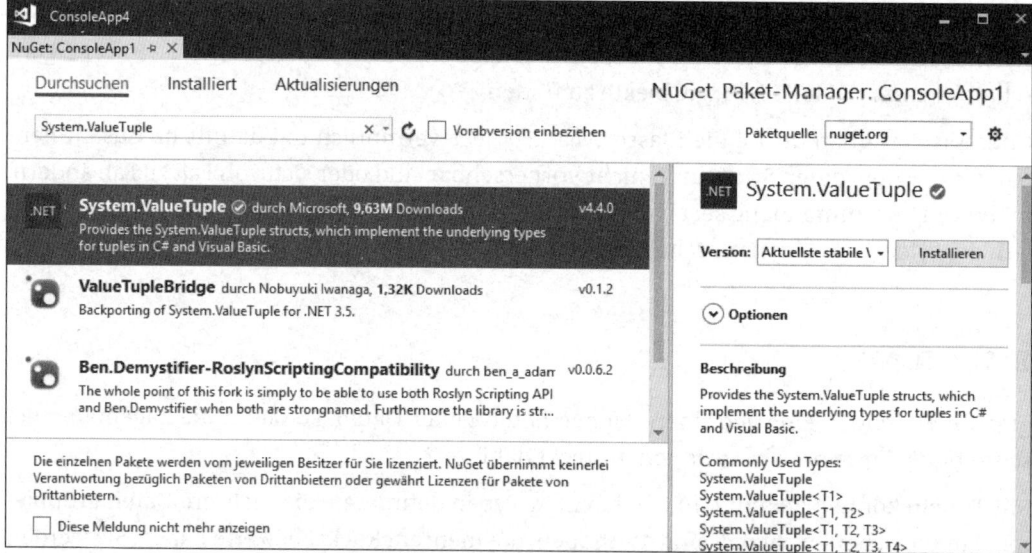

Abbildung 10.7 NuGet-Paket installieren

Außer der Installation des NuGet-Pakets bedarf es keiner weiteren Vorbereitungen.

10.12.1   Benannte und unbenannte Tupel

Man unterscheidet in C# die *benannten Tupel* und die *unbenannten Tupel*. Die zu einem Tupel gehörenden Elemente werden grundsätzlich in runden Klammern eingeschlossen. Ein unbenanntes Tupel schreibt die Werte in einer bestimmten Reihenfolge in eine Variable, z. B.:

```
var unnamedTupel = ("Bremen", 40, true);
```

Das Tupel wird in diesem Fall durch einen String, einen Integer und einen Boolean gebildet – auch genau in dieser Reihenfolge. Eine Auswertung könnte wie folgt aussehen:

```
static void Main(string[] args)
{
    var unnamedTupel = ("Bremen", 40, true);
    Console.WriteLine(unnamedTupel.Item1);
    Console.WriteLine(unnamedTupel.Item2);
    Console.WriteLine(unnamedTupel.Item3);
}
```

Listing 10.62 Auswertung eines unbenannten Tupels

Da wir hier ein unbenanntes Tupel verwendet haben, können wir die einzelnen Werte nur über allgemeine Feldnamen, hier Item1, Item2 und Item3, auswerten.

Ein benanntes Tupel erstellen Sie, indem Sie für jedes Element einen Namen angeben:

```
var namedTupel = (City: "Bremen", Age: 40, Male: true);
```

Bei der Auswertung können wir nun auf die angegebenen Feldbezeichner zurückgreifen:

```
static void Main(string[] args)
{
    var namedTupel = (City:"Bremen", Age:40, Male:true);
    Console.WriteLine(namedTupel.City);
    Console.WriteLine(namedTupel.Age);
    Console.WriteLine(namedTupel.Male);
}
```

Listing 10.63 Auswertung eines benannten Tupels

Sie können anstelle von var auch die Typen samt Bezeichner der Reihe nach angeben. Der Zugriff auf die Tupelfelder erfolgt dann über den Bezeichner in der Deklaration.

```
(string city, int age, bool male) tupel = ("Bremen", 40, true);
Console.WriteLine($"{tupel.city} | {tupel.age} | {tupel.male}");
```

10.12.2   Zuweisungsoperationen

C# unterstützt die Zuordnung zwischen Tupeltypen, wenn die Tupel über die gleiche Anzahl von Elementen verfügen. Dabei muss es möglich sein, jedes Feld auf der rechten Seite implizit in den Typ des entsprechenden Elements auf der rechten Seite Element zu konvertieren.

Im folgenden Listing ist die Zuweisung von `tupel2` an `tupel1` korrekt, da beide Tupel zuerst einen `string`-Datentyp und anschließend einen Integer- und einen Boolean-Datentyp für die drei Elemente festlegen.

```
(string city, int age, bool male) tupel1;
var tupel2 = ("Aachen", 100, false);
tupel1 = tupel2;
```

Eine Zuweisung von `tupel1` an `tupel3` mit

```
(string city, short age, bool male) tupel3 = tupel1;
```

wird jedoch zu einem Compilerfehler führen, da der Datentyp im mittleren Feld von `tupel1` ein Integer ist, der nicht implizit in einen `short` konvertiert wird. Die Angabe `var` im Zieltupel ist übrigens nicht statthaft.

10.12.3   Projektionsinitialisierer

Um ein Tupel zu bilden, können Sie Variablenbezeichner verwenden. Im folgenden Codefragment sind es die beiden Variablen `variable1` und `variable2`. Bei der Auswertung des Tupels werden die Bezeichner verwendet.

```
static void Main(string[] args)
{
  var variable1 = 125;
  var variable2 = "Hello";
  var tuple = (variable1, variable2);
  Console.WriteLine($"{tuple.variable1} | {tuple.variable2}");
}
```

Listing 10.64 Tupel und Variablenbezeichner

Sie können alternativ auch einen expliziten Bezeichner für die Felder angeben. Dieser hat Vorrang vor dem Variablenbezeichner.

```
static void Main(string[] args)
{
  var variable1 = 125;
  var variable2 = "Hello";
  var tuple = (var1: variable1, var2:variable2);
```

```
Console.WriteLine($"{tuple.var1} | {tuple.var2}");
}
```

Listing 10.65 Explizite Bezeichner der Tupelelemente

10.12.4   Tupelvergleiche mit »==« und »!=«

In C# 7.3 wurden die Vergleichoperatoren == und != für Tupelvergleiche eingeführt. Dabei werden die einzelnen Felder jedes Tupels miteinander verglichen. Dabei wird auch die Reihenfolge der Felder berücksichtigt. So werden die Anweisungen

```
var tupel1 = (x: 6, y: 8);
var tupel2 = (x: 6, y: 8);
Console.WriteLine(tupel1 == tupel2);
```

den Wert true liefern. Das gleiche Ergebnis erhalten wir, wenn die Feldbezeichner der beiden Tupel unterschiedlich sind:

```
var tupel1 = (a: 6, b: 8);
var tupel2 = (x: 6, y: 8);
Console.WriteLine(tupel1 == tupel2);
```

10.12.5   Tupel als Methodenrückgabewerte

Tupel können ihre Stärken besonders vorteilhaft als Methodenrückgabewerte ausspielen. Wir wollen uns nun diesen Einsatz an einem Beispiel ansehen. Dazu codieren wir eine Methode, die zwei Werte an den Aufrufer zurückgibt. Der Name der Methode soll GetProduct-Information lauten und zwei Werte beschreiben: der erste den Preis eines Artikel, der zweite dessen aktuellen Lagerbestand. Wir wollen hier keinen großen Aufwand betreiben und codieren die beiden Werte statisch in der Methode GetProductInformation. Im Praxisfall würden die Daten sicherlich aus einer Datenbank oder einer anderen Datenquelle stammen.

```
static (double, int) GetProductInformation()
{
  double price = 500;
  int numberInStock = 1000;
  return (price, numberInStock);
}
```

Listing 10.66 Methode mit Verwendung eines Tupels

Beachten Sie, dass die Datentypen der beiden Rückwerte in der Methodensignatur in runden Klammern stehen. Die Reihenfolge der Werte muss natürlich übereinstimmen mit der Übergabe an return, aber auch später bei der Auswertung, wie in Listing 10.67 zu sehen ist.

```
static void Main(string[] args)
{
  var info = GetProductInformation();
  Console.WriteLine($"{info.Item1} ... {info.Item2}");
  Console.ReadLine();
}
```

Listing 10.67 Auswertung der Rückgabe aus Listing 10.66

Der Rückgabewert der Methode GetProductInformation schreibt sich in die Variable info. Zugriff auf die einzelnen Werte erhalten wir über die Eigenschaften Item1 und Item2.

Mit Item1, Item2 usw. lässt sich natürlich problemlos der Code umsetzen, jedoch sind der Les- und Interpretierbarkeit Grenzen gesetzt. Sie können jedoch anstatt der unbenannten Tupel auch benannte Tupel verwenden, wie Listing 10.68 zeigt:

```
static (double price, int number) GetProductInformation()
{
  double price = 500;
  int numberInStock = 1000;
  return (price, numberInStock);
}
```

Listing 10.68 Methode mit benanntem Tupel

Nunmehr lauten die Bezeichner der beiden Rückgabewerte price und number und müssen bei der Auswertung in der Main-Methode auch angegeben werden.

```
Console.WriteLine($"{info.price} ... {info.number}");
```

10.12.6 Dekonstruktion von Tupeln

Von einer *Dekonstruktion* eines Tupels wird gesprochen, wenn alle Elemente eines Tupels, das von einer Methode zurückgegeben wird, entpackt werden.

Ein Tupel stellt einen einfachen Weg bereit, um mehrere Werte aus einem Methodenaufruf abzurufen. Sobald Sie das Tupel abrufen, müssen Sie seine individuellen Elemente bearbeiten. Jedes Element separat zu bearbeiten ist jedoch aufwändig, wie das folgende Codefragment zeigt. Aufgerufen wird die Methode GetPerson, die drei Werte einer bestimmten Person an den Aufrufer zurückliefert. Wie diese Werte ermittelt worden sind, spielt in diesem Zusammenhang keine Rolle.

```
static (string name, int age, string city) GetPerson()
{
```

```
    return (name: "Wilhelm", age: 41, city: "Ulm");
}
```

Listing 10.69 Tupel mit drei Elementen

Listing 10.70 zeigt, wie Sie vermutlich Ihren Programmcode schreiben würden, um jedes Element im Tupel einer separaten Variablen zuzuweisen.

```
static void Main(string[] args)
{
    var result = GetPerson();
    var Name = result.name;
    var Age = result.age;
    var City = result.city;
}
```

Listing 10.70 Auswertung des Tupels

Die Features von C# bieten eine integrierte Unterstützung für das Dekonstruieren von Tupeln, so dass Sie alle Elemente in einem Tupel in einem einzigen Vorgang entpacken können. Die allgemeine Syntax für das Dekonstruieren eines Tupels ist ähnlich der Syntax für das Definieren eines Tupels: Auf der linken Seite einer Zuweisungsanweisung umschließen Sie die Variablen, denen die Elemente zugewiesen werden sollen, mit Klammern.

```
(string Name, int Age, string City) = GetPerson();
```

Sie können auch das Schlüsselwort var verwenden, um jeden Typ jeder Variablen herzuleiten. Dazu wird var vor der Klammer angegeben.

```
var (Name, Age, City) = GetPerson();
```

Die Nutzung von var geht noch weiter: So können Sie var vor alle oder auch nur vor einzelne Elemente eines Tupels schreiben.

10.12.7   Einzelne Tupelelemente ausschließen

Beim Dekonstruieren eines Tupels werden nicht immer alle Elemente benötigt. Mit C# können Sie daher Ausschlüsse für alle nicht benötigten Elemente nutzen. Ein Ausschluss wird durch einen Unterstrich angegeben.

Angenommen, Sie würden sich nicht für das Element interessieren, das das Alter der Person beschreibt. Anstatt eines Bezeichner geben Sie dann einen Unterstrich an.

```
var (Name, _, City) = GetPerson();
```

Sie können beliebig viele Ausschlüsse festlegen, auch an beliebigen Positionen.

10.13   Pattern Matching (Musterabgleich)

Das Pattern Matching wurde in C# 7.0 eingeführt und ermöglicht, kürzeren und lesbareren Code zu schreiben. Einen Musterabgleich habe ich Ihnen in Abschnitt 4.3.5 bereits vorgestellt. Dabei handelte es sich um die Nutzung des is-Operators. Musterabgleiche können allerdings auch im Zusammenhang mit der switch-Anweisung zum Einsatz kommen.

Rufen wir uns kurz in Erinnerung, wie nach bisherigem Kenntnisstand die switch-Anweisung eingesetzt wird:

```
int value = ...;
switch(value)
{
  case 1:
  case 2:
  case 3:
    Console.Write("value = 1, 2 oder 3");
    break;
  case 4:
    Console.Write("value = 4");
    break;
}
```

Sie haben in Kapitel 2, »Grundlagen der Sprache C#«, gelernt, dass die switch-Anweisung ganzzahlige Datentypen und Zeichenfolgen unterstützt. Man spricht hier auch vom *Konstantenmuster*.

Mit der Einführung des Pattern Matchings wurde diese Einschränkung entfernt, und Sie können nun auch einen beliebigen Typ vorschreiben. Das folgende Beispielprogramm zeigt, wie das umgesetzt werden kann.

```
// Beispiel: ..\Kapitel 10\PatternMatching
class Program
{
  static void Main(string[] args)
  {
    GetParameterType("Hallo");
    GetParameterType(50);
    GetParameterType(2.25);
    GetParameterType(new Person { Name = "Thomas"});
    Console.ReadLine();
  }
  static void GetParameterType(object obj)
  {
```

```
switch (obj)
{
  case null:
    Console.WriteLine("Keine gültige Variable. ");
    break;
  case int a:
    Console.Write("Der Typ ist Integer. ");
    Console.WriteLine($"Der Wert ist {a}");
    break;
  case double b:
    Console.Write("Der Typ ist Double. ");
    Console.WriteLine($"Der Wert ist {b}");
    break;
  [...]
  default:
    Console.WriteLine("Der Typ ist unbekannt");
    break;
  }
 }
}
```

Listing 10.71 Pattern Matching mit der »switch«-Anweisung

Jeder case-Zweig spezifiziert einen bestimmten Typ und eine Variable. Bei einer erfolgreichen Typüberprüfung beschreibt die Variable das geprüfte Objekt. Auch eine Überprüfung auf null ist gestattet. Beachten Sie, dass nun keine Einschränkung auf Zeichenfolgen oder ganzzahlige Datentypen den Einsatz von switch limitiert.

Uns steht sogar frei, jeden case-Zweig mit einer Bedingung zu verknüpfen. Die Bedingungsprüfung wird mit when eingeleitet.

```
[...]
case int a when a > 77 || a < 56:
  Console.Write("Der Typ ist Integer. ");
  Console.WriteLine($"Der Wert ist {a}");
  break;
case double b when b > 2:
  Console.Write("Der Typ ist Double. ");
  Console.WriteLine($"Der Wert ist {b}");
  break;
case string c when c.Length < 20:
  Console.Write("Der Typ ist String. ");
  Console.WriteLine($"Inhalt: {c}");
```

```
break;
[...]
```

Listing 10.72 »case«-Zweig mit Bedingungsprüfung

10.13.1   »switch« ohne »case«

Neben diesen Möglichkeiten gibt es nun sogar noch eine Ausdrucksform, in der auf den case-Zweig verzichtet werden kann und stattdessen ein Lambda-Operator seinen Dienst tut. Sehen wir uns zuerst in Listing 10.73 den Einsatz eines »klassischen« switch-Statements an.

```
static void Main(string[] args)
{
  int a = 10;
  int b = 23;
  Console.Write("Wähle '+','-', '/' oder '*': ");
  string operation = Console.ReadLine();
  double result;
  switch(operation)
  {
    case "+":
      result = a + b;
      break;
    case "-":
      result = a - b;
      break;
    case "*":
      result = a * b;
      break;
    default:
      throw new Exception("Falsche Eingabe");
  }
  Console.WriteLine($"Ergebnis: {result}");
  Console.ReadLine();
}
```

Listing 10.73 Klassisches »switch«-Statement

In diesem Beispiel werden die beiden a- und b-Operanden vordefiniert und der Anwender soll entscheiden, welche von drei vorgegebenen Operationen durchgeführt werden sollen. Je nach Wahl werden im entsprechenden case-Zweig die Ausweisungen ausgeführt.

Listing 10.73 beschreibt eine typische Situation, denn in den case-Zweigen werden oft nicht viele Operationen ausgeführt, sondern nur eine. In solchen Fällen kann nun der Lambda-Operator eingesetzt werden, der case ersetzt und den Programmcode übersichtlicher macht. Bezogen auf das Beispiel in Listing 10.73 könnte die switch-Anweisung auch wie folgt ausgedrückt werden:

```
double result = operation switch
{
  "+" => a + b,
  "-" => a - b,
  "*" => a * b,
  _ => throw new NotSupportedException()
};
```

Listing 10.74 »switch«-Ausdrücke

Neben case und break, die nun nicht mehr notwendig sind, ist auch der default-Zweig verschwunden. Er wird durch den Unterstrich (_) ersetzt. Beachten Sie bitte auch, dass der zu untersuchende Wert nun vor switch angegeben wird und nicht mehr dahinter in runden Klammern. Außerdem darf nur eine Anweisung hinter dem Lambda-Operator stehen.

Im Code in Listing 10.75 wird die gesamte switch-Anweisung in eine separate Methode ausgelagert. Es soll damit gezeigt werden, wie Sie den Rückgabewert aus dem switch-Anweisungsblock an die aufrufende Methode zurückgeben können.

```
class Program
{
  static void Main(string[] args)
  {
    int a = 10;
    int b = 23;
    Console.Write("Wähle '+','-', '/' oder '*': ");
    string operation = Console.ReadLine();
    double result = Calculation(a, b, operation);
    Console.WriteLine($"Ergebnis: {result}");
    Console.ReadLine();
  }
  private static double Calculation(int a, int b, string operation)
  {
    return operation switch
    {
      "+" => a + b,
      "-" => a - b,
      "*" => a * b,
```

```
        _ => throw new NotSupportedException()
    };
  }
}
```

Listing 10.75 Ausgabe mit Rückgabewert

10.14   Rückgabewerte mit »ref«

In Abschnitt 3.5.6 haben wir die Modifizierer ref und out der Methodenparameter thematisiert. Lassen Sie uns an dieser Stelle die wichtigsten Erkenntnisse noch einmal zusammenfassen.

Call by Value: Das ist der Standardfall. Handelt es sich bei dem an die Methode übergebenen Argument um einen Wertetyp, wird eine Kopie des Arguments in der Methode verwendet. Handelt es sich bei dem Argument um einen Referenztyp, wird der Methode die tatsächliche Referenz übergeben. Eine Änderung des Arguments in der Methode wird bei einem auf einen Wertetyp basierenden Argument keine Änderung im Aufrufer bewirken.

Call by Reference: Unabhängig davon, ob es sich bei dem Argument um einen Wertetyp oder einen Referenztyp handelt, wird keine Kopie des Arguments erzeugt, sondern dessen Referenz übergeben. Das hat zur Konsequenz, dass in der aufgerufenen Methode mit dem Original gearbeitet wird und etwaige Änderungen sich im Aufrufer der Methode widerspiegeln. Initialisiert wird diese Art der Parameterübergabe mit dem Modifizierer ref.

Nach dem jetzigen Stand liefern Methoden mit Rückgabewerten den Rückgabewert immer als Kopie ab. Das hat sich geändert, denn seit C# 7.0 kann auch für den Rückgabewert der ref-Modifizierer eingesetzt werden. Sehen wir uns das exemplarisch an der Klasse Person an.

```
public class Person
{
  private int age = 5;
  public ref int GetAge()
  {
    return ref age;
  }
  public void PrintAge()
  {
    Console.WriteLine($"Alter im Objekt: {age}");
  }
}
```

Listing 10.76 Methode mit »ref«-Rückgabewert

In der Klasse ist die Methode GetAge mit ref definiert. Dabei wird ref sowohl in der Methodensignatur verwendet als auch bei der Angabe der Rückgabe. Es dürfte einleuchten, dass ref-Methoden nicht void sein dürfen.

Sie können eine ref-Methode »klassisch« aufrufen wie jede andere Methode. Dabei wird auf die Option, die Rückgabe als Referenz entgegenzunehmen, verzichtet. Sie können aber auch das Angebot wahrnehmen. Das folgende Beispiel zeigt beide Situationen und ihre Auswirkungen.

```csharp
// Beispiel: ..\Kapitel 10\RefReturn_Sample
static void Main(string[] args)
{
  var pers = new Person();
  ref int actualAge = ref pers.GetAge();
  int wishedAge = pers.GetAge();
  // 1. Ausgabe des Alters
  pers.PrintAge();
  Console.WriteLine($"Tatsächliches Alter: {actualAge}");
  Console.WriteLine($"Wunschalter: {wishedAge}\n");
  // Änderung des Alters
  actualAge = 10;
  wishedAge = 20;
  // 2. Ausgabe des Alters (nach der Änderung)
  pers.PrintAge();
  Console.WriteLine($"Tatsächliches Alter: {actualAge}");
  Console.WriteLine($"Wunschalter: {wishedAge}");
  Console.ReadLine();
}
```

Listing 10.77 Beispielcode des Zugriffs auf eine »ref-return-Methode«

Sehen wir uns die zweite Anweisung in der Methode Main an, in der von der ref-Option Gebrauch gemacht wird, den Rückgabewert als Referenz entgegenzunehmen.

```csharp
ref int actualAge = ref pers.GetAge();
```

Ich sollte darauf hinweisen, dass der Methodenaufruf mit ref erfolgt und genau genommen eine Speicheradresse auf einen Integer liefert. Der Rückgabewert muss selbstverständlich ebenfalls in einer Adresse auf einen Integer hinterlegt werden, hier beschrieben durch die ebenfalls mit ref verknüpfte Variable actualAge.

Die dritte Anweisung in Main, hier

```csharp
int wishedAge = pers.GetAge();
```

verzichtet darauf, das Ergebnis als Referenz zu empfangen.

Im Beispiel wird das Alter der entsprechenden Person über actualAge und wishedAge verändert und an der Konsole ausgegeben. Das Ergebnis sehen Sie in Abbildung 10.8. Während die Änderung von actualAge eine tatsächliche Änderung des Alters im Person-Objekt nach sich zieht, beschreibt wishedAge anfänglich nur eine Kopie des Alters, und die Änderung hat keinen Einfluss auf das tatsächliche Alter.

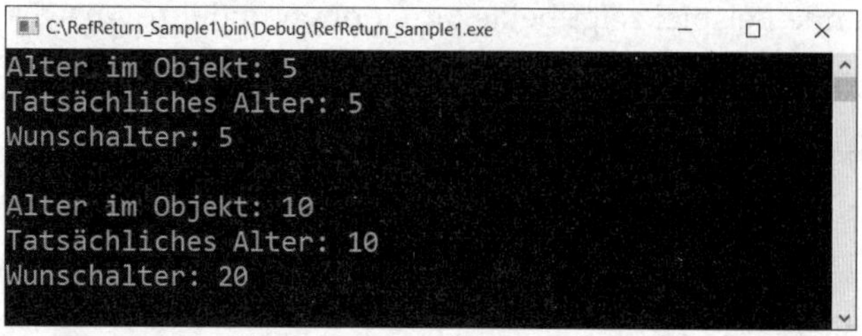

Abbildung 10.8 Ausgabe des Beispielprogramms »RefReturn_Sample«

Anmerkung

Definieren Sie in einer ref-Methode eine lokale Variable, können Sie diese nicht als Rückgabe verwenden. Denn beim Verlassen der Methode wird jede lokale Variable zerstört, sie existiert nach dem Verlassen der Methode nicht mehr.

Gleichfalls ist es nicht möglich, Enumerationen und Konstanten mit ref an den Aufrufer zurückzugeben.

10.15 Unsicherer (unsafe) Programmcode – Zeigertechnik in C#

10.15.1 Einführung

Manchmal ist es erforderlich, auf die Funktionen einer in C geschriebenen herkömmlichen DLL zuzugreifen. Viele C-Funktionen erwarten jedoch Zeiger auf bestimmte Speicheradressen oder geben solche als Aufrufergebnis zurück. Es kann auch vorkommen, dass in einer Anwendung der Zugriff auf Daten erforderlich ist, die sich nicht im Hauptspeicher, sondern beispielsweise im Grafikspeicher befinden. Das Problem ist im ersten Moment, dass C#-Code, der unter der Obhut der CLR läuft und als sicherer bzw. verwalteter (*managed*) Code eingestuft wird, keine Zeiger auf Speicheradressen gestattet.

Ein Entwickler, der mit dieser Einschränkung in seiner Anwendung nicht leben kann, muss unsicheren Code schreiben. Trotz dieser seltsamen Bezeichnung ist unsicherer Code selbstverständlich nicht wirklich »unsicher« oder wenig vertrauenswürdig. Es handelt sich hierbei lediglich um C#-Code, der die Typüberprüfung durch den Compiler einschränkt und den Einsatz von Zeigern und Zeigeroperationen ermöglicht.

10.15.2   Das Schlüsselwort »unsafe«

Den Kontext, in dem Sie unsicheren Code wünschen, müssen Sie mit Hilfe des Schlüsselworts unsafe deklarieren. Sie können eine komplette Klasse oder eine Struktur ebenso als unsicher markieren wie eine einzelne Methode. Es ist sogar möglich, innerhalb des Anweisungsblocks einer Methode einen Teilbereich als unsicher zu kennzeichnen.

Ganz allgemein besteht ein nicht sicherer Bereich aus Code, der in geschweiften Klammern eingeschlossen ist und dem das Schlüsselwort unsafe vorangestellt wird. Im Codefragment in Listing 10.78 wird die Methode Main als unsicher deklariert:

```
static unsafe void Main(string[] args)
{
  [...]
}
```

Listing 10.78 Definition einer »unsafe«-Methode

Die Angabe von unsafe ist aber allein noch nicht ausreichend, um unsicheren Code kompilieren zu können. Zusätzlich muss der Compilerschalter /unsafe gesetzt werden. In Visual Studio legen Sie diesen Schalter im Projekteigenschaftsfenster unter ERSTELLEN • UNSICHEREN CODE ZULASSEN fest. Wenn Sie vergessen, den Compilerschalter einzustellen, wird bei der Kompilierung ein Fehler generiert.

10.15.3   Die Deklaration von Zeigern

In C/C++ sind Zeiger ein klassisches Hilfsmittel der Programmierung, in .NET hingegen nehmen Zeiger eine untergeordnete Rolle ein und werden meist nur in Ausnahmesituationen benutzt. Wir werden daher nicht allzu tief in die Thematik einsteigen und uns auf das Wesentlichste konzentrieren. Wenn Sie keine Erfahrungen mit der Zeigertechnik in C oder in anderen zeigerbehafteten Sprachen gesammelt haben und sich dennoch weiter informieren wollen, sollten Sie C-Literatur zur Hand nehmen.

Zeiger sind Verweise auf Speicherbereiche und werden allgemein wie folgt deklariert:

Datentyp* Variable

Dazu ein Beispiel. Mit der Deklaration

```
int value = 4711;
int* pointer;
```

erzeugen wir eine int-Variable namens value und eine Zeigervariable pointer. pointer ist noch kein Wert zugewiesen und zeigt auf eine Speicheradresse, deren Inhalt als Integer interpretiert wird. Der *-Operator ermöglicht die Deklaration eines typisierten Zeigers und bezieht sich auf den vorangestellten Typ – hier Integer.

Wollen wir dem Zeiger pointer mitteilen, dass er auf die Adresse der Variablen value zeigen soll, müssen wir pointer die Adresse von value übergeben:

```
pointer = &value;
```

Der &-Adressoperator liefert eine physikalische Speicheradresse. In der Anweisung wird die Adresse der Variablen value ermittelt und dem Zeiger pointer zugewiesen.

Wollen wir den Inhalt der Speicheradresse erfahren, auf die der Zeiger verweist, müssen wir diesen dereferenzieren:

```
Console.WriteLine(*pointer);
```

Das Ergebnis wird 4711 lauten.

Fassen wir den gesamten (unsicheren) Code zusammen. Wenn Sie die Zeigertechnik unter C kennen, werden Sie feststellen, dass es syntaktisch keinen Unterschied gibt:

```
class Program
{
  static unsafe void Main(string[] args)
  {
    int value = 4711;
    int* pointer;
    pointer = &value;
    Console.WriteLine(*pointer);
  }
}
```

Listing 10.79 Zeigertechnik mit C#

C# gibt einen Zeiger nur von einem Wertetyp und niemals von einem Referenztyp zurück. Das gilt jedoch nicht für Arrays und Zeichenfolgen, da Variablen dieses Typs einen Zeiger auf das erste Element bzw. den ersten Buchstaben liefern.

10.15.4   Die »fixed«-Anweisung

Während der Ausführung eines Programms werden dem Heap viele Objekte hinzugefügt oder aufgegeben. Um eine unnötige Speicherbelegung oder Speicherfragmentierung zu vermeiden, schiebt der Garbage Collector die Objekte hin und her. Auf ein Objekt zu zeigen ist natürlich wertlos, wenn sich seine Adresse unvorhersehbar ändern könnte. Die Lösung dieser Problematik bietet die fixed-Anweisung. fixed weist den Garbage Collector an, das Objekt zu »fixieren« – es wird danach nicht mehr verlagert. Da sich dies negativ auf das Verhalten der Laufzeitumgebung auswirken kann, sollten als fixed deklarierte Blöcke nur kurzzeitig benutzt werden.

Hinter der `fixed`-Anweisung wird in runden Klammern ein Zeiger auf eine verwaltete Variable festgelegt. Diese Variable ist diejenige, die während der Ausführung fixiert wird.

```
fixed (<Typ>* <pointer> = <Ausdruck>)
{
    [...]
}
```

`Ausdruck` muss dabei implizit in `Typ*` konvertierbar sein.

Am besten sind die Wirkungsweise und der Einsatz von `fixed` anhand eines Beispiels zu verstehen. Sehen Sie sich daher zuerst Listing 10.80 an:

```
class Program
{
  int value;
  static void Main()
  {
    Program obj = new Program();
    // unsicherer Code
    unsafe {
      // fixierter Code
      fixed(int* pointer = &obj.value) {
        *pointer = 9;
        System.Console.WriteLine(*pointer);
      }
    }
  }
}
```

Listing 10.80 Fixierter Programmcode

Im Code wird ein Objekt vom Typ `Program` in `Main` erzeugt. Es kann grundsätzlich nicht garantiert werden, dass das `Program`-Objekt `obj` vom Garbage Collector nicht im Speicher verschoben wird. Da der Zeiger `pointer` auf das objekteigene Feld `value` verweist, muss sichergestellt sein, dass sich das Objekt bei der Auswertung des Zeigers immer noch an derselben physikalischen Adresse befindet. Die `fixed`-Anweisung mit der Angabe, worauf `pointer` zeigt, garantiert, dass die Dereferenzierung an der Konsole das richtige Ergebnis ausgibt.

Beachten Sie, dass in diesem Beispiel nicht die gesamte Methode als unsicher markiert ist, sondern nur der Kontext, in dem der Zeiger eine Rolle spielt.

10.15.5 Zeigerarithmetik

Sie können in C# Zeiger addieren und subtrahieren, so wie in C oder in anderen Sprachen. Dazu bedient sich der C#-Compiler intern des `sizeof`-Operators, der die Anzahl der Bytes zurückgibt, die von einer Variablen des angegebenen Typs belegt werden. Addieren Sie beispielsweise zu einem Zeiger vom Typ `int*` den Wert 1, verweist der Zeiger auf eine Adresse, die um 4 Byte höher liegt, da ein Integer eine Breite von 4 Byte hat.

Im folgenden Beispiel wird ein `int`-Array initialisiert. Anschließend werden die Inhalte der Array-Elemente nicht wie üblich über ihren Index, sondern mittels Zeigerarithmetik an der Konsole ausgegeben.

```
class Program
{
  unsafe static void Main(string[] args)
  {
    int[] arr = {10, 72, 333, 4550};
    fixed(int* pointer = arr) {
      Console.WriteLine(*pointer);
      Console.WriteLine(*(pointer + 1));
      Console.WriteLine(*(pointer + 2));
      Console.WriteLine(*(pointer + 3));
    }
  }
}
```

Listing 10.81 Zeigerarithmetik mit C#

Ein Array ist den Referenztypen und damit den verwalteten Typen zuzurechnen. Der C#-Compiler erlaubt es aber nicht, außerhalb einer `fixed`-Anweisung mit einem Zeiger auf einen verwalteten Typ zu zeigen. Mit

```
fixed(int* pointer = arr)
```

kommen wir dieser Forderung nach. Das Array `arr` wird implizit in den Typ `int*` konvertiert und ist gleichwertig mit folgender Anweisung:

```
int* pointer = &arr[0]
```

In der ersten Ausgabeanweisung wird `pointer` dereferenziert und der Inhalt 10 angezeigt, weil ein Zeiger auf ein Array immer auf das erste Element zeigt. In den folgenden Ausgaben wird die Ausgabeadresse des Zeigers um jeweils eine Integer-Kapazität erhöht, also um jeweils 4 Byte. Da die Elemente eines Arrays direkt hintereinander im Speicher abgelegt sind, werden der Reihe nach die Zahlen 72, 333 und 4550 an der Konsole angezeigt.

10.15.6   Der Operator »->«

Strukturen sind Wertetypen aus mehreren verschiedenen Elementen auf dem Stack und können ebenfalls über Zeiger angesprochen werden. Nehmen wir an, die Struktur Point sei wie folgt definiert:

```
public struct Point
{
  public int X;
  public int Y;
}
```

Innerhalb eines unsicheren Kontexts können wir uns mit

```
Point point = new Point();
Point* ptr = &point;
```

einen Zeiger auf ein Objekt vom Typ Point besorgen. Beabsichtigen wir, das Feld X zu manipulieren und ihm den Wert 150 zuzuweisen, muss der Zeiger ptr zuerst dereferenziert werden. Auf das Ergebnis können wir mittels Punktnotation auf den Member zugreifen, dem die Zahl zugewiesen werden soll. Der gesamte Ausdruck sieht dann wie folgt aus:

```
(*ptr).X = 150;
```

C# bietet uns mit dem Operator -> eine einfache Kombination aus Dereferenzierung und Feldzugriff an. Der Ausdruck kann daher gleichwertig auch so formuliert werden:

```
ptr->X = 150;
```

10

Kapitel 11
LINQ – Language Integrated Query

LINQ (Language Integrated Query) stellt ein Programmiermodell zur Verfügung, mit dem einheitlich auf Daten aus verschiedensten Datenquellen zugegriffen werden kann, beispielsweise auf SQL-Datenbanken, auf XML-Dokumente und .NET-Auflistungen. Das Besondere ist dabei, dass Abfragen direkt als Code in C# oder andere .NET-Sprachen eingebunden werden können und nicht nur wie bisher als Zeichenfolge. Infolgedessen müssen Sie also nicht mehr zwangsläufig SQL lernen, um Datenbanken abzufragen, oder XML Query, um Daten aus einem XML-Dokument zu lesen.

11.1   Einstieg in LINQ?

Die Syntax von LINQ ähnelt verblüffend den Abfragebefehlen von SQL, und so sind auch in LINQ Sprachelemente wie select, from oder where zu finden. Ein weiterer Vorteil von LINQ ist, dass dieses Abfragemodell als Teil der Sprache kompiliert werden kann und damit von IntelliSense unterstützt wird. Anders als etwa bei SQL-Abfragen, die erst zur Laufzeit ausgeführt werden, können Fehler so viel schneller gefunden werden.

Das folgende Beispiel soll Ihnen einen ersten Eindruck von LINQ vermitteln.

```
// Beispiel: ..\Kapitel 11\FirstLINQSample
class Program
{
  static void Main(string[] args)
  {
    Person[] persons = {
                        new Person { Name = "Meier", Age = 34 },
                        new Person { Name = "Müller", Age = 51 },
                        new Person { Name = "Schmidt", Age = 30 },
                        new Person { Name = "Fischer", Age = 25 },
                        new Person { Name = "Schulz", Age = 67 },
                       };
    var query = from pers in persons
                where pers.Age >= 50
                select pers;
    foreach (var item in query)
```

```
        Console.WriteLine($"{item.Name,-8}{item.Age}");
      Console.ReadLine();
    }
}
class Person
{
  public string Name { get; set; }
  public int Age { get; set; }
}
```

Listing 11.1 Beispielprogramm »FirstLINQSample«

Im Beispiel wird ein Array aus mehreren Personen gebildet, das anschließend in der Weise gefiltert wird, dass nur alle Personen, die 50 Jahre alt sind oder älter, in die Ergebnismenge aufgenommen werden. Zur Bildung der Ergebnismenge wird ein LINQ-Ausdruck verwendet:

```
var query = from pers in persons
            where pers.Age >= 50
            select pers;
```

Listing 11.2 Abfragesyntax

Die von LINQ verwendete Syntax ähnelt der, die Sie vielleicht von SQL her kennen. An dieser Stelle sei bereits angedeutet, dass auch die Formulierung eines LINQ-Ausdrucks mit Erweiterungsmethoden möglich ist und zum gleichen Resultat führt:

```
var query = persons
            .Where(p => p.Age >= 50)
            .Select(p => p);
```

Listing 11.3 Erweiterungsmethodensyntax

Es spielt keine Rolle, woher die Daten in der Liste der Personen stammen: Es könnte sich zum Beispiel auch um die Ergebnismenge einer Datenbankabfrage handeln. LINQ ist in jedem Fall datenquellenneutral.

Die Einführung von LINQ mit C# 3.5 zwang das .NET-Entwicklerteam dazu, die .NET-Sprachen zu ergänzen. Dazu gehören Lambda-Ausdrücke, implizite Typisierung, Objektinitialisierer, anonyme Typen und Erweiterungsmethoden. Diese Sprachfeatures haben wir uns in den vergangenen Kapiteln bereits angesehen.

Sie können LINQ-Abfragen in C# mit SQL Server-Datenbanken, XML-Dokumenten, ADO.NET-Datasets schreiben sowie jede Auflistung von Objekten abfragen. Es gibt allerdings dabei eine wichtige Bedingung zu beachten: Die Liste muss das Interface IEnumerable<T> implementieren.

11.1.1 Verzögerte Ausführung

LINQ-Abfragen haben ein besonderes Charakteristikum: Sie werden nämlich nicht sofort ausgeführt, sondern erst dann, wenn die Ergebnismenge benötigt wird. Das könnte beispielsweise eine `foreach`-Schleife sein, innerhalb deren die Abfrageresultate verarbeitet werden.

Greifen Sie wiederholt auf die Ergebnismenge zu, wird die Abfrage jedes Mal erneut ausgeführt – die Ergebnismenge wird also nicht gecacht. Hat sich die Datenquelle in der Zwischenzeit geändert, erhalten Sie die aktualisierten Daten und profitieren von diesem Verhalten. Andererseits geht die erneute Ausführung natürlich auch zu Lasten der Leistung.

Ob das Verhalten der verzögerten Ausführung positiv oder eher negativ zu bewerten ist, hängt vom Einzelfall ab. In einer Anwendung, die mehrfach auf die Abfrageresultate zugreifen muss, können Sie mit den Methoden `ToArray`, `ToList` oder `ToDictionary` die Ergebnismenge zwischenspeichern. Keine Angst, Sie haben noch nichts verpasst, denn auf die genannten Methoden werde ich später noch eingehen.

11.1.2 LINQ-Erweiterungsmethoden an einem Beispiel

Das Fundament von LINQ sind die zahlreichen Erweiterungsmethoden, die im Namespace `System.Linq` definiert sind. Ehe wir uns eingehender mit LINQ beschäftigen, möchte ich Ihnen zeigen, wie eine LINQ-Erweiterungsmethode zustande kommt.

Dazu erzeugen wir ein `String`-Array mit mehreren Vornamen. Unser Ziel soll es sein, nur die Namen auszugeben, die einer bestimmten Maximallänge entsprechen. Für die Ausgabe soll eine Methode namens `GetShortNames` implementiert werden. Normalerweise würde die Überprüfung der Länge der einzelnen Namen in dieser Methode codiert. Um möglichst flexibel zu sein, wird die Überprüfung in eine andere Methode ausgelagert, die `FilterName` heißen soll. Der Methode `GetShortNames` wird neben dem Zeichenfolge-Array einen Delegaten auf `FilterName` übergeben.

```
class Program
{
  delegate bool FilterHandler(string name);
  static void Main(string[] args)
  {
    string[] arr = {"Peter", "Uwe", "Willi", "Udo", "Gernot"};
    FilterHandler del = FilterName;
    GetShortNames(arr, del);
    Console.ReadLine();
  }
  static void GetShortNames(string[] arr, FilterHandler del)
  {
    foreach (string name in arr)
```

```
      if (del(name)) Console.WriteLine(name);
    }
    static bool FilterName(string name)
    {
      return name.Length < 4;
    }
}
```

Listing 11.4 Filtern eines Zeichenfolgearrays

So weit funktioniert der Code einwandfrei. Was würden Sie aber machen, wenn Sie in einem anderen Kontext nicht die Namen selektieren wollen, die weniger als vier Buchstaben aufweisen, sondern beispielsweise mehr als sieben? Richtig, Sie würden eine weitere Methode bereitstellen, die genau das leistet. Und nun eine ganz gemeine Frage: Wie viele unterschiedliche Methoden wären Sie bereit zu implementieren, um möglichst viele Filter zu berücksichtigen?

Es geht auch anders, denn dasselbe Ergebnis wie in Listing 11.4 erreichen Sie, wenn Sie einen Lambda-Ausdruck benutzen. Der Code zur Überprüfung der Zeichenfolgelänge wird hierbei direkt in der Parameterliste von GetShortNames aufgeführt.

```
class Program
{
  static void Main(string[] args)
  {
    string[] arr = { "Peter", "Uwe", "Willi", "Udo" };
    GetShortNames(arr, name => name.Length < 4);
    Console.ReadLine();
  }
  static void GetShortNames<T>(T[] names, Func<T, bool> getNames)
  {
    foreach (T name in names)
      if (getNames(name))
        Console.WriteLine(name);
  }
}
```

Listing 11.5 Filtern eines Zeichenfolgearrays mit einem Lambda-Ausdruck

Beachten Sie bitte den zweiten Parameter der Methode GetShortNames. Sein Typ Func<T, bool> wird durch das .NET Framework bereitgestellt. Dabei handelt es sich um einen generischen Delegaten. Schauen wir uns seine Definition an:

```
public delegate TResult Func<T, TResult>(T arg)
```

Der Delegat kann auf eine Methode zeigen, die einen Parameter entgegennimmt. Der generische Typ T beschreibt den Typ des Übergabeparameters, TResult den Typ der Rückgabe.

Hinweis

Im .NET Framework sind noch zahlreiche weitere Func-Delegaten vordefiniert. Damit werden Methoden beschrieben, die nicht nur einen, sondern bis zu 16 Parameter definieren. Eines haben aber alle Func-Definitionen gemeinsam: Der letzte generische Typparameter beschreibt immer den Datentyp der Ergebnismenge.

Vielleicht erinnern Sie sich: Ein Delegat kann auch durch einen Lambda-Ausdruck beschrieben werden. Das haben wir in Listing 11.5 durch die Übergabe von

```
Func<T, bool> getNames = name => name.Length < 4
```

genutzt. Der Übergabewert ist hier ein String, das Ergebnis der Operation ein boolescher Wert.

Wichtig ist, dass Sie erkennen, dass die Methode GetShortNames jetzt mit ganz unterschiedlichen Filtern aufgerufen werden kann. Vielleicht wollen Sie beim nächsten Mal alle Namen selektieren, die mit dem Buchstaben »H« beginnen. Kein Problem: Sie brauchen dazu keine weitere Methode zu schreiben, sondern können die vorliegende benutzen, da der Lambda-Ausdruck in der Methode GetShortNames zur Auswertung herangezogen wird.

Rufen wir uns an dieser Stelle noch einmal das einführende LINQ-Beispiel aus Listing 11.3 ins Gedächtnis zurück:

```
var query = persons
            .Where(p => p.Age >= 50)
            .Select(p => p);
```

Sieht die Filterung mit GetShortNames in Listing 11.5 nicht bereits sehr ähnlich der Filterung mit der Where-Methode aus?

Es gibt aber noch einen entscheidenden Unterschied: Wir übergeben der Methode GetShortNames die zu sortierende Liste als Argument. Besser wäre es, wir würden die Methode auf das Listenobjekt aufrufen. Dazu müssen wir die Methode als Erweiterungsmethode definieren, wobei sich noch die Frage stellt, welche Klassen erweitert werden sollen und welchen Rückgabewert die Methode haben soll. Um die Allgemeingültigkeit der Methode sicherzustellen, legen wir fest, dass die Methode die Klassen erweitern soll, die IEnumerable<T> implementieren. Diese Schnittstelle soll gleichzeitig den Rückgabewert beschreiben, um damit zu gewährleisten, dass die Ergebnismenge in einer foreach-Schleife durchlaufen werden kann.

Diese Überlegungen erfordern es, den Code in Listing 11.5 an die Erweiterungsmethode GetShortNames anzupassen. Bekanntlich müssen Erweiterungsmethoden in einer statischen Klasse definiert sein. In Listing 11.6 ist daher eine weitere Klasse definiert, die unsere Erweiterungsmethode enthält. Darüber hinaus wird der Bezeichner GetShortNames in Where geändert.

```
// Beispiel: ..\Kapitel 11\UserDefinedFilter
class Program
{
  static void Main(string[] args)
  {
    string[] arr = { "Peter", "Uwe", "Willi", "Udo" };
    IEnumerable<string> query = arr.Where(name => name.Length < 4);
    foreach (string item in query)
      Console.WriteLine(item);
    Console.ReadLine();
  }
}
static class Extensionmethod
{
  // Erweiterungsmethode
  public  static IEnumerable<T> Where<T>(this IEnumerable<T> liste,
                                  Func<T, bool> filter)
  {
    List<T> result = new List<T>();
    foreach (T name in liste)
      if (filter(name))
        result.Add(name);
    return result;
  }
}
```

Listing 11.6 Beispielprogramm »UserDefinedFilter«

Das Resultat zur Laufzeit wird dasselbe wie vorher sein. Allerdings haben wir nun eine Erweiterungsmethode entwickelt, die nicht nur ein String-Array nach einer bestimmten Bedingung filtern kann, sondern jede beliebige Liste – vorausgesetzt, die Liste implementiert das Interface IEnumerable<T>. Tatsächlich funktioniert die LINQ-Erweiterungsmethode Where in derselben Weise. Werfen wir deshalb einen Blick auf die Definition der Methode von LINQ:

```
public static IEnumerable<TSource> Where<TSource>(
                   this IEnumerable<TSource> source,
                   Func<TSource, bool> predicate);
```

Der erste Parameter kennzeichnet Where als Erweiterungsmethode für alle Typen, die die Schnittstelle IEnumerable<T> implementieren. Der zweite Parameter ist ein Delegat, der im ersten generischen Parameter den in der Liste enthaltenen Typ beschreibt. Der zweite Typparameter gibt den Rückgabewert Boolean des Delegaten an.

11.2   LINQ to Objects

11.2.1   Musterdaten

Wir werden uns in den folgenden Abschnitten mit den wichtigsten Erweiterungsmethoden von LINQ beschäftigen. Dazu müssen wir uns noch eine passende Datenquelle beschaffen. Die meisten Beispiele in diesem Kapitel arbeiten daher mit Daten, die von einer Klassenbibliothek bereitgestellt werden. Sie finden das Projekt unter *Beispiele\Kapitel 11\Musterdaten* (Download von *www.rheinwerk-verlag.de/4699*, unter Materialien zum Buch). In der Anwendung sind die vier Klassen Customer, Product, Order und Service sowie die Enumeration Cities definiert.

```csharp
public class Order
{
  public int OrderID { get; set; }
  public int ProductID { get; set; }
  public int Quantity { get; set; }
  public bool Shipped { get; set; }
}
public class Customer
{
  public string Name { get; set; }
  public Cities City { get; set; }
  public Order[] Orders { get; set; }
}
public class Product
{
  public int ProductID { get; set; }
  public string ProductName { get; set; }
  public double Price { get; set; }
}
public enum Cities
{
  Aachen,
  Bonn,
  Köln
}
```

Listing 11.7 Die elementaren Klassen der »Musterdaten«

In der Klasse Service werden drei Arrays definiert, die mehrere Produkte, Kunden und Bestellungen beschreiben. Beachten Sie bitte, dass die einzelnen Bestellungen den Kunden direkt in einem Feld zugeordnet werden. Zudem sind in Service drei Methoden implementiert, die als Datenlieferant entweder die Liste der Kunden, der Bestellungen oder der Produkte zurückliefern. Sämtliche Klassenmitglieder sind statisch definiert.

```
public class Service
{
  public static Product[] GetProducts() { return products; }
  public static Customer[] GetCustomers() { return customers; }
  public static Order[] GetOrders() { return orders; }
  public static Product[] products =
  {
    new Product{ ProductID = 1, ProductName = "Käse", Price = 10},
    new Product{ ProductID = 2, ProductName = "Wurst", Price = 5},
    new Product{ ProductID = 3, ProductName = "Obst", Price = 8.56},
    new Product{ ProductID = 4, ProductName = "Gemüse", Price = 4},
    new Product{ ProductID = 5, ProductName = "Fleisch", Price = 17.5},
    new Product{ ProductID = 6, ProductName = "Süßwaren", Price = 3},
    new Product{ ProductID = 7, ProductName = "Bier", Price = 2.8},
    new Product{ ProductID = 8, ProductName = "Pizza", Price = 7}
  };
  public static Order[] orders =
  {
    new Order{ OrderID= 1, ProductID = 4, Quantity = 2, Shipped = true},
    new Order{ OrderID= 2, ProductID = 1, Quantity = 1, Shipped = true},
    new Order{ OrderID= 3, ProductID = 5, Quantity = 4, Shipped = false},
    new Order{ OrderID= 4, ProductID = 4, Quantity = 5, Shipped = true},
    new Order{ OrderID= 5, ProductID = 8, Quantity = 6, Shipped = true},
    new Order{ OrderID= 6, ProductID = 3, Quantity = 3, Shipped = false},
    new Order{ OrderID= 7, ProductID = 7, Quantity = 2, Shipped = true},
    new Order{ OrderID= 8, ProductID = 8, Quantity = 1, Shipped = false},
    new Order{ OrderID= 9, ProductID = 4, Quantity = 1, Shipped = false},
    new Order{ OrderID= 10, ProductID = 1, Quantity = 8, Shipped = true},
    new Order{ OrderID= 11, ProductID = 3, Quantity = 3, Shipped = true},
    new Order{ OrderID= 12, ProductID = 6, Quantity = 6, Shipped = true},
    new Order{ OrderID= 13, ProductID = 1, Quantity = 4, Shipped = false},
    new Order{ OrderID= 14, ProductID = 6, Quantity = 3, Shipped = true},
    new Order{ OrderID= 15, ProductID = 5, Quantity = 7, Shipped = true},
    new Order{ OrderID= 16, ProductID = 1, Quantity = 9, Shipped = true}
  };
  public static Customer[] customers =
  {
    new Customer{ Name = "Herbert", City = Cities.Aachen,
        Orders = new Order[]{orders[3], orders[2],orders[8], orders[10]}},
```

```
new Customer{ Name = "Willi", City = Cities.Köln,
    Orders = new Order[]{orders[6], orders[7], orders[9] } },
new Customer{ Name = "Hans", City = Cities.Bonn,
    Orders = new Order[]{orders[4], orders[11], orders[14] } },
new Customer{ Name = "Freddy", City = Cities.Bonn,
    Orders = new Order[]{orders[1], orders[5], orders[13] } },
new Customer{ Name = "Theo", City = Cities.Aachen,
    Orders = new Order[]{orders[15], orders[12] } }
};
}
```

Listing 11.8 Die Klasse »Service« der »Musterdaten«

Sollten Sie selbst in einem eigenen Projekt mit den Daten experimentieren, müssen Sie die Assembly *Musterdaten.dll* unter VERWEISE in das Projekt einbinden und den Namespace Musterdaten mit using bekanntgeben.

11.2.2   Die allgemeine LINQ-Syntax

Anmerkung

Viele der folgenden Listings in diesem Kapitel finden Sie im Projekt ..\Kapitel 11\Listings. Die Beispiele sind entsprechend mit der Listing-Nummer gekennzeichnet. Wenn Sie die Listings aus den Beispielmaterialien ausprobieren wollen, müssen Sie nur die entsprechende Auskommentierung der Listing-Nummer aufheben.

Beginnen wir mit einer einfachen Abfrage, die alle bekannten Kunden aus den Musterdaten der Reihe nach ausgibt. Dabei soll sich die Ausgabe auf die Kunden beschränken, deren Name weniger als sechs Buchstaben hat. In die Ergebnismenge sollen der Name des Kunden sowie sein Wohnort aufgenommen werden. Sie können die entsprechende LINQ-Abfrage auf zweierlei Arten definieren: entweder mit *Abfragesyntax* oder als *Erweiterungsmethodensyntax*. Sehen wir uns zuerst die Abfragesyntax an:

```
Customer[] customers = Service.GetCustomers();
var cust = from customer in customers
           where customer.Name.Length < 6
           select new {customer.Name, customer.City};
foreach (var item in cust)
  Console.WriteLine($"Name: {item.Name}, Ort: {item.City}");
```

Listing 11.9 Abfragesyntax

Grundsätzlich beginnt eine LINQ-Abfrage mit `from` und nicht wie bei einem SQL-Statement mit `select`. Der Grund dafür ist, dass zuerst die Datenquelle ausgewählt sein muss, auf der alle nachfolgenden Operationen Element für Element ausgeführt werden. Das ist auch der Grund, warum die Datenquelle das Interface `IEnumerable<T>` implementieren muss.

Die Angabe der Datenquelle zu Beginn gestattet es uns darüber hinaus, mit der IntelliSense-Hilfe im Code-Editor zu arbeiten. Mit `where` wird das Filterkriterium beschrieben, und `select` legt fest, welche Daten tatsächlich in die Ergebnisliste eingetragen werden. Das Ergebnis wird einer implizit typisierten Variablen zugewiesen, die mit `var` beschrieben wird. Diese Anweisung könnte auch durch

```
IEnumerable<string> cust = from customer in customers ...
```

ersetzt werden, da eine LINQ-Abfrage als Resultat eine Liste liefert, die die Schnittstelle `IEnumerable<T>` implementiert.

In unserer Ergebnisliste wollen wir die einzelnen `Customer`-Objekte nicht mit allen ihren Eigenschaften aufnehmen. Um bestimmte Eigenschaften zu filtern, übergeben wir dem `select` einen anonymen Typ, der sich aus den gewünschten Elementen zusammensetzt. In unserem Beispielcode handelt es sich um die Eigenschaften `Name` und `City`. Die Ausgabe der Ergebnismenge erfolgt in einer `foreach`-Schleife. Die Laufvariable wird vom Typ `var` deklariert.

Die zweite Variante ist die Erweiterungsmethodensyntax. Mit dieser können Sie die Abfrage auch wie folgt formulieren:

```
var cust = customers
        .Where(customer => customer.Name.Length < 6)
        .Select(c => new {c.Name, c.City});
```

Listing 11.10 Die Abfrage aus Listing 11.9 als Erweiterungsmethodensyntax formuliert

Welche der beiden Varianten Sie bevorzugen, bleibt Ihnen überlassen. Die Abfragesyntax sieht auf den ersten Blick etwas einfacher aus, aber mit etwas Übung gewöhnen Sie sich auch schnell an die Erweiterungsmethodensyntax.

Hinweis

Zwischen der Abfragesyntax und der Erweiterungsmethodensyntax müssen Sie noch einen Unterschied beachten: Verwenden Sie nämlich die Abfragesyntax, müssen Sie auch `select` angeben, um damit den Typ der Ergebnisliste zu beschreiben. Bei Verwendung der Erweiterungsmethodensyntax ist jedoch die Angabe des Abfrageoperators `Select` nicht zwingend vorgeschrieben.

11.3 Die Abfrageoperatoren

11.3.1 Übersicht der Abfrageoperatoren

LINQ stellt Ihnen zahlreiche Erweiterungsmethoden zur Verfügung, die auch als *Abfrageoperatoren* bezeichnet werden. Sie sind alle in der Klasse `Enumerable` des Namespace `System.Linq` definiert. In Tabelle 11.1 sind alle LINQ-Abfrageoperatoren angegeben.

Operatortyp	Operator
Aggregatoperatoren	Aggregate, Average, Count, LongCount, Min, Max, Sum
Konvertierungsoperatoren	Cast, OfType, ToArray, ToDictionary, ToList, ToLookup
Elementoperatoren	DefaultIfEmpty, ElementAt, ElementAtOrDefault, First, FirstOrDefault, Last, LastOrDefault, Single, SingleOrDefault
Gleichheitsoperatoren	EqualAll
Sequenzoperatoren	Empty, Range, Repeat
Gruppierungsoperatoren	GroupBy
Join-Operatoren	Join, GroupJoin
Sortieroperatoren	OrderBy, ThenBy, OrderByDescending, ThenByDescending, Reverse
Aufteilungsoperatoren	Skip, SkipWhile, Take, TakeWhile
Quantifizierungsoperatoren	All, Any, Contains
Restriktionsoperatoren	Where
Projektionsoperatoren	Select, SelectMany
Set-Operatoren	Concat, Distinct, Except, Intersect, Union

Tabelle 11.1 Die LINQ-Abfrageoperatoren

Ich werde im weiteren Verlauf des Kapitels auf viele der hier aufgeführten LINQ-Abfrageoperatoren genauer eingehen.

11.3.2 Die »from«-Klausel

Ein LINQ-Abfrageausdruck beginnt mit der `from`-Klausel. Sie gibt vor, welche Datenquelle abgefragt werden soll, und definiert eine lokale Bereichsvariable, die ein Element in der Datenquelle repräsentiert. Die Datenquelle muss entweder die Schnittstelle `IEnumerable<T>` oder

IEnumerable implementieren. Zu den abfragbaren Datenquellen zählen auch diejenigen, die sich auf IQueryable<T> zurückführen lassen.

Anmerkung

Die LINQ-Abfragen arbeiten mit Methoden, die meist Sequenzen verwenden. Diese Objekte implementieren entweder die IEnumerable<T>- oder die IQueryable<T>-Schnittstelle. Es stellt sich oft die Frage nach dem Unterschied, weil in beiden Fällen die Methode GetEnumerator() veröffentlicht wird.

Mit IEnumerable<T> können Sie gut mit einer Datenstruktur im Speicher arbeiten. Die einzelnen Erweiterungsmethoden arbeiten im Prinzip wie sequenzielle Filter – das Ergebnis des ersten Filters ist der Input für den zweiten Filter usw. Mit einer externen Datenquelle will man so normalerweise nicht arbeiten, denn es wäre extrem ineffizient, zunächst eine ganze Tabelle in den Cache zu laden und diese als IEnumerable<T> zu repräsentieren, um anschließend auf der Ergebnisliste eine Where-Filterbedingung anzuwenden. Deshalb arbeiten IQueryable<T>-implementierende Objekte so, dass sie zuerst den kompletten Abfrageausdruck zusammenbauen, der dann als Ganzes gegen die Datenquelle abgesetzt wird.

Datenquelle und Bereichsvariable sind streng typisiert. Wenn Sie mit

```
from customer in customers
```

das Array aller Kunden als Datenquelle angeben, ist die Bereichsvariable vom Typ Customer.

Etwas anders ist der Sachverhalt, wenn die Datenquelle beispielsweise vom Typ ArrayList ist. Wie Sie wissen, können in einer ArrayList Objekte unterschiedlichsten Typs verwaltet werden. Um auch solche Datenquellen abfragen zu können, muss die Bereichsvariable explizit typisiert werden, z. B.:

```
ArrayList arr = new ArrayList();
arr.Add(new Circle());
arr.Add(new Circle());
var cust = from Circle kreis in arr
           select kreis;
```

Listing 11.11 »from«-Klausel und »ArrayList«

Manchmal beschreibt jedes Element einer Datenquelle seinerseits selbst eine Liste untergeordneter Elemente. Ein gutes Beispiel dafür ist in unserer Anwendung zu finden, die unsere Musterdaten für dieses Kapitel bereitstellt.

```
public class Customer
{
  public string Name {get; set;}
```

```
  public Cities City {get; set;}
  public Order[] Orders {get; set;}
}
```

Listing 11.12 Die Klasse »Customer«

Jedem Kunden ist ein Array vom Typ `Order` zugeordnet. Um die Bestellungen abzufragen, muss eine weitere `from`-Klausel angeführt werden, die auf die Bestellliste des jeweiligen Kunden zugreift. Jede `from`-Klausel kann separat mit `where` gefiltert oder beispielsweise mit `orderby` sortiert werden.

```
Customer[] customers = Service.GetCustomers();
var query = from customer in customers
            where customer.Name == "Hans"
            from order in customer.Orders
            where order.Quantity > 6
            select new {order.OrderID, order.ProductID};
```

Listing 11.13 Filtern einer untergeordneten Menge (Abfragesyntax)

In diesem Codefragment wird die Liste aller Kunden zuerst nach Hans durchsucht. Die gefundene Dateninformation extrahiert anschließend die Bestellinformationen und beschränkt das Ergebnis auf alle Bestellungen von *Hans*, die eine Bestellmenge > 6 haben.

Es sei an dieser Stelle auch dieselbe Abfrage in Erweiterungsmethodensyntax gezeigt:

```
Customer[] customers = Service.GetCustomers();
var query = customers
            .Where(c => c.Name == "Hans")
            .SelectMany(c => c.Orders)
            .Where(order => order.Quantity > 6)
            .Select(order => new {order.OrderID, order.ProductID});
```

Listing 11.14 Untergeordnete Menge mit »SelectMany«

Enthält ein gefundenes Element eine Untermenge (hier werden die Bestellungen eines `Customer`-Objekts durch ein Array beschrieben), benötigen wir den Operator `SelectMany`. An diesem Beispiel erkennen Sie, dass sich in manchen Fällen Abfragesyntax und Erweiterungsmethodensyntax doch deutlich unterscheiden.

11.3.3   Mit »where« filtern

Angenommen, Sie möchten alle Kunden auflisten, deren Wohnort Aachen ist. Um eine Folge von Elementen zu filtern, verwenden Sie den `where`-Operator:

```
Customer[] customers = Service.GetCustomers();
var result = from cust in customers
            where cust.City == Cities.Aachen
            select cust.Name;
foreach (var item in result)
  Console.WriteLine(item);
```

Listing 11.15 Die »where«-Klausel

Mit dem select-Operator geben Sie das Element an, das in die Ergebnisliste aufgenommen werden soll. In diesem Fall ist das der Name jeder entsprechend durch den Where-Operator gefundenen Person. Die Ergebnisliste wird in der foreach-Schleife durchlaufen und an der Konsole ausgegeben. Sie werden *Herbert* und *Theo* in der Ergebnisliste finden.

Sie können die Abfragesyntax auch durch die Erweiterungsmethodensyntax ersetzen. Geben Sie dabei direkt das zu durchlaufende Array an. An der Codierung der Konsolenausgabe ändert sich nichts.

```
var result = customers
            .Where(cust => cust.City == Cities.Aachen)
```

Listing 11.16 Die »where«-Klausel (Erweiterungsmethodensyntax)

Auch mehrere Filterkriterien zu berücksichtigen, ist nicht weiter schwierig. Sie müssen nur den where-Operator ergänzen und benutzen zur Formulierung des Filters die C#-spezifischen Operatoren. Im nächsten Codefragment werden alle noch nicht ausgelieferten Bestellungen gesucht, deren Bestellmenge größer 3 ist.

```
Order[] orders = Service.GetOrders();
var result = from order in orders
            where order.Quantity > 3 && order.Shipped == false
            select order.OrderID;
```

oder:

```
 var result = orders
            .Where(order => order.Quantity > 3 && order.Shipped == false)
            .Select(ord => ord.OrderID);
```

Listing 11.17 Mehrere Filterkriterien

Die Überladungen des »Where«-Operators

Wenn Sie sich die .NET-Dokumentation des Where-Operators ansehen, finden Sie die beiden folgenden Signaturen:

```
public static IEnumerable<T> Where<T>(
      this IEnumerable<T> source,
      Func<T, bool> predicate
public static IEnumerable<T> Where<T>(
      this IEnumerable<T> source,
      Func<T, int, bool> predicate
```

Die erste wird für Abfragen verwendet, wie wir sie weiter oben eingesetzt haben. Die `IEnumerable<T>`-Collection wird dabei komplett gemäß den Filterkriterien durchsucht.

Mit der zweiten Signatur können Sie den Bereich der Ergebnisliste einschränken, und zwar anhand des nullbasierten Index, der als Integer angegeben wird. Nehmen wir an, Sie interessieren sich für alle Bestellungen, deren Bestellmenge > 3 ist. Allerdings möchten Sie, dass die Ergebnisliste sich auf Indizes in der Datenquelle beschränkt, die < 10 sind. Es werden demnach nur die Indizes 0 bis einschließlich 9 in der Datenquelle `orders` berücksichtigt.

```
Order[] orders = Service.GetOrders();
var result = orders
            .Where((order, index) => order.Quantity > 3 && index < 10)
            .Select(ord => new {ord.OrderID, ord.ProductID, ord.Quantity});
foreach (var item in result)
  Console.WriteLine($"{item.OrderID,-5}{item.ProductID,-5}{item.Quantity}");
```

Listing 11.18 Resultate mit »where« einschränken

Das Ergebnis wird mit den Bestellungen gebildet, die die `OrderID` 3, 4, 5 und 10 haben.

Wie funktioniert der »Where«-Operator?

Betrachten wir die folgende Anweisung:

```
var result = customers.Where(cust => cust.City == Cities.Aachen)
```

`Where` ist eine Erweiterungsmethode der Schnittstelle `IEnumerable<T>` und gilt auch für das Array vom Typ `Customer`. Der Ausdruck

```
cust => cust.City == Cities.Aachen
```

ist ein Lambda-Ausdruck, im eigentlichen Sinne also der Delegat auf eine anonyme Methode. In der Definition des `Where`-Operators wird dieser Delegat durch den Delegaten

```
Func<T, bool> predicate
```

beschrieben (siehe Definition von `Where` weiter oben). Der generische Typparameter `T` wird durch den Datentyp der Elemente in der zugrundeliegenden Collection beschrieben, die bekanntlich die Schnittstelle `IEnumerable<T>` implementiert. In unserer Anweisung handelt es sich um `Customer`-Objekte. Daher können wir bei korrekter Codierung innerhalb des Lambda-Ausdrucks auch auf die IntelliSense-Liste zurückgreifen. Der zweite Parameter teilt uns mit, von welchem Datentyp der Rückgabewert des Lambda-Ausdrucks ist. Hier wird ein boolescher Typ vorgegeben, denn über `true` weiß LINQ, dass auf das untersuchte Element das Suchkriterium zutrifft und bei einer Rückgabe von `false` eben nicht.

Das Zusammenspiel zwischen den Lambda-Ausdrücken und Erweiterungsmethoden im Kontext generischer Typen und Delegaten ist hier sehr gut zu erkennen. In ähnlicher Weise funktionieren auch viele andere Operatoren. Ich werde daher im Folgenden nicht jedes Mal erneut das komplexe Zusammenspiel der verschiedenen Operatoren erörtern.

11.3.4   Die Projektionsoperatoren

Der »Select«-Operator

Der `Select`-Operator macht die Ergebnisse der Abfrage über ein Objekt verfügbar, das die Schnittstelle `IEnumerable<T>` implementiert, z. B.:

```
var result = from order in orders
             select order.OrderID;
```

oder alternativ:

```
var result = orders.Select(order => order.OrderID);
```

Die Rückgabe ist in beiden Fällen eine Liste mit den Bestellnummern der in der Liste vertretenen Bestellungen.

Soll der `Select`-Operator eine Liste neu strukturierter Objekte liefern, müssen Sie einen anonymen Typ als Ergebnismenge definieren:

```
var result = from customer in customers
             select new {customer.Name, customer.City};
```

Hierbei wird auch von einer *Selektion* gesprochen.

Der Operator »SelectMany«

`SelectMany` kommt dann zum Einsatz, wenn es sich bei den einzelnen Elementen in einer Elementliste um Arrays handelt, deren Einzelelemente von Interesse sind. In der Anwendung *Musterdaten* trifft das auf alle Objekte vom Typ `Customer` zu, weil die Bestellungen in einem Array verwaltet werden.

```
var query = customers
            .Where(c => c.Name == "Hans")
            .SelectMany(c => c.Orders)
            .Where(order => order.Quantity > 6)
            .Select(order => new {order.OrderID, order.ProductID});
```

Listing 11.19 Der Operator »SelectMany«

In Listing 11.14 hatten wir bereits dieses Beispiel, so dass ich an dieser Stelle auf weitere Ausführungen verzichte.

11.3.5   Die Sortieroperatoren

Sortieroperatoren ermöglichen eine Sortierung von Elementen in Ausgabefolgen mit einer angegebenen Sortierrichtung. Mit dem Operator `OrderBy` können Sie auf- und absteigend sortieren, mit `OrderByDescending` nur absteigend. In Listing 11.20 sehen Sie ein Beispiel für eine aufsteigende Sortierung. Dabei werden die Bestellmengen aller Bestellungen der Reihe nach in die Ergebnisliste geschrieben.

```
Order[] orders = Service.GetOrders();
var result = from order in orders
             orderby order.Quantity
             select new { order.OrderID, order.Quantity };
foreach (var item in result)
  Console.WriteLine($"ID: {item.OrderID,-3}{item.Quantity}");
```

Listing 11.20 Sortieren mit »orderby« in Abfragesyntax

Sehen wir uns diese LINQ-Abfrage noch in der Erweiterungsmethodensyntax an:

```
var result = orders
             .OrderBy(order => order.Quantity)
             .Select(order => new {order.OrderID, order.Quantity});
```

Listing 11.21 Sortieren mit »OrderBy« in Erweiterungsmethodensyntax

Durch die Ergänzung von descending lässt sich ebenfalls eine absteigende Sortierung erzwingen:

```
orderby order.Quantity descending
```

Listing 11.22 zeigt, wie Sie mit dem Operator `OrderByDescending` zum gleichen Ergebnis kommen:

```
var result = orders
             .OrderByDescending(order => order.Quantity)
             .Select(order => new {order.OrderID, order.Quantity});
```

Listing 11.22 Sortieren mit »OrderByDescending«

Möchten Sie mehrere Sortierkriterien festlegen, helfen Ihnen die beiden Operatoren `ThenBy` beziehungsweise `ThenByDescending` weiter. Deren Einsatz setzt aber die vorhergehende Verwendung von `OrderBy` oder `OrderByDescending` voraus. Nehmen wir an, die erste Sortierung soll die Bestellmenge berücksichtigen und die zweite, ob die Bestellung bereits ausgeliefert ist. Der Programmcode dazu lautet:

```
Order[] orders = Service.GetOrders();
var result = orders
            .OrderBy(order => order.Quantity)
            .ThenBy(order => order.Shipped)
            .Select(order =>  new {order.OrderID, order.Quantity, order.Shipped});
foreach (var item in result)
  Console.WriteLine("ProductID: {0,-3}Menge:{1,-4} Geliefert:{2}",
                                  item.OrderID, item.Quantity, item.Shipped);
```

Listing 11.23 Sortieren mit »OrderByDescending«

Möglicherweise benötigen Sie die gesamte Ergebnisliste in umgekehrter Reihenfolge. Hier kommt der Operator Reverse zum Einsatz, den Sie am Ende auf die Ergebnisliste anwenden:

```
var result = orders
            .Select(order => new {order.ProductID, order.Quantity}).Reverse();
```

Listing 11.24 Ergebnisliste mit »Reverse« umkehren

Wie Sie wissen, werden einige Abfrageoperatoren als Schlüsselwörter von C# angeboten und gestatten die sogenannte Abfragesyntax. Reverse und ThenBy zählen nicht dazu. Möchten Sie die von einer Abfragesyntax gelieferte Ergebnismenge umkehren, können Sie sich eines kleinen Tricks bedienen – schließen Sie die Abfragesyntax in runde Klammern ein, dann können Sie darauf den Punktoperator mit folgendem Reverse angeben:

```
var result = (from order in orders
            select new {order.ProductID, order.Quantity}).Reverse();
```

Listing 11.25 Sortieren mit »OrderByDescending« (Abfragesyntax)

11.3.6   Gruppieren mit »GroupBy«

Manchmal ist es notwendig, Ergebnisse anhand spezifischer Kriterien zu gruppieren. Dazu dient der Operator GroupBy. Machen wir uns das zuerst an einem Beispiel deutlich. Ausgangspunkt sei das Array mit Customer-Objekten. Es sollen die Kunden (Customer-Objekte) nach ihrem Wohnsitz (Cities) gruppiert werden.

```
Customer[] customers = Service.GetCustomers();
var result = customers
            .GroupBy(cust => cust.City);
foreach (IGrouping<Cities, Customer> temp in result)
{
```

```
Console.WriteLine(new string('=', 40));
Console.WriteLine($"Stadt: {temp.Key}");
Console.WriteLine(new string('-', 40));
foreach (var item in temp)
  Console.WriteLine($"        {item.Name}");
}
```

Listing 11.26 Gruppieren der Ergebnisliste

Die Ausgabe in der Konsole sehen Sie in Abbildung 11.1.

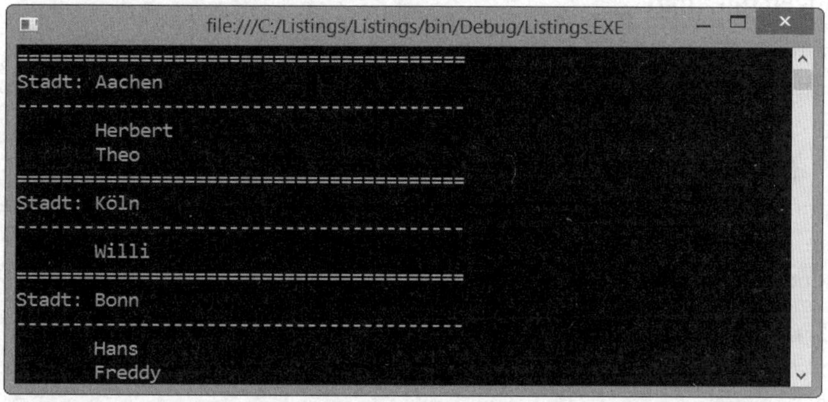

Abbildung 11.1 Die Ausgabe von Listing 11.26

Der Operator GroupBy ist vielfach überladen. Sehen wir uns eine der Überladungen an:

```
public static IEnumerable<IGrouping<K,T>> GroupBy<T,K>(
    this IEnumerable<T> source, Func<T,K> keyselector);
```

Alle Überladungen geben dabei den Typ IEnumerable<IGrouping<K,T>> zurück. Die Schnittstelle IGrouping<K,T> ist eine spezialisierte Form von IEnumerable<T>. Sie definiert die schreibgeschützte Eigenschaft Key, die den Wert der zu bildenden Gruppe abruft.

```
public interface IGrouping<K,T> : IEnumerable<T>
{
   K key { get; }
}
```

Im Beispiel oben werden mittels key die Städte aus dem generischen Typ K (also Cities) abgefragt. Betrachten wir nun die äußere Schleife:

```
foreach (IGrouping<Cities, Customer> temp in result)
```

Sie müssen der Schnittstelle IGrouping im ersten Typparameter in unserem Beispiel Cities zuweisen, den Datentyp des Elements, nach dem gruppiert werden soll. Der zweite Typparameter beschreibt den Typ des zu gruppierenden Elements.

Die äußere Schleife durchläuft die einzelnen Gruppen und gibt als Resultat alle Elemente zurück, die zu der entsprechenden Gruppe gehören. In unserem Beispielcode wird diese Untergruppe mit der Variablen item beschrieben. In der inneren Schleife werden anschließend alle Elemente von temp erfasst und die gewünschten Informationen ausgegeben.

Der GroupBy-Operator kann auch in der Schreibweise der Abfragesyntax dargestellt werden.

```
var result = from customer in customers
             group customer by customer.City
```

11.3.7 Verknüpfungen mit »Join«

Mit dem Join-Operator definieren Sie Beziehungen zwischen mehreren Auflistungen, ähnlich wie Sie in SQL mit dem gleichnamigen JOIN-Statement Tabellen miteinander in Beziehung setzen.

In unseren Musterdaten liegen insgesamt 16 Bestellungen vor. Es sollen nun für jede Bestellung die Bestellnummer des bestellten Artikels, die Bestellmenge und der Einzelpreis des Artikels ausgegeben werden. Die Listen der Produkte und Bestellungen spielen in diesem Fall eine entscheidende Rolle.

```
Order[] orders = Service.GetOrders();
Product[] products = Service.GetProducts();
var liste = orders
        .Join(products,
            ord => ord.ProductID,
            prod => prod.ProductID, (a, b) => new {a.OrderID,
                                                   a.ProductID,
                                                   b.Price,
                                                   a.Quantity
                                                  });
foreach(var m in liste)
  Console.WriteLine("Order: {0,-3} Product: {1} Menge: {2} Preis: {3}",
    m.OrderID, m.ProductID, m.Quantity, m.Price);
```

Listing 11.27 Einsatz des »Join«-Operators

Der Join-Operator ist überladen. In diesem Beispiel haben wir den folgenden benutzt:

```
public static IEnumerable<V> Join<T, U, V, K>(
    this Enumerable<T> outer,
    IEnumerable<U> inner,
    Func<T, K> outerKeySelector,
    Func<U, K> innerKeySelector,
    Func<T, U, V> resultSelector);
```

Join wird als Erweiterungsmethode der Liste definiert, auf die Join aufgerufen wird. In unserem Beispiel ist es die durch orders beschriebene Liste aller Bestellungen. Die innere Liste wird durch das erste Argument beschrieben und ist in unserem Beispielcode die Liste aller Produkte products. Als zweites Argument erwartet Join im Parameter outerKeySelector das Schlüsselfeld der äußeren Liste (hier: orders), das mit dem im dritten Argument angegebenen Schlüsselfeld der inneren Liste in Beziehung gesetzt wird.

Im vierten Argument wird die Ergebnisliste festgelegt. Dazu werden zwei Parameter übergeben: Der erste projiziert ein Element der äußeren Liste, der zweite ein Element der inneren Liste in das Ergebnis der Join-Abfrage.

Beachten Sie, dass in der Definition von Join der generische Typ T die äußere Liste beschreibt und der Typ U die innere. Die Schlüssel (in unserem Beispiel werden dazu die Felder genommen), die die *ProductID* beschreiben, verstecken sich hinter dem generischen Typ K, die Ergebnisliste hinter V.

Sie können eine Join-Abfrage auch in Abfragesyntax notieren:

```
var liste = from ord in orders
            join prod in products
            on ord.ProductID equals prod.ProductID
            select new { ord.OrderID, ord.ProductID, prod.Price, ord.Quantity};
```

Listing 11.28 Joins mit der Abfragesyntax

Die Ergebnisliste sehen Sie in Abbildung 11.2.

Sie sollten darauf achten, dass Sie beim Vergleich links von equals den Schlüssel der äußeren Liste angeben, rechts davon den der inneren. Wenn Sie die beiden vertauschen, erhalten Sie einen Compilerfehler.

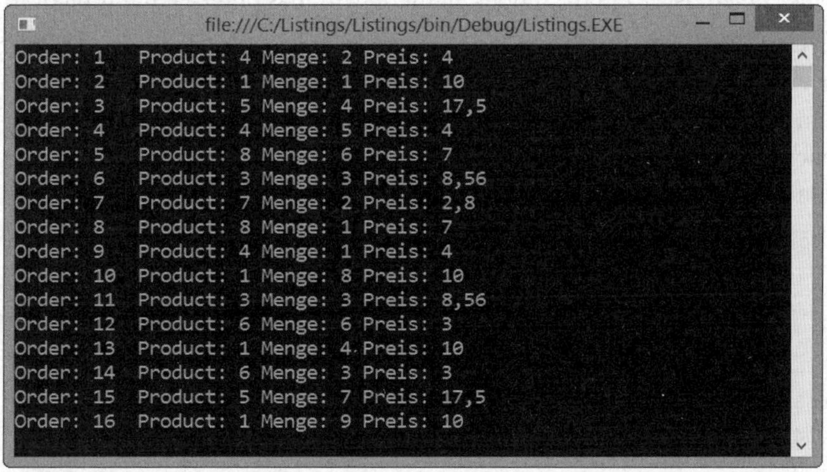

Abbildung 11.2 Resultat der »Join«-Abfrage

Der Operator »GroupJoin«

Join führt Daten aus der linken und rechten Liste genau dann zusammen, wenn die angegebenen Kriterien alle erfüllt sind. Ist eines oder sind mehrere der Kriterien nicht erfüllt, befindet sich kein Datensatz in der Ergebnismenge. Damit ist der Join-Operator mit dem INNER JOIN-Statement einer SQL-Abfrage vergleichbar.

Suchen Sie ein Äquivalent zu einem LEFT OUTER JOIN oder RIGHT OUTER JOIN, hilft Ihnen der GroupJoin-Operator weiter. Nehmen wir an, Sie möchten wissen, welche Bestellungen für die einzelnen Produkte vorliegen. Sie können die LINQ-Abfrage dann wie folgt definieren:

```
Product[] products = Service.GetProducts();
Customer[] customers = Service.GetCustomers();
var liste = products
        .GroupJoin(customers.SelectMany(cust => cust.Orders),
            prod => prod.ProductID,
            ord => ord.ProductID,
                (a, b) => new { a.ProductID, Orders = b });
foreach (var t in liste) {
  Console.WriteLine("ProductID: {0}", t.ProductID);
    foreach (var order in t.Orders)
      Console.WriteLine("  OrderID: {0}", order.OrderID);
}
```

Listing 11.29 LEFT OUTER JOIN mit dem Operator »GroupJoin«

GroupJoin arbeitet sehr ähnlich wie der Join-Operator. Der Unterschied zwischen den beiden Operatoren besteht darin, was in die Ergebnismenge aufgenommen wird. Mit Join sind es nur Daten, deren Schlüssel sowohl in der *outer*-Liste als auch in der *inner*-Liste vertreten sind. Findet Join in der *inner*-Liste kein passendes Element, wird das *outer*-Element nicht in die Ergebnisliste aufgenommen.

Ganz anders ist das Verhalten von GroupJoin. Dieser Operator nimmt auch dann ein Element aus der *outer*-Liste in die Ergebnisliste auf, wenn keine entsprechenden Daten in *inner* vorhanden sind. Sie sehen das sehr schön in Abbildung 11.3, denn der Artikel mit der ProductID = 2 ist in keiner Bestellung zu finden.

Sie können den GroupJoin-Operator auch in einem Abfrageausdruck beschreiben. Sie definieren ihn mit join ... into ... definiert.

```
Product[] products = Service.GetProducts();
Customer[] customers = Service.GetCustomers();
var liste = from cust in customers
        from ord in cust.Orders
        select ord;
```

```
var expr = from prod in products
           join custord in liste
           on prod.ProductID equals custord.ProductID into allOrders
           select new {prod.ProductID, Orders = allOrders};
```

Listing 11.30 LEFT OUTER JOIN in der Abfragesyntax

Abbildung 11.3 Ergebnisliste der LINQ-Abfrage mit dem »GroupJoin«-Operator

11.3.8   Die Set-Operatoren-Familie

Der Operator »Distinct«

Vielleicht kennen Sie die Wirkungsweise von DISTINCT bereits von SQL. In LINQ hat der Distinct-Operator die gleiche Aufgabe: Er garantiert, dass in der Ergebnismenge ein Element nicht doppelt auftritt.

```
string[] cities = {"Aachen", "Köln", "Bonn", "Aachen", "Bonn", "Hof"};
var liste = (from p in cities select p).Distinct();
foreach (string city in liste)
   Console.WriteLine(city);
```

Listing 11.31 Der Operator »Distinct«

Im Array cities kommen die beiden Städte Aachen und Bonn je zweimal vor. Der auf die Ergebnismenge angewendete Distinct-Operator erkennt dies und sorgt dafür, dass jede Stadt nur einmal angezeigt wird.

Der Operator »Union«

Der Union-Operator verbindet zwei Listen miteinander. Dabei werden doppelte Vorkommen ignoriert.

```
string[] cities = {"Aachen", "Bonn", "Aachen", "Frankfurt"};
string[] namen = {"Peter", "Willi", "Hans"};
var listeCities = from c in cities
                  select c;
var listeNamen  = from n in namen
                  select n;
var listeComplete = listeCities.Union(listeNamen);
foreach (var p in listeComplete)
  Console.WriteLine(p);
```

Listing 11.32 Der »Union«-Operator

In der Ergebnisliste werden der Reihe nach *Aachen, Köln, Bonn, Frankfurt, Peter, Willi* und *Hans* erscheinen.

Der Operator »Intersect«

Der Intersect-Operator bildet eine Ergebnisliste aus zwei anderen Listen. Die Ergebnisliste enthält aber nur die Elemente, die in beiden Listen gleichermaßen vorkommen. Intersect bildet demnach eine Schnittmenge ab.

```
string[] cities1 = {"Aachen", "Köln", "Bonn", "Aachen", "Frankfurt"};
string[] cities2 = {"Düsseldorf", "Bonn", "Bremen", "Köln"};
var listeCities1 = from c in cities1
                   select c;
var listeCities2  = from n in cities2
                    select n;
var listeComplete = listeCities1.Intersect(listeCities2);
foreach (var p in listeComplete)
  Console.WriteLine(p);
```

Listing 11.33 Der Operator »Intersect«

Das Ergebnis wird durch die Städte *Köln* und *Bonn* gebildet.

Der Operator »Except«

Während Intersect die Gemeinsamkeiten aufspürt, sucht der Operator Except nach allen Elementen, durch die sich die Listen voneinander unterscheiden. Dabei sind nur die Elemente in der Ergebnisliste enthalten, die in der ersten Liste angegeben sind und in der zweiten Liste fehlen.

Verwenden Sie in Listing 11.33 anstelle von Intersect den Operator Except, enthält die Ergebnisliste die Orte *Aachen* und *Frankfurt*.

11.3.9   Die Familie der Aggregatoperatoren

LINQ stellt mit Count, LongCount, Sum, Min, Max, Average und Aggregate eine Reihe von Aggregat-operatoren zur Verfügung, mit denen Sie Berechnungen an Quelldaten durchführen.

Die Operatoren »Count« und »LongCount«

Sehr einfach einzusetzen sind die beiden Operatoren Count und LongCount. Beide unterscheiden sich dahingehend, dass Count einen int als Typ zurückgibt und LongCount einen long. Um Count zu testen, wollen wir zuerst wissen, wie viele Bestellungen insgesamt eingegangen sind:

```
Order[] orders = Service.GetOrders();
var anzahl = (from x in orders
              select x).Count();
Console.WriteLine("Anzahl der Bestellungen gesamt = {0}", anzahl);
```

Listing 11.34 Der Operator »Count«

Alternativ können Sie auch Folgendes formulieren:

```
var anzahl = orders.Count();
```

Das Ergebnis lautet 16.

Vielleicht interessiert uns auch, wie viele Bestellungen jeder einzelne Kunde aufgegeben hat. Wir müssen dann den folgenden Code schreiben:

```
Customer[] customers = Service.GetCustomers();
var orderCounts = from c in customers
                  select new { c.Name, OrderCount = c.Orders.Count() };
foreach (var k in orderCounts)
  Console.WriteLine("{0} - {1}", k.Name, k.OrderCount);
```

Listing 11.35 Anzahl der Elemente einer untergeordneten Menge

Der Operator »Sum«

Sum ist grundsätzlich zunächst einmal sehr einfach einzusetzen. Der Operator liefert eine Summe als Ergebnis der LINQ-Abfrage. Im folgenden Codefragment wird die Summe aller Integer-Werte ermittelt, die das Array bilden. Das Ergebnis lautet 114.

```
int[] arr = new int[] {1, 3, 7, 4, 99};
var sumInt = arr.Sum();
Console.WriteLine("Integer-Summe = {0}", sumInt);
```

Listing 11.36 Der einfache Einsatz des Operators »Sum«

Listing 11.37 ist nicht mehr so einfach. Hier soll der Gesamtbestellwert über alle Produkte für jeden Kunden ermittelt werden.

```
var allOrders =
   from cust in customers
   from ord in cust.Orders
   join prod in products on ord.ProductID equals prod.ProductID
   select new { cust.Name, ord.ProductID,
             OrderAmount = ord.Quantity * prod.Price};
var summe =
   from cust in customers
   join ord in allOrders
   on cust.Name equals ord.Name into custWithOrd
   select new { cust.Name, TotalSumme = custWithOrd.Sum(s => s.OrderAmount) };
foreach(var s in summe)
   Console.WriteLine("Name: {0,-7} Bestellsumme: {1}", s.Name, s.TotalSumme);
```

Listing 11.37 Der Operator »Sum«

Analysieren wir den Code schrittweise, und überlegen wir, was das Resultat des folgenden Abfrageteilausdrucks ist:

```
var allOrders = from cust in customers
                from ord in cust.Orders
                join prod in products on ord.ProductID equals prod.ProductID
                select new {cust.Name, ord.ProductID,
                         OrderAmount = ord.Quantity * prod.Price};
```

Zuerst ist es notwendig, die Bestellungen aus jedem Customer-Objekt zu filtern. Danach wird ein Join gebildet, der die jeweilige *ProductID* aus den einzelnen Bestellungen eines Kunden mit der *ProductID* aus der Liste der Artikel verbindet. Das Ergebnis ist eine Art Tabelle mit Spalten für den Besteller, die *ProductID* und die Gesamtsumme für diesen Artikel, die anhand der Bestellmenge gebildet wurde (siehe Abbildung 11.4).

Nun gilt es noch, die Ergebnisliste nach den Kunden zu gruppieren und dann die Gesamtsumme aller Bestellungen zu bilden:

```
var summe = from cust in customers
            join ord in allOrders
            on cust.Name equals ord.Name into custWithOrd
            select new {cust.Name,
                    TotalSumme = custWithOrd.Sum(s => s.OrderAmount) };
```

Wir sollten uns daran erinnern, dass der GroupJoin-Operator (hier vertreten durch das Schlüsselwort join) mit diesen Fähigkeiten ausgestattet ist. Es müssen zuerst die beiden Listen customers und allOrders zusammengeführt werden. Sie können sich das so vorstellen, dass die Gruppierung mit GroupJoin zur Folge hat, dass für jeden Customer eine eigene »Tabelle« erzeugt wird, in der alle seine Bestellungen beschrieben sind. Die Variable s steht hier für ein Gruppenelement, letztendlich also für eine Bestellung. Die Gruppierung nach Customer-Objekts gestattet es uns nun, mit dem Operator Sum den Inhalt der Spalte Order-Amount zu summieren.

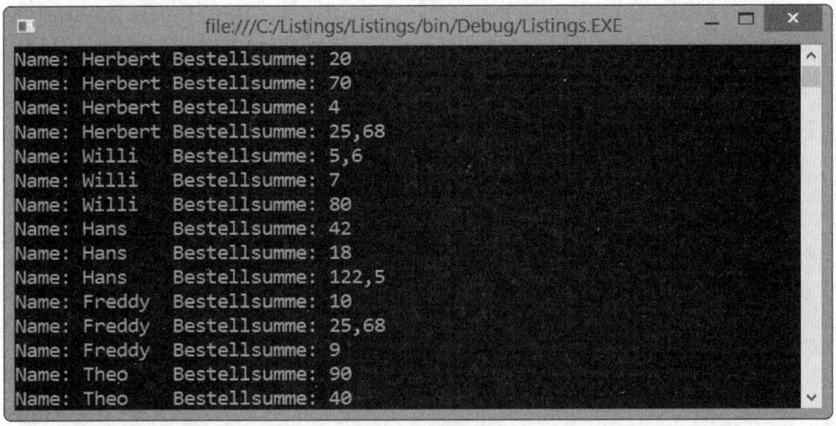

Abbildung 11.4 Bestellwert als Zwischenergebnis

Das Resultat der kompletten LINQ-Abfrage sehen Sie in Abbildung 11.5.

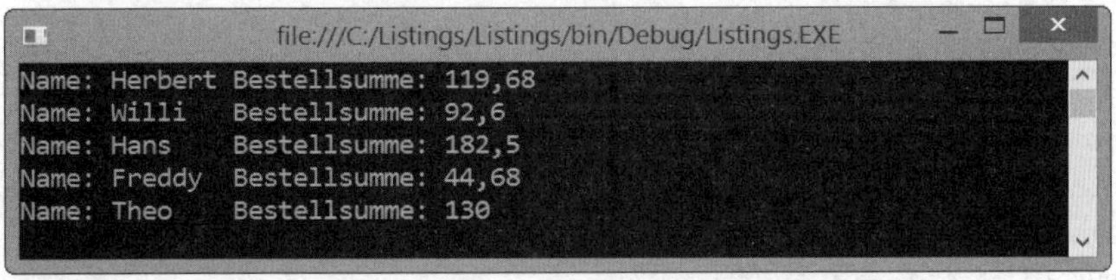

Abbildung 11.5 Ergebnis der Abfrage der Gesamtbestellsumme

Die Operatoren »Min«, »Max« und »Average«

Die Aggregatoperatoren Min und Max ermitteln den minimalen bzw. maximalen Wert in einer Datenliste, Average das arithmetische Mittel. Der Einsatz der Operatoren ist sehr einfach, wie das folgende Codefragment exemplarisch an Max zeigt:

```
var max = (from p in products
           select p.Price).Max();
```

Das funktioniert aber nur, solange numerische Werte als Datenquelle vorliegen. Sie brauchen den Code nur wie folgt leicht zu ändern, um festzustellen, dass nun eine ArgumentException geworfen wird:

```
var max = (from p in products
           select new {p.Price}).Max();
```

531

Die Meldung zu der Exception besagt, dass mindestens ein Typ die IComparable-Schnittstelle implementieren muss. In der ersten funktionsfähigen Version des Codes stand in der Ergebnisliste ein numerischer Wert, der der Forderung entspricht. Im zweiten, fehlerverursachenden Codefragment hingegen wird ein anonymer Typ beschrieben, der die geforderte Schnittstelle nicht implementiert.

Die Lösung dieser Problematik ist nicht schwierig. Die Operatoren sind alle so überladen, dass auch ein Selektor übergeben werden kann. Dazu geben Sie das gewünschte Element aus der Liste der Elemente, die den anonymen Typ bilden, als Bedingung an.

```
var max = (from p in products
           select new {p.Price}).Max(x => x.Price);
```

11.3.10   Quantifizierungsoperatoren

Beabsichtigen Sie, die Existenz von Elementen in einer Liste anhand von Bedingungen oder definierten Regeln zu überprüfen, helfen die Quantifizierungsoperatoren Ihnen weiter.

Der Operator »Any«

Any ist ein Operator, der ein Prädikat auswertet und einen booleschen Wert zurückliefert. Nehmen wir an, Sie möchten wissen, ob der Kunde *Willi* auch das Produkt mit der ProductID = 7 bestellt hat. Any hilft, das festzustellen.

```
Customer[] customers = Service.GetCustomers();
bool result = (from cust in customers
               from ord in cust.Orders
               where cust.Name == "Willi"
               select new { ord.ProductID })
               .Any(ord => ord.ProductID == 7);
if (result)
  Console.WriteLine("ProductID=7 ist enthalten");
else
  Console.WriteLine("ProductID=7 ist nicht enthalten");
```

Listing 11.38 Der Operator »Any«

Die Elemente werden so lange ausgewertet, bis der Operator auf ein Element stößt, das die Bedingung erfüllt.

Der Operator »All«

Während Any schon true liefert, wenn für ein Element die Bedingung erfüllt ist, liefert der Operator All nur dann true, wenn alle untersuchten Elemente der Bedingung entsprechen.

Möchten Sie beispielsweise feststellen, ob die Preise aller Produkte > 3 sind, genügt die folgende LINQ-Abfrage:

```
bool result = (from prod in products
               select prod).All(p => p.Price > 3);
```

11.3.11   Aufteilungsoperatoren

Mit where und select filtern Sie eine Datenquelle nach vorgegebenen Kriterien. Das Ergebnis ist eine Datenmenge, die den vorgegebenen Kriterien entspricht. Möchten Sie nur eine Teilmenge der Datenquelle betrachten, ohne Filterkriterien einzusetzen, eignen sich die Aufteilungsoperatoren.

Der Operator »Take«

Sie könnten zum Beispiel daran interessiert sein, nur die ersten drei Produkte aus der Liste aller Produkte auszugeben. Mit dem Take-Operator ist das sehr einfach zu realisieren:

```
Product[] prods = Service.GetProducts();
var result = prods.Take(3);
foreach (var prod in result)
  Console.WriteLine(prod.ProductName);
```

Wir greifen in unserem Beispiel auf eine Datenquelle zu, die uns der Aufruf der Methode GetProducts liefert. Natürlich kann die zu untersuchende Datenquelle zuvor durch einen anderen LINQ-Ausdruck gebildet werden:

```
Product[] prods = Service.GetProducts();
var result = (from prod in prods
              where prod.Price > 3
              select new {prod.ProductName, prod.Price}).Take(3);
foreach (var prod in result)
  Console.WriteLine("{0,-7}{1}", prod.ProductName, prod.Price);
```

Listing 11.39 Der Operator »Take«

Der Operator »TakeWhile«

Der Operator Take basiert auf einem Integer als Zähler. Sehr ähnlich arbeitet TakeWhile. Im Unterschied zum Operator Take können Sie eine Bedingung angeben, die als Filterkriterium angesehen wird. TakeWhile durchläuft die Datenquelle und gibt das gefundene Element zurück, wenn das Ergebnis der Bedingungsprüfung true ist. Beendet wird der Durchlauf unter zwei Umständen:

► Das Ende der Datenquelle ist erreicht.

► Das Ergebnis einer Untersuchung lautet false.

Wir wollen uns das an einem Beispiel ansehen. Auch dabei greifen wir als Quelle auf die Liste der Produkte zurück. Das Prädikat sagt aus, dass die Produkte in der Ergebnisliste erfasst werden sollen, deren Preis höher als 3 ist:

```
Product[] prods = Service.GetProducts();
var result = (from prod in prods
              select new {prod.ProductName, prod.Price})
              .TakeWhile(n => n.Price > 3);
foreach (var prod in result)
  Console.WriteLine("{0,-7}{1}", prod.ProductName, prod.Price);
```

Listing 11.40 Operationen mit »TakeWhile«

Es werden die folgenden Produkte angezeigt: *Käse*, *Wurst*, *Obst*, *Gemüse* und *Fleisch*. Beachten Sie, dass in der Ergebnisliste das Produkt *Pizza* nicht enthalten ist, da die Schleife beendet wird, ehe *Pizza* einer Untersuchung unterzogen werden kann, weil das erste Produkt, das die Bedingung nicht mehr erfüllt (*Süßwaren*, siehe die Liste der Produkte in Abschnitt 11.2.1, »Musterdaten«), das Ende der Schleife erzwingt.

Die Operatoren »Skip« und »SkipWhile«

Take und TakeWhile werden um Skip und SkipWhile ergänzt. Skip überspringt eine bestimmte Anzahl von Elementen in einer Datenquelle. Der verbleibende Rest bildet die Ergebnismenge. Um zum Beispiel die ersten beiden in der Liste enthaltenen Produkte aus der Ergebnisliste auszuschließen, codieren Sie die folgenden Anweisungen:

```
Product[] prods = Service.GetProducts();
var result = (from prod in prods
              select new {prod.ProductName, prod.Price})
              .Skip(2);
```

SkipWhile erwartet ein Prädikat. Die Elemente werden damit verglichen. Dabei werden die Elemente so lange übersprungen, wie das Ergebnis der Überprüfung true liefert. Sobald eine Überprüfung false ist, werden das betreffende Element und alle Nachfolgeelemente in die Ergebnisliste aufgenommen.

Das Prädikat im folgenden Codefragment sucht in der Liste aller Produkte nach dem ersten Produkt, für das die Bedingung nicht gilt, dass der Preis > 3 ist. Dieses und alle darauf folgenden Elemente werden in die Ergebnisliste geschrieben.

```
Product[] prods = Service.GetProducts();
var result = (from prod in prods
              select new {prod.ProductName, prod.Price})
              .SkipWhile(x => x.Price > 3);
```

Ausgegeben werden folgende Produkte: *Süßwaren*, *Bier* und *Pizza*.

11.3.12   Die Elementoperatoren

Bisher lieferten uns alle Operatoren immer eine Ergebnismenge zurück. Möchten Sie aber aus einer Liste ein bestimmtes Element herausfiltern, stehen Ihnen zahlreiche weitere Operatoren zur Verfügung. Diesen wollen wir uns nun widmen.

Der Operator »First«

Der First-Operator sucht das erste Element in einer Datenquelle. Dabei kann es sich um das erste Element aus einer Liste handeln oder um das erste Element einer mit einem Prädikat gebildeten Ergebnisliste. Daraus können Sie den Schluss ziehen, dass der First-Operator überladen ist.

Das folgende Beispiel zeigt, wie einfach der Einsatz von First ist. Aus der Gesamtliste aller Produkte soll nur das an erster Position stehende Produkt als Resultat zurückgeliefert werden.

```
Product[] prods = Service.GetProducts();
var result = (from prod in prods
            select new {prod.ProductName})
          .First();
Console.WriteLine("{0}", result.ProductName);
```

Listing 11.41 Der Operator »First«

Als Ergebnis wird *Käse* an der Konsole ausgegeben. Vielleicht möchten Sie aber eine Liste aller Produkte haben, deren Preis kleiner 10 ist, und aus dieser Liste nur das erste Listenelement herausfiltern. Dazu können Sie mit einem Lambda-Ausdruck eine Bedingung formulieren, die Sie als Argument an First übergeben.

```
Product[] prods = Service.GetProducts();
var result = (from prod in prods
            select new {prod.ProductName, prod.Price})
          .First(item => item.Price < 10);
Console.WriteLine("{0}", result.ProductName);
```

Listing 11.42 Der Operator »First« mit Filterung

Hier lautet das Produkt *Wurst*. Dasselbe Resultat erreichen Sie natürlich auch, wenn Sie stattdessen die LINQ-Abfrage wie folgt formulieren:

```
var result = (from prod in prods
            where prod.Price < 10
            select new {prod.ProductName, prod.Price}).First();
```

11

Der Operator »FirstOrDefault«

Versuchen Sie einmal, das letzte Beispiel mit dem Prädikat

```
item => item.Price < 1
```

auszuführen. Sie werden eine Fehlermeldung erhalten, weil kein Produkt in der Datenquelle enthalten ist, das der genannten Bedingung entspricht. In solchen Fällen empfiehlt es sich, anstelle des Operators First den Operator FirstOrDefault zu benutzen. Wird kein Element gefunden, liefert der Operator default(T) zurück. Handelt es sich um einen Referenztyp, ist das null.

FirstOrDefault liegt ebenfalls in zwei Überladungen vor. Sie können neben der parameterlosen Variante die parametrisierte Überladung benutzen, der Sie das gewünschte Prädikat übergeben.

```
Product[] prods = Service.GetProducts();
var result = (from prod in prods
              select new {prod.ProductName, prod.Price})
             .FirstOrDefault(item => item.Price < 1);
if (result == null)
  Console.WriteLine("Kein Element entspricht der Bedingung.");
else
  Console.WriteLine("{0}", result.ProductName);
```

Listing 11.43 Der Operator »FirstOrDefault« mit Filterung

Die Operatoren »Last« und »LastOrDefault«

Sicherlich können Sie sich denken, dass die beiden Operatoren Last und LastOrDefault Ergänzungen der beiden im Abschnitt zuvor behandelten Operatoren sind. Beide operieren auf die gleiche Weise wie First und FirstOrDefault, nur dass das letzte Element der Liste das Ergebnis bildet.

```
Product[] prods = Service.GetProducts();
var result = (from prod in prods
              select new {prod.ProductName, prod.Price})
             .LastOrDefault(item => item.Price < 5);
if (result == null)
  Console.WriteLine("Kein Element entspricht der Bedingung.");
else
  Console.WriteLine("{0}", result.ProductName);
```

Listing 11.44 Der Operator »LastOrDefault« mit Filterung

Die Operatoren »Single« und »SingleOrDefault«

Alle bislang vorgestellten Elementoperatoren lieferten eine Ergebnismenge, aus der ein Element herausgelöst wurde: Entweder liefern sie das erste oder das letzte Element. Mit Single bzw. SingleOrDefault können Sie nach einem bestimmten, *eindeutigen* Element Ausschau halten. Eindeutig bedeutet in diesem Zusammenhang, dass es kein Zwischenergebnis gibt, aus dem anschließend ein Element das Ergebnis bildet. In der Musterdaten-Anwendung ist beispielsweise das Feld *ProductID* eindeutig, vergleichbar mit der Primärschlüsselspalte einer Datenbanktabelle.

Mit Single und SingleOrDefault suchen Sie nach einem eindeutig identifizierbaren Element. Werden mehrere gefunden, wird eine InvalidOperationException ausgelöst. Auch für dieses Operator-Pärchen gilt: Besteht die Möglichkeit, dass kein Element gefunden wird, sollten Sie den Operator SingleOrDefault einsetzen, der ebenfalls default(T) als Rückgabewert liefert und keine Ausnahme auslöst, wie das bei dem Einsatz von Single der Fall wäre.

Sie können beide Operatoren parameterlos aufrufen oder ein Prädikat angeben.

```
Product[] prods = Service.GetProducts();
var result = (from prod in prods
              select new {prod.ProductID, prod.ProductName})
             .Single( p => p.ProductID == 2);
if (result == null)
  Console.WriteLine("Kein Element entspricht der Bedingung.");
else
  Console.WriteLine("{0}", result.ProductName);
```

Listing 11.45 Der Operator »Single« mit Filterung

Die Operatoren »ElementAt« und »ElementOrDefault«

Möchten Sie ein bestimmtes Element aus einer Liste anhand seiner Position extrahieren, sollten Sie entweder die Methode ElementAt oder die Methode ElementAtOrDefault verwenden. ElementAtOrDefault liefert wieder den Standardwert, falls der Index negativ oder größer als die Elementanzahl ist.

Bekanntermaßen werden Listenelemente mit Indizes versehen. Den beiden Methoden übergeben Sie einfach den Index des gewünschten Elements aus der Liste. Sind Sie zum Beispiel am vierten Element aus einer Liste interessiert, übergeben Sie die Zahl 3 als Argument an ElementAt oder ElementAtOrDefault, z. B.:

```
Product[] prods = Service.GetProducts();
var result = (from prod in prods
              select new {prod.ProductID, prod.ProductName})
             .ElementAtOrDefault(3);
```

```
if (result == null)
  Console.WriteLine("Kein Element entspricht der Bedingung.");
else
  Console.WriteLine("{0}", result.ProductName);
```

Listing 11.46 Der Operator »ElementAtOrDefault«

Der Operator »DefaultIfEmpty«

Standardmäßig liefert dieser Operator eine Liste von Elementen ab. Sollte die Liste jedoch leer sein, führt dieser Operator nicht sofort zu einer Exception. Stattdessen ist der Rückgabewert dann entweder default(T) oder – falls Sie die überladene Fassung von DefaultIfEmpty eingesetzt haben – ein spezifischer Wert.

```
List<string> liste = new List<string>();
liste.Add("Peter");
liste.Add("Uwe");
foreach (string tempStr in liste.DefaultIfEmpty("leer")) {
  Console.WriteLine(tempStr);
}
```

Listing 11.47 Der Operator »DefaultIfEmpty«

In diesem Codefragment wird vorgegeben, dass bei einer leeren Liste die Zeichenfolge leer das Ergebnis der Operation darstellt.

11.3.13   Die Konvertierungsoperatoren

Die Konvertierungsoperatoren dienen dazu, eine Sequenz in eine andere Collection umzuwandeln. Insbesondere die Operatoren ToList und ToArray sind oft hilfreich, wenn Sie die sofortige Ausführung einer Abfrage wünschen und das Resultat zwischenspeichern wollen. Das Abfrageergebnis ist eine Momentaufnahme der Daten. Dabei speichert ToList das Abfrageergebnis in einer List<T> und ToArray in einem typisierten Array.

Listing 11.48 und Listing 11.49 zeigen den Einsatz der Methoden ToList und ToArray.

```
IEnumerable<string> names = (Service.GetCustomers()
                    .Select(cust =>  cust.Name).ToArray());
```

Listing 11.48 Die Konvertierungsmethode »ToArray«

```
List<string> customers = (Service.GetCustomers()
                    .Select(cust => cust.Name).ToList());
```

Listing 11.49 Die Konvertierungsmethode »ToList«

Kapitel 12
Arbeiten mit Dateien und Streams

Das .NET Framework bietet eine Klassenbibliothek, die in Namespaces organisiert ist. Jeder Namespace beschreibt eine zusammenhängende oder zumindest doch verwandte Thematik. Mit Daten zu operieren – egal, ob Sie Daten schreiben oder lesen –, steht im Zusammenhang mit Dateien. Daher ist es auch nicht erstaunlich, dass sich die wichtigsten Klassen, die mit Dateien und Datenoperationen zu tun haben, in einem Namespace wiederfinden: System.IO.

Wollten Sie ein kurzes, allgemein gehaltenes Inhaltsverzeichnis von System.IO angeben, müsste dieses drei Hauptabschnitte umfassen:

1. Klassen, die ihre Dienste auf der Basis von Dateien und Verzeichnissen anbieten
2. Klassen, die den Datentransport beschreiben
3. Ausnahmeklassen

Der Schwerpunkt liegt wohl eher auf den Klassen, die durch Punkt 2 beschrieben werden, und geht weit über die Operationen hinaus, die im direkten Zusammenhang mit Dateien stehen. Daraus resultiert letztendlich auch die Namensangabe des Namespace IO für Input/Output-Operationen oder, wie es auch sehr häufig in der deutschen Übersetzung lautet, E/A-Operationen (für die Ein- und Ausgabe).

12.1 Einführung

In diesem Kapitel geht es primär darum, Dateninformationen aus einer beliebigen Datenquelle zu holen und an ein beliebiges Ziel zu schicken. Meist sind sowohl die Quelle als auch das Ziel eines Datenstroms Dateien, aber es kann auch ganz andere Anfangs- und Endpunkte geben, beispielsweise:

- eine Benutzeroberfläche
- Netzwerkverbindungen
- Speicherblöcke
- Drucker
- andere Peripheriegeräte

In den Programmiersprachen wird ein Datenfluss als *Stream* bezeichnet. Ein Stream hat einen Anfangs- und einen Endpunkt: eine Quelle, an der der Datenstrom entspringt, und das Ziel, das den Datenstrom empfängt. Die Methoden `Console.WriteLine` und `Console.ReadLine`, mit denen wir quasi schon von der ersten Seite dieses Buches an arbeiten, erzeugen auch solche Datenströme.

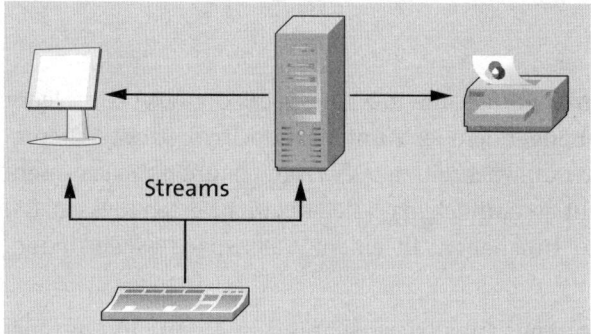

Abbildung 12.1 Datenströme einer lokalen Arbeitsstation

Streams haben individuelle Charakteristiken. Das ist auch der Grund, weshalb es nicht nur eine `Stream`-Klasse gibt, sondern mehrere. Jeder Stream dient ganz speziellen Anforderungen und kann diese mehr oder weniger gut erfüllen. Beispielsweise gibt es Streams, deren Daten direkt als Text interpretiert werden, während andere nur Bytesequenzen transportieren, die der Empfänger erst in das richtige Format bringen muss, um den Inhalt zu interpretieren.

Ein Stream ist nicht dauerhaft: Er wird geöffnet und liest oder schreibt Daten. Nach dem Schließen sind die Daten verloren, wenn sie nicht von einem Empfänger, beispielsweise einer Datei, dauerhaft gespeichert werden.

12.2   Namespaces der Ein- bzw. Ausgabe

Die elementarsten Klassen für die Ein- und -ausgabe sind im Namespace `System.IO` organisiert. Es sollte nicht unerwähnt bleiben, dass die .NET-Klassenbibliothek mit weiteren Namespaces aufwartet, die Klassen für besondere Aufgaben bereitstellen.

▶ Im Namespace `System.IO.Compression` werden mit `DeflateStream` und `GZipStream` zwei Klassen angeboten, die Methoden und Eigenschaften zur Datenkomprimierung und -dekomprimierung bereitstellen.

▶ Mit den Klassen des Namespace `System.IO.IsolatedStorage` wird eine Art virtuelles Dateisystem beschrieben. Dieses ermöglicht die Speicherung von Einstellungen und temporären Daten, die mit der Anwendung eindeutig verknüpft sind. Typischerweise werden im isolierten Speicher Daten abgelegt, die ansonsten beispielsweise in der Registry gespeichert werden müssten. Das Besondere dabei ist, dass weniger vertrauenswürdiger Code auf die sich im isolierten Speicher befindlichen Daten nicht zugreifen kann.

▶ Streams müssen nicht zwangsläufig mit Dateien oder Verzeichnissen in direktem Zusammenhang stehen, sondern beschreiben Datenströme in allgemeiner Form. Wollen Sie die serielle Schnittstelle programmieren, werden Sie daher auch auf die Methoden und Eigenschaften der Klassen im Namespace `System.IO.Ports` zurückgreifen müssen.

12.2.1   Das Behandeln von Ausnahmen bei E/A-Operationen

Bei fast allen Dateioperationen kann es zur Laufzeit eines Programms aus den verschiedensten Gründen sehr schnell zu Ausnahmen kommen. Beispielsweise wird eine zu kopierende Datei im angegebenen Pfad nicht gefunden, das Zielverzeichnis existiert nicht, als Quelle oder Ziel wird ein Leerstring übergeben usw. Daher sollten Sie unbedingt eine Fehlerbehandlung implementieren. Die Dokumentation unterstützt Sie, wenn es darum geht, auf mögliche Fehler zu reagieren, denn dort werden alle Ausnahmen aufgeführt, die beim Aufruf einer Methode auftreten könnten.

Alle Ausnahmen im Zusammenhang mit E/A-Operationen werden auf eine gemeinsame Basis zurückgeführt: `IOException`. Sie sollten auch diesen allgemeinen Fehler immer behandeln, damit der Anwender nicht Gefahr läuft, durch eine unberücksichtigte Ausnahme die Laufzeitumgebung des Programms unfreiwillig zu beenden.

12.3   Laufwerke, Verzeichnisse und Dateien

Die Klassenbibliothek des .NET Frameworks unterstützt den Entwickler mit mehreren Klassen, die Laufwerke, Verzeichnisse und Dateien beschreiben. Diese wollen wir uns als Erstes ansehen. Dabei handelt es sich um:

▶ `File`

▶ `FileInfo`

▶ `Directory`

▶ `DirectoryInfo`

▶ `Path`

▶ `DriveInfo`

`File` bzw. `FileInfo` und `Directory` bzw. `DirectoryInfo` liefern sehr ähnliche Daten zurück. Bei `File`/`FileInfo` handelt es sich um Daten, die eine Datei betreffen, bei `Directory`/`DirectoryInfo` um Daten von Verzeichnissen. Möchten Sie Pfadangaben ermitteln, hilft Ihnen `Path` weiter. Erwähnenswert ist zudem `DriveInfo`, womit Sie Laufwerksinformationen abfragen.

12.3.1   Die Klasse »File«

Methoden der Klasse »File«

Die Klasse File ist statisch definiert und stellt daher nur statische Methoden zur Verfügung. Die Methoden der sehr ähnlichen Klasse FileInfo hingegen sind Instanzmethoden. Funktionell sind sich beide Klassen ähnlich und unterscheiden sich nicht gravierend.

Mit den Klassenmethoden von File lässt sich eine Datei erstellen, kopieren, löschen usw. Sie können auch die Attribute einer Datei lesen oder setzen, und – was auch sehr wichtig ist – Sie können eine Datei öffnen. In Tabelle 12.1 sind die wichtigsten Methoden samt Rückgabetyp aufgeführt.

Methode	Rückgabetyp	Beschreibung
AppendAllText	void	Öffnet eine Datei und fügt die angegebene Zeichenfolge an die Datei an.
AppendText	StreamWriter	Hängt Text an eine existierende Datei an.
Copy	void	Kopiert eine bestehende Datei an einen anderen Speicherort.
Create	FileStream	Erzeugt eine Datei in einem angegebenen Pfad.
CreateText	StreamWriter	Erstellt oder öffnet eine Textdatei.
Delete	void	Löscht eine Datei.
Exists	Boolean	Gibt einen booleschen Wert zurück, der false ist, wenn die angegebene Datei nicht existiert.
GetAttributes	FileAttributes	Liefert das Bitfeld der Dateiattribute.
GetCreationTime	DateTime	Liefert das Erstellungsdatum und die Uhrzeit einer Datei.
GetLastAccessTime	DateTime	Liefert Datum und Uhrzeit des letzten Zugriffs.
GetLastWriteTime	DateTime	Liefert Datum und Uhrzeit des letzten Schreibzugriffs.
Move	void	Verschiebt eine Datei in einen anderen Ordner oder benennt sie um.
Open	FileStream	Öffnet eine Datei.
OpenRead	FileStream	Öffnet eine Datei zum Lesen.

Tabelle 12.1 Methoden der Klasse »File«

Methode	Rückgabetyp	Beschreibung
OpenText	StreamReader	Öffnet eine Textdatei zum Lesen.
OpenWrite	FileStream	Öffnet eine Datei zum Schreiben.
ReadAllBytes	byte[]	Öffnet eine Binärdatei und liest den Inhalt der Datei in ein Byte-Array ein.
ReadAllLines	string[]	Öffnet eine Textdatei und liest alle Zeilen der Datei in ein Zeichenfolgen-Array ein.
ReadAllText	string	Öffnet eine Textdatei, liest alle Zeilen der Datei in eine Zeichenfolge ein und schließt dann die Datei.
SetAttributes	void	Setzt Dateiattribute.
SetCreationTime	void	Setzt Erstellungsdatum und -uhrzeit.
SetLastAccessTime	void	Setzt Datum und Uhrzeit des letzten Zugriffs.
SetLastWriteTime	void	Setzt Datum und Uhrzeit des letzten Schreibzugriffs.
WriteAllBytes	void	Erstellt eine neue Datei und schreibt das angegebene Byte-Array in die Datei.
WriteAllLines	void	Erstellt eine neue Datei und schreibt das angegebene Zeichenfolgen-Array in die Datei.
WriteAllText	void	Erstellt eine neue Datei und schreibt das angegebene Zeichenfolgen-Array in die Datei.

Tabelle 12.1 Methoden der Klasse »File« (Forts.)

Wie Sie sehen, geben viele Methoden ein Stream-Objekt zurück. Das hat seinen Grund, denn mit einer geöffneten Datei will man arbeiten, sei es, um den Inhalt zu lesen, oder sei es, um etwas in die Datei zu schreiben. Diese Operationen setzen aber einen Stream voraus, was das .NET Framework durch die Definition verschiedener Stream-Klassen abdeckt. Ein FileStream beschreibt dabei einfache Byte-Sequenzen, ein StreamReader arbeitet mit ASCII-basierten Dateien.

Kopieren einer Datei

Zum Kopieren einer Datei dient die Methode Copy, beispielsweise:

```
File.Copy("C:\\Test.txt", "D:\\Test.txt");
```

12

Das erste Argument erwartet die Angabe des Dateinamens der zu kopierenden Datei. Befindet sich die zu kopierende Datei in keinem bekannten Suchpfad, muss der gesamte Zugriffspfad beschrieben werden. Im zweiten Argument müssen Sie das Zielverzeichnis und den Namen der Dateikopie angeben. Den Namen der kopierten Datei dürfen Sie gemäß den systemspezifischen Richtlinien festlegen, er muss nicht mit dem Ursprungsnamen der Datei übereinstimmen. Versuchen Sie, ein Ziel anzugeben, in dem bereits eine gleichnamige Datei existiert, wird die Ausnahme DirectoryNotFoundException ausgelöst.

Wenn Sie die Pfadangabe in einer Zeichenfolge beschreiben, müssen Sie beachten, dass das einfache Backslash-Zeichen als Escape-Zeichen interpretiert wird. Um diese Interpretation aufzuheben, müssen Sie entweder zwei Backslashes hintereinander angeben oder alternativ der Zeichenfolge ein @-Zeichen voranstellen:

```
File.Copy(@"C:\Test.txt", @"D:\Test.txt");
```

Sie können die Methode Copy auch einsetzen, wenn im Zielverzeichnis bereits eine Datei existiert, die denselben Namen hat wie die Datei, die Sie im zweiten Argument angeben. Rufen Sie dann die Überladung von Copy auf, die im dritten Parameter einen booleschen Wert erwartet. Übergeben Sie true, wird keine Ausnahme ausgelöst und die bereits vorhandene Datei durch den Inhalt der im ersten Argument übergebenen Datei überschrieben.

Löschen einer Datei

Zum Löschen einer Datei dient die statische Methode Delete. Dieser übergeben Sie den kompletten Pfad der zu löschenden Datei, z. B.:

```
File.Delete(@"C:\MyDocuments\MyDoc.txt");
```

Die Pfadangabe kann absolut oder relativ sein.

Verschieben einer Datei

Mit Move lassen sich Dateien aus einem Quellverzeichnis in ein anderes Zielverzeichnis verschieben:

```
File.Move(@"C:\MyDocuments\MyDoc.txt", @"C:\Allgemein\MyDoc.Doc");
```

Diese Methode kann auch zum Umbenennen von Dateinamen benutzt werden.

Prüfen, ob eine Datei existiert

Beabsichtigen Sie, eine bestimmte Datei zu öffnen, stellt sich zunächst die Frage, ob eine Datei dieses Namens in dem angegebenen Pfad tatsächlich existiert. Die Klasse File veröffentlicht zur Beantwortung die Methode Exists, die den booleschen Wert false zurückliefert, wenn die Datei nicht gefunden wird.

```
[...]
string path = @"C:\MyFile.txt";
```

```
if (File.Exists(path)) {
  // Datei existiert im angegebenen Pfad
}
[...]
```

Listing 12.1 Prüfen, ob eine bestimmte Datei bereits existiert

Eine ähnliche Codesequenz ist in jedem Programm sinnvoll, in dem eine Operation die Existenz einer Datei zwingend voraussetzt. Das erspart die Codierung einer Ausnahmebehandlung.

Öffnen einer Datei

Zum Öffnen einer Datei benutzen Sie eine der Methoden OpenRead, OpenText, OpenWrite oder Open (siehe auch Tabelle 12.1). Sehen wir uns exemplarisch die komplexeste Überladung der letztgenannten Methode an:

```
public static FileStream Open(string path, FileMode mode,
                    FileAccess access, FileShare share);
```

Dem Parameter path wird beim Aufruf die Pfadangabe als Zeichenfolge mitgeteilt. Diese besteht aus dem Pfad und dem Dateinamen.

Für das Öffnen einer Datei ist das Betriebssystem zuständig, das wissen muss, wie es die Datei öffnen soll. Der mode-Parameter vom Typ FileMode steuert dieses Verhalten. Dabei handelt es sich um eine im Namespace System.IO definierte Enumeration, die insgesamt sechs Konstanten definiert (siehe Tabelle 12.2).

Konstante	Beschreibung
Append	Öffnet eine bestehende Datei und setzt den Dateizeiger an das Dateiende. Damit wird das Anhängen von Dateninformationen an die Datei ermöglicht. Existiert die Datei noch nicht, wird sie erzeugt.
Create	Erzeugt eine neue Datei. Existiert bereits eine gleichnamige Datei, wird sie überschrieben.
CreateNew	Erzeugt in jedem Fall eine neue Datei. Existiert im angegebenen Pfad bereits eine gleichnamige Datei, wird die Ausnahme IOException ausgelöst.
Open	Öffnet eine bestehende Datei. Wird sie unter der Pfadangabe nicht gefunden, kommt es zur Ausnahme FileNotFoundException.
OpenOrCreate	Öffnet eine bestehende Datei. Sollte sie im angegebenen Pfad nicht existieren, wird eine neue erzeugt.

Tabelle 12.2 Die Konstanten der Enumeration »FileMode«

Konstante	Beschreibung
Truncate	Öffnet eine Datei und löscht ihren Inhalt. Nachfolgende Leseoperationen führen dazu, dass eine Ausnahme ausgelöst wird.

Tabelle 12.2 Die Konstanten der Enumeration »FileMode« (Forts.)

Der mode-Parameter beschreibt das Verhalten des Betriebssystems beim Öffnen einer Datei, gibt jedoch nicht an, was mit dem Inhalt der Datei geschehen soll. Soll er nur gelesen werden, oder möchte der Anwender in die Datei schreiben? Vielleicht sind auch beide Operationen gleichzeitig gewünscht. Diese Festlegung wird im Parameter access getroffen, der ebenfalls auf einer Aufzählung basiert – FileAccess. Diese hat nur drei Mitglieder: Read, Write und ReadWrite.

»FileAccess«-Konstante	Beschreibung
Read	Datei wird für den Lesezugriff geöffnet.
Write	Datei wird für den Schreibzugriff geöffnet.
ReadWrite	Datei wird für den Lese- und Schreibzugriff geöffnet.

Tabelle 12.3 Die Konstanten der Enumeration »FileAccess«

Eine Datei, die mit FileAccess.Read geöffnet wird, ist schreibgeschützt. Eine lesegeschützte Datei, deren Inhalt verändert werden soll, wird mit FileAccess.Write geöffnet. Die dritte Konstante FileAccess.ReadWrite beschreibt sowohl einen lesenden als auch einen schreibenden Zugriff.

Kommen wir nun zum letzten Parameter der Open-Methode – share. Er beschreibt das Verhalten der Datei, wenn nach dem ersten Öffnen weitere Zugriffe auf die Datei erfolgen. Wie schon bei den beiden vorher besprochenen Parametern wird auch er durch Konstanten beschrieben, die einer Enumeration des Namespace System.IO zugerechnet werden – FileShare. Die Mitglieder ähneln denen der Enumeration FileAccess, werden aber um ein weiteres Mitglied ergänzt (genau genommen sind es zwei, aber das zweite spielt für uns keine Rolle).

»FileShare«-Konstante	Beschreibung
None	Alle weiteren Versuche, diese Datei zu öffnen, werden konsequent abgelehnt.
Read	Diese Datei darf von anderen Anwendungen oder Threads nur zum Lesen geöffnet werden.

Tabelle 12.4 Die Konstanten der Enumeration »FileShare«

»FileShare«-Konstante	Beschreibung
Write	Diese Datei darf von anderen Anwendungen oder Threads nur zum Editieren geöffnet werden.
ReadWrite	Diese Datei darf von anderen Anwendungen oder Threads sowohl zum Lesen als auch zum Editieren geöffnet werden.

Tabelle 12.4 Die Konstanten der Enumeration »FileShare« (Forts.)

Damit haben wir die Parameterliste der Methode Open abgehandelt. Ihnen stehen alle Hilfsmittel zur Verfügung, eine beliebige Datei unter bestimmten Voraussetzungen und Begleitumständen zu öffnen. Führen Sie sich aber vor Augen, dass eine geöffnete Datei nicht automatisch ihre Dateninformationen liefert oder sich manipulieren lässt. Diese Operationen haben mit dem Vorgang des Öffnens noch nichts zu tun, setzen ihn aber voraus. Beachten Sie in diesem Zusammenhang, dass Operationen, die den Inhalt einer Datei beeinflussen, auf dem zurückgegebenen Objekt vom Typ FileStream ausgeführt werden.

In der folgenden Codezeile wird exemplarisch eine Datei mit Open unter Angabe verschiedener Optionen geöffnet:

```
FileStream stream = File.Open(@"C:\MyTestfile.txt",
    FileMode.OpenOrCreate, FileAccess.ReadWrite, FileShare.None);
```

Die Parameter besagen, dass die Datei *MyTestfile.txt* im Laufwerk *C:* geöffnet werden soll – falls es dort eine solche Datei gibt. Wenn nicht, wird sie neu erzeugt. Der Inhalt der Datei lässt sich nach dem Öffnen sowohl lesen als auch ändern. Gleichzeitig werden weitere Zugriffe auf die Datei strikt unterbunden.

Der einfachste Weg, in eine Datei zu schreiben und daraus zu lesen

Der Weg, um in eine Datei zu schreiben oder eine Datei zu lesen, erforderte bisher immer mehrere Codezeilen. Eigentlich viel zu viel Aufwand, um eben schnell eine einfache Dateioperation auszuführen. Das .NET Framework wartet mit einer kaum vollständig zu beschreibenden Vielzahl an Möglichkeiten auf, die uns das Leben als Entwickler vereinfachen sollen. Besonders erwähnt werden sollen an dieser Stelle exemplarisch die Methoden ReadAllBytes, ReadAllLines und ReadAllText zum Lesen und WriteAllBytes, WriteAllLines und WriteAllText zum Schreiben. Diese gehören zur Klasse File. Mit der simplen Anweisung

```
File.WriteAllText(@"C:\MyTextFile.txt", text);
```

können Sie bereits den Inhalt der Variablen text in die angegebene Datei schreiben. Existiert die Datei schon, wird sie einfach überschrieben. Genauso einfach ist die inhaltliche Auswertung der Datei:

```
Console.WriteLine(File.ReadAllText(@"C:\MyTextFile.txt"));
```

12.3.2   Die Klasse »FileInfo«

Die ebenfalls nicht ableitbare Klasse FileInfo ist das Pendant zu der im vorigen Abschnitt beschriebenen Klasse File. Während File nur statische Methoden veröffentlicht, beziehen sich die Methoden der Klasse FileInfo auf eine konkrete Instanz. Um diese zu erhalten, steht nur ein Konstruktor zur Verfügung, dem Sie als Argument die Pfadangabe zu der Datei übergeben müssen, z. B.:

```
FileInfo myFile = new FileInfo(@"C:\MyDocuments\MyFile.txt");
```

Der Konstruktor prüft nicht, ob die Datei tatsächlich existiert. Bevor Sie Operationen auf das Objekt ausführen, sollten Sie deshalb in jedem Fall vorher mit Exists sicherstellen, dass die Datei existiert.

```
if (myFile.Exists)
{
  // Datei existiert
}
```

Während Exists in der Klasse File als Methode implementiert ist, der die Pfadangabe beim Aufruf übergeben werden muss, handelt es sich in der Klasse FileInfo um eine schreibgeschützte Eigenschaft des FileInfo-Objekts.

Die Eigenschaften eines »FileInfo«-Objekts

FileInfo veröffentlicht eine Reihe von Eigenschaften, denen der Zustand der Datei entnommen werden kann. So können Sie beispielsweise die Länge der Datei abfragen oder sich ein Objekt vom Typ Directory zurückgeben lassen (ein Directory-Objekt beschreibt ein Verzeichnis als Objekt, ähnlich wie FileInfo eine Datei beschreibt).

Eigenschaft	Beschreibung
Attributes	Ermöglicht das Setzen oder Auswerten der Dateiattribute (Hidden, Archive, ReadOnly usw.).
CreationTime	Liefert oder setzt das Erstellungsdatum der Datei.
Directory	Liefert eine Instanz des Verzeichnisses.
DirectoryName	Liefert eine Zeichenfolge mit der vollständigen Pfadangabe, jedoch ohne den Dateinamen.
Extension	Liefert die Dateierweiterung einschließlich des vorangestellten Punktes.
FullName	Gibt einen String mit der vollständigen Pfadangabe einschließlich des Dateinamens zurück.

Tabelle 12.5 Die Eigenschaften eines Objekts vom Typ »FileInfo«

Eigenschaft	Beschreibung
LastAccessTime	Liefert oder setzt die Zeit des letzten Zugriffs auf die Datei.
LastWriteTime	Liefert oder setzt die Zeit des letzten schreibenden Zugriffs auf die Datei.
Length	Gibt die Länge der Datei zurück.
Name	Gibt den vollständigen Namen der Datei zurück.

Tabelle 12.5 Die Eigenschaften eines Objekts vom Typ »FileInfo« (Forts.)

Dateiattribute setzen und auswerten

Wir wollen uns aus Tabelle 12.5 die Eigenschaft Attributes genauer ansehen, die ihrerseits vom Typ FileAttributes ist. Attributes beschreibt ein Bit-Feld bestimmter Größe. Jedes Attribut einer Datei wird durch Setzen eines bestimmten Bits in diesem Bit-Feld beschrieben. Um festzustellen, ob ein Dateiattribut gesetzt ist, muss das alle Attribute beschreibende Bit-Feld mit dem gesuchten Dateiattribut bitweise &-verknüpft werden. Weicht das Ergebnis von der Zahl 0 ab, ist das Bit gesetzt.

Dazu ein Zahlenbeispiel: Nehmen wir an, das Attribut XYZ würde durch die Bitkombination 0000 1000 (= 8) beschrieben, und das Bit-Feld enthielte aktuell 0010 1001 (= 41). Um zu prüfen, ob das Attribut XYZ durch das Bit-Feld beschrieben wird, gilt:

```
    0000 1000
&   0010 1001
--------------
=   0000 1000
```

Das Ergebnis ist nicht 0 und daher so zu interpretieren, dass das Attribut im Bit-Feld gesetzt ist.

Um aus einer Datei ein bestimmtes Attribut herauszufiltern, beispielsweise Hidden, müssten wir daher wie folgt vorgehen:

```
FileInfo f = new FileInfo(@"C:\Testfile.txt");
if (0 != (f.Attributes & FileAttributes.Hidden))
{
  // Datei ist versteckt (hidden)
  [...]
}
```

Listing 12.2 Prüfen des »Hidden«-Attributs

Soll das Attribut gesetzt werden, bietet sich der ^-Operator an:

```
f.Attributes = f.Attributes ^ FileAttributes.Hidden;
```

549

In gleicher Weise können Sie mit den Methoden `GetAttributes` und `SetAttributes` der Klasse `File` arbeiten.

Die Methoden eines »FileInfo«-Objekts

Die Klassen `File` und `FileInfo` sind sich in den Funktionalitäten, die dem Entwickler angeboten werden, sehr ähnlich: Es lassen sich Dateien löschen, verschieben, umbenennen, kopieren, öffnen usw. Viele geben ein `Stream`-Objekt für weitergehende Operationen zurück.

Methode	Rückgabetyp	Beschreibung
AppendText	StreamWriter	Hängt Text an eine existierende Datei an.
CopyTo	FileInfo	Kopiert die Datei an einen anderen Speicherort.
Create	FileStream	Erzeugt eine Datei.
CreateText	StreamWriter	Erzeugt eine neue Textdatei.
Delete		Löscht die Datei.
Exists	Boolean	Gibt einen booleschen Wert zurück, der `false` ist, wenn die angegebene Datei nicht existiert.
MoveTo		Verschiebt die Datei in einen anderen Ordner oder benennt sie um.
Open	FileStream	Öffnet eine Datei.
OpenRead	FileStream	Öffnet eine Datei zum Lesen.
OpenText	StreamReader	Öffnet eine Textdatei zum Lesen.
OpenWrite	FileStream	Öffnet eine Datei zum Schreiben.

Tabelle 12.6 Die Methoden eines Objekts vom Typ »FileInfo«

12.3.3   Die Klassen »Directory« und »DirectoryInfo«

Die Klasse `File` veröffentlicht statische Methoden für Dateioperationen, und die Klasse `FileInfo` beschreibt die Referenz auf ein konkretes Dateiobjekt. Ähnlich gestaltet sind die Klassen `Directory` und `DirectoryInfo`: `Directory` hat nur statische Methoden, und `DirectoryInfo` basiert auf einer konkreten Instanz. Es stellt sich natürlich sofort die Frage, warum die Architekten der Klassenbibliothek jeweils zwei Klassen mit nahezu gleichen Fähigkeiten vorgesehen haben.

Der entscheidende Unterschied liegt in der Art und Weise, wie die Klassen im Hintergrund arbeiten. Zugriffe auf das Dateisystem setzen immer operative Berechtigungen voraus. Verfügt der Anwender nicht über die entsprechenden Rechte, wird die angeforderte Aktion abgelehnt. Die beiden Klassen File und Directory prüfen das bei jedem Zugriff erneut und belasten so das System unnötig, während die Überprüfung von den Klassen DirectoryInfo und FileInfo nur einmal ausgeführt wird.

Mit Directory können Sie Ordner anlegen, löschen oder verschieben und die in einem Verzeichnis physikalisch gespeicherten Dateinamen abrufen. Sie können mit Directory außerdem verzeichnisspezifische Eigenschaften sowie das Erstellungsdatum oder das Datum des letzten Zugriffs ermitteln. Tabelle 12.7 liefert einen Überblick über die Methoden von Directory.

Methode	Beschreibung
CreateDirectory	Erzeugt ein Verzeichnis oder Unterverzeichnis.
Delete	Löscht ein Verzeichnis.
Exists	Überprüft, ob das angegebene Verzeichnis existiert.
GetCreationTime	Liefert das Erstellungsdatum samt Uhrzeit.
GetDirectories	Liefert die Namen aller Unterverzeichnisse eines spezifizierten Ordners.
GetFiles	Liefert alle Dateinamen eines spezifizierten Ordners zurück.
GetFileSystemEntries	Liefert die Namen aller Unterverzeichnisse und Dateien eines spezifizierten Ordners.
GetParent	Liefert den Namen des übergeordneten Verzeichnisses.
Move	Verschiebt ein Verzeichnis samt Dateien an einen neuen Speicherort.
SetCreationTime	Legt Datum und Uhrzeit eines Verzeichnisses fest.

Tabelle 12.7 Methoden der Klasse »Directory«

Die Fähigkeiten der Klasse DirectoryInfo ähneln denen von Directory, setzen jedoch ein konkretes Objekt für den Zugriff auf die Elementfunktionen voraus.

Temporäre Verzeichnisse

Sehr viele Anwendungen arbeiten mit Verzeichnissen, in die Dateien temporär, also nicht dauerhaft geschrieben werden. Die Klasse Path bietet mit GetTempPath eine Methode an, die das temporäre Verzeichnis des aktuell angemeldeten Benutzers liefert.

```
public static string GetTempPath()
```

Unter Windows 10 ist dieses Verzeichnis standardmäßig unter dem Namen *Temp* in

C:\Users\<Username>\AppData\Local

zu finden.

Mit `GetTempFileName` wird eine leere Datei im temporären Verzeichnis angelegt, der Rückgabewert ist die komplette Pfadangabe:

```
public static string GetTempFileName()
```

Eine temporäre Datei kann von den anderen Methoden dazu benutzt werden, Zwischenergebnisse zu speichern, Informationen kurzfristig zu sichern und Abläufe zu protokollieren. Allerdings sollten Sie nicht vergessen, temporäre Dateien auch wieder zu löschen, wenn Sie sie nicht mehr benötigen.

Beispielprogramm

Im folgenden Beispielprogramm werden einige Methoden und Eigenschaften der Klassen `File`, `FileInfo` und `Directory` benutzt. Das Programm fordert den Anwender dazu auf, an der Konsole ein beliebiges Verzeichnis anzugeben, ermittelt dessen Unterverzeichnisse und Dateien und gibt sie unter Angabe der Dateigröße und der Dateiattribute an der Konsole aus.

```
// Beispiel: ..\Kapitel 12\FileDirectory_Sample
class Program
{
  public static void Main()
  {
    Program dirTest = new Program();
    FileInfo myFile;
    // Benutzereingabe anfordern
    string path = dirTest.PathInput();
    int len = path.Length;
    // alle Ordner und Dateien holen
    string[] str = Directory.GetFileSystemEntries(path);
    Console.WriteLine();
    Console.WriteLine("Ordner und Dateien im Verzeichnis {0}", path);
    Console.WriteLine(new string('-', 80));
    for (int i = 0; i <= str.GetUpperBound(0); i++)
    {
      // prüfen, ob der Eintrag ein Verzeichnis oder eine Datei ist
      if(0 == (File.GetAttributes(str[i]) & FileAttributes.Directory))
      {
        // str(i) ist kein Verzeichnis
        myFile = new FileInfo(str[i]);
        string fileAttr = dirTest.GetFileAttributes(myFile);
```

```
        Console.WriteLine("{0,-30}{1,25} kB {2,-10} ", str[i].Substring(len - 1),
                        myFile.Length / 1024, fileAttr);
    }
    else
      Console.WriteLine("{0,-30}{1,-15}", str[i].Substring(len), "Dateiordner");
  }
  Console.ReadLine();
}
// Benutzer zur Pfadeingabe auffordern
string PathInput()
{
  Console.Write("Geben Sie den zu durchsuchenden Ordner an: ");
  string searchPath = Console.ReadLine();
  // Benutzereingabe muss mit "\\" enden, sonst anhängen
  if(searchPath.Substring(searchPath.Length - 1) != "\\")
    searchPath += "\\";
  return searchPath;
}
// Prüfen der gesetzten Dateiattribute
// Rückgabe enthält die Dateiattribute
string GetFileAttributes(FileInfo strFile)
{
  string strAttr;
  // Prüfen, ob Archive-Attribut gesetzt ist
  if(0 != (strFile.Attributes & FileAttributes.Archive))
    strAttr = "A ";
  else
    strAttr = "  ";
  // Prüfen, ob Hidden-Attribut gesetzt ist
  if(0 != (strFile.Attributes & FileAttributes.Hidden))
    strAttr += "H ";
  else
    strAttr += "  ";
  // Prüfen, ob ReadOnly-Attribut gesetzt ist
  if(0 != (strFile.Attributes & FileAttributes.ReadOnly))
    strAttr += "R ";
  else
    strAttr += "  ";
  // Prüfen, ob System-Attribut gesetzt ist
  if(0 != (strFile.Attributes & FileAttributes.System))
    strAttr += "S ";
  else
    strAttr += "  ";
```

12

```
      return strAttr;
   }
}
```

Listing 12.3 Analyse eines Verzeichnisses

Starten Sie die Anwendung, könnte die Ausgabe an der Konsole ungefähr so wie in Abbildung 12.2 dargestellt aussehen.

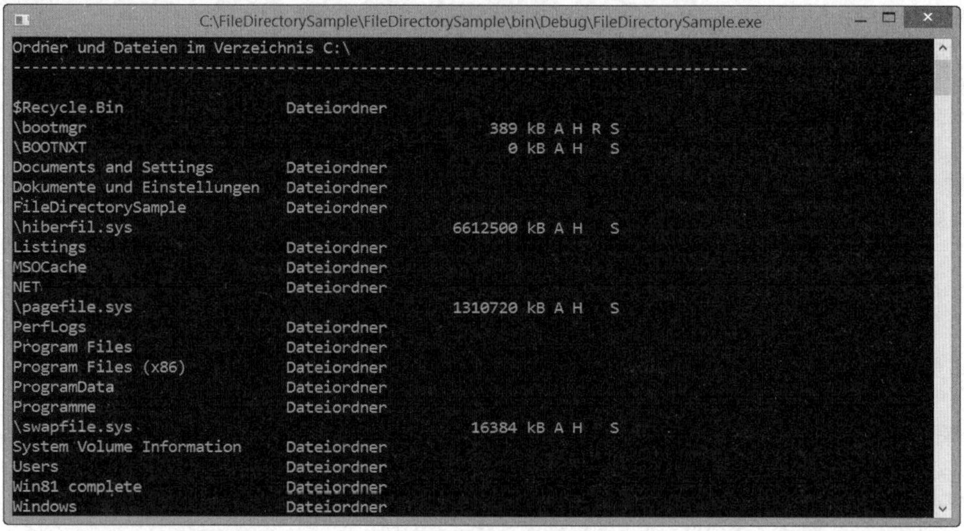

Abbildung 12.2 Ausgabe des Beispiels »FileDirectorySample«

Die komplette Anwendung ist in der Klasse Program realisiert. Die Klasse enthält neben der statischen Methode Main die Methoden PathInput und GetAttributes. Die Methode PathInput liefert eine Zeichenfolge zurück, die den Pfad des Verzeichnisses enthält, dessen Inhalt abgefragt werden soll. Wichtig ist im Kontext des Beispiels, die Rückgabezeichenfolge mit einem Backslash abzuschließen, da ansonsten die spätere Ausgabe an der Konsole nicht immer gleich aussieht.

GetFileSystemEntries liefert als Ergebnis des Aufrufs ein String-Array, das dem Feld str zugewiesen wird.

```
string str = Directory.GetFileSystemEntries(path);
```

Jedes Element des Arrays kann sowohl eine Datei- als auch eine Verzeichnisangabe enthalten. Daher wird in einer for-Schleife das Array vom ersten bis zum letzten Element durchlaufen, um festzustellen, ob das Element eine Datei oder ein Verzeichnis beschreibt. Handelt es sich um ein Verzeichnis, ist das Attribut Directory gesetzt. Mit

```
if(0 == (File.GetAttributes(str[i]) & FileAttributes.Directory))
```

wird das geprüft. Die Bedingung ist liefert true, wenn eine Datei vorliegt.

Nun folgt ein ganz entscheidender Punkt. Da das Programm die Größe der Datei ausgeben soll, können wir nicht mit `File` arbeiten, da in dieser Klasse keine Methode vorgesehen ist, die uns die Länge der Datei liefert. Dies ist nur über eine Instanz der Klasse `FileInfo` mit der Auswertung der schreibgeschützten Eigenschaft `Length` möglich, die bei jedem Schleifendurchlauf auf eine andere Datei verweist.

Die benutzerdefinierte Methode `GetAttributes` dient dazu, das übergebene `FileInfo`-Objekt auf die Attribute `Hidden`, `ReadOnly`, `Archive` und `System` hin zu untersuchen. Aus dem Ergebnis wird eine Zeichenfolge zusammengesetzt, die den Anforderungen der Anwendung entspricht. Zum Schluss erfolgt noch die formatierte Ausgabe an der Konsole. Für den Verzeichnis- bzw. Dateinamen ist eine maximale Breite von 30 Zeichen vorgesehen. Ist dieser Wert größer, ist das Ergebnis eine zwar etwas unansehnliche Ausgabe, aber unseren Ansprüchen soll sie genügen.

12.3.4   Die Klasse »Path«

Eine Pfadangabe beschreibt den Speicherort einer Datei oder eines Verzeichnisses. Die Schreibweise der Pfadangabe wird vom Betriebssystem vorgegeben und ist nicht auf allen Plattformen zwangsläufig identisch. Bei manchen Systemen muss die Pfadangabe mit dem Laufwerksbuchstaben beginnen, bei anderen Systemen ist das nicht unbedingt vorgeschrieben. Pfadangaben können sich auch auf Dateien beziehen. Es gibt Systeme, die ermöglichen als Dateierweiterung zur Beschreibung des Dateityps maximal drei Buchstaben, während andere durchaus mehr zulassen.

Das sind nicht die einzigen Unterscheidungsmerkmale, die plattformspezifisch sind. Denken Sie nur an die Separatoren, mit denen zwei Verzeichnisse oder ein Verzeichnis von einer Datei getrennt werden. Windows-basierte Plattformen benutzen dazu das Zeichen Backslash (\), andere Systeme schreiben einen einfachen Slash (/) vor.

Methoden der Klasse »Path«

Alle Mitglieder der Klasse `Path` sind statisch und haben die Aufgabe, eine Pfadangabe in einer bestimmten Weise zu filtern. Sie benötigen daher keine Instanz der Klasse `Path`, um auf ein Feld oder eine Methode dieser Klasse zuzugreifen.

Methode	Beschreibung
`GetDirectoryName`	Liefert aus einer gegebenen Pfadangabe das Verzeichnis zurück.

Tabelle 12.8 Methoden der Klasse »Path«

Methode	Beschreibung
GetExtension	Liefert aus einer gegebenen Pfadangabe die Dateierweiterung einschließlich des führenden Punktes zurück.
GetFileName	Liefert den vollständigen Dateinamen zurück.
GetFileNameWithoutExtension	Liefert den Dateinamen ohne Dateierweiterung zurück.
GetFullPath	Liefert die komplette Pfadangabe zurück.
GetPathRoot	Liefert das Stammverzeichnis.

Tabelle 12.8 Methoden der Klasse »Path« (Forts.)

Beachten Sie dabei, dass keine dieser Methoden testet, ob die Datei oder das Verzeichnis tatsächlich existiert. Es werden lediglich die Zeichenkette und die Vorschriften der spezifischen Plattform zur Bestimmung des Ergebnisses herangezogen.

Mit

```
string strPath = @"C:\Windows\system32\kernel32.dll"
```

liefern die Methoden die folgenden Rückgaben:

```
// liefert C:\
Console.WriteLine(Path.GetPathRoot(strPath));
// liefert C:\Windows\system32
Console.WriteLine(Path.GetDirectoryName(strPath));
// liefert kernel32
Console.WriteLine(Path.GetFileNameWithoutExtension(strPath));
// liefert kernel32.dll
Console.WriteLine(Path.GetFileName(strPath));
// liefert C:\windows\system32\kernel32.dll
Console.WriteLine(Path.GetFullPath(strPath));
// liefert .dll
Console.WriteLine(Path.GetExtension(strPath));
```

12.3.5   Die Klasse »DriveInfo«

Mit DriveInfo finden Sie heraus, welche Laufwerke verfügbar sind und um welchen Typ von Laufwerk es sich dabei handelt. Zudem können Sie mit Hilfe einer Abfrage die Kapazität und den verfügbaren freien Speicherplatz auf dem Laufwerk ermitteln.

Eigenschaft	Rückgabetyp	Beschreibung
Available-FreeSpace	long	Gibt die Menge an verfügbarem freiem Speicherplatz auf einem Laufwerk an.
DriveFormat	string	Ruft den Namen des Dateisystems ab.
DriveType	DriveType	Ruft den Laufwerkstyp ab.
IsReady	bool	Der Rückgabewert gibt an, ob das Laufwerk bereit ist.
Name	string	Liefert den Namen des Laufwerks.
RootDirectory	DirectoryInfo	Liefert das Stammverzeichnis des Laufwerks.
TotalFreeSpace	long	Liefert den verfügbaren Speicherplatz.
TotalSize	long	Ruft die Gesamtgröße des Speicherplatzes auf einem Laufwerk ab.
VolumeLabel	string	Ruft die Datenträgerbezeichnung eines Laufwerks ab.

Tabelle 12.9 Eigenschaften der Klasse »DriveInfo«

Die Eigenschaft DriveType sollten wir uns noch etwas genauer ansehen. Sie liefert als Ergebnis des Aufrufs eine Konstante der gleichnamigen Enumeration ab. Diese hat insgesamt sieben Mitglieder, die Sie Tabelle 12.10 entnehmen können.

Member	Beschreibung
CDRom	optischer Datenträger (z. B. CD oder DVD)
Fixed	Festplatte
Network	Netzlaufwerk
NoRootDirectory	Das Laufwerk hat kein Stammverzeichnis.
Ram	RAM-Datenträger
Removable	Wechseldatenträger
Unknown	unbekannter Laufwerkstyp

Tabelle 12.10 Mitglieder der Enumeration »DriveType«

12.4 Die »Stream«-Klassen

Ein Stream ist die abstrahierte Darstellung eines Datenflusses aus einer geordneten Abfolge von Bytes. Welcher Natur dieser Datenstrom ist – ob er aus einer Datei stammt, ob er die Eingabe eines Benutzers an der Tastatur enthält oder ob er möglicherweise aus einer Netzwerkverbindung bezogen wird –, bleibt zunächst einmal offen. Die Beschaffenheit des Datenflusses hängt nicht nur von Sender und Empfänger ab, sondern auch ganz entscheidend vom Betriebssystem.

Ein Entwickler soll seine Aufgabe unabhängig von diesen spezifischen Details lösen. E/A-Streams werden deshalb von Klassen beschrieben, die Allgemeingültigkeit garantieren. Das spielt insbesondere bei der Entwicklung von .NET-Anwendungen eine wesentliche Rolle, um die Plattformunabhängigkeit des Codes zu gewährleisten.

Streams dienen generell dazu, drei elementare Operationen ausführen zu können:

▶ Dateninformationen müssen in einen Stream geschrieben werden. Nach welchem Muster das geschieht, wird durch den Typ des Streams vorgegeben.

▶ Aus dem Datenstrom muss gelesen werden, ansonsten könnte man die Daten nicht weiterverarbeiten. Das Ziel kann unterschiedlich sein: Die Bytes können Variablen oder Arrays zugewiesen werden, sie könnten aber auch in einer Datenbank landen und zur Ausgabe an einem Peripheriegerät wie dem Drucker oder dem Monitor dienen.

▶ Nicht immer ist es erforderlich, den Datenstrom vom ersten bis zum letzten Byte auszuwerten. Manchmal reicht es aus, erst ab einer bestimmten Position zu lesen. Man spricht dann vom *wahlfreien Zugriff*.

Nicht alle Datenströme können diese drei Punkte gleichzeitig erfüllen. Beispielsweise unterstützen Datenströme im Netzwerk nicht den wahlfreien Zugriff.

Bei den Streams werden grundsätzlich zwei Typen unterschieden:

▶ **Base-Streams**, die direkt aus einem Strom Daten lesen oder in ihn hineinschreiben. Diese Vorgänge können z. B. in Dateien, im Hauptspeicher oder in einer Netzwerkverbindung enden.

▶ **Pass-through-Streams** ergänzen einen Base-Stream um spezielle Funktionalitäten. So können manche Streams verschlüsselt oder im Hauptspeicher gepuffert werden. Pass-through-Streams lassen sich hintereinander in Reihe schalten, um so die Fähigkeiten eines Base-Streams zu erweitern. Auf diese Weise lassen sich sogar individuelle Streams konstruieren.

12.4.1 Die abstrakte Klasse »Stream«

Die Klasse Stream ist die abstrakte Basisklasse aller anderen Stream-Klassen. Sie stellt alle fundamentalen Eigenschaften und Methoden bereit, die von den abgeleiteten Klassen geerbt werden und letztendlich deren Funktionalität ausmachen.

Die von der Klasse Stream abgeleiteten Klassen unterstützen mit ihren Methoden nur Operationen auf Bytesequenzen. Da allein durch eine Bytesequenz noch keine Aussage darüber getroffen ist, welcher Datentyp sich hinter mehreren aufeinanderfolgenden Bytes verbirgt, muss der Inhalt eines solchen Stroms noch interpretiert werden.

Die Eigenschaften der Klasse »Stream«

Streams stellen Schreib-, Lese- und Suchoperationen bereit. Allerdings unterstützt nicht jeder Stream gleichzeitig alle Operationen. Um in einem gegebenen Stream seine Verhaltensweisen festzustellen, können Sie die Eigenschaften CanRead, CanWrite und CanSeek abfragen, die einen booleschen Wert zurückliefern und damit Auskunft über die Charakteristik dieses Stream-Objekts liefern. Die Eigenschaft Length liefert die Länge des Streams und Position die aktuelle Position innerhalb des Streams. Letztere wird allerdings nur von den Streams bereitgestellt, die auch die Positionierung mit der Seek-Methode unterstützen.

Eigenschaft	Beschreibung
CanRead	Ruft in einer abgeleiteten Klasse einen Wert ab, der angibt, ob der aktuelle Stream Lesevorgänge unterstützt.
CanWrite	Ruft in einer abgeleiteten Klasse einen Wert ab, der angibt, ob der aktuelle Stream Schreibvorgänge unterstützt.
CanSeek	Ruft in einer abgeleiteten Klasse einen Wert ab, der angibt, ob der aktuelle Stream Suchvorgänge unterstützt.
Length	Ruft in einer abgeleiteten Klasse die Länge des Streams in Bytes ab.
Position	Ruft in einer abgeleiteten Klasse die Position im aktuellen Stream ab oder legt diese fest.

Tabelle 12.11 Eigenschaften der abstrakten Klasse »Stream«

Die Methoden der Klasse »Stream«

Die wichtigsten Methoden aller Stream-Klassen dürften Read, Write und Seek sein. Sehen wir uns zunächst die Definitionen der beiden Methoden Read und Write an, die von jeder abgeleiteten Klasse überschrieben werden müssen.

```
public abstract int Read(in byte[] buffer,int offset,int count);
public abstract void Write(byte[] buffer, int offset, int count);
```

Einem schreibenden Stream müssen Sie die Daten übergeben, die in den Datenstrom geschrieben werden sollen. Die Write-Methode benutzt dazu den ersten Parameter, liest die Elemente byteweise ein und schreibt sie in den Strom. Der Empfänger des Datenstroms kann die Bytes mit Read im ersten Parameter entnehmen. Der zweite Parameter, offset, bestimmt die Position im Array, ab der der Lese- bzw. Schreibvorgang beginnen soll. Meistens wird hier die Zahl 0 eingetragen, das heißt, die Operation greift auf das erste Array-Element zu – entweder lesend oder schreibend. Im dritten und letzten Parameter wird angegeben, wie viele Bytes gelesen oder geschrieben werden sollen.

Beachten Sie auch, dass Write als Methode ohne Rückgabewert implementiert ist, während Read einen int liefert, dem Sie die Anzahl der gelesenen Bytes entnehmen können, die in den Puffer – also das Array – geschrieben worden sind. Der Rückgabewert ist 0, wenn das Ende des Streams erreicht ist. Er kann aber auch kleiner sein als im dritten Parameter angegeben, wenn weniger Bytes im Stream eingelesen werden.

Die abstrakte Klasse Stream definiert zwei weitere, ähnliche Methoden, die jedoch jeweils nur immer ein Byte aus dem Datenstrom lesen oder in ihn hineinschreiben: ReadByte und WriteByte. Beide Methoden sind parameterlos und setzen den Positionszeiger innerhalb des Streams um eine (Byte-)Position weiter.

```
public virtual int ReadByte();
public virtual void WriteByte(byte value);
```

Der Rückgabewert der ReadByte-Methode ist -1, wenn das Ende des Datenstroms erreicht ist.

Um in einem Datenstrom ab einer vorgegebenen Position zu lesen oder zu schreiben, bietet sich die Seek-Methode an:

```
public abstract long Seek (long offset, SeekOrigin origin);
```

Mit den beiden Parametern offset und origin wird der Startpunkt für den Positionszeiger im Stream festgelegt, ab dem weitere E/A-Operationen aktiv werden. offset beschreibt die Verschiebung in Bytes ab der unter origin festgelegten Ursprungsposition. origin ist vom Typ der Aufzählung SeekOrigin, in der die drei Konstanten aus Tabelle 12.12 definiert sind.

Member	Beschreibung
Begin	Gibt den Anfang eines Streams an.
Current	Gibt die aktuelle Position innerhalb eines Streams an.
End	Gibt das Ende eines Streams an.

Tabelle 12.12 Konstanten der Aufzählung »SeekOrigin«

Mit SeekOrigin.Begin wird der Positionszeiger auf das erste Byte des Datenstroms gesetzt, mit SeekOrigin.Current behält er seine augenblickliche Position bei, und mit SeekOrigin.End wird er auf das Byte gesetzt, das als erstes den Bytes des vollständigen Streams folgt. Ausgehend von origin wird durch Addition von offset die gewünschte Startposition ermittelt.

Ein Stream, der einmal geöffnet worden ist und Daten in den Puffer geschrieben hat, sollte ordnungsgemäß mit Close geschlossen werden.

Sie haben jetzt so viele Methoden im Schnelldurchlauf kennengelernt, dass alle erwähnten noch einmal in übersichtlicher tabellarischer Form zusammengefasst werden sollen (siehe Tabelle 12.13).

Methode	Beschreibung
Close	Schließt den aktuellen Stream und gibt alle dem aktuellen Stream zugeordneten Ressourcen frei.
Read	Liest eine Folge von Bytes aus dem aktuellen Stream und setzt den Datenzeiger im Stream um die Anzahl der gelesenen Bytes weiter.
ReadByte	Liest ein Byte aus dem Stream und erhöht die Position im Stream um ein Byte. Der Rückgabewert ist -1, wenn das Ende des Streams erreicht ist.
Seek	Legt die Position im aktuellen Stream fest.
Write	Schreibt eine Folge von Bytes in den aktuellen Stream und erhöht den Datenzeiger im Stream um die Anzahl der geschriebenen Bytes.
WriteByte	Schreibt ein Byte an die aktuelle Position im Stream und setzt den Datenzeiger um eine Position im Stream weiter.

Tabelle 12.13 Methoden der abstrakten Klasse »Stream«

12.4.2 Die von »Stream« abgeleiteten Klassen im Überblick

Sie haben in den vorherigen Ausführungen nur die wichtigsten Methoden und Eigenschaften der Klasse Stream kennengelernt. Die bisherigen Aussagen sollten genügen, um eine Vorstellung davon zu erhalten, welche wesentlichen Verhaltensweisen an die abgeleiteten Klassen weitervererbt werden.

Den in Tabelle 12.14 aufgeführten Klassen dient Stream als Basisklasse. Dabei ist die Tabelle nicht vollständig, sondern enthält nur die wichtigsten Typen. Beachten Sie bitte, dass die verschiedenen ableitenden Klassen nicht alle demselben Namespace angehören.

Stream-Typ	Beschreibung
BufferedStream	Die Klasse BufferedStream wird benutzt, um Daten eines anderen E/A-Datenstroms zu puffern. Ein Puffer ist ein Block von Bytes im Arbeitsspeicher des Rechners, der dazu benutzt wird, den Datenstrom zu cachen, um damit die Anzahl der Aufrufe an das Betriebssystem zu verringern. Dadurch lässt sich insgesamt die Effizienz verbessern. Diese Klasse wird immer im Zusammenhang mit anderen Klassen eingesetzt.
CryptoStream	Daten, die nicht in ihrem Originalzustand in einen Strom geschrieben werden sollen, lassen sich mit der Klasse CryptoStream verschlüsseln. CryptoStream wird immer zusammen mit einem anderen Stream kombiniert.
FileStream	Diese Klasse wird dazu benutzt, um Daten in Dateien des Dateisystems zu schreiben. Eine Netzwerkverbindung kann ebenfalls das Ziel dieses Datenstroms sein.
GZipStream	Mit den Methoden dieser Klasse können Sie Byteströme komprimieren und dekomprimieren.
MemoryStream	Meistens sind Dateien oder Netzwerkverbindungen das Ziel der Datenströme. Es kann jedoch auch sinnvoll sein, Daten bewusst temporär in den Hauptspeicher zu schreiben und sie später von dort wieder zu lesen. Viele Anwendungen arbeiten nach dem Prinzip, Daten in eine temporare Datei zu speichern. Ein MemoryStream kann temporäre Dateien ersetzen und trägt damit zur Steigerung der Leistungsfähigkeit einer Anwendung bei, da das Schreiben und Lesen in den Hauptspeicher um ein Vielfaches schneller ist als das Schreiben auf die Festplatte.
NetworkStream	Ein Datenfluss, der auf der Klasse NetworkStream basiert, sendet die Daten basierend auf Sockets. Das Besondere an diesem Datenstrom ist, dass er Daten nur vollständig in den Strom schreiben oder daraus lesen kann – der Zugriff auf beliebige Daten innerhalb des Stroms ist nicht möglich.

Tabelle 12.14 Die von »Stream« abgeleiteten Klassen

12.4.3 Die Klasse »FileStream«

Die Klasse FileStream ist die universellste Klasse und erscheint damit in vielen Anwendungsfällen am geeignetsten. Sie hat die Fähigkeit, sowohl byteweise aus einer Datei zu lesen als auch byteweise in eine Datei zu schreiben. Außerdem kann ein Positionszeiger auf eine beliebige Position innerhalb des Streams gesetzt werden. Ein FileStream puffert die Daten, um die Ausführungsgeschwindigkeit zu erhöhen. Die Größe des Puffers beträgt standardmäßig 8 KByte.

Die FileStream-Klasse bietet eine Reihe von Konstruktoren an, die dem Objekt bestimmte Verhaltensweisen und Eigenschaften mit auf den Lebensweg geben:

```
public FileStream(string, FileMode);
public FileStream(string, FileMode, FileAccess);
public FileStream(string, FileMode, FileAccess, FileShare);
public FileStream(string, FileMode, FileAccess, FileShare, int);
public FileStream(string, FileMode, FileAccess, FileShare, int, bool);
```

Sie können ein FileStream-Objekt erzeugen, indem Sie im ersten Parameter eine Pfadangabe als Zeichenfolge übergeben. Der Parameter FileMode beschreibt, wie das Betriebssystem die Datei öffnen soll (FileMode.Append, FileMode.Create, FileMode.CreateNew ...). FileAccess hingegen gibt an, wie auf die Datei zugegriffen werden darf (FileAccess.Read, FileAccess.Write oder FileAccess.ReadWrite). Sie haben diese Typen bereits im Abschnitt zur Klasse File kennengelernt. Der Parameter vom Typ FileShare legt fest, ob ein gemeinsamer Zugriff auf die Datei möglich ist oder nicht.

Der Puffer, in den ein FileStream die Daten zur Steigerung der Leistungsfähigkeit schreibt, ist standardmäßig 8 KByte groß. Mit dem Parameter vom Typ int können Sie die Größe des Puffers bei der Instanziierung beeinflussen. Mit dem letzten Parameter vom Typ bool können Sie angeben, ob das Objekt asynchrone Zugriffe unterstützen soll.

Das Schreiben in einen »FileStream«

Listing 12.4 demonstriert, wie mit einem FileStream-Objekt Daten in eine Datei geschrieben werden:

```
static void Main(string[] args)
{
  byte[] arr = {10, 20, 30, 40, 50, 60, 70, 80, 90, 100};
  string path = @"D:\Testfile.txt";
  FileStream fs = new FileStream(path, FileMode.Create);
  fs.Write(arr, 0, arr.Length);
  fs.Close();
}
```

Listing 12.4 Schreiben in eine Datei mit einem »FileStream«-Objekt

Zunächst wird ein Byte-Array deklariert und mit insgesamt zehn Zahlen initialisiert. In der zweiten Anweisung wird der Name der Datei festgelegt, in die das Array geschrieben werden soll.

Bei der Instanziierung des FileStream-Objekts werden dem Konstruktor im ersten Argument der Pfad und die Datei bekanntgegeben, auf der der Stream operieren soll. Die Fähigkeiten dieses Streams beschreibt das zweite Argument: Die Konstante FileMode.Create teilt dem

12

Konstruktor mit, dass das FileStream-Objekt eine neue Datei erzeugen kann oder, falls im angegebenen Pfad bereits eine gleichnamige Datei existiert, diese überschreiben soll. Mit

```
fs.Write(arr, 0, arr.Length);
```

wird der Inhalt des Arrays arr dem Stream-Objekt übergeben. Die Syntax der Methode Write der Klasse FileStream lautet wie folgt:

```
public void Write(byte[] array, int offset, int count);
```

Dabei haben die drei Parameter die folgende Bedeutung:

Parameter	Beschreibung
array	ein Byte-Array, das die Daten enthält, die in den Stream geschrieben werden sollen
offset	die Indexposition im Array, an der die Schreiboperation beginnen soll
count	die Anzahl der zu schreibenden Bytes

Tabelle 12.15 Die Parameter der Methode »Write« eines »FileStream«-Objekts

Der Schreibvorgang des Beispiels startet mit dem ersten Array-Element. Das sagt der zweite Parameter der Write-Methode aus. Die Anzahl der zu schreibenden Bytes bestimmt der dritte Parameter – in unserem Beispiel werden alle Array-Elemente dem Datenstrom zugeführt. Zum Schluss wird der FileStream mit der Methode Close geschlossen.

Das Lesen aus einem »FileStream«

Wir wollen uns nun auch vom Erfolg unserer Bemühungen überzeugen und die Datei auswerten. Dazu ergänzen wir den Programmcode aus Listing 12.4 wie folgt:

```csharp
static void Main(string[] args)
{
  [...]
  byte[] arrRead = new byte[10];
  fs.Read(arrRead, 0, 10);
  for (int i = 0; i < arr.Length; i++)
    Console.WriteLine(arrRead[i]);
  fs.Close();
}
```

Listing 12.5 Lesen einer Datei mit einem »FileStream«-Objekt

Wir deklarieren ein weiteres Array (arrRead), in das wir das Ergebnis der Leseoperation hineinschreiben. Da uns bekannt ist, wie viele Byte-Elemente sich in unserer Datei befinden (wie unfair), können wir die Array-Grenze schon im Voraus festlegen.

Nun kommt es zum Aufruf der Read-Methode. Zuerst wollen wir uns wieder die Syntax dieser Methode anschauen:

```
public override int Read(in byte[] array, int offset, int count);
```

Die Parameter sind denen der Write-Methode sehr ähnlich. Das FileStream-Objekt, auf dem die Read-Methode aufgerufen wird, repräsentiert eine bestimmte Datei. Diese wurde bereits über den Konstruktor bekanntgegeben. Aus der Datei werden die Daten in das Array eingelesen, das durch den Parameter array beschrieben wird. Der erste Array-Index, der der Leseoperation zur Verfügung steht, wird im Parameter offset angegeben, die Anzahl der aus dem FileStream zu lesenden Bytes im dritten Parameter count.

Wir wollen den ersten Byte-Wert aus dem Datenstrom in das mit 0 indizierte Element des Arrays arrRead schreiben und geben das im zweiten Parameter bekannt. Die Gesamtanzahl der zu lesenden Bytes teilen wir dem dritten Parameter mit. In einer Schleife wird danach das eingelesene Array durchlaufen und an der Konsole ausgegeben.

Starten Sie nun die Laufzeit des Programms, wird die Enttäuschung groß sein und Sie an den eigenen Programmierfähigkeiten zweifeln lassen! Denn bedauerlicherweise werden nicht die Zahlenwerte ausgegeben, die wir in die Datei geschrieben haben, sondern nur Nullen. Haben wir etwas falsch gemacht, und wenn ja, wie ist das zu erklären?

Der Positionszeiger

Die Schreib- bzw. Leseposition in einem Datenstrom wird durch einen Positionszeiger beschrieben. Schließlich muss der Strom wissen, auf welchem Byte die folgende Operation ausgeführt werden soll. Bei der Instanziierung eines Stream-Objekts verweist der Zeiger zunächst auf das erste Byte im Stream. Mit dem Aufruf der Write-Methode wird ein Wert daher genau an diese Position geschrieben. Anschließend wird der Positionszeiger auf die folgende Byte-Position verschoben.

Dieser Vorgang wiederholt sich bei jedem Schreibvorgang, von denen es in unserem Beispiel zehn gibt, nämlich für jedes zu schreibende Array-Element einen. Am Ende, wenn wir unsere zehn Bytes in den Strom geschrieben haben, verweist der Positionszeiger auf das folgende, nun elfte Byte im Stream (siehe Abbildung 12.3). Genau das verursacht nun ein Problem. Wir rufen auf dem FileStream-Objekt die Read-Methode auf und lesen ab der Position, die aktuell durch den Datenzeiger beschrieben wird. Das ist aber die elfte Stelle im Datenstrom – und nicht die erste, wie wir es eigentlich erwartet haben bzw. wie es hätte sein sollen.

12

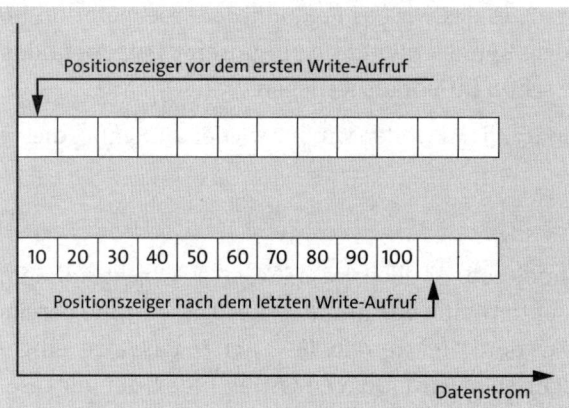

Abbildung 12.3 Der Positionszeiger in einem »Stream«-Objekt

Kommen wir nun zur Lösung. `FileStream` beerbt die Klasse `Stream` und hat daher auch eine `Seek`-Methode, mit der wir den Positionszeiger beliebig einstellen können:

```
public override long Seek(long offset, SeekOrigin origin);
```

Wir überlegen uns, wohin wir den Ursprung des Positionszeigers verlegen wollen – natürlich an den Anfang des Datenstroms. Also müssen wir den zweiten Parameter der `Seek`-Methode auf

```
origin = SeekOrigin.Begin
```

festlegen. Nun geben wir im ersten Argument den tatsächlichen und endgültigen Startpunkt des Positionszeigers bezogen auf den im zweiten Parameter definierten Ursprung an. Er lautet 0, denn schließlich wollen wir den Zeiger auf die erste Position des Datenstroms setzen.

```
[...]
fs.Write(arr, 0, arr.Length);
[...]
fs.Seek(0, SeekOrigin.Begin);
fs.Read(arrRead, 0, 10);
[...]
```

Natürlich wäre es auch möglich, zunächst das `FileStream`-Objekt zu schließen und es danach neu zu instanziieren. Damit hätten wir wieder einen Positionszeiger, der auf das erste Byte im Stream zeigt. Wenn wir nach der Ergänzung mit `Seek` das Programm noch einmal starten, wird das Ergebnis wie erwartet ausgegeben. Zum Schluss wollen wir noch einmal den gesamten Code zusammenfassen.

```
// Beispiel: ..\Kapitel 12\FileStream_Sample
class Program
{
  static void Main(string[] args)
```

```
  {
    byte[] arr = {10, 20, 30, 40, 50, 60, 70, 80, 90, 100};
    string path = @"D:\Testfile.txt";
    // Stream öffnen
    FileStream fs = new FileStream(path, FileMode.Create);
    // in den Stream schreiben
    fs.Write(arr, 0, arr.Length);
    byte[] arrRead = new byte[10];
    // Positionszeiger auf den Anfang des Streams setzen
    fs.Seek(0, SeekOrigin.Begin);
    // Stream lesen
    fs.Read(arrRead, 0, 10);
    for (int i = 0; i < arr.Length; i++)
      Console.WriteLine(arrRead[i]);
    Console.ReadLine();
    // FileStream schließen
    fs.Close();
  }
}
```

Listing 12.6 Das komplette Beispiel des Einsatzes der Klasse »FileStream«

Wir müssen nicht zwangsläufig das komplette Byte-Array vom ersten bis zum letzten Element in die Datei schreiben. Mit

```
fs.Write(arr, 2, arr.Length - 2);
```

ist das erste zu schreibende Element das, das die Zahl 30 enthält (entsprechend dem Index 2). Wenn wir allerdings den dritten Parameter, der die Anzahl der zu lesenden Bytes angibt, nicht entsprechend anpassen, wird über das Ende des Arrays hinaus gelesen, was zu der Exception ArgumentException führt.

Eine Textdatei mit »FileStream« lesen

Obwohl es spezialisierte Klassen zum Lesen und Schreiben in eine Textdatei gibt, lässt sich das auch mit einem FileStream-Objekt realisieren. Wir wollen uns das im Folgenden ansehen:

```
// Beispiel: ..\Kapitel 12\TextdateiMitFileStream
class Program
{
  static void Main(string[] args)
  {
    // Benutzereingabe anfordern
    Console.Write("Geben Sie die zu öffnende Datei an: ");;
    string strFile = Console.ReadLine();
```

```
  // prüfen, ob die angegebene Datei existiert
  if (! File.Exists(strFile))
  {
    Console.WriteLine("Die Datei {0} existiert nicht!", strFile);
    Console.ReadLine();
    return;
  }
  // Datei öffnen
  FileStream fs = File.Open(strFile, FileMode.Open);
  // Byte-Array, in das die Daten aus dem Datenstrom eingelesen werden
  byte[] puffer = new Byte[fs.Length];
  // die Zeichen aus der Datei lesen und in das Array
  // schreiben, der Lesevorgang beginnt mit dem ersten Zeichen
  fs.Read(puffer, 0, (int)fs.Length);
  // das Byte-Array elementweise einlesen und jedes Array-Element
  // in Char konvertieren
  for (int i = 0; i < fs.Length; i++)
    Console.Write(Convert.ToChar(puffer[i]));
  Console.ReadLine();
  }
}
```

Listing 12.7 Textdatei mit einem »FileStream«-Objekt einlesen

Nach dem Start der Laufzeitumgebung wird der Benutzer dazu aufgefordert, den Pfad zu einer Textdatei anzugeben. Diesmal beschreiten wir allerdings einen anderen Weg und rufen den Konstruktor nicht direkt auf, sondern die Methode Open der Klasse File:

```
FileStream fs = File.Open(strFile, FileMode.Open);
```

Diese Anweisung funktioniert tadellos, weil der Rückgabewert der File.Open-Methode die Referenz auf eine FileStream-Instanz liefert. Gegen den Weg über einen FileStream-Konstruktor, der diese Möglichkeit auch bietet, ist grundsätzlich auch nichts einzuwenden. Im folgenden Schritt wird das Byte-Array puffer deklariert und mit einer Kapazität initialisiert, die der Größe der Datei entspricht:

```
byte[] puffer = new Byte[fs.Length];
```

Die Größe der Datei besorgen wir uns mit der Eigenschaft Length der Klasse FileStream, die uns die Größe des Datenstroms liefert. Daran schließt sich die Leseoperation mit Read an, die den Inhalt der Textdatei byteweise liest und in das Array puffer schreibt:

```
fs.Read(puffer, 0, (int)fs.Length);
```

Weil der dritte Parameter der Read-Methode ein Datum vom Typ int erwartet und die Eigenschaft Length einen long liefert, müssen wir noch in den richtigen Datentyp konvertieren.

Ein FileStream-Objekt arbeitet grundsätzlich nur auf der Basis von Bytes, es weiß nichts von dem tatsächlichen Typ, der sich im Datenstrom verbirgt. Eine Textdatei enthält aber Zeichen, die, als ANSI-Zeichen interpretiert, erst den wirklichen Informationsgehalt liefern. Deshalb müssen wir jedes einzelne Byte des Streams in einen char-Typ konvertieren. Das geschieht in einer Schleife, die alle Bytes des Arrays abgreift, konvertiert und danach an der Konsole ausgibt.

```
for (int i = 0; i < fs.Length; i++)
  Console.Write(Convert.ToChar(puffer[i]));
```

Läge den Daten aus der Datei ein anderer Typ zugrunde, beispielsweise int oder float, müsste dieser Zieldatentyp angegeben werden. Wissen Sie nicht, welcher Typ in der Datei gespeichert ist, können Sie mit dem Inhalt praktisch nichts anfangen.

12.5   Die Klassen »TextReader« und »TextWriter«

Wie Sie in den vorhergehenden Abschnitten gesehen haben, stellt die Klasse Stream Operationen bereit, mit denen Sie unformatierte Daten byteweise lesen und schreiben können. Stream-Objekte bieten sich daher insbesondere für allgemeine Operationen an, beispielsweise für das Kopieren von Dateien. Die Klasse Stream beziehungsweise die daraus abgeleiteten Klassen sind aber weniger gut für textuelle Ein- und Ausgabeoperationen geeignet.

Um den üblichen Anforderungen von Textoperationen zu entsprechen, stellt die .NET-Klassenbibliothek die beiden abstrakten Klassen TextReader und TextWriter bereit. Objekte, die aus der Klasse Stream abgeleitet werden, unterstützen den vollständigen Satz an E/A-Operationen, also sowohl das Lesen als auch das Schreiben. Nun wird die Bearbeitung auf zwei Klassen aufgeteilt, die entweder nur lesen oder nur schreiben können.

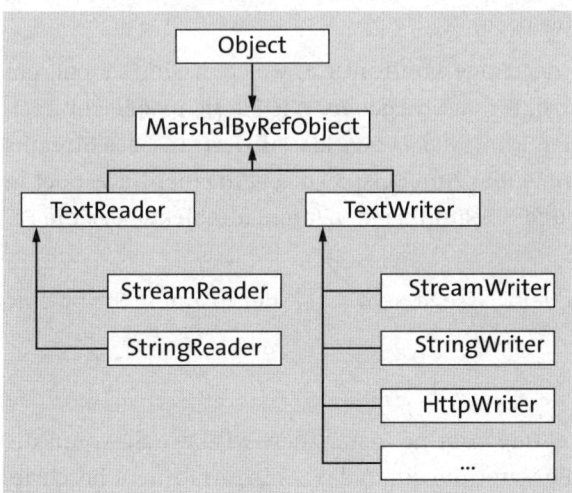

Abbildung 12.4 Objekthierarchie der »Reader«- und »Writer«-Klassen

TextReader und TextWriter sind abstrakt definiert und müssen daher abgeleitet werden. Das .NET Framework bietet solche Ableitungen mit StreamReader und -Writer sowie StringReader und -Writer an. Von TextWriter gibt es noch weitere, spezialisierte Ableitungen. Im Folgenden werden wir uns mit den Klassen StreamReader und StreamWriter beschäftigen.

12.5.1   Die Klasse »StreamWriter«

Die Konstruktoren der Klasse »StreamWriter«

Wir werden uns daher zunächst einigen Konstruktoren der Klasse StreamWriter zuwenden, um zu sehen, auf welcher Basis sich ein Objekt dieses Typs erzeugen lässt.

```
public StreamWriter(Stream);
public StreamWriter(string);
public StreamWriter(Stream, Encoding);
public StreamWriter(string, bool);
public StreamWriter(Stream, Encoding, int);
public StreamWriter(string, bool, Encoding);
public StreamWriter(string, bool, Encoding, int);
```

Es fällt zunächst auf, dass wir jedem Konstruktor entweder eine Zeichenfolge oder ein Objekt vom Typ Stream übergeben müssen. Entscheiden wir uns für eine Zeichenfolge, enthält diese die Pfadangabe zu einer Datei.

Da die Klasse Stream abstrakt ist, können wir natürlich keine Referenz auf ein konkretes Stream-Objekt übergeben. Aber die Klasse Stream wird abgeleitet, beispielsweise von FileStream. Die Referenz auf ein Objekt einer aus Stream abgeleiteten Klasse gilt aber nach den Paradigmen der Objektorientierung gleichzeitig als ein Objekt vom Typ der Basisklasse. Also kann dem Parameter im Konstruktor, der den Typ Stream erwartet, ein Objekt vom Typ einer aus Stream abgeleiteten Klasse übergeben werden.

Nun sehen wir uns natürlich sofort mit der Frage konfrontiert, welchen Sinn es hat, ein Stream-Objekt als Argument an den Konstruktor zu übergeben. Wie Sie sich vielleicht noch erinnern, werden die Stream-Objekte generell in zwei Typen klassifiziert: in Base-Streams und Pass-through-Streams. Ein Base-Stream endet zum Beispiel direkt in einer Datei oder in einer Netzwerkverbindung, ein Pass-through-Stream ist ein »Durchlaufobjekt«, das die Fähigkeiten eines Base-Streams erweitert.

Betrachten wir zunächst den Konstruktor der Klasse StreamWriter, der in einem String eine Pfadangabe entgegennimmt:

```
public StreamWriter(string);
```

Ein Objekt, das basierend auf dieser Erstellungsroutine instanziiert wird, weiß, wohin die Daten geschrieben werden – nämlich in die Datei, die durch das String-Argument beschrieben wird, z. B.:

```
StreamWriter myStreamWriter = new StreamWriter(@"D:\MyText.txt");
```

Wir erzeugen mit dieser Anweisung einen Base-Stream, der die Daten – genauer gesagt eine Zeichenfolge – in eine Datei schreiben kann. Nun wollen wir ein anderes StreamWriter-Objekt erzeugen, diesmal allerdings auf Basis der Übergabe eines FileStream-Objekts.

```
FileStream fs = new FileStream(@"D:\Test.txt", FileMode.CreateNew);
StreamWriter myStreamWriter = new StreamWriter(fs);
```

In der ersten Anweisung wird ein Objekt vom Typ FileStream erstellt, das eine neue Datei namens *Test.txt* in der Root *D:* erzeugt. Dieses Objekt wird seinerseits als Argument an den Konstruktor der Klasse StreamWriter übergeben. Als Resultat liegt eine Hintereinanderschaltung von zwei Stream-Objekten vor, woraus sich Nutzen ziehen lässt. Wie Sie wissen, schreiben und lesen Objekte, die auf der Stream-Klasse basieren, nur elementare Bytes. Demgegenüber schreiben StreamWriter-Objekte Zeichen mit einer speziellen Verschlüsselung (Encoding) in den Datenstrom. Sie arbeiten im Endeffekt mit einem Datenstrom, der die Charakteristika beider Datenflüsse kombiniert. In ähnlicher Weise könnten Sie natürlich auch einen MemoryStream oder NetworkStream als Argument übergeben.

Standardmäßig verschlüsselt StreamWriter nach UTF-8, eine Abweichung davon wird durch die Wahl eines Konstruktors erreicht, der einen Parameter vom Typ Encoding aus dem Namespace System.Text entgegennimmt. Sie können hier beispielsweise ein Objekt vom Typ UTF7Encoding oder UnicodeEncoding (entspricht der UTF-16-Kodierung) übergeben.

Anmerkung

Schreiben wir Zeichen in einen Stream, müssen die Bytes in bestimmter Weise interpretierbar sein. Standardmäßig wird in Mitteleuropa zur Kodierung der ANSI-Zeichensatz (Codeseite 1252) benutzt, der Zeichencodes zwischen 0 und 255 zulässt und unter anderem Sonderzeichen wie »ä«, »ö« und »ü« beschreibt. Damit unterscheidet sich der ANSI-Zeichensatz vom ASCII-Zeichensatz, der nur die Codes von 0 bis 127 festlegt. Um einen Text korrekt zu übertragen und anzuzeigen, dürfte streng genommen nur der ASCII-Zeichensatz verwendet werden, weil nur die Codes 0–127 unter ANSI und ASCII identisch sind.

Um Probleme dieser Art zu vermeiden, wurde mit Unicode ein neuer Zeichensatz geschaffen. Allerdings hat auch Unicode unterschiedliche Formate, denn es wird zwischen UTF-7, UTF-8, UTF-16 und UTF-32 unterschieden. Der UTF-8-Zeichensatz ist wohl der wichtigste, denn er ist der Standard unter .NET. In diesem Zeichensatz werden Unicode-Zeichen in einer unterschiedlichen Anzahl Bytes verschlüsselt. Die ASCII-Zeichen werden in einem Byte gespeichert, alle anderen Zeichen in weiteren zwei bis vier Byte. Das hat den Vorteil, dass Systeme, die nur ASCII- oder ANSI-Zeichen verarbeiten, mit der UTF-8-Kodierung klarkommen.

Einige Konstruktoren erwarten zusätzlich einen booleschen Wert. Dieser kommt nur im Zusammenhang mit den Konstruktoren vor, die in einer Zeichenfolge die Pfadangabe zu der Datei erhalten, in die der Datenstrom geschrieben werden soll. Mit true werden die zu schreibenden Daten an das Ende der Datei gehängt – vorausgesetzt, es existiert bereits eine Datei gleichen Namens in dem Verzeichnis. Mit der Übergabe von false wird eine existierende Datei überschrieben.

Der letzte Parameter, der Ihnen in zwei Konstruktoren zur Verfügung steht, empfängt einen Wert vom Typ int, mit dem Sie die Größe des Puffers beeinflussen können.

Das Schreiben in den Datenstrom

Schauen wir uns zunächst ein Codefragment an, mit dem wir eine Datei erzeugen, in die wir den obligatorischen Text »Visual C# macht Spaß« schreiben:

```
StreamWriter sw = new StreamWriter(@"D:\NewFile.txt");
sw.WriteLine("Visual C#");
sw.WriteLine("macht Spaß!");
sw.Close();
```

Listing 12.8 Mit »StreamWriter« in eine Textdatei schreiben

Einfacher geht es nicht mehr! Zunächst wird ein Konstruktor aufgerufen und ihm zur Initialisierung des StreamWriter-Objekts eine Zeichenkette als Pfadangabe übergeben. Daraufhin wird entweder die Datei erzeugt oder eine existierende gleichnamige Datei im angegebenen Verzeichnis überschrieben. Mit jedem Aufruf der von TextWriter geerbten Methode WriteLine wird eine Zeile in die Datei geschrieben und ihr am Ende ein Zeilenumbruch angehängt. Mit unserem Codefragment erzeugen wir also eine zweizeilige Textdatei.

Es liegt die Vermutung nahe, dass StreamWriter eine zweite Methode zum Schreiben in den Datenstrom bereitstellt, die ohne den automatisch angehängten Zeilenumbruch in den Strom schreibt. Ein Blick in die Klassenbibliothek bestätigt die Vermutung: Es gibt eine Methode Write. Diese Methode ist genauso überladen wie die Methode WriteLine. Write und WriteLine bilden den Kern der Klasse StreamWriter. Viel mehr Methoden hat die Klasse auch nicht anzubieten, denn alle anderen sind bereits gute Bekannte: Close, die einen auf dieser Klasse basierenden Strom schließt, und Flush, welche die sich im Puffer befindlichen Daten in den Strom schreibt und den Puffer leert. Tabelle 12.16 gibt die wichtigsten Methoden eines StreamWriter-Objekts wieder.

Methode	Beschreibung
Close	Schließt das aktuelle Objekt sowie alle eingebetteten Streams.
Flush	Schreibt die gepufferten Daten in den Stream und löscht danach den Inhalt des Puffers.

Tabelle 12.16 Methoden eines »StreamWriter«-Objekts

Methode	Beschreibung
Write	Schreibt in den Stream, ohne einen Zeilenumbruch anzuhängen.
WriteLine	Schreibt in den Stream und schließt mit einem Zeilenumbruch ab.

Tabelle 12.16 Methoden eines »StreamWriter«-Objekts (Forts.)

Die Eigenschaften der Klasse »StreamWriter«

Mit AutoFlush veranlassen Sie, dass Daten aus dem Puffer in den Datenstrom geschrieben werden, sobald eine der Write/WriteLine-Methoden aufgerufen wird und diese Eigenschaft auf true gesetzt ist. Wollen Sie das aktuelle Textformat erfahren, können Sie die Eigenschaft Encoding auswerten:

```
StreamWriter sw = new StreamWriter(@"C:\NewFile.txt", false, Encoding.Unicode);
Console.WriteLine("Format: {0}", sw.Encoding.ToString());
```

Als dritte und letzte Eigenschaft steht Ihnen BaseStream zur Verfügung, die das Objekt des Base-Streams liefert, auf dem das StreamWriter-Objekt basiert.

Eigenschaften	Beschreibung
AutoFlush	Löscht den Puffer nach jedem Aufruf von Write oder WriteLine.
BaseStream	Liefert eine Referenz auf den Base-Stream zurück.
Encoding	Liefert das aktuelle Encoding-Schema zurück.

Tabelle 12.17 Die Eigenschaften der Klasse »StreamWriter«

12.5.2   Die Klasse »StreamReader«

Die aus der Klasse TextReader abgeleitete Klasse StreamReader ist das Gegenstück zur Klasse StreamWriter. Betrachtet man ihre Möglichkeiten, sind die Klassen praktisch identisch – abgesehen von der Tatsache, dass das charakteristische Merkmal dieser Klasse in der Fähigkeit zu finden ist, Daten einer bestimmten Kodierung aus einem Strom zu lesen.

Die Konstruktoren ähneln denen der Klasse StreamWriter. Sie nehmen im einfachsten Fall die Referenz auf einen Stream oder eine Pfadangabe als String entgegen. Sie gestatten aber auch, die eingelesenen Zeichen nach einem durch Encoding beschriebenen Schema zu interpretieren oder die Puffergröße zu variieren. Tabelle 12.18 enthält die wichtigsten Methoden eines StreamReader-Objekts.

Methode	Beschreibung
Peek	Liest ein Zeichen aus dem Strom und liefert den int-Wert zurück, der das Zeichen repräsentiert, verarbeitet das Zeichen aber nicht. Der Zeiger wird nicht auf die Position des folgenden Zeichens gesetzt, wenn Peek aufgerufen wird, sondern verbleibt in seiner Stellung. Verweist der Zeiger hinter den Datenstrom, ist der Rückgabewert -1.
Read	Liest ein oder mehrere Zeichen aus dem Strom und liefert den int-Wert zurück, der das Zeichen repräsentiert. Ist kein Zeichen mehr verfügbar, ist der Rückgabewert -1. Der Positionszeiger verweist auf das nächste zu lesende Zeichen. Eine zweite Variante dieser überladenen Methode liefert die Anzahl der eingelesenen Zeichen.
ReadLine	Liest eine Zeile aus dem Datenstrom – entweder bis zum Zeilenumbruch oder bis zum Ende des Stroms. Der Rückgabewert ist vom Typ string.
ReadToEnd	Liest von der aktuellen Position des Positionszeigers bis zum Ende des Stroms alle Zeichen ein.

Tabelle 12.18 Methoden der Klasse »StreamReader«

Wir wollen nun an einem Codebeispiel das Lesen aus einem Strom testen.

```csharp
// Beispiel: ..\Kapitel 12\StreamReader_Sample
class Program
{
  static void Main(string[] args)
  {
    // Datei erzeugen und mit Text füllen
    StreamWriter sw = new StreamWriter(@"D:\MyTest.kkl");
    sw.WriteLine("Visual C#");
    sw.WriteLine("macht viel Spass.");
    sw.Write("Richtig??");
    sw.Close();
    // die Datei an der Konsole einlesen
    StreamReader sr = new StreamReader(@"D:\MyTest.kkl");
    while(sr.Peek() != -1)
      Console.WriteLine(sr.ReadLine());
    sr.Close();
    Console.ReadLine();
  }
}
```

Listing 12.9 Textdatei mit »StreamReader« lesen

Zunächst wird mit einem `StreamWriter`-Objekt eine Datei mit dem Namen *MyTest.kkl* erzeugt. Die Dateierweiterung ist frei gewählt, sie muss nicht zwangsläufig *.txt* zur Kennzeichnung als Textdatei lauten. Wichtig ist nur, die Daten der Datei beim späteren Lesevorgang richtig zu interpretieren. Solange wir wissen, dass wir es mit einer Textdatei zu tun haben, bereitet uns eine individuelle Dateierweiterung keine Probleme.

In den Datenstrom `sw` vom Typ `StreamWriter` werden drei Textzeilen geschrieben. Danach dürfen Sie nicht vergessen, den Strom wieder zu schließen, denn ansonsten werden Sie mit einer Fehlermeldung konfrontiert, wenn Sie nachfolgend den Versuch unternehmen, die Datei zum Lesen zu öffnen.

Um den Dateiinhalt zu lesen, nutzen wir ein Objekt vom Typ `StreamReader`, dessen Konstruktor wir den Pfad zu der Datei übergeben. Mit der `ReadLine`-Methode wird Zeile für Zeile aus dem Strom gelesen. Um den Lesevorgang zum richtigen Zeitpunkt wieder zu beenden, müssen wir das Ende der Datei feststellen. Hierbei ist die Methode `Peek` behilflich, deren Rückgabewert `-1` ist, wenn der Zeiger auf die Position hinter dem Ende des Stroms verweist. Dieses Verhalten machen wir uns zunutze, indem wir daraus die Abbruchbedingung der Schleife formulieren. In der `while`-Schleife werden so lange mit der `ReadLine`-Methode des `StreamReader`-Objekts Zeilen aus dem Datenstrom geholt (und dabei automatisch der Zeiger auf das nächste einzulesende Zeichen gesetzt), bis die Abbruchbedingung erfüllt wird, d. h., `Peek` `-1` zurückliefert.

Die Ausgabe an der Konsole wird wie folgt lauten:

```
Visual C#
macht Spass.
Richtig??
```

Da wir die komplette Textdatei auslesen wollen, könnten wir auch einen einfacheren Weg gehen und die komplette `while`-Schleife gegen die folgende Programmcodezeile austauschen:

```
Console.WriteLine(sr.ReadToEnd());
```

12.6   Die Klassen »BinaryReader« und »BinaryWriter«

Daten werden in einer Datei byteweise gespeichert. Dieses Grundprinzip macht sich die Klasse `FileStream` zunutze, indem sie Daten Byte für Byte in den Datenstrom schreibt oder aus einem solchen liest. Dazu werden Methoden angeboten, die entweder nur ein einzelnes Byte behandeln oder auf Basis eines Byte-Arrays operieren. Eine spezialisiertere Form der einfachen, byteweisen Vorgänge bieten uns die Klassen `BinaryReader` bzw. `BinaryWriter`. Mit `BinaryReader` lesen Sie aus dem Datenstrom, mit `BinaryWriter` schreiben Sie in einen solchen hinein. Das Besondere an den beiden Klassen ist die Behandlung der übergebenen oder ausgewerteten Daten.

Die Methoden der Klassen »BinaryReader« und »BinaryWriter«

Fast schon erwartungsgemäß veröffentlicht die Klasse `BinaryWriter` eine `Write`-Methode, die vielfach überladen ist. Sie können dieser Methode einen beliebigen primitiven Typ als Argument übergeben, der mit der ihm eigenen Anzahl von Bytes in der Datei gespeichert wird. Ein `int` schreibt sich demnach mit vier Bytes in eine Datei, ein `long` mit acht.

Ähnliches gilt für die Methode `Read`, der noch der Typ als Suffix angehängt wird, der gelesen wird, z. B. `ReadByte`, `ReadInt32` oder `ReadSingle`.

Die Konstruktoren der Klassen »BinaryReader« und »BinaryWriter«

In den beiden Klassen `BinaryReader` und `BinaryWriter` stehen Ihnen nur jeweils zwei Konstruktoren zur Verfügung. Dem ersten können Sie die Referenz auf ein Objekt vom Typ `Stream` übergeben, dem zweiten zusätzlich eine `Encoding`-Referenz.

Binäre Datenströme auswerten

Aus einem Strom die Bytes auszulesen, ist kein Problem. Halten Sie aber nur die rohen Bytes in den Händen, werden sie in den meisten Fällen nur von geringem Nutzen sein. Das Problem ist, eine bestimmte Sequenz von Bytes in richtiger Weise zu interpretieren. Kennen Sie den Typ der Dateninformationen nicht, sind die Bytes praktisch wertlos. Betrachten Sie dazu das folgende Beispiel:

```
// Beispiel: ..\Kapitel 12\BinaryReader_Sample1
class Program
{
  static void Main(string[] args)
  {
    // eine Datei erzeugen und einen Integer-Wert in die Datei schreiben
    FileStream fileStr = new FileStream(@"D:\Binfile.mic", FileMode.Create);
    BinaryWriter binWriter = new BinaryWriter(fileStr);
    int intArr = 500;
    binWriter.Write(intArr);
    binWriter.Close();
    // Datei öffnen und den Inhalt byteweise auslesen
    FileInfo fi = new FileInfo(@"D:\Binfile.mic");
    FileStream fs = new FileStream(@"D:\Binfile.mic", FileMode.Open);
    byte[] byteArr = new byte[fi.Length];
    // Datenstrom in ein Byte-Array einlesen
    fs.Read(byteArr, 0, (int)fi.Length);
    // Konsolenausgabe
    Console.Write("Interpretation als Byte-Array: ");
    for (int i = 0; i < fi.Length; i++)
      Console.Write(byteArr[i] + " ");
```

```
    Console.Write("\n\n");
    fs.Close();
    // Dateiinhalt textuell auswerten
    StreamReader strReader = new StreamReader(@"D:\Binfile.mic");
    Console.Write("Interpretation als Text: ");
    Console.WriteLine(strReader.ReadToEnd());
    strReader.Close();
    Console.ReadLine();
  }
}
```

Listing 12.10 Auswerten binärer Datenströme

Zuerst wird ein Objekt vom Typ FileStream erzeugt, um eine neue Datei anzulegen bzw. eine gleichnamige Datei zu überschreiben. Die Objektreferenz wird einem Konstruktor der Klasse BinaryWriter übergeben. Die Methode Write schreibt anschließend einen Integer mit dem Inhalt 500 in die Datei. Anschließend wird die Datei ausgelesen. Wir stellen uns dabei dumm und tun so, als wüssten wir nicht, von welchem Datentyp die in der Datei *D:\Binfile.mic* gespeicherte Zahl ist. Also testen wir den Dateiinhalt, zuerst byteweise und danach noch zeichenorientiert, in der Hoffnung, ein sinnvolles Ergebnis zu erhalten.

Zum byteweisen Lesen greifen wir auf die Klasse FileStream zurück, lesen den Datenstrom aus der Datei in das Byte-Array byteArr ein und geben dann die Elemente des Arrays an der Konsole aus:

```
Interpretation als Byte-Array: 244 1 0 0
```

Ein Unbedarfter wird vielleicht wegen der fehlerfreien Ausgabe in Verzückung geraten, wir wissen aber, dass es nicht das ist, was wir ursprünglich in die Datei geschrieben haben. Wie aber ist die Ausgabe zu interpretieren, die mit Sicherheit auf jedem Rechner genauso lauten wird?

Die vier Zahlen repräsentieren die vier Bytes aus der Datei. Dabei erfolgt die Anzeige vom Lower-Byte bis zum Higher-Byte. In die »richtige«, besser gesagt, gewohnte Reihenfolge gebracht müssten wir demnach

```
0 0 1 244
```

schreiben. Wir wissen, dass diese Bytes einen Integer beschreiben – und sie tun es auch, wenn wir uns nur die Bitfolge ansehen:

```
0000 0000 0000 0000 0000 0001 1111 0100
```

Die Kombination aller Bits ergibt tatsächlich die Dezimalzahl 500. Ein Benutzer, der nicht weiß, wie die vier Bytes zu interpretieren sind, hat die Qual der Wahl: Handelt es sich um vier einzelne Bytes oder um zwei Integer oder vielleicht um eine Zeichenfolge? Letzteres testet

12

unser Code ebenfalls, das Ergebnis der Ausgabe ist ernüchternd: Uns grinst ein Smiley mit ausgestreckter Zunge an.

Ändern wir nun den Lesevorgang der Daten so ab, dass wir den Dateiinhalt tatsächlich als int auswerten:

```
FileStream fs = new FileStream(@"D:\Binfile.mic", FileMode.Open);
BinaryReader br = new BinaryReader(fs);
Console.WriteLine(br.ReadInt32());
```

Das Ergebnis wird diesmal mit der korrekten Ausgabe an der Konsole enden.

12.6.1   Komplexe binäre Dateien

Der Informationsgehalt binärer Dateien kann nur dann korrekt ausgewertet werden, wenn der Typ, den die Daten repräsentieren, bekannt ist. Im vorhergehenden Abschnitt haben Sie dazu ein kleines Beispiel gesehen. Binäre Dateien können aber mehr als nur einen einzigen Typ speichern, es können durchaus unterschiedliche Typen in beliebiger Reihenfolge sein. Um zu einem späteren Zeitpunkt auf die Daten zugreifen zu können, muss nur der strukturelle Aufbau der Datei – das sogenannte *Dateiformat* – der gespeicherten Informationen bekannt sein, ansonsten ist die Datei praktisch wertlos.

Dateien unterscheiden sich im Dateiformat: Eine Bitmap-Datei wird die Informationen zu den einzelnen Pixeln anders speichern, als Word den Inhalt eines Dokuments speichert; eine JPEG-Datei unterscheidet sich wiederum von einer MPEG-Datei. Die Dateierweiterung ist als Kennzeichnung einer bestimmten Spezifikation anzusehen, nämlich als Spezifikation der Datenstruktur in der Datei. Praktisch alle Binärdateien werden sich in ihrem Dateiformat unterscheiden.

Wir wollen uns nun in einem etwas aufwendigeren Beispiel dem Thema komplexer Binärdateien nähern, um das Arbeiten mit solchen Dateien zu verstehen, ohne zugleich in zu viel Programmcode die Übersicht zu verlieren. Sie können das Konzept, das sich hinter diesem Beispiel verbirgt, in ähnlicher Weise auf andere bekannte Dateiformate anwenden.

Dazu geben wir uns zunächst eine Struktur vor, die ein Point-Objekt beschreibt:

```
public struct Point
{
    public int XPos {get; set;}
    public int YPos {get; set;}
    public long Color {get; set;}
}
```

Listing 12.11 Definition der Struktur »Point« für das folgende Beispiel

Der Typ Point veröffentlicht drei Datenmember: XPos und YPos jeweils vom Typ int sowie Color vom Typ long. Nun wollen wir eine Klasse entwickeln, die in der Lage ist, die Daten vieler Point-Objekte in einer Datei zu speichern und später wieder auszulesen. Außerdem soll eine Möglichkeit geschaffen werden, auf die Daten eines beliebigen Point-Objekts in der Datei zuzugreifen.

Die erste Überlegung ist, wie das Format einer Datei aussehen muss, um den gestellten Anforderungen zu entsprechen. Die Daten mehrerer Point-Objekte hintereinander zu speichern, ist kein Problem. Stellen Sie sich aber nun vor, Sie würden versuchen, die Informationen des zehnten Punkts aus einer Datei zu lesen, in der nur die Daten für fünf Punkte enthalten sind. Das kann zu keinem erfolgreichen Ergebnis führen.

Wir wollen daher eine Information in die Datei schreiben, der wir die gespeicherte Point-Anzahl entnehmen können. Der Typ dieser Information muss klar definiert sein, damit jedes Byte in der Datei eine klare Zuordnung erhält. Im Folgenden wird diese Information in einem int gespeichert, und zwar am Anfang der Datei.

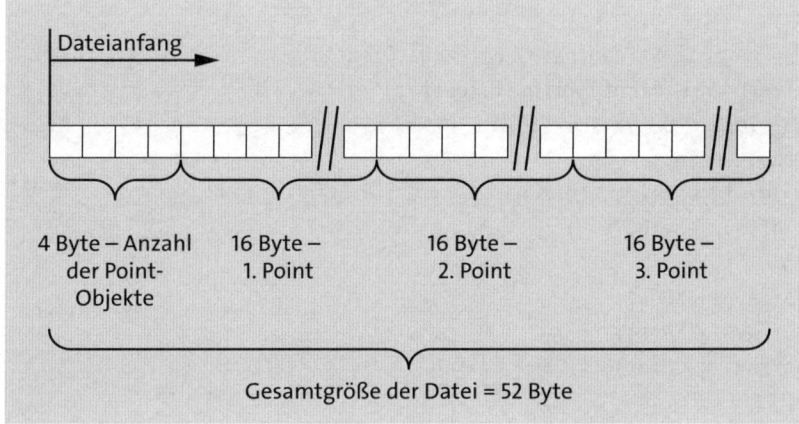

Abbildung 12.5 Datei mit drei gespeicherten »Point«-Objekten

Damit haben wir die Spezifikation der binären Datei festgelegt. Die Auswertung der ersten vier Bytes liefert die Anzahl der gespeicherten Point-Objekte, und die folgenden insgesamt 16 Byte großen Blöcke beschreiben jeweils einen Punkt. Wir könnten jetzt noch festlegen, dass Dateien dieses Typs beispielsweise die Dateierweiterung .pot erhalten, aber eine solche Festlegung wird der Code des folgenden Beispiels nicht berücksichtigen.

Da wir uns nun auf ein Dateiformat geeinigt haben, wollen wir uns das weitere Vorgehen überlegen. Wir könnten die gesamte Programmlogik in Main implementieren mit dem Nachteil, dass etwaige spätere Änderungen zu Komplikationen führen könnten. Besser ist es, sich das objektorientierte Konzept der Modularisierung in Erinnerung zu rufen. Deshalb wird eine Klasse definiert, deren Methoden die Dienste zur Initialisierung der Point-Objekte, zum Speichern in einer Datei, zum Lesen der Datei und zur Ausgabe der Daten eines beliebigen

Point-Objekts zur Verfügung stellen. Der Name der Klasse sei PointReader, die Bezeichner der Methoden lauten WriteToFile, GetFromFile und GetPoint.

Grundsätzlich können Methoden als Instanz- oder Klassenmethoden veröffentlicht werden. Instanzmethoden würden voraussetzen, dass die Klasse PointReader instanziiert wird. Das Objekt wäre dann an eine bestimmte Datei gebunden, die Point-Objekte enthält. Statische Methoden sind flexibler einsetzbar, verlangen allerdings auch bei jedem Aufruf die Pfadangabe zu der Datei. In diesem Beispiel sollen die Methoden statisch sein.

Widmen wir uns der Methode WriteToFile. Sie hat die Aufgabe, eine Datei zu generieren, die die Anforderungen unserer Spezifikation zur Speicherung von Point-Objekten erfüllt. Die Pfadangabe muss der Methode als Argument übergeben werden.

Wie wird der Code in dieser Methode arbeiten? Zunächst muss eine int-Zahl in die Datei geschrieben werden, die der Anzahl der Point-Objektdaten entspricht. Danach werden Point für Point alle Objektdaten übergeben, bis das Array durchlaufen ist.

```
public static void WriteToFile(string path, Point[] array)
{
    FileStream fileStr = new FileStream(path, FileMode.Create);
    BinaryWriter binWriter = new BinaryWriter(fileStr);
    // Anzahl der Punkte in die Datei schreiben
    binWriter.Write(array.Length);
    // die Point-Daten in die Datei schreiben
    for(int i = 0; i < array.Length; i++)
    {
        binWriter.Write(array[i].XPos);
        binWriter.Write(array[i].YPos);
        binWriter.Write(array[i].Color);
    }
    binWriter.Close();
}
```

Listing 12.12 »Point«-Daten in eine Datei schreiben

Die Daten der Point-Objekte sollen mit einer Instanz der Klasse BinaryWriter in die Datei geschrieben werden. Dazu benötigen wir auch ein Objekt vom Typ FileStream. Da alle Daten hintereinander in eine neue Datei geschrieben werden sollen, müssen wir FileStream im Modus Create öffnen.

Nachdem wir die Referenz auf den FileStream an den Konstruktor der BinaryWriter-Klasse übergeben haben, wird die Anzahl der Points in die Datei geschrieben. In einer Schleife greifen wir danach jedes Point-Objekt im Array ab und schreiben die Daten nacheinander in die Datei. Zum Schluss muss der Writer ordnungsgemäß geschlossen werden.

Unsere Datei ist erzeugt, und nur mit dem Kenntnisstand der Spezifikation, wie die einzelnen Bytes zu interpretieren sind, liefern die Daten die richtigen Werte. Die Methode Get-FromFile zum Auswerten des Dateiinhalts muss sich an unsere Festlegung halten. Daher lesen wir auch zuerst den Integer aus der Datei und daran anschließend die Daten der Point-Objekte. Der Rückgabewert der Methode ist die Referenz auf ein intern erzeugtes Point-Array.

```
public static Point[] GetFromFile(string path)
{
  FileStream fs = new FileStream(path, FileMode.Open);
  BinaryReader br = new BinaryReader(fs);
  // liest die ersten 4 Bytes aus der Datei, die die Anzahl der
  // Point-Objekte enthält
  int anzahl = br.ReadInt32();
  // Lesen der Daten aus der Datei
  Point[] arrPoint = new Point[anzahl];
  for (int i = 0; i < anzahl; i++)
  {
    arrPoint[i].XPos = br.ReadInt32();
    arrPoint[i].YPos = br.ReadInt32();
    arrPoint[i].Color = br.ReadInt64();
  }
  br.Close();
  return arrPoint;
}
```

Listing 12.13 Lesen der »Point«-Daten aus einer Datei

Da wir die Kontrolle über jedes einzelne gespeicherte Byte der Datei haben und dieses richtig zuordnen können, muss es auch möglich sein, die Daten eines beliebigen Point-Objekts einzulesen. Dazu dient die Methode GetPoint. Bei deren Aufruf wird zunächst die Pfadangabe übergeben und als zweites Argument die Position des Point-Objekts in der Datei. Der Rückgabewert ist die Referenz auf das gefundene Objekt.

```
public static Point GetPoint(string path, int pointNo)
{
  FileStream fs = new FileStream(path, FileMode.Open);
  int pos  = 4 + (pointNo - 1) * 16;
  BinaryReader br = new BinaryReader(fs);
  // Prüfen, ob der User eine gültige Position angegeben hat
  if (pointNo > br.ReadInt32() || pointNo == 0)
  {
```

12

```
      string message = "Unter der angegebenen Position ist";
      message += " kein \nPoint-Objekt gespeichert.";
      throw new PositionException(message);
   }
   // den Zeiger positionieren
   fs.Seek(pos, SeekOrigin.Begin);
   // Daten des gewünschten Points einlesen
   Point savedPoint = new Point();
   savedPoint.XPos = br.ReadInt32();
   savedPoint.YPos = br.ReadInt32();
   savedPoint.Color = br.ReadInt64();
   br.Close();
   return savedPoint;
}
```

Listing 12.14 Einlesen eines bestimmten »Point«-Objekts

Die wesentliche Funktionalität der Methode steckt in der richtigen Positionierung der Zeigers, die aus der Angabe des Benutzers berechnet wird. Dabei muss berücksichtigt werden, dass am Dateianfang vier Bytes die Gesamtanzahl der Objekte in der Datei beschreiben und dass die Länge eines einzelnen Point-Objekts 16 Byte beträgt.

```
int pos  = 4 + (pointNo - 1) * 16;
```

Die so ermittelte Position wird der Seek-Methode des BinaryReader-Objekts übergeben. Die Positionsnummer des ersten Bytes in der Datei ist 0, daher verweist der Zeiger mit der Übergabe der Zahl 4 auf das fünfte Byte. Wir setzen in diesem Fall natürlich den Ursprung origin des Zeigers auf den Anfang des Datenstroms.

```
fs.Seek(pos, SeekOrigin.Begin)
```

Da damit gerechnet werden muss, dass der Anwender eine Position angibt, die keinem Objekt in der Datei entspricht, sollte eine Ausnahme ausgelöst werden. Diese ist benutzerdefiniert und heißt PositionException.

```
public class PositionException : Exception
{
   public PositionException() {}
   public PositionException(string message) : base(message) {}
   public PositionException(string message, Exception inner)
                        :base(message, inner){}
}
```

Listing 12.15 Anwendungsspezifische Exception

Damit ist unsere Klassendefinition fertig, und wir können abschließend die Implementierung testen. Dazu schreiben wir entsprechenden Testcode in die Methode Main:

```csharp
// Beispiel: ..\Kapitel 12\BinaryReader_Sample2
public class Program
{
  static void Main(string[] args)
  {
    // Point-Array erzeugen
    Point[] pArr = new Point[2];
    pArr[0].XPos = 10;
    pArr[0].YPos = 20;
    pArr[0].Color = 310;
    pArr[1].XPos = 40;
    pArr[1].YPos = 50;
    pArr[1].Color = 110;
    // Point-Array speichern
    PointReader.WriteToFile(@"D:\Test.pot",pArr);
    // gespeicherte Informationen aus der Datei einlesen
    Point[] x = PointReader.GetFromFile(@"D:\Test.pot");
    // alle eingelesenen Point-Daten ausgeben
    for(int i = 0; i < 2; i++)
    {
      Console.WriteLine("Point-Objekt-Nr.{0}", i + 1);
      Console.WriteLine();
      Console.WriteLine("p[{0}].XPos = {1}", i, x[i].XPos);
      Console.WriteLine("p[{0}].YPos = {1}", i, x[i].YPos);
      Console.WriteLine("p[{0}].Color = {1}", i, x[i].Color);
      Console.WriteLine(new string('=',30));
    }
    // einen bestimmten Point einlesen
    Console.Write("\nWelchen Punkt möchten Sie einlesen? ");
    int position = Convert.ToInt32(Console.ReadLine());
    try
    {
      Point myPoint = PointReader.GetPoint(@"D:\Test.pot", position);
      Console.WriteLine("p.XPos = {0}", myPoint.XPos);
      Console.WriteLine("p.YPos = {0}", myPoint.YPos);
      Console.WriteLine("p.Color = {0}", myPoint.Color);
    }
    catch(PositionException e)
    {
```

```
        Console.WriteLine(e.Message);
    }
    Console.ReadLine();
  }
}
```

Listing 12.16 Komplettes Beispielprogramm

Weil die `Main`-Methode nur zum Testen der zuvor entwickelten Klasse dient, werden auch nur zwei `Point`-Objekte erzeugt, die uns als Testgrundlage für die weiteren Operationen dienen. Außerdem ist die Datei, in die gespeichert wird, immer dieselbe. Für unsere Zwecke ist das völlig ausreichend. Nach dem Speichern mit

```
PointReader.WriteToFile(@"D:\Test.pot", pArr);
```

wird die Datei sofort wieder eingelesen und die zurückgegebene Referenz einem neuen Array zugewiesen:

```
Point[] x = PointReader.GetFromFile(@"D:\Test.pot");
```

In einer Schleife werden danach alle eingelesenen Objektdaten an der Konsole ausgegeben.

Aufregender ist es hingegen, die Daten eines bestimmten Punktes zu erfahren. Dem Aufruf von `GetPoint` wird neben der Pfadangabe die Position des `Point`-Objekts in der Datei übergeben. Die Übergabe einer unzulässigen Position führt dazu, dass die spezifische Ausnahme `PositionException` mit einer entsprechenden Fehlermeldung ausgelöst wird, andernfalls werden die korrekten Werte angezeigt.

Kapitel 13
Serialisierung

Sämtliche Daten, unabhängig vom Verwendungszweck, werden durch die Felder der Klassen beschrieben. Ein Anwender interessiert sich nicht für diese Details. Er arbeitet mit den Daten, manipuliert sie und erwartet ein fehlerfreies Laufzeitverhalten. Dazu zählt auch, dass nach dem Schließen und dem späteren Neustart des Programms exakt der Zustand wiederhergestellt wird, den ein Objekt vor dem Schließen hatte. Mit anderen Worten heißt das für Sie als Entwickler, alle Daten dauerhaft zu sichern, um sie später wieder wiederherstellen zu können.

Wenn wir aber die damit verbundene Problematik im Detail betrachten, zeigen sich Hürden: Die Daten einer Anwendung werden in verschiedenen Typen vorgehalten. Doch welche Daten sind notwendig, um ein bestimmtes Objekt wiederherzustellen? Zwangsläufig müssen das nicht alle sein, denn ein Objekt könnte auch Daten enthalten, die spezifisch für die aktuelle Laufzeitumgebung sind und nach dem erneuten Starten der Anwendung keine Bedeutung mehr haben.

Alle Daten sind von einem bestimmten Typ. Wird der Inhalt der Eigenschaft *Name* eines Objekts der Klasse *Kunde* gesichert, darf dieser Wert nach dem Neustart nicht dem Feld *Name* eines Objekts vom Typ *Lieferant* zugeordnet werden – die Folgen wären fatal. Auch ein zweiter Gesichtspunkt ist relevant: Angenommen, die zu speichernden Daten gehören zu einem Spiel, an dem zwei oder mehr Personen beteiligt sind. Dass später der aktuelle Stand jedes Spielers eindeutig wiederhergestellt werden muss, steht außer Frage. Konsequenterweise bedeutet das aber auch, dass bei mehreren typgleichen Objekten die Daten demselben Kontext zugeordnet werden müssen.

Anscheinend stehen wir einem großen Problem gegenüber. Wir brauchen uns darüber aber nicht unnötig den Kopf zu zerbrechen, da uns .NET vorbildlich unterstützt. Die Technologie, die sich dahinter verbirgt, wird als *Serialisierung* bezeichnet. Die Serialisierung ist ein Prozess mit der Fähigkeit, ein sich im Hauptspeicher befindliches Objekt in ein bestimmtes Format zu überführen und in eine Datei zu schreiben. Die .NET-Unterstützung schließt auch die Rekonstruktion der Objekte in ihrem ursprünglichen Format ein.

Die Serialisierung ist ein Prozess, der automatisch abläuft und bei dem der Name der Anwendung, der Name der Klasse und die Datenmember eines Objekts binär gespeichert werden. Dadurch wird die spätere Rekonstruktion in einer exakten Kopie möglich.

13.1   Serialisierungsverfahren

Die dauerhaft zu speichernden Dateninformationen müssen in ein definiertes Format über-führt werden, um bei späterer Deserialisierung eine eindeutige Interpretation sicherzustel-len. Dazu werden die Daten einem Bytestrom übergeben, der für die physikalische Persis-tenz verantwortlich ist. Die .NET-Klassenbibliothek stellt zur Lösung dieser komplexen Aufgabe drei Klassen bereit.

Klasse	Beschreibung
BinaryFormatter	Überträgt die zu serialisierenden Daten in ein binäres Format. Dabei werden zirkuläre Referenzen unterstützt.
SoapFormatter	Überträgt die zu serialisierenden Daten im SOAP-Format (Simple Object Access Protocol). Die Serialisierung erfordert die Einbindung der Biblio-thek *System.Runtime.Serialization.Formatters.Soap.dll*. Zirkuläre Refe-renzen werden unterstützt.
XmlSerializer	Überträgt die zu serialisierenden Daten im XML-Format. Die Serialisie-rung erfordert die Einbindung der Bibliothek *System.Xml.dll*. Zirkuläre Referenzen werden nicht unterstützt.

Tabelle 13.1 Die .NET-Serialisierungsklassen

Sollten die Fähigkeiten der drei Serialisierungsklassen für eine bestimmte Anforderung un-zureichend sein, können Sie auch eine eigene entwickeln.

Alle drei Typen stellen für die Serialisierung und die Deserialisierung jeweils eine Methode zur Verfügung: Serialize und Deserialize. Betrachten wir zuerst die Definition von Seria-lize:

```
public void Serialize (Stream, object);
```

Dem ersten Argument wird die Referenz auf ein Objekt vom Typ Stream übergeben. Dabei handelt es sich oft um ein FileStream-Objekt, das die serialisierten Daten in einer Datei spei-chert. Die Referenz des Objekts, das serialisiert werden soll, wird dem zweiten Parameter übergeben.

Zur Rekonstruktion eines Objekts dient die Methode Deserialize:

```
public object Deserialize (Stream);
```

Der Parameter erwartet eine Stream-Referenz, die auf die zuvor serialisierten Daten des Ob-jekts verweist. Der Rückgabewert ist vom Typ Object und muss deshalb noch in den richtigen Typ konvertiert werden.

13.2   Binäre Serialisierung mit »BinaryFormatter«

Ein Objekt unter .NET binär serialisieren zu können, ist genial einfach gelöst. Allerdings muss die Klasse das Attribut Serializable aufweisen:

```
[Serializable()]
public class Person
{
  [...]
}
```

Listing 13.1 Attribut »Serializable«, das eine Klasse binär serialisiert

Fehlt das Attribut, wird beim Versuch der binären Serialisierung die Ausnahme SerializationException ausgelöst. Alle Felder der Klasse Person, unabhängig davon, ob sie privat oder öffentlich deklariert sind, können nun binär serialisiert werden. Es gibt aber auch eine Einschränkung: Lokale Variablen und statische Klassendaten nehmen nicht an einem Serialisierungsprozess teil.

Wir wollen nun die Klassendefinition komplettieren, um anhand eines einfachen Beispiels zu sehen, wie die Serialisierung angestoßen und später das serialisierte Objekt rekonstruiert wird. Dazu implementieren wir in der Klasse Person ein privates und ein öffentliches Feld. Beide Felder werden über einen parametrisierten Konstruktor initialisiert.

```
[Serializable()]
class Person
{
  public string Name {get; set;}
  private int _Alter;
  // Konstruktor
  public Person(int alter, string name)
  {
    _Alter = alter;
    Name = name;
  }
  public int Alter
  {
    get => _Alter;
  }
}
```

Bei der Serialisierung greift der Prozess den Inhalt von Alter und Name und speichert ihn entweder in einer Datei, im Netzwerk oder in einer Datenbank.

Der Code, der ein Objekt vom Typ der Klasse Person serialisiert, könnte folgendermaßen aussehen:

```
using System.Runtime.Serialization.Formatters.Binary;
class Program
{
  static void Main(string[] args)
  {
    [...]
    Person pers = new Person(56, "Schmidt");
    FileStream stream;
    stream = new FileStream(@"D:\MyPerson.dat", FileMode.Create);
    BinaryFormatter formatter = new BinaryFormatter();
    formatter.Serialize(stream, pers);
    stream.Close();
    [...]
  }
}
```

Listing 13.2 Serialisierung eines Objekts

Beachten Sie, dass zur direkten Nutzung der Klasse BinaryFormatter die Bekanntgabe des Namespace System.Runtime.Serialization.Formatters.Binary erforderlich ist. Im Code wird ein FileStream erzeugt, der die binäre Datei *MyPerson.dat* anlegt oder, falls eine Datei dieses Namens bereits existiert, die alte überschreibt. Anschließend erzeugen wir ein Objekt vom Typ BinaryFormatter und rufen seine Methode Serialize unter Übergabe der zu serialisierenden Objektreferenz auf.

Felder als nicht serialisierbar kennzeichnen

Mit dem Attribut Serializable werden alle Felder einer Klasse serialisiert, unabhängig davon, ob sie public oder private definiert sind. Das mag im Einzelfall nicht immer wünschenswert sein. Eigenschaften, die der Serialisierungsprozess nicht erfassen soll, können durch das Setzen des Attributs NonSerialized ausgeschlossen werden.

```
[Serializable()]
class Person
{
  public string Name {get; set;}
  // das Feld Alter wird nicht serialisiert
  [NonSerialized()] private int _Alter;
  [...]
}
```

Listing 13.3 Ein Feld als nicht serialisierbar kennzeichnen

Listing 13.3 enthält die Klassendefinition der Felder Name und Alter. Beide würden normalerweise während der Serialisierung abgegriffen. Die Deklaration der privaten Variablen Alter ist allerdings als NonSerialized markiert und entzieht das Feld dem Serialisierungsprozess.

Serialisierung in einer abgeleiteten Klasse

Das Serializable-Attribut wird nicht vererbt. Wenn Sie beispielsweise unserer Klasse Circle das Serializable-Attribut spendieren, erbt die abgeleitete Klasse GraphicCircle das Attribut nicht. Soll auch ein Objekt vom Typ GraphicCircle serialisierbar sein, muss diese Klasse ebenfalls mit Serializable verknüpft werden. Ansonsten gilt die abgeleitete Klasse als nicht serialisierbar.

13.2.1   Die Deserialisierung

Die Deserialisierung des gespeicherten Objekts ist genauso einfach. Beachten müssen Sie dabei nur, dass der Rückgabewert der Methode Deserialize vom Typ Object ist und deshalb in den richtigen Typ konvertiert werden muss:

```
[...]
Person pers;
BinaryFormatter formatter = new BinaryFormatter();
FileStream stream = new FileStream(@"D:\MyPerson.dat", FileMode.Open);
pers = (Person)formatter.Deserialize(stream);
stream.Close();
[...]
```

Listing 13.4 Deserialisierung eines Objekts

Fassen wir nun den Code in einem Beispielprogramm zusammen. Serialisierung und Deserialisierung werden in je einer eigenen Methode behandelt, die aus Main heraus aufgerufen wird. Nach der Serialisierung des Objekts pers wird der neuen Objektvariablen oldPerson der Rückgabewert der Deserialisierung zugewiesen. Zum Schluss werden die rekonstruierten Objektdaten an der Konsole ausgegeben.

```
Beispiel: ..\Kapitel 13\BinaryFormatter_Sample
using System.IO;
using System.Runtime.Serialization.Formatters.Binary;
class Program
{
  static BinaryFormatter formatter;
  static FileStream stream;
  static void Main(string[] args)
  {
```

```
      formatter = new BinaryFormatter();
      Person pers = new Person(67, "Fischer");
      SerializeObject(pers);
      Person oldPerson = DeserializeObject();
      Console.WriteLine("Ergebnis der Deserialisierung:");
      Console.WriteLine(oldPerson.Alter);
      Console.WriteLine(oldPerson.Name);
   }
   // Objekt serialisieren
   public static void SerializeObject(Object obj)
   {
      stream = new FileStream(@"D:\MyObject.dat", FileMode.Create);
      formatter.Serialize(stream, obj);
      stream.Close();
   }
   // Objekt deserialisieren
   public static Person DeserializeObject()
   {
      FileStream stream = new FileStream(@"D:\MyObject.dat", FileMode.Open);
      return (Person)formatter.Deserialize(stream);
   }
}
// binär serialisierbare Klasse
[Serializable()]
class Person
{
   private int _Alter;
   public string Name {get; set;}
   // Konstruktor
   public Person(int alter, string name)
   {
      Name = name;
      _Alter = alter;
   }
   public int Alter
   {
      get => _Alter;
   }
}
```

Listing 13.5 Beispielprogramm zur binären Serialisierung

13.2.2 Serialisierung mehrerer Objekte

Natürlich können mit einem Serialisierungsprozess beliebig viele, auch typunterschiedliche Objekte serialisiert werden. Dazu rufen Sie für jedes Objekt Serialize auf demselben Stream-Objekt auf. Die formatierten Daten werden entsprechend der Aufrufreihenfolge serialisiert.

Die Deserialisierung erfolgt in gleicher Weise: Es wird auf demselben Stream-Objekt so lange Deserialize aufgerufen, bis der Datenstrom versiegt. Das Lesen über das Ende des Datenstroms hinaus hat eine Ausnahme zur Folge. Dabei muss natürlich die Reihenfolge beachtet werden, in der die Objekte serialisiert worden sind, denn die Deserialisierung mehrerer Objekte folgt dem FIFO-Prinzip: Das zuerst serialisierte Objekt muss auch als Erstes wieder deserialisiert werden.

Für jedes einzelne Objekt Serialize aufzurufen, kann sehr arbeitsaufwendig sein. Außerdem muss die Anzahl der zu serialisierenden Objekte bekannt sein. Ist die Anzahl nicht vorhersehbar, muss ein anderer Weg beschritten werden. Es bietet sich dann an, alle Objekte in einer Auflistung zu verwalten und mit einem einzigen Serialize-Aufruf die gesamte Collection in den Datenstrom zu schreiben. Im folgenden Beispielprogramm wird das an vier Objekten demonstriert.

Sehen wir uns jedoch zuerst den Programmcode an. Dazu fügen wir einer Auflistung vom Typ List<GeometricObject> insgesamt vier Circle- und Rectangle-Objekte hinzu, bevor wir die Liste serialisieren und später deserialisieren.

Vorher müssen die Klassen GeometricObject, Circle, GraphicCircle, Rectangle, GraphicRectangle und natürlich auch die Struktur Point mit dem Serializable-Attribut verknüpft werden. Die Klasse List<T> hat dieses Attribut bereits per Definition.

```
// Beispiel: ..\Kapitel 13\GeometricObjectsSolution_12
class Program
{
  static void Main(string[] args)
  {
    var liste = new List<GeometricObject>();
    liste.Add(new Circle(100, -50, 75));
    liste.Add(new Rectangle(120, 46, 310, 210));
    liste.Add(new Circle(69, 70, -200));
    liste.Add(new Rectangle(58, 45, -10, -20));
    // Liste serialisieren
    SaveList(liste);
    // Liste deserialisieren
    var newList = GetListObjects();
    foreach (var item in newList)
    {
```

```csharp
      Circle circle = item as Circle;
      if (circle != null)
        Console.WriteLine("Circle: Radius = {0,-5}X={1,-5}Y={2}",
                circle.Radius, circle.XCoordinate, circle.XCoordinate);
      else
      {
        Rectangle rect = item as Rectangle;
        Console.WriteLine(
                "Rectangle: Length ={0,-5} Width={1,-5} X={2,-5} Y={3}",
                rect.Length, rect.Width, rect.XCoordinate, rect.XCoordinate);
      }
    }
    Console.ReadLine();
}
public static void SaveList(IList<GeometricObject> elements)
{
    FileStream stream = new FileStream(@"D:\GeoObjects.dat",
                                    FileMode.Create);
    BinaryFormatter binFormatter = new BinaryFormatter();
    binFormatter.Serialize(stream, elements);
    stream.Close();
}
public static List<GeometricObject> GetListObjects()
{
    FileStream stream = new FileStream(@"D:\GeoObjects.dat", FileMode.Open);
    List<GeometricObject> oldList = null;
    try
    {
        BinaryFormatter formatter = new BinaryFormatter();
        oldList = (List<GeometricObject>)formatter.Deserialize(stream);
    }
    catch (SerializationException e)
    {
        // die Datei kann nicht serialisiert werden
        Console.WriteLine(e.Message);
    }
    catch (IOException e)
    {
        // Beim Versuch, die Datei zu öffnen, ist ein Fehler aufgetreten
        Console.WriteLine(e.Message);
    }
```

```
    return oldList;
  }
}
```

Listing 13.6 Serialisierung geometrischer Objekte

Die Entscheidung für eine Auflistung hat einen entscheidenden Vorteil: Wir brauchen nicht jedes Mitgliedsobjekt der Auflistung einzeln zu serialisieren, sondern können mit einem einzigen Aufruf von Serialize unter Übergabe der List<T>-Referenz automatisch jedes Objekt in den Datenstrom schreiben. Das geschieht in der Methode SaveList, der im Parameter elements die Referenz auf ein Objekt vom Typ List<GeometricObject> übergeben wird.

In der Methode GetListObjects ist nur ein Deserialize-Aufruf notwendig, um die Daten aller von der Collection verwalteten Objekte wiederzuerhalten. Der Rückgabewert vom Typ List<GeometricObject> liefert die vollständig deserialisierte Liste als Referenz an den Aufrufer zurück.

Im Hauptprogramm wird nach der Deserialisierung die von der Methode GetListObjects zurückgegebene Liste in einer foreach-Schleife durchlaufen. Um auch die typspezifischen Member Radius, Length und Width abrufen zu können, ist eine Typkonvertierung notwendig. Im Beispiel wird das mit dem as-Operator durchgeführt.

> **Anmerkung**
>
> Das Beispielprogramm *GeometricObjectsSolution_12* baut auf dem Beispiel *GeometricObjectsSolution_10* auf. Das bedeutet, dass alle Verweistypen null-fähig sind.

13.3   Serialisierung mit »XmlSerializer«

Das .NET Framework bietet auch die Möglichkeit, Daten in ein XML-Format zu überführen. Diese Technik wird als *XML-Serialisierung* bezeichnet. Für die XML-Serialisierung ist die Klasse XmlSerializer zuständig, die zum Namespace System.Xml.Serialization.XmlSerializer gehört.

Um Objektdaten in das XML-Format überführen zu können, sind einige Einschränkungen zu beachten:

▶ Die zu serialisierende Klasse muss public definiert sein.

▶ Es werden nur public deklarierte Felder oder Eigenschaften serialisiert. Die Eigenschaften müssen den lesenden und schreibenden Zugriff zulassen.

▶ Die zu serialisierende Klasse muss einen öffentlichen, parameterlosen Konstruktor haben.

13

▶ Die Steuerung der XML-Serialisierung erfolgt mit Attributen, die im Namespace `System.Xml.Serialization` zu finden sind. Damit ist es beispielsweise möglich, bestimmte Felder vom Serialisierungsprozess auszuschließen.

▶ Im Gegensatz zu `BinaryFormatter` ist das `Serializable`-Attribut nicht zwingend vorgeschrieben.

Das folgende Beispiel zeigt das Prinzip der XML-Serialisierung:

```csharp
// Beispiel: ..\Kapitel 13\XMLSerialisierung
using System;
using System.IO;
using System.Xml.Serialization;
class Program
{
  static XmlSerializer serializer;
  static FileStream stream;
  static void Main(string[] args)
  {
    serializer = new XmlSerializer(typeof(Person));
    Person person = new Person("Jutta Speichel", 34);
    SerializeObject(person);
    Person oldPerson = DeserializeObject();
    Console.WriteLine("Name: " + oldPerson.Name);
    Console.WriteLine("Alter: " + oldPerson.Alter);
    Console.ReadLine();
  }
  // Objekt serialisieren
  public static void SerializeObject(object obj)
  {
    stream = new FileStream(@"D:\PersonData.xml", FileMode.Create);
    serializer.Serialize(stream, obj);
    stream.Close();
  }
  // Objekt deserialisieren
  public static Person DeserializeObject()
  {
    stream = new FileStream(@"D:\PersonData.xml", FileMode.Open);
    return (Person)serializer.Deserialize(stream);
  }
}
```

```
// zu serialisierende Klasse
public class Person
{
  // Felder
  public int Alter { get; set; }
  private string _Name;
  // Konstruktoren
  public Person() { }
  public Person(string name, int alter)
  {
    Name = name;
    Alter = alter;
  }
  // Eigenschaft
  public string Name
  {
    get => _Name;
    set => _Name = value;
  }
}
```

Listing 13.7 Beispielprogramm zur XML-Serialisierung

Zur Einleitung des Serialisierungsprozesses wird der Konstruktor von `XmlSerializer` aufgerufen, der die `Type`-Angabe über das zu serialisierende Objekt entgegennimmt.

```
XmlSerializer serializer = new XmlSerializer(typeof(Person));
```

Wie bei der binären Serialisierung mit der Klasse `BinaryFormatter` werden die Objekte mit der Methode `Serialize` serialisiert. Sehen wir uns den Inhalt der XML-Datei an:

```
<?xml version="1.0"?>
<Person xmlns:xsi="http://www.w3.org/2001/XMLSchema-instance"
        xmlns:xsd="http://www.w3.org/2001/XMLSchema">
  <Alter>34</Alter>
  <Name>Jutta Speichel</Name>
</Person>
```

Listing 13.8 Das Ergebnis der XML-Serialisierung aus Listing 13.7

Mit `Deserialize` werden die XML-Daten deserialisiert und in ein Objekt geschrieben. Da `Deserialize` den Typ `Object` ausliefert, müssen wir abschließend nur noch eine Typumwandlung in `Person` vornehmen.

13.3.1   XML-Serialisierung mit Attributen steuern

Die XML-Serialisierung lässt sich auch mit zusätzlichen Attributen steuern, um das Ausgabe-format der serialisierten Daten zu bestimmen. Diese Attribute gehören zum Namespace Sys-tem.Xml.Serialization. Tabelle 13.2 gibt einen Überblick über die wichtigsten Attribute.

Attribut	Beschreibung
XmlArray	Gibt an, dass ein bestimmtes Klassenmember als Array serialisiert werden soll.
XmlArrayItem	Legt den Bezeichner in der XML-Datei für den vom Array verwalteten Typ fest.
XmlAttribute	Die Eigenschaft wird als XML-Attribut und nicht als XML-Element seriali-siert.
XmlElement	Dieses Attribut legt den Elementnamen in der XML-Datei fest. Standard-mäßig wird der Bezeichner des Feldes verwendet.
XmlIgnore	Legt fest, dass die Eigenschaft nicht serialisiert werden soll.
XmlRoot	Legt den Bezeichner des Wurzelelements der XML-Datei fest. Standardmä-ßig wird der Bezeichner der zu serialisierenden Klasse verwendet.

Tabelle 13.2 Attribute zur Steuerung der Ausgabe in einer XML-Datei

Am folgenden Beispiel wollen wir uns die Wirkungsweise der Attribute verdeutlichen. In der Anwendung ist erneut eine Klasse Person definiert. Mehrere Objekte vom Typ Person können von einem Objekt der Klasse PersonenListe verwaltet werden.

```
// Beispiel: ..\Kapitel 13\XMLAttribute_Sample
using System.Xml.Serialization;
using System.IO;
[...]
[XmlRoot("PersonenListe")]
public class PersonenListe
{
  [XmlElement("Listenbezeichner")]
  public string Listenname;
  [XmlArray("PersonenArray")]
  [XmlArrayItem("PersonObjekt")]
  public Person[] Personen;
  // Konstruktoren
  public PersonenListe() { }
  public PersonenListe(string name)
  {
```

```
      this.Listenname = name;
  }
}
public class Person
{
  [XmlElement("Name")]
  public string Zuname;
  [XmlElement("Wohnort")]
  public string Ort;
  [XmlElement("Alter")]
  public int Lebensalter;
  [XmlAttribute("PersID", DataType = "string")]
  public string ID;
  // Konstruktoren
  public Person() { }
  public Person(string zuname, string ort, int alter, string id)
  {
    this.Zuname = zuname;
    this.Ort = ort;
    this.Lebensalter = alter;
    this.ID = id;
  }
}
```

Listing 13.9 XML-Serialisierung mit Attributen beeinflussen

Ehe wir uns die Auswirkung der Attributierung ansehen, folgt hier zuerst der Code, der Person-Objekte mit XmlSerializer serialisiert:

```
class Program
{
  static void Main(string[] args)
  {
    PersonenListe catalog = new PersonenListe("Teilnehmerliste");
    catalog.Listenname = "Teilnehmerliste";
    Person[] persons = new Person[2];
    // Personen erzeugen
    persons[0] = new Person("Peter", "Berlin", 45, "117");
    persons[1] = new Person();
    persons[1].Zuname = "Franz-Josef";
    persons[1].Ort = "Aschaffenburg";
    catalog.Personen = persons;
    // serialisieren
    XmlSerializer serializer = new XmlSerializer(typeof(PersonenListe));
```

597

```
        FileStream fs = new FileStream("Personenliste.xml", FileMode.Create);
        serializer.Serialize(fs, catalog);
        fs.Close();
        catalog = null;
        // deserialisieren
        fs = new FileStream("Personenliste.xml", FileMode.Open);
        catalog = (PersonenListe)serializer.Deserialize(fs);
        serializer.Serialize(Console.Out, catalog);
        Console.ReadLine();
    }
}
```

Listing 13.10 Serialisierung der Typen aus Listing 13.9

Das Array persons beschreibt ein Array von Person-Objekten, das zwei Objekte dieses Typs enthält. Die Referenz auf persons wird der Eigenschaft Personen eines PersonenListe-Objekts zugewiesen. Danach erfolgt die Serialisierung mit XmlSerializer in eine XML-Datei.

Nach der Serialisierung wird die Datei deserialisiert und ein serialisierender Datenstrom erzeugt, der in der Konsole seinen Abnehmer findet. So können wir uns den Inhalt des XML-Stroms direkt im Konsolenfenster ansehen, ohne die XML-Datei öffnen zu müssen (siehe Abbildung 13.1).

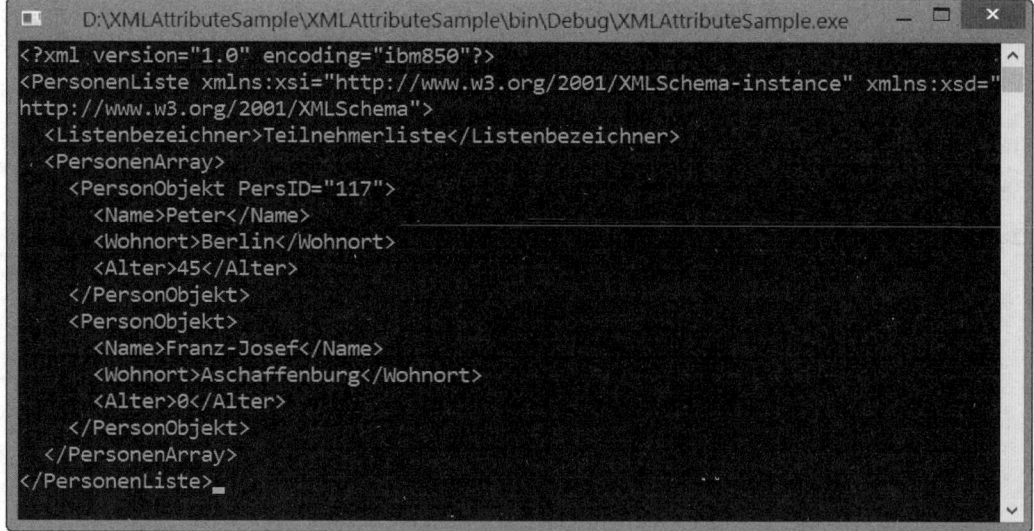

Abbildung 13.1 Ausgabe des Beispielprogramms »XMLAttributeSample«

Beachten Sie, wie die Verwendung der Attribute Einfluss auf die Elementbezeichner in der XML-Ausgabe nimmt.

Kapitel 14
Multithreading

Seit den Anfängen von .NET lassen sich multithreadingfähige Anwendungen programmieren. Grundlage ist die Klasse Thread aus dem Namespace System.Threading. Mit Thread lassen sich nach Bedarf neue Threads ins Leben rufen, Threadprioritäten setzen und komplexe Synchronisationsmechanismen realisieren.

Vor einigen Jahren begann die Entwicklung der Hardware aus technischen Gründen einen Weg einzuschlagen, dem die Klasse Thread nicht mehr gewachsen war: die Multi-Core-Prozessoren. Deren Einführung hatte einen simplen Grund: Leistungssteigerungen durch Erhöhung der Taktfrequenz waren nicht weiter möglich – viel mehr als ca. 3 GHz sind technisch derzeit nicht realisierbar. Das hat unter anderem die folgenden Gründe:

▶ Prozessoren mit noch höherer Taktfrequenz lassen sich nicht ausreichend kühlen.

▶ Der Geschwindigkeit der Datenübertragung sind physikalische Grenzen gesetzt.

▶ Die Bauteile können nicht beliebig verkleinert werden.

Multi-Core-Prozessoren bieten einen Ausweg aus diesem Dilemma. Zuerst waren es Double-Core-Prozessoren, schnell folgte die nächste Welle mit Quad-Core-Prozessoren. Ein Ende der Entwicklung ist derzeit nicht auszumachen.

Mit der Klasse Thread Anwendungen zu entwickeln, die die Möglichkeiten der Multi-Core-Prozessoren ausreizen, ist nicht möglich, denn die Klasse Thread wurde zu einer Zeit entwickelt, als es darum ging, mehrere Ausführungsstränge quasi-gleichzeitig auf einer CPU laufen zu lassen.

Dem hardwaretechnischem Fortschritt wurde in .NET mit der Einführung der TPL (Task Parallel Library) begegnet. Die TPL ist eine API, die uns in die Lage versetzt, Multi-Core-Prozessoren in Anwendungen zu nutzen, ohne dass dabei die Komplexität des Programmcodes zunimmt. Ganz im Gegenteil, es ist sogar einfacher, die neue TPL zu programmieren als die »alte« Klasse Thread. Trotzdem kommen uns die Kenntnisse der klassischen Multithreading-Programmierung bei dem Einsatz der TPL zugute.

In diesem Kapitel werden wir die klassische Art der klassischen Multithreading-Programmierung behandeln, die natürlich trotz TPL auch weiterhin ihre Daseinsberechtigung hat. Im folgendem Kapitel 15, »Die Task Parallel Library (TPL)«, sehen wir uns schließlich die Programmierung von Anwendungen an, die Multi-Core-Prozessoren berücksichtigen.

14.1   Einführung in das Multithreading

Stellen Sie sich eine beliebige, sehr einfach strukturierte Anwendung vor, die in der Lage ist, Mails zu versenden. Das Versenden kann, abhängig von der Größe der E-Mail, durchaus einen längeren Zeitraum in Anspruch nehmen. Während des Versendens wird eine Sanduhr angezeigt, und der Anwender kann nicht mit der Anwendung weiterarbeiten. Erstrebenswert wäre es, dem Anwender das verzögerungsfreie Weiterarbeiten während des Sendevorgangs zu ermöglichen. Dazu ist nur eine Applikation in der Lage, die das Multithreading berücksichtigt.

Die Entgegennahme der Benutzereingabe und das Versenden der Mail sind zwei Operationen, die in einer multithreadingfähigen Anwendung voneinander unabhängig sind und innerhalb eines Prozesses ablaufen. Dabei können beide Operationen sogar dieselben Daten benutzen. Zur Umsetzung wird jeder Operation ein eigener Thread zugeordnet. Ein *Thread* ist eine Ausführungseinheit und besteht aus einer kontinuierlichen Abfolge von Anweisungen. Sie werden weiter unten in den Beispielen noch sehen, wie das zu verstehen ist.

Jeder laufenden Anwendung ist ein Prozess zugeordnet, in dem mindestens ein Thread existiert. Somit ist ein Thread die kleinste Ausführungseinheit und gehört im Umkehrschluss grundsätzlich immer zu einem Prozess. Wird der letzte Thread eines Prozesses zerstört, wird die Anwendung beendet.

Eine Maschine mit einem Prozessor vorausgesetzt, kann zu einem gegebenen Zeitpunkt nur ein Thread von der CPU bearbeitet werden. Beanspruchen mehrere Threads derselben oder auch unterschiedlicher Anwendungen für sich CPU-Zeit, werden sie in eine Warteschlange eingereiht. Die CPU kann der Reihe nach von den sich in der Warteschlange befindlichen Threads genutzt werden. Jeder Thread, der von der CPU ausgeführt wird, bekommt eine bestimmte Zeitspanne für seine Operation zugewiesen. Ist diese abgelaufen, wird der Thread auch dann aus der CPU verdrängt, wenn er seine Arbeit noch nicht beendet hat. Der Thread muss sich anschließend erneut in die Warteschlange einreihen. Die Gesamtheit der von der CPU zur Verfügung gestellten Zeit nennt man auch *Zeitscheibe*. Die Größe der Zeitscheibe lässt sich nicht absolut angeben, sie hängt von der Anzahl der Threads ab, die sich in der Warteschlange befinden. Für die Zuteilung der CPU-Zeit an einen Thread ist eine Komponente des Systems zuständig, die *Scheduler* genannt wird.

Einem Anwender fällt nicht auf, dass mehrere Anwendungen oder Ausführungsstränge in Wirklichkeit nicht parallel arbeiten, sondern nur hintereinander (quasi-parallel) – aus seiner Sicht erscheint es so, als würde die Ausführung gleichzeitig erfolgen, da die den Threads zugeteilten Zeitscheibeneinheiten sehr klein sind.

Im Kontext eines Threads sind alle Informationen enthalten, um die unterbrochene Ausführung zu einem späteren Zeitpunkt wieder problemlos aufnehmen zu können. Dazu gehört beispielsweise, die Inhalte der CPU-Register zu speichern, wenn dem Thread die CPU entzogen wird. Das kostet Zeit und geht zu Lasten der Performance. Es bleibt anzumerken, dass

Multithreading nicht dazu eingesetzt wird, einen Performancegewinn zu erreichen. Stattdessen geht es vielmehr darum, mehreren Ausführungssträngen ein quasi-paralleles Arbeiten zu ermöglichen.

14.2   Threads – allgemein betrachtet

Jeder Thread befindet sich in einem bestimmten Zustand. Die möglichen Zustände eines Threads werden durch die Enumeration ThreadState beschrieben. Es gibt im Namespace System.Diagnostics eine gleichnamige Enumeration, die allerdings mehr dem Debuggen dient.

Member	Beschreibung
Aborted	Der Threadzustand schließt AbortRequested ein, und der Thread ist jetzt deaktiviert, aber der Zustand ist noch nicht Stopped.
AbortRequested	Die Abort-Methode wurde für den Thread aufgerufen, doch der Thread hat noch nicht die Ausnahme ThreadAbortException empfangen.
Background	Der Thread wird nicht als Vordergrundthread, sondern als Hintergrundthread ausgeführt.
Running	Der Thread wurde gestartet,
Stopped	Der Thread wurde beendet.
StopRequested	Es besteht eine Anforderung für die Beendigung des Threads.
Suspended	Der Thread wurde unterbrochen.
SuspendRequested	Es besteht eine Anforderung für die Unterbrechung des Threads.
Unstarted	Die Start-Methode wurde für den Thread nicht aufgerufen.
WaitSleepJoin	Der Thread ist blockiert. Die Ursache hierfür könnte sein, dass Sleep oder Join aufgerufen wurde oder dass eine Sperre angefordert wurde, z. B. durch Aufrufen von Monitor.Enter oder Monitor.Wait.

Tabelle 14.1 Die Enumeration »ThreadState«

Abgesehen vom nicht gestarteten und gestoppten Zustand könnte man die Threadzustände wie folgt zusammenfassen:

▶ bereit

▶ laufend

▶ wartend

▶ suspendiert

Ein *laufender* Thread befindet sich aktuell im Prozessor und wird ausgeführt. Ein Prozessor kann zu einem gegebenen Zeitpunkt nur einen Thread bearbeiten. Nach Ablauf der ihm zugestandenen Zeitspanne muss der laufende Thread die CPU räumen. Er reiht sich in die Warteschlange auf die Zeitscheibe ein und hofft darauf, dass ihm möglichst schnell wieder Prozessorzeit zugeteilt wird.

Threads, die in der Warteschlange stehen, werden als *bereit* bezeichnet. Nur einem bereiten Thread kann ein Zeitquantum der CPU zugestanden werden.

Es gibt auch Threads, die während ihrer Ausführung freiwillig den Prozessor räumen und auch danach zunächst nicht mehr willens sind, sich in die Warteschlange der bereiten Threads einzuordnen. Diese Threads werden als *wartend* bezeichnet. Ein wartender Thread muss den Anstoß von einem anderen Thread bekommen, um in den bereiten Zustand überführt zu werden.

Bezogen auf einen Prozessor mit einem Prozessorkern kann sich zu einem gegebenen Zeitpunkt nur ein Thread im laufenden Zustand befinden. Die anderen Threads sind entweder bereit oder wartend.

Der aktuell ausgeführte Thread muss unter folgenden Bedingungen den Prozessor räumen:

▶ Das ihm zugestandene Zeitquantum ist abgelaufen.

▶ Der Thread muss auf ein anderes Objekt oder eine Benachrichtigung warten. Er tritt in den Zustand wartend ein.

▶ Ein anderer Thread mit einer höheren Priorität befindet sich in der Warteschlange.

Ein *suspendierter* Thread gilt als angehalten und wartet auf einen Anstoß von außen, um sich in die Warteschlange auf dem Prozessor einzureihen. Was sich noch sehr harmlos anhört, offenbart bei genauer Betrachtung ein mögliches Desaster: Ein zur Suspendierung anstehender Thread könnte über eine Sperre verfügen, er beansprucht damit einen Teil des Programmcodes exklusiv für sich. Wechselt ein Thread in den Zustand *suspended*, ohne die Sperre vorher freizugeben, warten alle anderen Threads, die ebenfalls Anspruch auf den gesperrten Code erheben. Die Konsequenz wäre ein sogenannter *Deadlock* – nichts geht mehr! Dieses durchaus realistische Szenario hat Microsoft dazu veranlasst, die Methode Suspend für obsolet zu erklären. Sie sollte also nicht benutzt werden.

Das Zusammenspiel mehrerer Threads (Synchronisation)

Eine multithreadingfähige Anwendung zu schreiben, ist nicht einfach und birgt immer eine latente Fehlergefahr. Eine der größten Fehlerquellen ist der gleichzeitige Zugriff mehrerer Threads auf eine gemeinsam genutzte Ressource. Wartet zum Beispiel ausnahmslos jeder der beteiligten Threads auf die Antwort des anderen, wäre ein Deadlock die Folge – die Anwendung kann nicht mehr weiterarbeiten und hängt sich auf. Ich kann in diesem Kapitel nicht alle Aspekte erörtern, die in diesem Zusammenhang von Bedeutung sind. Sie sollten aber immer daran denken, dass mit steigender Anzahl der Threads nicht nur die Gefahr eines

Fehlers drastisch steigt, sondern auch die Komplexität der Anwendung deutlich zunimmt. Oft ist dann der Ablauf der Anwendung nur noch extrem schwierig nachzuvollziehen.

14.3   Mit der Klasse »Thread« arbeiten

14.3.1   Die Entwicklung einer einfachen Multithreading-Anwendung

Im folgenden Beispiel wird auf einfache Weise neben dem Hauptthread, der beim Starten einer Anwendung automatisch erzeugt wird, ein zweiter Thread per Programmcode ins Leben gerufen. Anhand dieses kleinen Programms wollen wir uns mit den wichtigsten Grundlagen einer multithreadingfähigen Anwendung vertraut machen.

```
// Beispiel: ..\Kapitel 14\SimpleThread
class Program
{
  static void Main(string[] args)
  {
    ThreadStart del = new ThreadStart(DoSomething);
    Thread thread = new Thread(del);
    // den zweiten Thread starten
    thread.Start();
    for(int i = 0; i <= 100; i++)
    {
      for(int k = 1; k <= 20; k++)
        Console.Write(".");
      Console.WriteLine($"Primär-Thread {i}");
    }
    Console.ReadLine();
  }
  // diese Methode wird in einem eigenen Thread ausgeführt
  public static void DoSomething()
  {
    for(int i = 0; i <= 100; i++)
    {
      for(int k = 1; k <= 20; k++)
        Console.Write("X");
      Console.WriteLine($"Sekundär-Thread {i}");
    }
  }
}
```

Listing 14.1 Einen einfachen Thread erzeugen

Alle Klassen, die mit der Entwicklung multithreadingfähiger Anwendungen unter .NET in Zusammenhang stehen, sind im Namespace System.Threading zu finden. Die wichtigste Klasse innerhalb dieses Namespaces dürfte die Klasse Thread sein, mit der ein neuer Thread erzeugt wird. Werfen wir einen Blick auf den oben benutzten Konstruktor:

```
public Thread(ThreadStart start);
```

Bei dem Parameter vom Typ ThreadStart handelt es sich um einen Delegaten, der die Methode angibt, deren Anweisungen in einem anderen Thread ausgeführt werden sollen. Die Definition dieses Delegaten lautet wie folgt:

```
public sealed delegate void ThreadStart();
```

Die Instanz eines Delegaten kapselt den Zeiger auf die Speicheradresse einer Methode. Die Typen der Parameterliste des Delegaten müssen den Typen der Parameterliste der Methode entsprechen, auf die der Delegat verweist. Demzufolge können Sie dem Konstruktor der Klasse Thread über den Delegaten nur die Adresse einer parameterlosen Methode ohne Rückgabewert zuweisen – in unserem Beispiel ist es die Methode DoSomething:

```
ThreadStart del = new ThreadStart(DoSomething);
Thread thread = new Thread(del);
```

Im ersten Schritt wird die Variable del vom Typ ThreadStart deklariert. Dem Delegaten wird die Adresse einer Methode übergeben. Danach kann die Thread-Klasse unter Übergabe der Referenz des Delegaten instanziiert werden. Mit

```
Thread thread = new Thread(new ThreadStart(DoSomething));
```

oder

```
Thread thread = new Thread(DoSomething);
```

können Sie den Code auch einzeilig formulieren.

Die Instanziierung der Thread-Klasse ist noch nicht ausreichend, um den zweiten Thread der Anwendung zu starten. Entscheidend ist vielmehr die Methode Start des Thread-Objekts:

```
thread.Start();
```

Beim Starten einer Anwendung wird der erste Thread, der sogenannte *Primärthread*, automatisch erstellt. Der zweite Thread wird in unserem Beispiel erst mit Aufruf von Start auf die Thread-Referenz zum Leben erweckt. In dem neuen Thread wird DoSomething ausgeführt.

Beide Threads arbeiten zwei verschachtelte Schleifen ab. Die Schleifen sind so konstruiert, dass eine Zeitscheibeneinheit nicht ausreicht, um jeweils vollständig die Schleifen zu durchlaufen, denn dann könnten wir den Effekt des Multithreadings an der Konsole nicht erkennen. In der inneren Schleife wird eine Ausgabe in die Konsole geschrieben. Beim Primärthread handelt es sich um 20 Punkte pro Schleifendurchlauf, beim Sekundärthread ist es jeweils 20-mal der Buchstabe »X«. Daran schließt sich noch die Angabe an, welcher Thread für die Ausgabe verantwortlich ist. Darüber hinaus wird der jeweils äußeren Schleife der aktuelle Zählerstand angehängt.

Sehen wir uns nun die Ausgabe an (siehe Abbildung 14.1), die sich abhängig von der Hardware-Ausstattung, der Systemkonfiguration und anderen laufenden Anwendungen durchaus deutlich von der unterscheiden kann, die Sie selbst bei der Ausführung des Beispiels sehen. Die Interpretation der Ausgabe hilft, die Arbeitsweise der Threads im Zusammenhang mit der Zeitscheibe und der quasi-parallelen Ausführung zu verstehen. Auch wenn die Anzeige ziemlich chaotisch anmutet, am Ende werden beide Threads ihre zugeordneten Aufgabe vollständig erledigt haben.

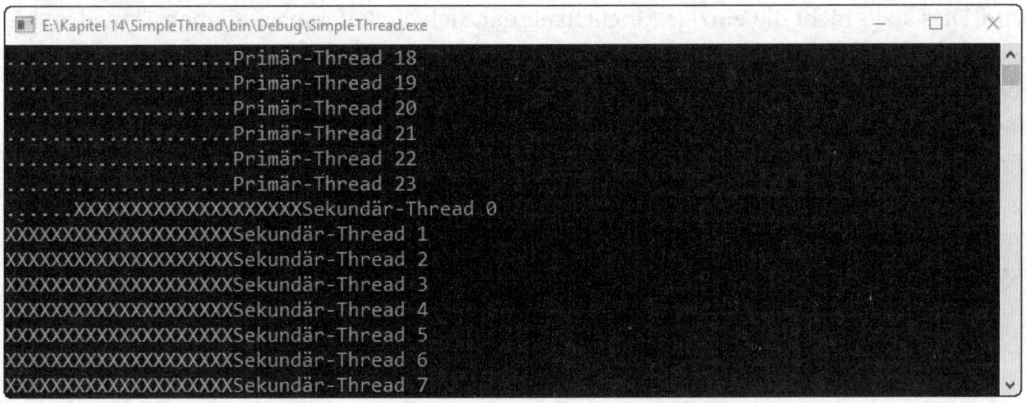

Abbildung 14.1 Die Ausgabe der Anwendung »SimpleThread« (Ausschnitt)

14.3.2   Der Delegat »ParameterizedThreadStart«

Den Delegaten ThreadStart, mit dem die in einem separaten Thread laufende Methode beschrieben wird, habe ich im vorigen Abschnitt vorgestellt. ThreadStart hat jedoch eine Einschränkung, denn die Methode muss parameterlos sein. Oft ist es jedoch notwendig, der in einem Sekundärthread auszuführenden Methode Daten zu übergeben. Dazu wird uns eine Alternative mit dem Delegaten ParameterizedThreadStart geboten:

```
public delegate void ParameterizedThreadStart(Object obj)
```

Die Instanz eines solchen Delegaten kapselt den Zeiger auf eine Methode, die als Argument des Methodenaufrufs ein beliebiges Objekt erwartet (Parametertyp Object). Hier werden uns alle Türen geöffnet, denn wir können, falls wir mehrere Daten an die Methode übergeben wollen, auch ein Array oder eine Auflistung angeben.

Die Erzeugung des Threads erfolgt in bekannter Weise. Der einzige Unterschied ist im Konstruktor der Klasse Thread zu finden, dem wir eine Instanz des Delegaten vom Typ ParameterizedThreadStart übergeben:

```
Thread thread = new Thread(new ParameterizedThreadStart(DoSomething));
```

Um die gewünschten Daten an die Threadmethode zu leiten, greifen wir auf eine Überladung der `Start`-Methode zu, der wir das entsprechende Argument mitteilen:

```
thread.Start(obj);
```

Das übergebene Objekt enthält die Daten, die von der vom Thread ausgeführten Methode verwendet werden sollen.

14.3.3   Zugriff eines Threads auf sich selbst

Ein Thread wird erzeugt, wenn die Klasse `Thread` unter Übergabe eines Delegaten instanziiert wird. Dies stellt nicht die einzige Möglichkeit dar, sich die Referenz auf einen Thread zu besorgen. Wenn es beispielsweise notwendig ist, auf dem Hauptthread Operationen auszuführen, steht Ihnen seine Referenz explizit nicht zur Verfügung, da der Thread implizit beim Start der Anwendung erzeugt wird. Abhilfe schafft die statische Eigenschaft `CurrentThread`, die eine Referenz auf den aktuellen Thread liefert. Nehmen wir an, dass ein Thread seine eigene Thread-ID mit der Eigenschaft `ManagedThreadId` abrufen und an der Konsole ausgeben möchte. Dann müssten Sie

```
Console.WriteLine(Thread.CurrentThread.ManagedThreadId);
```

codieren, damit der Thread auf sich selbst zugreifen kann.

14.3.4   Einen Thread für eine bestimmte Zeitdauer anhalten

Im Beispiel *SimpleThread* wurde eine Schleife konstruiert, um eine Zeitverzögerung zu erreichen. Ohne Schleife könnte es sein, dass der erste Thread bereits vollständig abgearbeitet ist, bevor der zweite Thread zum ersten Mal in die eigene Schleife eintritt.

Die `Thread`-Klasse bietet für mit der statischen Methode `Sleep` eine Möglichkeit, den aktuellen Thread für eine bestimmte Zeitdauer anzuhalten und damit die Ausführung zu verzögern. Die Methode `Sleep` blockiert den Thread und versetzt ihn in den Zustand `WaitSleep-Join`. Die an `Sleep` übergebene Zeitspanne definiert die Anzahl der Millisekunden. Um einen Thread für zwei Sekunden anzuhalten, schreiben Sie einfach:

```
Thread.Sleep(2000);
```

`Sleep` ist statisch definiert und wird daher nicht auf eine bestimmte Threadinstanz aufgerufen. Stattdessen zieht sich der aktuelle Thread damit selbst aus dem Verkehr. `Sleep` ist übrigens unabhängig von der Taktfrequenz des Computers. Übergeben Sie `Sleep` die Zahl 0, wird der Thread dazu veranlasst, auf den verbleibenden Rest seiner Ausführungszeit zu verzichten und die CPU für den nächsten anstehenden Thread freizumachen. Er reiht sich danach sofort wieder in die Warteschlange ein.

Hinweis

Die Klasse Thread unterstützt neben Sleep die sehr ähnliche Methode SpinWait. Auch dieser wird ein Integer übergeben, mit dem die Zeitspanne definiert wird, den der Thread warten soll. Für welche sollten Sie sich entscheiden? Dazu müssen Sie wissen, dass der Thread, der Sleep aufgerufen hat, vom Scheduler nicht mehr berücksichtigt wird, bis das angegebene Zeitintervall abgelaufen ist. Der Thread verzichtet also auf Rechenzeit, und er muss die CPU verlassen. Damit der Thread aber genau dort weitermachen kann, wo er aufgehört hat, muss der gesamte Kontext des Threads gespeichert werden. Das kostet Zeit und nimmt zudem die CPU in Anspruch. Insbesondere bei kurzen Wartezeiten schlägt das negativ zu Buche.

Ganz anders SpinWait. Gewissermaßen gaukelt SpinWait für eine bestimmte Zeitspanne Arbeit vor – obwohl der Thread nur verzögert werden soll. Das Entscheidende ist, dass kein Kontextwechsel stattfindet.

14.3.5   Beenden eines Threads

Mit der Methode Abort lässt sich ein Thread terminieren. Der Aufruf bewirkt die Auslösung der Ausnahme ThreadAbortException im Sekundärthread, die behandelt werden muss. Falls notwendig, können wir dann im catch-Zweig die Methode ordnungsgemäß beenden, beispielsweise um offene Ressourcen zu schließen.

```
// Beispiel: ..\Kapitel 14\AbortThread
class Program
{
  static void Main(string[] args)
  {
    Thread thread = new Thread(DoSomething);
    Console.WriteLine("Thread wird jetzt gestartet");
// Sekundärthread starten
    thread.Start();
    Console.WriteLine("Thread ist gestartet");
    Thread.Sleep(200);
// der Sekundärthread wird nun beendet
    thread.Abort();
    Thread.Sleep(100);
    if (thread.IsAlive)
      Console.WriteLine("Der Sek.-Thread lebt noch");
    else
      Console.WriteLine("Der Sek.-Thread ist aufgegeben");
    Console.ReadLine();
  }
  public static void DoSomething()
```

```
        {
          try
          {
            Console.WriteLine("Sek.-Thread gestartet.");
            for(int i = 0; i <= 100; i++)
            {
              Console.WriteLine("Sek.-Thread-Zähler = {0}", i);
              Thread.Sleep(50);
            }
          }
          catch (ThreadAbortException ex)
          {
            Console.WriteLine("Sek.-Thread/im Catch-Block");
          }
          Console.WriteLine("Sek.-Thread/nach Finally");
          for (int i = 0; i <= 20; i++)
          {
            Console.Write(".");
            Thread.Sleep(50);
          }
        }
    }
}
```

Listing 14.2 Das Beenden eines Threads mit »Abort«

Nach dem Instanziieren der Thread-Klasse wird der zweite Thread gestartet. Da wir die Abort-Methode testen wollen, müssen wir dafür sorgen, dass Abort nicht auf einen Thread trifft, der bereits nicht mehr ausgeführt wird. Deshalb ist in der quasi-parallel ausgeführten Methode DoSomething eine Schleife eingebaut, die mehr Zeit für einen vollständigen Durchlauf benötigt als die aufrufende Methode Main.

Vor dem Aufruf von Abort wird der Primärthread zunächst mit Sleep für 200 ms gestoppt, damit der Sekundärthread Zeit hat, seine Ausführung zu starten. Nach dem Aufruf von Abort bekommt das System mit einem zweiten Sleep-Aufruf noch Zeit, den Sekundärthread endgültig zu beenden. Durch Auswertung der Eigenschaft IsAlive auf dem Sekundärthread wird festgestellt, ob er noch aktiv ist oder nicht. Würden wir dem Hauptthread vorher keine Ruhepause gönnen, könnten sich Abort und der Aufruf von if innerhalb derselben Zeitscheibe befinden. Der Sekundärthread würde dann noch laufen, und wir könnten das Verhalten des Threads nach dem Aufruf von Abort nicht erfahren. An der Konsole erfolgt eine Ausgabe wie in Abbildung 14.2.

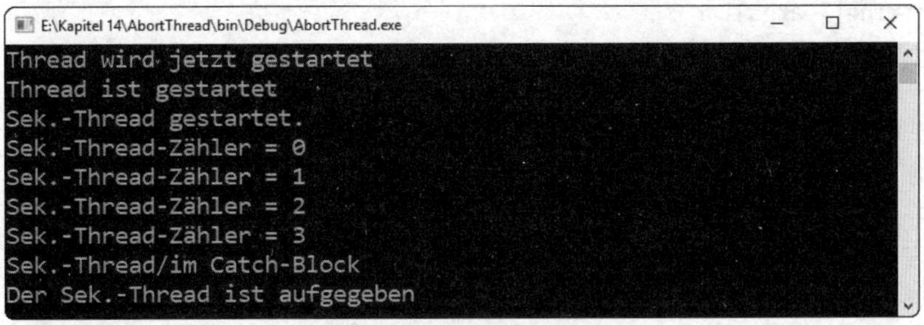

Abbildung 14.2 Ausgabe des Beispiels »AbortThread«

Gegen das außerplanmäßige Beenden (denn als solches kann man den Aufruf von Abort bewerten) kann sich der betroffene Thread allerdings auch zur Wehr setzen. Dazu muss im catch-Block der Fehlerbehandlung die statische Methode ResetAbort aufgerufen werden:

```
[...]
catch (ThreadAbortException e)
{
  Thread.ResetAbort();
  Console.WriteLine("Sek.-Thread/im Catch-Block");
  [...]
}
```

Listing 14.3 Einsatz der Methode »ResetAbort«

Bauen Sie diese Anweisung in den Programmcode des Beispiels ein, wird auch die zweite Schleife in DoSomething ausgeführt. Die Prüfung mit if in Main führt zu dem Ergebnis, dass der Thread noch lebt – das allerdings auch nur, weil die zweite Schleife eine längere Zeit in Anspruch nimmt und noch nicht auf normalem Wege beendet worden ist.

14.3.6   Abhängige Threads – die Methode »Join«

Stellen Sie sich die folgende Ausgangssituation vor: Der Primärthread liefert nur dann ein korrektes Resultat, wenn ein oder auch mehrere Sekundärthreads zuerst vollständig Ihre Anweisungen ausgeführt haben.

Im folgenden Beispiel wird eine solche Situation beschrieben. In der Klasse ist die Variable sum definiert, die aus den beiden Methode Sample1 und Sample2 heraus erhöht wird. Zum Ende des Programms wird in der Methode Main das Gesamtresultat der beiden Operationen angezeigt.

```
// Beispiel: ..\Kapitel 14\Join_Sample
class Program
{
  static int sum = 0;
```

```
static void Main(string[] args)
{
  Thread thread1 = new Thread(new ThreadStart(Sample1));
  Thread thread2 = new Thread(new ThreadStart(Sample2));
  thread1.Start();
  thread2.Start();
  Console.WriteLine($"Ergebnis: {sum}");
  Console.ReadLine();
}
private static void Sample1()
{
  Thread.Sleep(1000);
  sum = sum + 1;
}
private static void Sample2()
{
  Thread.Sleep(2000);
  sum = sum + 10;
}
}
```

Listing 14.4 Abhängige Threads

Dieser Code wird immer zum gleichen, falschen Resultat führen (Ergebnis: 0). Ursache dafür ist, dass die Operationen in den Sekundärthreads ihre Aufgabe noch nicht erledigt haben, ehe die Konsolenausgabe erfolgt.

Wir müssen im Grunde genommen nur sicherstellen, dass sowohl thread1 als auch thread2 beendet werden, ehe das Ergebnis in die Konsole geschrieben wird. Wir erreichen das mit dem Aufruf der Methode Join auf jede der beiden Threadreferenzen. Join blockiert den aufrufenden Thread (hier also den Primärthread) so lange, bis der Thread, auf den Join aufgerufen wird, seine Arbeit beendet hat. Der Aufruf von Join erfolgt hier sinnvollerweise, nachdem thread2 gestartet worden ist.

```
[...]
thread1.Start();
thread2.Start();
thread1.Join();
thread2.Join();
Console.WriteLine($"Ergebnis: {sum}");
```

Listing 14.5 Ergänzung des Beispielprogramms »Join_Sample«

Das Ergebnis wird nun richtig in die Konsole geschrieben (115).

14.3.7   Threadprioritäten festlegen

Jedem Thread wird eine bestimmte Priorität zugeordnet. Stehen mehrere Threads in der Warteschlange, wird derjenige Thread bevorzugt behandelt, dessen Priorität am höchsten ist. Gäbe es die Zuordnung einer Priorität nicht, wäre es unter anderem nicht möglich, aus einer laufenden Windows-Anwendung heraus eine andere zu aktivieren. Das System fängt nämlich in einem Thread hoher Priorität den Mausklick auf das Fenster einer inaktiven Anwendung ab, ordnet die Mauszeigerposition dem direkt darunter liegenden Fenster zu und aktiviert es.

Die Priorität eines Threads können Sie bei Bedarf erhöhen. Damit lässt sich erreichen, dass Aufgaben, die Vorrang vor anderen haben sollen, nicht gleichberechtigt mit den anderen Threads behandelt werden, sondern bevorzugt. Umgekehrt können Sie die Priorität eines Threads auch reduzieren, um ihn einerseits im Zustand »bereit« zu halten, ihn aber andererseits nur in bestimmten Situationen zur Ausführung zu bringen, möglicherweise erst nach vorheriger Erhöhung der Priorität.

Einen Thread mit niedriger Priorität haben Sie schon kennengelernt: Es ist der Thread des Garbage Collectors. Dieser erhält erst dann Prozessorzeit, wenn keine andere Ausführungseinheit die CPU beansprucht oder die Ressourcen knapp werden. Tritt die letztgenannte Situation ein, wird die Priorität des Garbage Collectors angehoben, damit die Speicherbereinigung ihre Arbeit verrichten kann.

Mit der Eigenschaft `Priority` lässt sich die Priorität eines Threads erhöhen oder reduzieren. Diese Einstellung spielt eine entscheidende Rolle bei der Vergabe der Zeitscheibe: Ein Thread mit hoher Priorität hat Vorrang vor einem Thread mit niedrigerer Priorität – die Wahrscheinlichkeit nimmt zu, dass einem Thread mit hoher Priorität mehr Prozessorzeit eingeräumt wird.

Die Eigenschaft `Priority` ist vom Typ der Enumeration `ThreadPriority`, die fünf Member definiert:

▶ `Highest`: Ein solcher Thread hat die höchstmögliche Priorität. Allerdings besteht die potentielle Gefahr, dass ein solcher Thread alle anderen mit niedrigerer Priorität blockiert.

▶ `AboveNormal`: Räumt einem solchen Thread etwas mehr Priorität ein als einem Thread mit der Einstellung `ThreadPriority.Normal`.

▶ `Normal`: Das ist die Standardeinstellung eines Threads.

▶ `BelowNormal`: Räumt dem Thread etwas weniger Priorität ein als einem Thread mit Standardeinstellung.

▶ `Lowest`: Ein Thread mit dieser Einstellung läuft Gefahr, dass er von anderen, höher priorisierten Threads blockiert wird. Diese Einstellung sollten Sie also weitestgehend vermeiden.

Wir wollen uns den Effekt der Prioritätseinstellung am folgenden Beispiel verdeutlichen.

```
// Beispiel: ..\Kapitel 14\ThreadPriority_Sample
class Program
{
  private static int[] count = new int[5];
  public static void Main()
  {
    Thread[] threads = new Thread[5];
    threads[0] = new Thread(new ThreadStart(DoSomething1));
    threads[1] = new Thread(new ThreadStart(DoSomething2));
    threads[2] = new Thread(new ThreadStart(DoSomething3));
    threads[3] = new Thread(new ThreadStart(DoSomething4));
    threads[4] = new Thread(new ThreadStart(DoSomething5));
    threads[0].Priority = ThreadPriority.Highest;
    threads[1].Priority = ThreadPriority.AboveNormal;
    threads[2].Priority = ThreadPriority.Normal;
    threads[3].Priority = ThreadPriority.BelowNormal;
    threads[4].Priority = ThreadPriority.Lowest;
    for (int i = 0; i < 5; i++)
      threads[i].Start();
    for (int k = 0; k < 5; k++)
    {
      Thread.Sleep(3000);
      lock (count)
      {
        for (int i = 0; i < 5; i++)
          Console.WriteLine("{0,-12}: {1,10}", threads[i].Priority, count[i]);
        Console.WriteLine();
      }
    }
  }
  private static void DoSomething1()
  {
    while (true) Interlocked.Increment(ref count[0]);
  }
  [...]
  private static void DoSomething5()
  {
    while (true) Interlocked.Increment(ref count[4]);
  }
}
```

Listing 14.6 Das Beispielprogramm »ThreadPriority_Sample«

Es wird ein Array erzeugt, das fünf Threads enthält. Jeder Thread hat die Aufgabe, während der ihm zugewiesenen Zeitscheibe in einer Schleife eine threadeigene Variable zu inkrementieren. Dazu wird jedem Thread eine Methode zugeordnet (DoSomething1 bis DoSomething5). In den Methoden ist eine Endlosschleife codiert, die dazu dient, die threadeigene Variable zu erhöhen. Die Ausgabe der einzelnen Variableninhalte erfolgt alle drei Sekunden. Innerhalb dieser Zeitspanne verrichten die Threads ihre Arbeit.

Anmerkung

Sie werden im Beispielprogramm mit der Klasse Interlocked (siehe Abschnitt 14.5.7) und der Anweisung lock (siehe Abschnitt 14.5.3) konfrontiert. Beide dienen dazu, einen synchronisierten Ablauf der Anwendung zu gewährleisten. Immer dann, wenn sich mehrere Threads Anweisungsblöcke oder dieselben Variablen teilen müssen, muss der Programmablauf synchronisiert werden, um die Ergebnisse nicht zu verfälschen. Auf diese Problematik werde ich später noch genauer eingehen, die genaue Kenntnis dessen spielt beim Verständnis der Threadprioritäten des aktuellen Beispielprogramms jedoch keine Rolle.

In Abbildung 14.3 sehen Sie die Ausgabe der ersten beiden Blöcke des Programms. Testen Sie das Programm, können Sie möglicherweise sogar sehen, dass im ersten und vielleicht auch noch zweiten Block der Thread mit der Einstellung ThreadPriority.Lowest noch keine Rechenzeit erhalten hat.

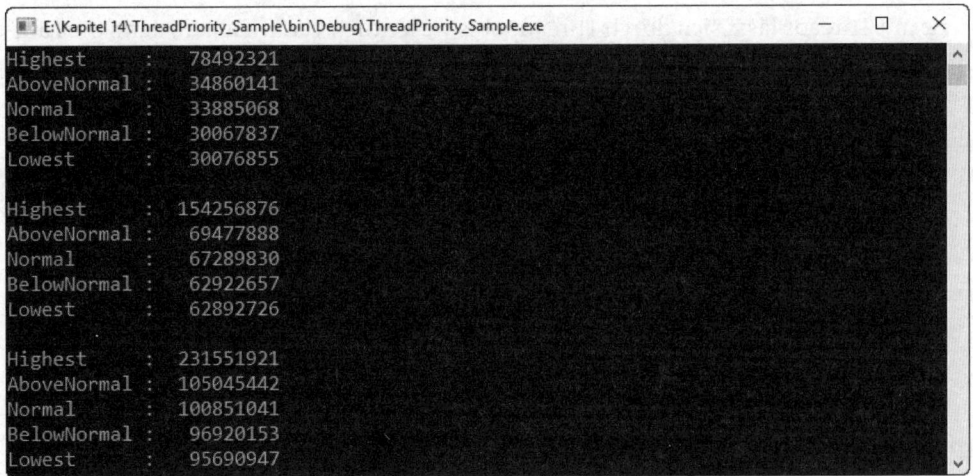

Abbildung 14.3 Ausgabe des Beispielprogramms »ThreadPriority_Sample«

Lassen Sie mich an dieser Stelle eine allgemeine Anmerkung machen: Einem Thread eine gewisse Sonderstellung durch die Erhöhung der Priorität einzuräumen, mag vielleicht verlockend sein. Bedenken Sie jedoch, dass ein hochpriorisierter Thread bei einer lang andauernden Operation eine bremsende Wirkung auf die anderen Threads hat. Man spricht manchmal auch von einem »Aushungern des Systems«. Gehen Sie daher sorgfältig mit dem

Erhöhen von Prioritäten um, und achten Sie darauf, dass keine unnötigen Operationen von einem solchen Thread ausgeführt werden, sondern nur solche, die für den weiteren Ablauf der Anwendung unbedingt notwendig sind.

14.3.8   Vorder- und Hintergrundthreads

Threads werden in zwei Kategorien unterteilt: in Vorder- und in Hintergrundthreads. Ein Prozess wird ausgeführt, solange noch mindestens ein Vordergrundthread existiert. Mit dem Beenden des letzten Vordergrundthreads wird der Prozess der Anwendung selbst dann beendet, wenn Hintergrundthreads noch aktiv sind und die ihnen auferlegte Aufgabe noch nicht vollständig ausgeführt haben. Beim plötzlichen Beenden wird im Hintergrundthread auch keine Exception ausgelöst. Das Beenden eines Hintergrundthreads hat im umgekehrten Fall aber nicht zur Konsequenz, dass auch der Vordergrundthread beendet wird.

Die Eigenschaft `IsBackground` beschreibt, ob ein Thread als Vorder- oder Hintergrundthread eingestuft ist. Grundsätzlich sind alle Threads, die aus der Klasse `Thread` erzeugt werden, zunächst Vordergrundthreads. Mit `IsBackground` degradiert einen Thread aber zu einem Hintergrundthread.

14.4   Der Threadpool

Die Arbeit mit Threads lässt sich durch Threadpools wesentlich vereinfachen, denn die Laufzeitumgebung erzeugt für jeden gestarteten Prozess eine bestimmte Anzahl von Threads, die von einem Pool verwaltet werden und der Anwendung zur freien Verfügung stehen. Die Anzahl der Threads im Threadpool hängt von mehreren Faktoren ab. Einer dieser Faktoren ist beispielsweise die Größe des virtuellen Adressraums.

Sie können die Threads des Threadpools nutzen und brauchen nicht eigens neue zu erzeugen. Nach der Beendigung einer in einem Thread laufenden Methode wird der frei gewordene Thread in den Pool zurückgeführt und steht anderen Aufgaben zur Verfügung.

Welche Vorteile hat ein Threadpool im Vergleich zu Threads, die auf Basis der Klasse `Thread` erzeugt werden? Gegen die Nutzung eines `Thread`-Objekts auf Basis der Klasse `Thread` spricht der mit jedem `Thread`-Objekt verbundene Overhead, der zu Lasten der Systemleistung geht. Im Gegensatz dazu steigt die Performance bei Nutzung des Threadpools, weil die `Thread`-Objekte nicht immer wieder neu erzeugt werden müssen. Ist im Threadpool allerdings kein weiterer freier Thread zu finden, muss die anstehende Operation so lange warten, bis ein Thread wieder verfügbar wird. Eventuell wichtige Aufgaben werden somit eventuell nicht sofort ausgeführt.

Gegen den Einsatz der Threads aus dem Threadpools spricht, dass eine Feinjustierung der Threads nicht möglich ist. Beispielsweise können Sie die Priorität nicht beeinflussen. Außerdem sind Threadpool-Threads immer Hintergrundthreads und können niemals Vordergrundthreads sein.

14.4.1   Ein einfaches Beispielprogramm

Da es nur einen Threadpool pro Prozess gibt, sind alle Methoden der Klasse ThreadPool statisch. Durch Aufruf der Methode QueueUserWorkItem wird der Warteschlange des Threadpools eine Aufgabe (= Methode) übergeben. Danach haben Sie über die eingestellte Aufgabe keine Kontrolle mehr. Ist im Pool ein Thread frei, wird dieser die Aufgabe bearbeiten. Wartet eine Aufgabe auf einen freien Thread, kann sie auch nicht mehr abgebrochen werden. Sie wissen zudem nicht, wann die Aufgabe ausgeführt wird. Letztendlich haben Sie über die Threads aus dem Threadpool nicht so viel Kontrolle, als würden Sie einen Thread mit der Klasse Thread erzeugen.

Durch Aufruf der Methode QueueUserWorkItem wird ein Delegat vom Typ WaitCallback übergeben. Der Delegate gibt die Methode an, die im Thread ausgeführt werden soll. Die Methode ist void und beschreibt einen Parameter vom Typ Object.

```
ThreadPool.QueueUserWorkItem(new WaitCallback(DoSomething));
```

Darüber hinaus kann QueueUserWorkItem ein zweites Argument übergeben werden, um der Methode Daten bereitzustellen, z. B.:

```
ThreadPool.QueueUserWorkItem(new WaitCallback(DoSomething), 500);
```

QueueUserWorkItem selbst liefert einen booleschen Wert zurück. Er ist true, wenn die Aufgabe erfolgreich in die Warteschlange gestellt wurde.

Im folgenden Beispiel wird der Threadpool benutzt, um die Methode DoSomething in die Warteschlange der Aufgaben zu stellen. Dabei wird ein Wert übergeben, der am Ende nur noch in die Konsole geschrieben wird.

```
// Beispiel: ..\Kapitel 14\ThreadPool_Sample
class Program
{
  static void Main(string[] args)
  {
    ThreadPool.QueueUserWorkItem(DoSomething, 235);
    for (int i = 0; i < 100; i++)
    {
      Console.Write(".");
      Thread.Sleep(100);
    }
    Console.WriteLine("Ende Main ...");
    Console.ReadLine();
  }
```

```
public static void DoSomething(object state)
{
  for (int i = 0; i < 100; i++)
  {
    Console.Write("x");
    Thread.Sleep(50);
  }
  Console.WriteLine($"Übergabe: {state}");
}
}
```

Listing 14.7 Das Beispielprogramm »ThreadPoolsample«

14.5   Synchronisation von Threads

In jedem Programm werden Variablen und ihre Werte genutzt und geändert. Solange dabei nur ein Thread eine bestimmte Variable manipuliert, stellt das kein Problem dar. Die Situation ist eine vollkommen andere, wenn mehrere Threads auf eine gemeinsame Variable (Ressource) zugreifen und sie ändern. Geschieht der Zugriff der Threads unkoordiniert, könnte sich die Variable zu einem gewissen Zeitpunkt in einem ungültigen Zustand befinden, weil einem Thread die Zeitscheibe entzogen wird, ohne dass der Wert der Variablen zuvor korrekt gespeichert wurde.

Sehen wir uns das im folgenden Beispiel an.

```
// Beispiel: ..\Kapitel 14\UnsynchronisierteThreads
class Program
{
  static void Main(string[] args)
  {
    Demo demo = new Demo();
    Thread thread1 = new Thread(demo.DoSomething);
    Thread thread2 = new Thread(demo.DoSomething);
    thread1.Start();
    thread2.Start();
    Console.ReadLine();
  }
}
class Demo
{
  private int value;
  public void DoSomething()
  {
```

```
  while(true)
  {
    value++;
    if (value > 100) break;
    Console.WriteLine(value);
  }
 }
}
```

Listing 14.8 Unsynchronisierte Threads

Das Projekt wird die Klasse Demo mit ihrer Methode DoSomething beschrieben. In Main werden zwei Threads konstruiert, die beide die Methode DoSomething aufrufen. In DoSomething wird eine while-Schleife durchlaufen, in der die Variable value hochgezählt und der aktuelle Inhalt an der Konsole ausgegeben wird. Mit dem Endwert von 100 wird die Methode wieder verlassen.

Beide Threads rufen dieselbe Methode auf und teilen sich die Arbeit mehr oder weniger abwechselnd. Eigentlich wäre zu erwarten, dass die Zahlen chronologisch hintereinander ausgegeben werden, jedoch kommt es an der Konsole beispielsweise zu folgender Ausgabe:

1, 2, 3, 4, … , 39, 41, 42, 43, … , 99, 100, 40

Ursache dieser Reihenfolge ist der nicht synchronisierte Zugriff auf die Ressource value. Dabei wird die Ausführung des ersten Threads mitten in der Schleife unterbrochen. Dem Anschein nach ist das genau der Moment, nachdem der Feldinhalt mit der Anweisung

value++;

zwar schon auf 40 erhöht, aber mit

Console.WriteLine(value);

noch nicht an der Konsole ausgegeben wurde. Der unterbrochene Thread weiß natürlich genau, mit welcher Anweisung er seine Arbeit wieder aufnehmen muss, wenn ihm der Scheduler später wieder Prozessorzeit zuteilt: Er muss zuerst die Zahl 40 ausgeben. Diesen temporären Zwischenstand, dessen Informationsgehalt durch die CPU-Register beschrieben wird, speichert das System im Stack und räumt daraufhin den Prozessor für den nächsten Thread in der Warteschlange.

Der zweite Thread, dem anschließend die CPU zugeteilt wird, tritt nun seinerseits zum ersten Mal in die Schleife ein. Er erkennt den aktuell gültigen Feldinhalt der Variablen (er beträgt 40), erhöht ihn zunächst auf 41, gibt den Wert aus und setzt danach die Schleife so lange fort, bis seine Zeit abgelaufen ist. Dann verlässt der zweite Thread die CPU, das System liest die im Stack gesicherten Daten des ersten Threads in die CPU ein und setzt die Arbeit mit genau der Anweisung fort, bei der er unterbrochen wurde: mit der Ausgabe der Zahl 40 an der Konsole.

Solange eine bestimmte Methode nur von einem Thread aufgerufen wird, haben Sie die Garantie, dass der Code von der ersten bis zur letzten Anweisung durchlaufen wird. Sind mehrere Threads im Spiel, könnte einer der Threads die Methode in einem ungültigen Zustand hinterlassen, wenn das System ihm die Zeitscheibe mitten in der Ausführung der Methode entzieht und der nächste Thread mit derselben Methode die gleiche Ressource nutzt. Der Thread, der den Objektzustand von seinem Vorgänger übernommen hat, produziert dann möglicherweise Ergebnisse, die nicht vorhersehbar und in der Regel auch falsch sind.

14.5.1   Möglichkeiten der Synchronisation

Wie Sie im Beispiel von Listing 14.8 erkennen, müssen wir beide Threads synchronisieren. Dazu wird der kritische Bereich in der Weise gesperrt, dass zu einem gegebenen Zeitpunkt nur ein Thread den Bereich für sich beanspruchen darf. Wir werden das genannte Beispiel dazu entsprechend ergänzen.

Eine Synchronisation wird durch Sperrmechanismen erreicht. Dabei gehen die Anforderungen über das Sperren bestimmter Codebereiche oft weit hinaus. Sperren können sich daher sogar auf das Sperren der gesamten Anwendung beziehen. Hier sei als ein typisches Beispiel die Fähigkeit genannt, eine Anwendung nur einmal starten zu können.

Um den Ansprüchen einer multithreadingfähigen Anwendung hinsichtlich der Synchronisation in allen Situationen zu genügen, stellt das .NET Framework einige Sperrmechanismen zur Verfügung:

▸ Monitor (bzw. `lock`)

▸ Mutex

▸ Semaphore

Zu diesen elementaren Sperrtechniken gesellen sich zahlreiche Klassen, die uns über die drei Prinzipien hinaus das Programmieren erleichtern.

14.5.2   Die Klasse »WaitHandle«

Ehe wir uns mit den Einsatzmöglichkeiten der verschiedenen Sperrmechanismen beschäftigen, wollen wir unser Augenmerk auf die Klasse `WaitHandle` richten. Dabei handelt es sich um eine abstrakte Klasse, von der es mit `EventWaitHandle`, `Mutex` und `Semaphore` drei Ableitungen gibt. `WaitHandle` ist demnach die allgemeine Basis für Synchronisationsobjekte.

Die Idee, die `WaitHandle` zugrunde liegt, ist, dass der aktuelle Thread nur dann seine Arbeit fortsetzen darf, wenn ein `WaitHandle` ihm per Signal sein Okay dazu gibt. Solange das Okay nicht eintrifft, wird der aktuelle Thread blockiert. Dazu kann sich ein `WaitHandle` in einem von zwei Zuständen befinden: *signalisiert* oder *nicht signalisiert*. Diese beiden Zustände lassen sich wie folgt beschreiben:

▶ *Nicht signalisiert* = der aktuelle Thread wird blockiert.

▶ *Signalisiert* = ein blockierter Thread kann seine Aufgabe fortsetzen

Wir könnten ein `WaitHandle` auch sehr gut mit einer Ampel vergleichen: Steht die Ampel auf Rot (`WaitHandle` ist im Zustand *nicht signalisiert*), wartet der aktuelle Thread. Springt die Ampel auf Grün (`WaitHandle` ist *signalisiert*), geht der Verkehr weiter.

In Tabelle 14.2 sind die wichtigsten Methoden der Klasse `WaitHandle` aufgeführt. Alle Methoden sind vielfach überladen. Zum besseren Verständnis der Beschreibung ist jeweils die elementarste Parameterliste angegeben.

Methode	Beschreibung
`SignalAndWait(WaitHandle, WaitHandle)`	(static) Signalisiert einen `WaitHandle` und wartet noch auf einen anderen Thread.
`WaitAll(WaitHandle[])`	(static) Ähnlich wie bei `WaitAny` sind mehrere `WaitHandle`-Objekte im Spiel. Allerdings wartet `WaitAll` so lange, bis sich alle `WaitHandle`-Objekte im Zustand *signalisiert* befinden.
`WaitAny(WaitHandle[])`	(static) Sind mehrere nicht signalisierte `WaitHandle`-Objekte für das Blocken eines Threads verantwortlich, so wartet `WaitAny` auf irgendein `WaitHandle`, das in den Zustand *signalisiert* wechselt. Der blockierte Thread kann dann seine Arbeit wieder aufnehmen.
`WaitOne()`	Wird auf ein `WaitHandle`-Objekt aufgerufen. Dabei handelt es sich um genau ein `WaitHandle`-Objekt, das einen Thread blockiert.

Tabelle 14.2 Methoden der Klasse »WaitHandle«

Beachten Sie, dass bis auf `WaitOne` alle anderen Methoden statisch definiert sind.

Um zu verstehen, wie `WaitHandle`-Objekte und ihre Methoden eingesetzt werden, wollen wir uns nun ein paar Beispiele dazu ansehen.

»AutoResetEvent« und die Methode »WaitOne«

Lassen Sie uns zuerst die Arbeitsweise von `WaitOne` studieren. Dazu besorgen wir uns im ersten Schritt ein `AutoResetEvent`-Objekt. Die Klasse `AutoResetEvent` ist von `EventWaitHandle` abgeleitet und somit indirekt auch von `WaitHandle`. Ein `AutoResetEvent`-Objekt ermöglicht die Kommunikation mehrerer Threads mit Signalen. Ein Thread wartet durch Aufruf von `WaitOne` auf das Signal des `AutoResetEvent`-Objekts. Solange dieses kein Signal sendet, befindet es

14

sich im Zustand *nicht signalisiert*. Erst mit dem Aufruf von Set wechselt AutoResetEvent in den Zustand *signalisiert*, und der auf das Signal wartende Thread kann seine Ausführungen fortsetzen. Das AutoResetEvent-Objekt bleibt so lange im Zustand *signalisiert*, bis ein wartender Thread freigegeben ist. Dann kehrt es automatisch in den Zustand *nicht signalisiert* zurück. Sollte kein Thread auf das Signal warten, kann der signalisierte Zustand auch länger erhalten bleiben.

> **Hinweis**
>
> Im .NET Framework gibt es neben der Klasse AutoResetEvent die Klasse ManualResetEvent, die sehr ähnlich arbeitet. Während AutoResetEvent automatisch in den Zustand *nicht signalisiert* wechselt, wenn ein wartender Thread das Signal »verbraucht«, müssen Sie bei Einsatz von ManualResetEvent die Methode Reset aufrufen.

Das AutoResetEvent-Objekt ist sowohl dem Hauptthread als auch dem sekundären Thread bekannt. Letztgenannten wollen wir im nächsten Beispielprogramm dem Threadpool entnehmen. Der Hauptthread wartet nach dem Starten des zweiten Threads mit WaitOne so lange, bis das AutoResetEvent-Objekt in *signalisiert* geschaltet wird.

Der zweite Thread arbeitet die Methode Calculate ab. Mit der letzten Anweisung in Calculate wird das AutoResetEvent-Objekt durch den Aufruf von Set in den Zustand *signalisiert* versetzt. Darauf hat der Hauptthread gewartet. Er kann nun seine Arbeit fortsetzen.

```
// Beispiel: ..\Kapitel 14\WaitOne_Sample
class Program
{
  static void Main(string[] args)
  {
    // Benachrichtigungsereignis - nicht signalisiert
    AutoResetEvent ready = new AutoResetEvent(false);
    // Anfordern eines Threads aus dem Pool
    ThreadPool.QueueUserWorkItem(Calculate, ready);
    Console.WriteLine("Der Hauptthread wartet ...");
    // Aktuellen Thread in den Wartezustand versetzen
    ready.WaitOne();
    Console.WriteLine("Arbeitsthread ist fertig.");
    Console.ReadLine();
  }
  public static void Calculate(object obj)
  {
    Console.WriteLine("Im Sekundärthread");
    Thread.Sleep(5000);
```

```
// Ereigniszustand auf signalisieren setzen
   (obj as AutoResetEvent).Set();
  }
}
```

Listing 14.9 Das Beispielprogramm »WaitOne_Sample«

Die Methode »WaitAll«

Zum Testen von WaitAll werden neben dem Hauptthread zwei weitere Threads benötigt. Diese werden aus dem Threadpool genommen. Zudem wird jedem der beiden Threads ein eigenes, nicht signalisiertes AutoResetEvent-Objekt übergeben, das aus einem zuvor erstellten WaitHandle-Array stammt. Beide Threads sollen unterschiedlich lange ausgeführt werden. Deshalb wird der Zufallszahlengenerator Random genutzt, um eine Zahl zu erzeugen, die als Basis der Zeitspanne der Methode Sleep dient.

Durch den Aufruf von WaitAll unter Übergabe des WaitHandle-Arrays wird der Hauptthread in den Wartezustand versetzt. Erst wenn sich alle Objekte des WaitHandle-Arrays im Zustand *signalisiert* befinden, kann der Hauptthread seine Arbeit fortsetzen. Die Dauer, die der Hauptthread wartet, muss logischerweise größer sein als die längste Ausführungsdauer der beiden sekundären Threads. Das wird an der Konsole bestätigt.

Gemessen wird die verstrichene Zeit mithilfe der Klasse Stopwatch aus dem Namespace System.Diagnostics. Mit Start wird die Stopwatch gestartet, mit Stop beendet. Die zwischen beiden Methoden abgelaufene Zeitspanne werten Sie mit ElapsedMilliseconds aus.

```
// Beispiel: ..\Kapitel 14\WaitAll_Sample
public class Program
{
  static WaitHandle[] waitHandles;
  static Random random = new Random();
  static void Main()
  {
    waitHandles = new WaitHandle[] {
                            new AutoResetEvent(false),
                            new AutoResetEvent(false)
                      };
    ThreadPool.QueueUserWorkItem(new WaitCallback(DoSomething), waitHandles[0]);
    ThreadPool.QueueUserWorkItem(new WaitCallback(DoSomething), waitHandles[1]);
    Stopwatch watch = new Stopwatch();
    watch.Start();
    WaitHandle.WaitAll(waitHandles);
    watch.Stop();
    Console.WriteLine("Beide Operationen sind beendet. Dauer: {0} ms",
                  watch.ElapsedMilliseconds);
```

```
        Console.ReadLine();
    }
    static void DoSomething(Object state)
    {
        AutoResetEvent arevent = state as AutoResetEvent;
        int time = 1000 * random.Next(1, 10);
        Console.WriteLine($"Zeitspanne der Operation: {time} ms");
        Thread.Sleep(time);
        arevent.Set();
    }
}
```

Listing 14.10 Das Beispielprogramm »WaitAllSample«

Die Methode »WaitAny«

Mit dem Beispielprogramm *WaitAll_Sample* des vorhergehenden Abschnitts lässt sich auch sehr einfach das Verhalten von WaitAny testen. Dazu ist nur die Anweisung

```
WaitHandle.WaitAll(waitHandles);
```

gegen

```
WaitHandle.WaitAny(waitHandles);
```

auszutauschen. WaitAny wartet nur auf irgendeinen signalisierten WaitHandle aus dem Array. Somit wird der Hauptthread fortgesetzt, sobald der erste Sekundärthread sein WaitHandle auf *signalisiert* schaltet – die kürzeste Zeitspanne der beiden Sekundärthreads ist dafür ausschlaggebend.

14.5.3   Sperren mit »Monitor«

Kommen wir zurück zum Beispiel *UnsynchronisierteThreads* (Listing 14.8). Beide Threads des Beispiels arbeiten ohne Synchronisation und hinterlassen ihrem Nachfolger die Ressource in einem ungültigen Zustand. Das wollen wir natürlich vermeiden – die Feldinhalte sollen so ausgegeben werden, dass sie dem tatsächlich aktuellen Stand des Feldes entsprechen.

Wenn wir die Arbeitsweise der Methode DoSomething analysieren, kommen wir zu der Feststellung, dass ein ganz bestimmter Teil des Codes als kritisch eingestuft werden muss. Es sind die Anweisungen:

```
value++;
if (value > 100) break;
Console.WriteLine(value);
```

Listing 14.11 Kritischer Codebereich des Beispielprogramms »UnsynchronisierteThreads«

Die Ausgabe wird nur dann unseren Erwartungen entsprechen, wenn ein laufender Thread seine Ausführung nicht zwischen diesen Anweisungen unterbrechen muss.

An dieser Stelle kommt eine Klasse ins Spiel, die die Aufgabe hat, genau diesen Bereich zu sperren: Monitor. Mit der Klasse Monitor wird vermieden, dass mehrere Threads eine bestimmte Codepassage des Programms quasi gleichzeitig durchlaufen. Zu einem bestimmten Zeitpunkt kann sich immer nur ein Thread in dem von einem Monitor beschriebenen Codesegment befinden. Ein Monitor initiiert also eine Sperre. Andere Threads müssen demzufolge warten, bis der laufende Thread das gesperrte Codesegment freigegeben und verlassen hat.

Mit den Methoden Enter und Exit der Klasse Monitor wird der kritische Codeabschnitt definiert, der zu einem gegebenen Zeitpunkt nur von einem Thread betreten werden darf. Dabei wird mit Enter das Codesegment so lange blockiert, bis die Sperrung mit Exit wieder aufgehoben wird. Das hat zur Folge, dass ungültige Zustände, die ein Thread hinterlassen könnte, wenn ihm die Zeitscheibe entzogen wird, nicht mehr möglich sind. Monitor protokolliert, ob der Vorgängerthread den kritischen Abschnitt mit Exit ordnungsgemäß verlassen hat oder nicht.

Sowohl Enter als auch Exit sind statische Methoden der Klasse Monitor. Als Argument wird den beiden Methoden die Referenz auf das zu synchronisierende Objekt übergeben, das auch this sein darf.

Wir ändern jetzt das Beispiel oben und schaffen die Voraussetzung dafür, dass die Zugriffe auf die kritischen Anweisungen synchronisiert erfolgen.

```
// Beispiel: ..\Kapitel 14\SynchronisierteThreads
[...]
class Demo
{
  private int value;
  public void DoSomething()
  {
    while(true)
    {
      // Sperre setzen
      Monitor.Enter(this);
      value++;
      if (value > 100) break;
      Console.WriteLine("Zahl = {0,5} Thread = {1,3}", value,
                   Thread.CurrentThread.GetHashCode().ToString());
      Thread.Sleep(5);
```

```
    // Sperre aufheben
    Monitor.Exit(this);
    }
  }
}
```

Listing 14.12 Das Beispielprogramm »SynchronisierteThreads«

Im Vergleich zum Beispiel *UnsynchronisierteThreads* erhalten wir nun wunschgemäß die Ausgabe der chronologisch geordneten Zahlen von 1 bis 100.

Neben der Enter-Methode gibt es in der Monitor-Klasse die Methode TryEnter. Diese überprüft zuerst, ob der geschützte Codeabschnitt frei ist, sperrt ihn dann und führt den Code aus. Ist das Codesegment gesperrt, liefert TryEnter den Rückgabewert false. Darauf kann der Code beispielsweise in einer if-Anweisung entsprechend reagieren.

Die Methoden »Wait« und »Pulse«

Die Klasse Monitor ist nicht instanziierbar, da jedem Objekt nur ein Monitor zugeordnet werden kann. Mehrere Objekte können Anspruch auf die Nutzung des Monitors eines anderen Objekts erheben, aber nur einem Objekt aus der Warteschlange wird der Monitor zugestanden.

Stellen Sie sich den Monitor wie ein Fernglas vor, das Sie mit in den Urlaub genommen haben, um damit die Landschaft aus der Nähe zu betrachten. Solange Sie das Fernglas benutzen, hat keine andere Person die Möglichkeit, die schönen Dinge der Natur aus der Nähe zu sehen. Andere Personen, die auch einen Blick durch das Fernglas werfen möchten, werden auf seine Freigabe warten müssen. Erst wenn Sie das Fernglas zur Seite gelegt haben, kann es von einer Person aus der Warteschlange aufgenommen werden. Alle anderen Personen müssen sich weiter gedulden.

Sobald Sie das Fernglas mit der Absicht zur Seite legen, es zu einem späteren Zeitpunkt noch einmal zu benutzen, versetzen Sie sich in den Wartezustand und begeben sich in die Warteschlange. Die Monitor-Klasse beschreibt diese Operation mit der statischen Methode Wait. Das Informieren des nächsten Interessenten in der Warteschlange entspricht der statischen Methode Pulse. Beide Methoden können nur innerhalb eines Synchronisationsblocks aufgerufen werden.

Mit Wait wird der aktuelle Thread blockiert und gleichzeitig die Sperrung des Objekts aufgehoben. Damit kann ein anderer Thread das freigegebene Objekt nutzen. Sehen wir uns eine Definition der überladenen Wait-Methode an:

```
public static bool Wait(object obj)
```

Der Parameter nimmt die Referenz auf das Objekt entgegen, dessen Sperrung aufgehoben werden soll. Ein wenig sonderbar verhält sich der Rückgabewert. Er ist true, wenn kein anderer Thread das Objekt sperrt und der aktuelle Thread selbst die Verantwortung für die Sperrung übernimmt. Ansonsten kommt kein boolescher Wert zurück, was eine Einreihung in die Warteschlange zur Folge hat. Damit bietet sich Wait auch dazu an, als Bedingung für den Eintritt in eine Schleife behilflich zu sein:

```
while(Monitor.Wait(obj))
{
  [...]
}
```

Listing 14.13 Synchronisation mit »Monitor.Wait«

Es besteht ein großer Unterschied zwischen einem Thread, der mit Enter auf den Eintritt in eine synchronisierte Methode wartet, und einem Thread, der sich mit Wait in den Wartezustand versetzt hat. Ein Thread, der eine synchronisierte Methode mit Enter betreten möchte, befindet sich im Zustand *bereit*. Er reiht sich in die Threads ein, die auf Anweisung des Schedulers hin ein Segment der Zeitscheibe erhalten. Ein Thread, der mit Wait die Sperrung eines Objekts aufgehoben hat, befindet sich in einer Warteliste – allerdings nicht in der Warteliste, aus der der Scheduler einem bereiten Thread die CPU zuteilt, sondern in einer Warteliste aller der Threads, die durch den Zustand *wartend* gekennzeichnet sind.

Um einen Thread aus seinem Wartezustand zu holen, muss ein anderer Thread die Methode Pulse oder PulseAll auf dem gesperrten Objekt aufrufen. Das Problem ist, dass Pulse keinen bestimmten wartenden Thread aus der Liste holt, sondern – falls sich mehrere Threads darin befinden – einen mehr oder weniger willkürlich gewählten, während mit PulseAll alle Threads den Zustand *wartend* aufgeben und in *bereit* übergehen. Damit stehen sie wieder in der Warteschlange der Zeitscheibe – der Scheduler kann ihnen wieder Prozessorzeit zuteilen.

Ein Thread, der mit Wait die Sperrung des kritischen Codebereichs aufgehoben hat, wartet auf einen Anstoß von außen, um wieder aktiv werden zu können. Er selbst hat keine Möglichkeit, diesen Zustand zu beenden. Wenn kein anderer Thread Pulse oder PulseAll aufruft, wird ein wartender Thread daher niemals mehr laufen können.

Hinweis

Im Extremfall führt der Wartezustand der Threads einer Anwendung zu einem Phänomen, das unter der Bezeichnung *Deadlock* bekannt ist. Dabei befinden sich ausnahmslos alle Threads im Wartezustand.

Beispielprogramm

Wir wollen nun die vorgestellten Methoden in einem Beispiel testen. Dazu greifen wir eine typische Problematik der Threadsynchronisation auf, die als *Erzeuger-Verbraucher-Problem* bekannt ist. Dabei handelt es sich um eine abstrakt formulierte Problemstellung, bei der zwei Threads abwechselnd auf eine Datenstruktur zugreifen. Brisant ist, dass der Zugriff abwechselnd erfolgen muss: Der Erzeuger schreibt genau einmal in die Datenstruktur, der Verbraucher liest sie auch nur einmal aus. Ist in der Datenstruktur kein Element enthalten, darf der Verbraucher auch nicht lesen. Das Prinzip ähnelt dem Tischtennis, bei dem der Tischtennisball die Datenstruktur repräsentiert.

Als Datenstruktur werden wir in dem Beispiel einen Integer verwenden. Dieser wird vom Erzeuger mit dem Zufallszahlengenerator Random erzeugt, während der Verbraucher die erzeugte Zahl genau einmal verwerten soll, was in diesem Programm durch eine Konsolenausgabe simuliert wird.

Anmerkung

Es gibt zur Lösung dieser Problemstellung zahlreiche Ansätze. Der hier vorgestellte ist einer davon. Einen weiteren unter Zuhilfenahme von Semaphoren werde ich Ihnen weiter unten in Abschnitt 14.5.5 vorstellen.

```
// Beispiel: ..\Kapitel 14\Producer_Consumer_1
class Program
{
  public static bool finished;
  public static bool producerWaiting;
  public static bool consumerWaiting;
  static void Main(string[] args)
  {
    Data zahl = new Data();
    Producer producer = new Producer(zahl);
    Consumer consumer = new Consumer(zahl);
    var thProducer = new Thread(producer.Produce);
    var thConsumer = new Thread(consumer.Consume);
    thProducer.Start();
    thConsumer.Start();
    Console.ReadLine();
  }
}
class Producer
{
  private Data number;
  public Producer(Data obj) => number = obj;

  public void Produce()
  {
    var random = new Random();
    Monitor.Enter(number);
```

```
    for (int i = 0; i < 10; i++)
    {
        Program.producerWaiting = true;
        // falls der Consumer-Thread noch nicht im Wartezustand ist, geht der
        // Producer-Thread in den Wartezustand
        if (Program.consumerWaiting == false)
            Monitor.Wait(number);
        number.Value = random.Next(0, 1000);
        Console.WriteLine($"Nummer {number.Value} erzeugt");
        // Dem nächsten in der Warteschlange stehenden Thread den Monitor geben
        Monitor.Pulse(number);
        Program.consumerWaiting = false;
    }
    Program.finished = true;
    Monitor.Exit(number);
  }
}
class Consumer
{
    private Data number;
    public Consumer(Data obj) => number = obj;

    public void Consume()
    {
        Monitor.Enter(number);
        // wenn sich der Producer-Thread im Wartezustand befindet, ihn bereit halten
        if (Program.producerWaiting)
            Monitor.Pulse(number);
        Program.consumerWaiting = true;
        while (Monitor.Wait(number))
        {
            Console.WriteLine($"Nummer {number.Value} verbraucht");
            Monitor.Pulse(number);
            if (Program.finished) Thread.CurrentThread.Abort();
        }
    }
}
class Data
{
    public int Value { get; set; }
}
```

Listing 14.14 Das Producer-Consumer-Problem

Der Kern der Anwendung wird durch die beiden Klassen Producer und Consumer beschrieben. Ein Producer-Objekt erzeugt mit der Methode Produce auf Basis des Zufallszahlengenerators Zahlen zwischen 0 und 999 und schreibt diese in die Eigenschaft eines Objekts vom Typ Data, das in Main erzeugt wird und dessen Referenz den Konstruktoren der Klassen Consumer und Producer übergeben wird. Damit ist sichergestellt, dass sowohl der Erzeuger als auch der Verbraucher mit demselben Data-Objekt operieren. Die Methode Consume der Klasse Consumer verwendet die erzeugte Zahl.

Betrachten wir die Arbeitsweise des Erzeugers und des Verbrauchers. Die beiden booleschen Variablen producerWaiting und consumerWaiting dienen dazu, dass die beiden Objekte vom Typ Producer und Consumer den Zustand des jeweilig anderen Threads in Erfahrung bringen können.

Sehen wir uns nun die Methode Produce der Klasse Producer an. Der gesamte Programmcode ist natürlich synchronisiert. In einer Schleife werden mit dem Zufallszahlengenerator Random zehn Zahlen erzeugt, die der Verbraucher verarbeiten (verbrauchen) soll. Nach dem Schleifeneintritt wird mit

```
Program.producerWaiting = true;
```

ein Signal gesetzt, um dem Verbraucher mitzuteilen, dass der Erzeuger aktiv ist. Uns kommt diese Information beispielsweise zugute, falls nicht der Producer-Thread, sondern der Consumer-Thread zuerst gestartet werden sollte. Denn wie klar sein dürfte, gibt der Aufruf der Startreihenfolge in Main keine Garantie dafür, dass zuerst der Producer-Thread und daran anschließend der Consumer-Thread gestartet wird. Mit

```
if (Program.consumerWaiting == false)
```

wird überprüft, ob sich der Consumer-Thread bereits ebenfalls im Wartezustand befindet. Führt die Prüfung zu einem negativen Ergebnis, wird

```
Monitor.Wait(number)
```

aufgerufen. Jetzt wartet der Producer-Thread so lange, bis der Consumer-Thread durch den Aufruf von Pulse ein Signal gibt. Gleichzeitig wird die Sperre des Objekts vom Typ Data aufgehoben.

Das Warten auf das Signal des Consumer-Threads ist aus zwei Gründen sinnvoll:

▶ Sollte der Consumer-Thread noch nicht gestartet worden sein, muss der Producer-Thread warten, bis der zweite Thread ebenfalls »lebt«.

▶ Der Producer-Thread wartet auch dann, wenn der Consumer-Thread noch dabei ist, die vorher vom Producer-Thread erzeugte Zahl zu verbrauchen.

Trifft das Signal des Verbrauchers ein, wird eine Zufallszahl erzeugt und an der Konsole ausgegeben. Liegt die neue Zahl vor, muss der Verbraucher diese Information erhalten und die Sperre der neuen Zahl gleichzeitig aufgehoben werden. Umgesetzt wird das mit:

```
Monitor.Pulse(number);
```

Die Methode `Produce` wird anschließend fortgesetzt, bis sie auf die Anweisung `Monitor.`
`Wait(number)` trifft. Jetzt wartet der `Producer`-Thread seinerseits wieder auf ein Signal des
`Consumer`-Threads.

In der Methode `Consume` des Verbrauchers ist der Programmcode natürlich ebenfalls synchronisiert. Im Grunde genommen müssen wir innerhalb des Codes zwei Bereiche unterscheiden:

▸ Der Bereich oberhalb der `while`-Schleife dient zur Sicherstellung, dass der `Producer` beim
Start der Anwendung erst dann mit dem Erzeugen von Zahlen beginnt, wenn auch der
Verbraucher aktiv ist. Gleichzeitig sorgt der Code dafür, dass nicht auf die Datenstruktur
zugegriffen wird, wenn noch keine erzeugt worden ist.

▸ Die `while`-Schleife verbraucht die erzeugte Zahl und sendet nach deren Verarbeitung (die
bei uns nur eine Konsolenausgabe ist) mit `Pulse` ein Signal an den `Producer`-Thread. Dieser
kann nach dem Empfang des Signals die nächste Zahl erzeugen.

Im Grunde genommen ist die `while`-Schleife als Endlosschleife konstruiert. Selbst dann,
wenn bereits alle zehn Zahlen erzeugt worden sind und der `Producer`-Thread seinen Dienst
quittiert hat, würde der `Consumer`-Thread auf das nächste Signal warten. Um diese Situation
zu vermeiden, setzt der `Producer`-Thread nach Beendigung der Zahlenerzeugung die Variable
`finished` auf `true`, was im `Consumer`-Thread dazu führt, dass der aktuelle Thread beendet wird.
Die Angabe von `Monitor.Exit()` erübrigt sich damit auch.

```
E:\Kapitel 14\Producer_Consumer_1\bin\Debug\Producer_Consumer_1.exe       —    □    ×
Nummer 843 erzeugt
Nummer 843 verbraucht
Nummer 990 erzeugt
Nummer 990 verbraucht
Nummer 719 erzeugt
Nummer 719 verbraucht
Nummer 564 erzeugt
Nummer 564 verbraucht
Nummer 119 erzeugt
Nummer 119 verbraucht
```

Abbildung 14.4 Ausgabe des Beispiels »Producer_Consumer_1«

Das »lock«-Statement

Neben `Enter` und `Exit` der Klasse `Monitor` gibt es eine andere, sprachspezifische Möglichkeit,
den Zugriff zu synchronisieren. Unter C# ist das die `lock`-Anweisung. Die Syntax dazu lautet:

```
lock (Ausdruck)
{
  [...]

}
```

Durch den Anweisungsblock hinter lock werden die Anweisungen eingeschlossen, die es zu synchronisieren gilt. Dieses Statement ist sehr einfach zu handhaben, aber es besitzt nicht die Möglichkeiten, mit denen die Klasse Monitor ausgestattet ist.

14.5.4   Die Klasse »Mutex«

Ein Mutex-Objekt verhält sich wie eine Sperre mit Monitor. Beide bieten sich gleichermaßen an, um einen kritischen Codebereich zu sperren. Anstelle eines Monitors können Sie immer einen Mutex verwenden. Umgekehrt geht das jedoch nicht, weil ein Mutex auch prozess-übergreifend genutzt werden kann. Es gibt ein paar typische Anwendungsfälle des Mutex:

▶ wenn eine Anwendung nur einmal gestartet werden darf

▶ zur Synchronisation einer gemeinsamen Aufgabe zweier Prozesse

▶ zur Synchronisation des gemeinsamen Zugriffs auf eine Ressource
  aus mehreren Prozessen heraus

Ein Mutex hat immer zwei Zustände:

▶ *Signalisiert*: Der Mutex ist frei und kann verwendet werden.

▶ *Nicht signalisiert*: Der Mutex ist im Besitz eines anderen Threads.

Ein Mutex wird im .NET Framework durch die gleichnamige Klasse Mutex beschrieben. Mit der Methode WaitOne wird der Besitz des Mutex-Objekts angefordert. Ist das Mutex-Objekt frei, wird der Mutex in den Zustand *nicht signalisiert* geschaltet, und der geschützte Codebereich kann vom Thread betreten und ausgeführt werden. Sollte WaitOne auf einen nicht signalisierten Mutex treffen, wartet der anfordernde Thread so lange, bis das Mutex-Objekt wieder frei ist.

Mit der Methode ReleaseMutex wird der gesperrte Codebereich wieder freigegeben. Das Mutex-Objekt schaltet in den Zustand *signalisiert* und kann anschließend von einem anderen Thread in Anspruch genommen werden.

Das folgende Beispielprogramm zeigt den konkurrierenden Zugriff von fünf Threads auf die Methode DoSomething. Ein Mutex übernimmt die Steuerung des Zugriffs.

```
// Beispiel: ..\Kapitel 14\Mutex_Sample
class Program
{
  private static Mutex mutex = new Mutex();
  static void Main(string[] args)
  {
    for (int i = 0; i < 5; i++)
    {
      Thread thread = new Thread(DoSomething);
      thread.Start();
```

```
    }
    Console.Read();
  }
  private static void DoSomething()
  {
    mutex.WaitOne();
    Console.WriteLine("Thread #{0} wird ausgeführt",
                       Thread.CurrentThread.ManagedThreadId);
    Thread.Sleep(1000);
    Console.WriteLine("Thread #{0} wird beendet",
                       Thread.CurrentThread.ManagedThreadId);
    Console.WriteLine();
    mutex.ReleaseMutex();
  }
}
```

Listing 14.15 Das Beispielprogramm »Mutex_Sample«

Systemweiter Mutex

In Listing 14.15 wurde mit Hilfe eines Mutex-Objekts ein bestimmter Codebereich gesperrt. Mit nur wenigen Änderungen hätten wir Mutex auch durch Monitor ersetzen können. Ein Mutex kann jedoch auch systemweit eingesetzt werden. Das hat zur Konsequenz, dass eine durch einen Mutex geschützte Anwendung nur von einem anderen Thread einer anderen Anwendung genutzt werden kann. Der Zugriff eines weiteren Threads würde dann so lange blockiert, bis das Mutex wieder freigegeben worden ist (Zustand *signalisiert*). Mutexe, die prozessübergreifend eingesetzt werden, bezeichnet man auch als *benannte Mutexe*, weil dem Konstruktor ein Name für das Mutex-Objekt übergeben wird.

Der von einem Mutex-Objekt geschützte Bereich wird mit WaitOne betreten. Damit ist gleichzeitig die Forderung nach dem Besitz des Mutex verbunden. Ist das Mutex-Objekt zu diesem Zeitpunkt bereits im Besitz eines anderen Threads, wartet der Thread so lange, bis das Mutex-Objekt freigegeben wird. Um die Wartezeit auf ein bestimmtes Maximum zu beschränken, kann bei der Instanziierung optional eine Wartezeit angegeben werden.

Im folgenden Beispiel wird ein Mutex-Objekt so verwendet, dass die Anwendung nur einmal gestartet werden kann. Dem Konstruktor wird neben dem Mutex-Bezeichner ein boolescher Wert übergeben, der angibt, dass dem Aufrufer des Mutex-Objekts nicht bereits von Anfang an der Besitz des Mutex zugewiesen werden soll.

```
// Beispiel: ..\Kapitel 14\NamedMutex_Sample
class Program
{
  public static void Main()
  {
```

```
Mutex mutex = new Mutex(false, "MyMutex");
Console.WriteLine("Auf den Mutex warten ...");
mutex.WaitOne();
Console.Write("Gesperrter Bereich. ");
Console.Write("ENTER drücken, um Mutex feizugeben");
Console.ReadLine();
mutex.ReleaseMutex();
Console.WriteLine("Freigegeben ...");
Console.ReadLine();
    }
}
```

Listing 14.16 Benannter Mutex

Dieses Beispiel müssen Sie mindestens zweimal aus dem Windows-Explorer heraus starten, um den Effekt des benannten Mutex zu sehen. Der erste Start der Anwendung führt zu ihrer Ausführung. Beenden Sie die Laufzeit nicht, und versuchen Sie, die Anwendung ein zweites Mal zu starten. Sie werden sehen, dass die zweite Ausführung blockiert wird. Erst beim Schließen der zuerst gestarteten Laufzeit wird der Mutex wieder freigegeben, so dass auch die zweite Ausführung den gesperrten Bereich ausführen kann.

14.5.5   Die Klasse »Semaphore«

Die beiden Klassen Monitor und Mutex gestatten es nur einem Thread, auf einen gesperrten Codebereich zuzugreifen. Manchmal möchte man aber mehreren Threads gleichzeitig den Zutritt in den geschützten Bereich erlauben. Genau an dieser Stelle helfen uns Semaphore weiter.

Semaphore werden im .NET Framework durch die Klasse Semaphore beschrieben. Wie bei einem Mutex so werden auch bei Semaphoren lokale und prozessübergreifende Semaphore unterschieden. Letztere erhalten einen Bezeichner.

Es gibt keinen parameterlosen Konstruktor für Semaphore, im Minimalfall müssen zwei Werte angegeben werden, z. B.:

```
Semaphore sem = new Semaphore(3, 3);
```

Dabei haben die beiden Parameter die folgende Bedeutung:

▶ Parameter 1: Gibt die anfängliche Anzahl der möglichen Anforderungen an, die von dem Semaphor bedient werden können.

▶ Parameter 2: Beschreibt die maximale Anzahl gleichzeitiger Anforderungen, die gestattet sind.

Mit der Angabe von

```
Semaphore sem = new Semaphore(3, 3);
```

werden demnach maximal drei gleichzeitige Zugriffe gestattet, die auch sofort genutzt werden können, weil mit der Angabe im ersten Parameter auch von Anfang an drei Anforderungen bedient werden können.

Würde das Semaphore-Objekt mit

```
Semaphore sem = new Semaphore(0, 3);
```

erzeugt, kann keine Anforderung sofort bedient werden. Zuerst muss eine entsprechende Freigabe mit der Methode Release erfolgen. Dabei kann der Aufruf von Release parameterlos erfolgen, was einer Freigabe für eine Anforderung entspricht. Sie können aber auch eine Überladung der Methode Release benutzen, um die Anzahl der freizugebenden Zugriffe festzulegen. Allerdings müssen Sie dabei vorsichtig sein: Übersteigt die Anzahl der Freigaben die maximale Anzahl der bedienbaren Anforderungen, wird eine SemaphoreFullException ausgelöst.

Release hat einen Rückgabewert. Dieser gibt die Anzahl der bedienbaren Anforderungen vor dem Aufruf der Methode zurück.

Insgesamt fünf Threads wollen im folgenden Beispielprogramm das Semaphor benutzen. Maximal drei Zugriffe gestattet das Semaphor, die auch alle von Anfang an zur Verfügung gestellt werden.

```
// Beispiel: ..\Kapitel 14\Semaphore_Sample
public class Program
{
  private static Semaphore semPool;
  public static void Main()
  {
    semPool = new Semaphore(3, 3);
    for (int i = 1; i <= 5; i++)
    {
      Thread thread = new Thread(DoSomething);
      thread.Start();
    }
    Thread.Sleep(5000);
    Console.WriteLine("Main - Aufruf von Release(3).");
    Console.WriteLine("Main beendet.");
    Console.ReadLine();
  }
  private static void DoSomething()
  {
```

14

```
        Console.WriteLine("Thread #{0} wartet auf Semaphor ...",
                        Thread.CurrentThread.ManagedThreadId);
        semPool.WaitOne();
        Console.WriteLine("Thread #{0} in der Semaphor",
                        Thread.CurrentThread.ManagedThreadId);
        Thread.Sleep(1000);
        Console.WriteLine("Thread #{0} gibt Semaphor frei",
                        Thread.CurrentThread.ManagedThreadId);
        Console.WriteLine("Anzahl bedienbarer Anforderungen = {0}",
                        semPool.Release() + 1);
    }
}
```

Listing 14.17 Das Beispielprogramm »SemaphoreSample«

In Abbildung 14.5 sehen Sie die Ausgabe des Beispielprogramms.

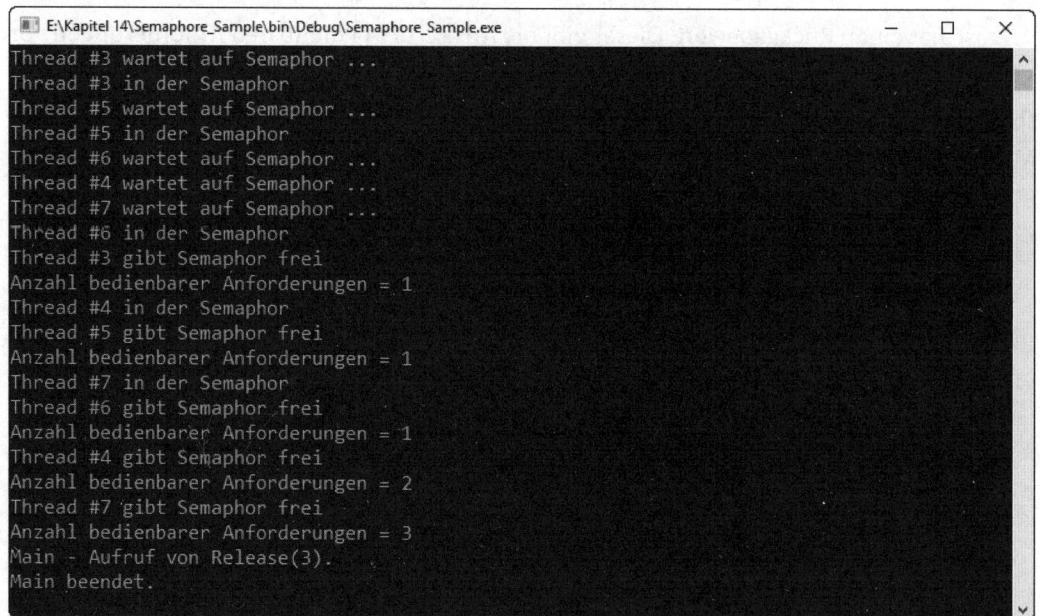

Abbildung 14.5 Ausgabe des Beispiels »Semaphore_Sample«

Sie können mit diesem Programm auch testen, was passiert, wenn beim Start des Programms keine Anforderung bearbeitet werden kann (new Semaphore(0, 3)). Ergänzen Sie die Main-Methode nicht um Release, wird das Programm beendet, ohne dass überhaupt ein Thread die Methode DoSomething ausgeführt hat.

Das Producer/Consumer-Problem mit Semaphoren

In Abschnitt 14.5.3 haben wir uns mit einem der üblichen Probleme der Synchronisation von Threads beschäftigt, dem Producer-Consumer-Problem. Der vorgestellte Lösungsansatz verwendete die Klasse Monitor. Es gibt zahlreiche weitere Ideen, die zum Ziel führen. Eine davon möchte ich Ihnen an dieser Stelle vorstellen. Hierbei werden Semaphore eingesetzt, was einen deutlich einfacheren Programmcode zur Folge hat. Sehen wir uns zunächst das komplette Beispiel an. Die Aufgabenstellung unterscheidet sich dabei nicht von der im Beispiel *Producer_Consumer_1*: Es werden zehn Zufallszahlen erzeugt, die alle genau einmal und ohne Ausnahme weiterverarbeitet werden sollen. Im Gegensatz zu unserer ersten Version sind hier die Methoden Produce und Consume nicht mehr in separaten Klassen ausgelagert, sondern statisch in Program definiert.

```
// Beispiel: ..\Kapitel 14\Producer_Consumer_2
class Program
{
  private static Semaphore semEntry = new Semaphore(1, 1);
  private static Semaphore semNoEntry = new Semaphore(0, 1);
  private static bool finished;
  public static void Main()
  {
    var number = new Data();
    Thread thProducer = new Thread(Produce);
    thProducer.Start(number);
    Thread thConsumer = new Thread(Consume);
    thConsumer.Start(number);
    Console.ReadLine();
  }
  public static void Produce(object obj)
  {
    var number = obj as Data;
    Random random = new Random();
    for (int i = 0; i < 10; i++)
    {
      semEntry.WaitOne();
      number.Value = random.Next(1000);
      Console.WriteLine("Zahl {0} erzeugt", number.Value);
      semEntry.Release();
      semNoEntry.Release();
      if (i == 9) finished = true;
      Thread.Sleep(200);
    }
  }
}
```

```csharp
    public static void Consume(object obj)
    {
      var number = obj as Data;
      while (true)
      {
        semNoEntry.WaitOne();
        semEntry.WaitOne();
        Console.WriteLine("Zahl {0} verbraucht", number.Value);
        semEntry.Release();
        if (finished) Thread.CurrentThread.Abort();
      }
    }
}
class Data
{
  public int Value { get; set; }
}
```

Listing 14.18 Das Beispielprogramm »Producer_Consumer_2«

Die Steuerung des synchronen Programmablaufs wird von zwei Semaphoren übernommen:

```csharp
private static Semaphore semEntry = new Semaphore(1, 1);
private static Semaphore semNoEntry = new Semaphore(0, 1);
```

Beide Semaphore, semEntry und semNoEntry, gestatten genau einen Zugriff. Während semEntry den Zugriff sofort zur Verfügung stellt, ist das Semaphor semNoEntry zunächst gesperrt und muss mit Release freigegeben werden.

Spielen wir nun den Start durch, bei dem der Producer-Thread zuerst gestartet wird. Sobald die Schleife betreten wird, beansprucht der Thread sofort den von semEntry zur Verfügung gestellten Zugriff mit

```csharp
semEntry.WaitOne();
```

Der Consumer-Thread hat nun keine Chance mehr, Zugang zum Data-Objekt zu bekommen. Jetzt kann der Producer die Zahl erzeugen und gibt anschließend den Zugriff auf beide Semaphore mit Release frei.

Darauf hat der Consumer nur gewartet. Er schnappt sich beide Zugriffe, schaltet die Semaphore also *nicht signalisiert* und kann die vorher erzeugte Zahl weiterverarbeiten.

Sollte andererseits zuerst der Consumer-Thread vor dem Producer-Thread starten, wird ihm das Verarbeiten der noch nicht generierten Zahl verweigert, weil zu diesem Zeitpunkt das angeforderte Semaphor semNoEntry keinen Zugriff bereitstellt. Jetzt ist die Sache »rund«.

14.5.6   Das Attribut »MethodImpl«

Es gibt eine weitere Alternative, um die Synchronisierung zwischen mehreren Threads zu erzielen: mit dem Attribut MethodImpl. Die zugrundeliegende Klasse ist im Namespace System.Runtime.CompilerServices zu finden. Das Attribut kann nur auf Konstruktoren und Methoden angewendet werden. Es ersetzt die Klasse Monitor, unterscheidet sich von ihr jedoch dahingehend, dass nicht nur ein bestimmtes Codesegment gesperrt wird, sondern die gesamte Methode. Somit kann auch nur immer ein Thread gleichzeitig diese Methode ausführen. Dazu ein Beispiel:

```
[MethodImpl(MethodImplOptions.Synchronized)]
public void Calculate()
{
  [...]
}
```

Listing 14.19 Synchronisation mit dem Attribut »MethodImplAttribute«

Dem Attribut MethodImpl können verschiedene Parameter übergeben werden. Zur Synchronisation verwenden Sie MethodImplOptions.Synchronized.

14.5.7   Die Klasse »Interlocked«

Eine Operation muss atomar sein. Mit anderen Worten bedeutet dies, dass eine Operation entweder komplett abgeschlossen werden muss oder überhaupt nicht. Das erinnert uns an eine Transaktion bei Datenbanken. Gegen das atomare Prinzip hat der Code in Listing 14.8 zumindest durch die Anweisung

value++

verstoßen. Dieser inkrementierende Vorgang setzt sich aus mehreren Einzeloperation zusammen: Der aktuelle Wert der Variablen value wird ausgelesen, dazu wird 1 addiert, und zum Schluss wird das Resultat der Addition in die Variable value geschrieben.

Führen zwei oder mehr Threads gleichzeitig Operationen mit value aus, könnte es sein, dass Thread A vielleicht soeben value ausgelesen hat, wenn ihm der Scheduler die Zeitscheibe entzieht und Thread B nun mit value weiterarbeitet – ohne dass Thread A die notwendige Inkrementierung vorher vollständig abgeschlossen hat.

Im Grunde genommen müssten wir den Bereich der Anweisung value++ sperren. Diese Arbeit bleibt uns aber erspart, denn genau an dieser Stelle betritt die Klasse Interlocked die Bühne. Mit ihren Methoden wie beispielsweise Increment (siehe Listing 14.6) und Decrement werden auch einzelne einfache Operationen quasi-atomar.

14

14.5.8   Synchronisation von Threadpool-Threads

Im folgenden Beispielprogramm möchte ich Ihnen zeigen, welche Synchronisationstechnik einem Thread aus dem Threadpool standardmäßig angeboten wird. Gleichzeitig lernen Sie die Klasse AutoResetEvent als weitere Alternative kennen.

Im Beispiel wird ein Thread aus dem Threadpool zur Ausführung der Methode Calculate herangezogen. Gleichzeitig wird ein Synchronisationsszenario in Gang gesetzt. Dazu wird der aufrufende Code während der Ausführung von Calculate in Wartestellung versetzt. Erst auf ein Signal von Calculate hin setzt er seine Arbeit fort.

Dem Aufruf der Methode QueueUserWorkItem wird im ersten Parameter der Delegat auf die Methode übergeben, dem zweiten Parameter ein Objekt vom Typ AutoResetEvent. Dieses stellt ein lokales Ereignis dar, das sich automatisch zurücksetzt. Mit dieser Fähigkeit versetzt das AutoResetEvent-Objekt zwei Threads in die Lage, über Signale miteinander zu kommunizieren. Erzeugt wird das Objekt im Code mit:

```
AutoResetEvent ready = new AutoResetEvent(false);
```

Der Übergabeparameter false besagt, dass der anfängliche Zustand des Objekts auf *nicht signalisiert* festgelegt wird. Mit

```
ready.WaitOne();
```

wird der aktuelle Thread so lange blockiert, bis er ein Signal vom AutoResetEvent-Objekt erhält. Das Signal wird aus der Methode Calculate abgesetzt. Dazu wird auf das AutoResetEvent-Objekt die Methode Set aufgerufen:

```
((AutoResetEvent)obj).Set();
```

Sehen wir uns nun den gesamten Code in Listing 14.20 im Zusammenhang an.

```
// Beispiel: ..\Kapitel 14\AutoResetEvent_Sample
class Program
{
  static void Main(string[] args)
  {
    // Benachrichtigungsereignis im Zustand "nicht signalisieren"
    AutoResetEvent ready = new AutoResetEvent(false);
    // Anfordern eines Threads aus dem Pool
    ThreadPool.QueueUserWorkItem(Calculate, ready);
    Console.WriteLine("Der Hauptthread wartet ...");
    // Hauptthread in den Wartezustand setzen
    ready.WaitOne();
    Console.WriteLine("Arbeitsthread ist fertig.");
    Console.ReadLine();
  }
```

```
public static void Calculate(object obj)
{
  Console.WriteLine("Im Sekundärthread");
  Thread.Sleep(5000);
  // Ereigniszustand auf "signalisieren" setzen
  (obj as AutoResetEvent).Set();
  }
}
```

Listing 14.20 Synchronisation im Zusammenspiel mit dem Threadpool

14.6 Grundlagen asynchroner Methodenaufrufe

Wird aus einer Methode A heraus Methode B aufgerufen, wird A erst dann mit den Operationen fortfahren, wenn B vollständig abgearbeitet ist. Die Ausführung der beiden Methoden erfolgt hintereinander, was als *synchron* bezeichnet wird. Synchrone Operationen haben einen gravierenden Nachteil, denn solange Methode B ausgeführt wird, ist Methode A blockiert. Um diese Problematik zu vermeiden, sollten beide Methoden *asynchron*, d. h. parallel nebeneinander operieren.

Asynchrone Bearbeitung setzt mindestens zwei Threads voraus. Sie haben auf den vorhergehenden Seiten die wichtigsten Techniken für die Arbeit mit Threads kennengelernt. Sie wissen nun, wie Sie Threads erzeugen und synchronisieren können, damit Elemente keinen ungültigen Zustand aufweisen. Ihnen dürfte dabei nicht entgangen sein, dass die Technik sehr komplex ist und einer genauen Planung bedarf, um keine unbeabsichtigten und bösen Überraschungen zu erleben.

Auch in der .NET-Klassenbibliothek finden sich sehr viele Klassen, die Dienste anbieten, deren Ausführung möglicherweise länger dauert. Die Dateioperationen zum Lesen und Schreiben zählen dazu. Betrachten wir exemplarisch die Klasse FileStream, die das Schreiben in eine Datei und das Lesen aus einer Datei ermöglicht. Neben den obligatorischen Methoden Read und Write, die synchron ausgeführt werden, veröffentlicht diese Klasse die asynchron operierenden Methoden BeginRead und BeginWrite. Sehen wir uns kurz die Definition von BeginRead an, die aus einem Datenstrom in ein byte-Array einliest:

```
public override IAsyncResult BeginRead(byte[] array,
                       int offset,
                       int numBytes,
                       AsyncCallback userCallback,
                       object stateObject);
```

Der Rückgabewert des Methodenaufrufs ist ein Objekt, das die Schnittstelle IAsyncResult implementiert. Der Parameter vom Typ AsyncCallback ist ein Delegat, der eine Methode im Client beschreibt, die nach der Beendigung der Leseoperation aufgerufen wird.

Sowohl BeginRead als auch BeginWrite haben jeweils eine Partnermethode – EndRead und End-Write:

```
public override int EndRead (IAsyncResult asyncResult);
public override void EndWrite (IAsyncResult asyncResult);
```

Auch diese Methoden erwarten eine Referenz vom Typ IAsyncResult.

Zwei Dinge fallen sofort auf:

▶ Die Methoden arbeiten gemäß Dokumentation asynchron, ohne dass im Aufrufer explizit ein separater Thread gestartet werden muss. Diese Leistung wird von den Methoden intern erbracht.

▶ Es treten zwei Typen auf, denen Sie hier zum ersten Mal begegnen und deren Bedeutung noch unbekannt ist: IAsyncResult und AsyncCallback.

Wir wollen uns nun mit der Codierung einer asynchronen Ausführung beschäftigen. Danach wird auch die im ersten Moment sehr kompliziert erscheinende Parameterliste asynchron arbeitender Methoden (wie BeginRead) in einem anderen Licht erscheinen.

Anmerkung

An dieser Stelle muss angemerkt werden, dass das im Folgenden gezeigte Prinzip des asynchronen Methodenaufrufs im Grunde genommen veraltet ist. Mit der Einführung der *Task Parallel Library* (TPL) in .NET 4.0 und der Erweiterung um die beiden Schlüsselwörter async und await im .NET Framework 4.5 wurde ein ganz neuer Weg der asynchronen Methodenaufrufe beschritten. Sie werden das alles in Kapitel 15, »Die Task Parallel Library (TPL)«, erfahren. Dennoch müssen wir uns intensiv mit der im Grunde genommen veralteten Technik befassen, die natürlich auch weiterhin in der Klassenbibliothek anzutreffen ist.

14.6.1   Asynchroner Methodenaufruf

Der C#-Compiler stellt mit BeginInvoke und EndInvoke jedem Delegaten zwei Methoden zur Verfügung, die im Rahmen einer asynchronen Operation von entscheidender Bedeutung sind.

Hinweis

Beachten Sie bitte, dass es sich bei BeginInvoke und EndInvoke um sprachspezifische Methoden handelt, die nicht in der Klasse Delegate definiert sind, aber dennoch vom .NET-Compiler veröffentlicht werden.

Die Methode BeginInvoke ist sehr mächtig, denn wenn Sie sie auf der Referenz eines Delegaten aufrufen, wird ein Hintergrundthread erzeugt, in dem die vom Delegaten beschriebene

Methode ausgeführt wird. Der aufrufende Thread macht mit seiner eigenen Arbeit weiter und wartet nicht auf die Beendigung der aufgerufenen Methode.

Dazu ein kleines Beispiel. Nehmen wir an, die Methode DoSomething sei wie folgt definiert:

```
public void DoSomething()
{
  for(int i = 0; i <= 30; i++)
  {
    Console.Write(".X.");
    Thread.Sleep(10);
  }
}
```

Ein Client, der diese Methode asynchron ausführen möchte, kann einen Delegaten deklarieren und diesem die Adresse der Methode DoSomething übergeben:

```
public delegate void MyDelegate();
[...]
MyDelegate del = new MyDelegate(obj.DoSomething);
del.BeginInvoke(...);
```

Das reicht bereits aus, um DoSomething in einem separaten Thread abzuarbeiten.

Dem Aufruf von BeginInvoke müssen Argumente übergeben werden, die unsere Anweisung noch nicht enthält. Sehen wir uns deshalb nun die Definition von BeginInvoke an.

```
public IAsyncResult BeginInvoke([Parameterliste ,] AsyncCallback, Object);
```

Aufgerufen wird BeginInvoke auf die Instanz eines Delegaten, der auf eine bestimmte Methode zeigt. Weist die aufzurufende Methode eine Parameterliste auf, müssen die erforderlichen Argumente von BeginInvoke an die Methode weitergeleitet werden. Dazu dient die optionale Parameterliste.

Theoretisch wäre das bereits vollkommen ausreichend, um die aufgerufene Methode asynchron auszuführen. In der Regel benötigt der aufrufende Code aber Kenntnis von der Beendigung der asynchronen Ausführung, beispielsweise wenn er die Rückgabewerte verarbeitet. Folglich muss es eine Möglichkeit geben, die es der asynchron aufgerufenen Methode ermöglicht, den Aufrufer davon zu unterrichten, dass die asynchrone Operation beendet ist. Dabei kann es sich nur um den Aufruf einer Methode handeln, die als *Rückruf-* oder *Callback-Methode* bezeichnet wird (das erinnert uns stark an einen Ereignishandler).

Konsequenterweise muss der asynchron aufgerufenen Methode die Adresse der Rückrufmethode bekannt sein. Das klingt wieder verdächtig nach einem Delegaten – und tatsächlich ist dem so, denn dem Aufruf von BeginInvoke werden nicht nur die Argumente übergeben, die die asynchron aufgerufene Methode benötigt, sondern darüber hinaus ein Objekt vom

Typ `AsyncCallback`, bei dem es sich um den erforderlichen Delegaten auf die Callback-Methode handelt.

Die Definition des Delegaten `AsyncCallback` lautet:

```
public delegate void AsyncCallback (IAsyncResult ar);
```

Die Methode, die aus der asynchron ausgeführten Methode zurückgerufen wird, muss den Rückgabetyp `void` haben und einen Parameter vom Typ `IAsyncResult` definieren.

`BeginInvoke` verfügt über einen weiteren Parameter vom Typ `object`. Hier kann beim Start der asynchronen Operation ein beliebiges Objekt übergeben werden, das Informationen beliebiger Art enthält.

Das hört sich komplizierter an, als es tatsächlich ist. Daher wollen wir den Ablauf schrittweise an einem Beispiel verfolgen. Gegeben seien dazu die beiden Klassen `Program` und `Demo` wie folgt:

```
class Program
{
  static void Main(string[] args)
  {
    [...]
  }
}
class Demo
{
  public void DoSomething()
  {
    [...]
  }
}
```

Aus `Main` heraus soll die Methode `DoSomething` in der Klasse `Demo` asynchron aufgerufen werden. Diese Forderung bewirkt, dass wir `BeginInvoke` auf einem Delegaten aufrufen müssen, der die asynchron auszuführende Methode im Objekt vom Typ `Demo` beschreibt. Dazu deklarieren wir zunächst einen Delegaten mit

```
public delegate void MyDelegate();
```

Anschließend verschaffen wir uns ein Objekt vom Typ des Delegaten, dem wir als Argument die asynchron auszuführende Methode übergeben:

```
private MyDelegate del;
[...]
del = new MyDelegate(obj.DoSomething);
```

Mit

```
del.BeginInvoke(...);
```

wird die asynchrone Ausführung von DoSomething in einem Hintergrundthread gestartet. Allerdings ist die Anweisung noch unvollständig – symbolisiert durch die Punkte. Wir sollten in Program nämlich noch eine Methode bereitstellen, mit der der Hintergrundthread das Objekt vom Typ Program über das Ende seiner Operation benachrichtigt. Die Definition der Rückrufmethode muss der Vorgabe des Delegaten AsyncCallback entsprechen, demnach also einen Parameter vom Typ IAsyncResult enthalten. Wir nennen diese Methode Callback-Method.

```
class Program
{
  [...]
  static void Main(string[] args) { [...] }
  public static void CallbackMethod(IAsyncResult ar) { [...] }
}
```

Das Objekt vom Typ IAsyncResult entspricht dem Rückgabewert von BeginInvoke. Es veröffentlicht insgesamt sechs Eigenschaften. Dazu gehört unter anderem IsCompleted. Über IsCompleted kann der Aufrufer jederzeit feststellen, ob die asynchrone Ausführung bereits beendet ist. Eine zweite, sehr interessante Eigenschaft ist AsyncState, die genau das Objekt abruft, das als letztes Argument dem Aufruf von BeginInvoke übergeben worden ist. Sie werden später in einem anderen konkreten Beispiel einen sinnvollen Einsatzfall dieses Objekts sehen.

Wir wollen nun unser Beispiel komplettieren und Code einsetzen, der tatsächlich einige Zeit in Anspruch nimmt, damit wir den Effekt des asynchronen Aufrufs beobachten können.

```
// Beispiel: ..\Kapitel 14\AsynchronerAufruf_1
public delegate void MyDelegate();
class Program
{
  private static MyDelegate del;
  static void Main(string[] args)
  {
    Demo obj = new Demo();
    del = new MyDelegate(obj.DoSomething);
    var callback = new AsyncCallback(CallbackMethod);
    // DoSomething asynchron aufrufen
    del.BeginInvoke(callback, null);
    for (int i = 0; i < 100; i++)
    {
      Console.Write(".");
      Thread.Sleep(10);
```

```
    }
    Console.ReadLine();
  }
  // Callback-Methode
  public static void CallbackMethod(IAsyncResult ar)
  {
    Console.Write("Ich habe fertig.");
  }
}
class Demo
{
  public void DoSomething()
  {
    for (int i = 0; i <= 30; i++)
    {
      Console.Write("X");
      Thread.Sleep(10);
    }
  }
}
```

Listing 14.21 Asynchroner Methodenaufruf

Wenn Sie die Anwendung starten, ist eindeutig zu erkennen, dass die Punkte und »X«-Zeichen mehr oder weniger abwechselnd ausgegeben werden, denn beide Methoden arbeiten (quasi-) parallel. Beendet wird die asynchrone Operation durch den Rückruf von `Callback-Method`, was durch die Ausgabe des bekannten Satzes »Ich habe fertig« bestätigt wird.

14.6.2 Asynchroner Aufruf mit Rückgabewerten

Möglicherweise liefert die asynchrone Methode als Resultat ihrer Operation einen Rückgabewert. Vielleicht werden auch über die Parameterliste Ergebnisse bereitgestellt. Wird aus dem Hintergrundthread heraus die Rückrufmethode des Initiators der asynchronen Operation aufgerufen, stehen die Ergebnisse nicht automatisch zur Verfügung. Sie müssen ausdrücklich abgerufen werden. Dazu dient die Methode `EndInvoke` des Delegaten.

```
public Datentyp EndInvoke ([Parameterliste,] IAsyncResult);
```

Wie bei `BeginInvoke` müssen Sie auch an `EndInvoke` eine vorgeschriebene Parameterliste übergeben, die nicht identisch mit der Parameterliste von `BeginInvoke` ist: Sie darf nur die Referenzparameter der asynchronen Methode enthalten, damit `EndInvoke` die Resultate dort hineinschreiben kann. Die Angabe der Werteparameter ist nicht erlaubt. Der einzige grundsätzlich immer zwingend erforderliche Parameter ist vom Typ `IAsyncResult`. Hier wird das Objekt übergeben, das beim Aufruf von BeginInvoke dem letzten Parameter übergeben wurde.

Wir wollen nun das Beispiel *AsynchronerAufruf_1* ändern, um zu sehen, wie eine asynchrone Methode behandelt wird, die sowohl Werte- als auch Referenzparameter erwartet und darüber hinaus einen Rückgabewert hat. Dazu implementieren wir die Methode DoSomething wie folgt:

```
public string DoSomething(int x, ref long y)
{
  for(int i = 0; i <= 30; i++) {
    Console.Write("X");
    Thread.Sleep(10);
  }
  y = 12345;
  return "Ich habe fertig.";
}
```

Listing 14.22 Methode mit Rückgabewert

Die Parameterliste enthält jetzt den Referenzparameter y und den Werteparameter x, außerdem liefert die Methode eine Zeichenfolge zurück.

Die Änderung der Signatur hat natürlich auch im auslösenden Thread Konsequenzen. Der Delegat, der den Aufruf der Methode kapselt, muss an die veränderten Bedingungen angepasst werden:

```
public delegate string MyDelegate(int x, ref long y);
```

Das Gleiche gilt für den Start der asynchronen Bearbeitung, denn nun reicht es nicht mehr aus, mit BeginInvoke einfach nur einen Delegaten auf die Rückrufmethode zu übergeben sowie die Referenz auf ein Objekt, in das der asynchrone Aufruf Informationen schreiben könnte. Wir müssen stattdessen auch die Parameter der asynchronen Methode in der richtigen Reihenfolge bedienen:

```
del.BeginInvoke(intVar, ref lngVar, callback, null);
```

DoSomething nimmt nun eine Kopie des int-Wertes und die Adresse des long-Wertes entgegen, kann mit diesen die erforderlichen Operationen ausführen und zum Abschluss durch Aufruf der über callback bekanntgegebenen Adresse die Methode CallbackMethod informieren.

Der Implementierung der Rückrufmethode kommt nun eine entscheidende Bedeutung zu. Es gilt, sowohl den Rückgabewert als auch den in diesem Fall geänderten Inhalt der Variablen lngVar auszuwerten. Dem Aufruf von EndInvoke übergeben wir die Adresse von lngVar und holen uns den Rückgabewert an der Konsole ab:

14

```
public static void CallbackMethod(IAsyncResult ar)
{
  Console.Write(del.EndInvoke(ref lngVar, ar));
  Console.Write("..Wert y = {0}", lngVar);
}
```

Listing 14.23 Implementierung der Rückrufmethode

Die Konsolenausgabe bestätigt, dass unser Unterfangen von Erfolg beschieden ist: Wir erhalten sowohl die Zeichenfolge als auch den veränderten Inhalt des Feldes `lngVar`.

Zum Abschluss fassen wir das Beispielprogramm noch einmal zusammen.

```
// Beispiel: ..\Kapitel 14\AsynchronerAufruf_2
public delegate string MyDelegate(int x, ref long y);
class Program
{
  private static MyDelegate del;
  private static int intVar = 4711;
  private static long lngVar;
  static void Main(string[] args)
  {
    Demo obj = new Demo();
    del = new MyDelegate(obj.DoSomething);
    var callback = new AsyncCallback(CallbackMethod);
    // DoSomething asynchron aufrufen
    del.BeginInvoke(intVar, ref lngVar, callback, null);
    for (int i = 0; i <= 100; i++)
    {
      Console.Write(".");
      Thread.Sleep(10);
    }
    Console.ReadLine();
  }
  public static void CallbackMethod(IAsyncResult ar)
  {
    Console.Write(del.EndInvoke(ref lngVar, ar));
    Console.Write("..Wert y = {0}", lngVar);
  }
}
class Demo
{
  public string DoSomething(int x, ref long y)
  {
```

```
    for (int i = 0; i <= 30; i++)
    {
      Console.Write("x");
      Thread.Sleep(10);
    }
    y = 12345;
    return "Ich habe fertig.";
  }
}
```

Listing 14.24 Asynchroner Methodenaufruf mit Rückgabewert

14.6.3   Eine Klasse mit asynchronen Methodenaufrufen

Am Anfang dieses Abschnitts habe ich schon darauf hingewiesen, dass einige Klassen der .NET-Klassenbibliothek Methoden mit der in diesem Abschnitt beschriebenen klassischen asynchronen Verarbeitung anbieten. Die Klasse `FileStream` im Namespace `System.IO` ist ein Beispiel dafür. Es werden allerdings nicht die Methoden `BeginInvoke` und `EndInvoke` auf einen Delegaten aufgerufen, sondern zwei ähnlich lautende, die in der Klasse bereits vordefiniert sind: `BeginRead` und `EndRead` bzw. `BeginWrite` und `EndWrite`.

Wir wollen uns nun ansehen, wie eine Klasse aufgebaut ist, die ähnlich wie `FileStream` implementiert ist. Dabei lernen Sie einerseits, wie Sie die asynchronen Methoden der Klassen des .NET Frameworks behandeln müssen, andererseits aber auch, diese Technik in eigenen Klassen zu nutzen.

Am Anfang steht die Idee, eine Methode zu entwickeln, von der wir annehmen, dass sie abhängig von den Umgebungsbedingungen und der Art der Operation eine längere Zeit zur Bearbeitung in Anspruch nehmen kann. Wir wollen diese Methode nachfolgend `Calculate` nennen, die Klasse sei `Mathematics`.

```
class Mathematics
{
  public int Calculate(int x)
  {
    Console.Write("Bearbeitung startet ...");
    for (int i = 0; i <= 20; i++) {
      Console.Write("x");
      Thread.Sleep(10);
    }
    Console.Write("Bearbeitung beendet ...");
```

```
    return x * x;
  }
}
```

Listing 14.25 Klasse mit einer zeitaufwendigen Methode

Die `for`-Schleife simuliert eine länger andauernde Operation. Diese Implementierung arbeitet synchron. Da wir uns bewusst sind, dass `Calculate` vielleicht auch eine Stunde zur vollständigen Ausführung brauchen könnte (wir sind mit unserer Annahme sehr großzügig), bieten wir zusätzlich eine asynchrone Variante an. Dazu benötigen wir zwei weitere Methoden, die einer allgemeinen Konvention folgend als `BeginXxx` und `EndXxx` bezeichnet werden – in unserer Klasse demnach `BeginCalculate` und `EndCalculate`. Die noch unvollständige Klassenstruktur sieht dann folgendermaßen aus:

```
class Mathematics
{
  public int Calculate(int x)
  {
    [...]
  }
  public ... BeginCalculate(...)
  {
    [...]
  }
  public ... EndCalculate(...) {
    [...]
  }
}
```

An dieser Stelle kommt es zu der wichtigsten Entscheidung überhaupt. Was wir beabsichtigen, ist die asynchrone Ausführung der Methode `Calculate`. Asynchronität heißt aber auch, dass ein weiterer Thread gestartet werden muss, sobald die Methode `BeginCalculate` aufgerufen wird. Wenn wir in dieser Methode ein Objekt vom Typ `Thread` erzeugen und seinem Konstruktor ein Delegat übergeben, bräuchten wir auch noch ein Objekt, das das Interface `IAsyncResult` implementiert, müssten zwangsläufig die Methoden des Interface implementieren usw.

Die Entwicklung auf diese Weise zu gestalten, ist sehr aufwendig. Es gibt eine viel einfachere Lösung, da die beiden Methoden `BeginInvoke` und `EndInvoke` genau das leisten, was wir brauchen. Also benutzen wir sie auch, um das Ziel effizient zu erreichen. Dazu implementieren wir die bereits bekannte Technik nun innerhalb der Klasse `Mathematics`:

```
// Beispiel: ..\Kapitel 14\AsynchronerAufruf_3
class Mathematics
{
```

```csharp
private delegate int CalculateHandler(int x);
CalculateHandler del;
// Synchrone Fassung
public int Calculate(int x)
{
  Console.Write("---Bearbeitung startet---");
  for (int i = 0; i <= 20; i++)
  {
    Console.Write("X");
    Thread.Sleep(10);
  }
  Console.Write("---Bearbeitung beendet---");
  return x * x;
}
// Start der asynchronen Variante
 public IAsyncResult BeginCalculate(int x, AsyncCallback callback, object state)
{
  del = new CalculateHandler(Calculate);
  return del.BeginInvoke(x, callback, state);
}
// Beenden der asynchronen Ausführung
  public int EndCalculate(IAsyncResult ar)
{
  return del.EndInvoke(ar);
}
}
```

Listing 14.26 Klasse mit Methode für den synchronen und asynchronen Aufruf

Dem Aufruf der Methode BeginCalculate werden die Daten übergeben, die die Methode Calculate für ihre Operation benötigt. In unserem Beispiel handelt es sich nur um einen als Werteparameter deklarierten Integer. Der zweite Parameter erhält die Referenz auf einen Delegaten, der die Rückrufmethode im Aufrufer beschreibt. Der dritte und letzte Parameter dient dazu, ein Objekt bereitzustellen, mit dem Daten zwischen dem aufrufenden und dem aufgerufenen Objekt ausgetauscht werden. Ein solches Objekt ist in unserem Beispielcode nicht vorgesehen.

Der Aufruf von BeginCalculate orientiert sich an dem von BeginInvoke – und das ist typisch für Klassen im .NET Framework, die asynchrone Methoden offenlegen. Unter ähnlicher Prämisse wird auch EndCalculate implementiert; der Rückgabewert des internen EndInvoke-Aufrufs wird zum Rückgabewert der Instanzmethode.

Zum Schluss müssen wir noch testen, ob die Klassenimplementierung auch unseren Anforderungen genügt.

```
class Program
{
  static void Main(string[] args)
  {
    Mathematics math = new Mathematics();
    int value = 23;
    AsyncCallback callback = new AsyncCallback(CallbackMethod);
    math.BeginCalculate(value, callback, math);
    for (int i = 0; i <= 100; i++) {
      Console.Write(".{0}.", i);
      Thread.Sleep(5);
    }
    Console.ReadLine();
  }
  public static void CallbackMethod(IAsyncResult ar)
  {
    Mathematics math = (Mathematics)ar.AsyncState;
    int result = math.EndCalculate(ar);
    Console.Write("---Resultat = {0} ", result);
    Console.Write("---FERTIG---");
  }
}
```

Listing 14.27 Testen des asynchronen Methodenaufrufs

Beachten Sie bitte die Variable math vom Typ Mathematics. Sie ist als lokale Variable in der Methode Main definiert und daher auch außerhalb der Methode nicht sichtbar. Um dennoch die EndCalculate-Methode dieses Objekts aufrufen zu können, wird die Referenz an den letzten Parameter von BeginCalculate übergeben. In BeginCalculate wird das Objekt an BeginInvoke weitergeleitet. Die Folge ist, dass wir in unserer Callback-Methode nur die Eigenschaft AsyncState auswerten müssen, denn hier kommt das Mathematics-Objekt genau dort an, wo wir seine EndCalculate-Methode aufrufen müssen, um das Resultat der Operation abzufragen.

Kapitel 15
Die Task Parallel Library (TPL)

In Kapitel 14, »Multithreading«, habe ich Ihnen gezeigt, wie Sie eine multithreadingfähige Anwendung entwickeln können. Sie haben gesehen, wie Sie einen Thread manuell erzeugen oder sich einen aus dem Threadpool besorgen. Diese klassischen Threads wurden zu einer Zeit ins Leben gerufen, als jeder Prozessor nur einen Kern aufwies. Daher verwundert es nicht, dass Threads sich nur eines Kerns bedienen und sich seine Prozessorzeit teilen. Eine multithreadingfähige Anwendung kann zwar einem Anwender den Eindruck vermitteln, die Anwendung liefe schneller, aber dieser Eindruck ist rein subjektiv und stimmt nicht so ganz.

Ich hatte schon eingangs von Kapitel 14 erwähnt, dass Einkernprozessoren vor Jahren ihr technisches Limit erreicht hatten und eine Leistungssteigerung nur durch den Einsatz von mehreren Prozessorkernen möglich war. Anfangs waren es nur Dual-Core-Prozessoren, heute sind Quad-Core-Prozessoren in praktisch jedem jüngeren Prozessor vorzufinden. So positiv diese Hardwareentwicklung auch war, die Klasse Thread konnte davon nicht profitieren.

An dieser Stelle kommt die mit dem .NET Framework eingeführte *Task Parallel Library*, kurz *TPL*, ins Spiel. Die damit eingeführte Klasse Task ähnelt zwar einem Thread, verhält sich aber anders. Ein Task wird einem Prozessorkern zugeordnet. Mit anderen Worten: Werden beispielsweise vier Tasks (im Deutschen auch häufig als *Aufgaben* bezeichnet) ins Leben gerufen, können diese vier Tasks auf vier verschiedenen Prozessorkernen ausgeführt werden (falls vorhanden). Aus der quasi-parallelen Verarbeitung einer Anwendung mit klassischen Threads wird dann tatsächlich eine parallele Verarbeitung.

Die Klassen zur parallelen Programmierung mit der TPL sind im Namespace System.Threading.Tasks zu finden. Allerdings gibt es weitere Klassen in anderen Namespaces, die im Zuge der TPL eingeführt wurden und die Parallelisierung nutzen. Der Namespace System.Collections.Concurrent mit seinen neuen Auflistungsklassen sei an dieser Stelle erwähnt.

Im .NET Framework 4.5 wurde die TPL durch die Einführung der beiden Schlüsselwörter async und await sinnvoll ergänzt. Diese ermöglichen eine einfachere Programmierung asynchroner Operationen. Das war sinnvoll, denn in Zeiten des mobilen Computings wird einfach vorausgesetzt, dass eine Wischgeste des Users zu einer sofortigen Reaktion des mobilen Geräts führt – auch wenn im Hintergrund noch Aufgaben erledigt werden müssen. async und await sind einfacher zu handhaben als die klassische asynchrone Programmierung mit IAsyncResult und AsyncCallback und nutzen dabei das Vorhandensein mehrerer Prozessorkerne.

15.1   Die wichtigsten Klassen der TPL

Setzen Sie die TPL ein, werden Sie es hauptsächlich mit zwei Klassen zu tun haben:

▶ Die Klasse Task (und ihre Ableitung Task<TResult>): Diese Klasse unterstützt die parallele Abarbeitung von Methoden. Liefert ein Task einen Wert zurück, verwenden Sie die Klasse Task<TResult>.

▶ Die Klasse Parallel: Mit dieser Klasse werden in erster Linie Schleifen parallel ausgeführt. Dazu wird die zu verarbeitende Datenmenge in Teilmengen aufgeteilt. Wie viele Teilmengen verarbeitet werden, entscheidet die Klasse selbst. Dabei kann es durchaus vorkommen, dass keine Teilmengen gebildet werden, also keine parallele Verarbeitung stattfindet. Dieses Verhalten zeugt von einer ausgeprägten Optimierung der Klasse hinsichtlich des Performancegewinns. Die notwendigen Threads bezieht die TPL übrigens aus dem Threadpool.

Die Klasse Task hat eine weitaus größere Bedeutung als die Klasse Parallel. Wie erwähnt, dient Parallel hauptsächlich dazu, Schleifen zu parallelisieren. Wie Sie später aber noch sehen werden, ziehen wir nur dann aus Parallel Nutzen, wenn es sich um viele, wirklich sehr viele Schleifendurchläufe handelt. Das dürfte auf die meisten Anwendungen nicht zutreffen.

15.2   Die Klasse »Task«

Die Klasse Task beschreibt eine Aufgabe. Man könnte auch sagen, sie beschreibt eine Operation (Methode), die auf einem Prozessorkern ausgeführt werden soll. Insofern lässt sich Task durchaus mit Thread vergleichen. Bevor wir uns mit den Details von Task beschäftigen, sollten wir uns den Effekt der Nutzung mehrerer Prozessorkerne ansehen.

```
// Beispiel: ..\Kapitel 15\Task_Sample
class Program
{
  static void Main(string[] args)
  {
    Parallel.Invoke(Task1, Task2, Task3, Task4, Task5 ,
                Task6, Task7, Task8, Task9, Task10);
    Console.ReadLine();
  }
  static void Task1()
  {
    for (int i = 0; i < 10; i++)
    {
      Thread.Sleep(50);
      Console.Write(" #1 ");
```

```
    }
  }
  [...]
  static void Task10()
  {
    for (int i = 0; i < 10; i++)
    {
      Thread.Sleep(50);
      Console.Write(" #10");
    }
  }
}
```

Listing 15.1 »Task«-Klasse im Einsatz

Insgesamt werden zehn Tasks erzeugt und gestartet. Das ist nicht weiter prickelnd. Aber sehen Sie sich bitte Abbildung 15.1 an. Sie erkennen deutlich, dass neun Aufgaben parallel ausgeführt werden. Das liegt daran, dass von der CPU nur neun Kerne zur Verfügung gestellt werden können. Der zehnte Task kommt erst zum Zug, wenn nach Beendigung eines Tasks ein Prozessorkern frei wird.

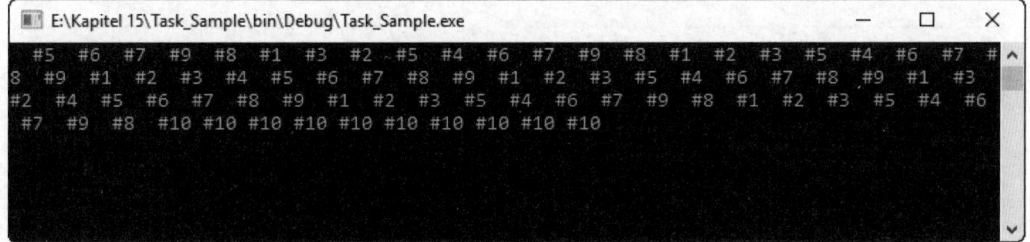

Abbildung 15.1 Die Ausgabe des Beispielprogramms »Task_Sample«

Das Ergebnis ist natürlich hardwareabhängig und kann auf einem anderen Rechner anders aussehen.

15.2.1   Die Konstruktoren eines Tasks

Zum Erzeugen eines Task-Objekts stehen Ihnen zwei Klassen zur Verfügung:

▶ Task

▶ Task<TResult>

Task<TResult> ist von Task abgeleitet. Während Task eine Aufgabe beschreibt, die keinen Rückgabewert hat, liefert Task<TResult> einen Rückgabewert. Der Typ des Rückgabewertes wird durch den generischen Typparameter beschrieben. Hier stellen wir auch sofort einen

Unterschied zur Klasse Thread fest: Mit einem Thread können Sie nur Methoden ohne Rückgabewert ausführen. Erwarten Sie einen Rückgabewert, müssen Sie eine klassische asynchrone Operation programmieren.

Werfen wir einen Blick auf die Liste der Konstruktoren, die die Klasse Task bereitstellt.

Konstruktor	Beschreibung
Task(Action)	Erzeugt ein Task-Objekt.
Task(Action, CancellationToken)	Erzeugt ein Task-Objekt mit Übergabe eines Tokens, das den Abbruch des Tasks ermöglicht.
Task(Action, TaskCreationOptions)	Erzeugt ein Task-Objekt mit Optionen, wie der Task erzeugt wird.
Task(Action, CancellationToken, TaskCreationOptions)	Erzeugt ein Task-Objekt mit Übergabe eines Tokens, das den Abbruch des Tasks ermöglicht. Darüber hinaus kann angegeben werden, wie der Task erzeugt wird.
Task(Action<object>, object)	Erzeugt ein Task-Objekt mit Übergabe eines Arguments.
Task(Action<object>, object, CancellationToken)	Erzeugt ein Task-Objekt mit Übergabe eines Arguments und eines Tokens, das den Abbruch des Tasks ermöglicht.
Task(Action<object>, object, TaskCreationOptions)	Erzeugt ein Task-Objekt mit Übergabe eines Arguments und Optionen, wie der Task erzeugt wird.
Task(Action<object>, object, CancellationToken, TaskCreationOptions)	Erzeugt ein Task-Objekt mit Übergabe eines Arguments und eines Tokens, das den Abbruch des Tasks ermöglicht. Darüber hinaus kann angegeben werden, wie der Task erzeugt wird.

Tabelle 15.1 Die Konstruktoren der Klasse »Task«

Die Konstruktoren der Klasse Task und Task<TResult> sind sich sehr ähnlich. Da Task eine Aufgabe ohne Rückgabewert beschreibt, ist der erste Parameter, wie Sie in Tabelle 15.1 sehen, immer vom Typ des Delegaten Action. Im Gegensatz dazu beschreibt Task<TResult> einen Task, der einen Rückgabewert liefert. Also ist bei den Konstruktoren jeweils an Stelle von Action immer der Delegat Func vorgeschrieben.

Anmerkung

Einige Konstruktoren definieren einen Parameter vom Typ `TaskCreationOptions`. Dabei handelt es sich um eine Enumeration, die optional das Verhalten für die Erstellung und Ausführung von Tasks steuert. Im Rahmen dieses Buches werden wir uns mit diesen Optionen nicht beschäftigen.

15.2.2 Das Erzeugen eines Tasks

Wollen Sie die TPL in Ihrer Anwendung benutzen, müssen Sie einen Task erzeugen und starten. Ihnen stehen dabei vier Möglichkeiten zur Verfügung:

▶ Sie instanziieren in gewohnter Weise mit `new` und übergeben dabei ein Objekt vom Typ `Action` oder `Func` und rufen die Methode `Start` auf, z. B.:

```
Task task1 = new Task(new Action(DoSomething));
task1.Start();
```

▶ Sie rufen `Task.Factory.StartNew` unter Übergabe eines `Action`- oder `Func`-Delegaten auf. Der Task wird sofort gestartet.

```
Task.Factory.StartNew(new Action(DoSomething));
```

▶ Sie rufen `Task.Run` unter Übergabe eines `Action`- oder `Func`-Delegaten auf. Der Methode `Task.Run` müssen Sie einen Lambda-Ausdruck angeben. Ansonsten kann die Methode nicht unterscheiden, ob Sie eine Methode mit oder ohne Rückgabewert aufrufen wollen.

```
Task.Run(() =>
{
  var id = Thread.CurrentThread.ManagedThreadId;
  Console.WriteLine($"Task #{id}");
});
```

In Listing 15.1 haben Sie bereits gesehen, dass die statische Methode `Invoke` der Klasse `Parallel` ebenfalls eine Alternative ist, die das sofortige Starten des Tasks nach sich zieht.

Es ist allgemein üblich, die durch Tasks beschriebenen Operationen nicht in separaten Methoden zu codieren, sondern durch Lambda-Ausdrücke zu beschreiben.

Es stellt sich natürlich auch sofort die Frage, welcher Methode bei der Erzeugung eines Tasks der Vorrang gegeben werden sollte: dem manuellen Erstellen eines Tasks oder `Parallel.Invoke`. Ganz allgemein lässt sich diese Frage nicht beantworten, denn der Sachverhalt ist ähnlich dem bei der Beantwortung der Frage »Thread oder Threadpool?«. Besteht die Notwendigkeit, einzelne Tasks flexibel zu steuern, hat das manuelle Erstellen sicherlich Vorzüge. Besteht dazu keine Notwendigkeit, sollten Sie eher `Parallel.Invoke` den Vorzug geben.

15.2.3   Tasks mit Rückgabewert

Tasks können Rückgabewerte haben. Wie Sie wissen, ist für solche Aufgaben die Klasse Task nicht mehr geeignet. Stattdessen greifen wir auf Task<TResult> zurück, die eine Ableitung von Task ist. Der generische Typparameter beschreibt dabei den Datentyp des Rückgabewerts.

Das Ergebnis der parallelen Operation holen wir uns mit der Eigenschaft Result des Task <TResult>-Objekts ab. Der Datentyp des Rückgabewerts entspricht dem Datentypparameter des Tasks. Dabei blockiert Result den weiteren Programmablauf so lange, bis das Ergebnis vorliegt.

Im folgenden Listing liefert ein Task die aktuelle Uhrzeit als Zeichenfolge zurück. Um zeigen zu können, dass Result tatsächlich bis zum Eintreffen des Rückgabewerts wartet, wird die Dauer der Operation um drei Sekunden verzögert.

```
Task<string> task = Task<string>.Run(() =>
{
  Thread.Sleep(3000);
  return DateTime.Now.ToLongTimeString();
});
Console.WriteLine("Task wird noch ausgeführt ...");
Console.WriteLine($"Resultat: {task.Result}");
```

Listing 15.2 Task mit Rückgabewert

Sie können, ähnlich wie bei einer asynchronen Operation mit Thread, mit der Eigenschaft IsCompleted auf die Task-Referenz prüfen, ob die Aufgabe vollständig erledigt ist und das Resultat bereits vorliegt.

15.2.4   Daten an einen Task übergeben

Viele parallel auszuführende Operationen erwarten eine Datenübergabe. Die Klassen Task sowie Task<TResult> stellen uns für diesen Fall entsprechende Konstruktoren bereit, die entweder den Parameter Action<object> oder Func<object> definieren.

```
int value = 110;
Task task = new Task(number =>
{
  Console.WriteLine($"Resultat = {Math.Sqrt((int)number)}");
}, value);
task.Start();
```

Listing 15.3 Datenübergabe an ein »Task«-Objekt

Das erforderliche Argument wird kommasepariert hinter dem Lambda-Ausdruck angegeben. Es wird vom Parameter number empfangen und daraus nach vorheriger Konvertierung in einen int die Quadratwurzel gezogen.

Sehr ähnlich ist die Vorgehensweise, wenn Sie mit der Methode Task.Factory.StartNew den Task starten. Sehen wir uns zuerst die entsprechende Überladung der Methode StartNew an:

```
public Task StartNew(Action<Object> action, Object state)
```

Der erste Parameter beschreibt die parallele Operation. Action<object> beschreibt per Definition einen Delegaten, der auf eine einfach parametrisierte Methode ohne Rückgabewert zeigt. Dem zweiten Parameter übergeben wir das Argument, das vom Object-Parameter des Delegaten entgegengenommen wird. Das hört sich kompliziert an, deshalb auch sofort ein kleines Beispiel.

```
string name = "Peter";
Task.Factory.StartNew(str =>
{
  Console.WriteLine(str);
}, name);
```

Listing 15.4 Übergabeargument bei Verwendung von »StartNew«

Das zweite Argument des Methodenaufrufs ist name, das von str entgegengenommen wird.

Hinweis

Sie können in Listing 15.4 für Factory.StartNew nicht die Methode Run verwenden, da sie keine Überladung aufweist, die ein Übergabeargument beschreibt.

Betrachten wir noch ein ähnliches Beispiel. Diesmal übergeben wir jedoch keine Zeichenfolge, sondern einen Integer, der für eine mathematische Operation verwendet werden soll.

```
Task<int> task1 = Task.Factory.StartNew(x =>
{
  return 2 * x;
}, 3);
Console.WriteLine(task1.Result);
```

Listing 15.5 Task-Aufruf mit Fehler

Würden Sie beim Betrachten dieses Codefragments erwarten, dass es zu einem Compilerfehler führt? Tatsächlich ist es so, dass das Übergabeargument vom Typ Object ist. Das hängt damit zusammen, dass ein Task auf einen klassischen Thread bzw. dem Threadpool »aufsetzt«. Wie wir wissen, sind Übergabeargumente an einen Thread immer vom Typ Object.

Um das Argument richtig zu interpretieren, muss es, wie in Listing 15.6 gezeigt, explizit in einen Integer konvertiert werden, also:

```
Task<int> task1 = Task.Factory.StartNew(x =>
{
  return 2 * (int)x;
}, 3);
Console.WriteLine(task1.Result);
```

Listing 15.6 Korrekte Nutzung des Übergabearguments

15.2.5   Auf das Beenden eines Tasks warten

Oft hängt die weitere Programmausführung davon ab, ob ein oder mehrere Tasks vorher beendet wurden. In solchen Situation bieten sich mit Wait, WaitAny und WaitAll gleich mehrere Möglichkeiten an, um auf das Ende eines Tasks zu warten. Bei Wait handelt es sich um eine Instanzmethode, bei WaitAny und WaitAll um statische Methoden der Klasse Task.

Warten Sie auf das Ende der Ausführungen eines bestimmten Tasks, bietet sich die Methode Wait an, die auf die Referenz des Task-Objekts aufgerufen wird.

```
Task task = Task.Run(() =>
{
  Console.WriteLine("Operation gestartet...");
  Thread.Sleep(5000);
  Console.WriteLine("Operation beendet ...");
});
task.Wait();
Console.WriteLine("Task hat Arbeit beendet ...");
```

Listing 15.7 Auf das Beenden eines Tasks warten

Sie können Wait auch mitteilen, dass Sie nur für eine bestimmte Dauer warten möchten, und die entsprechende Zeitspanne in Millisekunden als Argument übergeben. Dieser Fall dürfte aber vermutlich eher selten auftreten.

Sind mehrere Tasks gestartet, können Sie auf das Beenden eines bestimmten oder auch aller Tasks mit der statischen Methode WaitAll warten, der Sie die Referenzen auf die Tasks angeben, von denen die weitere Fortsetzung des Programms abhängt.

```
// Beispiel: ..\Kapitel 15\WaitAll_Sample
class Program
{
  static void Main(string[] args)
  {
    Task task1 = Task.Run(() =>
```

```
  {
    Thread.Sleep(5000);
    Console.WriteLine("Task #1: fertig ...");
  });
  Task task2 = Task.Run(() =>
  {
    Thread.Sleep(3000);
    Console.WriteLine("Task #2: fertig ...");
  });
  Task task3 = Task.Run(() =>
  {
    Thread.Sleep(2000);
    Console.WriteLine("Task #3: fertig ...");
  });
  Task.WaitAll(new Task[] {task1, task2, task3});
  Console.WriteLine("Alle Tasks sind beendet");
  Console.ReadLine();
  }
}
```

Listing 15.8 Warten auf das Beenden mehrerer Tasks

Alternativ bietet sich bei mehreren laufenden Aufgaben WaitAny an. WaitAny erwartet eine Liste von Aufgaben. Das Programm wird nach WaitAny fortgesetzt, wenn einer der aufgeführten Tasks seine Operationen beendet hat.

15.2.6   Abbruch eines Tasks von außen

Innerhalb einer parallelen Operation können Sie mit return die Operation abbrechen. Um einen Task von außerhalb abzubrechen, müssen besondere Maßnahmen ergriffen werden. Dabei spielen zwei Typen eine entscheidende Rolle:

▶ die Klasse CancellationTokenSource
▶ die Struktur CancellationToken

Im Mittelpunkt steht die Klasse CancellationTokenSource. Ein Objekt dieses Typs stellt ein CancellationToken zur Verfügung, das mit der Eigenschaft Token abgerufen werden kann.

```
CancellationTokenSource cts = new CancellationTokenSource();
CancellationToken token = cts.Token;
```

Sehen wir uns den Programmcode an, mit dem der Abbruch eines Tasks initiiert wird. Der Task hat die Aufgabe, in einer Endlosschleife immer wieder X in die Konsole zu schreiben. Nach 20 ms wird vom Initiator des Tasks der ausführende Task abrupt abgebrochen.

```
// Beispiel: ..\Kapitel 15\CancellationToken_Sample
class Program
{
  static void Main()
  {
    var cts = new CancellationTokenSource();
    CancellationToken token = cts.Token;
    var task = Task.Run(() =>
    {
      while(true)
      {
        Console.Write("X");
        if (token.IsCancellationRequested)
        {
          Console.WriteLine("\nAbbruch des Tasks");
          token.ThrowIfCancellationRequested();
        }
      }
    }, token);
    try
    {
      Thread.Sleep(20);
      cts.Cancel();
      task.Wait();
    }
    catch (AggregateException ex)
    {
      foreach (var item in ex.InnerExceptions)
        Console.WriteLine($"{ex.Message} - {item.Message}");
    }
    Console.ReadLine();
  }
}
```

Listing 15.9 Das Beispielprogramm »TaskCancellationSample«

Das von der Eigenschaft Token zurückgelieferte CancellationToken-Objekt wird zur Überwachung eines Abbruchwunsches verwendet und an den Task als Argument weitergegeben. CancellationToken führt nicht selbst den Abbruch aus. Aber das Objekt stellt mit IsCancellationRequested eine Eigenschaft bereit, die auf true gesetzt ist, falls der laufende Task von außen beendet werden soll. Der Abbruch der parallelen Ausführung wird mit der Methode Cancel des CancellationTokenSource-Objekts eingeleitet.

Die Methode `ThrowIfCancellationRequested` wirft eine Ausnahme, falls die Eigenschaft `IsCancellationRequested=true` aufweist. Dabei prüft `ThrowIfCancellationRequested` mit

```
if (token.IsCancellationRequested)
  throw new OperationCanceledException(token);
```

intern selbst, ob ein Abbruchwunsch vorliegt. Eigentlich ist daher eine Überprüfung von `IsCancellationRequested` nicht unbedingt notwendig, ehe `ThrowIfCancellationRequested` aufgerufen wird. Im Beispielprogramm wurde das gemacht, um im Fall eines Abbruchs eine Meldung in die Konsole zu schreiben.

Ein Task, der in den Zustand »Canceled« wechselt, löst eine Ausnahme vom Typ `TaskCanceledException` aus. Diese wird ihrerseits in einer `AggregateException` als innere Ausnahme weitergeleitet.

Hinweis

Bitte achten Sie unbedingt darauf, dass Sie das Beispiel nicht im Debug-Modus mit ⌜F5⌝ starten, sondern mit ⌜Strg⌝+⌜F5⌝. Alternativ bietet es sich an, das Kompilat direkt zu starten.

15.2.7   Bei Abbruch eine Callback-Methode aufrufen

Es gibt eine weitere Variante, auf den Abbruch eines Tasks zu reagieren: Anstatt eine Exception auszulösen, können Sie vor dem Starten des Tasks eine Callback-Methode beim `CancellationToken` registrieren. Dazu stellt diese Struktur die Methode `Register` zur Verfügung, die zahlreiche Überladungen aufweist. Auf diese Weise können Aktionen ausgeführt werden, um auf einen Abbruch zu reagieren.

Auch dazu ein Beispiel: Im Task des folgenden Beispiels wird eine Schleife von 0 bis 100 durchlaufen und der jeweilige Schleifenzähler in die Konsole geschrieben. Wenn dem User das zu langweilig ist, kann er durch Drücken der Leertaste den Task zu jedem beliebigen Zeitpunkt abbrechen.

```
// Beispiel: ..\Kapitel 15\CancelTaskWithCallback_Sample
class Program
{
  static void Main(string[] args)
  {
    Console.WriteLine("Zum Abbruch Leertaste drücken ...");
    CancellationTokenSource cts = new CancellationTokenSource();
    CancellationToken token = cts.Token;
// Callback-Methode registrieren
    token.Register(CancelCallbackMethod);
// Task erzeugen
    var task = Task.Run(() =>
```

```
        {
          for (int i = 0; i < 100; i++)
          {
            Console.WriteLine($"Number: {i}");
            Thread.Sleep(500);
            if (token.IsCancellationRequested)
              break;
          }
        }, token);
// Drückt User die Leertaste, Task abbrechen
      if (Console.ReadKey().KeyChar == ' ')
        cts.Cancel();
      Console.ReadLine();
    }

    static void GetNumbers(CancellationToken cancelToken)
    {
      for (int i = 0; i < 100; i++)
      {
        Console.WriteLine($"Number: {i}");
        Thread.Sleep(500);
        if (cancelToken.IsCancellationRequested)
          break;
      }
    }
// Callback-Methode
    static void CancelCallbackMethod() => Console.WriteLine("Task wurde abgebrochen");
}
```

Listing 15.10 Task-Abbruch mit Aufruf einer Callback-Methode

15.2.8   Fehlerbehandlung

Auch bei Tasks kann es zur Laufzeit zu Ausnahmen kommen Das ist nicht anders, als würden Sie eine Anwendung mit synchronem Laufzeitverhalten schreiben. Allerdings verschärft sich die Problematik bei einer parallelen Lösung dadurch, dass zeitgleich mehrere Ausnahmen auftreten können.

In der TPL werden mehrere zeitgleich auftretende Exceptions in einer einzigen Exception vom Typ AggregateException gesammelt an den Aufrufer zurückgegeben. Dabei spielt es keine Rolle, ob nur ein Fehler aufgetreten ist oder mehrere.

Die Fehlerbehandlung unterscheidet sich ein wenig von der, die Sie in Kapitel 7, »Fehlerbehandlung und Debugging«, kennengelernt haben. Damit der Code überschaubar bleibt, hier zuerst ein Beispiel, in dem tatsächlich nur ein Fehler auftreten kann.

```
// Beispiel: ..\Kapitel 15\AggregateExceptionSample_1
class Program
{
  static void Main(string[] args)
  {
    Task task1 = Task.Run() => { throw new DivideByZeroException(); });
    try
    {
      task1.Wait();
    }
    catch(AggregateException ex)
    {
      AggregateException aggEx = ex.Flatten();
      aggEx.Handle(type =>
      {
        if (type is DivideByZeroException)
        {
          Console.WriteLine("Division durch 0 ist nicht erlaubt.");
          return true;
        }
        return false;
      });
    }
    Console.WriteLine("Anwendung beendet");
    Console.ReadLine();
  }
}
```

Listing 15.11 Einfaches Beispiel zur »AggregateException«

Hinweis

Bitte beachten Sie unbedingt, dass Sie das Beispiel nicht im Debug-Modus mit [F5] starten dürfen, sondern mit [Strg]+[F5]. Alternativ bietet es sich an, das Kompilat direkt zu starten.

Innerhalb des Tasks wird eine DivideByZeroException ausgelöst. Im try-Block wird auf das Beenden des Tasks mit Wait gewartet und im catch-Zweig die Ausnahme behandelt.

Im catch-Zweig wird zuerst die Methode Flatten der AggregateException aufgerufen. In unserem Beispiel könnten wir auf diese Anweisung verzichten, denn sie dient dazu, mehrere gleichzeitig aufgetretene Ausnahmen zusammenzufassen. In unserem Beispiel tritt aber nur eine auf. Auf diese neue Referenz rufen wir die Methode Handle auf. Sollten mehrere Ausnahmen aufgetreten sein, wird Handle für jede Ausnahme aufgerufen. Anschließend erfolgen eine Typuntersuchung und die gewünschte Reaktion auf die Ausnahme.

Handle beschreibt einen Delegaten vom Typ Func und hat somit einen Rückgabewert. Dieser ist vom Typ bool und gibt mit true an, dass die Ausnahme erfolgreich behandelt worden ist. Ansonsten ist der Rückgabewert false.

Nun sehen wir uns noch ein Beispielprogramm an, in dem innerhalb mehrerer Tasks gleichzeitig mehrere unterschiedliche Ausnahmen auftreten. Eine weitere Erklärung des Programmcodes sollte sich erübrigen.

```
// Beispiel: ..\Kapitel 15\AggregateExceptionSample_2
class Program
{
  static void Main(string[] args)
  {
    try
    {
      Task task1 = new Task(() => { throw new DivideByZeroException(); });
      Task task2 = new Task(() => { throw new InvalidCastException(); });
      Task task3 = new Task(() => { throw new InvalidProgramException(); });
      task1.Start();
      task2.Start();
      task3.Start();
      Task.WaitAll(task1, task2, task3);
    }
    catch (AggregateException ex)
    {
      AggregateException aggEx = ex.Flatten();
      aggEx.Handle(type =>
      {
        if (type is DivideByZeroException)
        {
          Console.WriteLine("Nulldivision ist nicht erlaubt.");
          return true;
        }
        if (type is InvalidCastException)
        {
          Console.WriteLine("Nicht mögliche Typumwandlung.");
          return true;
        }
        if (type is InvalidProgramException)
        {
          Console.WriteLine("Fehler im Programm.");
```

```
        return true;
      }
      return false;
    });
  }
  Console.WriteLine("Anwendung beendet");
  Console.ReadLine();
  }
}
```

Listing 15.12 Behandeln mehrerer gleichzeitig auftretender Ausnahmen in Tasks

15.3   Die Klasse »Parallel«

Die Klasse Parallel, die static definiert ist, unterstützt die Parallelisierung von Codebereichen und Schleifen. Dafür werden die folgenden Methoden angeboten:

- ▶ For
- ▶ ForEach
- ▶ Invoke

Alle drei Methoden sind überladen. Die möglichen Optionen gestatten Ihnen ein Feintuning der parallelen Verarbeitung, beispielsweise um die Anzahl der benutzten Prozessorkerne zu beschränken – per Vorgabe werden alle verfügbaren Kerne der CPU verwendet.

For und ForEach bieten sicherlich eine sehr einfache Lösung an, aufwendige Berechnungen zu parallelisieren und damit auch zu beschleunigen. Aber häufig fällt am Ende die vielleicht erwartete Leistungssteigerung doch nicht so deutlich aus wie erhofft. Möglicherweise kommt es sogar zu dem Effekt, dass die Parallelisierung langsamer arbeitet als eine synchrone Umsetzung. Der Entwickler muss daher einige Dinge im Auge behalten und unter Umständen eine Reihe von Tests durchführen, um die Möglichkeiten der Parallelisierung der TPL ausnutzen zu können. Ich werde darauf noch zu sprechen kommen.

15.3.1   Die Methode »Parallel.Invoke«

Die einfachste Art, parallele Operationen anzustoßen, ist die Methode Invoke der Klasse Parallel. In Listing 15.1 haben wir diese Methode bereits eingesetzt.

Die Methode definiert ein Parameter-Array, dem Sie Action-Objekte übergeben. Die Syntax lautet:

```
public static void Invoke(params Action[] action)
```

`Action` ist ein Delegat und beschreibt eine parameterlose Methode ohne Rückgabewert. Erst wenn alle Methoden abgearbeitet sind, wird die Programmausführung mit der auf `Invoke` folgenden Anweisung fortgesetzt. `Invoke` blockiert also den Programmablauf und hat synchronen Charakter.

Sie müssen sicherstellen, dass innerhalb der Methoden nicht dieselben Variablen benutzt werden. Ansonsten erleben Sie unliebsame Überraschungen.

15.3.2 Schleifen mit »Parallel.For«

Mit `Parallel.For` und `Parallel.ForEach` lassen sich einfache Schleifendurchläufe parallelisieren. Der Effekt der Performancesteigerung wird sich nicht bei 10 oder 100 Schleifendurchläufen bemerkbar machen, die Anzahl sollte schon deutlich darüber liegen und hängt zudem von der Anzahl der beteiligten Prozessorkerne ab. Spielen wir nur eine einfache Überlegung durch: Nehmen wir an, Sie durchlaufen eine Schleife 10.000 Mal. Nehmen wir weiter an, diese Operation würde 10 Sekunden in Anspruch nehmen, wenn sie synchron ausgeführt wird. Nun stellen wir uns vor, wir hätten einen Dual-Core-Prozessor und würden mit `Parallel.For` die Schleife parallelisieren. Der Einfachheit halber gehen wir davon aus, die Ausführungszeit würde dadurch halbiert, was einem Speedup von 2 entspricht.

> **Anmerkung**
>
> Fin *Speedup* kann sehr einfach berechnet werden. Er beschreibt das Verhältnis zwischen der parallelen und synchronen Ausführungszeit. Dazu wird die Ausführungsdauer auf einem Einkernsystem durch die Ausführungsdauer auf dem Mehrkernsystem dividiert.

Sollte diese Annahme stimmen, würde dies konsequenterweise auch bedeuten, dass auf einem Quad-Core-System der Speedup 4 betragen würde. Folgen wir dieser linearen Logik, würden unendlich viele Kerne theoretisch keine Prozessorzeit mehr benötigen ... Sie merken schon, ganz so einfach ist es nicht. Viele andere Faktoren – sei es die Synchronisation der Schleife über die Kerne hinweg, dass Ein- und Auslagern der Threads, aber auch der Garbage Collector – üben einen negativen Einfluss auf den Speedup aus. Und wir dürfen auch nicht vergessen, dass gewisse Teile des Programmcodes überhaupt nicht parallelisierbar sind.

Insbesondere bei den Schleifenoperationen spielt auch die Anzahl der Schleifendurchläufe, wie weiter oben bereits angedeutet, eine entscheidende Rolle. Das soll im folgenden Beispielprogramm demonstriert werden. Dazu wird die Zeitspanne gemessen, die vergeht, um eine herkömmliche for-Schleife auszuführen und – bei identischer Operation und gleicher Anzahl der Schleifendurchläufe – mit der parallelisierten `Parallel.For`-Schleife. Zur Messung der Zeitspanne, die die Laufzeit zur Abarbeitung der Schleifen braucht, greifen wir auf die Klasse `StopWatch` aus dem Namespace `System.Diagnostics` zurück.

```
// Beispiel: ..\Kapitel 15\Parallel_For_Sample
class Program
{
  static void Main(string[] args)
  {
    int[] values = { 10_000, 100_000, 500_000, 1_000_000, 10_000_000 };
    for (int index = 0; index < 5; index++)
    {
      Console.WriteLine("Schleifen: {0}\n{1}", values[index], new string('-', 30));
      Stopwatch watch = new Stopwatch();
      watch.Start();
      ParallelTest(values[index]);
      watch.Stop();
      Console.WriteLine($"Parallel: {watch.ElapsedMilliseconds} ms");
      watch.Reset();
      watch.Start();
      SynchronTest(values[index]);
      watch.Stop();
      Console.WriteLine($"Synchron: {watch.ElapsedMilliseconds}ms\n");
    }
    Console.ReadLine();
  }
  static void SynchronTest(int loops)
  {
    double[] arr = new double[loops];
    for (int i = 0; i < loops; i++)
      arr[i] = Math.Pow(i, 0.333) * Math.Sqrt(Math.Sin(i));
  }
  static void ParallelTest(int loops)
  {
    double[] arr = new double[loops];
    Parallel.For(0, loops, i =>
    {
      arr[i] = Math.Pow(i, 0.333) * Math.Sqrt(Math.Sin(i));
    });
  }
}
```

Listing 15.13 Vergleich der Ausführungszeit synchroner und parallelisierter Schleifen

Im Beispielprogramm wird die Anzahl der Schleifendurchläufe variiert: Im geringsten Fall handelt es sich um 10.000, im Maximalfall um 10.000.000. Die Operationen innerhalb der

15

beiden Schleifen sind identisch und sicherlich so gestaltet, dass der CPU der Schweiß auf die Stirn getrieben wird.

Sehen wir uns nun die Ausgabe im Konsolenfenster an (siehe Abbildung 15.2). Sollten Sie das Beispiel auf Ihrem Rechner testen, werden Sie mit Sicherheit andere Ergebnisse vorfinden, die mehr oder weniger stark abweichen. Das liegt natürlich an einer anderen Hardwareausstattung, aber auch an den weiteren Programmen und Diensten, die auf der lokalen Maschine ihre Aufgabe verrichten. Aber uns soll es nur um eine Erkenntnis gehen, die prinzipiell bei Ihnen genauso gezogen werden kann: Handelt es sich um zu wenig Schleifendurchläufe, ist die parallelisierte Schleife sogar deutlich langsamer als die synchrone. Erst ab einer gewissen Schleifenanzahl lohnt sich die Parallelisierung überhaupt. Im Allgemeinen ist sie sogar so hoch, dass für die meisten Anwendungen parallele Schleifen uninteressant sind. Setzen Sie also Parallel.For und Parallel.ForEach mit Bedacht ein, um nicht sogar von einem gegenteiligen Effekt überrascht zu werden.

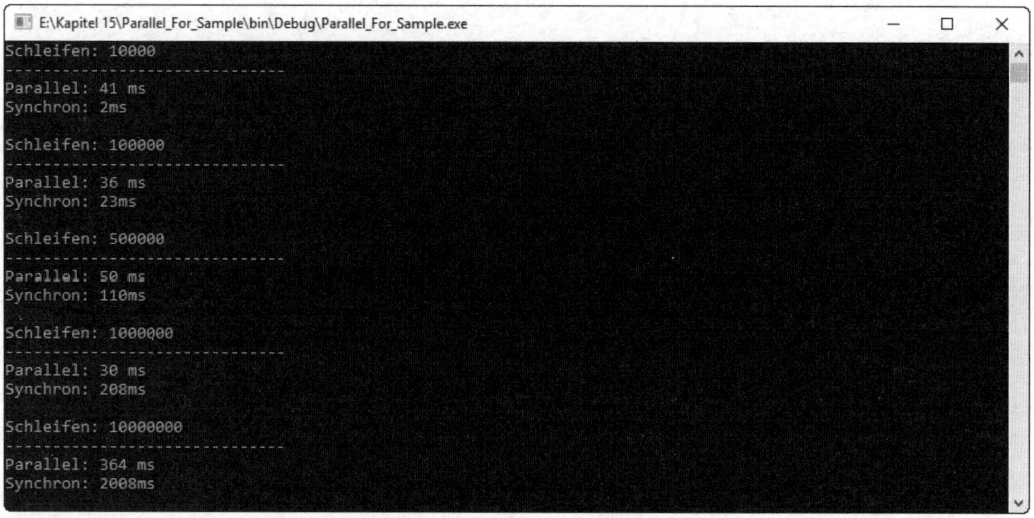

Abbildung 15.2 Ausgabe des Beispielprogramms »Parallel_For_Sample«

Die Syntax der Schleife »Parallel.For«

Die Syntax der For-Methode ähnelt der der for-Schleife:

```
public static ParallelLoopResult For(int fromInclusive, int toExclusive,
                                      Action[] body)
```

Der erste Parameter erwartet den Startindex (inklusive), der zweite den Endindex (exklusive). Der letzte Parameter ist ein Delegat, der auf den Code zeigt, der innerhalb der Schleife ausgeführt wird. Der Rückgabewert vom Typ der Struktur ParallelLoopResult gibt Auskunft darüber, ob die Schleife komplett ausgeführt oder vorzeitig beendet wurde. Dazu muss die Eigenschaft IsCompleted von ParallelLoopResult ausgewertet werden. Zudem können Sie mit `LowestBreakIteration` den Index abrufen, bei dem die Schleife abgebrochen wurde. Wurde eine Schleife mit `Stop` beendet, ist der Rückgabewert `null`.

Anmerkung

Die Erhöhung des Schleifenzählers beträgt immer +1. Möchten Sie andere Schrittweiten festlegen, müssen Sie im Schleifenblock eine entsprechende Umrechnung vornehmen. Angenommen, Sie sind an allen ganzzahligen Werten zwischen 0 und 100 interessiert, könnten Sie im Schleifenkörper den folgenden Code schreiben:

```
Parallel.For(0, 50, i =>
{
    int newIndex = i * 2;
    Console.Write(" {0} ", newIndex);
});
```

Außerdem ist nur eine positive Iteration möglich.

Schleifenunterbrechung

In der parallelen Verarbeitung muss natürlich eine Schleife anders abgebrochen werden als in einer herkömmlichen Schleife. Die Klasse `Parallel` stellt dazu eine Überladung der Methode `For` zur Verfügung, deren Syntax wir uns zuerst ansehen:

```
public static ParallelLoopResult For(int fromInclusive
                            int toExclusive,
                            Action<int, ParallelLoopState> body)
```

Hier wird eine andere Variante des Delegaten `Action` benutzt. Sie geben hier ein Objekt vom Typ `ParallelLoopState` an, das unter anderem die Methode `Stop` zum Abbruch einer parallel ausgeführten Schleife bereitstellt.

```
Parallel.For(0, 1000000, (i, option) =>
{
  arr[i] = Math.Pow(i, 0.333) * Math.Sqrt(Math.Sin(i));
  if (i > 1000)
    option.Stop();
});
```

Listing 15.14 Abbrechen einer »Parallel.For«-Schleife mit »Stop«

Es gibt neben der Methode `Stop` auch die Methode `Break`. Diese gibt an, dass die Schleife nach der aktuellen Iteration beendet werden soll.

> **Hinweis**
>
> Die For-Methode hat noch viel mehr Überladungen als die beiden hier vorgestellten. Ich werde darauf nicht weiter eingehen.

15.3.3   Den Grad der Parallelität beeinflussen

Im Beispielprogramm *Parallel_For_Sample* weiter oben haben Sie gesehen, dass die Anzahl der Schleifendurchläufe einen maßgeblichen Einfluss darauf ausübt, ob wir von der Parallelisierung einer Schleife profitieren oder nicht. Ein weiterer Einflussfaktor ist die Anzahl der verfügbaren Prozessorkerne. Hätten wir die Möglichkeit, das Beispiel mit einer unterschiedlichen Anzahl von Prozessorkernen zu testen, könnten wir einen weiteren negativen Trend feststellen: Wenn die Anzahl der Kerne einen gewissen Wert überschreitet, verlangsamt sich die Ausführungszeit wieder. Das führt im Extremfall sogar so weit, dass die Parallelisierung mehr Laufzeit benötigt, als hätten wir die Schleife synchron gestartet. Neben der Anzahl der Schleifendurchläufe spielt die Anzahl der verfügbaren Kerne eine wichtige Rolle.

Per Vorgabe versucht die Parallelisierung, die zur Verfügung stehenden Kerne zu nutzen. Andere Aufgaben, die nichts mit der Schleife zu tun haben, würden dabei zurücktreten müssen und wären benachteiligt.

Sie können beim Starten der Parallel.For-Schleife (und auch der Parallel.ForEach-Schleife) den sogenannten *maximalen Grad der Parallelität* festlegen. Mit anderen Worten: die maximale Anzahl der zu nutzenden Kerne. Dazu bieten die parallelisierten Schleifen Überladungen an, die einen Parameter vom Typ ParallelOptions definieren.

ParallelOptions ist deshalb interessant, weil die Klasse unter anderem die Eigenschaft MaxDegreeOfParallelism vom Typ int bereitstellt. MaxDegreeOfParallelism schränkt die Anzahl der gleichzeitigen Operationen ein, die von Parallel.For oder Parallel.ForEach-Methodenaufrufen ausgeführt werden. Wenn MaxDegreeOfParallelism -1 ist, dann gibt es keine Grenze für die Anzahl gleichzeitig ausgeführter Operationen. Möchten Sie eine parallelisierte Schleife zum Beispiel dazu bringen, maximal vier Kerne zu nutzen, sähe der Programmcode wie in Listing 15.15 gezeigt aus:

```
var options = new ParallelOptions { MaxDegreeOfParallelism = 4};
Parallel.For(0, 1000, options, i =>
{
  [...]
});
```

Listing 15.15 Festlegung der maximal nutzbaren Kerne einer parallelen Schleife

Hinweis

Vielleicht möchten Sie auch die Anzahl der einer parallelisierten Schleife zur Verfügung gestellten Kerne abhängig machen von der tatsächlichen Anzahl der Kerne der lokalen Maschine. Dazu müssen Sie erst einmal herausfinden, wie viele Kerne aktuell auf dem Rechner vorhanden sind, auf dem die Anwendung ausgeführt wird. Das können Sie, indem Sie die statische Eigenschaft ProcessorCount der Klasse Environment auswerten. Environment gehört zum Namespace System.

15.3.4 Auflistungen mit »Parallel.ForEach« durchlaufen

Grundsätzlich ähnelt der Einsatz der ForEach-Methode dem der For-Methode. Daher zeige ich an dieser Stelle abschließend nur kurz den Einsatz:

```
string[] namen = { "Peter", "Uwe", "Udo", "Willi", "Pia", "Michael", "Conie" };
Parallel.ForEach(namen, name  =>
{
  Console.WriteLine(name);
});
```

Listing 15.16 Parallele Verarbeitung mit »ForEach«

Sie können übrigens nicht erwarten, dass die Namen in der Reihenfolge ausgegeben werden, in der sie in der Liste angegeben sind.

15.4 Asynchrone Programmierung mit »async« und »await«

In Kapitel 14, »Multithreading«, habe ich Ihnen die asynchrone Programmierung vorgestellt. Sie erinnern sich vielleicht, dass dabei die Schnittstelle IAsyncResult und der Delegat AsyncCallback eine wichtige Rolle spielen. Es ist nicht besonders schwierig, damit asynchrone Methodenaufrufe bereitzustellen, aber dennoch war das Verfahren in der Vergangenheit nicht besonders beliebt bei den Entwicklern, denn es führt zu relativ komplexen Programmcode.

Seit dem .NET Framework 4.5 gibt uns .NET eine andere Möglichkeit an die Hand, die zu einem einfacheren und intuitiveren Code führt: das *Task-based Asynchronous Pattern*, kurz *TAP* genannt. Dieses Pattern setzt auf die Tasks der TPL auf und führt zudem die beiden Schlüsselwörter async und await ein.

15.4.1 Die Arbeitsweise von »async« und »await« verstehen

Als Ausgangspunkt soll uns zunächst eine einfache Methode dienen, die synchron aufgerufen wird. Sie nimmt einen int als Argument entgegen, damit wir den Aufruf der Methode und deren Ablauf sauber in der Konsole protokollieren können.

```
static void Main(string[] args)
{
  Start();
  Console.WriteLine("Ende Main ...");
  Console.ReadLine();
}
static void Start()
{
  DoSomething(1);
  Console.WriteLine("nach Aufruf von DoSomething(1) ...");
}
static void DoSomething(int id)
{
  Console.WriteLine($"Operation {id} startet ...");
  Thread.Sleep(2000);
  Console.WriteLine($"Operation {id} ist beendet.");
}
```

Listing 15.17 Synchroner Aufruf einer lang dauernden Methode

Die Arbeitsleistung der Methode DoSomething wird dadurch simuliert, dass wir den Thread mit Thread.Sleep für zwei Sekunden zur Ruhe setzen.

Vielleicht möchten Sie die Methode wegen der längeren Ausführungszeit asynchron aufrufen. Im klassischen Fall würden Sie nun eine weitere Methode bereitstellen, der Sie konventionsgemäß den Begriff Begin als Präfix voranstellen. Sie würde also BeginDoSomething lauten. Dieser Methode müssten Sie zudem zwei weitere Parameter übergeben: Hinter dem int-Parameter müssten Sie einen Parameter vom Typ AsyncCallback angeben, gefolgt von einem Object-Parameter.

Mit await/async im Zusammenspiel mit der Klasse Task geht es einfacher. Im ersten Schritt ist dazu die Methode unter Verwendung der Klasse Task zu formulieren. Die Arbeitsleistung der Methode wird innerhalb eines Lambda-Ausdrucks beschrieben.

```
static Task DoSomethingAsync(int id)
{
  Task task = Task.Run(() =>
  {
    Console.WriteLine($"Operation {id} startet ...");
```

```
    Thread.Sleep(2500);
    Console.WriteLine($"Operation {id} ist beendet.");
  });
  return task;
}
```

Listing 15.18 Asynchrone Fassung der Methode »DoSomething«

Sehen wir uns nun die Anpassungen im Detail an. Die erste Fassung von DoSomething in Listing 15.17 lieferte keinen Rückgabewert, war also void. Eine durch Task beschriebene Methode ohne Rückgabewert hat den Rückgabedatentyp Task. Wozu dieser dient, werden Sie später noch sehen. Allgemein ist es üblich, zur äußeren Kennzeichnung solcher Methoden das Suffix Async anzuhängen. Daran sind die Methoden zu erkennen, die ihre Operationen innerhalb eines Tasks erledigen. Ändern wir nun in der Methode Start den Methodenaufruf und rufen die Methode DoSomethingAsync auf:

```
static void Start()
{
  DoSomethingAsync(1);
  Console.WriteLine("nach Aufruf von DoSomethingAsync(1) ...");
}
```

Listing 15.19 Aufruf der asynchronen Methode

Starten wir die Anwendung, könnte die Ausgabe an der Konsole wie in Abbildung 15.3 aussehen.

Abbildung 15.3 Aufruf der asynchronen Methode »DoSomethingAsync«

Erstaunlich ist die Ausgabe nicht. Sie beweist aber immerhin, dass die Methode parallel ausgeführt wird.

Was ist aber nun mit dem weiter oben erwähnten await und async? Lassen Sie uns noch eine Änderung vornehmen. Jetzt ist allerdings nicht die Methode DoSomethingAsync betroffen, sondern die Methode Start. Zunächst ergänzen wir den Aufruf von DoSomethingAsync in Start mit await:

```
await DoSomethingAsync(1);
```

Daraufhin wird uns die Entwicklungsumgebung einen Fehler anzeigen mit dem Hinweis, dass await nur in einer mit async gekennzeichneten Methode verwendet werden kann. Also passen wir die Methode Start wie in Listing 15.20 gezeigt an:

```
static async void Start()
{
  await DoSomethingAsync(1);
  Console.WriteLine("Nach Aufruf von DoSomethingAsync(1) ...");
}
```

Listing 15.20 Vollständige »async«-Methode

Starten wir nun erneut die Anwendung. Die Ausgabe wird wie in Abbildung 15.4 lauten.

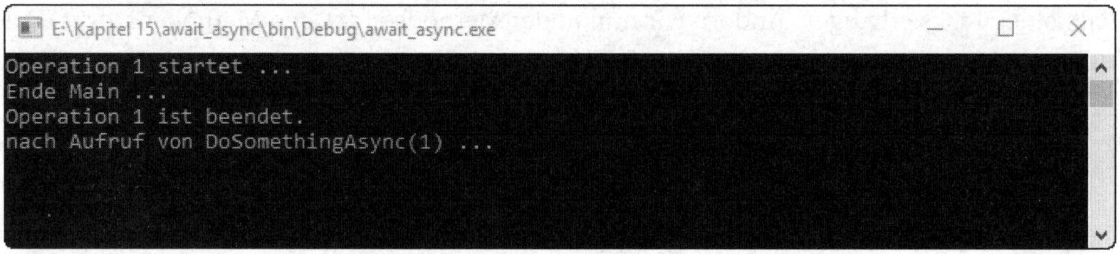

Abbildung 15.4 Ausgabe beim Methodenaufruf mit »await«

Vergleichen Sie Abbildung 15.3 und Abbildung 15.4. Der entscheidende Unterschied zwischen den beiden Ausgaben ist, dass die Anweisung, die dem await-Aufruf folgt, erst dann ausgeführt wird, wenn die asynchrone Operation der Methode DoSomethingAsync beendet ist – await wartet also auf eine Rückmeldung.

Anstatt die Anweisung

```
Console.WriteLine("Nach Aufruf von DoSomethingAsync(1) ...");
```

sofort auszuführen, wird der Programmablauf an den Aufrufer zurückgegeben (hier: Main), der dann den Programmablauf fortsetzt. Dass die Konsolenausgabe der Zeichenfolge

```
Nach Aufruf von DoSomethingAsync(1)
```

erst am Ende angezeigt wird, erinnert uns an die Callback-Methode einer klassischen asynchronen Operation, die ebenfalls erst nach dem vollständigen Beenden der asynchronen Operation aufgerufen wird. Allerdings ist der Programmcode mit await viel einfacher und besser lesbar.

Eine Methode, in der await benutzt wird, muss mit dem Schlüsselwort async signiert werden. async ist kein zusätzlicher Methodenmodifizierer, sondern ist als eine Compileranweisung zu verstehen, die auch bei anonymen Methoden und Lambda-Ausdrücken verwendet werden darf. Wird await verwendet, muss die Methode async sein, im umgekehrten Fall darf aber eine Methode async sein, ohne dass in ihr await verwendet wird. Dabei zeigt Visual Studio einen Warnhinweis mit dem Inhalt, dass Sie in Erwägung ziehen sollten, await zu verwenden. Sie können diese Warnung aber getrost ignorieren.

await bewirkt den Rücksprung zur aufrufenden Methode, in unserem Beispiel verzweigt der Programmablauf also von Start nach Main.

Hinweis

Bis einschließlich zur Version C# 7.0 konnte await nicht in der Startmethode Main eingesetzt werden, weil Main nicht mit async kombiniert werden konnte. Ab C# 7.1 ist das erlaubt. Allerdings wird in unserem Beispiel aus Demonstrationsgründen auf diese Spracherweiterung verzichtet.

Hinweis

Sie finden das komplette Beispiel unter ..\Kapitel 15\async_await (Download von *www.rhein-werk-verlag.de/4699*, Materialien zum Buch).

Der Rückgabewert »Task« einer »void«-Methode

Auch eine async-Methode, die eine klassische void-Methode beschreibt, hat einen Rückgabewert. Es ist der Typ Task. In den bisherigen Listings haben wir den Rückgabewert noch nicht verwendet. Das wollen wir nun an dieser Stelle nachholen.

Im Grunde genommen ermöglicht uns der Rückgabewert eine bessere Feinsteuerung von await. Wir geben await nicht vor dem Methodenaufruf an, sondern zu einem beliebigen späteren Zeitpunkt unter Angabe des Rückgabewertes (siehe Listing 15.21).

```
// Beispiel: ..\Kapitel 15\async_await_1
[...]
static async void Start()
{
  Task task = DoSomethingAsync(1);
  Console.WriteLine("Nach Aufruf von DoSomethingAsync(1) ...");
  await task;
  Console.WriteLine("Asynchrone Operation beendet");
}
```

Listing 15.21 Verwenden des Rückgabewertes einer »void«-Methode

Nun wird die Methode DoSomethingAsync gestartet und daran anschließend die Anweisung, die dem Methodenaufruf folgt, ausgeführt. In der dritten Anweisung folgt await unter Angabe der Referenz task. Sollte die asynchrone Operation noch nicht beendet sein, wird nun der weitere Programmablauf im Aufrufer der Methode Start fortgesetzt. Erst wenn DoSome-thingAsync vollständig beendet ist, wird auch die nach dem await folgende Anweisung in Start ausgeführt (siehe Abbildung 15.5).

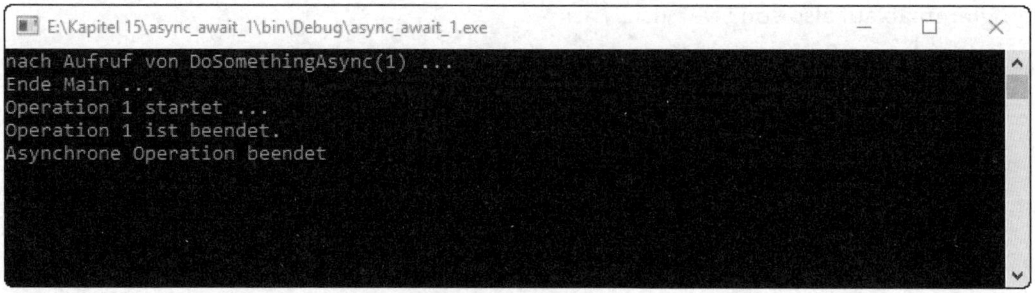

Abbildung 15.5 Aufrufergebnis aus Listing 15.21

Es wird uns hiermit ein Mittel an die Hand gegeben, nach dem Start einer asynchronen Operation aus einer Methode heraus diese nicht sofort in den Wartezustand zu versetzen, sondern zu einem beliebigen späteren Zeitpunkt.

15.4.2   Asynchrone Operationen mit Rückgabewert

Nun wollen wir uns auch noch eine Variante mit Rückgabewert ansehen. Dazu dient uns eine Methode Calculate, von der wir annehmen, dass ihre Ausführung einen längeren Zeitraum in Anspruch nehmen wird. In Listing 15.22 sehen Sie zunächst die synchrone Version, die zwei Integer entgegennimmt. Wir simulieren auch hier die länger dauernde Operation durch den Aufruf von Thread.Sleep.

```
// Beispiel: ..\Kapitel 15\async_await_2
static long Calculate(int x, int y)
{
  Thread.Sleep(2500);
  return x + y;
}
```

Listing 15.22 Die synchrone Version von »Calculate«

In Listing 15.23 sehen Sie die asynchrone Variante der Methode Calculate. Konventionsgemäß wurde dem Bezeichner das Suffix Async angehängt. Die Methode liefert einen long-Wert zurück. Dieser muss nun durch Task<long> beschrieben werden.

```
static Task<long> CalculateAsync(int x, int y)
{
  Task<long> task = Task.Run<long>(() =>
```

```
{
  Thread.Sleep(2500);
  return x + y;
});
  return task;
}
```

Listing 15.23 Die asynchrone Variante der in Listing 15.22 gezeigten Methode

Zum Aufruf und Auswerten der Methode stehen uns zwei Möglichkeiten zur Verfügung. Wir können die Methode mit await aufrufen und nach dem Beenden der Methode das Resultat direkt entgegennehmen. Listing 15.24 zeigt dies. Die dem Aufruf von CalculateAsync folgende Anweisung wird erst dann ausgeführt, wenn der asynchrone Aufruf beendet ist und das Ergebnis vorliegt.

```
static async void Starten()
{
  long result = await CalculateAsync(12, 88);
  Console.WriteLine($"Das Ergebnis liegt vor: {result}");
}
```

Listing 15.24 Das Resultat des asynchronen Aufrufs direkt entgegennehmen

Sie können CalculateAsync auch ohne await aufrufen und stattdessen die Task-Referenz entgegennehmen. Die dem Aufruf folgenden Anweisungen werden dann auch sofort ausgeführt. Zu einem späteren Zeitpunkt können Sie beispielsweise mit

```
long result1 = task.Result;
```

das Ergebnis der Operation abfragen. Liegt es noch nicht vor, blockiert task.Result die folgenden Anweisungen, bis die asynchrone Operation vollständig beendet ist. Sie können in unserem Beispiel natürlich auch das Ergebnis direkt in der Konsole ausgeben, wie Listing 15.25 zeigt.

```
static async void Starten()
{
  Task<long> task = CalculateAsync(111, 11);
  Console.WriteLine($"Das Ergebnis liegt vor: {task.Result}");
}
```

Listing 15.25 Spätere Entgegennahme des Resultats mit »Task.Result«

15

677

Kapitel 16
Grundlegende .NET-Klassen

In den vorhergehenden Kapiteln haben Sie viele Klassen des .NET Frameworks kennengelernt. Dabei haben wir es bisher versäumt, die vielleicht wichtigsten .NET-Klassen genauer zu betrachten – Klassen, die in nahezu jedem Projekt eine wichtige Rolle spielen. In diesem Kapitel holen wir daher das Versäumte nach und konzentrieren uns dabei schwerpunktmäßig auf die Typen, die im Zusammenhang mit Zeichenfolgen und Datum und Uhrzeit wichtig sind.

16.1 Die Klasse »Object«

Alle Klassen in der Klassenbibliothek des .NET Frameworks sind Mitglieder einer Klassenhierarchie, die sich über viele Verzweigungen in aufgabenspezifische Bereiche gliedert. Alle Klassen, so tief sie auch im Dickicht dieser Hierarchie stecken mögen, lassen sich aber auf die gemeinsame Basisklasse Object zurückführen. Wenn Sie eine benutzerdefinierte Klasse entwickeln, müssen Sie nicht explizit angeben, dass Ihre Klasse von Object abgeleitet ist – diese Ableitung geschieht implizit. Dass sich alle Klassen von Object ableiten, hat eine ganz wesentliche Konsequenz: Jeder Typ des Systems weist ein Minimum gemeinsamer Verhaltensweisen auf.

Object hat nur einen parameterlosen Konstruktor und insgesamt sieben Methoden. Fünf dieser Methoden sind public, also öffentlich, die beiden anderen Methoden sind protected und erlauben daher nur den Zugriff aus einer erbenden Klasse heraus. Sehen wir uns zunächst in Tabelle 16.1 alle Methoden in einem Überblick an.

Methoden	Beschreibung
Equals	Diese Methode vergleicht zwei Objektreferenzen und liefert einen booleschen Wert zurück, dem entnommen werden kann, ob die beiden Referenzen auf dasselbe Objekt zeigen.
Finalize	Dient dazu, Ressourcen der Klasse freizugeben, wenn das Objekt zerstört wird.

Tabelle 16.1 Die Methoden der Klasse »Object«

Methoden	Beschreibung
GetHashCode	Liefert einen eindeutigen numerischen Identifizierer.
GetType	Liefert die Referenz auf eine Type-Instanz zurück, die den Typ des aktuellen Objekts beschreibt.
MemberwiseClone	Dupliziert die aktuelle Instanz und liefert die Referenz auf das Duplikat zurück.
ReferenceEquals	Vergleicht zwei Objektreferenzen und liefert einen booleschen Wert zurück, dem entnommen werden kann, ob die beiden Referenzen auf dasselbe Objekt zeigen.
ToString	Liefert den voll qualifizierten Namen einer Klasse.

Tabelle 16.1 Die Methoden der Klasse »Object« (Forts.)

16.1.1   Referenzvergleiche mit »Equals« und »ReferenceEquals«

Die beiden Methoden Equals und ReferenceEquals sind sich per Definition sehr ähnlich. Es werden zwei Objektvariablen miteinander verglichen, um festzustellen, ob beide dasselbe Objekt im Speicher referenzieren:

```
Demo object1 = new Demo();
Demo object2;
object2 = object1;
Console.WriteLine(Object.Equals(object1, object2));
```

Listing 16.1 Referenzvergleich mit »Equals«

In diesem Codefragment wird die Referenz object1 der Variablen object2 zugewiesen. Beide Referenzen zeigen auf dasselbe konkrete Objekt, was der Aufruf der Equals-Methode bestätigt: Es wird true ausgegeben, was als referenzielle Identität der beiden Objektvariablen zu interpretieren ist. In diesem Fall können Sie sogar Equals gegen ReferenceEquals austauschen, am Ergebnis wird sich nichts ändern.

Equals wird sowohl als Instanz- als auch als Klassenmethode angeboten. Die Instanzmethode ist als virtual gekennzeichnet und kann von jeder Klasse polymorph überschrieben werden. Die statische Equals-Variante ist nicht überschreibbar, ebenso die ähnlich lautende Methode ReferenceEquals. Damit ist auch garantiert, dass das Ergebnis des Aufrufs einer dieser beiden Methoden immer den Vergleich zwischen zwei Objektreferenzen liefert: Es ist true, wenn beide Referenzen auf dasselbe Objekt verweisen, andernfalls lautet das Ergebnis false.

16.1.2   »ToString« und »GetType«

ToString liefert per Definition eine Zeichenfolge zurück, die den voll qualifizierten Namen der Klasse, also einschließlich der Angabe des Namespace, enthält. Viele Klassen überschreiben diese Methode und haben somit einen abweichenden Rückgabewert. Sehen wir uns das an zwei Beispielen an:

```
string text = "Visual C# 8.0 ist spitze!";
Console.WriteLine(text.ToString());
int value = 4711;
Console.WriteLine(value.ToString());
```

Listing 16.2 Rückgabewerte der Methode »ToString«

Die Ausgabe lautet:

```
Visual C# 8.0 ist spitze!
```

und

```
4711
```

Die Typen String und int überschreiben demnach ToString und liefern den Inhalt der Variablen, auf der die Methode aufgerufen wurde.

Mit GetType können Sie sich den Typ der Klasse besorgen, allerdings müssen Sie dazu die Rückgabe in einen String konvertieren, z. B.:

```
int value = 10;
Console.WriteLine(Convert.ToString(value.GetType()));
```

Jetzt wird nicht der Inhalt der Variablen value, sondern der Datentyp ausgegeben. Sie müssen an dieser Stelle eine Konvertierung vornehmen, weil der Rückgabewert vom Typ Type ist. Die Klasse Type liefert eine Referenz auf das Type-Objekt eines konkreten Objekts zurück. Dieses versetzt uns in die Lage, den Datentyp einer genaueren Analyse zu unterziehen.

16.1.3   Die Methode »MemberwiseClone« und das Problem des Klonens

Kommen wir zu einem leider etwas nebulösen Teil des .NET Frameworks: Es handelt sich dabei um das Klonen von Objekten. Nebulös deshalb, weil es Microsoft versäumt hat, exakt zu spezifizieren, ob bei den jeweiligen Klonvorgängen eine flache oder eine tiefe Kopie erzeugt werden soll.

Flache Kopien

Unter einer *flachen Kopie* versteht man, dass nur eine einfache Kopie eines Objekts erstellt wird. Enthält das zu kopierende Objekt einen Verweis auf ein anderes Objekt (nennen wir es »untergeordnetes Objekt«), wird letzteres nicht dupliziert. Stattdessen verweist auch die

Kopie auf dasselbe untergeordnete Objekt wie das Original. Sehen Sie sich dazu Listing 16.3 an, das die beiden Klassen Owner und Account beschreibt.

```
public class Owner
{
  public string Name { get; set; }
  public int Age { get; set; }
}
public class Account
{
  public int AccountNo { get; set; }
  public Owner Owner { get; set; }
}
```

Listing 16.3 Die Definition der Klassen »Owner« und »Account«

Beachten Sie, dass die Klasse Account eine Eigenschaft vom Typ Owner beschreibt, einem Referenztyp. Das von dieser Eigenschaft referenzierte Objekt ist das oben erwähnte »untergeordnete Objekt«. Wenn wir die flache Kopie eines bestehenden Account-Objekts erzeugen, wird zwar ein neues Account-Objekt erstellt, aber die Kopie verweist in ihrer Eigenschaft Owner auf dasselbe Owner-Objekt wie das Original-Account-Objekt. Das Owner-Objekt wird bei einer flachen Kopie nicht neu erzeugt.

Die Methode MemberwiseClone der Klasse Object erstellt eine flache Kopie des aktuellen Objekts und liefert die Referenz auf die Kopie. Da MemberwiseClone als protected definiert ist, wird eine andere Methode erforderlich, um den Klon an den Aufrufer zurückzugeben. Lassen Sie uns eine solche Methode bereitstellen. Wir können dazu auf das Interface ICloneable des .NET Frameworks zurückgreifen, über das die Methode Clone vorgeschrieben wird.

```
public class Account : ICloneable
{
  public int AccountNo { get; set; }
  public Owner Owner { get; set; }
  // Methode des Interface ICloneable
  public object Clone()
  {
    return this.MemberwiseClone();
  }
}
```

Listing 16.4 Die Klasse »Account« mit dem Interface »ICloneable«

Clone ruft MemberwiseClone des aktuellen Objekts auf. Dabei werden alle Felder des Originals bitweise kopiert. Das betrifft sowohl die Felder, die auf Wertetypen basieren, als auch die Felder, die auf Referenztypen basieren. Das hat zur Konsequenz, dass die Eigenschaften, die

Referenztypen beschreiben, nur die ursprüngliche Referenz in den Klon schreiben, aber kein neues Objekt erzeugen (siehe Abbildung 16.1).

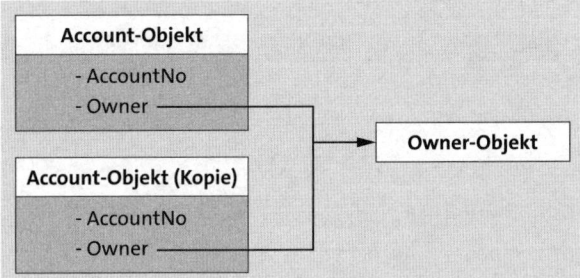

Abbildung 16.1 Prinzip der »flachen Kopie«

Tiefe Kopien

Bei einer *tiefen Kopie* werden nicht nur die auf Wertetypen basierenden Felder kopiert, sondern auch die Felder, die auf Referenztypen basieren und damit untergeordnete Objekte beschreiben. Bezogen auf die Klassen in Listing 16.3 würde das bedeuten, dass beim Klonen eines Account-Objekts auch eine Kopie des untergeordneten Objekts Owner erstellt wird (siehe Abbildung 16.2).

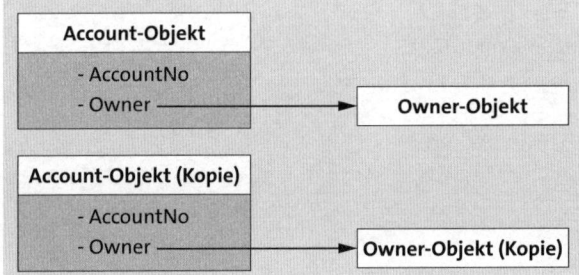

Abbildung 16.2 Prinzip der »tiefen Kopie«

Die unpräzise Spezifizierung des Klonens bei der Implementierung der Schnittstelle ICloneable hat zu vielen Diskussionen geführt. Soll mit diesem Interface flach oder tief kopiert werden? Es gibt darüber keine allgemeingültige Aussage. Es gibt leider auch keine andere Schnittstelle, die eine tiefe Kopie vorschreiben würde. Da sehr viele Klassen des .NET Frameworks die Schnittstelle ICloneable implementieren, bleibt Ihnen im Zweifelsfall nichts anderes übrig, als die entsprechende Dokumentation zu lesen.

Wenden wir uns wieder den beiden Klasse Owner und Account zu. Optimalerweise implementieren wir in beiden Klassen das Interface ICloneable. Die Methode Clone in der Klasse Owner erzeugt intern mit MemberwiseClone nur einen »einfachen« Klon von sich selbst. In Account hingegen muss darüber hinaus ein Klon des Eigenschaftswertes Owner erstellt werden. Erst damit ist eine tiefe Kopie eines Account-Objekts gewährleistet.

Das Beispielprogramm in Listing 16.5 zeigt den gesamten Code der beiden angesprochenen Klassen. Zum Testen des Erfolgs des tiefen Klonens reicht es in diesem Fall völlig aus, in `Main` den Hashcode des untergeordneten `Owner`-Objekts abzufragen.

```
// Beispiel: ..\Kapitel 16\MemberwiseClonen
class Program
{
  static void Main(string[] args)
  {
    Owner owner = new Owner { Name = "Herbert Meier", Alter = 28 };
    Account account = new Account { Owner = owner, AccountNo = 1 };
    // Erstellen einer tiefen Kopie
    Account copy = (Account)account.Clone();
    Console.WriteLine($"Hash des Originals:{account.Owner.GetHashCode()}");
    Console.WriteLine($"Hash der Kopie:    {copy.Owner.GetHashCode()}");
    Console.ReadLine();
  }
}
public class Owner : ICloneable
{
  public string Name { get; set; }
  public int Alter { get; set; }
  public object Clone() => this.MemberwiseClone();
}
public class Account : ICloneable
{
  public int AccountNo { get; set; }
  public Owner Owner { get; set; }
  public object Clone()
  {
    Account acc = (Account)MemberwiseClone();
    acc.Owner = (Owner)Owner.Clone();
    return acc;
  }
}
```

Listing 16.5 Erstellen einer tiefen Kopie

Der Prozess der tiefen Kopie muss den gesamten Objektgraphen erfassen und alle darin beschriebenen Objekte duplizieren. Am Ende haben die geklonten Objekte keinerlei Bezug mehr zu ihrem Original. Eine tiefe Kopie zu erstellen ist daher nicht immer so einfach, wie dieses Beispielprogramm vielleicht suggerieren mag. Je nach Typ und je nachdem, ob untergeordnete Objekte ihrerseits selbst wieder untergeordnete Objekte haben, die tief kopiert werden müssen, kann das Erstellen einer tiefen Kopie sehr aufwendig werden.

> **Hinweis**
>
> Es gibt mit dem Prozess der Serialisierung noch eine andere Möglichkeit, eine tiefe Kopie zu erstellen. Das setzt voraus, dass die Klassen mit dem `Serializable`-Attribut verknüpft sind. Das zu serialisierende Objekt wird einfach in einen Stream vom Typ `MemoryStream` serialisiert und anschließend sofort wieder deserialisiert.
>
> ```
> public object Clone()
> {
>   MemoryStream stream = new MemoryStream();
>   BinaryFormatter formatter = new BinaryFormatter();
>   formatter.Serialize(stream, this);
>   stream.Position = 0;
>   return formatter.Deserialize(stream);
> }
> ```
>
> Dabei dürfen Sie nicht vergessen, die aktuelle Position des Streams nach der Serialisierung auf 0 zurückzusetzen.

16.2   Die Klasse »String«

`String`-Variablen repräsentieren Zeichenfolgen mit einem ganz wesentlichen Charakteristikum: Sie sind unveränderlich. Ändern Sie den Inhalt einer Zeichenfolgevariablen durch eine neue Zuweisung, wird ein neues `String`-Objekt erzeugt und das alte verworfen. Dieses Phänomen können Sie sehr einfach verstehen, wenn Sie Listing 16.6 ausprobieren:

```
string text = "Hallo";
Console.WriteLine(text.GetHashCode());
text = "Berlin";
Console.WriteLine(text.GetHashCode());
```

Listing 16.6 Ändern des Inhalts einer »String«-Variablen

Das Ergebnis wird sein, dass unterschiedliche Hashcodes in der Konsole angezeigt werden. Daraus kann der Schluss gezogen werden, dass beim Ändern des Werts der `String`-Variablen tatsächlich ein neues Objekt erzeugt wurde.

Diesem anscheinenden Nachteil steht aber auch ein Vorteil gegenüber, denn intern verwaltet die Laufzeitumgebung eine Tabelle, die jeden String einer Anwendung enthält. Wenn Sie zur Laufzeit ein neues `String`-Objekt erzeugen, wird zuerst die Tabelle nach einem identischen String durchsucht. Ist ein solcher vorhanden, wird der neuen `String`-Variablen eine Referenz auf die bereits existierende Instanz zurückgeliefert, andernfalls wird der Pool vergrößert. Auch das können Sie sehr einfach prüfen, indem Sie das Codefragment ein klein wenig ändern:

16

```
string text = "Hallo";
Console.WriteLine(text.GetHashCode());
string text1 = "Hallo";
Console.WriteLine(text1.GetHashCode());
```

Listing 16.7 »String«-Variablen gleichen Inhalts

Nun werden an der Konsole identische Hashcodes angezeigt.

Wird eine Zeichenfolge häufig verändert, werden die vorhandenen Ressourcen möglicherweise an den Rand ihrer Möglichkeiten getrieben mit der Konsequenz der Performanceeinbuße.

> **Hinweis**
>
> Sie sollten in Fällen, in denen eine Zeichenfolge oft geändert wird, auf die Klasse `StringBuilder` zurückgreifen, die die beschriebenen Nachteile nicht hat. In Abschnitt 16.3, »Die Klasse ›StringBuilder‹«, wird diese Klasse Thema für uns sein. Verschwiegen werden darf dabei jedoch auch nicht, dass die Fähigkeiten einer `StringBuilder`-Zeichenfolge deutlich eingeschränkter sind als die einer `string`-Zeichenfolge.

16.2.1   Das Erzeugen eines Strings

Im einfachsten Fall wird ein Objekt vom Typ `String` durch eine einfache Deklaration erzeugt:

```
string str = "C# ist spitze!";
```

Das ist der Weg, den wir bisher meistens beschritten haben und der wohl auch die Regel darstellt. Es gibt aber weitere Möglichkeiten. Dazu sind in der Klasse `String` mehrere Konstruktoren definiert. Beispielsweise können Sie einem Konstruktor ein `char`-Array übergeben, aus dem ein `String`-Objekt erstellt wird:

```
char[] charArr  = {'C','#',' ','8','.','0'};
string strText = new String(charArr);
Console.WriteLine(strText);
```

Dieses Codefragment bildet aus dem `char`-Array die Zeichenfolge `C# 8.0`.

Mit einem weiteren Konstruktor können Sie eine Zeichenfolge zu erzeugen, die sich aus einer bestimmten Anzahl gleicher Zeichen zusammensetzt. Benötigen Sie beispielsweise eine Zeichenfolge aus zehn *, könnten Sie das mit

```
string strtext = new String('*', 10);
```

erreichen.

16.2.2   Die Eigenschaften von »String«

String weist nur zwei Eigenschaften auf: Length und Chars. Length liefert die Anzahl der Zeichen, und mit Chars können Sie auf ein einzelnes Zeichen aus der Zeichenfolge zugreifen. Die Definition von Chars, die in C# als Indexer implementiert ist, lautet wie folgt:

```
public char this[int index] {get;}
```

Übergeben wird dem Indexer eine Zahl, die die Position eines Zeichens innerhalb der Zeichenfolge beschreibt, z. B.:

```
string text = "HALLO";
char newChar = text[2];
```

Die char-Variable enthält damit das Zeichen L.

16.2.3   Die Methoden der Klasse »String«

Sie werden sich oft mit der einfachen Existenz einer Zeichenfolge nicht zufriedengeben, da es sehr häufig vorkommt, dass Zeichenfolgen verglichen oder manipuliert werden müssen oder eine formatierte Ausgabe erwünscht ist. Die Klasse String bietet zu diesem Zweck eine Reihe von Methoden an, die wir uns nun ansehen wollen.

Zeichenfolgen-Vergleiche

Um zwei Zeichenfolgen zu vergleichen, haben Sie die Qual der Wahl, denn dazu stehen Ihnen mit Equals, Compare, CompareTo und CompareOrdinal gleich vier Methoden zur Verfügung. Alle sind sich ähnlich und unterscheiden sich nur in Nuancen.

Bekanntlich werden mit Equals standardmäßig zwei Referenzen miteinander verglichen. Da zwei String-Variablen, die denselben Inhalt haben, dasselbe Objekt im Speicher referenzieren, können Sie diese Methode auch dazu benutzen, den Inhalt der Variablen miteinander zu vergleichen. Verweisen zwei Strings auf dieselbe Speicheradresse, muss ihr Inhalt zwangsläufig identisch sein.

Sehr ähnlich arbeitet auch Compare. Die Methode liefert jedoch keinen booleschen Wert, sondern einen Integer, der entweder < 0, 0 oder > 0 ist. Dazu ein Beispiel:

```
string strText = "Hallo";
string myString = "Hallo";
if(String.Compare(strText, myString) == 0)
    Console.WriteLine("Die beiden Strings sind identisch");
```

Das Ergebnis an der Konsole bestätigt, dass beide Zeichenfolgen denselben Inhalt aufweisen. Ändern wir nun einen der beiden Strings von »Hallo« in »hallo«, und testen wir noch einmal. Diesmal erhalten wir keine Bestätigung, was uns zu folgender Aussage führt:

Hinweis

Standardmäßig wird bei String-Variablen zwischen Groß- und Kleinschreibung unterschieden.

Die Interpretation der Rückgabewerte von Compare, die ebenfalls für die Vergleichsmethode CompareTo gilt, können Sie Tabelle 16.2 entnehmen.

Rückgabewert	Beschreibung
< 0	Der String des ersten Arguments ist kleiner als der des zweiten.
0	Beide Strings sind gleich.
> 0	Der String des ersten Arguments ist größer als der des zweiten.

Tabelle 16.2 Die Rückgabewerte von »String«-Vergleichsoperationen

Die spezifische Ländereinstellung entscheidet darüber, wann ein Zeichen als größer oder kleiner im Vergleich zu einem zweiten gilt. Im mitteleuropäischen Sprachraum ist festgelegt, dass den Großbuchstaben ein größerer Wert zugeordnet ist als ihrem kleingeschriebenen Pendant. Daher gilt:

```
A > a
B > b
```

Innerhalb von Groß- bzw. Kleinbuchstaben gilt die Reihenfolge, dass A < B < C bzw. a < b < c ist. Ganz allgemein kann man die Sortierregel wie folgt beschreiben:

```
a < A < b < B < c < C ... < y < Y < z < Z
```

Compare durchläuft die beiden zu vergleichenden Zeichenfolgen Zeichen für Zeichen. Dabei wird zunächst die Wertigkeit eines Buchstabens im Alphabet festgestellt, und bei Gleichheit wird zwischen Groß- und Kleinschreibung unterschieden.

CompareOrdinal vergleicht zwei Zeichenfolgen auf Basis der ANSI-Werte. Die Methode durchläuft dazu die beiden Zeichenfolgen Zeichen für Zeichen. Stimmt auch das letzte Zeichen in beiden Zeichenfolgen überein, ist der Rückgabewert 0. Stellt die Methode an einer Ordinalposition keine Übereinstimmung fest, bricht die Methode ab und liefert als Rückgabewert die Differenz der Zeichencodes. Tabelle 16.3 zeigt dies mit den Zeichenfolgen text1 und text2.

»text1«	»text2«	Rückgabewert
H	A	7
H	a	−25

Tabelle 16.3 »CompareOrdinal«-Vergleichsergebnisse

»text1«	»text2«	Rückgabewert
H	P	−8
H	p	−40
H	H	0
H	h	−32
h	H	32

Tabelle 16.3 »CompareOrdinal«-Vergleichsergebnisse (Forts.)

Fassen wir zum Abschluss noch einmal alle Vergleichsoperationen zur besseren Übersicht in einer Tabelle zusammen.

Vergleichsmethode	Beschreibung
Equals	Stellt fest, ob zwei Strings denselben Inhalt und folglich auch dieselbe Referenz haben.
Compare	Klassenmethode, die die lexikalische Reihenfolge der Zeichen in zwei Strings miteinander vergleicht
CompareOrdinal	Klassenmethode, die die lexikalische Reihenfolge der Zeichen in zwei Strings auf Basis der ANSI-Werte miteinander vergleicht
CompareTo	Instanzmethode, die die lexikalische Reihenfolge der Zeichen in zwei Strings miteinander vergleicht

Tabelle 16.4 Die Vergleichsmethoden der »String«-Klasse

Suchen in einer Zeichenkette

Viele Aufgaben, die sich im Zusammenhang mit Zeichenfolgen stellen, beziehen sich auf die Suche nach einem bestimmten Zeichen oder nach einer Abfolge von Zeichen innerhalb einer Zeichenfolge. Das Ergebnis der Suche wird beispielsweise zur Konstruktion eines neuen Strings oder als Anweisung innerhalb einer anderen, äußeren Anweisung benötigt. Wir wollen uns im Folgenden diese Methoden und ihren Einsatz anschauen. Doch zunächst verschaffen wir uns einen ersten Überblick:

▶ StartsWith

▶ EndsWith

▶ IndexOf

▶ LastIndexOf

▶ Substring

16

Fangen wir mit den beiden erstgenannten Methoden an, die in ihrer Funktionalität einander sehr ähnlich sind: Mit `StartsWith` und `EndsWith` wird der Anfang oder das Ende einer Zeichenfolge auf eine vorgegebene Zeichensequenz hin überprüft. Beide liefern als Ergebnis ihres Aufrufs einen booleschen Wert zurück.

Die Anzahl der dem Parameter mitgeteilten Zeichen spielt keine Rolle, es kann sich um ein einzelnes handeln oder um eine Zeichenfolge. Mit

```
string text = "Eine Kröte überquert die Fahrbahn";
if (text.StartsWith("Ein"))
  [...]
```

werden Sie demnach das Ergebnis `true` erhalten. In gleicher Weise lässt sich die Methode `EndsWith` einsetzen:

```
string text = "Eine Kröte überquert die Fahrbahn";
if (text.EndsWith("Bahn"))
  [...]
```

Beachten Sie, dass die Groß- und Kleinschreibung auch bei der Untersuchung einer Zeichenfolge berücksichtigt wird. Daher wird der Rückgabewert in diesem Fall `false` sein.

Mit `IndexOf` bzw. `LastIndexOf` lässt sich das erste oder das letzte Auftreten eines Zeichens oder einer Zeichenkette ermitteln. Beide Methoden sind vielfach überladen und erlauben die Übergabe eines `char` ebenso wie die Übergabe einer Zeichenfolge, nach der gesucht werden soll. Der Rückgabewert ist die Position, an der das oder die Zeichen zum ersten Mal auftritt (bzw. auftreten). Ist die Suche erfolglos, ist der Rückgabewert -1.

Im einfachsten Fall ähnelt die Funktionalität der beiden Methoden der von `StartsWith` und `EndsWith`. Die Überladung ermöglicht es aber, die Suche ab einer bestimmten Position zu beginnen und – falls gewünscht – die Anzahl der Positionen anzugeben, an denen das Original mit dem Suchstring verglichen wird. Das Codefragment in Listing 16.8 demonstriert den Einsatz der `IndexOf`-Methode:

```
string = "Da wird der Hund in der Pfanne verrückt.";
int position = -1;
do
{
  position++;
  pos = text.IndexOf("der", position);
  if(position == -1)
    Console.WriteLine("Ende des Strings erreicht.");
  else
    Console.WriteLine($"Vorkommen an Position {position}", position);
} while(!(position == -1));
```

Listing 16.8 Die Methode »String.IndexOf«

Wir geben zwar nur eine statische Zeichenfolge vor, aber das sollte uns in dieser Demonstration genügen. Gesucht wird in dieser Zeichenfolge der Teilstring der. Wir deklarieren zunächst die Variable position, die in der folgenden do-Schleife als Positionszeiger dient und der das Ergebnis des Aufrufs IndexOf zugewiesen wird. Wird der gesuchte Teilstring gefunden, muss der Positionszeiger um eine Position verschoben werden, um nicht in einer Endlosschleife zu enden. Das hat aber zur Konsequenz, dass vor dem Eintritt in die Schleife position mit -1 vorinitialisiert werden muss, damit die Suche beim ersten Schleifendurchlauf auch mit 0 startet.

Der Ausstieg aus der Schleife ist gewährleistet, wenn IndexOf das Ergebnis -1 liefert. Innerhalb des zu durchsuchenden Strings ist der Suchstring an den Positionen 8 und 20 enthalten. Beachten Sie, dass dem ersten Zeichen im zu durchsuchenden String der Index 0 zugeordnet ist.

Etwas allgemeiner gehalten ist die sehr flexibel einsetzbare Methode Substring, die überladen ist und aus einer gegebenen Zeichenfolge einen Teilstring zurückliefert. Substring wird in jedem Fall der Index der Startposition übergeben, ab der ein vorhandener String ausgewertet wird. Übergeben Sie einen zweiten Parameter, können Sie zudem die Anzahl der einzulesenden Zeichen ab der im ersten Parameter angegebenen Position festlegen. Wollen Sie beispielsweise die ersten sieben Zeichen einer Zeichenfolge einlesen, würde die Anweisung dazu wie folgt lauten:

```
string text = "Projektmappen-Explorer";
string teilString = text.Substring(0, 7);
```

Listing 16.9 Die Methode »SubString«

Die Variable teilString wird den Inhalt Projekt haben. Benötigen Sie einen Teilabschnitt vom Ende eines Strings – nehmen wir an, die letzten acht Zeichen –, setzen Sie den Positionszeiger auf das erste einzulesende Zeichen, indem Sie von der Gesamtlänge des Strings die Anzahl der einzulesenden Zeichen subtrahieren:

```
String text = "Projektmappen-Explorer";
string teilString = teilString.Substring(teilString.Length - 8, 8);
```

Nun lautet der Inhalt von teilString Explorer.

Die Methoden »Trim« und »Pad«

Stellen Sie sich vor, Sie schreiben ein Programm, das auf eine Datenbank zugreift. In der Datenbank befindet sich eine Tabelle mit dem Kundenstamm eines Unternehmens. Aus dieser Tabelle soll ein ganz bestimmter Datensatz herausgegriffen werden, beispielsweise um die Kundendaten einzusehen oder zu ändern. Um nicht die gesamte Kundenliste der Reihe nach zu durchforsten (natürlich auch, um die Ressourcen zu schonen und um eine gute Performance der Anwendung zu gewährleisten), sollte der Anwender dazu aufgefordert werden,

den Namen des Unternehmens anzugeben. Diese Eingabe wird nachfolgend dazu benutzt, in der Tabelle den passenden Datensatz zu suchen und ihn an den Anwender zurückzugeben.

Nehmen wir an, der Anwender sucht nach dem Unternehmen »Tollsoft GmbH« und gibt dazu das folgende Suchkriterium ein, nach dem der Kundenstamm der Tabelle durchsucht wird:

```
Tollsoft GmbH
```

Fällt Ihnen etwas auf? Wenn nicht, dann sei Ihnen gesagt, Sie machen denselben Fehler wie unser fiktiver Anwender – der Datensatz wird nämlich nicht gefunden. Der Grund ist ganz trivial: Vor dem Namen des Unternehmens steht – kaum bemerkbar – ein Leerzeichen. "Tollsoft GmbH" und " Tollsoft GmbH" sind aber unterschiedliche Firmennamen – zumindest aus Sicht des Programms. Fehler dieser Art schleichen sich sehr schnell ein und müssen daher schon in der Entwicklungsphase ausgeschlossen werden.

Die Klasse String stellt Ihnen zur Lösung die Methoden Trim, TrimStart und TrimEnd zur Verfügung. Trim entfernt bestimmte Zeichen sowohl am Anfang als auch am Ende einer Zeichenfolge, und TrimStart und TrimEnd entfernen bestimmte Zeichen am Anfang bzw. Ende einer Zeichenfolge.

Sehen wir uns die Definition der Methode Trim an, die einfach überladen ist:

```
public string Trim();
public string Trim(params char[]);
```

Die erste Variante wird auf ein String-Objekt aufgerufen und entfernt automatisch die Leerzeichen, die sich am Anfang und am Ende der Zeichenfolge befinden. Die parameterlose Trim-Methode ist damit auf Leerzeichen spezialisiert und dürfte in den meisten Anwendungsfällen genügen.

Die parametrisierte Version ist deutlich leistungsfähiger. Ihr wird ein char-Array übergeben, das diejenigen Zeichen enthält, die weder am Anfang noch am Ende der Zeichenfolge erlaubt sind. Das folgende Codefragment zeigt die Wirkungsweise der Methode:

```
string text = "Am Straßenrand sitzt eine Kröte.";
char[] charArr = {' ','m','A','.'};
text = text.Trim(charArr);
```

Listing 16.10 Die Methode »String.Trim«

Wir definieren das Array so, dass weder das Leerzeichen noch ein Punkt oder die Buchstaben »A« und »m« zugelassen sind. Die aus dem Aufruf der Trim-Methode resultierende Zeichenfolge wird lauten:

```
Straßenrand sitzt eine Kröte
```

Sehr ähnlich arbeiten auch die beiden Methoden TrimStart und TrimEnd, die nicht überladen sind und ein char-Array als Übergabeparameter erwarten.

Die Methoden PadLeft und PadRight schneiden keine Zeichen an den String-Enden ab, sondern fügen bestimmte Zeichen entweder am Anfang oder Ende der Zeichenfolge hinzu. Auch diese Methoden sind überladen. Wir wollen uns kurz beide Parameterlisten anschauen:

```
public string PadLeft(int);
public string PadLeft(int, char);
```

Dieselbe Überladungsliste weist auch die Methode PadRight auf.

Die einfach parametrisierte Variante hängt Leerzeichen an den Anfang (PadLeft) oder das Ende (PadRight) der Zeichenfolge an. Der Integer gibt an, wie lang die am Ende resultierende Zeichenfolge insgesamt werden soll – einschließlich der Anzahl der Zeichen des Strings selbst. Wenn Sie einen Wert übergeben, der gleich oder kleiner der Länge der Zeichenfolge ist, verpufft der Methodenaufruf wirkungslos. Daher ist es sinnvoll, die Länge der Zeichenfolge zu bestimmen und dazu die Anzahl der gewünschten Leerzeichen zu addieren.

```
string text = "Kaffeepause";
Console.WriteLine(text.PadLeft(text.Length + 3));
```

Wenn Sie ein anderes Zeichen am Anfang oder Ende des Strings wünschen, müssen Sie sich für die zweite Variante der Methode entscheiden. Dem zweiten Parameter übergeben Sie das gewünschte Zeichen als char:

```
string text = "Kaffeepause";
text = text.PadLeft(text.Length + 3, '*');
text = text.PadRight(text.Length + 3, '*');
```

Das Ergebnis der Operationen lautet ***Kaffeepause***.

Zeichenfolgen ändern

Bisher haben wir Strings verglichen, nach bestimmten Zeichensequenzen in einer Zeichenfolge gesucht und am Anfang oder am Ende einer Zeichenfolge Zeichen beliebiger Länge angehängt. Eine Reihe weiterer Methoden eröffnet uns die Möglichkeit, in der Zeichenfolge einzelne Zeichen zu manipulieren, indem wir sie durch andere ersetzen oder einfach aus dem String löschen. Zu diesen Methoden gehören:

▶ Insert

▶ Remove

▶ Replace

▶ Split

▶ ToUpper

▶ ToLower

16

ToUpper und ToLower sind sehr einfach einzusetzen. Sie wandeln alle Zeichen einer Zeichenfolge entweder in Großbuchstaben (ToUpper) oder in Kleinbuchstaben (ToLower) um. Aus

```
string text = "Visual Studio 2019";
```

wird mit

```
text = text.ToUpper();
```

der Inhalt zu:

```
VISUAL STUDIO 2019
```

Einsetzen oder Ersetzen eines Teilstrings

Manchmal ist es notwendig, eine Zeichenfolge ab einer bestimmten Position zu erweitern, ohne dabei aus dem Original Zeichen durch Überschreiben zu löschen. Hier spielt Insert seine Möglichkeiten aus:

```
public string Insert(int, string);
```

Dem ersten Parameter übergeben Sie die Position, ab der die im zweiten Parameter genannte Zeichenkette eingefügt werden soll. Aus der Zeichenfolge

```
string text = "C# ist spitze.";
```

wollen wir die noch näher an der Wahrheit liegende Zeichenfolge

```
"C# ist absolute spitze."
```

formulieren. Den String, den wir mittels Insert einfügen wollen, kennen wir. Was noch fehlt, ist die Position, ab der eingefügt werden soll. Dabei hilft IndexOf weiter:

```
text = text.Insert (text.IndexOf("spitze"), "absolute ");
```

Diese Methode liefert den Index des ersten Zeichens der übergebenen Zeichenfolge spitze, der als Einfügemarke für das zusätzliche Wort von Insert benutzt wird.

Mit Replace können Sie einen String – wir sollten besser von einem Teilstring sprechen – durch einen anderen ersetzen. Replace ist aber nicht nur auf den Austausch einer bestimmten Zeichensequenz in einer Zeichenfolge beschränkt, es kann auch jedes Zeichen durch ein anderes ersetzt werden.

```
public string Replace (char, char);
public string Replace(string, string);
```

Der erste Parameter beschreibt das zu ersetzende Zeichen bzw. die zu ersetzende Zeichenfolge. Wodurch ersetzt werden soll, weiß der zweite Parameter zu berichten. Sollte Ihnen der Satz »Schule macht viel Spaß« nicht gefallen, können Sie ihn mit

```
text = text.Replace("viel", "nie");
```

in eine möglicherweise ehrlichere Aussage überführen.

Die »Split«-Methode

Es können Situationen auftreten, in denen mehrere Zeichenketten vorliegen, die Sie für eine bestimmte Operation wie eine einzige Zeichenkette behandeln wollen. Stellen Sie sich dazu vor, Sie möchten Ihre Adresse über das Netzwerk einer anderen Person mitteilen. Dazu können Sie zuerst Ihren Vornamen bekanntgeben, im Anschluss daran Ihren Zunamen, schließlich den Wohnort usw. Besser wäre es, die vollständige Information in einem String zu verschicken und sich mit dem Empfänger auf ein Format zu einigen, nach dem der übermittelte String wieder in seine ursprünglichen Einzelstrings zerlegt werden kann und die Substrings zu interpretieren sind. Schließlich müssen beide Parteien wissen, ob es sich bei *Otto* um den Vor- oder Zunamen handelt.

Neben der Interpretationsreihenfolge müssen Sie ein als Separator dienendes Zeichen festlegen, das die Teilzeichenfolgen voneinander trennt. Haben sich Sender und Empfänger darüber geeinigt, lässt sich die beim Empfänger eingehende Zeichenfolge in die ursprünglichen Teilstrings zerlegen.

Die String-Klasse unterstützt mit ihrer Methode Split das eben beschriebene Szenario des Zerlegens einer Zeichenfolge in Teilstrings. Schauen wir uns zunächst einmal die Definition der Split-Methode an:

```
public string[] Split(params char[]);
```

Die Methode durchsucht den String, auf den Split aufgerufen wird, nach den spezifizierten Separatoren, die dem Parameter mitgeteilt werden. Da dieser Parameter als params-Parameter definiert ist, können durchaus mehrere verschiedene Trennzeichen spezifiziert werden. Das eröffnet Interpretationsmöglichkeiten hinsichtlich der Teilzeichenfolgen. So könnten Sie beispielsweise festlegen, dass als Separator zwischen dem Vor- und dem Zunamen ein Semikolon benutzt wird, zwischen dem Zunamen und dem Wohnort ein Ausrufezeichen usw. Die einzelnen Teilstrings werden in einem String-Array an den Aufrufer zurückgegeben.

Wir wollen uns die Arbeitsweise dieser etwas komplexeren Methode an einem Beispiel verdeutlichen und legen dazu fest, das Semikolon als Separator zu benutzen. Eine Methode, die in der Lage ist, eine ihr übergebene Zeichenfolge wieder in die ursprünglichen Teilstrings zu zerlegen, könnte wie folgt aussehen:

```
public static void GetSubstrings(string text)
{
  string[] liste = text.Split(';');
  for(int i = 0; i <= liste.GetUpperBound(0); i++)
    Console.WriteLine(liste[i]);
}
```

Listing 16.11 Zerlegen einer Zeichenfolge in Teilstrings

Beim Aufruf der Methode GetSubstrings wird an den Parameter text eine Zeichenfolge übergeben, deren Teilstrings durch ein Semikolon getrennt sind. In der Methode wird text in seine Teilstrings zerlegt und dem Array liste zugewiesen. Die Aufsplittung erfolgt mit der Split-Methode auf das Objekt text. Der Semikolon-Separator wird der Split-Methode als Argument übergeben. In den einzelnen Elementen des String-Arrays liegen danach alle Teilzeichenfolgen vor, die in einer Schleife der Reihe nach an der Konsole angezeigt werden.

Nun wollen wir die Methode testen und entwickeln dazu ein kleines Beispielprogramm:

```
static void Main(string[] args)
{
  string[] str = new String[4];
  str[0] = "Busch;";
  str[1] = "Fridolin;";
  str[2] = "Schlauberger Gasse 12;";
  str[3] = "München";
  string strArr;
  strArr = string.Concat(str);
  GetSubstrings(strArr);
  Console.ReadLine();
}
```

Listing 16.12 Testen der Methode »GetSubstrings« aus Listing 16.11

Der Konvention folgend, ist bis auf die Angabe des Wohnortes hinter jedem String ein Strichpunkt als Abschluss gesetzt. Jeder String wird als Element eines Arrays gespeichert.

Um aus allen Teilstrings einen einzigen zu erstellen, könnten wir mit dem +-Operator arbeiten, aber die Klasse String bietet uns eine Alternative in Form der Methode Concat an. Diese dient dazu, aus mehreren Einzelstrings einen Gesamtstring zu erzeugen. Concat ist überladen, um den vielfältigen Anforderungen gerecht zu werden, die sich bei der String-Verknüpfung ergeben. Im Beispielcode fiel die Entscheidung auf die überladene Methode, die als Argument ein String-Array erwartet und aus allen Array-Elementen einen String erzeugt, der unserer benutzerdefinierten Methode GetSubstrings übergeben wird.

Die Ausgabe an der Konsole beweist die korrekte Interpretation: Der übergebene String wird wieder in seine ursprünglichen Substrings zerlegt. Beachten Sie, dass die Split-Methode die Trennzeichen im String erkennt und weiß, dass diese nicht zu den einzelnen String-Objekten gehören. Sie werden deshalb automatisch entfernt.

Zeichenfolgen und »char«-Arrays

Sie werden, wenn Sie sich intensiver mit den Klassen des .NET Frameworks beschäftigen, immer wieder auf Methoden treffen, die Parameter entweder vom Typ eines char-Arrays oder vom Typ string deklarieren. Je nach Ausgangssituation im Programm ist dann die Umwandlung eines char-Arrays in string oder umgekehrt notwendig. Möchten Sie aus einem char-Array einen String erzeugen, übergeben Sie dem passenden string-Konstruktor die Referenz auf das Array, beispielsweise:

```
char[] charArr = {'K','a','r','n','e','v','a','l'};
string text = new string(charArr);
```

Der umgekehrte Weg, die einzelnen Zeichen einer string-Referenz in ein char-Array zu schreiben, scheint ein wenig kniffliger zu sein. Mit den bisher gezeigten Methoden der Klasse String sollte das kein allzu großes Problem sein, aber die .NET-Baumeister haben Ihnen diese Arbeit bereits abgenommen, wie ein Blick in die Dokumentation der String-Klasse verrät. Diese veröffentlicht die Methode ToCharArray:

```
public char[] ToCharArray();
public char[] ToCharArray(int, int);
```

Entscheiden Sie sich für die parameterlose Methode, werden die Zeichen des gesamten Strings, auf dem die Methode aufgerufen wird, einem char-Array zugewiesen. Wollen Sie ab einer bestimmten Position einen Teil des Strings einem char-Array zuweisen, entscheiden Sie sich für die parametrisierte ToCharArray-Methode. Listing 16.13 benutzt die parameterlose Methode, um das Array zu füllen und anschließend die einzelnen Elemente zeilenweise an der Konsole auszugeben:

```
string text = "Quantenmechanik";
char[] charArray = text.ToCharArray();
for(int i = 0; i<= charArray.GetUpperBound(0); i++)
    Console.WriteLine(charArray[i]);
```

Listing 16.13 Zeichenfolge in ein »char«-Array umwandeln

An der Konsole wird das Wort, das ursprünglich durch einen String gebildet wurde, nun Buchstabe für Buchstabe in je einer Zeile angezeigt.

16.2.4   Zusammenfassung der Klasse »String«

Zum Abschluss unserer Betrachtungen der Klasse String wollen wir des besseren Gesamtüberblicks wegen in tabellarischer Form noch einmal alle in diesem Abschnitt erwähnten Methoden auflisten.

Methode	Beschreibung
Compare	(Klassenmethode) Vergleicht zwei String-Objekte und liefert einen booleschen Wert zurück.

Tabelle 16.5 Übersicht über die Methoden der Klasse »String«

Methode	Beschreibung
CompareOrdinal	Vergleicht zwei String-Objekte. Dabei wird der ANSI-Code berücksichtigt.
CompareTo	Wie Compare, jedoch als Instanzmethode implementiert
EndsWith	Prüft, ob das Ende eines gegebenen String-Objekts einer bestimmten Zeichenfolge entspricht.
IndexOf	Liefert den Index des ersten Auftretens einer bestimmten Zeichenfolge oder char-Typs in einer Zeichenfolge zurück.
IndexOfAny	Liefert den Index des ersten Auftretens eines bestimmten char-Arrays in einer Zeichenfolge zurück.
Insert	Fügt eine Zeichenfolge ab einer bestimmten Position in eine Zeichenfolge ein.
LastIndexOf	Liefert den Index des letzten Auftretens einer bestimmten Zeichenfolge oder char-Typs in einer Zeichenfolge.
PadLeft	Fügt eine bestimmte Anzahl gleicher Zeichen vor dem ersten Zeichen des String-Objekts ein.
PadRight	Fügt eine bestimmte Anzahl gleicher Zeichen nach dem letzten Zeichen des String-Objekts ein.
Remove	Löscht eine Anzahl von Zeichen ab einer spezifizierten Position aus der Zeichenfolge.
Replace	Ersetzt eine Anzahl von Zeichen in einer Zeichenfolge.
Split	Erzeugt aus einer Zeichenfolge mehrere Teilzeichenfolgen mit einem spezifizierten Separator.
StartsWith	Prüft, ob der Anfang eines gegebenen String-Objekts einer bestimmten Zeichenfolge entspricht.
Substring	Liefert eine Zeichenfolge bestimmter Größe aus einem String-Objekt zurück.
ToCharArray	Weist die Zeichen eines String-Objekts einem char-Array zu.
ToLower	Konvertiert alle Zeichen eines Strings in Kleinbuchstaben.
ToUpper	Konvertiert alle Zeichen eines Strings in Großbuchstaben.
Trim	Löscht alle voraus- oder nachlaufenden Leerzeichen einer Zeichenfolge.

Tabelle 16.5 Übersicht über die Methoden der Klasse »String« (Forts.)

16.3   Die Klasse »StringBuilder«

Objekte der Klasse String sind unveränderlich, d. h., dass bei jeder Änderung im Speicher ein neues Objekt angelegt wird. Das ist sogar unabhängig davon, ob sich die Länge der Zeichenkette ändert. Führen Sie viele manipulierende Operationen aus, hat das Einbußen der Systemleistung zur Folge.

Um sich einen Eindruck davon zu verschaffen, wie sehr die Effizienz bei vielen String-Operationen beeinträchtigt wird, sollten wir einen sehr einfachen Test machen. Dazu lassen wir in einer Schleife 50.000 Änderungen an einer Zeichenfolge vornehmen. Folgerichtig müssen auch ebenso viele neue Objekte erzeugt und, bis auf das letzte, freigegeben werden. Messen können wir die verstrichene Zeit mit einem Objekt vom Typ Stopwatch. Mit der Methode Start wird die Zeitmessung gestartet, mit Stop beendet. Die Zeit in Millisekunden zwischen den beiden Methodenaufrufen liefert die Eigenschaft ElapsedMilliseconds. Sie sollten nicht vergessen, mit using den Namespace System.Diagnostics bekanntzugeben, in dem die Klasse Stopwatch definiert ist.

```
// Beispiel: ..\Kapitel 16\String_Leistungstest
static void Main(string[] args)
{
  Stopwatch watch = new Stopwatch();
  string text = "";
  watch.Start();
  for (int i = 0; i < 50000; i++)
    text += "x";
  watch.Stop();
  Console.WriteLine($"Zeit: {watch.ElapsedMilliseconds} ms");
  Console.ReadLine();
}
```

Listing 16.14 Zeitmessung einer Zeichenfolgenoperation

Probieren Sie das Listing einmal aus! Auch auf einem gut ausgestatteten Rechner werden die Operationen eine längere Zeitspanne benötigen, bis das Ergebnis vorliegt. Mein derzeitiger Rechner gibt mir Werte im Bereich von 220 ms aus.

Das ist natürlich unvertretbar lang, ganz abgesehen davon, dass der Speicher massiv belastet wird. Einen Ausweg aus diesem Dilemma bietet die Klasse StringBuilder, die zum Namespace System.Text gehört. StringBuilder-Objekte sind dynamisch. Sie können verändert werden, ohne dass damit zwangsläufig Allokieren von Speicher erforderlich wird. Natürlich interessiert uns auch der Performance-Gewinn. Daher schreiben wir das Codefragment von oben so um, dass anstelle des Typs String die Klasse StringBuilder eingesetzt wird:

```
// Beispiel: ..\Kapitel 16\StringBuilder_Leistungstest
static void Main(string[] args)
{
  Stopwatch watch = new Stopwatch();
  StringBuilder str = new StringBuilder();
  watch.Start();
  for (int i = 0; i < 50000; i++)
    str = str.Append("x");
  watch.Stop();
  Console.WriteLine($"Zeit: {watch.ElapsedMilliseconds} ms",);
  Console.ReadLine();
}
```

Listing 16.15 Zeitmessung einer Zeichenfolgenoperation (»StringBuilder«)

Auf meinem Rechner wird ein Wert angezeigt, der bei 1 ms liegt. Der Leistungsgewinn ist also mehr als deutlich und beweist, welchem Typ der Vorzug gegeben werden sollte: eindeutig dem StringBuilder.

16.3.1   Die Kapazität eines »StringBuilder«-Objekts

Sie müssen zwei Begriffe sorgfältig trennen, wenn Sie die Arbeitsweise von StringBuilder verstehen wollen: die *Kapazität* und die *Länge* der beschriebenen Zeichenfolge. Die Kapazität beschreibt die maximale Anzahl der Zeichen, die ein StringBuilder-Objekt aufnehmen kann. Die Kapazität wird also somit immer größer sein als die Länge der Zeichenfolge, aber nicht umgekehrt. Nehmen wir dazu ein Beispiel. Wir erzeugen mit einem der Konstruktoren ein StringBuilder-Objekt und weisen ihm die Zeichenfolge Visual C# zu:

```
using System.Text;
[...]
var strB = new StringBuilder("Visual C#");
```

Die Zeichenfolge ist neun Zeichen lang. Da wir keine explizite Aussage über die Kapazität getroffen haben, wird ein Objekt von der Größe der Standardkapazität erzeugt – und die beträgt 16 Zeichen. Weisen Sie dem StringBuilder-Objekt eine Zeichenkette zu, die mehr als 16 Zeichen, jedoch weniger als 33 Zeichen umfasst, wird die Kapazität auf 32 Zeichen festgelegt. Beträgt die Länge des Strings mehr als 32 Zeichen, jedoch weniger als 65, verdoppelt sich die Kapazität von 32 auf 64 Zeichen usw.

Werden Methoden auf dieses Objekt angewendet, die zur Folge haben, dass die Kapazitätsgrenze nicht überschritten wird, wird kein neuer Speicher allokiert. Die Änderungen laufen innerhalb der alten Speicherressourcen ab. Sollten bei einer Änderung jedoch die Kapazitätsgrenzen überschritten werden, wird die Kapazität des StringBuilder-Objekts automatisch vergrößert.

16.3.2   Die Konstruktoren der Klasse »StringBuilder«

Vornehmlich geht es bei den Konstruktoren darum, dem StringBuilder-Objekt eine Initialisierungszeichenfolge zuzuweisen und die Anfangskapazität festzulegen.

```
public StringBuilder();
public StringBuilder(int);
public StringBuilder(string);
public StringBuilder(string, int);
```

Bei Festlegung der Kapazität im Parameter vom Typ int müssen Sie sich nicht an die Sprünge 16, 32, 64, 128 usw. halten, die das StringBuilder-Objekt im Bedarfsfall automatisch durchführt. Theoretisch kann eine Zeichenfolge die Größe von $2^{31}-1$ Zeichen aufnehmen. Um diesem nahezu endlosen Spiel einen Riegel vorzuschieben, bietet sich ein weiterer Konstruktor an, mit dem Sie die maximale Kapazitätsgrenze festlegen können:

```
public StringBuilder(int, int);
```

Der erste Parameter erwartet die Startkapazität, der zweite Parameter die zulässige Maximalgröße. Wird diese zur Laufzeit überschritten, wird die Ausnahme ArgumentOutOfRangeException ausgelöst.

16.3.3   Die Eigenschaften der Klasse »StringBuilder«

Die Liste der Eigenschaften umfasst nur insgesamt vier Mitglieder. Mit Capacity können Sie die aktuelle Kapazität abfragen oder neu festlegen. Verwechseln Sie Capacity nicht mit der Eigenschaft Length, die die Anzahl der Zeichen der vom Objekt repräsentierten Zeichenfolge wiedergibt. MaxCapacity beschreibt die maximale Kapazität. Diese Eigenschaft ist schreibgeschützt und kann daher nur gelesen werden. Nur über die Konstruktoren sind Sie in der Lage, Einfluss darauf auszuüben. Wird MaxCapacity nicht festgelegt, gibt diese Eigenschaft die theoretische Maximalkapazität von $2^{31}-1$ zurück.

Die vierte und letzte Eigenschaft lautet Chars und ist gleichzeitig der Indexer der StringBuilder-Klasse:

```
public char this[int] {get; set;}
```

Chars liefert ein Zeichen aus der gegebenen Zeichenfolge zurück, dessen Index übergeben wird.

Um sich aus der Zeichenfolge

```
StringBuilder builder = new StringBuilder("Freitagabend");
```

den fünften Buchstaben zurückgeben zu lassen, lautet die Anweisung:

```
char c = builder[4];
```

Eigenschaft	Methode
Capacity	Liefert oder setzt die Kapazität des StringBuilder-Objekts.
Chars	Liefert das Zeichen an einer genau spezifizierten Position aus der Zeichenfolge. Diese Eigenschaft ist der Indexer der Klasse.
Length	Liefert die Länge der Zeichenfolge.
MaxCapacity	Liefert die Maximalkapazität des StringBuilder-Objekts.

Tabelle 16.6 Die Eigenschaften der Klasse »StringBuilder«

16.3.4   Die Methoden der Klasse »StringBuilder«

Wenn Sie sich zum ersten Mal die Liste der Methoden anschauen, werden Sie erstaunt sein, dass entgegen aller Erwartungen kaum mehr als eine Handvoll Operationen angeboten wird. Diese wollen wir uns nun ansehen.

Methode	Eigenschaft
Append	Hängt eine Zeichenfolge an eine bestehende StringBuilder-Instanz an.
AppendFormat	Fügt der StringBuilder-Instanz eine Zeichenfolge mit Formatangaben an. Nähere Informationen zur Formatierung finden Sie in Abschnitt 16.6, »Ausgabeformatierung«.
AppendLine	eine Zeile hinzufügen
CopyTo	Kopiert einen Teil des Objekts in ein char-Array.
EnsureCapacity	Stellt sicher, dass die Kapazität des StringBuilder-Objekts mindestens so groß wie angegeben ist.
Insert	Fügt an einer spezifizierten Position eine Zeichenfolge ein.
Remove	Löscht aus einer Zeichenfolge ab einer bestimmten Position eine Zeichensequenz.
Replace	Ersetzt in der gesamten Zeichenfolge ein Zeichen durch ein anderes.

Tabelle 16.7 Methoden der Klasse »StringBuilder«

Eine Zeichenkette einem »StringBuilder«-Objekt zuweisen

Soll einem StringBuilder-Objekt eine Zeichenfolge zugewiesen werden, kommt die Methode Append zum Einsatz, der aufgrund der vielen Überladungen praktisch jeder Datentyp übergeben werden kann:

702

```
public StringBuilder Append(string);
public StringBuilder Append(int);
public StringBuilder Append(byte);
...
```

In den meisten Fällen wird dies vermutlich eine Zeichenfolge sein, z. B.:

```
builder = builder.Append("Visual Studio");
```

Der Rückgabewert der `Append`-Methode ist die Referenz auf ein Objekt vom Typ `StringBuilder`, das die entsprechende Zeichenfolge enthält. Sie müssen `Append` auch aufrufen, wenn eine Referenz auf ein Objekt vom Typ `StringBuilder` vorliegt, das noch nicht initialisiert ist. Wenn Sie `Append` mehrfach hintereinander anwenden, wird bei jedem Aufruf der Methode eine weitere Zeichenfolge hinter der bestehenden angehängt. Das entspricht dem +-Operator auf `String`-Objekte.

Halten Sie sich immer vor Augen, dass ein `StringBuilder`-Objekt keine Zeichenfolge repräsentiert – dafür dient der Datentyp `string`. Wollen Sie sich den Inhalt eines `StringBuilder`-Objekts von einer Methode ausgeben lassen, die den Datentyp `string` als Übergabeparameter erwartet, müssen Sie deshalb mit der Methode `ToString` das `StringBuilder`-Objekt in einen `string` konvertieren.

```
StringBuilder builder = new StringBuilder();
builder.Append("Hello again");
Console.WriteLine(builder.ToString());
```

Eine Zeichenfolge mit »Insert« einfügen

Um an einer spezifizierten Position in einer Zeichenfolge eine zusätzliche Zeichenfolge einzufügen, rufen Sie die `Insert`-Methode auf. Diese ist in gleicher Weise wie `Append` überladen, allerdings ist die Parameterliste jeweils um einen Parameter vom Typ `int` ergänzt, der dem Index übergeben wird, ab dem die Zeichenfolge eingefügt werden soll.

```
StringBuilder builder = new StringBuilder();
builder = builder.Append("fällt Schnee");
builder = builder.Insert(0, "Im Winter ");
```

Die Ausgabe dieses Codefragments lautet:

```
Im Winter fällt Schnee
```

Aus einer Zeichenfolge löschen

Während Sie mit `Insert` eine Zeichenfolge einfügen, löschen Sie mit `Remove` ab einer bestimmten Position eine bestimmte Anzahl von Zeichen:

```
builder.Remove(3, 2);
```

Der erste Parameter beschreibt den Index, bei dem der Löschvorgang beginnen soll. In unserem Beispiel beginnt er mit dem vierten Zeichen. Über den zweiten Parameter teilen wir die Anzahl der zu löschenden Zeichen mit.

Ein Zeichen oder eine Zeichenfolge ersetzen

Die letzte der von uns behandelten Methoden ist Replace, die im Wesentlichen dieselben Möglichkeiten wie die Replace-Methode der Klasse String bietet.

```
public StringBuilder Replace(char, char);
public StringBuilder Replace(string, string);
```

Dem ersten Parameter wird mitgeteilt, welches Zeichen bzw. welche Zeichenfolge des StringBuilder-Objekts ersetzt werden soll, und im zweiten Parameter geben Sie an, wodurch ersetzt wird.

```
StringBuilder builder = new StringBuilder();
builder.Append("Ich hätte gerne ein Bier");
builder = builder.Replace("ein", "drei");
Console.Write("Meine Bestellung: ");
Console.WriteLine(builder.ToString());
```

Listing 16.16 Ersetzen einer Teilzeichenfolge mit »Replace«

Sie sehen, mit Replace können Sie es sogar vermeiden, mangels Flüssigkeitszufuhr aufgrund einer unüberlegt aufgegebenen Bestellung zu verdursten.

16.3.5   Allgemeine Anmerkungen

Damit sind aber auch schon die Möglichkeiten der Klasse StringBuilder nahezu ausgeschöpft. Es gibt keine Methoden, die das Auswerten eines Teilstrings ermöglichen, oder Methoden, die Teilstrings zurückliefern. Damit wird auch der doch recht eingeschränkte Einsatzbereich von StringBuilder-Objekten deutlich. Die Klasse String ist in ihren Fähigkeiten weit voraus und lässt mit ihren überladenen Methoden kaum Wünsche offen.

StringBuilder-Objekte werden Ihnen nicht sehr oft begegnen. Die meisten Methoden in der .NET-Klassenbibliothek, die mit Zeichenfolgen operieren, verwenden den Typ string oder Arrays vom Typ char. Am ehesten sind StringBuilder-Objekte dort sinnvoll einzusetzen, wo in einer Schleife bei jedem Schleifendurchlauf eine Operation mit der Zeichenfolge ausgeführt wird. Wenn Sie die Kapazität des StringBuilder-Objekts groß genug festgelegt haben, ersparen Sie sich zudem die permanente Neuinstanziierung von string-Objekten und können so einen Beitrag zu einer besseren Performance der Anwendung leisten.

16.4   Der Typ »DateTime«

Um ein Datum einschließlich einer Zeitangabe in einer Variablen zu speichern, deklarieren Sie die Variable vom Typ DateTime, beispielsweise:

```
DateTime myDate = new DateTime(2003, 12, 6);
Console.WriteLine(myDate);
```

Die Ausgabe wird lauten:

```
06.12.2003  00:00:00
```

Mit einer Variablen des Typs DateTime lässt sich ein Datum zwischen dem 1. Januar 0001 und dem 31. Dezember 9999 behandeln – nach dem gregorianischen Kalender, um präzise zu sein.

16.4.1   Die Zeitspanne »Tick«

Die Zeitmessung erfolgt in Einheiten von 100 Nanosekunden, die als *Tick* bezeichnet werden. Die folgende Aussage müssen Sie sich auf der Zunge zergehen lassen: Die .NET-Zeitmessung beginnt am 1.1.0001 um 0:00 Uhr, und es können Intervalle von 0,0000001 Sekunden (in Worten: ein Zehnmillionstel) unterschieden werden. Die Anzahl der Ticks seit Beginn dieser Zeitrechnung kann in einer long-Variablen gespeichert werden, die damit groß genug ist, alle Intervalle bis zum Ende des Jahres 9999 abzudecken.

Wenn Sie das aktuelle Datum und die aktuelle Zeit ausgedrückt in Ticks sehen wollen, dann geben Sie den folgenden Code ein:

```
Console.WriteLine(DateTime.Now.Ticks);
```

Zuerst rufen Sie die statische Methode Now auf, die das aktuelle Systemdatum einschließlich der Zeit als DateTime zurückliefert. Darauf wird die Eigenschaft Ticks angewendet, die Ihnen eine kaum noch fehlerfrei abschreibbare Zahl liefert.

Umgekehrt können Sie natürlich auch aus einem long, der als Tick interpretiert werden soll, das Datum und die Zeit ermitteln. Dazu wird die Klasse DateTime instanziiert und dabei ein Konstruktor aufgerufen, der einen long erwartet, der als die Anzahl der Ticks seit Beginn der .NET-Zeitrechnung interpretiert wird.

```
DateTime actualDate = new DateTime(631452984963219664);
Console.WriteLine(actualDate.ToString());
```

Die Ausgabe lautet:

```
30.12.2001 08:41:36
```

Sie haben jetzt einen ersten Eindruck vom Umgang mit Datum und Uhrzeit gewonnen. Wir wollen uns nun die Details der Klasse DateTime ansehen.

16

16.4.2   Die Konstruktoren von »DateTime«

Wenn Ihnen die Anzahl der Ticks vorliegt, genügt der 1-parametrige Konstruktor, um ein Objekt zu erzeugen:

```
public DateTime(long ticks);
```

Da in den meisten Fällen vermutlich kaum die Anzahl der Tick-Intervalle bekannt sein dürfte, kommt diesem Konstruktor relativ geringe Bedeutung zu.

Wollen Sie mit einem bestimmten Datum operieren, bei dem die Uhrzeit keine Rolle spielt, bietet sich der folgende Konstruktor an:

```
public DateTime (int year, int month, int day);
```

Den Parametern wird das Jahr, der Monat und der Tag jeweils als int übergeben. Dabei ist die Jahresangabe auf die Zahlen von einschließlich 1 bis 9999 begrenzt, die Monatsangabe natürlich auf 1 bis 12, und die Anzahl der Tage hängt vom Kalendermonat ab. Da bei diesem Konstruktor auf die Zeitangabe verzichtet wird, bezieht sich das Datum immer auf Mitternacht, also exakt 0:00 Uhr.

Im folgenden Listing setzen wir diesen Konstruktor ein, um das Datum 12. Mai 1965 abzubilden, und lassen uns an der Konsole die Ticks ausgeben, die dieser Angabe entsprechen:

```
DateTime date = new DateTime(1965, 5, 12);
Console.WriteLine("Datum: {0}", date);
Consolc.WritcLinc("Ticks: {0}", date.Ticks);
```

Für eine weitere Präzisierung durch eine zusätzliche Zeitangabe stehen zwei Konstruktoren zur Verfügung. Während der erste zusätzlich zu der Angabe des Datums in drei weiteren Parametern Stunde, Minute und Sekunde entgegennimmt, kann dem anderen in einem siebten Parameter die Anzahl der Millisekunden übergeben werden:

```
public DateTime (int year, int month, int day, int h, int min, int sec);
public DateTime (int year, int month, int day, int h, int min, int sec, int msec);
```

Für jeden dieser Konstruktoren gibt es eine weitere Überladung, die um eine Referenz vom Typ System.Globalization.Calendar ergänzt ist. Damit schalten Sie gegebenenfalls das Kalenderformat vom gregorianischen Kalender auf einen anderen um.

Mit DateTime können Sie auch festlegen, auf welcher Basis die Zeitangabe erfolgt. Dazu gibt es drei Möglichkeiten:

▶ Die Zeitangabe bezieht sich auf die lokale Systemzeit.

▶ Der Zeitangabe legt die koordinierte Weltzeit (UTC) zugrunde.

▶ Die Zeitangabe ist nicht genau spezifiziert.

Die Festlegung muss bereits bei der Instanziierung erfolgen. Dazu stehen einige Konstruktoren zur Verfügung, denen ein Argument vom Typ DateTimeKind übergeben wird. Bei Date-

TimeKind handelt es sich um eine Enumeration mit den Elementen Local, Unspecified und Utc. Der Standard lautet Unspecified.

```
public DateTime(long ticks, DateTimeKind kind);
```

Liegt ein DateTime-Objekt vor, lässt sich die Zeitbasis nicht mehr verändern. Sie können die Einstellung jedoch mit der Eigenschaft Kind jederzeit auswerten.

16.4.3   Die Eigenschaften von »DateTime«

Liegt ein gültiges Datum vor, lassen sich daraus vom Jahr bis hin zu den Millisekunden sämtliche Informationen extrahieren. Die Namen der Eigenschaften sind sehr einprägsam: Year, Month, Day, Hour, Minute, Second und Millisecond.

Nehmen wir an, wir wollen das aktuelle Systemdatum, das wir mit der Eigenschaft Now ermitteln können, in seine Detailinformationen zerlegen, könnte das wie nachfolgend gezeigt erfolgen:

```
DateTime newDate = DateTime.Now;
Console.WriteLine($"Jahr     = {newDate.Year}");
Console.WriteLine($"Monat    = {newDate.Month}");
Console.WriteLine($"Tag      = {newDate.Day}");
Console.WriteLine($"Wochentag = {newDate.DayOfWeek.ToString()}");
Console.WriteLine($"Stunde   = {newDate.Hour}");
Console.WriteLine($"Minute   = {newDate.Minute}");
Console.WriteLine($"Sekunde  = {newDate.Second}" );
Console.WriteLine($"MilliSek. = {newDate.Millisecond}");
```

Listing 16.17 Datum- und Zeitanteile aus »DateTime.Now« extrahieren

Weil die Ausgabe der Eigenschaft Day nur das aktuelle Tagesdatum liefert, ohne den Wochentag anzugeben, bietet sich eine weitere Eigenschaft von DateTime an, die aus einem gegebenen Datum sogar den Wochentag ermittelt: DayOfWeek. Der Rückgabewert ist vom Typ DayOfWeek, einer Enumeration des System-Namespace, die für den Sonntag 0 festlegt, für Montag 1 usw. Mit dem Aufruf von ToString auf DayOfWeek erhalten wir die Zeichenfolge, die der Konstanten entspricht.

Bedauerlich ist, dass es keine gleichwertige Auflistung für die Monate gibt. Wenn Sie daher auch den Monatsnamen in der Ausgabe als Text und nicht nur als Zahl lesen wollen, müssen Sie die Zahlen 1–12 selbst den Monatsnamen zuordnen, beispielsweise mit Hilfe eines switch-Statements.

Now liefert die aktuelle Systemzeit und hängt damit unter Windows-Plattformen von der Einstellung in der Systemsteuerung ab. Eine sehr ähnliche Eigenschaft ist UtcNow, die aus den Einstellungen in der Systemsteuerung die *Greenwich Mean Time* (GMT) ermittelt.

16

Wenn auf die Zeitangabe, die uns Now liefert, verzichtet werden kann oder muss, können Sie auch auf die statische Eigenschaft Today zurückgreifen, die das Datum ohne Zeitangabe liefert. Diese wird auf 00:00:00 gesetzt.

16.4.4   Die Methoden der Klasse »DateTime«

Nahezu alle Methoden lassen sich in zwei operativen Gruppen zusammenfassen:

▶ Methoden, die der Ausgabeformatierung dienen

▶ die Gruppe der Add-Methoden, mit der zu einem gegebenen Datum eine Zeitspanne addiert oder subtrahiert werden kann

Methoden zum Extrahieren von Datum und Zeit

Mit insgesamt vier vordefinierten Methoden lässt sich die Textausgabe eines DateTime-Objekts verändern:

▶ ToLongDateString und ToShortDateString

▶ ToLongTimeString und ToShortTimeString

Sie sehen den Effekt dieser Methoden am besten anhand von Beispielen. Dazu deklarieren wir eine Variable vom Typ DateTime und führen darauf alle vier Methoden aus:

```
// Datum = 3. Februar 2018 5:25:30
DateTime date = new DateTime(2018, 2, 3, 5, 25, 30);
// Ausgabe: Mittwoch, 3. Februar 2018
Console.WriteLine(date.ToLongDateString());
// Ausgabe: 03.02.2018
Console.WriteLine(date.ToShortDateString());
// Ausgabe: 05:25:30
Console.WriteLine(date.ToLongTimeString());
// Ausgabe: 05:25
Console.WriteLine(date.ToShortTimeString());
```

Listing 16.18 Mehrere Ausgabemöglichkeiten von Datum und Zeit

Die Methode »ToFileTime«

Weitaus interessanter als diese Formatmethoden ist eine andere, die ihre Leistungsfähigkeit erst auf den zweiten Blick offenbart: ToFileTime.

```
public long ToFileTime();
```

Der Rückgabewert vom Typ long enthält die Anzahl der Ticks seit dem 1. Januar 1601, 12 Uhr. Welchen Hintergrund diese scheinbar zufällige Jahreszahl hat, verrät uns die Dokumentation nicht. Das soll uns aber auch nicht weiter interessieren, viel wichtiger ist die Tatsache, mit dieser Methode ein Mittel in den Händen zu halten, das es uns ermöglicht, die Zeitspanne zwischen zwei Ereignissen zu messen – und dafür brauchen wir einen präzise definierten, gleichermaßen gültigen Ursprung, egal, wie er definiert ist.

Rechenoperationen mit »DateTime«-Objekten

Die Add-Methoden decken alle Bedürfnisse hinsichtlich der Änderung eines Datums oder einer Zeit ab. Aus dem Bezeichner ist sofort zu erkennen, welche Einheit zu einem DateTime-Objekt addiert werden soll:

▶ AddDays

▶ AddHours

▶ AddMonths

▶ ...

Allen Methoden wird ein Wert vom Typ int bzw. double übergeben, und der Rückgabewert ist vom Typ DateTime, z. B.:

```
public DateTime AddSeconds(double);
```

Im folgenden Listing wird ein DateTime-Objekt erzeugt, das das Datum 2. August 1995 und die Zeit 23:00 Uhr beschreibt. Davon werden mit der Methode AddHours 30 Stunden subtrahiert:

```
DateTime now = new DateTime(1995, 8, 2, 23, 0, 0);
now = now.AddHours(-30);
Console.WriteLine(now);
```

An der Konsole wird

```
01.08.1995 17:00:00
```

ausgegeben, was beweist, dass die Methode automatisch auch ein neues Datum berücksichtigt, das aus der Addition resultiert.

16.5   Die Klasse »TimeSpan«

Aus den Methoden zur Manipulation einer DateTime-Instanz ragt eine heraus, deren Parametertyp sich von denen der anderen, gleichartigen Methoden unterscheidet. Es ist die Methode Add, deren Definition wir uns anschauen wollen:

```
public DateTime Add(TimeSpan);
```

Dem Parameter wird ein Objekt vom Typ TimeSpan übergeben. Dieser Typ scheint nur auf den ersten Blick dem Typ DateTime zu ähneln, aber beide unterscheiden sich grundlegend: Mit DateTime wird ein Datum beschrieben, mit TimeSpan eine Zeitspanne. Dies machen auch die Konstruktoren der TimeSpan-Klasse deutlich, die Tage, Stunden, Minuten usw. entgegennehmen.

Der folgende Beispielcode zeigt, wie eine Referenz auf eine TimeSpan-Instanz an die Methode Add übergeben wird:

```
DateTime now = new DateTime(2002, 2, 3, 12, 0, 0);
TimeSpan span = new TimeSpan(3, 12, 15);
now = now.Add(span);
Console.WriteLine(now);
```

In der ersten Anweisung wird die Klasse DateTime instanziiert und dem Konstruktor das Datum 3. Februar 2002 12:00 Uhr übergeben. In der folgenden Anweisung wird das TimeSpan-Objekt span erzeugt. Der Konstruktor mit drei Parametern übernimmt als Argumente Stunden, Minuten und Sekunden – er beschreibt demnach eine Zeitspanne von drei Stunden, zwölf Minuten, 15 Sekunden. Der Add-Methode wird danach das TimeSpan-Objekt übergeben, mit der Datum und Zeit neu bestimmt werden.

Eine Reihe vordefinierter Konstanten erleichtert die Umrechnung von Zeiteinheiten in Ticks, wenn unterschiedliche Zeitangaben mittels eines Faktors auf eine gemeinsame Einheitsbasis gebracht werden müssen – diese Basis bilden bekanntlich die Ticks. So beschreibt die Konstante TicksPerDay beispielsweise die Anzahl der Ticks pro Tag, und TicksPerHour gibt die Ticks pro Stunde an.

Das folgende Beispielprogramm zeigt, wie Sie diese Konstanten sinnvoll einsetzen. Die benutzerdefinierten Funktionen DiffHours und DiffSeconds nehmen jeweils eine Referenz vom Typ DateTime entgegen und berechnen den Unterschied zwischen zwei Datumswerten in Stunden bzw. Sekunden. Dabei ist der erste Datumswert das aktuelle Systemdatum, das wie üblich über Now ermittelt wird, und den zweiten Datumswert muss der Anwender an der Konsole eingeben.

```
// Beispiel: ..\Kapitel 16\Zeitdifferenz
class Program
{
  static void Main(string[] args)
  {
    // aktuelle Systemzeit ermitteln
    DateTime actDate = DateTime.Now;
    // das zu vergleichende Datum eingeben
    Console.Write("Geben Sie das Vergleichsdatum ");
    Console.Write("im Format tt.mm.jjjj ein:  ");
    string strDate = Convert.ToString(Console.ReadLine());
    // die Eingabe passend formatieren
    strDate = strDate.Replace('.', '/');
    DateTime newDate = Convert.ToDateTime(strDate);
```

```
   // Ausgabe der Differenz in Stunden
   Console.Write("Die Differenz in Stunden: ");
   Console.WriteLine(DiffHours(actDate, newDate));
   // Ausgabe der Differenz in Sekunden
   Console.Write("Die Differenz in Sekunden: ");
   Console.WriteLine(DiffSeconds(actDate, newDate));
   Console.ReadLine();
}
public static long DiffHours(DateTime d1,DateTime d2)
{
   long x = d2.Ticks - d1.Ticks;
   return Convert.ToInt64(x/TimeSpan.TicksPerHour);
}
public static long DiffSeconds(DateTime d1,DateTime d2)
{
   long x = d2.Ticks - d1.Ticks;
   return Convert.ToInt64(x/TimeSpan.TicksPerSecond);
}
}
```

Listing 16.19 Das Beispielprogramm »Zeitdifferenz«

Der Algorithmus des Programmcodes in den beiden Methoden DiffHours und DiffSeconds ist ähnlich. Beide Routinen nehmen in ihren Parametern Referenzen des Typs DateTime entgegen und rechnen das jeweilige Datum mit der Eigenschaft Ticks zunächst in die Basiseinheit um, um im Anschluss daran die Differenz zu bilden. Die abschließende Division durch TicksPerHour bzw. TicksPerSecond liefert einen long, der dem Aufrufer zurückgegeben wird.

Weitere Möglichkeiten der Klasse »TimeSpan«

Eine TimeSpan-Instanz beschreibt eine Zeitspanne aus Tagen, Stunden, Minuten, Sekunden und Millisekunden. Diese Zeitspanne lässt sich in einem String abbilden, der dem folgenden Format entspricht:

Tag.Stunden:Minuten:Sekunden.Sekundenbruchteil

Dazu ein Beispiel. Mit

```
TimeSpan span = new TimeSpan(2, 12, 30, 22, 100);
Console.WriteLine(span.ToString());
```

erhalten Sie die folgende Ausgabe:

```
2.12:30:22.1000000
```

711

Manchmal ist es notwendig, die Angabe einer Zeitspanne in eine konkrete Zeiteinheit um-zurechnen oder aus der Angabe einer Zahl, die eine Zeiteinheit widerspiegelt, ein `TimeSpan`-Objekt zu erzeugen. Auch dazu liefert die Klasse `TimeSpan` die passenden Methoden. Nehmen wir an, Sie möchten das mit

```
TimeSpan span = new TimeSpan(1, 35, 45);
```

erzeugte Objekt, das einen Tag, 35 Minuten und 45 Sekunden beschreibt, in eine Zahl umwan-deln. Es stellt sich mit den Möglichkeiten der Klasse nur noch die Frage, ob Sie eine Ganzzahl oder eine Dezimalzahl benötigen. Für beide Fälle gibt es die passenden Eigenschaften. Bei-spielsweise liefert

- die `Hours`-Eigenschaft einen `int` und
- die `TotalHours`-Eigenschaft einen `double`.

Die Anweisung

```
Console.WriteLine(span.TotalHours);
```

wird das Ergebnis 1,5958333333333 haben. Beim Aufruf von `Hours` wird der Dezimalteil abge-schnitten. Analog lautende Eigenschaften gibt es auch, um mit Tagen, Minuten oder Sekun-den zu operieren.

Einige statische Methoden des Typs `TimeSpan` ermöglichen es auch ohne Initialisierung, einer `TimeSpan`-Variablen einen Wert zuzuweisen. Diese Methoden beginnen mit dem Präfix `From`, beispielsweise `FromSeconds`, `FromMinutes`, `FromDays`.

```
// Zeitspanne von 3 Stunden
TimeSpan ts = TimeSpan.FromHours(3);
```

16.6   Ausgabeformatierung

Zur Formatierung einer Ausgabe stehen Ihnen zwei Möglichkeiten zur Verfügung:

- die statische Methode `Format` der Klasse `String`
- die Methode `ToString` der Schnittstelle `IFormatable`

16.6.1   Formatierung mit der Methode »String.Format«

Rufen wir uns zuerst in Erinnerung, wie die Ausgabe der Methode `DateTime.Now` an der Kon-sole lautet:

```
Console.WriteLine(DateTime.Now.ToString());
```

Es wird das Datum einschließlich der Uhrzeit angezeigt:

```
17.09.2018 20:51:56
```

Mit der Format-Methode können wir eine andere, individuell passendere Ausgabe erzwingen:

```
Console.WriteLine(String.Format("{0:F}", DateTime.Now));
```

Damit würde die Anzeige lauten:

```
Mittwoch, 17. September 2018 20:51:56
```

Es bietet sich auch die Möglichkeit an, mit

```
Console.WriteLine(String.Format("{0:D}", DateTime.Now));
```

auf die Zeitangabe ganz zu verzichten.

Formatierungsvarianten

Die einfachsten Varianten der überladenen Format-Methode lauten:

```
public static string Format(string format, object arg);
public static string Format(string format, params object[] args);
```

Der erste Parameter beschreibt eine Zeichenfolge mit einem oder mehreren Formatierungsausdrücken, die in geschweiften Klammern angegeben werden. Dem zweiten Parameter werden die zu formatierenden Objekte übergeben. Die Syntax erinnert sofort an die Formatierungen der Methode Console.WriteLine, die sich tatsächlich intern der Format-Methode bedient.

Unter den weiteren vier Überladungen ist eine besonders hervorzuheben, mit der festgelegt werden kann, welche Sprache bzw. Kultur für die Formatierung verwendet werden soll:

```
public static string Format(IFormatProvider provider, string format,
                                              params object[] args);
```

Im ersten Parameter erwartet die Methode String.Format nun ein Objekt, das die Schnittstelle IFormatProvider implementiert. Im .NET Framework sind das drei Klassen

- ▶ CultureInfo
- ▶ DateTimeFormatInfo
- ▶ NumberFormatInfo

Diese Klassen gehören alle zum Namespace System.Globalization. Die Klasse CultureInfo stellt Informationen über eine bestimmte Kultur bereit, einschließlich des Schriftsystems sowie des verwendeten Kalenders. DateTimeFormatInfo definiert die Anzeige von Datum und Uhrzeit und NumberFormatInfo die Darstellung numerischer Werte – immer abhängig von der jeweiligen Kultur.

Um beispielsweise das aktuelle Systemdatum in italienischer Sprache auszugeben, müssen Sie nur ein entsprechendes CultureInfo-Objekt bereitstellen, das die italienische Kultur beschreibt:

16

```
CultureInfo culture = new CultureInfo("it-IT");
// Ausgabe: sabato 17 settembre 2018
Console.WriteLine(String.Format(culture, "{0:D}", DateTime.Now));
```

Listing 16.20 Datumsausgabe in Italienisch

Mit den Eigenschaften `DateTimeFormat` und `NumberFormat` der Klasse `CultureInfo` kann das Ausgabeformat der spezifischen Kultur abgefragt und sogar neu festgelegt werden. Dazu veröffentlichen die beiden Klassen `DateTimeFormatInfo` und `NumberFormatInfo` eine größere Anzahl Eigenschaften. Wie Sie das Dezimaltrennzeichen einer gegebenen Kultur abweichend vom Standard spezifisch festlegen können, zeigt das folgende Codefragment:

```
double dbl = 12.25;
CultureInfo culture = new CultureInfo("de-DE");
NumberFormatInfo nfi = culture.NumberFormat;
nfi.NumberDecimalSeparator = "*";
Console.WriteLine(String.Format(culture, "{0}", dbl));
```

Listing 16.21 Individuelles Dezimaltrennzeichen festlegen

Es wird zuerst ein `CultureInfo`-Objekt erzeugt, das mit `de-DE` die deutsche Kultur beschreibt. Über dessen Eigenschaft `NumberFormat` wird die entsprechende Referenz auf `NumberFormat-Info` ermittelt. Der Eigenschaft `NumberDecimalSeparator` wird anschließend das Zeichen * als neues Dezimaltrennzeichen zugewiesen.

Es kann sich als nützlich erweisen, ein kulturunabhängiges Format zur Verfügung zu stellen. Dieses erhalten Sie mit der statischen Eigenschaft `InvariantCulture` der Klasse `CultureInfo`. Das zurückgegebene `CultureInfo`-Objekt ist der englischen Sprache zugeordnet, ohne dabei landesspezifische Unterschiede zu berücksichtigen.

Standardformatzeichen der Klasse »NumberFormatInfo«

In Tabelle 16.8 sind die Standardformatzeichen für die einzelnen Standardmuster der `Number-FormatInfo`-Klasse aufgeführt. Teilweise können die Standardmuster durch Eigenschaften verändert werden. Genauere Informationen dazu entnehmen Sie bitte der .NET-Dokumentation zu der Klasse.

Formatzeichen	Beschreibung
C oder c	Ausgabe im Währungsformat (einschließlich dem Währungssymbol der aktuellen Ländereinstellung)

Tabelle 16.8 Formatzeichen der Methode »String.Format«

Formatzeichen	Beschreibung
D oder d	Wird nur von ganzzahligen Datentypen unterstützt. Durch das Anhängen einer Zahl kann spezifiziert werden, wie viele Stellen die auszugebende Zahlenfolge aufweisen soll. Fehlende Ziffern werden mit Nullen aufgefüllt.
E oder e	Ausgabe im Exponentialformat
F oder f	Hängt an das Ende einer Zahl Dezimalstellen an. Die Anzahl der Nachkommastellen kann hinter dem Formatspezifizierer angegeben werden. Der Standard sind zwei Stellen.
G oder g	allgemein formatierte Ausgabe
N oder n	Die Ausgabe erfolgt im Format ddd.ddd.ddd,dd.
P oder p	Ausgabe als Prozentzahl
R oder r	Roundtrip-Format. Es wird sichergestellt, dass ein Zurückkonvertieren nicht zu Genauigkeitsverlusten führt.
X oder x	Ausgabe als Hexadezimalzahl (ausschließlich für Ganzzahlenformate)

Tabelle 16.8 Formatzeichen der Methode »String.Format« (Forts.)

Standardformatzeichen der Klasse »DateTimeFormatInfo«

In Tabelle 16.9 sind die wichtigsten Standardmuster zur Formatierung von Datum und Uhrzeit aufgezählt. Maßgeblich sind auch hier die Einstellungen unter *Ländereinstellung*. Wie schon die Standardformatmuster der Klasse NumberFormatInfo können Sie über Eigenschaften einige der Standardmuster nach eigenen Vorstellungen ändern. Weitere Informationen entnehmen Sie auch hier der .NET-Dokumentation.

Formatzeichen	Beschreibung
d	kurzes Datum (22.09.2003)
D	langes Datum (Montag, 22. September 2003)
f	langes Datum, inklusive Zeitangabe (Montag, 22. September 2003 22:30)
F	langes Datum, inklusive langer Zeitangabe (Montag, 22. September 2003 22:30:45)
g	kurzes Datum, inklusive Zeitangabe (22.09.2003 22:30)

Tabelle 16.9 Formatcodes für Datum und Uhrzeit

16

Formatzeichen	Beschreibung
G	kurzes Datum, inklusive langer Zeitangabe (22.09.2003 22:30:45)
M oder m	Tag und Monat (22 September)
R oder r	Datum nach dem Muster des RFC 1123 (Mon, 22 Sep 2003 22:30:45 GMT)
t	kurze Zeitangabe (22:30)
T	lange Zeitangabe (22:30:45)
Y oder y	Monat und Jahr (September 2003)

Tabelle 16.9 Formatcodes für Datum und Uhrzeit (Forts.)

Dazu zwei Beispiele:

```
// Ausgabe: Dienstag, 23. September 2018 12:12:55
string date = String.Format("{0:F}", DateTime.Now)
// Ausgabe: 23. september
string date = String.Format("{0:M}", DateTime.Now)
```

16.6.2   Formatierung mit der Methode »ToString«

Von der Klasse Object erbt jede .NET-Klasse die parameterlose Methode ToString. Darüber hinaus werden sowohl von den numerischen Typen als auch von der Klasse String Überladungen angeboten, die direkt auf dem zu formatierenden Wert aufgerufen werden. Sie können sich zum Beispiel mit

```
float d = 0.01985F;
Console.WriteLine(d.ToString("P"));
```

die float-Zahl als Prozentzahl oder mit

```
float d = 123.505F;
Console.WriteLine(d.ToString("E"));
```

im Exponentialformat ausgeben lassen. Auch hier wird die Einstellung der aktuellen Kultur berücksichtigt. Sie können als Formatierungszeichenfolge alle Formatzeichen angeben, die in Tabelle 16.8 und Tabelle 16.9 aufgeführt sind. Die geschweiften Klammern sind nicht erforderlich. Um landesspezifische Ausgaben zu ermöglichen, können Sie auch ein IFormatProvider-Objekt übergeben.

```
public virtual string ToString(IFormatProvider);
```

Beachten Sie, dass die verschiedenen Datentypen unterschiedlich viele Überladungen von ToString zur Verfügung stellen.

16.6.3   Benutzerdefinierte Formatierung

Zahlen und Zeichenfolgen

Über die vordefinierten Formate hinaus können Sie auch eigene Formatierungen festlegen. Dazu stellt .NET Ihnen eine Reihe von Formatzeichen bereit, mit denen Sie die Ausgabe von Ganz- und Dezimalzahlen sowie Zeichenfolgen nach eigenen Vorstellungen beeinflussen.

Formatzeichen	Beschreibung
0	Die Zahl 0 dient als Platzhalter für eine Zahl. Nichtsignifikante Nullen werden durch die Zahl 0 dargestellt.
#	Die Zahl 0 dient als Platzhalter für eine Zahl. Nichtsignifikante Nullen werden durch Leerzeichen dargestellt.
.	Das erste .-Zeichen in der Formatzeichenfolge bestimmt die Position des Dezimaltrennzeichens im formatierten Wert.
,	Dient als Tausendertrennung. Jedes Auftreten des Zeichens bewirkt eine Division durch 1.000.
%	Das Zeichen bewirkt die Multiplikation mit 100. Das Prozentzeichen wird angehängt.
E0, E+0, E-0, e0, e+0, e-0	Die Codes bewirken die Exponentialdarstellung einer Zahl. Mit E+0 und e+0 wird das positive Vorzeichen immer angezeigt, mit allen anderen immer nur das negative. Die Anzahl der Nullen bestimmt die Mindestanzahl von Ziffern des Exponenten.
\	Das folgende Zeichen in der Formatzeichenfolge wird als Escape-Sequenz interpretiert.
"ABC"	Die in Anführungszeichen stehenden Zeichen werden direkt in die Ergebniszeichenfolge kopiert.

Tabelle 16.10 Formatzeichen für benutzerdefinierte Zahlen- und Zeichenformate

Nachfolgend zeige ich an einigen Beispielen, wie Sie die Formatzeichen einsetzen und zu welchem Ergebnis die Anweisungen führen:

```
double value = 12345.67890;
string text = value.ToString("000");       // Ausgabe: 12346
text = value.ToString("0000000");          // Ausgabe: 00123456
text = value.ToString("###");              // Ausgabe: 12346
text = value.ToString("#,#####");          // Ausgabe: 12.346
text = value.ToString("#.##");             // Ausgabe: 12345,68
```

```
text = value.ToString("#.#####");      // Ausgabe: 12345,6789
text = value.ToString("000e+000");     // Ausgabe: 123e+002
text = value.ToString("0%");           // Ausgabe: 1234568%
```

Datums- und Zeitangaben

Wenn Sie wollen, können Sie mit vordefinierten Codes eigene Mustervorgaben zur Darstellung des Datums und der Uhrzeit festlegen. Die Codes werden von der Klasse `DateTimeFormatInfo` bereitgestellt.

```
// Ausgabe: Sep.2004.12
string text = DateTime.Now.ToString("MMM/yyyy/dd");
// Ausgabe: 09:22:30
string text = DateTime.Now.ToString("HH:mm:ss");
```

Formatmuster	Beschreibung
d	Monatstag ohne führende 0 (1–31)
dd	Monatstag mit führender 0 (01–31)
ddd	Abkürzung des Wochentags (Mon)
dddd	vollständiger Name des Wochentags (Montag)
M	Monat ohne führende 0 (1–12)
MM	Monat mit führender 0 (01–12)
MMM	Abkürzung des Monatsnamens (Jan)
MMMM	vollständiger Monatsname (Januar)
y	zweistellige Jahreszahl ohne führende 0 (3)
yy	zweistellige Jahreszahl mit führender 0 (03)
yyyy	vollständige Jahreszahl (2003)
gg	Angabe der Zeitära
h	Stundenangabe in 12-Stunden-Schreibweise ohne führende 0
hh	Stundenangabe in 12-Stunden-Schreibweise mit führender 0
H	Stundenangabe in 24-Stunden-Schreibweise ohne führende 0
HH	Stundenangabe in 24-Stunden-Schreibweise mit führender 0

Tabelle 16.11 Formatzeichen für benutzerdefinierte Datums- und Zeitformate

Formatmuster	Beschreibung
m	Minutenangabe ohne führende 0 (0–59)
mm	Minutenangabe mit führender 0 (00–59)
s	Sekundenangabe ohne führende 0 (0–59)
ss	Sekundenangabe mit führender 0 (0–59)
f–ffffff	Angabe von Sekundenbruchteilen
t	das erste Zeichen des AM/PM-Kennzeichners (A entspricht AM, P entspricht PM.)
tt	AM oder PM
z	Zeitzonenangabe (+ oder –, gefolgt von der Stundenangabe; ohne führende 0)
zz	Zeitzonenangabe ("+" oder "–", gefolgt von der Stundenangabe; mit führender 0)
zzz	vierstellige Zeitzonenangabe
/	Es wird das Standardtrennzeichen für Datumsangaben eingesetzt.
:	Es wird das Standardtrennzeichen für Zeitangaben eingesetzt.

Tabelle 16.11 Formatzeichen für benutzerdefinierte Datums- und Zeitformate (Forts.)

16

Kapitel 17
Projektmanagement und Visual Studio 2019

In diesem Kapitel steht das .NET-Projekt in seiner Gesamtheit im Mittelpunkt. Wir werden uns dazu zuerst mit Klassenbibliotheken beschäftigen und uns danach ansehen, wo die Bibliotheken des .NET Frameworks zu finden sind. Der sogenannte *Gobal Assembly Cache* steht dabei im Mittelpunkt unserer Betrachtungen.

Anwendungen lassen sich konfigurieren. Dazu dient die Datei *App.config*. Die Aufgaben, die innerhalb der als Anwendungskonfigurationsdatei bezeichneten *App.config* sind vielfältig. Sie reichen von der Versionierung bis hin zur Konfiguration eines Remote-Servicezugriffs.

Einige kleine Helferlein können uns das Entwickeln unserer Anwendung erleichtern. Code-Snippets, die XML-Dokumentation, der Klassendesigner und auch das Refactoring sind daher ebenfalls Thema in diesem Kapitel.

17.1 Der Projekttyp »Klassenbibliothek«

Insbesondere in Kapitel 3, »Das Klassendesign«, Kapitel 4, »Vererbung, Polymorphie und Interfaces«, und Kapitel 5, »Delegaten, Ereignisse und Lambda-Ausdrücke«, haben wir mit *GeometricObjects* eine etwas größere Anwendung entwickelt, in deren Mittelpunkt die Klassen Circle, GraphicCircle, Rectangle, GraphicRectangle und GeometricObject standen. Alle Klassen haben wir auf Grundlage der Projektvorlage einer Konsolenanwendung entwickelt. Das Kompilat ist eine EXE-Datei. Denken wir nun einen Schritt weiter, und nehmen wir an, die Klassen seien so genial, dass wir sie auch in anderen Anwendungen benutzen wollen. Auf die in einer EXE-Datei enthaltenen Typdefinitionen, also Klassen, Strukturen, Delegaten usw., kann aber aus anderen Anwendungen heraus nicht zugegriffen werden. Dazu müssen die zu veröffentlichenden Typen in einer Datei implementiert sein, deren Kompilat die Dateiendung *.dll* hat. Diese .NET-Kompilate werden auch als *Assemblies* bezeichnet.

Eine Klassenbibliothek ist nicht eigenstartfähig. Versuchen Sie, das Projekt einer Klassenbibliothek aus der Entwicklungsumgebung heraus zu starten, erhalten Sie eine Fehlermeldung. Sie können jedoch weiterhin das Klassenbibliotheksprojekt über das Menü ERSTELLEN kompilieren.

Normalerweise werden Sie schon von Anfang an die Überlegung anstellen, ob Sie Ihre zu entwickelnden Klassen in einer Klassenbibliothek bereitstellen wollen oder in einer anderen Projektvorlage. Erstellen Sie ein neues Projekt vom Typ KLASSENBIBLIOTHEK.

Hinweis

Achten Sie darauf, dass Sie sich für die Projektvorlage KLASSENBIBLIOTHEK (.NET FRAMEWORK) entscheiden, und nicht für eine der vielen anderen, die zum Angebot stehen (siehe Abbildung 17.1).

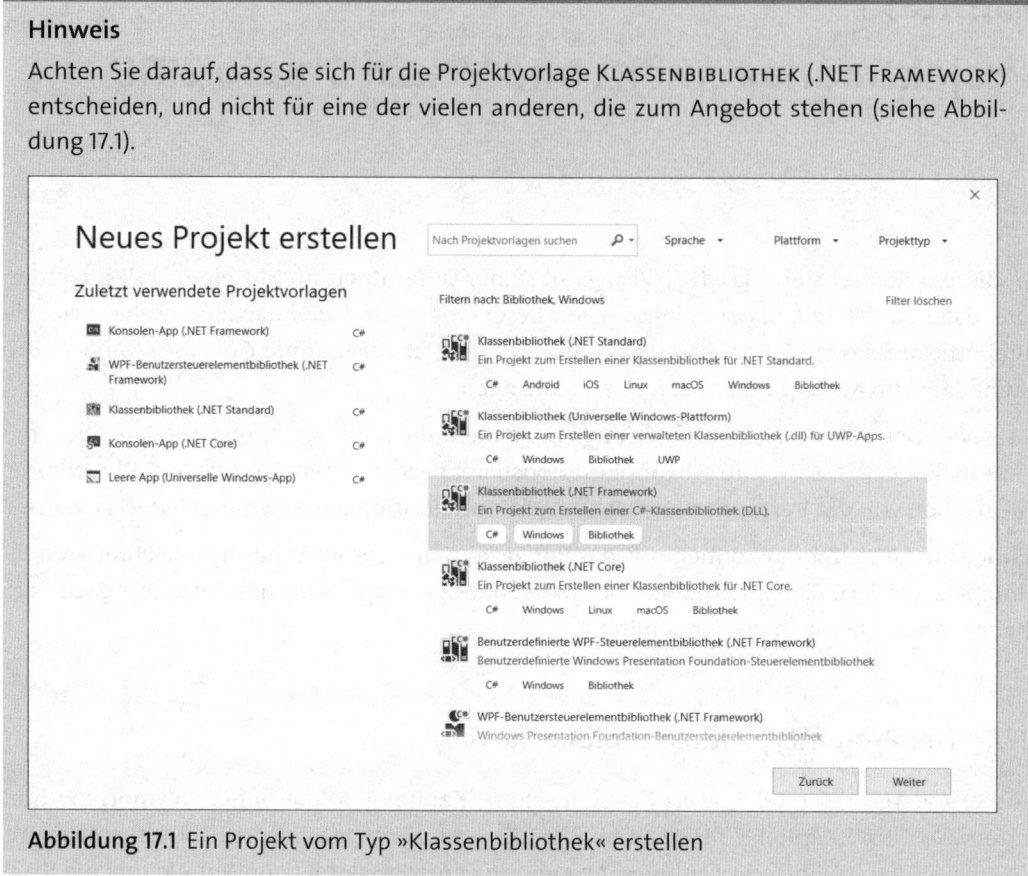

Abbildung 17.1 Ein Projekt vom Typ »Klassenbibliothek« erstellen

Nachdem Sie den Namen des Projekts und die Speicherlokalität festgelegt haben, wird das Projekt in Visual Studio angelegt. Dabei wird eine Klasse mit dem Namen Class1 bereitgestellt. In der Regel wollen Sie Ihrer Klasse jedoch einen anderen Bezeichner geben. Markieren Sie dazu im Projektmappen-Explorer die Sourcecode-Datei *Class1.cs*, öffnen Sie danach ihr Kontextmenü, und wählen Sie UMBENENNEN. Nachdem Sie der Quellcode-Datei einen neuen Namen gegeben haben (der dem der Klasse entsprechen sollte), werden Sie gefragt, ob auch der Klassenbezeichner entsprechend geändert werden soll. Sie brauchen das nur zu bestätigen.

Aus einer Konsolenanwendung eine Klassebibliothek zu machen, ist sehr einfach und dauert buchstäblich nur wenige Sekunden. Klicken Sie dazu im Projektmappen-Explorer auf den Knoten PROPERTIES. Es öffnet sich daraufhin das *Projekteigenschaftsfenster*. Wählen Sie hier die Lasche ANWENDUNG aus, und stellen Sie im Listenfeld AUSGABETYP den gewünschten Projekttyp ein, also KLASSENBIBLIOTHEK. Das Kompilat ist anschließend eine DLL. In diesem Fall können Sie die Klasse Program mit der Startmethode Main löschen.

17.1.1 Mehrere Projekte in einer Projektmappe verwalten

Bisher haben wir in der Entwicklungsumgebung immer nur mit einem Projekt gearbeitet. Visual Studio ermöglicht es auch, mehrere Projekte parallel zu bearbeiten. Verwaltet werden die einzelnen Projekte in einer Projektmappe, die die Aufgabe eines Containers hat. Visual Studio generiert bereits beim Erstellen eines neuen Projekts eine Projektmappe, die anschließend um beliebig viele, auch unterschiedliche Projekttypen erweitert werden kann. Damit erübrigt sich das mehrfache Öffnen von Visual Studio, wenn mehrere Projekte gleichzeitig bearbeitet werden sollen. Die von einer Projektmappe verwalteten Projekte können in einem logischen Zusammenhang stehen, müssen es aber nicht zwangsläufig.

Auch Projektmappen haben einen spezifischen Bezeichner. Dieser kann vergeben werden, sobald Sie die Entwicklungsumgebung starten und das erste Projekt erstellen. Sollten Sie im Projektmappen-Explorer keinen Knoten für die Projektmappe sehen, öffnen Sie das Menü EXTRAS und wählen OPTIONEN. Im Dialog, der daraufhin geöffnet wird, wählen Sie in der linken Liste den Knoten PROJEKTE UND PROJEKTMAPPEN aus. Im rechten Bereich des Dialogs wird Ihnen daraufhin eine Option angeboten, die Projektmappe immer anzuzeigen.

Der Standardbezeichner einer Projektmappe ist der des ersten Projekts, sollte allerdings insbesondere dann einen spezifischen Namen bekommen, wenn Sie wissen, dass Sie im Laufe der Entwicklungstätigkeit mindestens noch ein weiteres Projekt hinzufügen wollen.

Um die Entwicklungsumgebung um ein weiteres Projekt zu ergänzen, müssen Sie im Projektmappen-Explorer den Knoten der Projektmappe markieren, dessen Kontextmenü öffnen und HINZUFÜGEN • NEUES PROJEKT... auswählen. Daraufhin öffnet sich ein Dialog, der alle Projekttypen zur Auswahl stellt.

Werden von einer Projektmappe mehrere Projekte verwaltet, kann per Vorgabe nur eines davon ausgeführt werden, wenn Sie auf die Schaltfläche STARTEN in der Symbolleiste von Visual Studio klicken. Es ist immer das Projekt, dessen Projektbezeichner fett geschrieben ist. Um ein anderes Projekt zum Startprojekt zu erklären, gibt es mehrere Möglichkeiten. Eine davon ist, das Kontextmenü des Projekts zu öffnen, mit dem gestartet werden soll. Wählen Sie im Kontextmenü dieses Projekts ALS STARTPROJEKT FESTLEGEN aus. Eine andere Möglichkeit wäre, das Startprojekt in der Symbolleiste einzustellen.

Physikalisch werden die Projekte innerhalb einer Projektmappe als Unterordner des übergeordneten Ordners der Projektmappe gespeichert. Im Verzeichnis der Projektmappe ist eine Datei mit der Dateierweiterung *.SLN* zu finden, in der die einzelnen untergeordneten Projekte angegeben sind.

Anmerkung

Das von uns bearbeitete Projekt *GeometricObjects* befindet sich bereits in einer Projektmappe mit dem Namen *GeometricObjectsSolution*. Nach der Umstellung zur Klassenbibliothek sollten Sie die Projektmappe zusätzlich um eine Konsolenanwendung mit dem Bezeichner

> *TestApplication* ergänzen. Wir werden das Testprojekt im weiteren Verlauf dieses Kapitels noch benötigen.

17.1.2   Die Zugriffsmodifizierer »public« und »internal«

Klassen können sowohl als public wie auch als internal definiert sein. public bedeutet, dass die so gekennzeichnete Komponente überall sichtbar ist. In einer Konsolenanwendung eine Klasse nicht mit public zu kennzeichnen, hat keine besonderen Auswirkungen, denn alle Typdefinitionen innerhalb eines Projekts, das zu einer EXE-Datei kompiliert wird, können nicht veröffentlicht werden.

Dem Zugriffsmodifizierer public bekommt eine besondere Bedeutung innerhalb einer Klassenbibliothek zu, denn damit teilen wir dem Compiler unsere Absicht mit, dass auch Anwendungen außerhalb der Klassenbibliothek auf diese Klasse zugreifen dürfen. Der Verzicht auf die Angabe von public bedeutet, dass die Typdefinition außerhalb der Klassenbibliothek nicht sichtbar ist. Dies ist gleichbedeutend mit dem ausdrücklichen Setzen des Zugriffsmodifizierers internal.

> **Hinweis**
>
> Obwohl ich hier nur Klassen erwähnt habe, gilt das Gesagte natürlich gleichermaßen für Interfaces, Delegaten, Strukturen und Enumerationen.

17.1.3   Friend Assemblies

Um den Zugriff auf die Mitglieder einer Assembly aus einer anderen Anwendung heraus sicherzustellen, muss neben der Klasse selbst auch das entsprechende Klassenmitglied public deklariert sein. Hat eine Klasse keinen explizit genannten Zugriffsmodifizierer, gilt sie als internal. Der Zugriffsmodifizierer internal macht die Klasse innerhalb einer Assembly zugreifbar, sie ist aber außerhalb der Assemblierung nicht zu sehen.

Um eine noch bessere Steuerung des Zugriffs zu ermöglichen, gibt es Assemblierungen, die ihre internal-Klassen und Mitglieder nur ganz bestimmten Anwendungen zur Verfügung stellen. Sehen Sie sich dazu das folgende Beispiel der Klasse Demo an:

```
namespace ClassLibrary
{
  internal class Demo
  {
    internal void DoSomething() => Console.WriteLine("In der Friend-Assembly");
  }
}
```

Demo ist internal definiert. Andere Klassen, die sich innerhalb derselben Assemblierung befinden, sehen die Definition von Demo und können darauf zugreifen. Nutzt jedoch eine andere Anwendung diese Klassenbibliothek, erfährt sie nichts von der Existenz des Typs Demo.

Tatsächlich ist das dennoch möglich. Dazu muss die Bibliothek, in der Demo definiert ist, mit dem Attribut InternalsVisibleTo verknüpft werden. Dem Attribut wird ein Zeichenfolgeparameter mit dem Namen der Anwendung übergeben, für die alle nicht öffentlichen Typen sichtbar gemacht werden sollen.

```
[assembly:InternalsVisibleTo("TestApplication")]
```

Das Attribut gehört zum Namespace System.Runtime.CompilerServices. Gesetzt wird der Eintrag in der Datei *AssemblyInfo.cs*, die sich unterhalb des Properties-Knotens im Projektmappen-Explorer befindet. Bei Bedarf dürfen Sie das Attribut auch mehrfach verwenden.

Die Anwendung *TestApplication* wird die Klasse Demo nun sehen und auch die Methode DoSomething ausführen können. Beachten Sie dabei, dass auch die Methode mit dem Zugriffsmodifikator internal versehen ist. Geben Sie keinen Zugriffsmodifizierer an, gilt die Methode als private.

17.1.4 Einbinden einer Klassenbibliothek

Kommen wir zurück zur Projektmappe *GeometricObjectsSolution*. Uns liegen nun mit *TestApplication* und *GeometricObjects* zwei Projekte in der Projektmappe vor. *TestApplication* dient dazu, das nun als Klassenbibliothek vorliegende Projekt *GeometricObjects* zu testen. Allerdings weiß die Konsolenanwendung noch nichts von der Existenz der Klassenbibliothek. Das müssen wir zuerst sicherstellen. Dazu dient der Knoten Verweise im Projektmappen-Explorer. Im Kontextmenü dieses Knotens wählen Sie Verweis hinzufügen... Daraufhin öffnet sich der in Abbildung 17.2 gezeigte Dialog.

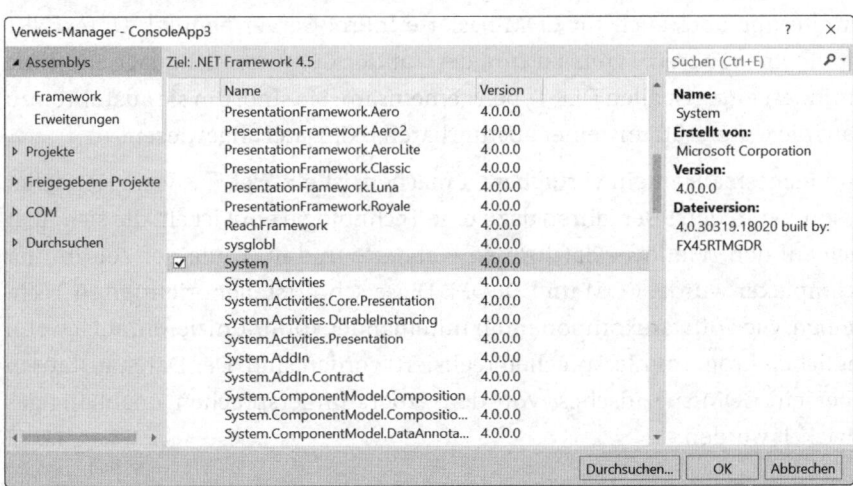

Abbildung 17.2 Hinzufügen eines Verweises auf eine Klassenbibliothek

Bezogen auf die uns vorliegende Projektmappe *GeometricsObjectSolution* ist es am einfachsten, die Registerkarte PROJEKTMAPPE auszuwählen, da wir hier sofort die Klassenbibliothek *GeometricObjects* angeboten bekommen.

Jetzt haben wir in der Anwendung Zugriff auf die öffentlichen Elemente in *GeometricObjects* und können beispielsweise die Klasse Circle instanziieren. Dabei müssen wir aber auch den Namespace, in dem Circle definiert ist, berücksichtigen. Entweder geben wir den voll qualifizierenden Bezeichner an, beispielsweise

```
GeometricObjects.Circle kreis = new GeometricObjects.Circle();
```

oder – was eine deutlich bessere Lösung ist – wir geben den Namespace mit using vorher bekannt und können direkt die Klasse ansprechen:

```
using GeometricObjects;
[...]
Circle kreis = new Circle();
```

17.2   Assemblies

17.2.1   Ein Überblick über das Konzept der Assemblies

Entwickeln Sie eine Konsolen-, Windows- oder Windows-Dienst-Anwendung, wird eine EXE-Datei erzeugt. Ist das Projekt zum Beispiel vom Typ Klassenbibliothek, wird eine DLL-Datei generiert. Die Kompilate werden, abhängig von der Konfigurationseinstellung, im Ordner */bin/Debug* bzw. *obj/Debug* unterhalb des Projektordners gespeichert.

Für etwas Verwirrung kann die Endung *.dll* (Dynamic Link Library) sorgen. DLLs waren ursprünglich als reine Funktionssammlungen gedacht (denken Sie beispielsweise an die Betriebssystemfunktionen der Win32-API oder die Funktionen in der ODBC-API), später wurde dieselbe Dateierweiterung aber auch für COM-basierte InProc-Server benutzt. Unter .NET haben wir es mit einem weiteren Typus zu tun, der auf der Common Language Runtime (CLR) basiert. Zumindest eines ist allen DLL-Typen gemeinsam: Sie sind, um sie ausführen zu können, immer auf die Unterstützung einer ausführbaren EXE-Datei angewiesen.

Die Softwarekomponenten allgemein verfügbar zu machen, ist ein Ziel, das viele Hersteller anstreben. Microsoft hat in den 90er Jahren dazu eine Technologie entwickelt, die sich über viele Jahre hinweg auf den Windows-Plattformen etablierte und im Laufe der Zeit immer mächtiger und komplexer wurde: COM und DCOM. Diese schnittstellenorientierten Technologien beschreiben, wie Softwarekomponenten miteinander kommunizieren, auch wenn sie in unterschiedlichen Programmiersprachen realisiert worden sind. Der Datenaustausch musste dabei über ein COM-spezifisches, von den Programmiersprachen unabhängiges Typsystem abgewickelt werden.

Das war aber nicht das einzige Problem, das COM/DCOM bereitete. Ein ganz wesentlicher Nachteil war die Trennung des Programmcodes von seiner Selbstbeschreibung, die in der Typbibliothek der Registrierungsdatenbank zu finden ist. Zudem war es nicht möglich, mehrere versionsunterschiedliche COM-Komponenten gleichzeitig auf einem Rechner zu installieren. Das führte in der Vergangenheit häufig dazu, dass Programme, die für den Zugriff auf eine ältere Komponentenversion geschrieben waren, ihren Dienst quittierten, wenn mit einem anderen Programm eine neuere Komponentenversion installiert wurde.

Um diesen Kreislauf aufzubrechen, wurde ein völlig neues Konzept spezifiziert, das die folgenden Anforderungen definierte:

▶ Eine Anwendung muss ihre Dienste selbst beschreiben können, ohne von anderen Systemdiensten wie der Registrierungsdatenbank abhängig zu sein. Dementsprechend müssen Code und Selbstbeschreibung einer Komponente eine kompakte Einheit bilden.

▶ Zur Vermeidung von Versionskonflikten müssen mehrere Versionen einer Komponente parallel installiert werden können. Damit wird gewährleistet, dass eine Anwendung, die sich der Dienste einer Komponente bedient, nicht durch die Installation einer neuen, jedoch inkompatiblen Komponente in das laufzeittechnische Nirwana befördert wird.

▶ Die verschiedenen Versionen einer Softwarekomponente müssen gleichzeitig ausführbar sein. Da eine neu zu verteilende Komponentenversion durchaus auch nur das Ziel haben kann, einen bekanntgewordenen Fehler zu beseitigen, sollte eine von dieser Komponente abhängige Anwendung in der Lage sein, aus einer Vielzahl gleicher, jedoch versionsverschiedener Komponenten diejenige zu finden, mit der problemlos zusammengearbeitet werden kann.

▶ Es muss sichergestellt werden, dass die von einer Anwendung geforderte, richtige Version der Komponente geladen und ausgeführt wird.

Bei allen genannten Punkten setzt das Konzept der Assemblies an. Mehrere Versionen derselben Softwarekomponente dürfen auf einem Rechner installiert sein – mehr noch, sie dürfen sogar gleichzeitig ausgeführt werden. Damit wird zwar einerseits das Prinzip der Abwärtskompatibilität aufgegeben, das unter COM eine elementare Forderung war, andererseits ist Abwärtskompatibilität auch nicht mehr notwendig, weil an eine Anwendung ebenfalls Forderungen hinsichtlich des Komponentenzugriffs gestellt werden.

Die Selbstbeschreibung einer COM-Komponente erfolgt in der Typbibliothek, die als eigenständige Einheit getrennt vom Binärcode existiert. Die Beschreibung einer Assembly samt ihrer internen Komponenten hingegen erfolgt in einem Block, der als *Manifest* bezeichnet wird und mit dem Code unzertrennlich verbunden ist.

Eine Assembly lässt sich nicht nur als die Baugruppe einer Anwendung verstehen. Sie bildet gleichzeitig die Einheit, die verteilt wird, beschreibt Sicherheitsrichtlinien und ist die Basis der Versionierung.

17

17.2.2   Allgemeine Beschreibung privater und globaler Assemblies

Die Frage, die bei jeder Anwendungsentwicklung neu gestellt werden muss, ist, ob der Code in einer .NET-DLL (Assembly) nur einer Anwendung zugänglich sein soll oder ob auch andere Programme darauf zugreifen dürfen. Aus der Fragestellung, wie und von wem eine Assemblierung genutzt werden darf, folgt die Definition zweier unterschiedlicher Assembly-Typen:

▶ *private Assemblies*, die nur von einer Anwendung genutzt werden können

▶ *globale Assemblies*, die allen Anwendungen gleichermaßen ihre Dienste offenlegen

Eine private Assembly zu entwickeln, ist denkbar einfach: Sie müssen nichts Besonderes dafür tun, private Assemblies sind der Standard. Genauso verhält es sich auch mit der weiter oben bereitgestellten Klassenbibliothek *GeometricObjects*. Sie gehört zur Anwendung *TestApplication*. EXE- und DLL-Dateien müssen bei der Verteilung gemeinsam installiert werden. Dabei muss die Klassenbibliothek im gleichen Verzeichnis liegen wie die darauf zugreifende Anwendung.

Nutzen mehrere Anwendungen die gleiche Klassenbibliothek, gilt diese Regel für jede Installation. Im Extremfall kann das dazu führen, dass ein und dieselbe Klassenbibliothek mehrfach auf einem Rechner vorliegt. Das ist zwar grundsätzlich ein Nachteil, weil dadurch Speicherressourcen verschwendet werden, andererseits relativiert sich dies im Zeitalter der TByte-Festplatten. Gravierender ist jedoch die Auswirkung, wenn die Assembly geändert wird, beispielsweise aufgrund eines Bugs. Das hätte zur Folge, dass man jede einzelne Assembly suchen und austauschen müsste.

Nun betreten die globalen Assemblies die Bühne, die an einem zentralen Ort gespeichert sind und von jeder Anwendung gleichermaßen genutzt werden können. Dieser zentrale Ort ist nicht, wie vielleicht zu vermuten wäre, die Registry, sondern der *Global Assembly Cache*, kurz GAC genannt. Für eine Veröffentlichung im GAC ist ein kryptografischer Schlüssel Voraussetzung. Dieser gewährleistet, dass eine Assembly von einer anderen, zufälligerweise gleichnamigen Assembly eines anderen Entwicklers eindeutig unterschieden werden kann.

17.2.3   Die Struktur einer Assembly

Allgemeine Beschreibung

Eine Assembly muss vielen Anforderungen gerecht werden, um die gesteckten Ziele einer einfachen und sicheren Versionierung und Verteilung zu erreichen. Der wesentlichste Punkt ist die Zusammenfassung von Code und Selbstbeschreibung. Überlegen wir, was zu einer Selbstbeschreibung alles gehört:

▶ der Name, der die Assembly identifiziert

▶ Informationen, die anderen Assemblies mitteilen, ob die vorliegende Assembly das ursprüngliche Original oder eine neuere Version ist

▶ Informationen darüber, von welchen anderen Komponenten sie abhängt; unter anderem der Name und die Versionsnummer der von ihr referenzierten Assemblies

▶ Informationen über die von der Assembly exportierten Typen

▶ die Bezeichner aller Methoden, einschließlich der Parameternamen und -typen, sowie der Typ des Rückgabewertes

Diese Punkte lassen sich in zwei logische Kategorien zusammenfassen:

▶ Metadaten, die eine Assembly ganzheitlich beschreiben und als *Manifest* der Assembly bezeichnet werden

▶ Daten zur Beschreibung des IL-Codes, die *Typmetadaten*

Metadaten sind Daten, die andere Daten beschreiben. Wenn Ihnen das zu abstrakt ist, denken Sie an die Tabelle einer Datenbank. Die Entitäten (Spalten bzw. Felder) der Tabelle werden ebenfalls über Metadaten beschrieben. Dazu gehören beispielsweise die Typdefinition eines Feldes, Gültigkeitsregeln und Standardwerte.

Selbst die einfachste Assemblierung setzt sich damit konsequenterweise aus drei Blöcken zusammen:

▶ aus den Metadaten, die die Assembly allgemein beschreiben (das Manifest)

▶ aus den Typmetadaten, die die öffentlichen Typen beschreiben

▶ aus dem IL-Code

Assemblies können nicht nur Module für Typen enthalten, oft gehören auch Ressourcen dazu, beispielsweise BMP-, JPEG- und HTML-Dateien, die von der Assembly zur Laufzeit benötigt werden. Diese Dateien sind dann ebenfalls Bestandteil einer Assembly. Es lässt sich auch eine Assembly vorstellen, die weder Code noch Ressourcen enthält – ob eine solche Assembly allerdings noch sinnvoll ist, lassen wir dahingestellt.

Manifest und Metadaten

Metadaten sind binäre Informationen, die beim Kompilieren einer Datei, sei es in eine DLL- oder EXE-Datei, hinzugefügt werden und die Daten ganzheitlich beschreiben. Jeder Typ, den man innerhalb einer Anwendung definiert oder einbindet, wird von den Metadaten erfasst. Zur Laufzeit werden die Metadaten in den Speicher geladen und von der Common Language Runtime dazu benutzt, die benötigten Informationen zu beziehen, die zur Erstellung und Verwendung eines Objekts erforderlich sind.

Der Informationsgehalt der Metadaten ist vielseitiger Natur und lässt sich in zwei Gruppen einteilen:

▶ das **Manifest**, das die Struktur einer Assembly beschreibt. Zu dem Informationsgehalt eines Manifests gehören:

  – der Typname

- die Versionsnummer
- der öffentliche Schlüssel
- die Liste aller Dateien, aus denen sich die Assembly zusammensetzt
- die Liste aller weiteren Assemblies, die statisch an die aktuelle Assembly gebunden sind
- Sicherheitsrichtlinien, die die Berechtigungen an der Assembly steuern

▶ **Typmetadaten**, die die Typen innerhalb einer Komponente beschreiben. Das schließt den Namen des Typs, seine Sichtbarkeit, seine Basisklassen und die von ihm implementierten Schnittstellen ein.

Mit dem Manifest und den Typmetadaten verfügt die Common Language Runtime über genügend Informationen, um Klassen aus einer Datei zu laden, Objekte zu erstellen, Methodenaufrufe aufzulösen und auf Objektdaten zuzugreifen.

Es spielt keine Rolle, in welcher Sprache eine Assembly entwickelt wurde. Das Manifest verwischt die Spuren des zugrundeliegenden Quellcodes. Unter COM war zur binären Bindung zweier Komponenten noch Bindecode notwendig (IDL – Interface Definition Language), um eine gemeinsame Basis für die Kommunikation und den Datenaustausch beider Komponenten zu schaffen. Die *Intermediate Language* (IL) und die *Common Language Runtime* (CLR) schaffen mit dem Manifest die Voraussetzung für den problemlosen Austausch, ohne dass Sie solche Behelfsbrücken bauen müssen.

Der IL-Disassembler

Sie können sich die Metadaten einer Komponente ansehen, wenn Sie das mit Visual Studio 2019 gelieferte Tool *ildasm.exe*, den sogenannten *IL-Disassembler*, an der Konsole aufrufen. Sie finden diese Datei in einem Unterordner der Visual-Studio-Installation. Haben Sie die Standardvorgaben bei der Installation übernommen, wird es sich um

\Program Files (x86)\Microsoft SDKs\Windows\v10.0A\bin\NETFX 4.7.2 Tools

handeln. Sie können die zu inspizierende Assembly Datei über das Menü DATEI • ÖFFNEN laden.

Wir wollen uns nun mit Hilfe des ILDASM-Tools das Manifest einer Konsolenanwendung ansehen, die neben dem Ausgabecode der Methode Main in derselben Quellcodedatei noch die Definition der Klasse ClassA enthält. In einer zweiten Quellcodedatei des Projekts ist die Klasse ClassB definiert. Um den Informationsgehalt im IL-Tool zu verdeutlichen, enthält der Typ ClassB insgesamt drei Variablendeklarationen mit unterschiedlichen Sichtbarkeiten.

```
namespace MyAssembly
{
  class Program
  {
    static void Main(string[] args)
```

```
    {
      DataColumn col = new DataColumn();
      Console.WriteLine("Guten Tag.");
      Console.ReadLine();
    }
  }
  public class ClassA
  {
    public int intVar {get; set}
  }
}
public class ClassB
{
  public int intVar {get; set;}
  private long lngVar {get; set;}
  protected string strText {get; set;}
}
```

Program und ClassA sind im Namespace MyAssembly definiert, ClassB ist keinem Namespace zugeordnet. Beachten Sie bitte, dass in Main zu Demonstrationszwecken ein Objekt vom Typ DataColumn erstellt wird, also auf die standardmäßig eingebundene Datei *System.Data.dll* und den darin enthaltenen Namespace System.Data zugegriffen wird. Sehen wir uns jetzt an, was uns das IL-Tool liefert, ohne dabei allzu sehr in die Details zu gehen (Abbildung 17.3).

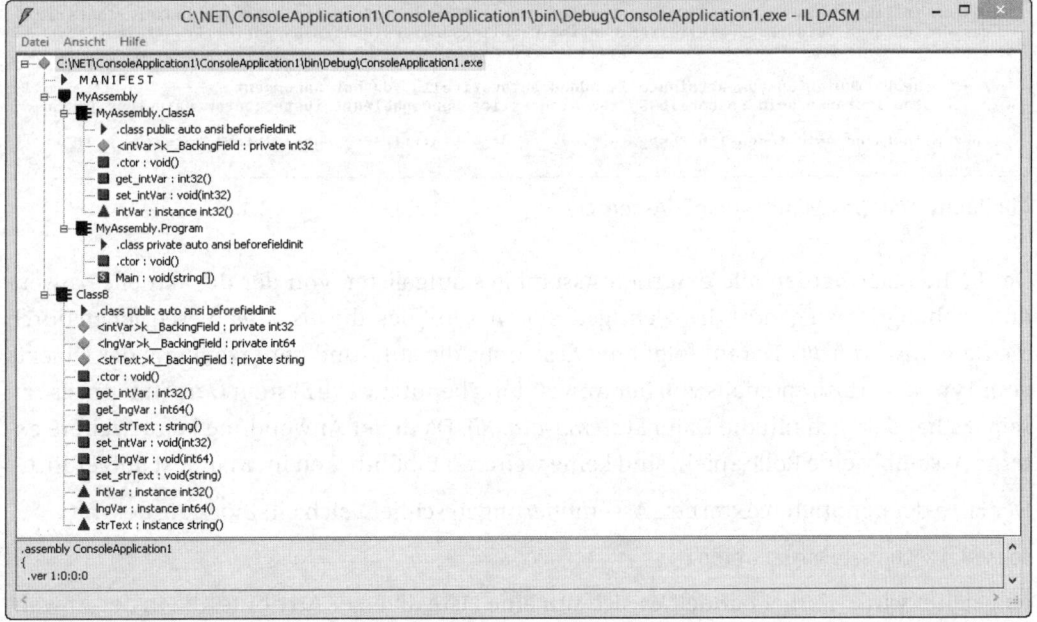

Abbildung 17.3 Die Anzeige des Tools ILDASM.EXE

Unterhalb des Wurzelknotens, der den Pfad zu der Assemblierung angibt, ist – mit einem roten Dreieck gekennzeichnet – das Manifest zu sehen. Darunter befindet sich der Knoten MyAssembly, der in der Abbildung vollständig geöffnet ist. Das blaue Rechteck, das mit seinen drei nach rechts weisenden Linien an einen Stecker erinnert, symbolisiert Klassendefinitionen.

Das Tool listet zudem alle Eigenschaften und Methoden jeder Klasse auf. In Program handelt es sich nur um die statische Methode Main sowie den mit .ctor gekennzeichneten Konstruktor. Darüber hinaus ist der Sichtbarkeitsbereich aller Member an den vorangestellten Symbolen zu erkennen. Hat ein Member einen Rückgabewert, ist dessen Typ – getrennt durch einen Doppelpunkt – hinter dem Methodennamen angeführt.

Werfen wir jetzt einen Blick auf das Manifest dieser Assemblierung. Ein Doppelklick auf den MANIFEST-Eintrag öffnet ein weiteres Fenster, das uns weitere Informationen im Zusammenhang mit der Assembly liefert (siehe Abbildung 17.4).

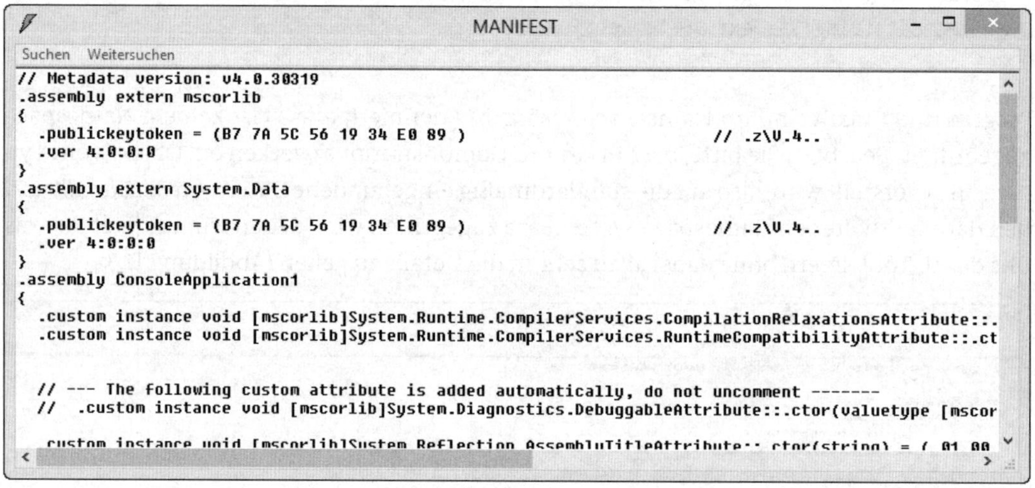

Abbildung 17.4 Das Manifest einer Assembly

Der Reihe nach werden alle externen Assemblies aufgelistet, von der die aktuelle Anwendung abhängt. Dazu gehört die wichtigste aller Assemblies, die *mscorlib* (beschrieben durch die Datei *mscorlib.dll*). Darauf folgt eine Assembly, die aufgrund der Erzeugung des Objekts vom Typ DataColumn ebenfalls von der Anwendung benutzt wird: *System.Data* (um präzise zu sein: Es handelt sich um die Datei *System.Data.dll*). Da in der Anwendung keine weitere externe Assembly eine Rolle spielt, sind keine weiteren Bibliotheken im Manifest aufgeführt.

Der Liste der benötigten externen Assemblierungen schließt sich ein Block an, der mit

.assembly ConsoleApplication1

eingeleitet wird. Hierbei handelt es sich um eine Liste diverser Attribute, die in der Anwendung beschrieben werden. Es handelt sich dabei um die Attribute, die in der Datei *Assem-*

blyInfo.cs der Entwicklungsumgebung festgelegt werden. Sehen wir uns nun die Angaben zu einer externen Assembly genauer an, die beispielsweise folgendermaßen lautet:

```
.assembly extern mscorlib
{
  .publickeytoken = (B7 7A 5C 56 19 34 E0 89 )
  .ver 1:0:3300:0
}
```

Weiter oben habe ich bereits einen wesentlichen Unterschied zwischen einer privaten und einer gemeinsam genutzten externen Assembly beschrieben: Eine gemeinsam genutzte globale Assembly verfügt über einen öffentlichen Schlüssel. Im Manifest wird dieser Schlüssel hinter dem Attribut .PUBLICKEYTOKEN in geschweiften Klammern angegeben. Neben dem Namen einer Assemblierung trägt unter anderem der Schlüssel zur eindeutigen Identifizierung der Assembly bei und sichert gleichzeitig die Identität des Komponentenentwicklers. Auf dieses Thema werde ich gleich zurückkommen.

Unter .NET dürfen mehrere gleichnamige, allerdings versionsunterschiedliche Assemblierungen nebeneinander existieren, ohne damit Konflikte zu verursachen. Die Versionsinformationen sind in einem standardisierten Format dargestellt, das im Manifest der referenzierenden Assemblierung mit dem Attribut .VER gekennzeichnet ist.

17.2.4   Globale Assemblies

Eine *globale Assembly* stellt ihre Dienste allen .NET-Anwendungen des Systems gleichermaßen zur Verfügung. Das beste Beispiel globaler Assemblies sind die Klassen des .NET Frameworks. Die Entscheidung, ob eine Assembly global zur Verfügung stehen soll, muss schon vor der Kompilierung berücksichtigt werden, weil standardmäßig immer eine private Assembly erzeugt wird. Globale Assemblies werden in einem speziellen Verzeichnis installiert: dem *Global Assembly Cache* (GAC). Der GAC ist ein Speicherort, in dem sogar mehrere unterschiedliche Versionen derselben Assembly installiert werden können.

Es gibt seit der Version .NET 4.0 zwei verschiedene Lokalitäten für den GAC. Bis einschließlich der Version .NET 3.5 befindet sich der GAC im Verzeichnis

\<Betriebssystemordner>\assembly

Mit der Version 4.0 wurde eine neue Lokalität definiert. Nunmehr ist der GAC unter

\<Betriebssystemordner>\Microsoft.NET\assembly

zu finden.

17

733

Sehen wir uns den GAC nun genauer an. Er ist so strukturiert, dass für jede eingetragene Assembly ein auf dem Dateibezeichner basierender Unterordner angelegt wird (siehe Abbildung 17.5).

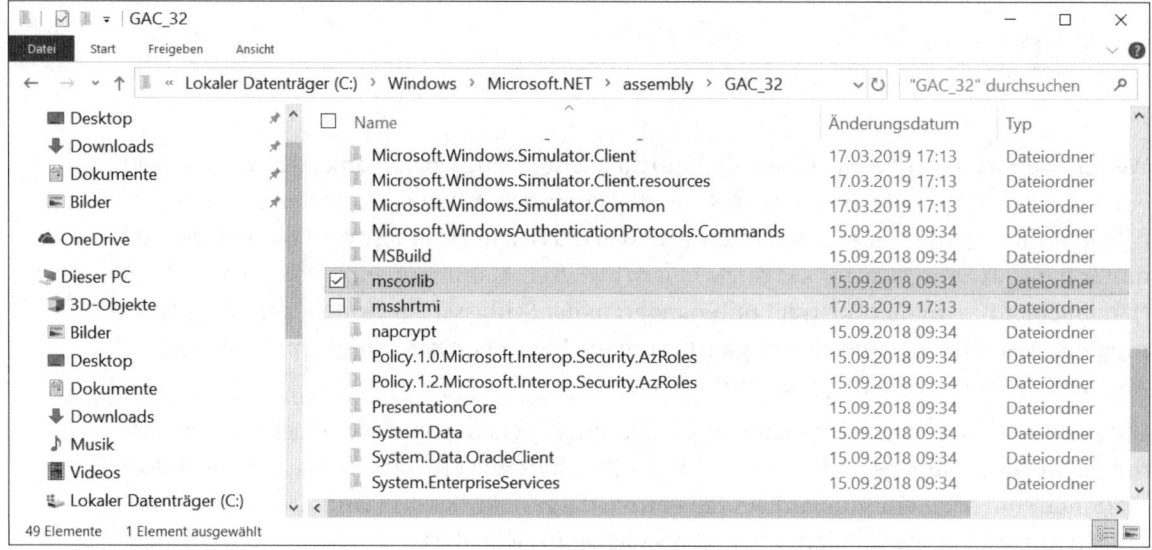

Abbildung 17.5 Der Global Assembly Cache (GAC)

Dieser Ordner enthält einen oder gegebenenfalls auch mehrere Unterordner, deren Bezeichner sich aus der Versionsnummer, der Kultur (das bedeutet: der Sprachversion) und dem öffentlichen Schlüssel der Assembly zusammensetzt. Erst im letztgenannten Unterordner findet sich die entsprechende DLL.

Doch nach welchen Kriterien wird nun eine von einer Anwendung benötigte Assemblierung gesucht? Das Prinzip ist sehr einfach: Die Common Language Runtime (CLR) wertet beim Starten einer Anwendung das Manifest aus. Wie Sie wissen, enthält das Manifest alle Angaben zu den notwendigen externen Assemblierungen (siehe dazu auch Abbildung 17.2). Mit den Informationen zu Dateiname, Version, Kultur und öffentlichem Schlüssel aus dem Manifest der Anwendung sucht die CLR die passende Assembly im GAC. Wird die CLR fündig, wird die entsprechende Komponente geladen. War die Suche erfolglos, wird im Verzeichnis der Anwendung weitergesucht, weil die CLR dann davon ausgehen muss, dass es sich um eine private Assembly handelt.

Streng genommen geht die Suche sogar noch weiter, weil unter Umständen auch mögliche Vorgaben in den Konfigurationsdateien eine wichtige Rolle spielen. Auf diese Gesichtspunkte und auf die Konfigurationsdateien komme ich in Abschnitt 17.3, »Konfigurationsdateien«, noch zu sprechen.

Versionierung von Assemblies

Zur Laufzeit ermittelt die Common Language Runtime anhand der Versionsnummer, welche Version einer Assembly von einer Anwendung benutzt werden soll. Standardmäßig wird die Version geladen, die im Manifest der Anwendung angegeben ist.

Die Beschreibung einer Version folgt nach einer festgelegten Spezifikation. Jede Baugruppe hat eine Versionsnummer, die sich aus vier Elementen zusammensetzt, beispielsweise:

1.0.2.2

Die ersten beiden Zahlen beschreiben die Haupt- und Nebenversion. Werden an einer Komponente Änderungen vorgenommen, die inkompatibel mit der Vorgängerversion dieser Komponente sind (beispielsweise durch die Änderung der Parameterliste einer Methode), müssen sich die beiden Komponenten in der Haupt- oder Nebenversionsangabe unterscheiden, z. B.:

2.0.2.2

Eine abwärtskompatible Änderung wird durch die Elemente *Build* und *Revision* beschrieben. Änderungen, die über diese beiden Elemente bekanntgegeben werden, sind nur Korrekturen oder Fehlerbeseitigungen im Programmcode, die auf den Client keinen Einfluss ausüben – zumindest nicht im negativen Sinne, denn normalerweise dürfte ein Client von solchen Änderungen nur profitieren.

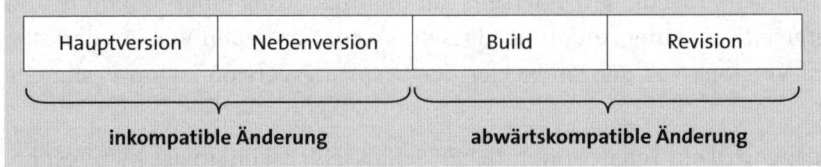

Abbildung 17.6 Schema der Versionierung

Die Versionsnummer wird vor der Kompilierung einer Assembly als Attribut in der Datei *AssemblyInfo.cs* festgelegt:

```
[Assembly: AssemblyVersion("1.0.1.0")]
```

Alternativ können Sie die Version im Eigenschaftsfenster des Projekts festlegen. Klicken Sie dazu auf den Knoten PROPERTIES im Projektmappen-Explorer, und vergewissern Sie sich, dass die Registerkarte ANWENDUNG angezeigt wird. Darin finden Sie die Schaltfläche ASSEMBLYINFORMATIONEN. Darüber gelangen Sie zu dem Dialog, den Sie in Abbildung 17.7 sehen. Hier können Sie übrigens nicht nur die Version festlegen, sondern auch eine Reihe weiterer allgemeiner Informationen, die nach dem Schließen des Dialogs in die Datei *AssemblyInfo.cs* eingetragen werden.

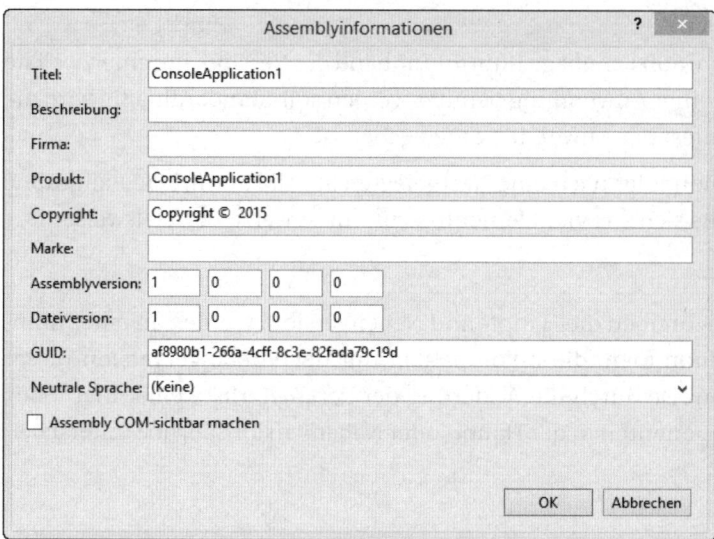

Abbildung 17.7 Festlegen der Assembly-Version

Die Schlüsseldatei erzeugen

Globale Assemblies sind dadurch gekennzeichnet, dass sie mit einem binären Schlüsselpaar signiert sind, das sich aus einem öffentlichen und einem privaten Schlüssel zusammensetzt. Beide kryptografischen Schlüssel dienen einerseits zur Identifizierung einer Assembly und gewährleisten andererseits bei einer Änderung, dass der Autor der neuen Version derselbe ist wie der der alten Version. Nur der Entwickler der Ursprungsversion ist im Besitz des Schlüssels.

Beim Kompiliervorgang wird ein Teil des öffentlichen Schlüssels (Token) in das Manifest geschrieben und die Datei, die das Manifest enthält, mit dem privaten Schlüssel signiert. Der öffentliche Schlüssel ist ein Teil der Informationen, die eine Clientanwendung zur eindeutigen Identifikation einer bestimmten Assembly benötigt. Der private Schlüssel ist für den Aufrufer bedeutungslos, er sichert aber die Arbeit des Komponentenentwicklers und schützt gleichzeitig vor unbefugter oder gar böswilliger Änderung einer globalen Assemblierung. Privater und öffentlicher Schlüssel korrespondieren miteinander, mit anderen Worten: Zu einem öffentlichen Schlüssel gehört auch ein bestimmter privater – das ist ein wichtiger Aspekt, der in seiner Bedeutung nicht hoch genug eingeschätzt werden darf.

Der öffentliche und der private Schlüssel werden durch eine Schlüsseldatei beschrieben, die mit dem Tool *sn.exe* erzeugt wird. Sie können dieses Tool an der Kommandozeile aufrufen und die notwendigen Optionsschalter setzen. Eleganter und einfacher ist es jedoch, wenn Sie dazu Visual Studio 2019 nutzen. Öffnen Sie dazu das Projekteigenschaftsfenster, und wählen Sie die Lasche SIGNIERUNG. Markieren Sie anschließend die Auswahlbox ASSEMBLY SIGNIEREN. Daraufhin wird die Auswahlliste aktiviert, die die Suche nach einer bereits vorhandenen Schlüsseldatei oder das Erstellen einer neuen ermöglicht. Wenn Sie sich für letztgenannte

Alternative entscheiden, geben Sie in einem zusätzlichen Dialogfenster den Schlüsseldatei-namen an. Darüber hinaus können Sie die Schlüsseldatei mit einem Kennwort schützen.

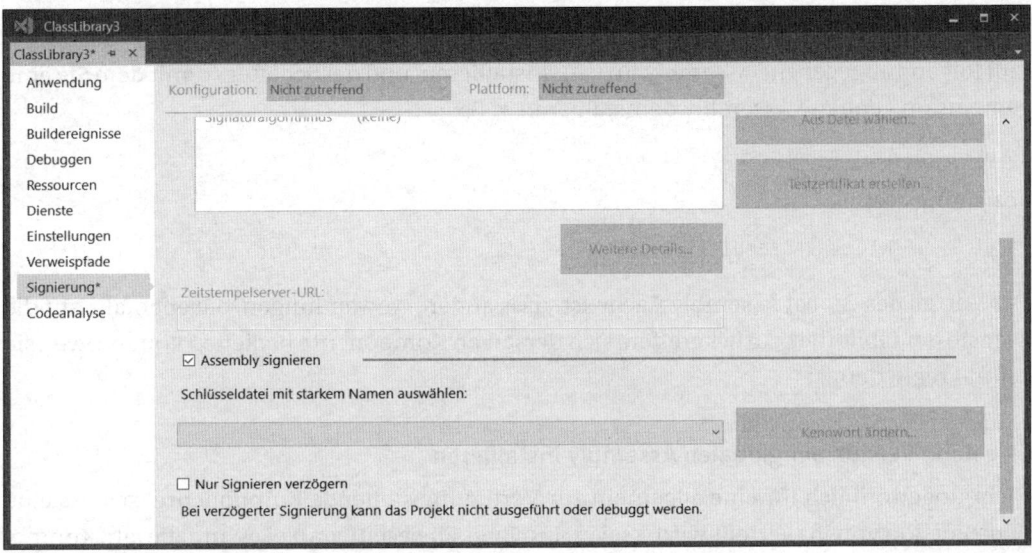

Abbildung 17.8 Signieren einer Assembly

Möchten Sie einen vorhandenen Schlüssel in Ihrer Anwendung benutzen, haben Sie zum Zeitpunkt des Signierens der Assembly möglicherweise keinen Zugriff auf den privaten Schlüssel. Beispielsweise kann ein Unternehmen ein stark gesichertes Schlüsselpaar haben, auf das die Entwickler nicht täglich zugreifen können. In diesem Fall müssen Sie eine ver-zögerte Signierung vornehmen, um zunächst nur den öffentlichen Schlüssel verfügbar zu machen. Markieren Sie hierzu in der Registerkarte SIGNIERUNG den Optionsschalter NUR SIGNIEREN VERZÖGERN. Das Hinzufügen des privaten Schlüssels kann bis zu dem Zeitpunkt aufgeschoben werden, in dem die Assembly endgültig bereitgestellt wird.

17.2.5   Die Installation einer Assembly im GAC mit dem Tool »gacutil.exe«

Eine Assembly global bereitzustellen, erfordert zwei Arbeitsgänge:

▶ Der Quellcode wird kompiliert, und dabei wird eine vorher erzeugte oder bereits vorhan-dene Schlüsseldatei eingebunden. Damit ist die Assembly zur gemeinsamen Nutzung vorbereitet.

▶ Das Kompilat muss im GAC installiert werden.

Wie der erste Punkt erfüllt wird, habe ich Ihnen im Abschnitt zuvor gezeigt. Zur Erfüllung des zweiten bieten sich das Kommandozeilenprogramm *gacutil.exe* des .NET Frameworks an. Wie alle anderen Tools finden Sie *gacutil.exe* unter:

C:\Program Files (x86)\Microsoft SDKs\Windows\v10.0A\bin\NETFX 4.7.2 Tools

Die allgemeine Aufrufsyntax lautet:

`gacutil [Optionen] [Assemblyname]`

Aus der Liste der Optionen ragen zwei besonders heraus: der Schalter /i, mit dem Sie die darauf folgend angegebene Assembly im GAC installieren, und der Schalter /u, mit dem Sie eine gemeinsam genutzte Assembly deinstallieren, z. B.:

`gacutil /i MyGlobalAssembly.dll`

beziehungsweise:

`gacutil /u MyGlobalAssembly`

Der Vorteil des Global Assembly Cache ist, dass andere Anwendungen, die ebenfalls auf die Dienste der Bibliothek zurückgreifen, sich derselben Komponente bedienen können, weil sie zentral registriert ist.

Eine neue Version der globalen Assembly installieren

Nicht ungewöhnlich für eine allgemein zur Verfügung stehende Komponente ist, dass eine neue Version von ihr verteilt wird – sei es, um Bugs zu beseitigen, sei es, um die alte Komponentenversion um neue Fähigkeiten zu erweitern. Sie müssen nur dafür sorgen, dass Sie eine neuere Versionsnummer vor dem Kompilieren angeben. Diese stellen Sie im Dialog ASSEMBLYINFORMATIONEN ein, den Sie in Abbildung 17.7 sehen.

Eine Anwendung, die mit der alten Version kompiliert wurde, wird diese auch weiterhin benutzen, weil es dafür den entsprechenden Eintrag im Manifest gibt. Wie Sie dennoch die Anwendung dazu bringen, die neuere Assembly-Version zu benutzen, erläutere ich in Abschnitt 17.4, »Versionierung einer Assembly«.

17.3   Konfigurationsdateien

Konfigurationsdateien können das Laufzeitverhalten einer Anwendung beeinflussen, ohne dass die Anwendung neu kompiliert werden muss. In einer Konfigurationsdatei werden Vorgaben getroffen, die beim Starten einer Anwendung von der Common Language Runtime (CLR) ausgewertet werden. Darüber hinaus ist während der Laufzeit der Zugriff auf eine Konfigurationsdatei mittels Programmcode möglich.

Doch was beschreiben Konfigurationsdateien? Letztendlich handelt es sich dabei um Daten, die von einer Anwendung während der Ausführung benötigt werden. Dabei kann es sich um Daten handeln, die sicherstellen, dass der Zustand einer Anwendung bei einem Neustart genauso restauriert wird, wie es beim Schließen der Anwendung der Fall war. Es kann sich um Variableninhalte handeln, um Verbindungszeichenfolgen für Datenbankzugriffe oder auch um die Angabe darüber, welche Version einer bestimmten Assembly aus dem Global Assembly Cache (GAC) geladen werden soll.

Es gibt mehrere verschiedene Konfigurationsdateien, die unter .NET eine mehr oder weniger entscheidende Rolle einnehmen. Wir haben uns im Rahmen dieses Buches mit Anwendungen auf der lokalen Maschine beschäftigt, deshalb können wir eine Aufzählung auch auf drei Typen beschränken:

- Anwendungskonfigurationsdateien
- Herausgeberrichtliniendateien
- die Maschinenkonfigurationsdatei (*machine.config*)

In erster Linie werden wir uns an dieser Stelle mit den Anwendungskonfigurationsdateien beschäftigen.

Anwendungskonfigurationsdateien splitten sich in zwei Gruppen auf, die unterschiedliche Daten beschreiben:

- Anwendungsdaten, die für die gesamte Anwendung gültig und unabhängig vom jeweiligen Benutzer sind
- Daten, die benutzerspezifisch sind

Das werden wir im weiteren Verlauf dieses Kapitels noch genauer untersuchen.

17.3.1   Die verschiedenen Konfigurationsdateien

Typisch für alle Konfigurationsdateien ist die Dateierweiterung *.config*. Der Inhalt wird durch XML beschrieben. Verschaffen wir uns zuerst einen allgemeinen Überblick.

Anwendungskonfigurationsdatei

Falls einer .NET-Anwendung eine Anwendungskonfigurationsdatei zugeordnet wird, ist diese immer im Stammverzeichnis der Anwendung zu finden. Der Name einer Konfigurationsdatei setzt sich aus dem Namen der Programmdatei und dem Suffix *.config* zusammen. Heißt die Programmdatei *GeometricObjects.exe*, heißt die Konfigurationsdatei demnach *GeometricObjects.exe.config*.

Eine Konfigurationsdatei, die dieser Namenskonvention folgt, muss im Stammverzeichnis der Anwendung gespeichert werden und wird beim Start der Anwendung von der CLR ausgewertet. Die Einstellungen in der Anwendungskonfigurationsdatei sind daher für die Anwendung spezifisch und haben keine Auswirkungen auf andere Anwendungen.

Publisherrichtliniendatei (Herausgeberrichtliniendatei)

Dieser Konfigurationsdateityp kann zusammen mit dem Update oder Service Pack einer globalen Assembly ausgeliefert werden. Eine Publisherrichtliniendatei, in der .NET-Dokumentation auch als *Herausgeberrichtliniendatei* bezeichnet, kann nur vom Entwickler einer globalen Assembly für eine bestimmte Assembly bereitgestellt werden. Sie hat die Aufgabe, den

Zugriff der Anwendungen, die normalerweise die Dienste der »alten« globalen Assembly in Anspruch nähmen, auf eine neue Version umzuleiten. Damit hat zumindest der Hersteller der Komponente das seinige getan, um zu vermeiden, dass Anwendungen weiterhin eine möglicherweise fehlerhafte Version benutzen. Weitere Informationen, insbesondere zum Erzeugen einer Publisherrichtliniendatei, finden Sie unter »Erstellen einer Publisherricht-liniendatei« in der Onlinehilfe.

Maschinenkonfigurationsdatei

Der Name dieser Konfigurationsdatei lautet *machine.config*. Haben Sie bei der Installation keine anderen Vorgaben getroffen, befindet sich diese Datei in folgendem Ordner:

\Windows\Microsoft .NET\Framework\v4.0.30319\Config

In der Computerkonfigurationsdatei sind viele .NET betreffende Einstellungen des lokalen Rechners zentral beschrieben. Daher ist diese Konfigurationsdatei auch sehr groß und erscheint mit ihren zahllosen Einträgen, die sich auf das gesamte Laufzeitverhalten von .NET-Anwendungen und -Komponenten auswirken, unübersichtlich.

Die Aufrufreihenfolge der Konfigurationsdateien

Die Suche nach den Konfigurationsdateien erfolgt dabei in der folgenden Reihenfolge:

1. Anwendungskonfigurationsdatei
2. Herausgeberrichtliniendatei (Publisherrichtliniendatei)
3. Maschinenkonfigurationsdatei

Wie ich schon erwähnt habe, lässt sich mit einer Konfigurationsdatei auch steuern, welche Version einer bestimmten globalen Assembly die Anwendung aufrufen soll. Wie das gemacht wird, zeige ich Ihnen später. Wird die Anwendung gestartet, ist zunächst das Manifest ausschlaggebend dafür, welche Version einer Assembly geladen werden soll. Die Laufzeit-umgebung merkt sich die Version und sucht anschließend nach einer eventuell vorhande-nen Anwendungskonfigurationsdatei. Gibt es eine solche im Anwendungsverzeichnis und enthält sie einen Eintrag, der die Umleitung zu einer anderen Version beschreibt, über-schreibt der Eintrag in der Anwendungskonfigurationsdatei den Eintrag im Manifest.

Nach der Suche und der Auswertung der Anwendungskonfigurationsdatei interessiert sich die Laufzeitumgebung für eine möglicherweise existierende Publisherrichtliniendatei. Hat der Entwickler der globalen Assembly eine solche bereitgestellt und ist sie im GAC installiert, überschreibt ihre Versionsangabe diejenige, die bis zu diesem Zeitpunkt gültig war.

Im letzten Schritt durchforstet die Laufzeitumgebung die Maschinenkonfigurationsdatei, die im Gegensatz zu den beiden vorher aufgeführten Dateien nicht optional ist. Hat der An-wender in *machine.config* eine Versionsumleitung eingetragen (dazu sind administrative Rechte notwendig), gilt diese vor allen anderen.

Entscheidend dafür, auf welche Assembly-Version die Anwendung zugreift, ist der zuletzt gefundene Eintrag. Sollen alle Anwendungen grundsätzlich mit einer bestimmten Version arbeiten, genügt ein Eintrag in die Maschinenkonfigurationsdatei. Auf eine Anwendungskonfigurationsdatei kann in diesem Fall verzichtet werden – es sei denn, von der Anwendungskonfigurationsdatei werden andere Vorgaben oder Einstellungen beschrieben, die nichts mit dem Versionsaufruf zu tun haben.

Es könnte auch passieren, dass in der Maschinenkonfigurationsdatei die Umleitung auf eine bestimmte Version angegeben ist, die sich aber als nicht abwärtskompatibel mit einer ganz bestimmten Anwendung erweist, während andere Anwendungen problemlos damit zusammenarbeiten können. Dann besteht die Möglichkeit, in der Anwendungskonfigurationsdatei der betroffenen Anwendung den Automatismus der Versionsumleitung abzuschalten.

17.3.2   Die Struktur einer Anwendungskonfigurationsdatei

Im Grunde genommen ist eine Anwendungskonfigurationsdatei optional. Visual Studio fügt sie aber von Anfang an jedem Projekt unter der Bezeichnung *App.config* hinzu. Den Namen dürfen Sie nicht ändern, weil der Compiler nur eine Datei mit diesem Namen als spätere Anwendungskonfigurationsdatei interpretiert. Bei der Kompilierung des Projekts wird aus *App.config* automatisch der Dateiname generiert, der der Namenskonvention entspricht.

Die Datei *App.config* enthält bereits den elementarsten Code:

```
<?xml version="1.0" encoding="utf-8" ?>
<configuration>
  <startup>
    <supportedRuntime version="v4.0" sku=".NETFramework,Version=v4.6" />
  </startup>
</configuration>
```

Mit der ersten Zeile, die als *XML-Deklaration* oder auch als *Prolog* bezeichnet wird, wird der Einstiegspunkt in das Dokument festgelegt. Neben der Versionsnummer wird auch der zum Lesen des Dokuments verwendete Zeichensatz, hier UTF-8, beschrieben.

Jedes XML-Dokument hat ein sogenanntes *Stammelement*. Bei allen Konfigurationsdateien ist es das <configuration>-Element. Alle Informationen, die zwischen dem einleitenden und dem ausleitenden Tag stehen und ihrerseits selbst Elemente sind, werden dazu benutzt, die Anwendung zu konfigurieren.

Das Element supportedRuntime ist etwas »Spezielles«. Es gibt an, dass beispielsweise eine .NET 4.5-Anwendung auch dann startet, wenn auf dem Rechner des Benutzers der Anwendung nur .NET Framework 4.0 installiert ist. Das kann gutgehen – zumindest solange eine 4.6-Anwendung nicht Klassen oder Features aufruft, die erst in 4.5 eingeführt wurden. Dies würde dann natürlich zu einer Ausnahme führen. Im Jargon von Microsoft wird das auch als »In-Place-Update« bezeichnet.

17

741

Ich möchte Ihnen nun eine Konfigurationsdatei zeigen, die nicht nur die standardmäßige Struktur aufweist, sondern auch weitere Informationen beschreibt.

```xml
<?xml version="1.0" encoding="utf-8"?>
<configuration>
  <configSections>
    <sectionGroup name="userSettings"
              type="System.Configuration.UserSettingsGroup, ...">
      <section name="AppConfigSample.Properties.Settings"
            type="System.Configuration.ClientSettingsSection, .../>
    </sectionGroup>
    <sectionGroup name="applicationSettings"
              type="System.Configuration.ApplicationSettingsGroup, ...">
      <section name="AppConfigSample.Properties.Settings"
            type="System.Configuration.ClientSettingsSection, ..."/>
    </sectionGroup>
  </configSections>
  <startup>
    <supportedRuntime version="v4.0" sku=".NETFramework,Version=v4.6"/>
  </startup>
  <userSettings>
    <AppConfigSample.Properties.Settings>
      <setting name="Variable1" serializeAs="String">
        <value>Hallo liebe Leser!</value>
      </setting>
    </AppConfigSample.Properties.Settings>
  </userSettings>
  <applicationSettings>
    <AppConfigSample.Properties.Settings>
      <setting name="Variable2" serializeAs="String">
        <value>Ein Hallo Leute!</value>
      </setting>
    </AppConfigSample.Properties.Settings>
  </applicationSettings>
  <appSettings>
    <add key="Nummer0" value="veraltet" />
    <add key="Nummer1" value="veraltet" />
  </appSettings>
</configuration>
```

Listing 17.1 Anwendungskonfigurationsdatei mit zahlreichen Einträgen

Innerhalb von `<configuration>` sind vier Sektionen definiert:

- `<configSections>`
- `<appSettings>`
- `<userSettings>`
- `<applicationSettings>`

Diesen Abschnitten kommt eine besondere Bedeutung zu. In der Erklärung kurzfassen kann ich mich, was den Abschnitt `<configSections>` angeht: Er beschreibt mit dem Element `<sectionGroup>` nur die beiden untergeordneten Sektionen `<applicationSettings>` und `<userSettings>`.

Die Notation in den beiden Abschnitten `<applicationSettings>` und `<userSettings>` ist identisch. Zunächst wird ein neuer untergeordneter Abschnitt eröffnet, der eine Klasse angibt, hier z. B.:

`AppConfigDemo.Properties.Settings`

Die Klasse heißt `Settings`, der Namespace `AppConfigDemo.Properties`. Namespace und Klasse werden von Visual Studio 2019 automatisch erzeugt. Die Klasse `Settings` definiert dabei hauptsächlich Eigenschaftsmethoden, die den Zugriff auf die Daten ermöglichen, die in der Konfigurationsdatei abgelegt sind.

Die untergeordneten `<setting>`-Elemente beschreiben mit dem Attribut `name` den Bezeichner der gespeicherten Variablen, `serializeAs` gibt den Datentyp an. Meist werden die Daten als Zeichenfolge serialisiert, ansonsten sind auch `xml`, `binary` und `custom` mögliche Alternativen. Das Tag `<value>` schließlich enthält den gespeicherten Wert.

Der Abschnitt `<applicationSettings>`

Benutzerunabhängige Daten sind in der Sektion `<applicationSettings>` festgelegt. Alle Informationen, die dieser Abschnitt beschreibt, gelten uneingeschränkt für jeden Benutzer der Anwendung. Im Beispiel oben wird nur eine Dateninformation in diesem Abschnitt festgelegt, die die Bezeichnung `Variable2` hat und die Zeichenfolge `Hallo Leute!` beschreibt.

`Variable2` kann beim Starten der Anwendung ausgewertet und von der laufenden Anwendung weiterverarbeitet werden. Solange sich nichts am Inhalt von `Variable2` ändert, käme das der Deklaration einer gleichnamigen Variablen im Code gleich. Sollte jedoch ein abweichender Wert gewünscht sein, kann dieser in der Konfigurationsdatei geändert werden, ohne dass eine Neukompilierung erforderlich ist. Ein besonderes Charakteristikum von `<applicationSettings>` ist, dass sich die Werte nicht mittels Code zur Laufzeit editieren lassen.

Der Abschnitt `<userSettings>`

`<applicationSettings>` ist denkbar ungeeignet, benutzerspezifische Einstellungen zu speichern. Abgesehen davon, dass die Größe der Konfigurationsdatei bei steigender Benutzeranzahl schnell wächst, würde der Inhalt auch jedem anderen Benutzer offengelegt wie ein Buch. Deshalb werden benutzerspezifische Daten in der Sektion <userSettings> der Anwendungskonfigurationsdatei beschrieben.

Nehmen wir an, Sie haben im Projekteigenschaftsfenster als Firma »Tollsoft« eingetragen. Beim ersten Start der Anwendung wird im Verzeichnis

C:\Users\<Username>\AppData\Local\Tollsoft\AppConfigSample.vshost.ex_[…]

eine Datei *user.config* erzeugt und gespeichert. Deren Inhalte können durchaus auch zur Laufzeit verändert werden – ganz im Gegensatz zu den Daten, die im Element <applicationSettings> eingetragen sind.

Der Abschnitt <appSettings>

<appSettings> erfüllt die gleiche Aufgabe wie die Sektion <applicationSettings>, kann jedoch aus dem Code der laufenden Anwendung heraus editiert werden.

17.3.3 Spezifische Einträge in der Anwendungskonfigurationsdatei

Eine Konfigurationsdatei wie die oben beschriebene müssen Sie natürlich nicht mit dem MS-Editor oder ähnlichen Programmen mühevoll selbst schreiben. Greifen Sie besser auf die Fähigkeiten von Visual Studio 2019 zurück.

Doppelklicken Sie dazu auf den Knoten PROPERTIES im Projektmappen-Explorer, und wählen Sie hier die Lasche EINSTELLUNGEN. In dem sich daraufhin öffnenden Fenster können Sie Einträge für die Abschnitte <userSettings> und <applicationSettings> vornehmen. In der Spalte NAME tragen Sie den Namen der Variablen ein, und unter TYP legen Sie deren Datentyp fest. Ob es sich um eine allgemeine oder um eine benutzerspezifische Variable handelt, wählen Sie aus der Liste aus, die der Spalte BEREICH zugeordnet ist. In der letzten Spalte können Sie auch den Startwert der Variablen bestimmen. Eine Vorgabe ist hier nicht notwendig. Abbildung 17.9 zeigt die Einstellungen für das Beispielprogramm *AppConfigSample*.

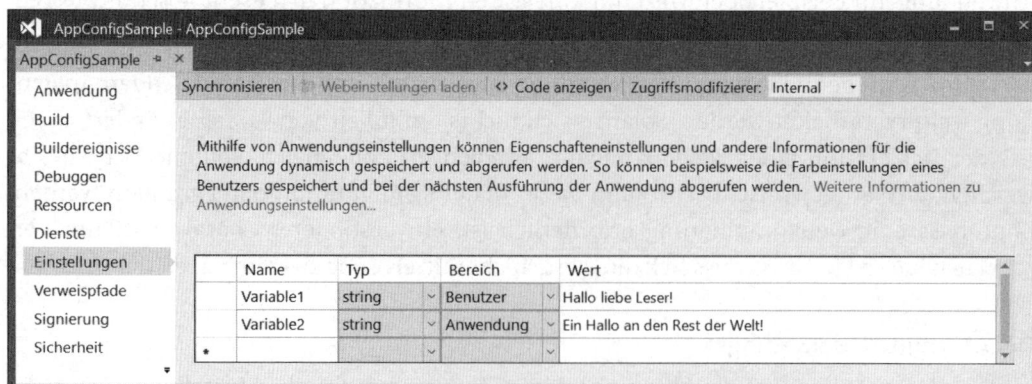

Abbildung 17.9 Festlegen der Konfigurationseinstellungen in Visual Studio 2019

Beim Schließen des Editors werden Sie dazu aufgefordert, die vorgenommenen Einträge zu speichern. Das geschieht natürlich in der Datei *App.config*.

Damit sind aber auch schon die Möglichkeiten des Editors erschöpft. Möchten Sie weitere Sektionen festlegen, beispielsweise <appSettings>, öffnen Sie *App.config* und nehmen diese Ergänzung manuell vor. Dabei werden Sie auch durch eine IntelliSense-Hilfe unterstützt.

17.3.4   Einträge der Anwendungskonfigurationsdatei auswerten

Jetzt wollen wir uns auch sofort anhand eines Beispiels die Auswertung einer Konfigurationsdatei ansehen. Im folgenden Beispielprogramm werden alle drei Sektionen (<appSettings>, <applicationSettings> und <userSettings>) gelesen und darüber hinaus den Variablen in <appSettings> und <userSettings> neue Werte übergeben. <applicationSettings> scheidet bekanntlich im letzten Schritt aus, da Inhalte dieser Sektion nicht per Code verändert werden können. Ausgangspunkt sind dabei Konfigurationseinstellungen, die wie in Abbildung 17.9 vorgenommen werden.

```
// Beispiel: ..\Kapitel 17\AppConfigSample
using AppConfigDemo.Properties;
using System.Configuration;
using System.Collections.Specialized;
class Program
{
  static void Main(string[] args)
  {
    // <userSettings> und <applicationSettings> auswerten
    Settings setting = new Settings();
    string variable1 = setting.Variable1;
    string variable2 = setting.Variable2;
    Console.WriteLine("Variable1 = {0}", variable1);
    Console.WriteLine("Variable2 = {0}", variable2);
    // <appSettings> auswerten
    NameValueCollection col = ConfigurationManager.AppSettings;
    for (int i = 0; i < col.Count; i++) {
      Console.WriteLine("Name: {0} - Wert: {1}", col.Keys[i], col[i]);
    }
    // <userSettings> einen neuen Wert zuweisen
    setting.Variable1 = "Hallo Peter!";
    setting.Save();
    // <appSettings> einen neuen Wert zuweisen
    col["Test"] = "Aachen";
    Console.WriteLine("Test (neu): {0}", col["Test"]);
```

```
        Console.ReadLine();
    }
}
```

Listing 17.2 Programmcode des Beispiels »AppConfigSample«

An diesem Code ist einiges erklärungsbedürftig. Betrachten Sie bitte zuerst die folgende Anweisung:

```
Settings setting = new Settings();
```

Wenn es Sie interessiert, auf welcher Grundlage diese Anweisung basiert, öffnen Sie die Datei *Settings.Designer.cs*, die Sie innerhalb des Knotens PROPERTIES im Projektmappen-Explorer finden. Diese Datei wird automatisch von Visual Studio generiert. Sie enthält die Beschreibung der Klasse Settings, die von ApplicationSettingsBase abgeleitet ist. Settings ist ein Wrapper um die Anwendungskonfigurationsdatei und somit das Bindeglied zwischen den Konfigurationseinstellungen und dem Programmcode. Der Namespace, dem Settings zugeordnet ist, lautet *AppConfigSample.Properties*. Dieser Namespace wurde mit using bekanntgegeben.

In der Klasse werden alle Einstellungen aus der Anwendungskonfigurationsdatei als Eigenschaften veröffentlicht. Die benutzerspezifischen haben folgerichtig einen get- und einen set-Zweig, die anwendungsspezifischen implementieren nur get und liefern deshalb nur den Wert zurück.

Wenn wir Settings instanziieren, erhalten wir den Zugriff auf die Variablen, die in <applica­tionSettings> und <userSettings> definiert sind.

```
string variable1 = setting.Variable1;
string variable2 = setting.Variable2;
```

Sehen wir uns nun die beiden folgenden Anweisungen an:

```
setting.Variable1 = "Hallo Peter!";
setting.Save();
```

Die Variable Variable1 gehört zu der Sektion <userSettings>. Während beim ersten Aufruf der Inhalt noch Andreas lautet, wird dieser nach der Konsolenausgabe geändert. Das bewirkt, dass die Zeichenfolge Hallo liebe Leser! in die Datei *user.config* geschrieben wird. Der Inhalt lautet dann wie folgt:

```
<?xml version="1.0" encoding="utf-8"?>
<configuration>
  <userSettings>
    <AppConfigSample.Properties.Settings>
      <setting name="Variable1" serializeAs="String">
        <value>Hallo Peter!</value>
```

```
      </setting>
    </AppConfigSample.Properties.Settings>
  </userSettings>
</configuration>
```

Listing 17.3 Inhalt der Datei »User.config«

Bei allen folgenden Aufrufen wird anschließend immer die benutzerbezogene Zeichenfolge angezeigt.

Hinter Setting steckt noch ein kleines Geheimnis, denn es handelt sich um eine partielle Klasse. Vielleicht haben Sie das Beispiel aus den MATERIALIEN ZUM BUCH ausprobiert und mussten feststellen, dass an der Konsole die Ausgabe Der Wert für Variable1 wurde verändert angezeigt wird, ohne dass diese Ausgabe in Main codiert ist.

Sehen Sie sich noch einmal Abbildung 17.9 an. In dem abgebildeten Dialog sehen Sie im oberen Bereich eine Schaltfläche CODE ANZEIGEN. Klicken Sie auf die Schaltfläche, öffnet sich ein Code-Editor mit der partiellen Klasse Settings und dem Codegerüst von zwei Ereignishandlern, die zu den beiden Ereignissen SettingsChanging und SettingsSaving gehören, die ein Settings-Objekt auslösen kann. Beide Ereignishandler sind noch nicht bei den Ereignissen registriert. Dazu müssen Sie nur die Auskommentierungen im Konstruktor aufheben:

```
internal sealed partial class Settings
{
  public Settings()
  {
    // this.SettingChanging += this.SettingChangingEventHandler
    // this.SettingsSaving += this.SettingsSavingEventHandler
  }
  private void SettingChangingEventHandler(object sender, SettingChangingEventArgs e)
  {
  }

  private void SettingsSavingEventHandler(object sender, CancelEventArgs e)
  {
  }
}
```

Das SettingsSaving-Ereignis wird von der Save-Methode ausgelöst, bevor die Anwendungseinstellung gespeichert wird. Der zugeordnete Ereignishandler vom Typ CancelEventArgs kann den eingeleiteten Speichervorgang abbrechen.

Das SettingChanging-Ereignis tritt ein, bevor eine Anwendungseinstellung über den Indexer geändert wird. Der zweite Parameter des Ereignishandlers ermöglicht das Abrufen der zu

17

ändernden Einstellung sowie des zugewiesenen Werts und darüber hinaus den Abbruch der Operation. Und genau dieser Ereignishandler ist im Beispielprogramm programmiert und führt zu der im ersten Moment erstaunlichen Konsolenausgabe.

Die Klassen »Configuration« und »ConfigurationManager«

Mit

```
NameValueCollection col = ConfigurationManager.AppSettings;
```

machen Sie nun Bekanntschaft mit der Klasse `ConfigurationManager`. Wenn wir diese Klasse betrachten, müssen wir gleichzeitig die Klasse `Configuration` besprechen. Beide gehören zum Namespace `System.Configuration`. Um die Klassen nutzen zu können, ist es erforderlich, einen Verweis auf `System.Configuration` zu legen.

`ConfigurationManager` und `Configuration` dienen dazu, Konfigurationsdateien auszuwerten und zu ändern. Dass uns zwei Klassen angeboten werden, ist wohl historisch bedingt, denn `Configuration` wurde erst mit .NET 2.0 bereitgestellt, während `ConfigurationManager` schon in .NET 1.0 vertreten war.

Die `ConfigurationManager`-Klasse ermöglicht es Ihnen, auf Maschinen- und Anwendungskonfigurationsinformationen zuzugreifen. Die beiden einzigen Eigenschaften, die `ConfigurationManager` veröffentlicht, lauten `AppSettings` und `ConnectionStrings` und ermöglichen den Zugriff auf die Abschnitte `<appSettings>`- und `<connectionStrings>`.

Eigenschaft	Beschreibung
AppSettings	Ruft die AppSettingsSection-Daten für die Standardkonfiguration ab.
ConnectionStrings	Ruft die ConnectionStringsSection-Daten für die Standardkonfiguration ab.

Tabelle 17.1 Die Eigenschaften der Klasse »ConfigurationManager«

Nicht viel größer ist die Anzahl der Methoden. Die wichtigsten finden Sie in Tabelle 17.2.

Methode	Beschreibung
GetSection	Ruft einen angegebenen Konfigurationsabschnitt für die Standardkonfiguration ab.
OpenExeConfiguration	Öffnet die angegebene Clientkonfigurationsdatei als Configuration-Objekt.

Tabelle 17.2 Die Methoden der Klasse »ConfigurationManager«

Methode	Beschreibung
OpenMachineConfiguration	Öffnet die Computerkonfigurationsdatei auf dem aktuellen Computer als Configuration-Objekt.
RefreshSection	Aktualisiert den benannten Abschnitt.

Tabelle 17.2 Die Methoden der Klasse »ConfigurationManager« (Forts.)

Configuration repräsentiert die Einstellungen einer Anwendung oder des Computers. Die Implementierung der Klasse berücksichtigt dabei, dass Anwendungen die Einstellungen in *machine.config* erben. Configuration ist konstruktorlos. Die Klasse ConfigurationManager stellt beim Aufruf entsprechender Methoden (OpenExeConfiguration und OpenMachineConfiguration) die Referenz auf das Configuration-Objekt zur Verfügung.

Configuration gibt uns mit seinen Eigenschaften und Methoden alle Mittel an die Hand, um Sektionen bzw. Sektionsgruppen und den physikalischen Pfad der Konfigurationsdatei abzurufen sowie Einstellungen zu speichern. In Tabelle 17.3 und Tabelle 17.4 sind die wichtigsten Eigenschaften und Methoden aufgeführt.

Eigenschaft	Beschreibung
AppSettings	Ruft den Konfigurationsabschnitt des AppSettingsSection-Objekts ab.
ConnectionStrings	Ruft ein ConnectionStringsSection-Konfigurationsabschnittsobjekt ab.
FilePath	Ruft den physikalischen Pfad zu der Konfigurationsdatei ab.
Locations	Ruft die in diesem Configuration-Objekt definierten Speicherorte ab.
RootSectionGroup	Ruft die Stamm-ConfigurationSectionGroup ab.
SectionGroups	Ruft eine Auflistung der von dieser Konfiguration definierten Abschnittsgruppen ab.
Sections	Ruft eine Auflistung der von dieser Konfiguration definierten Abschnitte ab.

Tabelle 17.3 Die Eigenschaften eines »Configuration«-Objekts

Methode	Beschreibung
GetSection	Gibt das angegebene ConfigurationSection-Objekt zurück.
GetSectionGroup	Ruft das angegebene ConfigurationSectionGroup-Objekt ab.

Tabelle 17.4 Die Methoden eines »Configuration«-Objekts

17

Methode	Beschreibung
Save	Schreibt die Konfigurationseinstellungen in die aktuelle XML-Konfigurationsdatei.
SaveAs	Schreibt die Konfigurationseinstellungen in die angegebene XML-Konfigurationsdatei.

Tabelle 17.4 Die Methoden eines »Configuration«-Objekts (Forts.)

Wie Sie die Klassen Configuration und ConfigurationManager einsetzen können, zeige ich Ihnen im folgenden Abschnitt.

17.3.5 Editierbare, anwendungsbezogene Einträge mit <appSettings>

Einträge, die Sie in der Anwendungskonfigurationsdatei im Abschnitt <applicationSettings> vornehmen, sind nicht editierbar – zumindest aus dem Code einer Anwendung heraus. Sie können die Werte jedoch jederzeit ändern, indem Sie die Datei mit einem beliebigen Editor bearbeiten. Das ist insofern sinnvoll, als auf diese Weise nicht ein Benutzer von den Änderungen eines anderen Benutzers abhängig gemacht wird.

Trotzdem könnten Sie als Entwickler auch einmal in die Situation kommen, aus dem Code heraus eine anwendungsweite Einstellung ändern zu wollen oder eine neue hinzuzufügen. Das kann nur in der Sektion <appSettings> erfolgen. Das folgende Beispiel *AppSettingsSample* zeigt, wie Sie mit den Klassen Configuration und ConfigurationManager die Einstellungen in <appSettings> beeinflussen können.

```
// Beispiel: ..\Kapitel 17\AppSettingsSample
class Program
{
  static void Main(string[] args)
  {
    Console.WriteLine("Ursprüngliche 'appSettings'-Einstellungen:");
    ShowAppSettings();
    Console.WriteLine("\nHinzufügen eines Eintrags:");
    // Bezeichner des Eintrags festlegen
    string entry = "Nummer" + ConfigurationManager.AppSettings.Count;
    // <appSettings>-Eintrag hinzufügen
    Configuration config = ConfigurationManager.
      OpenExeConfiguration(ConfigurationUserLevel.None);
    config.AppSettings.Settings.Add(entry, DateTime.Now.ToLongTimeString());
    // Ändern des ersten Eintrags
    if (config.AppSettings.Settings.Count > 2)
      config.AppSettings.Settings["Nummer" +
```

```
        (config.AppSettings.Settings.Count - 3)].Value = "veraltet";
    // Speichern aller Änderungen
    config.Save(ConfigurationSaveMode.Modified);
    // Erneutes Auslesen von <appSettings>
    ConfigurationManager.RefreshSection("appSettings");
    Console.WriteLine("\nGeänderte 'appSettings'-Einstellungen:");
    ShowAppSettings();
    // Anzeige des letzten Eintrags der Konfigurationsdatei
    Console.WriteLine("\nDer letzte Eintrag ist {0}",
            ConfigurationManager.AppSettings[entry]);
    Console.ReadLine();
}
static void ShowAppSettings()
{
    string[] names = ConfigurationManager.AppSettings.AllKeys;
    NameValueCollection appStgs = ConfigurationManager.AppSettings;
    for (int i = 0; i < appStgs.Count; i++) {
        Console.WriteLine("Nr.{0} - Wert: {1}", i, appStgs[i]);
    }
}
}
```

Listing 17.4 Der Programmcode des Beispiels »AppSettingsSample«

Abbildung 17.10 zeigt die Ausgabe der Anwendung nach mehrmaligen Starts.

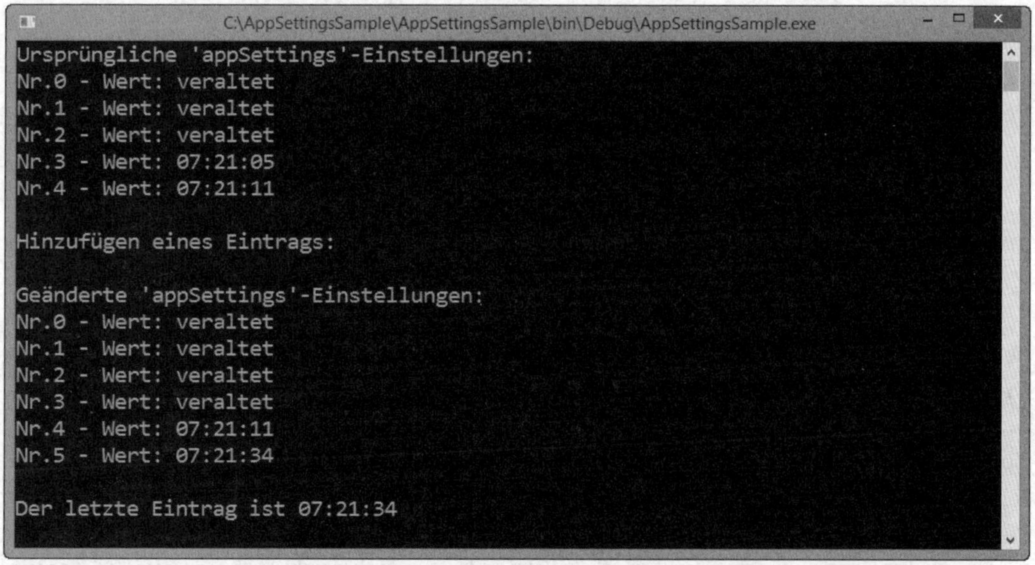

Abbildung 17.10 Die Ausgabe des Beispiels »AppSettingsSample« nach mehreren Starts

Bei jedem Neustart wird ein zusätzlicher Eintrag in die Anwendungskonfigurationsdatei geschrieben. Es handelt sich um die aktuelle Uhrzeit. Allerdings sollen nur die beiden letzten Starts auf diese Weise protokolliert werden, alle anderen Einträge werden mit »veraltet« überschrieben.

Für die Ausgabe des aktuellen Inhalts sorgt die Methode ShowAppSettings, in der zuerst alle namentlichen Einträge mit

```
string[] names = ConfigurationManager.AppSettings.AllKeys;
```

abgefragt werden. ConfigurationManager.AppSettings liefert uns die Referenz auf ein Objekt vom Typ NameValueCollection. In diesem sind alle Elemente mit einem eindeutigen Schlüssel, einer Zeichenfolge, eingetragen. Alle Schlüssel werden als Array von der Eigenschaft AllKeys bereitgestellt. In einer Schleife werden alle Schlüssel abgegriffen und die zugeordneten Werte an der Konsole ausgegeben.

Als Collection stellt eine NameValueCollection passende Methoden bereit, mit denen Sie die Einträge manipulieren. Wir benutzen die Methode Add, um einen Neueintrag hinzuzufügen, und übergeben als Argumente den zuvor gebildeten neuen Elementnamen und anschließend die aktuelle Uhrzeit.

```
config.AppSettings.Settings.Add(entry, DateTime.Now.ToLongTimeString());
```

Da wir beabsichtigen, den Neueintrag auch zu speichern, benötigen wir ein Configuration-Objekt. Mit

```
Configuration config =
    ConfigurationManager.OpenExeConfiguration(ConfigurationUserLevel.None);
```

holen wir uns die Referenz auf das benötigte Objekt, das die Anwendungskonfigurationsdatei verkörpert. Für das Speichern steht uns mit Save die passende, überladene Methode zur Verfügung.

```
config.Save(ConfigurationSaveMode.Modified);
```

Wir müssen nur sagen, welche Elemente wir zu speichern gedenken. Dazu erwartet die von uns bevorzugte Überladung die entsprechende Angabe. Die Enumeration ConfigurationSaveMode beschreibt mit Full, Minimal und Modified alle denkbaren Fälle.

17.4 Versionierung einer Assembly

Kommen wir noch einmal zurück auf das Thema Global Assembly Cache (GAC) aus Abschnitt 17.2, »Assemblies«. Zur Erinnerung: Eine Assembly kann mit dem Tool *gacutil.exe* in den GAC eingetragen werden. Zur Identifizierung der globalen Assemblierung dient unter anderem die Versionsnummer. Auf diese Weise lassen sich auch mehrere gleiche Assemblies, die sich nur in der Versionsnummer unterscheiden, im GAC eintragen. Allerdings wird eine Anwendung immer die globale Assembly aufrufen, die im Manifest eingetragen ist.

Es ist nicht weiter schwierig, die Anwendung dazu zu bewegen, anstatt der ursprünglichen Assembly eine neuere aufzurufen. Dazu muss nur eine entsprechende Versionsumleitung in der Anwendungskonfigurationsdatei definiert werden. Wie eine solche aussehen kann, zeigt Listing 17.5. Um das Prinzip zu verdeutlichen, sei hier als Bezeichner *GeometricObjects* gewählt.

```xml
<?xml version="1.0"?>
<configuration>
  <runtime>
    <assemblyBinding xmlns="urn:schemas-microsoft-com:asm.v1">
      <dependentAssembly>
        <assemblyIdentity name="GeometricObjects"
                          publicKeyToken="3e8e8aeaabe7ee94" />
        <bindingRedirect oldVersion="1.0.0.0"
                         newVersion="2.0.0.0" />
      </dependentAssembly>
    </assemblyBinding>
  </runtime>
</configuration>
```

Listing 17.5 Versionsumleitung in der Anwendungskonfigurationsdatei

Maßgeblich sind die beiden Attribute oldVersion und newVersion, die die Versionsumleitung bewirken. Wie reagiert aber die Laufzeit, wenn unter oldVersion und/oder newVersion Angaben enthalten sind, die nicht den Einträgen im GAC entsprechen?

Die Angabe der alten, zu ersetzenden Komponentenversion spielt zunächst keine Rolle. Existiert die Version nicht, wird die Versionsumleitung ignoriert und die notwendige Bindungsinformation aus dem Manifest bezogen. Etwas sensibler ist die Reaktion, wenn unter newVersion eine Versionsnummer angegeben ist, die im GAC nicht vertreten ist – es kommt zu einem Laufzeitfehler vom Typ FileLoadException. Es gilt die Regel: Verweist das Attribut oldVersion auf eine Komponentenversion, die im GAC registriert ist, muss auch das Attribut newVersion eine bekannte Versionsnummer enthalten.

Häufig kommt es vor, dass mehrere ältere Versionen durch eine neue ersetzt werden können. Um einer Anwendungskonfigurationsdatei mehr Allgemeingültigkeit mit auf den Weg zu geben, können Sie hinter oldVersion einen Versionsbereich festlegen, z. B.:

```xml
<bindingRedirect oldVersion="3.0.3.0-3.0.7.0" newVersion="3.0.12.0"/>
```

Sind auf dem Anwenderrechner mehrere .NET-Anwendungen installiert, die sich der Komponente *GeometricObjects* bedienen, müssen Sie nicht zu jeder Anwendung eine Anwendungskonfigurationsdatei bereitstellen, um den Aufruf auf die neuere Version zu initiieren. Tragen Sie stattdessen alle mit der Umleitung in Beziehung stehenden XML-Elemente unter <runtime /> in *machine.config* ein.

17.4.1 Die Herausgeberrichtliniendatei

Eine Herausgeberrichtliniendatei ist eine Konfigurationsdatei, die vom Komponentenentwickler zu einer Assembly kompiliert und im GAC installiert worden ist. Das Kompilat, die sogenannte *Herausgeberrichtlinien-Assembly*, wird zusammen mit einer überarbeiteten globalen Assembly ausgeliefert. Herausgeberrichtliniendateien bieten sich insbesondere dann an, wenn in der älteren Version einer globalen Assembly ein Fehler festgestellt wurde und der Entwickler der globalen Assembly sicherstellen möchte, dass sich alle Anwendungen an die neue Version binden.

Der Inhalt der Herausgeberrichtliniendatei entspricht strukturell dem einer Anwendungskonfigurationsdatei. Der Name der Datei darf beliebig festgelegt werden. Für das Erzeugen der Herausgeberrichtlinien-Assembly müssen Sie allerdings auf ein Kommandozeilentool zurückgreifen, weil es keinen entsprechenden Assistenten in Visual Studio 2019 gibt. Bei dem Tool handelt es sich um den Assembly Linker *al.exe*, der im Verzeichnis

\Program Files (x86)\Microsoft SDKs\Windows\v10.0A\bin\NETFX 4.7.2 Tools

zu finden ist. An der Eingabeaufforderung muss ein verhältnismäßig komplexer Befehl abgesetzt werden, in dem zuerst der Name der Publisherrichtliniendatei, also der XML-Datei, angegeben wird, daran anschließend der Name der resultierenden Herausgeberrichtlinien-Assembly und zum Schluss die Schlüsseldatei.

```
al /link:<Publisherrichtliniendatei> /out:<Ausgabedatei> /keyfile:<SNK-Datei>
```

Dem Bezeichner der Ausgabedatei, also der Herausgeberrichtlinien-Assembly, ist besondere Aufmerksamkeit zu widmen, da er ein besonderes Format aufweisen muss. Er könnte beispielsweise lauten:

```
policy.1.0.GeometricObjects.dll
```

Dem Bezeichner ist das Wort `policy` voranzustellen, dem sich, jeweils durch einen Punkt getrennt, die Versionsnummer der Assembly anschließt, die aus einer Haupt- und einer Nebennummer besteht. Danach wird noch die DLL-Datei der Assemblierung genannt.

Damit könnte der Befehl zur Generierung einer Herausgeberrichtlinien-Assembly wie folgt lauten:

```
al /link:new.config /out:policy.1.0.GeometricObjects.dll /keyfile:MyKey.snk
```

Eine Bindung an eine neue Assembly-Version im GAC umzuleiten, ist ein gravierender Eingriff auf dem Rechner eines Benutzers. Durch die Angabe der Schlüsseldatei – die natürlich dieselbe sein muss, mit der auch der starke Name der Assembly erzeugt wird – sichert der Entwickler seine Berechtigung für diesen Eingriff zu.

Die Herausgeberrichtlinien-Assembly muss zusammen mit der Assembly im GAC installiert werden. Dazu können Sie wieder das Tool `gacutil` mit dem Schalter `/i` benutzen, z. B.:

```
gacutil /i policy.1.0.GeometricObjects.dll
```

17.5   XML-Dokumentation

In C# lässt sich der Programmcode bereits innerhalb des Code-Editors dokumentieren. Dazu werden XML-Tags in spezielle Kommentarfelder des Quellcodes eingefügt, die unmittelbar vor dem Codeblock stehen, auf den sie sich beziehen. Auf diese Weise können Typen wie Klassen, Enumerationen, Delegaten, Schnittstellen und Strukturen sowie ihre Eigenschaften, Felder, Methoden, Ereignisse usw. beschrieben werden.

Der Clou bei der XML-Dokumentation ist, den Code mit zusätzlichen Informationen zu versorgen, der sowohl in der IntelliSense-Hilfe als auch im Objektkatalog nachzulesen ist. Darüber hinaus lässt sich die XML-Dokumentation in XML-Dateien veröffentlichen. Die XML-Dokumentationsdateien ersetzen sicherlich nicht eine konventionelle und aufwendige Dokumentation, können aber zumindest unterstützend bei der Entwicklung hilfreich sein.

17.5.1   Das Prinzip der XML-Dokumentation

Dokumentieren wir zu Demonstrationszwecken die Methode `GetArea` der Klasse `Circle`:

```csharp
public static double GetFlaeche(int radius)
{
  return Math.PI * Math.Pow(radius, 2);
}
```

XML-Dokumentationen werden dem Element vorangestellt, das dokumentiert werden soll. Eingeleitet werden die Kommentarfelder mit drei Schrägstrichen. Wenn Sie den Cursor vor das zu dokumentierende Element positionieren und die drei einleitenden Schrägstriche in den Code vor eine Klassendefinition schreiben, wird der folgende XML-Kommentar automatisch ergänzt:

```
/// <summary>
///
/// </summary>
/// <param name="radius"></param>
/// <returns></returns>
```

Zwischen dem ein- und ausleitenden `<summary>`-Tag können Sie eine Beschreibung eintragen, die später vom zu generierenden XML-Dokument übernommen wird. Zudem wird die Beschreibung in der IntelliSense-Hilfe und im Objektkatalog angezeigt. Die Beschreibung zwischen `<summary>` und `</summary>` sollte kurz gehalten werden. Für ausführlichere Beschreibungen steht Ihnen mit `<remarks>` ein geeigneteres Tag zur Verfügung.

Sie sehen, dass über `<summary>` hinaus weitere vordefinierte XML-Dokumentationstags angeboten werden. Das Attribut `name` des `<param>`-Tags enthält den Bezeichner des Parameters. Zwischen dem ein- und ausleitenden Tag dürfen Sie auch eine spezifische Beschreibung eintragen. Diese wird vom späteren XML-Dokument übernommen und im Objektkatalog ange-

17

zeigt, allerdings nicht in IntelliSense. `<returns>` dient zur Beschreibung des Rückgabewertes. Für dieses Tag gilt hinsichtlich der Anzeige dasselbe wie für `<param>`.

Sehen wir uns an dieser Stelle einmal einen etwas aufwendigeren XML-Kommentar sowie seine Auswirkungen an.

```
/// <summary>
/// Berechnet die Fläche eines beliebigen Kreises
/// </summary>
/// <param name="radius">Geben Sie den Radius des Kreises an</param>
/// <returns>Liefert die Kreisfläche</returns>
/// <remarks>Die Methode ist 'static' definiert.
/// <para>Sie müssen diese Methode auf dem Klassenbezeichner aufrufen.
/// </para>
/// </remarks>
public static double GetFlaeche(double radius)
{
   return Math.PI * Math.Pow(radius, 2);
}
```

Mit dem Objektkatalog, der über das Menü Ansicht geöffnet wird, können Sie Objekte (Namespaces, Klassen, Strukturen, Schnittstellen, Typen, Enumerationen usw.) und ihre Member (Eigenschaften, Methoden, Ereignisse, Variablen, Konstanten, Enumerationselemente) aus verschiedenen Komponenten suchen und überprüfen. Bei diesen Komponenten kann es sich um Projekte in der Projektmappe, um referenzierte Komponenten innerhalb dieser Projekte und um externe Komponenten handeln.

Sehen Sie sich im Objektkatalog nun die Ausgabe zu der Methode GetArea an (Abbildung 17.11).

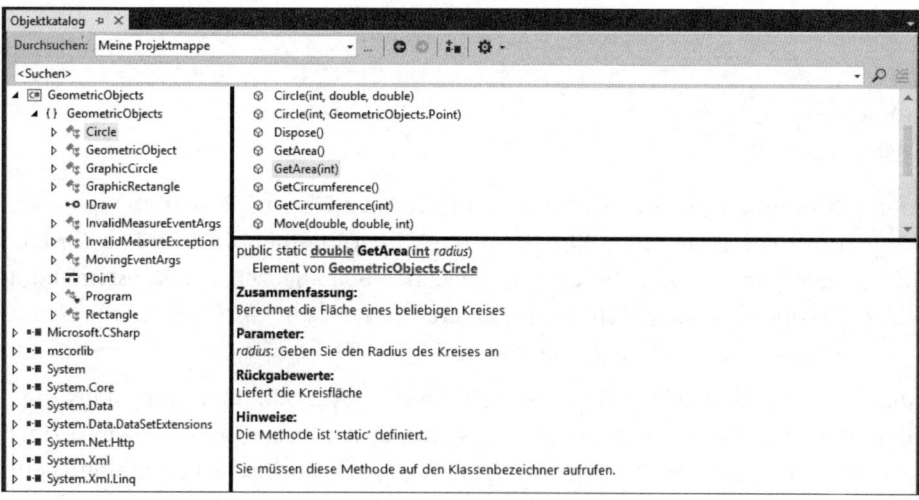

Abbildung 17.11 Ausgabe des XML-Kommentars im Objektkatalog

Ich glaube, dass Sie auch ohne eine langatmige Beschreibung erkennen, welche Bereiche den einzelnen Tags zugeordnet werden. Im Code-Editor hingegen wird nur die Beschreibung angezeigt, die in `<summary>` angegeben ist (siehe Abbildung 17.12).

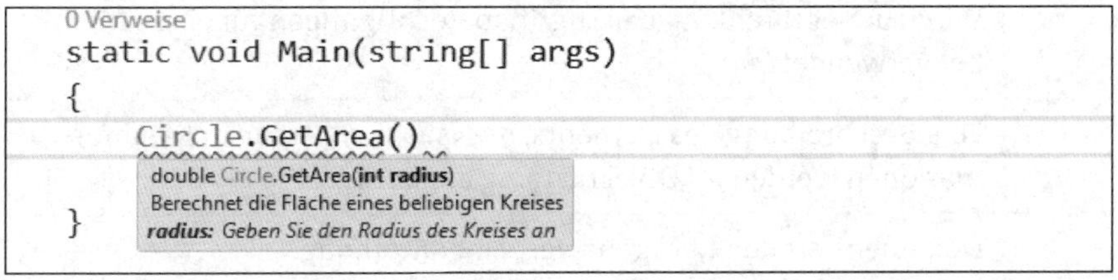

```
0 Verweise
static void Main(string[] args)
{
        Circle.GetArea()
            double Circle.GetArea(int radius)
            Berechnet die Fläche eines beliebigen Kreises
        }   radius: Geben Sie den Radius des Kreises an
```

Abbildung 17.12 Anzeige der XML-Dokumentinformationen im Code-Editor

17.5.2 Die XML-Kommentar-Tags

Ich habe Ihnen bisher einige, aber nicht alle Tags vorgestellt, die zur XML-Dokumentation dienen. In Tabelle 17.5 stelle ich Ihnen alle der Übersicht halber vor.

Dokumentationstag	Beschreibung
`<c>`	Kennzeichnet, dass dieser Text in einer Beschreibung als Code erscheinen soll.
`<code>`	Kennzeichnet, dass mehrere Zeilen als Code dargestellt werden sollen.
`<example>`	Kennzeichnet ein Beispiel zur Verwendung einer Klasse oder Methode.
`<exception>`	Wird zur Dokumentation der Ausnahmen verwendet, die von einer Klasse ausgelöst werden können.
`<include>`	Mit diesem Tag verweisen Sie auf Kommentare in anderen Dateien, die die Typen und Member im Quellcode beschreiben.
`<list>`	Kennzeichnet eine Liste von Elementen.
`<para>`	Dieses Tag ist für die Verwendung innerhalb eines Tags, wie beispielsweise `<summary>`, `<remarks>` und `<returns>`, vorgesehen und ermöglicht die Strukturierung des Texts.
`<param>`	Dieses Tag sollte im Kommentar für eine Methodendeklaration verwendet werden, um einen der Parameter der Methode zu beschreiben. Der Text wird in IntelliSense und im Objektkatalog über Codekommentare angezeigt.

Tabelle 17.5 Die vordefinierten XML-Dokumentationstags

Dokumentationstag	Beschreibung
`<paramref>`	Ein Verweis auf einen anderen Parameter
`<permission>`	Wird zur Beschreibung der Zugriffsberechtigungen für einen Member verwendet.
`<remarks>`	Eine Beschreibung des Elements, die `<summary>` ergänzt. Die Informationen werden im Objektkatalog angezeigt.
`<returns>`	Dokumentiert den Rückgabewert einer Methode.
`<see>`	Wird zum Querverweis auf verwandte Elemente verwendet.
`<seealso>`	eine Verknüpfung zum »Siehe auch«-Abschnitt der Dokumentation
`<summary>`	eine kurze Beschreibung des Elements, die in IntelliSense und im Objektkatalog angezeigt wird
`<typeparam>`	Dieses Tag sollte in dem Kommentar für einen generischen Typ oder eine Methodendeklaration zum Beschreiben eines Typparameters verwendet werden. Fügen Sie für jeden Typparameter des generischen Typs oder der Methode ein Tag hinzu.
`<typeparamref>`	der Name des Typparameters
`<value>`	Beschreibt den Wert einer Eigenschaft.

Tabelle 17.5 Die vordefinierten XML-Dokumentationstags (Forts.)

17.5.3   Generieren der XML-Dokumentationsdatei

Die Typen und ihre Member mit XML-Kommentar zu versehen, reicht zwar schon aus, um im Objektkatalog oder in der IntelliSense-Hilfe den Benutzer mit grundlegenden Informationen zu versorgen, aber damit wird nicht sofort ein XML-Dokument erzeugt, das sich beispielsweise zu einer Integration in eine Hilfe eignet und durchaus noch weitere Informationen bereitstellen kann.

Um aus den XML-Kommentaren eine XML-Dokumentationsdatei zu erzeugen, öffnen Sie das Projekteigenschaftsfenster. Doppelklicken Sie dazu auf den Knoten PROPERTIES. Am rechten Rand sind mehrere Laschen gruppiert; klicken Sie hier auf ERSTELLEN (siehe Abbildung 17.13). Auf der nun angezeigten Registerkarte setzen Sie ein Häkchen neben XML-DOKUMENTATIONSDATEI. Damit ist alles Notwendige erledigt. Die Vorgabe des Ausgabeordners und den Bezeichner der XML-Dokumentationsdatei können Sie im Bedarfsfall ändern.

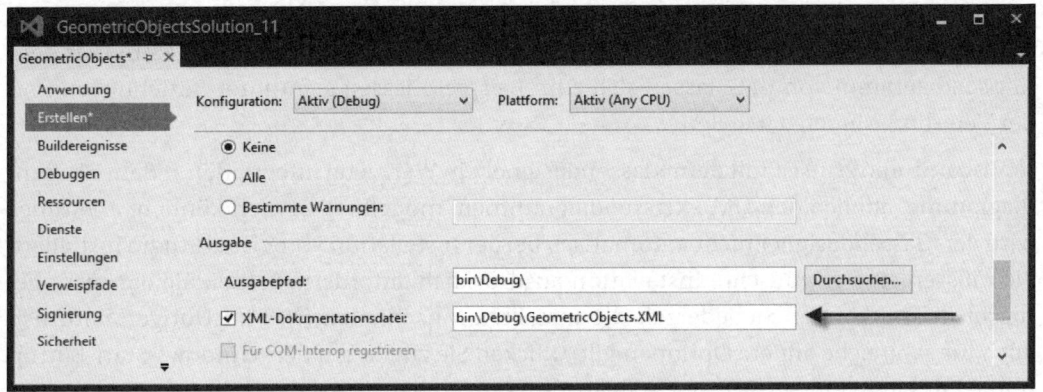

Abbildung 17.13 Das Erzeugen einer XML-Dokumentationsdatei einstellen

Wir sollten auch einen Blick in das erzeugte Dokument werfen. Das gesamte Dokument wird in <doc>-Tags eingefasst. <doc> umfasst neben der Bekanntgabe des Dokumentationsnamens in <assembly> im Bereich <members> auch alle Tags, die wir im Code-Editor aufgeführt haben.

```xml
<?xml version="1.0"?>
<doc>
  <assembly>
    <name>CircleApplication6</name>
  </assembly>
  <members>
    <member name="M:CircleApplication.Circle.GetFlaeche(System.Double)">
      <summary> Berechnet die Fläche eines beliebigen Kreises</summary>
      <param name="radius">Geben Sie den Radius des Kreises an</param>
      <returns>Liefert die Kreisfläche</returns>
      <remarks>Die Methode ist 'static' definiert.
      <para>Sie müssen diese Methode auf den Klassenbezeichner aufrufen.</para>
      </remarks>
    </member>
  </members>
</doc>
```

Listing 17.6 Inhalt der XML-Dokumentationsdatei

17.6   Der Klassendesigner (Class Designer)

In vielen Unternehmen erstellen die Entwickler während der Designphase das Klassendesign mit Hilfe der UML (Unified Modeling Language), um die schwierigen und komplexen Anforderungen an eine ausgefeilte Software zu erfüllen. UML ist eine Spezifikation, die eine

Reihe von Diagrammen definiert, mit denen eine objektorientierte Software während der Designphase nicht nur visuell dargestellt, sondern auch modelliert werden kann. Mit dem Klassendiagramm von UML lassen sich zum Beispiel Klassen samt ihrer Beziehungen und der Vererbungslinien darstellen.

In Visual Studio 2019 ist mit dem Klassendesigner ein Werkzeug integriert, mit dem Klassendiagramme, ähnlich den UML-Klassendiagrammen, modelliert werden können. Allerdings wird der Klassendesigner nicht automatisch bei der Installation von Visual Studio installiert. Sie müssen eine gewünschte Installation ausdrücklich anfordern. Sollten Sie das nicht gemacht haben, können Sie jederzeit die Installation nachholen (was im Übrigen natürlich auch für zahlreiche andere Optionen gilt). Klicken Sie zuerst auf den Windows-Start-Button unten links im Windows-Fenster. Wählen Sie dann aus der Liste der installierten Programme VISUAL STUDIO INSTALLER aus. Starten Sie den Installer, und wählen Sie dann die Schaltfläche ÄNDERN. Sie gelangen zu der Oberfläche, die mit WORKLOADS bezeichnet wird. Wählen Sie den Karteireiter EINZELNE KOMPONENTEN, und scrollen anschließend in der Liste so weit nach unten, bis Sie auf KLASSEN-DESIGNER stoßen (siehe Abbildung 17.14).

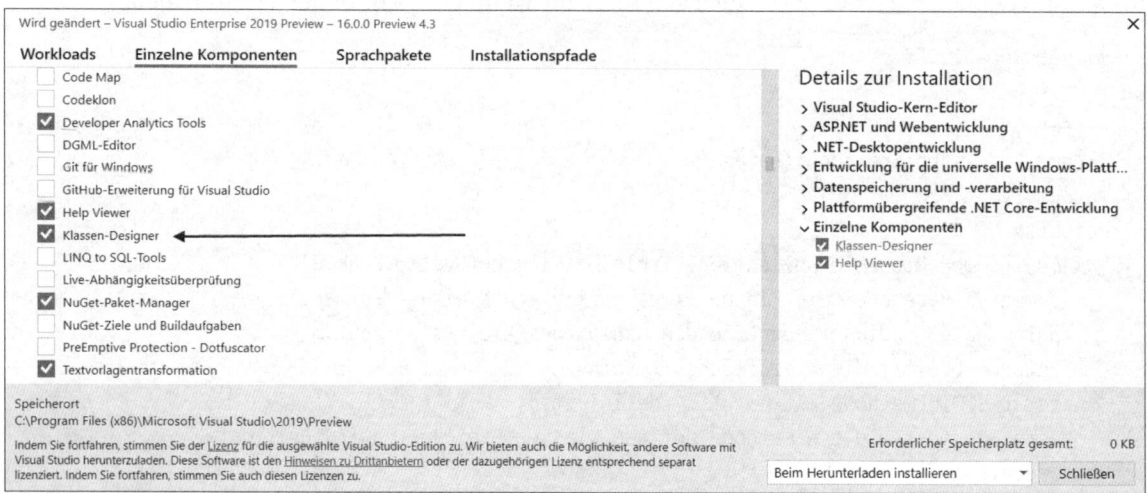

Abbildung 17.14 Installation des Klassendesigners

17.6.1   Ein typisches Klassendiagramm

In Abbildung 17.15 sehen Sie das Klassendiagramms der Anwendung *GeometricObjects*.

Wie Sie anhand der Abbildung vermutlich schon erahnen, können Sie im Klassendesigner anschaulich komplexe Zusammenhänge zwischen den Klassen erkennen und deren Beziehungen analysieren. Zudem lassen sich Strukturen, Delegaten, Schnittstellen usw. in ein Klassendiagramm aufnehmen. Leider können Sie im Designer keine generischen Typen definieren.

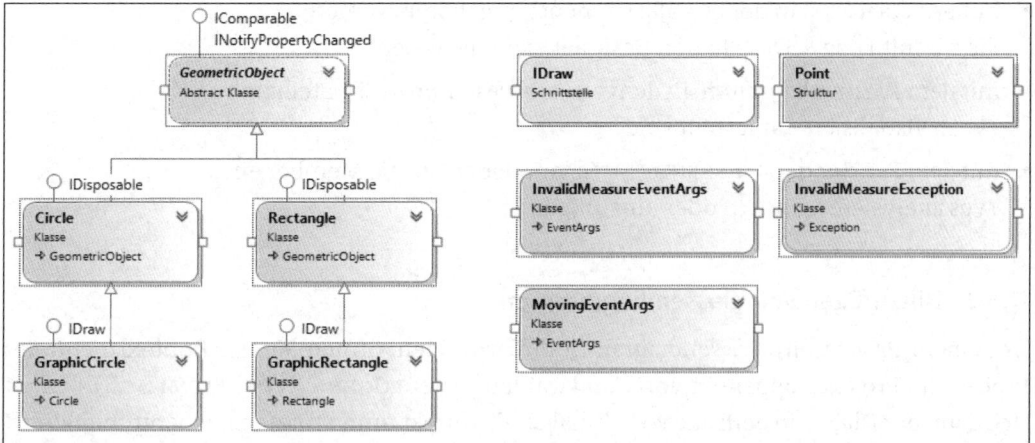

Abbildung 17.15 Das Klassendiagramm des Projekts »GeometricObjects«

Nehmen Sie Änderungen oder Ergänzungen im Klassendesigner vor, passt sich der Programmcode sofort an. Ändern Sie den Programmcode, übernimmt der Klassendesigner diese Änderungen. In Abbildung 17.16 sehen Sie den Klassendesigner in Visual Studio. In erster Linie haben wir es während der Klassenmodellierung mit drei Fenstern zu tun:

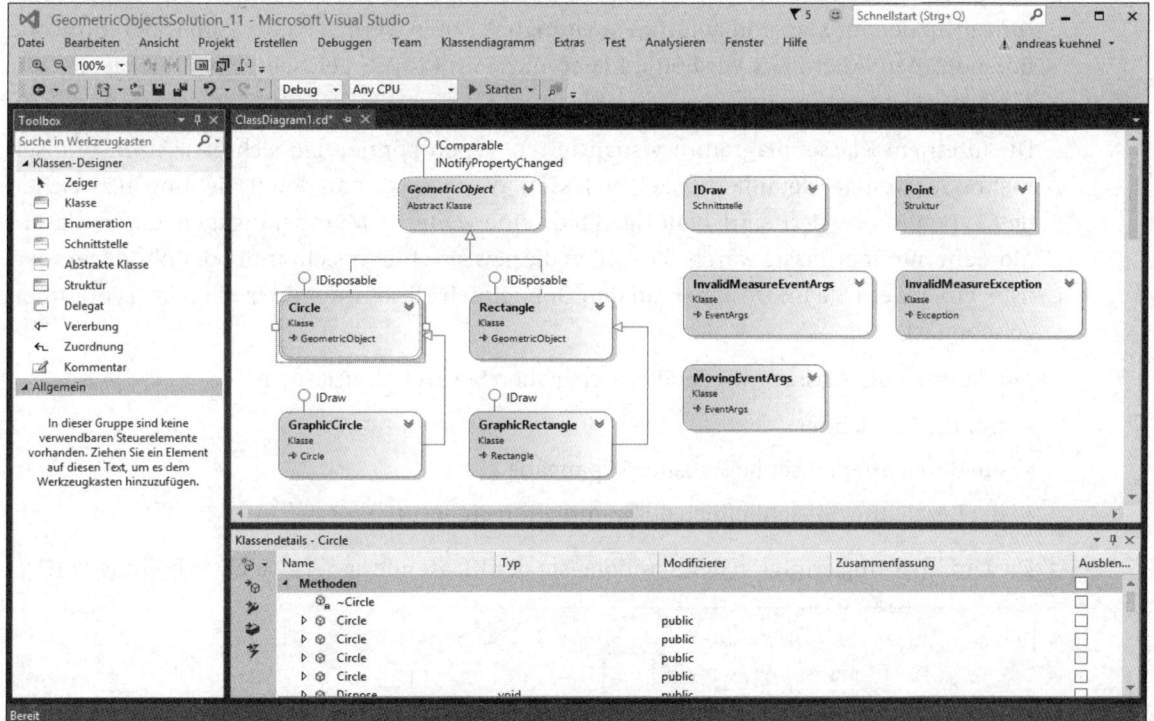

Abbildung 17.16 Der Klassendesigner in Visual Studio

- mit der TOOLBOX, in der uns alle Elemente angeboten werden, die wir mit Drag & Drop in den Designer ziehen können

- mit dem *Klassendiagramm*, in dem alle am Designprozess beteiligten Typen visualisiert dargestellt sind

- mit dem Fenster der KLASSENDETAILS, mit denen Sie die Member eines Typs analysieren, ändern oder hinzufügen

17.6.2 Hinzufügen von Klassendiagrammen

Um einem Projekt ein Klassendiagramm hinzuzufügen, öffnen Sie das Kontextmenü des Projekts im Projektmappen-Explorer und wählen HINZUFÜGEN • NEUES ELEMENT... Es öffnet sich dann der Dialog, in dem alle von Visual Studio direkt unterstützten Elemente aufgeführt sind. Markieren Sie in der linken Liste des Dialogs den Knoten ALLGEMEIN. Dann wird Ihnen in der Elementliste des Dialogs auch KLASSENDIAGRAMM angeboten. Ein Klassendiagramm hat die Dateiendung *.cd*. Handelt es sich um die erste Klassenansicht im Projekt, lautet der Bezeichner der Datei standardmäßig *ClassDiagram1.cd*.

Das Klassendiagramm ist am Anfang leer. Sie können jedoch alle Klassen, Strukturen usw. mit Drag & Drop aus dem Projektmappen-Explorer in das Klassendiagramm ziehen. Vererbungsbeziehungen, die zwischen Klassen bestehen, werden automatisch angezeigt. Änderungen an den im Klassendiagramm angezeigten Typen werden sofort vom Programmcode übernommen. Allerdings wird eine Klasse nicht im Projekt gelöscht, wenn Sie sie aus der Klassenansicht entfernen.

Die in einem Klassendiagramm visualisierten Typen können Sie sich ganz nach Wunsch mehr oder weniger detailliert anzeigen lassen. Wenn Sie nur an den Beziehungen zwischen den Typen interessiert sind, benötigen Sie keine weiteren Memberangaben, die in diesem Moment nur überflüssig wären. Sie stellen die gewünschte Ansicht (mit oder ohne Memberliste) ein, indem Sie im Designer auf den Doppelpfeil klicken, der links oben im Typrahmen zu sehen ist.

Möchten Sie die Klassenmitglieder sehen, haben Sie drei Alternativen:

- nur die Bezeichner

- die Bezeichner einschließlich der Typangabe

- die Bezeichner einschließlich der kompletten Signatur

Die Umschaltung erfolgt in der Symbolleiste des Klassendesigners (siehe Abbildung 17.17).

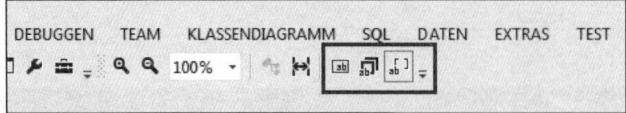

Abbildung 17.17 Die Symbolleiste des Klassendesigners

17.6.3   Die Toolbox des Klassendesigners

In der *Toolbox* werden ganz im Sinne des Klassendesigners Elemente angeboten, die Sie mit Drag & Drop in den Designbereich ziehen können. Dazu zählen nicht nur Klassen, Strukturen, Delegaten und Enumerationen, sondern auch Vererbungs- und Zuordnungslinien.

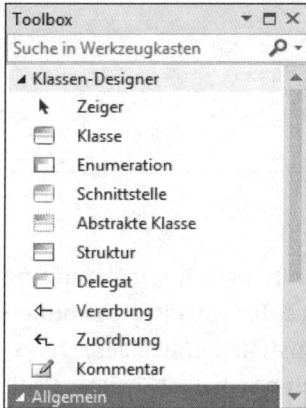

Abbildung 17.18 Die Toolbox des Klassendesigners

17.6.4   Das Fenster »Klassendetails«

Für die im Klassendiagramm aktuell markierte Klasse werden die Klassenmitglieder im Fenster KLASSENDETAILS unterhalb des Klassendiagramms angezeigt. Sollte bei Ihnen dieses Fenster nicht zu sehen sein, können Sie es über ANSICHT • WEITERE FENSTER öffnen. Dieses Fenster erlaubt das Hinzufügen und Editieren folgender Klassenmitglieder:

▶ Methoden

▶ Eigenschaften

▶ Felder

▶ Ereignisse

Das Fenster hat zudem eine linksbündige Symbolleiste mit fünf Schaltflächen. Die unteren vier dienen zur Navigation innerhalb der Liste. Mit der oberen können Sie alle denkbaren Mitgliedstypen hinzufügen, einschließlich der Angabe von Typ und Zugriffsmodifizierer. Die Spalte ZUSAMMENFASSUNG unterstützt das `<summary>`-Tag der XML-Dokumentation.

Die rechte Spalte, AUSBLENDEN, hat keinen Einfluss auf die Klassendefinition und wirkt sich nur auf die Anzeige des betreffenden Members im Klassendiagramm aus.

Jeder Methodeneintrag ist mit einem Knoten versehen. Wenn Sie diesen öffnen, können Sie für die entsprechende Methode alle notwendigen Parameter definieren. Geben Sie den Parameternamen an, tragen Sie den gewünschten Datentyp ein, und wählen Sie – falls erforderlich – einen Parametermodifizierer aus der Liste der Spalte MODIFIZIERER aus.

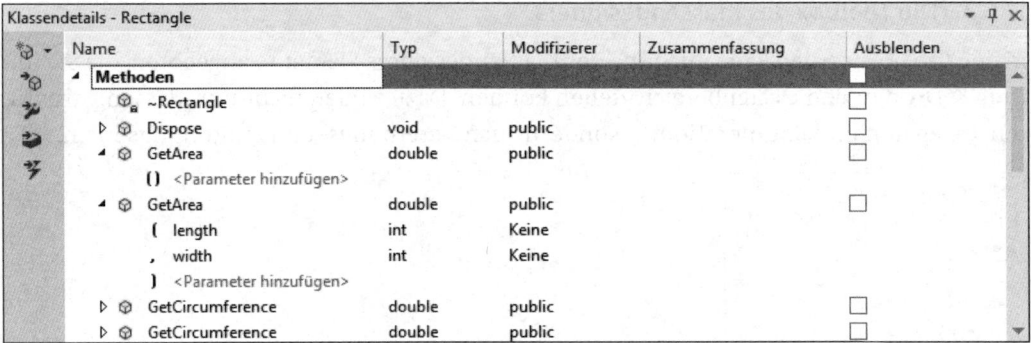

Abbildung 17.19 Das Fenster »Klassendetails«

Vielleicht fällt Ihnen auf, dass die Modifizierer, die im Zusammenhang mit der Vererbung stehen, nicht zur Auswahl anstehen: abstract, override, virtual, sealed. Tatsächlich können Sie sie nur im Eigenschaftsfenster der ausgewählten Methode einstellen. Das Eigenschaftsfenster sollten wir uns noch etwas genauer ansehen, denn hier bieten sich noch weitere Optionen an, die nicht nur die Vererbungsmodifizierer betreffen.

Eigenschaften	▾ ◻ ✕
Move Methode	▾
Benutzerdefinierte Attribute	
Dateiname	Rectangle.cs
Hinweise	
Methodensignatur	void Move(double dx, double dy, int dWi
Name	Move
Neu	False
Statisch	False
Typ	void
Vererbungsmodifizierer	virtual
Zugriff	public
Zusammenfassung	

Abbildung 17.20 Eigenschaftsfenster einer Methode im Klassendesigner

Eigenschaft	Beschreibung
Benutzerdefinierte Attribute	Der Name ist ein wenig irreführend. Tatsächlich können Sie hier alle Attribute angeben, die mit der Methode verknüpft werden sollen.
Hinweise	Gibt den Inhalt des <remarks>-Tags der XML-Dokumentation an.

Tabelle 17.6 Die editierbaren Eigenschaften einer Methode im Eigenschaftsfenster

Eigenschaft	Beschreibung
Name	der Bezeichner des Members
Neu	Die Einstellung True gibt an, dass dieses Member ein geerbtes Member verbirgt.
Rückgabewerte	Gibt den Inhalt des `<returns>`-Tags der XML-Dokumentation an.
Statisch	Mit der Einstellung True wird dieses Member zu einem statischen.
Typ	Gibt den Typ des Members an.
Vererbungsmodifizierer	Hier geben Sie an, welcher Modifizierer, der im Zusammenhang mit der Vererbung steht, der Signatur hinzugefügt werden soll.
Zugriff	Gibt den Zugriffsmodifizierer an.
Zusammenfassung	Gibt den Inhalt des `<summary>`-Tags der XML-Dokumentation an.

Tabelle 17.6 Die editierbaren Eigenschaften einer Methode im Eigenschaftsfenster (Forts.)

Das Hinzufügen der anderen Mitglieder (Konstruktoren, Eigenschaften etc.) unterscheidet sich nicht wesentlich von dem Hinzufügen einer Methode. Daher erübrigt es sich an dieser Stelle, darauf im Detail einzugehen. Auch für sie gilt, dass im Eigenschaftsfenster einige Optionen angeboten werden, die Sie im Fenster KLASSENDETAILS vermissen.

17.6.5 Klassendiagramme als Bilder exportieren

Der Klassendesigner bietet Ihnen an, ein Klassendiagramm als Bild in verschiedenen Bildformaten zu exportieren. Damit wird Ihnen neben den entwicklungstechnischen Fähigkeiten des Klassendesigners ermöglicht, Dokumentationen anschaulich um die Darstellung der Struktur einer Klassenhierarchie zu ergänzen oder das Bild in eine Präsentation (wie zum Beispiel mit MS PowerPoint) zu integrieren. Zu den angebotenen Formaten zählen unter anderem BMP, GIF und JPEG.

Dazu öffnen Sie in Visual Studio 2019 das Menü KLASSENDIAGRAMM und wählen im Untermenü DIAGRAMM ALS BILD EXPORTIEREN… Es öffnet sich ein Dialog, in dem Sie die zu exportierenden Klassendiagramme auswählen, den Speicherort festlegen und aus einer Liste das gewünschte Bildformat einstellen können.

17.7   Refactoring

Mit Refactoring wurde in Visual Studio 2005 eine Technik eingeführt, die bisher nur durch das Einbinden zusätzlicher Tools zu nutzen war. Refactoring ist hauptsächlich dann sinnvoll einzusetzen, wenn die Software bereits fertig ist. Sie können mit dieser Technik Änderungen am Code vornehmen, ohne dass sich das Verhalten der Anwendung ändert.

Sie werden mir beipflichten, dass während des Entwicklungsprozesses insbesondere größerer und komplexerer Software oft der Überblick über den Code verlorengeht. Codepassagen wiederholen sich, Methoden werden zu komplex, weil der Modularisierung des Programmcodes zu wenig Aufmerksamkeit geschenkt wird, Variablennamen sind unpassend vergeben – typische Phänomene bei vielen Projekten. Mit der Technik des Refactorings können Sie dazu beitragen, dass der Code überschaubarer und klarer strukturiert wird. Dazu bieten sich mehrere Verfahren an:

▸ Methode extrahieren

▸ Umbenennen von Bezeichnern

▸ Felder einkapseln

▸ Schnittstellen extrahieren

▸ lokale Variable auf Parameter heraufstufen

▸ Parameter entfernen

▸ Parameter neu anordnen

Ich werde hier nicht auf jede der aufgeführten Möglichkeiten detailliert eingehen, sondern nur die am häufigsten benutzten vorstellen.

17.7.1   Methode extrahieren

Der Sinn der Modularisierung ist es, viele kleine Methoden zu haben, die leichter zu überblicken und besser zu verstehen sind als lange und bildschirmfüllende. Den Methodenbezeichner sollten Sie zudem so wählen, dass man sofort weiß, was die Aufgabe der Methode ist. Gerät Ihnen bei der Entwicklung einmal eine Methode »aus den Fugen«, müssen Sie die Codezeilen finden, die zusammengehören. Anschließend schneiden Sie diese aus und setzen sie in eine neue Methode ein. An die Stelle der Codezeilen, die Sie ausgegliedert haben, setzen Sie den Aufruf der neuen Methode.

Sie können aber auch Visual Studio die Steuerung dieser Aufgabe übergeben. Dazu markieren Sie die Codezeilen, die in eine eigene Methode überführt werden sollen. Während der Mauszeiger sich über dem markierten Codeteil befindet, öffnen Sie das Kontextmenü und wählen SCHNELLE AKTIONEN. Abhängig von der Situation werden Ihnen die möglichen Optionen angeboten. In unserem Fall handelt es sich nur um METHODE EXTRAHIEREN.

Als anschauliches Beispiel soll uns die folgende Methodendefinition dienen:

```
public static double TestProc()
{
  int intVar;
  intVar = 10;
  double result = Math.Pow(2, intVar);
  Console.WriteLine("Das ergebnis lautet: {0}", result);
  return result;
}
```

In Abbildung 17.21 ist das Szenario des Extrahierens von Code zu erkennen. Zu Demonstrationszwecken ist hier bis auf die Deklaration der lokalen Variablen intVar der gesamte Code markiert. In einem kleinen Vorschaufenster wird bereits grob angezeigt, welche Änderung der Vorgang vornehmen wird. Sie können sich aber auch alle Details anzeigen lassen, indem Sie auf den Link ÄNDERUNGEN IN VORSCHAU ANZEIGEN klicken.

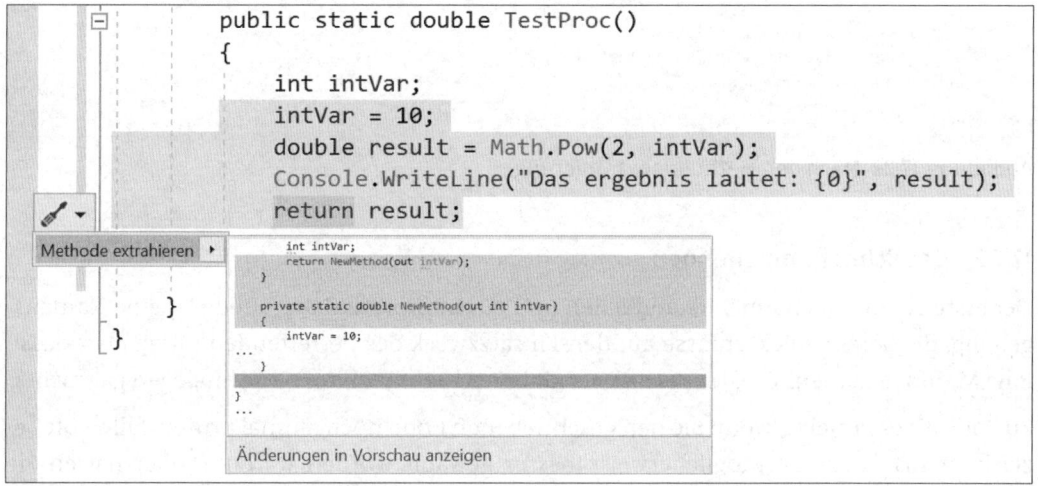

Abbildung 17.21 Methode extrahieren

Haben Sie den Vorgang abgeschlossen, wird für die nun neu erzeugte Methode ein Standardbezeichner vergeben, den Sie im nächsten Schritt anpassen sollten. Dabei unterstützt Visual Studio Sie sehr gut, da der Standardbezeichner bereits markiert ist und eine Anpassung erwartet. Rechts oben im Code-Editor können Sie zudem angeben, ob die etwaige Namensänderung auch in Zeichenfolgen und Kommentaren berücksichtigt werden soll (siehe Abbildung 17.22).

Die ausgeschnittenen Codezeilen werden durch den Aufruf der neuen Methode ersetzt. Ich habe mit Absicht die Anweisung zur Deklaration der lokalen Variablen nicht mit extrahiert. Wie Sie sehr schön erkennen, berücksichtigt der Umgestaltungsprozess, dass intVar in der neuen Methode gesetzt und zur Berechnung einer Potenzzahl ausgewertet wird. Da intVar nur deklariert, jedoch nicht initialisiert ist, erwartet die extrahierte Methode einen out-Parameter. Wäre die Initialisierung vor dem Aufruf der extrahierten Methode erfolgt, wäre der Parameter ohne out erzeugt worden. Clever gemacht, nicht wahr?

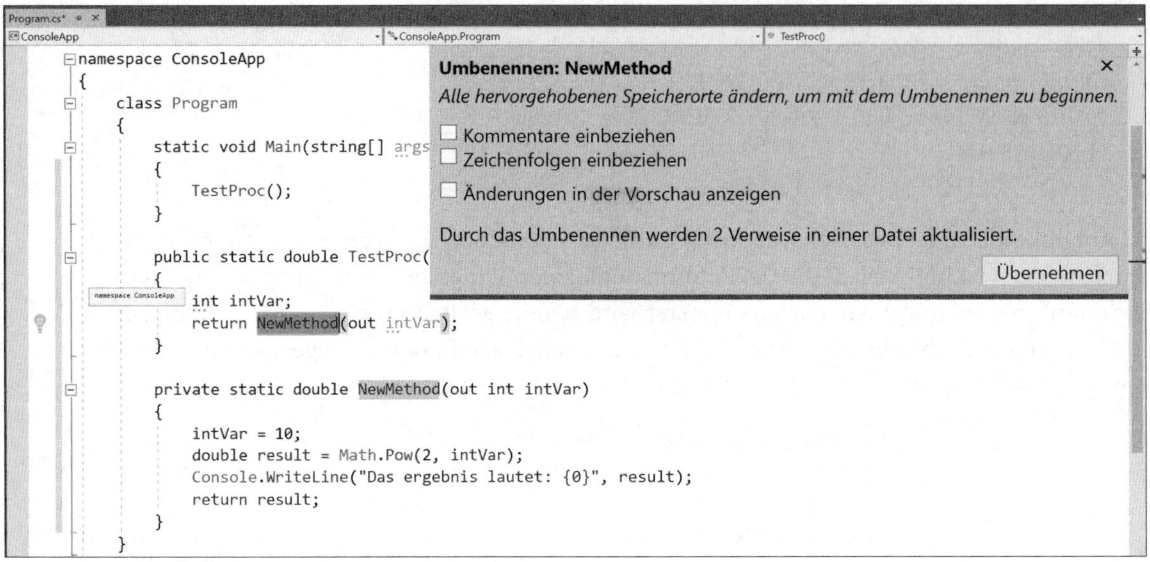

```
namespace ConsoleApp
{
    class Program
    {
        static void Main(string[] args)
        {
            TestProc();
        }

        public static double TestProc(
        {
            int intVar;
            return NewMethod(out intVar);
        }

        private static double NewMethod(out int intVar)
        {
            intVar = 10;
            double result = Math.Pow(2, intVar);
            Console.WriteLine("Das ergebnis lautet: {0}", result);
            return result;
        }
    }
}
```

Umbenennen: NewMethod

Alle hervorgehobenen Speicherorte ändern, um mit dem Umbenennen zu beginnen.

☐ Kommentare einbeziehen
☐ Zeichenfolgen einbeziehen

☐ Änderungen in der Vorschau anzeigen

Durch das Umbenennen werden 2 Verweise in einer Datei aktualisiert.

Übernehmen

Abbildung 17.22 Nach der Methodenextrahierung

17.7.2 Bezeichner umbenennen

Der erste Schritt zu einem verständlichen und gut interpretierbaren Code ist eine Namensgebung, die bereits Rückschlüsse auf den Einsatzzweck des betreffenden Mitglieds zulässt. Eine Methode namens CreateDatabase verrät bereits sehr viel, TestProc hingegen gar nichts.

Zu Ende eines Projekts, wenn Sie den geschriebenen Code noch einmal prüfen, fallen oft Bezeichner ins Auge, die möglicherweise besser gewählt worden wären. Früher hätten Sie wahrscheinlich darauf verzichtet, den unpassenden Bezeichner durch einen besser beschreibenden zu ersetzen, denn im Anschluss daran hätten Sie den gesamten Code durchforsten müssen, um ihn an allen Stellen auszutauschen. Abgesehen davon, dass sich dabei Fehler durch Versäumnisse einschleichen können, kann die dafür benötigte Zeit anders investiert werden.

Auch für diese Fälle bietet das Refactoring durch Umbenennung eine Lösung. Umbenannt werden können Felder, Eigenschaften, lokale Variablen, Methoden, Namespaces und Typdefinitionen. Der Umbenennungsprozess erfasst dabei nicht nur Deklarationen und Aufrufe, er kann auch auf Kommentare und in Zeichenfolgen angewandt werden. Er ist zudem intelligent genug, alle Vorkommen des Elements zu erfassen.

Positionieren Sie den Cursor in dem betreffenden Bezeichner, und klicken Sie im Kontextmenü auf Umbenennen. Nun können Sie einen anderen Namen eingeben, der von allen

Programmelementen sofort übernommen wird. Genauso wie in Abbildung 17.22 zu sehen ist, können Sie auch jetzt wieder festlegen, ob von der Umbenennung Kommentare und Zeichenfolgen mit betroffen sind.

Visual Studio unterstützt die Umbenennung über die Projektgrenzen hinweg. Wenn Sie beispielsweise eine Konsolenanwendung entwickeln, die auf eine Klassenbibliothek verweist, werden beim Umbenennen eines Typs in der Klassenbibliothek auch die Verweise auf den Typ der Klassenbibliothek in der Konsolenanwendung aktualisiert.

17.8 Code-Snippets (Codeausschnitte)

Visual Studio enthält ein Feature, das Ihnen während des Programmierens sehr hilfreich sein kann: Es handelt sich um die *Code-Snippets*, die in der Dokumentation auch unter dem Begriff *Codeausschnitte* zu finden sind.

Wie kann diese Hilfe aussehen? Nehmen wir an, Sie beabsichtigen, eine for-Schleife zu implementieren. Das Grundkonstrukt dieser Schleife ist immer identisch und böte sich also generell dazu an, automatisch so in den Code eingespielt zu werden, dass der Entwickler nur noch Startwert, Austrittsbedingung und Schrittweite angibt. Genau das leisten Code-Snippets bzw. Codeausschnitte.

Codeausschnitte haben einen Namen. Der, der eine leere for-Schleife erzeugt, heißt beispielsweise for. Visual Studio wird mit einer ganzen Reihe von Codeausschnitten geliefert, die Sie nutzen und auch durch eigene ergänzen können.

17.8.1 Codeausschnitte einfügen

Code-Snippets können Sie auf drei verschiedene Arten einfügen:

1. Wenn Sie den Snippet-Bezeichner kennen, tragen Sie ihn in den Code ein und drücken anschließend die ⇥-Taste. Der durch den Codeausschnitt beschriebene Code wird sofort in den Code-Editor eingespielt.

2. Positionieren Sie den Eingabecursor an der Position, an der das Code-Snippet eingefügt werden soll. Öffnen Sie dann das Kontextmenü, und wählen Sie den Menüpunkt AUSSCHNITT | AUSSCHNITT EINFÜGEN... Sie erhalten daraufhin eine Auswahl angeboten. Klicken Sie auf VISUAL C#, und in der IntelliSense-Hilfe werden die Ihnen zur Verfügung stehenden Snippets angezeigt, aus denen Sie das von Ihnen gewünschte auswählen.

3. Öffnen Sie das Menü BEARBEITEN, und wählen Sie den Untermenüpunkt INTELLISENSE und anschließend AUSSCHNITT EINFÜGEN... Der weitere Ablauf ist wie unter Punkt 2 beschrieben.

Je nachdem, welchen Codeausschnitt Sie hinzugefügt haben, sind möglicherweise Nacharbeiten erforderlich. Bei der oben beschriebenen for-Schleife sind das die Deklaration des

Schleifenzählers und die Angabe der Austrittsbedingung. Visual Studio zeigt die entsprechenden Elemente in einer anderen Hintergrundfarbe an (siehe Abbildung 17.23).

```
0 Verweise
static void Main(string[] args)
{
    for (int i = 0; i < length; i++)
    {

    }
}
```

Abbildung 17.23 Die durch ein Code-Snippet hinzugefügte »for«-Schleife

Einige Codeausschnitte sind umschließende Codeausschnitte, mit deren Hilfe Sie Codezeilen markieren und dann einen Codeausschnitt auswählen können, der die markierten Codezeilen einschließt. Durch das Markieren von Codezeilen und das anschließende Aktivieren des for-Codeausschnitts wird beispielsweise eine for-Schleife erstellt, die die markierten Codezeilen innerhalb des Schleifenblocks enthält.

17.8.2   Die Anatomie eines Codeausschnitts

Bei Codeausschnitten handelt es sich um XML-Dateien mit der Dateinamenerweiterung *.snippet*. Wir wollen uns nun exemplarisch die Datei anschen, die für den Codeausschnitt der for-Schleife verantwortlich ist.

```xml
<?xml version="1.0" encoding="utf-8"?>
<CodeSnippets xmlns="...">
  <CodeSnippet Format="1.0.0">
    <Header>
      <Title>for</Title>
      <Shortcut>for</Shortcut>
      <Description>
        Codeausschnitt für for-Schleife
      </Description>
      <Author>Microsoft Corporation</Author>
      <SnippetTypes>
        <SnippetType>Expansion</SnippetType>
        <SnippetType>SurroundsWith</SnippetType>
      </SnippetTypes>
    </Header>
    <Snippet>
      <Declarations>
        <Literal>
```

```
          <ID>index</ID>
          <Default>i</Default>
          <ToolTip>Index</ToolTip>
        </Literal>
        <Literal>
          <ID>max</ID>
          <Default>length</Default>
          <ToolTip>Maximale Länge</ToolTip>
        </Literal>
      </Declarations>
      <Code Language="csharp">
        <![CDATA[for (int $index$ = 0; $index$ < $max$; $index$++)
        {
          $selected$ $end$
        }]]>
      </Code>
    </Snippet>
  </CodeSnippet>
</CodeSnippets>
```

Listing 17.7 Definition eines Code-Snippets

Das ganze Dokument mit all seinen XML-Tags wollen wir an dieser Stelle nicht analysieren. Sollten Sie sich dafür interessieren, um einen eigenen Codeausschnitt zu definieren oder einen vorhandenen zu ändern, suchen Sie in der Dokumentation nach dem mit »Schema-referenz für Codeausschnitte« betitelten Dokument. Die meisten XML-Tags sind wahr-scheinlich aufgrund ihrer Namensgebung sowieso selbsterklärend.

Code-Snippets sind natürlich sprachspezifisch. Besonders bedacht wurden die VB-Program-mierer, denen weitaus mehr Snippets zur Verfügung gestellt werden als dem C#-Program-mierer. Sie brauchen sich nur die Dateilisten anzusehen, die die Suchoperation des Betriebs-systems anzeigt, wenn Sie nach »*.snippet« suchen lassen.

17

Kapitel 18
Die Zukunft: .NET Core und .NET Standard

Je nachdem, welche Optionen Sie beim Installieren des Visual Studios ausgewählt haben, sind Ihnen vielleicht schon die Begriffe *.NET Core* und *.NET Standard* aufgefallen. In diesem Kapitel wollen wir uns mit beiden Themen beschäftigen, denn sie schlagen ein neues Kapitel in der .NET-Historie auf.

Alles, was wir bisher in den vergangenen Kapiteln behandelt haben, basiert auf dem .NET Framework. Obwohl das .NET Framework seit seiner Veröffentlichung sehr erfolgreich ist, haftet ihm immer der Makel an, nicht plattformübergreifend zu sein. Sowohl Linux als auch macOS konnten nicht von den Vorteilen des .NET Frameworks profitieren.

.NET Core versucht, eine Brücke zu den anderen Ufern, nämlich zu Linux und macOS zu schlagen. Sie können mit .NET Core Anwendungen entwickeln, die nicht nur unter Windows, sondern auch unter Linux lauffähig sind. Um diese Plattformunabhängigkeit zu gewährleisten, sind natürlich auch neue Klassenbibliotheken notwendig. Microsoft nutzt nun die Gelegenheit, um gleichzeitig das doch sehr in die Jahre gekommene .NET Framework mehr und mehr ins Abseits zu stellen, denn im .NET Framework sind beispielsweise sehr viele APIs enthalten, die in der Vergangenheit durch andere und neuere APIs ersetzt worden sind. Das .NET Framework schleppt also eine Menge unnütz gewordenen Ballasts mit sich herum.

.NET Core ist ein neues Fundament, allerdings ohne dass .NET Framework-Entwickler ganz neue Pfade beschreiten müssen. Die Sprache, in unserem Fall C#, bleibt dieselbe, viele APIs sind zumindest namentlich gleich. Erlerntes muss also nicht komplett durch Neues ersetzt werden.

In naher Zukunft werden wir Entwickler uns mit .NET Core beschäftigen müssen, weil man davon ausgehen kann, dass Microsoft zukünftig nur noch .NET Core, aber nicht mehr das .NET Framework weiterentwickeln wird. Die Aussage, .NET Framework 4.8 sei die letzte Version, geistert im Internet. Zudem werden bereits erste C#-Features eingeführt, die im .NET Framework nicht mehr genutzt werden können. Ich werde in diesem Kapitel noch darauf eingehen.

Noch eine kurze Anmerkung zu dem Begriff .NET Standard: Dabei handelt es sich »nur« um eine Spezifikation, die bestimmte APIs beschreibt, die im Rahmen einer bestimmten ausgewählten Version des .NET Standards eingesetzt werden dürfen – also nichts, was Sie bei Erwähnung dieses Begriffs in Aufregung versetzen müsste.

Anmerkung

Eine Anmerkung in eigener Sache. In diesem Kapitel werden mit .NET Core und .NET Standard Techniken erläutert, die einer sehr schnellen Entwicklungsfolge unterliegen. Mit anderen Worten heißt dies, dass ich hier nur den aktuellen Stand (April 2019) wiedergeben kann, der sich aller Voraussicht nach sehr schnell durch künftige Updates überholen wird. Sie müssen jetzt keine Angst haben, dass die Inhalte dieses Kapitels damit schnell wieder »obsolet« werden, sondern ganz im Gegenteil: Die Inhalte bleiben erhalten, werden allerdings ergänzt. Um es ein wenig überspitzt auszudrücken: Ich müsste im Grunde genommen dieses Kapitel jeden Monat überarbeiten und ergänzen.

18.1   Allgemeines

Als im Jahr 2002 die erste Version des .NET Frameworks veröffentlicht wurde, war die Welt für die meisten Entwickler noch sehr überschaubar: Man schrieb Anwendungen für eine bestimmte Zielplattform, beispielsweise für Windows, und dachte wenig über den Tellerrand hinaus. Bei der Anwendungsentwicklung wurden in der Regel Frameworks eingesetzt, die auf eine bestimmte Zielplattform hin optimiert waren. Das .NET Framework mit seiner *Base Class Library* (BCL) adressierte beispielsweise in hervorragender Weise die Windows-Welt. Mit der Einführung wurde .NET zwar von Microsoft als »plattformunabhängig« angepriesen, aber rückblickend betrachtet wurde das eher halbherzig umgesetzt. Nur das Mono-Projekt war eine alternative Implementierung des .NET Frameworks, mit dem .NET-Anwendungen unter Linux zum Laufen gebracht werden konnten.

Nur kurz nach dem .NET Framework wurde mit dem *.NET Compact Framework* eine weitere auf dem .NET Framework basierende Implementierung veröffentlicht. Mit dem .NET Compact Framework, das eine eigene Codebasis hatte, konnten Entwickler Anwendungen für kleinere Devices schreiben, insbesondere für Windows Phone. Der Erfolg von Windows Phone hielt sich immer in sehr überschaubaren Grenzen, denn mit Android und iOS etablierten sich andere Systeme weitaus erfolgreicher im schnell wachsenden mobilen Sektor. Im Hause von Microsoft selbst wurden mit der UWP (Universal Windows Platform) und beispielsweise Silverlight weitere Plattformen geschaffen, die zwar auf .NET aufsetzten, aber eigene Bibliotheken benötigten.

13 Jahre nach der Veröffentlichung des klassischen .NET Frameworks stellte Microsoft *.NET Core* der Öffentlichkeit vor. Dabei handelte es sich um eine Neuentwicklung, die jedoch erst einen geringen Teil der Funktionalität des klassischen .NET Frameworks enthielt. Damit wurde von Microsoft bereits ein zweites .NET-Fundament geschaffen. Zudem hatte sich bereits Jahre zuvor mit *Xamarin* ein Framework zur Entwicklung von mobilen Anwendungen etabliert, dessen Grundlage ebenfalls .NET ist. Xamarin wurde inzwischen von Microsoft übernommen.

Rückblickend lässt sich sagen, dass das Umfeld der Softwareentwicklung in den letzten 10 bis 15 Jahren sehr heterogen geworden ist. Entwickler sehen sich oft mit der schwierigen Aufgabe konfrontiert, Code zu schreiben, der ohne Anpassungen auf mehreren Plattformen eingesetzt werden kann. Um die Entwickler besser zu unterstützen und natürlich auch im eigenen Interesse, sah sich Microsoft gezwungen, über eine Vereinheitlichung der Programmierung für alle .NET-basierten Anwendungen nachzudenken. Als Ergebnis wurde der *.NET Standard* geschaffen, um den Entwicklern eine einheitliche Codebasis zu ermöglichen.

18.2   Die drei Säulen von .NET

Um .NET-basierte Anwendungen für Windows, Linux, macOS, Android, iOS und weitere Umgebungen einheitlich bereitstellen zu können, müssen wir zuerst drei unterschiedliche Fundamente zu unterscheiden lernen:

- ▶ .NET Framework
- ▶ .NET Core
- ▶ Xamarin

Jeder der drei wartet mit eigenen, spezifischen Bibliotheken auf, um die Anforderungen abdecken zu können.

18.2.1   .NET Framework

Bisher haben wir uns in diesem Buch nur mit dem .NET Framework beschäftigt. Es wurde im Jahr 2002 veröffentlicht und dient dazu, Windows-basierte Anwendungen zu entwickeln. Sie können also Konsolenanwendungen, WinForm- und WPF-Anwendungen damit entwickeln. Auch ASP.NET sollte in diesem Zusammenhang erwähnt werden. Anwendungen, die auf das .NET Framework aufsetzen, sind folglich nicht direkt auf andere Systeme portierbar.

18.2.2   .NET Core

Im Mai 2014 wurde .NET Core unter dem Namen *Cloud-optimized .NET Framework* von Microsoft angekündigt und im Juni 2016 in der Version .NET Core 1.0 veröffentlicht. .NET Core ist Open Source (somit auch plattformneutral) und wird unter Koordination von Microsoft ständig weiterentwickelt. Man kann .NET Core mit Fug und Recht als eine Modernisierung des klassischen .NET Frameworks ansehen, da im Laufe der Jahre viele alte .NET-APIs durch neuere Implementierungen ersetzt worden sind. Das .NET Framework schleppt infolgedessen noch viel Ballast mit sich herum, der im Grunde genommen nicht mehr gebraucht wird oder nicht mehr verwendet werden sollte. .NET Core räumt damit auf und schafft ein neues, von »Altlasten« befreites Fundament, das darüber hinaus plattformneutral ist, da es von Linux und macOS unterstützt wird.

18

Was sich bis hierher sehr positiv anhört, bekommt nun einen kleinen Dämpfer.

Bis heute (aktuell .NET Core 2.1, Stand April 2019) dient .NET Core nur zum Erstellen von Konsolenanwendungen und Webseiten mit ASP.NET Core. Ein GUI-Framework zum Erstellen einer Desktop-Anwendung fehlt in dieser Version noch vollständig.

Die Liste der APIs, die .NET Core anbietet, ist definitiv noch lückenhaft und somit auch unvollständig. Auch wenn .NET Core 2.0 einen großen Sprung nach vorn gemacht hat, können immer noch nicht alle Wünsche und Anforderungen der Entwickler abgedeckt werden.

.NET Core 3.0 (Preview)

Im Rahmen des Themas .NET Core sollten wir an dieser Stelle einen Blick auf die zukünftige Versionsnummer 3.0 werfen. Ursprünglich war geplant, .NET Core 3.0 zusammen mit Visual Studio 2019 zu veröffentlichen. Von diesem Vorhaben ist Microsoft inzwischen abgerückt und datiert die Veröffentlichung auf die zweite Hälfte 2019. Immerhin lässt sich derzeit ein Preview installieren, um einen ersten Einblick in .NET Core 3.0 zu erhalten.

> **Anmerkung**
>
> Je nachdem, wann Sie dieses Buch erworben haben, bleibt es Ihnen möglicherweise erspart, die Preview-Version von .NET Core 3.0 zu installieren, um dessen Fähigkeiten zu testen. Im Laufe des Jahres 2019 wird ein Update von Visual Studio 2019 das Release von .NET Core 3.0 automatisch installieren.

Das vielleicht Erstaunlichste an .NET Core 3.0 ist, das nun auch WinForm-Anwendungen und die Windows Presentation Foundation (WPF) unterstützt werden. Vielleicht war das aber auch zu erwarten, da sich .NET Core immer weiter dem Level des .NET Frameworks angenähert hat.

Zumindest in der Preview-Version gibt es momentan keinen Designer – weder für die WinForms noch für die WPF. Das macht eine ernsthafte Entwicklung nahezu unmöglich, weil wir kein Instrument haben, um die Gestaltung des Layouts eines Fensters zur Entwicklungszeit visuell zu verfolgen. Wir können aber damit rechnen, dass das in naher Zukunft nachgeholt wird.

Einen Wermutstropfen kann ich Ihnen jetzt aber nicht ersparen: Wenn Sie der Meinung sind, Sie könnten nunmehr für Linux und Mac Benutzeroberflächen gestalten, liegen Sie falsch: .NET Core-Projekte, die auf der WinForm-API oder der WPF basieren, sind immer noch nur unter Windows lauffähig. Dennoch sollten Sie sich überlegen, Ihre Desktop-Projekte zukünftig als .NET Core-Anwendungen zu starten, denn .NET Core ist zumindest performanceoptimiert, und mittelfristig werden Sie um .NET Core keinen Bogen mehr machen können.

18.2.3 Xamarin

Eine weitere, wichtige .NET-Plattform wird durch Xamarin beschrieben. Xamarin unterstützt die Entwicklung von mobilen Cross-Plattform-Anwendungen. Ursprünglich wurde die gleichnamige Firma von den Mono-Entwicklern gegründet und basiert deshalb auch nicht unerwartet auf Mono. Xamarin unterstützt neben Windows Phone auch Android und iOS und ist seit 2016 eine Tochtergesellschaft von Microsoft. So ist es nicht verwunderlich, dass Xamarin in Visual Studio integriert ist.

18.3 .NET Standard

Zusammenfassend betrachtet baut .NET also auf drei Säulen auf: .NET Framework, .NET Core und Xamarin. Das Fundament dieser drei Plattformen bildet jeweils eine eigene, plattformspezifische Bibliothek. In Abbildung 18.1 sind dies die Base Class Library (BCL) für das klassische .NET Framework, die Core Library für .NET Core und die Mono Class Library für Xamarin. Betrachtet man rückblickend den Trend der letzten Jahre, kommt einem auch schnell der Gedanke, dass sich zukünftig zu den drei Säulen noch weitere gesellen könnten.

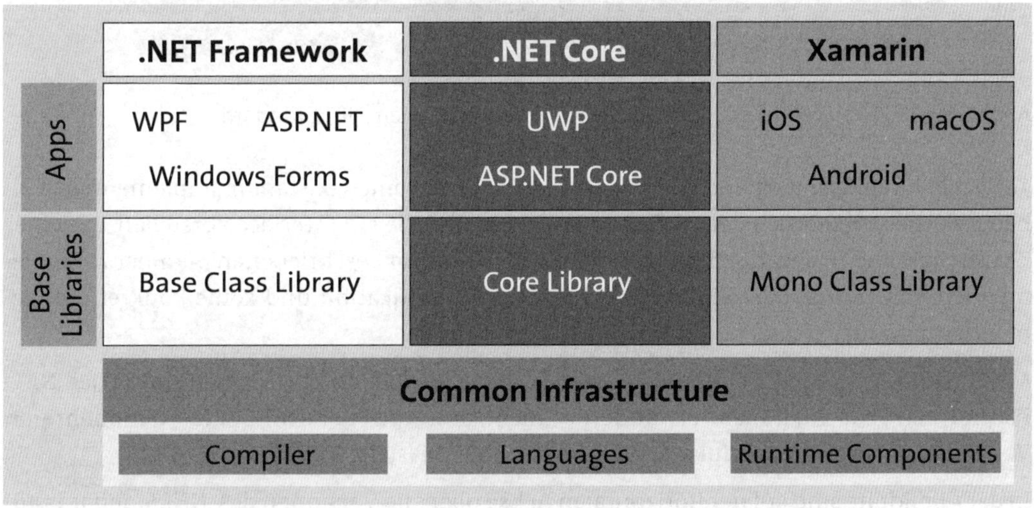

.NET Framework	.NET Core	Xamarin
Apps WPF ASP.NET Windows Forms	UWP ASP.NET Core	iOS macOS Android
Base Libraries Base Class Library	Core Library	Mono Class Library
Common Infrastructure		
Compiler	Languages	Runtime Components

Abbildung 18.1 Die .NET-Welt mit drei verschiedenen Basisbibliotheken

Für sich allein betrachtet bilden das .NET Framework, .NET Core und Xamarin in sich geschlossene Einheiten, die auf eine gemeinsame Infrastruktur aufsetzen, die durch den Compiler, gemeinsame Sprachen und die Laufzeitkomponenten beschrieben wird.

Versetzen wir uns nun in die Lage eines Entwicklers, der Code in Form von Klassenbibliotheken für alle drei Säulen bereitstellen soll. Weil jede der drei Säulen auf eine spezifische Klassenbibliothek aufsetzt und es keine einheitliche Bibliothek gibt, muss sich dieser Entwickler mit dem .NET Framework, .NET Core und Xamarin vertraut machen. Auf vorhandene Kenntnisse kann er bei einem Plattformwechsel nur bedingt aufbauen. Der Codewiederverwendbarkeit sind zudem enge Grenzen gesetzt, denn das würde bedeuten, den kleinsten gemeinsamen Nenner der drei Plattformen zu finden. Wahrscheinlich wären drei verschiedene DLLs notwendig.

Zur Lösung dieser Problematik wurde von Microsoft der .NET Standard eingeführt. Der .NET Standard ersetzt die drei Basisbibliotheken aus Abbildung 18.1 und definiert eine neue Basisbibliothek, auf die alle Plattformen aufsetzen. Für die Entwickler bedeutet dies, dass der .NET Standard zunächst einmal von jeder Plattform genutzt werden kann.

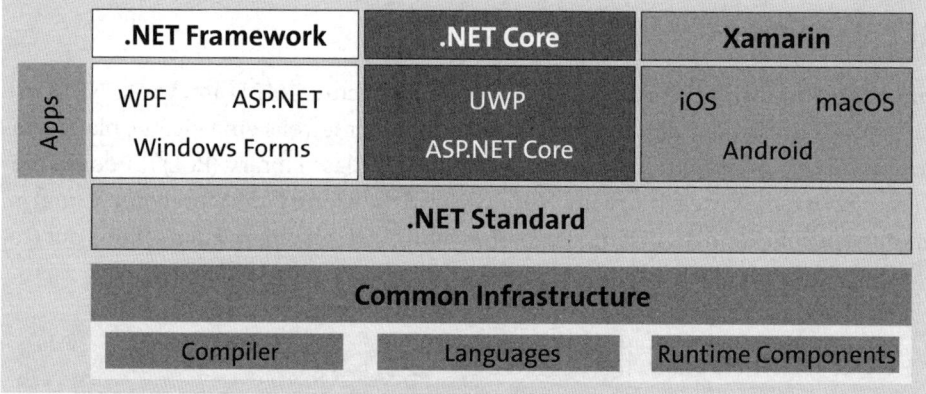

Abbildung 18.2 Basis-Klassenbibliothek beschrieben durch den .NET Standard

Tatsächlich repräsentiert der .NET Standard allerdings keine vollständig implementierte Bibliothek. Sie müssen sich den .NET Standard vielmehr wie ein Interface vorstellen, das einer Klasse vorschreibt, alle innerhalb der Interface-Definition beschriebenen Member zu implementieren. Somit ist der .NET Standard nur eine Spezifikation und keine konkrete Implementierung.

Mit Einführung von .NET wurde auch an die unterschiedlichen Versionsnummern der .NET-Plattformen gedacht. Daher verwundert es nicht, dass auch der .NET Standard in mehreren Versionen vorliegt, die modular aufeinander aufbauen (siehe Abbildung 18.3).

In der Abbildung sind auf der horizontalen Achse oben die Versionen des .NET Standards angegeben, auf der vertikalen Achse die verschiedenen .NET-Plattformen. Stand April 2019 haben wir es mit den Versionen 1.0 bis 1.6 sowie 2.0 und 2.1 zu tun. Das Fundament bildet der .NET Standard 1.0, in dem die elementarsten APIs vorgeschrieben werden. Dazu gehört auch der der Namespace System, der die wichtigsten Klassen, Schnittstellen, Attribute usw. enthält. Sie sollten allerdings nicht glauben, dass der .NET Standard-Namespace System identisch ist mit dem in der *mscorlib.dll*. Tatsächlich ist nur ein Teil der Typdefinitionen vertreten, nämlich genau diejenigen, die den kleinsten gemeinsamen Nenner beschreiben. Sollten Sie sich für mehr Details interessieren, informieren Sie sich unter dem folgenden Link:

https://github.com/dotnet/standard/blob/master/docs/versions/netstandard1.0.md

		.NET Standard								
		1.0	1.1	1.2	1.3	1.4	1.5	1.6	2.0	2.1
.NET Plattformen	.NET Core	1.0	1.0	1.0	1.0	1.0	1.0	1.0	2.0	3.0
	.NET Framework	4.5	4.5	4.5.1	4.6	4.6.1	4.6.1	4.6.1	4.6.1	N/A
	Mono	4.6	4.6	4.6	4.6	4.6	4.6	4.6	5.4	6.2
	MonoXamarin.iOS	10.0	10.0	10.0	10.0	10.0	10.0	10.0	10.14	12.12
	Xamarin.Mac	3.0	3.0	3.0	3.0	3.0	3.0	3.0	3.8	5.12
	Xamarin.Android	7.0	7.0	7.0	7.0	7.0	7.0	7.0	8.0	9.3
	Unity	2018.1	2018.1	2018.1	2018.1	2018.1	2018.1	2018.1	2018.1	
	Universal Window Platform	8.0	8.0	8.1	10.0	10.0	10.0.16299	10.0.16299	10.0.16299	
	Windows	8.0	8.0	8.1						
	Windows Phone	8.1	8.1	8.1						
	Windows Phone Silverlight	8.0								

Abbildung 18.3 Die .NET Standard-Versionen und die unterstützten .NET-Plattformen

.NET Standard 1.1 baut additiv auf die Version 1.0 auf. Das heißt, alles, was .NET Standard 1.0 vorschreibt, ist auch in 1.1 enthalten und wird um weitere APIs ergänzt. Das gilt auch für alle folgenden Versionen. Der bisher größte Sprung erfolgte mit der Version 2.0, die anderen waren vergleichsweise bescheiden.

Sehen wir uns nun die Zuordnung zu den einzelnen Plattformen am Beispiel von .NET Standard 1.3 an. Entwickeln Sie eine Klassenbibliothek auf dieser Basis, kann die Bibliothek zum Beispiel von einer .NET Core 1.0-Anwendung benutzt werden oder von einer .NET Framework 4.6-Anwendung. Eine niedrigere .NET Framework-Version, zum Beispiel .NET Framework 4.5, ist nicht möglich, weil .NET Standard 1.3 erst bei .NET Framework 4.6 beginnt. Man kann also davon ausgehen, dass im .NET Framework 4.5.1 APIs enthalten sind, die nicht Bestandteil von .NET Standards 1.3 sind.

Stehen für eine .NET-Plattform einer bestimmten Version mehrere Standards zur Auswahl (z. B. .NET Framework 4.6.1), sollten Sie nach Möglichkeit die höchste angebotene Version des .NET Standards verwenden, um den damit verbundenen erweiterten Funktionsumfang nutzen zu können. Gegen dieses Prinzip könnte andererseits sprechen, wenn eine andere .NET-Zielplattfom, die ebenfalls abgedeckt werden soll, nicht den erforderlichen .NET Standard unterstützt.

Was bedeutet das nun in der Praxis? Grundsätzlich ist festzustellen: Je höher die gewählte Version des .NET Standards ist, desto mehr APIs stehen zur Verfügung. Andererseits verringert sich aber auch die Anzahl der unterstützten .NET-Plattformen. Im Zweifelsfall muss also genau abgewogen werden, welche Prioritäten gesetzt werden sollen – mehr gemeinsame Funktionalitäten und dafür eine weniger breite Plattformunterstützung oder mehr .NET-Plattformen mit weniger gemeinsamen Funktionalitäten.

Der .NET Standard ist eine Spezifikation, die mit Interfaces verglichen werden kann. Zur besseren Veranschaulichung sehen Sie sich bitte das folgende »Listing« an, das die Situation

18

widerspiegelt. Fairerweise muss man natürlich sagen, dass die Fakten in Realität wesentlich komplizierter sind, weil der .NET Standard Klassen und deren Member beschreibt; aber das Prinzip bleibt gleich.

```csharp
interface INetStandard_10 { /* Methoden */ }
interface INetStandard_11 : INetStandard_10 { /* mehr Methoden */ }
interface INetStandard_12 : INetStandard_11 { /* mehr Methoden */ }
interface INetStandard_13 : INetStandard_12 { /* mehr Methoden */ }
interface INetStandard_14 : INetStandard_13 { /* mehr Methoden */ }
interface INetStandard_15 : INetStandard_14 { /* mehr Methoden */ }
interface INetStandard_16 : INetStandard_15 { /* mehr Methoden */ }
interface INetStandard_20 : INetStandard_16 { /* mehr Methoden */ }
// .NET Core Platform
class DotnetCore_10 : INetStandard_16 { /* ... */ }
class DotnetCore_20 : DotnetCore_10, INetStandard_20 { /* ... */ }
// .NET Framework Platform
class DotnetFramework_45 : INetStandard_11 { /* ... */ }
class DotnetFramework_451 : DotnetFramework_45, INetStandard_12 { /* ... */ }
class DotnetFramework_46 : DotnetFramework_451, INetStandard_13 { /* ... */ }
class DotnetFramework_461 : DotnetFramework_46, INetStandard_20 { /* ... */ }
// Mono Platform
class Mono_46 : INetStandard_16 { /* ... */ }
class Mono_54 : Mono_46, INetStandard_20 { /* ... */ }
// usw. ...
```

18.3.1 Beispiel mit .NET Standard

Nachdem wir uns mit der Theorie auseinandergesetzt haben, wollen wir uns alles an einem praktischen Beispiel ansehen. Dazu starten wir ein neues Projekt und achten darauf, dass wir eine Bibliothek erstellen auf Basis des .NET Standards.

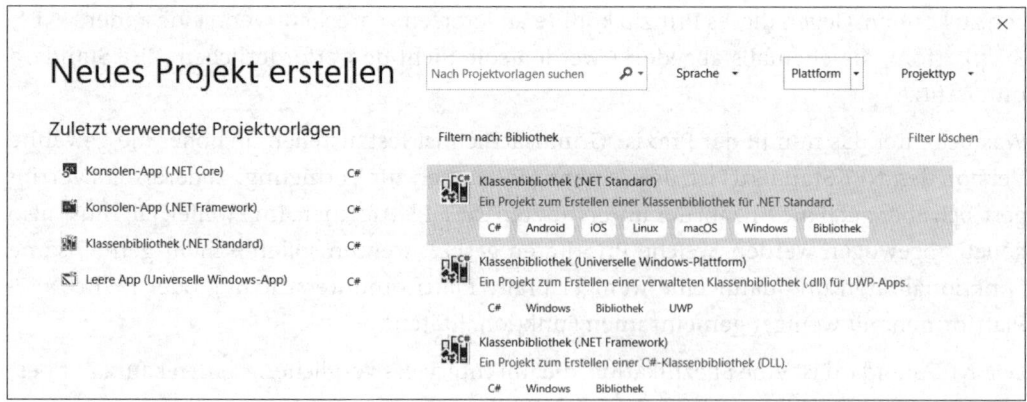

Abbildung 18.4 Erstellen einer .NET Standard-Klassenbibliothek

Nachdem wir die richtige Projektschablone ausgewählt und auf die Schaltfläche WEITER geklickt haben, legen wir den Projektnamen und den Speicherort des Projekts fest. In unserem Fall soll das Projekt *NetStandardLibrary* heißen. Danach erstellen wir das Projekt in Visual Studio.

Im Projektmappen-Explorer fällt sofort auf, dass die Projektstruktur sich von der einer .NET Framework-Anwendung unterscheidet. Wir finden keine *App.config*-Datei, und auch die beiden Knoten VERWEISE und PROJEKT sind nicht mehr enthalten. Stattdessen sehen wir den Knoten ABHÄNGIGKEITEN, der die Bibliotheken angibt, die entsprechend der Vorauswahl der .NET Standard-Version zur Verfügung stehen.

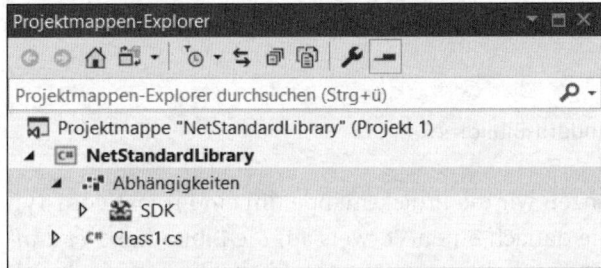

Abbildung 18.5 Projektordner eines .NET Standard-Klassenbibliotheksprojekts

Wenn Sie wissen möchten, welche .NET Standard-Version aktuell eingestellt ist oder diese ändern wollen, öffnen Sie das Projekteigenschaftsfenster. Dieses ist über das Kontextmenü des .NET Standard-Projekts zu erreichen, indem Sie EIGENSCHAFTEN wählen. In Abbildung 18.6 ist .NET STANDARD 2.0 zu sehen.

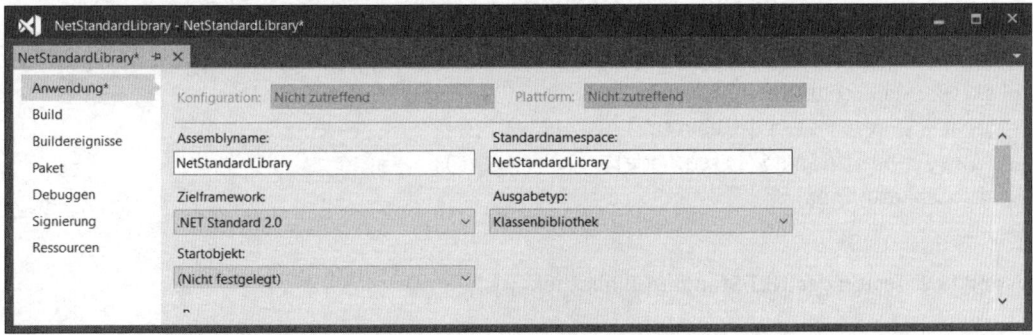

Abbildung 18.6 Änderung der .NET Standard-Version

Für unseren Test sollten wir das in die Versionsnummer 1.3 ändern. Anschließend schreiben wir den folgenden Programmcode:

```csharp
public static class Process
{
  private static List<Person> list = new List<Person>();
```

```
  public static List<Person> GetPersons()
  {
    list.Add(new Person { Name = "Klaus", Age = 34 });
    list.Add(new Person { Name = "Helmut", Age = 57 });
    list.Add(new Person { Name = "Petra", Age = 28 });
    return list;
  }
}
public class Person
{
  public string Name { get; set; }
  public int Age { get; set; }
}
```

Listing 18.1 Programmcode in der .NET Standard-Bibliothek

Nun wollen wir Code testen. Dazu ergänzen wir die Projektmappe um ein Projekt vom Typ .NET Framework, Version 4.6.1. Legen Sie danach einen Verweis auf die Bibliothek *NetStandardLibrary* an, die wir eben erstellt haben. Danach geben wir noch den Namespace der Bibliothek mit

```
using NetStandardLibrary;
```

bekannt.

Jetzt wollen wir uns davon überzeugen, ob wir tatsächlich den Code nutzen können. Daher codieren wir die Methode Main wie folgt:

```
static void Main(string[] args)
{
  List<Person> content = Process.GetPersons();
  foreach (Person item in content)
    Console.WriteLine($"{item.Name}, {item.Age}");
  Console.ReadLine();
}
```

Listing 18.2 Testen der .NET Standard-Bibliothek

Die Konsolenanwendung wird problemlos starten.

Starten wir nun einen anderen Versuch und stellen in der .NET Framework-Konsolenanwendung die Version 4.5 für .NET Framework ein. Gemäß Abbildung 18.3 sollte das nicht funktionieren, da .NET Standard 1.3 erst das .NET Framework ab Version 4.6.1, nicht aber die Version 4.5 unterstützt. Tatsächlich werden Sie feststellen, dass die Aussage richtig ist.

18.4   Portieren von .NET Framework nach .NET Standard

In der Vergangenheit wurde fast alle .NET-DLLs auf Basis des .NET Frameworks erstellt und kompiliert. Damit können diese Bibliotheken auch nicht von anderen .NET-Plattformen benutzt werden. Die Idee liegt aber nahe, die vorhandenen DLLs auf .NET Standard zu portieren, um sie breit einsetzen zu können.

Grundsätzlich ist das natürlich möglich. Dabei stellt sich natürlich zuerst die Frage, ob eine vorhandene Bibliothek auch einem .NET Standard entspricht und welcher Version. Bei der Beantwortung dieser Frage hilft uns das Tool *.NET Portability Analyser* weiter, das wir von der Seite

https://docs.microsoft.com/de-de/dotnet/standard/analyzers/portability-analyzer

downloaden und installieren müssen. Das Tool erstellt am Ende einen Report (z. B. in Excel), aus dem hervorgeht, welche .NET-Plattformen beziehungsweise welche .NET Standards auf dem Code in der DLL angewendet werden können. Das Tool selbst migriert allerdings nicht, es liefert nur eine Hilfestellung. Das Migrieren müssen Sie manuell erledigen.

Nach der Installation finden Sie das Tool unter dem Menüpunkt ANALYSIEREN in Visual Studio. Bevor Sie es starten, sollten Sie festlegen, welche Zielplattformen für Sie von Interesse sind. Einen entsprechenden Dialog zur Auswahl finden Sie entweder unter dem Menü ANALYSIEREN, oder Sie öffnen den Dialog OPTIONEN unter EXTRAS • OPTIONEN.

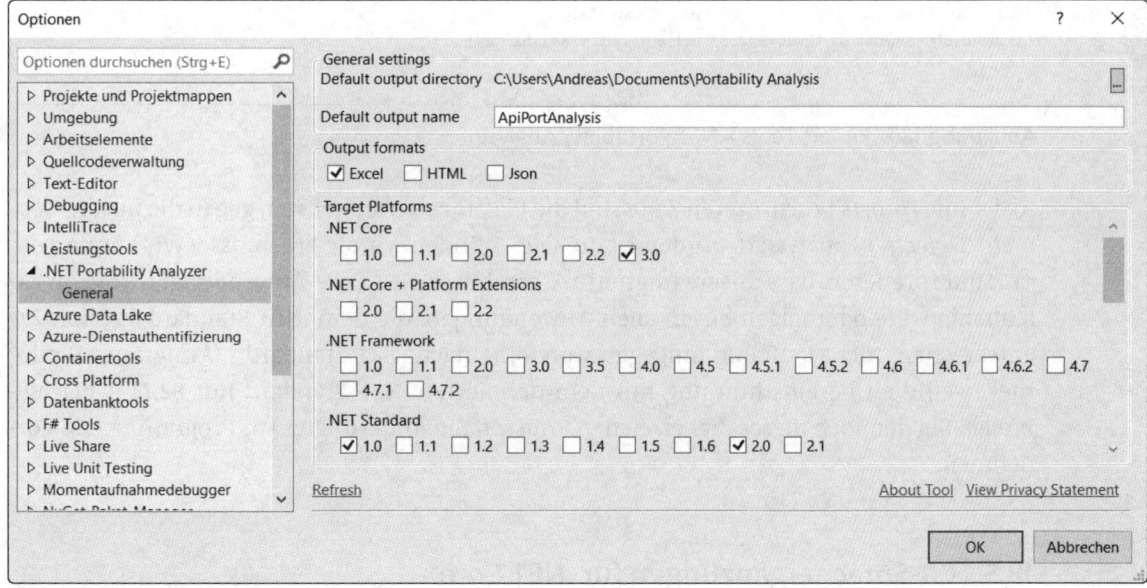

Abbildung 18.7 Einstellungen des Tools ».NET Portability Analyser«

Nachdem Sie die Zielplattformen ausgewählt haben, können Sie das Tool *.NET Portability Analyser* öffnen. In dem sich öffnenden Dialog geben Sie die DLL an, die gemäß den Einstellungen untersucht werden soll. Zu Beispielzwecken nehmen wir an dieser Stelle das Projekt *GeometricObjects*, das zuvor als Klassenbibliothek kompiliert worden ist. Es öffnet sich ein neues Fenster, in dem auch alle bereits vorher generierten Reporte aufgelistet sind. Öffnen Sie den Report durch Klicken auf die entsprechende Schaltfläche.

Hinweis

Um aus einer Konsolenanwendung eine Klassenbibliothek zu machen, sind nur wenige Momente zu investieren: Öffnen Sie das Projekteigenschaftsfenster, und wählen Sie links die Lasche ANWENDUNG aus. Im rechten Bereich des Fensters stellen Sie den AUSGABETYP auf KLASSENBIBLIOTHEK ein.

Wenn Sie sich bei den Einstellungen für einen Excel-Report entschieden haben, könnte der Report wie in Abbildung 18.8 gezeigt aussehen. Grundlage des Reports sind die Einstellungen aus Abbildung 18.7.

	A	B	C	D	E
1	Submission Id	d55cb635-7d40-4040-9b82-a634740a4e0d			
2	Description				
3	Targets	.NET Core,.NET Standard,Version=v1.0,.NET Standard,Version=v2.0			
4					
5	Header for assembly name entries ▼	Target Framework ▼	.NET Core ▼	.NET Standard ▼	.NET Standard ▼
6	GeometricObjectsSolution_11	.NETFramework,Version=v4.6.1	100	82,73	100
7					
8	API Catalog last updated on	Dienstag, 5. März 2019			
9	See 'http://go.microsoft.com/fwlink/?LinkId=397652' to learn how to read this table				
10					
11					

Abbildung 18.8 Report Tools ».NET Portability Analyser«

In der mit *Targets* beschrifteten Zeile sind die Plattformen aufgelistet, gegen die unsere *GeometricObjects.dll* analysiert worden ist. In Zeile 6 finden wir die Ergebnisse. Wir können daraus interpretieren, dass unsere migrierte Assembly in .NET Core-Anwendungen Version 2.0 lauffähig wäre oder allgemein in allen Anwendungen, die dem .NET Standard Version 2.0 entsprechen. Nicht lauffähig hingegen wäre eine nach .NET Standard 1.0 migrierte Bibliothek, weil die Übereinstimmung mit dem definierten .NET Standard nur 82,73 % beträgt. Wollen Sie dennoch dieses Ziel erreichen, müssen Sie Änderungen am Programmcode vornehmen.

18.5   C#-Sprachergänzungen für .NET Core

Bei der Entwicklung von C# 8.0 hatte das Microsoft-Entwicklerteam besonders .NET Core 3.0 und .NET Standard 2.1 im Auge. Daraus resultiert, dass ein paar der neuen Features nur mit .NET Core 3.0 arbeiten, aber nicht mit dem .NET Framework.

Wir wollen uns in diesem Abschnitt die C# 8.0-Features ansehen, die nicht unter dem .NET Framework eingesetzt werden können. Es handelt sich um Spracherweiterungen, denen die beiden Klassen Range und Index zugrunde liegen.

Range und Index sind im Namespace System definiert, der bekanntlich auch im .NET Framework definiert ist. .NET Core 3.0 erweitert demnach diesen Namespace, woraus wir ganz allgemein schließen können, dass es trotz gleichnamiger Namespaces Abweichungen in .NET Core 3.0 und .NET Framework gibt.

18.5.1   Die Struktur »System.Range«

Lassen Sie uns mit einem Beispiel starten, in dem ein String-Array definiert ist. In einer Schleife wird das Array durchlaufen, so dass nur die ersten drei Elemente erfasst werden.

```
static void Main(string[] args)
{
  var itemArray = new string[]
  {
    "Item0", "Item1", "Item2", "Item3", "Item4", "Item5"
  };
  for (int i = 0; i < 3; i++)
    Console.WriteLine(itemArray[i]);
}
```

Listing 18.3 Ausgangspunkt für die folgenden Codefragmente

Es wird nicht überraschen, dass die Zeichenfolgen Item0, Item1 und Item2 in die Konsole geschrieben werden.

Die neuen Sprachfeatures von C# 8.0 erlauben es uns nun auch, den auszugebenden Bereich mit Hilfe eines Indexbereichs anzugeben:

```
[...]
foreach (var item in itemArray[0..3])
  Console.WriteLine(item);
```

Auch hier erhalten wir eine identische Ausgabe. Bei der syntaktischen Notation mit x..y sollten Sie aber beachten, dass der Startindex des Bereichs (hier: 0) in der Ausgabe erscheint, während der Endindex (hier: 4) nicht mehr zum Ausgabebereich gehört.

Bereiche können auch anders beschrieben werden. Möchten Sie beispielsweise alle Elemente ab dem Element mit dem Index 3 erfassen, können Sie den Bereich wie folgt angeben:

```
foreach (var item in itemArray[3..])
  Console.WriteLine(item);
```

18

In die Konsole wird Item3, Item4 und Item5 geschrieben. Das letzte Element gehört in diesem Fall also zur Ergebnismenge.

Sehr ähnlich ist ein Bereich zu formulieren, der die ersten drei Elemente – Item0, Item1 und Item2 – einbezieht:

```
foreach (var item in itemArray[..3])
  Console.WriteLine(item);
```

Auch hier bezieht sich der letzte angeführte Index, hier die 3, auf das erste Element, was durch die Bereichsangabe ausgeschlossen wird.

Der Operator »^«

Um einen bestimmten Bereich zu definieren, können Sie auch den ^-Operator benutzen. Ich möchte diesen zuvor an einem Beispiel zeigen.

```
foreach (var item in itemArray[1..^2])
  Console.WriteLine(item);
```

Diese Schleife liefert uns die Zeichenfolgen Item1, Item2 und Item3. Dass der Bereichsanfang mit dem Array-Element an Indexposition 1 beginnt, dürfte aus den Beispielen zuvor verständlich sein. Mit dem ^-Operator wird die Indizierung mit dem letzten Element (hier Item5) begonnen, dem der Index 0 zugeordnet wird. Das Element Item4 bekommt den Index 1, Item3 den Index 2 usw.

Sie können den Ausdruck ^2 damit so interpretieren, dass die beiden letzten Elemente des Arrays nicht in die Bereichsmenge einbezogen werden.

Sie können den ^-Operator auch allein verwenden. Mit

```
var item = itemArray[^1];
```

erhalten Sie das letzte Element des Arrays, mit

```
var item = itemArray[^2];
```

das vorletzte.

Der Typ »Range«

Hinter den vorgenannten Bereichsdefinitionen verbirgt sich die Struktur System.Range, die allerdings nur unter .NET Core 3.0 bzw. .NET Standard 2.1 zur Verfügung steht. Wir können eine Bereichsdefinition direkt einem Range-Objekt zuordnen und dann die Range-Referenz in unserem Code nutzen, z. B.:

```
Range range = 1..3;
  foreach (var item in itemArray[range])
    Console.WriteLine(item);
```

Diese Art der Bereichsdefinition bietet sich besonders an, wenn wir sie mehrfach benutzen oder einer Methode als Parameter übergeben wollen.

18.5.2   Die Struktur »System.Index«

Die Struktur System.Index ist der zweite neu eingeführte Typ in C# 8.0. System.Range baut auf System.Index auf, denn im Bereich von x..y sind x und y vom Typ System.Index. Bezogen auf das in Listing 18.3 erzeugte Array können wir auch über Indizes einen Bereich definieren, z. B.:

```
Index startIndex = 1;
Index endIndex = 3;
foreach (var item in itemArray[startIndex..endIndex])
  Console.WriteLine(item);
```

Es werden damit die Zeichenfolgen Item1 und Item2 ausgegeben, da startIndex den ersten Index aus dem Array angibt, der im ausgewählten Bereich auftritt, und endIndex den Index des ersten Elements, das nicht mehr dem Bereich angehört.

18

Kapitel 19
Einführung in das Entity Framework

Mit dem Visual Studio 2008 Service Pack 1 wurde die erste Version des Entity Frameworks als neue Plattform für den Datenzugriff veröffentlicht. Das Entity Framework trat damit in Konkurrenz zum klassischen ADO.NET, das bereits mit dem ersten Release von .NET im Jahr 2002 veröffentlicht worden war. Das Entity Framework kann man als Aufsatz auf ADO.NET verstehen, der die Differenzen zwischen der objektorientierten Programmierung und den relationalen Datenbanken adressiert.

Das Entity Framework hat eine recht bewegte Geschichte hinter sich. Die erste Version war eigentlich nicht mehr als eine Beta-Version der elementarsten Grundlagen, sie war voller Fehler, Unstimmigkeiten und unvollständig. Erst mit .NET Framework 4 änderte sich das. Neben vielen notwendigen Verbesserungen war gleichzeitig zum ersten Mal der Model-First-Ansatz verfügbar, der es gestattete, ein Modell gegen eine noch nicht existierende Datenbank zu entwerfen. Diese Version des Entity Frameworks wird auch als *EF 4.0* bezeichnet.

Schon mit EF 4.1 kam es zu einer weiteren Verbesserung: Es wurden die *DbContext API* und der Code-First-Ansatz eingeführt. Die DbContext API sollte das relativ komplexe und aufwendige Modell von EF 4 ersetzen. Es folgten noch EF 4.3, EF 5.0 und EF 6.0 – jeweils immer mit weiteren Verbesserungen und Ergänzungen. Stellvertretend seien an dieser Stelle die Unterstützung von Enumerationen genannt und insbesondere die Performanceverbesserungen ab EF 5.0. Ab EF 6.0 wird nur noch die DbContext API unterstützt und der alte Ansatz EF 4 als eher zweitrangig angesehen. Heutzutage wird EF 4 in den Entwicklungsabteilungen kaum noch verwendet.

19.1 Das Entity Framework im Überblick

Lassen Sie uns zu Beginn einen Blick auf das klassische ADO.NET werfen und diese Technologie kritisch betrachten. In einer Datenbank werden die Daten üblicherweise in Form von *Datensätzen* in Tabellen gespeichert. Häufig wird der Begriff Datensatz auch durch den Begriff *Datenzeile* ersetzt, aber beide beschreiben dasselbe. Jede Datenzeile setzt sich aus mehreren Feldern zusammen, die auch *Spalten* genannt werden. Dieses tabellenartige Format wurde von vielen APIs übernommen, um Daten in Anwendungen verfügbar zu machen. Nicht anders ist auch ADO.NET konzeptioniert.

DataSet und DataReader sind in ADO.NET wichtige Typen, die Daten verfügbar machen. Der Einsatz dieser beiden Klassen ist mit wenigen Zeilen Programmcode relativ einfach umzusetzen. Allerdings bestimmt die Datenbank, wie die Daten in der Anwendung strukturiert werden. Eine Änderung der Datenbank kann sich deshalb katastrophal auf die Anwendung auswirken.

In ADO.NET wird ein Datensatz durch ein Objekt vom Typ DataRow beschrieben. Um eine einzelne Zelle innerhalb einer DataRow auszuwerten, wird aus Gründen der besseren Lesbarkeit des Programmcodes häufig mit dem Bezeichner der Spalte gearbeitet und nicht mit dem Index der Spalte, z. B.:

```
object content = ds.Tables[0].Rows["ProductName"];
```

In dieser Anweisung wird der Inhalt der Spalte *ProductName* abgefragt. Dazu wird der Spaltenbezeichner als Zeichenfolge angegeben, die im Code hoffentlich korrekt geschrieben wird, denn ansonsten wird die Anweisung beim Testen eine Ausnahme auslösen. Noch schlimmer wäre es, wenn sich nach dem Verteilen der Anwendung der Spaltenbezeichner ändert – eine Situation, die häufiger auftritt, als Sie vielleicht erwarten. Die Folge wird bestenfalls sein, dass die unweigerlich auftretende Ausnahme zwar behandelt wird, aber die Anwendung nicht mehr richtig funktioniert. Im schlimmsten Fall, wenn nämlich im entsprechenden Codeabschnitt keine Ausnahmebehandlung codiert ist, wird die Anwendung unweigerlich abstürzen.

Sehen Sie sich eine ähnliche Anweisung an, die den Inhalt der Spalte *UnitsInStock* der neunten Datenzeile auswertet:

```
int count = (int)ds.Tables[0].Rows[8]["UnitsInStock"];
```

Hier offenbart sich ein weiteres Problem: Der Rückgabewert des Inhalts einer Zelle ist immer vom Typ Object. Sie müssen die Rückgabe entsprechend konvertieren, hier in einen Integer. Ein Integer ist jedoch ein Wertetyp, und die Konvertierung eines Wertetyps in einen Referenztyp (oder umgekehrt) geht grundsätzlich zu Lasten der Performance, da sich dabei Vorgänge abspielen, die als *Boxing* und *Unboxing* bekannt sind.

Bohren wir ADO.NET weiter auf, und betrachten wir den Typ DataSet nun detaillierter. Ein DataSet beschreibt die im lokalen Datencache enthaltenen Daten. Jede Instanz des DataSet-Objekts enthält eine oder mehrere DataTable-Objekte. Diese wiederum beschreiben eine mehr oder weniger große Anzahl von DataRow-Objekten und natürlich, nicht zu vergessen, die Spalten vom Typ DataColumn. Die Spalten unterstützen die Versionierung der Datenzeile, enthalten also neben den aktuellen auch die von der Datenbank bezogenen Originalwerte. Das ist notwendig, um später die Datenzeile nach bestimmten Vorgaben aktualisieren zu können. Hinzu kommen die Beziehungen zwischen den Tabellen, die als Objekte vom Typ DataRelation innerhalb des DataSet-Objekts verwaltet werden.

Obwohl in manchen Fällen viele der genannten Features nicht genutzt werden, erzeugt das DataSet intern zumindest leere Collections. Häufig werden die Daten auch nur zum Lesen angeboten und können nicht verändert werden. In diesem Fall ist die Versionierung der Datenzeilen innerhalb einer `DataTable` ohne Wert.

Das alles sind Argumente, die gegen ADO.NET sprechen. Insbesondere dass die Daten nicht typisiert sind, ist heutzutage nicht mehr Stand der Softwareentwicklung. Vielleicht halten Sie die Argumente gegen ADO.NET für übertrieben. Schließlich wurden in der Vergangenheit unzählige Anwendungen auf Basis von ADO.NET entwickelt und verrichten ihre Dienste auch nach Jahren noch völlig ohne Probleme. Das wird mit Sicherheit auch noch in Zukunft so sein, man sollte aber auch nicht auf der Stelle verharren, denn Stillstand bedeutet gleichzeitig einen Rückschritt. Entwickler sind immer bestrebt, besseren und gut wartbaren Code zu schreiben. Hier sind durch ADO.NET Grenzen vorgegeben, die erst durch den konsequenten Einsatz der objektbasierten Programmierung durchbrochen werden können. Genau an dieser Stelle betritt das Entity Framework die Bühne.

Am Anfang hat sich das Entity Framework auch nicht sofort mit Ruhm bekleckert. Das lässt sich sehr einfach durch die schnelle Abfolge immer neuer Versionen aufzeigen, wie ich weiter oben schon beschrieben habe. Im Mittelpunkt der ersten Version EF 4 stand die Klasse `ObjectContext`. Es stellte sich schnell heraus, dass diese für die meisten Szenarien zu komplex war und die Entwickler die Möglichkeiten nur zu einem Teil ausschöpften konnten. Das Entity-Framework-Entwicklerteam sah sich daher genötigt, eine einfacher zu programmierende API anzubieten, die als DbContext API ins Leben gerufen und erstmals mit .NET 4.1 veröffentlicht wurde.

So wie in EF 4 die Klasse `ObjectContext` die zentrale Schaltstation ist, übernimmt nun die Klasse `DbContext` diese Aufgabe. `DbContext` vereinfacht den Zugriff auf die am häufigsten gebrauchten Features. Die DbContext API setzt auf EF 4.0 auf und deckt die gebräuchlichsten Szenarien ab. Sie können sich daher die DbContext API wie einen Wrapper um EF 4 vorstellen, der den Datenbankzugriff deutlich vereinfachen soll. Anfangs musste die DbContext API als NuGet-Paket zusätzlich geladen werden, ab EF 5 war sie sofort verfügbar und EF 4 nur noch eine Alternative.

19.1.1   Die Organisation der Daten im Entity Framework

Mit ADO.NET werden die Daten in einen `DataReader` oder in ein `DataSet` eingelesen. Diese beiden Typen verwalten jedoch nur Tabellenstrukturen, die in einer Datenbank definiert sind, und stellen nichts anderes dar als untypisierte Container für untypisierte Daten. `DataReader` und `DataSet` gelten praktisch für jede beliebige Tabelle einer Datenbank gleichermaßen.

Im Gegensatz dazu programmieren Sie mit dem Entity Framework nicht gegen die Datenbank, sondern gegen ein Datenmodell, das vom Entity Framework in Form von Klassen bereitgestellt wird. Die Welt relationaler Datenbanken muss dazu auf das Datenmodell projiziert – man sagt auch *gemappt* – werden. Daher taucht im Zusammenhang mit dem Entity Framework auch immer der Begriff *ORM* auf. ORM ist die Abkürzung für *Object-Relational Mapping*.

Daten, die das Resultat einer Datenbankabfrage bilden, werden mit dem Entity Framework nicht mehr in allgemeingültige, tabellenähnliche Strukturen überführt, sondern an Objekte übergeben. Einfach gesprochen wird für jeden Datensatz aus der Ergebnismenge einer Datenbankabfrage ein neues Objekt erzeugt. Die Umsetzung einer Tabellenstruktur in Objekte und auch der umgekehrte Weg bei der Speicherung einer Änderung wird vom Entity Framework durchgeführt.

Das Bindeglied zwischen der Datenbank und der Anwendung wird durch das *Entity Data Model*, kurz EDM, beschrieben. Das EDM repräsentiert nicht nur das Datenmodell, das auch als *konzeptionelle Schicht* bezeichnet wird, sondern es enthält auch eine Beschreibung der Datenbankstruktur, der sogenannten *logischen Schicht*. Die logische Schicht und die konzeptionelle Schicht müssen miteinander in Beziehung stehen, damit die Daten aus einer Schicht auch den korrespondierenden Punkt der anderen Schicht finden. Für die Umsetzung ist die dritte Schicht im Entity Data Model verantwortlich, die im Deutschen auch als *Zuordnungsschicht* bezeichnet wird.

Das Entity Data Model (EDM) bildet den Kern des Entity Frameworks – es sei denn, Sie bevorzugen den Code-First-Ansatz (mehr dazu in Kapitel 21, »Entity Framework – Code First«). Sie arbeiten mit den Klassen, die von der konzeptionellen Schicht des EDM bereitgestellt werden. Das Entity Framework seinerseits sorgt dafür, dass die Verbindung zur Datenbank hergestellt wird, es generiert die SQL-Kommandos, um Daten abzufragen, führt die Abfrage aus und überführt die zurückgelieferten Daten in die entsprechenden Objekte. Darüber hinaus verfolgt das EDM alle Aktualisierungen und schreibt die Änderungen in die Datenbank.

19.2   Erstellen eines Entity Data Models (EDM)

Ehe wir uns weiter mit den Details beschäftigen, sollten wir an dieser Stelle zuerst unser erstes Entity Data Model erstellen und seine Struktur analysieren. Wir legen dazu als Erstes ein neues Projekt vom Typ einer Konsolenanwendung an.

Anmerkung

Als Grundlage aller Datenabfragen in diesem und dem nächsten Kapitel dient uns eine Datenbank, die bereits vor über 25 Jahren von Microsoft veröffentlicht wurde: *Northwind*. Sie ist nicht nur recht simpel, sondern auch verständlich und gut überschaubar aufgebaut. Das reicht vollkommen aus, denn wir wollen schließlich kein Datenbankdesign studieren, sondern nur auf Daten zugreifen. Die Datenbank können Sie aus dem Internet kostenlos herunterladen. Folgen Sie dazu dem folgenden Link:

http://www.microsoft.com/en-us/download/details.aspx?id=23654

> Sie erhalten dann die Datei *SQL2000SampleDb.msi*. Wenn Sie auf die Datei doppelt klicken, werden Sie durch einen Installationsprozess geführt, der das Verzeichnis *SQL Server 2000 Sample Databases* erzeugt und dort die entsprechenden Skriptdateien ablegt.

Wir wollen ein Entity Data Model erzeugen, das aus der Northwind-Datenbank die beiden Tabellen *Products* und *Categories* beschreibt. Dazu markieren Sie im Projektmappen-Explorer zuerst das Projekt und öffnen mit der rechten Maustaste das Kontextmenü. Wählen Sie hier HINZUFÜGEN • NEUES ELEMENT... Es öffnet sich ein Dialogfenster, in dem Sie die Vorlage ADO.NET ENTITY DATA MODEL auswählen (siehe Abbildung 19.1).

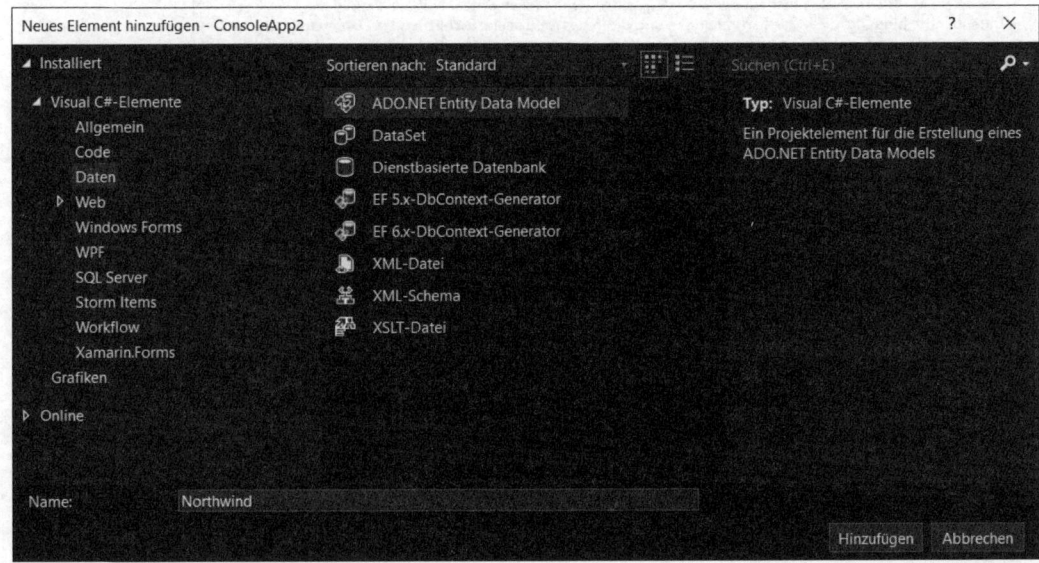

Abbildung 19.1 Hinzufügen des Entity Data Models

Hinweis

Es ist in den meisten Fällen sinnvoll, dem ADO.NET Entity Data Model den Namen der Datenbank zu geben; in der Abbildung also »Northwind«. Dieser Bezeichner wird als Präfix des Bezeichners der von DbContext abgeleiteten »Kernklasse« des Datenmodells verwendet. Er wird dann NorthwindEntities lauten.

Mit der Elementvorlage wird eine *.edmx*-Datei erzeugt, der Sie den Namen *Northwind* geben sollten. Nachdem Sie auf die Schaltfläche HINZUFÜGEN geklickt haben, öffnet sich sofort der in Abbildung 19.2 gezeigte Dialog.

Hier bieten sich mehrere Optionen an. Markieren Sie EF DESIGNER AUS DATENBANK, und klicken Sie anschließend die Schaltfläche WEITER.

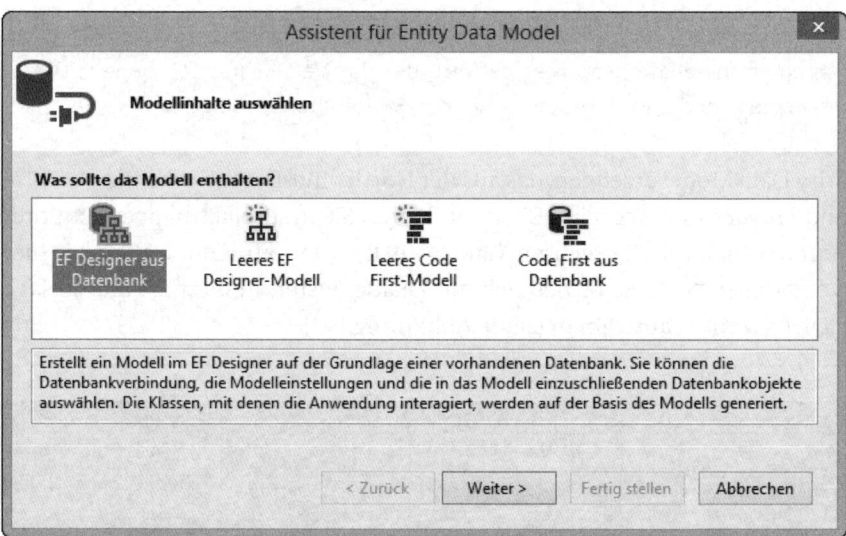

Abbildung 19.2 Auswählen des Entity Framework Models

Anmerkung

Die vier angebotenen Optionen und ihre Auswirkung auf das Arbeiten mit dem Entity Framework werde ich weiter unten noch beschreiben.

Nachdem Sie mit dem dann folgenden Assistenten die Verbindung zur Datenbank festgelegt haben, öffnet sich ein Dialog, der Sie zur Angabe der zu verwendenden Entity-Framework-Version auffordert. Zur Auswahl stehen Entity Framework 6.x und Entity Framework 5.0. Sie sollten sich hier für die Versionsnummer 6.x entscheiden.

Im letzten Schritt bietet Ihnen der Assistent alle Tabellen, Sichten und gespeicherten Prozeduren der vorher ausgewählten Datenbank an (siehe Abbildung 19.3). Wählen Sie die Tabellen aus, mit denen Sie arbeiten wollen. In der Abbildung sind es die beiden Tabellen *Products* und *Categories*. Achten Sie in diesem Dialog bitte unbedingt darauf, dass Sie die Option GENERIERTE OBJEKTNAMEN IN DEN SINGULAR ODER PLURAL SETZEN markiert haben. Versäumen Sie das, werden Bezeichner erzeugt, die suggerieren, es würde sich um eine Menge handeln und nicht um einzelne Objekte. Ein Objekt, das einen Artikel beschreibt, wäre dann vom Typ Products und nicht, wie im Grunde genommen zu erwarten ist, vom Typ Product.

Anschließend können Sie den Assistenten beenden.

In der Designer-Ansicht von Visual Studio wird anschließend das erzeugte Entity Data Model angezeigt. Es zeigt die Umsetzung der Tabellen *Products* und *Categories* in die beiden Entitäten Product und Category (siehe Abbildung 19.4).

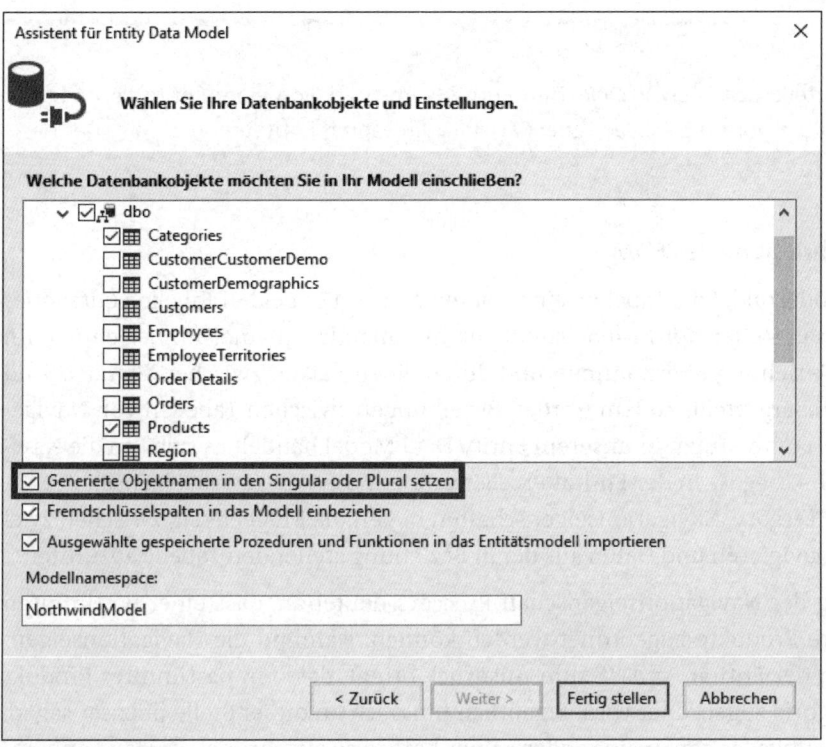

Abbildung 19.3 Auswahl der gewünschten Datenbankkomponenten

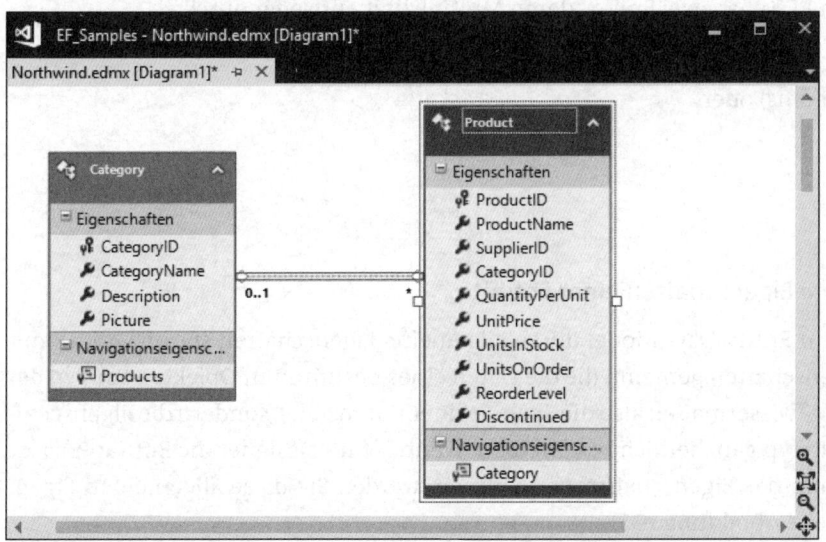

Abbildung 19.4 Das Entity Data Model (EDM) der Tabellen »Products« und »Categories«

> **Hinweis**
>
> Es ist üblich, anstelle des Begriffs *Objekt* im Entity Framework von einer *Entität* zu reden. Objekte (Datensätze) vom Typ Product oder Category sind somit Entitäten.

19.2.1 Kurzbeschreibung des EDM

Ein Entity Data Model bildet die Tabellen einer Datenbank ab. Die beiden Tabellen *Categories* und *Products* stehen in der *Northwind*-Datenbank miteinander in einer 1:n-Beziehung. Im EDM wird diese Beziehung übernommen und durch einen Balken zwischen *Products* und *Categories* optisch dargestellt. Zudem werden Beziehungen zwischen Tabellen von Navigationseigenschaften unterstützt. In unserem Entity Data Model handelt es sich um die Navigationseigenschaft Category in der Entität Product und um die Navigationseigenschaft Products der Entität Category. Navigationseigenschaften bieten die Möglichkeit, zwischen zwei Entitätstypen zu navigieren und Daten aus der in Beziehung stehenden Tabelle abzurufen.

Die Pluralisierung der Navigationseigenschaft Products deutet an, dass einer bestimmten Kategorie mehrere Produkte zugeordnet werden können, während die Navigationseigenschaft Category in der Entität Product zum Ausdruck bringt, dass ein bestimmtes Produkt genau einer Kategorie zugeordnet wird. Eigentlich muss ich an dieser Stelle präziser sagen, dass ein Produkt entweder genau einer oder keiner Kategorie zugeordnet werden kann. Im Designer wird das durch 0..1 am Beziehungsbalken kenntlich gemacht.

Jede Beziehung im EDM hat zwei Enden, deren Multiplizität entweder durch

- 1 (eins),
- 0..1 (keins oder eins) oder
- * (viele)

beschrieben wird.

19.2.2 Allgemeine Eigenschaften einer Entität

Jede Entität wird im Entity Data Model durch allgemeine Eigenschaften spezifiziert. Damit sind nicht die Eigenschaften gemeint, die die Daten eines bestimmten Objekts vom Typ der Entität speichern (gewissermaßen also die Spalten einer Datenzeile), sondern die Eigenschaften, die den Entitätstyp ganzheitlich beschreiben. Wenn Sie im Designer die Entität Product markieren und dann das Eigenschaftsfenster öffnen, werden Sie diese allgemeinen Eigenschaften sehen (siehe Abbildung 19.5).

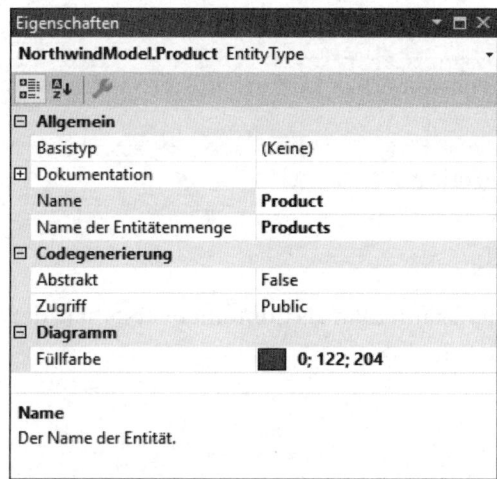

Abbildung 19.5 Eigenschaften einer Entität im EDM

Die Bedeutung der einzelnen Eigenschaften sind in Tabelle 19.1 beschrieben.

Eigenschaft	Beschreibung
ABSTRACT	Im Entity Framework können Sie innerhalb des EDM die Vererbung benutzen, um Entitäten miteinander in eine Vererbungsbeziehung zu setzen. Mit dieser Eigenschaft lässt sich festlegen, ob die Entität als abstrakte Basisklasse ihre Eigenschaften nur den ableitenden Entitäten zur Verfügung stellen soll.
BASISTYP	Handelt es sich bei der Entität um eine ableitende Klasse, gibt diese Eigenschaft die Basisklasse an.
DOKUMENTATION	Diese Eigenschaft gestattet es, entweder eine kurze oder lange (oder beides) Beschreibung der Entität hinzuzufügen. Die kurze Beschreibung entspricht dem `<summary>`-Element eines XML-Kommentars, die lange wird in die XML-Dokumentationsdatei des Ausgabeverzeichnisses geschrieben, wenn die entsprechende Option im Projekteigenschaftsfenster aktiviert ist.
NAME	Diese Eigenschaft gibt den Bezeichner der Entität an. Sollten Sie im Assistenten die Option GENERIERTE OBJEKTNAMEN IN DEN SINGULAR ODER PLURAL SETZEN nicht ausgewählt haben, würde ein pluralisierender Bezeichner generiert, beispielsweise `Products`.
NAME DER ENTITÄTENMENGE	Diese Eigenschaft legt fest, wie die Eigenschaft heißt, mit der später eine Menge vom Typ der jeweiligen Entität im Code abgefragt werden kann.

Tabelle 19.1 Die Eigenschaften einer Entität im EDM

Eigenschaft	Beschreibung
ZUGRIFF	Die Bezeichnung spricht für sich: Mit dieser Eigenschaft legen Sie die Sichtbarkeit der Entität fest.

Tabelle 19.1 Die Eigenschaften einer Entität im EDM (Forts.)

19.2.3   Eigenschaftstypen eines Entitätsobjekts

Eine Entität, wie wir sie im Designer des EDM sehen, kann man als Container verstehen, der drei verschiedene Eigenschaftstypen enthalten kann:

▶ skalare Eigenschaften

▶ komplexe Eigenschaften

▶ Navigationseigenschaften

Lassen Sie uns die drei genannten Eigenschaftstypen etwas genauer untersuchen.

Skalare Eigenschaften

Unter den skalaren Eigenschaften sind diejenigen zu verstehen, die im Grunde genommen die Spalten einer Datenbanktabelle abbilden. Dabei wird jede Spalte der Tabelle in der Entität durch eine Eigenschaft dargestellt.

Jede Spalte einer Tabelle wird durch eine Reihe von Eigenschaften spezifiziert, beispielsweise durch einen Datentyp, ob die Eigenschaft NULL zulässt oder eine feste Länge hat. Sie können sich die Eigenschaften einer Spalte (besser sollte ich schreiben »einer skalaren Eigenschaft«) im Eigenschaftsfenster der Entwicklungsumgebung ansehen, indem Sie im Designer eine Eigenschaft selektieren. Abbildung 19.6 zeigt das anhand der Eigenschaft ProductName der Entität Product.

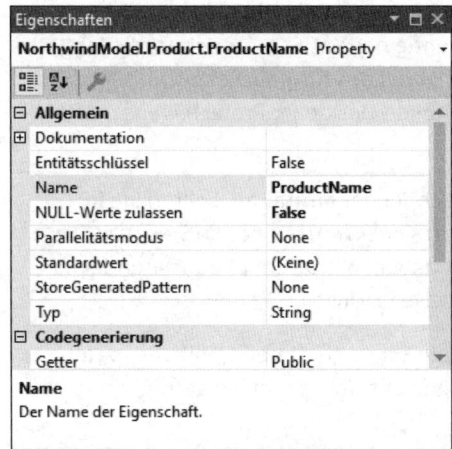

Abbildung 19.6 Die Details der Eigenschaft »ProductName« der Entität »Product«

In Tabelle 19.2 werden die Eigenschaften erläutert.

Eigenschaft	Beschreibung
Dokumentation	Siehe die gleichnamige Eigenschaftsbeschreibung in Tabelle 19.1.
Entitätsschlüssel	Diese Eigenschaft gibt an, ob es sich bei der Spalteneigenschaft um den Primärschlüssel handelt. Jede Entität muss mindestens eine solche Eigenschaft haben. Hat die zugrundeliegende Tabelle der Entität einen zusammengesetzten Primärschlüssel, können auch mehrere Entitätseigenschaften die Einstellung Entitätsschlüssel = true haben.
Feste Länge	Gibt vor, ob diese Entitätseigenschaft eine feste Länge aufweist.
Getter/Setter	Legt den Zugriff auf die Entitätseigenschaft fest.
Maximale Länge	Bestimmt die Maximallänge der Entitätseigenschaft. Als Werte sind neben einer individuell eingestellten Länge auch None und Max möglich.
NULL-Werte zulassen	Gibt an, ob die Entitätseigenschaft NULL zulässt oder nicht.
Parallelitätsmodus	Diese Eigenschaft hängt mit der Aktualisierung zusammen und beschreibt, ob die genannte Eigenschaft während der Aktualisierung überprüft werden soll.
Standardwert	Legt den Standardwert der Entitätseigenschaft fest.
StoreGeneratedPattern	Gibt an, was geschehen soll, wenn eine Datenzeile hinzugefügt oder geändert werden soll.
Typ	Legt den Datentyp der Entitätseigenschaft fest. Abhängig davon, welche Einstellung hier gewählt ist, werden nur die Eigenschaften im Eigenschaftsfenster angezeigt, die im Zusammenhang mit dem Datentyp sinnvoll sind.
Unicode	Diese Eigenschaft ist nur im Zusammenhang mit dem Datentyp String relevant. Sie legt fest, ob die Zeichenfolge gemäß Unicode-Standard abgelegt werden soll oder nicht.

Tabelle 19.2 Eigenschaften einer Entitätseigenschaft

Komplexe Eigenschaften

Komplexe Typen sind eine Möglichkeit, mehrere skalare Eigenschaften zusammenzufassen, um damit etwas mehr Übersicht in die Datenstrukturen zu bringen.

Ein typisches Beispiel, wo wir eine komplexe Eigenschaft sinnvoll einsetzen könnten, ist die Tabelle *Order* der Datenbank *Northwind*. Wenn Sie sich einmal die diversen Spalten dieser Tabelle ansehen, werden Sie feststellen, dass sich zahlreiche Spalten auf die Lieferung beziehen. Exemplarisch seien an dieser Stelle *ShippedDate*, *ShipName* oder auch *ShipAddress* genannt. Möchten Sie alle Eigenschaften, die die Lieferung einer Bestellung beschreiben, in einem komplexen Typ zusammenfassen, können sie den Designer zu Hilfe nehmen. Markieren Sie einfach alle betreffenden Eigenschaften, und wählen Sie dann im Kontextmenü zuerst UMGESTALTEN und danach IN NEUEN KOMPLEXEN TYPEN VERSCHIEBEN (siehe Abbildung 19.7).

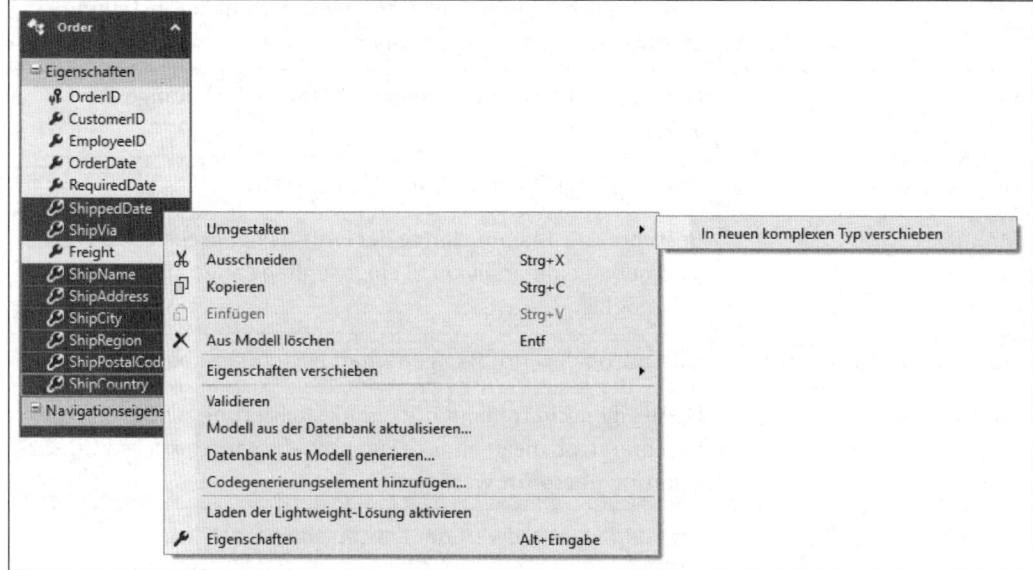

Abbildung 19.7 Erzeugen eines komplexen Typs im Designer

Alle markierten Eigenschaften werden in einen komplexen Typ umgeschrieben, der im EDM nun als ComplexProperty in der Entität Orders angezeigt wird. Sie sollten diese Property passend umbenennen, zum Beispiel in ShipDetails.

Komplexe Typen werden als Klassen definiert. Sie können mit komplexen Typen den Code und das Entity Data Model zwar besser strukturieren, sie können aber nicht direkt abgefragt oder separat in der Datenbank gespeichert werden.

Navigationseigenschaften

Widmen wir uns nun der dritten Gruppe der Eigenschaften, den Navigationseigenschaften. Exemplarisch sehen wir uns dazu die Navigationseigenschaft Category in der Entität Product an. Wie skalare Eigenschaften, so werden auch Navigationseigenschaften durch eigenschaftsspezifische Einstellungen beschrieben, die im Eigenschaftsfenster von Visual Studio angezeigt werden, wenn die entsprechende Navigationseigenschaft im Designer ausgewählt ist (siehe Abbildung 19.8).

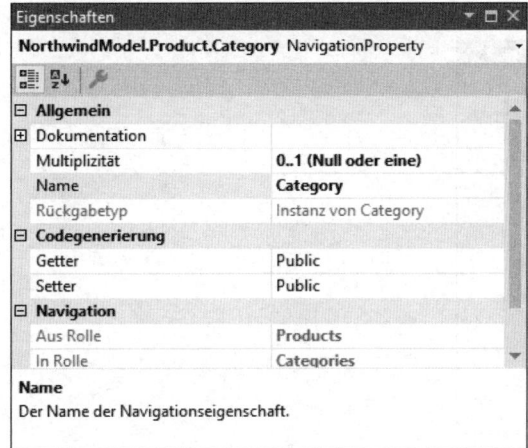

Abbildung 19.8 Die Eigenschaften der Navigationseigenschaft »Category« der Entität »Product«

Navigationseigenschaften beschreiben, wie zu einer in Beziehung stehenden Entität navigiert wird. Dabei greifen die Navigationseigenschaften auf die im EDM definierte Beziehung (Assoziation) zurück, die die Charakteristik der Beziehung zwischen zwei Entitäten exakt beschreiben. In unserem Beispiel ist es die Beziehung zwischen *Products* und *Categories*.

Die Eigenschaft Multiplizität gibt an, wie viele Entitäten beim Aufruf der Navigationsmethode als Resultat geliefert werden können. In unserem Beispiel ist es keine, weil ein Produkt nicht zwangsläufig einer Kategorie zugeordnet werden muss, oder genau eine. Der Rückgabetyp ist mit der schreibgeschützten Eigenschaft Rückgabetyp ebenfalls angegeben.

Betrachten wir nun die zweite Entität in unserem EDM: Category. Die Navigationsmethode lautet hier Products und suggeriert uns, dass mit dem Aufruf

Category.Products

eine Liste von Produkten zurückgeliefert wird, unabhängig davon, ob die Liste leer ist, nur ein Produkt oder viele enthält.

19.2.4   Assoziationen im Entity Data Model

Die Beziehung zwischen zwei Tabellen in einer Datenbank wird im Entity Data Model durch eine *Assoziation*, auch als *Zuordnung* bezeichnet, abgebildet. Navigationseigenschaften benutzen Assoziationen, um von einer Entität auf in Beziehung stehende Entitäten zuzugreifen.

Wir sollten einen Blick auf die Zuordnung zwischen den beiden Entitäten Product und Category im Designer werfen. Da Zuordnungen durch Eigenschaften beschrieben werden, markieren wir die Zuordnung im Designer und wenden danach unsere Aufmerksamkeit dem Eigenschaftsfenster zu, in dem nunmehr die Eigenschaften der Assoziation angezeigt werden (siehe Abbildung 19.9).

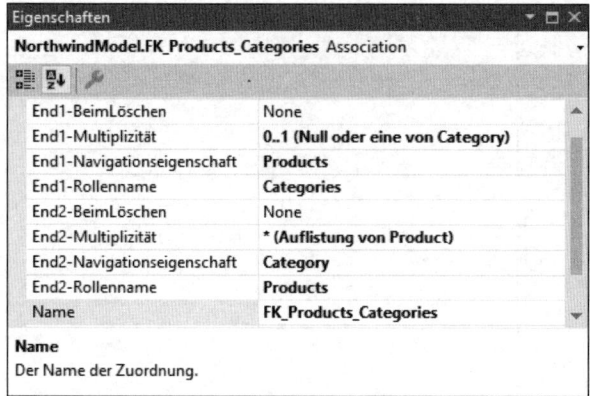

Abbildung 19.9 Eigenschaften einer Assoziation

Eine Assoziation beschreibt mit End1 und End2 zwei Endpunkte. Bei End1 handelt es sich um den Endpunkt der Assoziation auf Seiten der Entität Category, End2 ist der Endpunkt auf Seiten der Entität Product. Der jeweilige Bezeichner der Endpunkte wird von den Eigenschaften End1-Rollenname und End2-Rollenname festgelegt.

Die Multiplizität des jeweiligen Endpunkts wird mit der Eigenschaft End1-Multiplizität bzw. End2-Multiplizität beschrieben. Wie schon weiter oben erwähnt, können die Endpunkte durch 0..1 (null oder einen), 1 (einen) oder * (viele) beschrieben werden. Die Navigationseigenschaft der einem Endpunkt zugeordneten Entität legt die Eigenschaft End1-/End2-Navigationseigenschaft fest.

19.2.5   Der Kontext der Entitäten

Wir haben in den letzten Abschnitten einen Blick auf die Entitäten und deren Beziehungen untereinander geworfen. Im Grunde genommen wird noch eine weitere Komponente im Designer dargestellt, die jedoch keine grafische Präsentation hat: Es ist das Entity Model selbst mit allen seinen Eigenschaften zur Generierung und Verwaltung. Sie können sich seine Eigenschaften im Eigenschaftsfenster anzeigen lassen, indem Sie einfach in den freien Bereich des Designers klicken (siehe Abbildung 19.10).

Auf alle Eigenschaften an dieser Stelle einzugehen, würde zu weit führen. Aber auf eine Eigenschaft möchte ich Sie aufmerksam machen: Es ist die Eigenschaft Entitätscontainer-name, die in unserem Modell auf *NorthwindEntities* eingestellt ist. Hier wird der Bezeichner des Containers angegeben, von dem alle Entitäten verwaltet werden. Ohne ein Objekt dieses Containers geht fast nichts, er bildet das Herzstück der EF-Anwendung.

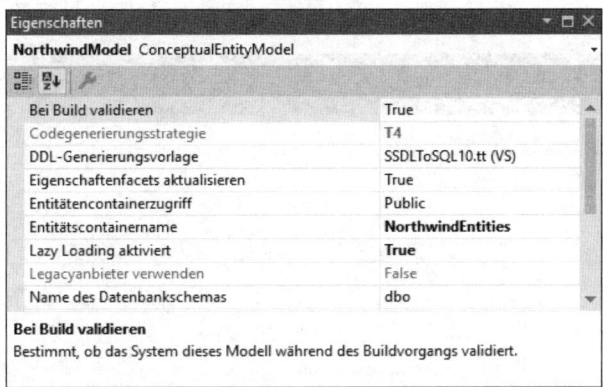

Abbildung 19.10 Eigenschaften des Entity Data Models

19.2.6   Der Aufbau des Entity Data Models

Das Entity Data Model können Sie sich als das Bindeglied zwischen der Datenbank und Ihrem Programmcode vorstellen. Nachdem wir uns im letzten Abschnitt den visualisierten Teil des EDM angesehen haben, wollen wir nun hinter die Kulissen blicken, um die Zusammenhänge besser zu verstehen.

Nachdem wir dem Projekt ein Entity Data Model hinzugefügt haben, sehen wir im Projektmappen-Explorer den Knoten *Northwind.edmx*. Da ein Doppelklick auf diesen Knoten nur die Designansicht aufruft, wollen wir das Entity Data Model nun auf andere Weise öffnen. Dazu markieren Sie die den genannten Knoten im Projektmappen-Explorer und öffnen mit der rechten Maustaste das Kontextmenü. Wählen Sie hier ÖFFNEN MIT... Aus der Ihnen angebotenen Liste von Tools zum Öffnen von *Northwind.edmx*-Datei sollten Sie die Option XML (TEXT)-EDITOR auswählen. Falls in diesem Moment das EDM noch in der Designansicht geöffnet ist, werden Sie darauf hingewiesen und gefragt, ob die geöffnete Datei geschlossen werden soll. Sie können das bestätigen. In Visual Studio werden Ihnen daraufhin gewissermaßen die »Rohdaten« des Entity Data Models im XML-Format angezeigt.

Im ersten Moment hinterlässt die Datei einen verwirrenden Eindruck. Aber bei genauer Betrachtung gliedert sie sich in zwei Hauptabschnitte: ein Abschnitt Runtime, der Laufzeitinformationen enthält, und ein Abschnitt Designer mit Informationen für die Darstellung in der Designansicht. Der Abschnitt Runtime seinerseits beschreibt drei untergeordnete Abschnitte:

▶ Conceptual Schema Definition Language (CSDL): Dieser Abschnitt beherbergt das konzeptionelle Modell und beschreibt somit die Schicht, gegen die Sie Ihren Programmcode schreiben.

▶ Storage Schema Definition Language (SSDL): Diese Schicht beschreibt das Schema der Datenbank.

▶ Mapping Specification Language (MSL): Diese Schicht bildet das konzeptionelle Modell (CSDL) auf das Schema der Datenbank (SSDL) ab.

Abbildung 19.11 zeigt die drei Hauptabschnitte im zusammengeklappten Zustand.

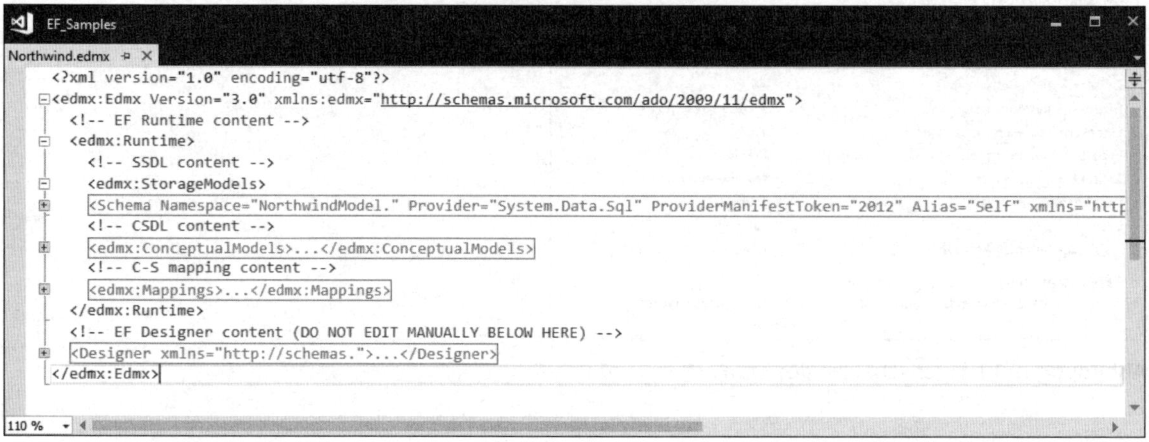

```
⚡ EF_Samples                                                          _  □  ×
Northwind.edmx  ⊕ ×
    <?xml version="1.0" encoding="utf-8"?>                              ✛
 ⊟<edmx:Edmx Version="3.0" xmlns:edmx="http://schemas.microsoft.com/ado/2009/11/edmx">
    <!-- EF Runtime content -->
 ⊟  <edmx:Runtime>
      <!-- SSDL content -->
 ⊟    <edmx:StorageModels>
 ⊞      <Schema Namespace="NorthwindModel." Provider="System.Data.Sql" ProviderManifestToken="2012" Alias="Self" xmlns="http
        <!-- CSDL content -->
 ⊞      <edmx:ConceptualModels>...</edmx:ConceptualModels>
        <!-- C-S mapping content -->
 ⊞      <edmx:Mappings>...</edmx:Mappings>
    </edmx:Runtime>
    <!-- EF Designer content (DO NOT EDIT MANUALLY BELOW HERE) -->
 ⊞  <Designer xmlns="http://schemas.">...</Designer>
  </edmx:Edmx>
110 % ▾ ◀                                                                ▶
```

Abbildung 19.11 Struktur des Entity Data Models

Der Abschnitt »SSDL« (Store Schema Definition Language)

Dieser Abschnitt, der häufig auch als *physikalisches Modell* oder *Speichermodell* bezeichnet wird, bildet die Daten der Datenquelle durch XML ab. Diese Sektion wird durch das <Schema>-Element beschrieben, das mit <EntityContainer>, <EntityType> und <Association> weiter aufgegliedert wird.

Neben dem Namespace-Attribut werden im <Schema>-Element die Attribute Provider und ProviderManifestToken angeführt. Die letztgenannten Attribute geben an, über welchen Provider die Verbindung zur Datenbank aufgenommen wird, bzw. repräsentieren deren Version.

Das <EntityContainer>-Element beschreibt die Struktur der zugrundeliegenden Datenquelle und gliedert sich selbst in die beiden untergeordneten Elemente <EntitySet> und <AssociationSet>. EntitySet stellt eine Tabelle der Datenbank dar, AssociationSet die Beziehung zwischen den Tabellen des aktuellen Entity Data Models. Sehen wir uns zunächst den Abschnitt an, der die Tabelle *Categories* beschreibt.

```
<EntityType Name="Categories">
  <Key>
    <PropertyRef Name="CategoryID" />
  </Key>
  <Property Name="CategoryID" Type="int" Nullable="false"
            StoreGeneratedPattern="Identity" />
  <Property Name="CategoryName" Type="nvarchar" Nullable="false"
            MaxLength="15" />
  <Property Name="Description" Type="ntext" />
  <Property Name="Picture" Type="image" />
</EntityType>
```

Sie erkennen, dass für jede Spalte der Tabelle der Name, der Datentyp und die Einschränkungen durch Attribute des <Property>-Elements angegeben sind. Bei den Datentypangaben handelt es sich um die datenbankspezifischen, in unserem Fall um die des SQL Servers. Die Primärschlüsselfelder sind durch das <Key>-Element namentlich aufgeführt.

Das <Association>-Element definiert die Beziehungen zwischen den in unserem Entity Data Model enthaltenen Tabellen.

```
<Association Name="FK_Products_Categories">
  <End Role="Categories" Type="NorthwindModel.Store.Categories"
                    Multiplicity="0..1" />
  <End Role="Products" Type="NorthwindModel.Store.Products"
                    Multiplicity="*" />
  <ReferentialConstraint>
    <Principal Role="Categories">
      <PropertyRef Name="CategoryID" />
    </Principal>
    <Dependent Role="Products">
      <PropertyRef Name="CategoryID" />
    </Dependent>
  </ReferentialConstraint>
</Association>
```

Eine Beziehung zwischen zwei Tabellen hat zwei Endpunkte. Diese werden, ergänzt um die Angabe der Multiplizität, zuerst angegeben. <ReferentialConstraint> definiert die Charakteristik der referenziellen Einschränkung: Die Tabelle *Products* ist die abhängige (englisch: *dependent*) Seite, also die Detailtabelle, die Tabelle *Categories* die Mastertabelle. In beiden Tabellen lauten die Spalten, zwischen denen die referenzielle Einschränkung definiert ist, *CategoryID*.

Immer dann, wenn Daten zur Datenbank gesendet werden, wird das Entity Framework mit Hilfe des Abschnitts <ReferentialConstraint> prüfen, ob gegen die referenzielle Einschränkung verstoßen wird. Sollte das der Fall sein, werden die Daten nicht gesendet.

Der Abschnitt »CSDL« (Conceptual Schema Definition Language)

Der Abschnitt CSDL stellt das konzeptionelle Schema dar und beschreibt die Schicht, gegen die Sie später programmieren werden. Natürlich werden Sie nicht die XML-Elemente mit dem Code ansprechen, vielmehr dient dieses Schema dem Assistenten dazu, daraus Klassen zu generieren. Diese werden wir uns später noch ansehen.

Der CSDL-Abschnitt der *.edmx*-Datei ähnelt sehr stark dem SSDL-Abschnitt. Er enthält ein <EntityContainer>-Element, für jede abgebildete Tabelle ein <EntityType>-Element und ein Element <Association>, das die referenziellen Einschränkungen der Tabellen definiert. Dennoch sind einige Unterschiede durchaus erwähnenswert. Beispielsweise bezieht sich der

Datentyp in den spaltenbeschreibenden `<Property>`-Elementen nicht mehr auf datenbankspezifische Typen, sondern bildet die Datentypen des .NET Frameworks ab. Einen weiteren wesentlichen Unterschied stellen wir bei den Eigenschaften fest, die Zeichenfolgen beschreiben. Hier werden zusätzliche Attribute angegeben, um zum Beispiel die Länge einer Zeichenfolge festzulegen. Zu den Eigenschaften gesellt sich zudem ein Element `<NavigationProperty>`. Dieses beschreibt, wie zwischen den an einer Beziehung beteiligten Entitäten navigiert wird. Das folgende Codefragment zeigt den Abschnitt `<EntityType>` der Entität `Category`.

```
<EntityType Name="Category">
  <Key>
    <PropertyRef Name="CategoryID" />
  </Key>
  <Property Name="CategoryID" Type="Int32" Nullable="false"
            annotation:StoreGeneratedPattern="Identity" />
  <Property Name="CategoryName" Type="String" Nullable="false"
            MaxLength="15" Unicode="true" FixedLength="false" />
  <Property Name="Description" Type="String" MaxLength="Max" Unicode="true"
            FixedLength="false" />
  <Property Name="Picture" Type="Binary" MaxLength="Max"
            FixedLength="false" />
  <NavigationProperty Name="Products"
                      Relationship="NorthwindModel.FK Products Categories"
                      FromRole="Categories" ToRole="Products" />
</EntityType>
```

Der Abschnitt »MSL« (Mapping Specification Language)

Die beiden zuvor beschriebenen Abschnitte SSDL und CSDL müssen miteinander in Bezug gesetzt werden. Diese Aufgabe übernimmt die dritte Schicht im Entity Data Model.

Die Mappingsektion der *.edmx*-Datei lässt sich in einem separaten Fenster visualisieren. Markieren Sie dazu in der Designansicht des Entity Data Models eine Entität, und wählen Sie im Kontextmenü die Option TABELLENMAPPING. Die Mappinginformationen der entsprechenden Entität werden danach im Fenster MAPPINGDETAILS angezeigt (siehe Abbildung 19.12).

Die Abbildung zeigt, wie die Entität `Product` auf die Tabelle *Products* der SSDL abgebildet wird. Es ist zu erkennen, dass es sich um ein 1:1-Mapping zwischen der konzeptionellen und der Speicherschicht handelt. In der Liste SPALTENMAPPINGS sind auf der linken Seite die Spalten der Speicherschicht angegeben, auf der rechten die entsprechenden Eigenschaften im konzeptionellen Modell. Das erkennen Sie daran, dass links Datentypen des SQL Servers angegeben sind, auf der rechten Seite die Entsprechungen im .NET Framework.

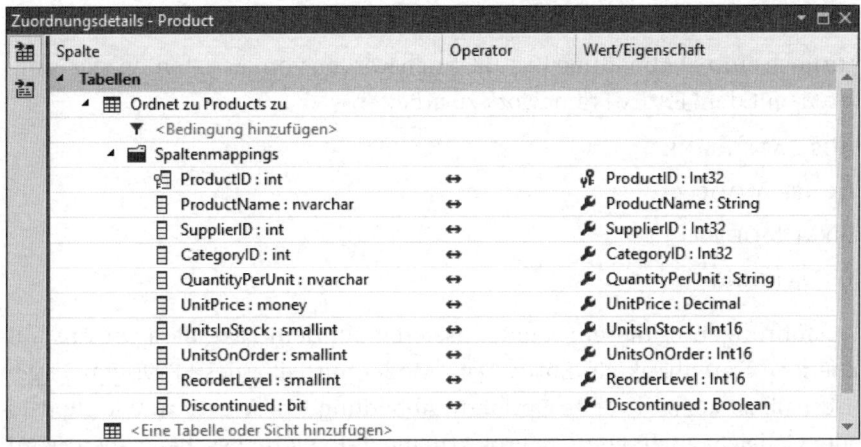

Abbildung 19.12 Die visualisierten Mappingdetails

19.2.7   ConnectionStrings

Möglicherweise haben Sie sich schon gefragt, wo die Verbindungszeichenfolge zu finden ist, mit der die Datenbank lokalisiert wird. Sehen Sie dazu in die Datei *App.config*.

```
<connectionStrings>
  <add name="NorthwindEntities"
      connectionString="metadata=
      res://*/Northwind.csdl|
      res://*/Northwind.ssdl|
      res://*/Northwind.msl;
      provider=System.Data.SqlClient;
      provider connection string=&quot;
      data source=.;
      initial catalog=Northwind;
      integrated security=True;
      MultipleActiveResultSets=True;
      App=EntityFramework&quot;"
      providerName="System.Data.EntityClient" />
</connectionStrings>
```

Der Eintrag der Verbindungszeichenfolge beschreibt nicht nur – wie im Grunde genommen auch zu erwarten war – die Angaben, wo sich die Datenbank befindet. Darüber hinaus finden wir Zeiger auf die drei Teilbereiche für CSDL, SSDL und MSL, die für das EDM erzeugt worden sind.

Die Verbindungszeichenfolge erhält einen Namen, aus dem eindeutig hervorgeht, welchem EDM sie zuzuordnen ist. Er lautet hier NorthwindEntities.

19

19.2.8   Strategien, mit Entity Framework zu arbeiten

Sehen Sie sich bitte noch einmal Abbildung 19.2 an. Ihnen werden vom Assistenten vier Möglichkeiten angeboten, mit dem Entity Framework zu arbeiten:

▶ EF DESIGNER AUS DATENBANK

▶ LEERES EF DESIGNER-MODELL

▶ LEERES CODE FIRST-MODELL

▶ CODE FIRST AUS DATENBANK

Alle bisherigen Ausführungen in diesem Kapitel basieren auf dem Fakt, dass wir uns auf Basis einer bestehenden Datenbank ein Entity Data Model mit Hilfe des EF Designers geschaffen haben. Deshalb ist auch die erste Option in Abbildung 19.2 selektiert. Wie Sie bald lernen werden (oder vielleicht auch schon im Projektmappen-Explorer gesehen haben), wird dabei eine Reihe diverser Klassen erzeugt, die unter anderem die Entitäten des EDM beschreiben.

Sie können allerdings auch ohne den EF Designer mit dem Entity Framework arbeiten. Dieser Ansatz wird als *Code First* bezeichnet. Mit anderen Worten: Sie schreiben die Klassen selbst und lassen sie nicht automatisch erzeugen. Alles, was der EF Designer ansonsten gemacht hätte, übernehmen Sie selbst.

Es bleibt festzuhalten: Entweder nutzen Sie den EF Designer, oder Sie programmieren alles eigenständig. Ob Sie mit dem EF Designer arbeiten oder mit Code First, Sie haben in beiden Fällen jeweils zwei weitere Möglichkeiten:

▶ Die Datenbank existiert bereits.

▶ Die Datenbank existiert noch nicht.

Existiert die Datenbank noch nicht, können Sie auf Basis des codebasierten Modellentwurfs bzw. des visuellen Modellentwurfs heraus eine Datenbank generieren lassen.

Nicht zu empfehlen ist die Variante, mit dem EF Designer eine Datenbankstruktur zu entwerfen (Model-First-Prinzip). Zwar muss sich der Entwickler nicht mit der relationalen Welt befassen, aber es muss auch festgestellt werden, dass der EF Designer schwerfällig arbeitet. Zudem bietet das Visual Studio keine Möglichkeit an, eine bereits bestehende Datenbank nach einer Änderung des Modells zu aktualisieren. Daher kann nur empfohlen werden, die Variante LEERES EF DESIGNER-MODELL nicht in Betracht zu ziehen.

Anders verhält es sich mit Code First, dem wir uns in Kapitel 21, »Entity Framework – Code First«, zuwenden werden. Code First kommt ohne ein explizites EDM aus. Die Bezeichnung Code First mag vielleicht suggerieren, dass der Entwickler von Anfang an alle notwendigen Klassen selbst erstellen muss, aber das ist nicht ganz richtig. Tatsächlich kann ein Entwickler auch mit einer bestehenden Datenbank starten und sich die notwendigen Klassen erzeugen lassen. Sollte bei Code First allerdings noch keine Datenbank als Datenspeicher existieren, können SQL-Skripte generiert werden, die auf dem Datenbanksystem ausgeführt werden können.

Ändern sich die Entitäten beim Code-First-Ansatz, kann die Datenbank aktualisiert werden. Das steht im Gegensatz zum Model-First-Ansatz, bei dem das nicht möglich ist. Ein weiterer Aspekt, der für Code First spricht, ist, dass das Datenbanksystem einfach ausgetauscht werden kann. Dazu bedarf es ausschließlich des Austauschs des Datenbanktreibers.

19.3   Die automatisch erzeugten Klassen im EDM

Jetzt haben wir uns das Umfeld des Entity Data Models angesehen und kennen seine Struktur. Wenn Sie den Ausführungen bis hierher gefolgt sind, werden Sie festgestellt haben, dass sich unterhalb des Knotens *Northwind.edmx* im Projektmappen-Explorer zahlreiche neue Klassen eingenistet haben (siehe Abbildung 19.13). Diesen wollen wir nun unser Augenmerk widmen.

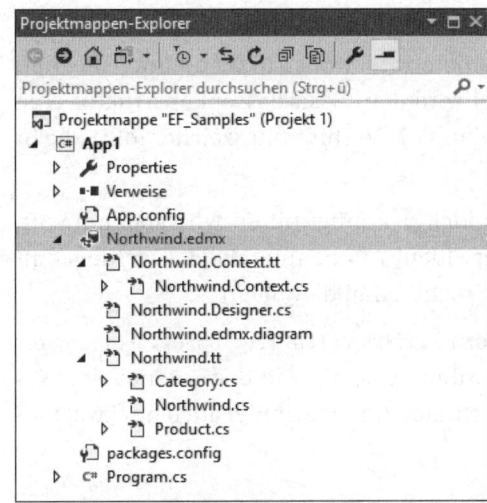

Abbildung 19.13 Das EDM im Projektmappen-Explorer

Standardmäßig erzeugt der EDM Klassen, die die Basis der DbContext API bilden. Sie finden sie im Projektmappen-Explorer unterhalb des Knotens der Datei *Northwind.edmx*. Gemeint sind die beiden Dateien *Northwind.Context.tt* und *Northwind.tt*. Hierbei handelt es sich um sogenannte *T4-Dateien*, die als Schablone für die Erzeugung der eigentlichen Entitätsklassen dienen. Die Entitäten Product und Category werden in den Dateien *Product.cs* und *Category.cs* beschrieben. Dazu gesellt sich mit *Northwind.Context.cs* eine weitere Quellcodedatei, die die Klasse NorthwindEntities beschreibt, die von DbContext abgeleitet ist.

19.3.1   Die Klasse »DbContext«

Hinter der Klasse NorthwindEntities verbirgt sich die zentrale Kontroll- und Schaltstation des Entity Frameworks. Entscheidend dafür ist, dass diese Klasse von der Basis DbContext abgeleitet ist. DbContext ist das Bindeglied zwischen den Entitätsklassen und der Datenbank. Sie ist wie folgt definiert:

```csharp
public partial class NorthwindEntities : DbContext
{
  public NorthwindEntities() : base("name=NorthwindEntities")
  {  }
  protected override void OnModelCreating(DbModelBuilder modelBuilder)
  {
    throw new UnintentionalCodeFirstException();
  }

  public virtual DbSet<Category> Categories { get; set; }
  public virtual DbSet<Product> Products { get; set; }
}
```

In der Kontextklasse NorthwindEntities ist ein parameterloser Konstruktor definiert, der den Aufruf direkt an die Basisklasse weiterleitet. Dabei wird dem Basisklassenkonstruktor eine Zeichenfolge weitergeleitet. Es handelt sich hierbei um die Verbindungszeichenfolge, die in der Datei *App.config* beschrieben ist.

Die Methode OnModelCreating ermöglicht es, das Modell zu konfigurieren, wird aber nur vom Code-First-Ansatz und im Zusammenspiel mit der Fluent API benutzt. Beides werde ich in Kapitel 21 erläutern, daher gehe ich an dieser Stelle nicht näher darauf ein.

Die Eigenschaften Categories und Products sind vom Typ DbSet<TEntity>. DbSet<TEntity> repräsentiert eine Liste aller Entitäten eines bestimmten Typs, die von der Datenbank abgefragt werden. Da unser EDM nur zwei Entitäten beschreibt, finden wir hier auch nur zwei entsprechende Eigenschaften.

> **Hinweis**
>
> Die Klasse DbSet<TEntity> repräsentiert eine Liste von Entitäten. Obwohl wir es hier mit einer speziell für die DbContext API geprägten Liste mit vielen spezifischen Operationen zu tun haben, weist sie viele Gemeinsamkeiten mit herkömmlichen Listen auf. Exemplarisch seien hier die Methoden Add und Remove angeführt.

Die DbContext-Klasse ist die wichtigste Klasse im Entity Framework 6 und verantwortlich dafür, mit der Datenbank zu interagieren. Ihr Aufgabenreich lässt sich wie folgt beschreiben:

▶ DbContext konvertiert LINQ-to-Entities-Abfrage in SQL-Abfragen und sendet diese zur Datenbank.

▸ DbContext sorgt dafür, dass die Daten materialisiert werden, die von der Datenbank aufgrund einer Abfrage geliefert werden. Materialisierung bedeutet, dass aus den »rohen« Daten Objekte (Entitäten) erzeugt werden.

▸ DbContext verfolgt alle Änderungen an den Entitäten.

▸ DbContext verwaltet die Beziehungen zwischen den Entitäten und bedient sich (zumindest bei Database First) der Schichten, die von CSDL, MSL und SSDL beschrieben werden.

Jetzt sollten wir noch einen Blick auf die Methoden und Eigenschaften werfen, die uns ein DbContext-Objekt zur Verfügung stellt. Wir werden noch auf alle im Verlauf dieses und der beiden nächsten Kapitel zu sprechen kommen.

Methode	Beschreibung
Entry	Liefert das DbEntityEntry-Objekt einer gegebenen Entität zurück.
OnModelCreating	Ermöglicht weitergehende Konfiguration.
SaveChanges	Führt für alle geänderten Entitäten INSERT, UPDATE oder DELETE gegen die Datenbank aus.
SaveChangesAsync	Das ist die asynchrone Variante von SaveChanges.
Set	Erstellt ein DbSet<TEntity>-Objekt, das zur Abfrage und zum Speichern von Entitäten dient.

Tabelle 19.3 Die Methoden eines »DbContext«-Objekts

Eigenschaft	Beschreibung
ChangeTracker	Diese Eigenschaft ist vom Typ DbChangeTracker, der uns Funktionen zur Verfügung stellt, die mit dem Change Tracking (Änderungsnachverfolgung) zu tun haben.
Configuration	Diese Eigenschaft ist vom Typ DbContextConfiguration und stellt uns Optionen zum Konfigurieren des Kontexts zur Verfügung.
Database	Stellt uns einige Datenbankinformationen bzw. -operationen zur bereit (z. B. CommandTimeout, BeginTransaction()).

Tabelle 19.4 Die Eigenschaften eines »DbContext«-Objekts

19.3.2   Die Entitätsklassen

Das EF 6 unterstützt zwei verschiedene Entitätstypen: POCOs und dynamische Proxies (POCO Proxy).

POCO-Entitäten

Der Begriff POCO ist die Abkürzung für »Plain Old CLR Object«. Im Grunde genommen ist eine POCO-Entität nichts weiter als eine ganz übliche .NET-Klasse. Alle Eigenschaften werden durch Properties beschrieben. Eine POCO-Entität für den Typ Category wäre wie folgt definiert:

```
public class Category
{
  public int CategoryID { get; set; }
  public string CategoryName { get; set; }
  public string Description { get; set; }
  public byte[] Picture { get; set; }
}
```

Nichts Besonderes, werden Sie nun sagen. Richtig, deshalb sehen wir uns auch sofort *dynamische Proxies* an.

Dynamische Proxies (POCO Proxies)

Um aus einer normalen POCO-Entität einen dynamischen Proxy zu machen, müssen eine Reihe von Bedingungen erfüllt sein:

▶ Die POCO-Klasse muss public sein.

▶ Die POCO-Klasse darf weder sealed noch abstract sein.

▶ Jede Navigationseigenschaft muss public virtual sein.

▶ Liefert eine Navigationseigenschaft eine Liste von Entitäten, muss die Navigationseigenschaft vom Typ ICollection<TEntity> sein.

Sehen wir uns nun exemplarisch die mit *Northwind.tt* erstellte Quellcodedatei *Category.cs* an:

```
public partial class Category
{
  public Category()
  {
    this.Products = new HashSet<Product>();
  }
  public int CategoryID { get; set; }
  public string CategoryName { get; set; }
  public string Description { get; set; }
  public byte[] Picture { get; set; }
  public virtual ICollection<Product> Products { get; set; }
}
```

Anscheinend erfüllt die Klassendefinition die vorgenannten Bedingungen – wie natürlich auch die Definition der Entität Product.

Es werden uns vom EDM also dynamische Proxies zur Verfügung gestellt. Das lässt sich übrigens mit einer sehr einfachen LINQ-Abfrage untersuchen:

```
using (NorthwindEntities ctx = new NorthwindEntities())
{
  Product prod = ctx.Products.First();
}
```

Ohne zu sehr auf die Details der Abfrage einzugehen, dürfte ersichtlich sein, dass wir uns aus der Menge aller Produkte das erste herausfiltern und einer Variablen vom Typ Product zuweisen. Sehen Sie sich dazu die Abbildung 19.14 an, in der wir uns den Typ der Variablen anzeigen lassen. Der Typ des dynamischen Proxys für Product lautet:

```
System.Data.Entity.DynamicProxies.Product
```

```
static void Main(string[] args)
{
    using (NorthwindEntities ctx = new NorthwindEntities())
    {
        Product prod = ctx.Products.First();
              ▷ ● prod  {System.Data.Entity.DynamicProxies.Product_D9F4EB9924A34684C364B8C5DAAC
    }
}
```

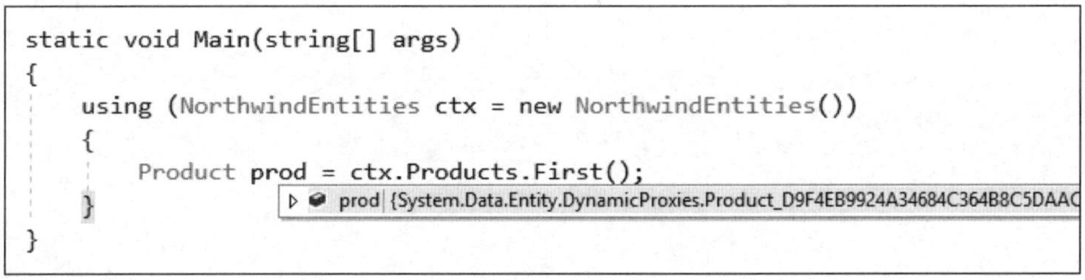

Abbildung 19.14 Anzeige des Typs eines dynamischen Proxys

Kapitel 20
Database First mit dem EDM-Designer

Um auf eine existierende Datenbank zuzugreifen, gibt es zwei Ansätze: Entweder Sie nehmen die grafische Unterstützung des Entity Data Models (EDM) in Anspruch, oder Sie beschränken sich auf reinen C#-Programmcode. Letztgenannter Ansatz wird als Code First bezeichnet. In diesem Kapitel legen wir den Designer zugrunde, im folgenden Kapitel 21 beschäftigen wir uns mit Code First. Selbst dann, wenn Sie vorhaben sollten, nur mit Code First zu arbeiten, sollten Sie dieses Kapitel genau durcharbeiten. Es beschreibt im Kern, wie Sie Entitäten aus einer Datenbank abrufen, sie verändern und auch wieder in die Datenbank zurückschreiben. Darüber hinaus müssen wir uns mit Parallelitätskonflikten beschäftigen und den möglichen Lösungsansätzen. Diese grundlegenden Programmiertechniken sind beim Einsatz von Code First natürlich nicht anders. Der wesentliche Unterschied beider Ansätze liegt darin, ob wir uns die Entitätsklassen automatisch erzeugen lassen oder diese selbst schreiben. In diesem Kapitel nehmen wir die Unterstützung des Designers in Anspruch.

Beispielcode dieses Kapitels

Viele der folgenden Listings finden Sie unter den Beispielen des Begleitmaterials zu diesem Buch. Die Listings, die im Begleitmaterial zu finden sind, werden in der Listingunterschrift um »(***)« ergänzt. Andere, etwas größere Beispielprogramme, die sich aus mehreren Komponenten zusammensetzen, sind gesondert gekennzeichnet. Beachten Sie außerdem, dass Sie die Verbindungszeichenfolge in der *App.config* an Ihre eigene Umgebung anpassen müssen.

20.1 Einfache Datenabfragen mit LINQ-to-Entities

Zunächst müssen wir uns die Grundlage dafür schaffen, Datenabfragen abzusetzen. Dazu erstellen wir ein Entity Data Model der *Northwind*-Datenbank, in dem nur die beiden Tabellen *Products* und *Categories* enthalten sind. Die genaue Vorgehensweise habe ich in Kapitel 19, »Einführung in das Entity Framework«, ausführlich beschrieben.

20.1.1   Allgemeine Abfragen

Am Anfang sollten wir einen Blick in die automatisch erzeugte Klasse NorthwindEntities werfen, die von DbContext abgeleitet ist. Da wir dem Kontext zwei Entitäten hinzugefügt haben, finden wir mit Categories und Products zwei Eigenschaften, die ein Objekt vom Typ DbSet<TEntity> zurückliefern.

```
public partial class NorthwindEntities : DbContext
{
  [...]
  public virtual DbSet<Category> Categories { get; set; }
  public virtual DbSet<Product> Products { get; set; }
}
```

DbSet<TEntity> ist ein generischer Typ und beschreibt eine Liste bestimmter Entitäten. In unserem Fall handelt es sich um die Entitäten Product oder Category. Die Klasse DbSet implementiert unter anderen die beiden Schnittstellen IEnumerable<TEntity> und IQueryable <TEntity>, die beide die elementaren Methoden für Auflistungen beschreiben.

Die einfachste Abfrage ist die, die uns alle Datensätze einer bestimmten Entität, beispielsweise der Entität Product, liefert. Dazu benötigen wir ein DbSet<Product>-Objekt, das wir anschließend in einer Schleife durchlaufen:

```
using(var context = new NorthwindEntities())
{
  var query = context.Products;
  foreach (var item in query)
    Console.WriteLine(item.ProductName);
}
```

Listing 20.1 Einfache Abfrage aller Produkte (***)

Wenn Sie diesen Code ausführen, werden im Konsolenfenster alle Produktnamen aufgelistet. Sobald in die Schleife eingetreten wird, um das erste Ergebnis zu ermitteln, schickt das Entity Framework eine SQL-Abfrage zum Datenbankserver, die auf der Anweisung

context.Products;

basiert und einem SELECT * FROM Products entspricht.

Hinweis

Sollten Sie in Ihrem Programmcode mehrfach auf die Ergebnismenge zugreifen, z. B. mit

```
using (var context = new NorthwindEntities())
{
  var query = context.Products;
  foreach (var item in query)
```

```
  [...]
  foreach (var item in query)
    [...]
}
```

wird bei jedem Schleifeneintritt die Datenbank erneut abgefragt und nicht – wie vielleicht zu vermuten wäre – auf die bestehende Ergebnismenge zurückgegriffen. Dieses Verhalten kann zu deutlichen Leistungseinbußen führen.

Abfragen sind meistens nicht so einfach wie in Listing 20.1 formuliert. Daten müssen gefiltert werden, die Rückgabemenge soll möglicherweise sortiert werden. Hier helfen Ihnen wiederum LINQ-Abfragen, zu den gewünschten Resultaten zu kommen. In Listing 20.2 werden alle Produkte abgefragt, die in der Preisspanne zwischen 40 und 100 angesiedelt sind. Die Ergebnismenge wird nach Namen sortiert in die Konsole geschrieben.

```
using (var context = new NorthwindEntities())
{
  var query = context.Products
                   .Where(p => p.UnitPrice >= 40 && p.UnitPrice <= 100)
                   .OrderBy(p => p.ProductName);
  foreach (var item in query)
    Console.WriteLine($"{item.ProductName,-35}{item.UnitPrice}");
}
```

Listing 20.2 Abfrage mit Filter, Ausgabe sortiert nach dem Artikelbezeichner (***)

Hinweis

Das DbContext-Objekt zeichnet sich verantwortlich für viele Operationen, die mit den Entitäten ausgeführt werden. Die später noch erläuterte Änderungsnachverfolgung (Change Tracking) sei dafür exemplarisch angeführt. Es ist wichtig, dass Sie die Methode Dispose des DbContext-Objekts aufrufen, wenn es nicht mehr verwendet wird. Machen Sie das nicht, kann es zu ungewollten Nebeneffekten oder sogar zu einem Compilerfehler führen. Da DbContext das Interface IDisposable implementiert, bietet sich die Benutzung von using geradezu an.

20.1.2   Der Unterschied der beiden Schnittstellen »IEnumerable« und »IQueryable«

IEnumerable und IQueryable bzw. ihre generischen Pendants sind sehr ähnliche Schnittstellen. Das beruht auf der Tatsache, dass IQueryable die Schnittstelle IEnumerable implementiert:

```
public interface IQueryable : IEnumerable
```

Somit erweitert IQueryable die Fähigkeiten von IEnumerable. Es gibt jedoch mehrere Unterschiede zwischen den beiden Schnittstellen. Ein Unterschied ist besonders erwähnenswert: IQueryable ist besonders dann nützlich, wenn Sie eine Menge von Objekts laden möchten und dabei einen Filter definieren. Ich möchte das an einer simplen Codegegenüberstellung verdeutlichen. Die Idee sei dabei, die Menge aller Produkte abzurufen, deren Preis größer als 100 ist. Das ließe sich wie folgt umsetzen:

```
IEnumerable<Product> list = context.Products;
IEnumerable<Product> result = list.Where(p => p.UnitPrice > 100).ToList();
```

Die Methode List kennen Sie zwar noch nicht, aber es sei an dieser Stelle gesagt, dass mit dem Methodenaufruf die Datenbank sofort abgefragt wird.

Jetzt nehmen wir eine kleine Änderung vor. Dabei wird der Ausdruck context.Products nicht einem IEnumerable<Product> zugewiesen, sondern dem Typ IQueryable<Product>. Ansonsten bleibt alles identisch.

```
IQueryable<Product> list = context.Products;
IEnumerable<Product> result = list.Where(p => p.UnitPrice > 100).ToList();
```

Der alles entscheidende Unterschied in den an sich sehr ähnlichen Codefragmenten ist, wo die Filterung durchgeführt wird. Im ersten Fall werden zuerst alle Datensätze abgerufen und der Filter im lokalen Datencache verwendet. Im zweiten Fall werden die Datensätze bereits auf der Datenbank gefiltert und damit auch nur die Datensätze geliefert, die erforderlich sind. Die übermittelte Datenmenge ist dann natürlich erheblich kleiner. Sie können das Phänomen im SQL Server Profiler nachverfolgen, um es bestätigt zu sehen.

Eine unbedachte Angabe von IEnumerable bzw. IEnumerable<TEntity> kann schlussendlich zu einer durchaus gravierenden Performanceeinbuße führen, die nur sehr schlecht zu lokalisieren ist. Benutzen Sie also immer IQueryable, wenn es möglich ist.

20.1.3   Sofortiges Ausführen einer Abfrage

Die Anweisung

```
var query = context.Products;
```

legt fest, welche Daten aus der Datenbank abgefragt und materialisiert werden sollen. Das Resultat ist ein DbSet<TEntity>-Objekt, das dann gefüllt wird, wenn zum ersten Mal auf die Daten zugegriffen wird. In Listing 20.2 ist das der Fall, wenn beim Beginn des ersten Schleifendurchlaufs zum ersten Mal die Ergebnismenge benötigt wird.

In vielen Fällen möchten oder müssen Sie sogar die Daten sofort zur Verfügung stellen, ohne erst eine Schleife aufrufen zu müssen. Das ist zum Beispiel der Fall, wenn Sie die Ergebnismenge an ein WPF-Listensteuerelement binden wollen. Hier stellt die Erweiterungsmethode ToList oder auch ToArray durchaus eine Option dar.

```
var query = context.Products.ToList();
```

ToList ist eine Erweiterungsmethode von IEnumerable<T> und liefert ein Objekt vom Typ List<T> zurück. Demgegenüber hat ToArray ein Array als Rückgabewert. Nach dem Aufruf von ToList sind in der Variablen query alle abgefragten Daten enthalten.

Ähnlich wie ToList werden auch einige weitere LINQ-Methoden sofort ausgeführt. Dazu gehören unter anderem:

▶ First, FirstOrDefault

▶ Single, SingleOrDefault

▶ Min, Max und Count usw.

Sehen wir dazu zwei Beispiele an. Im ersten Beispiel (siehe Listing 20.3) soll nach einem bestimmten Objekt gesucht werden. Dafür bieten sich mit Single und SingleOrDefault zwei Methoden an. Listing 20.3 setzt SingleOrDefault ein, um Daten anhand des Primärschlüssels zu identifizieren.

```
using (var context = new NorthwindEntities())
{
  var query = context.Products
                  .SingleOrDefault(p => p.ProductID == 51);
  if (query != null)
    Console.WriteLine($"Artikel: {query.ProductName}, Preis: {query.UnitPrice}");
  else
    Console.WriteLine("Keinen Artkel gefunden.");
}
```

Listing 20.3 Suchen nach einem bestimmten Produkt mit »SingleOrDefault«

Beachten Sie bitte, dass Single eine Ausnahme auslöst, wenn der gesuchte Datensatz nicht gefunden wird, während SingleOrDefault das Resultat null zurückliefert.

Ähnlich können Sie auch sofort ermitteln, wie hoch der maximale Preis aller Artikel in der *Products*-Tabelle ist.

```
using (var context = new NorthwindEntities())
{
  var query = context.Products.Max(p => p.UnitPrice);
}
```

Listing 20.4 Den maximalen Preis ermitteln

Die Spalte, aus der der Maximalwert ermittelt werden soll, wird als Lambda-Ausdruck an die Methode Max übergeben. In der Variablen query ist sofort der Maximalpreis enthalten, weil der Aufruf von Max das sofortige Ausführen des LINQ-Ausdrucks bewirkt.

20.1.4   Eine Entität mit der Methode »Find« suchen

Die DbContext API hat mit der Methode Find eine weitere Möglichkeit, ein bestimmtes Objekt zu suchen. Find ist eine Methode von DbSet<TEntity> und liefert das gesuchte Objekt zurück. Falls dieses nicht gefunden wird, ist der Rückgabewert null. Im Grunde genommen leisten die beiden Methoden Single bzw. SingleOrDefault dasselbe. Allerdings gibt es einen ganz entscheidenden Unterschied zwischen Find und den beiden Single-Methoden: Während Single und SingleOrDefault versuchen, das gesuchte Objekt in der Datenbank ausfindig zu machen, sucht die Methode Find nach einem exakt vordefinierten Schema. Der Ablauf der Suche ist dabei wie folgt:

▶ Zuerst wird im aktuellen Speicher nach einer Entität gesucht. Dabei dient das DbContext-Objekt als Basis der Objektsuche.

▶ Sollte der erste Schritt zu keinem Ergebnis führen, wird die Find-Methode in der Liste der möglicherweise dem DbContext neu hinzugefügten Objekte nach der Entität suchen.

▶ Falls die beiden ersten Schritte nicht zum Erfolg geführt haben, wird erst im letzten Schritt in der Datenbank nach der Entität gefahndet.

Die Find-Methode sucht nach einer Entität auf Basis des Primärschlüssels. In Listing 20.5 wollen wir das Verhalten testen.

```
using (var context = new NorthwindEntities())
{
  var query = context.Products;
  foreach (var item in query)
    Console.WriteLine(item.ProductName);
  Console.Write("\n\nGesuchte ID: ");
  int id = Convert.ToInt32(Console.ReadLine());
  var result = query.Find(id);
  if (result == null)
    Console.WriteLine("Dieses Produkt gibt es nicht.");
  else
    Console.WriteLine(result.ProductName);
}
```

Listing 20.5 Die Methode »Find« des »DbSet<>«-Objekts (***)

Zuerst wird ein DbSet<Product>-Objekt erstellt. Damit dieses Objekt gefüllt wird, ist eine Schleife notwendig. Anschließend wird nach der ID einer bestimmten Entität gefragt. Je nachdem, ob der sich daran anschließende Aufruf der Find-Methode zum Erfolg geführt hat oder nicht, wird eine entsprechende Konsolenausgabe angezeigt.

Um die besondere Charakteristik der Find-Methode zu erforschen, nämlich zuerst im aktuellen Kontext nach der Entität zu suchen, ist uns der SQL Server Profiler behilflich. Diesen sollten Sie starten, bevor Sie das Listing ausführen. Sie werden erkennen, dass in jedem Fall zuerst die allgemeine Abfrage abgesetzt wird, die das `DbSet<Product>`-Objekt bereitstellt.

Bei der Eingabe der ID muss der Sachverhalt differenziert betrachtet werden: Befindet sich die Entität mit der gewünschten ID bereits in der Ergebnismenge, wird keine weitere Datenbankabfrage ausgeführt. Geben Sie jedoch eine ID an, die in der Tabelle nicht vertreten ist, liefert der SQL Server Profiler den Beweis, dass es zu einer zweiten Abfrage kommt – die dann natürlich keine Entität zurückgeben kann und als Resultat der Abfrage `null` liefert.

Hinweis

Sie könnten auf die Idee kommen, die Abfrage wie folgt zu gestalten:

```
var query = context.Products.ToList();
```

Die Absicht dahinter könnte sein, sich direkt alle Entitäten zu besorgen. Allerdings wird der Aufruf der Methode `Find` einen Compilerfehler verursachen. Der Grund ist, dass `ToList` ein `List<>`-Objekt zurückliefert. Dieses hat zwar ebenfalls eine `Find`-Methode, schreibt aber andere Parameter vor. Die `Find`-Methode, der wir einen Integer (= Primärschlüssel) übergeben, ist jedoch eine Methode der Klasse `DbSet<T>`.

Die Tabelle *Products* hat nur einen einfachen Primärschlüssel. Andere Tabellen besitzen kombinierte Primärschlüssel, die sich aus den Angaben in zwei oder mehr Spalten zusammensetzen. Ein gutes Beispiel ist die Tabelle *OrderDetails* der *Northwind*-Datenbank. Auch ihre Daten können Sie mit der `Find`-Methode abfragen, wenn Sie die einzelnen IDs wie folgt angeben:

```
Context.OrderDetails.Find(10248, 11)
```

Dabei müssen Sie allerdings beachten, dass die Reihenfolge der Schlüssel dieselbe ist wie in der Entitätsklasse.

20.1.5   Lokale Daten mit »Load« laden

Mit `ToList` holt man sich sofort die Daten aus der Datenbank. Die Methode `Load` des `DbSet<>`-Objekts ist eine weitere Alternative. `Load` ist eine Erweiterungsmethode von `IQueryable<>` und materialisiert die Daten. Erstaunlicherweise hat `Load` den Rückgabewert `void` und nicht, wie zu vermuten wäre, eine Liste der zurückgelieferten Entitäten, ähnlich wie die Methode `ToList`.

Hinweis

Um die Methode `DbSet<>.Load` benutzen zu können, müssen Sie den Namespace `System.Data.Entity` mit `using` bekanntgeben.

821

Der Aufruf ist recht einfach. Mit der folgenden Anweisung werden alle Produkte der Tabelle *Products* materialisiert und der Verwaltung des DbContext-Objekts hinzugefügt:

```
context.Products.Load();
```

Load lässt sich auch einsetzen, um die zurückgelieferten Daten zu filtern, z. B.:

```
context.Products.Where(p => p.SupplierID == 1).Load();
```

Mit dieser Anweisung werden alle diejenigen Produkte in den lokalen Speicher geladen, die dem Lieferanten mit der angegebenen ID zugeordnet sind.

20.1.6   Abfragen des lokalen Datencaches mit »Local«

Die Erweiterungsmethode Load ist void. Daher stellt sich nun die Frage, wie wir auf die Entitäten zugreifen können. Auch hier hilft uns das DbSet<TEntity> weiter, denn die lokalen Daten, die durch ein DbSet<TEntity> beschrieben werden, können mit der Eigenschaft Local adressiert werden. Der Rückgabewert von Local ist vom Typ ObservableCollection<TEntity>.

In Listing 20.6 werden zuerst alle Daten der *Products*-Tabelle mit Load geladen. Auf den lokalen Datencache wird anschließend eine Abfrage abgesetzt, um zu erfahren, von welchen Artikeln der Lagerbestand kleiner 10 ist. Die Ergebnismenge wird anschließend dem Namen nach sortiert.

```
using (var context = new NorthwindEntities())
{
  context.Products.Load();
  var query = context.Products.Local
                    .Where(p => p.UnitsInStock < 10)
                    .OrderBy(p => p.ProductName);
  foreach (var item in query)
    Console.WriteLine(item.ProductName);
}
```

Listing 20.6 Zugriff auf die Daten im lokalen Datencache (***)

Hier ist ein großer Vorteil im Zusammenspiel von Load und Local zu erkennen, da der Zugriff auf die sich bereits im lokalen Datencache befindlichen Objekte erfolgt. Es wird nach dem Eintritt in die Schleife nicht erneut auf die Datenbank zugegriffen.

Local stellt nicht nur die Daten zur Verfügung, die vorher aus der Datenbank geladen wurden, sondern darüber hinaus alle eventuell neu hinzugefügten Entitäten. Gelöschte Daten sind nicht sichtbar.

Falls Ihnen die abgefragte Datenmenge in Listing 20.6 zu groß ist (es werden alle Produkte geliefert) und Sie bereits beim Laden wissen, wie die Daten gefiltert werden sollen, können Sie den Code auch wie folgt schreiben:

```
using (var context = new NorthwindEntities())
{
  Console.WriteLine();
  context.Products
        .Where(p => p.UnitsInStock < 10)
        .OrderBy(p => p.ProductName).Load();
  foreach (var item in context.Products.Local)
    Console.WriteLine(item.ProductName);
}
```

Listing 20.7 Gefilterte Daten mit der Methode »Load« laden

Anmerkung

Wie erwähnt, ist der Rückgabewert von Local vom Typ ObservableCollection<>. Diesem Listentyp kommt eine besondere Bedeutung zu, da mit jeder Änderung der Liste der Event CollectionChanged ausgelöst wird. Die Windows Presentation Foundation (WPF) kann davon besonders gut profitieren. Binden Sie nämlich das ObservableCollection<>-Objekt an ein WPF-Control, beispielsweise an eine ListBox, wird bei einer Änderung der Liste das angebundene Control sofort über die Änderung informiert und passt seine Anzeige der neuen Situation entsprechend an.

Mehrfacher Aufruf von »Load«

Was passiert, wenn wir mehrfach hintereinander Load aufrufen? Werden Entitäten, die sich bereits in der Obhut des Kontexts befinden, erneut hinzugeführt oder nicht? Listing 20.8 soll uns darüber Auskunft geben.

```
using (var context = new NorthwindEntities())
{
  context.Products.Load();
  Console.WriteLine(context.Products.Local.Count());
  context.Products.Load();
  Console.WriteLine(context.Products.Local.Count());
  Console.ReadLine();
}
```

Listing 20.8 Doppelter Aufruf von »Load« auf die gleichen Entitäten

Beide Konsolenausgaben zeigen uns 77 an. Das ist genau die Anzahl der Datensätze in der Tabelle *Products*. Für uns bedeutet dies, dass keine Entität doppelt im Kontext enthalten ist.

Nun ändern wir die Abfrage ab und versuchen, mit Load zwei unterschiedlich gefilterte Entitätengruppen in den Kontext zu laden

```
using (var context = new NorthwindEntities())
{
  var query = context.Products.Where(p => p.UnitPrice > 100);
  query.Load();
  var query1 = context.Products.Where(p => p.UnitPrice < 10);
  query1.Load();
  foreach(var item in context.Products.Local)
    Console.WriteLine($"{item.ProductName,-40}{item.UnitPrice}");
}
```

Listing 20.9 Zweimaliger Aufruf von »Load«

Mit dem ersten Aufruf von Load werden alle hochpreisigen Artikel in den lokalen Cache geladen, mit dem zweiten Aufruf alle preiswerten. Die Ergebnismenge enthält in diesem Fall die abgefragten Entitäten beider Filter.

20.1.7   »Local« und die »ObservableCollection<TEntity>«

Der Aufruf von Local liefert eine Liste vom Typ ObservableCollection<> als Ergebnis zurück. Dieser Listentyp wurde mit der WPF eingeführt und hat die Fähigkeit, das Ereignis CollectionChanged auszulösen, wenn sich die Liste durch das Hinzufügen oder Löschen eines Listenelements verändert hat. Das EventArgs-Objekt des Ereignishandlers liefert uns alle Zusatzinformationen, die wir gegebenenfalls bei der Implementierung des Ereignishandlers benötigen. Über die Eigenschaft Action können wir erfahren, welche Aktion zum Auslösen des Events geführt hat, NewItems liefert die Liste aller neuen Listenelemente und OldItems die Liste aller gelöschten. In Listing 20.10 sehen Sie ein einfaches Beispiel, das den Einsatz des Events CollectionChanged zeigt.

```
using (var context = new NorthwindEntities())
{
  context.Products.Local.CollectionChanged += (sender, e) =>
  {
    foreach (Product item in e.NewItems)
      Console.WriteLine($"Neu: {item.ProductName}");
  };
  context.Products.Add(new Product { ProductName = "Chili" });
}
```

Listing 20.10 Das Ereignis »CollectionChanged« behandeln

20.2   In Beziehung stehende Daten laden

Im Zusammenhang mit dem Entity Framework steht oft die Frage im Vordergrund, zu welchem Zeitpunkt die Daten tatsächlich geladen werden. Obwohl wir uns bereits im Abschnitt zuvor diese Frage gestellt haben, müssen wir sie jetzt noch einmal aufgreifen. Allerdings soll es jetzt nicht um die Frage gehen, wann ein DbSet-Objekt gefüllt wird. Das haben wir weiter oben schon gesehen. Wie Sie in Kapitel 19, »Einführung in das Entity Framework«, erfahren haben, beschreiben Entitätsklassen neben den obligatorischen Eigenschaften auch Navigationseigenschaften, die dabei helfen, in Beziehung stehende Daten zu laden. Uns interessiert an dieser Stelle, wie und wann in Beziehung stehende Daten geladen werden. Dazu gibt es mehrere Strategien, die in ihrem Verhalten sehr unterschiedlich sind:

▶ Lazy Loading

▶ Eager Loading

▶ Explicit Loading

Alle drei wollen wir uns nun im Detail der Reihe nach ansehen.

20.2.1   Das Lazy Loading

Lazy Loading ist von allen drei genannten Varianten am einfachsten einzusetzen. Das Verfahren basiert auf dem Verhalten, die Daten genau in dem Moment zu laden, wenn sie benötigt werden. Stellen Sie sich vor, Sie würden alle Produkte benötigen, die der Kategorie *Condiments* zugeordnet sind. Das können Sie mit den folgenden Anweisungen erreichen:

```
using(var context = new NorthwindEntities())
{
  var result = context.Categories
                    .SingleOrDefault(cat => cat.CategoryName == "Condiments");
  if (result != null)
    foreach (var item in result.Products)
      Console.WriteLine(item.ProductName);
}
```

Listing 20.11 Einfaches Lazy Loading (***)

Der Code des Listings führt dazu, dass die Datenbank zweimal abgefragt wird. Die erste Abfrage wird beim Aufruf der Methode SingleOrDefault gegen die Datenbank abgesetzt und liefert die gewünschte Kategorie. Die zweite Abfrage wird beim Eintritt in die Schleife ausgeführt und stellt die zum Abfrageergebnis der ersten Abfrage zugehörigen Produkte bereit. Dazu wird die Navigationseigenschaft Products aufgerufen.

Sie können das sehr gut sehen, wenn Sie sich die an den SQL Server geschickten Abfragen im SQL Server Profiler anschauen. Die erste Abfrage lautet

```
SELECT TOP (2)
    [Extent1].[CategoryID] AS [CategoryID],
    [Extent1].[CategoryName] AS [CategoryName],
    [Extent1].[Description] AS [Description],
    [Extent1].[Picture] AS [Picture]
    FROM [dbo].[Categories] AS [Extent1]
    WHERE N'Condiments' = [Extent1].[CategoryName]
```

Beim Eintritt in die Schleife wird durch die Anweisung result.Products das folgende SQL-Statement gebildet:

```
exec sp_executesql N'SELECT
    [Extent1].[ProductID] AS [ProductID],
    [Extent1].[ProductName] AS [ProductName],
    [...]
    [Extent1].[ReorderLevel] AS [ReorderLevel],
    [Extent1].[Discontinued] AS [Discontinued]
    FROM [dbo].[Products] AS [Extent1]
    WHERE [Extent1].[CategoryID] = @EntityKeyValue1',N'@EntityKeyValue1
                             int',@EntityKeyValue1=2
```

> **Anmerkung**
>
> Sie benötigen nicht unbedingt den SQL Server Profiler, um sich die erzeugten SQL-Statements anzusehen. Sie können sich diese zu Testzwecken auch in die Konsole schreiben lassen. Ergänzen Sie dazu die folgende Anweisung direkt als erste Anweisung im using-Anweisungsblock:
>
> ```
> context.Database.Log = Console.Write;
> ```
>
> Im ersten Moment mag es wie ein Fehler aussehen, dass Write keine runden Klammern für die Parameterliste verlangt. Das Rätsel ist aber schnell gelöst, denn die Eigenschaft Log der Klasse Database ist vom Typ Action<string>, und das ist ein Delegat. Damit können Sie letztendlich jede Methode angeben, die einen Parameter vom Typ String definiert.

Es dürfte einleuchten, dass zwei Datenbankabfragen sich negativ auf die Performance auswirken – aber es geht noch schlimmer: Ein leichtfertiger Umgang mit Lazy Loading kann dazu führen, dass eine Datenbank sogar mehrfach abgefragt wird. Nehmen wir an, es würde nicht nur die Kategorie *Condiments* interessieren, sondern darüber hinaus *Seafood*. Mit kleinen Änderungen ist das sehr schnell zu erreichen:

```
using (var context = new NorthwindEntities())
{
  var result = context.Categories
                    .Where(cat => cat.CategoryName == "Condiments"
                             || cat.CategoryName == "Seafood").ToList();
```

```
foreach (var catItem in result)
{
  Console.WriteLine(catItem.CategoryName);
  foreach (var prodItem in catItem.Products)
    Console.WriteLine("... {0}", prodItem.ProductName);
}
}
```

Listing 20.12 Mehrfache Datenbankabfrage

Die Folge ist, dass nunmehr bereits drei Mal eine Abfrage gegen die Datenbank abgesetzt wird: Dabei handelt es sich um den Aufruf von ToList sowie den zweimaligen Aufruf von catItem.Products (einmal für Condiments und ein weiteres Mal für SeaFood).

Im SQL Server Profiler ist das sehr schön zu erkennen. Berücksichtigen wir alle Kategorien, werden schon neun Abfragen abgesetzt, da in der Tabelle *Categories* acht Einträge enthalten sind. Nun stellen Sie sich nur vor, es würde sich um eine reale Datenbank mit hunderten Einträgen handeln – ein völlig indiskutables Verhalten.

Deaktivieren des Lazy Loadings

Sie können das Lazy Loading deaktivieren, indem Sie das dem Kontext mitteilen. Dazu bieten sich drei Möglichkeiten an:

▶ Sie ergänzen im Quellcode die fol-gende Anweisung:

```
context.Configuration.LazyLoadingEnabled = false;
```

▶ Sie ergänzen den Konstruktor der DbContext-Klasse:

```
public partial class NorthwindEntities : DbContext
{
  public NorthwindEntities() : base("name=NorthwindEntities")
  {
    this.Configuration.LazyLoadingEnabled = false;
  }
  [...]
}
```

▶ Sie stellen im Eigenschaftsfenster die Eigenschaft LAZY LOADING AKTIVIERT des Entity Data Models (EDM) auf false.

Lassen Sie uns abschließend feststellen, dass der falsche oder unkontrollierte Einsatz von Lazy Loading zu Performanceeinbrüchen führen kann, die anfangs vielleicht nicht sofort zu erkennen oder schwer zu lokalisieren sind. Im Zweifelsfall empfiehlt es sich, das Lazy Loading grundsätzlich zu deaktivieren.

20

20.2.2   Das Eager Loading

Der große Nachteil des Lazy Loadings ist das Nachladen bei Bedarf, das zu spürbaren Leistungsverlusten der Anwendung führen kann. Dem *Eager Loading* haftet dieser Nachteil nicht an, weil sofort alle benötigten Daten geladen werden. Im nächsten Beispiel wird das gezeigt:

```csharp
using (var context = new NorthwindEntities())
{
  var result = context.Categories
                      .Where(cat => cat.CategoryName == "Condiments" ||
                                    cat.CategoryName == "Seafood")
                  .Include(cat => cat.Products);
  foreach (var catItem in result)
  {
    Console.WriteLine(catItem.CategoryName);
    foreach (var prodItem in catItem.Products)
      Console.WriteLine($"... {prodItem.ProductName}");
  }
}
```

Listing 20.13 Datenbankabfrage mit Eager Loading (***)

Der alles entscheidende Punkt ist der Einsatz der Methode `Include`. Mit der Methode geben wir an, dass alle Produkte der beiden gefundenen Kategorien *Condiments* und *Seafood* gleichzeitig mitgeladen werden sollen. Wenn Sie sich das SQL-Statement im SQL Server Profiler ansehen, werden Sie feststellen, dass das Entity Framework einen Join erzeugt und nur eine Abfrage absetzt.

Der Aufruf kann auch mit direkter Nennung der Navigationseigenschaft `Products` erfolgen:

```csharp
Include("Products");
```

> **Hinweis**
>
> Der Einsatz der Erweiterungsmethode `Include` setzt voraus, dass der Namespace `System.Data.Entity` mit `using` bekanntgegeben ist.

Inkludierte Abfragen müssen nicht immer so einfach wie in Listing 20.13 sein. Tatsächlich können Sie Daten auch über mehrere Beziehungen hinweg laden. Angenommen, Sie würden sich für die Namen aller Kunden interessieren, die den Artikel *Chai* bestellt haben. Werfen Sie einen Blick in das Entity Data Model in Abbildung 20.1, das vier Entitäten beschreibt.

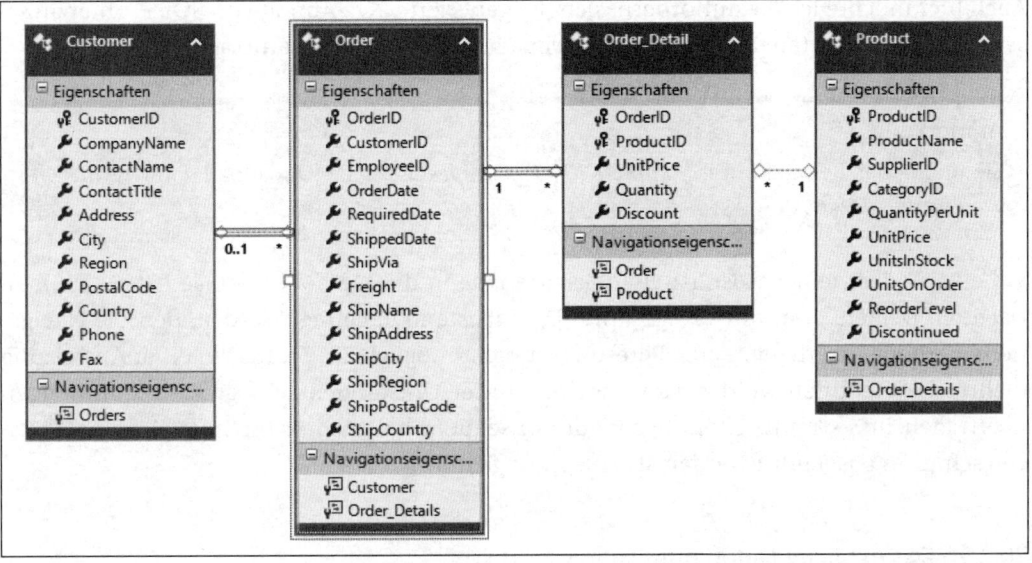

Abbildung 20.1 Ein weiteres Entity Data Model

Ausgehend von der Entität `Product` gelangen Sie über ihre Navigationseigenschaft `Order_Details` zu der Entität `Order_Detail`. Von `Order_Detail` und ihrer Eigenschaft `Order` kommen Sie zur Entität `Order`, deren Navigationseigenschaft `Customer` den gesuchten Kunden liefert. Vier Entitäten sind hier also an der Lösung der Abfrage beteiligt.

Um alle Kundennamen auszugeben, ist der folgende Programmcode notwendig:

```
using (var context = new NorthwindEntities())
{
  var result = context.Products
                    .Include("Order_Details.Order.Customer")
                    .Where(p => p.ProductName == "Chang");
  foreach (var item in result)
  {
    Console.WriteLine(item.ProductName);
    foreach (var orderDetail in item.Order_Details)
      Console.WriteLine($"{orderDetail.Order.OrderID,-10}
                        {orderDetail.Order.Customer.CompanyName}");
  }
}
```

Listing 20.14 Eager Loading über mehrere Entitäten hinweg

Auch hier möchte ich Sie auffordern, sich die generierte SQL-Abfrage im SQL Profiler anzusehen. Bei den meisten dürfte das einen Schauer des Schreckens verursachen.

> **Anmerkung**
>
> Sie finden das Beispiel unter ..\Kapitel 20\EF_Samples\Sample2 (Download von *www.rheinwerk-verlag.de/4699*).

Wo etwas oder viel Licht ist, ist auch Schatten, denn die Methode Include hat auch einen Nachteil: Derzeit kann nur der gesamte Datenbestand abgefragt werden, den die Navigationsmethode liefert, denn eine Filterung ist nicht möglich. Da Include in einer Anweisung mehrfach aufgerufen werden kann, werden unter Umständen sehr große Datenmengen übertragen. Im Extremfall könnte das zur Konsequenz haben, dass mehrere einzelne Abfragen schneller ausgeführt werden als eine Abfrage mit Include.

20.2.3   Das explizite Laden mit »Load«

Das explizite Laden von Daten ähnelt dem Lazy Loading. Im Unterschied dazu sind Sie jedoch nicht auf das automatische Laden angewiesen, sondern können dieses manuell steuern.

Ausgangspunkt ist die Methode Entry des DbContext-Objekts, dem als Argument eine Entität übergeben wird. Entry liefert ein Objekt vom Typ DbEntityEntry, das viele Informationen zu einer Entität bereitstellt, die über die Properties hinausgehen. Unter anderem beschreibt ein DbEntityEntry den Zustand einer Entität, beispielsweise ob sich eine Eigenschaft verändert hat. Wir werden uns später noch mit vielen Details genau auseinandersetzen müssen.

Abhängig davon, ob die Navigationseigenschaft auf eine Liste in Beziehung stehender Daten verweist (wie beispielsweise *Products* in der Tabelle *Categories*) oder sich nur auf einen einzelnen Eintrag bezieht (zum Beispiel in der Tabelle *Products* die Navigationseigenschaft *Category*), wird auf das DbEntityEntry-Objekt entweder die Methode Collection oder die Methode Reference aufgerufen. Danach kann durch Aufruf von Load eine Abfrage zur Datenbank geschickt werden, um den Inhalt der Navigationseigenschaft abzurufen.

Sehen wir uns das an einem Beispiel an. Dabei interessieren uns alle Produkte, die der Kategorie *Seafood* zugeordnet sind.

```
using (var context = new NorthwindEntities())
{
  var result = context.Categories
                    .Where(cat => cat.CategoryName == "Seafood")
                    .FirstOrDefault();
  context.Entry(result).Collection("Products").Load();
```

```
    foreach (var item in result.Products)
        Console.WriteLine(item.ProductName);
}
```

Listing 20.15 Alle zu einer Kategorie gehörenden Produkte laden (***)

Zuerst wird ein LINQ-Ausdruck verwendet, um die Entität Seafood zu materialisieren. In der darauf folgenden Anweisung wird die Seafood-Entität der Entry-Methode des Kontexts übergeben. Wie schon oben erwähnt, ist der Rückgabewert der Methode Entry ein DbEntityEntry-Objekt, auf das dessen Methode Collection unter Nennung der Navigationseigenschaft Products aufgerufen wird. Mit Load werden die entsprechenden Daten aus der Datenbank geladen. Insgesamt werden also zwei SQL-Statements an die Datenbank gesendet. Bemerkenswert ist, dass es an uns liegt, wann wir die Daten der Navigationsmethode laden wollen. Wir sind hier nicht auf das Lazy Loading angewiesen.

Sehr ähnlich sieht der Code aus, wenn wir zu einer Product-Entität die dazugehörende Category-Entität abrufen. Allerdings verwenden wir dazu die Methode Reference.

```
using(var context = new NorthwindEntities())
{
    var result = context.Products
                        .Where(p => p.ProductID == 1)
                        .FirstOrDefault();
    context.Entry(result).Reference("Category").Load();
    Console.WriteLine($"{result.ProductName,-40}{result.Category.CategoryName}");
}
```

Listing 20.16 Laden der zu einem Produkt gehörenden Kategorie (***)

Eine Zeichenfolge zu übergeben ist bei Entwicklern nicht sehr beliebt, denn dabei schleichen sich sehr schnell Fehler ein, die nicht sofort erkannt werden. Das gilt auch für die Methoden Collection und Reference aus Listing 20.15 und Listing 20.16. Es soll daher an dieser Stelle nicht unerwähnt bleiben, dass beiden genannten Methoden auch durch einen Lambda-Ausdruck formuliert werden können, z. B.:

```
context.Entry(result).Collection(cat => cat.Products).Load();
```

> **Hinweis**
>
> In Abschnitt 20.4.1 werde ich die Klasse DbEntityEntry noch einmal aufgreifen und im Detail erläutern.

20

20.2.4 Mit »Query« vor dem Laden filtern

Mit der Methode `Collection` erhalten Sie als Abfrageresultat die Gesamtmenge der Entitäten, die von der Navigationseigenschaft beschrieben wird. Häufig werden Sie allerdings nur eine Untermenge dessen benötigen, was die Navigationseigenschaft liefert. Nehmen wir an, Sie würden sich für alle Produkte einer bestimmten Kategorie interessieren, die einen bestimmten Preis unterschreiten. Es könnte eine erste Idee sein, eine Filterung wie im folgenden Programmcode gezeigt zu schreiben:

```
using(var context = new NorthwindEntities())
{
  var result = context.Categories
                  .Where(cat => cat.CategoryName == "Condiments")
                  .SingleOrDefault();
  var query = result.Products.Where(prod => prod.UnitPrice < 20);
  foreach (var item in query)
    Console.WriteLine(item.ProductName);
}
```

Selbstkritisch müssen wir feststellen, dass aufgrund des damit verbundenen Lazy Loadings weitaus mehr Daten bereitgestellt werden, als uns tatsächlich interessieren. Ausschlaggebend dafür ist der Teilausdruck

`result.Products`

Genauso wie in Listing 20.11 in der Schleife wird hier das Lazy Loading angestoßen. Der Filter wirkt sich also erst auf die bereits geladene Menge aller Produkte aus. Damit können wir sagen, dass definitiv zu viele Daten geladen werden – mehr, als eigentlich benötigt werden.

Das ist im SQL Server Profiler deutlich zu sehen. Die beim SQL Server eintreffende Anweisung sieht wie folgt aus:

```
exec sp_executesql N'SELECT
    [Extent1].[ProductID] AS [ProductID],
    [Extent1].[ProductName] AS [ProductName],
    [Extent1].[SupplierID] AS [SupplierID],
    [Extent1].[CategoryID] AS [CategoryID],
    [Extent1].[QuantityPerUnit] AS [QuantityPerUnit],
    [Extent1].[UnitPrice] AS [UnitPrice],
    [Extent1].[UnitsInStock] AS [UnitsInStock],
    [Extent1].[UnitsOnOrder] AS [UnitsOnOrder],
    [Extent1].[ReorderLevel] AS [ReorderLevel],
    [Extent1].[Discontinued] AS [Discontinued]
    FROM [dbo].[Products] AS [Extent1]
    WHERE [Extent1].[CategoryID] = @EntityKeyValue1',N'@EntityKeyValue1
                                int',@EntityKeyValue1=2
```

Von unserem Filter ist nichts zu sehen.

Das Entity Framework bietet uns mit der Methode Query eine weitaus bessere Lösung an. Diese sieht wie folgt aus:

```
using(var context = new NorthwindEntities())
{
  var result = context.Categories
                      .Where(cat => cat.CategoryName == "Condiments")
                      .SingleOrDefault();
  var prod = context.Entry(result).Collection(p => p.Products).Query();
  var query = prod.Where(p => p.UnitPrice < 20);
  foreach (var item in query)
    Console.WriteLine($"{item.ProductName,-35}{item.UnitPrice}");
}
```

Listing 20.17 Laden einer Untermenge mit der Methode »Query« (***)

Die Methode Query gibt die Menge aller Daten an, die zur Abfrage der Datenbank verwendet werden, aber Query führt die Abfrage nicht sofort aus, sondern erst beim Eintritt in die Schleife, wenn die Daten zum ersten Mal benötigt werden. Nunmehr beschreibt die Variable query eine Datenabfrage mit einem Filter, der nur die gewünschten Daten materialisiert.

Auch hier wollen wir uns kurz das SQL-Statement ansehen, das der SQL Server empfangen hat.

```
exec sp_executesql N'SELECT
    [Extent1].[ProductID] AS [ProductID],
    [Extent1].[ProductName] AS [ProductName],
    [Extent1].[SupplierID] AS [SupplierID],
    [Extent1].[CategoryID] AS [CategoryID],
    [Extent1].[QuantityPerUnit] AS [QuantityPerUnit],
    [Extent1].[UnitPrice] AS [UnitPrice],
    [Extent1].[UnitsInStock] AS [UnitsInStock],
    [Extent1].[UnitsOnOrder] AS [UnitsOnOrder],
    [Extent1].[ReorderLevel] AS [ReorderLevel],
    [Extent1].[Discontinued] AS [Discontinued]
    FROM [dbo].[Products] AS [Extent1]
    WHERE ([Extent1].[CategoryID] = @EntityKeyValue1) AND ([Extent1].[
UnitPrice] < cast(20 as decimal(18)))',N'@EntityKeyValue1 int',@EntityKeyValue1=2
```

Die Eigenschaft »IsLoaded«

Wollen Sie Daten bearbeiten, kann es zu einer Situation kommen, bei der Sie sich nicht sicher sind, ob sich die Daten bereits im lokalen Cache befinden oder nicht. Hier hilft Ihnen die Eigenschaft IsLoaded weiter, die vom Typ bool ist, z. B.:

```
[...]
if(! context.Entry(result).Reference(s => s.Category).IsLoaded)
  context.Entry(result).Reference(s => s.Category).Load();
[...]
```

Sie können IsLoaded sowohl auf Reference als auch auf Collection aufrufen.

20.3   Ändern von Entitäten

In den letzten beiden Abschnitten haben wir uns mit Datenabfragen beschäftigt. Das wird für die meisten Anwendungen nicht ausreichen, denn oft müssen die Daten geändert werden, neue Daten hinzugefügt oder bestehende gelöscht werden. Und selbstverständlich sollen die Aktualisierungen auch in die Datenbank zurückgeschrieben werden.

Genau das wollen wir uns nun ansehen. Dabei müssen wir berücksichtigen, dass im Entity Framework zwei Szenarien unterschieden werden:

▶ verbundenes Szenario

▶ unverbundenes Szenario

Im verbundenen Szenario wird ein DbContext-Objekt dazu benutzt, Daten aus der Datenbank abzufragen und die geänderten Daten wieder in die Datenbank zu schreiben. Das DbContext-Objekt verfolgt dabei die Änderungen, die an den Entitäten vorgenommen werden, und registriert auch, wenn eine neue Entität hinzugefügt wird. Üblicherweise finden wir das vor, wenn alle Datenbankoperationen im Prozessraum der Anwendung abgewickelt werden. Ein typisches Beispiel wäre eine klassische Windows-Anwendung.

Beim unverbundenen Szenario spielen zumindest zwei DbContext-Objekte eine Rolle: Mit dem ersten werden die Daten aus der Datenbank gelesen, mit dem zweiten die Änderungen an die Datenbank übermittelt. Diese Situation tritt beispielsweise auf, wenn wir uns in einer n-Tier-Umgebung befinden.

Dass das unverbundene Szenario komplexer ist, dürfte auch ohne tiefere Sachkenntnis einleuchten. Wir wollen uns daher zuerst den Grundlagen in einem verbundenen Szenario zuwenden und kommen später im Kapitel noch auf das unverbundene zu sprechen.

20.3.1   Entitäten ändern

Nehmen wir an, der Artikelbezeichner des ersten Artikels in der Tabelle *Products* soll von *Chai* in *Cream Coffee* geändert werden. Wie das gemacht wird, zeigt Listing 20.18.

```
using(var context = new NorthwindEntities())
{
  var prod = context.Products
```

```
                    .Where(p => p.ProductName == "Chai")
                    .Single();
  prod.ProductName = "Cream Coffee";
  context.SaveChanges();
  Console.WriteLine("Datenbank aktualisiert.");
}
```

Listing 20.18 Ändern einer vorhandenen Entität (***)

Zuerst müssen wir das Produkt *Chai* in den Speicher laden. Hier bietet sich `Single` (oder auch `SingleOrDefault` an), weil die Entität mit dieser Methode sofort materialisiert wird. Danach können wir über die entsprechende Entität den Produktnamen ändern. Nach der Änderung wird mit der Methode `SaveChanges` des `DbContext`-Objekts die Änderung in die Datenbank geschrieben.

Das passende SQL-Statement zur Aktualisierung wird vom Entity Framework im Hintergrund erzeugt. Dabei benutzt das EF den Primärschlüssel, um den zu ändernden Datensatz in der Datenbank zu lokalisieren.

```
exec sp_executesql N'update [dbo].[Products]
set [ProductName] = @0
where ([ProductID] = @1)
',N'@0 nvarchar(40),@1 int',@0=N'Coffee Creme',@1=1
```

20.3.2   Hinzufügen einer neuen Entität

Zum Erzeugen einer neuen Entität wird die Methode `Add` des `DbSet`-Objekts verwendet, dem eine neue Entität als Argument übergeben wird. Damit wird die neue Entität auch sofort von `DbContext` verwaltet, und es reicht der Aufruf der Methode `SaveChanges`, um das Objekt in die Datenbank zu schreiben.

Nehmen wir an, wir möchten die Tabelle *Products* um den Artikel *Mustard* ergänzen und anschließend die Datenbank aktualisieren. Wie der Code dazu aussieht, zeigt Listing 20.19:

```
using(var context = new NorthwindEntities())
{
  var product = new Product { ProductName = "Mustard" };
  context.Products.Add(product);
  context.SaveChanges();
  Console.WriteLine($"ProductID = {product.ProductID}");
}
```

Listing 20.19 Hinzufügen einer neuen Entität (***)

Die Primärschlüsselspalte von *ProductID* ist in der Datenbank als Autoinkrement-Wert definiert. Die Konsolenausgabe zeigt den Primärschlüssel nach der Aktualisierung der Datenbank an. Er wird nach dem erfolgreichen Hinzufügen der Entität zur Tabelle *Products* automatisch im entsprechenden Feld der Entität eingetragen.

Auch hier wollen wir uns im SQL Server Profiler ansehen, welches SQL-Statement der SQL Server vom Entity Framework empfängt:

```
exec sp_executesql N'insert [dbo].[Products]([ProductName], [SupplierID],
[CategoryID], [QuantityPerUnit], [UnitPrice], [UnitsInStock], [UnitsOnOrder],
[ReorderLevel], [Discontinued])
values (@0, null, null, null, null, null, null, null, @1)
select [ProductID]
from [dbo].[Products]
where @@ROWCOUNT > 0 and [ProductID] = scope_identity()',N'@0 nvarchar(40),@1 bit'
,@0=N'Mustard',@1=0
```

Hinzufügen über eine Navigationseigenschaft

Lassen Sie uns doch einmal eine neue Kategorie hinzufügen. Gleichzeitig wollen wir zwei neue Produkte anlegen, die der neuen Kategorie zugeordnet werden.

```
using (var context = new NorthwindEntities())
{
  Category newCat = new Category { CategoryName = "Putzmittel" };
  newCat.Products = new List<Product>
  {
    new Product { ProductName="Priehl", Discontinued = false},
    new Product { ProductName = "Dasch", Discontinued = false }
  };
  context.Categories.Add(newCat);
  // Zustand abfragen
  Console.WriteLine($"Zustand (neue Kategorie): {context.Entry(newCat).State}");
  foreach (var item in newCat.Products)
    Console.WriteLine($"Zustand ({item.ProductName}):{context.Entry(item).State}");
  context.SaveChanges();
  Console.WriteLine("Datenbank aktualisiert ...");
}
```

Listing 20.20 Hinzufügen über eine Navigationseigenschaft (***)

In Listing 20.20 wird mit

```
context.Entry(...).State
```

der Zustand der Entität abgefragt, die der Methode Entry als Referenz übergeben wird. Ich werde auf den Zustand weiter unten noch zu sprechen kommen, aber es sei schon jetzt erwähnt, dass mögliche Zustände Added, Deleted, Detached, Modified oder Unchanged sein können.

Die Ausgabe an der Konsole sieht wie folgt aus:

```
Zustand (neue Kategorie): Added
Zustand (Priehl): Added
Zustand (Dasch): Added
```

Das Entity Framework überprüft anscheinend auch die Navigationseigenschaft und stellt fest, dass dort zwei Produkte angegeben sind, die nicht vom Kontext verwaltet werden. Daher werden beide Produkte als hinzuzufügende Entitäten erzeugt und deren Zustand auf Added gesetzt. Die Konsolenausgabe bestätigt uns das. Starten Sie die Anwendung wiederholt, so dass jedes Mal neue Produkte mit den Bezeichnern *Priehl* und *Dasch* in der Tabelle *Products* eingepflegt werden.

Nun nehmen wir eine Änderung an Listing 20.20 vor: Es soll eine neue Kategorie namens *Putzmittel* erzeugt werden. Aber anstatt der Navigationseigenschaft Products zwei Produkte hinzuzufügen, die sich nicht im Kontext befinden, sollen nun die Produkte in den Kontext geladen werden, um sie der neuen Kategorie zuzuordnen.

```
using (var context = new NorthwindEntities())
{
  var prod1 = context.Products.Single(prod => prod.ProductID == 5);
  var prod2 = context.Products.Single(prod => prod.ProductID == 6);
  Category newCat = new Category { CategoryName = "Putzmittel" };
  newCat.Products = new List<Product> { prod1, prod2 };
  context.Categories.Add(newCat);
  // Zustände abfragen
  Console.WriteLine($"Zustand (neue Kategorie): {context.Entry(newCat).State}");
  foreach (var item in newCat.Products)
    Console.WriteLine($"Zustand ({item.ProductName}): {context.Entry(item).State}");
  context.SaveChanges();
  Console.WriteLine("Datenbank aktualisiert ...");
}
```

Listing 20.21 Hinzufügen existierender Entitäten zur Navigationseigenschaft (***)

Wie Sie sehen, haben jetzt die beiden Product-Entitäten nicht mehr den Zustand Added. Stattdessen haben wir es mit Modified zu tun, was auch einleuchtet, da sich nur die Eigenschaft CategoryID verändert hat. Mit SaveChanges werden natürlich auch hier sämtliche Änderungen in die Datenbank geschrieben.

20.3.3   Löschen einer Entität

Im Grunde genommen ist das Löschen einer Entität genauso einfach wie das Hinzufügen. Sie müssen die Methode Remove auf das DbSet aufrufen. Dennoch müssen wir das Löschen aus drei unterschiedlichen Blickwinkeln betrachten:

▸ das Löschen einer Entität, die sich im lokalen Datencache, dem Kontext, befindet

▸ das Löschen einer Entität, die sich nicht im Kontext befindet

▸ das Löschen einer Entität, die sich in Beziehung mit Entitäten einer anderen Tabelle befindet

Starten wir mit einem Beispiel, dass die im vorhergehenden Abschnitt hinzugefügte Entität (*Mustard*) löscht.

```
using (var context = new NorthwindEntities())
{
  var product = context.Products
                  .Where(p => p.ProductName == "Mustard")
                  .First();
  context.Products.Remove(product);
  context.SaveChanges();
  Console.WriteLine("Datenbank aktualisiert.");
}
```

Listing 20.22 Löschen einer Entität, die sich im Kontext befindet (***)

Der Code in Listing 20.22 bedarf vermutlich keiner weiteren Erklärung.

Sie können auch eine Entität löschen, die sich aktuell nicht im lokalen Datencache befindet, also nicht von der Datenbank bezogen wurde. Das setzt allerdings voraus, dass Sie zumindest den Primärschlüssel der zum Löschen anstehenden Entität kennen. Umgesetzt wird diese Variante mit einem Stellvertreter, den wir in das DbSet<Products> mit der Methode Attach der Verwaltung des Kontexts übergeben. Anschließend wird die Methode Remove aufgerufen, um die Entität als zu löschende Entität zu markieren, damit SaveChanges die Entität (oder besser den Stellvertreter) erfassen kann.

```
using(var context = new NorthwindEntities())
{
  try
  {
    var product = new Product { ProductID = 79 };
    context.Products.Attach(product);
    context.Products.Remove(product);
    context.SaveChanges();
    Console.WriteLine("Datenbank aktualisiert.");
```

```
   }
   catch(Exception ex)
   {
      Console.WriteLine("Kein entsprechender DS gefunden.");
   }
}
```

Listing 20.23 Löschen unter Zuhilfenahme eines Stellvertreters (***)

Sollte der Primärschlüssel in der Datenbank nicht vorhanden sein, wird eine Exception ausgelöst. Sie sollten daher für diesen Fall den Code um ein try...catch ergänzen, um auf die Ausnahme zu reagieren.

Löschen von in Beziehung stehenden Daten

In Listing 20.22 und Listing 20.23 haben wir einen Artikel aus der Tabelle *Products* gelöscht. *Products* steht, wie Sie wissen, in Beziehung zur Tabelle *Categories*. *Categories* ist die Mastertabelle, *Products* die Detailtabelle. Die beiden gelöschten Artikel befanden sich also in der Detailtabelle.

Nun wollen wir einen Eintrag in der Mastertabelle *Categories* löschen. *Categories* und *Products* stehen miteinander in einer 1:n-Beziehung. Diese ist nicht kaskadierend.

> **Hinweis**
>
> *Kaskadierend* bedeutet das Folgende: Wenn versucht wird, in der Mastertabelle einen Datensatz zu löschen, auf den von Fremdschlüsseln anderer Tabellen (Detailtabellen) verwiesen wird, werden alle Datensätze, die diesen Fremdschlüssel enthalten, ebenfalls gelöscht.

In unserem betrachteten Fall heißt das: Wenn ein Eintrag in *Categories* gelöscht wird, werden die Produkte, die der zu löschenden Kategorie zugeordnet sind, nicht automatisch mitgelöscht. Stattdessen wird die Fremdschlüsselspalte (*CategoryID*) den Inhalt null aufweisen.

Wir wollen im folgenden Listing die Kategorie mit der CategoryID=1 löschen. Ein erster, zugegebenermaßen naiver Ansatz könnte wie folgt aussehen:

```
using (var context = new NorthwindEntities())
{
   var cat = context.Categories.Single(c => c.CategoryID == 1);
   context.Categories.Remove(cat);
   context.SaveChanges();
   Console.WriteLine("Datenbank aktualisiert.");
}
```

Wenn Sie versuchen, diesen Code auszuführen, werden Sie mit einer Ausnahme des Typs DbUpdateException konfrontiert. Eine Analyse der Fehlermeldung besagt, dass der Fehler aufgrund der Beziehung zwischen *Categories* und *Products* aufgetreten ist. Was im ersten Moment erstaunen mag, ist aber sehr einfach zu erklären: Alle Produkte, die der zum Löschen anstehenden Kategorie zugeordnet sind, würden in ihrer Fremdschlüsselspalte einen Wert aufweisen, der in der Mastertabelle nicht mehr existiert, nämlich »1«.

Die Lösung der Problematik gestaltet sich recht einfach: Wir müssen alle betroffenen Produkte ebenfalls in den lokalen Datencache laden.

```
using (var context = new NorthwindEntities())
{
  var cat = context.Categories.Single(c => c.CategoryID == 1);
  context.Entry(cat).Collection(c => c.Products).Load();
  context.Categories.Remove(cat);
  context.SaveChanges();
  Console.WriteLine("Datenbank aktualisiert.");
}
```

Listing 20.24 Löschen einer Entität in der Mastertabelle

Sehen Sie sich an, was der SQL Server Profiler uns nach Ausführung des Listings anzeigt. Für jedes betroffene Produkt wird mit

```
update [dbo].[Products]
set [CategoryID] = null
where ([ProductID] - @0)
```

eine Aktualisierung des Wertes in der Spalte *CategoryID* angestoßen. Wir können feststellen, dass das Entity Framework die entsprechenden Änderungen automatisch im Kontext vorgenommen hat. Erst am Ende erfolgt das Löschen der Kategorie mit

```
delete [dbo].[Categories]
where ([CategoryID] = @0)
```

Anmerkung

Etwas anders stellt sich der Sachverhalt dar, wenn eine Beziehung mit Löschweitergabe in der Datenbank definiert ist. Es besteht dann keine Notwendigkeit, die Daten der Detailtabelle in den lokalen Datencache zu laden, da die Datenbank selbständig die in Beziehung stehenden Daten löscht.

20.3.4   SQL mit Entity Framework

Das Entity Framework erlaubt es uns auch, SQL gegen eine relationale Datenbank abzusetzen. Dazu stehen drei Methoden im Entity Framework zur Verfügung:

- `DbSet.SqlQuery()`
- `DbContext.Database.SqlQuery()`
- `DbContext.Database.ExecuteSqlCommand()`

Beim Einsatz dieser Methoden verzichten wir natürlich auf jegliche Unterstützung des Entity Frameworks. Trotzdem werden Sie später in einigen Listing auf die Methode `ExecuteSqlCommand` stoßen. Das wird dann der Fall sein, wenn wir uns den Szenarien zuwenden, in denen ein weiterer Anwender eine wichtige Rolle spielt. Um einen weiteren User ohne großen Aufwand zu simulieren, ist die genannte Methode gut geeignet.

20.4   Das Verfolgen der Änderungen

Im letzten Abschnitt haben Sie gesehen, wie einfach es ist, die Daten geänderter Entitäten in die Datenbank zurückzuschreiben. Dazu bedarf es nur weniger Zeilen Programmcode. Hinter der Kulisse hilft uns das Entity Framework dabei, alle Entitäten, die sich in irgendeiner Art und Weise verändert haben, zu kennzeichnen. Damit weiß die Methode `SaveChanges`, welche Entitäten sich verändert haben und was sich geändert hat. In diesem Abschnitt wollen wir uns die Hintergründe im Detail ansehen und die Techniken, die dabei eine wichtige Rolle spielen.

20.4.1   Das »DbEntityEntry«-Objekt

Eine Entität ist im Grunde genommen nichts anderes als ein materialisierter Datensatz aus der Datenbank. Das `DbContext`-Objekt schafft eine Umgebung, die zunächst einmal der Verwaltung aller Entitäten dient. Die Aufgaben des Kontexts gehen aber über die reine Verwaltung hinaus, denn sonst könnte man auch eine andere Collection zur Verwaltung der Entitäten verwenden.

Wir haben in Abschnitt 20.3 gelernt, dass mit der Methode `SaveChanges` des `DbContext`-Objekts alle Änderungen in die Datenbank geschrieben werden. Damit stellen sich sofort zwei Fragen:

- Woher weiß die Methode `SaveChanges`, welche Entitäten sich verändert haben?
- Woher weiß die Methode `SaveChanges`, welchen Eigenschaften einer Entität sich verändert haben?

Informationen darüber sind in den Entitäten definitiv nicht vorhanden, denn dort sind nur die Eigenschaften sowie Navigationseigenschaften einer Entität beschrieben.

Die Lösung ist sehr einfach: Jede in einem Kontext angesiedelte Entität erhält vom Kontext ein weiteres Objekt zugewiesen, in dem unter anderen alle Informationen zur Beantwortung der beiden oben gestellten Fragen zu finden sind. Diese zusätzlichen Objekte sind vom Typ `DbEntityEntry`.

20

Im DbEntityEntry-Objekt werden also Informationen gespeichert, damit der Aktualisierungsprozess, der als *Change Tracking* bezeichnet wird, weiß, welche Entität sich verändert hat und was sich verändert hat. Diese Informationen werden von der Methode SaveChanges ausgewertet, um die Datenbank zu aktualisieren.

Zum gezielten Zugriff auf das DbEntityEntry einer bestimmten Entität stellt uns der Kontext mit Entry eine passende Methode zur Verfügung:

```
using (var context = new NorthwindEntities())
{
    var prod = context.Products.SingleOrDefault(p => p.ProductID == 1);
    DbEntityEntry entry = context.Entry(prod);
}
```

Im Code wird der Methode Entry des DbContext-Objekts die Referenz auf die Entität prod übergeben. Der Rückgabewert der Methode Entry ist ein DbEntityEntry-Objekt, das einige interessante Eigenschaften und Methoden aufweist.

Eigenschaft/Methode	Beschreibung
Collection	Dieser Eigenschaft wird eine Navigationseigenschaft als Zeichenfolge übergeben. Der Rückgabewert ist vom Typ DbCollection-Entry.
CurrentValues	Ruft die aktuellen Eigenschaftswerte ab.
Entity	Ruft die Entität ab.
GetDatabaseValues	Fragt die Werte der aktuell in der Datenbank vorhandenen Werte der Entität ab. Gibt es die Entität nicht in der Datenbank, wird null zurückgeliefert.
OriginalValues	Ruft die Eigenschaftswerte ab, die von der Datenbank bezogen worden sind.
Reference	Ruft ein Objekt ab, das die Reference-Navigationseigenschaft für eine andere Entität darstellt.
Reload	Entität erneut aus der Datenbank laden
Property	Ruft die eine skalare oder komplexe Property einer Entität ab.
State	Ruft den Zustand der Entität ab.

Tabelle 20.1 Wichtige Eigenschaften und Methoden eines »DbEntityEntry«-Objekts

Warum »Current«-, »Original-« und »DatabaseValues«?

Vielleicht ist Ihnen nach dem Studieren der Tabelle nicht klar, warum mit Current- und OriginalValues sowie der Methode GetDatabaseValues drei unterschiedliche Eigenschaftswerte beschrieben werden.

Sie müssen sich vor Augen halten, dass Sich die Entitäten, bei denen es sich im Grunde genommen um die Datensätze einer Tabelle handelt, im lokalen Datencache befinden. Damit besteht auch keine Verbindung mehr zur eigentlichen Datenbank. Liegt eine Änderung an einer Entität im lokalen Datencache vor, muss das Entity Framework ein UPDATE-Statement zur Datenbank schicken, damit die Änderung dort gespeichert wird. Das könnte beispielsweise wie folgt aussehen:

```
UPDATE Products
SET UnitPrice=12
WHERE ProductID=55
```

SET beschreibt das zu ändernde Feld und dessen neuen Wert. Die WHERE-Klausel dient dazu, in der Datenbanktabelle *Products* den Datensatz zu lokalisieren, dessen Preis geändert werden soll. Hier wird als Kriterium das Primärschlüsselfeld angegeben.

Das ist die einfachste Form der Aktualisierung. Gehen wir einen Schritt weiter und ergänzen die WHERE-Klausel wie folgt:

```
UPDATE Products
SET UnitPrice=12
WHERE ProductID=55 AND UnitPrice=10
```

Jetzt reicht die Angabe des PS-Feldes zur Identifizierung der betroffenen Datenzeile nicht mehr aus, denn es wird auch noch das Feld *UnitPrice* genannt. Es könnten durchaus noch mehr Felder genannt werden, unter Umständen sogar alle.

Wozu dient die Angabe des Feldes *UnitPrice*? Sie müssen sich bewusst sein, dass die Entität im zunächst nur im lokalen Cache geändert wird, und nicht direkt auf der Datenbank. Bis zum Speichern der Änderung mit SaveChanges kann durchaus eine längere Zeitspanne vergehen. Innerhalb dieser Zeitspanne könnte ein anderer User seinerseits das Feld *UnitPrice* des Datensatzes geändert haben, zum Beispiel in 25. Wenn wir danach versuchen, mit

```
WHERE ProductID=55 AND UnitPrice=10
```

den Datensatz in der Tabelle zu lokalisieren, wird die Absicht misslingen, weil es keine Datenzeile mit dem angegeben PS und dem UnitPrice=10 mehr gibt. Das Scheitern der Aktualisierung wird als *Parallelitätsverletzung* oder einfach nur als *Konflikt* bezeichnet. Darauf muss reagiert werden. Wie das umgesetzt wird, finden Sie in Abschnitt 20.6.

20

Sehen wir uns nun noch einmal das letzte SQL-UPDATE-Statement an:

```
UPDATE Products
SET UnitPrice=12
WHERE ProductID=55 AND UnitPrice=10
```

Hinter SET wird der Wert angeführt, der in die Datenbank geschrieben werden soll. Er wird auch als CurrentValue bezeichnet. Der Wert von *UnitPrice*, mit dem der Datensatz in der Datenbank lokalisiert werden soll, ist der Wert, den wir noch in der Datenbank erwarten. Das ist aber gleichzeitig der Wert, den wir ursprünglich aus der Datenbank bezogen haben. Er wird daher als OriginalValue bezeichnet. Die Methode SaveChanges, die für uns das UPDATE-Statement erzeugt, ist daher darauf angewiesen, sowohl die Current- als auch die OriginalValues der zu aktualisierenden Entität zu finden. Das DbEntityEntry-Objekt einer Entität stellt diese bereit.

Zum Abschluss muss noch klargestellt werden, wozu GetDatabaseValues eine weitere Gruppe von Werten liefert. Kommen wir deshalb noch einmal zurück zu der oben beschriebenen Konfliktsituation – die Aktualisierung schlägt fehl, weil ein anderer User das Feld *UnitPrice* verändert hat. Wollen wir eine präzise und detaillierte Konfliktlösung beschreiben, müssen wir wissen, welcher der Werte – nämlich unsere 12 oder die vom anderen User gespeicherten 25 – »richtiger« ist. Zumindest dafür ist es notwendig, den aktuellen Wert aus der Datenbank zu beziehen. Dafür sorgt die Methode GetDatabaseValues.

20.4.2   Die Klasse »DbPropertyValues«

Sehen wir uns die Definition der Eigenschaft DbEntityEntry.CurrentValues an:

```
public DbPropertyValues CurrentValues { get; }
```

Die Eigenschaft OriginalValues sowie der Rückgabewert der Methode GetDatabaseValues sind praktisch identisch definiert.

Jede Entität beschreibt eine Reihe von Properties. Jeder Entität ist genau ein DbEntityEntry-Objekt zugeordnet. Ein DbEntityEntry-Objekt beschreibt durch die Eigenschaften Current-Values und OriginalValues jeweils eine Liste von Eigenschaften – nämlich genau die, die in der Entität definiert sind. Dabei sind in den beiden Listen entweder die Current- oder die Originalwerte enthalten. Der Rückgabewert von CurrentValues bzw. OriginalValues und auch GetDatabaseValues ist vom Typ DbPropertyValues und stellt somit eine Auflistung einer ganz spezifischen Entität dar. In Tabelle 20.2 sind alle wichtigen Eigenschaften und Methoden der Klasse DbPropertyValues beschrieben.

Eigenschaft/Methode	Beschreibung
Item	Ruft den Wert der Eigenschaft mit dem angegebenen Eigenschaftennamen ab oder legt ihn fest.
PropertyNames	Ruft den Satz von Namen aller Eigenschaftsnamen als schreibgeschützten Satz ab.
GetValue<TValue>()	(Methode) Ruft den Wert einer Eigenschaft ab, z. B.: entry.OriginalValues.GetValue<string>("ProductName").
SetValues(Object)	(Methode) Legt die Werte der Eigenschaften fest, indem Werte aus dem angegebenen Objekt gelesen werden.
SetValues(DbPropertyValues)	(Methode) Legt die Werte der Eigenschaften fest, indem Werte aus dem angegebenen DbPropertyValues-Objekt gelesen werden.

Tabelle 20.2 Wichtige Eigenschaften und Methoden eines »DbPropertyValues«-Objekts

Ausgabe der Werte in der Konsole

In Listing 20.25 werden einige der Eigenschaften und Methoden exemplarisch benutzt, um ihren Einsatz zu zeigen. Dazu wird zu Beginn eine Entität vom Typ Product aus der Datenbank bezogen und eine Eigenschaft verändert. In die Konsole werden neben den wichtigsten allgemeinen Informationen zur Entität die Originalwerte und die aktuellen Werte der Eigenschaften geschrieben. Am Ende sind außerdem die Eigenschaftswerte von Interesse, mit der die Entität aktuell in der Datenbank beschrieben wird. Es könnte schließlich der Fall sein, dass ein anderer User in der Zwischenzeit seinerseits die Entität verändert hat.

```
using (var context = new NorthwindEntities())
{
  var prod = context.Products.Single(p => p.ProductID == 1);
  prod.ProductName = "Gemüsebrühe";
  var entry = context.Entry(prod);
  // Abruf allgemeiner Informationen
  Console.WriteLine($"Typ: {entry.Entity.GetType().ToString()}");
  Console.WriteLine($"Zustand: {entry.State.ToString()}");
  // Abruf der Originalwerte der Entität
  Console.WriteLine("\nOriginalValues");
  Console.WriteLine(new string('-', 40));
  foreach (var item in entry.OriginalValues.PropertyNames)
    Console.WriteLine($"{item,-20}: {entry.OriginalValues[item]}");
  // Abruf der aktuellen Werte der Entität
  Console.WriteLine("\nCurrentValues");
```

```
        Console.WriteLine(new string('-', 40));
        foreach (var item in entry.CurrentValues.PropertyNames)
          Console.WriteLine($"{item,-20}: {entry.CurrentValues[item]}");
        // Abruf der momentanen Werte der Entität in der Datenbank
        Console.WriteLine("\nDatabaseValues");
        Console.WriteLine(new string('-', 40));
        var dbValues = entry.GetDatabaseValues();
        foreach (var item in dbValues.PropertyNames)
          Console.WriteLine($"{item,-20}{dbValues[item]}");
      }
```

Listing 20.25 Eigenschaften mit dem »DbEntityEntry«-Objekt abfragen (***)

In Abbildung 20.2 sehen Sie das Ergebnis des Aufrufs von Listing 20.25. Die Typangabe mag im ersten Moment verwundern, weil sie sehr kryptisch aussieht. Daran lässt sich unschwer erkennen, dass der Typ der Entität auf einem dynamischen Proxy basiert. In Kapitel 19, »Einführung in das Entity Framework«, habe ich dynamische Proxies bereits kurz beschrieben, ich werde aber weiter unten noch etwas mehr ins Detail gehen.

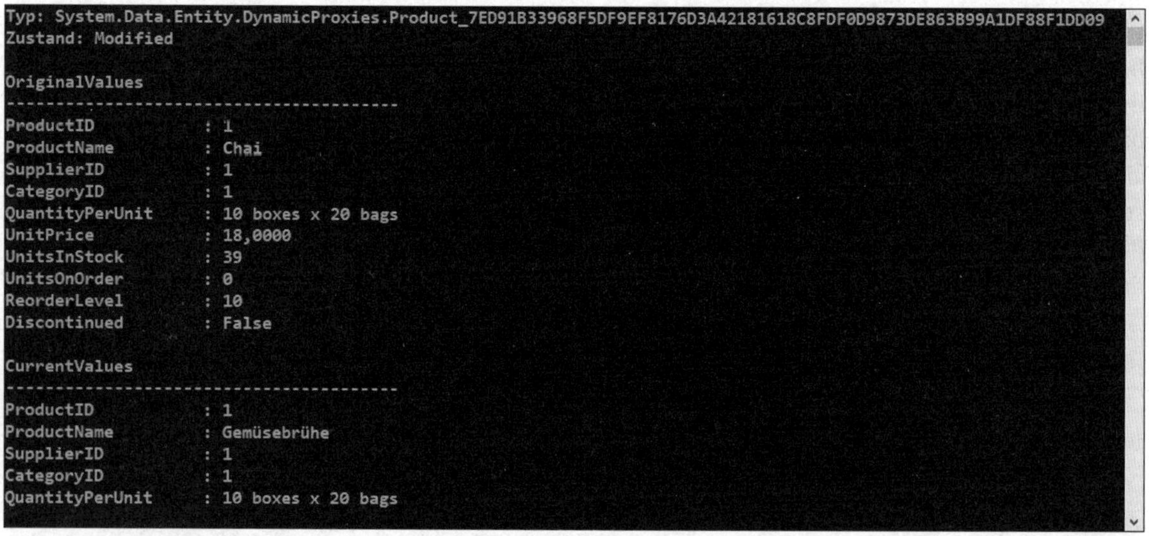

```
Typ: System.Data.Entity.DynamicProxies.Product_7ED91B33968F5DF9EF8176D3A42181618C8FDF0D9873DE863B99A1DF88F1DD09
Zustand: Modified

OriginalValues
---------------------------------------
ProductID            : 1
ProductName          : Chai
SupplierID           : 1
CategoryID           : 1
QuantityPerUnit      : 10 boxes x 20 bags
UnitPrice            : 18,0000
UnitsInStock         : 39
UnitsOnOrder         : 0
ReorderLevel         : 10
Discontinued         : False

CurrentValues
---------------------------------------
ProductID            : 1
ProductName          : Gemüsebrühe
SupplierID           : 1
CategoryID           : 1
QuantityPerUnit      : 10 boxes x 20 bags
```

Abbildung 20.2 Ausgabe von Listing 20.25

20.4.3   Die Klasse »DbChangeTracker«

Mit der Methode Entry des DbContext-Objekts können wir uns die DbEntityEntry-Referenz einer einzelnen Entität besorgen, um davon ausgehend die drei verschiedenen Einträge der einzelnen Eigenschaften in Erfahrung zu bringen (Current, Original und Database). Das haben Sie in Listing 20.25 gesehen.

Manchmal interessiert in dieser Hinsicht jedoch nicht nur eine Entität, sondern alle. Möchten wir die DbEntityEntry-Referenzen aller vom Kontext verwalteten Entitäten abrufen, hilft uns die DbChangeTracker-Klasse weiter. Jedem DbContext-Objekt ist genau ein DbChangeTracker zugeordnet, den wir über die Eigenschaft ChangeTracker des Kontexts abrufen, z. B.:

```
DbChangeTracker tracker = context.ChangeTracker
```

DbChangeTracker ist die Institution, die für die Änderungsnachverfolgung verantwortlich ist. So erklären sich auch die vier spezifischen Methoden, die in Tabelle 20.3 beschrieben sind.

Methode	Beschreibung
DetectChanges	Diese Methode erkennt alle Änderungen, die an Eigenschaften oder Beziehungen der Entitäten vorgenommen worden sind.
Entries	Ruft die DbEntityEntry-Objekte aller Entitäten im DbContext ab.
Entries<TEntity>	Ruft die DbEntityEntry-Objekte aller Entitäten im DbContext ab, die vom Typ des angegebenen Typparameters sind.
HasChanges	Überprüft, ob der Kontext Änderungen enthält oder nicht.

Tabelle 20.3 Methoden der Klasse »DbChangeTracker«

Listing 20.26 ist nicht spektakulär, es soll nur kurz den DbChangeTracker im Einsatz zeigen:

```
using (var context = new NorthwindEntities())
{
  var prod = context.Products.ToList();
  var prodEntries = context.ChangeTracker.Entries();
  foreach (var item in prodEntries)
    Console.WriteLine($"{item.OriginalValues["ProductName"]}");
}
```

Listing 20.26 Abruf aller Originalwerte der Property »ProductName« (***)

20.4.4   Entitätszustände

Entitäten können ihren Status beschreiben. Er spiegelt wider, was mit einer Entität geschehen ist. Die möglichen Zustände können Sie Tabelle 20.4 entnehmen, sie werden mit der Enumeration EntityState beschrieben.

Zustand	Beschreibung
Unchanged	Die Änderung befindet sich im dem Zustand, in dem sie von der Datenbank bezogen wurde.
Added	Die Entität befindet sich im Datenkontext, existiert aber nicht in der Datenbank.
Deleted	Die Entität befindet sich in der Datenbank, wurde aber im Datenkontext als gelöscht signiert.
Modified	Die Entität befindet sich in der Datenbank und im Datenkontext. Im Kontext wurde aber zumindest eine Eigenschaft verändert.
Detached	Dieser Zustand besagt, dass die Entität nicht Mitglied eines Datenkontextes ist.

Tabelle 20.4 Zustände einer Entität (die Enumeration »EntityState«)

Um den Zustand einer bestimmten Entität zu ermitteln, müssen wir uns zuerst ihren DbEntityEntry-Referenz besorgen. Dazu wird die Entität der Methode Entry des Kontexts übergeben. Deren Eigenschaft State (siehe auch Tabelle 20.1) liefert den aktuellen Zustand zurück.

```
context.Entry(product).State
```

Die Eigenschaft State ist nicht schreibgeschützt. Damit ist es uns gestattet, jederzeit manuell den Zustand individuell festzulegen:

```
context.Entry(product).State = EntityState.Added;
```

Wir werden diese Fähigkeit nutzen, wenn wir weiter unten im Kapitel veränderte Entitäten einem Kontext hinzufügen.

20.4.5   Die automatische Änderungsnachverfolgung mit »DetectChanges«

Änderungen, die an den Objekten vorgenommen werden, müssen vom Entity Framework verfolgt werden. Dazu setzt das Entity Framework auf eine Technik, die als *Änderungsnachverfolgung* (*Change Tracking*) bezeichnet wird.

Das Entity Framework speichert die Informationen über die Entitäten, die von der Änderungsnachverfolgung erfasst sind. Es handelt sich dabei nicht nur um die aktuellen Werte, die in den Eigenschaften einer Entität vorliegen, sondern auch die aus der Datenbank bezogenen Originalwerte und die Information, ob überhaupt eine Eigenschaft verändert wurde.

Die automatische Änderungsnachverfolgung ist das Standardverhalten der DbContext API. Als wir uns weiter oben mit den Änderungen der Entitäten beschäftigt haben, wurde dieses Verfahren im Hintergrund benutzt. Sehen wir uns noch einmal an, was passiert ist:

```
using (var context = new NorthwindEntities())
{
```

```
var result = context.Products
                    .SingleOrDefault(prod => prod.ProductID == 2);
result.ProductName = "Pommes Frites";
Console.WriteLine(context.Entry(result).State);
context.SaveChanges();
}
```

Im Listing wird zuerst die zu ändernde Entität geladen und anschließend der Produktname geändert. Der Aufruf der Methode `SaveChanges` bewirkt das automatische Zurückschreiben der geänderten Entität in die Datenbank. Jetzt stellt sich natürlich auch sofort die Frage: Woher weiß `SaveChanges`, dass die Änderung des Artikelbezeichners in die Datenbank geschrieben werden muss?

Hinter der automatischen Aktualisierung der Datenbank steckt natürlich keine Magie. Tatsächlich spielt nicht `SaveChanges` die zentrale Rolle im Aktualisierungsprozess, sondern die Methode `DetectChanges`. Mit deren Ausführung wird die Zustandsverwaltung des Kontexts über die Änderung informiert. Mit diesen Informationen ist `SaveChanges` in der Lage, die Datenbank zu aktualisieren.

`DetectChanges` wird immer automatisch aufgerufen, wenn eine der folgenden Aktionen stattfindet:

- Ausführung einer LINQ-Abfrage mit einer `DbSet`-Rückgabe
- der Aufruf der Methoden `Add`, `Find`, `Remove`, `Attach` und `Local` auf `DbSet`
- der Aufruf der Methode `SaveChanges`, `GetValidationErrors` sowie `Entry` auf `DbContext`
- Aufruf der Methode `DbChangeTracker.Entries`

Sie sehen, dass sehr viele Operationen zum Aufruf von `DetectChanges` führen. Arbeiten Sie mit sehr vielen Entitäten im Kontext oder rufen Sie innerhalb einer Schleife eine oder mehrere der oben genannten Methoden auf, kann das jedoch zu einem rapiden Leistungseinbruch führen – sogar dann, wenn keine Änderungen vorliegen. Das ist der Preis, den man für die einfache Codierung zahlen muss.

Können Sie davon ausgehen, dass viele automatische `DetectChanges`-Aufrufe die Performance negativ beeinflussen könnten, bietet es sich an, den automatischen Aufruf von `DetectChanges` auszuschalten und erst dann wieder zu aktivieren, wenn er tatsächlich benötigt wird. Um den automatischen Aufruf von `DetectChanges` abzuschalten, schreiben Sie die folgende Anweisung:

```
context.Configuration.AutoDetectChangesEnabled = false;
```

Wir wollen das Verhalten sofort an einem Beispiel in Aktion sehen. Beachten Sie, dass eine Anweisung auskommentiert ist.

```
using (var context = new NorthwindEntities())
{
```

20

```
context.Configuration.AutoDetectChangesEnabled = false;
var prod = context.Products
                    .Where(p => p.ProductID == 2)
                    .Single();
Console.WriteLine(prod.ProductName);
prod.ProductName = "Curry";
Console.WriteLine($"Vorher: {context.Entry(prod).State}");
// context.ChangeTracker.DetectChanges();
Console.WriteLine($"Nachher: {context.Entry(prod).State}");
Console.WriteLine($"Anzahl der Aktualisierungen: {context.SaveChanges()}");
}
```

Listing 20.27 Das Verhalten von »DetectChanges« testen (***)

Zuerst wird der automatische Aufruf von DetectChanges in der ersten Anweisung des using-Blocks unterdrückt. Danach wird aus der Tabelle *Products* eine Entität in den Kontext geladen und der Eigenschaft ProductName ein neuer Artikelbezeichner zugewiesen. Die Methode Entry des DbContext-Objekts liefert uns ein DbEntityEntry-Objekt, dessen Zustand wir mit der Eigenschaft State in Erfahrung bringen.

In der letzten Anweisung rufen wir SaveChanges auf mit der Absicht, die Änderung in die Datenbank zu schreiben. Der Rückgabewert von SaveChanges liefert die Anzahl der Aktualisierungen. Starten wir das Beispiel, wird uns an der Konsole Folgendes angezeigt:

```
Chang
Vorher:Unchanged
Nachher:Unchanged
Anzahl der Aktualisierungen: 0
```

Der Kontext hat also von der Änderung nichts mitbekommen. Der Zustand der Entität steht auf Unchanged. Somit wird der Versuch, die Änderung in die Datenbank zu schreiben, scheitern.

Nun wollen die Kommentierung der Anweisungszeile in Listing 20.27 aufheben. Damit wird sichergestellt, dass DetectChanges aufgerufen wird, um zu signalisieren, dass sich die Entität geändert hat. Tatsächlich können wir das feststellen, wenn wir die Anwendung erneut starten. An der Konsole wird nun

```
Chang
Vorher:Unchanged
Nachher:Modified
Anzahl der Aktualisierungen: 1
```

angezeigt. Durch den expliziten Aufruf von DetectChanges wird der Zustand der Entität von Unchanged auf Modified gesetzt. Damit ist die Voraussetzung erfüllt, dass die Änderung in die Datenbank geschrieben wird, was uns die Konsolenausgabe auch bestätigt.

Die Sonderfälle »Add« und »Remove«

Das Ausschalten des automatischen `DetectChanges`-Aufrufs beeinflusst nur geänderte Entitäten. Sollten Sie dem Kontext hingegen eine neue Entität hinzufügen oder eine vorhandene Entität aus dem Kontext löschen, hat die Deaktivierung von `DetectChanges` keine Auswirkungen, wie Listing 20.28 zeigt.

```
using (var context = new NorthwindEntities())
{
  context.Configuration.AutoDetectChangesEnabled = false;
  var pr1 = context.Products
                   .Add(new Product { ProductName = "Garnelen" });
  Console.WriteLine($"Zustand (neu): {context.Entry(pr1).State}");
  var pr2 = context.Products.Where(p => p.ProductID == 77).Single();
  context.Products.Remove(pr2);
  Console.WriteLine($"Zustand (gelöscht): {context.Entry(pr2).State}");
}
```

Listing 20.28 Löschen und Hinzufügen von Entitäten

Das Listing zeigt es: Die erste Entität ist im Zustand `Added`, die zweite im Zustand `Deleted`. Das führt beim Aufruf von `SaveChanges` dazu, dass zwei Aktualisierungen durchgeführt werden.

Vielleicht werden Sie sich nun die Frage stellen, warum trotz Deaktivierung der automatischen Änderungsnachverfolgung die Änderungen mit `Add` und `Remove` gespeichert werden. Aber bedenken Sie, dass `AutoDetectChangesEnabled` auf den Kontext aufgerufen wird. Die Methoden `Add` und `Remove`, die intern `DetectChanges` anstoßen, werden jedoch auf `DbSet` aufgerufen. Der Abgleich findet also auf einer anderen Ebene statt.

20.4.6   Änderungsnachverfolgung mit dynamischen Proxies

Die Entitätsklassen, die uns das Entity Data Model bereitstellt, enthalten keinerlei Logik, die das Entity Framework informieren würde, dass sich eine Eigenschaft geändert hat. Das Entity Framework seinerseits macht einen Schnappschuss von den Properties aller Objekte, die in den Speicher geladen werden. Sobald das Entity Framework wissen muss, ob und welche Daten sich verändert haben, wird jedes sich im Speicher befindliche Objekt gescannt, um eine etwaige Änderungsinformation zu erhalten. Genau das macht die Methode `DetectChanges`, die beispielsweise dann automatisch ausgeführt wird, wenn wir mit `SaveChanges` die Änderungen in die Datenbank schreiben. Dabei werden alle Objekte des Kontexts durchlaufen, damit das Entity Framework weiß, welche verändert worden sind. Liegen viele Objekte vor, kann das zu einer deutlichen Leistungseinbuße führen.

Eine alternative Technik der Änderungsnachverfolgung sind die *dynamischen Proxies*. Dynamische Proxies teilen sofort mit, dass sich eine Eigenschaft geändert hat. Um diese Technik nutzen zu können, müssen die Entitätsklassen gewisse Voraussetzungen mitbringen. Die

20

851

wichtigste ist die, dass jede Property `virtual` definiert werden muss. Per Vorgabe ist das nur bei den Navigationseigenschaften der Fall. Zur Laufzeit wird das Entity Framework von den Entitätsklassen Ableitungen bilden und die Properties in der Weise überschreiben, dass eine Änderung der Eigenschaft sofort automatisch dem Entity Framework mitgeteilt wird.

Sehen wir uns am Anfang eine einfache Aktualisierung an, um die Wirkungsweise der dynamischen Proxies zu erfahren.

```
using (var context = new NorthwindEntities())
{
  var prod = context.Products
                  .Where(p => p.ProductName == "Chai")
                  .Single();
  prod.ProductName = "Steak";
  Console.WriteLine($"Zustand: {context.Entry(prod).State}");
}
```

Listing 20.29 Änderung mit automatischer Änderungsverfolgung (***)

In der Konsole wird der Zustand `Modified` angezeigt, was auch richtig ist, da die Methode `Entry` automatisch `DetectChanges` aufruft. Stellen wir den Anweisungen die Anweisung

```
context.Configuration.AutoDetectChangesEnabled = false;
```

voran, schalten wir den automatischen Aufruf von `DetectChanges` aus.

In der Konsole wird uns `Unchanged` angezeigt, was uns sagt, dass dem Kontext keine Information darüber vorliegt, dass sich die Entität verändert hat.

Um die Datenbank dennoch abgleichen zu können, müssen wir unsere Entitäten nun als dynamische Proxies bereitstellen. Dynamische Proxies informieren die Laufzeit sofort, wenn an einer Entität eine Änderung vorgenommen worden ist, und nicht erst zeitverzögert, wie beim standardmäßigen Änderungsnachverfolgung. Um diese zweite Variante der Änderungsnachverfolgung nutzen zu können, sind an den automatisch erzeugten Entitätsklassen bestimmte Regeln zu berücksichtigen bzw. Anpassungen vorzunehmen:

▶ Die Klassen müssen `public` sein.

▶ Die Klassen dürfen nicht `sealed` sein.

▶ Jede Eigenschaft muss `virtual` signiert werden.

▶ `get` und `set` sind für alle Eigenschaften Pflicht.

▶ Die Navigationseigenschaften, die eine Liste beschreiben,
   müssen vom Typ `ICollection<T>` sein.

Mit diesen Vorgaben können wir die beiden Klassen `Product` und `Category` sehr schnell überarbeiten, da die Properties nur noch um `virtual` ergänzt werden müssen:

```csharp
public class Category
{
  public Category()  { }
  public virtual int CategoryID { get; set; }
  public virtual string CategoryName { get; set; }
  [...]
  public virtual ICollection<Product> Products { get; set; }
}
public partial class Product
{
  public virtual int ProductID { get; set; }
  public virtual string ProductName { get; set; }
  public virtual Nullable<int> SupplierID { get; set; }
  [...]
  public virtual Category Category { get; set; }
}
```

Listing 20.30 Dynamische Proxies

Zur Laufzeit erzeugt das Entity Framework aus diesen Klassen Ableitungen, nämlich die sogenannten *dynamischen Proxies*. Diese implementieren automatisch die Schnittstelle IEntityWithChangeTracker, die die Änderungsnachverfolgung sicherstellt.

Nachdem Sie die Properties der Entitätsklassen um virtual ergänzt haben, sollten Sie das Beispiel in Listing 20.29 noch einmal starten. Nun wird uns nicht mehr Unchanged, sondern Modified angezeigt, was beweist, dass der dynamische Proxy der Entität Product den Zustand geändert hat.

20

> **Hinweis**
>
> Wenn Sie möchten, können Sie das Erzeugen der dynamischen Proxies auch per Programm-code steuern. Dazu legen Sie die Eigenschaft
>
> context.Configuration.ProxyCreationEnabled = false;
>
> fest. Diese Anweisung ist besonders dann sinnvoll einzusetzen, wenn keine Änderungen an den Entitäten im aktuellen Kontext durchgeführt werden sollen, sondern es nur auf die An-zeige der Daten ankommt.

Erzeugen neuer Proxy-Objekte

Um eine neue Entität zu erzeugen, führt der übliche Weg über den Konstruktor. Wenn Sie diesen Weg gehen, wird aber keine neue Instanz vom dynamischen Proxy erzeugt. Der Ef-fekt, dass sich der Zustand dieser Entität automatisch anpasst, ist nicht gegeben. Sie können also nicht in jeder Situation von den Vorteilen der dynamischen Proxies profitieren.

Nutzen Sie stattdessen die Methode `Create`, die auf das `DbSet`-Objekt aufgerufen wird, beispielsweise:

```
var newProd = context.Products.Create();
newProd.ProductName = "Espresso";
newProd.Discontinued = false;
```

Entitäten ohne Änderungsnachverfolgung

Die Änderungsnachverfolgung geht immer ein wenig zu Lasten der Performance. Wenn es nur darum geht, Daten anzuzeigen, ohne dass eine Änderung der Daten erfolgt, sollten Sie das automatische Verfolgen von Änderungen daher abschalten. Solche Anwendungsfälle finden Sie sehr häufig im Umfeld von Services.

Das Entity Framework bietet uns mit `AsNoTracking` eine Methode an, die Änderungsnachverfolgung komplett zu deaktivieren. `AsNoTracking` ist eine Erweiterungsmethode der Schnittstelle `IQueryable<T>` und kann sowohl beim Abruf der Daten als auch in einer LINQ-Abfrage verwendet werden, also entweder

```
var query = context.Products.AsNoTracking();
```

oder

```
var query = context.Products;
foreach(var item in query.AsNoTracking())
    [...]
```

Sollte dennoch versucht werden, ein Objekt der Ergebnismenge zu ändern, wird die Aktualisierung mit `SaveChanges` scheitern.

> **Anmerkung**
>
> Falls Sie die Beispiele im Visual Studio nachverfolgen, sollten Sie nicht vergessen, den ursprünglichen Zustand der Entitäten wiederherzustellen. Mit Ausnahme der Navigationseigenschaften sind die anderen Eigenschaften nicht `virtual` zu definieren.

20.5   Die Change Tracker API

In den letzten Abschnitten haben Sie den `ChangeTracker` kennen gelernt und seine Methode `DetectChanges`. Sie wissen, dass es eine Klasse `DbEntityEntry` gibt und dass eine Property in ihrer Gesamtheit über `OriginalValues`, `CurrentValues` und `DatabaseValues` beschrieben wird. Zur Change Tracker API gehören zahlreiche Komponenten, die wir schon voher benutzt haben. Dazu gehören unter anderem die beiden Methoden `Entry` und `DetectChanges`.

Bisher war die Beschreibung der Zusammenhänge teilweise noch oberflächlich, deshalb wollen wir in diesem Abschnitt alles zusammenführen und uns mehr den Details widmen.

Nehmen wir an, die Entität `Product` läge in Ihrem Originalzustand vor, wäre also nicht als dynamischer Proxy geprägt.

```
using (var context = new NorthwindEntities())
{
  var catEntity = context.Categories
                          .Single(cat => cat.CategoryID == 1);
  var entry = context.Entry(catEntity);
  Console.WriteLine($"Vorher: {entry.State}");
  catEntity.CategoryName = "Kosmetik";
  Console.WriteLine($"Nachher: {entry.State}");
}
```

Dieses Listing liefert uns in beiden Ausgaben `Unchanged`, weil nach der Änderung keine Methode aufgerufen wird, die zum Aufruf von `DetectChanges` führt. Um zu erfahren, dass sich die Entität verändert hat, könnten Sie beispielsweise die zweite Konsolenausgabe wie folgt codieren:

```
Console.WriteLine($"Nachher: {context.Entry(catEntity).State}");
```

Mit dem Aufruf der Methode `Entry` wird nun der implizite Aufruf von `DetectChanges` angestoßen, was uns durch Ausgabe des Zustands `Modified` bestätigt wird.

20.5.1   Die »Current-«, »Original-« und »DatabaseValues« ermitteln

Über die Methode `Entry` des `DbContext`-Objekts lässt sich für jede Entität eine `DbEntityEntry`-Referenz ermitteln. Dieses Objekt liefert über die beiden Eigenschaften `CurrentValues` und `OriginalValues` zwei wichtige Daten ab: `OriginalValues` beschreibt die Werte einer Entität, wie sie von der Datenbank bezogen worden ist, und `CurrentValues` repräsentiert die aktuellen Werte, enthält somit auch etwaig vorgenommene Änderungen. Mit der Methode `GetDatabaseValues` erhalten Sie die Werte der Entität, die aktuell in der Datenbank vorliegen. Diese könnten sich, nachdem die Entität in den Kontext geladen worden ist, geändert haben und deshalb von `OriginalValues` abweichen. Sowohl `CurrentValues` und `OriginalValues` als auch die Rückgabe von `GetDatabaseValues` liefern uns ein Objekt vom Typ `DbPropertyValues`.

Listing 20.31 zeigt den einfachen Abruf der genannten Eigenschaften. Am Anfang wird ein Artikel aus der Datenbank geladen und anschließend der Verkaufspreis geändert. Danach werden alle drei Werte in die Konsole geschrieben.

```
using (var context = new NorthwindEntities())
{
  var result = context.Products.Single(p => p.ProductID == 10);
  result.UnitPrice = (decimal)12.25;
```

```
  DbEntityEntry entry = context.Entry(result);
  Console.WriteLine($"ORIGINAL: {entry.OriginalValues["UnitPrice"]}");
  Console.WriteLine($"CURRENT : {entry.CurrentValues["UnitPrice"]}");
  Console.WriteLine($"DATABASE: {entry.GetDatabaseValues()["UnitPrice"]}");
}
```

Listing 20.31 Ermitteln aller verfügbaren Werte einer Eigenschaft

Gelöschte und hinzugefügte Entitäten

Gelöschte beziehungsweise hinzugefügte Entitäten müssen hinsichtlich des Abrufens der drei Werte Original, Current und Database besonders behandelt werden. Nehmen wir an, dass Sie in Listing 20.31 anstatt einer Änderung versuchen würden, die Entität zu löschen. Die Anweisung dazu würde wie folgt aussehen:

```
context.Products.Remove(result);
```

Starten Sie die Anwendung, wird die Anweisung, die CurrentValues abfragt, eine Exception auslösen. Der Grund ist ersichtlich, denn eine als gelöscht markierte Entität hat keine aktuellen Werte mehr.

Sehr ähnlich ist die Situation mit neu hinzugefügten Entitäten. Bei diesen liegen keine von der Datenbank bezogenen Originalwerte vor, was dazu führen würde, dass der Abruf der Werte mit OriginalValues in einem Desaster endet.

Um die Ausnahme zu vermeiden, müssen Sie den Zustand der Entität überprüfen. Wie Sie das machen können, zeigt Listing 20.32:

```
static void Listing_20_32()
{
  using (var context = new NorthwindEntities())
  {
    var result = context.Products.Single(p => p.ProductID == 10);
    context.Products.Remove(result);
    var newProduct = context.Products.Add(new Product { ProductName = "Kaffee"  );
    GetValues(context.Entry(result));
    GetValues(context.Entry(newProduct));
  }
}
static void GetValues(DbEntityEntry entry)
{
  if (entry.State == EntityState.Deleted)
    Console.WriteLine($"Gelöscht: {entry.OriginalValues["ProductName"]}");
```

```
  if (entry.State == EntityState.Added)
    Console.WriteLine($"Hinzugefügt: {entry.CurrentValues["ProductName"]}");
}
```

Listing 20.32 Gelöschte und hinzugefügte Entitäten behandeln (***)

Eigenschaften über »CurrentValues« oder »OriginalValues« ändern

Tatsächlich ist es möglich, über CurrentValues oder OriginalValues einer Eigenschaft einen anderen Wert zuweisen, wie Listing 20.33 zeigt.

```
using (var context = new NorthwindEntities())
{
  context.Configuration.AutoDetectChangesEnabled = false;
  var prod = context.Products
                    .Single(p => p.ProductID == 1);
  context.Entry(prod).CurrentValues["ProductName"] = "Frikadellen";
  Console.WriteLine($"Artikel: {prod.ProductName}");
  Console.WriteLine($"Zustand: {context.Entry(prod).State}");
  Console.WriteLine(context.Entry(prod).OriginalValues["ProductName"]);
}
```

Listing 20.33 Sonderfall einer Zustandsänderung (***)

Am Anfang wird der automatische Aufruf von DetectChanges ausgeschaltet und danach an CurrentValues["ProductName"] ein neuer Wert übergeben. In der Konsole werden anschließend der Zustand der Entität und der von ProductName beschriebene Wert ausgegeben.

Welche Ausgabe würden Sie erwarten? Vermutlich, dass der Produktname sich in *Frikadellen* geändert hat und der Zustand weiterhin Unchanged ist. Tatsächlich wird jedoch der Zustand durch Modified beschrieben.

> **Hinweis**
> Immer dann, wenn eine Eigenschaft über CurrentValues oder OriginalValues verändert wird, kommt es zu einer Anpassung des Zustands der Entität in der Eigenschaft State.

Die Methode »DbPropertyValues.SetValues«

Nehmen wir an, Sie möchten einem Anwender ermöglichen, mehrere oder sämtliche Daten einer Entität zu ändern. Das könnte zum Beispiel der Fall sein, wenn ein Anwender mehrere Eigenschaften einer Entität geändert hat, aber wieder den ursprünglichen Zustand wiederherstellen möchte. Sie können das natürlich mit jeder Eigenschaft der Entität einzeln vornehmen, indem Sie den Wert über OriginalValues an CurrentValues übergeben. Je nachdem, wie viele Eigenschaften die Entität hat, kann das sehr viel Programmieraufwand bedeuten.

Eine weitaus bessere Lösung wäre es, mit einer einzigen Anweisung das Problem zu erschlagen. Hier kann Ihnen die Methode SetValues der Klasse DbPropertyValues behilflich sein, die wie nachfolgend gezeigt überladen ist:

```
public void SetValues(object obj)
public void SetValues(DbPropertyValues obj)
```

Sie können der Methode entweder das Objekt übergeben, aus dem die Werte gelesen werden sollen, oder aber ein Wörterbuch vom Typ DbPropertyValues. Das Wörterbuch wäre also in diesem Fall beispielsweise die Liste aller CurrentValues oder OriginalValues.

Sehen wir dazu ein typisches Beispiel an.

```
using (var context = new NorthwindEntities())
{
  var prod = context.Products.Single(p => p.ProductID == 1);
  Console.WriteLine($"Artikel (original): {prod.ProductName}");
  prod.ProductName = "Schinken";
  Console.WriteLine($"Artikel (current): {prod.ProductName}");
  var entry = context.Entry(prod);
  entry.CurrentValues.SetValues(entry.OriginalValues);
  Console.WriteLine($"Artikel (current): {prod.ProductName}");
  Console.WriteLine($"Zustand: {context.Entry(prod).State}");
}
```

Listing 20.34 Der Einsatz der Methode »DbPropertyValues.SetValues()« (***)

Im ersten Schritt besorgen wir uns die Entität, die wir ändern wollen. Nach der Anzeige des Artikelbezeichners ändern wir diesen und lassen uns das wiederum durch eine Konsolenausgabe bestätigen.

Danach stellen wir fest, dass die vorgenommene Änderung doch nicht dem entspricht, was wir erzielen wollten. Um den Ausgangszustand der Eigenschaften wiederherzustellen, ermitteln wir zuerst mit

```
var entry = context.Entry(prod);
```

die DbEntityEntry-Referenz der Entität. Darauf rufen wir die Eigenschaft CurrentValues ab, die uns eine DbPropertyValues-Referenz zurückliefert, die die Methode SetValues veröffentlicht. Von SetValues gibt es zwei Überladungen: Die erste erwartet ein Objekt vom Typ Object, die zweite ein Objekt vom Typ DbPropertyValues. In unserem Beispiel bietet es sich an, ein DbPropertyValues-Objekt zu übergeben mit den Originalwerten der Entität.

```
entry.CurrentValues.SetValues(entry.OriginalValues);
```

Stimmt der Name einer Eigenschaft im übergebenen Objekt mit dem Namen einer Eigenschaft des Objekts überein, auf das SetValues aufgerufen wird, wird der Wert übernommen.

Andere Eigenschaften werden ignoriert. Eine Typübereinstimmung ist dabei selbstredend vorausgesetzt.

Nach Ausführung des Listings ist der Zustand Modified. In diesem Fall kann das nicht stimmen, weil wir den Originalzustand wiederhergestellt haben. Deshalb muss der Programmcode am Ende noch um die Anweisung

```
entry.State = System.Data.Entity.EntityState.Unchanged;
```

ergänzt werden, damit der Zustand korrekt beschrieben wird.

20.5.2   Mit individuellen Eigenschaften arbeiten

Ein von vielen Entwicklern empfundener Nachteil des Typs DbPropertyValues ist, dass der Name der Eigenschaft als Zeichenfolge übergeben werden muss. Ein typisches Beispiel dafür finden Sie in der Anweisung

```
context.Entry(prod).CurrentValues["ProductName"] = "Frikadellen";
```

in Listing 20.33. Zeichenfolgen anzugeben ist fehleranfällig und wenig flexibel. Geeigneter dazu ist die Methode Property der Klasse DbEntityEntry, die anstelle eines Strings einen streng typisierten Lambda-Ausdruck erwartet. Mit einem Lambda-Ausdruck wird sichergestellt, dass die Syntax zur Kompilierzeit überprüft wird, wir mit Refactoring arbeiten können und darüber hinaus die IntelliSense-Liste nutzen können.

Die überladene Methode Property der Klasse DbEntityEntry ermöglicht uns, die Original- und Current-Werte einer Entität abzurufen oder zu setzen. Darüber hinaus können wir den aktuellen Zustand der Eigenschaft abfragen, was uns die Klasse DbPropertyValues nicht ermöglicht.

In Listing 20.35 wird die Methode Property des DbEntityEntry-Objekts verwendet. Property ist überladen. Wir entscheiden uns für die Variante, die einen Lambda-Ausdruck erwartet.

```
using (var context = new NorthwindEntities())
{
  var prod = context.Products.Single(p => p.ProductID == 1);
  var entry = context.Entry(prod);
  entry.Property(p => p.ProductName).CurrentValue = "Frikadellen";
  Console.WriteLine($"Current :{entry.Property(p => p.ProductName).CurrentValue}");
  Console.WriteLine($"Original:{entry.Property(p => p.ProductName).OriginalValue}");
  Console.WriteLine($"Zustand : {entry.Property(p => p.ProductName).IsModified}");
}
```

Listing 20.35 Die Eigenschaft »DbEntityEntry.Property« (***)

Die ersten beiden Anweisungen innerhalb des using-Anweisungsblocks bedürfen keiner weiteren Beschreibung. Interessant ist da schon eher die dritte Anweisung, die lautet:

20

```
entry.Property(p => p.ProductName).CurrentValue = "Frikadellen";
```

Wenn Sie dies vergleichen mit der vorher benutzten Anweisung

```
context.Entry(prod).CurrentValues["ProductName"] = "Frikadellen";
```

ist der Vorteil sofort zu erkennen: Wir übergeben einen neuen Artikelbezeichner ohne die Angabe der Eigenschaft über eine Zeichenfolge.

Sowohl `CurrentValues` als auch `Property` sind Member der Klasse `DbEntityEntry`. Allerdings ist der Rückgabewert von `Property` ein Objekt vom Typ `DbPropertyEntry`. Dieses stellt uns sechs Eigenschaften zur Verfügung, die wir für unsere Umsetzung einsetzen können (siehe Tabelle 20.5). In Listing 20.35 haben wir davon drei benutzt.

Eigenschaft	Beschreibung
CurrentValue	Ruft den aktuellen Wert der Eigenschaft ab oder legt ihn fest.
EntityEntry	Liefert die `DbEntityEntry`-Referenz der Entität, zu der diese Eigenschaft gehört.
IsModified	Liefert einen booleschen Wert, der Auskunft darüber gibt, ob die Eigenschaft verändert worden ist oder nicht. Diese Eigenschaft darf auch gesetzt werden.
Name	Liefert den Eigenschaftsnamen als Zeichenfolge.
OriginalValue	Ruft den ursprünglichen Wert der Eigenschaft ab oder legt ihn fest.
ParentValue	Diese Eigenschaft wird im Zusammenhang mit komplexen Properties benötigt und liefert die `DbPropertyEntry`-Referenz der übergeordneten Eigenschaft.

Tabelle 20.5 Die Eigenschaften der Klasse »DbPropertyEntry«

Die Methode `Property` bietet sich auch an, wenn Sie in Erfahrung bringen wollen, welche Eigenschaften einer Entität sich verändert haben. Im folgenden Beispiel werden zwei Eigenschaften einer Entität `Product` geändert. Mit einer LINQ-Abfrage werden alle Properties ermittelt, die die Eigenschaft `IsModified` mit `true` beschreiben. Die Liste wird am Ende mit den aktuellen und den Originalwerten in einer Schleife ausgegeben.

```
using (var context = new NorthwindEntities())
{
  var prod = context.Products.Single(p => p.ProductID == 1);
  prod.ProductName = "Mehl";
  prod.UnitPrice = 3.99m;
  var entry = context.Entry(prod);
  var propertyNames = entry.CurrentValues.PropertyNames;
```

```
var query = propertyNames.Where(p => entry.Property(p).IsModified);
foreach (var propertyName in query)
{
  Console.WriteLine(propertyName);
  Console.WriteLine($"Current :{entry.Property(propertyName).CurrentValue}");
  Console.WriteLine($"Original:{entry.Property(propertyName).OriginalValue}\n");
}
}
```

Listing 20.36 Alle geänderten Eigenschaften einer Entität ermitteln (***)

20.5.3   Ändern mit der »Reference«-Navigationseigenschaft

Weiter oben in Tabelle 20.1 sind alle wichtigen Eigenschaften und Methoden des Typs DbEntityEntry aufgeführt. Die beiden Methoden Reference und Collection der Tabelle haben wir bisher überhaupt noch nicht behandelt, und das soll jetzt nachgeholt werden.

Reference wird benutzt, wenn die Navigationseigenschaft ein einzelnes, in Beziehung stehendes Objekt beschreibt, während Collection eine Navigationsmethode repräsentiert, die auf eine Liste mehrerer Objekte verweist. Beide Methoden sind, ähnlich wie die Methode Property, überladen und können einen Lambda-Ausdruck entgegennehmen.

Mit Reference und Collection lassen sich nicht nur die entsprechenden Daten aus der Datenbank lesen, sondern auch ändern. Entscheiden Sie sich für die Überladung, die einen Lambda-Ausdruck erwartet, brauchen Sie keine Zeichenfolgen anzugeben und können zur Programmierung mit der IntelliSense-Liste arbeiten.

Arbeiten mit »DbEntityEntry.Reference«

In Listing 20.37 wird ein Produkt aus der *Products*-Tabelle geladen. Es soll einer neuen Kategorie zugeordnet werden.

```
using (var context = new NorthwindEntities())
{
  // Produkt laden
  var prod = context.Products.Single(p => p.ProductID == 1);
  var entry = context.Entry(prod);
  // Zugeordnete Kategorie anzeigen
  string catName = entry.Reference(c => c.Category).CurrentValue.CategoryName;
  Console.WriteLine($"Aktuelle Kategorie: {catName}");
  // Neu zuzuordnende Kategorie laden
  var catNew = context.Categories
                  .Where(c => c.CategoryName == "Condiments")
                  .Single();
```

```
// Neue Kategorie zuordnen
entry.Reference(p => p.Category).CurrentValue = catNew;
Console.WriteLine("Neue Kategorie: {0}",
entry.Reference(c => c.Category).CurrentValue.CategoryName);
Console.WriteLine($"Zustand: {entry.State}");
}
```

Listing 20.37 Ändern der Kategoriezugehörigkeit mit der Methode »Reference« (***)

Nach dem Laden des betreffenden Produkts wird auf der DbEntityEntry-Referenz die aktuelle Kategoriezugehörigkeit ermittelt:

```
string catName = entry.Reference(c => c.Category).CurrentValue.CategoryName;
```

Die Methode Reference liefert ein Objekt vom Typ DbReferenceEntry zurück, über dessen CurrentValue-Eigenschaft die aktuell zugeordnete Kategorie referenziert wird. Darauf rufen wir den Bezeichner der Kategorie ab.

Unser Produkt soll nun *Condiments* zugeordnet werden. Diese Kategorie laden wir uns als Nächstes in den Speicher. Anschließend können wir die Referenz auf die neue Kategorie (catNew) der Eigenschaft CurrentValue von DbReferenceEntry zuweisen:

```
entry.Reference(p => p.Category).CurrentValue = catNew;
```

Der Zustand der Entität Product hat sich durch die Zuweisung einer neuen Kategorie in Modified geändert.

Arbeiten mit »DbEntityEntry.Collection«

Beschreibt eine Navigationseigenschaft mehrere in Beziehung stehende Entitäten, müssen Sie anstelle der Methode Reference die Methode Collection der Klasse DbEntityEntry verwenden. Die Nutzung der Methode ähnelt der der Methode Reference mit der Ausnahme, dass Collection ein Objekt vom Typ DbCollectionEntry beschreibt, und nicht DbReferenceEntry. Damit einher geht auch, dass DbCollectionEntry.CurrentValue eine Liste der aktuellen Werte liefert.

In Listing 20.38 wird der Kategorie mit der CategoryID=1 ein weiterer Artikel zugeordnet.

```
using (var context = new NorthwindEntities())
{
// Kategorie laden
var cat = context.Categories.Single(c => c.CategoryID == 1);
var entry = context.Entry(cat);
// Zugeordnete Produkte laden
int countBefore = entry.Collection(p => p.Products).CurrentValue.Count;
Console.WriteLine($"Anzahl der Produkte vorher: {countBefore}");
```

```
// Neu zuzuordnendes Produkt laden
var prodNew = context.Products.Where(p => p.ProductID == 3).Single();
// Neues Produkt zuordnen
entry.Collection(c => c.Products).CurrentValue.Add(prodNew);
int countAfter = entry.Collection(p => p.Products).CurrentValue.Count;
Console.WriteLine($"Anzahl der Produkte nachher: {countAfter}");
Console.WriteLine($"FS vor DetectChanges: {prodNew.CategoryID}");
context.ChangeTracker.DetectChanges();
Console.WriteLine($"FS nach DetectChanges: {prodNew.CategoryID}");
}
```

Listing 20.38 Ändern der Navigationseigenschaft mit der Methode »Collection« (***)

Nach dem Laden der betroffenen Kategorie wird zunächst die Anzahl der zugeordneten Produkte ausgegeben. Danach laden wir auch noch das Produkt, dessen Kategoriezugehörigkeit geändert werden soll, in den Kontext.

Da die Eigenschaft CurrentValues eine Eigenschaft der Klasse DbCollectionEntry ist, die ihrerseits eine Liste repräsentiert, können wir das zu zuzuordnende Produkt mit der Methode Add der Produktliste hinzufügen.. Dass sich danach die Anzahl der der Kategorie zugeordneten Produkte erhöht hat, bestätigt die anschließende Konsolenausgabe.

Einen wichtigen Punkt müssen wir am Ende noch beachten: Mit der Zuordnung zu einer neuen Kategorie sollte auch das Fremdschlüsselfeld CategoryID der Product-Entität den neuen Wert beschrieben. Das geschieht aber erst nach dem expliziten Aufruf von DetectChanges, wie das Listing beweist.

20.5.4   Die Methode »Entries« der Klasse »ChangeTracker«

Vielleicht haben Sie sich schon gefragt, woher die Methode SaveChanges die Informationen bezieht, welche Entitäten im Kontext sich verändert haben und in welcher Weise sich diese verändert haben. Als Informationsquelle dient hier die Klasse DbChangeTracker. Mit der Methode Entries lassen sich die DbEntityEntry-Referenzen aller Entitäten erfassen, die vom Kontext verfolgt werden. Bekanntlich zeichnet sich der Typ DbEntityEntry durch die drei Eigenschaften CurrentValues, OriginalValues und State aus. Damit wird klar, dass ein Filter dafür sorgt, die Entitäten entsprechend ihres Zustand zu gruppieren.

In einem Kontext können sich unterschiedliche Entitätstypen befinden. Aus diesem Grund ist die Methode Entries der Klasse DbChangeTracker überladen. Neben der nichtgenerischen Variante, die den Rückgabedatentyp IEnumerable<DbEntityEntry> hat, liefert die generische Version IEnumerable<DbEntityEntry<TEntity>>.

Das wollen wir uns nun an einem Beispiel ansehen. Nehmen wir an, im Kontext würden sich drei Entitäten vom Typ Product sowie eine weitere Entität vom Typ Category befinden. Bei zwei Product- und der Category-Entität sei der Bezeichner geändert worden. Die aktuellen und ursprünglichen Werte sollen für die geänderten Entitäten herausgefiltert und in die Konsole geschrieben werden. Wie das umzusetzen ist, zeigt das folgende Beispiel.

```
using (var context = new NorthwindEntities())
{
  var prod1 = context.Products.Where(p => p.ProductID == 1).Single();
  var prod2 = context.Products.Where(p => p.ProductID == 2).Single();
  var prod3 = context.Products.Where(p => p.ProductID == 2).Single();
  var cat = context.Categories.Where(c => c.CategoryID == 3).Single();
  // Änderungen durchführen
  prod1.ProductName = "Obstler";
  prod2.ProductName = "Kuchen";
  cat.CategoryName = "Spülmittel";
  // Ausgabe aller geänderten Product-Entitäten
  foreach(var entry in context.ChangeTracker.Entries<Product>()
                        .Where(p => p.State == EntityState.Modified))
  {
    Console.WriteLine($"Aktuell : {entry.CurrentValues["ProductName"]}");
    Console.WriteLine($"Original: {entry.OriginalValues["ProductName"]}\n");
  }
  // Ausgabe aller geänderten Category-Entitäten
  foreach (var entry in context.ChangeTracker.Entries<Category>()
                        .Where(p => p.State == EntityState.Modified))
  {
    Console.WriteLine($"Aktuell : {entry.CurrentValues["CategoryName"]}");
    Console.WriteLine($"Original: {entry.OriginalValues["CategoryName"]}");
  }
}
```

Listing 20.39 Filtern geänderter Entitäten (***)

Da vom Kontext zwei unterschiedliche Entitäten verwaltet werden, bietet sich hier der Einsatz der generischen Version der Methode Entries an. Der Rückgabedatentyp von Entries ist eine Liste von DbEntityEntry-Objekten, und somit kann darauf natürlich mit der Where-Erweiterungsmethode direkt ein Filter gesetzt werden, der nur die Entitäten in die Ergebnismenge schreibt, die sich im Zustand Modified befinden.

20.5.5   Eine Entität aus der Datenbank aktualisieren

Es kommt nicht selten vor, dass ein Anwender Daten aus einer Datenbank in den lokalen Speicher lädt und diese für längere Zeit im Kontext bleiben. Je länger die Zeitspanne ist, desto größer ist naturgemäß die Wahrscheinlichkeit, dass sich die Daten zwischenzeitlich in der Datenbank geändert haben. Das Problem wäre dann, dass bei der Speicherung geänderter Daten ein Konflikt auftritt, weil die zu ändernde Datenzeile in der Datenbank nicht gefunden wird. In Abschnitt 20.6 wenden wir uns dieser Problematik noch im Detail zu.

Zur Vermeidung dieser Situation gibt uns das Entity Framework ein Hilfsmittel in die Hand, »alte« Entitäten im Kontext mit den aktuellen Daten aus der Datenbank aufzufrischen. Hierbei unterstützt uns die Methode Reload des DbEntityEntry-Objects, die die Daten einer Entität mit den frischen Daten aus der Datenbank überschreibt.

```
using (var context = new NorthwindEntities())
{
  var prod = context.Products.Where(p => p.ProductID == 1).Single();
  Console.WriteLine($"Vor Reload: {prod.ProductName}");
  // Datenbankeintrag ändern
  context.Database.ExecuteSqlCommand(
          "UPDATE Products SET productName='Kuchen' WHERE ProductID=1");
  // Entität im Kontext refreshen
  context.Entry(prod).Reload();
  // Refreshte Entitätsdaten
  Console.WriteLine($"Nach Reload: {prod.ProductName}");
  Console.WriteLine($"Zustand: {context.Entry(prod).State}");
}
```

Listing 20.40 Auffrischen der Daten im Kontext (***)

Nachdem die Entität in den Kontext geladen worden ist, wird mit der Methode ExecuteSql-Command der Database-Referenz der Artikelbezeichner in der Datenbank verändert. Davon bekommt die Product-Entität im Kontext nichts mit. Erst der folgende Aufruf mit

```
context.Entry(prod).Reload();
```

aktualisiert die Entität, was die folgende Konsolenausgabe beweist. Dennoch – auch das wird an der Konsole gezeigt – bleibt der Zustand der Entität Unchanged.

Anmerkung

Sie sollten Reload mit Bedacht einsetzen. Denn sollten Sie die Entität vor dem Aufruf von Reload geändert haben, wird die Änderung mit dem Reload gnadenlos überschrieben, ohne dass vorher ein entsprechender Hinweis erfolgt.

20.6   Parallelitätskonflikte behandeln

Nehmen wir an, Sie möchten über das Internet eine Reise buchen und haben bereits etwas Passendes bei einem Anbieter gefunden. Allerdings vergeht eine mehr oder weniger lange Zeit zwischen dem Auffinden der Reise und Ihrer Entscheidung, diese auch zu buchen. Deshalb könnte es später bei dem Versuch der Buchung passieren, dass ein anderer Interessent Ihnen die gewählte Reise regelrecht vor der Nase weggeschnappt hat – die Dauer der Entscheidungsfindung war einfach zu lang. Im Datenbankjargon wird das als ein *Konflikt* bezeichnet, der allerdings nicht von der Software behandelt werden muss und schlicht und ergreifend der Rubrik »Pech gehabt« zugeordnet werden kann.

Konflikte treten immer dann auf, wenn in verbindungslosen Umgebungen mit Daten gearbeitet wird. In diesem Abschnitt beschäftigen wir uns mit der Behandlung von Konflikten innerhalb des Entity Frameworks.

20.6.1   Allgemeine Betrachtungen

Was ist überhaupt ein Konflikt? Stellen wir uns zur Beantwortung dieser Frage das folgende Szenario vor: In einem Unternehmen arbeiten mehrere Mitarbeiter mit einer Software, die auf eine Datenbank zugreift. Die Mitarbeiter sollen die Datenbank pflegen, also bestehende Datensätze ändern und ergänzen, andere löschen. Nicht selten kommt es dabei vor, dass ein Mitarbeiter des Unternehmens, nennen wir ihn einfach *User1*, denselben Datensatz wie *User2* bearbeitet. Wenn *User2* seine Änderungen in der Datenbank speichert, bevor *User1* seine eigenen Änderungen zurückschreibt, ist zunächst die Welt noch heil. Aber wie soll die Anwendung reagieren, wenn *User1* seine Änderungen zurückschreiben möchte? Sollen die Änderungen von *User2* durch die von *User1* überschrieben werden? Oder soll eine Ausnahme *User1* darauf aufmerksam machen, dass sein Kollege dieselbe Datenzeile bereits geändert hat?

Die Problematik dürfte grundsätzlich klar sein, ist aber auch nicht neu. Das führte in der Vergangenheit dazu, dass zwei Sperrstrategien entwickelt wurden:

► optimistische Sperren
► pessimistische Sperren

Lassen Sie uns diese beiden Strategien etwas näher betrachten.

Das pessimistische Sperren

Wenn Sie sichergehen wollen, dass eine Änderung nicht zu einem Konflikt führt, ist das exklusive physikalische Sperren der Daten in der Datenbank der sicherste Weg. Solange die Daten bedingt durch eine Änderung gesperrt sind, können andere Benutzer nicht schreibend – und in manchen Fällen auch nicht lesend – darauf zugreifen. Niemand kann die Daten ändern, bis die Sperre aufgehoben wird. Dieses Verhalten wird als *pessimistisches Sperren* bezeichnet.

Der Vorteil des pessimistischen Sperrens ist der garantiert exklusive und infolgedessen auch problemlose Zugriff eines Users auf Daten. Andererseits werden durch pessimistisches Sperren andere Probleme auftreten, wie beispielsweise eine schlechtere Performance und schlechte Skalierbarkeit. Möchte ein anderer User auf gesperrte Daten zugreifen, ist er darauf angewiesen, dass der Benutzer, der die Sperre verursacht hat, möglichst schnell die Sperre aufhebt – die Produktivität sinkt. Stellen wir uns zudem vor, dass viele Benutzer gleichzeitig auf die Daten zugreifen wollen, stellt das pessimistische Sperren wegen der schlechten Verfügbarkeit der Daten einen völlig indiskutablen Lösungsansatz dar.

Das optimistische Sperren

Pessimistisches Sperren hat Vor- und Nachteile. Oft wiegen die Nachteile stärker als die Vorteile. Das *optimistische Sperren*, ein ganz anderer Lösungsansatz, geht die Problematik anders an: Dabei spielt die Idee, dass der gleichzeitige schreibende Datenzugriff nicht sehr häufig auftritt, die tragende Rolle. Werden Daten nicht sehr häufig geändert und ist die Wahrscheinlichkeit, dass dieselben Daten quasi parallel geändert werden, nicht sehr hoch, dann müssen die Daten tatsächlich nur in dem Moment gesperrt werden, wenn der schreibende Zugriff erfolgt.

Optimistische Sperren erhöhen die Produktivität durch Verbesserung der Performance einer Anwendung, da allen Benutzern gleichermaßen das Recht eingeräumt wird, Daten zu lesen und zu ändern. Allerdings muss beim Zurückschreiben geänderter Daten geprüft werden, ob sich der entsprechende Datensatz seit dem Lesevorgang verändert hat. Die beste Lösung ist in vielen Fällen, eine Spalte zu einer Tabelle hinzuzufügen, deren Wert sich mit jeder Änderung an der Datenzeile ebenfalls ändert und somit gewissermaßen eine Art Versionierung darstellt. In einer Umgebung mit mehreren Benutzern wird der erste Benutzer seine Änderung problemlos in die Datenbank schreiben können. Alle folgenden Aktualisierungsversuche werden scheitern, zumindest solange diese Problematik nicht im Programmcode behandelt wird.

Der SQL Server verwendet für die Versionierung *Timestamp*-Spalten (bzw. *RowVersion*-Spalten), deren Wert sich bei jedem Einfüge- oder Aktualisierungsvorgang automatisch verändert. Um festzustellen, ob sich seit dem Lesevorgang eine Datenzeile geändert hat, muss der Wert der Timestamp-Spalte, der beim Lesen der Datenzeile aktuell war, zusammen mit dem Primärschlüssel in die WHERE-Klausel aufgenommen werden, z. B.:

```
UPDATE ... SET ... WHERE ID = ... AND VersionColumn = ...
```

Kann die Datenzeile nicht aktualisiert werden, weil sich in der Zwischenzeit der Wert der Timestamp-Spalte geändert hat, liegt ein Parallelitätskonflikt vor.

Nicht jede Tabelle hat eine Timestamp-Spalte und nicht alle DBMS (Datenbank Management Systems) unterstützen diese Technik. In solchen Fällen bleibt Ihnen nichts anderes übrig, als die Spalten, die als konfliktverursachend angesehen werden, in die WHERE-Klausel mit aufzunehmen.

Optimistisches Sperren sichert die hohe Verfügbarkeit und Skalierbarkeit einer Anwendung. Allerdings erkaufen wir uns diese Vorteile durch einen höheren Programmieraufwand, da wir bei einem auftretenden Konflikt darauf reagieren müssen.

20

20.6.2   Das Standardverhalten bei konkurrierenden Zugriffen

Das Entity Framework unterstützt nur das optimistische Sperren, aber nicht das pessimistische. Dabei werden Objektänderungen in der Datenbank gespeichert, ohne vorher die Parallelität zu überprüfen. Sehen wir uns das Standardverhalten an, wenn mehrere Benutzer gleichzeitig dieselbe Datenzeile aktualisieren. Dazu dient Listing 20.41:

```
using (NorthwindEntities context = new NorthwindEntities())
{
  var query = context.Products.First(p => p.ProductID == 1);
  query.ProductName = "Speck";
  // Einen zweiten User simulieren
  context.Database.ExecuteSqlCommand
          ("UPDATE Products SET ProductName='Kuchen' WHERE ProductID=1");
  // Änderungen speichern
  context.SaveChanges();
  Console.WriteLine("DB aktualisiert.");
}
```

Listing 20.41 Das Standardverhalten bei konkurrierenden Zugriffen

Wir besorgen uns die erste Datenzeile aus der Tabelle *Products* und ändern die Eigenschaft ProductName. Das Listing simuliert einen zweiten Benutzer, indem ein UPDATE-Statement mit der Methode ExecuteSqlCommand direkt zur Datenbank abgesetzt wird, das die Eigenschaft ProductName derselben Datenzeile ändert. Tatsächlich wird die Änderung des Produktbezeichners in *Speck* erfolgreich verlaufen, denn rücksichtslos wird die zuvor erfolgreiche Änderung in *Kuchen durch den simulierten zweiten User* überschrieben. Der Anwender, der für den Eintrag *Speck* verantwortlich ist, wird auch nicht erfahren, dass sein Kollege vorher den Datensatz geändert hat.

Sehen wir uns jetzt das SQL-Statement an, das vom Entity Framework gegen die Datenbank abgesetzt wird.

```
exec sp_executesql N'update [dbo].[Products]
set [ProductName] = @0
where ([ProductID] = @1)
',N'@0 nvarchar(40),@1 int',@0=N'Speck',@1=1
```

Die alles entscheidende WHERE-Klausel, mit der ein Datensatz in der Tabelle der Datenbank lokalisiert wird, enthält nur die Angabe der Primärschlüsselspalte. Solange die Datenzeile in der Datenbank nicht gelöscht worden ist, wird die Aktualisierung zu einem erfolgreichen Abschluss führen.

20.6.3   Das Aktualisierungsverhalten mit »Fixed« beeinflussen

Nehmen Sie an, Sie würden eine Datenbankanwendung mit dem Entity Framework entwickeln. Sie wollen bei der Entwicklung berücksichtigen, dass zwei Anwender – nennen wir sie der Einfachheit halber A und B – gleichzeitig dieselbe Datenzeile editieren. Deshalb müssen Sie sicherstellen, dass eine Änderung von Benutzer A im Feld *ProductName* nicht blindlings von Benutzer B überschrieben wird. Um das zu gewährleisten, muss die Eigenschaft Product-Name der Product-Entität in die WHERE-Klausel aufgenommen werden.

Diese Forderung lässt sich sehr einfach umsetzen, indem Sie die Eigenschaft ConcurrencyMode (in der deutschen Version von Visual Studio in PARALLELITÄTSMODUS übersetzt) der Entitätseigenschaft ProductName im Eigenschaftsfenster des EDM-Designers auf FIXED einstellen (siehe Abbildung 20.3). Bei der Verwendung dieses Attributs wird die Datenbank vom Entity Framework vor dem Speichern von Änderungen auf zwischenzeitlich von anderen Nutzern vorgenommenen Änderungen hin geprüft.

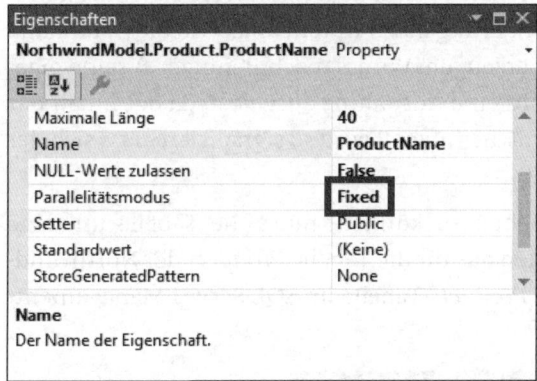

Abbildung 20.3 Setzen des Parallelitätsmodus einer Eigenschaft

Führen Sie Listing 20.41 mit dieser Änderung noch einmal aus und simulieren den konkurrierenden Zugriff auf *ProductName*, kommt es zu einer Ausnahme vom Typ DbUpdateConcurrencyException.

Interessant ist für uns in diesem Moment besonders das SQL-Statement, das gegen die Datenbank abgesetzt wird:

```
exec sp_executesql N'update [dbo].[Products]
set [ProductName] = @0
where (([ProductID] = @1) and ([ProductName] = @2))
',N'@0 nvarchar(40),@1 int,@2 nvarchar(40)',@0=N'Speck',@1=1,@2=N'Chai'
```

Es ist zu erkennen, dass die Einstellung Fixed der Eigenschaft ProductName dafür gesorgt hat, dass die Property ProductName in die WHERE-Klausel aufgenommen wird. Als Wert wird der WHERE-Klausel der Produktname angegeben, der von der Datenbank bezogen worden ist. Wie wir wissen, ist dieser unter OriginalValues im DbEntityEntry-Objekt zu finden. Das gilt

20

nicht nur für eine Aktualisierung mit UPDATE, sondern auch dann, wenn eine Datenzeile mit DELETE gelöscht werden soll.

Möchten wir, dass jede Änderung eines anderen Benutzers zu der Ausnahme führt, müssen wir alle Eigenschaften der Entität entsprechend auf Fixed einstellen. In solchen Fällen ist es besser, sich spätestens jetzt Gedanken über eine Timestamp-Spalte in der Tabelle zu machen.

20.6.4   Aktualisierung mit einer Timestamp-Spalte

Eine zweite Möglichkeit, nicht die Änderungen eines anderen Anwenders blindlings zu überschreiben, ist eine Timestamp-Spalte. Eine Timestamp-Spalte (auch als RowVersion-Spalte bezeichnet) beschreibt mit 8 Bytes eine eindeutige Zahl. Diese wird immer dann geändert, wenn irgendeine Änderung an der Datenzeile vorliegt.

Angenommen, Benutzer A und Benutzer B greifen gleichzeitig auf denselben Datensatz zu in der Absicht, einen Wert zu verändern. Beide beziehen somit denselben Wert der Timestamp-Spalte. Speichert Benutzer A als erster seine Änderung in der Datenbank, wird die Datenbank für die Timestamp-Spalte einen neuen Wert erzeugen. Wird danach Benutzer B seine eigenen Änderungen zurückschreiben wollen, wird eine Ausnahme ausgelöst, da der Inhalt der Timestamp-Spalten nicht mehr übereinstimmt. Benutzer B wird so signalisiert, dass sich der Datensatz zwischenzeitlich verändert hat.

Um Nutzen aus einer Timestamp-Spalte ziehen zu können, muss die Tabelle um eine Timestamp-Spalte erweitert werden. Wir wollen das für die Tabelle *Products* der Northwind-Datenbank umsetzen. Dazu ergänzen Sie die *Products*-Tabelle im SQL-Server-Management-Studio wie in Abbildung 20.4 gezeigt.

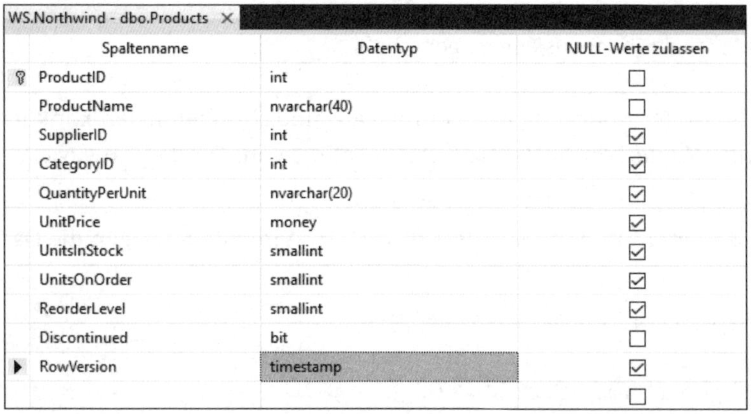

Spaltenname	Datentyp	NULL-Werte zulassen
ProductID	int	☐
ProductName	nvarchar(40)	☐
SupplierID	int	☑
CategoryID	int	☑
QuantityPerUnit	nvarchar(20)	☑
UnitPrice	money	☑
UnitsInStock	smallint	☑
UnitsOnOrder	smallint	☑
ReorderLevel	smallint	☑
Discontinued	bit	☐
RowVersion	timestamp	☑
		☐

WS.Northwind - dbo.Products ✕

Abbildung 20.4 Ergänzung einer Timestamp-Spalte in der Tabelle »Products«

Im nächsten Schritt muss das Entity Data Model aktualisiert werden. Dazu öffnen Sie den EDM-Designer und rufen dessen Kontextmenü auf. Wählen Sie im Kontextmenü die Option MODELL AUS DATENBANK AKTUALISIEREN aus. Es öffnet sich ein Dialog, in dem Sie die Registerkarte AKTUALISIEREN aktivieren. In der Registerkarte markieren Sie den Knoten TABELLEN und danach PRODUCTS. Mit dem Klicken auf die Schaltfläche FERTIG STELLEN wird das EDM aktualisiert und die neue Spalte *RowVersion* angezeigt.

Damit sind alle vorbereitenden Maßnahmen getroffen. Jetzt müssen wir nur noch sicherstellen, dass die Eigenschaft RowVersion beim Updaten in die WHERE-Klausel mit aufgenommen wird. Das realisieren wir im Eigenschaftsfenster mit der Einstellung PARALLELITÄTSMODUS, die wir auf Fixed einstellen – genauso, wie wir es schon vorher mit der Property ProductName gemacht haben (siehe Abbildung 20.3).

Wir wollen nun Listing 20.41 noch einmal unter Nutzung der Timestamp-Spalte testen. Eine kleine Änderung soll aber dabei vorgenommen werden: Der konkurrierende Benutzer soll das Feld *UnitPrice* ändern, und nicht *ProductName*.

```
using (var context = new NorthwindEntities())
{
  var prod = context.Products.Where(p => p.ProductID == 1).Single();
  prod.ProductName = "Speck";
  // Datenbankeintrag ändern
  context.Database.ExecuteSqlCommand
          ("UPDATE Products SET UnitPrice=12 WHERE ProductID=1");
  context.SaveChanges();
  Console.WriteLine("Datenbank aktualisiert ...");
}
```

Listing 20.42 Änderungsverfolgung durch eine Timestamp-Spalte

Obwohl der zweite Anwender ein anderes Feld des Datensatzes verändert hat, wird eine Ausnahme vom Typ DbUpdateConcurrencyException ausgelöst. Bereits die Änderung der Eigenschaft UnitPrice hat bewirkt, dass sich der Wert der Timestamp-Spalte ändert und nicht mehr mit dem Wert übereinstimmt, den der erste User in der WHERE-Klausel beim Aufruf von SaveChanges an die Datenbank schickt.

20.6.5   Auf die Ausnahme »DbUpdateConcurrencyException« reagieren

Um auf die Ausnahme DbUpdateConcurrencyException zu reagieren, benötigen wir einen entsprechenden try-catch-Block. Zumindest die ausnahmeauslösende Methode SaveChanges muss hier innerhalb des try-Blocks codiert werden.

Im Gegensatz zu den meisten anderen Exception-Klassen weist DbUpdateConcurrencyException mit Entries eine ausnahmespezifische Eigenschaft auf. Diese ruft alle DbEntityEntry-Objekte ab, die nicht erfolgreich in der Datenbank gespeichert werden konnten.

Tritt ein Konflikt beim Speichern einer oder mehrerer Entitäten auf, sollte eine passende Strategie dafür sorgen, den Konflikt bestmöglich zu lösen. Grundlage dafür ist in jedem Fall,

20

dass alle drei spezifischen Werte einer Eigenschaft (Current, Original und Database) dabei die tragende Rolle spielen.

Listing 20.43 deckt die üblichsten Parallelitätskonflikte ab. Es sei davon ausgegangen, dass die Entität Products um die Timestamp-Spalte *RowVersion* ergänzt worden ist, deren Parallelitätsmodus auf Fixed eingestellt sei. Sehen wir uns zunächst den Programmcode an.

> **Hinweis**
>
> Sie finden den vollständigen Programmcode des Beispiels unter *..\Kapitel 20\EF_Samples\ Sample3*.
>
> Damit die Laufzeit wie beschrieben funktioniert, dürfen Sie nicht vergessen, in der Northwind-Datenbank die Tabelle *Products* um die Spalte *RowVersion* vom Typ timestamp zu erweitern.

```
static void Main(string[] args)
{
  using (var context = new NorthwindEntities())
  {
    // Ein neues Produkt der Tabelle Product hinzufügen
    var prodNew =  new Product { ProductName = "Milch" };
    context.Products.Add(prodNew);
    context.SaveChanges();
    int id = prodNew.ProductID;
    // User A nimmt Änderungen vor
    var prod1 = context.Products.Where(p => p.ProductID == 1)
                    .Single().ProductName = "Speck";
    var prod2 = context.Products.Where(p => p.ProductID == 2)
                    .Single().ProductName = "Bier";
    var prod3 = context.Products.Where(p => p.ProductID == 3)
                    .Single().ProductName = "Wein";
    var prod4 = context.Products.Where(p => p.ProductID == id)
                    .Single().ProductName = "Rum";
    // User B simulieren
    context.Database.ExecuteSqlCommand(
            "UPDATE Products SET ProductName='Senf' WHERE ProductID=1");
    context.Database.ExecuteSqlCommand(
            "UPDATE Products SET UnitPrice=2.79 WHERE ProductID=2");
    context.Database.ExecuteSqlCommand(
            "DELETE FROM Products WHERE ProductID = " + id.ToString());
    // User A speichert die Änderungen
    SaveUpdates(context);
```

```
  }
  Console.ReadLine();
}
```

Listing 20.43 Der Programmcode in der »Main«-Methode

Innerhalb des using-Blocks wird zunächst ein neues Produkt (»*Milch*«) erzeugt und direkt in die Datenbank geschrieben. Das neue Produkt hat die Aufgabe, später einen Konflikt, der durch einen vorhergegangenen Löschvorgang ausgelöst wird, simulieren zu können. Dies ist auf einfache Art und Weise mit den anderen Produkten der Tabelle *Products* nicht möglich, ohne die referenzielle Integrität dabei zu verletzen.

Anschließend ändert User A bei vier Produkten den Artikelbezeichner. Darunter befindet sich auch die eingangs hinzugefügte *Milch*, die nunmehr zum *Rum* mutiert.

Der simulierte zweite Anwender, User B, ändert drei Produkte. Damit werden insgesamt drei Konfliktsituationen erzwungen, die jedoch unterschiedlich sind. Beim Produkt mit Product-ID=1 wird der Artikelbezeichner geändert, beim Produkt mit der ProductID=2 der Preis. Die dritte Änderung ist ein Löschvorgang. Dabei trifft es das neue Produkt *Milch*, denn von der anstehenden Änderung in *Rum* hat der zweite Anwender nichts erfahren. Alle drei Änderungen von User B werden mit ExecuteSqlCommand sofort in die Datenbank geschrieben, damit sich der DatabaseValue auch direkt ändert.

User A wird demnach beim Speicherversuch mit drei Entitäten Probleme bekommen, die unterschiedlicher Natur sind:

▶ ProductID=1: Es wird versucht, *ProductName* einen neuen Bezeichner zu geben. Dieser ist aber bereits vom User B zwischenzeitlich geändert worden.

▶ ProductID=2: Da wir mit einer Timestamp-Spalte arbeiten, wird sich der Wert der Spalte *RowVersion* nach der Änderung von User B verändert haben. Das führt zu einem Konflikt, der gelöst werden muss.

▶ ProductID=[neues Produkt]: Diese Datenzeile wurde von User B gelöscht. Der Zugriff auf einen gelöschten Datensatz führt grundsätzlich zu einem Konflikt.

Das vierte Produkt (ProductID=3), das von User A geändert wird, sollte keinen Konflikt verursachen.

Das Speichern aller Änderungen von User A erfolgt nicht direkt mit der Anweisung context.SaveChanges(). Stattdessen wird der Aufruf von SaveChanges in die separate Methode SaveUpdates ausgelagert, der als Argument die Referenz auf den Kontext übergeben wird. Der wesentliche Grund dafür ist, dass SaveChanges rekursiv aufgerufen werden muss, wie Sie in Listing 20.44 in der Methode SaveUpdates sehen.

```
static void SaveUpdates(NorthwindEntities context)
{
  try
```

20

```
    {
      context.SaveChanges();
      Console.WriteLine("Datenbank erfolgreich aktualisiert ...");
    }
    catch (DbUpdateConcurrencyException ex)
    {
      ResolveConflict(ex);
      SaveUpdates(context);
    }
}
```

Listing 20.44 Die Methode »SaveUpdates«

Die Aufgabe der Methode SaveUpdates ist das Kapseln der SaveChanges-Methode und das Behandeln einer eventuell ausgelösten DbUpdateConcurrencyException.

Solange keine Ausnahme ausgelöst wird, brauchen wir keine weiteren Maßnahmen zu ergreifen. Tritt jedoch ein Parallelitätskonflikt auf, können wir ihn im catch-Zweig fangen und vielleicht nur auf einfache Weise den Anwender über das missglückte Updaten informieren. Das würde aber den Anforderungen der meisten Datenbankanwendungen nicht genügen. Stattdessen gilt es, die Ursache des Scheiterns zu ermitteln und Maßnahmen zu ergreifen, dass ein zweiter Speicherversuch zum Erfolg führt. Die mit der Konfliktlösung in Zusammenhang stehenden Operationen fassen wir in einer eigenen Methode zusammen, die hier ResolveConflict genannt wird. Als Argument übergeben wir die Referenz auf die DbUpdate-ConcurrencyException, weil diese mit der Eigenschaft Entries alle DbEntityEntry-Objekte aller Entitäten beschreibt, die nicht erfolgreich in die Datenbank geschrieben werden konnten.

In der Methode ResolveConflict werden die Eigenschaften OriginalValues und Current-Values der betreffenden Entitäten so angepasst, dass ein folgender Aktualisierungsversuch (vermutlich/hoffentlich) erfolgreich sein wird. Aus diesem Grund wird in der benutzerdefinierten Methode SaveUpdates nach dem Aufruf von ResolveConflict die Methode SaveUpdates rekursiv aufgerufen.

Kommen wir nun zur Methode ResolveConflict, in der die Konfliktlösung angestrebt wird.

```
1:  static void ResolveConflict(DbUpdateConcurrencyException ex)
2:  {
3:    bool notDeleted = true;
4:    foreach (var entry in ex.Entries)
5:    {
        // Allgemeine Informationen ausgeben
6:    Console.WriteLine("\nEin Konflikt ist aufgetreten: {0}",
                        entry.Entity.GetType());
7:    Console.WriteLine("\nAktuelle Werte (Current):");
```

```
 8:      PrintValues(entry.CurrentValues);
 9:      Console.WriteLine("\nUrsprüngliche Werte (Original):");
10:      PrintValues(entry.OriginalValues);
11:      var databaseValues = entry.GetDatabaseValues();
12:      Console.WriteLine("\nNeue Werte in DB (Database):");
13:      notDeleted = PrintValues(databaseValues);
         // Entscheidung, wie Konflikt gelöst werden soll
14:      Console.WriteLine("\nWas soll mit Ihren Daten passieren?");
15:      if(notDeleted)
16:        Console.Write("[S]peichern, [V]erwerfen, [M]ergen?");
17:      else
18:        Console.Write("[S]peichern, [V]erwerfen?");
19:      var action = Console.ReadKey().KeyChar.ToString().ToUpper();
         // Steuerung der Konfliktlösung
20:      switch (action)
21:      {
22:        case "S":
23:          if(! notDeleted)
24:          {
25:            entry.State = EntityState.Added;
26:            break;
27:          }
28:          entry.OriginalValues.SetValues(databaseValues);
29:          break;
30:        case "V":
31:          entry.Reload();
32:          break;
33:        case "M":
34:          var mergedValues = MergeValues(entry.CurrentValues,
                                    entry.OriginalValues, databaseValues);
35:          entry.OriginalValues.SetValues(databaseValues);
36:          entry.CurrentValues.SetValues(mergedValues);
37:          break;
38:        default:
30:          throw new ArgumentException("Ungültige Eingabe");
40:      }
41:      Console.WriteLine();
42:    }
43: }
```

Listing 20.45 Methode zur Lösung eines Parallelitätskonflikts

Um eine gute Konfliktlösung zu steuern, müssen zwei grundlegende Ausgangssituationen berücksichtigt werden:

▶ Es wird versucht, eine Datenzeile zu ändern, die noch existiert,
ihrerseits aber bereits von einem anderen User verändert worden ist.

▶ Es wird versucht, eine Datenzeile zu aktualisieren, die vorher
von einem anderen User gelöscht worden ist.

Die Methode ResolveConflict behandelt beide Fälle.

SaveChanges aktualisiert alle Entitäten, die keinen Konflikt beim Zurückschreiben in die Datenbank verursacht haben. Alle konfliktverursachenden Entitäten können über die Eigenschaft Entries der DbUpdateConcurrencyException abgerufen werden. Diese Liste wird in einer foreach-Schleife von Zeile 4 bis Zeile 42 durchlaufen.

In den Zeilen 6 bis 13 werden alle aktuellen und Originalwerte der konfliktverursachenden Entitäten an der Konsole ausgegeben sowie darüber hinaus die Werte, wie sie in diesem Moment aktuell in der Datenbank vorliegen. Die tatsächliche Konsolenausgabe erfolgt in der Methode PrintValues (siehe Listing 20.46 unten). PrintValues definiert einen Parameter vom Typ DbPropertyValues. Daher kann an diesen Parameter entweder die Liste der CurrentValues, OriginalValues oder DatabaseValues übergeben werden.

Berücksichtigt werden muss dabei, dass eine in der Datenbank gelöschte Datenzeile keine DatabaseValues mehr hat. Darüber informiert PrintValues den Anwender durch eine entsprechende Konsolenausgabe (Datensatz ist gelöscht), andererseits teilt PrintValues dem Aufrufer (also ResolveConflict) diesen Sachverhalt durch die boolesche Rückgabe false mit.

In Listing 20.46 sehen Sie die zuvor beschriebene Methode PrintValues.

```
static bool PrintValues(DbPropertyValues values)
{
  if (values == null)
  {
    Console.WriteLine("Datensatz ist gelöscht.");
    return false;
  }
  foreach (var propertyName in values.PropertyNames)
    Console.WriteLine("...{0,-16}: {1}", propertyName, values[propertyName]);
  return true;
}
```

Listing 20.46 Die Methode zur Informationsausgabe in der Konsole

Zwischen Zeile 14 und Zeile 19 der Methode ResolveConflict entscheidet der Anwender, wie der Konflikt gelöst werden soll. Dazu kann sich der Anwender, dem nun alle Daten zur Entscheidungsfindung vorliegen, zwischen Speichern, Verwerfen oder Mergen entscheiden. Handelt es sich um eine gelöschte Datenzeile in der Datenbank, ist ein Mergen (Zusammenführen der Werte aus unterschiedlichen Quellen) natürlich nicht möglich.

Die Zeilen 20 bis 40 beschreiben die eigentliche Konfliktlösung. Je nachdem, welchen Weg der Anwender vorgibt, sieht die Lösung ganz unterschiedlich aus.

Die Option »Speichern«

Entscheidet sich der Anwender für das Speichern der Daten seiner Entität, soll die korrespondierende Datenzeile in der Datenbank überschrieben werden. Die Speicherung der Daten selbst erfolgt im catch-Zweig der Methode SaveUpdates. Allerdings muss die Entität für das erneute Aufrufen von SaveChanges vorbereitet werden. Dazu werden mit der Anweisung

entry.OriginalValues.SetValues(databaseValues);

alle aktuellen Werte aus der Datenbank an die OriginalValues des DbEntityEntry-Objekts der Entität übergeben. In Konsequenz enthält die Timestamp-Spalte *RowVersion* jetzt auch den aktuellen Stand aus der Datenbank, so dass der nächste Aktualisierungsversuch erfolgreich durchgeführt werden kann.

Bei der späteren Aktualisierung werden alle CurrentValues in die Datenbank geschrieben, und die Originalvalues der Entität werden den Wert der CurrentValues annehmen. Damit gehen auch etwaige Änderungen eines anderen Users (User B) verloren – unabhängig davon, welchen Spaltenwert er geändert hat. Nehmen wir das Beispielprogramm und betrachten hier das Produkt mit der *ProductID* 2. Der Anwender des Programms beabsichtigt, ProductName="Bier" festzulegen. User B hingegen ändert denselben Datensatz, weil er einen anderen *UnitPrice* vorschreibt. Entscheidet sich User A für die Lösungsoption »Speichern«, wird der geänderte *UnitPrice* mit dem OriginalValue von User A überschrieben und ist damit verloren.

Besondere Beachtung muss einer in der Datenbank gelöschten Datenzeile geschenkt werden. Da User A die Information besitzt, dass der entsprechende Datensatz in der Datenbank gelöscht worden ist, muss bei Wahl der Speichern-Option ein neuer Datensatz in der Datenbank angelegt werden, der die CurrentValues übernimmt. Es genügt daher, die betreffende Entität in den Zustand Added zu setzen.

Die Option »Verwerfen«

Mit dieser Wahl verzichtet der Anwender auf jegliche Änderung in der Datenbank. Da sich die OriginalValues der Entität von den DatabaseValues in der Datenbank unterscheiden, wird der aktuelle Stand in der Datenbank mit der Methode Reload des DbEntityEntry-Objekts abgefragt. Gleichzeitig wird der Zustand der Entität von der Reload-Methode auf Unchanged gesetzt.

Die Option »Mergen«

Betrachten wir hier die Situation bei dem Produkt mit `ProductID=2`. User A möchte den Artikelbezeichner in *Bier* ändern und stellt fest, dass User B den *UnitPrice* geändert hat (was den Konflikt verursacht hat). Vielleicht kommt User A zu dem Schluss, dass die Preisänderung gerechtfertigt ist, und möchte sie nicht mit dem alten Preis überschreiben. Beide Änderungen sollen erhalten bleiben.

Um das umzusetzen, benötigen wir ein `DbEntityEntry`-Objekt, das mit seinen `OriginalValues` den aktuellen Stand in der Datenbank widerspiegelt, und mit `CurrentValues` alle akzeptierten Werte, also in unserem Beispiel die neuen Daten von *ProductName* und *UnitPrice*. Hier ist uns eine weitere benutzerdefinierte Methode behilflich, die `MergeValues` heißt und ein Objekt vom Typ `DbPropertyValues` zurückliefert. Die Idee hinter der Methode ist, dass das Rückgabeobjekt die gemergten `CurrentValues` beschreibt. Sehen wir uns zunächst die Methode an.

```
static DbPropertyValues MergeValues(DbPropertyValues current,
                                    DbPropertyValues original,
                                    DbPropertyValues database)
{
  DbPropertyValues newCurrent = original.Clone();
  foreach (var propertyName in original.PropertyNames)
  {
    if (!object.Equals(current[propertyName], original[propertyName]))
      newCurrent[propertyName] = current[propertyName];
    else if (!object.Equals(database[propertyName], original[propertyName]))
      newCurrent[propertyName] = database[propertyName];
  }
  return newCurrent;
}
```

Listing 20.47 Die benutzerdefinierte Methode »MergeValues«

An die Methode werden drei Argumente vom Typ `DbPropertyValues` übergeben. Mit dem ersten werden die aktuellen Werte beschrieben, mit dem zweiten die ursprünglichen und mit dem dritten schließlich die Werte in der Datenbank. Alle drei Eigenschaftslisten beziehen sich also auf die Ursprungsentität.

In der Methode `MergeValues` wird zuerst ein neues Objekt vom Typ `DbPropertyValues` erzeugt. Es heißt `newCurrent`. Dieses wird später an den Aufrufer der Methode zurückgeliefert und soll die gemergten `CurrentValues` der einzelnen Eigenschaften beschreiben. Es bietet sich an, das `DbPropertyValues`-Objekt, das die Originalwerte beschreibt, zu clonen, weil das insgesamt gesehen den geringsten Codierungsaufwand verursacht.

In einer Schleife werden alle Properties durchlaufen. Für jede Property müssen die Abweichungen gefunden werden. Abweichungen können auftreten bei den Änderungen von User A und denen von User B (die durch die Datenbankwerte beschrieben werden). Im ersten `if`-Zweig werden dazu die Current- und Originalwerte dahingehend verglichen, ob eine Abweichung vorliegt. Wenn das der Fall ist, wird der Current-Wert an das Objekt `newCurrent` übergeben.

Im `else if`-Zweig wird geprüft, ob sich der Originalwert der betreffenden Eigenschaft vom aktuellen Wert in der Datenbank unterscheidet. Ist das der Fall, wird der Wert aus der Datenbank an das Objekt `newCurrent` weitergegeben.

So weit zur Methode `MergeValues`. Sehen wir uns zum Abschluss noch die beiden Anweisungen in `ResolveConflict` an, die für das Zusammenführen der Eigenschaft verantwortlich zeichnen:

```
entry.OriginalValues.SetValues(databaseValues);
entry.CurrentValues.SetValues(mergedValues);
```

Damit zumindest der zweite Aktualisierungsversuch beste Chancen hat, erfolgreich zu sein, muss `CurrentValues` den Stand in der Datenbank widerspiegeln. Deshalb werden die Datenbankwerte an die Eigenschaft `OriginalValues` des `DbEntityEntry`-Objekts übergeben. Die Methode `MergeValues` hat uns ein `DbPropertyValues`-Objekt bereitgestellt mit den Werten aus mehreren Aktualisierungen. Deshalb wird die Referenz `mergedValues` an die Eigenschaft `CurrentValues` übergeben.

20.7   Asynchrone Abfrage- und Speicheroperationen

Operationen wie das Laden oder das Speichern von Daten können potentiell einen Leistungsverlust verursachen, wenn die Ausführung der Operation länger dauert. Daher wurden im Entity Framework asynchrone Operationen auf Basis der Task Parallel Library (TPL) eingeführt. Zu den im Entity Framework bereitgestellten asynchron operierenden Methoden gehören `SingleAsync`, `SingleOrDefaultAsync`, `FirstAsync`, `FirstOrDefaultAsync`, `FindAsync`, `ToListAsync` und `SaveChangesAsync`.

Den Effekt der asynchronen Methoden wollen wir uns an einem Beispiel ansehen, in dem die beiden Methoden `SaveChangesAsync` und `ToListAsync` verwendet werden. Da die von uns benutzte Northwind-Datenbank sehr klein ist und Abfrage- sowie Speichervorgänge sehr schnell ausgeführt werden, müssen wir manuell eine Zeitverzögerung mit `Thread.Sleep()` erzwingen.

Ausgangspunkt sei die benutzerdefinierte Methode `PerformOperations`, in der alle Produkte abgefragt werden und der jeweilige Produktname in die Konsole geschrieben wird. Danach rufen wir `SaveChanges` auf. Obwohl wir keine Änderungen vorgenommen haben, stoßen wir damit an, dass nach etwaigen Änderungen gefahndet wird.

20

```
public  static void PerformOperations()
{
  using (var context = new NorthwindEntities())
  {
    var query = context.Products.ToList();
    foreach (var item in query)
    {
      System.Threading.Thread.Sleep(2);
      Console.WriteLine(item.ProductName);
    }
    context.SaveChanges();
    Console.WriteLine("Datenbank aktualisiert ...");
  }
}
```

Listing 20.48 Synchrone Variante der Methode »PerformOperations«

Aufgerufen wird PerformOperations aus Main heraus. Um den Effekt des synchronen bzw. später des asynchronen Aufrufs sichtbar darzustellen, werden nach dem Aufruf von PerformOperations in einer Schleife 250 Punkte in die Konsole geschrieben.

```
static void Main(string[] args)
{
  PerformOperations();
  for (int i = 0; i < 250; i++)
  {
    Console.Write(".");
    System.Threading.Thread.Sleep(2);
  }
  Console.ReadLine();
}
```

Listing 20.49 Aufruf der Methode »PerformOperations«

Wie nicht anders zu erwarten ist, wird die Methode PerformOperations zuerst komplett abgearbeitet. Sie sehen zuerst alle Produktnamen, dann folgen alle Punkte. Für die Dauer des Methodenaufrufs von PerformOperations kann der Anwender nichts machen – außer Däumchendrehen.

Jetzt wollen wir – soweit möglich – in PerformOperations alle synchronen Methoden des Entity Frameworks durch asynchrone ersetzen. In Listing 20.48 betrifft das die beiden Methoden ToList und SaveChanges.

```
public async static void PerformAsyncOperations()
{
  using (var context = new NorthwindEntities())
  {
    var query = await context.Products.ToListAsync();
    foreach (var item in query)
    {
      System.Threading.Thread.Sleep(2);
      Console.WriteLine(item.ProductName);
    }
    await context.SaveChangesAsync();
    Console.WriteLine("Datenbank aktualisiert ...");
  }
}
```

Listing 20.50 Asynchrone Variante der Methode »PerformOperations«

Weil das Laden der Daten mit ToListAsync in einem anderen Thread abgewickelt wird, müssen wir auf die komplette Rückgabe der Methode mit await warten. Ansonsten würde in die nachfolgende Schleife eingetreten, ohne dass die Liste der Produkte (query) initialisiert ist. Sehr ähnlich verhält es sich mit der Anweisung, die die Änderungen asynchron speichert. Im Extremfall könnte es sonst sein, dass das erfolgreiche Aktualisieren der Datenbank gemeldet wird, ohne dass die eigentliche Operation beendet ist. Zudem ist die Methodensignatur von PerformOperations um async ergänzt worden – eine Folge der Nutzung von await.

20.8 Transaktionen

Eine Transaktion ist eine Folge von Änderungsanweisungen (INSERT, UPDATE, DELETE), die entweder komplett oder gar nicht ausgeführt werden. Man könnte also sagen, eine Transaktion wird ganzheitlich isoliert betrachtet. Alle Änderungen, die von einer Transaktion beschrieben werden, bilden eine gemeinsame Gruppe. Das wohl typischste Beispiel für eine Transaktion ist eine Banküberweisung. Das Konto des Versenders eines Geldbetrags muss belastet und auf dem Konto des Empfängers gutgeschrieben werden. Beide Aktionen bilden zusammen eine Transaktion, die positiv abgeschlossen werden muss. Das wird als *Commit* bezeichnet. Klappt eine der beiden Aktionen nicht, muss alles in den Ausgangszustand zurückversetzt werden; dies wird *Rollback* genannt.

Rufen Sie SaveChanges auf, wird jede Datenbankoperation (UPDATE, INSERT und DELETE) in einer Transaktion gekapselt. Diese dauert so lange, wie zur Ausführung der Operation benötigt wird. Rufen Sie mehrfach hintereinander SaveChanges auf, werden also mehrere Transaktionen abgewickelt.

Eine Transaktion im Entity Framework wird auf die Eigenschaft Database des Kontextobjekts aufgerufen. Hier bieten sich uns zwei verschiedene Techniken an:

▶ DbContext.Database.BeginTransaction(): Erzeugt innerhalb eines existierenden Kontexts eine neue Transaktion, die es uns ermöglicht, mehrere Änderungen zusammenzufassen. Entweder werden alle Operationen innerhalb der Transaktion positiv abgeschlossen und bestätigt, oder sie werden verworfen.

▶ DbContext.Database.UseTransaction(): Damit können wir im Kontext eine andere Transaktion verwenden, sogar eine solche, die außerhalb des Entity Frameworks gestartet worden ist.

In Listing 20.51 sehen Sie, wie eine Transaktion beschrieben wird. Dazu wird zuerst ein neues Produkt erstellt und direkt SaveChanges aufgerufen. Danach wird ein anderes Produkt in den Kontext geladen und der Produktname geändert. Es erfolgt anschließend der zweite Aufruf von SaveChanges. Die Transaktion selbst wird durch ein Objekt vom Typ DbContextTransaction beschrieben, in dem beide Aktualisierungen abgewickelt werden.

```
using (var context = new NorthwindEntities())
{
  context.Database.Log = Console.Write;
  using (DbContextTransaction transaction = context.Database.BeginTransaction())
  {
    try
    {
      var prodNew = new Product { ProductName = "Senf" };
      context.Products.Add(prodNew);
      context.SaveChanges();
      var prod = context.Products.Single(p => p.ProductID == 1);
      prod.ProductName = "Käse";
      context.SaveChanges();
      transaction.Commit();
    }
    catch(Exception ex)
    {
      transaction.Rollback();
      Console.WriteLine("Es ist ein Fehler aufgetreten.");
    }
  }
}
```

Listing 20.51 Eine einfache Transaktion (***)

Wenn keine Ausnahme ausgelöst wird, kommt es zum Aufruf der Methode Commit auf das DbContextTransaction-Objekt. Damit wurden beide Änderungen akzeptiert und erfolgreich in die Datenbank geschrieben. Wird – aus welchem Grund auch immer – eine Ausnahme auslöst, werden beide Änderungen mit Rollback in den Ausgangszustand zurückversetzt.

Sie können mit dem Listing 20.51 auch sehr gut den Fehlerfall simulieren. Dazu genügt es, dem Produkt, dessen Produktname geändert werden soll, eine sehr lange Zeichenfolge zuzuweisen – eine, die mehr als 40 Zeichen enthält. Da die Spalte *ProductName* eine maximale Länge von 40 Zeichen definiert, wird das zu einer Ausnahme und einem Rollback führen.

20.9 Kontextlose Entitäten ändern

In den Beispielen zuvor haben Sie gesehen, wie eine Entität geändert, gelöscht oder einem DbSet hinzugefügt wird. Dabei haben den Entitäten niemals den Kontext verlassen, in den sie geladen worden sind. Somit war es auch für die Änderungsnachverfolgung kein Problem, die durchgeführten Änderungen mit SaveChanges in die Datenbank zu schreiben.

Ehrlicherweise muss man aber zugeben, dass die Beispiele einen großen Teil der realen Anwendungen nicht widerspiegeln, denn Entitäten müssen sehr häufig ihren Kontext verlassen. Das ist zum Beispiel in einer *n-Tier*-Anwendung der Fall. Hier würde in einer Schicht die Datenzugriffslogik mit dem Kontext liegen, der die erforderlichen Entitäten lädt und Änderungen in die Datenbank zurückschreibt. Allerdings werden die Daten der Entitäten serialisiert und an den Client übermittelt, bei dem es sich meistens um ein GUI (Graphical User Interface) handelt. Damit verlassen die Entitäten die wachsame Obhut des Kontexts und sind auf dem Client auf sich allein gestellt. Weil sich die Entitäten in keinem Kontext befinden, ist ein Verfolgen der Änderungen nicht möglich (kein Change Tracking). Clientseitige Änderungen müssen dennoch irgendwie ihren Weg in die Datenbank finden. Das wird normalerweise über die Schicht der Datenzugriffslogik geschehen und nicht direkt aus der Clientanwendung heraus. Der Client sendet also die geänderten Entitäten an die Datenzugriffsschicht zurück. Diese Entitäten haben aber ihrerseits keine Informationen darüber, welche Änderungen an ihnen vorgenommen worden sind: Es werden keine ursprünglichen Werte (OriginalValues) beschrieben, ein Entitätszustand kann nicht abgefragt werden. Besonders tragisch ist der Verlust des Zustands, denn die SaveChanges-Methode weiß erst über die Zustandsangabe einer Entität, ob die Datenbank mit UPDATE, INSERT oder DELETE aktualisiert werden muss.

Es gibt mehrere Ansätze, mit kontextlosen Entitäten zu arbeiten. Exemplarisch sei an dieser Stelle der WCF Data Service genannt. Darauf in diesem Buch einzugehen, würde aber den Rahmen sprengen. Zumindest für einfachere Anwendungen wäre es eine leicht umsetzbare Idee, auf Self-Tracking-Entities (STE) zu setzen. Die Idee hinter STEs ist, dass die Entitäten sämtliche an ihnen durchgeführten Änderungen protokollieren. Umsetzungen dieser Technik gibt es viele, eine einfache möchte ich Ihnen hier vorstellen.

20

20.9.1   Self-Tracking-Entities (STE)

Die Lösung des oben beschriebenen Problems kann so lauten, dass die kontextlosen Entitäten zumindest ihren Zustand selbst beschreiben müssen. Dazu genügt eine zustandsbeschreibende Property. Jetzt stellt sich sofort die Frage, von welchem Typ eine solche Property sein sollte. Das Entity Framework stellt uns zwar mit `EntityState` eine passende Enumeration zur Verfügung, die durchaus geeignet wäre. Die meisten Entwickler ziehen aber vor, die Clientanwendung komplett unabhängig vom Entity Framework zu halten.

Mit dieser Überlegung legen wir eine neue Enumeration wie folgt an:

```
public enum STEState
{
  Added,
  Deleted,
  Modified,
  UnChanged
}
```

Listing 20.52 Zustandsbeschreibende Enumeration

Alle Self-Tracking-Entitäten sollen eine Property haben, die wir sinnvollerweise `State` nennen. Das soll eine Vorschrift sein und wird in der Programmierung immer über eine Schnittstelle umgesetzt, die wir dem Projekt hinzufügen.

```
public interface IEntity
{
  STEState State { get; set; }
}
```

Listing 20.53 Die Definition der Schnittstelle »IEntity«

Jede Entitätsklasse soll das Interface implementieren, sowohl diejenigen, die sich möglicherweise schon im EDM befinden, als auch solche, die vielleicht später noch zum EDM hinzugefügt werden. Selbstverständlich könnten Sie nun manuell jede Entitätsklasse anpassen, aber am einfachsten ist es, die T4-Schablone entsprechend zu ändern. Öffnen Sie dazu die Datei *Northwind.tt* im Projektmappen-Explorer, und fügen Sie die Schnittstelle wie nachfolgend gezeigt hinzu.

```
<#=codeStringGenerator.UsingDirectives(inHeader: false)#>
<#=codeStringGenerator.EntityClassOpening(entity)#> : IEntity
{
      public STEState State { get; set; }
<#
  [...]
```

Speichen Sie die geänderte T4-Datei, dann implementieren alle Entitätsklassen automatisch das benutzerdefinierte Interface IEntity.

```csharp
public partial class Product : IEntity
{
  public STEState State { get; set; }
  [...]
}
```

Listing 20.54 Die um »IEntity« erweiterte Klasse »Product«

Komplettes Beispielprogramm mit STEs

Unser nächstes Beispielprogramm soll die folgende Aufgabe meistern: Die Clientanwendung, hier repräsentiert durch die Klasse Program, soll alle Produkte, die zu einer bestimmten Kategorie gehören, abfragen. Dahinter steckt die Absicht, alle preislich neu zu gestalten. Zudem soll ein neues Produkt der Kategorie zugeordnet werden.

Zur Abfrage der Produkte stellt eine Serverkomponente die Methode GetProductsByCategory bereit. Die CategoryID, die von Interesse wird, wird der Methode als Argument übergeben. Damit der Server die geänderten Entitäten in die Datenbank schreiben kann, bedarf es noch einer zweiten Methode, die SaveProducts genannt wird.

Sehen wir uns zuerst die Clientkomponente an, die durch die Methode Main in der Klasse Program repräsentiert wird.

```csharp
static void Main(string[] args)
{
// Produkte abrufen
IList<Product> liste = Server.GetProductsByCategory(2);
// Preise ändern
foreach (var item in liste)
{
  Console.WriteLine($"\n{item.ProductName}:");
  Console.WriteLine($"Preis alt: {item.UnitPrice}");
  Console.Write("Preis neu: ");
  item.UnitPrice = Convert.ToDecimal(Console.ReadLine());
  item.State = STEState.Modified;
}
// Neues Produkt hinzufügen
liste.Add(new Product()
{
  ProductName = "Milch",
  UnitPrice = 0.98m,
  CategoryID = 2,
  State = STEState.Added
```

```
  });
  Server.SaveProducts(liste);
  Console.ReadLine();
}
```

Listing 20.55 Die Clientkomponente der Beispielanwendung

Abgesehen von der Tatsache, dass wir noch nicht über die Methoden GetProductsByCategory und SaveProducts gesprochen haben, ist der Code wenig spektakulär. Beachten Sie nur, dass mit jeder Änderung an einer Entität auch der Zustand mit der Eigenschaft State passend festgelegt wird.

Kommen wir nun zur Serverkomponente selbst. Im Realfall würde diese vermutlich als Service in einer anderen Anwendung ihren Dienst tun, aber zum Verständnis der STEs reicht es vollkommen aus, hier die Dienste nur in einer anderen Klasse derselben Anwendung zu beschreiben.

```
public class Server
{
  public static IList<Product> GetProductsByCategory(int categoryID)
  {
    return new NorthwindEntities().Products
                        .Where(p => p.CategoryID == categoryID)
                        .ToList();
  }
  public static void SaveProducts(IEnumerable<Product> products)
  {
    using (var context = new NorthwindEntities())
    {
      foreach (var item in products)
      {
        if (item.State == STEState.Added)
          context.Products.Add(item);
        if (item.State == STEState.Deleted)
        {
          context.Products.Attach(item);
          context.Products.Remove(item);
        }
        if (item.State == STEState.Modified)
        {
          var prod = context.Products
                        .Where(p => p.ProductID == item.ProductID)
                        .Single();
          var entry = context.Entry(prod);
```

```
            entry.CurrentValues.SetValues(item);
        }
    }
    Console.WriteLine(context.ChangeTracker.Entries().Count());
    context.SaveChanges();
    Console.WriteLine("Datenbank aktualisiert ... ");
   }
  }
}
```

Listing 20.56 Der Programmcode der Serverkomponente

Zwei Methoden zieren die Klasse Server: GetProductsByCategory und SaveProducts. Die erstgenannte Methode hat die Aufgabe, alle Product-Entitäten einer bestimmten Kategorie in eine Liste zu schreiben und an den Aufrufer zu senden.

Die Methode SaveProducts erwartet eine Liste vom Typ IEnumerable<Product>. Jede Product-Entität der Liste muss hinsichtlich ihres Zustands, der durch IEntity.State beschrieben wird, untersucht werden. Das geschieht innerhalb eines zur Verfügung gestellten DbContext-Objekts. Die übergebene Liste innerhalb dieses Kontexts zu durchlaufen führt allerdings nicht dazu, dass die Entitäten sofort beim Kontext registriert werden. Das muss im Bedarfsfall erfolgen. Der Bedarfsfall tritt auf jeden Fall ein, wenn der Zustand der Entität von STE-State.Unchanged abweicht.

Unspektakulär ist das Hinzufügen der Entitäten zum Kontext, wenn es sich um Entitäten mit den Zuständen STEState.Added oder STEState.Deleted handelt. Hier helfen uns die Methoden Add und Attach der DbSet<Product>-Referenz weiter.

Nicht ganz so einfach ist das Hinzufügen einer geänderten Entität zum Kontext. Es würde sich hier anbieten, auf Grundlage der *ProductID* die Originalentität aus der Datenbank abzurufen und in den Kontext zu laden. Anschließend können alle Werte, die aus der vom Client übermittelten Entität stammen, mit SetValues an die CurrentValues der von der Datenbank geladenen Entität übergeben werden.

Zum Schluss kommt es zum Aufruf der Methode SaveChanges.

Anmerkung

Sie finden das komplette Beispiel unter *..\Kapitel 20\EF_Samples\Sample4*.

20.10   Validieren mit dem Entity Framework

Im Entity Data Model (EDM) werden alle Entitäten und ihre Beziehungen untereinander beschrieben. Jede Entität weist Eigenschaften auf, die in der Datenbanktabelle durch Spalten beschrieben sind. Wenn Sie im EDM-Designer eine Entität markieren, werden im Eigenschaftsfenster des Visual Studios die spezifischen Eigenschaften der Spalte angezeigt. Dazu gehören der Datentyp und die Angabe, ob es sich um ein Primärschlüsselfeld handelt. Je nach Wahl des datenbankseitigen Zeichenfolgedatentyps kann auch die maximale Anzahl der erlaubten Zeichen beschrieben werden.

In der Tabelle *Products* ist auf diese Weise der *Produktname* auf maximal 40 Zeichen eingestellt. Dass eine zulässige Änderung des Artikelbezeichners kein Problem bereitet, haben wir schon im Laufe des Kapitels gesehen. Versuchen wir jedoch, eine Zeichenlänge zu übergeben, die mehr als 40 Zeichen lang ist, wird eine Ausnahme ausgelöst. Interessant ist, zu erfahren, wo die Ausnahme ausgelöst wird. Es kommt dafür das Entity Framework in Frage oder auch die Datenbank selbst. Ein einfacher Testcode, in dem die Abfolge der gegen die Datenbank abgesetzten SQL-Statements in die Konsole geschrieben wird, kann uns darüber Auskunft geben.

```
using (var context = new NorthwindEntities())
{
  context.Database.Log = Console.WriteLine;
  var result = context.Products.Single(p => p.ProductID == 1);
  result.ProductName = "ABCDEFGHIJKLMNOPQRSTUVWXYZABCDEFGHIJKLMNOPQRSTUVWXYZ";
  context.SaveChanges();
}
```

Listing 20.57 Übergabe von mehr als 40 Zeichen an die Eigenschaft »ProductName«

Tatsächlich wird kein UPDATE zur Datenbank gesendet, was den Schluss zulässt, dass die Validierung bereits anwendungsseitig erfolgt. Als Basis der Validierung wird die Einstellung MaxLength der Spalte herangezogen, die im Eigenschaftsfenster unter MAXIMALE LÄNGE angezeigt wird und die oben erwähnten 40 Zeichen beschreibt.

Ändern Sie im Eigenschaftsfenster die maximale Länge, beispielsweise in 400, wird die Methode SaveChanges feststellen, dass die Zeichenfolgenlänge in Listing 20.57 korrekt ist, und versuchen, die Änderung mit UPDATE in die Datenbank zu schreiben. Natürlich wird dieser Versuch scheitern.

Verringern wir hingegen die Maximallänge auf 20 Zeichen im Eigenschaftsfenster des EDM-Designers, können wir nicht erfolgreich updaten, wenn der neue *ProductName* 21 Zeichen lang ist – obschon die Datenbank bis zu 40 Zeichen akzeptieren würde.

Eigenschaften einer Entität können durchaus anwendungsseitig geprüft werden – nicht nur durch die Änderung einer Einstellung im Eigenschaftsfenster, sondern durch Anpassung des Programmcodes. Darauf baut die Validation API des Entity Frameworks auf. Mit festgelegten Validierungsregeln können wir Daten beeinflussen, bevor sie in die Datenbank geschrieben werden.

Oft reicht es nicht aus, nur den Wert einer Eigenschaft allein auf seine Gültigkeit hin zu überprüfen. Sie werden häufig auf Entitäten treffen, bei denen eine bestimmte Eigenschaft von einer anderen derselben Entität abhängt. Nehmen wir an, eine Entität würde das Bestell- und das Lieferdatum beschreiben. Es wäre nicht sinnvoll, wenn das Lieferdatum vor dem Bestelldatum liegen würde. Mit einer Validierungsregel könnte das vermieden werden – eine Validierungsregel, die sicherstellt, dass das Bestelldatum vor dem Lieferdatum liegt.

Um in den Entitäten gültige Werte durch Validierungsregeln sicherzustellen, gibt es mehrere Wege:

▶ Data Annotations: Dabei handelt es sich um Attribute, die mit einer Entitätseigenschaft verknüpft werden. Anstatt mit Data Annotations Regeln zu beschreiben, können Sie das auch per Programmcode mit einer Technik erreichen, die als *Fluent API* bezeichnet wird. Wenn wir uns in Kapitel 21 mit dem Thema Code First beschäftigen, werden wir auf Data Annotations und die Fluent API noch detaillierter eingehen.

▶ `CustomValidationAttribute`: Mit diesem besonderen Attribut kann sowohl eine einzelne Eigenschaft als auch der komplette Typ validiert werden.

▶ Das Interface `IValidatableObject`: Diese Schnittstelle schreibt die Methode `Validate` vor, in der die Validierungsregeln codiert werden. Die Methode `Validate` wird entweder vom Entity Framework während der Ausführung von `SaveChanges` aufgerufen oder zu jedem beliebigen Zeitpunkt vorher, wenn ein Objekt validiert werden soll.

▶ Überschreiben Sie die virtuelle Methode `ValidateEntity` der Klasse `DbContext`.

Jetzt bleibt noch zu klären, wann es zu einer Validierung kommt. Auch hier gibt es mehrere Situationen:

▶ Validierungsregeln, die wir festlegen, werden auf alle hinzugefügten und geänderten Entitäten angewandt, wenn `SaveChanges` aufgerufen wird. Bei einem Regelverstoß wird eine Ausnahme ausgelöst.

▶ Die Methode `DbContext.GetValidationErrors` iteriert durch alle dem Kontext hinzugefügten und geänderten Entitäten und überprüft jedes einzelne Objekt.

▶ Um eine bestimmte Entität des Kontexts explizit zu validieren, bietet sich die Methode `DbEntityEntry.GetValidationResult` an.

Validierungen können manuell ausgeführt werden, werden jedoch spätestens beim Aufruf von `SaveChanges` erfolgen. Das automatische Validieren folgt einem vorgegebenen Ablaufplan:

▶ `SaveChanges` ruft zuerst die Methode `GetValidationErrors` auf den Kontext auf. Damit werden alle Entitäten, die geändert oder hinzugefügt worden sind, durchlaufen.

▶ `GetValidationErrors` ihrerseits ruft die Methode `ValidateEntry` der Klasse `DbContext` auf.

▶ Im letzten Schritt schließlich wird für jede betreffende Entität die Methode `GetValidationResult` der `DbEntityEntry`-Referenz ausgeführt.

Nachdem wir nun einen groben Überblick über die möglichen Validierungen und ihren Ablauf gewonnen haben, ist es an der Zeit, uns dem Programmcode im Detail zu widmen.

20.10.1   Mit Data Annotations Eigenschaften validieren

Wie bereits erwähnt gibt es mehrere Möglichkeiten, Validierungsregeln festzulegen. Die einfachste Variante ist, eine Entitätseigenschaft mit einer Data Annotation zu verknüpfen. Grundsätzlich könnte das beispielsweise wie folgt aussehen:

```
public class Hotel
{
  [MaxLength(250)]
  public string Description { get; set; }
}
```

Der Name der Entität ist hier Hotel und beschreibt die Eigenschaft Description, die maximal 250 Zeichen aufweisen darf. Data Annotations haben eine sehr große Bedeutung, wenn man mit Code First arbeitet und auf die Unterstützung durch das Entity Data Models verzichtet. Grundsätzlich können aber auch die vom EDM-Designer automatisch erzeugten Klassen mit Data Annotations verknüpft werden.

Jede von der Validation API genutzte Data Annotation ist von der Basis ValidationAttribute abgeleitet und dem Namespace System.ComponentModel.DataAnnotations zugeordnet. Die Basis ist wichtig, denn von der Validation API werden nur die Regeln erfasst, die auf die Basis ValidationAttribute zurückzuführen sind. In Tabelle 20.6 finden Sie diese Data Annotations.

Data Annotation	Beschreibung
CustomValidationAttribute	Beschreibt eine benutzerdefinierte Validierungsmethode.
DataTypeAttribute	Gibt den Namen eines Typs an, der einer Eigenschaft zugeordnet werden soll.
MaxLengthAttribute	Gibt die maximale zulässige Länge von Array- oder Zeichenfolgendaten an.
MinLengthAttribute	Gibt die minimale zulässige Länge von Array- oder Zeichenfolgendaten an.
RangeAttribute	Gibt numerische Bereichseinschränkungen an.
RegularExpressionAttribute	Gibt an, dass der Wert einer Eigenschaft mit dem angegebenen regulären Ausdruck übereinstimmen muss.

Tabelle 20.6 Data Annotations der Validation API

Data Annotation	Beschreibung
RequiredAttribute	Die Angabe eines Werts ist erforderlich.
StringLengthAttribute	Gibt die minimale und maximale Länge von Zeichen an.

Tabelle 20.6 Data Annotations der Validation API (Forts.)

Arbeitet ein Entwickler mit Code First, ist es sehr einfach, Annotationen mit einer Entitäts-klasse oder Entitätseigenschaften zu verbinden. Das werden Sie in Kapitel 21, »Entity Framework – Code First«, noch lernen. Momentan beschäftigen wir uns jedoch mit der Technik Database First unter Zuhilfenahme des Entity Data Models. Hier sieht die Ausgangssituation im ersten Moment nicht ganz so gut aus, denn der EDM-Designer stellt uns automatisch die Entitätsklassen zur Verfügung. Sie können die Klassen zwar durchaus beliebig ändern oder die Properties mit zusätzlichen Data Annotations verknüpfen, aber die Idee stellt sich unter Umständen sehr schnell als eine schlechte heraus. Das Problem ist, dass das EDM aus der Datenbank heraus aktualisiert werden kann. Tritt dieser Fall ein, werden die Entitätsklassen erneuert, und etwaige Ergänzungen bzw. Erweiterungen gehen verloren, also auch ergänzte Data Annotations.

Werfen wir noch einmal einen Blick auf eine unserer Entitätsklassen. Sie werden feststellen, dass alle Klassen partial definiert sind. partial ermöglicht es uns, eine Klassendefinition über mehrere Quellcodedateien zu verteilen. Damit können wir zusätzliche Programmlogik auslagern. Leider ist diese Idee jedoch im Zusammenhang mit den Eigenschaften nicht ohne Probleme. Nehmen wir als Beispiel die Entität Product, in der ProductName wie folgt definiert ist:

```
public partial class Product
{
    public string ProductName { get; set; }
    [...]
}
```

Nehmen wir an, wir würden gerne die maximale Länge des Produktbezeichners auf 20 Zeichen begrenzen. Die Eigenschaft direkt mit der Data Annotation MaxLength zu verknüpfen scheidet aus den Gründen, die ich weiter oben beschrieben habe, aus (mögliche Aktualisierung des Entity Data Models). Wir können die Property ProductName zusammen mit dem gewünschten Attribute auch nicht in einem partiellen Teil der Klasse Products definieren: Die Eindeutigkeit wäre nicht mehr gegeben, und es käme zu einem Compilerfehler.

Auch wenn jetzt die Lage aussichtslos erscheint, es gibt es eine Lösung. Dazu müssen Sie eine komplett neue Klasse schreiben, die die Eigenschaft samt Attribut beinhaltet, z. B.:

20

```
public class Product_Metadata
{
  [MaxLength(20)]
  public string ProductName { get; set; }
}
```

Listing 20.58 Klasse, die zusätzliche Metadaten beschreibt

Jetzt müssen wir nur noch der Klasse `Products` mitteilen, dass die Klasse `Product_Metadata` zur Bildung einer ganzheitlichen Entität herangezogen werden soll. Das wird mit dem Attribut `MetadataType` umgesetzt, dem als Argument der Typ der Metadatenklasse angegeben werden muss:

```
[MetadataType(typeof(Product_Metadaten))]
public partial class Product
{
  public string ProductName { get; set; }
  [...]
}
```

Listing 20.59 Die Entitätsklasse mit der Metadatenklassen verbinden

Jetzt wollen wir natürlich auch noch testen, ob das `MaxLength`-Attribut wie gewünscht validiert. Wir schreiben dazu in der Methode `Main` den folgenden Programmcode:

```
using (var context = new NorthwindEntities())
{
  var newProd = new Product { ProductName = "Gambas" };
  context.Products.Add(newProd);
  if (context.Entry(newProd).GetValidationResult().IsValid)
  {
    context.SaveChanges();
    Console.WriteLine("Datenbank aktualisiert ...");
  }
  else
    Console.WriteLine("'ProductName' hat einen Fehler verursacht.");
}
```

Listing 20.60 Testen des Attributs »MaxLength«

Im Mittelpunkt der Validierung steht hier die Methode `GetValidationResult`. Da es sich um eine Methode der Klasse `DbEntityEntry` handelt, kann damit nur eine bestimmte Entität validiert werden. Der Rückgabewert von `GetValidationResult` ist vom Typ `DbEntityValidationResult`. Über dessen Eigenschaft `IsValid` erfahren wir, ob die Validierung positiv verlaufen ist (true) oder negativ (false). Bei einer positiven Validierung können wir SaveChanges aufrufen, ohne Gefahr zu laufen, dass es aufgrund eines Validierungsfehlers zu einer Ausnahme kommt. GetValidationResult prüft alle von ValidationAttribute abgeleiteten Data Annotations, die mit den Eigenschaften der Entität verknüpft sind.

Geben Sie in Listing 20.60 einen Produktnamen an, der mehr als 20 Zeichen enthält, wird die Meldung in die Konsole geschrieben, die besagt, dass es zu einem Validierungsfehler gekommen ist.

Eine Validierung wird automatisch auf hinzugefügte und geänderte Entitäten mit dem Aufruf von SaveChanges durchgeführt. Auf den Aufruf der Methode GetValidationResult könnten wir also auch verzichten. Führt die von SaveChanges angestoßene Validierung allerdings zu einem negativen Resultat, wird eine Ausnahme vom Typ DbEntityValidationException ausgelöst, die behandelt werden muss. Das folgenden Codefragment zeigt, wie damit umgegangen wird.

```
using (var context = new NorthwindEntities())
{
  var newProd = new Product { ProductName = "Gambas" };
  context.Products.Add(newProd);
  try
  {
    context.SaveChanges();
  }
  catch(DbEntityValidationException ex)
  {
    // Behandeln der Ausnahme
  }
}
```

Anmerkung

Sie finden das komplette Beispiel unter ..\Kapitel 20\EF_Samples\Sample5.

Die Methode »GetValidationResult« im Detail

Im letzten Abschnitt haben wir die Methode GetValidationResult aufgerufen, um eine Entität zu validieren. GetValidationResult ist eine Methode der Klasse DbEntityEntry und liefert als Ergebnis des Aufrufs ein Objekt vom Typ DbEntityValidationResult, dessen IsValid-Methode einen booleschen Wert beschreibt. Festzustellen bleibt, dass im Fall einer negativen Validierung keine Ausnahme ausgelöst, sondern stattdessen die Eigenschaft IsValid auf false gesetzt wird.

Mit dem Aufruf von GetValidationResult werden alle Eigenschaften der Entität untersucht, was dazu führen könnte, dass gleich gegen mehrere Validierungsregeln verstoßen worden ist. Für jeden Validierungsfehler wird ein Objekt vom Typ DbValidationError erzeugt. Alle aufgetretenen Fehler werden in einer Liste beschrieben. Die Referenz auf die Liste liefert die Methode ValidationErrors des Objekts vom Typ DbEntityValidationResult.

Der Typ DbValidationError gibt eine etwas detailliertere Auskunft über einen Validierungsfehler. Sie können mit der Eigenschaft ErrorMessage eine spezifische Fehlerinformation abrufen und mit PropertyName den Namen der Eigenschaft ermitteln, die den Validierungsfehler verursacht hat. Data Annotations erben die Eigenschaft ErrorMessage von ihrer Basis ValidationAttribute.

Die spezifische Fehlerinformation, die von ErrorMessage ausgewertet wird, kann der Data Annotation direkt übergeben werden. Das wollen wir uns am Beispiel der Klasse Product_Metadata unserer Beispielanwendung *Sample5* aus dem letzten Abschnitt ansehen. Darüber hinaus soll die Property UnitPrice um das Attribute Required erweitert werden, um den Anwender zu einer Preisangabe zu zwingen.

```
public class Product_Metadaten
{
  [MaxLength(20, ErrorMessage ="Unzulässige Länge des Produktbezeichners")]
  public string ProductName { get; set; }
  [Required(ErrorMessage = "Angabe von UnitPrice ist erforderlich")]
  public Nullable<decimal> UnitPrice { get; set; }
}
```

Listing 20.61 Übergabe einer spezifischen Fehlerinformation

In Listing 20.62 sehen Sie Programmcode, der gegen beide Regeln verstößt.

```
using (var context = new NorthwindEntities())
{
  var newProd = new Product { ProductName = "Gambas in Chili-Sauce" };
  context.Products.Add(newProd);
  var result = context.Entry(newProd).GetValidationResult();
  if (result.IsValid)
  {
    context.SaveChanges();
    Console.WriteLine("Datenbank aktualisiert ...");
  }
  else
  {
```

```
    foreach(var item in result.ValidationErrors)
      Console.WriteLine($"{item.PropertyName}: {item.ErrorMessage}");
  }
}
```

Listing 20.62 Testen der Validierung aus Listing 20.61

Sie werden in der Konsolenausgabe lesen, dass die beiden Eigenschaften UnitPrice und ProductName gegen die Regeln verstoßen haben.

> **Anmerkung**
>
> Sie finden das komplette Beispiel unter ..*Kapitel 20\EF_Samples\Sample6*.

Eine bestimmte Property validieren

Das letzte Beispiel (*Sample6*) hat gezeigt, dass bei der Aktualisierung einer Entität mehrere Fehler auftreten können. Haben Sie nur Interesse an der Untersuchung einer bestimmten Eigenschaft der Entität, können Sie die Methode GetValidationErrors der Klasse DbPropertyEntry aufrufen. Die Methode liefert als Ergebnis ein Objekt vom Typ ICollection<DbValidationError>. Zur Erinnerung: Sie erhalten eine DbPropertyEntry-Referenz, wenn Sie mit der Methode Property auf ein DbEntityProperty-Objekt gezielt eine Eigenschaft der Entität adressieren.

Sehr aussagekräftig ist das Resultat zunächst nicht, denn im Grunde genommen können Sie über die Eigenschaft Count der ICollection<DbValidationError>-Referenz nur in Erfahrung bringen, ob im Zusammenhang mit der Validierung der Entitätseigenschaft überhaupt ein oder mehrere Fehler aufgetreten sind.

Nehmen wir an, Sie möchten aus dem vorhergehenden Beispiel *Sample6* nur die Eigenschaft ProductName untersuchen. Die in diesem Beispiel erforderliche Angabe von *UnitPrice* sei nicht von Interesse. Das könnten Sie mit dem Code aus Listing 20.63 umsetzen:

```
using (var context = new NorthwindEntities())
{
  var newProd = new Product { ProductName = "Gambas in Chili-Sauce" };
  var result = context.Entry(newProd)
                      .Property(p => p.ProductName).GetValidationErrors();
  foreach (var item in result)
    Console.WriteLine(item.ErrorMessage);
}
```

Listing 20.63 Untersuchung einer einzelnen Eigenschaft einer Entität

20

Liegt ein Regelverstoß vor, wird die Liste in einer foreach-Schleife durchlaufen. Da jedes Listenobjekt vom Typ DbValidationError ist, können wir nur zwei Eigenschaften auswerten: PropertyName und ErrorMessage. In Listing 20.62 wird nur Wert auf die Fehlerinformation gelegt.

Anmerkung

Beachten Sie, dass die Methode GetValidationErrors auf ein DbPropertyEntry-Objekt aufgerufen wird und nur eine bestimmte Eigenschaft untersucht.

Die Methode GetValidationResult ist eine Methode des Typs DbEntityEntry und untersucht alle Eigenschaften einer Entität.

Spezielle Validierung mit »CustomValidationAttribute«

In Tabelle 20.6 ist eine Data Annotation aufgeführt, auf die wir nun unser Augenmerk richten sollten: CustomValidationAttribute. Sie können dieses Attribut benutzen, um eine Property einer speziellen Untersuchung zu unterziehen.

Angenommen, der Anwender ändert die Eigenschaft UnitPrice eines Produkts, sollte der neue Wert weder negativ noch die Zahl 0 sein. Als Erstes schreiben wir eine Klasse mit einer statischen Methode, die die entsprechende Validierung durchführt. Die Methode muss einen Rückgabewert vom Typ ValidationResult haben. Eine erfolgreiche Validierung wird mit ValidationResult.Success beschrieben. Ist das Ergebnis der Validierung negativ, wird ein ValidationResult-Objekt erzeugt, dem die Fehlermeldung als Argument übergeben wird.

Bezogen auf die Anforderungen bei der Übergabe eines neuen Preises an eine Product-Entität kann die Klasse wie in Listing 20.64 gezeigt definiert werden.

```
public class ProductValidation
{
  public static ValidationResult UnitPriceValidation(decimal? price)
  {
    if (price > 0)
      return ValidationResult.Success;
    return new ValidationResult("Preisangabe überprüfen.");
  }
}
```

Listing 20.64 Klasse mit einer benutzerdefinierten Validierungsmethode

Die Methode heißt hier UnitPriceValidation. Sie beschreibt einen Parameter vom Typ der zu validierenden Property, also in diesem Fall decimal?. Genau an dieser Stelle offenbart sich auch sofort ein Nachteil dieser benutzerdefinierten Validierung mit dem Attribut Custom-Validation: Der Parametertyp ist vorgeschrieben und hängt vom Datentyp der zu validierenden Eigenschaft ab. Damit können Sie keine aufwendigere Validierung schreiben. Haben Sie beispielsweise die Absicht, zu überprüfen, ob der neue Preis (CurrentValue) nicht mehr als doppelt so hoch ist wie der alte Preis (OriginalValue), bekommen Sie den alten Preis nicht in die Methode. Dafür müsste der Parameter vom Typ DbEntityEntry sein. Dann funktioniert die benutzerdefinierte Validierungsmethode nicht mehr.

> **Hinweis**
>
> Sie können in einer Klasse beliebig viele Validierungsmethoden definieren, auch für verschiedene Entitäten.

Im nächsten Schritt definieren wir die Klasse, die die neuen Metadaten der Entität Product beschreibt. Hier verknüpfen wir das Attribut CustomAttribute mit der Property UnitPrice. Das Attribut erwartet zwei Argumente:

▶ Im ersten Argument geben wir den Typ der Klasse an, die die Validierungsmethode beschreibt.

▶ Im zweiten Argument geben wir den Namen der Methode an, die die Validierung durchführen soll.

Konkret umgesetzt sieht das wie in Listing 20.65 aus.

```
public class Product_Metadaten
{
    [CustomValidation(typeof(ProductValidation), "UnitPriceValidation")]
    public Nullable<decimal> UnitPrice { get; set; }
}
```

Listing 20.65 Verknüpfen mit dem »CustomValidationAttribute«

Im letzten Schritt müssen wir noch an das Attribut MetadataType denken, damit die Entität Product auch Notiz von CustomValidationAttribute nimmt.

```
[MetadataType(typeof(Product_Metadaten))]
public partial class Product
{
    [...]
}
```

Listing 20.66 Verknüpfen der Entität mit der Metadaten-Klasse

Zum Testen können wir die im letzten Beispiel benutzte Main-Methode nahezu übernehmen. Allerdings müssen wir uns eine Product-Entität besorgen, deren Preis wir ändern.

```
using (var context = new NorthwindEntities())
{
```

```
var newProd = context.Products.Single(p => p.ProductID == 1);
newProd.UnitPrice = -20;
var result = context.Entry(newProd).GetValidationResult();
if (result.IsValid)
{
  context.SaveChanges();
  Console.WriteLine("Datenbank aktualisiert ...");
}
else
{
  foreach (var item in result.ValidationErrors)
    Console.WriteLine($"{item.PropertyName}: {item.ErrorMessage}");
}
}
```

Listing 20.67 Das »CustomValidationAttribute« testen

Anmerkung
Sie finden das komplette Beispiel unter ..*Kapitel 20\EF_Samples\Sample7*.

20.10.2   Validieren einer kompletten Entität

Im Abschnitt zuvor haben wir mit Data Annotations wie beispielsweise Required, MaxLength oder auch CustomValidation Regeln definiert, die sich auf eine einzelne Eigenschaft der Entität bezogen. Der Einsatzbereich dieser Attribute ist somit ziemlich limitiert.

Es kann vorkommen, dass Eigenschaften einer Entität untereinander Abhängigkeiten haben. Nehmen wir das Beispiel der Entität Product. Die Property UnitsOnOrder gibt Auskunft darüber, wie viele Produkte aufgrund eines zu geringen Lagerbestands (UnitsInStock) nachbestellt werden müssen. Jedoch darf eine Erhöhung des Lagerbestands nicht erfolgen, wenn die betroffene Entität mit Discontinued=true als Auslaufartikel gekennzeichnet ist. Zudem sollen keine Produkte nachbestellt werden können, für die der Lagerbestand noch ausreichend ist.

Unschwer ist zu erkennen, dass hier zwei Geschäftsregeln beschrieben worden sind, in denen jeweils zwei Properties voneinander abhängen. Sie haben zwei Möglichkeiten, dafür Regeln zu definieren:

▶ die Schnittstelle IValidatableObject
▶ das Attribut CustomValidationAttribute

Wir werden uns nun beide ansehen.

Validieren mit dem Interface »IValidatableObject«

Zur Lösung der oben beschriebenen Problemstellung wollen wir uns zunächst den Lösungsansatz mit der Schnittstelle IValidatableObject ansehen, die die Methode Validate vorschreibt.

Um eine Entität mit der Schnittstelle zu erweitern, bietet es sich nun tatsächlich an, eine partielle Klassendefinition zu schreiben und nicht eine Klasse, auf die mit dem Attribut MetadataType verwiesen werden muss.

```csharp
public partial class Product : IValidatableObject
{
  public IEnumerable<ValidationResult> Validate(ValidationContext validationContext)
  {
    if (Discontinued && (UnitsOnOrder > 0))
      yield return new ValidationResult("Auslaufartikel. Keine Bestellung möglich",
                                        new[] { "UnitsOnOrder" });
    if ((UnitsOnOrder > 0) && (UnitsInStock > 100))
      yield return new ValidationResult("Lagerbestand ausreichend",
                                        new[] { "UnitsOnOrder" });
  }
}
```

Listing 20.68 Partielle Klassenerweiterung der Entität »Product«

Validate erwartet ein Argument des Typs ValidationContext, der ganz allgemein gesprochen das zu validierende Objekt beschreibt. Solange Sie dem Entity Framework die Aufgabe überlassen, Validate automatisch aufzurufen, brauchen Sie sich um den Parameter keine Gedanken zu machen. Sie können Validate jedoch auch manuell aufrufen.

Der Rückgabewert ist vom Typ IEnumerable<ValidationResult>. Es bietet sich hier an, mit yield alle Regelverletzungen in das Resultat zu schreiben.

Um die beiden Regeln gleichzeitig überprüfen zu können, müssen wir uns ein Produkt auswählen, dessen Lagerbestand per Vorgabe über 100 Einheiten aufweist.

```csharp
using (var context = new NorthwindEntities())
{
  var prod = context.Products.Single(p => p.ProductID == 33);
  prod.Discontinued = true;
  prod.UnitsOnOrder = 25;
  var errors = context.Entry(prod).GetValidationResult();
  foreach (var item in errors.ValidationErrors)
    Console.WriteLine(item.ErrorMessage);
}
```

Listing 20.69 Testen der Methode »IValidatableObject.Validate«

> **Anmerkung**
>
> Sie finden das komplette Beispiel unter ..*Kapitel 20\EF_Samples\Sample8*.

Validieren mit »CustomValidationAttribute«

Jetzt sei die Ausgangssituation identisch wie zuvor, die Lösung soll aber durch `CustomValidationAttribute` beschrieben werden. In der Klasse `Product` wird für jede der beiden Problemstellungen eine Methode geschrieben. Die Verknüpfung zwischen der Entität `Product` und den beiden Methoden erfolgt über jeweils eine Angabe von `CustomValidation`.

```
[CustomValidation(typeof(Product), "ProductDiscontinued")]
[CustomValidation(typeof(Product), "CanOrderForStock")]
public partial class Product
{
  public static ValidationResult ProductDiscontinued(Product prod,
                                             ValidationContext valContext)
  {
    if (prod.Discontinued && (prod.UnitsOnOrder > 0))
      return new ValidationResult("Auslaufartikel. Keine Bestellung möglich.");
    else
      return ValidationResult.Success;
  }

  public static ValidationResult CanOrderForStock(Product prod,
                                             ValidationContext valContext)
  {
    if ((prod.UnitsOnOrder > 0) && (prod.UnitsInStock > 100))
      return new ValidationResult("Lagerbestand ausreichend");
    else
      return ValidationResult.Success;
  }
}
```

Listing 20.70 Erweiterung der Klasse »Product«

Das ist bereits alles. Zum Testen soll derselbe Code benutzt werden wie im Beispielprogramm *Sample8*. Sie werden erkennen, dass das Ergebnis dasselbe ist.

Jetzt stellt sich natürlich sofort die Frage, welcher der beiden möglichen Varianten, `IValidatableObject` oder `CustomValidationAttribute`, Sie den Vorzug geben sollten. Die Antwort ist sehr einfach: Da beide das Gleiche leisten, bleibt es Ihren persönlichen Vorlieben bzw. Ihrem Geschmack überlassen, welcher Variante Sie den Vorzug geben.

Anmerkung

Sie finden das komplette Beispiel unter ..*Kapitel 20\EF_Samples\Sample9*.

Hinweis

Sollten Sie Validierungsregeln sowohl für Properties als auch für die gesamte Entität definieren, werden zuerst die Regeln, die die Eigenschaften prüfen, ausgeführt. Erst wenn diese Überprüfung erfolgreich verlaufen ist, kommt es zur Typvalidierung.

20.10.3   Validieren mehrerer Entitäten im Kontext

In den letzten Abschnitten haben wir uns bereits eingehend mit der Validierung beschäftigt. Da dabei viele unterschiedliche Eigenschaften und Methoden eine wichtige Rolle gespielt haben, seien die wichtigsten Erkenntnisse an dieser Stelle in aller Kürze zusammengefasst.

▶ **Validieren einer Property**: Auf unterster Ebene können wir mit der Methode `GetValidationErrors` eine bestimmte Property einer Entität validieren. `GetValidationErrors` ist eine Methode der Klasse `DbPropertyEntry`. Der Rückgabewert ist vom Typ `ICollection<DbValidationError>`, also eine Liste der aufgetretenen Validierungsfehler. Jedes von der Liste beschriebene `DbValidationError`-Objekt liefert mit der Eigenschaft `ErrorMessage` eine spezifische Fehlermeldung und über die Eigenschaft `PropertyName` den Namen der Eigenschaft, bei der der Validierungsfehler aufgetreten ist.

▶ **Validieren einer Entität**: Eine Ebene höher ist die Methode `GetValidationResult` der Klasse `DbEntityEntry` angesiedelt, mit der eine komplette Entität mit allen ihren Eigenschaften validiert wird. Im Gegensatz zu `GetValidationErrors` wird keine Liste zurückgeliefert, sondern ein Objekt vom Typ `DbEntityValidationResult`. Mit der Eigenschaft `IsValid` erfahren wir, ob die Validierung erfolgreich war. Sollten Validierungsfehler vorliegen, können wir die entsprechende Liste über die Eigenschaft `ValidationErrors` des Objekts `DbEntityValidationResult` abrufen. Die Liste selbst ist wie zuvor vom Typ `ICollection<DbValidationError>`.

Was uns noch fehlt, ist eine Möglichkeit, die alle Entitäten innerhalb eines Kontexts validiert. Mit *alle* sind natürlich nicht wirklich alle Entitäten gemeint, sondern nur diejenigen, die entweder verändert oder dem Kontext neu hinzugefügt worden sind. Dazu stellt uns der Kontext mit `GetValidationErrors` eine Methode zur Verfügung, die im Gegensatz zur gleichnamigen Methode bei der Untersuchung einer Entitäts-Property eine Liste vom Typ `IEnumerable<DbEntityValidationResult>` liefert. Der Typ `DbEntityValidationResult` ist auch der Rückgabedatentyp, wenn wir eine einzelne Entität validieren. Insofern überrascht es nicht, dass `DbContext.GetValidationErrors` eine Liste aller Validierungsergebnisse bereitstellt.

Zur Arbeitsweise sollte noch gesagt werden, dass GetValidationErrors automatisch Detect-Changes aufruft, um die hinzugefügten oder geänderten Entitäten zu ermitteln. Dabei ist natürlich vorausgesetzt, dass die Eigenschaft AutoDetectChangesEnabled nicht auf false gesetzt ist.

Nehmen wir an, es sei die Entität Product definiert, wie im *Sample6* gezeigt. Es liegt also eine Regel vor, die die Maximallänger der ProductName-Property auf 20 Zeichen festlegt, und die Angabe eines Preises für *UnitPrice* sei erforderlich.

```
public class Product_Metadaten
{
  [MaxLength(20, ErrorMessage = "Unzulässige Länge des Produktbezeichners")]
  public string ProductName { get; set; }
  [Required(ErrorMessage = "Angabe von UnitPrice ist erforderlich")]
  public Nullable<decimal> UnitPrice { get; set; }
}
```

Im Testcode besorgen wir uns mit der Methode Find drei Entitäten aus der Datenbank, zwei weitere Entitäten sollen neu hinzugefügt werden.

```
 using (var context = new NorthwindEntities())
{
  var prod1 = context.Products.Find(1);
  var prod2 = context.Products.Find(2);
  var prod3 = context.Products.Find(3);
  var prod4 = new Product { ProductName = "Apfelstrudel mit Sahne" };
  var prod5 = new Product { ProductName = "Wurst" };
  prod1.ProductName = "Aachener Printe";
  prod2.ProductName = "Original Nürnberger Lebkuchen";
  context.Products.Add(prod4);
  context.Products.Add(prod5);
  var results = context.GetValidationErrors();
  foreach (var item in results)
  {
    if (item.IsValid == false)
      foreach (var error in item.ValidationErrors)
      {
        Console.WriteLine(item.Entry.CurrentValues["ProductName"]);
        Console.WriteLine($"Fehler in {error.PropertyName}: {error.ErrorMessage}");
      }
    Console.WriteLine();
  }
}
```

Listing 20.71 Testcode für »Sample10«

Die beiden neuen Entitäten, prod4 und prod5, verletzen die Validierungsregeln, da beide keine Preisangabe machen. Darüber hinaus ist der Produktbezeichner von prod4 zu lang. Von den drei aus der Datenbank geladenen Entitäten scheitert nur prod2 an den Regeln.

Anmerkung

Sie finden das komplette Beispiel unter .. \Kapitel 20\EF_Samples\Sample10.

20.10.4   Das Überschreiben der Methode »DbContext.ValidateEntity«

Mit der Methode GetValidationErrors können Sie die Validierung aller Entitäten im Kontext anstoßen. Verzichten Sie auf diesen Aufruf, wird SaveChanges die Methode GetValidation-Errors aufrufen. Es stellt sich dann auch sofort die Frage, was hinter dem Aufruf von Get-ValidationErrors steckt. Tatsächlich verbirgt sich dahinter ein weiterer Methodenaufruf, nämlich der der Methode ValidateEntity der Klasse DbContext, die für jede Entität aufgerufen wird, deren Zustand Added oder Modified ist.

Die Methode ValidateEntity kann überschrieben und mit benutzerdefiniertem Validierungscode codiert werden. Das ist noch einmal von besonderem Interesse, weil sich die Methode in der Kontextklasse befindet und somit Zugriff auf alle Entitäten des Kontexts hat. Sie können das beispielsweise dazu benutzen, Abhängigkeiten zwischen zwei auch typunterschiedlichen Entitäten zu überprüfen. Daran anschließend werden immer noch die ValidationAttribute- und IValidatableObject-Überprüfungen durchgeführt.

Hier jetzt die Signatur der Methode ValidateEntity der Klasse DbContext, die mit override in einer partiellen Klasse überschrieben werden muss:

```
protected virtual DbEntityValidationResult ValidateEntity(
                        DbEntityEntry entityEntry,
                        IDictionary<Object, Object> items)
```

Der erste Parameter der Methode liefert die DbEntityEntry-Referenz der zu validierenden Entität. Dem zweiten Parameter können Sie Werte übergeben, die von IValidatableObject.Validate oder einer der Data Annotations verwendet werden.

Den Einsatz von ValidateEntity wollen wir uns nun an einem konkreten Beispiel ansehen. Hintergrund der Validierung soll sein,. sicherzustellen, dass mit einer neuen Bestellung (Tabelle *Orders*) kein Artikel bestellt wird, der in der Tabelle *Products* als Auslaufartikel gekennzeichnet ist. Das trifft auf alle Produkte mit der Einstellung Discontinued=true zu.

Das Entity Data Model (EDM) wird um die Entitäten Product, Order und Order_Detail ergänzt. Wir werden alle drei Typen später im Programmcode nutzen. In einer separaten Sourcecodedatei schreiben wir die partielle Erweiterung der Kontextklasse NorthwindEntities mit der Überschreibung der Methode ValidateEntity.

```
public partial class NorthwindEntities
{
  protected override DbEntityValidationResult ValidateEntity(
            DbEntityEntry entityEntry, IDictionary<object, object> items)
  {
    var errors = new DbEntityValidationResult(
                            entityEntry, new List<DbValidationError>());
    var orderDetail = entityEntry.Entity as Order_Detail;
    if(orderDetail != null)
    {
      if (orderDetail.Product.Discontinued == true)
        errors.ValidationErrors.Add(new DbValidationError("ProductID",
                          orderDetail.Product.ProductName +
                          " ist ein Auslaufartikel"));
    }
    if (errors.ValidationErrors.Count > 0)
      return errors;
    return base.ValidateEntity(entityEntry, items);
  }
}
```

Listing 20.72 Die überschriebene Methode »ValidateEntity«

Weil während der Validierung in ValidateEntity mehrere Validierungsfehler auftreten können, wird zu Beginn zuerst ein Objekt vom Typ DbEntityValidationResult erzeugt. Dessen Konstruktor erwartet im ersten Parameter die Angabe der Entität, auf die sich die Validierungsresultate beziehen, im zweiten Parameter eine Liste vom Typ DbValidationError.

ValidateEntity wird für jede geänderte oder hinzugefügte Entität aufgerufen. Daher ist eine Typuntersuchung des ersten Parameters der Methode ValidateEntity notwenig. Anschließend überprüft eine Bedingung, ob es sich bei der Bestellung um einen Auslaufartikel handelt oder nicht. Sollte es sich um einen Auslaufartikel handeln, wird ein DbValidationError-Objekt erzeugt und der Liste der Validierungsfehler hinzugefügt. Diese Liste wird von der Eigenschaft ValidationErrors des DbEntityValidationResult-Objekts referenziert.

Liegt mindestens ein Validierungsfehler vor, wird das DbEntityValidationResult-Objekt in die Rückgabe von ValidateEntity geschrieben, ansonsten die Basisklassenmethode von ValidateEntity aufgerufen.

Zum Testen unserer Methodenüberladung laden wir uns zuerst ein Produkt in den Speicher, das als Auslaufartikel geführt wird. Danach erzeugen wir ein Order-Objekt, das wir für ein neues Order_Detail-Objekt benötigen.

Alle Anweisungen werden in einem try-Block zusammengefasst. Ein Validierungsfehler während des Aufrufs von SaveChanges führt dazu, dass in den catch-Zweig gesprungen wird. Hier reagieren wir auf die Ausnahme DbEntityValidationException. Die Liste aller aufgetretenen Fehler stellt die Eigenschaft EntityValidationErrors bereit, die in einer Schleife durchlaufen wird. Informationshalber lassen wir uns die fehlerverursachende Eigenschaft samt der Fehlermeldung, die wir in ValidateEntity festgelegt haben, in die Konsole schreiben.

```
using (var context = new NorthwindEntities())
{
  try
  {
    var prod = context.Products.Find(5);
    var newOrder = new Order() { CustomerID = "ALFKI" };
    var newOrderDetail = new Order_Detail() { Order = newOrder,
                                              ProductID = prod.ProductID,
                                              Quantity = 20 };
    context.Orders.Add(newOrder);
    context.Order_Details.Add(newOrderDetail);
    context.SaveChanges();
  }
  catch(DbEntityValidationException ex)
  {
    foreach (DbEntityValidationResult item in ex.EntityValidationErrors)
    {
      foreach (DbValidationError error in item.ValidationErrors)
      {
        Console.WriteLine("Fehlerursache in Property: '{0}' \nBeschreibung: {1}",
                                    error.PropertyName, error.ErrorMessage);
      }
    }
  }
}
```

Listing 20.73 Code zum Testen von »Sample11«

Hinweis

Sie sollten immer berücksichtigen, dass die Methode ValidateEntity das Lazy Loading temporär abschaltet. Es werden somit keine eventuell notwendigen Daten nachgeladen.

Kapitel 21
Entity Framework – Code First

Im letzten Kapitel haben Sie den Database-First-Ansatz des Entity Frameworks kennengelernt. Ausgangspunkt war dabei das *Entity Data Model*, kurz EDM, ein mehr oder weniger graphisches Abbild der Datenbank. Das Ergebnis dieses Ansatzes waren Klassen, auch Entitäten genannt, die gemeinsam das Modell formten.

Einen anderen Weg verfolgt der *Code-First-Ansatz*. Mit Code First definieren Sie das Modell mittels Programmcode, anstatt ein Entity Data Model zu erstellen. Das heißt, dass Sie auf ein Entity Data Model komplett verzichten und stattdessen von Anfang an die Klassen alle selbst schreiben. Zwei wesentliche Vorteile hat Code First:

▶ Beim Verwenden des Entity Data Models muss eine Änderung des Modells an zwei Stellen berücksichtigt und angepasst werden: im Entity Data Model und in den Klassen. Diese Synchronisation ist mit Code First nicht notwendig.

▶ Programmieren Sie Code First, interessiert in diesem Augenblick noch nicht das spätere DBMS.

Viele Entwickler vermuten im Zusammenhang mit dem Begriff Code First, dass die Klassen, die geschrieben werden, nur dazu dienen, später eine neue Datenbank zu erzeugen. Das ist aber nur die halbe Wahrheit, denn tatsächlich können Sie mit der Technik Code First auch gegen eine bereits existierende Datenbank programmieren.

21.1 Erste Schritte

Um mit Code First arbeiten zu können, benötigen Sie in jedem Fall die Bibliothek *Entity-Framework.dll*. Zwei Möglichkeiten haben Sie, diese in Ihr Projekt einzubinden:

▶ Sie laden die Bibliothek mit Unterstützung der NuGet-Paket-Manager-Konsole.

▶ Sie fügen dem Projekt ein *Entity Data Model* hinzu.

Im ersten genannten Fall markieren Sie das Projekt im Projektmappen-Explorer und öffnen dann das Kontextmenü. Wählen Sie hier NUGET-PAKETE VERWALTEN. Es wird daraufhin ein Fenster angezeigt, in dem es möglich ist, zusätzliche NuGet-Pakete (also zusätzliche Bibliotheken) der Anwendung zur Verfügung zu stellen. Markieren Sie oben links den Link DURCH-SUCHEN, und geben Sie darunter ENTITY FRAMEWORK an (siehe Abbildung 21.1). Selektieren Sie links das Angebot ENTITY FRAMEWORK, wird Ihnen im rechten Bereich des Fensters eine

Schaltfläche zur Installation angeboten. Der Installationsvorgang geht sehr schnell, er ist nach einigen Sekunden beendet.

Sie können alternativ auch, wie bereits im letzten Kapitel, Ihrem Projekt ein Entity Data Model hinzufügen (siehe Abbildung 21.2). Allerdings entscheiden Sie sich im Assistent für Entity Data Model nicht für die Option EF Designer aus Datenbank, sondern wählen entweder Leeres Code First-Modell oder Code First aus Datenbank – je nachdem, ob Sie ein gänzlich neues Datenbankmodell erstellen oder auf eine existierende Datenbank zurückgreifen wollen.

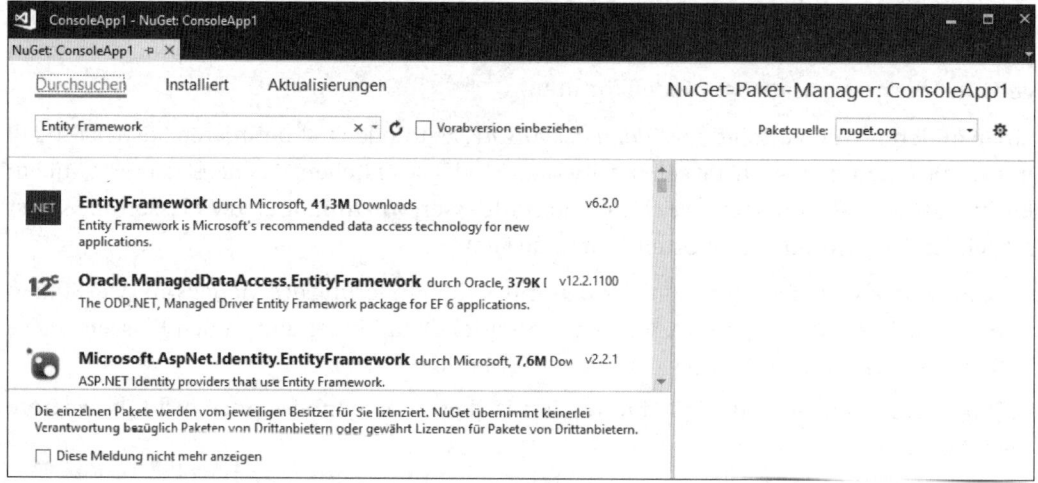

Abbildung 21.1 Installation eines NuGet-Zusatzpakets

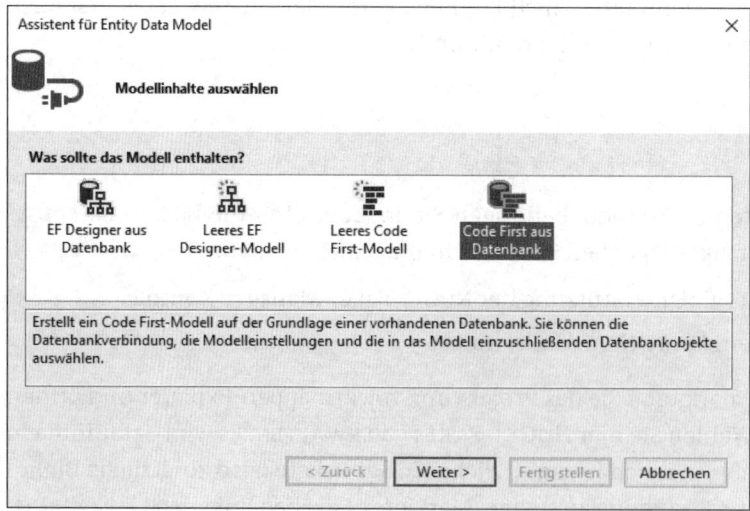

Abbildung 21.2 Der Assistent zur Erzeugung eines Code-First-Modells

21.2   Entity Framework 6 Power Tools

Mit Code First entwickeln Sie ein Datenbankmodell, ohne dass Ihnen ein Designer zur Hilfe steht. Nicht von der Hand zu weisen ist aber, dass eine grafische Darstellung wie das Entity Data Model (EDM) sehr hilfreich dabei sein kann, die Zustände schnell optisch zu erfassen. Mit den EF 6 Power Tools wird Ihnen ein Werkzeug zur Verfügung gestellt, mit dem es möglich ist, unter anderem ein schreibgeschütztes Entity Data Model aus dem Programmcode zu erzeugen.

Um von diesem Tool zu profitieren, müssen Sie es zuerst aus dem Internet downloaden. Die Adresse dazu lautet:

https://marketplace.visualstudio.com/items?itemName=ErikEJ.EntityFramework6Power-ToolsCommunityEdition

Nach dem Download und der Installation können Sie die Tools sofort benutzen. Führen Sie einen Rechtsklick auf die Quellcodedatei aus, die die von `DbContext` abgeleitete Klasse enthält. In den Beispielen dieses Kapitels wird es die Datei *EntityClasses.cs* sein. Im Kontextmenü finden Sie den Menüpunkt ENTITY FRAMEWORK. Über diesen gelangen Sie an die insgesamt vier Tools, von denen uns im Verlauf dieses Kapitels in erster Linie VIEW ENTITY DATA MODEL (READ-ONLY) interessieren wird.

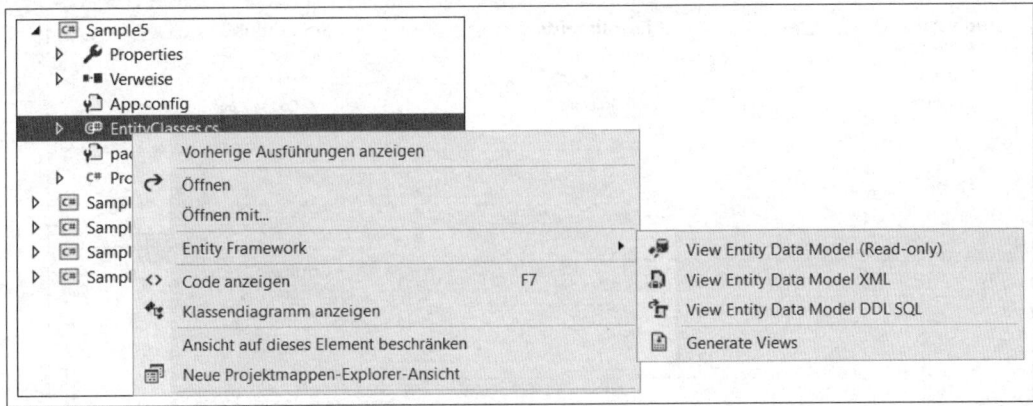

Abbildung 21.3 Die »Entity Framework Power Tools«

21.3   Das erste Code-First-Modell

Wir wollen nun die Basis für dieses Kapitel legen und uns ein Datenbankmodell vorgeben, das mit Code First umgesetzt werden soll. Unser Vorhaben sei es, ein Institut abzubilden, das IT-Kurse anbietet. Insgesamt kommen dabei fünf Tabellen ins Spiel, die durch Entitätsklassen abgebildet werden müssen. Die Klasse `Course` soll einen Lehrgang ganzheitlich beschreiben mit Preis, Dauer etc. Jeder Kurs wird natürlich öfter gestartet, nicht nur ein einziges Mal.

Daher benötigen wir eine weitere Klasse, die zumindest das Startdatum einer bestimmten Durchführung beschreibt. Diese Entität soll Schedule heißen. Zwischen Course und Schedule gibt es eine 1:n-Beziehung, da jeder Kurs in regelmäßigen Zeitabständen neu gestartet wird.

Zu jedem Kurs gehört ein Referent, der durch die Entität Teacher beschrieben wird. Es soll hier in diesem Beispiel genügen, wenn der Referent einen Namen hat. Allerdings müssen wir berücksichtigen, dass ein Referent in der Lage ist, mehrere unterschiedliche Kurse durchzuführen. Zwischen Teacher und Course gibt es deshalb eine 1:n-Beziehung.

Die potentiellen Teilnehmer eines Kurses werden durch die Entität Student beschrieben, die die Properties Firstname, Lastname, Age, City, Street und Country beschreibt.

Zu einem Kurs, der zu einem bestimmten Termin startet (Schedule), gehören hoffentlich auch ein paar Anmeldungen. Die Klasse Enrollment beschreibt alle Anmeldungen. Dazu wird ein Student mit Schedule zusammengeführt. Das Besondere an dieser Tabelle stellt ein später noch zu berücksichtigender kombinierter Primärschlüssel dar. Momentan genügt uns noch das Primärschlüsselfeld ID.

Natürlich gibt es im Datenbankmodell (siehe auch Abbildung 21.4) noch einige Details, die anders oder besser gelöst werden können. Aber für den Anfang soll uns das zunächst genügen.

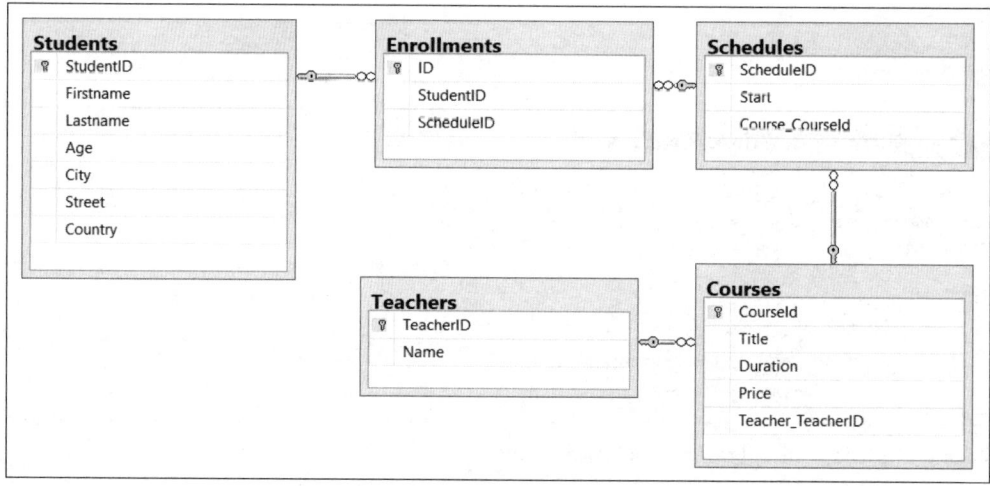

Abbildung 21.4 Das Datenbankdiagramm des Code-First-Beispiels

Alle Tabellen wollen wir mit Code First komplett beschreiben. Wir benötigen also fünf Entitätsklassen und werden auch sofort die Navigationseigenschaften, die eine Menge beschreiben, mit implementieren. Aus der Beschreibung im letzten Kapitel wissen wir, dass der Typ der Liste ICollection<T> ist, also können wir List<T> benutzen. Diese Erkenntnis wollen wir natürlich hier auch direkt verwenden. Als Projektschablone verwenden wir eine Konsolenanwendung, das Projekt selbst soll Sample1 heißen. Darauf aufbauend werden noch weitere Projekte folgen.

```csharp
public class Student
{
  public int StudentID { get; set; }
  public string Firstname { get; set; }
  public string Lastname { get; set; }
  public string Age { get; set; }
  public string City { get; set; }
  public string Street { get; set; }
  public string Country { get; set; }
  public List<Enrollment> Enrollments { get; set; }
}
public class Enrollment
{
  public int ID { get; set; }
  public int StudentID { get; set; }
  public int ScheduleID { get; set; }
}
public class Schedule
{
  public int ScheduleID { get; set; }
  public DateTime Start { get; set; }
  public List<Enrollment> Enrollments { get; set; }
}
public class Course
{
  public int CourseID { get; set; }
  public string Title { get; set; }
  public int Duration { get; set; }
  public decimal Price { get; set; }
  public List<Schedule> Schedules { get; set; }
}
public class Teacher
{
  public int TeacherID { get; set; }
  public string Name { get; set; }
  public List<Course> Courses { get; set; }
}
```

Listing 21.1 Die Entitätsklassen des Beispielprojekts »Sample1«

Natürlich haben diese Klassen momentan noch nichts mit dem Entity Framework zu tun. Dazu benötigen wir noch eine weitere Klasse, die von DbContext abgeleitet ist. Über diese Klasse teilen Sie dem Entity Framework die »Mitspieler« mit. Das haben wir bereits im letzten Kapitel zum Thema Database First gesehen und ist bei Code First auch nicht anders. Die Bekanntgabe der Mitspieler – also der zu erzeugenden Datenbanktabellen im Modell erfolgt über DbSet<>-Objekte für jede beteiligte Klasse. In Listing 21.2 wird das umgesetzt.

```csharp
public class SchoolContext : DbContext
{
  public DbSet<Course> Courses { get; set; }
  public DbSet<Schedule> Schedules { get; set; }
  public DbSet<Student> Students { get; set; }
  public DbSet<Enrollment> Enrollments { get; set; }
  public DbSet<Teacher> Teachers { get; set; }
}
```

Listing 21.2 Die von »DbContext« abgeleitete Klasse »SchoolContext«

21.3.1 Die Datenbank erzeugen

Mit dem Code in Listing 21.1 und Listing 21.2 sind bereits alle Grundlagen gelegt, um die Datenbank erzeugen zu können. Wir benötigen nur noch Programmcode, der auf die (noch nicht existierende) Datenbank zugreift. Das lässt sich sehr einfach umsetzen, wenn wir ein Teacher-Objekt erzeugen. Um die Sache etwas aufregender zu gestalten, sollen dem Referenten auch sofort drei Kurse zugeordnet werden.

Die Übergabe an den Kontext erfolgt durch Aufruf der Add-Methode auf die Teachers-Eigenschaft des Kontexts. Der kontexteigene Change Tracker, der genauso funktioniert wie im Database-First-Szenario, wird den Zustand der Entität auf Added schalten, was dazu führt, dass mit dem Aufruf der Methode SaveChanges die Änderungen an die Datenbank übermittelt werden.

```csharp
static void Main(string[] args)
{
  var teacher = new Teacher
  {
    Name = "Hans Fischer",
    Courses = new List<Course>
    {
      new Course { Title = "VB.NET" },
      new Course { Title = "EF" },
      new Course { Title = "C#" }
    }
  };
  using (var context = new SchoolContext())
  {
    context.Teachers.Add(teacher);
    context.SaveChanges();
```

```
  }
  Console.WriteLine("Datenbank aktualisiert ...");
  Console.ReadLine();
}
```

Listing 21.3 Beispielcode zum Testen

Hinweis

Sie finden das komplette Beispiel unter ..*Beispiele\Kapitel 21\Code_First_Samples\Sample1*
(Download von *www.rheinwerk-verlag.de/4699*).

Starten sie nun die Anwendung. Wenn Sie alles richtig gemacht haben, sollte an der Konsole
die Meldung erscheinen, dass die Datenbank aktualisiert worden ist. Das Ergebnis wird wahrscheinlich Erstaunen hervorrufen, denn schließlich haben wir an keiner Stelle gesagt, dass
eine Datenbank erzeugt werden soll und welche Verbindungszeichenfolge dafür zugrunde
gelegt werden soll. Im Objekt-Explorer des SQL Server Management Studios können wir uns
aber davon überzeugen – die Datenbank ist tatsächlich erstellt worden (Abbildung 21.5).

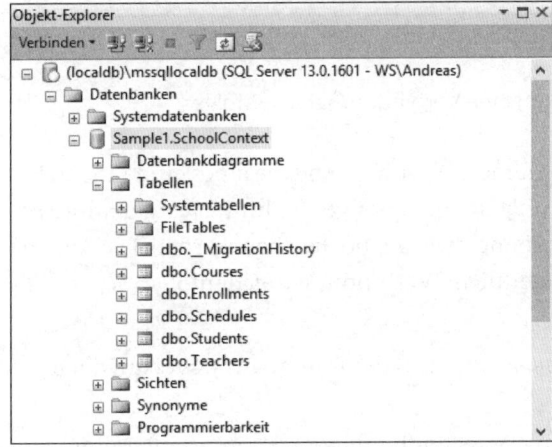

Abbildung 21.5 Die erzeugte Datenbank

Der Bezeichner der installierten Datenbank setzt sich aus zwei Angaben zusammen: Zunächst wird der Bezeichner des Projekts genommen, in dem die Entitätsklassen definiert
worden sind (hier: SAMPLE1). Durch einen Punkt getrennt wird anschließend der Bezeichner
der DbContext-Klasse benutzt (hier: SCHOOLCONTEXT).

Per Vorgabe erzeugt Code First die Datenbank in der lokalen SQL-Server-LocalDB-Instanz, die
zusammen mit dem Visual Studio installiert wird. Wenn Sie sich mit der *LocalDB* verbinden
wollen, lautet die Datenquellenangabe (LOCALDB)\MSSQLLOCALDB.

Die *.mdf*-Dateien der Datenbank sind im Verzeichnis *C:\Users\<UserName>* zu finden.

21.3.2   Erzeugen der Datenbank in einer beliebigen Datenbankinstanz

Wie wir soeben festgestellt haben, benutzt Code First per Vorgabe die Datenbankinstanz *LocalDB*, um die Datenbank zu erstellen. Natürlich können Sie auch jede beliebige andere Instanz von SQL Server verwenden. Dazu müssen Sie zwei Änderungen vornehmen.

Die erste Änderung ist die Ergänzung der Konfigurationsdatei *App.config*. Geben Sie hier die Verbindungszeichenfolge mit dem `<connectionStrings>`-Element explizit an. Es könnte etwa wie folgt aussehen:

```
<?xml version="1.0" encoding="utf-8"?>
<configuration>
  <configSections>
    <section name="entityFramework" ... />
  </configSections>
  <connectionStrings>
    <add name="conSchoolDb"
         providerName="System.Data.SqlClient"
         connectionString="Server=.;Database=SchoolDb;Integrated Security=sspi"/>
  </connectionStrings>
  ...
</configuration>
```

Listing 21.4 Ergänzung der Datei »App.config« um eine Verbindungszeichenfolge

Die Verbindungszeichenfolge wird mit dem Element Add unter Angabe eines eindeutigen Bezeichners der Liste aller Verbindungszeichenfolgen hinzugefügt. Der hinter Add genannte Bezeichner wird später im Programmcode verwendet, wie Sie noch sehen werden. Die Angabe des Providers ist Pflicht. Danach folgt die eigentliche Verbindungszeichenfolge. Sie enthält im Minimalfall drei Angaben:

▸ Server: die Angabe des Servers. Der Punkt sagt aus, dass der Datenbankserver auf der lokalen Maschine installiert ist.

▸ Database: der Name der Datenbank. Wenn Code First beim ersten Starten die Datenbank neu erzeugt, ist das auch gleichzeitig der Name der Datenbank.

▸ Integrated Security: Jeder Zugriff auf den Datenbankserver bedarf einer Authentifizierung. Mit Integrated Security=sspi wird dazu das Windows-Konto benutzt, mit dem sich der aktuelle Benutzer bei Windows angemeldet hat.

Anmerkung

Neben Server, Database und Integrated Security gibt es einige weitere Attribute, mit denen die Verbindungszeichenfolge beschrieben werden kann. Da eine vollständige Liste hier den Rahmen sprengen würde, sollten Sie sich im Bedarfsfall weitergehend informieren.

Im Programmcode muss die in der *App.config* definierte Verbindungszeichenfolge angegeben werden. Dazu dient die Klasse `DbContext`. Wir müssen nur einen Konstruktor in der Klasse bereitstellen und den in der *App.config* eingetragenen Namen der Verbindungszeichenfolge an den Basisklassenkonstruktor weiterleiten, wie Listing 21.5 zeigt:

```
public SchoolContext() : base("conSchoolDb")
{ }
```

Listing 21.5 Ergänzung des Konstruktors der »DbContext«-Klasse

21.3.3 Das Initialisierungsverhalten der Datenbank steuern

Wir haben mit dem ersten Starten der Code-First-Anwendung bereits eine Datenbank auf dem Datenbankserver erzeugt. Was passiert aber, wenn wir erneut die Anwendung starten? Es sei an dieser Stelle bereits verraten, dass ein zweiter Start der Anwendung *Sample1* das existierende Datenbankmodell verwendet – vorausgesetzt, Sie haben keine Änderungen an den Entitätsklassen vorgenommen. Liegt jedoch eine Änderung vor, zum Beispiel weil Sie ein weiteres Feld in einer der Entitäten definiert haben, wird eine Ausnahme ausgelöst. Dieses Verhalten können wir beeinflussen, und darum soll es jetzt gehen.

Immer dann, wenn Sie eine Code-First-Anwendung starten, werden automatisch zwei Initialisierungsschritte durchgeführt. Im ersten Schritt wird das Domänenmodell, basierend auf den Klassen des Modells, im Speicher erzeugt. Im zweiten Schritt muss die Datenbank selbst initialisiert werden, damit wir unsere Daten dort verwalten können. Auch bei dieser Initialisierung wird das Domänenmodell zugrunde gelegt.

Besonders während der Entwicklungsphase möchte man den Initialisierungsprozess der Datenbank steuern und sich nicht nur auf das oben beschriebene Standardverhalten verlassen. Hier hilft uns die statische Methode `SetInitializer<TContext>` der Klasse `System.Data.Entity.Database` weiter. `SetInitializer<>` erwartet ein Objekt vom Typ `IDatabaseInitializer<TContext>`. Glücklicherweise stellt uns das .NET Framework drei Klassen zur Verfügung, die das Interface implementieren. Jede der drei Klassen beschreibt eine andere Initialisierungsstrategie. Zudem können Sie eine benutzerdefinierte Initialisierungsstrategie definieren.

IDatabaseInitializer-Klasse	Beschreibung
`CreateDatabaseIfNotExists`	Diese Strategie ist der Standard. Wie der Name schon sagt, wird die Datenbank erzeugt, falls sie noch nicht existiert. Ansonsten wird die bestehende Datenbank verwendet. Sollten allerdings Änderungen am Schema vorgenommen worden sein, wird eine Ausnahme ausgelöst.

Tabelle 21.1 Initialisierungsstrategien der Datenbank

IDatabaseInitializer-Klasse	Beschreibung
DropCreateDatabaseIfModelChanges	Diese Einstellung hat zur Folge, dass bei einer Änderung des Modells die Datenbank gelöscht und neu erzeugt wird. Liegen keine Änderungen vor, wird die existierende Datenbank benutzt.
DropCreateDatabaseAlways	Mit dieser Strategie wird die Datenbank bei jedem Starten der Anwendung gelöscht und neu erstellt.
(benutzerdefiniert)	Sollten Sie ganz spezifische Vorstellungen haben, können Sie auch einen benutzerdefinierten Initialisierer schreiben.

Tabelle 21.1 Initialisierungsstrategien der Datenbank (Forts.)

Die Initialisierungsstrategie mit den Klassen aus Tabelle 21.1 zu manipulieren ist nicht schwierig. Sie müssen nur ein IDatabaseInitializer-Objekt erstellen und es der Methode Database.SetInitializer übergeben. Das könnte beispielsweise im Konstruktor des DbContext-Objekts erfolgen oder innerhalb der Startmethode Main:

```
public SchoolContext() : base("conSchoolDb")
{
  Database.SetInitializer(new DropCreateDatabaseAlways<SchoolContext>());
}
```

Listing 21.6 Steuern des Initialisierungsverhaltens im »DbContext«-Konstruktor

Beim Verteilen einer Anwendung möchte man die Initialisierungsstrategie nicht im Code beschreiben, sondern in der Konfigurationsdatei hinterlegen, damit eine etwaige Änderung zu einem späteren Zeitpunkt sehr einfach erfolgen kann. Nehmen wir an, das Code-First-Projekt würde Sample1 lauten und die DbContext-Klasse SchoolContext. Nehmen wir ferner an, dass wir die DropCreateDatabaseAlways-Strategie in der Konfigurationsdatei beschreiben wollen. Die Ergänzung der *.config*-Datei müsste dann wie folgt erfolgen:

```
<?xml version="1.0" encoding="utf-8" ?>
<configuration>
  <configSections>
    [...]
  </configSections>
  <appSettings>
    <add key="DatabaseInitializerForType Sample1.SchoolContext, Sample1"
        value="System.Data.Entity.DropCreateDatabaseAlways`1[[
            Sample1.SchoolContext, Sample1]], EntityFramework" />
```

```
</appSettings>
</configuration>
```

Listing 21.7 Anpassung der Konfigurationsdatei

Die *.config*-Datei muss um den `<appSettings>`-Abschnitt erweitert werden. Mit add fügen wir die Konfiguration hinzu. Das `key`-Attribut beginnt immer mit `DatabaseInitializerForType`. Dann folgt der voll qualifizierende Bezeichner der `DbContext`-Klasse. Getrennt durch ein Komma wird dann der Name der Assembly angegeben. Das `value`-Attribut beschreibt ebenfalls einen voll qualifizierenden Bezeichner, nämlich den des gewünschten Datenbankinitialisierers. Die etwas ungewöhnliche Schreibweise rührt daher, dass wir es hier mit einem generischen Typ zu tun haben. Am Ende folgt auch hier die Angabe, in welcher Assembly der genannte Initialisierungstyp zu finden ist, nämlich der *EntityFramework.dll*.

> **Anmerkung**
>
> Bei allen folgenden Beispielprogrammen generiert Code First die Datenbank in der *LocalDB*-Instanz. Da wir immer wieder Änderungen am Datenmodell vornehmen werden, wird darüber hinaus `DropCreateDatabaseAlways` verwendet.

21.4   Einführung in die Konfiguration von Code First

Der Code in Listing 21.1 und Listing 21.2 reichte bereits aus, um auf dem Datenbankserver eine neue Datenbank zu erzeugen. Sehen Sie sich Abbildung 21.4 noch einmal an. Das ist das Datenbankdiagramm im SQL Server Management Studio, das die neue Datenbank zeigt. Wir müssen feststellen, dass die Primärschlüsselfelder der Tabellen korrekt angelegt worden sind und auch die Beziehungen der Tabellen untereinander. Alle Properties in den Klassen werden namensgleich als Spalten in den Tabellen definiert.

Wie lässt sich das erklären? Im Grunde genommen ist es ganz einfach, denn Code First beschreibt einen Satz von Standardkonventionen, die automatisch angewendet werden. Dass eine Klasse ein *Key-Feld* (*Schlüsselfeld*) haben muss, ist eine der Konventionen. Dass das `DbContext`-Objekt die ihm bekannten Mitspieler benutzt, ist eine weitere. Konventionen, also Festlegungen, bilden den Kern von Code First.

Aus den Entitätsklassen werden zur Laufzeit der Anwendung Metadaten erstellt. Diese bilden das Domänenmodell, auf dessen Grundlage die Datenbank erzeugt wird. An dieser Stelle betritt eine Klasse die Bühne von Code First, mit deren Unterstützung das alles umgesetzt wird: `DbModelBuilder`. Diese Klasse stützt sich nicht nur auf allgemeine Code-First-Konventionen, sondern berücksichtigt auch spezifische Konfigurationen. Eine Konfiguration dient allgemein dazu, neben den Standardkonventionen Code First zusätzlich über bestimmte Absichten zu informieren oder eine Konvention anzupassen.

21

In Code First werden zwei grundlegende Konfigurationsvarianten unterschieden:

▶ die Konfiguration mit Data Annotations (Attributen)

▶ die Konfiguration mit der Fluent API

Beide Möglichkeiten werden nachfolgend berücksichtigt.

21.4.1   Konfigurieren mit Data Annotations

Data Annotations, oder auch kurz nur *Annotations* genannt, sind im Grunde genommen nichts anderes als Attribute, die mit einer Entitätsklasse oder einer ihrer Properties verknüpft werden. Die Data Annotations des Entity Frameworks sind dem Namespace System.ComponentModel.DataAnnotations zugeordnet.

Es gibt zahlreiche Data Annotations, die Code First eine bestimmte Konfiguration vorschreiben. Nehmen wir das Beispiel der Klasse Course. Ein Kurs wird durch einen Kurstitel beschrieben und sollte niemals »leer« sein. Um das sicherzustellen bietet es sich an, die Property Title der Entität mit der Annotation Required zu verknüpfen. Dabei wollen wir es aber nicht belassen. Zusätzlich möchten wir sicherstellen, dass in das Feld Title nicht mehr als *120* Zeichen eingetragen werden. Zur Umsetzung der Forderungen sind die beiden Annotationen Column und MaxLength erforderlich.

Darüber hinaus stellen wir uns eine dritte Forderung: Die Property CourseID soll in der Datenbank den Spaltenbezeichner *KursNr* haben. Hier kommt die Annotation Column ins Spiel, der wir den Bezeichner in der Datenbank übergeben.

Mit zwei Annotationen wollen wir auch noch die Klasse Schedule konfigurieren. In der Datenbank soll die Tabelle nicht Schedule, sondern *PlannedCourses* heißen, und das Feld Start als Spalte mit dem Bezeichner *StartDate* auftauchen.

Listing 21.8 zeigt, wie diese Anforderungen in den Klassen umgesetzt werden.

```
public class Course
{
  [Column("KursNr")]
  public int CourseID { get; set; }
  [Required]
  [MaxLength(120)]
  public string Title { get; set; }
  public int Duration { get; set; }
  public double Price { get; set; }
  public List<Schedule> Schedules { get; set; }
}
[Table("PlannedCourses")]
public class Schedule
{
```

```
public int ScheduleId { get; set; }
[Column("StartDate")]
public DateTime Start { get; set; }
}
```

Listing 21.8 Annotations in den Klassen »Course« und »Schedule«

Hinweis

Anstatt die beiden Annotationen Required und MaxLength wie in Listing 21.8 einzeln anzugeben, können Sie sie auch kommasepariert in einer eckigen Klammer schreiben, also:

[Required, MaxLength(120)]

Nach dem erneuten Starten der Anwendung sehen Sie im Objekt-Explorer des SQL Server Management Studios, dass alle vorgenommenen Konfigurationen berücksichtigt worden sind (siehe Abbildung 21.6).

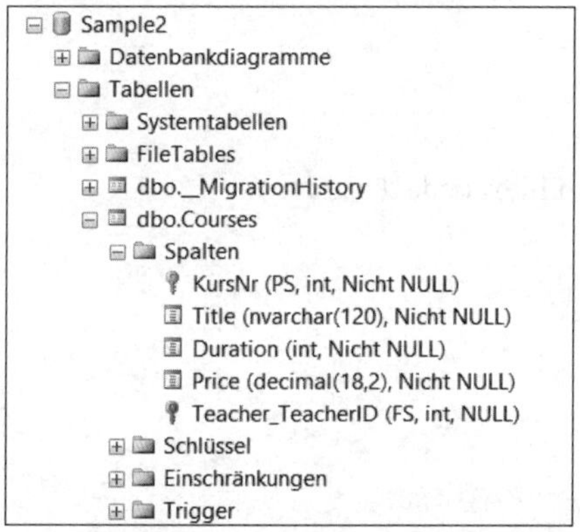

Abbildung 21.6 Die konfigurierte Tabelle »Courses«

Hinweis

Sie finden das komplette Beispiel unter ..\Beispiele\Kapitel 21\Code_First_Samples\Sample2.

21.4.2   Konfigurieren mit der Fluent API

Die *Fluent API* hat im Vergleich zu den Annotationen den Vorteil, dass mit ihr der Zugriff auf alle Konfigurationseinstellungen möglich ist. Das ist mit Data Annotations definitiv nicht möglich. Viele Entwickler ziehen aus diesem Grund die Fluent API den Data Annotations vor.

Ich möchte Ihnen jetzt zeigen, wie Sie dasselbe, was wir zuvor mit Annotationen erreicht haben, mit der Fluent API erzielen können. Die Konfiguration mit der Fluent API erfolgt im Programmcode. Jetzt kommt die von DbContext abgeleitete Klasse ins Spiel, die wir SchoolContext getauft haben.

Sie wissen bereits, dass zur Laufzeit im Speicher das Domänenmodell erzeugt wird. Dazu liest das DbContext-Objekt alle Klassen ein, die über eine DbSet<>-Property registriert worden sind. Bei diesem Vorgang wird auch eine Methode namens OnModelCreating aufgerufen, die von der Basis DbContext geerbt wird. OnModelCreating ermöglicht uns, zusätzliche Informationen zur Konfiguration bereitzustellen. Die Methode selbst ist virtual definiert, so dass sie polymorph überschrieben werden kann. Die Definition von OnModelCreating sieht wie folgt aus:

```
protected virtual void OnModelCreating(DbModelBuilder modelBuilder)
```

Die Methode wird immer dann aufgerufen, wenn die erste Instanz des Kontexts erstellt wird. Listing 21.9 zeigt die Konfiguration der Klassen Course und Schedule in der OnModelCreating-Methode, die zum gleichen Resultat führt wie die Konfiguration mit Annotationen (vergleiche Listing 21.8). Die Annotationen, die wir vorher angegeben hatten, werden selbstverständlich gelöscht.

```
class SchoolContext : DbContext
{
  [...]
  protected override void OnModelCreating(DbModelBuilder modelBuilder)
  {
    // Klasse 'Course'
    modelBuilder.Entity<Course>()
                .Property(c => c.CourseID)
                .HasColumnName("KursNr");
    modelBuilder.Entity<Course>()
                .Property(c => c.Title)
                .IsRequired();
    modelBuilder.Entity<Course>()
                .Property(c => c.Title)
                .HasMaxLength(120);
    // Klasse 'Schedule'
    modelBuilder.Entity<Schedule>()
                .ToTable("PlannedCourses");
    modelBuilder.Entity<Schedule>()
                .Property(cd => cd.Start)
                .HasColumnName("StartDate");
  }
}
```

Listing 21.9 Konfiguration mit der Fluent API

`OnModelCreating` hat einen Parameter vom Typ `DbModelBuilder`. Dieses Objekt ermöglicht es, zusätzliche Konfigurationen zu definieren. Dem `DbModelBuilder`-Objekt teilen wir die Entität mit, die wir konfigurieren möchten, und geben über einen Lambda-Ausdruck die betreffende Property an.

Sehen wir uns den Programmcode etwas genauer an. Das `DbModelBuilder`-Objekt hat die Methode `Entity<T>` für jeden bekannten Entitätstyp. Der Rückgabewert der Methode ist ein Objekt vom Typ `EntityTypeConfiguration<T>`. Das ermöglicht uns, eine bestimmte Entität zu konfigurieren. Wir haben dazu die Methoden `Property` und `ToTable` benutzt.

Während `ToTable` einen String als Argument erwartet, ist die Methode `Property` etwas spezieller. Sehen wir uns die Definition an:

```
public PrimitivePropertyConfiguration
    Property<T>(Expression<Func<TStructuralType, T>> propertyExpression)
    where T : struct, new()
```

`Expression` ist eine von `LambdaExpression` abgeleitete Klasse, schreibt also einen Lambda-Ausdruck vor. Dieser wird selbst durch einen `Func`-Delegaten beschrieben, der einen elementaren Datentyp zurückliefert. Da es keine weiteren Überladungen der `Property`-Methode gibt, erklärt sich damit auch, warum wir einen Lambda-Ausdruck verwendet haben.

Hinweis

Sie finden das komplette Beispiel unter ..*Beispiele\Kapitel 21\Code_First_Samples\Sample3*.

21.4.3   Separate Konfigurationsklassen für die Fluent API

Bei größeren Domänenmodellen kann der Code in der Methode `OnModelCreating` sehr umfangreich werden. Es würde sich dann anbieten, für jede Entität eine eigene Konfigurationsklasse bereitzustellen. Als Basis dazu dient uns die Erkenntnis, dass jede einzelne Konfiguration auf den Typ `EntityTypeConfiguration<T>` zurückzuführen ist. Die Konfigurationsklassen werden von `EntityTypeConfiguration` abgeleitet und die gewünschte Konfiguration im Konstruktor angegeben. In `OnModelCreating` muss nur noch jede Konfigurationsklasse instanziiert werden.

In Listing 21.10 wird unser Projekt genau in dieser Weise angepasst.

```
class CourseConfiguration : EntityTypeConfiguration<Course>
{
  public CourseConfiguration()
  {
    Property(c => c.Id).HasColumnName("KursNr");
    Property(c => c.Title).IsRequired();
```

```
      Property(c => c.Title).HasMaxLength(120);
    }
  }

  class ScheduleConfiguration : EntityTypeConfiguration<Schedule>
  {
    public ScheduleConfiguration()
    {
      ToTable("PlannedCourses");
      Property(cd => cd.Start).HasColumnName("StartDate");
    }
  }
  class SchoolContext : DbContext
  {
    [...]
    protected override void OnModelCreating(DbModelBuilder modelBuilder)
    {
      modelBuilder.Configurations.Add(new ScheduleConfiguration());
      modelBuilder.Configurations.Add(new CourseConfiguration());
    }
  }
```

Listing 21.10 Separate Konfigurationsklassen

Anmerkung

Sie können Data Annotations und Fluent API nebeneinander verwenden. Programmiertechnisch spricht nichts dagegen; hinsichtlich eines konsistenten Codes ist jedoch eher davon abzuraten.

21.5   Konventionen und Konfiguration im Detail

In Abschnitt 21.3 haben Sie gesehen, wie mit Code First gearbeitet wird. Wir hatten zur Bildung des Domänenmodells fünf Entitäten codiert und eine passende Kontextklasse bereitgestellt. Auf diese Weise war es ohne Probleme möglich, auf Basis der Entitätsklassen die Datenbank im SQL Server erzeugen zu lassen. Das basierte im ersten Schritt nur auf Konventionen, die der Code-First-Ansatz in sich birgt.

In Abschnitt 21.4 mussten wir feststellen, dass das Modell nicht ganz unseren Ansprüchen gerecht wird. Ich erinnere in diesem Zusammenhang nur an die Property Title in der Klasse Course, die nach unseren Vorstellungen eine Eingabe erforderlich machen sollte und darüber hinaus nicht mehr als 120 Zeichen beinhalten durfte. Gelöst haben wir das mit einer Konfiguration der Property `Title`. Eine Konfiguration ändert eine Konvention oder ergänzt sie. Eine Code-First-Konfiguration könnte man auch als die Definition einer neuen Vorschrift ansehen.

Zwei Konfigurationsvarianten habe ich Ihnen danach vorgestellt:

▸ die Konfiguration mit Data Annotations

▸ die Konfiguration mit der Fluent API

Ein paar Konfigurationen haben wir an den beiden Klassen `Course` und `Schedule` bereits vorgenommen. Das waren natürlich noch nicht alle, es gibt noch einige mehr. Darum geht es primär in diesem Abschnitt.

21.5.1 Primärschlüssel

Die Code-First-Konvention verlangt, dass jede Entität über einen eigenen Identifizierer – auch als *Key* bezeichnet – verfügt. Ein Key entspricht später in der Datenbank dem Primärschlüssel.

Code First erkennt den Key am Namen. Er muss `ID` lauten oder aus dem Klassenbezeichner gefolgt vom Suffix `ID` bestehen. Im Fall der Entität `Course` akzeptiert die Konvention also gleichermaßen `CourseID` oder `ID`. Die Groß-/Kleinschreibung spielt dabei keine Rolle.

In der Datenbank wird damit per Vorgabe ein Primärschlüssel angelegt, der ein Autoinkrement ist (siehe Abbildung 21.7).

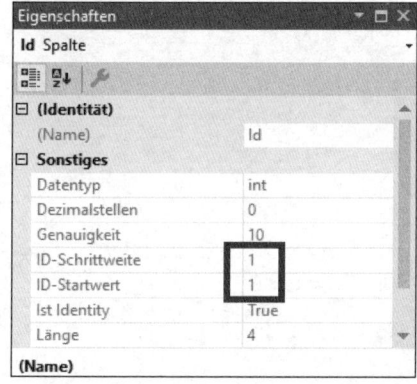

Abbildung 21.7 Schlüsselfelder als Autoinkrement-Werte

Primärschlüssel können von jedem elementaren Datentyp sein. In der Regel handelt es sich aber um *Integer* oder um den Typ `Guid`.

Wir haben eben erfahren, welch strenger Konvention wir folgen müssen, damit eine Property als Key einer Entität interpretiert wird. Was ist, wenn Sie der Namenskonvention nicht folgen wollen? Nehmen wir an, als Key in der Klasse Course soll die Property CourseIdentifier dienen, die wie folgt definiert sei:

```
public int CourseIdentifier {get; set;}
```

Wir wollen also nicht der Konvention folgen und einen von der Konvention abweichenden Bezeichner verwenden. Hier kann uns die Annotation Key weiterhelfen, z. B.:

```
[Key]
public int CourseIdentifier {get; set;}
```

Fluent API

Jetzt wollen wir uns auch noch ansehen, wie die entsprechende Anweisung lautet, wenn Sie die Fluent API bevorzugen:

```
modelBuilder.Entity<Course>()
            .HasKey(k => k.CourseIdentifier);
```

Kombinierte Primärschlüssel

Schlüssel können sich aus den Werten in zwei oder mehr Feldern zusammensetzen. In unseren Beispiel trifft das auf die Klasse Enrollment zu, deren Felder StudentID und ScheduleID einen gemeinsamen Schlüssel bilden sollen. Um das umzusetzen, wird das Attribut Key mit dem Attribut Column kombiniert. Auf das Feld ID (siehe Listing 21.1) können wir dann natürlich verzichten.

```
public class Enrollment
{
  [Key]
  [Column(Order = 1)]
  public int StudentID { get; set; }
  [Key]
  [Column(Order = 2)]
  public string ScheduleID { get; set; }
}
```

Listing 21.11 Kombinierter Primärschlüssel

Fluent API

Selbstverständlich kann ein *kombinierter Primärschlüssel* auch mit der Fluent API umgesetzt werden. Dazu übergeben wir der Methode HasKey einen anonymen Typ, der sich aus den beiden Feldern zusammensetzt, die den kombinierten Key bilden sollen.

```
modelBuilder.Entity<Enrollment>()
            .HasKey(e => new { e.StudentID, e.ScheduleID });
```

In Abbildung 21.8 sehen Sie den kombinierten Primärschlüssel im SQL Server Management Studio.

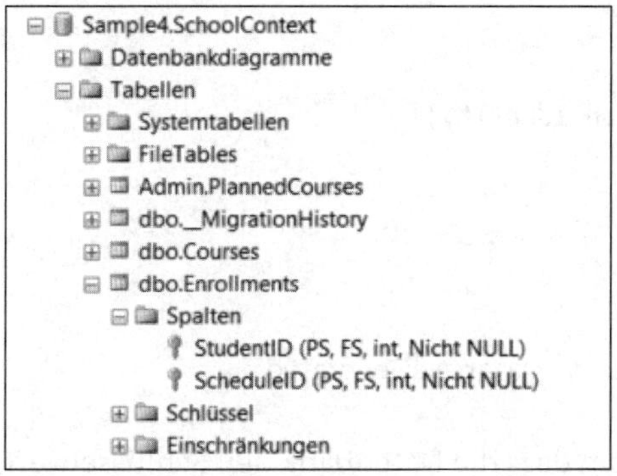

Abbildung 21.8 Kombinierter Primärschlüssel in der Tabelle »Enrollments«

Primärschlüssel vom Typ GUID

Etwas anders ist der Sachverhalt, wenn wir uns entscheiden, den Wert eines Identifiers durch eine *GUID* beschreiben zu lassen. Eine GUID ist eine 128-Bit-Ganzzahl (16 Bytes), die oft als Identifier verwendet wird. Die Wahrscheinlichkeit der Duplizität ist dabei verschwindend gering, da es insgesamt 2^{128} verschiedene Zahlenkombinationen gibt. Das .NET Framework definiert im Namespace System die Struktur Guid, die wir für uns nutzen können.

Wir wollen nun in der Klasse Course den Typ des Key-Feldes CourseID durch eine GUID beschreiben:

```
[Column("KursNr")]
public Guid CourseID { get; set; }
```

Testen Sie anschließend die Änderung des Key-Datentyps mit dem folgenden Code:

```
using (var context = new SchoolContext())
{
  var course = new Course { Title = "EF" };
  context.Courses.Add(course);
  context.SaveChanges();
}
```

Der Kurs wird in die Datenbank eingetragen, und alle Bits des Schlüsselwerts sind auf »0« gesetzt. Ein zweiter Start der Anwendung führt zu einer Ausnahme, weil versucht wird, einen weiteren Kurs mit dem gleichen Schlüsselwert in die Tabelle einzutragen. Das autoinkrementelle Verhalten, das wir bei dem Typ Integer gesehen haben, wird vom Guid-Typ nicht übernommen. Weder die Datenbank noch das Entity Framework ist sich dessen bewusst, dass der Guid-Wert zuerst erzeugt werden muss.

Zur Lösung der Problematik verknüpfen wir die Property CourseID mit einer weiteren Annotation:

```
public class Course
{
  [Key, DatabaseGenerated(DatabaseGeneratedOption.Identity)]
  [Column("KursNr")]
  public Guid CourseID { get; set; }
  [...]
}
```

Listing 21.12 Ergänzung des Identifiers um die Annotation »DatabaseGenerated«

Mit der Annotation DatabaseGenerated teilen wir mit, dass die Datenbank den Schlüsselwert generieren soll. Das könnte man auch datenbankseitig einstellen.

Der Annotation müssen wir noch einen Wert vom Typ der Enumeration DatabaseGeneratedOption übergeben. Hier gibt es die in Tabelle 21.2 genannten drei Optionen.

Wert	Beschreibung
Computed	Die Datenbank generiert einen Wert, wenn eine Zeile eingefügt oder aktualisiert wird.
Identity	Die Datenbank generiert einen Wert beim Hinzufügen einer Zeile.
None	Die Datenbank generiert keinen Wert.

Tabelle 21.2 Die Member der Enumeration »DatabaseGeneratedOption«

Die Einstellung DatabaseGeneratedOption.None ist dann sinnvoll einzusetzen, wenn Sie die Datenbank generell davon abhalten möchten, automatisch einen eindeutigen Schlüsselwert zu produzieren. Das wäre beispielsweise der Fall, wenn Sie das Schlüsselfeld vom Typ Integer festlegen, aber den Wert des Identifiers nach eigenen Kriterien festlegen möchten. Normalerweise wird die Datenbank ein solches Feld bekanntermaßen automatisch inkrementell erhöhen.

Mit der Ergänzung wie in Listing 21.12 wird tatsächlich ein eindeutiger Wert erzeugt, und der wiederholte Aufruf führt nicht mehr zu einer Ausnahme.

> **Fluent API**
>
> Jetzt bin ich Ihnen noch schuldig, das auf Basis der Fluent API zu zeigen.
>
> ```
> modelBuilder.Entity<Course>()
>           .Property(p => p.CourseId)
>           .HasDatabaseGeneratedOption(DatabaseGeneratedOption.Identity)
> ```

21.5.2   Elementare Data Annotations

Das »Table«-Attribut

Per Standardkonvention entspricht der Tabellenname dem Namen der korrespondierenden Klasse unter Code First, dem am Ende entweder ein s oder es angehängt wird. Das Table-Attribut wird verwendet, um der Tabelle in der Datenbank einen davon abweichenden Bezeichner zu geben.

Wir haben dieses Attribut in unserem Beispielprojekt verwendet, und die Tabelle Schedule aus der Datenbank als Tabelle PlannedCourses abgebildet:

```
[Table("PlannedCourses")]
public class Schedule
```

Darüber hinaus ermöglicht Table die Angabe eines spezifischen Schemas (die Standardvorgabe lautet dbo). Dazu übergeben Sie dem Attribut den benannten Parameter Schema, wie nachfolgend gezeigt:

```
[Table("PlannedCourses", Schema = "Admin")]
public class Schedule
```

Damit erzeugt Code First die Tabelle *PlannedCourses* mit dem Schema Admin, wie in Abbildung 21.9 zu sehen ist.

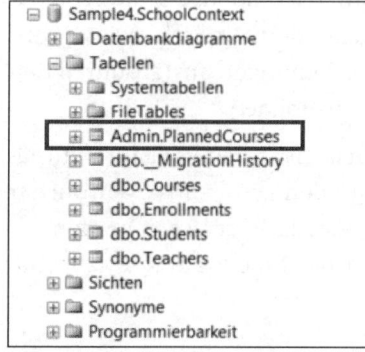

Abbildung 21.9 Anpassung des Schemas mit der »Table«-Annotation

Schemas sind ein Konzept des SQL Servers, das der Sicherheit dient. Das ermöglicht eine flexiblere Verwaltung der Berechtigungen für Datenbankobjekte.

Fluent API

Mit der Fluent API kommen Sie mit der folgenden Anweisung zum Ziel:

```
modelBuilder.Entity<Execution>()
        .ToTable("PlannedCourses", schemaName: "Admin");
```

Das »Column«-Attribut

Die Code-First-Konvention besagt, dass Spalten in der Datenbanktabelle erzeugt werden, die denselben Namen haben wie die Properties in der Klasse. Auch die Reihenfolge der Spalten stimmt mit der Reihenfolge der Properties überein.

Mit dem Column-Attribut können Sie die Spalten beeinflussen. Dazu stellt das Attribut drei Eigenschaften zur Verfügung (siehe Tabelle 21.3).

Eigenschaft	Beschreibung
Name	Legt den Namen der Spalte in der Datenbank fest.
Order	Legt die Reihenfolge der Spalten fest.
TypeName	Legt den Datentyp der Eigenschaft fest.

Tabelle 21.3 Eigenschaften des Attributs »Column«

In seiner einfachsten Form haben wir Column dazu benutzt, in der Klasse Schedule für die Property Start den Spaltenbezeichner *StartDate* vorzuschreiben. In Listing 21.11 wurde die Eigenschaft Order verwendet, um die Reihenfolge bei der Bildung des kombinierten Primärschlüssels festzulegen.

Was uns noch bleibt ist TypeName. Sie können diese Eigenschaft verwenden, um die .NET-Datentypen besser auf datenbankspezifische Datentypen abzubilden. Typischerweise wird diese Eigenschaft des Column-Attributs gerne benutzt, um Zeichenfolgen anstatt durch den Datentyp nvarchar(max) (was der Standard ist) durch varchar abzubilden.

In der Klasse Course beschreibt die Property Price mit einem decimal den Preis für die Teilnahme an einer Schulung. Im SQL Server wird daraus ebenfalls den Typ decimal, obwohl der SQL Server dafür mit money einen passenderen Datentyp anbietet. Es liegt also nahe, den Datentyp decimal der Property Price in der gleichnamigen Spalte der Tabelle auf money abzubilden:

```
[Column(TypeName = "money")]
public decimal Price { get; set; }
```

Fluent API

Wenn Sie sich mehr für die Fluent API begeistern können, dann schreiben Sie die folgende Anweisung:

```
modelBuilder.Entity<Course>()
            .Property(c => c.Price)
            .HasColumnType("money");
```

Die Attribute »MinLength«, »MaxLength« und »StringLength«

Im SQL Server wird eine Zeichenfolge standardmäßig durch den Typ nvarchar(max) abgebildet, ein byte-Array durch varbinary(max). Code First bietet mit MinLength, MaxLength und StringLength drei Attribute an, die die Größe der korrespondierenden Spalte in der Datenbank eingrenzen. Dabei zielen MinLength und MaxLength auf den Typ string und byte[] ab, mit StringLength kann nur die Länge einer Zeichenfolge festgeschrieben werden.

Wir haben MaxLength bereits in der Klasse Course verwendet, um den Titel einer Schulung auf maximal 120 Zeichen einzugrenzen.

Das »Required«-Attribut

Das Attribut Required kann mit beliebig vielen Properties der Entitäten verknüpft werden. Jede mit Required ausgestattete Property wird dafür sorgen, dass die korrespondierende Spalte in der Datenbank NOT NULL definiert wird.

Wir haben in unser Beispielprojekt mit der Property Title bereits Required eingebaut, so dass sich ein weiteres Beispiel erübrigt.

21.5.3   Entitäten auf das optimistische Sperren vorbereiten

Per Vorgabe unterstützt das Entity Framework optimistisches Sperrverhalten. Das bedeutet, dass die Daten einer Entität in die korrespondierende Zeile der Datenbank geschrieben werden. Das erfolgt in der Hoffnung, dass kein anderer Anwender zwischenzeitlich die Zeile geändert hat. Wenn doch, werden unter Umständen die Werte, die ein anderer User neu eingepflegt hat, überschrieben. In manchen Szenarien mag das durchaus akzeptabel sein, aber sicherlich nicht immer.

Eine bessere Lösung ist es, wenn bereits vor dem Versuch, geänderte Daten in die Datenbank zu schreiben, festgestellt wird, dass seit dem Lesen der Daten die betreffende Datenzeile von einem anderen Benutzer verändert worden ist. Das lässt sich einfach realisieren mit einer speziellen Spalte namens *RowVersion*, der das Attribut Timestamp vorangestellt wird, z. B.:

```
[Timestamp]
public byte[] Rowversion {get; set;}
```

Der Datentyp der Spalte muss ein byte-Array sein, das tatsächlich eine Größe von 8 Byte hat. Die Datenbank erzeugt bei jeder Änderung an der Datenzeile einen neuen binären Wert.

Rufen wir uns in Erinnerung, wie das SQL-Statement UPDATE aussieht, wenn wir eine Änderung in die Datenbank schreiben:

```
UPDATE tabelle
SET werte
WHERE PS = wert
```

21

Entscheidend ist die WHERE-Klausel, die nur den Primärschlüssel der Zeile angibt, um auf der Datenbankseite die zu ändernde Zeile ausfindig zu machen. Solange die Datenzeile nicht gelöscht worden ist, wird eine heile Welt vorgegaukelt, und alle Änderungen werden, ohne mit der Wimper zu zucken, in der Datenbank eingetragen. Sollte ein anderer User seinerseits eine Änderung vorgenommen haben, wird diese gnadenlos überschrieben.

Mit einer Timestamp-Spalte wird das vermieden. Dazu wird der WHERE-Klausel beim Aktualisieren einfach der Wert der *RowVersion*-Spalte angehängt:

```
UPDATE tabelle
SET werte
WHERE PS = wert AND RowVersion = wert
```

Zum Identifizieren der zu ändernden Zeile auf der Seite der Datenbank wird nun – neben dem Primärschlüssel – der Wert der Spalte *RowVersion* hinzugezogen. Ist er weiterhin identisch mit dem in der Datenbank, wurde keine zwischenzeitliche Änderung vorgenommen, und die Aktualisierung wird erfolgreich durchgeführt. Hat aber ein anderer User dieselbe Zeile geändert, hat *RowVersion* einen anderen Wert, und die Folgeaktualisierung schlägt fehl.

Nehmen wir an, der Typ Course sei in dieser Hinsicht als kritisch zu betrachten. Dann sollte die Klasse wie folgt ergänzt werden:

```
public class Course
{
  [...]
  [Timestamp]
  public byte[] RowVersion { get; set; }
}
```

Listing 21.13 Die Änderung der Klasse »Course«

Fügen Sie eine neue Zeile mit INSERT in eine Tabelle ein, wird nach dem erfolgreichen Hinzufügen der von der Datenbank erzeugte Wert für die *Timestamp*-Spalte an die Anwendung zurückgeliefert.

Fluent API

Mit der Fluent API lautet die Anweisung:

```
modelBuilder.Entity<Course>()
            .Property(c => c.RowVersion)
            .IsRowVersion();
```

Beispielprogramm

Wir wollen uns das Verhalten der Datenbank im Zusammenspiel mit einer *Timestamp*-Spalte jetzt an einem Beispiel ansehen. Dazu erstellen wir in der Methode Main ein Teacher-Objekt, dem wir einen Kurs zuordnen. Diese Änderung wird anschließend in der Datenbank gespeichert. Anschließend wird der Kurs aus der Datenbank in den Kontext geladen und der Titel geändert.

```
static void Main(string[] args)
{
  using (var context = new SchoolContext())
  {
    var teacher = new Teacher
    {
      Name = "Hans Fischer",
      Courses = new List<Course> { new Course { Title = "VB.NET" } }
    };
    context.Teachers.Add(teacher);
    context.SaveChanges();
    Console.WriteLine("Datenbank aktualisiert ...");
    // Titel des Kurses ändern
    var course = context.Courses.First();
    course.Title = "Visual Basic.NET";
    context.SaveChanges();
  }
}
```

Listing 21.14 Code zum Testen der Timestamp-Spalte

Interessant ist, welches UPDATE-SQL-Statement auf der Datenbank ausgeführt wird. Beachten Sie, dass in der WHERE-Klausel neben dem Primärschlüsselfeld auch die Timestamp-Spalte angegeben ist.

```
exec sp_executesql N'UPDATE [dbo].[Courses]
SET [Title] = @0
WHERE ((([KursNr] = @1) AND ([RowVersion] = @2))
SELECT [RowVersion]
FROM [dbo].[Courses]
WHERE @@ROWCOUNT > 0 AND [KursNr] =
 @1',N'@0 nvarchar(120),@1 uniqueidentifier,@2 binary(8)',@0=N'Visual Basic.NET',
 @1='E9DC0F6F-4030-E811-9E6E-38D547B26262',@2=0x00000000000007D1
```

Listing 21.15 UPDATE-SQL-Statement des Codes aus Listing 21.14

21

Sollten Sie auch den Konfliktfall testen wollen, brauchen Sie nur zwei Zeilen Programmcode in Listing 21.14 zu ergänzen:

```
[...]
Console.WriteLine("Datenbank aktualisiert ...");
Console.Write("Zweiten Anwender simulieren ...");
Console.ReadLine();
var course = context.Courses.First();
course.Title = "Visual Basic.NET";
context.SaveChanges();
[...]
```

Wenn nach dem Start der Anwendung der Hinweis ZWEITEN ANWENDER SIMULIEREN erscheint, können Sie beispielsweise im SQL Server Management Studio den Titel des Kurses ändern. Lassen Sie dann die Anwendung weiterlaufen, erhalten Sie eine DbUpdateConcurrencyExcpetion. Auch wenn diese Ausnahme momentan zum Beenden der Anwendung führt, müssen wir festhalten, dass das Prinzip der Timestamp-Spalte funktioniert hat.

> **Hinweis**
>
> Sie finden das komplette Beispiel unter ..*Beispiele\Kapitel 21\Code_First_Samples\Sample4*.

21.5.4   Entitäten ohne Timestamp-Spalten

Der Vergleich des Werts der Timestamp-Spalte aus der geänderten Entität mit dem Wert der *Timestamp*-Spalte der korrespondierenden Zeile in der Datenbank lässt folgenden Schluss zu: Unabhängig davon, welcher Feldwert durch einen anderen Benutzer geändert wurde, wird die eigene Aktualisierung fehlschlagen.

Möglicherweise gibt es in einer Zeile aber Felder, die in dieser Hinsicht als unkritisch anzusehen sind. Dann wäre eine *Timestamp*-Spalte zu viel des Guten. Zudem sollten Sie auch nicht vergessen, dass es Datenbanken gibt, die Timestamp-Spalten nicht unterstützen. In solchen Szenarien können Sie einzelne Felder so konfigurieren, dass ihr Wert für den Parallelitätscheck herangezogen wird. Hier kommt das Attribut ConcurrencyCheck zum Einsatz.

Nehmen wir an, dass in der Klasse Student das Feld Lastname als kritisch anzusehen ist. Mit anderen Worten wollen wir sicherstellen, dass die mögliche Änderung eines anderen Anwenders im Feld Lastname zu einem Konflikt führt, damit wir die Änderung nicht unwissentlich überschreiben. Dazu muss die als kritisch zu betrachtende Eigenschaft in die WHERE-Klausel des UPDATE-SQL-Statements aufgenommen werden. Genau das macht das Attribut ConcurrencyCheck.

```
public class Student
{
  public int StudentID { get; set; }
  public string Firstname { get; set; }
  [ConcurrencyCheck]
  public string Lastname { get; set; }
  [...]
}
```

Listing 21.16 Die Spalte »Lastname« für den Parallelitätscheck vorbereiten

Wird eine `Student`-Datenzeile nun verändert, wird folgendes `UPDATE`-Statement zur Datenbank geschickt:

```
exec sp_executesql N'UPDATE [dbo].[Students]
SET [Lastname] = @0
WHERE (([StudentID] = @1) AND ([Lastname] = @2))
```

Während `SET Lastname` den Namen angibt, den wir in `Lastname` eintragen wollen, beschreibt der Wert `Lastname` in der `WHERE`-Klausel den Wert des Feldes, so wie er von der Datenbank bezogen worden ist.

Fluent API

Zum Schluss müssen wir uns noch ansehen, wie mit der Fluent API der Parallelitätscheck einer Spalte beschrieben wird:

```
modelBuilder.Entity<Student>()
            .Property(p => p.Lastname)
            .IsConcurrencyToken();
```

21.6   Komplexe Typen

Komplexe Typen werden verhältnismäßig häufig im Entity Framework verwendet. Sie dienen dazu, mehrere Eigenschaften einer Entität in einer Klasse zusammenzufassen und in der Entität durch eine einzige Property zu ersetzen. Ein typisches Beispiel dazu liefert die Klasse `Student`, die momentan wie folgt definiert ist:

```
public class Student
{
  public int StudentID { get; set; }
  public string Firstname { get; set; }
```

```
[ConcurrencyCheck]
public string Lastname { get; set; }
public string Age { get; set; }
public string City { get; set; }
public string Street { get; set; }
public string Country { get; set; }
public List<Enrollment> Enrollments { get; set; }
}
```

Listing 21.17 Aktueller Stand der Entität »Student«

Es würde sich anbieten, die drei Eigenschaften City, Street und Country in einen komplexen Typ namens Address auszulagern und gleichzeitig diese drei Eigenschaften in Student durch die neue Property Address zu ersetzen. Da Address jetzt ein separates Objekt ist, sollten Sie nicht vergessen, einem neuen Student-Objekt auch direkt ein Address-Objekt zu übergeben. Dafür ist der Konstruktor bestens geeignet.

```
public class Student
{
  public Student()
  {
    Address = new Address();
  }
  public int StudentID { get; set; }
  public string Firstname { get; set; }
  [ConcurrencyCheck]
  public string Lastname { get; set; }
  public string Age { get; set; }
  public Address Address { get; set; }
  public List<Enrollment> Enrollments { get; set; }
}
public class Address
{
  public string City { get; set; }
  public string Street { get; set; }
  public string Country { get; set; }
}
```

Listing 21.18 Einen komplexen Typ bereitstellen

Führen Sie anschließend die Anwendung aus, sind die Felder des komplexen Typs Address in der Datenbank als Eigenschaften der Tabelle *Students* eingetragen. In der Abbildung 21.10 ist das zu sehen.

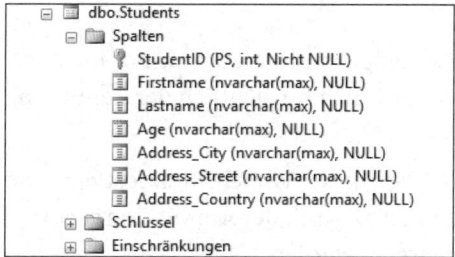

Abbildung 21.10 Komplexer Typ im Objekt-Explorer

Ihnen ist vielleicht aufgefallen, dass die Klasse Address kein Schlüsselfeld beschreibt. Das ist kein Fehler, sondern eine Konvention von Code First. Insgesamt müssen wir bei der Bereitstellung einer komplexen Klasse drei Konventionen beachten:

▶ Der komplexe Typ darf kein ID-Feld haben (Key).

▶ Ein komplexer Typ kann nur elementare Datentypen beschreiben.

▶ Ein komplexer Typ kann nicht von einer Auflistung referenziert werden.
  Mit anderen Worten: List<Address> ist nicht möglich.

Es können in manchen Situationen dennoch Gründe für ein Schlüsselfeld im komplexen Typ sprechen. Sollte das der Fall sein, können Sie die Konvention, dass ein komplexer Typ kein ID-Feld haben darf, außer Kraft setzen. Verwenden Sie das Attribut ComplexType, wie Listing 21.19 zeigt.

```
[ComplexType]
public class Address
{
    public int AddressID { get; set; }
    public string City { get; set; }
    public string Street { get; set; }
    public string Country { get; set; }
}
```

Listing 21.19 Komplexer Typ mit der »ComplexType«-Annotation

Würden Sie die Annotation ComplexType nicht setzen, wird Code First eine Tabelle *Addresses* erzeugen, die in Beziehung zur Tabelle *Students* steht.

Fluent API

Um Code First mit der Fluent API mitzuteilen, dass eine Klasse als komplexer Typ behandelt werden soll, müssen Sie die generische Methode ComplexType des DbModelBuilder-Objekts aufrufen und den generischen Typparameter nur durch den komplexen Typ ersetzen.

```
modelBuilder.ComplexType<Address>();
```

21.6.1   Komplexe Typen mit Data Annotations

Die Eigenschaften eines komplexen Typs können Sie genauso mit Data Annotations ver-knüpfen wie jeden anderen Typ. Dieselbe Aussage gilt natürlich hinsichtlich der Benutzung der Fluent API.

Für einige Eigenschaften des komplexen Typs Address wollen wir Vorschriften festlegen. So soll eine Angabe für die drei Properties City, Street und Country mit der Annotation Required erzwungen und die maximale Länge mit MaxLength begrenzt werden.

```
[ComplexType]
public class Address
{
  public int AddressID { get; set; }
  [Required, MaxLength(40)]
  public string City { get; set; }
  [Required, MaxLength(50)]
  public string Street { get; set; }
  [Required, MaxLength(20)]
  public string Country { get; set; }
}
```

Listing 21.20 Anpassung der Eigenschaften des komplexen Typs »Address«

Zum Testen des komplexen Typs soll der folgende Programmcode dienen.

> **Hinweis**
>
> Sie finden das komplette Beispiel unter ..*Beispiele\Kapitel 21\Code_First_Samples\Sample5*.

```
using (var context = new SchoolContext())
{
  var addr = new Address();
  addr.Country = "D";
  addr.City = "Bonn";
  addr.Street = "Hauptstraße 1";
  context.Students.Add(new Student
  {
    Address = addr,
    Age = "23",
    Firstname="Peter",
    Lastname = "Schneider"
  });
  context.SaveChanges();
```

```
    Console.WriteLine("DB aktualisiert ...");
    Console.ReadLine();
}
```

Listing 21.21 Testen des komplexen Typs

Fluent API

Natürlich können Sie das Verhalten des komplexen Typs auch mit der Fluent API steuern. Nehmen wir exemplarisch aus `Address` die Property `City`, die auf eine maximale Länge von *40* Zeichen begrenzt werden soll.

```
modelBuilder.ComplexType<Address>()
            .Property(p => p.City)
            .HasMaxLength(40);
```

21.7   Konventionen und Konfiguration von Beziehungen

Nachdem wir uns im letzten Abschnitt mit den Annotationen und der Fluent API beschäftigt haben, um die Eigenschaften oder die Entitäten ganzheitlich zu beeinflussen, wollen wir uns in diesem Abschnitt die Beziehungen der Tabellen untereinander ansehen. Auch in dieser Hinsicht beschreibt Code First eine Reihe von Konventionen, die wir mit Attributen bzw. der Fluent API beeinflussen können.

Betrachten wir zunächst das Datenbankdiagramm, das wir mit dem Ende des Beispielprogramms *Sample5* erreicht haben (siehe Abbildung 21.11)

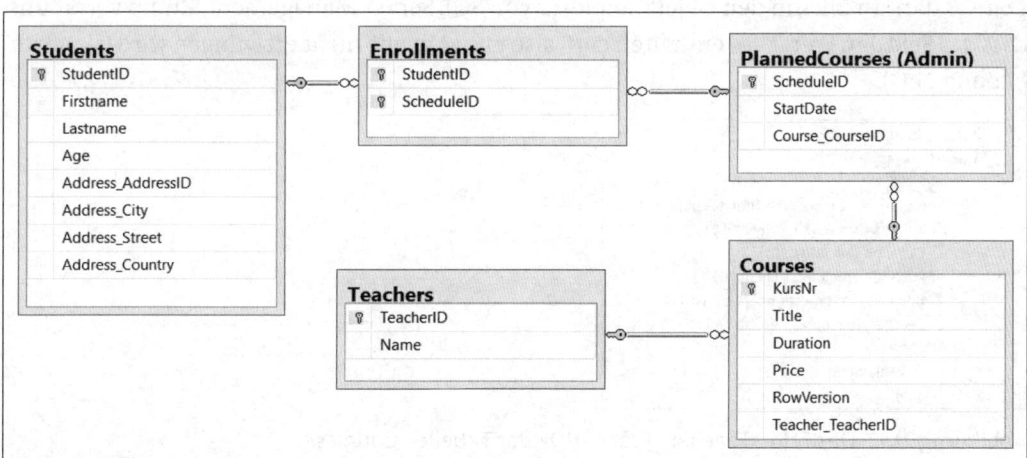

Abbildung 21.11 Das aktuelle Datenbankdiagramm

Tatsächlich sind die fünf Tabellen bereits durch Beziehungen miteinander verknüpft. Zudem werden mit *Course_CourseID* und *Teacher_TeacherID* in den Tabellen *PlannedCourses* und *Courses* zwei Eigenschaften angezeigt, die wir nicht als Felder angelegt haben. Auch hier scheinen Konventionen von Code First die Finger im Spiel gehabt zu haben.

Konzentrieren wir uns zunächst nur auf die beiden Tabellen *Teachers* und *Courses*, zwischen denen eine 1:n-Beziehung in der Weise besteht, dass die Tabelle *Teachers* die Mastertabelle ist und die Tabelle *Courses* die Detailtabelle. Damit wird zum Ausdruck gebracht, dass einem Teacher-Objekt mehrere verschiedene Kurse zugeordnet werden können, die der betreffende Referent halten kann. Die zwischen den beiden Tabellen existierende Beziehung wird durch die Navigationseigenschaft Courses, also

```
public List<Course> Courses { get; set; }
```

umgesetzt. Die Eigenschaft Courses ist vom Typ List<Course> und nutzt anscheinend eine *Code-First-Konvention*, um die Beziehung zwischen den beiden Tabellen auszudrücken.

Zum gleichen Resultat würde auch führen, wenn Sie anstatt der Navigationseigenschaft Courses in der Klasse Teacher eine Eigenschaft Teacher vom gleichnamigen Typ Teacher als Referenz-Navigationseigenschaft in der Klasse Course angeben würden:

```
public Teacher Teacher { get; set; }
```

Sie können sogar beide Navigationseigenschaften, nämlich Teacher in der Klasse Course und die Property Courses in der Klasse Teacher, angeben – die Code-First-Konvention sorgt dafür, dass eine 1:n-Beziehung zwischen den beiden Tabellen erstellt wird. Um eine 1:n-Beziehung zu prägen, können wir demnach insgesamt drei Konventionen nutzen.

Das automatisch erzeugte Feld *Teacher_TeacherID* stellt den Fremdschlüssel in der Tabelle *Courses* dar. Ein Blick in den Objekt-Explorer von SQL Server Management Studio verrät uns, dass das Feld den Wert NULL enthalten darf, also eine Angabe nicht erzwungen wird (siehe Abbildung 21.12).

Abbildung 21.12 Das Feld »Teacher_TeacherID« der Tabelle »Courses«

Die Situation ist demnach momentan wie folgt: Wir können einen neuen Kurs anlegen, ohne einen Referenten dafür zu haben. Auch wenn das genau der Arbeitsweise einiger Unternehmen der Branche entspricht, wollen wir das in unserem Datenmodell nicht zulassen: Einem

Kurs muss ein Referent zugeordnet werden. Dazu müssen wir die Beziehung entweder mit Data Annotations oder der Fluent API entsprechend konfigurieren.

21.7.1 Konfiguration mit Data Annotations

Um eine Beziehung zwischen zwei Tabellen zu konfigurieren, wird häufig die Fluent API benutzt, da Annotationen in dieser Hinsicht nicht sehr viel Potenzial haben. Unsere oben erwähnte Problematik, dass eine Kursdefinition auch ohne Angabe eines Referenten möglich wäre, kann aber mit einer Annotation, nämlich Required, gelöst werden.

Die Annotation Required kann nur mit einer Referenz-Navigationseigenschaft verknüpft werden, also auf der n-Seite einer 1:n-Beziehung. Dementsprechend ist die Eigenschaft Teacher in der Entität Course nicht mehr nur eine Option, sondern Pflicht.

```
public class Course
{
  [...]
  [Required]
  public Teacher Teacher { get; set; }
}
```

Listing 21.22 Die Annotation »Required« der Referenz-Navigationseigenschaft »Teacher«

Auch jetzt wollen wir wieder einen Blick in den Objekt-Explorer von SQL Server Management Studio werfen, um zu sehen, ob unsere Annotation zum gewünschten Erfolg geführt hat. Abbildung 21.13 bestätigt uns, dass jedem Kurs ein Referent zugeordnet werden muss.

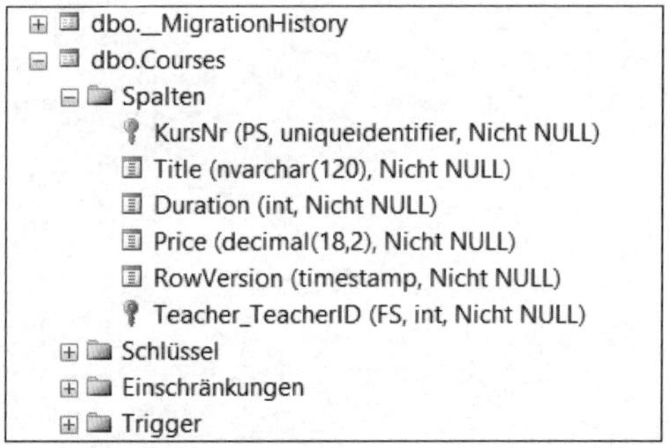

```
⊞ ▢ dbo._MigrationHistory
⊟ ▢ dbo.Courses
   ⊟ ▭ Spalten
      ⦿ KursNr (PS, uniqueidentifier, Nicht NULL)
      ▦ Title (nvarchar(120), Nicht NULL)
      ▦ Duration (int, Nicht NULL)
      ▦ Price (decimal(18,2), Nicht NULL)
      ▦ RowVersion (timestamp, Nicht NULL)
      ⦿ Teacher_TeacherID (FS, int, Nicht NULL)
   ⊞ ▭ Schlüssel
   ⊞ ▭ Einschränkungen
   ⊞ ▭ Trigger
```

Abbildung 21.13 Die Tabelle »Courses« im SQL-Server-Objekt-Explorer

Sollten Sie das Datenmodell jetzt mit dem Programmcode

```
using (var context = new SchoolContext())
{
  var course = new Course { Duration = 2, Price = 10, Title = "hallo" };
```

```
    context.Courses.Add(course);
    context.SaveChanges();
}
```

testen, wird natürlich eine Ausnahme ausgelöst, weil dem neuen Kurs kein Referent zugeordnet wird: Das Feld `Teacher_TeacherID` darf nicht `NULL` sein.

21.7.2   Konfiguration einer 1:n-Beziehung mit der Fluent API

Der letzte Abschnitt hat gezeigt, dass die Code-First-Konventionen so definiert sind, dass wir Beziehungen zwischen Entitäten auch ohne Attribute definieren können. Durch das Festlegen der Referenz-Eigenschaft und/oder der Listeneigenschaft können wir die Bildung der Beziehung maßgeblich beeinflussen. Mit `Required` steht uns jedoch nur ein Attribut zur Verfügung, um auf die Charakteristik der Beziehung Einfluss auszuüben.

Die Konfiguration einer Beziehung mit der Fluent API erfolgt in der Methode `OnModelCreating` der `DbContext`-Klasse. Nehmen wir exemplarisch die Beziehung zwischen der Entität `Course` (n-Seite) und der Entität `Teacher` (1-Seite). Die die Beziehung beschreibenden Properties müssen in den beiden Entitäten definiert sein (siehe Listing 21.23).

```
public class Course
{
  [Column("KursNr")]
  [Key, DatabaseGenerated(DatabaseGeneratedOption.Identity)]
  public Guid CourseID { get; set; }
  [Required, MaxLength(120)]
  public string Title { get; set; }
  public int Duration { get; set; }
  public decimal Price { get; set; }
  [Timestamp]
  public byte[] RowVersion { get; set; }
  public List<Schedule> Schedules { get; set; }
  public Teacher Teacher { get; set; }
}
public class Teacher
{
  public int TeacherID { get; set; }
  public string Name { get; set; }
  public List<Course> Courses { get; set; }
}
```

Listing 21.23 Der Ausgangspunkt der Entitäten »Teacher« und »Courses«

Damit hätten wir bereits die Beziehung definiert, allerdings würde das Feld Teacher in der Entität Courses den Inhalt NULL zulassen. Unsere Absicht ist es jedoch, NULL-Werte nicht zu akzeptieren. Diese Bedingung soll nun mit der Fluent API umgesetzt werden. Sehen wir uns den dazu notwendigen Code zunächst einmal an.

```
protected override void OnModelCreating(DbModelBuilder modelBuilder)
{
  modelBuilder.Entity<Teacher>()
            .HasMany<Course>(teacher => teacher.Courses)
            .WithRequired(course => course.Teacher);
}
```

Listing 21.24 »Required«-Feld mit der Fluent API

Das sieht ziemlich komplex aus. Daher wollen wir die Anweisung genau analysieren. Verallgemeinernd könnte man schreiben:

```
modelBuilder.Entity<TEntity>()
            .A(property)
            .B(property);
```

TEntity beschreibt eine der beiden in Beziehung stehenden Entitäten: Entweder die der 1-Seite oder die der n-Seite. Die meisten Entwickler bevorzugen es, die 1-Seite anzugeben.

A wird durch eine Methode ersetzt. An dieser Stelle stehen drei zur Verfügung:

▶ HasMany

▶ HasOptional

▶ HasRequired

Da ein Referent (Teacher) mehrere Kurse (Course) durchführen kann, ist in Listing 21.24 die Wahl auf HasMany gefallen. Als Argument wird der Methode HasMany die Property angegeben, die auf die Liste der Kurse verweist, also die Navigationseigenschaft Courses.

B muss ebenfalls durch eine Methode ersetzt werden. Auch hier stehen Ihnen drei zur Verfügung:

▶ WithOptional

▶ WithRequired

▶ WithMany

Nun können wir auch die Anweisung aus Listing 21.24 interpretieren. Mit

```
modelBuilder.Entity<Teacher>()
```

wird der Startpunkt auf die 1-Seite der Beziehung gelegt. Ein Teacher-Objekt kann mit mehreren Kursen verknüpft werden, was durch die Methode HasMany<Course>() zum Ausdruck ge-

21

bracht wird. Dabei erwartet `HasMany` als Argument einen Lambda-Ausdruck, in dem die Property genannt wird, die als Navigationseigenschaft angegeben worden ist (hier: `Courses`). Mit `WithRequired` legen wir abschließend fest, dass die Navigationseigenschaft der n-Seite nicht `NULL` sein darf.

Hinweis

In Listing 21.24 wurde `TEntity` durch den Typ der 1-Seite ersetzt, also `Teacher`. Sie können aber auch den Typ der n-Seite angeben, in unserem Fallbeispiel `Course`. In der Methode `OnModelCreating` müssen Sie dann die folgende Anweisung schreiben:

```
modelBuilder.Entity<Course>()
            .HasRequired(course => course.Teacher)
            .WithMany(teacher => teacher.Courses);
```

Nun wollen wir noch unsere Änderungen am Datenmodell durch einen konkreten Zugriffscode testen und schreiben dazu den folgenden Programmcode:

```
static void Main(string[] args)
{
  using (var context = new SchoolContext())
  {
    var teacher = new Teacher { Name = "Franz Schneider" };
    var course = new Course
                 { Duration = 2,
                   Price = 10,
                   Title = "C# für Anfänger",
                   Teacher = teacher };
    context.Teachers.Add(teacher);
    context.Courses.Add(course);
    context.SaveChanges();
    Console.WriteLine("DB aktualisiert ...");
    Console.ReadLine();
  }
}
```

Listing 21.25 Testen der 1:n-Beziehung zwischen den Entitäten »Teacher« und »Course«

Hinweis

Sie finden das komplette Beispiel unter ..*Beispiele\Kapitel 21\Code_First_Samples\Sample6*.

21.7.3   Entitäten und Fremdschlüssel

Um in der Datenbank eine 1:n-Beziehung zwischen zwei Tabellen zu realisieren, reicht es bereits vollkommen aus, in der Mastertabelle (1-Seite der Beziehung) eine Navigationseigenschaft zu definieren. Die Konventionen von Code First setzen das in der Datenbank durch Hinzufügen einer Fremdschlüsselspalte um.

Bezogen auf die oben betrachteten Tabellen *Teachers* und *Courses* wird in der Detailtabelle, also in *Courses*, eine Fremdschlüsselspalte namens *Teacher_TeacherID* definiert, wie weiter oben in Abbildung 21.12 zu sehen ist. Code First erzeugt in der Datenbank auch dann eine Fremdschlüsselspalte, wenn in der Entität Course keine Referenz-Navigationseigenschaft angegeben ist. Ein Nachteil dieser simplen Technik ist, dass beim Erstellen eines neuen Course-Objekts keine Möglichkeit besteht, sofort einen Referenten zuzuordnen, da es an einer entsprechenden Property fehlt.

Beschreiben Sie in der Entität Course eine Referenz-Navigationseigenschaft, also

```
public class Course
{
  [...]
  public Teacher Teacher { get; set; }
}
```

wird Code First datenbankseitig eine Fremdschlüsselspalte erstellen, die exakt der entspricht, die in Abbildung 21.12 zu sehen ist. Allerdings können Sie nun beim Erzeugen eines neuen Course-Objekts sofort den entsprechenden Referenten des Kurses über die Eigenschaft Teacher zuordnen.

Sie müssen sich dessen bewusst sein, dass sie die Referenz auf ein Teacher-Objekt übergeben:

```
newCourse.Teacher = teacherObj;
```

Befindet sich teacherObj bereits im Speicher, ist alles kein Problem. Ist das Objekt aber noch nicht im Speicher, müssen Sie eine Datenbankabfrage starten, die das betreffende Teacher-Objekt zurückliefert.

Üblicherweise wird an Fremdschlüsselfelder der Primärschlüssel der Mastertabelle übergeben, beispielsweise

```
newCourse.TeacherID = 2;
```

Um das umzusetzen, müssen wir in der Entität Course die Fremdschlüsselspalte ausdrücklich notieren, beispielsweise

```
public class Course
{
  [...]
  public int TeacherID { get; set; }
}
```

Code First greift auch hier wieder auf Konventionen zurück und erkennt, dass es sich um die bewusste Definition einer Fremdschlüsselspalte handelt. Es gibt mehrere Regeln, nach denen ein Fremdschlüsselfeld als solches erkannt wird, aber die am häufigsten benutzte gibt den Bezeichner des Schlüsselfelds der in Beziehung stehenden Entität an. Die Groß- und Kleinschreibung spielt dabei keine Rolle.

Im Objekt-Explorer des SQL Server Management Studios sehen wir das Fremdschlüsselfeld `TeacherID` und müssen auch sofort feststellen, dass `NULL`-Werte nicht mehr zulässig sind, weil `TeacherID` durch den Datentyp Integer beschrieben wird. Damit ist auch die Forderung erfüllt, die wir an die Entität `Course` gestellt haben.

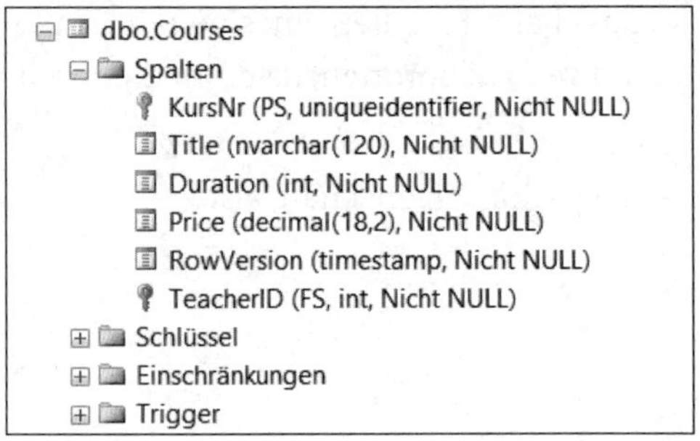

```
⊟ ▭ dbo.Courses
  ⊟ ▭ Spalten
      ⚷ KursNr (PS, uniqueidentifier, Nicht NULL)
      ▥ Title (nvarchar(120), Nicht NULL)
      ▥ Duration (int, Nicht NULL)
      ▥ Price (decimal(18,2), Nicht NULL)
      ▥ RowVersion (timestamp, Nicht NULL)
      ⚷ TeacherID (FS, int, Nicht NULL)
  ⊞ ▭ Schlüssel
  ⊞ ▭ Einschränkungen
  ⊞ ▭ Trigger
```

Abbildung 21.14 Fremdschlüsselspalte im Objekt-Explorer von SQL Server Management Studio

21.7.4   Die Annotation »ForeignKey«

Mit dem `ForeignKey`-Attribut können Sie im Bedarfsfall die Konvention überschreiben, dass Fremdschlüsselfelder einer vorgeschriebenen Namenskonvention folgen müssen. Damit ist es möglich, das Fremdschlüsselfeld beliebig zu benennen. Es gibt mehrere Möglichkeiten, diese Vorhaben umzusetzen, die beiden wichtigsten möchte ich Ihnen vorstellen.

Die »ForeignKey«-Annotation in der Detailtabelle

Wir betrachten wieder die beiden in Beziehung stehenden Entitäten `Teacher` und `Course`. In der Entität `Course` soll der Bezeichner der Fremdschlüsselspalte *ReferentID* lauten. Die Annotation `ForeignKey` lässt sich mit dem entsprechend definierten Feld in der Entität `Course` verknüpfen. Als Argument wird der Annotation der Bezeichner der Referenz-Navigationseigenschaft `Teacher` in der Entität `Course` als Zeichenfolge übergeben.

```csharp
public class Course
{
  [...]
  [ForeignKey("Teacher")]
  public int ReferentID { get; set; }
  public Teacher Teacher { get; set; }
}
```

```
public class Teacher
{
  public int TeacherID { get; set; }
  public string Name { get; set; }
  public ICollection<Course> Courses { get; set; }
}
```

Listing 21.26 »ForeignKey«-Annotation in der Detailtabelle

Vom Erfolg können wir uns im SQL Server Management Studio überzeugen (siehe Abbildung 21.15).

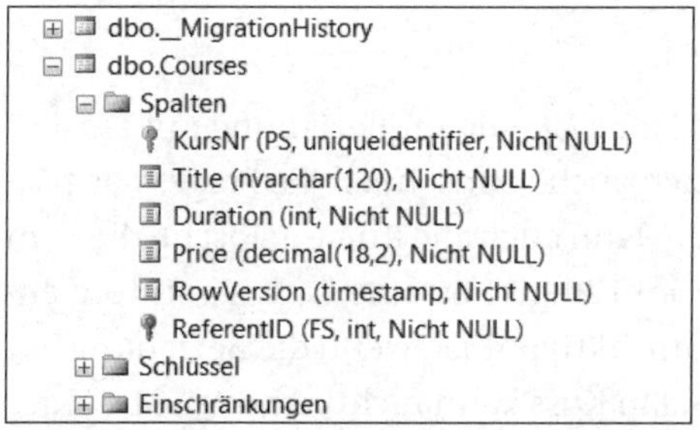

Abbildung 21.15 Das Fremdschlüsselfeld in der Tabelle »Courses«

Die »ForeignKey«-Annotation in der Mastertabelle

Die Annotation ForeignKey können Sie auch in der Entität benutzen, um eine Fremdschlüsselspalte in der Detailtabelle anzugeben. Wichtig ist, dass das entsprechende Feld, hier *ReferentID* in *Courses*, definiert ist. Der Bezug wird hergestellt, indem Sie der Navigationseigenschaft Courses in der Entität Teacher die Annotation ForeignKey voranstellen und als Argument das Fremdschlüsselfeld der in Beziehung stehenden Entität angeben.

```
public class Course
{
  [...]
  public int ReferentID { get; set; }
  public Teacher Teacher { get; set; }
}
public class Teacher
{
  public int TeacherID { get; set; }
  public string Name { get; set; }
  [ForeignKey("ReferentID")]
  public ICollection<Course> Courses { get; set; }
}
```

Listing 21.27 »ForeignKey«-Annotation in der Mastertabelle

945

Das Ergebnis entspricht dem, das Sie bereits in Abbildung 21.15 gesehen haben.

Fluent API

Anstatt die ForeignKey-Annotation in einer der beiden in Beziehung stehenden Klassen anzugeben, können Sie auch mit der Fluent API zum gleichen Resultat gelangen:

```
modelBuilder.Entity<Teacher>()
            .HasMany<Course>(teacher => teacher.Courses)
            .WithRequired(course => course.Teacher)
            .HasForeignKey(teacher => teacher.ReferentID);
```

21.7.5   Kaskadierende Löschweitergabe

Die Beziehung zwischen den Entitäten Teacher und Course ist eine 1:n-Beziehung mit Teacher auf der 1-Seite und Course auf der n-Seite. Es stellt sich auch sehr schnell die Frage, was passiert, wenn ein Teacher-Objekt gelöscht wird – werden dann auch alle Kurse gelöscht, die dem Referenten zugeordnet worden sind? Auch für diesen Fall gibt es eine Code-First-Konvention, die besagt, dass die Löschweitergabe immer dann aktiviert ist, wenn die Beziehung auf Required festgelegt worden ist. Mit anderen Worten: Ein Kurs kann nicht ohne Angabe eines entsprechenden Referenten existieren, wenn wir die beiden Entitäten wie Listing 21.28 gezeigt voraussetzen.

```
public class Course
{
  [...]
  public int TeacherID { get; set; }
  public Teacher Teacher { get; set; }
}
public class Teacher
{
  public int TeacherID { get; set; }
  public string Name { get; set; }
  public List<Course> Courses { get; set; }
}
```

Listing 21.28 Die Entitäten »Teacher« und »Course«

Zur Erinnerung: Das Feld TeacherID in Course nimmt per Konvention Bezug auf den gleichnamigen Primärschlüssel in der Entität Teacher. Bedingt durch die Tatsache, dass das Fremdschlüsselfeld TeacherID in Course vom Typ Integer ist und somit nicht NULL sein kann, muss jeder Kurs einen Referenten aufweisen. Löschen wir eine Zeile in der Tabelle *Teachers*, wird das Entity Framework automatisch alle Kurse in der Tabelle *Courses* löschen, die eine Referenz auf den gelöschten Referenten haben. Man spricht bei diesem Verhalten auch von einer *kaskadierende Löschweitergabe*.

Wird ein Teacher-Objekt gelöscht, werden auch alle zugeordneten Course-Objekte gelöscht. Das betrifft einerseits die Course-Objekte, die sich im lokalen Speicher befinden, aber auch diejenigen Kurse, die nicht im lokalen Speicher zu finden sind. Code First konfiguriert nämlich die Löschweitergabe einer Beziehung auch datenbankseitig. Sie können sich das im SQL Server Management Studio anzeigen lassen (siehe Abbildung 21.16).

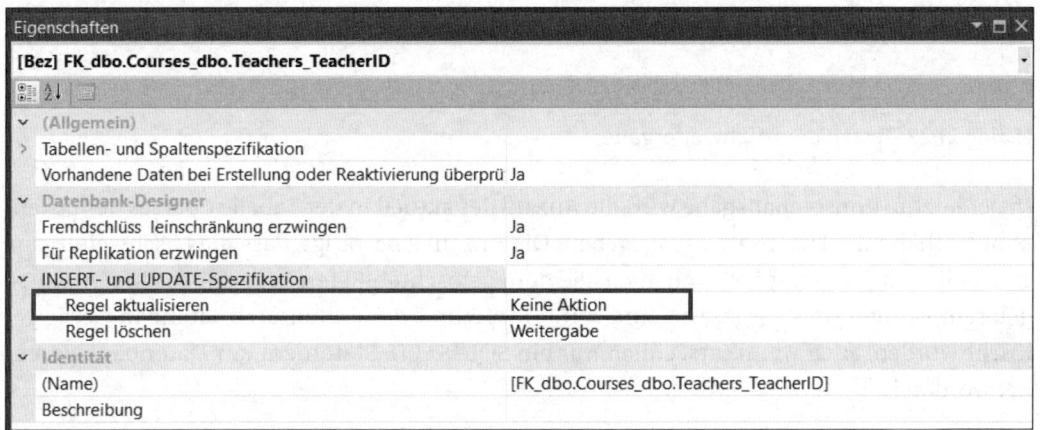

Abbildung 21.16 Die Eigenschaften der Beziehung zwischen den Tabellen »Courses« und »Teachers«

Jetzt wollen wir uns die Löschweitergabe noch im Programmcode ansehen. Dazu erzeugen wir zwei Objekte vom Typ Teacher. Jedem der beiden Objekte werden zwei Course-Objekte zugeordnet. Anschließend wird die Datenbank aktualisiert. Aus der Datenbank besorgen wir uns danach mit SingleOrDefault einen der beiden Referenten und löschen ihn zunächst im lokalen Datencache. Danach wird auch diese Änderung in die Datenbank geschrieben.

```
static void Main(string[] args)
{
  using (var context = new SchoolContext())
  {
    var teacher1 = new Teacher { Name = "Franz Schneider" };
    var teacher2 = new Teacher { Name = "Peter Müller" };
    context.Teachers.Add(teacher1);
    context.Teachers.Add(teacher2);
    context.Courses.Add(new Course { Teacher = teacher1, Title = "PHP" });
    context.Courses.Add(new Course { Teacher = teacher1, Title = "VB.NET" });
    context.Courses.Add(new Course { Teacher = teacher2, Title = "C++" });
    context.Courses.Add(new Course { Teacher = teacher2, Title = "C#" });
    context.SaveChanges();
```

```
Console.WriteLine("Datensätze hinzugefügt ...");
var teacher = context.Teachers
                    .SingleOrDefault(t => t.Name == "Peter Müller");
context.Teachers.Remove(teacher);
context.SaveChanges();
Console.WriteLine("Datensatz gelöscht ...");
Console.WriteLine("Anzahl Kurse nachher: {0}",
                            context.Courses.ToList().Count);
Console.ReadLine();
    }
}
```

Listing 21.29 Testen der Löschweitergabe

In der letzten Konsolenausgabe wird die Anzahl der aktuell in der Tabelle *Courses* der Datenbank enthaltenen Datensätze ausgegeben. Die Anzahl 2 bestätigt, dass die Löschweitergabe tatsächlich funktioniert hat, und auch alle dem gelöschten Referenten zugeordneten Kurse gelöscht worden sind. Insgesamt sind somit insgesamt drei Datensätze datenbankseitig gelöscht worden, auch wenn tatsächlich nur ein SQL-DELETE-Statement zur Datenbank gesendet worden ist.

Hinweis

Sie finden das komplette Beispiel unter ..*Beispiele\\Kapitel 21\\Code_First_Samples\\Sample7*.

Sollten Sie die Datenabfrage um Include ergänzen, also:

```
var teacher = context.Teachers
                    .Include("Courses")
                    .SingleOrDefault(t => t.Name == "Peter Müller");
```

werden in jedem Fall die betreffenden Course-Entitäten bereits im lokalen Cache gelöscht.

21.7.6   Das Attribut »InverseProperty«

Obwohl es nicht sehr häufig vorkommt, könnte es passieren, dass Sie in eine Situation geraten, in der Sie mehrere Beziehungen zwischen Entitäten definieren müssen.

Damit Sie die Problematik erkennen, müssen wir an unserem Datenmodell einige Ergänzungen vornehmen. Hintergrund soll sein, dass Schulungen auch als Onlinekurse durchgeführt werden können. Onlinekurse werden auch von jedem Referenten angeboten, und jeder Referent hat ein unterschiedliches Repertoire von Kursen, die er online hält.

Die erste Konsequenz dieser neuen Anforderung ist, dass wir die Entität Teacher um eine Navigationseigenschaft ergänzen, die die möglichen Onlinekurse des Referenten beschreibt. Außerdem empfiehlt sich, den Bezeichner der ursprünglichen Property Courses in Presence-Courses umzubenennen.

```
public class Teacher
{
  public int TeacherID { get; set; }
  public string Name { get; set; }
  public List<Course> PresenceCourses { get; set; }
  public List<Course> OnlineCourses { get; set; }
}
```

Listing 21.30 Die überarbeitete Entität »Teacher«

Auch die Entität Course muss um eine Eigenschaft ergänzt werden: OnlineTeacher. Das Umbenennen der Property Teacher in PresenceTeacher bietet sich ebenfalls an.

```
public class Course
{
  public Guid CourseID { get; set; }
  public string Title { get; set; }
  public int Duration { get; set; }
  public decimal Price { get; set; }
  public Teacher OnlineTeacher { get; set; }
  public Teacher PresenceTeacher { get; set; }
}
```

Listing 21.31 Die überarbeitete Entität »Course«

Diese Änderungen an den beiden Entitäten Course und Teacher wird dazu führen, dass in der Tabelle *Courses* der Datenbank die Spalten, wie in Abbildung 21.17 gezeigt, erzeugt werden. Neben den beiden erwarteten Fremdschlüsselfeldern *OnlineTeacher* und *PresenceTeacher* sehen wir mit *Teacher_TeacherID* und *Teacher_TeacherID1* zwei weitere Fremdschlüsselspalten. Wie ist das zu erklären?

In der Entität Teacher sind zwei Navigationseigenschaften definiert. Code First weiß das entsprechende Fremdschlüsselfeld aus Course jedoch nicht richtig zuzuordnen. Code First kann eine bidirektionale Beziehung eindeutig identifizieren. Liegen aber – wie in unserem Fall – mehrere vor, sind die Automatismen von Code First erschöpft. Daher legt Code First »in seiner Not« ein neues Fremdschlüsselfeld für jede Navigationseigenschaft an.

21

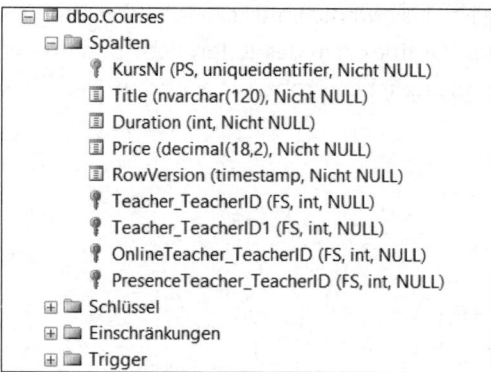

Abbildung 21.17 Tabelle »Courses« auf Basis von Listing 21.30 und Listing 21.31

Zur Lösung des Problems dient die Annotation InverseProperty. Als Argument wird der Annotation die korrespondierende Spalte der Beziehung als Zeichenfolge übergeben. Es spielt dabei keine Rolle, ob Sie InverseProperty auf Seite der Entität Teacher oder Course angeben. In unserem Beispiel soll InverseProperty in der Entität Teacher angegeben werden.

```
public class Teacher
{
  [...]
  [InverseProperty("PresenceTeacher")]
  public List<Course> PresenceCourses { get; set; }
  [InverseProperty("OnlineTeacher")]
  public List<Course> OnlineCourses { get; set; }
}
public class Course
{
  [...]
  public Teacher OnlineTeacher { get; set; }
  public Teacher PresenceTeacher { get; set; }
}
```

Listing 21.32 Die Annotation »InverseProperty«

Mit dieser Ergänzung wird die Tabelle *Courses* mit den richtigen Eigenschaften im Objekt-Explorer des SQL Server Management Studios angezeigt (siehe Abbildung 21.18).

Hinweis

Sie finden das komplette Beispiel unter ..*Beispiele**Kapitel 21**Code_First_Samples**Sample8*.

Abbildung 21.18 Tabelle »Courses« auf Basis von Listing 21.32

Im folgenden Codebeispiel zeige ich Ihnen noch abschließend, wie Sie die beiden Beziehungen zwischen Teacher und Course mit der Fluent API umsetzen können.

```
protected override void OnModelCreating(DbModelBuilder modelBuilder)
{
  modelBuilder.Entity<Course>()
          .HasOptional(x => x.PresenceTeacher)
          .WithMany(y => y.PresenceCourses);
  modelBuilder.Entity<Course>()
          .HasOptional(x => x.OnlineTeacher)
          .WithMany(y => y.OnlineCourses);
}
```

Listing 21.33 Mehrere Beziehungen zwischen den Entitäten »Teacher« und »Course«
mit der Fluent API

21.7.7   1:1-Beziehungen mit Code First

Die meisten Beziehungen zwischen den Tabellen einer Datenbank sind 1:n-Beziehungen. Daneben gibt es aber mit 1:1-Beziehungen und n:n-Beziehungen noch zwei weitere elementare Beziehungstypen. In diesem Abschnitt wollen wir uns zunächst den 1:1-Beziehungen widmen und dabei exemplarisch nur die Entität Student betrachten. Diese sah ursprünglich wie folgt aus:

```
public class Student
{
  public int StudentID { get; set; }
  public string Firstname { get; set; }
  public string Lastname { get; set; }
  public string Age { get; set; }
  public string City { get; set; }
```

```
    public string Street { get; set; }
    public string Country { get; set; }
}
```

Die Informationen dieser Klasse wollen wir nun auf zwei Entitäten verteilen, die miteinander in einer 1:1-Beziehung stehen. Bei den Dateninformationen, die in eine zweite Tabelle ausgelagert werden sollen, handelt es sich um die Adressinformationen.

Jedem Student-Objekt soll genau eine Adressinformation zugeordnet werden. Diese Überlegung könnte uns zu den beiden folgenden Tabellen führen:

```
public class Student
{
    public int StudentID { get; set; }
    public string Firstname { get; set; }
    public string Lastname { get; set; }
    public string Age { get; set; }
    public StudentAddress Address { get; set; }
}
public class StudentAddress
{
    [ForeignKey("Student")]
    public int StudentAddressID { get; set; }
    public string City { get; set; }
    public string Street { get; set; }
    public string Country { get; set; }
    public Student Student { get; set; }
}
```

Listing 21.34 Aufteilung der Entität in zwei Entitäten, die in einer 1:1-Beziehung stehen

In einer 1:1-Beziehung wird in einer der beiden beteiligten Tabellen ein Primärschlüssel zum Fremdschlüssel der zweiten Tabelle. Bezogen auf unsere beiden Entitäten Student und StudentAddress soll das Feld StudentAddressID in StudentAddress zum Fremdschlüssel der angestrebten Beziehung werden, während StudentID in Student den (Gesamt-)Primärschlüssel bildet.

In der Entität StudentAddress soll das Feld StudentAddressID nicht nur den Primärschlüssel der Entität StudentAddress bilden, sondern gleichzeitig den Fremdschlüssel der in Beziehung stehenden Entität Student abbilden. Damit unsere Absicht auch fehlerfrei von der Datenbank erkannt wird, müssen wir das Feld StudentAddressID mit der Annotation ForeignKey kennzeichnen. Als Argument geben wir per Zeichenfolge an, für welche Entität das Feld StudentAddressID als Fremdschlüssel dienen soll. Demnach ist die Angabe von *Student* erforderlich.

Um die beiden Entitäten zu testen, benötigen wir noch Programmcode in der Methode Main.

```
static void Main(string[] args)
{
  using (var context = new SchoolContext())
  {
    var student = new Student
    {
      Firstname = "Willi",
      Lastname = "Krause",
      Address = new StudentAddress
      {
        City = "Bonn",
        Street = "Hauptstraße 1",
        Country = "Germany"
      }
    };
    context.Students.Add(student);
    context.SaveChanges();
    Console.WriteLine("Datenbank aktualisiert ...");
    Console.ReadLine();
  }
}
```

Listing 21.35 Programmcode zum Testen der 1:1-Beziehung

Jetzt sollten wir die *EF Power Tools* benutzen, um uns ein schreibgeschütztes Entity Data Model erzeugen zu lassen. Darin werden die Entitäten wie in Abbildung 21.19 gezeigt dargestellt.

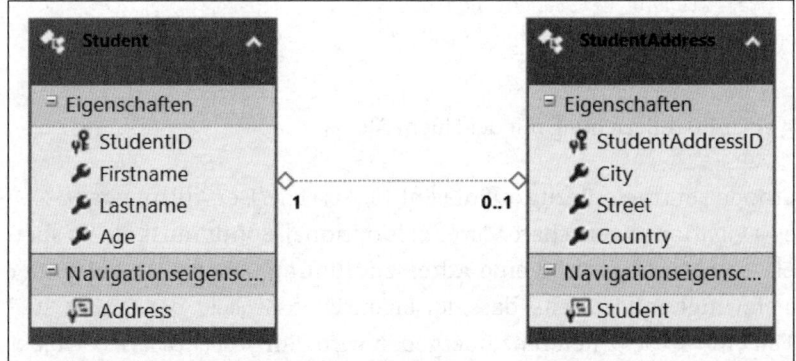

Abbildung 21.19 Das Entity Data Model der Entitäten »Students« und »StudentAddresses«

Wir erkennen, dass die beiden Entitäten eine 0..1:1-Beziehung erzeugt haben. Das bedeutet nichts anderes, als dass ein Student-Objekt auch ohne Angabe einer Adresse erzeugt werden kann. Der Navigationseigenschaft Address in Student muss demnach nicht zwangsläufig ein Wert zugewiesen werden. Das erfüllt vielleicht nicht die Anforderungen, die wir an die Entität Student stellen. Wollen wir erzwingen, dass jeder Student über eine gültige Adresse verfügt, hilft uns die Annotation Required weiter, wie Listing 21.36 zeigt.

```
public class Student
{
  [...]
  [Required]
  public StudentAddress Address { get; set; }
}
```

Listing 21.36 Erzwingen einer Adressangabe mit »Required«

Hinweis

Sie finden das komplette Beispiel unter ..*Beispiele\Kapitel 21\Code_First_Samples\Sample9*.

1:1-Beziehungen mit der Fluent API

Wir wollen uns jetzt natürlich auch noch ansehen, wie wir eine 1:1-Beziehung mit der Fluent API realisieren können. Betrachten wir zunächst den Fall einer 0..1:1-Beziehung zwischen Student und StudentAddress.

```
protected override void OnModelCreating(DbModelBuilder modelBuilder)
{
  modelBuilder.Entity<Student>()
          .HasOptional(student => student.Address)
          .WithRequired(address => address.Student);
}
```

Listing 21.37 Umsetzung einer 1:0..1-Beziehung mit der Fluent API

Wir nehmen in der Methode Entity<T> Bezug auf die Entität Student. Der Aufruf von HasOptional konfiguriert die Navigationseigenschaft Address als optional. Somit muss ein zu speicherndes Student-Objekt nicht zwangsläufig eine Adresszuordnung haben. Der Aufruf der Methode WithRequired erzwingt andererseits, dass der Eigenschaft Student der Entität StudentAddress in jedem Fall eine Student-Referenz übergeben wird. Ein StudentAddress-Objekt ist also ohne ein Student-Objekt nicht lebensfähig.

Vielleicht möchten wir eine »reine« 1:1-Beziehung definieren. Es sei an dieser Stelle sofort angemerkt, dass es technisch nicht möglich ist, auf dem SQL Server eine solche Beziehung zu realisieren. Tatsächlich sind alle diese Beziehungen datenbankseitig vom vorher behandelten 0..1:1-Typ. Das Entity Framework ist folgerichtig nicht in der Lage, eine reine 1:1-Beziehung auf der Datenbank umzusetzen. Stattdessen wird diese nur für die Entitäten selbst definiert.

```
protected override void OnModelCreating(DbModelBuilder modelBuilder)
{
    modelBuilder.Entity<Student>()
            .HasRequired(student => student.Address)
            .WithRequiredPrincipal(address => address.Student);

}
```

Listing 21.38 Umsetzung einer 1:1-Beziehung mit der Fluent API

21.7.8   n:n-Beziehungen mit Code First

Was uns noch zu betrachten bleibt, ist die Umsetzung einer *n:n-Beziehung* zwischen zwei Tabellen. Dazu bedienen wir uns der beiden Entitäten Student und Course und gehen davon aus, dass sich ein Student zu mehreren Kursen anmelden und ein Kurs von mehreren Studenten besucht werden kann.

Auch für n:n-Beziehungen stellt uns Code First eine Konvention bereit, die besagt, dass wir in jeder der beiden beteiligten Entitäten eine Navigationseigenschaft bereitstellen müssen. Das könnte im einfachsten Fall wie in Listing 21.39 aussehen:

```
public class Student
{
  public int StudentID { get; set; }
  public string Firstname { get; set; }
  public string Lastname { get; set; }
  public int Age { get; set; }
  public List<Course> Courses { get; set; }
}
public class Course
{
  public int CourseID { get; set; }
  public string Title { get; set; }
  public int Duration { get; set; }
  public decimal Price { get; set; }
  public List<Student> Students { get; set; }
}
```

Listing 21.39 Definition einer n:n-Beziehung

Das Entity Framework löst die n:n-Beziehung auf und erzeugt in der Datenbank eine dritte Tabelle, die als *Verknüpfungstabelle* bezeichnet wird. Der Name der Verknüpfungstabelle lautet *StudentCourses*. Sie enthält mit *Student_StudentID* und *Course_CourseID* zwei Felder, die jeweils den Primärschlüssel der Tabellen *Courses* und *Students* beschreiben.

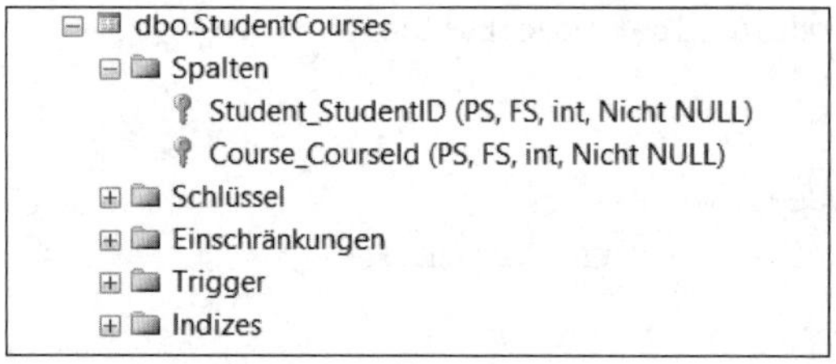

Abbildung 21.20 Die datenbankseitige Verknüpfungstabelle »StudentCourses«

Hinweis

Sie finden das komplette Beispiel unter ..*Beispiele\Kapitel 21\Code_First_Samples\Sample10*.

Kapitel 22
Einführung in die WPF und XAML

Mit der Einführung von *.NET 1.0* wurde auch eine neue Technologie zur Entwicklung von Windows-Anwendungen eingeführt: die *WinForm-API*. Im Grunde genommen war die WinForm-API keine Neuentwicklung, da sie die *Windows-API* nutzte. Trotz der Erweiterung der Windows-API wurde an der grundlegenden Architektur nichts verändert.

Unter dem Codenamen *Avalon* startete Microsoft Mitte des letzten Jahrzehnts die Entwicklung einer neuen Bibliothek für grafische Benutzeroberflächen, die im Jahr 2006 unter dem Bezeichner *Windows Presentation Foundation* (WPF) als Teil von *.NET 3.0* veröffentlicht wurde. Bereits in *Visual Studio 2008* wurde die WPF neben der traditionellen Technologie für die WinForm-API fest in die Entwicklungsumgebung integriert. Nach einigen Startschwierigkeiten, die nicht nur auf Mängel zurückzuführen waren, fand die WPF eine breite Akzeptanz in der Entwicklergemeinde und gehört nunmehr zur bevorzugten Technologie zur Entwicklung von Windows-Anwendungen.

In den kommenden Kapiteln werden wir uns mit der WPF beschäftigen. Dabei können wir nicht alle Aspekte und Konzepte berücksichtigen. Aber ich möchte Ihnen einen Einstieg in die Technologie geben und Ihnen zeigen, wie Sie Windows-Anwendungen mit der WPF entwickeln. Sie werden feststellen, dass die Lernkurve nicht so steil ist wie bei der nun auf das Abstellgleis geschobenen WinForm-API.

22

> **Anmerkung**
>
> Nach Aussagen von Microsoft wird die WinForm-API nicht mehr weiterentwickelt. Dennoch ist sie auch weiterhin elementarer Bestandteil von Visual Studio und wird es meiner Ansicht nach auch noch länger bleiben. Im Grunde genommen brauchen Sie nicht zu fürchten, ein neues Projekt mit der WinForm-API zu starten, aber andererseits sind Sie dann nicht mehr *up to date* und können die vielen interessanten und herausragenden Programmiertechniken der WPF nicht nutzen. Sollten Sie in Zukunft, aus welchen Gründen auch immer, planen, Ihre WinForm-Anwendung auf WPF umzustellen, fangen Sie wegen der doch sehr unterschiedlichen Techniken von vorn an. Deshalb sollte sich die Frage, ob WinForms oder WPF, eigentlich gar nicht stellen.

22.1   Die Merkmale einer WPF-Anwendung

Am Anfang stellt sich zuerst die Frage, welche typischen Charakteristika eine WPF-Anwendung auszeichnen und wo die Vorteile im Vergleich zu den WinForms zu suchen sind. Die folgende Liste stellt Ihnen vorab eine Reihe von Vorzügen der WPF vor.

▶ Die Benutzeroberfläche wird mit einer an XML angelehnten Sprache beschrieben: mit *XAML (eXtensible Application Markup Language*, gesprochen »Xemmel«). XAML ist ausgesprochen mächtig und offenbart erstaunliche Fähigkeiten. Zusammen mit den in der WPF eingeführten Konzepten werden Sie vergleichsweise wenig C#-Programmcode schreiben und sich mehr auf XAML konzentrieren. Die Folge ist, dass der XAML-Code relativ umfangreich werden kann, während sich der C#-Code reduziert.

▶ WPF-Anwendungen bieten eine umfangreiche Unterstützung von 2D- und 3D-Grafiken. Dabei wird die Grafikausgabe durch *DirectX* genutzt mit der Folge, dass die GPU der Grafikkarte zur Berechnung der grafischen Elemente herangezogen wird und nicht die CPU. Das führt zu einem deutlich besserem Leistungsverhalten.

▶ WPF-Anwendungen bieten vielfältige Datenbindungsmöglichkeiten für die Komponenten. Das ist in den Augen vieler Entwickler eine der Stärken der WPF. Deshalb werden wir uns mit dieser Thematik noch intensiv auseinandersetzen.

▶ Die WPF-Ausgabe ist *vektorbasiert*. Das bedeutet, dass auch beim Skalieren keine hässlichen Pixel zu sehen sind, sondern immer ein fließender Verlauf der grafischen Darstellung.

▶ WPF-Anwendungen bieten vielfältige grafische Unterstützung, z. B. zur Darstellung der Steuerelemente, grafische Animationen, Unterstützung von Videos, Bildern und Audiodateien.

▶ Die sich hinter der WPF verbergende Technologie wird in einer Vielzahl verschiedener Projekte verwendet (Windows Workflow Foundation WF, Universal Windows Platform UWP usw.).

▶ Im Vergleich zur WinForm-API gibt es vielfältige Gestaltungsmöglichkeiten, nicht nur durch das mögliche Verschachteln der Elemente, sondern auch durch die einfachen Umgestaltungsmöglichkeiten der visuellen Komponenten.

▶ Nicht unerwähnt bleiben sollte auch, dass die WPF ein altes Problem der WinForms gelöst hat: Früher war es kaum möglich, das Fenster automatisch an die Monitorauflösung (DPI) anzupassen. Das führte dazu, dass Randbereiche von Dialogen möglicherweise nicht mehr angezeigt wurden und im Extremfall einige Bedienelemente der Oberfläche unerreichbar waren.

Summa summarum stellen die grafischen Fähigkeiten der WPF alles Vergangene in den Schatten. Wollen Sie runde Buttons? Kein Problem. Wollen Sie runde Fenster? Ebenfalls kein Problem. Neben den Vorteilen der grafischen Gestaltung können auch andere Gesichtspunkte wie die der umfangreichen Datenbindungsmöglichkeiten die Entscheidung für die WPF und somit gegen die WinForm-API beeinflussen. Darüber hinaus müssen Sie bei der Entscheidungsfindung berücksichtigen, dass Microsoft die WinForm-API nicht mehr weiterentwickelt und voll auf die WPF setzt.

Die Trennung zwischen Oberflächenbeschreibung mit XAML und dem C#-Code gestattet es, dass die Oberfläche von einem Grafiker gestaltet wird, während der Entwickler den Code dazu schreibt. Speziell für Grafiker ist das Tool *Blend* gedacht, dessen Oberfläche stark an die Software *Photoshop* erinnert. Blend wird zusammen mit Visual Studio installiert.

22.1.1   Anwendungstypen

Visual Studio 2019 bietet Ihnen im Zusammenhang mit der WPF vier verschiedene Projektvorlagen an:

► WPF-App (.NET Framework)

► WPF-Browser-App (.NET Framework)

► WPF-Benutzersteuerelementbibliothek (.NET Framework)

► Benutzerdefinierte WPF-Steuerelemente (.NET Framework)

Abbildung 22.1 WPF-Projektvorlage

WPF-App: Dieser Anwendungstyp entspricht im Wesentlichen einer herkömmlichen Windows-Anwendung. Die charakteristischen Eigenschaften gleichen denen einer Win-Form-Anwendung. WPF-Anwendungen werden in einem eigenen Fenster ausgeführt.

WPF-Browser-App: Im Gegensatz zu klassischen WPF-Anwendungen stellen WPF-Browseranwendungen keine eigenen Fenster bereit – die Ausgabe erfolgt im Browser. Außerdem werden WPF-Browseranwendungen nicht auf der lokalen Maschine installiert, was zur Folge hat, dass es nicht möglich ist, einen Verweis auf die Anwendung im Startmenü zu hinterlegen.

Benutzerdefinierte WPF-Steuerelementbibliothek (User Control): Visual Studio 2019 stellt zwei Projektvorlagen zum Entwickeln eigener Steuerelemente bereit. Die Variante mit einem User Control ist die einfachere von beiden. Etwas vereinfacht gesagt, wird dabei ein neues Steuerelement aus mehreren bestehenden Steuerelementen gebildet.

WPF-Benutzersteuerelementbibliothek (Custom Control): Der Aufwand, ein Custom Control zu entwickeln, ist deutlich größer, hat aber im Vergleich zu den User Controls auch Vorteile. Beispielsweise kann ein Custom Control durch Templates angepasst werden.

22.1.2   Eine WPF-Anwendung und ihre Dateien

Wir wollen nun ein erstes Projekt vom Typ *WPF-App* starten und uns zuerst die Entwicklungsumgebung ansehen.

Auf der linken Seite sehen Sie die Toolbox. Darin werden alle standardmäßig zur Verfügung gestellten Steuerelemente der WPF aufgelistet. Diejenigen, die bereits mit ähnlichen Entwicklertools gearbeitet haben, werden nun sofort versuchen, in der Toolbox eine *Control* auszuwählen und sie mittels *Drag & Drop* in den Designer zu ziehen. Verwerfen Sie diese Idee am besten sofort! So wird keine Oberfläche in der WPF gestaltet – zumindest, solange Sie eine grafische Benutzeroberfläche unter Einbeziehung aller Vorteile der WPF abliefern wollen. Zu dieser Erkenntnis werden Sie auch kommen, sobald Sie im folgenden Kapitel gelernt haben, Layoutcontainer einzusetzen. Wenn ich an einem WPF-Projekt arbeite, ist die Toolbox fast immer geschlossen.

Im rechten unteren Bereich sehen Sie das Eigenschaftsfenster. Im Eigenschaftsfenster werden die Eigenschaften der im XAML-Code selektierten Komponente angezeigt. Leider ist die Vorgabe so, dass die Eigenschaften nach Kategorien angeordnet werden. Sie können aber auf eine alphabetische Sortierung umschalten. Vermutlich werden Sie nur selten auf die Unterstützung des Eigenschaftsfensters zurückgreifen. Wenn Sie nämlich die wichtigsten und gängigsten Eigenschaften der WPF-Controls kennen, können Sie Eigenschaften dank der *IntelliSense*-Unterstützung viel schneller im XAML-Code festlegen als im Eigenschaftsfenster selbst.

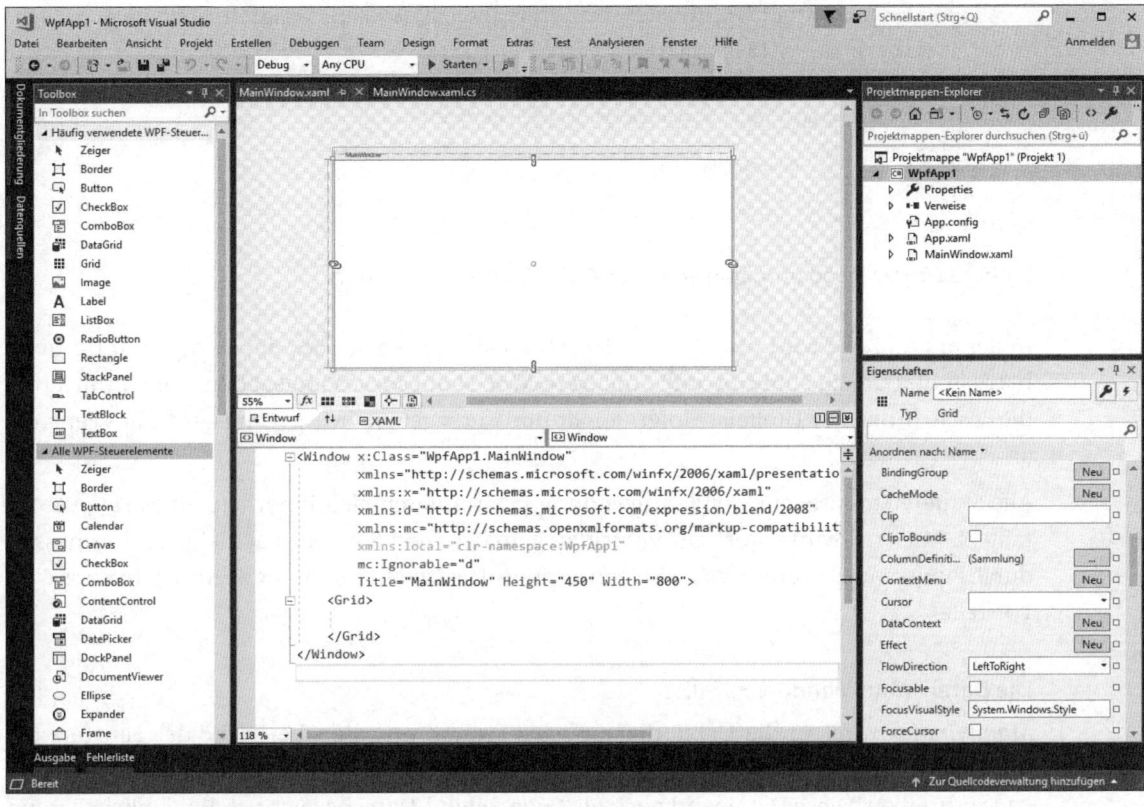

Abbildung 22.2 Die Entwicklungsumgebung einer WPF-Anwendung

Im mittleren oberen Bereich des Editors wird das Fensterdesign angezeigt, der dazugehörige XAML-Code erscheint darunter. Im XAML-Code gestalten Sie das Fenster, nicht im Designer selbst. Beide Teilbereiche, der Designer und der XAML-Code, synchronisieren sich bei Änderung gegenseitig.

Werfen Sie nun einen Blick in den Projektmappen-Explorer. Hier finden Sie unter anderem mit *App.xaml*, *App.xaml.cs*, *MainWindow.xaml* und *MainWindow.xaml.cs* vier Dateien, die wir uns nun genauer ansehen.

Die Datei »MainWindow.xaml«

In der Datei *MainWindow.xaml* steckt der XAML-Code des Fensters, den Sie im unteren Bereich des Code-Editors sehen.

```
<Window x:Class="WpfApp1.MainWindow"
        xmlns="http://schemas.microsoft.com/winfx/2006/xaml/presentation"
        xmlns:x="http://schemas.microsoft.com/winfx/2006/xaml"
        xmlns:d="http://schemas.microsoft.com/expression/blend/2008"
```

22

```
     xmlns:mc="http://schemas.openxmlformats.org/markup-compatibility/2006"
     xmlns:local="clr-namespace:WpfApp1"
     mc:Ignorable="d"
     Title="MainWindow" Height="450" Width="800">
 <Grid>
 </Grid>
</Window>
```

Listing 22.1 Der standardmäßig erzeugte XAML-Code eines Fensters

In der ersten Zeile wird mit x:Class="WpfApplication1.MainWindow der Bezug zum C#-Code hergestellt. Danach sind mit xmlns mehrere XML-Namespaces angegeben, denen mit Title die Beschriftung der Titelleiste folgt. Height und Width geben die Ausgangsgröße des Fensters an.

Alle Steuerelemente einer WPF-Anwendung positionieren sich innerhalb eines Layoutcontainers. Mit Grid wird sofort ein Vorschlag gemacht, den Sie aber nach eigenem Ermessen durch einen anderen Container ersetzen können. Die Layoutcontainer werde ich in Kapitel 23 vorstellen.

Die Datei »MainWindow.xaml.cs«

MainWindow.xaml ist die Datei, die zunächst einmal nur die Oberfläche des Fensters beschreibt. Bei *MainWindow.xaml.cs* handelt es sich um die Datei, in der Sie den C#-Programmcode schreiben. Diese Datei wird auch als *Code-Behind-Datei* bezeichnet. Wie üblich werden Sie hier die Ereignishandler implementieren, Eigenschaften und Felder beschreiben usw. Die Datei weist nicht viel Inhalt auf. Nur der parameterlose Standardkonstruktor, in dem die Methode InitializeComponent aufgerufen wird, ist dort zu finden.

```
using System;
[...]
namespace WpfApplication1
{
  public partial class MainWindow : Window
  {
    public MainWindow()
    {
      InitializeComponent();
    }
  }
}
```

Listing 22.2 Der Inhalt der Datei »MainWindow.xaml.cs«

Die Methode `InitializeComponent` lädt die für das Fenster benötigten Komponenten, die in der Datei *MainWindow.xaml* definiert sind, indem die statische Methode `LoadComponent` der Klasse `Application` aufgerufen wird.

Die Datei »App.xaml«

Auch zu dieser Datei gehört eine Code-Behind-Datei, die mit dem Attribut `x:Class` angegeben wird. Mit `xmlns` werden hier zwei Namespaces eingebunden, und das Attribut `StartupUri` gibt an, mit welchem Fenster die Anwendung gestartet werden soll.

```
<Application x:Class="WpfApplication1.App"
            xmlns=http://schemas.microsoft.com/winfx/2006/xaml/presentation
            xmlns:x=http://schemas.microsoft.com/winfx/2006/xaml
            xmlns:local="clr-namespace:WpfApplication1"
            StartupUri="MainWindow.xaml">
  <Application.Resources>
  </Application.Resources>
</Application>
```

Listing 22.3 Der XAML-Code in der Datei »App.xaml«

Im Bereich zwischen dem einleitenden Tag `<Application.Resources>` und dem ausleitenden `</Application.Resources>` können Sie anwendungsweite Ressourcen eintragen.

Die Datei »App.xaml.cs«

Hierbei handelt es sich um die *Code-Behind-Datei* zu *App.xaml*. Sie definiert die Klasse `App`, die von `Application` abgeleitet ist, und weist keinen Code auf. Die Klasse `App` veröffentlicht Eigenschaften und löst Ereignisse aus, auf die Sie hier reagieren können.

```
using System;
[...]
namespace WpfApplication1
{
  public partial class App : Application
  {
  }
}
```

Listing 22.4 Der Code der Datei »App.xaml.cs«

22.1.3   Ein erstes WPF-Beispiel

Ein paar allgemeine Dinge rund um WPF-Anwendungen haben Sie nun erfahren. Wahrscheinlich sind Sie auch schon gespannt, wie die Oberfläche einer WPF-Anwendung tatsäch-

22

lich aussehen kann. Um ein Gefühl dafür zu bekommen, sehen Sie sich bitte die zugegebenermaßen sehr einfache Oberfläche in Abbildung 22.3 an. Mit Funktionalitäten ist das Fenster nicht ausgestattet.

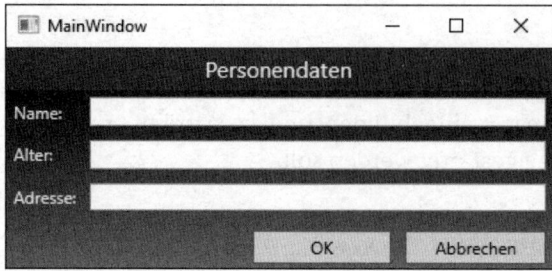

Abbildung 22.3 Eine einfache WPF-Oberfläche

Dieser Benutzeroberfläche (auch als *GUI*, für *Graphical User Interface*, bezeichnet) liegt der folgende XAML-Code zugrunde:

```
<Window x:Class="WpfApp1.MainWindow"
  [...] >
  <Window.Background>
    <LinearGradientBrush EndPoint="0,1" StartPoint="0,0">
      <GradientStop Color="#FF1E1E1E" Offset="0" />
      <GradientStop Color="#FF646464" Offset="1" />
      <GradientStop Color="#FF828282" Offset="0.987"/>
    </LinearGradientBrush>
  </Window.Background>
  <Window.Resources>
    <Style x:Key="style1">
      <Setter Property="Control.Foreground" Value="White" />
      <Setter Property="Control.VerticalAlignment" Value="Center" />
    </Style>
    <Style TargetType="TextBox">
      <Setter Property="Grid.Column" Value="1" />
      <Setter Property="FontSize" Value="14" />
      <Setter Property="Margin" Value="5" />
    </Style>
  </Window.Resources>
  <DockPanel>
    <StackPanel DockPanel.Dock="Top" Background="#FF49494D">
      <Label Foreground="White" FontSize="16" HorizontalAlignment="Center">
        Personendaten
      </Label>
    </StackPanel>
```

```
  <StackPanel DockPanel.Dock="Bottom" Orientation="Horizontal"
              HorizontalAlignment="Right">
    <Button Height="24" Width="100" Margin="5">OK</Button>
    <Button  Width="100" Margin="5">Abbrechen</Button>
  </StackPanel>
  <Grid>
    <Grid.RowDefinitions>
      <RowDefinition Height="Auto" />
      <RowDefinition Height="Auto" />
      <RowDefinition Height="Auto" />
    </Grid.RowDefinitions>
    <Grid.ColumnDefinitions>
      <ColumnDefinition Width="Auto" />
      <ColumnDefinition />
    </Grid.ColumnDefinitions>
    <Label Style="{StaticResource style1}" >Name:</Label>
    <Label Style="{StaticResource style1}" Grid.Row="1">Alter:</Label>
    <Label Style="{StaticResource style1}" Grid.Row="2">Adresse:</Label>
    <TextBox Grid.Column="1" Text="{Binding Path=Name}" />
    <TextBox Grid.Column="1" Grid.Row="1" Text="{Binding Path=Alter}" />
    <TextBox Grid.Column="1" Grid.Row="2" Text="{Binding Path=Adresse}" />
  </Grid>
 </DockPanel>
</Window>
```

Listing 22.5 Der XAML-Code des Fensters aus Listing 22.3

Eingerahmt wird der XAML-Code durch das Element Window. In diesem ist alles im Zusammenhang mit der Darstellung des Fensters (und mehr) enthalten.

Im Window-Element sehen Sie ein direkt untergeordnetes DockPanel-Element. Ein DockPanel gehört der Gruppe der sogenannten *Container-Controls* an. Container-Controls teilen den Arbeitsbereich auf, arrangieren und positionieren die in ihnen enthaltenen Steuerelemente. Grid, StackPanel, Canvas oder auch DockPanel sind ebenfalls typische Vertreter solcher Container-Controls.

Ein Window kann nur ein direkt untergeordnetes Element haben, indirekt können es beliebig viele sein. Dem DockPanel sind drei weitere Layoutcontainer untergeordnet: Zwei Stack-Panel-Elemente und ein Grid. Standardmäßig beschreibt ein Grid nur eine Zeile und eine Spalte. Im Grid werden drei Zeilen vom Typ RowDefinition sowie zwei Spalten vom Typ ColumnDefinition definiert, um die Personendaten anzuzeigen.

Im oberen StackPanel ist ein Label enthalten, um eine allgemeine Überschrift darzustellen, im unteren StackPanel sind zwei Schaltflächen horizontal ausgerichtet.

22

In der Sektion `<Window.BackGround>...</Window.BackGround>` wird der farbliche Hintergrund des Fensters festgelegt. Hier sehen Sie, dass im Grunde genommen einfache Eigenschaften (hier `BackGround`) durch Elementverschachtelung zu interessanten Effekten führen können. Die Elementverschachtelung beschränkt sich jedoch nicht nur auf grafische Komponenten. Auch Steuerelemente lassen sich in gleicher Weise verschachteln. Mit dieser Technik können Sie letztendlich Steuerelemente nach eigenen Vorstellungen aufbauen und ihnen eine eigene Charakteristik geben.

Ein weiterer wichtiger Abschnitt innerhalb des Fensters wird durch `Window.Resources` beschrieben. In vielen WPF-Fenstern ist das der Bereich, der den meisten XAML-Code enthält. In unserem Beispiel werden hier zwei `Style`-Objekte beschrieben. Es handelt sich um einen allgemein verfügbaren, untypisierten Stil (`x:Key="style1"`) und um einen typisierten Stil für alle `TextBox`-Steuerelemente des Fensters. Der untypisierte Stil wird von einigen `Label`-Steuerelementen benutzt, um die im entsprechenden `Style` angegebenen Eigenschaftseinstellungen gemeinsam zu verwenden. Das Prinzip erinnert sehr an die *Cascading Style Sheets* (*CCS*) in HTML-Seiten.

Der XAML-Code dient aber nicht nur dazu, die Oberfläche zu beschreiben. Die Fähigkeiten gehen deutlich darüber hinaus. Verhaltensweisen und Techniken, die früher nur durch Programmcode ausgedrückt werden konnten, lassen sich mit XAML umsetzen – hier sei ohne weitere Erläuterung der Begriff *Trigger* ins Rennen geschickt. Im Endeffekt führt das dazu, dass der Code der im Hintergrund ablaufenden Operationen reduziert werden kann. Selbstverständlich können Sie alles das, was mit XAML beschrieben wird, auch mit C#-Code erreichen.

> **Hinweis**
>
> Wie Sie an diesem Beispiel erkennen, ist der XAML-Code relativ umfangreich. Ich werde daher bei vielen der folgenden Beispielprogramme nicht alle Einzelheiten des XAML-Codes angeben, sondern mich oft auf die entscheidenden Merkmale beschränken.

> **Hinweis**
>
> Sie finden das komplette Beispiel (Download von *www.rheinwerk-verlag.de/4699*, Materialien zum Buch) im Unterordner ..*Kapitel 22\WpfApp1*

22.1.4   Wichtige WPF-Features

Die WPF wartet noch mit zahlreichen Features auf, die ich bisher noch nicht erwähnt habe. Alle möchte und kann ich Ihnen an dieser Stelle noch nicht aufzählen, aber auf zwei muss ich hier bereits eingehen, da ich sie erst in einem späteren Kapitel ausführlich erörtern werde, die Begriffe aber bereits im Vorfeld immer wieder fallen werden. Dabei handelt es sich um die *Dependency Properties* und die *Routed Events*.

Dependency Properties

Rufen wir uns das Konzept der sogenannten CLR-Eigenschaften in Erinnerung: Eine private-deklarierte Variable innerhalb einer Klasse wird durch eine Property, die einen get- und einen set-Accessor enthält, veröffentlicht. Jedes Objekt besitzt einen Pool von Eigenschaften, bei gleichen Typen ist auch die Anzahl der Eigenschaften gleich.

Die WPF führt einen anderen Eigenschaftstypus ein: die *Dependency Properties*, im deutschen auch als *Abhängigkeitseigenschaften* bezeichnet. Dieses Konzept ist ganz anders, denn alle Eigenschaften eines bestimmten Typs liegen in einem gemeinsam nutzbaren Container – zumindest, solange die Dependency Property nicht von einem definierten Standardwert abweicht. Wird eine Abhängigkeitseigenschaft eines Objekts individuell für das Objekt festgelegt, wird die Eigenschaft zu einer objektspezifischen.

Dependency Properties sind mit zahlreichen eigenen Verhaltensmerkmalen ausgestattet. Dazu zählt beispielsweise, dass nur Dependency Properties im Sinne der WPF an eine Datenquelle gebunden werden können. Styles können nur Eigenschaften beschreiben, wenn es sich um eine Abhängigkeitseigenschaft handelt. Animationen, ebenfalls ein starkes Feature der WPF, setzen auch Abhängigkeitseigenschaften voraus.

Das sollte in diesem Moment als Information genügen. In Kapitel 26, »Dependency Properties«, werde ich Ihnen zeigen, wie Dependency Properties codiert werden.

Im Zusammenhang mit den Dependency Properties muss ich noch eine verwandte Eigenschaftsgruppe erwähnen: Die *Attached Properties* (im Deutschen auch als *angehängte Eigenschaften* bezeichnet). Als angehängte Eigenschaften werden solche bezeichnet, die ein Steuerelement von seinem hierarchisch übergeordneten Container erhält. Auch dazu finden sich in Listing 22.5 Beispiele: Es handelt sich um die Angaben von Grid.Column und Grid.Row. Mit diesen Eigenschaften wird die Position hinsichtlich Spalte und Zeile des betreffenden Steuerelements im übergeordneten Grid-Control beschrieben. Das Grid stattet automatisch alle ihm direkt untergeordneten Controls mit diesen beiden Eigenschaften aus. Lägen die betroffenen Steuerelemente in einem anderen Container, gäbe es diese beiden Eigenschaften nicht.

Routed Events

In Listing 22.6 erkennen Sie sehr schön, dass XAML es ermöglicht, verschiedene Elemente ineinander zu verschachteln. Dieses Konzept kann in Konsequenz dazu führen, dass innerhalb eines Button-Elements ein Label positioniert ist, innerhalb dessen wiederum ein Image-Ele-

22

ment zu finden ist. Berücksichtigen wir dazu noch, dass der `Button` innerhalb einer `Grid`-Zelle positioniert ist, die ihrerseits dem `Window`-Element untergeordnet ist, ergibt sich die folgende Elementhierarchie:

```
<Window>
  <Grid>
    <Button ...>
      <Label ...>
        <Image ... />
      </Label>
    </Button>
  </Grid>
</Window>
```

Listing 22.6 Verschachtelung von WPF-Elementen

Nehmen wir an, der Anwender würde auf das `Image`-Element klicken. Betrachten wir die Situation ganz nüchtern, müssen wir uns die Frage stellen, ob mit der Aktion tatsächlich das `Image` angeklickt werden sollte oder der `Button` reagieren soll. Vermutlich ist die Reaktion der Schaltfläche gewünscht.

In einer klassischen, nicht WPF-basierten Oberfläche würde das oberste Element auf das Ereignis reagieren, in unserem fiktiven Beispiel wäre das demnach das `Image`. Eine Weiterleitung an den `Button` zu codieren ist natürlich möglich, aber auch mit einem gewissen Aufwand verbunden.

Genau an dieser Stelle kommen die *Routed Events* ins Spiel. Routed Events leiten die Ereignisse an über- oder untergeordnete Elemente weiter. Dabei kommt es zu zwei Ereignisketten: Zuerst werden die getunnelten Events (englisch: *tunneled events*) ausgelöst, die beim `Window` starten und über das `Grid`, den `Button` und das `Label` am Ende beim `Image` landen. Anschließend werden die Ereignisse *zurückgebubbelt* (englisch *bubbled events*). Diesmal geht die Ereigniskette beim `Image` los und setzt sich über das `Label`, den `Button`, das `Grid` bis zurück zum Ausgangspunkt `Window` fort. Routed Events werde ich in Kapitel 27, »Ereignisse in der WPF«, genauer beleuchten.

22.1.5   Der logische und der visuelle Elementbaum

Erstellen Sie eine Benutzeroberfläche mit der WPF, erzeugen Sie eine Hierarchie ineinander verschachtelter Elemente. Dabei gibt es mit `Window` immer ein Wurzelelement, in dem die anderen Elemente enthalten sind. Jedes Element kann seinerseits wieder praktisch unbegrenzt untergeordnete Elemente enthalten. Auf diese Weise bildet sich eine durchaus tiefgehende Elementstruktur, die als *Elementbaum* bezeichnet wird.

Aufgrund der Architektur der WPF wird zwischen zwei Baumstrukturen unterschieden:

▶ logischer Elementbaum

▶ visueller Elementbaum

Zur Verdeutlichung der Unterschiede zwischen den genannten beiden Elementbäumen dient der folgende XAML-Code, der innerhalb eines `Grid`-Controls ein `Label`- und ein `Button`-Steuerelement beschreibt.

```
<Window x:Class="ElementTree.MainWindow" ...>
  <Stackpanel>
    <Label Content="Label" />
    <Button Content="Button" />
  </Stackpanel>
</Window>
```

Der *logische Elementbaum* wird in diesem XAML-Beispiel durch die Elemente `MainWindow`, `StackPanel`, `Label` und `Button` gebildet. Er enthält demnach alle Elemente, die in XAML bzw. im Code definiert sind. Zum logischen Baum gehören beispielsweise weder Füllmuster noch Animationen.

Jedes WPF-Steuerelement ist selbst durch eine mehr oder weniger große Anzahl visueller Einzelkomponenten aufgebaut. Alle Einzelkomponenten, die als Basis eine der beiden Klassen

▶ `System.Windows.Media.Visual` oder

▶ `System.Windows.Media.Media3D.Visual3D`

angehören, bilden zusammen den *visuellen Elementbaum*. Andere Elemente, beispielsweise `String`-Objekte, gehören nicht zum visuellen Elementbaum, weil sie kein eigenes Renderverhalten benötigen. Zu den Elementen des visuellen Elementbaums hingegen sind die Klassen `Button` und `Label` zu zählen. In Abbildung 22.4 ist die Zugehörigkeit verschiedener Einzelkomponenten zu den verschiedenen Elementbäumen dargestellt.

Warum wird zwischen den Elementbäumen unterschieden?

WPF-Steuerelemente haben kein eigenes, festes Layout. Beim Rendern wird der visuelle Elementbaum jeder einzelnen Komponente durchlaufen. Beispielsweise ist der Rahmen einer Schaltfläche zwar Bestandteil der Schaltfläche, kann aber jederzeit durch ein anderes Element ersetzt werden. Infolgedessen kommt es aber auch zu einem Problem hinsichtlich Ereignisauslösung: Da der Rahmen einer Schaltfläche praktisch beliebig beschrieben werden kann, muss der `Button` in der Lage sein, zu erkennen, ob er innerhalb oder außerhalb des Rahmens angeklickt wird. Dazu ist ein Ansatz notwendig, der sich am tatsächlichen Layout orientiert. In der WPF werden auch aus diesem Grund die Routed Events beschrieben, die sich nicht am logischen, sondern am visuellen Elementbaum orientieren.

22

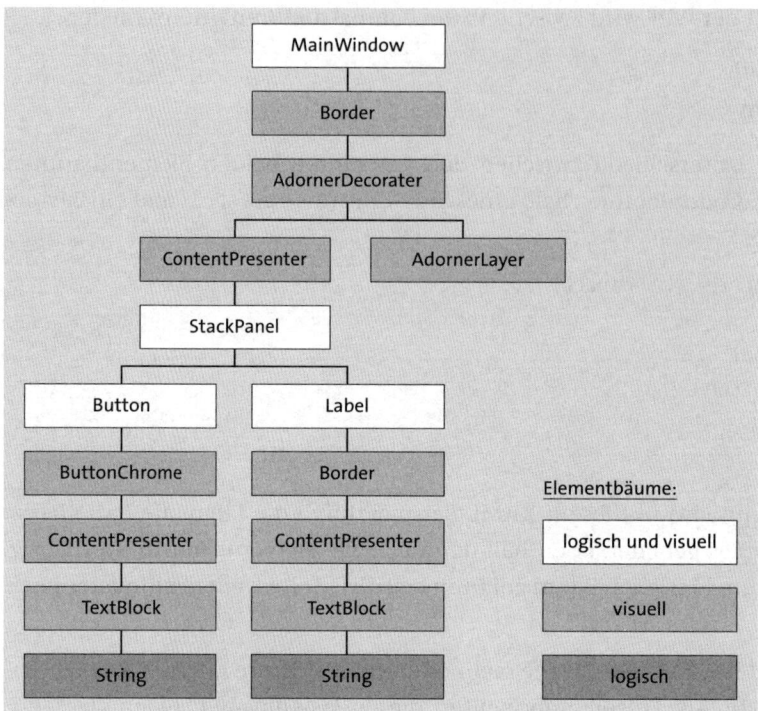

Abbildung 22.4 Logischer und visueller Elementbaum

22.2   XAML (Extended Application Markup Language)

XAML ist eine deklarative Programmiersprache, deren Wurzeln auf *XML* zurückzuführen sind. XAML unterliegt damit auch denselben strengen Regeln wie XML:

▶ Elemente werden durch Tags beschrieben.

▶ Jedes Starttag bedarf zwingend eines Endtags.

▶ Die Groß-/Kleinschreibung muss berücksichtigt werden.

XAML ist im Grunde genommen eine Erweiterung der XML-Spezifikation. Sie werden im XAML-Code viele bekannte Regeln der XML wiederfinden, aber auch mit Neuerungen oder Ergänzungen konfrontiert werden, die das Gesamtkonzept von XAML im Vergleich zu XML besser unterstützen und auch aufwerten.

22.2.1   Die Struktur einer XAML-Datei

Sehen wir uns den XAML-Code an, den Visual Studio 2019 beim Erstellen eines neuen Fensters erzeugt:

```
<Window x:Class="WpfApp1.MainWindow"
        xmlns="http://schemas.microsoft.com/winfx/2006/xaml/presentation"
        xmlns:x="http://schemas.microsoft.com/winfx/2006/xaml"
        xmlns:d="http://schemas.microsoft.com/expression/blend/2008"
        xmlns:mc="http://schemas.openxmlformats.org/markup-compatibility/2006"
        xmlns:local="clr-namespace:WpfApp1"
        mc:Ignorable="d"
        Title="MainWindow" Height="450" Width="800">
  <Grid>
  </Grid>
</Window>
```

Listing 22.7 Struktur der XAML-Datei eines Fensters

Jede XML-Datei hat ein Wurzelelement, das alle anderen Elemente einschließt. Das gilt natürlich für die XAML-Datei einer WPF-Anwendung. Hier handelt es sich um das Element Window. Es weist von Anfang an einige Attribute auf, die eine gewisse Grundcharakteristik sicherstellen:

▶ Das erste, x:Class, gibt die Code-Behind-Datei an, die den C#-Code des aktuellen XAML-Dokuments enthält.

▶ Mit xmlns werden mehrere XML-Namespaces bekanntgegeben, damit die Elemente im XAML-Code einwandfrei identifiziert werden können.

▶ Mit dem Attribut Title wird anschließend die Zeichenfolge beschrieben, die in der Titelleiste des Fensters angezeigt wird, und Height und Width legen die Gesamthöhe bzw. -breite des Fensters fest.

Im Wurzelelement Window sind alle Komponenten enthalten, aus denen sich das Fenster zusammensetzt: Schaltflächen, Textboxen, Listenfelder usw. Da Window jedoch grundsätzlich nur ein direkt untergeordnetes Element haben kann, handelt es dabei um ein Containersteuerelement, das seinerseits selbst beliebig viele Steuerelemente aufnehmen kann. Per Vorgabe wird immer ein Grid-Element erzeugt. Es gibt noch ein paar Layoutcontainer mehr, die alle in irgendeiner Weise auf eine bestimmte Darstellung oder Ausrichtung der in ihnen enthaltenen Steuerelemente spezialisiert sind. Neben dem Grid ist beispielsweise das Stack-Panel ein häufig verwendeter Container. Ein charakteristisches Merkmal aller Containersteuerelemente ist, dass sie über die Eigenschaft Children verfügen, die eine Auflistung von UIElement-Objekten verwaltet.

Im Codefragment in Listing 22.8 sehen Sie das Stammelement Window nebst dem untergeordneten Container vom Typ Grid. Das Grid wird nur durch eine Zeile und eine Spalte, also eine Zelle beschrieben, die ein Button-Element enthält.

```
<Window x:Class="WpfApplication1.MainWindow"
        [...]
        Title="MainWindow" Height="163" Width="300">
  <Grid>
    <Button FontSize="18" Background="LightGray" Name="btnButton1">
      Der erste Button
    </Button>
  </Grid>
</Window>
```

Listing 22.8 »Grid« mit einem eingebetteten Button

Beachten Sie, dass die Schaltfläche keine Angaben zu ihren Abmessungen enthält. Es liegt in der Natur des übergeordneten Grid-Containers, dass der dem Grid als einziges Element untergeordnete Button dann den gesamten Containerbereich für sich beansprucht (siehe Abbildung 22.5). Wie Sie in den Bereich des Grid-Objekts auch mehrere Steuerelemente unterbringen können, werden sie später noch sehen.

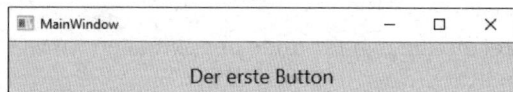

Abbildung 22.5 Die grafische Benutzeroberfläche aus Listing 22.8

Das Element Button entspricht der gleichnamigen Klassendefinition im Namespace System.Windows.Control. Die Angabe <Button> im XAML-Code bewirkt die Instanziierung des entsprechenden Elements über den parameterlosen Konstruktor. Die Attribute FontSize, Background, Content und Name sind Eigenschaften der Klasse Button.

Alternativ können Sie die Schaltfläche im Programmcode der Code-Behind-Datei erzeugen, beispielsweise nach dem Aufruf der Methode InitializeComponent im Konstruktor:

```
public MainWindow()
{
  InitializeComponent();
  Button btnButton1 = new Button();
  btnButton1.FontSize = 18;
  btnButton1.Background = new SolidColorBrush(Colors.LightGray);
  btnButton1.Content = "Der erste Button";
  grid1.Children.Add(btnButton1);
}
```

Listing 22.9 Button aus Listing 22.5 mit Programmcode erzeugen

Mit der letzten Anweisung im Listing wird die Schaltfläche ihrem übergeordneten Grid-Container zugeordnet.

22.2.2   Eigenschaften eines XAML-Elements in Attribut-Schreibweise festlegen

Jedes WPF-Element hat zahlreiche Eigenschaften. Eine Möglichkeit ist es, diese im XAML-Code durch Attribute anzugeben. Beabsichtigen Sie, beispielsweise die Breite und die Höhe einer Schaltfläche festzulegen, müssen Sie die Eigenschaften Height und Width als Attribute angeben:

```
<Button Height="50" Width="100"></Button>
```

oder gleichwertig

```
<Button Height="50" Width="100" />
```

Allen Attributen werden die Werte grundsätzlich immer als String übergeben. Die Zeichenfolge wird von einem Typkonverter anschließend in den von der Eigenschaft beschriebenen Datentyp umgewandelt. Bei Height und Width ist das die Umwandlung in den Datentyp Double.

Bei dem Zieldatentyp muss es sich nicht unbedingt um einen elementaren Datentyp handeln. Legen Sie zum Beispiel die Hintergrundfarbe Background fest, verbirgt sich dahinter die Konvertierung in den schon verhältnismäßig komplexen Typ Brush.

22.2.3   Eigenschaften im Eigenschaftsfenster festlegen

Sie müssen die Eigenschaften eines Elements nicht im XAML-Code direkt angeben – auch wenn es dank der IntelliSense-Unterstützung nicht weiter schwierig ist. Sie können stattdessen die Eigenschaften auch im Eigenschaftsfenster von Visual Studio für die aktuell im Designer ausgewählte Komponente (siehe Abbildung 22.6) definieren.

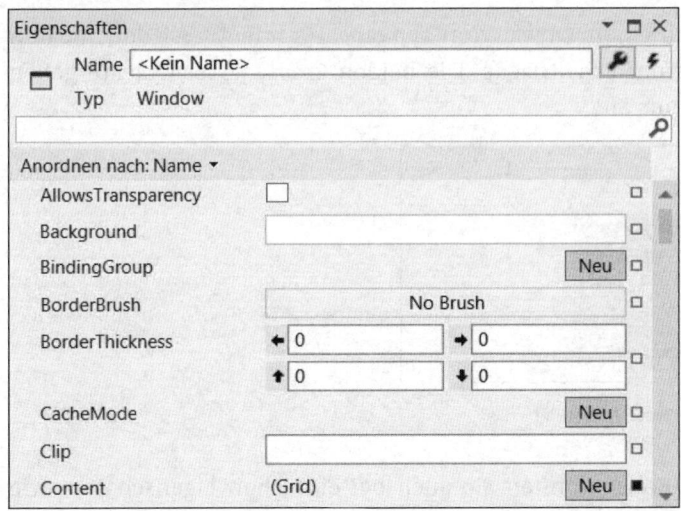

Abbildung 22.6 Das Eigenschaftsfenster einer WPF-Komponente

22.2.4 Die Eigenschaft-Element-Syntax

Die Attribut-Schreibweise ist zwar kompakt, birgt aber den Nachteil, dass einer Eigenschaft nur eine Zeichenfolge zugewiesen werden kann. Diese wird meistens auf einen elementaren Datentyp zurückgeführt. Eigenschaften können aber auch komplexer Natur sein. Nehmen wir exemplarisch die Eigenschaft Background, die die Hintergrundfarbe beschreibt. Soll diese einheitlich Blau sein, ist die Attribut-Schreibweise vollkommen ausreichend:

```
<Button Background="Blue" />
```

Was ist aber, wenn die Hintergrundfarbe nicht durch eine konkrete Farbe, sondern durch einen Farbverlauf beschrieben werden soll? Dafür sind mehrere Objekte notwendig. In solchen Fällen kann man die Attribut-Schreibweise nicht mehr anwenden, und es kommt die sogenannte *Eigenschaft-Element-Syntax* ins Spiel. Bei dieser Schreibweise wird zuerst der Typ des Elements genannt und dahinter, durch einen Punkt getrennt, die Eigenschaft.

```
<Button Height="100" Width="200" Foreground="White">
  <Button.Background>
    <LinearGradientBrush>
      <GradientStop Color="Black" Offset="0.0" />
      <GradientStop Color="LightGray" Offset="1.0" />
    </LinearGradientBrush>
  </Button.Background>
    Mein erster Button
</Button>
```

Listing 22.10 Button mit Farbverlauf

Das Codefragment beschreibt mit einem Objekt vom Typ LinearGradientBrush den linearen Farbverlauf des Hintergrunds einer Schaltfläche. Die beiden GradientStop-Objekte geben Position und Farbe des Farbverlaufs an.

Abbildung 22.7 Button mit linearem Farbverlauf

Die Eigenschaft-Element-Schreibweise können Sie auch bei einfachen Eigenschaften wie zum Beispiel Height und Width verwenden. Sie geben dann den gewünschten Wert zwischen den beiden Tags an, z. B.:

```
<Button>
  <Button.Height>50</Button.Height>
  <Button.Width>100</Button.Width>
  Mein erster Button
</Button>
```

Listing 22.11 Eigenschaft-Element-Syntax elementarer Properties

22.2.5   Inhaltseigenschaften

Sie kennen nun die *Attribut-Schreibweise* und die *Eigenschaft-Element-Syntax*. Doch wie verhält es sich mit der Beschriftung einer Schaltfläche? Diese ist tatsächlich ein Sonderfall unter den Eigenschaften, da die Beschriftung auf zweierlei Art und Weise vorgenommen werden kann. Geben Sie dazu die Eigenschaft Content entweder als Attribut des <Button>-Tags an oder zwischen dem ein- und ausleitendem Element. Sie schreiben also entweder

```
<Button Content="Mein erster Button" />
```

oder

```
<Button>Mein erster Button</Button>
```

Beide Varianten sind gleichwertig. Es steht nun die Frage im Raum, warum wir in der letztgenannten Form nicht ausdrücklich die Eigenschaft angeben müssen, also:

```
<Button>
  <Button.Content>
    Mein erster Button
  </Button.Content>
</Button>
```

Die Antwort lautet: Weil Content als sogenannte *Inhaltseigenschaft* für das Button-Element definiert ist. Bei einer Inhaltseigenschaft können Sie auf die explizite Angabe der Eigenschaft in der Eigenschaft-Element-Schreibweise verzichten. Bei einer Schaltfläche ist die Eigenschaft Content gleichzeitig die Inhaltseigenschaft, weil das Steuerelement Button von der Basis ContentControl abgeleitet ist. Hintergrund dabei ist, dass ContentControl mit dem Attribut ContentPropertyAttribute verknüpft ist, mit dem die Inhaltseigenschaft aller ableitenden Komponenten angegeben wird:

```
[ContentProperty("Content")]
public class ContentControl : Control, IAddChild { [...] }
```

Das Besondere an der Inhaltseigenschaft Content ist ihr Datentyp Object. Dadurch lässt sich der Inhaltseigenschaft des betreffenden Elements, also auch dem Button, ein beliebiges Objekt zuordnen, beispielsweise ein Rectangle-Element, wie in Listing 22.12 gezeigt:

```
<Button Height="100" Width="200" Background="LightGray">
  <Rectangle Height="30" Width="100" Fill="DarkBlue" />
</Button>
```

Listing 22.12 Eigenschaft »Content« einer Schaltfläche beschreibt ein »Rectangle«.

Verschachteln von Elementen

Natürlich muss es sich bei dem eingebetteten Element nicht unbedingt um ein grafisches Element handeln, es kann auch ein Steuerelement sein, zum Beispiel eine ListBox:

```
<Button Height="100" Width="200">
  <ListBox Width="80">
    <ListBoxItem>Niederlande</ListBoxItem>
    <ListBoxItem>Belgien</ListBoxItem>
    <ListBoxItem>Frankreich</ListBoxItem>
  </ListBox>
</Button>
```

Listing 22.13 Das Steuerelement »ListBox« mit mehreren eingebetteten Elementen

Wollen Sie mehrere Elemente der Schaltfläche unterordnen, beispielsweise ein Label, eine ListBox und darüber hinaus ein Image, scheint das im ersten Moment nicht möglich zu sein, weil die Content-Eigenschaft nur ein Element zulässt. Dennoch ist die Lösung ganz simpel: Wählen Sie als dem Button untergeordnetes Element eines der Containersteuerelemente (z. B. ein Grid), in dem Sie die gewünschten Steuerelemente entsprechend positionieren.

Klassen mit beliebigen Inhalten

Content ist die Inhaltseigenschaft aller Steuerelemente, die von ContentControl abgeleitet sind. Dazu gehört die Klasse Button. In der WPF sind insgesamt sogar vier Klassen definiert, die eine Inhaltseigenschaft vorschreiben. Jede dieser Basisklassen zwingt ihren Ableitungen eine bestimmte Charakteristik hinsichtlich der Inhaltsbeschreibung auf. Bei einer ListBox sind es zum Beispiel gleich mehrere Elemente, die angegeben werden können, ohne dass die entsprechende Inhaltseigenschaft Items angegeben werden muss:

```
<ListBox>
  <ListBoxItem>Freitag</ListBoxItem>
  <ListBoxItem>Samstag</ListBoxItem>
  <ListBoxItem>Sonntag</ListBoxItem>
</ListBox>
```

Listing 22.14 »ListBox«-Control mit mehreren Einträgen

Tabelle 22.1 können Sie die vier Klassen entnehmen, die eine Inhaltseigenschaft vorschreiben.

Klasse	Beschreibung
ContentControl	Legt die Eigenschaft Content als Inhaltseigenschaft fest. Diese Eigenschaft kann nur ein Element eines beliebigen Typs beschreiben (z. B. Button, CheckBox, Label).
HeaderedContentControl	Diese Klasse ist selbst von ContentControl abgeleitet und ergänzt die Fähigkeit der Inhaltseigenschaft um die Möglichkeit eines beschreibenden Headers (z. B. Expander, GroupBox, Tab-Item).
ItemsControl	Legt die Eigenschaft Items als Inhaltseigenschaft fest. Items kann eine Auflistung mehrerer Elemente beschreiben (z. B. ListBox, ComboBox, Menu).
HeaderedItemsControl	Diese von ItemsControl abgeleitete Klasse dient als Basisklasse aller Steuerelemente, die mehrere Elemente enthalten, die durch genau einen Header beschrieben werden (z. B. MenuItem, ToolBar).

Tabelle 22.1 Klassen, die Inhaltseigenschaften beschreiben

Klassen, die von »UIElement« abgeleitet sind

Einen Sonderfall hinsichtlich der Inhaltseigenschaften bilden die Klassen, die selbst Steuerelemente enthalten und verwalten. Dabei handelt es sich um alle Layoutcontainer wie beispielsweise das Grid, das StackPanel oder das DockPanel. An dieser Stelle sei im Zusammenhang mit den Inhaltseigenschaften schon das Folgende verraten: Alle diese Klassen leiten sich von der Basis Panel ab, in der die Eigenschaft Children als Inhaltseigenschaft festgelegt ist. Die Eigenschaft Children selbst beschreibt eine UIElementCollection, in der Objekte verwaltet werden, die sich auf den Typ UIElement zurückführen lassen. Dazu gehören alle Steuerelemente.

Sehen wir uns nun am Beispiel des StackPanel-Objekts an, wie Sie der Inhaltseigenschaft Children Elemente hinzufügen können:

```
<StackPanel>
  <Button>OK</Button>
  <Button>Übernehmen</Button>
  <Button>Abbrechen</Button>
</StackPanel>
```

Listing 22.15 Hinzufügen von Steuerelementen zur Eigenschaft »Children« in XAML

Entwickeln Sie eine WPF-Anwendung, wird Ihr Schwerpunkt die XAML-Codierung sein. Trotzdem können Sie alles, was Sie im XAML-Code schreiben, auch mit C#-Code erreichen.

22

Um beispielsweise den XAML-Code aus Listing 22.15 durch C#-Code abzubilden, sind die folgenden Anweisungen notwendig:

```
StackPanel stackPanel = new StackPanel();
Button btnOK = new Button();
btnOK.Content = "OK";
Button btnUebernehmen = new Button();
btnUebernehmen.Content = "Übernehmen";
Button btnAbbrechen = new Button();
btnAbbrechen.Content = "Abbrechen";
stackPanel.Children.Add(btnOK);
stackPanel.Children.Add(btnUebernehmen);
stackPanel.Children.Add(btnAbbrechen);
this.AddChild(stackPanel);
```

Listing 22.16 Die Elemente aus Listing 22.15 durch C#-Code erzeugt

Dieses Beispiel zeigt sehr eindrucksvoll, dass XAML deutlich kürzer und kompakter ist als die Beschreibung der Oberfläche mit Programmcode.

22.2.6   Typkonvertierung

Die im XAML-Code definierten Elemente entsprechen einer Klasse, die Attribute einer Eigenschaft. Dabei wird den Attributen der Wert immer als Zeichenfolge übergeben. Die meisten Eigenschaften sind aber nicht vom Datentyp String und müssen daher in den tatsächlichen Datentyp konvertiert werden. Betrachten wir dazu das einfache Beispiel der Eigenschaften Width und Height eines Buttons:

```
<Button Height="100" Width="200">Beenden</Button>
```

Beide Eigenschaften sind vom Typ Double. Das bedeutet, dass die angegebenen Werte in die Fließkommazahlen 100,0 bzw. 200,0 konvertiert werden müssen. In der WPF sind zahlreiche Typkonvertierungen vordefiniert. Ein komplexer Fall liegt vor, wenn wir der Eigenschaft Background eine Farbe übergeben:

```
<Button Background="Blue" />
```

Tatsächlich ist die Eigenschaft Background vom Typ Brush. Da die Klasse Brush abstrakt definiert ist, muss sie in eine ihrer Ableitungen konvertiert werden. Solange wir es mit einer monochromen Farbe zu tun haben, wird es eine Konvertierung in den Typ SolidColorBrush sein. Das wird deutlich, wenn Sie sich die entsprechende Eigenschaft-Element-Schreibweise ansehen:

```
<Button>
  <Button.Background>
    <SolidColorBrush Color="Blue" />
  </Button.Background>
</Button>
```

Hier muss natürlich noch der Farbwert Blue konvertiert werden, da der Typ einer Farbe nicht String, sondern Color ist.

Die Technik der Typkonvertierung wird in XAML auch benutzt, um mehrere ähnliche Eigenschaften zusammenzufassen und auf diese Weise den XAML-Code kompakter zu gestalten. Margin gehört zu dieser Gruppe von Eigenschaften. Margin ist vom Datentyp Thickness und legt den äußeren Rand eines Elements fest. In der Eigenschaft-Element-Schreibweise können Sie Margin wie folgt in einem StackPanel einsetzen:

```
<StackPanel>
  <StackPanel.Margin>
    <Thickness Left="100" Top="30" Right="50" Bottom="10" />
  </StackPanel.Margin>
  <Button>Button1</Button>
</StackPanel>
```

Listing 22.17 Festlegen der Eigenschaft »Margin« (aufwendige Schreibweise)

Typkonvertierung ist hierbei noch nicht im Spiel. Sie können aber die Eigenschaft Margin auch wie folgt festlegen:

```
<StackPanel Margin="100, 30, 50, 10">
  <Button>Button1</Button>
</StackPanel>
```

Eine andere Variante gestattet es sogar, auf die Kommata zu verzichten:

```
<StackPanel Margin="100 30 50 10">
  <Button>Button1</Button>
</StackPanel>
```

Diese Form des Einsatzes von Margin setzt voraus, dass die Zeichenfolge von einem Typkonvertierer passend umgesetzt wird (was natürlich der Fall ist). Selbstverständlich ist die Eigenschaft mit der erforderlichen Verhaltensweise ausgestattet, die Werte entsprechend zu verarbeiten.

22.2.7   Markup-Erweiterungen (Markup Extensions)

Die Eigenschaften eines Elements werden in XAML weitestgehend durch Attribute beschrieben, die als Zeichenfolge angegeben und passend ausgewertet werden. Dieses Konzept wird auch in XML benutzt, hat aber seine Grenzen, wenn ein Eigenschaftswert durch einen Objektverweis beschrieben werden muss. An dieser Stelle kommen Markup-Erweiterungen ins Spiel, die uns das ermöglichen.

Im Grunde genommen stellen auch Typkonvertierer einen Weg dar, ein Objekt an eine Eigenschaft zu binden. Der Unterschied zwischen einem Typkonvertierer und einer Markup-Erweiterung ist jedoch, dass Typkonvertierer nach einer festgelegten Regel arbeiten und im Hintergrund agieren, während Markup-Erweiterungen allgemein verwendbar sind.

Markup-Erweiterungen sind Attributwerte, die in geschweiften Klammen eingeschlossen angegeben sind. Im Beispielcode von Listing 22.18 wird das Konzept der Markup-Erweiterung dazu benutzt, den Inhalt der Eigenschaft Text der TextBox *txtUnten* an die Eigenschaft Text der TextBox *txtOben* zu binden. Das hat zur Folge, dass zur Laufzeit eine Eingabe in der oberen TextBox sofort von der unteren TextBox übernommen wird.

```
<StackPanel>
  <TextBox Name="txtOben" />
  <TextBox Name="txtUnten" Text="{Binding ElementName=txtOben, Path=Text}" />
</StackPanel>
```

Listing 22.18 Die Eigenschaft »Text« mit einer Markup-Erweiterung

Mit den geschweiften Klammern geben wir an, dass der Attributwert weder ein Literal noch ein über einen Typkonvertierer umwandelbarer Wert ist. Die Klasse innerhalb der Markup-Erweiterung ist in diesem Beispiel Binding, die zum Namespace System.Windows.Data gehört. Der Parameter ElementName gibt das Element an, an das gebunden wird; Path beschreibt die Eigenschaft des Quellelements, aus der der Wert bezogen werden soll. Beachten Sie, dass Sie zwischen den Parametern ein Komma setzen müssen.

> **Hinweis**
> Eine Steuerelementeigenschaft, die mit einer Markup Extension an eine andere Eigenschaft mit Binding gebunden wird, muss als Abhängigkeitseigenschaft (Dependency Property) implementiert sein.

Werden den Parametern einer Markup-Erweiterung mit dem Zuweisungsoperator = Werte übergeben (wie ElementName und Path in Listing 22.18), wird die Markup-Erweiterung Binding mit dem parameterlosen Konstruktor instanziiert. Die Parameterwerte für ElementName und Path werden den gleichnamigen Eigenschaften des Binding-Objekts übergeben.

Enthalten die Parameter hingegen kein =-Zeichen, werden sie an einen parametrisierten Konstruktor weitergeleitet. Selbstverständlich müssen dann Anzahl und Typ mit denen des Konstruktors übereinstimmen. Da die Klasse Binding einen Konstruktor beschreibt, der einen String für die Eigenschaft Path entgegennehmen kann, wäre auch die folgende Markup Extension zulässig:

```
<TextBox Name="txtUnten" Text="{Binding Text, ElementName=txtOben}" />
```

Markup-Erweiterungen werden nicht nur durch den Typ Binding beschrieben. StaticResource, DynamicResource oder auch x: sind weitere wichtige Erweiterungen, die uns noch beschäftigen werden. Nicht unerwähnt bleiben sollte auch, dass das enorme Potential der WPF hinsichtlich der Datenbindung erst durch Markup-Erweiterungen voll ausgeschöpft wird.

Die Eigenschaft-Element-Schreibweise ist auch im Zusammenhang mit Markup-Erweiterungen möglich. Listing 22.19 zeigt das anhand des Beispiels aus Listing 22.18:

```
<StackPanel>
  <TextBox Name="txtOben"></TextBox>
  <TextBox Name="txtUnten">
    <TextBox.Text>
      <Binding ElementName="txtOben" Path="Text" />
    </TextBox.Text>
  </TextBox>
</StackPanel>
```

Listing 22.19 Markup-Erweiterung mit der Eigenschaft-Element-Syntax

Später werden Sie noch sehen, dass zudem mehrfach verschachtelte Markup-Erweiterungen möglich sind.

Markup-Erweiterungen durch C#-Code beschreiben

Markup-Erweiterungen lassen sich nicht nur deklarativ im XAML-Code festlegen, sondern auch durch Programmcode beschreiben. Das sehen Sie im folgenden Programmcode:

```
public MainWindow()
{
  InitializeComponent();
  // StackPanel erstellen
  StackPanel panel = new StackPanel();
  this.AddChild(panel);
  // TextBox oben erstellen
  TextBox txtOben = new TextBox();
  panel.Children.Add(txtOben);
  // TextBox unten erstellen
  TextBox txtUnten = new TextBox();
  panel.Children.Add(txtUnten);
  // Bindung erzeugen
  Binding binding = new Binding("Text");
```

22

```
    binding.Source = txtOben;
    txtUnten.SetBinding(TextBox.TextProperty, binding);
}
```

Listing 22.20 Bindung mittels Programmcode

> **Anmerkung**
>
> Dieser Programmcode kann nur dann fehlerfrei ausgeführt werden, wenn das Fenster im XAML-Code keinen Layoutcontainer enthält.

Der Code ist im Konstruktor des Fensters nach dem Aufruf der Methode `InitializeComponent` implementiert. Zuerst wird das `StackPanel`-Objekt erzeugt und dem `Window` durch Aufruf von `AddChild` als untergeordnetes Element übergeben. Die beiden Textboxen werden nach der Instanziierung zu untergeordneten Elementen des `StackPanel`-Elements. Dieser Container liefert durch Aufruf der Eigenschaft `Children` die Referenz auf ein `UIElementCollection`-Objekt, dem mit der Methode `Add` die Textboxen hinzugefügt werden.

Die Bindung der unteren an die obere `TextBox` erfordert ein `Binding`-Objekt, dessen Konstruktor Sie die Eigenschaft des Elements bekanntgeben, an die gebunden werden soll. Das Element, an das gebunden wird, geben Sie mit der Eigenschaft `Source` an.

Aktiviert wird die Bindung der unteren an die obere `TextBox` mit der Methode `SetBinding`. Sehen Sie sich bitte noch einmal genau den Aufruf dieser Methode und hier insbesondere die Argumente an. Während das zweite übergebene Argument keiner besonderen Erklärung bedarf, erscheint das erste mit `TextBox.TextProperty` ungewöhnlich. Aber genau so wird eine Abhängigkeitseigenschaft abgerufen.

22.2.8   XML-Namespaces

Bei einem XML-Namespace handelt es sich um eine Vorschrift, um Elemente im XAML-Code eindeutig zuordnen und interpretieren zu können. Beispielsweise könnte das Element `<Button>` in einem XAML-Dokument zwei unterschiedliche Schaltflächen, also Klassen, beschreiben. Erst die Zuordnung zu einem Namespace gestattet die eindeutige Identifizierbarkeit. Prinzipiell kommt den XML-Namespaces somit die gleiche Bedeutung zu wie den CLR-Namespaces.

Im Wurzelelement `Window` einer XAML-Datei werden bereits beim Anlegen eines Fensters mehrere Namespaces verfügbar gemacht:

```
xmlns="http://schemas.microsoft.com/winfx/2006/xaml/presentation"
xmlns:x="http://schemas.microsoft.com/winfx/2006/xaml"
xmlns:d="http://schemas.microsoft.com/expression/blend/2008"
```

```
xmlns:mc="http://schemas.openxmlformats.org/markup-compatibility/2006"
xmlns:local="clr-namespace:WpfApp1"
```

Listing 22.21 Standardvorgabe der XML-Namespaces

Namespaces werden mit dem Attribut `xmlns` eingeleitet. Optional können Sie dahinter, durch einen Doppelpunkt getrennt, ein Namespace-Präfix angeben. Dem wird meist ein URI zugeordnet.

Sehen wir uns die beiden ersten Namespace-Angaben im einleitenden `Window`-Element an. Der erste weist kein Präfix auf und ist der sogenannte *Standard-Namespace*. Alle diesem Namespace zugeordneten Elemente werden ohne Präfixangabe in XAML verwendet. Dazu gehören beispielsweise `<Grid>`, `<Button>` oder `<TextBox>`.

Da nur ein XML-Namespace ohne Präfix als Standard-Namespace angegeben werden darf, müssen alle Elemente, die nicht dem Standard-Namespace zugeordnet werden, ein Präfix aufweisen. Die zweite Namespace-Angabe definiert ein solches mit `x`. Dieser Namespace dient den XAML-Spracherweiterungen. Verwenden Sie ein Element dieses Namespace, müssen Sie vor dem Element das Namespace-Präfix, gefolgt von einem Doppelpunkt, angeben. Ein gutes Beispiel liefert bereits die XAML-Struktur eines Fensters mit

```
<Window x:Class="WpfApp1.MainWindow" ...>
```

Die Namespaces, die durch die Präfixe `d` und `mc` beschrieben werden, haben für uns keine wesentliche Bedeutung. Ganz anders aber der mit `local` beschriebene Namespace. Damit wird von Anfang der CLR-Namespace bekanntgegeben, dem die Anwendung zugeordnet ist. Dieser Namespace ist immer dann notwendig, wenn innerhalb des XAML-Codes eine Klasse der aktuellen Anwendung genutzt werden soll.

> **Hinweis**
>
> Von Hause aus ist XAML-Code dumm. Sie müssen über XML-Namespaces wirklich alles und jeden Typ bekannt machen. Das bezieht auch die elementaren Datentypen ein. Angenommen, Sie möchten eine Integer-Ressource erzeugen. Ohne die Angabe von
>
> ```
> xmlns:sys="clr-namespace:System;assembly=mscorlib"
> ```
>
> werden Sie scheitern, weil XAML-Code auch nicht die *mscorlib.dll* kennt, in der unter anderem die elementaren Datentypen enthalten sind.

CLR-Namespaces verwenden

Viele WPF-Anwendungen benötigen über die Standardvorgaben hinaus weitere Namespaces. Dabei kann es sich durchaus auch um CLR-Namespaces handeln. Angenommen, wir möchten in einer WPF-Anwendung mit XAML auf die Klasse `Circle` der Assembly *Geometric-ObjectsSolution.dll* zugreifen. Nachdem Sie in der WPF-Anwendung einen Verweis auf die

22

Klassenbibliothek gelegt haben, geben Sie den Namespace im Wurzelelement Window wie folgt an:

```
<Window x:Class="WpfApplication1.Window1"
  [...]
  xmlns:geo="clr-namespace:GeometricObjects;assembly=GeometricObjectsSolution"
  Title="Window1" Height="300" Width="300">
</Window>
```

Das Präfix, hier geo, ist frei wählbar, muss aber in der aktuellen XAML-Datei eindeutig sein. Danach folgen zwei Name-Wert-Paare, die durch ein Semikolon voneinander getrennt sind. Das erste Paar wird mit clr-namespace eingeleitet. Dahinter folgt ein Doppelpunkt und anschließend der CLR-Namespace, dem die Klasse Circle zugeordnet ist. Das zweite Name-Wert-Paar wird mit assembly eingeleitet. Nach dem =-Zeichen wird die Assembly angegeben, jedoch ohne ihre Dateiendung *.dll*.

Jetzt können Sie die Klasse Circle im XAML-Code verwenden und den Eigenschaften die gewünschten Werte übergeben. Der Elementangabe müssen Sie dabei das gewählte Präfix voranstellen, hier also geo.

```
<geo:Circle x:Kex="kreis" Radius="77" XCoordinate="100" YCoordinate="-250" />
```

> **Anmerkung**
> Auf das Erzeugen eines Objekts im XAML-Code möchte ich an dieser Stelle nicht weiter eingehen. Damit werden wir uns später noch sehr ausführlich beschäftigen.

Etwas einfacher ist die Bekanntgabe des zum aktuellen Projekt gehörenden Namespace, der bekanntlich das Präfix local hat. Hier kann auf die Angabe von assembly verzichtet werden.

Mehrere CLR-Namespaces zusammenfassen

Entwickeln Sie Klassenbibliotheken, sollten Sie daran denken, die Klassen für den Einsatz in XAML vorzubereiten. Dazu gehört die Berücksichtigung der Namespaces. Obwohl sich im XAML-Code auch CLR-Namespaces angeben lassen, sollte man der üblichen W3C-konformen Notation, also die Angabe eines URLs/URIs, den Vorzug geben.

Das gilt insbesondere dann, wenn in einer Klassenbibliothek mehrere CLR-Namespaces definiert sind. Nehmen wir exemplarisch an, die beiden Klassen Rectangle und Circle seien unterschiedlichen CLR-Namespaces zugeordnet.

```
namespace Namespace1 { public class Circle {[...]} }
namespace Namespace2 { public class Rectangle {[...]} }
```

Ohne weitere Maßnahmen zu ergreifen, können Sie beide Typen im XAML-Code nutzen, wenn Sie beide Namespaces im Wurzelelement angeben, z. B.:

```
xmlns:geo1="clr-namespace:Namespace1;assembly=GeometricObjectsSolution"
xmlns:geo2="clr-namespace:Namespace2;assembly=GeometricObjectsSolution"
```

Beide Namespaces lassen sich auf einen gemeinsamen XML-Namespace abbilden. Dazu muss die entsprechende Vorkehrung bereits in der Klassenbibliothek erfolgen. Die notwendigen Angaben sind in der Datei *AssemblyInfo.cs* der Klassenbibliothek zu machen. Ergänzen Sie die Datei dazu wie nachfolgend gezeigt um zwei Attributangaben:

```
[assembly: XmlnsDefinition("http://www.tollsoft.de", "Namespace1")]
[assembly: XmlnsDefinition("http://www.tollsoft.de", "Namespace2")]
```

Um auf das Attribut XmlnsDefinition zugreifen zu können, müssen Sie zuerst einen Verweis auf die Bibliothek *System.Xaml.dll* legen und den Namespace System.Windows.Markup mit using bekanntgeben.

Das Attribut beschreibt zwei Parameter. Dem ersten übergeben Sie den gewünschten XML-Namespace, dem zweiten Parameter teilen Sie mit, welcher CLR-Namespace auf diesen XML-Namespace abgebildet werden soll. Der XAML-Code reduziert sich daraufhin auf die folgende Angabe im Wurzelelement:

```
xmlns:geo="http://www.tollsoft.de"
```

Sie können anschließend mit dem Präfix geo Elemente sowohl vom Typ Circle als auch vom Typ Rectangle in Ihren XAML-Code einbetten, z. B.:

```
<geo:Circle ... />
```

22.2.9   XAML-Spracherweiterungen

XAML definiert eine Reihe von Attributen, die besondere Aspekte bei der Entwicklung berücksichtigen und keine Entsprechungen in einer Klasse besitzen. Hiermit werden nur Zusatzinformationen geliefert, die einer besonderen Verarbeitung bedürfen. Tabelle 22.2 stellt Ihnen einige davon vor. In den folgenden Kapiteln werden Sie in den Beispielen auf einige dieser Schlüsselwörter stoßen.

Schlüsselwort	Bedeutung
x:Class	Dieses Attribut stellt die Beziehung zwischen dem Wurzelelement im XAML-Code und der Code-Behind-Datei her.
x:Code	Die Trennung von Code und Oberflächenbeschreibung ist keine strikte Vorgabe. Sie können auch Code innerhalb einer XAML-Datei implementieren. Mit x:Code wird ein Codebereich im XAML-Code definiert.

Tabelle 22.2 Schlüsselwörter von XAML (Auszug)

22

Schlüsselwort	Bedeutung
x:Key	Gibt den eindeutigen Namen eines Elements in einer Ressource an.
x:Name	Mit diesem Attribut können Sie einem Element einen Namen geben, wenn das Element selbst nicht über eine Eigenschaft Name verfügt.

Tabelle 22.2 Schlüsselwörter von XAML (Auszug) (Forts.)

Markup-Erweiterungen

Es gibt mehrere Markup-Erweiterungen, die nicht spezifisch für die WPF-Anwendung sind, sondern Implementierungen für Funktionen von XAML als Sprache sind. Auch diese Markup-Erweiterungen sind durch das x:-Präfix in der Verwendung identifizierbar.

Erweiterung	Beschreibung

x:Array	Hiermit lassen sich Arrays in XAML definieren. Beispiel:
	
	`<x:Array Type="clr:Int32" x:Key="intListe" >`
	`  <clr:Int32>36</clr:Int32>`
	`  <clr:Int32>1270</clr:Int32>`
	`  <clr:Int32>5</clr:Int32>`
	`</x:Array>`
	
	Beachten Sie bitte, dass für die Verwendung des Integers der CLR-Namespace System bekanntgegeben werden muss. Im Beispiel habe dazu das Präfix clr verwendet.

x:Null	Wird verwendet, um einem Element null zuzuweisen. Beispiel: `<Button Background="{x:Null}" />`
x:Static	Referenziert eine statische Variable oder Eigenschaft eines Objekts oder eine Konstante oder einen Enumerationswert. Beispiel: `<Button Background="{x:Static Brushes.Red}" />`
x:Type	Wird beispielsweise in Stildefinitionen benutzt, um einen Typ anzugeben. Beispiel: `<Style TargetType="{x:Type TextBox}" />`

Tabelle 22.3 Markup-Erweiterungen von XAML

22.2.10   Die Direktive »#region« nutzen

Im C#-Code können Sie mit der Direktiven #region-#endregion Ihren Programmcode übersichtlicher gestalten und bestimmte Codeabschnitte mit Hilfe von Markern am linken Rand des Code-Editors reduzieren oder erweitern.

Auch im XAML-Code können Sie von diesem Hilfsmittel profitieren. Die Syntax ähnelt der im C#-Code, muss aber, wie in Listing 22.22 gezeigt, in spitzen Klammern geschrieben werden.

```
<!--#region Beschreibung-->
<Button />
<ListBox />
<!--#endregion-->
```

Listing 22.22 »#region« im XAML-Code

#region-Bereiche können eine große Hilfe sein, den XAML-Code, der bei aufwendigen Oberflächen schnell sehr unübersichtlich wird, optisch besser zu strukturieren und damit lesbarer zu machen.

22

Kapitel 23
Die WPF-Layoutcontainer

Nachdem Sie nun alle wesentlichen Grundlagen von XAML kennen, wollen wir uns in diesem Kapitel mit der Gestaltung der grafischen Benutzerschnittstelle beschäftigen und hierzu die verschiedenen *Layoutcontainer* etwas genauer unter die Lupe nehmen. Auch wenn wir in diesem Kapitel bereits mit Steuerelementen arbeiten, werde ich diese erst in Kapitel 24, »Fenster in der WPF«, offiziell behandeln.

23.1 Allgemeiner Überblick

In einer auf der WinForm-API basierten Windows-Anwendung oder auch in anderen klassischen Entwicklungsumgebungen dürfen Sie ganz unbekümmert und nach Belieben die Steuerelemente anordnen. In einer WPF-Anwendung geht das nicht ganz so einfach. Hier übernehmen Layoutcontainer die Anordnung und Darstellung der darin enthaltenen Steuerelemente. Die Folge ist, dass sich die Anordnung nicht mehr an der Vorgabe absoluter Koordinaten orientiert, sondern am Aufbau und an der Grundstruktur des Arbeitsbereichs des Fensters. Was sich im ersten Moment nicht ermutigend anhört, wird aber zum Vorteil, wenn der Benutzer Einstellungen oder die Größe des Fensters ändert: Ein WPF-Fenster skaliert nämlich automatisch.

Die Idee hinter den Layoutcontainern ist, einer Komponente eine bestimmte Position im Fenster zuzuteilen. Das hat den Vorteil, dass die Komponente immer an der gleichen Stelle angezeigt wird und die relative Lage zu allen anderen Komponenten erhalten bleibt. Layoutcontainer helfen dabei, bestimmte Vorstellungen hinsichtlich des Layouts erfolgreich umzusetzen. Deshalb unterscheiden sich die Layoutcontainer in ihrer Charakteristik.

> **Anmerkung**
>
> Es sei an dieser Stelle angemerkt, dass mit Canvas ein Layoutcontainer bereitgestellt wird, der mit absoluten Positionsangaben arbeitet, also in klassischer Weise. Auch wenn es für viele WPF-Einsteiger im ersten Moment verlockend erscheint, damit die gewohnte Arbeitsweise beizubehalten, sollten Sie diesen Container nicht zur Strukturierung der Benutzeroberfläche benutzen. Er dient vielmehr Einsatzfällen, wo es tatsächlich auf Absolutangaben ankommt, beispielsweise zur Darstellung eines Koordinatensystems.

Oft ist das erforderliche Layout nicht mit einem einzigen Layoutcontainer zu realisieren. Das ist aber nicht weiter tragisch, da auch Layoutcontainer genauso verschachtelt werden können wie alle anderen WPF-Komponenten. Es ist nur eine Frage der Idee, um mit den Bordmitteln der WPF schnell und einfach das Ziel zu erreichen.

Bevor wir uns die einzelnen Layoutcontainer im Detail ansehen, sollten wir uns zuerst einen Überblick über alle von der WPF angebotenen Layoutcontainer verschaffen.

Layoutcontainer	Kurzbeschreibung
Canvas	Die Steuerelemente werden an einer angegebenen Position in einer festgelegten Größe angezeigt.
DockPanel	Die Steuerelemente können an den Rändern angedockt werden.
Grid	Dieser Container stellt eine tabellenartige Struktur zur Verfügung, in deren Zellen die einzelnen Controls positioniert werden können.
StackPanel	Die Steuerelemente werden vertikal oder horizontal angeordnet (gestapelt).
UniformGrid	Dieser Container stellt ein Raster aus gleich großen Zellen dar.
WrapPanel	Mit diesem Container werden die Controls vertikal oder horizontal angeordnet. Falls die Breite oder die Höhe nicht ausreicht, werden die enthaltenen Steuerelemente in die nächste Zeile umbrochen.

Tabelle 23.1 WPF-Layoutcontainer im Überblick

Anmerkung

In den MATERIALIEN ZUM BUCH (Download von *www.rheinwerk-verlag.de/4699*) finden Sie das Projekt unter ..*Kapitel 23**Layoutcontainer*, in dem zu jedem der Layoutcontainer ein Beispielfenster enthalten ist. Die einzelnen Fenster sollen Ihnen als Grundlage für eigene Experimente dienen.

23.2   Gemeinsame Eigenschaften der Layoutcontainer

Alle Layoutcontainer sind direkt oder indirekt auf die gemeinsame Basisklasse Panel zurückzuführen. Damit ist klar, dass diese Klasse Eigenschaften und Methoden beschreibt, die jeder Layoutcontainer aufweist. Um hier alle Eigenschaften und Methoden aufzuführen, ist die Liste zu lang. Stattdessen möchte ich Ihnen einen kleinen Überblick verschaffen, damit Sie eine erste Orientierung haben. Bei Bedarf informieren Sie sich bitte in der Dokumentation.

Eigenschaft	Beschreibung
Background	die Hintergrundfarbe des Containers
Children	Liefert die Referenz auf eine Collection (UIElementCollection) von den Komponenten, die sich im Container befinden.
Cursor	Legt den angezeigten Cursor fest.
Focusable	Legt fest, ob der Container fokussierbar ist.
Height	die Höhe des Containers
HorizontalAlignment	Beschreibt die horizontale Ausrichtung im Container.
Margin	Legt den Abstand des Containers zu seiner übergeordneten Komponente fest.
MaxHeight	Legt die maximale Höhe des Panels fest.
MaxWidth	Legt die maximale Breite des Panels fest.
MinHeight	Legt die minimale Höhe des Panels fest.
MinWidth	Legt die minimale Breite des Panels fest.
VerticalAlignment	Beschreibt die vertikale Ausrichtung im Container.
Width	die Breite des Containers

Tabelle 23.2 Eigenschaften der Klasse »Panel« (Auszug)

23.2.1   Das »Canvas«

Canvas ist nicht nur der einfachste aller Layoutcontainer, es ist auch ein ganz spezieller. Mit ihm lassen sich die darin enthaltenen Steuerelemente in klassischer Weise absolut positionieren. Das bedeutet, es wird das kartesische X/Y-Koordinatensystem verwendet. Canvas stellt dazu allen in ihm enthaltenen Komponenten die angehängten Eigenschaften Canvas.Left, Canvas.Right, Canvas.Top und Canvas.Bottom zur Verfügung.

Alle vier Eigenschaften eines Steuerelements gleichzeitig zu setzen führt nicht zu dem vielleicht erwarteten Resultat. Aus den beiden Pärchen Canvas.Left/Canvas.Right und Canvas.Top/Canvas.Bottom können Sie immer nur eine Eigenschaft festlegen, also beispielsweise Canvas.Left und Canvas.Bottom oder Canvas.Right und Canvas.Bottom. Verwenden Sie gleichzeitig Canvas.Left und Canvas.Right, könnte man der Meinung sein, dass WPF diese beiden Angaben in der Weise umsetzt, dass daraus die Breite des Steuerelements resultiert. Dem ist aber nicht so. Die Angabe von Canvas.Left hat eine höhere Priorität als Canvas.Right. Dieses wird ignoriert, und das Steuerelement in seiner Standardbreite dargestellt.

23

Im Beispielcode in Listing 23.1 wird diese Situation durch *Button1* deutlich gezeigt, bei dem sowohl Canvas.Left als auch Canvas.Right gesetzt sind. *Button2* wird durch die Angabe von Canvas.Left und Canvas.Top im Fenster fixiert, *Button3* durch Canvas.Right und Canvas.Bottom.

```
<Canvas>
  <Button Canvas.Left="25" Canvas.Right="35" Height="30">
    Button1
  </Button>
  <Button Canvas.Left="55" Canvas.Top="50" Height="30" Width="80">
    Button2
  </Button>
  <Button Canvas.Right="55" Canvas.Bottom="50" Height="30" Width="80">
    Button3
  </Button>
</Canvas>
```

Listing 23.1 Drei Schaltflächen in einem »Canvas«

In Abbildung 23.1 sehen Sie die drei Schaltflächen aus Listing 23.1 zur Laufzeit.

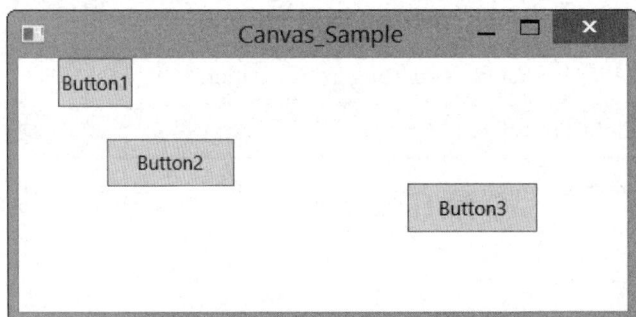

Abbildung 23.1 Button-Anordnung in einem »Canvas«

Verkleinern Sie das Fenster zur Laufzeit so weit, bis sich zwei Steuerelemente überschneiden, werden die Steuerelemente im Canvas-Container in der Reihenfolge aufgebaut, wie sie in der XAML-Datei angegeben ist.

23.2.2 Das »StackPanel«

Die Steuerelemente in einem StackPanel werden entweder horizontal oder vertikal angeordnet. Die Vorgabe ist eine vertikale Anordnung. Möchten Sie eine horizontale erreichen, stellen Sie die Eigenschaft Orientation auf Horizontal ein.

Ohne die explizite Angabe der Breite beansprucht ein Steuerelement bei vertikaler Ausrichtung im StackPanel dessen gesamte Breite (siehe Abbildung 23.2). Dafür ist das Attribut HorizontalAlignment verantwortlich, dessen Standardwert auf Stretch eingestellt ist.

Die Höhe des Controls wird minimal sein. Für einen Button bedeutet das, dass die Beschriftung noch soeben angezeigt wird. Andere Steuerelemente sind aber aufgrund ihrer geringen Minimalhöhe möglicherweise kaum noch zu erkennen.

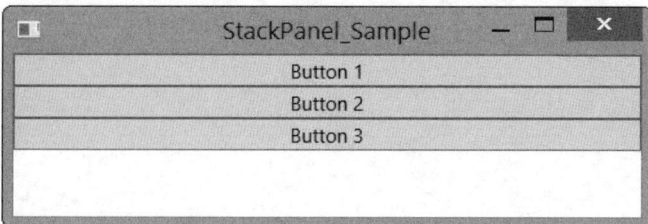

Abbildung 23.2 Vertikal ausgerichtete Buttons in einem »StackPanel«

Sie können bei jeder Komponente durch Angabe der Eigenschaft Width die Breite ausdrücklich festlegen. Mit dieser Einstellung werden die Steuerelemente in einem StackPanel die angegebene Breite einnehmen und in der Mitte zentriert angezeigt. Dieses Verhalten lässt sich mit der Eigenschaft HorizontalAlignment ändern, indem Sie einen der beiden Werte Left oder Right festlegen. Das entsprechende Steuerelement positioniert sich dann am linken oder rechten Containerrand. Mit Center werden die Steuerelemente in einer Breite dargestellt, die beim Button zum Beispiel von der Beschriftung abhängt.

Der XAML-Code in Listing 23.2 beschreibt die linke Ausrichtung von drei Schaltflächen unterschiedlicher Breite. In Abbildung 23.3 sehen Sie die daraus resultierende Form zur Laufzeit.

```
<StackPanel HorizontalAlignment="Left">
  <Button Width="180">Button1</Button>
  <Button Width="100">Button2</Button>
  <Button>Button3</Button>
</StackPanel>
```

Listing 23.2 Listing zu Abbildung 23.3

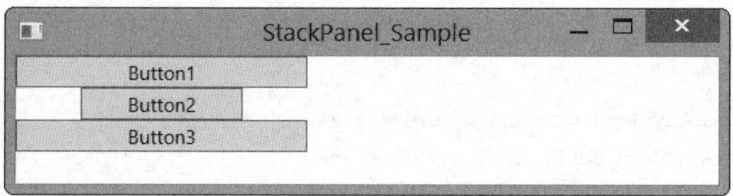

Abbildung 23.3 Links ausgerichtete Steuerelemente fester Breite

Beachten Sie, dass das breiteste Steuerelement die Ausrichtung bzw. Zentrierung der weniger breiten Steuerelemente beeinflusst.

Per Vorgabe werden die Elemente im StackPanel in voller Breite vom oberen Fensterrand aus nach unten dargestellt. Die Eigenschaft VerticalAlignment erlaubt die Anordnung von unten nach oben. Die Anordnung erfolgt zwar vom unteren Fensterrand aus nach oben, aber die Reihenfolge der Elemente bleibt erhalten, mit anderen Worten, *Button1* steht weiterhin über *Button2*.

```
<StackPanel VerticalAlignment="Bottom">
  <Button>Button1</Button>
  <Button>Button2</Button>
  <Button>Button3</Button>
</StackPanel>
```

Listing 23.3 Die Eigenschaft »VerticalAlignment«

Vom Prinzip her gleicht die horizontale Ausrichtung der eben beschriebenen vertikalen. Wenn Sie das Attribut Orientation des StackPanel-Elements auf Horizontal setzen, werden alle Steuerelemente im StackPanel vom linken Fensterrand aus nach rechts aufgereiht angezeigt. Die Höhe der Controls entspricht standardmäßig der Höhe des Panels. Die Breite wird automatisch so gewählt, dass das Steuerelement noch soeben angezeigt wird. Für eine beschriftete Schaltfläche bedeutet das, dass sich die Steuerelementbreite an der Beschriftung orientiert (siehe Abbildung 23.4).

```
<StackPanel Orientation="Horizontal">
  <Button>Button1</Button>
  <Button>Button2</Button>
  <Button>Button3</Button>
</StackPanel>
```

Listing 23.4 Listing zu Abbildung 23.4

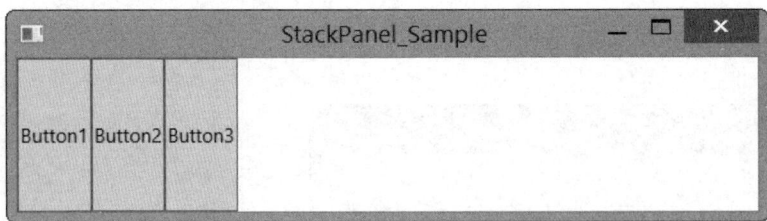

Abbildung 23.4 Horizontale Ausrichtung der Controls im »StackPanel«

Über FlowDirection können Sie darüber hinaus die Reihenfolge der Anordnung beeinflussen. Dabei stehen Ihnen die Optionen LeftToRight und RightToLeft zur Verfügung. Die Vorgabe ist die Ausgabe der Buttons von links nach rechts.

23.2.3   Das »WrapPanel«

Das WrapPanel ähnelt dem StackPanel. Die Komponenten werden der Reihe nach hinzuge-
fügt, entweder zeilen- oder spaltenweise. Die Standardvorgabe ist zeilenweise. Passen alle
Steuerelemente nicht in eine Zeile (oder Spalte), wird eine neue Zeile oder Spalte angefangen.
Bei Bedarf bricht das WrapPanel in die nächste Zeile oder Spalte um – je nach Einstellung.

Die Höhe einer Zeile orientiert sich am Platzbedarf des Steuerelements mit der größten
Höhe. Enthält eine Zeile beispielsweise mehrere Schaltflächen, von denen eine sich durch die
explizite Angabe von Height oder durch Einstellung der Eigenschaft Margin von den anderen
unterscheidet, wird sich die Höhe aller anderen Schaltflächen entsprechend einstellen –
allerdings auch nur in der Zeile, in der der Button mit der abweichenden Höhe auftritt. Die
umbrochene Zeile ist davon nicht betroffen und bewertet nur die in ihr auftretenden Elemente.

```
<WrapPanel>
  <Button  Margin="10">Button 1</Button>
  <Button>Button 2</Button>
  <Button>Button 3</Button>
  <Button>Button 4</Button>
  <Button>Button 5</Button>
  <Button>Button 6</Button>
  <Button>Button 7</Button>
</WrapPanel>
```

Listing 23.5 Listing zu Abbildung 23.5

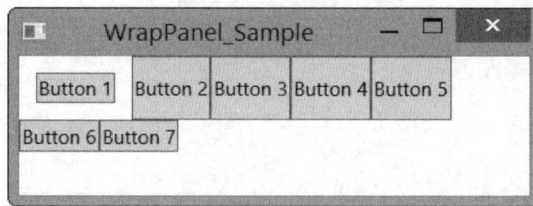

Abbildung 23.5 Elementanordnung in einem »WrapPanel«

Die Zeilenhöhe lässt sich mit der Eigenschaft ItemHeight beeinflussen. Die Vorgabeeinstellung lautet Auto. Geben Sie einen Wert an, wird er für die Darstellung benutzt. Dabei sollten
Sie aber vorsichtig sein, da ein zu geringer Wert dazu führen kann, dass ein Steuerelement
möglicherweise nicht mehr komplett angezeigt wird. Lassen Sie die Elemente spaltenweise
anzeigen, müssen Sie statt der Eigenschaft ItemHeight die Eigenschaft ItemWidth einstellen.

Die Eigenschaft Orientation dient dazu, die Richtung der Anordnung der Elemente vorzugeben. Mögliche Werte sind Horizontal und Vertical. Dabei werden die Steuerelemente von

links nach rechts bzw. von oben nach unten angeordnet. Mit der Eigenschaft FlowDirection und der Einstellung RightToLeft können Sie Controls aber auch von rechts nach links anordnen.

23.2.4   Das »DockPanel«

Viele Fenster weisen ein grundlegendes Strukturlayout auf. Denken Sie nur beispielsweise an den Windows-Explorer. Für solche Fenster benutzen Sie am besten einen Container vom Typ DockPanel. Dieser Container erlaubt es Ihnen festzulegen, an welcher Seite die enthaltenen Controls ausgerichtet werden sollen. Die Komponenten können dabei links, rechts, oben oder unten am DockPanel positioniert werden. Die Ausrichtung wird bei jedem Steuerelement durch die angehängte Eigenschaft DockPanel.Dock festgelegt.

```
<DockPanel>
    <Button DockPanel.Dock="Top">Button 1</Button>
    <Button DockPanel.Dock="Left">Button 2</Button>
    <Button DockPanel.Dock="Left">Button 3</Button>
    <Button DockPanel.Dock="Right">Button 4</Button>
    <Button DockPanel.Dock="Bottom">Button 5</Button>
    <Button DockPanel.Dock="Bottom">Button 6</Button>
</DockPanel>
```

Listing 23.6 Listing zu Abbildung 23.6

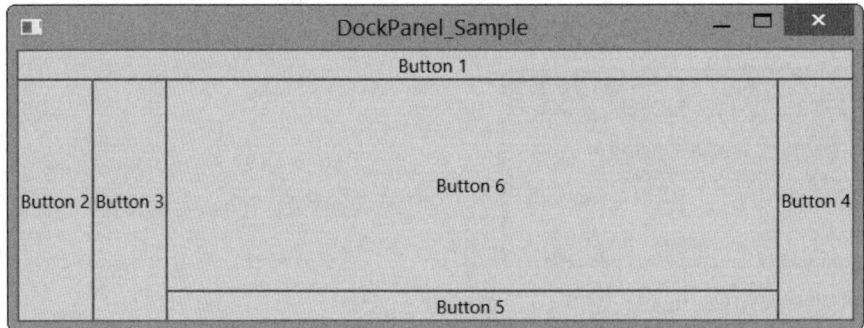

Abbildung 23.6 Steuerelementanordnung in einem »DockPanel«

Die Reihenfolge der Steuerelemente im XAML-Code bestimmt die Darstellung im Fenster. Es gilt die Regel, dass die Komponente, die zuletzt eingefügt wurde, per Vorgabe den verbleibenden Rest des Containers in Anspruch nimmt. Dabei spielt es keine Rolle, ob Sie eine Dockposition angegeben haben oder nicht. So baut sich das Layout innerhalb des DockPanel-Elements Element für Element auf. Elemente gleicher Ausrichtung werden dabei horizontal oder vertikal gestapelt, wie im Beispielcode Button 2 und Button 3.

Das Verhalten, dass das letzte Element den verbleibenden Rest des Containers ausfüllt, können Sie ändern, indem Sie das Attribut LastChildFill auf false setzen. Die Vorgabe ist true. Wie danach das letzte Element dargestellt wird, hängt davon ab, ob das letzte Element mit DockPanel.Dock eine explizite Ausrichtung erfährt oder nicht. Verzichten Sie darauf, wird das Element an der linken Seite des verbleibenden Freiraums angedockt. Ansonsten folgt es der Einstellung von DockPanel.Dock. In jedem Fall verbleibt eine freie Fläche im Container.

```
<DockPanel LastChildFill="False">
  <Button DockPanel.Dock="Top">Button 1</Button>
  <Button DockPanel.Dock="Left">Button 2</Button>
  <Button DockPanel.Dock="Left">Button 3</Button>
  <Button DockPanel.Dock="Right">Button 4</Button>
  <Button DockPanel.Dock="Bottom">Button 5</Button>
  <Button DockPanel.Dock="Bottom">Button 6</Button>
</DockPanel>
```

Listing 23.7 Listing zu Abbildung 23.7

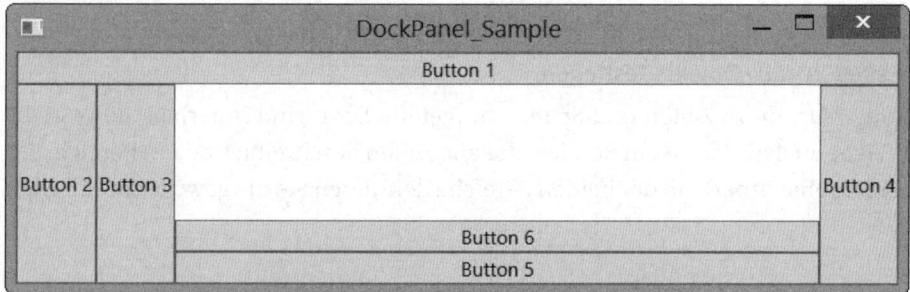

Abbildung 23.7 Auswirkung der Einstellung »LastChildFill=False«

Die im DockPanel enthaltenen Elemente müssen nicht unbedingt ganze Bereiche ausfüllen. Sie können über die Eigenschaften Width und Height die Darstellungsgröße festlegen.

```
<DockPanel LastChildFill="False">
  <Button DockPanel.Dock="Top" Width="80">Button 1</Button>
  <Button DockPanel.Dock="Left" Width="20">Button 2</Button>
  <Button DockPanel.Dock="Left" Width="70">Button 3</Button>
  <Button DockPanel.Dock="Right">Button 4</Button>
  <Button DockPanel.Dock="Bottom" Width="30">Button 5</Button>
  <Button DockPanel.Dock="Bottom">Button 6</Button>
</DockPanel>
```

Listing 23.8 Listing zu Abbildung 23.8

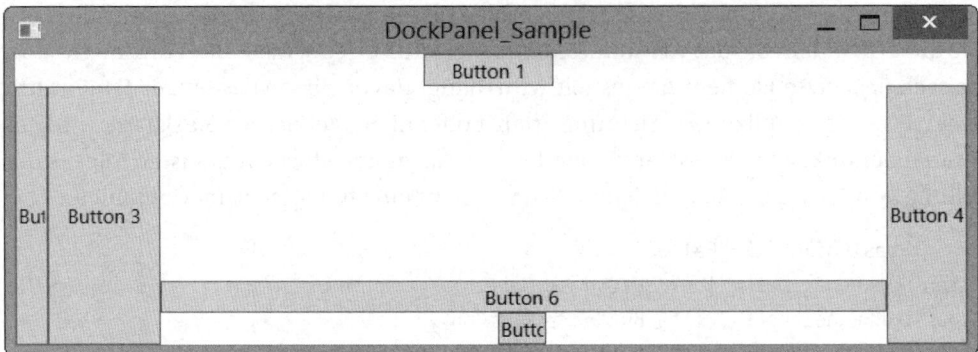

Abbildung 23.8 Darstellungsgröße der Steuerelemente im »DockPanel«

23.2.5   Das »Grid«-Steuerelement

Der sicherlich flexibelste Container der WPF wird durch Grid beschrieben. Das ist sicherlich auch der Grund, weshalb in einem neuen WPF-Window das Grid als Layoutcontainer vorgeschlagen wird.

Die Struktur eines »Grid«-Objekts festlegen

Der Bereich im Grid wird in Zeilen und Spalten aufgeteilt. Dazu sind innerhalb des <Grid>-Tags zwei Bereiche zu definieren: ein Bereich, der alle Zeilen beschreibt, und ein Bereich, der alle Spalten beschreibt. Innerhalb der beiden Bereiche definieren Sie die gewünschten Zeilen und Spalten.

```
<Grid>
  <Grid.RowDefinitions>
    <RowDefinition/>
    <RowDefinition/>
  </Grid.RowDefinitions>
  <Grid.ColumnDefinitions>
    <ColumnDefinition/>
    <ColumnDefinition/>
  </Grid.ColumnDefinitions>
</Grid>
```

Listing 23.9 Die Definition von Zeilen und Spalten in einem »Grid«

Grid.RowDefinitions grenzt den Definitionsbereich für die Zeilen ein, Grid.ColumnDefinitions den der Spalten. Innerhalb dieser beiden Bereiche wird mit RowDefinition eine Zeile und mit ColumnDefinition eine Spalte beschrieben. Bei dieser Aufteilung werden alle Zellen in gleicher Größe dargestellt. Zur Laufzeit führt eine Veränderung der Fenstergröße dazu, dass sich die Spalten und Zeilen im gleichen Verhältnis vergrößern oder verkleinern.

Die Breite jeder einzelnen Spalte können Sie mit der Eigenschaft Width anpassen. Analog können Sie die Höhe jeder Zeile mit Height festlegen. Sie können die Angabe in Pixel machen. Es bieten sich aber noch andere Möglichkeiten der Höhen- oder Breiteneinstellung an, beispielsweise Auto. Damit wird die Spaltenbreite beziehungsweise die Zeilenhöhe anhand des breitesten beziehungsweise höchsten enthaltenen Controls bestimmt.

Die Komponenten, die in den Zellen positioniert werden sollen, müssen als eigenständiger Bereich parallel neben Grid.RowDefinitions und Grid.ColumnDefinitions innerhalb von Grid eingetragen sein. Um eine Komponente eindeutig einer Zelle im Grid zuzuordnen, verwenden Sie die angehängten Eigenschaften Grid.Column und Grid.Row. Beiden übergeben Sie jeweils den Spalten- bzw. Spaltenindex, die jeweils 0-basiert sind. Geben Sie den Zeilen- oder Spaltenindex nicht an, wird er automatisch auf 0 gesetzt.

In Listing 23.10 ist ein Grid in jeweils zwei Zeilen und Spalten aufgeteilt. Die Spaltenbreite soll sich mit Auto automatisch anpassen. In drei der vier Zellen wird jeweils ein Button platziert. *Button1* hat eine Breite von 200 Pixeln. Der in der Zeile darunter befindliche *Button3* weist nur eine Breite von 100 Pixeln auf. Weil die Spalte sich an der Breite des größten Elements orientiert, wird *Button3* zentriert in seiner Zelle angezeigt. *Button2* andererseits weist eine Breite auf, die in Summe mit der Breite von *Button1* größer ist als die Fensterbreite von 300. Daher wird *Button2* nicht mehr vollständig angezeigt, wie Sie in Abbildung 23.9 sehen.

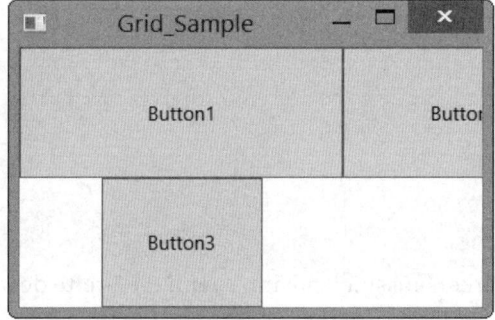

Abbildung 23.9 »Grid«-Steuerelement mit automatischer Spaltenbreite

```
<Window ... Height="200" Width="300">
<Grid>
  <Grid.RowDefinitions>
    <RowDefinition/>
    <RowDefinition/>
  </Grid.RowDefinitions>
  <Grid.ColumnDefinitions>
    <ColumnDefinition Width="Auto"/>
    <ColumnDefinition Width="Auto"/>
  </Grid.ColumnDefinitions>
  <Button Grid.Column="0" Grid.Row="0" Width="200">Button1</Button>
```

23

```
    <Button Grid.Column="1" Grid.Row="0" Width="150">Button2</Button>
    <Button Grid.Column="0" Grid.Row="1" Width="100">Button3</Button>
</Grid>
</Window>
```

Listing 23.10 Listing zu Abbildung 23.9

Vergrößern Sie die Breite des Fensters über die Summe der Breiten der Schaltflächen *Button1* und *Button2* hinaus, verbleibt im rechten Fensterbereich ein ungenutzter Bereich. Einen ähnlichen Effekt können Sie auch bei der Festlegung der Höhen beobachten. Daher sollten Sie bei zumindest einer Zeile und einer Spalte des Grid-Elements das Wildcard-Zeichen * benutzen. Diese Zeile oder Spalte füllt dann den verbleibenden Platz aus.

```
<Window ... Height="200" Width="400">
<Grid>
  <Grid.RowDefinitions>
    <RowDefinition/>
    <RowDefinition/>
  </Grid.RowDefinitions>
  <Grid.ColumnDefinitions>
    <ColumnDefinition Width="Auto"/>
    <ColumnDefinition Width="*"/>
  </Grid.ColumnDefinitions>
  [...]
</Grid>
</Window>
```

Listing 23.11 Listing zu Abbildung 23.10

Beachten Sie, dass die Wildcard nur dann ihre Stärken ausspielen kann, wenn die Breite des Fensters die Gesamtbreite der beiden Schaltflächen überschreitet.

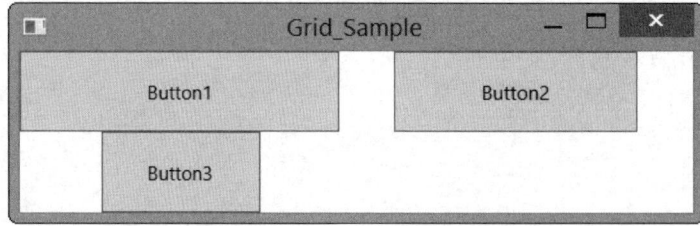

Abbildung 23.10 Fenster mit Einsatz der Wildcard »*«

Die Wildcard * kann auch Verhältnisse bezüglich Höhe und Breite bilden. Geben Sie beispielsweise 3* an, bedeutet dies, dass die Höhe beziehungsweise Breite den dreifachen Wert einer mit * gekennzeichneten Spalte oder Zeile beansprucht. Angenommen, Sie hätten drei

Spalten mit den Breiten *, 2* und 3* festgelegt, wird die zur Verfügung stehende Gesamtbreite des Fensters in sechs gleich große Einheiten aufgeteilt. Dabei wird die erste Spalte eine Einheit breit, die zweite zwei Einheiten und die dritte drei Einheiten (siehe Abbildung 23.11). Da für den Zahlenwert der Typ double erlaubt ist, können Sie eine sehr feine Zellenstruktur erzielen.

```
<Grid>
  <Grid.ColumnDefinitions>
    <ColumnDefinition Width="3*"/>
    <ColumnDefinition Width="2*"/>
    <ColumnDefinition Width="*"/>
  </Grid.ColumnDefinitions>
</Grid>
```

Listing 23.12 Listing zu Abbildung 23.11

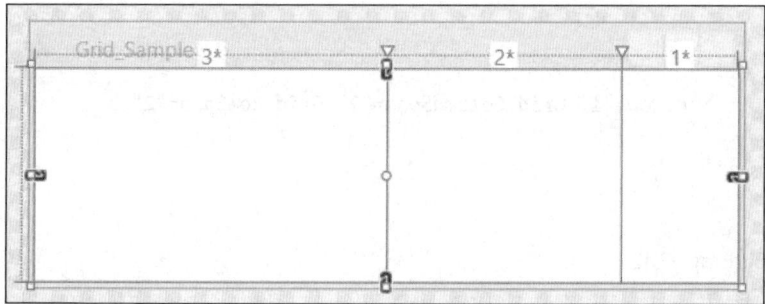

Abbildung 23.11 Die Aufteilung der Spalten mit »*«

Die Wildcard * lässt sich mit absoluten Mindestmaßen kombinieren. Mit MinWidth="50" und Width="*" erreichen Sie beispielsweise, dass die entsprechende Spalte 50 Pixel nicht unterschreitet.

Hinweis

Wie Sie vermutlich erkennen, lässt sich der Bereich eines Fensters unter Zuhilfenahme des Grid-Elements beliebig strukturieren. Dass ich in den Beispielen nur den Button verwendet habe, ist eher symbolhaft anzusehen und liegt darin begründet, dass diese Komponente sehr einfach zu handhaben ist.

Auch wenn die Button-Objekte in den vorhergehenden Beispielen absolute Größenangaben bekommen haben (z. B. Width), ist das in vielen Fällen nicht die beste Lösung. Machen Sie es sich zur Regel, so weit wie möglich auf absolute Größenangaben für eine in einer Gridzelle enthaltenen Komponente zu verzichten. Die Komponente wird mit Absolutwerten zwar immer ihre vorgegebene Größe beibehalten, profitiert aber auch nicht von einer relativen Größenänderung der Spalte bzw. Zeile.

23

Die Eigenschaften »ColumnSpan« und »RowSpan«

Bei einer Komponente, die über mehrere Spalten oder Zeilen aufspannt werden soll, geben Sie `Grid.ColumnSpan` oder/und `Grid.RowSpan` an. Die beiden Eigenschaften `Grid.Column` und `Grid.Row` dienen in diesem Fall dazu, die linke obere Zelle für das Element zu reservieren, von der ausgehend sich die Zelle über mehrere Spalten und/oder Zeilen erstreckt.

```
<Grid>
  <Grid.RowDefinitions>
    <RowDefinition/>
    <RowDefinition/>
    <RowDefinition/>
    <RowDefinition/>
  </Grid.RowDefinitions>
  <Grid.ColumnDefinitions>
    <ColumnDefinition/>
    <ColumnDefinition/>
    <ColumnDefinition/>
  </Grid.ColumnDefinitions>
  <Button Grid.Column="1" Grid.Row="1" Grid.ColumnSpan="2" Grid.RowSpan="2">
    Button1
  </Button>
</Grid>
```

Listing 23.13 Listing zu Abbildung 23.12

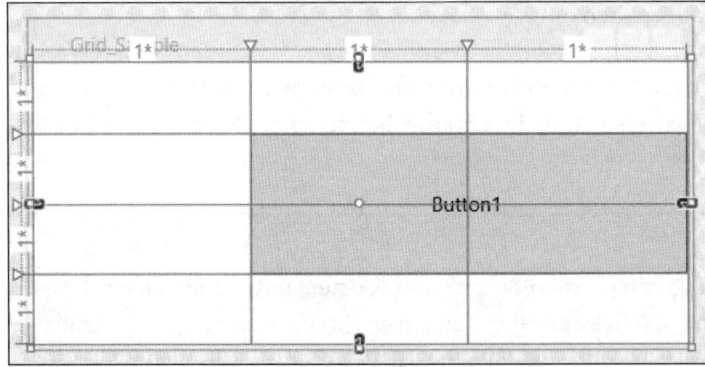

Abbildung 23.12 Ein über mehrere Zellen aufgespannter Button

Die Spalten- und Zeilenbreite mit »GridSplitter« ändern

Möchten Sie dem Anwender erlauben, ähnlich wie bei einem Excel-Tabellenblatt die Zeilenhöhe oder Spaltenbreite mit der Maus zu verändern, kommt das Element `GridSplitter` ins Spiel. Für einen `GridSplitter` müssen Sie eine eigene Spalte beziehungsweise Zeile bereitstellen, die auch über eine ausreichende Höhe oder Breite verfügt. Zudem sollten Sie einen nicht zu kleinen Randabstand mit der Eigenschaft Margin festlegen. Ansonsten könnte es sein, das der Splitter zur Laufzeit so weit gezogen wird, dass er nicht mehr bedient werden kann. Diese Komponente hat also einen Haken, wenn Sie beim Design nicht genügend aufpassen.

Eine Eigenschaft sollte an dieser Stelle auch sofort erwähnt werden: ShowPreview. Setzen Sie sie auf true, wird beim Greifen und Ziehen mit der Maus der Splitter in seiner ursprünglichen Lage weiterhin angezeigt. Erst beim Loslassen der Maus wird der neue Zustand endgültig eingenommen, und die Komponenten, die sich in den Zellen befinden, passen sich an die neue Zellengröße an.

In Listing 23.14 ist sowohl ein vertikaler als auch ein horizontaler GridSplitter definiert. Beachten Sie, wie mit den Eigenschaften Column, Row, ColumnSpan und RowSpan die vertikale und horizontale Ausrichtung und Größe festgelegt wird.

```
<Grid>
  <Grid.RowDefinitions>
    <RowDefinition/>
    <RowDefinition/>
    <RowDefinition MinHeight="20" Height="20"></RowDefinition>
    <RowDefinition/>
    <RowDefinition/>
  </Grid.RowDefinitions>
  <Grid.ColumnDefinitions>
    <ColumnDefinition/>
    <ColumnDefinition MinWidth="20" Width="20"></ColumnDefinition>
    <ColumnDefinition/>
    <ColumnDefinition/>
  </Grid.ColumnDefinitions>
  <Button>Button1</Button>
  <Button Grid.Column="2" Grid.Row="1">Button2</Button>
  <Button Grid.Column="3" Grid.Row="3">Button3</Button>
  <Button Grid.Column="4" Grid.Row="4">Button4</Button>
  <GridSplitter ShowsPreview="True"
                Grid.Column="1"
                Grid.RowSpan="3"
                HorizontalAlignment="Stretch"
                Margin="0, 0, 0, 10" Width="2" Background="Black" />
  <GridSplitter ShowsPreview="True"
                Grid.Row="2"
                Grid.ColumnSpan="3"
                HorizontalAlignment="Stretch"
                Margin="0, 5, 0, 5" Height="2" Background="Black" />
</Grid>
```

Listing 23.14 Listing zu Abbildung 23.13

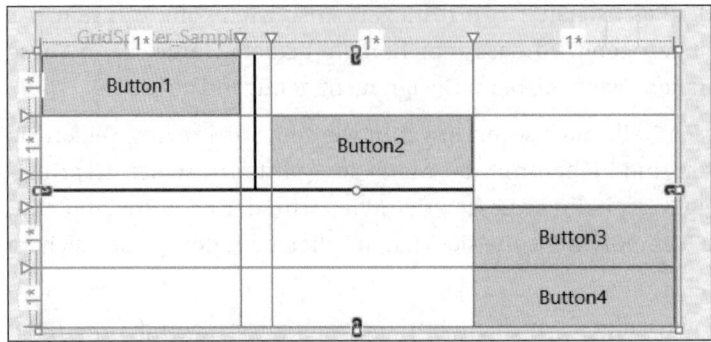

Abbildung 23.13 Vertikaler und ein horizontaler »GridSplitter«

23.2.6   Das »UniformGrid«

Das UniformGrid ist eine einfache Variante des im letzten Abschnitt behandelten Grid-Steuerelements. Im UniformGrid werden alle enthaltenen Elemente in einer Gitterrasterung dargestellt. Dabei ist es notwendig, die Anzahl der Zeilen oder Spalten direkt mit Rows und Columns
anzugeben. Die vom UniformGrid zur Verfügung gestellte Gesamtfläche wird dann so aufgeteilt, dass jede Zelle innerhalb des Grid-Objekts die gleiche Größe hat. Die Elemente, die im
UniformGrid enthalten sind, werden der Reihe nach auf die einzelnen Zellen aufgeteilt: In horizontaler Richtung von links nach rechts, dann in vertikaler Richtung von oben nach unten.
Die Zuordnung eines Elements in eine bestimmte Zelle, wie Sie es beim Grid gesehen haben,
ist nicht möglich.

```
<UniformGrid Columns="4" Rows="2">
  <Button>Button1</Button>
  <Button>Button2</Button>
  [...]
  <Button>Button5</Button>
</UniformGrid>
```

Listing 23.15 Listing zu Abbildung 23.14

	UniformGrid_Sample	— □ ✕
Button1	Button2	Button3	Button4
Button5		

Abbildung 23.14 Das »UniformGrid« mit fünf Elementen

Wie bei den anderen Containern auch können Sie das Anzeigeverhalten im UniformGrid be-einflussen. Das Attribut FlowDirection kennen Sie bereits, so dass sich eine weitere Erklärung erübrigt. Wie gezeigt, geben Sie mit Rows und Columns an, wie viele Zeilen und Spalten im Uni-formGrid dargestellt werden sollen. Allerdings müssen Sie sich dann auch über einen Neben-effekt im Klaren sein: Reicht die Anzahl der Zellen im UniformGrid für die anzuzeigenden Ele-mente nicht aus, werden alle überschüssigen Komponenten zur Laufzeit nicht angezeigt. Sollte Ihnen dieses Malheur zur Entwicklungszeit unterlaufen, können Sie das im Designer von Visual Studio erkennen.

Wegen der doch sehr beschränkten Möglichkeiten der Einflussnahme dürfte das UniformGrid der wohl am seltensten benutzte Layoutcontainer sein. Er eignet sich eigentlich nur für we-nige spezielle Einsatzzwecke.

23.3   Verschachteln von Layoutcontainern

Sie haben nun die Layoutcontainer und ihre Einsatzmöglichkeiten kennengelernt. Wenn Sie eine etwas aufwendigere Form bereitstellen wollen, werden Sie mit ziemlicher Sicherheit nicht mit einem Layoutcontainer auskommen. Meistens werden Sie mehrere ineinander verschachtelte einsetzen.

Da wir nun der Reihe nach die Layoutcontainer mit einfachem XAML-Beispielcode im Ein-satz erlebt haben, ist es an der Zeit, eine etwas aufwendigere Form zu erstellen. Darin sind mehrere Steuerelemente enthalten, über die erst gesprochen werden muss, aber zu gestalte-rischen Zwecken erübrigt sich an dieser Stelle wohl eine Erklärung. Zudem ist kein Pro-grammcode hinterlegt, da es uns hier auf die Oberflächengestaltung ankommt. Sehen wir uns das Window zur Laufzeit an (Abbildung 23.15).

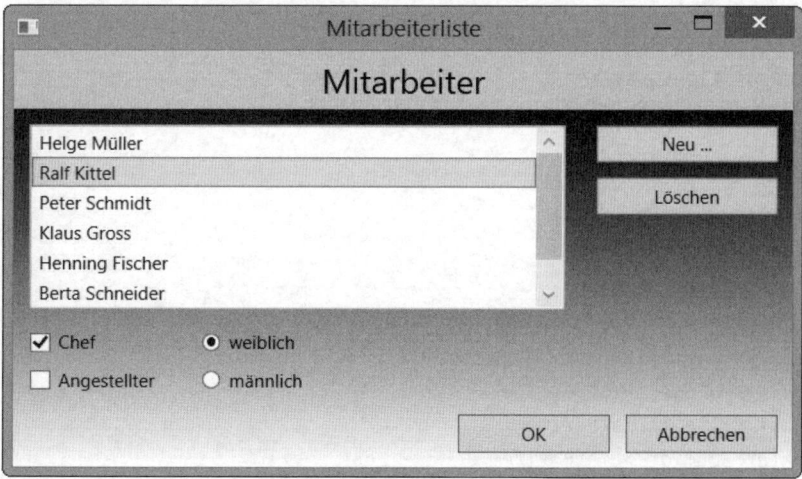

Abbildung 23.15 Anzeige des Beispielprogramms »Mitarbeiterliste«

Als dem `Window` direkt untergeordneten Container wird das `Grid` eingesetzt. Dieses definiert vier Zeilen: Die erste soll den »Header« enthalten, die zweite beschreibt den Bereich, in dem sich die `ListBox` befindet. Die dritte Zeile dient der Aufnahme der `CheckBox`- und `RadioButton`-Elemente, und die vierte Zeile schließlich dient den beiden unteren `Button`-Elementen. Jeder der vier Zeilen ist ein weiterer Layoutcontainer untergeordnet, die wir uns noch genauer ansehen wollen.

In der ersten Zeile wird ein `StackPanel` verwendet. Das hat den Zweck, im Header über die gesamte Fensterbreite hinweg eine Hintergrundfarbe darstellen zu können.

Der zweiten Zeile ist ein `Grid` mit zwei Spalten untergeordnet. In dessen rechter Spalte wiederum ist ein `StackPanel` enthalten, um die beiden Schaltflächen Neu und Löschen sauber untereinander positionieren zu können. Die linke Spalte dient der Aufnahme der `ListBox`.

Auch die dritte Zeile des strukturgebenden `Grid`-Elements enthält ein weiteres untergeordnetes Grid, in dem zwei Spalten und zwei Zeilen vorgeschrieben werden. Der linken Spalte sind die `CheckBox`-Elemente zugeordnet, der rechten die `RadioButton`-Objekte.

In der vierten und letzten Zeile dient `StackPanel` dazu, die beiden Schaltflächen nebeneinander und rechtsbündig ausgerichtet anzuzeigen.

In Listing 23.16 sehen Sie den kompletten XAML-Code des Beispiels.

```
// Beispiel: ..\Kapitel 23\Mitarbeiterliste
<Window [...]>
<Grid>
  <Grid.RowDefinitions>
    <RowDefinition Height="Auto"/>
    <RowDefinition Height="*"/>
    <RowDefinition Height="Auto"/>
    <RowDefinition Height="Auto"/>
  </Grid.RowDefinitions>
  <StackPanel Background="LightGray">
    <Label FontSize="22" HorizontalAlignment="Center">Mitarbeiter</Label>
  </StackPanel>
  <Grid Grid.Row="1">
    <Grid.ColumnDefinitions>
      <ColumnDefinition/>
      <ColumnDefinition Width="140"/>
    </Grid.ColumnDefinitions>
    <ListBox Margin="10">
      <ListBoxItem>Helge Müller</ListBoxItem>
      <ListBoxItem>Ralf Kittel</ListBoxItem>
      <ListBoxItem>Peter Schmidt</ListBoxItem>
      <ListBoxItem>Klaus Gross</ListBoxItem>
      <ListBoxItem>Henning Fischer</ListBoxItem>
```

```
      <ListBoxItem>Berta Schneider</ListBoxItem>
    </ListBox>
    <StackPanel Grid.Column="1" Margin="10">
      <Button Height="25">Neu ...</Button>
      <Button Height="25" Margin="0 10 0 0">Löschen</Button>
    </StackPanel>
  </Grid>
  <Grid Grid.Row="2">
    <Grid.ColumnDefinitions>
      <ColumnDefinition Width="Auto"/>
      <ColumnDefinition/>
    </Grid.ColumnDefinitions>
    <Grid.RowDefinitions>
      <RowDefinition/>
      <RowDefinition/>
    </Grid.RowDefinitions>
    <CheckBox Margin="10 5 20 5">Chef</CheckBox>
    <CheckBox Margin="10 5 20 5" Grid.Row="1">Angestellter</CheckBox>
    <RadioButton Margin="10 5 20 5" Grid.Column="1">weiblich</RadioButton>
    <RadioButton Margin="10 5 20 5" Grid.Column="1" Grid.Row="1"
                 IsChecked="True">männlich</RadioButton>
  </Grid>
  <StackPanel Grid.Row="3" Orientation="Horizontal" HorizontalAlignment="Right">
    <Button Height="25" Width="100" Margin="10">OK</Button>
    <Button Height="25" Width="100" Margin="0 10 10 10">Abbrechen</Button>
  </StackPanel>
</Grid>
</Window>
```

Listing 23.16 Komplexer verschachtelte Layoutcontainer

Ich muss an dieser Stelle anmerken, dass es naturgemäß eine Vielzahl von Lösungsmöglich-keiten gibt, die Oberfläche wie gefordert umzusetzen. Die in Listing 23.16 gezeigte ist inso-fern nur als ein Lösungsvorschlag anzusehen.

23

Kapitel 24
Fenster in der WPF

In einer traditionellen Windows-Anwendung wird die Laufzeit der Anwendung hauptsächlich über Menüs und Symbolleistenschaltflächen gesteuert. Der Anwender wählt zum Beispiel ein Menü aus, woraufhin sich ein neues Fenster öffnet. Nicht ungewöhnlich ist es, dass viele Fenster der Anwendung gleichzeitig geöffnet sind und der Anwender zwischen diesen Fenstern hin und her springt. Dieses klassische Navigationsverhalten wird selbstverständlich auch von der WPF und dem Element Window unterstützt.

Es gibt jedoch noch eine weitere Variante, die in den Browsern Verwendung findet: Hier ermöglichen zwei Schaltflächen das Vor- und Zurückspringen zur Anzeige der unterschiedlichen Seiteninhalte. Auch diese Art der Navigation wird von der WPF unterstützt und kann in einem an sich gewöhnlichen Fenster integriert werden. Allerdings funktioniert letztgenanntes Verfahren nicht mit einem gewöhnlichen Window-Element, dafür müssen wir auf NavigationWindow zurückgreifen.

24.1 Hosts der WPF

Zur Umsetzung der beiden vorgenannten Navigationsverfahren bietet die WPF drei unterschiedliche Hosts an:

▶ Window

▶ NavigationWindow

▶ Frame

Bei Window handelt es sich um die Umsetzung eines klassischen Fensters. Dabei werden die Inhalte in mehreren separaten Fenstern angezeigt. Der Anwender navigiert durch die Anwendung, indem er immer wieder neue Fenster öffnet und bereits geöffnete schließt. Solche Anwendungen setzen sich daher in der Regel aus vielen einzelnen Fenstern zusammen. Nicht selten ist die Folge, dass zur Laufzeit eines Programms viele unterschiedliche Fenster der Anwendung geöffnet sind.

Das Navigationskonzept der Fenster vom Typ NavigationWindow erinnert an das Navigieren innerhalb eines Internetbrowsers, bei dem unterschiedliche Inhalte in einem gemeinsamen Fenster dargestellt werden. Setzen Sie diese Idee mit NavigationWindow in einer WPF-Anwendung um, werden nur die Inhalte auf mehrere Seiten vom Typ Page aufgeteilt, die untereinander verlinkt sind. Der Anwender navigiert durch die Anwendung, ohne gleichzeitig mehrere Fenster öffnen zu können, da ein `NavigationWindow` allen beteiligten Seiten als gemeinsamer Host dient. Zur Navigation stehen wie im Browser eine VOR- und eine ZU-RÜCK-Schaltfläche zur Verfügung. Wahrscheinlich haben Sie mit diesem Fenstertyp bereits Bekanntschaft gemacht, denn spätestens seit Vista wird diese Navigationstechnik auch vom Windows-Betriebssystem vermehrt eingesetzt. Ein typisches Beispiel ist das Fenster SYS-TEMSTEUERUNG (siehe Abbildung 24.1).

Abbildung 24.1 Die Systemsteuerung von Windows 10

Ein `NavigationWindow` mit seinen angestammten Navigationsschaltflächen kann nicht dem Element `Window`, also einem traditionellen Fenster, untergeordnet werden. Damit auch in einem `Window` die Navigationsschaltflächen integriert werden können, gibt es die dritte Alternative in Form des `Frame`-Elements. `Frame` ermöglicht die seitenbasierte Navigation auch innerhalb eines `Window`-Elements.

> **Anmerkung**
> Die WPF unterstützt keine MDI-Fenster. Möchten Sie dennoch diese Art der Fensterverwaltung einsetzen, müssen Sie das mit Hilfe der Interop-Techniken umsetzen.

24.2   Fenster vom Typ »Window«

Mit der Klasse `Window` wird ein Fenster beschrieben, das wohl wichtigste Element einer klassischen Windows-Anwendung. Ein `Window` ist ein Container für alle darin enthaltenen Steuerelemente. Da `Window` direkt von `ContentControl` abgeleitet ist, besitzt diese Klasse eine `Content`-Eigenschaft, die aber nicht explizit angegeben werden muss. Die `Content`-Eigenschaft kann genau ein Element aufnehmen, das im Fall des `Window`-Objekts praktisch immer ein Layoutcontainer sein dürfte.

Mit der Eigenschaft Title wird der Inhalt der Titelleiste beschrieben, mit den Eigenschaften Height und Width die Breite und die Höhe des Fensters. Diese drei Eigenschaften werden direkt im XAML-Code angeboten, nachdem Sie eine neue WPF-Anwendung gestartet oder ein zusätzliches Window der Anwendung hinzugefügt haben.

Damit sind zumindest die wahrscheinlich drei wichtigsten Eigenschaften schon festgelegt. Neben den genannten können Sie mit vielen weiteren Eigenschaften das Aussehen und das Verhalten eines Window-Objekts beeinflussen. Einen Überblick über die wichtigsten Eigenschaften bietet Tabelle 24.1.

Eigenschaft	Beschreibung
Icon	Per Vorgabe wird als Symbol ein Standard-Icon verwendet. Wollen Sie dieses durch ein anwendungsspezifisches austauschen, geben Sie für die Eigenschaft Icon eine ICO-Datei an.
ResizeMode	ResizeMode bestimmt, ob und wie sich die Größe des betreffenden Window-Elements ändern kann. Die Eigenschaft lässt die Einstellungen NoResize, CanMinimize, CanResize und CanResize-WithGrip zu. Je nach Wahl der Einstellung werden die Schaltflächen zum Minimieren und Maximieren in der Titelleiste angezeigt. Der Standard ist CanResize.
ShowInTaskbar	Die Eigenschaft legt fest, ob das minimierte Fenster in der Taskleiste angezeigt wird. Der Vorgabewert ist true.
SizeToContent	Legt fest, ob die Größe eines Fensters automatisch an die Größe des Inhalts angepasst wird. Die Standardeinstellung Manual bedeutet, dass sich die Größe aus den Einstellungen Height und Width des Fensters ergibt. Die Eigenschaft selbst lässt darüber hinaus die Einstellungen Width, Height und WidthAndHeight zu. Bei letztgenannter Einstellung werden die angezeigte Breite und Höhe des Fensters automatisch an die Breite und Höhe des Inhalts angepasst.
Topmost	Wird diese Eigenschaft auf true eingestellt, erscheint dieses Fenster immer über allen anderen Fenstern der Anwendung.
WindowStartupLocation	Legt die Position des Fensters fest, wenn es zum ersten Mal angezeigt wird. Die möglichen Einstellungen sind Manual, CenterScreen und CenterOwner. Manual ist der Standard und wird durch die Eigenschaften Left und Top des Fensters beschrieben. Mit CenterScreen wird das Fenster in Bildschirmmitte angezeigt, mit CenterOwner mittig bezogen auf ein anderes Fenster, aus dem heraus das aktuelle Fenster aufgerufen wird.

Tabelle 24.1 Eigenschaften der Klasse »Window« (Auszug)

24

Eigenschaft	Beschreibung
WindowState	Diese Eigenschaft beschreibt die drei Fensterzustände Normal, Minimized und Maximized.
WindowStyle	Gibt den Rahmentyp für das Fenster an. Die möglichen Einstellungen lauten None (weder Rahmen noch Titelleiste werden angezeigt), SingleBorderWindow (das ist der Standard), ThreeD-BorderWindow (Fenster mit 3D-Rahmen) und ToolWindow (verankertes Toolfenster mit minimierten Fensterrändern).

Tabelle 24.1 Eigenschaften der Klasse »Window« (Auszug) (Forts.)

24.2.1   Mehrere Fenster in einer Anwendung

Enthält eine WPF-Anwendung nur ein Fenster, wird die Anwendung mit dem Schließen des Fensters beendet. Anwendungen mit nur einem Fenster stellen eher die Ausnahme dar, die meisten Anwendungen haben mehr oder weniger viele Fenster. Entwickeln Sie eine Anwendung mit mehreren Fenstern, können Sie das gewünschte Startfenster im Wurzelelement Application der Datei *App.xaml* angeben. Dazu ändern Sie einfach die Angabe des Attributs StartupUri passend ab.

```
<Application [...]
  StartupUri="MainWindow.xaml">
  <Application.Resources>
  </Application.Resources>
</Application>
```

Listing 24.1 Angabe des Startfensters in der Datei »App.xaml«

Beendet wird eine WPF-Anwendung mit dem Schließen des letzten Fensters.

Jedes neu zu öffnende Fenster muss zuerst als Objekt vorliegen. Dazu instanziieren Sie die Klasse und rufen die Methode Show auf.

```
Window1 frm = new Window1();
frm.Show();
```

Das Fenster wird nicht-modal geöffnet. Das heißt, der Benutzer kann ein anderes Fenster der laufenden Anwendung aktivieren. Fenster lassen sich auch modal öffnen. Modal geöffnete Fenster erlauben nicht, ein anderes Fenster der aktuellen Anwendung zu aktivieren. Dazu muss das modale Fenster erst wieder geschlossen werden. Üblicherweise werden modale Fenster auch als *Dialogfenster* bezeichnet. Eingesetzt werden Sie da, wo der Anwender Angaben machen muss, die von der Anwendung sofort in irgendeiner Form umgesetzt werden.

Um ein Fenster als Dialogfenster modal zu öffnen, rufen Sie anstatt der Methode Show die Methode ShowDialog auf. Im Gegensatz zu Show hat die Methode ShowDialog einen Rückgabewert vom Typ Boolean?. Die Rückgabe kann also true, false oder null sein, der Standardwert ist false. Wie Sie später noch sehen werden, benötigen wir diesen Rückgabewert zur Auswertung, welche Aktion zum Schließen des Dialogs geführt hat.

Fenster schließen

Um ein Fenster zu schließen, stehen Ihnen zwei Möglichkeiten zur Verfügung: Die Methoden Hide und Close. Mit Hide wird das Fenster nur unsichtbar gemacht, bleibt aber weiterhin im Speicher. Sie können das Fenster durch den erneuten Aufruf der Methode Show zur Anzeige bringen, ohne dass eine Neuinstanziierung notwendig ist. Das Fenster wird in dem Zustand geöffnet, den es vor dem Aufruf von Hide hatte. Mit Close schließen Sie das Fenster und geben die beanspruchten Ressourcen frei. Das bringt natürlich Ressourcenvorteile im Vergleich zum Verstecken des Fensters. Benötigen Sie das Fenster erneut, müssen Sie die zugrundeliegende Klasse instanziieren.

Beim Schließen eines Fensters treten nacheinander die beiden Ereignisse Closing und Closed auf. Beide unterscheiden sich in der Programmierung dahingehend, dass im Ereignishandler von Closing der eingeleitete Schließvorgang praktisch im letzten Moment noch abgebrochen werden kann. Dazu setzen Sie die Eigenschaft Cancel des EventArgs-Parameters auf true, z. B.:

```
private void Window_Closing(object sender, CancelEventArgs e)
{
  MessageBoxResult result = MessageBox.Show("Schließen?", "Beenden",
                     MessageBoxButton.YesNo,
                     MessageBoxImage.Question,
                     MessageBoxResult.No);
  if (result == MessageBoxResult.No)
    e.Cancel = true;
}
```

Listing 24.2 Den eingeleiteten Schließvorgang optional abbrechen

Die Abbruchmöglichkeit gibt es nicht mehr, wenn das Ereignis Closed ausgelöst wird. Im Zweifelsfall sind jetzt noch die Benutzereingaben zu speichern, ansonsten sind sie unwiederbringlich verloren.

Modale Fenster schließen

Modale Fenster haben in der Regel zwei Schaltflächen. Diese sind meistens mit OK und ABBRECHEN beschriftet. Von einem modalen Fenster wird erwartet, dass es nach dem Klicken auf eine der beiden Schaltflächen geschlossen wird. Die OK-Schaltfläche signalisiert dabei

24

dem aufrufenden Fenster, dass der Anwender seine Eingaben im Dialog bestätigt hat, die AB-BRECHEN-Schaltfläche, dass die Aktion abgebrochen wurde.

Bei der ABBRECHEN-Schaltfläche sollten Sie deren Eigenschaft IsCancel auf true einstellen. Damit wird das Fenster geschlossen, wenn der Anwender auf die Schaltfläche klickt (oder die Esc-Taste drückt). Sie benötigen dann auch keinen separaten Ereignishandler für diese Aktion. Im XAML-Code könnten damit die beiden Schaltflächen OK und ABBRECHEN wie in Listing 24.3 gezeigt definiert sein:

```
<Button Content="OK" Click="btnOK_Click" ... />
<Button Content="Abbrechen" IsCancel="true" ... />
```

Listing 24.3 »OK«- und »Abbrechen«-Schaltfläche im Dialogfenster

Bei der OK-Schaltfläche eines Dialogfensters hingegen wird ein Ereignishandler für den Schließvorgang benötigt. Meistens handelt es sich um den Handler, der auf das Click-Ereignis der OK-Schaltfläche reagiert. Im Ereignishandler legen Sie die Eigenschaft DialogResult des WPF-Fensters auf true fest, was ein Schließen des Dialogs bewirkt.

```
private void btnOK_Click(object sender, RoutedEventArgs e)
{
  DialogResult = true;
}
```

Listing 24.4 »OK«-Schaltfläche eines modalen Dialogs

Sie können durch das Festlegen der Eigenschaft IsDefault=true der OK-Schaltfläche dem Dialog mitteilen, dass es sich bei dieser Schaltfläche um die Standardschaltfläche handelt, die der Anwender durch Drücken der ↵-Taste erreichen kann. Das bedeutet, dass unabhängig davon, welches Steuerelement im Fenster aktuell den Fokus hat, beim Drücken der ↵-Taste das Click-Ereignis der OK-Schaltfläche ausgelöst und der entsprechende Ereignishandler abgearbeitet wird.

24.3   Fenster vom Typ »NavigationWindow«

Weiter oben habe ich schon erwähnt, dass ein Fenster vom Typ NavigationWindow dem Benutzer eine Navigation anbietet, die der eines Browsers ähnelt. Die Umsetzung der Navigation macht mit NavigationWindow keine Schwierigkeiten, da alle notwendigen Verhaltensweisen bereits zur Verfügung gestellt werden.

Die Klasse NavigationWindow ist von der Klasse Window abgeleitet und weist deshalb dieselben Eigenschaften und Methoden auf. Allerdings repräsentiert NavigationWindow nur einen Rahmen als Grundstruktur, der weder Programmlogik noch Steuerelemente enthalten sollte.

Dabei ist die Navigationsleiste, mit der der Anwender durch die Seiten navigiert, bereits vordefiniert. Über die Reihenfolge der vom Anwender aufgerufenen Seiten müssen Sie sich als Entwickler keine Gedanken machen, denn das NavigationWindow protokolliert die aufgerufenen Seiten automatisch in einem *Journal*.

In einem NavigationWindow lassen sich keine Layoutcontainer unterbringen, denn es hat keine Content-Eigenschaft. Stattdessen werden die anzuzeigenden Inhalte innerhalb des NavigationWindow-Objekts durch Page-Objekte beschrieben. Für jedes gewünschte »Fenster« müssen Sie ein Page-Objekt erstellen, das die Logik und die Steuerelemente enthält. Das Page-Objekt ähnelt zwar in vielerlei Hinsicht dem Inhalt eines Window-Objekts, kann aber nicht ohne einen passenden Host angezeigt werden. Daher werden Sie auch keine Eigenschaften, die die Größe und Position eines Page-Objekts betreffen, vorfinden.

Das NavigationWindow wird nicht als Vorlage angeboten. Möchten Sie Ihrer Anwendung ein NavigationWindow hinzufügen, bleibt Ihnen nichts anderes übrig, als zunächst ein Window als Grundlage zu benutzen. Dann müssen Sie drei Punkte manuell erledigen:

▶ Ersetzen Sie in der XAML-Datei das Stammelement Window durch NavigationWindow.

▶ Löschen Sie das Grid-Element in der XAML-Datei.

▶ Passen Sie in der Code-Behind-Datei die Basisklasse an, und ersetzen Sie auch hier Window durch NavigationWindow.

Listing 24.5 zeigt Ihnen die notwendigen Anpassungen.

```
// im XAML-Code
<NavigationWindow x:Class="WpfApplication1.MainWindow"
  [...]
  Title="MainWindow" Height="350" Width="525">
</NavigationWindow>
// in der Code-Behind-Datei
public partial class MainWindow : NavigationWindow
{
  public MainWindow()
  {
    InitializeComponent();
  }
}
```

Listing 24.5 Notwendige Änderungen, um ein »NavigationWindow« bereitzustellen

In der Entwicklungsumgebung sind noch keine Navigationsschaltflächen zu sehen. Dazu müssen Sie erst die Laufzeit starten. In Abbildung 24.2 sehen Sie die Anzeige eines NavigationWindow-Fensters zur Laufzeit, jedoch noch ohne jeglichen Inhalt.

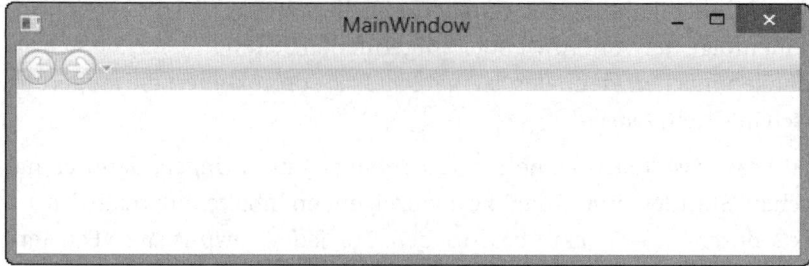

Abbildung 24.2 Das »NavigationWindow« zur Laufzeit

24.3.1 Das »Page«-Element

Nun ist es Zeit, sich mit der Darstellung der Inhalte in einem NavigationWindow zu beschäftigen. Dazu wird ein Page-Objekt benötigt. Page wird als Vorlage angeboten, so dass Sie eine Page über das Kontextmenü des Projekts im Projektmappen-Explorer mit der Option HINZU-FÜGEN des Projekts bereitstellen können. In der deutschsprachigen Version von Visual Studio heißt die Vorlage SEITE. Dabei wird der folgende XAML-Code erzeugt:

```
<Page x:Class="WpfApplication1.Page1"
      xmlns="http://schemas.microsoft.com/winfx/2006/xaml/presentation"
      xmlns:x="http://schemas.microsoft.com/winfx/2006/xaml"
      [...]
      Title="Page1">
  <Grid>
  </Grid>
</Page>
```

Listing 24.6 XAML-Code der Vorlage »Seite«

Es muss jetzt die Beziehung zwischen dem NavigationWindow und der Page hergestellt werden. Dazu dient die Eigenschaft Source des NavigationWindow-Objekts.

```
<NavigationWindow
  [...]
  Source="Page1.xaml">
</NavigationWindow>
```

Listing 24.7 Das »Page«-Objekt dem »NavigationWindow« bekanntgeben

Ein NavigationWindow ist in der Lage, als Host für mehrere Page-Objekte seinen Dienst zu tun. Beim Starten der Anwendung wird aber automatisch die Seite aufgerufen, die unter der Eigenschaft Source eingetragen ist.

Die Page hat eine Eigenschaft Title. In der Titelleiste des NavigationWindow-Objekts wird jedoch nicht der Text angezeigt, den Title beschreibt. Die Eigenschaft Title dient nur als Titelangabe in der Dropdown-Liste, die rechts neben den beiden Navigationsschaltflächen geöffnet werden kann. Um einen spezifischen Text in der Titelleiste des übergeordneten NavigationWindow-Elements anzuzeigen, verwenden Sie stattdessen die Eigenschaft WindowTitle der Seite.

Falls es notwendig ist, können Sie die Darstellungsgröße des NavigationWindow-Objekts an den Inhalt der Page anpassen. Legen dazu Sie die Eigenschaften WindowHeight und WindowWidth der Seite fest.

Die Navigationsschaltflächen im NavigationWindow werden per Vorgabe angezeigt und zur Navigation zwischen den Seiten verwendet. Sie haben darüber hinaus die Möglichkeit, mit Links oder beispielsweise Schaltflächen selbst die Navigation in die Hand zu nehmen. Dann sollten Sie mit

ShowNavigationUI=false

die Navigationssteuerelemente im Host ausblenden.

Angenommen, wir würden von *Page1* zu *Page2* navigieren. Beim Wechsel wird die aufgegebene Seite, also *Page1*, zerstört. Dieses Verhalten dient der Schonung der Speicherressourcen. Andererseits kann es problematisch werden, wenn eine Seite Objekte erzeugt hat, die später noch einmal verwendet werden müssen. Mit der Einstellung

KeepAlive=true

lässt sich das Standardverhalten ändern (die Standardvorgabe lautet false). Die Seite wird dann komplett im Speicher gehalten.

Die bisher erwähnten Eigenschaften eines NavigationWindow-Objekts sind in Tabelle 24.2 des besseren Überblicks wegen noch einmal aufgeführt.

Eigenschaft	Beschreibung
KeepAlive	Legt fest, ob die Seite im Speicher gehalten wird. Die Vorgabe ist false.
ShowNavigationUI	Legt fest, ob die Navigationsschaltflächen angezeigt werden. Die Vorgabe ist true.
Title	Legt den Titel der Page fest.
WindowHeight	Legt die Höhe des Hosts der Seite fest.
WindowTitle	Legt den Titel des Hosts fest.
WindowWidth	Legt die Breite des Hosts der Seite fest.

Tabelle 24.2 Spezifische Eigenschaften einer Seite (Auszug)

24

24.3.2   Navigation zwischen den Seiten

Ein `NavigationWindow` dient als Host für ein oder beliebig viele `Page`-Elemente. Um dem Benutzer die Navigation zwischen den Seiten der Anwendung zu ermöglichen, werden Ihnen mit

- `HyperLink` und
- `NavigationService`

zwei Möglichkeiten angeboten.

Navigation mit »HyperLink«

Verwenden Sie ein `HyperLink`-Element zur Navigation, müssen Sie sowohl die Zieladresse als auch einen Text angeben, auf den der Benutzer klicken soll.

```
<TextBlock>
  <Hyperlink NavigateUri="Page2.xaml">Zur Seite 2</Hyperlink>
</TextBlock>
```

Listing 24.8 Hyperlink zur Navigation zu einer anderen Seite

Das `HyperLink`-Element muss entweder in einem `TextBlock` oder einem `FlowDocument` eingebettet sein. Das Ziel des Hyperlinks wird in der Eigenschaft `NavigateUri` angegeben. Dabei müssen Sie darauf achten, dass Sie die XAML-Datei angeben und nicht den Klassenbezeichner. Anstatt einer Zeichenfolge lassen sich, wie in HTML-Seiten, auch Bilder verlinken.

```
<TextBlock>
  <Hyperlink NavigateUri="Page2.xaml">
    <Image Source="NavButtonNext.jpg" />
  </Hyperlink>
</TextBlock>
```

Listing 24.9 Ein Image zur Navigation über »HyperLink«

Hinweis

Befindet sich die verlinkte XAML-Datei im aktuellen Verzeichnis, genügt die einfache Dateiangabe wie gezeigt. In der Entwicklungsumgebung können Sie aber innerhalb eines Projekts auch eine Verzeichnisstruktur festlegen, beispielsweise um Ressourcen besser verwalten zu können. Angenommen, die Seite mit dem Namen *Page1.xaml* befände sich im Ordner *All-Pages*, müssten Sie die Seite wie folgt adressieren:

`NavigateUri="../AllPages/Page1.xaml"`

Beachten Sie jedoch, dass es sich dabei nicht um ein Verzeichnis handelt, das nach dem Kompilieren im Ausgabeverzeichnis des Kompilats zu finden ist.

Navigation mit »NavigationService«

Das HyperLink-Element eignet sich besonders zur Angabe im XAML-Code. Das ist sehr einfach umzusetzen, beispielsweise wenn Sie mit den Seitenaufrufen sequenziell Benutzereingaben anfordern, ähnlich wie bei einem Assistenten. In komplexeren Szenarien stellt sich das HyperLink-Element jedoch sehr schnell als unzureichend heraus. An seiner Stelle betritt die Klasse NavigationService die Bühne, die von einem NavigationWindow zur Verfügung gestellt wird. Sie können sich die Referenz auf das NavigationService-Objekt besorgen, indem Sie die statische Methode GetNavigationService aufrufen und als Argument die Referenz auf den Host übergeben, auf dessen NavigationService Sie zurückgreifen wollen:

```
NavigationService nav = NavigationService.GetNavigationService(this);
```

Eine andere Möglichkeit bietet das Page-Objekt mit seiner Eigenschaft NavigationService. Diese liefert die Referenz auf den NavigationService des eigenen Hosts.

Die wohl wichtigste Methode des NavigationService-Objekts ist Navigate, der Sie die Seite, zu der navigiert werden soll, als URI übergeben.

```
NavigationService nav = NavigationService.GetNavigationService(this);
Uri uri = new Uri("Page2.xaml", UriKind.RelativeOrAbsolute);
nav.Navigate(uri);
```

Listing 24.10 Übergabe eines »Uri«-Objekts an die Methode »Navigate«

Erwähnenswert im Zusammenhang mit Navigate ist, dass die Methode asynchron aufgerufen wird. Dieses Verhalten ist sinnvoll, da eine Seite durchaus Inhalte haben kann, deren Ladevorgang verhältnismäßig lange dauert. Hier seien exemplarisch Mediendateien genannt.

Eine weitere Möglichkeit bietet sich, indem Sie ein Objekt der Page neu erzeugen, zu der navigiert werden soll, und dieses als Argument an Navigate übergeben:

```
NavigationService nav = NavigationService.GetNavigationService(this);
nav.Navigate(new Page2());
```

Listing 24.11 Übergabe eines »Page«-Objekts an die Methode »Navigate«

Wollen Sie eine über die standardmäßigen Navigationsschaltflächen des Hosts hinausgehende Navigation in einer Seite realisieren (beispielsweise mit separaten Schaltflächen), können Sie die Methoden GoForward oder GoBack des NavigationService-Objekts benutzen. Beide Methoden lösen eine Ausnahme vom Typ InvalidOperationException aus, wenn die Navigation fehlschlägt. Um das zu vermeiden, sollten Sie daher zuerst prüfen, ob eine Navigation zurück oder nach vorn überhaupt möglich ist. Auch dabei hilft Ihnen das NavigationService-Objekt weiter, diesmal mit seinen beiden Eigenschaften CanGoBack und CanGoForward. Beide liefern true als Ergebnis, wenn ein Navigationsverlauf nach vorn oder zurück möglich ist.

24

Wie bereits angedeutet, werden die Inhalte der aufgerufenen Seite mit der Methode Navigate asynchron abgerufen. So wundert es nicht, dass das NavigationService-Objekt mit Stop-Loading eine Methode bereitstellt, um die Navigation abzubrechen oder mit der Methode Refresh eine Seite neu zu laden.

Ereignisse des »NavigationService«-Objekts

Das Navigieren zu einer anderen Seite mit dem NavigationService-Objekt ist ein relativ komplexer Vorgang. Dabei werden mehrere Schritte der Reihe nach ausgeführt:

▶ Die aufgerufene Seite muss zuerst lokalisiert werden.

▶ Die Seiteninformationen werden abgerufen.

▶ Alle Ressourcen, die in der zu ladenden Seite enthalten sind, müssen geladen werden.

Erst nach den genannten drei Schritten ist die Seite so weit vorbereitet, dass sie erstellt werden kann, was zu der Auslösung der Ereignisse Initialized und Loaded der Seite führt. Das gilt natürlich nicht, wenn die Informationen dem Journal entnommen werden. Zum Schluss wird die Seite dargestellt (gerendert).

Während des beschriebenen Ablaufs wird eine Reihe von Ereignissen durch das Navigation-Service-Objekt ausgelöst. In Tabelle 24.3 sind die wichtigsten aufgeführt.

Die Ereignisse werden auch von den Klassen Application, NavigationWindow und Frame ausgelöst. Somit ist es möglich, in Anwendungen, in denen mehrere Navigationshosts enthalten sind, die Navigation für jeden Host separat zu behandeln oder, über das Application-Objekt, eine gemeinsame Behandlung zu implementieren. Das Page-Objekt selbst löst im Zusammenhang mit der Navigation keine Ereignisse aus.

Ereignis	Beschreibung
Navigating	Dieses Ereignis wird kurz vor dem Seitenwechsel ausgelöst. In diesem Ereignis kann der Seitenwechsel im letzten Moment noch abgebrochen werden, indem die Eigenschaft Cancel des EventArgs-Parameters auf true gesetzt wird.
Navigated	Wird dieses Ereignis ausgelöst, hat die Navigation bereits begonnen.
NavigationProgress	Dieses Ereignis tritt während des Ladevorgangs der Seite permanent auf. Im Ereignishandler lässt sich das EventArgs-Objekt auswerten. So können Sie die Eigenschaft MaxBytes auswerten, um zu erfahren, wie viele Daten die Seite insgesamt erfordert, während ReadBytes angibt, wie viele Daten bereits übertragen worden sind. Dieses Ereignis wird übrigens immer dann ausgelöst, wenn 1 KByte Daten geladen worden sind. Es eignet sich daher gut, um den Ladefortschritt anzuzeigen.

Tabelle 24.3 Die Ereignisse eines »NavigationService«-Objekts

Ereignis	Beschreibung
LoadCompleted	Dieses Ereignis wird ausgelöst, wenn der Inhalt der Seite, zu der navigiert worden ist, geladen wurde und die Seite mit dem Rendering begonnen hat.
NavigationFailed	Das Ereignis wird ausgelöst, wenn während des Ladevorgangs ein Fehler auftritt. Das kann beispielsweise der Fall sein, wenn die angegebene Seite nicht gefunden wird.
NavigationStopped	Dieses Ereignis wird infolge des Methodenaufrufs StopLoading ausgelöst.

Tabelle 24.3 Die Ereignisse eines »NavigationService«-Objekts (Forts.)

24.3.3   Der Verlauf der Navigation – das Journal

Die Navigation mit Seiten erinnert uns an die Navigation in einem Browser. Immer wenn wir zu einer neuen Seite navigieren, wird die alte Seite in eine »Zurück«-Liste eingetragen. Klicken wir in der zweiten Seite auf die ZURÜCK-Schaltfläche, wird die erste Seite aus einem Stack geholt und angezeigt, während die zweite Seite in eine »Vorwärts«-Liste eingetragen wird.

Die Vorgänge, die sich dabei in WPF-Navigationsfenstern bei der Navigation im Hintergrund abspielen, sind ziemlich komplex. Nehmen wir an, in der WPF-Anwendung wären die beiden Seiten *Page1* und *Page2* vorhanden. Unterstellen wir nun eine Navigation von *Page1* nach *Page2* und wieder zurück zu *Page1*. Der letzte Schritt, zurück zu *Page1* zu navigieren, resultiert in einer neuen Instanz von *Page1*.

Soweit ist das noch alles sofort verständlich. Nun bauen wir in *Page1* neben dem Hyperlink auf *Page2* eine TextBox ein:

```
<StackPanel>
  <TextBlock Height="15" Margin="20, 20, 20, 0">
    <Hyperlink NavigateUri="Page2.xaml">Seite2 anzeigen</Hyperlink>
  </TextBlock>
  <TextBox Height="25" Margin="20" Background="AntiqueWhite" />
</StackPanel>
```

Listing 24.12 Inhalt von »Page1«

Starten Sie nun die Anwendung, und tragen Sie einen beliebigen Text in die TextBox ein. Navigieren Sie anschließend zu *Page2* und danach zurück zu *Page1*. Die TextBox hat ihren Inhalt behalten. Stimmt jetzt die Aussage etwa nicht, dass bei der Navigation ein neues Page-Objekt erstellt wird?

24

Doch sie stimmt. Aber wie ich schon zuvor angedeutet habe, sind die Vorgänge, die sich dabei abspielen, ziemlich komplex. Zunächst einmal werden die Page-Objekte tatsächlich beim Verlassen während der Navigation zerstört. Das hat einen ziemlich einfachen Grund, denn eine Seite könnte sehr viele speicherintensive Ressourcen enthalten. Denken Sie dabei nur an Grafiken, Video- und Audiomedien oder Animationen. In einer Anwendung mit sehr vielen Seiten, in denen die Page-Objekte nicht zerstört würden, hätte das eine extreme Beanspruchung der Systemressourcen zur Folge. Daher speichert die WPF nur die Zustände der Steuerelemente einer Seite. Führt die Navigation wieder zurück zur ursprünglichen Seite, werden die Zustände der Steuerelemente wiederhergestellt. Dieses Verfahren schont die Ressourcen, weil nicht der gesamte visuelle Baum der Objekte gespeichert werden muss.

Nun müssen wir noch ein weiteres Detail betrachten, denn es werden nicht alle Steuerelementzustände einer Seite gespeichert. Sie können das sehr leicht testen, indem Sie den XAML-Code aus Listing 24.12 um eine Schaltfläche erweitern, in der die Hintergrundfarbe der Seite neu festgelegt wird.

```
// im XAML-Code
<StackPanel>
  <TextBlock Height="15" Margin="20, 20, 20, 0">
    <Hyperlink NavigateUri="Page2.xaml">Seite2 anzeigen</Hyperlink>
  </TextBlock>
  <TextBox FontSize="18" Margin="20" Background="AntiqueWhite" />
  <Button Content="Button1" Width="100" Click="Button1 Click"/>
</StackPanel>
```
```
// in der Code-Behind-Datei
private void Button1_Click(object sender, RoutedEventArgs e)
{
  Background = new SolidColorBrush(Colors.Yellow);
}
```

Listing 24.13 Inhalt von »Page1« ergänzt um eine Schaltfläche

---

Hinweis

Sie finden dieses Beispiel in den MATERIALIEN ZUM BUCH (Download von *www.rheinwerk-verlag.de/4699*) unter ..\Kapitel 24\NavigationHistory.

Sie werden feststellen, dass beim Zurücknavigieren die eingestellte Hintergrundfarbe verlorengeht, der Inhalt der TextBox jedoch nicht. Das Beispiel beweist, dass nicht die Zustände aller Eigenschaften gespeichert werden, sondern nur ganz bestimmte Eigenschaften. Tatsächlich verfährt die WPF in der Weise, dass der gesamte Elementbaum durchlaufen und nach allen Dependency Properties gesucht wird. Dependency Properties haben eine ganze Reihe von zusätzlichen Eigenschaften, den sogenannten *Metadaten*. Zu diesen gehört auch das *Journal*-Flag, mit dem eine abhängige Eigenschaft kennzeichnet, dass der Zustand bei der Navigation protokolliert werden soll.

Was also können Sie tun, wenn Sie entgegen dem Standardverhalten alle Daten bewahren wollen? Es gibt dazu mehrere Ansätze. Der sicherlich einfachste Weg führt über die Eigenschaft KeepAlive der Seite, die Sie auf true festlegen können. Der Standard ist false. KeepAlive bewirkt, dass alle Daten einer Seite gespeichert werden und nicht nur die mit dem Journal-Flag. Die KeepAlive-Option sollten Sie allerdings mit Bedacht einsetzen und wirklich nur die Seiten so ausstatten, bei denen es wirklich notwendig ist. Daneben gibt es weitere Möglichkeiten, die ich aber im Rahmen dieses Buches nicht erörtern werde.

Hinweis

Sie dürfen die beiden in Listing 24.10 und Listing 24.11 verwendeten Navigationsvarianten nicht beliebig verwenden. Hier spielt das sogenannte *Journal* eine wichtige Rolle, dass ich weiter oben bereits erwähnt habe. Während bei der Übergabe des URI in Listing 24.10 die entsprechenden journalbefähigten Eigenschaften protokolliert werden, gehen sie beim Erzeugen eines neuen Page-Objekts über den Konstruktor (wie in Listing 24.11 gezeigt) verloren.

Andererseits hat die Objekterstellung über den Konstruktor den Vorteil, dass Sie einen parametrisierten Konstruktor aufrufen und damit der neu zu erstellenden Seite Daten übergeben können.

24.3.4   Datenübergabe zwischen den Seiten mit einem Konstruktor

Daten von einer Seite an eine andere zu übergeben, stellt grundsätzlich kein Problem dar. Wir benötigen dazu nur einen parametrisierten Konstruktor. Allerdings müssen wir dann auch Programmcode schreiben, da der Aufruf eines parametrisierten Konstruktors aus XAML-Code heraus nicht möglich ist. Zur Vorbereitung muss nur der Konstruktor der betreffenden Seite überladen werden, z. B.:

```
public partial class Page2 : Page
{
  public int Value { get; set; }
  public Page2() => InitializeComponent();
  public Page2(int param) : this() => Value = value;
}
```

Listing 24.14 Parametrisierter Konstruktor einer »Page«

Sie dürfen nicht vergessen, den Aufruf des parametrisierten Konstruktors an den parameterlosen weiterzuleiten, in dem die Methode InitializeComponent die Seite mit den gewünschten Steuerelementen ausstattet. Natürlich können Sie InitializeComponent auch direkt im parametrisierten Konstruktor angeben. Vergessen Sie den Aufruf der Methode, zeigt Ihre Seite keine Steuerelemente an und bleibt leer.

Die Übergabe von Daten beim Aufruf der neuen Seite bedarf nun keiner besonderen Erklärung mehr. Der Code könnte zum Beispiel lauten:

```
NavigationService.Navigate(new Page2(20));
```

24.3.5   Datenübergabe mit der Methode »Navigate«

Eine andere Alternative bietet die Methode Navigate. Wir haben weiter oben die parameterlose Variante benutzt, aber die Überladungen gestatten auch die Übergabe eines Arguments vom Typ Object. Der aufgerufenen Seite wird der Übergabewert in der Eigenschaft ExtraData des EventArgs-Parameters des Ereignisses LoadCompleted zur Verfügung gestellt.

Was sich im ersten Moment noch sehr einfach anhört, wird sich schnell als Hürde erweisen. Das Problem ist die Registrierung des Ereignishandlers für das Ereignis LoadCompleted des NavigationService-Objekts. Stellen wir uns dazu vor, wir würden beabsichtigen, mit der parametrisierten Navigate-Methode von *Page1* zu *Page2* zu navigieren. Dazu muss der Ereignishandler für LoadCompleted des NavigationService-Objekts des Hosts in der *Page2* registriert werden. Erst dann kann *Page2* von den Informationen des EventArgs-Objekts profitieren. Allerdings stellt sich die Frage, wo die Registrierung des Ereignishandlers programmiert werden soll. Prinzipiell böten sich zwei Ereignisse der Seite an: Initialized und Loaded. Jetzt kommt der Haken: Im Initialized-Event hat die Eigenschaft NavigationService der Seite noch den Wert null. Wird das Ereignis Loaded der Seite ausgelöst, hat das NavigationService-Objekt seinerseits bereits das Ereignis LoadCompleted ausgelöst. Mit anderen Worten: Das Ereignis Initialized kommt zu früh, Loaded zu spät.

Die Lösung dieses Dilemmas ist in einer zusätzlichen Methode zu finden, die von der aufgerufenen Seite bereitgestellt werden muss. Im Beispielprogramm in Listing 24.15, das die beiden Seiten *Page1* und *Page2* enthält, wird der Ablauf verdeutlicht. In *Page1* befindet sich ein Button, von dem aus zu *Page2* navigiert wird. Dabei wird der Inhalt der sich in *Page1* befindlichen TextBox an die zweite Seite weitergeleitet (siehe auch Abbildung 24.3). Sehen wir uns aber zuerst das komplette Listing an.

```
// Beispiel: ..\Kapitel 24\NavigationSample
<NavigationWindow
    [...]
    Source="Page1.xaml">
</NavigationWindow>
<!-- Page1 -->
<Page [...] WindowTitle="Page1" WindowHeight="200">
```

```xml
<StackPanel>
  <TextBox Name="TextBox1"></TextBox>
  <Button Name="Button1" Click="Button1_Click">
    Zur Seite 2 navigieren
  </Button>
</StackPanel>
</Page>
<!-Page2 -->
<Page [...] WindowTitle="Page2" WindowHeight="150">
  <StackPanel>
    <TextBox Name="TextBox1"></TextBox>
  </StackPanel>
</Page>
```

```csharp
// Code in Page1
public partial class Page1 : Page
{
  private void Button1_Click(object sender, RoutedEventArgs e)
  {
    Page2 page = new Page2();
    NavigationService nav = NavigationService.GetNavigationService(this);
    page.SetLoadCompletedHandler(nav);
    nav.Navigate(page,TextBox1.Text);
  }
}
```

```csharp
// Code in Page2
public partial class Page2 : Page
{
  public void SetLoadCompletedHandler(NavigationService nav)
  {
    nav.LoadCompleted += new LoadCompletedEventHandler(nav_LoadCompleted);
  }
  void nav_LoadCompleted(object sender, NavigationEventArgs e)
  {
    if (e.ExtraData != null && (e.ExtraData is String))
      TextBox1.Text = (string)e.ExtraData;
    this.NavigationService.LoadCompleted -= nav_LoadCompleted;
  }
}
```

Listing 24.15 Das Beispielprogramm »NavigationSample«

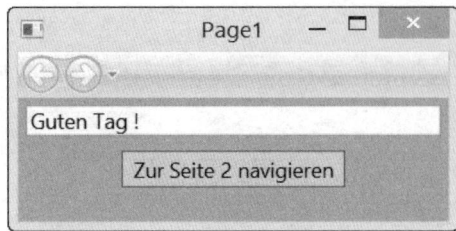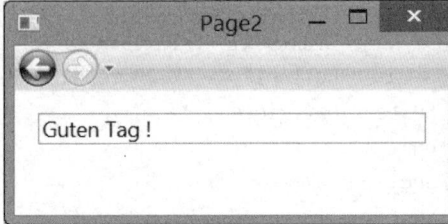

Abbildung 24.3 Ausgabe des Beispielprogramms »NavigationSample«

Betrachten wir zuerst den Code in *Page2*. Die Seite stellt mit SetLoadCompletedHandler eine öffentliche Methode zur Verfügung, in der das Ereignis LoadCompleted registriert wird. Im Ereignishandler erfolgt die Auswertung der übermittelten Daten, die von der Eigenschaft Extra-Data des NavigationEventArgs-Objekts bereitgestellt werden. Nach der notwendigen Überprüfung, ob die Daten von null abweichen und ob es sich um Daten vom Typ String handelt, wird der Übergabewert nach vorhergehender Typkonvertierung in die TextBox von *Page2* eingetragen. Danach sollte die Registrierung des Ereignishandlers in jedem Fall wieder aufgehoben werden.

In *Page1* wird nach der Instanziierung der Klasse *Page2* die Methode SetLoadCompletedHandler aufgerufen und das NavigationService-Objekt als Argument übergeben. Damit sind alle vorbereitenden Maßnahmen getroffen, und die Navigate-Methode kann unter Übergabe des Inhalts der TextBox in *Page1* aufgerufen werden.

24.3.6   Navigation im Internet

Die Navigation ist nicht zwangsläufig auf die Seiten der aktuellen Anwendung beschränkt. Sie können der Eigenschaft Source des NavigationWindow-Objekts auch eine Webadresse übergeben. Das Gleiche gilt für die Methode Navigate. Allerdings müssen Sie dann auch der Methode mitteilen, dass es sich um eine Absolutadresse handelt, beispielsweise mit:

```
nav.Navigate(new Uri("http://dotnet-training.de", UriKind.Absolute));
```

Sollten Sie nun der Meinung sein, Sie hätten es hierbei mit einer abgespeckten Variante eines WebBrowser-Steuerelements zu tun, liegen Sie falsch. Das Navigationsverhalten des NavigationWindow-Objekts protokolliert unverständlicherweise nicht die besuchten Seiten im Internet. Drücken Sie die ZURÜCK-Schaltfläche im Fenster, landen Sie wieder bei der Page, von der aus Sie sich die erste Webseite haben anzeigen lassen.

24.3.7   Navigieren mit dem Ereignis »RequestNavigate« des »HyperLink«-Elements

Eine weitere Variante zur Navigation bietet das Ereignis RequestNavigate des HyperLink-Objekts. Sehen wir uns das am besten an einem Beispiel an. Beginnen wir mit dem XAML-Code, in dem an das Ereignis RequestNavigate ein Ereignishandler gebunden wird.

```
<TextBlock>
  <Hyperlink NavigateUri="Page2.xaml" RequestNavigate="Hyperlink_RequestNavigate">
    Zur Seite 2
  </Hyperlink>
</TextBlock>
```

Listing 24.16 Ereignishandler im XAML-Code registrieren

In der Code-Behind-Datei der Seite wird ebenfalls die Methode Navigate von NavigationService aufgerufen. Als Argument wird die Eigenschaft Uri des EventArgs-Objekts weitergeleitet. Durch das Setzen von true der Eigenschaft Handled teilen wir dem Objekt mit, dass wir die Kontrolle selbst übernommen zu haben. Alle weiteren Operationen des Hyperlinks werden damit unterbunden.

```
private void Hyperlink_RequestNavigate(object sender, RequestNavigateEventArgs e)
{
  NavigationService.Navigate(e.Uri);
  e.Handled = true;
}
```

Listing 24.17 Der Ereignishandler des Events »RequestNavigate«

Mit dem Ereignishandler gewinnen wir ein hohes Maß an Flexibilität, das uns gestattet, parallel zur Navigation weitere Operationen auszuführen.

24.4   Hosts vom Typ »Frame«

Eine Alternative zum NavigationWindow wird mit dem Steuerelement Frame angeboten. Sie können es benutzen, um in einem definierten Teilbereich eines herkömmlichen Fensters (Window) die Navigation zu ermöglichen. Damit lässt sich die Einschränkung umgehen, dass es nicht möglich ist, in einem NavigationWindow Steuerelemente direkt anzuzeigen.

In Abbildung 24.4 sehen Sie ein Fenster, das in seinem linken Bereich einen Frame aufweist, im rechten Teilbereich werden die eigentlichen Inhalte angezeigt. Diesem liegt die folgende XAML-Struktur zugrunde:

```
// Beispiel: ..\Kapitel 24\FrameSample
<Window ...>
  <Grid>
    <Grid.ColumnDefinitions>
      <ColumnDefinition Width="150" />
      <ColumnDefinition Width="*" />
    </Grid.ColumnDefinitions>
```

```
        <Frame Grid.Column="0" Source="Page1.xaml" NavigationUIVisibility="Visible" />
        <StackPanel Grid.Column="1">
          <Image Margin="10,10,10,10" Source="Koala.JPG" />
          <StackPanel Orientation="Horizontal" HorizontalAlignment="Center">
            <Button Width="70">Pevious</Button>
            <Button Width="70">Next</Button>
          </StackPanel>
        </StackPanel>
      </Grid>
    </Window>
```

Listing 24.18 Beispielprogramm mit einem »Frame«-Element

Mit der Eigenschaft Source legen Sie im Frame-Element fest, welche Seite angezeigt werden
soll, sobald die Anwendung startet. Das Beispielprogramm weist insgesamt zwei Seiten auf,
so dass Sie den Effekt des Frames und der Navigieren testen können.

Da nicht nur die Eigenschaft Source, sondern auch alle anderen eines Frame-Objekts ansonsten mit denen der Klasse NavigationWindow übereinstimmen, erübrigt sich eine genauere Beschreibung.

Abbildung 24.4 »Frame« als Host einer Seite in einem Fenster

24.5   Nachrichtenfenster mit »MessageBox«

Sicherlich sind Ihnen Dialoge wie der in Abbildung 24.5 gezeigte geläufig.

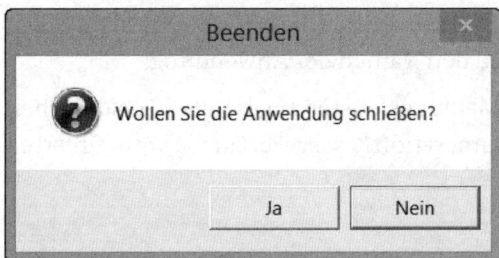

Abbildung 24.5 Ein typisches Nachrichtenfenster

Nachrichtenfenster werden immer modal angezeigt. Das heißt, es kann kein anderes Fenster der Anwendung aktiviert werden, bis das modale Fenster geschlossen wird. Weil Dialoge wie der gezeigte sehr häufig zur einfachen Interaktion mit dem Anwender oder auch nur zur Bereitstellung von Informationen in Anwendungen eingesetzt werden, ist im Namespace System.Windows eine Klasse vordefiniert, die bereits sehr viele Anforderungen erfüllt. Es handelt sich um MessageBox. Der abgebildete Dialog beruht auf der folgenden Anweisung:

```
MessageBox.Show("Wollen Sie die Anwendung schließen?",
                "Beenden",
                MessageBoxButton.YesNo,
                MessageBoxImage.Question,
                MessageBoxResult.No);
```

Listing 24.19 Der Code des Dialogs in Abbildung 24.5

Ich brauche eigentlich kaum erklärende Worte zu verlieren, denn der Code beschreibt sich nahezu von selbst: Das erste Argument übergibt den Meldungstext, das zweite die Beschriftung der Titelleiste, das dritte die anzuzeigenden Schaltflächen. Das vierte Argument beschreibt das Symbol im Clientbereich, und das fünfte und letzte Argument gibt vor, welche Schaltfläche nach dem Start der Anzeige fokussiert werden soll.

24.5.1   Die Methode »MessageBox.Show«

MessageBox verfügt nur über eine typspezifische Methode: Es ist die vielfach überladene statische Methode Show, die mit insgesamt 12 Überladungen aufwartet. Die einfachste ist die, die nur die Zeichenfolge des Meldungstextes entgegennimmt:

```
MessageBox.Show("Visual C# macht Spaß");
```

Ein solches Nachrichtenfenster verfügt nur über eine OK-Schaltfläche; die Titelleiste ist leer. Klickt der Anwender auf die Schaltfläche, wird das Meldungsfenster automatisch geschlossen.

Optisch wirkt eine leere Titelleiste stümperhaft. Deshalb werden Sie bestimmt in allen Fällen einen Text vorsehen. Häufig verwendet man dazu den Namen der Anwendung.

In einem dritten Argument können Sie die im Meldungsfenster angezeigten Schaltflächen festlegen. Dazu übergeben Sie eine der in der Enumeration `MessageBoxButton` vordefinierten Konstanten (siehe Tabelle 24.4).

Konstante	Beschreibung
OK	Das Meldungsfenster enthält die OK-Schaltfläche.
OKCancel	Das Meldungsfenster enthält die Schaltflächen OK und ABBRECHEN.
YesNoCancel	Das Meldungsfenster enthält die Schaltflächen JA, NEIN und ABBRECHEN.
YesNo	Das Meldungsfenster enthält die Schaltflächen JA und NEIN.

Tabelle 24.4 Konstanten der Enumeration »MessageBoxButton« (Auszug)

In welcher Sprache die Schaltflächen beschriftet sind, hängt von der Sprachversion des Betriebssystems ab.

Um im linken Bereich des Meldungsfensters ein Symbol anzuzeigen, wählen Sie eine Konstante aus Tabelle 24.5 aus.

Konstante	Beschreibung
None	Zeigt kein Symbol an.
Hand	Zeigt ein Handsymbol.
Question	Zeigt ein Fragezeichen.
Exclamation	Zeigt ein Ausrufungszeichen.
Asterisk	Zeigt ein Sternchen.
Stop	Zeigt ein Stoppsymbol.
Error	Zeigt ein Fehlersymbol.
Warning	Zeigt ein Warnsymbol.
Information	Zeigt ein Informationssymbol.

Tabelle 24.5 Konstanten der Enumeration »MessageBoxImage«

Erzeugen Sie ein Meldungsfenster mit mehreren Schaltflächen, kommt der Wahl der vorfokussierten Schaltfläche eine besondere Bedeutung zu. Drückt nämlich der Anwender die ⏎-Taste, entspricht das dem Klicken auf die vorfokussierte Schaltfläche. Daher sollte immer die Schaltfläche vorfokussiert werden, bei deren Klicken keine Nachteile – zum Beispiel durch den Verlust eingegebener, aber nicht gespeicherter Daten – entstehen. Die Vorfokussierung erfolgt mit Hilfe der Enumeration MessageBoxResult.

Konstante	Beschreibung
None	Gibt keinen Wert zurück.
OK	Der Anwender hat auf die Schaltfläche OK geklickt.
Cancel	Der Anwender hat auf die Schaltfläche ABBRECHEN geklickt.
Yes	Der Anwender hat auf die Schaltfläche JA geklickt.
No	Der Anwender hat auf die Schaltfläche NEIN geklickt.

Tabelle 24.6 Konstanten der Enumeration »MessageBoxResult«

Diese Aufzählung dient gleichzeitig als Rückgabewert der Show-Methode, denn schließlich muss nach dem Aufruf und dem Schließen des Nachrichtenfensters per Code geprüft werden, welche der angebotenen Schaltflächen der Anwender gedrückt hat. Nur für den Fall, dass das Meldungsfenster nur einen OK-Button hat, erübrigt sich die Auswertung.

Im folgenden Ereignishandler einer Schaltfläche wird ein Meldungsfenster angezeigt, das den Anwender um die Bestätigung bittet, ob er die Anwendung schließen möchte oder nicht. Der Code reagiert je nach der im Meldungsfenster gewählten Schaltfläche.

```
string message = "Möchten sie die Daten speichern?";
MessageBoxResult result= MessageBox.Show(message,
                         "Meine Anwendung",
                         MessageBoxButton.OKCancel,
                         MessageBoxImage.Question,
                         MessageBoxResult.OK);
if(result == MessageBoxResult.OK)
   [...]
else
   [...]
```

Listing 24.20 Auswertung mit »if ... else«

In einer if-Anweisung wird der Rückgabewert überprüft. Hat der Anwender OK angeklickt, werden die Daten gespeichert, ansonsten kann eine andere Reaktion erfolgen. Wahrscheinlich wird in diesem Fall keine Reaktion erforderlich sein.

24

Alternativ könnte der gesamte if-Block auch durch switch ... case ersetzt werden:

```
switch( result)
{
  case MessageBoxResult.OK:
    [...]
    break;
  case MessageBoxResult.Cancel:
    [...]
    break;
}
```

Listing 24.21 Auswertung mit »switch«

24.6   Standarddialoge in der WPF

Unabhängig davon, welche Software Sie benutzen, wird Ihnen zum Öffnen oder Speichern einer Datei immer der gleiche Dialog angezeigt. Der Grund dafür ist, dass diese Dialoge Teil der elementaren Windows-API sind, also zum Betriebssystem gehören und von jedem Entwickler genutzt werden können, dessen Zielplattform Windows ist.

Mit OpenFileDialog, SaveFileDialog und PrintDialog können Sie drei Standarddialoge auch in der WPF benutzen. Voraussetzung dafür ist, dass Sie den Namespace Microsoft.Win32 bekanntgeben. Die WPF kapselt die drei genannten Dialogfelder und stellt sie als verwaltete Klassen zur Verfügung. OpenFileDialog und SaveFileDialog möchte ich Ihnen an dieser Stelle kurz vorstellen.

24.6.1   Der Dialog »OpenFileDialog«

Sehen wir uns den Dialog OpenFileDialog an. Dazu dient ein kleines Programm, das einen Button enthält. Wird auf die Schaltfläche geklickt, soll der Dialog zum Öffnen einer Datei angezeigt werden.

```
<Button Name="btnOpen" Click="btnOpen_Click">Öffnen</Button>
```

Im Ereignishandler wird zuerst die Klasse OpenFileDialog instanziiert. Um den Dialog anzuzeigen, bedarf es des Aufrufs der Methode ShowDialog.

```
private void btnOpen_Click(object sender, RoutedEventArgs e)
{
  OpenFileDialog dlg = new OpenFileDialog();
  if(dlg.ShowDialog() == true)
    [...]
}
```

Beachten Sie, dass ShowDialog einen Rückgabewert liefert. Dieser ist true, wenn der Anwender eine Datei ausgewählt und auf die Schaltfläche OK des Dialogs geklickt hat, ansonsten ist er false. Da uns aber nur interessiert, wenn der Anwender seine Auswahl im Dialog bestätigt, können wir den Rückgabewert false getrost ignorieren.

Hinweis

Sie können die if-Anweisung nicht wie gewohnt wie folgt schreiben:

if (dlg.ShowDialog())

Das würde zu einem Fehler führen, da der Rückgabetyp nicht Boolean, sondern Boolean? ist.

Natürlich wird die Datei nicht sofort geöffnet. Stattdessen liefert der Dialog aber in seiner Eigenschaft FileName den kompletten Pfad der Datei ab. Diese Information können Sie dazu benutzen, den Inhalt der Datei durch Aufruf einer passenden Objektmethode anzuzeigen oder in anderer Form weiterzuverarbeiten.

Mehrere Dateien auswählen

Per Vorgabe können Sie nur eine Datei im Dialog auswählen. Soll der Anwender mehrere Dateien auswählen können, muss die Eigenschaft Multiselect des OpenFileDialog-Objekts auf true gesetzt werden. Abrufen lassen sich die einzelnen Dateipfade mit der Eigenschaft FileNames, die ein Array von string-Objekten zurückliefert. Das Prinzip der Auswertung sehen Sie in Listing 24.22.

```
OpenFileDialog dlg = new OpenFileDialog();
dlg.Multiselect = true;
if (dlg.ShowDialog()== true )
  foreach(string filename in dlg.FileNames)
    [...]
```

Listing 24.22 Auswerten einer Mehrfachauswahl

Einen Filter festlegen

Wird der OpenFileDialog geöffnet, möchte man dem Anwender in einer Combobox üblicherweise eine Auswahl ganz bestimmter Dateitypen anbieten. Beispielsweise werden Sie beim Öffnen des Dialogs unter *Microsoft Word* eine Liste sehen, in der vornehmlich alle Dateierweiterungen zu finden sind, die in einem mehr oder weniger engen Zusammenhang zu Word stehen. Darunter sind selbstverständlich auch *.doc* und *.docx* zu finden.

Um dem Anwender Ihrer Anwendung eine ähnliche Liste anzubieten, müssen Sie einen Filter definieren. Dazu dient die Eigenschaft Filter von OpenFileDialog. Die Angabe, die Filter erwartet, sieht im ersten Moment ein wenig seltsam aus. Jeder Eintrag wird durch zwei Teile beschrieben: Im ersten Teil wird die Zeichenfolge angegeben, die der Anwender später im

24

Dialog sehen soll, im zweiten Teil wird dem Programm das Suchkriterium mitgeteilt. Beide Teile werden durch das Zeichen | voneinander getrennt. Möchten Sie beispielsweise alle *.exe*-Dateien herausfiltern, sieht die Anweisung wie folgt aus:

```
dlg.Filter = "Programmdateien (*.exe)|*.exe";
```

Möchten Sie mehrere Filterkriterien anbieten, müssen Sie diese untereinander ebenfalls durch | trennen. Das zeige ich in Listing 24.23, in dem ein Filter für ausführbare Dateien beschrieben wird, ein zweiter Filter für HTML-Dokumente und ein dritter, der alle Dateien anzeigt.

```
dlg.Filter = "Programmdateien (*.exe)|*.exe|HTML-Dateien (*.htm, *.html)|*.htm;
                           *.html| Alle Dateien (*.*)|*.*";
```

Listing 24.23 Mehrere Dateifilter setzen

Da HTML-Dateien sowohl die Dateierweiterung *.htm* als auch *.html* haben können, müssen beide berücksichtigt werden. Dazu lassen sich mehrere Suchkriterien durch ein Semikolon getrennt festlegen. Das Ergebnis der Bemühungen sehen Sie in Abbildung 24.6.

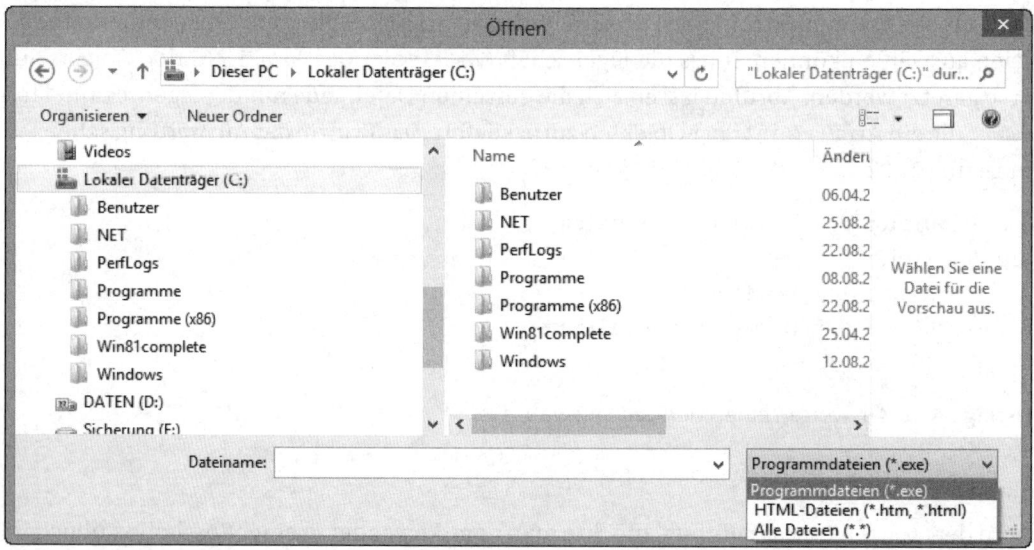

Abbildung 24.6 Filterkriterien aus Listing 24.23

Das initiale Verzeichnis festlegen

Das Verzeichnis, das beim Öffnen des Dialogs angezeigt wird, hängt vom installierten Betriebssystem ab. Vermutlich möchten Sie aber ein bestimmtes Verzeichnis einstellen. Hier hilft die Eigenschaft `InitialDirectory` weiter, z. B.:

```
dlg.InitialDirectory = @"C:\Windows";
```

Möchten Sie einen Windows-spezifischen Ordner zum initialen Startverzeichnis erklären, könnten Sie ein Problem bekommen, da sich diese Ordner nicht nur mit jeder Version des Betriebssystems ändern können, sondern auch abhängig vom angemeldeten Benutzer sind. Hier hilft Ihnen die Klasse Environment mit ihren Methoden und Eigenschaften weiter. Um zum Beispiel den Ordner *Dokumente* des angemeldeten Users zum Startverzeichnis zu machen, benötigen Sie die folgende Anweisung:

```
dlg.InitialDirectory =
  Environment.GetFolderPath(Environment.SpecialFolder.MyDocuments);
```

Anpassen der Titelleiste

Wünschen Sie eine individuelle Beschriftung des Dialogs in der Titelleiste, teilen Sie der Eigenschaft Title die gewünschte Zeichenfolge mit.

24.6.2   Der Dialog »SaveFileDialog«

Dieser Dialog ähnelt in vielerlei Hinsicht dem im Abschnitt zuvor beschriebenen OpenFileDialog. Sie müssen also zuerst ein Objekt dieser Klasse erzeugen und darauf ShowDialog aufrufen, um den Dialog anzuzeigen. ShowDialog hat denselben Rückgabewert (Boolean?), den es auszuwerten gilt, um festzustellen, ob der Anwender die Speicheraktion bestätigt hat (OK-Schaltfläche) oder im letzten Moment noch einmal abbrechen möchte.

Speichert der Anwender ein Dokument als Datei, müssen Sie für den Fall vorsorgen, dass der User vielleicht die erforderliche Dateierweiterung vergisst. Damit das Dokument dennoch im richtigen Dateiformat gespeichert wird, sollten Sie entweder die Eigenschaft Filter oder die Eigenschaft DefaultExt berücksichtigen. Beide hängen dem Dateinamen automatisch eine Dateierweiterung an – falls der User das nicht machen sollte oder eine Dateierweiterung angibt, die nicht mit der Einstellung der Eigenschaft Filter oder DefaultExt übereinstimmt.

```
dlg.DefaultExt = ".txt";
```

Es gibt einen Unterschied zwischen Filter und DefaultExt: Filter kann der Anwender selbst einstellen, da ihm in einer Combobox mehrere Auswahlmöglichkeiten zur Verfügung stehen. DefaultExt ist in der Anwendung fest eingestellt; der Anwender hat keine Möglichkeit der Einflussnahme. Geben Sie beide Eigenschaften an, erweist sich DefaultExt als dominant.

Die Eigenschaft AddExtension ist per Vorgabe auf true eingestellt und legt fest, dass SaveFileDialog automatisch die Dateierweiterung wie zuvor beschrieben anhängt. Sie können diese Charakteristik mit Setzen auf false abschalten.

Sollte der Anwender das Dokument unter einem Dateinamen abspeichern wollen, der im ausgewählten Verzeichnis bereits existiert, wird ein Nachrichtenfenster geöffnet. Dieses fordert den User dazu auf, entweder den Speichervorgang zu bestätigen (und damit die existie-

24

rende Datei zu überschreiben) oder den Vorgang abzubrechen. Dieses standardmäßige Verhalten wird in den meisten Fällen auch so gewünscht sein. Nur in Sonderfällen möchten Sie vielleicht auf die Bestätigung verzichten und ohne weitere Bestätigung die existierende gleichnamige Datei ersetzen. Setzen Sie dann die Eigenschaft `OverwritePrompt` auf `false`.

Kapitel 25
WPF-Steuerelemente

Die Windows Presentation Foundation bietet uns zahlreiche Steuerelemente an, die unserer Anwendung Leben einhauchen. Vielleicht erscheint dem einen oder anderen Leser das Angebot in der Toolbox nicht vollständig. Diesen Lesern sei gesagt, dass Sie die Steuerelemente mit recht einfachen Bordmittel auch anders gestalten können, ihnen ein anderes Layout verpassen können. Wie das gemacht wird, sei noch nicht Thema des aktuellen Kapitels, das werden wir später im Buch erörtern.

Ich werde in diesem Kapitel nicht alle Steuerelemente behandeln können, sondern mich auf die beschränken, die in nahezu jeder Anwendung verwendet werden.

25.1 Die Hierarchie der WPF-Komponenten

Alle WPF-Komponenten befinden sich innerhalb einer tief reichenden Vererbungshierarchie. Ausgehend von Object werden mit jeder weiteren Ableitung neue Eigenschaften und Methoden eingeführt, was zu einer immer weiter fortschreitenden Spezialisierung der Typen führt. In Abbildung 25.1 sehen Sie einen Ausschnitt aus dieser Vererbungshierarchie. Sie erhebt keinen Anspruch auf Vollständigkeit, soll Ihnen aber einen Überblick über die wichtigsten Basisklassen verschaffen, die in diesem und dem folgenden Kapitel häufiger genannt werden.

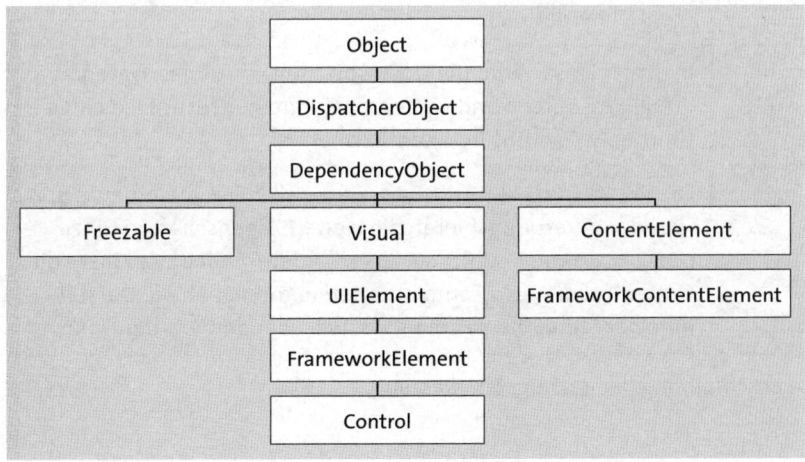

Abbildung 25.1 Die Vererbungshierarchie der WPF-Komponenten

In Tabelle 25.1 werden die wichtigsten Merkmale der Klassen beschrieben.

Klasse	Beschreibung
DispatcherObject	Die von dieser Klasse abgeleiteten Klassen erlauben nur den Zugriff aus dem Thread, in dem das Objekt erzeugt worden ist. Die meisten Klassen haben DispatcherObject als Basis und sind deshalb nicht threadsicher.
DependencyObject	Diese Klasse ist die Basis für alle Klassen, die abhängige Eigenschaften unterstützen. In dieser Klasse sind die Methoden GetValue und SetValue definiert.
Freezable	Die Klasse Freezable dient als Basis für alle Objekte, die in einen schreibgeschützten Zustand (read-only) gesetzt werden können, der auch als *fixed* bezeichnet wird. Fixierte Freezable-Objekte gelten, im Gegensatz zu DispatcherObject-Objekten, als threadsicher. Um ein paar Vertreter dieser Gruppe zu nennen: Pen, Brush oder auch Transform.
Visual	Die Klasse Visual dient als elementare Basis für alle Objekte. Sie unterstützt das Rendering von Controls und ist damit verantwortlich für die Darstellung.
ContentElement	Diese Klasse ist ähnlich der Klasse UIElement, hat aber selbst keine eigene Darstellung. Objekte, die auf ContentElement zurückzuführen sind, werden meist von Objekten gehostet, die von UIElement abgeleitet sind.
UIElement	Die Klasse UIElement dient als Basis für alle visuellen Objekte, die Routed Events unterstützen. Außerdem wird ein großer Teil des allgemeinen Eingabe- und Fokusverhaltens für Elemente hier definiert.
FrameworkElement	In dieser Klasse wird die Unterstützung von Styles, Datenbindung, Ressourcen und weiterer allgemeiner Techniken eingeführt (z. B. Tooltips und Kontextmenüs).
Control	Die Klasse Control ist die Basisklasse aller Steuerelemente und fügt der Vererbungshierarchie weitere Eigenschaften hinzu (z. B. Background, Foreground). Außerdem stellt diese Klasse die Unterstützung von Templates bereit, mit denen die Darstellung der Steuerelemente individuell geändert werden kann.

Tabelle 25.1 Allgemeine Beschreibung der wichtigsten Klassen

Klasse	Beschreibung
ContentElement	Diese Klasse dient allen nicht renderbaren Elementen als Basisklasse. Stattdessen werden ContentElement-Objekte von Objekten gehostet, die von Visual abgeleitet sind.
FrameworkContentElement	Entspricht der Beschreibung der Klasse FrameworkElement, gilt allerdings für ContentElement-Objekte.

Tabelle 25.1 Allgemeine Beschreibung der wichtigsten Klassen (Forts.)

25.2   Allgemeine Eigenschaften der WPF-Steuerelemente

Der in Abbildung 25.1 dargestellte Vererbungsbaum hat zur Folge, dass viele Eigenschaften und Methoden in den Steuerelementen identisch sind. Um im weiteren Verlauf dieses Kapitels nicht bei jedem Steuerelement immer wieder die dieselben Eigenschaften aufzuführen, sollen die wichtigsten an dieser Stelle genannt werden.

25.2.1   Den Außenrand mit der Eigenschaft »Margin« festlegen

Die Eigenschaft Margin legt den Abstand zum Rand eines umgebenden Layoutcontainers fest. Demnach bestimmt sie den Abstand zwischen dem Außenrand einer Komponente und dem Layoutcontainer. Sie können Margin auf drei verschiedene Weisen einsetzen:

▶ Mit Margin="10" wird ein Rand von zehn Pixeln nach allen vier Seiten gewährleistet.

▶ Geben Sie zwei Werte an, z. B. Margin="10,20", legt der erste Wert den linken und rechten Rand fest, während der zweite Wert den oberen und unteren Rand bestimmt.

▶ Wenn Sie Margin vier Werte mitteilen, beispielsweise Margin="10,20,5,25", gilt die folgende Reihenfolge für die Randabstände: links, oben, rechts, unten.

```
<Window ... SizeToContent="WidthAndHeight">
  <Grid>
    <Button Margin="10,30,40,5" Height="50">Button1</Button>
  </Grid>
</Window>
```

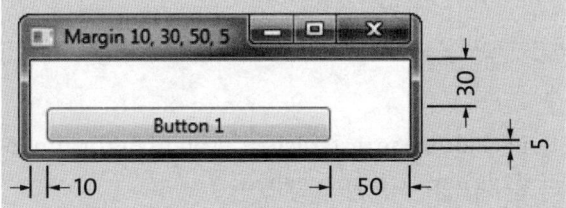

Abbildung 25.2 Festlegung des Außenabstands mit »Margin«

25.2.2   Den Innenrand mit der Eigenschaft »Padding« festlegen

Den Abstand des Außenrands einer Komponente zu dem Container, der sie umgibt, legen Sie mit der Eigenschaft Margin fest. Mit Padding wird auch ein Randabstand beschrieben, allerdings der Abstand einer Komponente zu ihrem eigenen Inhalt. Gewissermaßen schafft Padding einen inneren Rahmen im Steuerelement. Der Abstand kann durch einen Wert beschrieben werden, der rundum gilt. Legen Sie vier Werte fest, gelten diese der Reihenfolge nach für den linken, oberen, rechten und unteren Randabstand.

Im folgenden Beispiel wird diese Eigenschaft durch die Positionierung der Beschriftung innerhalb einer Schaltfläche gezeigt.

```
<Canvas>
  <Button Canvas.Left="50" Canvas.Top="50" Padding="40, 10, 0, 20" FontSize="16">
    Padding 40, 10, 0, 20
  </Button>
</Canvas>
```

In Abbildung 25.3 können Sie den Effekt, der durch Padding verursacht wird, sehr schön erkennen.

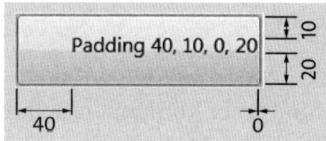

Abbildung 25.3 Festlegen des Innenabstands mit »Padding«

25.2.3   Die Eigenschaft »Content«

Sehr viele Steuerelemente, zu denen auch Button zu rechnen ist, sind auf die Basisklasse ContentControl zurückzuführen, die ihrerseits selbst direkt aus Control abgeleitet ist. Damit erben die Schaltflächen die Eigenschaft Content, die vom Typ Object ist und genau ein Element enthalten kann. Beschreibt die Eigenschaft ein anderes WPF-Element, beispielsweise ein Grid oder ein StackPanel, kann dieses seinerseits selbst Container praktisch unzähliger Unterelemente sein. Den Gestaltungsmöglichkeiten sind damit keine Grenzen gesetzt.

Betrachten wir exemplarisch eine Schaltfläche vom Typ Button. Die Eigenschaft Content der Schaltfläche beschreibt den Text, mit dem ein Button beschriftet wird.

Sie können die Eigenschaft als Attribut angeben, also

```
<Button Content="OK" />
```

Eine weitere Möglichkeit, die Beschriftung der Schaltfläche festzulegen, besteht darin, innerhalb des öffnenden und schließenden XAML-Tags den Text anzugeben:

```
<Button>OK</Button>
```

Das Ergebnis ist bei beiden Schreibweisen identisch, der Button wird mit der Zeichenfolge *OK* beschriftet.

Da aber der durch Content beschriebene Inhalt vom Typ Object ist, eröffnen sich noch weiterreichende Möglichkeiten. Im folgenden Codefragment wird ein Bild anstelle eines Textes verwendet:

```
<Button>
  <Image ... />
</Button>
```

Die Einschränkung, dass nur ein Element von Content beschrieben werden kann, lässt sich sehr einfach umgehen, indem Sie ein Element einfügen, das seinerseits wieder selbst über mehrere Unterelemente verfügt.

```
<Button>
  <StackPanel>
    <TextBox Width="100" Text="" />
    <Image ... />
  </StackPanel>
</Button>
```

Praktisch sind damit den Gestaltungsmöglichkeiten keine Grenzen gesetzt.

Es stellt sich nun die Frage, woher XAML weiß, dass der Inhalt zwischen dem ein- und dem ausleitendem Element der Eigenschaft Content zugeordnet werden soll. Die Antwort auf diese Frage ist in der Definition der Klasse ContentControl zu finden. Darin wird mit dem Attribut ContentPropertyAttribute die Eigenschaft Content als diejenige festgelegt, die den Inhalt zwischen den Tags aufnehmen soll.

```
[ContentProperty("Content")]
public class ContentControl : Control, IAddChild
{
  [ ...]
}
```

Sie können nicht davon ausgehen, dass der Inhalt zwischen dem ein- und dem ausleitendem Tag immer einer Eigenschaft Content zugeordnet wird. Es kann sich auch um eine beliebige andere Eigenschaft handeln. Als typisches Beispiel sei an dieser Stelle die Klasse TextBox angeführt, die als Content-Eigenschaft die eigene Property Text festlegt.

```
[ContentProperty("Text")]
public class TextBox : TextBoxBase, IAddChild
{
  [...]
}
```

25

25.2.4   Die Größe einer Komponente

Ehe wir uns den Eigenschaften zur Festlegung der Komponentengröße widmen, ein paar allgemeine Worte. In der Regel ist es nicht notwendig, die Abmessungen der Steuerelemente explizit festzulegen, ebenso wenig deren Position. Sie nehmen damit einem WPF-Fenster seine angestammte Fähigkeit, selbst die optimale Größe und Lage eines Controls zu finden – vorausgesetzt natürlich, Sie haben einen passenden Layoutcontainer gewählt. Um einige Größen- oder auch Positionsangaben werden sich nicht ganz herumkommen. Beispielsweise werden Sie die Startgröße eines Fensters festlegen wollen, oder die durch die Eigenschaften `Padding` und `Margin` beschriebenen Abstände zwischen den einzelnen Komponenten. Anzumerken ist, dass die Maßangaben vom Typ `Double` sind.

Auch die Maßeinheit für die Größen- und Positionsangaben sollten an dieser Stelle erwähnt werden. Für alle Angaben gelten sogenannte *device-independent pixel*, zu Deutsch, geräte-unabhängige Pixel. Diese Pixel sind mit einer Größe von 1/96 Zoll definiert. Arbeitet ein Anwender mit einer Darstellung von 96 DPI, entspricht ein WPF-Pixel tatsächlich einem Pixel auf dem Monitor. Das gilt auch für die Einstellung der Schriftgröße in einer WPF-Anwendung.

Anmerkung

Die Maßeinheit *DPI* steht für *dots per inch*. Sie gibt an, wie viele Pixel pro Zoll auf dem Monitor angezeigt werden. Die tatsächliche Einstellung hängt von der Konfiguration ab.

Mit der Einführung der WPF ist es erstmals möglich, Steuerelemente beliebig zu skalieren. Das hat zur Folge, dass ein Button, der eine Länge von einem Zoll auf einem kleinen Bildschirm hat, auch in der Länge von einem Zoll auf einem großen Bildschirm angezeigt wird – vorausgesetzt, die DPI-Einstellungen sind bei beiden Systemen identisch.

Sie können die Skalierung einer WPF-Oberfläche sehr gut im Designer von Visual Studio testen. Dazu müssen sie nur den Zoom-Regler links oben im Designer verstellen. Hierbei gilt: Ein höherer DPI-Wert wird durch eine Zoom-Einstellung größer als 100 % simuliert.

Kommen wir nach diesem Ausflug in die Grundlagen zurück zum eigentlichen Thema, der Größe der Steuerelemente, und betrachten hierzu einen `Button`. Wie alle anderen Steuerelemente hat der `Button` die Eigenschaften `Width` und `Height`. Stellen Sie diese nicht explizit ein, hat der Button automatisch die Größe, die erforderlich ist, um seinen Inhalt (`Content`) darzustellen.

Betrachten wir nun eine Schaltfläche innerhalb einer `Panel`-Komponente oder einer Zelle des `Grid`-Steuerelements. Hier wird der `Button` die komplette Breite und Höhe des Containers ausfüllen. Zurückzuführen ist dieses Verhalten auf die Eigenschaften `HorizontalAlignment` und `VerticalAlignment`, deren Vorgabeeinstellung `Stretch` ist. Wie die Schaltfläche letztendlich dargestellt wird, ist vom übergeordneten Layoutcontainer abhängig. In einem Stack-Panel beispielsweise wird der Button die komplette Breite des Containers einnehmen. Hier wird HorizontalAlignment ausgewertet, während die Höhe sich aus der Höhe des Inhalts bestimmt. In einer Grid-Zelle hingegen werden beide Eigenschaften bewertet, so dass die Schaltfläche die Zelle komplett ausfüllt.

Grenzfälle der Größenfestlegung gibt es natürlich auch. Stellen Sie sich nur eine TextBox-Komponente vor, die mit der Benutzereingabe in ihrer Breite wächst. Gleichermaßen kann es sein, dass Steuerelemente sich auf eine Breite von 0 reduzieren. Um diesen Extremen vorzubeugen, können Sie mit den Eigenschaften MinWidth, MaxWidth, MinHeight und MaxHeight die minimalen und maximalen Ausdehnungen eines Steuerelements begrenzen.

25.2.5   Die Ausrichtung einer Komponente

Zur Ausrichtung einer Komponente in ihrem umgebenden Container dienen die beiden Eigenschaften

▶ HorizontalAlignment

▶ VerticalAlignment

HorizontalAlignment kann die Werte Left, Right, Center und Stretch einnehmen, VerticalAlignment die Werte Top, Bottom, Center und Stretch. Verzichten Sie auf die explizite Angabe der beiden Eigenschaften, gilt die Einstellung Stretch. Eine solche Komponente würde, wäre sie innerhalb einer Grid-Zelle platziert, die Zelle komplett ausfüllen.

Wenn wir uns allgemein über die Ausrichtung unterhalten, müssen wir auch die Ausrichtung des Inhalts innerhalb eines Steuerelements erwähnen. Sie wird durch die beiden Eigenschaften

▶ HorizontalContentAlignment

▶ VerticalContentAlignment

beschrieben. Beide können auf Werte eingestellt werden, die den Werten von HorizontalAlignment und VerticalAlignment entsprechen.

25.2.6   Die Sichtbarkeit eines Steuerelements

Die Eigenschaft Visibility gibt an, ob ein Steuerelement sichtbar ist oder nicht. Normalerweise würde man dahinter einen booleschen Datentyp vermuten, der mit true und false die Sichtbarkeit steuert. In der WPF ist das nicht der Fall, denn Visibility erlaubt Einstellungen, die in der Enumeration Visibility definiert sind.

25

Wert	Beschreibung
Visible	Das Steuerelement ist sichtbar.
Hidden	Das Steuerelement ist unsichtbar, beansprucht aber weiterhin den ihm angestammten Platz.
Collapsed	Das Steuerelement ist unsichtbar und hat die Größe 0. Andere Steuerelemente können den freigegebenen Platz nutzen.

Tabelle 25.2 Die Werte der Enumeration »Visibility«

25.2.7   Die farbliche Darstellung

Die Vorder- und Hintergrundfarbe wird bei den Steuerelementen mit den Eigenschaften Foreground und Background eingestellt. Beide sind vom Typ Brush. Bei Brush handelt es sich um eine abstrakte Klasse, folglich kommt als konkrete Angabe nur eine der Ableitungen in Frage. Hierbei handelt es sich um die in Tabelle 25.3 aufgeführten sechs Klassen.

Klasse	Beschreibung
SolidColorBrush	Beschreibt eine einheitliche Farbe.
ImageBrush	Zeichnet ein Bild in den entsprechenden Bereich. Das Bild kann entweder skaliert oder mehrfach gezeichnet werden.
DrawingBrush	Entspricht ImageBrush mit dem Unterschied, dass anstelle einer Bitmap eine Vektorgrafik gezeichnet wird.
LinearGradientBrush	Beschreibt einen linearen Farbverlauf zwischen zwei oder noch mehr Farben.
RadialGradientBrush	Zeichnet einen kreisförmigen Übergang zwischen zwei oder mehr Farben.
VisualBrush	Zeichnet ein Visual-Objekt in den angegebenen Bereich.

Tabelle 25.3 Die von »Brush« abgeleiteten Klassen

25.2.8   Die Schriften

Lassen Sie uns auch noch über die Festlegung der Schrift sprechen. Zunächst einmal ist festzuhalten, dass alle Steuerelemente die Einstellungen der Schrift von ihrem übergeordneten Container übernehmen. Ändern Sie beispielsweise die Schriftart in Window, wird sie von allen Steuerelementen des Fensters automatisch übernommen. Um in einem Steuerelement eine spezifische Schrift zu verwenden, müssen Sie die Schriftart des betreffenden Steuerelements anders festlegen.

Die Schrift kann über insgesamt fünf Eigenschaften beeinflusst werden.

Eigenschaft	Beschreibung
FontFamily	FontFamily gibt die Schriftart an. Dabei handelt es sich ausschließlich um TrueType-Schriften. Die Vorgabe ist *Segoe UI*.
FontSize	Mit FontSize wird die Schriftgröße in WPF-Pixeln angegeben.
FontStretch	FontStretch gibt an, ob eine Schrift zusammengedrückt oder gestreckt angezeigt werden soll. Die Eigenschaft lässt mehrere Einstellungen zu, wird aber nicht von jeder Schriftart unterstützt.
FontStyle	FontStyle gibt an, ob eine Schrift normal oder kursiv dargestellt wird.
FontWeight	Die Eigenschaft beschreibt, wie fett die Schrift dargestellt werden soll. Dabei sind sehr viele Grade einstellbar, die aber nicht von allen Schriftarten gleichermaßen unterstützt werden.

Tabelle 25.4 Die Eigenschaften eines Fonts

25.3   Die Gruppe der Schaltflächen

Schaltflächen sind ein wesentlicher Bestandteil jeder Windows-Anwendung und relativ einfach aufgebaut. Wir wollen uns daher als Erstes dieser Familie zuwenden. Grundsätzlich werden zu den Schaltflächen fünf verschiedene Steuerelemente gerechnet:

▶ Button

▶ ToggleButton

▶ RepeatButton

▶ RadioButton

▶ CheckBox

In der Toolbox werden Sie die Steuerelemente ToggleButton und RepeatButton nicht finden, da diese beiden ausschließlich anderen Steuerelementen als Basisklasse dienen. Alle genannten Typen sind aber auf die gemeinsame Basisklasse ButtonBase zurückzuführen.

25.3.1   Die Basisklasse »ButtonBase«

Das grundlegende Verhalten aller Schaltflächen-Steuerelemente ist bereits in der Basisklasse ButtonBase festgelegt. Das auffälligste Merkmal dürfte sein, dass sie angeklickt werden können. Die Eigenschaft IsPressed liefert die Information, ob die Schaltfläche aktuell gedrückt ist.

Interessant ist, dass festgelegt werden kann, unter welchen Umständen das Click-Ereignis ausgelöst wird. Traditionell wurde das Ereignis bisher grundsätzlich immer beim Loslassen der Maustaste ausgelöst. Das ist in der WPF zwar auch die Vorgabe, kann aber durch entsprechendes Setzen der Eigenschaft ClickMode geändert werden. ClickMode gestattet drei verschiedene Einstellungen: Release, Press und Hover, deren Beschreibung Sie Tabelle 25.5 entnehmen können.

Member	Beschreibung
Release	Das Ereignis wird ausgelöst, wenn auf eine Schaltfläche geklickt und die Maustaste losgelassen wird. Dies ist die Standardvorgabe.
Press	Das Ereignis wird ausgelöst, wenn auf eine Schaltfläche geklickt, die Maustaste aber noch nicht losgelassen wird.
Hover	Das Ereignis wird ausgelöst, wenn der Mauszeiger über ein Steuerelement bewegt wird.

Tabelle 25.5 Die Enumeration »ClickMode«

25.3.2   Das Steuerelement »Button«

Schaltflächen vom Typ Button sind vermutlich die am häufigsten anzutreffenden Steuerelemente. Ihr Einsatz ist denkbar einfach: Ziehen Sie das Element aus der Toolbox in das Window, oder schreiben Sie direkt den XAML-Code. Nach der Festlegung der Eigenschaften hinsichtlich Größe und Position legen Sie noch die Eigenschaft Content fest.

Button-Objekte weisen eine besondere Charakteristik auf: Sie können nämlich in einem Fenster je einen Button mit IsDefault=true und IsCancel=true kennzeichnen. Dann reagieren Schaltflächen auf die ⏎- bzw. die Esc-Taste. Wurde das zugehörige Fenster mit der Methode ShowDialog geöffnet, bewirken diese Schaltflächen gleichzeitig das Schließen des Fensters. Dabei wird an ShowDialog der Wert true oder false übergeben.

> **Hinweis**
>
> Leicht zu verwechseln sind die beiden Eigenschaften IsDefault und IsDefaulted. Letztgenannte gehört zu einer langen Liste weiterer Eigenschaften, die über spezifische Zustände eines Steuerelements Auskunft geben. IsDefaulted gibt an, ob ein Button die Schaltfläche ist, der die Eingabetaste mit IsDefault=true zugeordnet worden ist. IsDefaulted ist schreibgeschützt.

Schaltflächen können häufig mit einer Tastenkombination (Alt + Buchstabe) aktiviert werden. Im XAML-Code kennzeichnen Sie den sogenannten Mnemonics-Buchstaben durch das Voranstellen eines Unterstrichs, z. B.:

```
<Button Height="35" Width="120">_Abbrechen</Button>
```

Der Unterstrich ist nur im laufenden Programm zu sehen, wenn der Benutzer die [Alt]-Taste drückt. Diese Fähigkeit geht natürlich verloren, wenn Sie anstatt einer Zeichenfolge der Content-Eigenschaft ein anderes Steuerelement übergeben.

Hinsichtlich der Ereignisse einer Schaltfläche gibt es nicht viel zu erzählen. In der Regel werden Sie nur das Ereignis Click programmieren.

25.3.3   Das Steuerelement »ToggleButton«

Ein Button-Objekt wird nach dem Anklicken wieder seinen ursprünglichen Zustand einnehmen. In dieser Hinsicht verhält sich ein ToggleButton anders, obwohl er im ersten Moment optisch einem Button entspricht. Ein ToggleButton behält nach dem Klicken seinen Zustand bei, bis er erneut geklickt wird. Das Steuerelement ToggleButton ist im Namespace System.Windows.Controls.Primitives definiert.

> **Hinweis**
>
> Das Control ToggleButton wird nicht im Werkzeugkasten angeboten. Sie müssen dieses Steuerelement daher direkt im XAML-Code erzeugen.

Der aktuelle Zustand kann mit der Eigenschaft IsChecked ausgewertet werden. Normalerweise wird das Steuerelement true (aktiviert) oder false (deaktiviert) zurückliefern. Ein Toggle-Button kann aber auch null sein. Damit wird ein undefinierter Zustand beschrieben. Das wäre zum Beispiel der Fall, wenn ein ToggleButton angeben soll, ob ein markierter Textabschnitt in einem Dokument fett dargestellt wird oder nicht. Der undefinierte Zustand wäre dann gegeben, wenn nur Teile des markierten Textes fett sind.

Den Zustand IsChecked=null kann ein ToggleButton-Objekt nur annehmen, wenn die Eigenschaft IsThreeState=true gesetzt ist. Das folgende XAML-Fragment zeigt, wie der Zustand null aktiviert und gleichzeitig undefiniert angegeben werden kann:

```
<ToggleButton IsChecked="{x:Null}" IsThreeState="True">
   ToggleButton1
</ToggleButton>
```

25.3.4   Das Steuerelement »RepeatButton«

Ähnlich wie der zuvor besprochene Button agiert auch ein RepeatButton. Der Unterschied ist, dass dieser Schaltflächentyp kontinuierlich Click-Ereignisse auslöst, solange der Mauszeiger bei gedrückter Maustaste auf das Steuerelement weist. Die Häufigkeit des Auftretens der Click-Ereignisse hängt von den Einstellungen der Eigenschaften Delay und Interval ab. Die Zeitspanne vom Drücken bis zur ersten Click-Auslösung wird von Delay beschrieben und ist eine Angabe in Millisekunden. Die Zeitspanne zwischen den sich wiederholenden Ereignissen beschreibt Interval, ebenfalls in Millisekunden.

25

Ähnlich wie ein `ToggleButton` gehört auch `RepeatButton` zum Namespace `System.Windows.Controls.Primitives` und wird nicht im Werkzeugkasten angeboten. Meistens findet er Verwendung im Zusammenhang mit anderen, komplexeren Steuerelementen.

Sinnvoll ist dieses Steuerelement, wenn es darum geht, Werte kontinuierlich zu erhöhen oder zu reduzieren. Sie können dieses Steuerelement beispielsweise verwenden, um ein »Up-down«-Steuerelement zu entwickeln, wie es im folgenden Beispiel gezeigt wird.

```xml
// Beispiel: ..\Kapitel 25\RepeatButton_Sample
<Window ...>
  <StackPanel>
    <Border Margin="5" HorizontalAlignment="Left" BorderThickness="1"
          BorderBrush="Black">
      <Grid>
        <Grid.RowDefinitions>
          <RowDefinition />
          <RowDefinition />
        </Grid.RowDefinitions>
        <Grid.ColumnDefinitions>
          <ColumnDefinition />
          <ColumnDefinition />
        </Grid.ColumnDefinitions>
        <Label Name="lblNumber" Grid.RowSpan="2" Content="0"
              VerticalAlignment="Center" MinWidth="40"  />
        <RepeatButton Name="btnUp" Grid.Column="1" Click="btnUp_Click">
          <Polygon Margin="4,0" Points="3,0 6,6 0,6 3,0"
                  Stroke="Black" Fill="Black"/>
        </RepeatButton>
        <RepeatButton Name="btnDown" Grid.Row="1" Grid.Column="1"
                  Click="btnDown_Click">
          <Polygon Margin="4,0" Points="3,6 6,0 0,0 3,6"
                  Stroke="Black" Fill="Black"/>
        </RepeatButton>
      </Grid>
    </Border>
  </StackPanel>
</Window>
```

Listing 25.1 Einfache Definition einer »Up-down«-Schaltfläche

Im XAML-Code sind zwei Elemente vom Typ `RepeatButton` angegeben. Das erste dient dazu, eine Zahl, die in einem `Label` angezeigt wird, zu erhöhen, das zweite Element, die Zahl zu reduzieren. Die `Content`-Eigenschaft der beiden `RepeatButton`-Steuerelemente wird jeweils durch ein Polygon-Element beschrieben. Mit der Eigenschaft Points wird dabei ein Dreieck beschrieben, das mit einer Spitze entweder nach oben oder nach unten zeigt.

Zu diesem XAML-Code gehört der folgende C#-Code, der so einfach gehalten ist, dass er keiner weiteren Erläuterung bedarf:

```
private void btnUp_Click(object sender, RoutedEventArgs e)
{
  lblNumber.Content = Convert.ToInt32(lblNumber.Content.ToString()) + 1;
}
private void btnDown_Click(object sender, RoutedEventArgs e)
{
  lblNumber.Content = Convert.ToInt32(lblNumber.Content.ToString()) - 1;
}
```

Listing 25.2 Die Ereignishandler der »Click«-Ereignisse

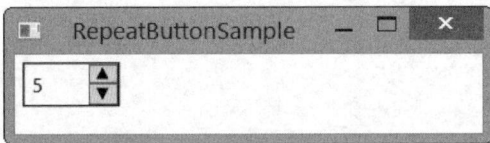

Abbildung 25.4 Ausgabe des Beispiels »RepeatButton_Sample«

25.3.5 Das Steuerelement »CheckBox«

Die CheckBox ähnelt vom Verhalten her einem ToggleButton, hat aber eine andere Darstellung, da der Zustand durch ein Zustandshäkchen angezeigt wird.

25.3.6 Das Steuerelement »RadioButton«

Auch ein RadioButton ist ein ToggleButton, allerdings mit einem etwas anderen Verhalten, denn mehrere RadioButton-Elemente können eine Gruppe bilden, innerhalb der nur ein RadioButton ausgewählt sein kann.

Befinden sich mehrere RadioButton-Elemente in einem übergeordneten Panel, bilden sie automatisch eine Gruppe. Benötigen Sie mehrere voneinander unabhängige Gruppen in einem Panel, stellen Sie die Eigenschaft GroupName ein. Alle RadioButton-Elemente mit demselben GroupName-Bezeichner gehören dann zu einer gemeinsamen Gruppe. Eine andere Möglichkeit ist, für alle zu gruppierenden Steuerelemente ein separates Panel bereitzustellen. Dabei kann es sich um Layoutcontainer handeln, aber auch um Steuerelemente wie Panel oder GroupBox.

25

Im folgenden Beispielcode sind zwei Gruppen definiert, die sich im gleichen Container befinden. Die Gruppenzugehörigkeit wird durch GroupName beschrieben. Innerhalb jeder Gruppe ist jeweils ein RadioButton durch Angabe der Eigenschaft IsSelected vorselektiert.

```
<Window ... >
  <StackPanel Margin="10" Orientation="Horizontal">
  <!-- Gruppe 1 -->
    <StackPanel Margin="0 0 40 0">
      <RadioButton Content="Schornsteinfeger" GroupName="Gruppe1" />
      <RadioButton Content="Bäckermeister" GroupName="Gruppe1" IsChecked="True" />
      <RadioButton Content="Dachdecker" GroupName="Gruppe1" />
    </StackPanel>
    <!-- Gruppe 2 -->
    <StackPanel>
      <RadioButton Content="Mann" GroupName="Gruppe2" />
      <RadioButton Content="Frau" GroupName="Gruppe2" IsChecked="True" />
    </StackPanel>
  </StackPanel>
</Window>
```

Listing 25.3 Gruppieren von »RadioButton«-Elementen

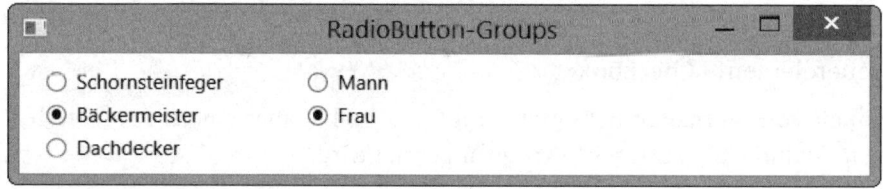

Abbildung 25.5 Gruppierte »RadioButtons«

25.4   Einfache Eingabesteuerelemente

25.4.1   Das Steuerelement »Label«

Ein Label dient in einer Benutzeroberfläche dazu, Text anzuzeigen. Es gehört zu den sogenannten Inhaltssteuerelementen, hat also eine Eigenschaft Content. Die Größe eines Labels ergibt sich aus dem Inhalt. Sie sollten daher die Größe nicht ausdrücklich angeben, da der anzuzeigende Text ansonsten unter Umständen abgeschnitten wird.

Ein Label kann von Hause aus nicht fokussiert werden. Dennoch erlaubt dieses Steuerelement die Definition eines Hotkeys. Zur Laufzeit hat das die folgende Auswirkung: Wird die ⎇ Alt-Taste zusammen mit dem Hotkey gedrückt, erhält ein anderes, bestimmtes Steuerelement den Tastaturfokus. Das Tastenkürzel wird im Text des Label-Steuerelements durch einen Unterstrich ausgedrückt. Die Zuordnung des Steuerelements, das den Tastaturfokus erhalten soll, erfolgt mit der Target-Eigenschaft. So könnten Sie beispielsweise festlegen, dass beim Drücken von [Alt]+[W] die TextBox mit dem Bezeichner *txtCity* den Fokus erhält. Das entsprechende Codefragment dazu sieht wie folgt aus:

```
<Label Target="{Binding ElementName=txtCity}"
       Height="28" Name="label1" Width="80">_Wohnort:</Label>
<TextBox Height="25" Name="txtWohnort" Width="120" />
```

Beachten Sie, dass bei der Angabe des Zielsteuerelements die Markup-Erweiterung benutzt wird unter Angabe des Bezeichners des Zielsteuerelements. Zur Laufzeit wird der Hotkey erst dann sichtbar, wenn die Taste [Alt] gedrückt wird. Wollen Sie innerhalb der Zeichenfolge einen Unterstrich schreiben, müssen Sie zwei davon im XAML-Code angeben.

Ein Label unterstützt von Hause aus keine Zeilenumbrüche. Dennoch gibt es zwei Möglichkeiten, Zeilenumbrüche zu erzwingen:

▶ TextBlock

▶ AccessText

Bei TextBlock handelt es sich um ein Steuerelement, das wir später noch behandeln werden. Das Zusammenspiel zwischen der Content-Eigenschaft des Label-Elements mit einem Text-Block-Objekt gestattet es, Zeilenumbrüche darzustellen.

```
<Label>
  <TextBlock TextWrapping="Wrap">
    Hier wird ein Zeilenumbruch gezeigt.
  </TextBlock>
</Label>
```

Nachteilig ist der Einsatz eines TextBlock-Elements, wenn Sie einen Hotkey bereitstellen wollen. Der TextBlock wird den Unterstrich nämlich auch als solchen darstellen. Für eine Kombination aus Zeilenumbruch und Hotkey eignet sich das AccessText-Element.

```
<Label Target="{Binding TextBox1}">
  <AccessText TextWrapping="Wrap">
    Hier wird ein _Zeilenumbruch mit Hotkey gezeigt.
  </AccessText>
</Label>
```

25.4.2   Das Steuerelement »TextBox«

Die TextBox dient dazu, die Texteingabe eines Benutzers entgegenzunehmen oder einfach nur Text anzuzeigen. Dabei kann es sich um ein- oder mehrzeiligen unformatierten Text handeln. Von Hause aus ist die TextBox bereits mit vielen Fähigkeiten ausgestattet. Beispielsweise beherrscht sie den Datenaustausch über die Zwischenablage, hat eine eingebaute Rechtschreibkorrektur und darüber hinaus eine mehrstufige *Undo*-Funktion. Alle angeführten Verhaltensweisen können genutzt werden, ohne dass Sie eine Zeile Code schreiben müssen.

Die Größe des Steuerelements

Die Größe einer TextBox ergibt sich aus ihrem Inhalt. Je nachdem, in welchem Panel die TextBox platziert ist, kann ihre Größe auf ein unvertretbares Maß schrumpfen. Empfehlenswert ist es daher, eine TextBox in einem Panel unterzubringen, das zumindest die Breite des Inhalts vorgibt. Das wäre beispielsweise in einem StackPanel oder einer Grid-Zelle mit der Einstellung Width=*. Sie können zwar auch die Eigenschaft MinWidth einstellen, aber damit geht unter anderem die Anpassungsfähigkeit an andere Schriftgrößen verloren.

Berücksichtigen sollten Sie auch die Höhe einer TextBox, die mehrere Zeilen anzeigen kann. Anstatt MinHeight und MaxHeight festzulegen, sollten Sie besser die Eigenschaften MinLines und MaxLines verwenden. Diese limitieren die Zeilen und berücksichtigen dabei die aktuelle Schriftart und -größe.

Text eingeben

Per Vorgabe ist die Eingabe in einer TextBox immer einzeilig. Mit der Einstellung

AcceptsReturn=True

geben Sie an, dass beim Drücken der Eingabetaste eine neue Zeile eingefügt wird. Der Benutzer kann dann auch mehrzeilige Texte eingeben. Behalten Sie die Vorgabe AcceptsReturn= False bei, wird beim Drücken der Eingabetaste der Standard-Button betätigt. Ähnliches gilt für die Eigenschaft AcceptsTab. Stellen Sie die Eigenschaft auf true ein, wird ein Tabulator in die TextBox eingefügt. Mit false wird zum nächsten Steuerelement in der Aktivierungsreihenfolge geschaltet.

Bei umfangreichen Texten sollten Sie Schiebebalken aktivieren. Das geschieht mit den beiden Eigenschaften

▶ VerticalScrollBarVisibility

▶ HorizontalScrollBarVisibility

die Sie auf Auto stellen sollten. Beide Eigenschaften sind vom Typ der Enumeration ScrollBarVisibility, deren Werte Sie Tabelle 25.6 entnehmen können.

Einstellung	Beschreibung
Auto	Falls notwendig, wird ein Rollbalken automatisch angezeigt.
Disabled	Der Rollbalken wird nur im Bedarfsfall angezeigt.

Tabelle 25.6 Die Werte der Enumeration »ScrollBarVisibility«

Einstellung	Beschreibung
Hidden	Ein Rollbalken wird auch dann nicht angezeigt, wenn es erforderlich wäre.
Visible	Der Rollbalken wird immer angezeigt.

Tabelle 25.6 Die Werte der Enumeration »ScrollBarVisibility« (Forts.)

Überschreitet die Benutzereingabe die Breite der TextBox, wird über den rechten Rand hinausgeschrieben. Sie können mit der Eigenschaft TextWrapping=Wrap erzwingen, dass die Eingabezeile umbrochen wird, sobald das Ende der TextBox erreicht ist (die Standardvorgabe ist TextWrapping=NoWrap). Dabei sollten Sie aber Vorsicht walten lassen: Handelt es sich um ein sehr langes Wort, wird es mittendrin umbrochen. Könnte ein solcher Fall auftreten, sollten Sie sich besser für die dritte Einstellmöglichkeit, WrapWithOverFlow, entscheiden. Diese bricht das Wort zwar nicht in der Mitte um, hat aber den Nachteil, dass die Zeile länger wird, als von der angegebenen Größe der TextBox vorgesehen ist.

Die Textanzeige

Der Inhalt der TextBox wird durch die Eigenschaft Text beschrieben. Dabei handelt es sich gleichzeitig um die Inhaltseigenschaft. Sie können diese Eigenschaft auch mit Code festlegen oder auswerten. Zur Ausrichtung des Textes dient die Eigenschaft TextAlignment. Zulässige Werte sind vom Typ der Enumeration TextAlignment und Tabelle 25.7 zu entnehmen.

Wert	Beschreibung
Center	Der Text wird in der TextBox zentriert ausgerichtet.
Left	Der Text wird in der TextBox links ausgerichtet.
Right	Der Text wird in der TextBox rechts ausgerichtet.
Justify	Der Text wird in der TextBox so ausgerichtet, dass alle Zeilen die gleiche Länge haben.

Tabelle 25.7 Die Textausrichtung mit der Enumeration »TextAlignment«

Mit der Eigenschaft TextDecoration können lässt sich der Text »verzieren«. Genauer gesagt, können Sie die Dekorationen Overline, Underline, Baseline und Strikethrough einstellen.

Markierter Text

Die Eigenschaft SelectedText liefert den vom Anwender markierten Text. Die Länge des selektierten Textes kann mit SelectionLength abgefragt werden. Die dritte Eigenschaft in diesem Zusammenhang, SelectionStart, gibt an, bei welchem Buchstaben die Auswahl beginnt.

25

Dabei wird von Textbeginn an gezählt, wobei der erste Buchstabe den Index 0 hat. Ist in dem Text »Aachen« beispielsweise die Teilzeichenfolge »chen« selektiert, liefert `SelectionStart` den Wert 2.

Methoden zur Bearbeitung von Text

Zum Kopieren, Ausschneiden und Einfügen stehen die Methoden `Copy`, `Cut` und `Paste` zur Verfügung. Mit der Methode `SelectAll` wird der komplette Inhalt der `TextBox` markiert. `Undo` macht die letzte Aktion rückgängig, und `Redo` macht den letzten Rückgängig-Befehl rückgängig.

Die Anzahl der `Undo`- und `Redo`-Aktionen ist theoretisch unbegrenzt, das heißt, die Grenzen werden nur durch den zur Verfügung stehenden Speicher gesetzt. So ist zumindest die Voreinstellung. Ein sinnvoller Grenzwert kann mit der Eigenschaft `UndoLimit` festgelegt werden. Möchten Sie die `Undo`- und `Redo`-Aktionen generell ausschalten, stellen Sie die Eigenschaften `CanUndo` und `CanRedo` auf `false` ein.

Interessant ist in diesem Zusammenhang auch, mehrere Bearbeitungsschritte mit den Methoden `BeginChange` und `EndChange` zusammenzufassen. Diese Aktionen werden dann als ein einziger `Undo`-Schritt gewertet. Allerdings geht das natürlich nur im Programmcode.

Rechtschreibprüfung

Wie ich weiter oben schon erwähnt habe, unterstützt die `TextBox` die Rechtschreibprüfung, die allerdings aktiviert werden muss. Stellen Sie dazu die Eigenschaft `SpellCheck.IsEnabled=true` im XAML-Code ein. Es kommt dann automatisch die in den Systemeinstellungen ausgewählte Sprache zur Anwendung. Wünschen Sie eine andere Sprache, geben Sie sie der Eigenschaft `Language` als Sprachcode an (z. B. `Language="en-us"`). Sie können für die deutsche Sprache sogar zwischen der alten und der neuen Rechtschreibung auswählen. Auch dafür dient die Eigenschaft `SpellCheck`, die neben `IsEnabled` auch `SpellingReform` anbietet.

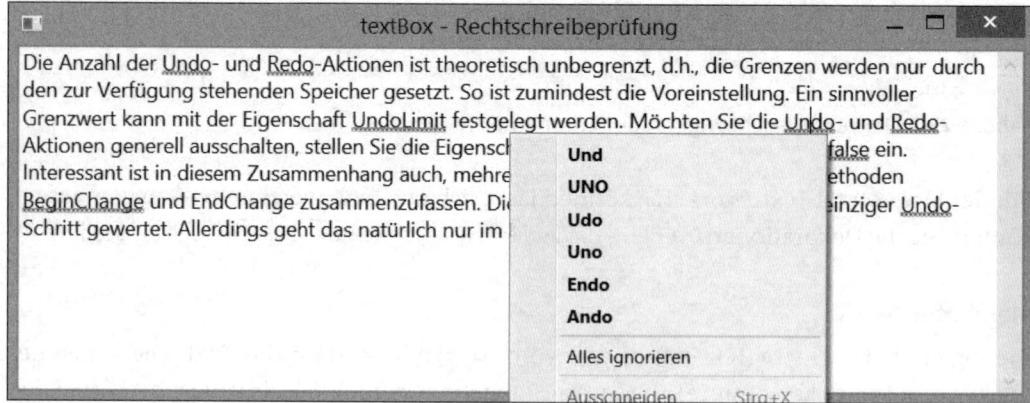

Abbildung 25.6 Rechtschreibprüfung einer »TextBox«

Einen Haken hat die Rechtschreibprüfung aber: Auch in der neusten Version des .NET-Frameworks sucht man immer noch vergeblich nach einer ausreichenden Dokumentation. Sie war und ist weiterhin verbesserungswürdig. Zudem gibt es keine Möglichkeit, die Rechtschreibkontrolle durch eigene Wörterbücher zu verbessern.

25.4.3   Das Steuerelement »PasswordBox«

Das Steuerelement `PasswordBox` dient zur Eingabe eines Passworts. Dieses Control ist deutlich einfacher in der Handhabung als eine `TextBox`, da viele Eigenschaften und Methoden einer `TextBox` nicht angeboten werden.

Das vom Benutzer eingegebene Passwort wird nicht als Text angezeigt, da die einzelnen Buchstaben durch ein Maskierungszeichen ersetzt werden. Per Vorgabe handelt es sich dabei um einen fetten Punkt. Sie können mit der Eigenschaft `PasswordChar` aber auch ein anderes Zeichen festlegen. Die eingegebene Zeichenfolge kann über die Eigenschaft `Password` ausgewertet werden.

Erwähnenswert ist ein Ereignis dieses Steuerelements: `PasswordChanged`. Das Ereignis tritt auf, wenn sich die Eigenschaft `Password` ändert. Damit wäre es Ihnen zum Beispiel möglich, die Anzahl der Fehlversuche zu protokollieren und gegebenenfalls weitere Eingabeversuche zu unterbinden.

25.4.4   Das Steuerelement »TextBlock«

Das `TextBox`-Steuerelement ist nur zur Anzeige unformatierter Texte geeignet. Stilistische Änderungen innerhalb des angezeigten Textes sind nicht möglich. Beispielsweise ist es nicht möglich, innerhalb einer Textbox zwei verschiedene Schriftarten zu verwenden. Eine Text-Block-Komponente ist in dieser Hinsicht etwas attraktiver, nimmt allerdings keine Tastatureingaben entgegen. Lassen Sie uns ansehen, welche Möglichkeiten in einem `TextBlock` stecken. Dabei soll nur ein kleiner Auszug gezeigt werden.

Silbentrennung

Mit der Eigenschaft `IsHyphenationEnabled=true` legen Sie fest, dass die automatische Silbentrennung von Wörtern aktiviert ist. Aber Vorsicht beim Einsatz dieser Eigenschaft, denn die Silbentrennung funktioniert nicht immer einwandfrei. Und das, obwohl die .NET-Dokumentation aussagt, dass die Standardregeln der Grammatik zugrunde liegen.

Zeilenumbruch (manuell)

Mit dem Element `<LineBreak/>` können Sie einen manuellen Zeilenumbruch in den angezeigten Text einfügen.

Zeilenumbruch (automatisch)

Geben Sie in einem `TextBlock` einen sehr langen Text ein, wird dieser standardmäßig am Ende abgeschnitten. Die Einstellung `TextWrapping=Wrap` bewirkt einen automatischen Zeilenumbruch, allerdings auch mitten im Wort. Mit `TextWrapping=WrapWithOverflow` wird ein Umbruch möglich, aber nicht mitten im Wort. Mit der Einstellung `NoWrap` wird kein Zeilenumbruch ausgeführt.

Textbeschneidungen

Wird ein Text innerhalb einer dargestellten Zeile zu lang, wird er normalerweise abgeschnitten oder umbrochen. Eine dritte Variante besteht darin, Fortsetzungszeichen in Form von drei Punkten anzuzeigen. Für dieses Verhalten ist die Eigenschaft `TextTrimming` verantwortlich. `TextTrimming` kennt drei Werte, die Sie Tabelle 25.8 entnehmen können.

Wert	Beschreibung
None	Der Text wird nicht abgeschnitten.
CharacterEllipsis	Der Text wird an einer Zeichengrenze abgeschnitten und drei Punkte als Auslassungszeichen dargestellt
WordEllipsis	Der Text wird an einer Wortgrenze abgeschnitten und drei Punkte als Auslassungszeichen dargestellt

Tabelle 25.8 Die Werte der »TextTrimming«-Enumeration

In Abbildung 25.7 sind die Auswirkungen der beiden in Listing 25.4 verwendeten Eigenschaften `TextTrimming` und `TextWrapping` deutlich zu sehen.

```
<StackPanel>
    <TextBlock TextWrapping="Wrap" TextTrimming="CharacterEllipsis">
        DasIstWortEins DasIstWortzwei DasIstWortDrei DasIstWortVier
    </TextBlock>
    <TextBlock TextWrapping="NoWrap" TextTrimming="CharacterEllipsis">
        DasIstWortEins DasIstWortzwei DasIstWortDrei DasIstWortVier
    </TextBlock>
    <TextBlock TextWrapping="NoWrap" TextTrimming="WordEllipsis">
        DasIstWortEins DasIstWortzwei DasIstWortDrei DasIstWortVier
    </TextBlock>
    <TextBlock TextWrapping="WrapWithOverflow" TextTrimming="CharacterEllipsis">
        DasIstWortEins DasIstWortzwei DasIstWortDrei DasIstWortVier
    </TextBlock>
</StackPanel>
```

Listing 25.4 Auswirkung der Eigenschaften »TextWrapping« und »TextTrimming«

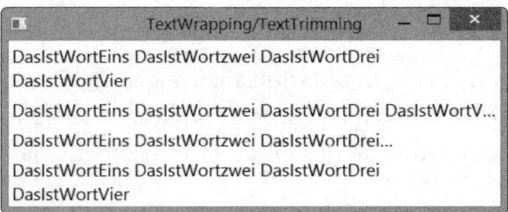

Abbildung 25.7 Die Ausgabe von Listing 25.4

Allgemeine Textdarstellung

Mit den Elementen <Bold> und <Italic> lassen sich einzelne Wörter fett oder kursiv anzeigen. Tatsächlich können Sie auch mit dem von HTML bekannten <Span>-Element besondere Textdarstellungen erreichen, beispielsweise um den vom <Span>-Element eingegrenzten Textbereich farblich anders zu gestalten oder eine andere Schriftart zu verwenden. Im folgenden Listing werden einige der zuvor aufgeführten Elemente innerhalb eines TextBlock-Elements gezeigt.

```
<Grid>
  <Border Padding="10">
    <TextBlock FontSize="18" TextWrapping="Wrap" IsHyphenationEnabled="True">
      Das ist ein <Italic>sehr</Italic> langer <Bold>Text</Bold>
      in einem TextBlock-Element.
      <LineBreak/><LineBreak/>
      Bitte schauen Sie sich an, wie einzelne Textabschnitte innerhalb
      dieses Textes unterschiedlich formiert werden können.
      <LineBreak/>
      Naürlich kann auch die <Span FontFamily="Courier New">
      Schriftart</Span>, die <Span Foreground="Red" FontWeight="Bold">
      Schriftfarbe</Span> oder der <Span Background="Red">Hintergrund</Span>
      angepasst werden.
    </TextBlock>
  </Border>
</Grid>
```

Listing 25.5 Spezifische Textdarstellung

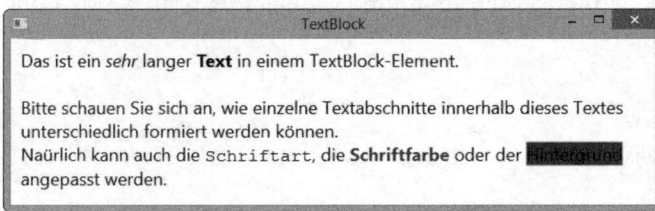

Abbildung 25.8 Ausgabe von Listing 25.5

25.5 WPF-Listenelemente

Eine Reihe verschiedener WPF-Steuerelemente sind in der Lage, Listen anzuzeigen. Zu diesen Controls werden unter anderem die ListBox, die ComboBox, das TabControl, die ListView und das TreeView-Control gerechnet. Die von diesen Controls dargestellten Listenelemente lassen sich in zwei Gruppen kategorisieren:

▶ ItemControls

▶ HeaderedItemControls

Listensteuerelemente, die Listenelemente der Gruppe der ItemControls anzeigen, zeichnen sich durch die Eigenschaft Items aus. Diese Eigenschaft gewährleistet den Zugriff auf die einzelnen Elemente der Liste, der über den Index des Elements erfolgen kann. Typische Vertreter für Steuerelemente, die ItemControls aufnehmen, sind die ListBox und die ComboBox. Je nach Typ des anzeigenden Steuerelements werden die Listenelemente durch besondere Klassen beschrieben. Im Fall einer ListBox handelt es sich um ListBoxItem, bei der ComboBox sind es Elemente vom Typ ComboBoxItem.

Von der Klasse ItemControls ist die Klasse HeaderedItemControls abgeleitet. Es ist die Eigenschaft Header, die Elemente dieses Typs auszeichnet. Mit der Eigenschaft Header kann einem Element ein »Titel« zugewiesen werden, dem eine Spalte zugeordnet wird. Steuerelemente der Gruppe der HeaderedItemControls bilden somit keine einfache lineare, sondern eine hierarchische Struktur ab. Typische Vertreter dieser Gruppe sind die Klassen MenuItem, TreeView und auch ToolBar.

25.5.1 Das Steuerelement »ListBox«

Eine ListBox bietet eine Liste von Auswahlalternativen an, aus denen der Anwender eine oder auch mehrere wählen kann. Per Vorgabe gestattet eine ListBox nur die Einfachauswahl. Damit auch die Auswahl mehrerer Einträge möglich ist, müssen Sie die Eigenschaft SelectionMode auf Multiple oder Extended festlegen. Multiple gestattet die Auswahl durch einen einfachen Klick. Bei der Einstellung Extended muss der Anwender beim Anklicken des Listenelements die ⇧-Taste gedrückt halten.

Listenelemente innerhalb einer ListBox werden durch ListBoxItem-Elemente beschrieben. Sie können der ListBox sowohl im XAML-Code als auch in der Code-Behind-Datei Listenelemente hinzufügen. Im folgenden Listing werden mehrere Listenelemente in XAML-Code eingetragen.

```
<ListBox Name="listBox1">
  <ListBoxItem>Peter</ListBoxItem>
  <ListBoxItem>Franz</ListBoxItem>
```

```
  <ListBoxItem>Rolf</ListBoxItem>
  <ListBoxItem>Hans-Günther</ListBoxItem>
</ListBox>
```

Die Listenelemente werden von einer Collection verwaltet, deren Referenz die Eigenschaft Items liefert. Durch Aufruf der Methode Add fügen Sie nach Bedarf Elemente im C#-Code hinzu:

```
listBox1.Items.Add("Beate");
listBox1.Items.Add("Gudrun");
```

Damit nicht genug: Anstatt eine Liste von ListBoxItems zu definieren, können Sie jeden Listeneintrag auch durch ein anderes Steuerelement beschreiben. Im folgenden Codefragment wird für jedes Listenelement eine CheckBox verwendet:

```
<ListBox Name="listBox1">
  <CheckBox Name="chkBox1" Margin="3">Peter</CheckBox>
  <CheckBox Name="chkBox2" Margin="3">Franz</CheckBox>
  <CheckBox Name="chkBox3" Margin="3">Rolf</CheckBox>
  <CheckBox Name="chkBox4" Margin="3">Hans-Günter</CheckBox>
</ListBox>
```

Zugriff auf das ausgewählte Listenelement

Damit wir die in einer ListBox ausgewählten Elemente im Programmcode für weitere Operationen nutzen können, stellt das Steuerelement die Eigenschaften SelectedIndex, SelectedItem und SelectedItems bereit, die es erlauben, die ausgewählten Listenelemente auszuwerten.

Eigenschaft	Beschreibung
SelectedIndex	Gibt den Index des ersten Elements in der aktuellen Auswahl zurück. Ist die Auswahl leer, ist der Rückgabewert -1. Mit dieser Eigenschaft kann auch ein Element vorselektiert werden.
SelectedItem	Gibt das erste Element in der aktuellen Auswahl zurück. Ist die Auswahl leer, ist der Rückgabewert null.
SelectedItems	Ruft alle ausgewählten Elemente ab.

Tabelle 25.9 Eigenschaften der »ListBox« im Zusammenhang mit der Elementauswahl

Möchten Sie, dass ein bestimmtes Listenelement beim Öffnen des Fensters vorselektiert ist, verwenden Sie die Eigenschaft SelectedIndex. Da die Liste der Elemente nullbasiert ist, genügt die folgende Anweisung, um das erste Element zu markieren:

```
listBox1.SelectedIndex = 0;
```

Etwas schwieriger gestaltet es sich, den Inhalt eines ausgewählten Elements auszuwerten. Nehmen wir dazu den folgenden XAML-Code:

```xaml
<ListBox Name="ListBox1">
  <ListBoxItem>Frankreich</ListBoxItem>
  <ListBoxItem>Italien</ListBoxItem>
  <ListBoxItem>Polen</ListBoxItem>
  <ListBoxItem>Dänemark</ListBoxItem>
</ListBox>
```

Um sich den Inhalt des ausgewählten Elements in einer MessageBox anzeigen zu lassen, ist der folgende Code notwendig:

```
MessageBox.Show(((ListBoxItem)ListBox1.SelectedItem).Content.ToString());
```

oder

```
MessageBox.Show((listBox1.SelectedItem as ListBoxItem).Content.ToString());
```

Zuerst lassen wir uns das erste ausgewählte Element mit der Methode SelectedItem zurückgeben und konvertieren es in den Typ, der die Listenelemente beschreibt. Hier handelt es sich um ListBoxItem. Dieser Typ verfügt über die Eigenschaft Content, die vom Typ Object ist. Da wir aber wissen, dass es sich um eine Zeichenfolge handelt, können wir diese mit ToString abrufen.

Auswahl mehrerer Listenelemente

Durch Einstellen der Eigenschaft SelectionMode=Multiple oder SelectionMode=Extended kann der Anwender mehrere Listenelemente gleichzeitig auswählen. Um diese auszuwerten, eignet sich SelectedItems, die uns die Liste aller ausgewählten Elemente bereitstellt. Sie können diese Liste beispielsweise in einer foreach-Schleife durchlaufen:

```csharp
private void btnShowItems_Click(object sender, RoutedEventArgs e)
{
  string items = "";
  foreach (ListBoxItem item in ListBox1.SelectedItems)
    items += item.Content +"\n";
  MessageBox.Show(items);
}
```

Listing 25.6 Ausgabe der in einer ListBox ausgewählten Elemente

25.5.2 Die »ComboBox«

Die ComboBox ähnelt der eben behandelten ListBox. Der Unterschied zwischen diesen beiden Steuerelementen ist, dass die ComboBox immer nur ein Element anzeigt und somit weniger Platz in Anspruch nimmt.

Per Vorgabe kann der Anwender zur Laufzeit keine neuen Elemente in die ComboBox eintragen. Möchten Sie das zulassen, müssen Sie die Eigenschaft IsEditable=true setzen. Mit der Eigenschaft ReadOnly legen Sie fest, ob der Inhalt der ComboBox editiert werden kann. Die Kombination beider Eigenschaften entscheidet maßgeblich über die Handhabung des Steuerelements. Stellen Sie beispielsweise beide auf true ein, kann der Anwender kein Zeichen in die ComboBox eintragen. Ändern Sie allerdings IsEditable in false, kann der Anwender bei fokussierter ComboBox ein Zeichen an der Tastatur eingeben. Befindet sich ein Element mit dem entsprechenden Anfangsbuchstaben in der Liste der Elemente, wird es ausgewählt. Trifft der Anfangsbuchstabe auf mehrere Elemente zu, wird das Element angezeigt, was in alphabetischer Reihenfolge vorne steht.

Die einer ComboBox zugeordneten Listenelemente sind vom Typ ComboBoxItem:

```
<ComboBox Height="20" Name="comboBox1" Width="120">
  <ComboBoxItem>Berlin</ComboBoxItem>
  <ComboBoxItem>Hamburg</ComboBoxItem>
  <ComboBoxItem>Bremen</ComboBoxItem>
</ComboBox>
```

Um per Programmcode ein Element hinzuzufügen, rufen Sie mit Items die ItemCollection der ComboBox ab. Deren Methode Add übergeben Sie einfach den gewünschten zusätzlichen Eintrag:

```
comboBox1.Items.Add("Stuttgart");
```

Das ausgewählte Element einer ComboBox können Sie mit der Eigenschaft Text abrufen. Mit dieser Eigenschaft lässt sich auch festlegen, welches Listenelement nach dem Laden des Fensters angezeigt werden soll. Gleichwertig können Sie mit SelectedIndex auch den Index des gewünschten Elements angeben.

Nur zwei Ereignisse sind für die ComboBox: DropDownOpened und DropDownClosed spezifisch. DropDownOpened wird beim Öffnen der Liste ausgelöst, DropDownClosed beim Schließen.

25

25.5.3 Das Steuerelement »ListView«

Das Steuerelement ListView ähnelt nicht nur der ListBox, es ist sogar aus ListBox abgeleitet. Im Gegensatz zur ListBox kann ein ListView-Steuerelement die Einträge unterschiedlich darstellen. Was sich im ersten Moment noch positiv anhört, relativiert sich aber auch wieder, denn derzeit ist das nur mit einem GridView-Element direkt möglich. GridView ist aus View-

Base abgeleitet. Sie können auch eigene Darstellungsansichten durch Ableiten von ViewBase ermöglichen, aber der Aufwand dafür ist nicht unerheblich.

Sehen wir uns zur Veranschaulichung den einfachen Einsatz des ListView-Controls als einspaltiges Listenfeld in einem Codefragment an (siehe auch Abbildung 25.9):

```xaml
<Grid>
  <ListView>
    <ListView.View>
      <GridView>
        <GridViewColumn Header="Name" />
      </GridView>
    </ListView.View>
    <ListViewItem>Peter Müller</ListViewItem>
    <ListViewItem>Franz Goldschmidt</ListViewItem>
    <ListViewItem>Rudi Ratlos</ListViewItem>
    <ListViewItem>Conie Serna</ListViewItem>
  </ListView>
</Grid>
```

Listing 25.7 XAML-Code eines einfachen »ListView«-Steuerelements

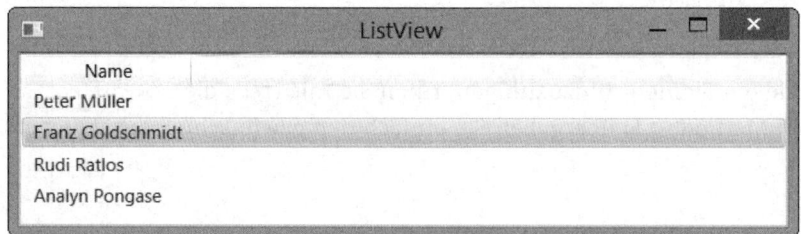

Abbildung 25.9 Einfacher Einsatz des »ListView«-Steuerelements

Zur Beschreibung der Kopfzeile wird innerhalb des GridView-Elements mit GridViewColumn vorgenommen. Der Text im Kopf der Spalte wird durch die Eigenschaft Header des GridView-Column-Objekts beschrieben. Das GridView-Element seinerseits ist der Eigenschaft View des ListView-Controls zugeordnet.

Mehrspaltige Listenfelder

Für einfache Einträge reicht das ListViewItem-Element wie in Listing 25.7 gezeigt vollkommen aus. Möglicherweise wird aber jeder Listeneintrag durch ein Objekt beschrieben, das mehrere Eigenschaften aufweist, die alle im ListView angezeigt werden sollen. Für jede gewünschte Eigenschaft soll es eine Spalte im ListView geben. Das Ergebnis wäre eine tabellenartige Darstellung.

Nehmen wir an, wir würden beabsichtigen, die Daten mehrerer Person-Objekte, die in einer Collection vom Typ List<Person> zusammengefasst sind, innerhalb einer ListView-Komponente unseres Fensters anzuzeigen.

```
class Person
{
  public string Name { get; set; }
  public int Age { get; set; }
  public string City { get; set; }
}
```

Listing 25.8 definition der Klasse »Person«

Um in einer ListView eine Tabelle darzustellen, ist die Bindung an eine Datenquelle erforderlich. Mit der Datenbindung werden wir uns später noch detailliert beschäftigen, daher sei an dieser Stelle nicht näher darauf eingegangen. Bei der angebundenen Datenquelle muss es sich um ein Objekt handeln, das die Schnittstelle IEnumerable implementiert. Diese Bedingung wird von List<Person> definitiv erfüllt. Das Datenobjekt, also die Referenz auf die Collection, wird der Eigenschaft ItemsSource des ListView-Elements zugewiesen.

Soll ein ListView-Element eine Tabellenstruktur anzeigen, wird ein GridView-Objekt benötigt. Dieses stellt eine Liste zur Verfügung, in der die erforderlichen Spalten als GridViewColumn-Objekte eingetragen werden. Das GridView wird der Eigenschaft View der ListView übergeben.

Mit der Eigenschaft Header des GridViewColumn-Objekts legt man die Beschriftung der Kopfzeile fest; die Eigenschaft DisplayMemberBinding bestimmt, welche Objekteigenschaft in der Spalte angezeigt wird.

Das folgende Beispielprogramm demonstriert die Vorgehensweise. Dazu stellen wir uns zuerst einmal eine Datenquelle zur Verfügung, die aus mehreren Person-Objekten besteht. Eine Methode erzeugt mehrere Person-Objekte und liefert als Rückgabewert ein Objekt vom Typ List<Person>. Das ist die Liste, die uns als Datenquelle dienen soll.

```
private List<Person> CreatePersonList()
{
  List<Person> liste = new List<Person>();
  liste.Add(new Person { Name = "Meier", City = "Celle", Age = 35 });
  [...]
  return liste;
}
```

Listing 25.9 Liste von Personen erzeugen

Für die Bindung der Datenquelle an die Eigenschaft ItemsSource eignet sich der Konstruktor des Window-Objekts. Das ListView-Objekt soll den Namen *lstView* haben.

25

```
public MainWindow()
{
  InitializeComponent();
  lstView.ItemsSource = CreatePersonList();
}
```

Listing 25.10 Datenquelle mit dem »ListView«-Steuerelement verbinden

Was uns nun nur noch bleibt, ist der XAML-Code. Die Ausgabe des Beispiels sehen Sie in Abbildung 25.10.

```
// Beispiel: ..\Kapitel 25\ListView_Sample
<Grid>
  <ListView Name="lstView">
    <ListView.View>
      <GridView>
        <GridView.Columns>
          <GridViewColumn Header="Name" Width="100"
                          DisplayMemberBinding="{Binding Name}" />
          <GridViewColumn Header="Wohnort" Width="100"
                          DisplayMemberBinding="{Binding City}" />
          <GridViewColumn Header="Alter" Width="80"
                          DisplayMemberBinding="{Binding Age}" />
        </GridView.Columns>
      </GridView>
    </ListView.View>
  </ListView>
</Grid>
```

Listing 25.11 »ListView« mit mehreren Spalten

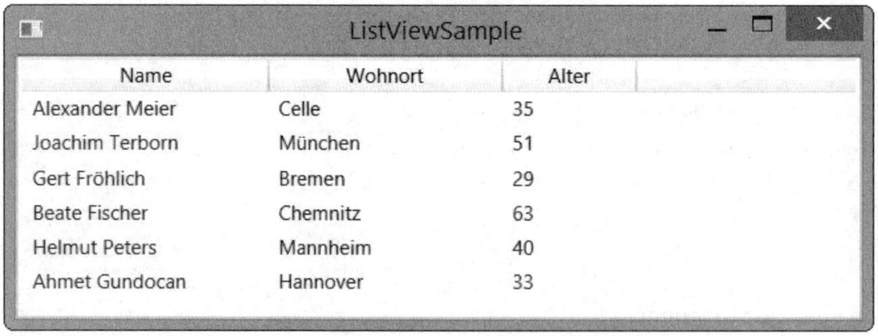

Name	Wohnort	Alter	
Alexander Meier	Celle	35	
Joachim Terborn	München	51	
Gert Fröhlich	Bremen	29	
Beate Fischer	Chemnitz	63	
Helmut Peters	Mannheim	40	
Ahmet Gundocan	Hannover	33	

Abbildung 25.10 Ausgabe des Beispielprogramms »ListView_Sample«

25.5.4 Das Steuerelement »TreeView«

Mit dem TreeView-Steuerelement lassen sich Daten hierarchisch strukturiert darstellen. Sie kennen dieses Steuerelement, denn es wird auch im Windows-Explorer auf der linken Seite benutzt, um die Ordnerhierarchie dazustellen. Bei den Elementen eines TreeView-Controls handelt es sich nicht um eine lineare Liste, da jedes Element selbst wieder eine Liste untergeordneter Elemente haben kann.

Der folgende Code zeigt, wie die Elemente ineinander verschachtelt werden. In Abbildung 25.11 ist die Ausgabe des Codes zu sehen. Der untere Knoten ist dabei geöffnet.

```
<Grid>
  <TreeView Name="treeView1">
    <TreeViewItem Header="Asien">
      <TreeViewItem Header="China"/>
      <TreeViewItem Header="Vietnam"/>
      <TreeViewItem Header="Philippinen"/>
    </TreeViewItem>
    <TreeViewItem Header="Europa">
      <TreeViewItem Header="Deutschland">
        <TreeViewItem Header="NRW"/>
        <TreeViewItem Header="Hessen"/>
      </TreeViewItem>
      <TreeViewItem Header="Italien"/>
      <TreeViewItem Header="Österreich"/>
    </TreeViewItem>
  </TreeView>
</Grid>
```

Listing 25.12 »TreeView« im XAML-Code

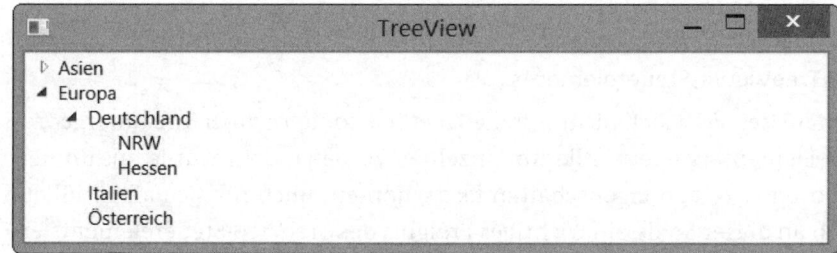

Abbildung 25.11 Das »TreeView«-Steuerelement

Alle Elemente innerhalb des TreeView-Objekts sind vom Typ TreeViewItem beschrieben. Sowohl alle TreeViewItem-Objekte als auch die TreeView selbst haben eine Auflistung vom Typ

25

ItemCollection, die die üblichen Interfaces IList, ICollection und IEnumerable implementiert. Der Zugriff auf diese Auflistung erfolgt über die Eigenschaft Items. Damit ist klar, dass man mit der Methode Add ein untergeordnetes Element hinzufügen kann, mit Remove ein Element löscht und mit Clear alle untergeordneten Elemente löscht. Eine sehr nützliche Eigenschaft der Klasse TreeViewItem ist Parent, mit der Sie die Referenz des direkt übergeordneten Knotens abrufen. Dabei müssen Sie aber aufpassen, von welchem Typ das übergeordnete Element ist, denn für alle Elemente der ersten Ebene handelt es sich dabei um die TreeView, ansonsten um ein TreeViewItem. Die Eigenschaft Header eines TreeViewItem-Objekts dient zur Anzeige des sichtbaren Eintrags, ist selbst aber vom Typ Object.

Um ein TreeViewItem-Element per Code zu selektieren, können Sie über die Eigenschaft Items unter Angabe des Index der TreeView das gewünschte Element per Code ansprechen und setzen dessen Eigenschaft IsSelected auf true, z. B.:

```
((TreeViewItem)treeView1.Items[0]).IsSelected = true;
```

Sehr ähnlich können Sie auch einen Knoten auf- und zuklappen. Dafür dient die Eigenschaft IsExpanded des TreeViewItem-Elements.

Die TreeView hat drei besonders erwähnenswerte Methoden: SelectedItem, SelectedValue und SelectedValuePath. Die Beschreibungen können Sie Tabelle 25.10 entnehmen.

Eigenschaft	Beschreibung
SelectedItem	Liefert das ausgewählte Element zurück.
SelectedValue	Ruft die Eigenschaft ab, die unter SelectedValuePath angegeben ist.
SelectedValuePath	Diese Eigenschaft gibt an, welche Eigenschaft beim Aufruf von SelectedValue zurückgeliefert werden soll. SelectedValuePath ist per Vorgabe leer und vom Datentyp string.

Tabelle 25.10 Drei spezifische Eigenschaften eines »TreeView«-Elements

Die Ereignisse des »TreeView«-Steuerelements

Mit zahlreichen Ereignissen lässt sich nicht nur die TreeView, sondern auch ihre untergeordneten TreeViewItem-Elemente steuern. Alle im Einzelnen zu behandeln würde zusammen mit der schier endlosen Liste von Eigenschaften fast schon ein Buch für sich allein füllen. Aber lassen Sie mich an dieser Stelle ein wichtiges Ereignis des TreeView-Steuerelements erwähnen: SelectedItemChanged. Es wird immer dann ausgelöst, wenn der Anwender einen anderen Eintrag in der TreeView selektiert.

Das interessante an dem Ereignis sind zwei Eigenschaften im EventArgs-Parameter: OldValue und NewValue. Dabei liefern beide Eigenschaften ein Objekt zurück, das in den Typ TreeView-

Item konvertiert werden muss. Darauf lässt sich anschließend mit der Eigenschaft Header die Beschriftung des Listeneintrags abrufen. Listing 25.13 zeigt die Vorgehensweise.

```csharp
private void treeView1_SelectedItemChanged(object sender,
                           RoutedPropertyChangedEventArgs<object> e)
{
  TreeViewItem item = e.OldValue as TreeViewItem;
  if(e.OldValue != null)
    MessageBox.Show("Old:" + item.Header.ToString());
  MessageBox.Show(("New:" + (e.NewValue as TreeViewItem).Header.ToString());
}
```

Listing 25.13 Das Ereignis »SelectedItemChanged« eines »TreeView«-Elements

Unter Umständen müssen Sie berücksichtigen, dass in dem Moment der Ereignisauslösung noch kein Listenelement selektiert ist. Das würde dazu führen, dass e.OldValue den Inhalt null hat. Damit es zu keiner Ausnahme kommt, sollten Sie den Zustand der Eigenschaft Old-Value vor der Auswertung dahingehend überprüfen.

Falls Sie in der TreeView-Klasse auch noch Ereignisse erwarten, die beim Auf- und Zuklappen eines Knotens ausgelöst werden, liegen Sie falsch. Solche Ereignisse gibt es, sie heißen Collapsed und Expanded und gehören zur Klasse TreeViewItem.

Beispielprogramm mit »TreeView«

Im folgenden Beispielprogramm werden einige der vorgestellten Eigenschaften und Methoden des TreeView-Steuerelements verwendet. Es enthält mehrere vordefinierte Einträge, die der Anwender zur Laufzeit beliebig ergänzen oder löschen kann. Bei einem Wechsel des selektierten Elements wird in einer TextBox das alte, in einer zweiten TextBox das neu ausgewählte Element angezeigt. Klickt der Anwender mit der linken Maustaste auf einen Knoten, werden die zu diesem Knoten gehörenden direkt untergeordneten Elemente angezeigt. Wird mit der rechten Maustaste auf einen Knoten geklickt, wird die komplette untergeordnete Struktur geöffnet, auch über mehrere Ebenen hinweg.

Am schwierigsten gestaltet sich das Hinzufügen eines neuen Elements. Im Normalfall werden immer untergeordnete Elemente hinzugefügt. Allerdings muss auch dem Umstand Rechnung getragen werden, dass die TreeView möglicherweise leer ist oder ein Element zur ersten Hierarchieebene hinzugefügt werden soll. Das letztgenannte Problem wird mit einer CheckBox gelöst, das erste (TreeView enthält keine Elemente) durch Programmcode.

Die Benutzeroberfläche im komplett geöffneten Zustand sieht zur Laufzeit der Anwendung wie in Abbildung 25.12 gezeigt aus.

25

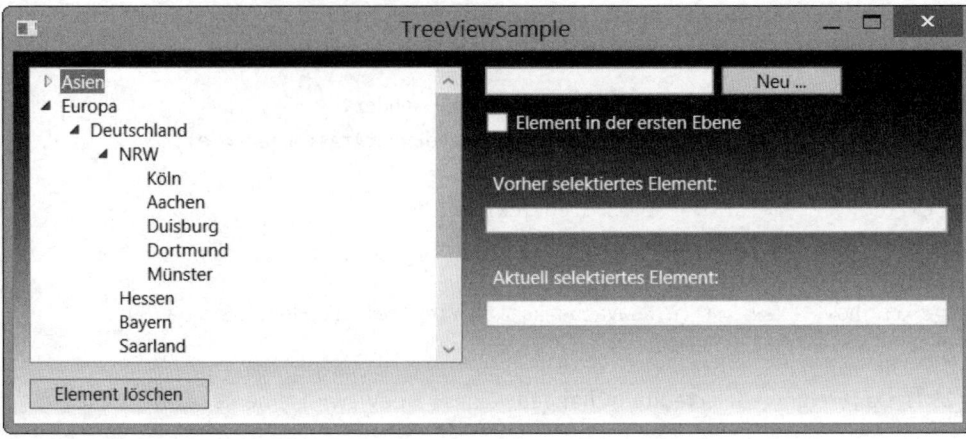

Abbildung 25.12 Ausgabe des Beispielprogramms »TreeView_Sample«

```
// Beispiel: ..\Kapitel 25\TreeView_Sample
<Grid>
  <Grid.ColumnDefinitions>
    <ColumnDefinition/>
    <ColumnDefinition/>
  </Grid.ColumnDefinitions>
  <Grid.RowDefinitions>
    <RowDefinition Height="*"/>
    <RowDefinition Height="Auto"/>
  </Grid.RowDefinitions>
  <TreeView Name="treeView1" SelectedItemChanged="treeView1_SelectedItemChanged">
    <TreeViewItem Header="Asien" MouseDown="TreeViewItem_MouseDown">
      <TreeViewItem Header="China" />
      [...]
    </TreeViewItem>
    <TreeViewItem Header="Europa"  MouseDown="TreeViewItem_MouseDown">
      <TreeViewItem Header="Deutschland">
        <TreeViewItem Header="NRW">
          <TreeViewItem Header="Köln" />
          [...]
        </TreeViewItem>
        <TreeViewItem Header="Hessen" />
        [...]
      </TreeViewItem>
      <TreeViewItem Header="Italien"  />
      [...]
    </TreeViewItem>
  </TreeView>
```

```xaml
<Button Grid.Row="1" Name="btnDelete" Click="btnDelete_Click">
   Element löschen
</Button>
<StackPanel Grid.Column="1" Margin="0, 10, 0, 0">
  <StackPanel Orientation="Horizontal">
    <TextBox Name="txtNewItem" Width="150" />
    <Button Name="btnAdd" Click="btnAdd_Click">
      Neu ...
    </Button>
  </StackPanel>
  <CheckBox Name="chkBox1">Element in der ersten Ebene</CheckBox>
  <Grid Margin="0, 20, 0, 0">
    <Grid.RowDefinitions>
     <RowDefinition Height="Auto"/>
     <RowDefinition Height="Auto"/>
     <RowDefinition Height="Auto"/>
     <RowDefinition Height="Auto"/>
    </Grid.RowDefinitions>
    <Label Grid.Row="0" Vorher selektiertes Element:</Label>
    <TextBox Grid.Row="1" Name="txtOld" Background="White"/>
    <Label Grid.Row="2" Foreground="White">Aktuell selektiertes Element:</Label>
    <TextBox Grid.Row="3"  Name="txtNew" Background="White"/>
  </Grid>
 </StackPanel>
</Grid>
```

Listing 25.14 XAML-Code des Beispiels »TreeView_Sample«

Dazu gehört der folgende C#-Code in der Code-Behind-Datei:

```csharp
public MainWindow()
{
  InitializeComponent();
  ((TreeViewItem)treeView1.Items[0]).IsSelected = true;
}
private void treeView1_SelectedItemChanged(object sender,
                      RoutedPropertyChangedEventArgs<object> e)
{
  TreeViewItem itemOld = e.OldValue as TreeViewItem;
  TreeViewItem itemNew = e.NewValue as TreeViewItem;
  if (e.OldValue != null)
  {
    txtOld.Text = itemOld.Header.ToString();
```

25

```
      txtNew.Text = itemNew.Header.ToString();
    }
  }

  private void TreeViewItem_MouseDown(object sender, MouseButtonEventArgs e)
  {
    TreeViewItem tvItem = sender as TreeViewItem;
    if (tvItem != null)
    {
      if (e.RightButton == MouseButtonState.Pressed)
      {
        tvItem.IsExpanded = true;
        Expand(tvItem);
      }
    }
  }

  private void Expand(TreeViewItem item)
  {
    foreach (TreeViewItem node in item.Items)
    {
      node.IsExpanded = true;
      if (node.Items.Count > 0) Expand(node);
    }
  }

  private void btnAdd_Click(object sender, RoutedEventArgs e)
  {
    if (treeView1.Items.Count == 0 || chkBox1.IsChecked == true)
    {
      treeView1.Items.Add(new TreeViewItem { Header = txtNewItem.Text );
      txtNewItem.Text = "";
      return;
    }
    TreeViewItem selectedItem = (TreeViewItem)treeView1.SelectedItem;
    if (selectedItem != null)
      selectedItem.Items.Add(new TreeViewItem { Header = txtNewItem.Text });
    txtNewItem.Text = "";
  }

  private void btnDelete_Click(object sender, RoutedEventArgs e)
  {
    TreeViewItem tvItem = treeView1.SelectedItem as TreeViewItem;
    if (tvItem!= null)
    {
      TreeViewItem parent = tvItem.Parent as TreeViewItem;
```

```
    if (parent != null)
      parent.Items.Remove(tvItem);
    else
      treeView1.Items.Remove(tvItem);
  }
}
```

Listing 25.15 Der C#-Code des Beispielprogramms »TreeView_Sample«

25.5.5 Das Steuerelement »TabControl«

In vielen Anwendungen werden gruppierte Inhalte durch TabControl-Steuerelemente dargestellt. Das entsprechende WPF-Steuerelement ist erstaunlich einfach zu erstellen. Jede Registerkarte wird durch ein TabItem-Element beschrieben. Die Beschriftung wird mit der Eigenschaft Header festgelegt. Zur Darstellung des Inhalts dient die Eigenschaft Content, die genau
ein Element aufnehmen kann. Wie Sie aber wissen, kann es sich dabei um ein Container-
Steuerelement handeln, so dass der Gestaltung des Registerkarteninhalts keine Grenzen gesetzt sind.

Oft sind die Registerkarten oben angeordnet. Mit der Eigenschaft TabStripPlacement ist es
möglich, sie auch links, rechts oder unten anzuordnen. Soll die Beschriftung dabei auch noch
entsprechend gedreht werden, bietet sich die Eigenschaft LayoutTransform an, der mit Rotate-
Transform ein Element untergeordnet wird, das den Drehwinkel im Uhrzeigersinn beschreibt.

Das folgende Listing zeigt ein TabControl, dessen Registerkarten rechts angeordnet sind und
deren Beschriftung um 90° gedreht ist.

```
<Grid>
  <TabControl TabStripPlacement="Right">
    <TabItem Header="Tab 1" Height="30">
      <TabItem.LayoutTransform>
        <RotateTransform Angle="90" />
      </TabItem.LayoutTransform>
      <TabItem.Content>
        Hier steht der Inhalt der 1. Registerkarte.
      </TabItem.Content>
    </TabItem>
    <TabItem Header="Tab 2">
      <TabItem.LayoutTransform>
        <RotateTransform Angle="90" />
      </TabItem.LayoutTransform>
      <TabItem.Content>
        Hier steht der Inhalt der 2. Registerkarte.
```

25

```
        </TabItem.Content>
      </TabItem>
      <TabItem Header="Tab 3">
        <TabItem.LayoutTransform>
          <RotateTransform Angle="90" />
        </TabItem.LayoutTransform>
        <TabItem.Content>
          Hier steht der Inhalt der 3. Registerkarte.
        </TabItem.Content>
      </TabItem>
    </TabControl>
</Grid>
```

Listing 25.16 »TabControl« im XAML-Code

Der XAML-Code führt zu einer Anzeige wie in Abbildung 25.13.

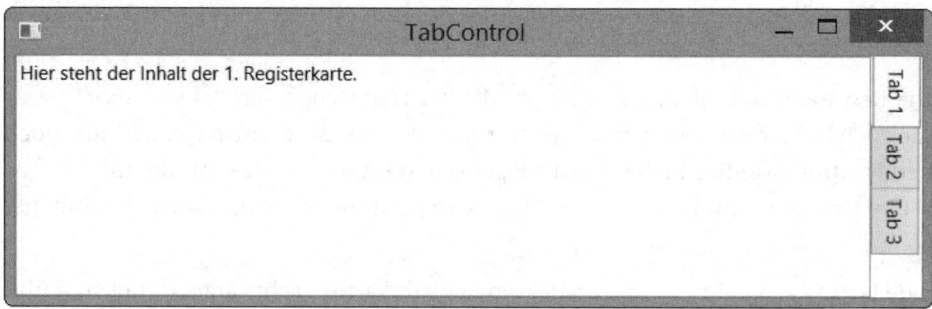

Abbildung 25.13 Das Steuerelement »TabControl«

25.5.6 Die Menüleiste

Bisher haben wir uns mit den wichtigsten Steuerelementen beschäftigt, die mehr oder weniger einfach zu erstellen sind. Es ist nun an der Zeit, uns mit einem etwas komplexeren Steuerelement auseinanderzusetzen – mit der Menüleiste.

Die Menüleiste wird durch die Klasse Menu beschrieben, die untergeordneten Menüpunkte durch MenuItem. Trennstriche werden durch Separator beschrieben. Die Struktur eines Menüs sehen wir uns am besten an einem Beispiel an.

```
<DockPanel>
    <Menu DockPanel.Dock="Top" Name="mnuMenu">
      <MenuItem Header="_Datei">
        <MenuItem Header="_Neu" />
        <MenuItem Header="_Öffnen" />
        <Separator />
```

```
        <MenuItem Header="_Speichern" />
        <MenuItem Header="Speichern _unter ..." />
        <Separator />
        <MenuItem Header="_Senden an">
            <MenuItem Header="_Mail" />
            <MenuItem Header="_Desktop" />
        </MenuItem>
        <MenuItem Header="_Beenden" />
      </MenuItem>
      <MenuItem Header="_Bearbeiten" />
      <MenuItem Header="_Hilfe" />
    </Menu>
</DockPanel>
```

Listing 25.17 Menüleiste mit Untermenüs im XAML-Code

Menüs werden meistens oben am Rand des Arbeitsbereichs des Window-Objekts verankert. Dazu bietet sich das DockPanel an. Im Menü selbst wird die Eigenschaft DockPanel.Dock auf Top festgelegt. Um den verbleibenden Bereich auszufüllen, ist im XAML-Code nach Menu noch ein StackPanel aufgeführt.

In der ersten dem Menu-Steuerelement untergeordneten Ebene sind alle Elemente des Hauptmenüs aufgeführt. Diese sind vom Typ MenuItem. Jedes MenuItem kann für sich wieder eine ihm selbst untergeordnete Ebene eröffnen. Eingeschlossen wird eine Ebene jeweils zwischen dem öffnenden und dem schließenden Tag von MenuItem. Die Beschriftung der Menüelemente erfolgt mit der Eigenschaft Header. Wie bei anderen Steuerelementen auch kann mit einem Unterstrich ein Access-Key festgelegt werden. In Abbildung 25.14 sehen Sie die Ausgabe des XAML-Codes.

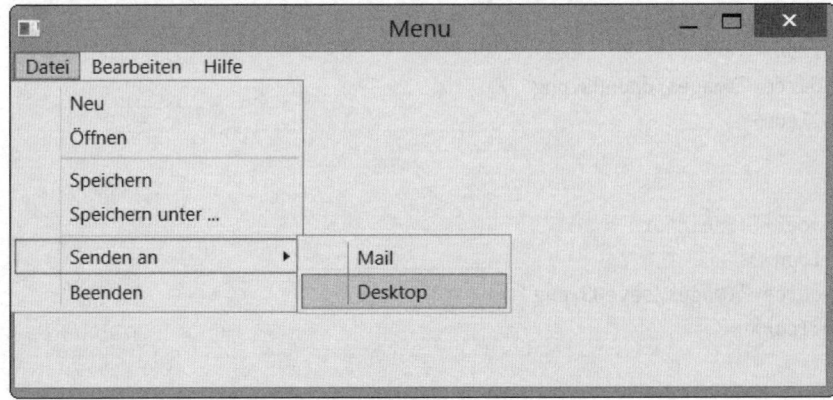

Abbildung 25.14 Ein Menü mit Untermenü

25

Zur Programmierung eines Menüelements ist nicht viel Neues zu sagen. Hier handelt es sich um das Ereignis Click, das ausgelöst wird, wenn ein Anwender auf das Menüelement klickt.

Weitere Möglichkeiten der Menüleiste

Die Klasse MenuItem stellt mit vielen Eigenschaften Möglichkeiten zur Verfügung, Einfluss auf das Layout auszuüben. Vier davon sollen an dieser Stelle vorgestellt werden.

Eigenschaft	Beschreibung
Icon	Legt das Symbol fest, das in einem MenuItem angezeigt wird.
IsCheckable	Gibt an, ob ein MenuItem aktiviert werden kann.
IsChecked	Gibt an, ob das MenuItem aktiviert ist.
InputGestureText	Beschreibt die Tastenkombination.

Tabelle 25.11 Eigenschaften der Klasse »MenuItem« (Auszug)

Symbole anzeigen

Um ein Menüelement mit einem Symbol zu versehen, können Sie über die Eigenschaft Icon ein Bild zuordnen. Benutzen Sie dazu ein Image-Element, und geben Sie seinem Attribut Source die Position zu einer Bilddatei an. Im folgenden Codeabschnitt sehen Sie die Ergänzung der oben gezeigten Menüleiste um zwei Symbole:

```
<DockPanel>
  <Menu DockPanel.Dock="Top" Name="mnuMenu">
    <MenuItem Header="_Datei">
      <MenuItem Header="_Neu" />
      <MenuItem Header="_Öffnen">
        <MenuItem.Icon>
          <Image Source="Images/openHS.png" />
        </MenuItem.Icon>
      </MenuItem>
      <Separator />
      <MenuItem Header="_Speichern">
        <MenuItem.Icon>
          <Image Source="Images/saveHS.png" />
        </MenuItem.Icon>
      </MenuItem>'
[...]
```

Listing 25.18 »MenuItem« mit Symbolen

Tastenkürzel

Tastenkürzel mit der [Alt]-Taste werden durch einen Unterstrich kenntlich gemacht. Um einen Shortcut zu verwenden, weisen Sie diese Angabe über die Eigenschaft InputGesture-Text zu:

```
<MenuItem Header="_Öffnen" InputGestureText="Strg+O">
  <MenuItem.Icon>
    <Image Source="Images/openHS.png" />
  </MenuItem.Icon>
</MenuItem>
```

Listing 25.19 Die Eigenschaft »InputGestureText« des »MenuItem«-Elements

Aktivierbare Menüelemente

Manche Menüelemente sind Ein-Aus-Schaltern ähnlich. Sie signalisieren ihren augenblicklichen Zustand durch ein Häkchen. Damit ähneln Sie in gewisser Hinsicht einer CheckBox. Die Voraussetzung für dieses Verhalten wird in einem WPF-Menü durch die Eigenschaft IsCheckable geschaffen. Mit IsChecked können Sie darüber hinaus festlegen, ob die Option des Menüelements ausgewählt ist oder nicht.

```
<MenuItem Header="Schriftstil">
  <MenuItem Header="Fett" IsCheckable="True" IsChecked="True" />
  <MenuItem Header="Kursiv" IsCheckable="True" IsChecked="False" />
</MenuItem>
```

Listing 25.20 Aktivierbare »MenuItem«-Elemente

Um ein Menüelement zu aktivieren/deaktivieren, dient die Eigenschaft IsEnabled. Setzen Sie sie auf False, um das Menüelement zu deaktivieren.

25.5.7   Das Kontextmenü

Kontextmenüs ähneln der eben vorgestellten Menüleiste. Im einfachsten Fall wird ein Kontextmenü direkt einem Steuerelemente zugeordnet. Die Zuordnung erfolgt mit der Eigenschaft ContextMenu des betreffenden Steuerelements. Im folgenden Beispiel wird das Kontextmenü eines Buttons entwickelt:

```
<Button Name="Button1" Height="25" Content="Kontextdemo">
  <Button.ContextMenu>
    <ContextMenu>
      <MenuItem Name="cMenu1" Header="Kopieren" />
      <MenuItem Name="cMenu2" Header="Ausschneiden" />
      <MenuItem Name="cMenu3" Header="Einfügen" />
    </ContextMenu>
```

25

```
    </Button.ContextMenu>
  </Button>
```

Listing 25.21 Bereitstellen eines Kontextmenüs

Jedes Menüelement wird, wie auch bei der Menüleiste, durch ein Objekt vom Typ `MenuItem` beschrieben. Mit der Eigenschaft `Header` wird die Beschriftung festgelegt.

25.5.8   Symbolleisten

Auch wenn es im ersten Moment den Anschein haben mag, dass Symbolleisten zu den komplexen WPF-Steuerelementen zu rechnen sind, ist dem nicht so. Im Grunde genommen handelt es sich dabei nur um einen durch das Element `ToolBar` beschriebenen Container, der weitere Steuerelemente beherbergt.

Eine `ToolBar` kann zwar beliebige Controls aufnehmen, aber meistens handelt es sich um Elemente vom Typ `Button`. Üblicherweise wird eine Symbolleiste unterhalb der Menüleiste angedockt. Als Container wird daher in der WPF ein `DockPanel` eingesetzt, dessen oberstes Element das `Menu` ist, gefolgt von der Symbolleiste.

```
<Window ...>
  <DockPanel>
    <Menu DockPanel.Dock="Top" Name="mnuMenu">
      [...]
    </Menu>
    <ToolBar DockPanel.Dock="Top" Height="30">
      <Button>
        <Image Source="Images/openHS.png" />
      </Button>
      <Button>
        <Image Source="Images/saveHS.png" />
      </Button>
      <Separator />
      <ComboBox Width="80" SelectedIndex="0">
        <ComboBoxItem>Arial</ComboBoxItem>
        <ComboBoxItem>Courier</ComboBoxItem>
        <ComboBoxItem>Wingdings</ComboBoxItem>
      </ComboBox>
    </ToolBar>
    [...]
  </DockPanel>
</Window>
```

Listing 25.22 Fenster mit »DockPanel«, »Menu« und »ToolBar«

Beim Verkleinern des Fensters könnte es passieren, dass die Fensterbreite nicht mehr ausreicht, um alle in einer ToolBar enthaltenen Elemente anzuzeigen. Es wird dann ein Überlaufbereich erzeugt, an dessen Ende eine Schaltfläche mit einem Pfeil angezeigt wird. Über diese Schaltfläche lässt sich ein Menü aufklappen, in dem die nicht mehr darstellbaren Elemente angezeigt werden.

Einzelnen Steuerelementen kann das Überlaufverhalten vorgeschrieben werden. Dazu wird der zugeordneten Eigenschaft OverflowMode ein Wert der gleichnamigen Enumeration übergeben.

Member	Beschreibung
Always	Das Steuerelement wird immer im Überlaufbereich angezeigt.
AsNeeded	Das Steuerelement wird bei Bedarf im Überlaufbereich angezeigt.
Never	Das Steuerelement wird nie im Überlaufbereich angezeigt.

Tabelle 25.12 Die Mitglieder der Enumeration »OverflowMode«

Der folgende Code beschreibt eine Symbolleiste mit drei ComboBox-Steuerelementen. Jedem ist eine andere Einstellung der Eigenschaft OverflowMode zugewiesen.

```
<ToolBar Height="30">
  <Button>
    <Image Source="Images/openHS.png" />
  </Button>
  <Button>
    <Image Source="Images/saveHS.png" />
  </Button>
  <Separator />
  <ComboBox Width="80" SelectedIndex="0" ToolBar.OverflowMode="Always">
    <ComboBoxItem>Arial</ComboBoxItem>
    <ComboBoxItem>Courier</ComboBoxItem>
    <ComboBoxItem>Wingdings</ComboBoxItem>
  </ComboBox>
  <ComboBox Width="80" SelectedIndex="0" ToolBar.OverflowMode="AsNeeded">
    <ComboBoxItem>Bonn</ComboBoxItem>
    <ComboBoxItem>München</ComboBoxItem>
    <ComboBoxItem>Nürnberg</ComboBoxItem>
  </ComboBox>
  <ComboBox Width="80" SelectedIndex="0" ToolBar.OverflowMode="Never">
    <ComboBoxItem>Test1</ComboBoxItem>
    <ComboBoxItem>Test2</ComboBoxItem>
    <ComboBoxItem>Test3</ComboBoxItem>
```

25

```
  </ComboBox>
</ToolBar>
```

Listing 25.23 Die Einstellung »ToolBar.OverflowMode«

In Abbildung 25.15 sind die Auswirkungen deutlich zu erkennen. Das Kombinationslistenfeld mit der Einstellung `OverflowMode=Always` ist auch dann nur über die Dropdown-Schaltfläche rechts in der Symbolleiste zu erreichen, wenn die Breite der Form eigentlich zur Darstellung ausreichen würde. Wird die Fensterbreite verringert, wird nur noch die `ComboBox` in der Symbolleiste angezeigt, deren Einstellung `OverflowMode=Never` lautet.

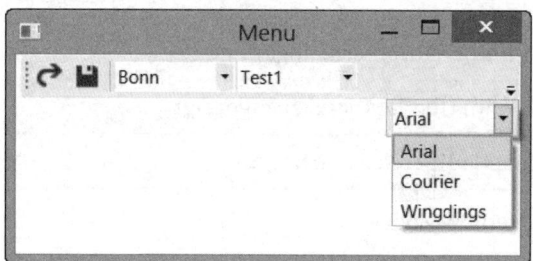 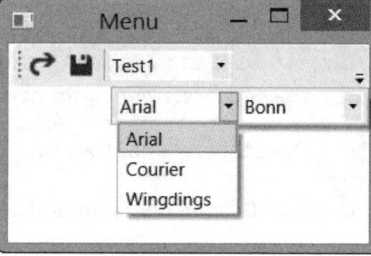

Abbildung 25.15 Der Einfluss der Eigenschaft »OverflowMode«

Positionieren mit der Komponente »ToolBarTray«

Möchten Sie mehrere `ToolBar`-Elemente in einer Form anzeigen, bietet sich die Komponente `ToolBarTray` an. Dabei handelt es sich um einen Container, der das Positionieren aller darin enthaltenen `ToolBar`-Objekte steuert. Mit einer `ToolBarTray`-Komponente wird es möglich, Symbolleisten hintereinander oder in mehreren Reihen anzuzeigen und mittels Drag & Drop zu verschieben.

Zu diesem Zweck stellt das `ToolBar`-Steuerelement mit `Band` und `BandIndex` zwei Eigenschaften zur Verfügung, die sich auf die Positionierung im `ToolBarTray` auswirken. Mit `Band` geben Sie an, in welcher Zeile die `ToolBar` erscheinen soll. Mit `BandIndex` legen Sie deren Position innerhalb der Zeile fest, wenn die Zeile von mehreren `ToolBar`-Elementen in Anspruch genommen wird.

```
<ToolBarTray DockPanel.Dock="Top" IsLocked="False">
  <ToolBar Height="30" Band="0" BandIndex="0">
    [...]
  </ToolBar>
  <ToolBar Height="30" Band="0" BandIndex="1">
    [...]
  </ToolBar>
  <ToolBar Height="30" Band="1" BandIndex="0">
    [...]
  </ToolBar>
```

```
<ToolBar Height="30" Band="1" BandIndex="1">
   [...]
</ToolBar>
</ToolBarTray>
```

Listing 25.24 Die Eigenschaften »Band« und »BandIndex« einstellen

Die Einstellungen wirken sich auf die Darstellung der ToolBar-Elemente nach dem Starten des Fensters aus. Zur Laufzeit kann der Anwender die Position nach Belieben mittels Drag & Drop verändern.

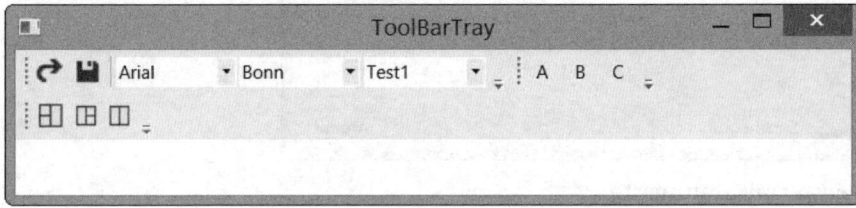

Abbildung 25.16 Drei Symbolleisten in der Komponente »ToolBarTray«

25.5.9 Die Statusleiste

Die meist unten im Window angezeigten Statusleisten informieren den Anwender über den Zustand des laufenden Programms. WPF stellt Ihnen mit StatusBar eine Komponente zur Verfügung, mit der Sie das umsetzen können.

Sie können in die StatusBar beliebige Komponenten einfügen, z. B. TextBox oder Label. Üblicher ist es allerdings, stattdessen mit StatusBarItem-Elementen Bereiche zu definieren, in denen die Komponenten eingebettet sind. Das ermöglicht es Ihnen, die Ausrichtung der Komponenten einfach zu gestalten. Dazu bietet sich die Eigenschaft HorizontalAlignment oder auch VerticalAlignment an.

```
<DockPanel>
  <ToolBarTray DockPanel.Dock="Top" IsLocked="False">
    <ToolBar Height="30" BandIndex="0" Band="0">
      [...]
    </ToolBar>
  </ToolBarTray>
  <StatusBar DockPanel.Dock="Bottom" Height="30">
    <Button Width="80">Start</Button>
    <Label>Suchen:</Label>
    <StatusBarItem Width="100" HorizontalContentAlignment="Stretch">
      <TextBox>Suchbegriff</TextBox>
    </StatusBarItem>
    <Separator />
```

25

```
    <StatusBarItem HorizontalAlignment="Right">Anzahl: 2</StatusBarItem>
  </StatusBar>
  <StackPanel>
  </StackPanel>
</DockPanel>
```

Listing 25.25 Statusleiste in einem Fenster

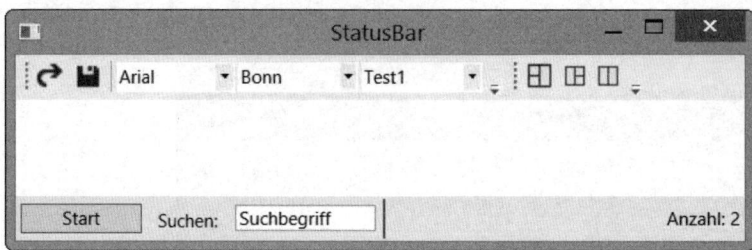

Abbildung 25.17 Fenster mit Statusleiste

25.6   Weitere Steuerelemente

25.6.1   Das Steuerelement »Tooltip«

Es ist guter Stil in Windows-Anwendungen, Zusatzinformationen als Tooltipps anzubieten. Angezeigt werden Tooltipps immer dann, wenn die Maus sich über einem Steuerelement oder einer Komponente befindet und eine Weile nicht bewegt wird. Jeder Komponente kann ein eigener ToolTip zugeordnet werden. Dazu dient die Eigenschaft ToolTip der Komponenten. Im einfachsten Fall kann ein ToolTip-Element wie im folgenden Listing gezeigt festgelegt werden:

```
<StackPanel>
  <Button Height="40" Width="150">
    Beenden
    <Button.ToolTip>
      Hiermit schließen Sie das Fenster
    </Button.ToolTip>
  </Button>
</StackPanel>
```

Listing 25.26 Eine Schaltfläche mit einem zugeordneten »ToolTip«

Sie können aber die Fähigkeiten der WPF nutzen und den Inhalt der ToolTip-Eigenschaft frei definieren. Im folgenden Listing wird dazu ein StackPanel verwendet, das seinerseits ein Label- und ein TextBlock-Element enthält.

```
<StackPanel>
  <Button Height="40" Width="150">
    Beenden
    <Button.ToolTip>
      <StackPanel>
        <Label FontSize="14" HorizontalAlignment="Center" Foreground="Red"
               FontWeight="Bold">Achtung!</Label>
        <TextBlock MaxWidth="250" TextWrapping="Wrap">Durch Klicken dieser
                   Schaltfläche wird das Fenster geschlossen und alle
                   Änderungen gehen verloren.
        </TextBlock>
      </StackPanel>
    </Button.ToolTip>
  </Button>
</StackPanel>
```

Listing 25.27 Komplexer »ToolTip« für eine Schaltfläche

Das Ergebnis des XAML-Codes zur Laufzeit sehen Sie in Abbildung 25.18.

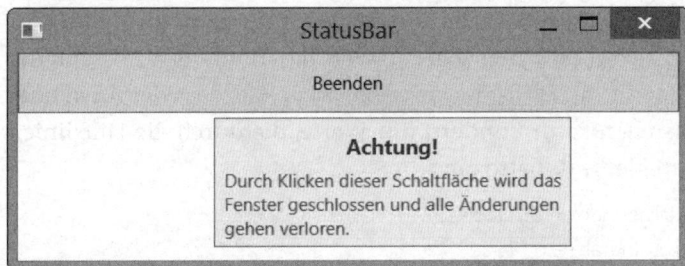

Abbildung 25.18 Button mit »ToolTip«-Steuerelement

Sie können die Anzeige des ToolTip-Elements nach eigenem Ermessen konfigurieren. Dazu verwenden Sie die Klasse ToolTipService. Mit ihrer Hilfe können Sie beispielsweise mit der Eigenschaft ShowDuration die Anzeigedauer festlegen und mit InitialShowDelay die Verzögerung, bis ein Tooltipp angezeigt wird. Die Zeitangaben erfolgen in Millisekunden.

Standardmäßig erfolgt die Anzeige des Tooltipps beim Mauszeiger, was Sie aber mit den Eigenschaften HorizontalOffset, VerticalOffset, PlacementTarget und PlacementRectangle auch nach eigenen Vorstellungen einstellen können. Auch diese Eigenschaften stellen Sie mit ToolTipService direkt im betreffenden Element ein.

```
<Button ToolTipService.ShowDuration="3000" ToolTipService.InitialShowDelay="500">
  Beenden
  [...]
</Button>
```

25

25.6.2   Die »ProgressBar«

Das Element ProgressBar dient dazu, den Benutzer bei einer lang andauernden Verarbeitung über den aktuellen Fortschritt zu informieren. Die wichtigsten Eigenschaften sind schnell genannt: Minimum beschreibt den Minimalwert, Maximum den Maximalwert, und Value bestimmt die aktuelle Position.

```
<ProgressBar Minimum="0" Maximum="100" Value="35" Height="25"/>
```

Eine interessante Eigenschaft der ProgressBar soll nicht unerwähnt bleiben: IsIndeterminate. Sie können diese Eigenschaft auf true festlegen, wenn die aktuelle Fortschrittsposition nicht festzustellen bzw. unbekannt ist. In diesem Fall werden die drei Eigenschaften Minimum, Maximum und Value ignoriert und stattdessen anstelle des Fortschrittsbalkens eine Animation angezeigt.

25.6.3   Das Steuerelement »Slider«

Mit dem Slider-Steuerelement kann der Anwender einen bestimmten Wert einstellen. Zur Festlegung des minimalen und maximalen Werts dienen auch hier die Eigenschaften Minimum und Maximum; die Eigenschaft Value beschreibt den aktuellen Wert. Mit der Eigenschaft TickFrequency können Sie eine Hilfsskala einblenden, die mit TickPlacement am Slider ausgerichtet werden kann. Der an TickFrequency zugewiesene Wert beschreibt den Abstand der Hilfslinien. Mit der Eigenschaft IsSnapToTickEnabled=true bewirken Sie, dass der Anwender nicht einen beliebigen Wert einstellen kann, sondern nur Werte, die durch die Hilfslinien vorgegeben werden. Der Schieberegler rastet also ein.

```
<Slider TickFrequency="5" TickPlacement="BottomRight" Minimum="0"
        Maximum="100" IsSnapToTickEnabled="True" />
```

Normalerweise wird der Minimalwert links und der Maximalwert rechts angezeigt. Mit IsDirectionReversed kann die Ausrichtung umgedreht werden.

Klickt der Anwender links oder rechts vom Schieberegler, wird zum aktuellen Wert der unter LargeChange eingestellte Wert addiert bzw. davon subtrahiert. Soll stattdessen die exakte Klickposition zur Festlegung des neuen Wertes herangezogen werden, ist die Eigenschaft IsMoveToPointEnabled auf True einzustellen.

25.6.4   Das »GroupBox«-Steuerelement

Bei der GroupBox handelt es sich um ein Steuerelement, das mehrere andere Steuerelemente visuell zusammenfassen kann. Der Inhalt einer GroupBox wird durch die Eigenschaft Content beschrieben. Dabei kann es sich um einen Layoutcontainer handeln, so dass im Grunde genommen beliebig viele Elemente zugeordnet werden können.

Eine GroupBox kann eine Beschriftung aufweisen. Dazu dient die Eigenschaft Header. Natürlich kann Header seinerseits auch durch ein Steuerelement beschrieben werden.

Der folgende XAML-Code beschreibt GroupBox-Elemente. Das untere weist ein CheckBox-Element in der Eigenschaft Header auf.

```
<GroupBox Header="Schriftstil" BorderThickness="2" BorderBrush="Black">
  <StackPanel>
    <CheckBox>Fett</CheckBox>
    <CheckBox>Kursiv</CheckBox>
    <CheckBox>Unterstrichen</CheckBox>
  </StackPanel>
</GroupBox>
<GroupBox BorderThickness="2" BorderBrush="Black">
  <GroupBox.Header>
    <CheckBox>Aktivierung</CheckBox>
  </GroupBox.Header>
  <StackPanel>
    <TextBox Margin="5"></TextBox>
    <TextBox Margin="5"></TextBox>
  </StackPanel>
</GroupBox>
```

Listing 25.28 Definition von zwei »GroupBox«-Elementen

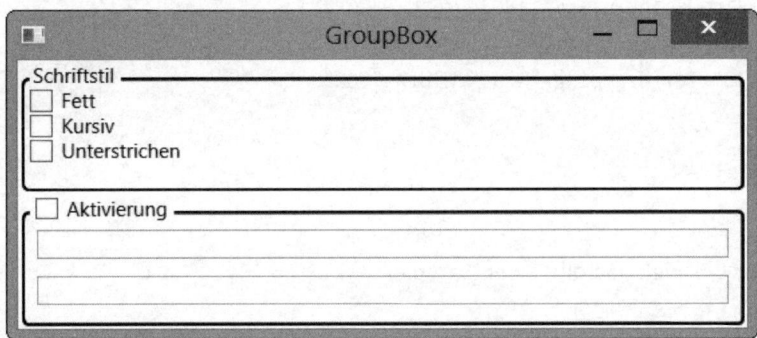

Abbildung 25.19 Zwei »GroupBox«-Steuerelemente

25.6.5   Das Steuerelement »ScrollViewer«

Einige WPF-Steuerelemente sind zwar in der Lage, einen umfangreichen Inhalt anzuzeigen, unterstützen aber leider keine Rollbalken. Dieses Manko kann durch das Steuerelement ScrollViewer behoben werden. Ein ScrollViewer zeigt Rollbalken an, sobald der Inhalt eines Elements größer wird als sein Anzeigebereich und falls die beiden Eigenschaften

- ▶ HorizontalScrollBarVisibility

- ▶ HorizontalScrollBarVisibility

auf `Visible` eingestellt sind.

Eine Reihe von Methoden ermöglichen es, den angezeigten Inhalt beliebig zu verschieben, z. B. `ScrollToLeftEnd` oder `LineRight`.

Um die Wirkungsweise der Methoden einfach zu erfahren, nehmen Sie das folgende Beispielprogramm. Für die in Frage kommenden Methoden sind in der linken Hälfte des Fensters `Buttons` angeordnet. Die Methode, die von dem jeweiligen `Button` aufgerufen wird, ist in der Beschriftung angegeben. XAML- und C#-Code sind an dieser Stelle aus Platzgründen nur stark gekürzt wieder gegeben.

```
// Beispiel: ..\Kapitel 25\ScrollViewer_Sample
<DockPanel>
  <StackPanel DockPanel.Dock="Left" Orientation="Vertical" Width="120"
              ButtonBase.Click="ButtonHandler" >
    <Button Name="btnLineUp" Margin="5,5,5,5" Content="LineUp()" />
    <Button Name="btnLineDown" Margin="5,5,5,5" Content="LineDown()" />
    <Button Name="btnLineRight" Margin="5,5,5,5" Content="LineRight()" />
    <Button Name="btnLineLeft" Margin="5,5,5,5" Content="LineLeft()" />
    [...]
  </StackPanel>
  <ScrollViewer Name="scrViewer" Margin="5"
              HorizontalScrollBarVisibility="Visible"
              VerticalScrollBarVisibility="Visible">
    <TextBlock Padding="10" TextWrapping="Wrap" Width="500">
      [...]
    </TextBlock>
  </ScrollViewer>
</DockPanel>
```

Listing 25.29 XAML-Code des Beispiels »ScrollViewer_Sample«

Zu diesem XAML-Code gehört der folgende C#-Code:

```
private void ButtonHandler(object sender, RoutedEventArgs e) {
  Button btn = e.Source as Button;
  switch (btn.Name) {
    case "btnLineUp":
      scrViewer.LineUp();
      break;
    case "btnLineDown":
      scrViewer.LineDown();
```

```
      break;
    case "btnLineRight":
      scrViewer.LineRight();
      break;
    [...]
  }
}
```

Listing 25.30 C#-Code des Beispiels »ScrollViewer_Sample«

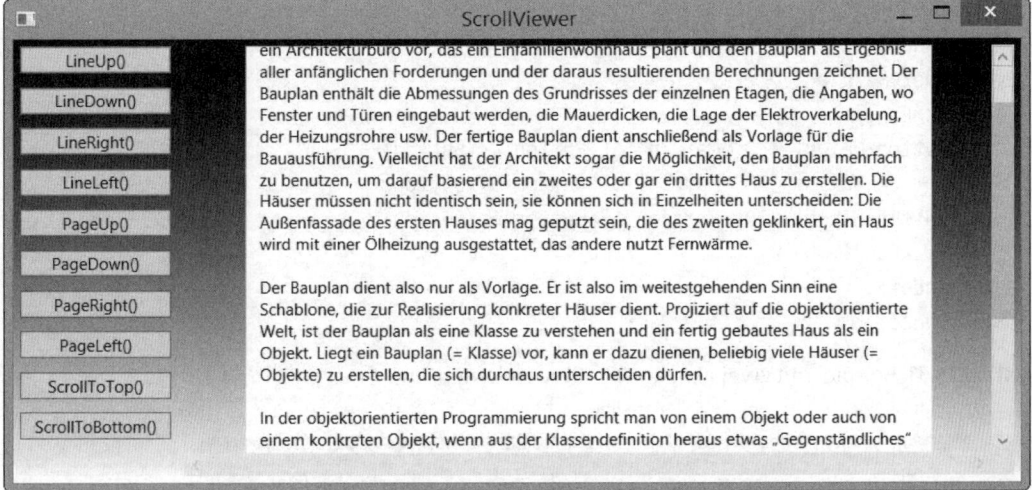

Abbildung 25.20 Ausgabe des Beispielprogramms »ScrollViewer_Sample«

25.6.6   Das Steuerelement »Expander«

Das Steuerelement Expander ist der Gruppe der Steuerelemente zuzurechnen, die dem Design dienen. Das Element kann ein untergeordnetes Element enthalten. Der Bereich, der von dem untergeordnetem Steuerelement beschrieben wird, kann aufgeklappt oder zusammengeklappt dargestellt werden. Im zusammengeklappten Zustand wird lediglich ein Pfeil angezeigt, über den der verdeckte Inhalt wieder sichtbar gemacht werden kann. Expander-Objekte eignen sich besonders dann, wenn ein Detailbereich für den Anwender eingeblendet werden soll.

Der Zustand des Expander-Objekts wird mit der Eigenschaft IsExpanded beschrieben. Die Eigenschaft ExpandedDirection gibt die Richtung an, in die aufgeklappt wird. Dabei sind die Richtungen links, rechts, oben und unten möglich. Wird der Inhalt in vertikaler Richtung aufgeklappt, passt sich die Höhe des angezeigten Bereichs dem Inhalt an. Entsprechendes gilt, wenn in horizontaler Richtung aufgeklappt wird. Hier ist es natürlich die Breite, die sich dem Inhalt anpasst.

Erwähnenswert ist, dass beim Öffnen und Schließen des Expander-Objekts die Ereignisse Expanded und Collapsed ausgelöst werden. Sie können somit auf diese Aktionen auch mit entsprechenden Operationen reagieren.

```
<StackPanel>
  <Expander Margin="10">
    <StackPanel>
      <Button Height="30" Margin="5">Button 1</Button>
      <Button Height="30" Margin="5">Button 2</Button>
      <Button Height="30" Margin="5">Button 3</Button>
    </StackPanel>
  </Expander>
  <Expander Margin="10">
    <StackPanel>
      <Button Height="30" Margin="5">Button 4</Button>
      <Button Height="30" Margin="5">Button 5</Button>
      <Button Height="30" Margin="5">Button 6</Button>
    </StackPanel>
  </Expander>
</StackPanel>
```

Listing 25.31 Beispiel mit zwei »Expander«-Steuerelementen

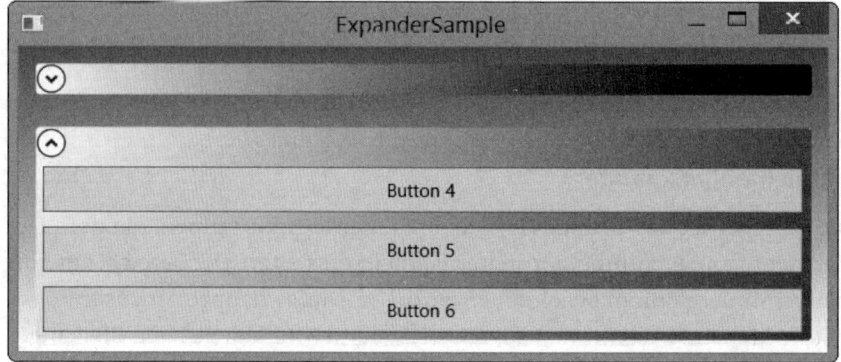

Abbildung 25.21 Zwei »Expander«-Objekte (das obere ist zusammengeklappt)

25.6.7   Das Steuerelement »Border«

Das Border-Steuerelement ist ein sehr einfaches Steuerelement, das dazu dient, einen visuellen Rahmen um andere Steuerelemente zu zeichnen. Border ist ein Inhaltssteuerelement. Das bedeutet, dass es direkt nur ein anderes Element enthalten kann. Üblicherweise handelt es sich dabei um einen Layoutcontainer.

Nur wenige Eigenschaften sind erwähnenswert: Mit CornerRadius werden die Ecken abgerundet, BorderThickness legt die Breite fest, und BorderBrush bestimmt das Aussehen des Rahmens.

```
<Grid>
  <Border CornerRadius="20" BorderThickness="5" Margin="5">
    <Border.BorderBrush>
      <LinearGradientBrush StartPoint="0,0" EndPoint="1,1">
        <GradientStop Offset="0" Color="LightGray" />
        <GradientStop Offset="1" Color="Black" />
      </LinearGradientBrush>
    </Border.BorderBrush>
    <StackPanel>
      <Button Height="40" Margin="20, 20, 20, 10">Button 1</Button>
      <Button Height="40" Margin="20, 10, 20, 20">Button 2</Button>
    </StackPanel>
  </Border>
</Grid>
```

Listing 25.32 »Border«-Element zur Unterstützung des Designs

Die Ausgabe des XAML-Codes sehen Sie in Abbildung 25.22.

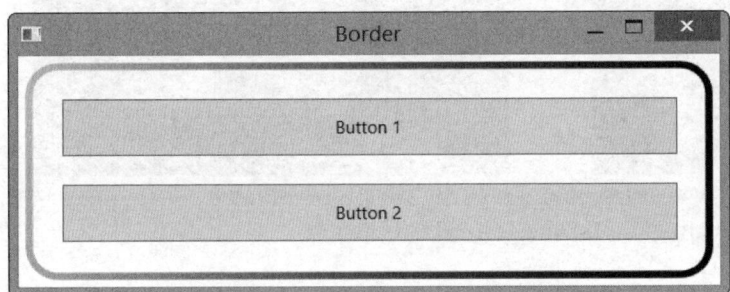

Abbildung 25.22 »Border«-Element mit zwei Schaltflächen

25.6.8   Die »Image«-Komponente

Mit dem Image-Control lassen sich Grafiken in einem Window anzeigen. Die wichtigste Eigenschaft ist Source, die den relativen oder absoluten Pfad zu einer Grafikdatei beschreibt. Image ermöglicht die Anzeige der folgenden Bildtypen: BMP, GIF, ICO, JPG, PNG, WDP und TIFF.

Unterscheiden sich die Größe des Image-Controls und die der Grafik, können Sie mit den Eigenschaften Stretch und StretchDirection festlegen, wie die Grafik gestreckt werden soll. StretchDirection erlaubt die Werte Both, DownOnly und UpOnly. Mit DownOnly wird das Bild nur verkleinert dargestellt, mit UpOnly nur vergrößert, und Both ermöglicht beide Änderungen. Letzteres ist auch die Standardvorgabe.

Ist Stretch auf None eingestellt, wird das Bild ausschließlich in seiner Originalgröße dargestellt. Mit Fill wird das Bild so skaliert, dass es den Bereich des Image-Steuerelements komplett einnimmt. UniFormFill agiert ähnlich, achtet aber darauf, dass die Proportionen erhalten bleiben. Leere Flächen innerhalb des Steuerelements verbleiben nicht. Uniform vergrößert oder verkleinert das Bild in der Weise, dass die Proportionen erhalten bleiben. Möglicherweise bleiben dabei aber wieder freie Flächen im Image-Steuerelement.

Abbildung 25.23 zeigt, wie sich das Strecken eines Bildes auf die Darstellung auswirkt. Der Abbildung liegt der folgende XAML-Code zugrunde:

```
<Grid>
  <Grid.ColumnDefinitions>
    <ColumnDefinition/>
    <ColumnDefinition/>
  </Grid.ColumnDefinitions>
  <Image Source="Images/Flower.JPG" Margin="10" Height="200" />
  <Image Grid.Column="1" Source="Images/Flower.JPG" Margin="10" Height="200"
         Width="350" Stretch="Fill" />
</Grid>
```

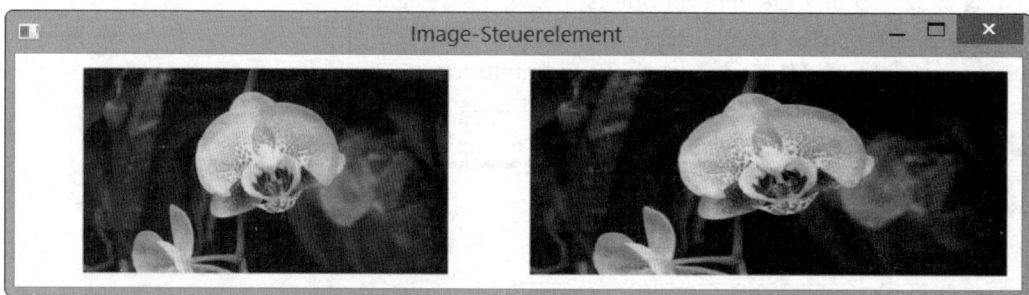

Abbildung 25.23 Bildanzeige »richtig« (links) und gestreckt (rechts)

Grafik zur Laufzeit laden

Wenn Sie mittels Code ein Bitmap laden, kommt die Klasse BitmapImage ins Spiel, die im Namespace System.Windows.Media.Imaging definiert ist. Der Ladevorgang wird mit der Methode BeginInit initialisiert und mit EndInit abgeschlossen.

Das BitmapImage-Objekt erwartet in der Eigenschaft UriSource die Angabe der Datenquelle, die als Objekt vom Typ Uri übergeben wird. Dem Uri-Konstruktor übergeben Sie den Pfad zu der Bitmap und teilen ihm darüber hinaus mit, ob es sich um eine relative oder eine absolute Pfadangabe handelt. Der Code in der XAML-Datei lautet:

```
<WrapPanel>
  <Image Name="myImage" />
</WrapPanel>
```

Das Bild soll beim Starten des Window-Objekts geladen werden. Dazu bietet sich das Ereignis Loaded an:

```
private void Window_Loaded(object sender, RoutedEventArgs e)
{
  BitmapImage bitmap = new BitmapImage();
  bitmap.BeginInit();
  bitmap.UriSource = new Uri("Images/Egypt.jpg", UriKind.Relative);
  bitmap.EndInit();
  myImage.Source = bitmap;
}
```

Listing 25.33 Laden einer Bitmap mit Programmcode

25.6.9 »Calendar« und »DatePicker« zur Datumsangabe

Die Steuerelemente Calendar und DatePicker ermöglichen es dem Anwender, ein Datum auszuwählen. Beide Steuerelemente sind sich sehr ähnlich und unterscheiden sich hauptsächlich durch den beanspruchten Platzbedarf im Fenster. Während das Calendar-Control einen kompletten Monat anzeigt, aus dem der Anwender mit Pfeiltasten einen anderen auswählen kann, erscheint das DatePicker-Steuerelement als eine Art TextBox, in der das Datum angezeigt wird. Das Calendar-Steuerelement wird beim DatePicker erst in dem Moment geöffnet, in dem der Anwender auf die rechts im Steuerelement untergebrachte Schaltfläche klickt.

In Abbildung 25.24 sehen Sie beide Steuerelemente. Das DatePicker ist in der Abbildung zweimal vertreten. Rechts oben ist der eingeklappte Normalzustand zu erkennen, darunter die Situation, wenn der Anwender ein Datum auswählt.

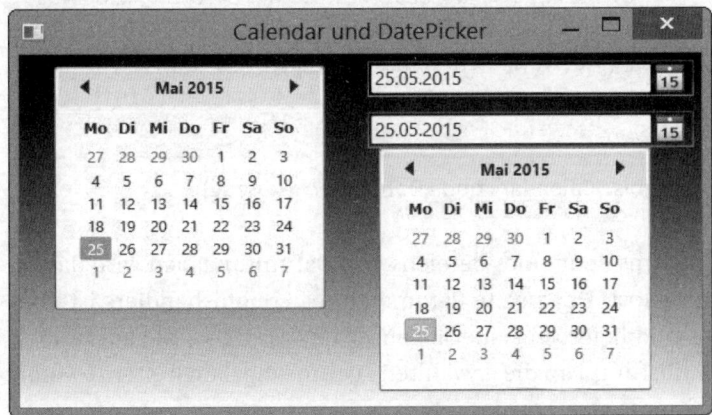

Abbildung 25.24 »Calendar« und »DatePicker«

Hinsichtlich der Eigenschaften gibt es ein paar wenige Unterschiede. Beispielsweise können Sie im DatePicker mit der Eigenschaft SelectedDateFormat das Anzeigeformat Short oder Long

25

auswählen, was dazu führt, dass das Datum entweder in Kurzform (z. B. 16.7.2018) oder im Langformat (z. B. Montag, 16. Juli 2018) angezeigt wird. Im Calendar können Sie mit Display-Mode auch Einfluss auf das Anzeigeformat ausüben. Dabei haben Sie aber die Möglichkeit, sich zwischen Month, Year und Decade zu entscheiden.

Ein paar spezielle Eigenschaften der beiden Steuerelemente sollten wir uns noch in Tabelle 25.13 ansehen.

Eigenschaft	Beschreibung
BlackoutDates	Legt eine Liste von Datumsangaben fest, aus denen nicht ausgewählt werden kann.
DisplayDate	Legt das anzuzeigende Datum fest oder liest es aus.
DisplayDateStart/DisplayDateEnd	Legt das erste bzw. letzte im Kalender verfügbare Datum fest.
DisplayMode	Legt fest, ob im Kalender ein Monat, ein Jahr oder ein Jahrzehnt angezeigt werden soll. Diese Eigenschaft hat nur der Typ Calendar.
FirstDayOfWeek	Legt den Tag fest, der als Wochenanfang gelten soll.
SelectedDate	Ruft das aktuell ausgewählte Datum ab oder legt es fest.
SelectedDates	Ruft eine Liste ausgewählter Datumsangaben ab.
SelectionMode	Diese Eigenschaft ist nur beim Calendar verfügbar. Sie Eigenschaft bestimmt, ob der Calendar keine Auswahl, die Auswahl eines einzelnen Datums oder die Auswahl mehrerer Datumsangaben zulässt. Verfügbare Einstellungen sind None, SingleDate, Single-Range und MultiRange.

Tabelle 25.13 Eigenschaften der Controls »Calendar« und »DatePicker« (Auszug)

Bei der Wahl eines einzelnen Datums oder eines Bereichs von Datumsangaben wird das Ereignis SelectedDatesChanged ausgelöst. Der zweite Parameter des Ereignishandlers ist vom Typ SelectionChangedEventArgs und liefert in seiner Eigenschaft AddedItems die ausgewählten Datumsangaben in einer Auflistung. Um die gewählten Datumsangaben weiter zu verarbeiten, muss die Liste durchlaufen werden, wie das folgende Listing zeigt.

```
private void Calendar_SelectedDatesChanged(object sender,
                               SelectionChangedEventArgs e)
{
```

```
foreach(DateTime date in e.AddedItems)
{
  if (date.DayOfWeek == DayOfWeek.Sunday)
    MessageBox.Show("Diese Auswahl ist leider nicht möglich.");
  else
    MessageBox.Show("Die Wahl: " + date.ToShortDateString());
}
}
```

Listing 25.34 Auswerten der Datumswahl

25.7 Das »Ribbon«-Steuerelement

Das Ribbon-Control oder, wie es in der deutschsprachigen Dokumentation auch genannt wird, das *Menüband* ist eine Kombination von Menü und Symbolleiste und wurde erstmals mit Office 2007 eingeführt. Es soll das Auffinden von Funktionen erleichtern und dem Anwender dabei helfen, die Anwendung schneller zu erlernen. Es lässt sich trefflich darüber streiten, ob mit dem Menüband die gesteckten Ziele erreicht werden. Aber diese Diskussion wollen wir hier nicht führen und uns stattdessen ansehen, wie wir das Ribbon-Steuerelement in der WPF einsetzen können.

25.7.1 Voraussetzungen für den Zugriff auf das »Ribbon«-Control

In der Toolbox werden Sie das gewünschte Ribbon-Steuerelement nicht finden. Damit Sie es nutzen können, sind vorab einige Schritte erforderlich:

▶ Legen Sie im Projektmappen-Explorer einen Verweis auf die Assembly *System.Windows.Controls.Ribbon.dll*.

▶ Im nächsten Schritt ist ein XML-Namespace in der XAML-Datei zu definieren, um auf das Steuerelement im XAML-Code zugreifen zu können, beispielsweise:

```
xmlns:ribbon="clr-namespace:System.Windows.Controls.Ribbon;
assembly=System.Windows.Controls.Ribbon"
```

▶ Es ist noch eine weitere Änderung in der XAML-Datei notwendig: Ersetzen Sie das Element Window durch RibbonWindow (aber vergessen Sie dabei das Namespace-Präfix nicht, also beispielsweise ribbon:RibbonWindow).

▶ Geben Sie in der Code-Behind-Datei mit using den Namespace

System.Windows.Controls.Ribbon

bekannt, und ändern Sie die Basisklasse von Window in RibbonWindow ab.

Jetzt haben Sie alle Voraussetzungen erfüllt und können beginnen.

25.7.2   Ein kurzer Überblick

Sollten Sie erwarten, dass wir dieses durchaus sehr interessante Steuerelement ausgiebig besprechen, dann liegen Sie falsch. Es ist einfach zu mächtig und gestattet zahllose Möglichkeiten, das Layout und auch das Verhalten zur Laufzeit zu beeinflussen. Die vielen Klassen, die zu dem Framework des Ribbon-Controls gehören, legen Zeugnis davon ab. Wir wollen uns daher auf das Wesentliche beschränken. Beabsichtigen Sie, das Ribbon-Steuerelement demnächst in Ihren eigenen Anwendungen einzusetzen, wird die dazugehörige Dokumentation sicher viele Fragen beantworten können.

Selbstverständlich möchte ich Ihnen auch ein kleines Beispiel zeigen, an dem Sie die Kernelemente des Ribbon-Objekts erkennen. Dazu werden wir die XAML-Struktur des in Abbildung 25.25 gezeigten Menübands analysieren.

Abbildung 25.25 Das Menüband der folgenden Betrachtungen

Hinweis

Sie finden das Beispiel im Materialordner *\Kapitel 25\Ribbon_Sample*. Die Materialien können Sie herunterladen unter *https://www.rheinwerk-verlag.de/4699*.

25.7.3   Der XAML-Code

Fenster, die ein Ribbon-Steuerelement enthalten, sind in der WPF nicht vom Typ Window, sondern vom Typ RibbonWindow. Das Menüband selbst, das Ribbon, wird am besten in einem Dock-Panel in der Position Top angedockt. Im Ribbon können insgesamt bis zu vier unterschiedliche Bereiche festgelegt werden, die wir nun alle kurz ansprechen wollen (siehe auch Abbildung 25.26).

❶ RibbonTab: Sicherlich das im ersten Moment auffälligste Merkmal sind die Registerkarten. In den Tabs sind die Steuerelemente enthalten, die die Anwendung steuern. Das Ribbon-Framework bietet viele eigene Steuerelemente an, die alle das Präfix Ribbon haben und auf die Bedürfnisse des Menübands abgestimmt sind.

❷ QuickAccessToolBar: Diese Leiste dient dem Schnellzugriff auf einige wenige Operationen, die im Grunde genommen in jeder Situation zur Laufzeit vom Anwender ausgeführt werden können. Üblicherweise befinden sich hier drei Schaltflächen: eine zum Speichern und je eine weitere für die Arbeitsschritte *Undo* und *Redo*.

❸ ApplicationMenu: Das durch diese Eigenschaft beschriebene Element wird in der Reihe der Registerkarten links angezeigt und beschreibt ein Pulldown-Menü, in dem alle allgemeinen Befehle zusammengefasst sind. Die Befehle zum Drucken, zum Speichern und auch zum Beenden der Anwendung sind typisch für dieses Menü.

❹ HelpPaneContent: Dieses Element legt den Hilfebereich fest.

Bis auf das Element RibbonTab werden alle anderen drei Bereiche durch gleichnamige Eigenschaften des Ribbon-Controls beschrieben, in denen entsprechende Elemente eingelagert sind.

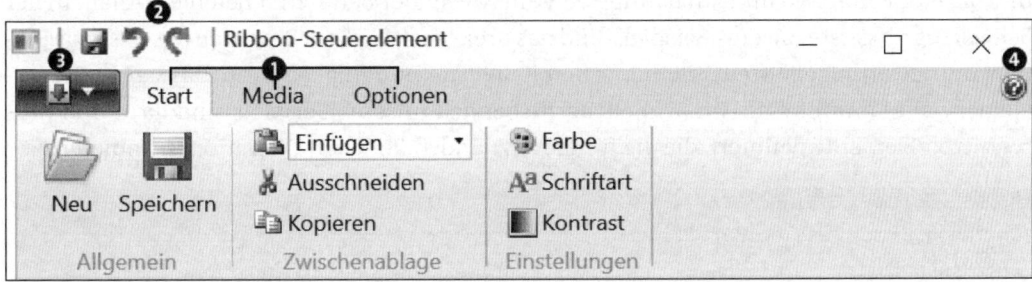

Abbildung 25.26 Die vier Bereiche eines »Ribbon«-Steuerelements

Ein Blick auf die Gesamtstruktur

Wir sollten uns nun in einem Listing die Struktur des Menübands ansehen. Aus Gründen der Übersichtlichkeit habe ich bewusst darauf verzichtet, bereits an dieser Stelle die Inhalte der aufgeführten Bereiche anzugeben. Sie werden die im Abschnitt zuvor beschriebenen Bereiche sofort erkennen.

```
<ribbon:RibbonWindow ...
    xmlns:ribbon="clr-namespace:System.Windows.Controls.Ribbon;
                assembly=System.Windows.Controls.Ribbon">
  <DockPanel LastChildFill="True">
    <ribbon:Ribbon DockPanel.Dock="Top">
      <Ribbon.QuickAccessToolBar>[...]</Ribbon.QuickAccessToolBar>
      <Ribbon.ApplicationMenu>[...]</Ribbon.ApplicationMenu>
```

25

```
        <Ribbon.HelpPaneContent>[...]</Ribbon.HelpPaneContent>
        <RibbonTab Header="Start">[...]</RibbonTab>
        <RibbonTab Header="Einfügen">[...]</RibbonTab>
        <RibbonTab Header="Optionen">[...]</RibbonTab>
      </ribbon:Ribbon>
      <StackPanel>
        <!-- Inhalte -->
      </StackPanel>
    </DockPanel>
</ribbon:RibbonWindow>
```

Listing 25.35 Die Struktur eines kompletten Menübands

Hinter dem Ribbon-Steuerelement ist ein StackPanel angegeben. Dieses dient dazu, alle anderen Elemente aufzunehmen, die von der Anwendung benötigt werden.

Die Leiste für den Schnellzugriff

Sehen wir uns zuerst den Bereich an, der praktisch eine Ergänzung der Titelleiste darstellt und die elementarsten und am häufigsten vom Anwender benutzten Befehle enthält. In der Schnellzugriffsleiste unseres Beispiels sind das drei Schaltflächen. Beachten Sie, dass das Ribbon-Framework eigene Steuerelemente bereitstellt, deren Fähigkeiten auf das Ribbon-Steuerelement abgestimmt sind. Im Schnellzugriffsbereich unseres Beispiels sind dazu drei RibbonButton-Elemente definiert, die die für diesen Bereich üblichen Operationen anbieten:

```
<Ribbon.QuickAccessToolBar>
  <RibbonQuickAccessToolBar>
    <RibbonButton Label="Save" SmallImageSource="Images/saveHS.png"/>
    <RibbonButton Label="Undo"
      SmallImageSource="Images/112_ArrowReturnLeft_Blue_16x16_72.png"/>
    <RibbonButton Label="Redo"
      SmallImageSource="Images/112_ArrowReturnRight_Blue_16x16_72.png"/>
  </RibbonQuickAccessToolBar>
</Ribbon.QuickAccessToolBar>
```

Listing 25.36 Die Menüleiste für den Schnellzugriff

Das Anwendungsmenü

Das aufgeklappte Anwendungsmenü habe ich Ihnen noch nicht gezeigt. Sehen Sie sich daher Abbildung 25.27 begleitend zu Listing 25.37 an.

```
<Ribbon.ApplicationMenu>
  <RibbonApplicationMenu SmallImageSource="Images/FillDownHS.png" >
```

```
<RibbonApplicationMenuItem Header="Neues Dokument"
                          ImageSource="Images/NewDocumentHS.png" />
<RibbonApplicationMenuItem Header="Öffnen" />
<RibbonApplicationMenuItem Header="Speichern"
                          ImageSource="Images/saveHS.png"/>
[...]
<RibbonApplicationMenu.AuxiliaryPaneContent>
  <RibbonGallery CanUserFilter="False"
                 ScrollViewer.VerticalScrollBarVisibility="Auto">
    <RibbonGalleryCategory Background="Transparent"  MaxColumnCount="1">
      <RibbonGalleryItem Content="Verbindung zum Internet herstellen"/>
      <RibbonGalleryItem Content="Datenverbindungen prüfen"/>
      <RibbonGalleryItem Content="Datenübertragung"/>
    </RibbonGalleryCategory>
  </RibbonGallery>
</RibbonApplicationMenu.AuxiliaryPaneContent>
</RibbonApplicationMenu>
</Ribbon.ApplicationMenu>
```

Listing 25.37 Der XAML-Code des Anwendungsmenüs

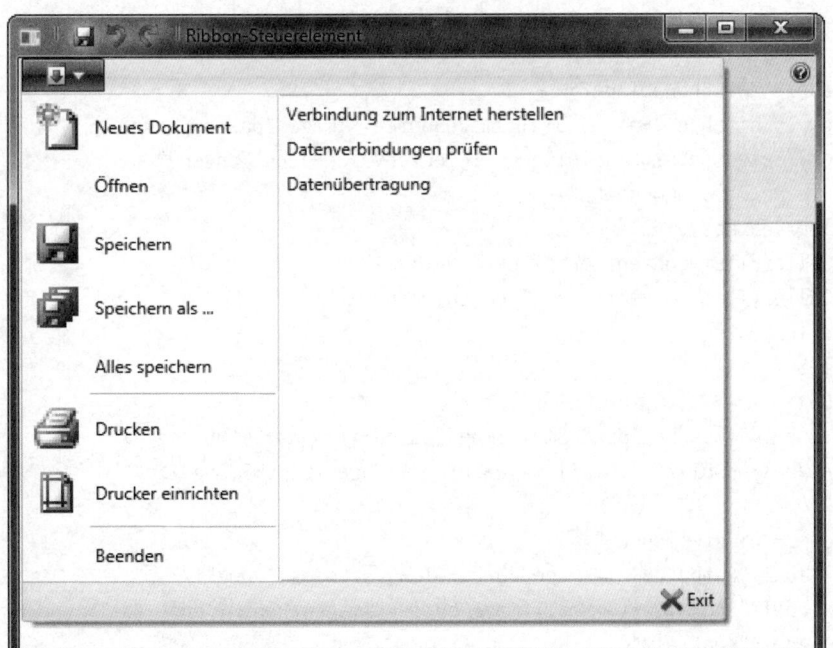

Abbildung 25.27 Das Anwendungsmenü

25

Das »Hilfe«-Menü

Der Menüpunkt zum Anzeigen der Hilfe repräsentiert den kleinsten Bereich im XAML-Code.

```
<Ribbon.HelpPaneContent>
  <RibbonButton Content="Hilfe" SmallImageSource="Images/Help.png"/>
</Ribbon.HelpPaneContent>
```

Listing 25.38 Das Hilfemenü

Die Registerkarten

Kommen wir zum Abschluss unserer Betrachtungen zu den Registerkarten, die im Ribbon durch den Typ RibbonTab beschrieben werden. Innerhalb einer Registerkarte können Sie mehrere Gruppen vom Typ RibbonGroup definieren. In der ersten Registerkarte unseres Beispiels (START) sind es die drei Gruppen ALLGEMEIN, ZWISCHENABLAGE und EINSTELLUNGEN. Innerhalb der Gruppen sind die Ribbon-Steuerelemente enthalten. Näher eingehen werde ich auf die Steuerelemente nicht.

```
<RibbonTab Header="Start">
  <RibbonGroup Header="Allgemein">
    <RibbonButton Label="Neu" LargeImageSource="Images/NewDocuments_32x32.png" />
    <RibbonButton Label="Speichern"
                  LargeImageSource="Images/base_floppydisk_32.png" />
  </RibbonGroup>
  <RibbonGroup Header="Zwischenablage">
    <RibbonComboBox IsEditable="False" SmallImageSource="Images/pasteHS.png">
      <RibbonGallery SelectedValue="Einfügen" SelectedValuePath="Content"
                     MaxColumnCount="1">
        <RibbonGalleryCategory>
          <RibbonGalleryItem Content="Einfügen"/>
          <RibbonGalleryItem Content="Inhalte einfügen ..."/>
        </RibbonGalleryCategory>
      </RibbonGallery>
    </RibbonComboBox>
    <RibbonButton Label="Ausschneiden" SmallImageSource="Images/CutHS.png" />
    <RibbonButton Label="Kopieren" SmallImageSource="Images/CopyHS.png"/>
  </RibbonGroup>
  <RibbonGroup Header="Einstellungen">
    <RibbonButton Label="Farbe" SmallImageSource="Images/ColorHS.png" />
    <RibbonButton Label="Schriftart" SmallImageSource="Images/FontHS.png" />
    <RibbonButton Label="Kontrast"
                  SmallImageSource="Images/EditBrightContrastHS.png" />
  </RibbonGroup>
</RibbonTab>
```

```
<RibbonTab Header="Media">
  <RibbonGroup Header="Einstellungen">
    <RibbonButton Label="Mikrofon"
                  LargeImageSource="Images/Microphone.png" />
    <RibbonButton Label="Lautsprecher"
                  LargeImageSource="Images/base_speaker_32.png" />
    <RibbonButton Label="Animieren" SmallImageSource="Images/Animate.png"/>
    <RibbonButton Label="Bild anzeigen"
                  SallImageSource="Images/InsertPictureHS.png" />
  </RibbonGroup>
</RibbonTab>
<RibbonTab Header="Optionen"></RibbonTab>
```

Listing 25.39 Die Registerkarten

25

Kapitel 26
Dependency Properties

In den vorhergehenden Abschnitten haben Sie einen Überblick darüber erhalten, wie die Struktur und der Aufbau einer WPF-Anwendung aussehen. Sie haben erfahren, dass die Benutzeroberfläche mit XAML beschrieben wird, und die Syntax von XAML gelernt.

Widmen wir uns nun einem Thema, das ich im Verlauf des WPF-Teils dieses Buches immer wieder erwähnt, aber noch nicht tiefgehender behandelt habe: die Abhängigkeitseigenschaften, auch mit dem aus dem Englischen stammenden Begriff *Dependency Properties* bezeichnet. Dependency Properties sind im Zusammenhang mit Datenbindungen, Styles und auch Animationen zwingend notwendig. Viele mit der WPF eingeführte Programmiertechniken setzen also Abhängigkeitseigenschaften voraus.

Im engen Zusammenhang mit den Abhängigkeitseigenschaften stehen die angehängten Eigenschaften (*Attached Properties*). Dabei handelt es sich um Eigenschaften, die nicht in der Klasse eines Elements definiert sind, sondern von einer hierarchisch übergeordneten Komponente bereitgestellt werden. Die Eigenschaften Grid.Row und Grid.Column sind typische angehängte Eigenschaften, die dazu dienen, ein Element in einer bestimmten Zelle eines Grid-Elements zu positionieren. Angehängte Eigenschaften werden uns zum Schluss dieses Kapitels beschäftigen.

26.1 Die Charakteristik von Abhängigkeitseigenschaften

Mit CLR-Eigenschaften haben wir schon viel gearbeitet. Sie sind uns vertraut geworden. Sie wissen, dass eine CLR-Eigenschaft ein als private oder protected deklariertes Feld ist, wobei der Zugriff auf den Wert des Feldes über die in einer Eigenschaftsmethode definierten get- und set-Zweige erfolgt. Ferner wissen Sie, dass jedes Objekt eines bestimmten Typs die gleichen Eigenschaften aufweist, die für jedes einzelne Objekt separat gespeichert werden.

Bei einer genauen Analyse müssen wir feststellen, dass diese Art der Objektbeschreibung unnötig viele Speicherressourcen in Anspruch nimmt. Warum das? Betrachten wir zur Verdeutlichung exemplarisch eine Schaltfläche (Typ Button) aus der WinForm-API. Mit ca. 50 verschiedenen Eigenschaften wird eine Schaltfläche beschrieben. Enthält ein WinForm drei davon, werden ungefähr 150 Daten für die drei Objekte im Speicher vorgehalten. Stellen wir uns nun die Frage, wie viele Eigenschaften tatsächlich für jedes der drei Button-Objekte individuell gesetzt sind: die Positionswerte, die Beschriftung und auch die Größe. Die meisten Eigenschaften behalten ihren ursprünglichen Standardwert bei. Wäre es nicht ressourcen-

26

schonender, alle unveränderten Standardwerte in einem zentralen Speicher allen Schaltflächen gemeinsam zur Verfügung zu stellen? Die WinForm-API kann diese Überlegung nicht umsetzen, die WPF mit den Abhängigkeitseigenschaften hingegen schon.

Die Abhängigkeitseigenschaften der WPF gehen mit den zur Verfügung stehenden Ressourcen ausgesprochen ökonomisch um. Solange die Eigenschaft eines Objekts nicht individuell eingestellt wird, wird dafür auch kein Speicherplatz in Anspruch genommen und der Wert einem allgemeinen »Reservoir« entnommen. Erst wenn die Eigenschaft eines Objekts individuell eingestellt wird, stellt das System dafür lokale Ressourcen zur Verfügung.

Wir brauchen uns keine großen Gedanken über die Verwaltung der Abhängigkeitseigenschaften zu machen. Das WPF-Subsystem erledigt alle damit im Zusammenhang stehenden Aufgaben für uns. Wir müssen lediglich die Eigenschaft als Dependency Property dem System bekanntgeben, besser ausgedrückt, wir müssen sie registrieren. Wie Sie das machen und was Sie dabei berücksichtigen müssen, erfahren Sie in diesem Kapitel.

> **Anmerkung**
>
> Die WPF unterstützt nicht nur Abhängigkeitseigenschaften, sondern darüber hinaus die herkömmlichen CLR-Eigenschaften. Diese sind jedoch eindeutig in der Minderheit. Einer Eigenschaft sieht man auf den ersten Blick nicht an, ob sie als CLR- oder Abhängigkeitseigenschaft implementiert ist. Im Zweifelsfall müssen Sie das in der Dokumentation nachlesen.

26.2   Den Wert einer Abhängigkeitseigenschaft bilden

Dependency Properties beziehen ihren Wert nicht ausschließlich aus einem vom WPF-Subsystem verwalteten Zentralspeicher. Der Wert einer Abhängigkeitseigenschaft kann auch aus einer Datenbindung stammen, beispielsweise aus einem Feld eines Datensatzes, aus einem Style (siehe Kapitel 28, »Ressourcen, Styles, Trigger und Templates«) oder einer Animation. Es kommen also mehrere potenzielle Quellen als Datengeber in Frage, die einer Abhängigkeitseigenschaft ihren endgültigen Wert »vorschreiben« – falls er nicht individuell für eine Komponente eingestellt wird.

Wenn es viele Faktoren gibt, aus denen der finale Eigenschaftswert gebildet wird, dann muss es auch eine Ablaufreihenfolge geben. Es handelt sich genau genommen um zwei Ablauflisten: Die erste bildet aus statischen Angaben zunächst einen sogenannten *Basiswert*, die zweite berücksichtigt darüber hinaus dynamische Einflüsse. Sehen wir uns als Erstes die Ablaufliste an, die den statischen Basiswert bildet:

1. Der Standardwert der Abhängigkeitseigenschaft wird ausgewertet.
2. Es wird geprüft, ob die Eigenschaft von einem übergeordneten Element im Elementbaum geerbt wird.

3. Es wird geprüft, ob der Eigenschaftswert in einem `Style` vordefiniert ist (streng genommen müsste dieser Punkt sogar noch weiter unterteilt werden).

4. Zuletzt wird nachgesehen, ob für das Element ein lokaler Wert gesetzt worden ist.

Diese Liste, die ihrerseits eine steigende Priorität widerspiegelt, wird von der WPF durchlaufen, um den Basiswert zu bilden. Dabei muss der Basiswert nicht zwangsläufig auch der finale Wert der Abhängigkeitseigenschaft sein, denn danach werden noch dynamische Einflüsse berücksichtigt:

1. Es wird geprüft, ob Datenbindungen oder Ressourcen den Basiswert beeinflussen.

2. Läuft aktuell eine Animation, könnte sie den Eigenschaftswert verändern.

3. Der bis zu diesem Zeitpunkt gebildete Eigenschaftswert wird einem gegebenenfalls definierten `ValidateValueCallback`-Delegaten übergeben. Hier wird der Wert einer ganz allgemeinen Gültigkeitsüberprüfung unterzogen.

4. Der letzte Schritt ist die Weiterleitung des Wertes an einen optional definierten `Coerce-ValueCallback`-Delegaten. Dieser überprüft, ob der bis zu diesem Punkt gebildete Eigenschaftswert im Kontext anderer Eigenschaften des gleichen Objekts als gültig angesehen werden kann.

> **Anmerkung**
>
> Einige der in den beiden Listen aufgeführten Punkte sind Ihnen an dieser Stelle noch nicht geläufig. Im Verlauf der weiteren Kapitel werde ich alle noch eingehend erläutern.

26.3   Definition einer Dependency Property

Dependency Properties können nur in Klassen definiert werden, die von der Klasse `DependencyObject` abgeleitet sind. Diese Bedingung wird von allen wesentlichen Klassen der WPF erfüllt. Sehen wir uns jetzt exemplarisch an, wie eine Abhängigkeitseigenschaft mit dem Namen `Radius` in der Klasse `Circle` bereitgestellt wird. Grundsätzlich werden alle Abhängigkeitseigenschaften durch ein Objekt vom Typ `DependencyProperty` beschrieben. In unserem Beispiel lautet die Definition folgendermaßen:

```
public class Circle : DependencyObject
{
  public static readonly DependencyProperty RadiusProperty;
}
```

Listing 26.1 Grundgerüst einer Abhängigkeitseigenschaft

Wichtig ist, die abhängige Eigenschaft `static readonly` zu kennzeichnen. Damit werden zwei Verhaltensmerkmale erzwungen:

26

▶ Da eine Abhängigkeitseigenschaft static definiert ist, wird sie nur einmal bereitgestellt – nicht nur für alle Circle-Objekte, sondern auch für alle Objekte, die auf Klassen basieren, die von Circle abgeleitet sind. Alle auf Circle zurückzuführenden Objekte nutzen die Dependency Property gemeinsam.

▶ Durch den Modifikator readonly im Zusammenhang mit static wird eine Konstante definiert, deren Wert spätestens im statischen Konstruktor festgeschrieben werden muss. Wie Sie in diesem Kapitel noch lernen werden, zeichnen sich Abhängigkeitseigenschaften durch spezifische, unveränderliche Merkmale aus, so dass die Vorstellung von einer Konstanten auch im Zusammenhang mit den Eigenschaften durchaus gerechtfertigt ist.

Per Konvention muss dem Eigenschaftsbezeichner (in unserem Beispiel Radius) das Suffix Property angehängt werden. In unserem Beispiel heißt deshalb das Feld der Abhängigkeitseigenschaft RadiusProperty.

26.3.1   Registrieren einer Abhängigkeitseigenschaft

Mit der Felddefinition allein ist eine abhängige Eigenschaft natürlich noch nicht vollständig beschrieben. Es fehlen zu diesem Zeitpunkt noch viele Detailinformationen, beispielsweise der von der Eigenschaft beschriebene Datentyp, gegebenenfalls der Standardwert sowie viele andere Merkmale im Umfeld des Einsatzes innerhalb der WPF. Zudem muss eine Abhängigkeitseigenschaft dem WPF-Subsystem bekanntgegeben werden.

Zunächst einmal ist wichtig, eine Abhängigkeitseigenschaft mit der statischen Methode Register der Klasse DependencyProperty zu registrieren. Die Methode ist vielfach überladen. Sehen wir uns zuerst die einfachste Definition an:

```
public static DependencyProperty Register(String, Type, Type)
```

Die drei Parameter lassen sich wie folgt beschreiben:

▶ Aus dem ersten Parameter geht der Bezeichner der Eigenschaft hervor. Dieser muss für den an den dritten Parameter übergebenen Besitzertyp eindeutig sein.

▶ Der zweite Parameter erwartet die Angabe des Datentyps, den die Eigenschaft beschreibt.

▶ Dem dritten Parameter wird mitgeteilt, für welchen Typ die abhängige Eigenschaft registriert werden soll.

Für das Beispiel unserer Abhängigkeitseigenschaft Radius könnte das wie folgt aussehen:

```
static Circle()
{
  RadiusProperty = DependencyProperty.Register("Radius", typeof(int), typeof(Circle));
}
```

Listing 26.2 Registrierung der Eigenschaft »Radius« als Abhängigkeitseigenschaft

26.3.2 Der Eigenschaftswrapper

Damit würde unsere Abhängigkeitseigenschaft bereits beim WPF-Subsystem registriert. Mit den folgenden Anweisungen kann bereits zu diesem Zeitpunkt der Radius eines Circle-Objekts festgelegt werden:

```
Circle kreis = new Circle();
kreis.SetValue(Circle.RadiusProperty, 118);
```

Bei SetValue handelt es sich um eine Methode, die von der Basisklasse DependencyObject geerbt wird. Zwei Argumente werden von der Methode erwartet: Im ersten Argument wird die Abhängigkeitseigenschaft angeführt, deren Wert lokal gesetzt werden soll, das zweite Argument beschreibt den Wert selbst.

Sehr ähnlich erfolgt auch die Auswertung. Hierzu dient die Methode GetValue, der die auszuwertende Abhängigkeitseigenschaft als Argument übergeben wird:

```
kreis.GetValue(Circle.RadiusProperty);
```

Es fällt in den beiden Codefragmenten auf, dass die übliche Zuweisung mit dem Zuweisungsoperator, also

```
kreis.Radius = 118;
```

nicht möglich ist und sogar zu einem Fehler führt. Selbstverständlich möchten wir auf die von den CLR-Eigenschaften her gewohnte Schreibweise der Eigenschaftswertfestlegung nicht verzichten. Zudem wäre es nach dem momentanen Stand nicht möglich, die Eigenschaft Radius im XAML-Code festzulegen, der immer die Existenz von get/set voraussetzt. Deshalb gehört zu jeder Registrierung einer Abhängigkeitseigenschaft auch die Bereitstellung eines Eigenschaftswrappers. Am Beispiel der Eigenschaft Radius würde man den Wrapper wie folgt definieren:

```
public int Radius
{
  get => (int)GetValue(RadiusProperty);
  set => SetValue(RadiusProperty, value);
}
```

Listing 26.3 Eigenschaftswrapper der Eigenschaft »Radius«

Dabei kommen erneut die beiden bereits oben erwähnten Methoden SetValue und GetValue ins Spiel. Das Festlegen und die Auswertung eines Radius können nun in gewohnter Weise mit

```
Circle kreis = new Circle();
kreis.Radius = 120;
int radius = kreis.Radius;
```

erfolgen.

26

Im Eigenschaftswrapper einer Dependency Property sollten Sie niemals Code schreiben, der validiert oder ein Ereignis auslöst. Der Grund dafür ist, dass viele WPF-spezifische Features keine Notiz vom Eigenschaftswrapper nehmen und mit der Eigenschaft nur unter Aufruf von SetValue und GetValue operieren. Code, der im Eigenschaftswrapper steht, würde also niemals ausgeführt. Zur Validierung eines Eigenschaftswertes bzw. zur Auslösung von Ereignissen bei einer Eigenschaftsänderung stellt die WPF alternativ andere Möglichkeiten bereit, die Sie in den nächsten Abschnitten noch kennenlernen werden.

Hinweis

Tatsächlich ist es so, dass der Eigenschaftswrapper eine Voraussetzung dafür ist, dass einer Eigenschaft im XAML-Code ein Wert zugewiesen wird, in unserem Fall beispielsweise mit

```
<Window.Resources>
  <local:Circle x:Key="kreis" Radius="120" />
</Window.Resources>
```

Natürlich muss dabei gewährleistet sein, dass Radius einen Wert beschreibt, der größer oder gleich 0 ist. Erfolgt die Validierung innerhalb des set-Zweigs, z. B.

```
set
{
  if (value > 0)
    SetValue(RadiusProperty, value);
  else
    throw new Exception();
}
```

werden Sie feststellen, dass die Ausnahme nicht ausgelöst wird und das Circle-Objekt tatsächlich einen negativen Radius hat. Das lässt sich sehr einfach beweisen, indem Sie den folgenden XAML-Code benutzen:

```
<Window xmlns:local="clr-namespace:WpfApplication1" ...>
  <Window.Resources>
    <local:Circle x:Key="k" Radius="-120" />
  </Window.Resources>
  <Grid>
    <TextBlock Text="{Binding Source={StaticResource k}, Path=Radius}" />
  </Grid>
</Window>
```

Im TextBlock des Fensters wird der negative Wert angezeigt.

26.3.3   Die Eigenschaftsmetadaten

CLR-Eigenschaften sind recht einfach gestrickt. Sie repräsentieren einen gültigen Wert des Objekts, der über einen set-Zweig gesetzt und über einen get-Zweig ausgewertet wird. Ganz anders sind die an eine Abhängigkeitseigenschaft gestellten Anforderungen. Einige Abhängigkeitseigenschaften üben bei ihrer Änderung Einfluss auf die im Elementbaum über- oder untergeordnete Komponente aus, andere verändern das Layout oder werden ihrerseits durch Animationen, Styles oder Templates beeinflusst. WPF-Datenbindungen wären ohne Abhängigkeitseigenschaften in ihren Fähigkeiten nicht denkbar.

Die oben vorgestellte einfache Registrierung einer Dependency Property birgt in sich noch nicht die Möglichkeiten, die aufgezählten Merkmale umzusetzen. Zudem kann mit diesem Ansatz keine Datenvalidierung umgesetzt werden. Um alle Features auszuschöpfen, bietet sich die folgende Überladung der Register-Methode an:

```
public static DependencyProperty Register(String, Type, Type,
                              PropertyMetadata, ValidateValueCallback)
```

Die drei ersten Parameter entsprechen exakt denen, die ich bereits weiter oben beschrieben habe. Der vierte Parameter vom Typ PropertyMetadata legt die WPF-spezifischen Merkmale der Abhängigkeitseigenschaft fest, die sogenannten *Eigenschaftsmetadaten*. Der fünfte und letzte Parameter beschreibt schließlich einen Delegaten, der für die Validierung des Eigenschaftswertes sorgt.

Sehen wir uns zuerst den vierten Parameter etwas genauer an. Per Definition handelt es sich dabei um ein Objekt vom Typ PropertyMetadata. Im Wesentlichen benutzt man exakt diesen Metadatentyp, wenn einer Abhängigkeitseigenschaft nur ein Standardwert mit auf den Lebensweg gegeben werden soll. Meistens wird das aber nicht ausreichend sein, so dass entweder die von PropertyMetadata abgeleiteten Typen UIPropertyMetadata oder FrameworkPropertyMetadata eingesetzt werden. Dabei erweitert UIPropertyMetadata die Klasse PropertyMetadata nur um Merkmale im Zusammenspiel mit Animationen. In der Regel wird man deshalb auf ein Objekt vom Typ der Ableitung FrameworkPropertyMetadata zurückgreifen.

Die meisten Eigenschaften der Klasse FrameworkPropertyMetadata beschreiben boolesche Werte, die zunächst auf false eingestellt sind. Eine Eigenschaft ermöglicht zudem die Angabe einer Rückrufmethode (Callback), in der Aufgaben im Zusammenhang mit der Festlegung des Eigenschaftswertes ausgeführt werden können (PropertyChangedCallback). Einer weiteren Eigenschaft kann über einen Delegaten eine Methode zur internen Validierung (CoerceValueCallback) mitgeteilt werden. Um Ihnen einen Überblick zu verschaffen, sind in Tabelle 26.1 einige Eigenschaften der Klasse FrameworkPropertyMetadata aufgeführt.

26

Eigenschaft	Beschreibung
AffectsMeasure	Gibt an, dass nach einer Änderung der Abhängigkeitseigenschaft die Abmessungen neu ermittelt werden.
AffectsArrange	Gibt an, dass nach einer Änderung der Abhängigkeitseigenschaft die Anordnung der enthaltenen Steuerelemente neu ermittelt wird.
AffectsParentMeasure	Gibt an, dass nach einer Änderung der Abhängigkeitseigenschaft die Abmessungen des übergeordneten Steuerelements neu ermittelt werden.
AffectsParentArrange	Gibt an, dass nach einer Änderung der Abhängigkeitseigenschaft die Anordnung der Steuerelemente in der übergeordneten Komponente neu ermittelt wird.
AffectsRender	Gibt an, ob eine Abhängigkeitseigenschaft Einfluss auf das allgemeine Layout hat und möglicherweise das Element zwingt, sich neu zu zeichnen.
BindsTwoWayByDefault	Legt fest, ob die Abhängigkeitseigenschaft das *Two-Way-Binding* unterstützt. Der Standard ist *One-Way-Binding*.
CoerceValueCallback	Beschreibt einen Delegaten auf eine Methode, die den Wert der abhängigen Eigenschaft »korrigiert«.
DefaultValue	Ruft den Standardwert der Eigenschaft ab oder legt ihn fest.
Inherits	Gibt an, ob der Wert der Abhängigkeitseigenschaft vererbbar ist, oder legt den Wert fest.
IsAnimationProhibited	Ist diese Eigenschaft true, kann die Abhängigkeitseigenschaft nicht in einer Animation verwendet werden.
IsNotDataBindable	Diese Eigenschaft wird auf true gesetzt, wenn diese Eigenschaft nicht als Ziel einer Datenbindung verwendet werden darf.
Journal	In einer navigierbaren Anwendung soll der Wert der Abhängigkeitseigenschaft im Journal gespeichert werden. Damit bleibt er erhalten, wenn zurücknavigiert wird.
PropertyChangedCallback	Eignet sich zum Beispiel auch dazu, hier ein Ereignis auszulösen, das auf Clientseite behandelt werden kann.

Tabelle 26.1 Eigenschaften der Klasse »FrameworkPropertyMetadata« (Auszug)

Mit diesen Charakteristiken könnten Sie zum Beispiel die Eigenschaft RadiusProperty wie folgt initialisieren:

```
static Circle()
{
  FrameworkPropertyMetadata meta = new FrameworkPropertyMetadata();
  meta.DefaultValue = 0;
  meta.AffectsRender = true;
  meta.BindsTwoWayByDefault = true;
  meta.PropertyChangedCallback = OnRadiusChanged;
  RadiusProperty =
      DependencyProperty.Register("Radius", typeof(int), typeof(Circle), meta);
}
```

Listing 26.4 Initialisieren und Registrieren von »Radius«

Die Abhängigkeitseigenschaft hat den Standardwert 0. Ferner wird im Bedarfsfall ein Neuzeichnen erzwungen und die Unterstützung des *Two-Way-Bindings* festgeschrieben. Ändert sich der Wert des Radius, wird die Methode OnRadiusChanged ausgeführt.

Um einen funktionsfähigen Code zu haben, sollten wir auch die Rückrufmethode OnRadius-Changed bereitstellen. Der Delegat PropertyChangedCallback schreibt vor, dass die Methode zwei Parameter haben muss: Der erste ist vom Typ DependencyObject und liefert die Referenz auf das auslösende Objekt. Der zweite Parameter ist vom Typ DependencyPropertyChanged-EventArgs. Die Eigenschaften des EventArgs-Objekts liefern neben dem Bezeichner der auslösenden Eigenschaft auch deren alten und neuen Wert ab. Im folgenden Code benutzen wir die Callback-Methode dazu, ein Ereignis auszulösen.

```
public class Circle : DependencyObject
{
  public event EventHandler RadiusChanged;
  public static readonly DependencyProperty RadiusProperty;
  static Circle()
  {
    [...]
  }
  public static void OnRadiusChanged(DependencyObject sender,
                                     DependencyPropertyChangedEventArgs e)
  {
    Circle kreis = sender as Circle;
    if (kreis != null)
        kreis.RadiusChanged?.Invoke(kreis, new EventArgs());
  }
```

26

```
  public int Radius
  {
    get { return (int)GetValue(RadiusProperty); }
    set { SetValue(RadiusProperty, value); }
  }
}
```

Listing 26.5 Klasse »Circle« mit Validierung

Die Enumeration »FrameworkMetadataOptions«

Der Konstruktor der Klasse `FrameworkPropertyMetadata` ist überladen. Darunter sind auch mehrere Konstruktoren zu finden, die einen Parameter vom Typ `FrameworkPropertyMeta-dataOptions` beschreiben. Bei diesem Typ handelt es sich um eine Enumeration, deren Member sich bitweise verknüpfen lassen. Die einzelnen Mitglieder beschreiben die Eigenschaften der Klasse `FrameworkPropertyMetadata`, die vom Typ `Boolean` sind. Wird ein Member dieser Enumeration angegeben, wird das vom Compiler entsprechend als `true` bewertet. Somit lässt sich die Initialisierung des Objekts `RadiusProperty` auch folgendermaßen umsetzen:

```
static Circle()
{
  FrameworkPropertyMetadata meta = new FrameworkPropertyMetadata(0,
            FrameworkPropertyMetadataOptions.AffectsRender |
            FrameworkPropertyMetadataOptions.BindsTwoWayByDefault);
  meta.PropertyChangedCallback = OnRadiusChanged;
  RadiusProperty = DependencyProperty.Register("Radius", typeof(int),
                                      typeof(Circle), meta);
}
```

Listing 26.6 Alternative Angabe der Metadaten einer Dependency Property

---

Hinweis

Visual Studio bietet ein Code-Snippet an, mit dem Sie sehr einfach das Grundgerüst einer Dependency Property erstellen können. Geben Sie dazu einfach im Code-Editor »propdp« ein, und drücken Sie anschließend die ⇥-Taste.

26.3.4   Zurückstellen auf den Standardwert

In manchen Situationen ist es sinnvoll, den individuellen lokalen Eigenschaftswert einer Komponente zu löschen, um wieder auf den Standardwert zurückzugreifen. Die einfache Übergabe des Standardwertes an die Eigenschaft reicht dazu nicht aus. Stattdessen rufen Sie die Methode `ClearValue` auf und übergeben ihr als Argument die Abhängigkeitseigenschaft, z. B.:

```
kreis.ClearValue(Circle.RadiusProperty);
```

26.3.5   Vererbung von Abhängigkeitseigenschaften

Auf alle Eigenschaften der Klasse `FrameworkPropertyMetadata` (siehe Tabelle 26.1) einzugehen, würde in diesem Buch zu weit führen. Aber lassen Sie uns einen Blick auf eine besondere Eigenschaft werfen: `Inherits`. Auch wenn der Bezeichner im ersten Moment etwas anderes suggeriert, mit der aus der OOP bekannten Vererbung hat diese Einstellung nichts zu tun. Stattdessen gibt die Option `Inherits` an, ob der Wert der Abhängigkeitseigenschaft an die im Elementbaum untergeordneten Elemente weitergereicht wird. Ein einfaches Beispiel soll das Verhalten verdeutlichen:

```
<Window ...
    Title="MainWindow" Height="350" Width="525" FontSize="26">
  <StackPanel>
    <Button>
      <Label>Hallo</Label>
    </Button>
  </StackPanel>
</Window>
```

Listing 26.7 Weitervererbte Eigenschaft »FontSize«

Die Eigenschaft `FontSize` wird für das `Window`-Element festgelegt. `FontSize` ist eine Abhängigkeitseigenschaft, die mit `Inherits` gekennzeichnet ist. Das hat zur Konsequenz, dass das weiter unten im Elementbaum positionierte `Label` den Text `Hallo` in der Schriftgröße 26 anzeigt.

Einige Controls werden ein davon abweichendes Verhalten zeigen. Dazu gehören `Menu`, `ToolTip` und auch `StatusBar`. Der Grund ist, dass diese Komponenten die Schriftgröße intern selbst festlegen. Genau genommen beziehen diese Steuerelemente ihre Informationen aus den aktuellen Systemeinstellungen.

26

26.4   Validieren einer Abhängigkeitseigenschaft

Nun muss ich noch auf einen ausgesprochen wichtigen Punkt zu sprechen kommen: Bei der Definition von CLR-Eigenschaften haben wir bisher immer die `set`- und `get`-Zweige dazu benutzt, Überprüfungen im Zusammenhang mit der Wertübergabe oder der Auswertung vorzunehmen oder möglicherweise Ereignisse auszulösen. Von diesem Prinzip sollten Sie beim Wrapper einer Abhängigkeitseigenschaft immer Abstand nehmen. Stattdessen bieten sich

uns mit den Delegaten ValidateValueCallback und CoerceValueCallback Alternativen an, die
die Aufgabe der Validierung übernehmen.

26.4.1 Validieren mit »ValidateValueCallback«

Dieser Delegat kann den neuen Eigenschaftswert ganz allgemein entweder akzeptieren oder
verwerfen, repräsentiert also einen Boolean. Er ersetzt die Überprüfung des Wertes, die bei
herkömmlichen CLR-Eigenschaften normalerweise im set-Zweig erfolgt.

Der ValidateValueCallback-Delegat hat prinzipiell dieselbe Aufgabe wie der noch zu diskutie-
rende CoerceValueCallback-Delegat. Bei der Validierung hat der ValidateValueCallback-Delegat keine Kenntnis vom aktuellen Objekt selbst, während CoerceValueCallback die Referenz
darauf kennt. Daher wird der Delegat ValidateValueCallback immer dann eingesetzt, wenn
die Überprüfung allgemeingültig ist, also für jedes Objekt die gleichen Bedingungen angesetzt werden können. Objekteigenschaften können zur Validierung des neuen Wertes nicht
herangezogen werden. In unserer Klasse Circle ist es zum Beispiel naheliegend, sicherzustellen, dass der Radius nicht kleiner als 0 ist.

Die Bekanntgabe des ValidateValueCallback-Delegaten erfolgt als Argumentübergabe an die
Register-Methode der Klasse DependencyProperty.

```
RadiusProperty = DependencyProperty.Register("Radius", typeof(int),
                             typeof(Circle), meta, IsRadiusValid);
```

Die auf den Delegaten beruhende Rückrufmethode erwartet als einziges Argument den
Wert, den es zu überprüfen gilt. Die Übergabe des zu prüfenden Wertes erfolgt an einen Parameter vom Typ Object. Dieser muss somit innerhalb der validierenden Methode in den passenden Datentyp konvertiert werden. Der Rückgabewert ist true, wenn der Wert akzeptiert
werden kann, ansonsten false.

```
private static bool IsRadiusValid(object value) => (int)value >= 0;
```

Die Rückgabe von false löst eine Ausnahme vom Typ ArgumentException aus, die behandelt
werden muss.

26.4.2 Validieren mit »CoerceValueCallback«

Der Delegat CoerceValueCallback wird dazu benutzt, festzustellen, ob der bis zu diesem Zeitpunkt gebildete neue Eigenschaftswert im Kontext anderer Objekteigenschaften als gültig
angesehen werden kann. Nehmen wir dazu das typische Beispiel eines ProgressBar-Steuer-
elements (Fortschrittsbalken). Mit den Werten Minimum und Maximum werden die Bereichsgrenzen abgesteckt, mit Value der aktuelle Wert. Überschreitet Value den von Maximum definierten Grenzwert, ist das inakzeptabel. Andererseits darf Value die Einstellung von Minimum
nicht unterschreiten. Hier kommt der CoerceValueCallback-Delegat ins Spiel.

CoerceValueCallback beschreibt eine Methode mit zwei Parametern. Der erste liefert die Referenz auf das Objekt, für das der Eigenschaftswert geprüft werden soll. Dabei muss es sich um ein Objekt vom Typ DependencyObject handeln. Der zweite Parameter ist der zu validierende Wert. Der Rückgabewert ist vom Typ Object und beschreibt den Eigenschaftswert, den das Objekt nach der Ausführung der Methode annimmt.

Ein CoerceValueCallback-Delegat wird über die gleichnamige Eigenschaft des PropertyMetadata-Objekts definiert, beispielsweise folgendermaßen:

```
FrameworkPropertyMetadata meta = new FrameworkPropertyMetadata(...);
meta.CoerceValueCallback = CoerceRadius;
```

Nehmen wir an, in der Klasse Circle wäre noch eine CLR-Eigenschaft Maximum definiert, die den maximalen Radius eines Circle-Objekts festschreiben soll. In diesem Fall dürfte der Wert des Radius den vorgegebenen Maximalwert nicht überschreiten. Da die Eigenschaft Maximum für jedes Objekt unterschiedlich sein kann, muss eine Validierung gegen den objektspezifischen Wert erfolgen.

```
private static object CoerceRadius(DependencyObject d, object value)
{
  Circle item = d as Circle;
  if (item.Maximum >= (int)value)
    return value;
  return item.Maximum;
}
```

Listing 26.8 Prüfen gegen eine objektspezifische Eigenschaft

Es böte sich an, auch die Eigenschaft Maximum als Abhängigkeitseigenschaft zu implementieren. Um den Code überschaubar zu halten, wird die Eigenschaft als normale CLR-Property angegeben.

Hinweis

Den kompletten Code der Klasse Circle finden Sie in den MATERIALIEN ZUM BUCH (Download von *www.rheinwerk-verlag.de/4699*) unter ..*Kapitel 26\\DependencyProperty_Sample*.

26.5   Angehängte Eigenschaften (Attached Properties)

Angehängte Eigenschaften werden vom Konstrukt her auch als DependencyProperty implementiert, zeigen aber eine andere Verhaltensweise. Angehängte Eigenschaften werden nämlich nicht im Objekt selbst abgelegt, sondern in den Objekten anderer Klassen. Dies wird insbesondere bei den Layoutcontainern praktiziert, wenn eine Abhängigkeitseigenschaft vom Layoutcontainer an das untergeordnete Element weitergegeben wird.

Das folgende Codefragment zeigt einen typischen Einsatzfall. Innerhalb eines Grid-Steuerelements ist eine Schaltfläche in der zweiten Zeile und der zweiten Spalte des Grid-Elements platziert.

```
<Grid>
  <Grid.RowDefinitions>
    <RowDefinition />
    <RowDefinition />
  </Grid.RowDefinitions>
  <Grid.ColumnDefinitions>
    <ColumnDefinition/>
    <ColumnDefinition/>
  </Grid.ColumnDefinitions>
  <Button Name="btnButton" Grid.Column="1" Grid.Row="1" />
</Grid>
```

Listing 26.9 Typischer Einsatz einer angehängten Eigenschaft

Um den Button passend zu positionieren, wird den beiden angehängten Eigenschaften Grid.Column und Grid.Row der entsprechende Spalten- und Zeilenindex übergeben. Grid. Column und Grid.Row sind keine Eigenschaften der Schaltfläche, sondern werden der Schaltfläche durch das Grid-Objekt hinzugefügt.

Sehen wir uns das Konzept der angehängten Eigenschaften am Beispiel der Grid.Column-Eigenschaft an:

```
public class Grid : DependencyObject
{
  public static readonly DependencyProperty ColumnProperty;
  static Grid()
  {
    FrameworkPropertyMetadata metadata = new FrameworkPropertyMetadata(0);
    Grid.ColumnProperty = DependencyProperty.RegisterAttached("Column",
                     typeof(int), typeof(Grid), metadata);
  }
  public static int GetColumn(UIElement element)
  {
    if (element == null) throw new ArgumentNullException();
    return (int)element.GetValue(Grid.ColumnProperty);
  }
```

```
public static void SetColumn(UIElement element, int value)
{
  if (element == null) throw new ArgumentNullException();
  element.SetValue(Grid.ColumnProperty, value);
}
}
```

Listing 26.10 Definition der angehängten Eigenschaft »Grid.Column«

Der Code soll keinen Anspruch auf Vollständigkeit erheben. Beispielsweise zeigt er keinerlei Validierungen, die eine gültige Indexposition gewährleisten.

Eine angehängte Eigenschaft zu definieren, ähnelt der Definition einer Abhängigkeitseigenschaft. Allerdings wird eine angehängte Eigenschaft mit der Methode RegisterAttached beim WPF-Subsystem registriert. Ein FrameworkPropertyMetadata-Objekt sorgt auch hier für die individuelle Charakteristik der angehängten Eigenschaft.

Angehängte Eigenschaften weisen keinen Eigenschaftswrapper auf. Stattdessen werden zwei statische Methoden bereitgestellt, um den Eigenschaftswert zu setzen bzw. auszuwerten. Die Methodenbezeichner sollten dem Muster Set<*Eigenschaftsname*> und Get<*Eigenschaftsname*> folgen. Intern rufen die beiden Methoden die von DependencyObject geerbten Methoden SetValue und GetValue auf.

Hinweis

Visual Studio bietet auch für angehängte Eigenschaften ein Code-Snippet an, mit dem Sie das Grundgerüst einer Attached Property erstellen. Geben Sie dazu einfach im Code-Editor »propa« ein, und drücken Sie anschließend die ⇥-Taste.

26.5.1   Angehängte Eigenschaften zur Laufzeit ändern

Zur Festlegung eines Wertes im XAML-Code sind die Eigenschaften SetColumn bzw. SetRow eines Grid-Steuerelements nicht geeignet. Sie lassen sich aber dazu benutzen, mit C#-Code zur Laufzeit einen neuen Wert zu setzen. Soll der zu Beginn dieses Abschnitts gezeigte Button beispielsweise von der Zeile mit dem Index 1 in die Zeile mit dem Index 0 verschoben werden, genügt die folgende Anweisung:

```
btnButton.SetValue(Grid.RowProperty, 0);
```

26

Kapitel 27
Ereignisse in der WPF

Die WPF stellt neben den herkömmlichen CLR-Eigenschaften auch Abhängigkeitseigenschaften bereit. In ähnlicher Weise ergänzt die WPF auch das Konzept der CLR-Ereignisse um die sogenannten *Routed Events*. Die mögliche Verschachtelung mehrerer WPF-Komponenten im XAML-Code und der damit einhergehende Elementbaum hat dieses Konzept erforderlich gemacht, denn einfache CLR-Ereignisse genügen dem Prinzip der Elementbäume der WPF nicht mehr.

In diesem Kapitel lernen Sie, was unter der Strategie der Routed Events verstanden wird, wie Sie sie umsetzen und sinnvoll einsetzen. Am Ende dieses Kapitels werden wir uns noch wichtigen Ereignisgruppen widmen.

27.1 Ereignishandler bereitstellen

So wie alle Anwendungen mit grafischer Benutzeroberfläche reagiert auch eine WPF-Anwendung immer dann, wenn ein Ereignis ausgelöst wird – beispielsweise durch die Aktion des Anwenders. Ist für das ausgelöste Ereignis ein Ereignishandler registriert, wird er ausgeführt.

Sehen wir uns als Erstes an, wie Sie grundsätzlich mit Ereignissen in der WPF umgehen. Nehmen wir dazu an, im XAML-Code sei innerhalb eines Grid-Elements ein Button positioniert, der auf das Click-Ereignis reagieren soll. Dazu muss bekanntlich ein Ereignishandler registriert werden. Am einfachsten ist es, die IntelliSense-Hilfe im XAML-Code zu nutzen und daraus Click auswählen. Durch zweimaliges Drücken der ⇥-Taste wird im XAML-Code das Ereignis an einen Ereignishandler gebunden, der automatisch in der Code-Behind-Datei bereitgestellt wird.

```
<Grid>
  <Button Click="button1_Click" Height="30" Name="button1">Button1</Button>
</Grid>
```

Listing 27.1 Registrieren eines Ereignishandlers im XAML-Code

Verfügt eine Komponente über ein Standardereignis, lässt sich ein Ereignishandler auch mittels Doppelklick auf die Komponente im Designer bereitstellen. Das ist beispielsweise der

Fall, wenn Sie auf den Button doppelt klicken. Es wird danach der Ereignishandler für das Standardereignis Click erzeugt. Dieser könnte in der Code-Behind-Datei wie folgt aussehen:

```
void button1_Click(object sender, RoutedEventArgs e) {  }
```

> **Hinweis**
>
> Sie können Ereignishandler auch mit Hilfe des Eigenschaftsfensters bereitstellen. Dazu schalten Sie im Eigenschaftsfenster die Ansicht EIGENSCHAFTEN auf die Ansicht EREIGNISSE um, indem Sie auf das Blitzsymbol klicken. Ein Doppelklick auf das gewünschte Ereignis genügt, um den Ereignishandler mit der üblichen Namenskonvention zu erzeugen.

So wie alle anderen Ereignishandler in .NET weisen auch die Ereignishandler der WPF zwei Parameter auf: Der erste ist vom Typ Object und liefert die Referenz auf die ereignisauslösende Komponente, der zweite stellt ereignisspezifische Daten zur Verfügung.

Die Verknüpfung zwischen einem Ereignis und einem Ereignishandler können Sie auch im Code festlegen, z. B.:

```
public partial class MainWindow : Window
{
  public MainWindow()
  {
    InitializeComponent();
    button1.Click += new RoutedEventHandler(button1_Click);
  }
  void button1_Click(object sender, RoutedEventArgs e)
  {
    MessageBox.Show("Im Click-Ereignishandler");
  }
}
```

Listing 27.2 Registrierung eines Ereignishandlers mit Programmcode

Beachten Sie, dass dem Steuerelement in diesem Fall ausdrücklich ein Objektbezeichner (Eigenschaft Name) zugewiesen sein muss.

27.2 Routing-Strategien

Auch wenn es bis jetzt den Anschein hat, dass die Ereignisse in der WPF keine Besonderheiten bergen, ist dem nicht so. Der Grund ist, dass in einer WPF-Benutzeroberfläche die Elemente ineinander verschachtelt werden können, beispielsweise:

```
<Window>
  <StackPanel>
    <Button Height="110" Width="250" Margin="10">
      <StackPanel Orientation="Horizontal">
        <Image Source="smile.jpg" Stretch="None" />
        <Label VerticalAlignment="Center">Abbrechen</Label>
      </StackPanel>
    </Button>
    [...]
  </StackPanel>
</Window>
```

Listing 27.3 Verschachtelte Elemente im XAML-Code

Hier enthält ein StackPanel einen Button, der seinerseits als Inhaltseigenschaft ein weiteres StackPanel beschreibt. In diesem sind ein Image- und eine Label-Komponente horizontal angeordnet.

Mit der Vorgabe dieser Struktur könnte zur Laufzeit das Folgende passieren: Der Anwender möchte auf den Button klicken, trifft dabei aber das Label. In herkömmlichen GUIs würde das Click-Ereignis des Label-Elements ausgelöst, während der Button keine Reaktion zeigt. Das trifft natürlich gleichermaßen auf das Image zu. Probleme dieser Art gibt es eigentlich in allen Benutzeroberflächen. Natürlich lässt sich im Falle unseres auf dem Button positionierten Label-Elements auch in herkömmlichen GUIs das Click-Ereignis der Schaltfläche auslösen, aber der Aufwand dafür ist nicht unerheblich.

Um eine einfache Lösung zu ermöglichen, erweitert die WPF das klassische Konzept der CLR-Ereignisse um die Routed Events. Dabei müssen wir drei verschiedene Routingstrategien unterscheiden:

▶ **Direkte Events**: Als direkte Ereignisse werden die Ereignisse bezeichnet, die nur von dem Element, bei dem das Ereignis aufgetreten ist, ausgelöst werden. Direkte Ereignisse unterscheiden sich nicht von den sonst üblichen Ereignissen im .NET Framework. Das Ereignis Click ist beispielsweise ein direkter Event.

▶ **Getunnelte Events**: Beim *Tunneling* beginnt die Ereigniskette beim Wurzelelement. In der Regel wird es sich dabei um ein Window handeln. Das Ereignis wird also zuerst im Window ausgelöst und durchläuft dann im Elementbaum alle Komponenten, bis die tatsächlich ereignisauslösende Komponente erreicht wird. Tunneling-Events werden namentlich durch das Präfix Preview gekennzeichnet.

▶ **Bubbling-Events**: Das *Bubbling* beschreibt genau die Umkehrung des Tunneling-Prinzips. Zuerst wird der Event in der ereignisauslösenden Komponente ausgelöst, anschließend wird die Ereignisauslösung der Reihe nach an die übergeordneten Elemente im Elementbaum weitergereicht bis hin zum Wurzelelement, dem Window.

27

Bei den Routed Events kommt es also zu einer klaren Abfolge von Ereignisauslösungen. Legen wir Listing 27.3 von oben zugrunde, würde zuerst das Ereignis im Window ausgelöst, anschließend im StackPanel und danach im Button. Da die Schaltfläche ihrerseits ein StackPanel enthält, ist dieses der nächste Empfänger. Zuletzt kommt eventuell noch das Image oder das Label.

Ist die Kette der Tunneling-Events durchlaufen, geht es mit den Bubbling-Events in entgegengesetzter Richtung zurück. Also zuerst der Bubbling-Event im Image oder Label, dann folgt das innere StackPanel, der Button, das äußere StackPanel und letztendlich das Window. Abbildung 27.1 verdeutlicht den Zusammenhang.

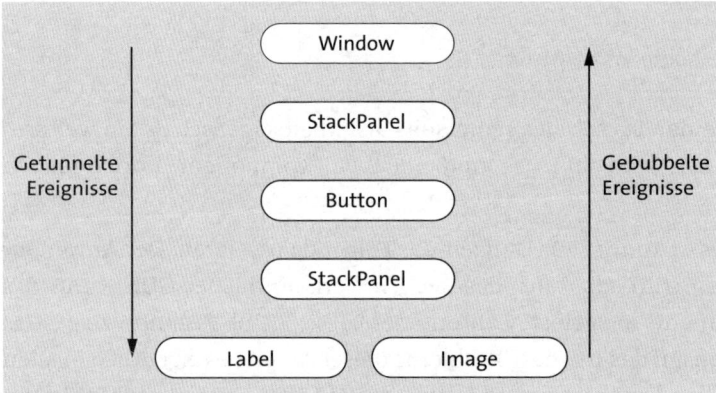

Abbildung 27.1 Der Elementbaum aus Listing 27.3 sowie die Kette der Routed Events

Es werden in der Kette alle Handler aufgerufen, die sich bei dem Ereignis registriert haben. Behandelt ein Element innerhalb des Elementbaums das aufgetretene Ereignis nicht, wird die Ereigniskette nicht unterbrochen.

27.2.1   Routed Events und der Elementbaum

Wie in Kapitel 22, »Einführung in die WPF und XAML«, schon erwähnt, wird in der WPF zwischen dem visuellen Elementbaum (*Visual Tree*) und dem logischen Elementbaum (*Logical Tree*) unterschieden. In der Regel wird von einem Routed Event der Visual Tree durchlaufen. Der Wortwahl können Sie entnehmen, dass das nicht immer so ist. Hintergrund ist, dass Routed Events nur von Komponenten ausgelöst werden können, die auf eine der folgenden Klassen zurückzuführen sind: UIElement, UIElement3D oder ContentElement. ContentElement-Objekte gehören aber nicht zum Visual Tree, sondern zum Logical Tree. Somit wäre es nicht richtig zu sagen, dass ausschließlich der Virtual Tree durchlaufen wird – obwohl das im überwiegenden Teil der Fälle so ist.

27.2.2 Beispielanwendung

Die Routed Events wollen wir uns nun an einem Beispiel ansehen, dem das Codefragment von oben zugrunde liegt. Es werden hier die Ereignisse PreviewMouseRightButtonDown (getunnelt) und MouseRightButtonDown (gebubbelt) behandelt, die beim Drücken der rechten Maustaste ausgelöst werden. Damit die Abfolge der Ereigniskette auch optisch sichtbar wird, enthält das Window zusätzlich eine ListBox, in der sich jeder ausgelöste Event einträgt. Der entsprechende Code dafür ist in der Code-Behind-Datei zu finden.

```
// Beispiel: ..\Kapitel 27\RoutedEvent_Sample1
<Window ...
        PreviewMouseRightButtonDown="PreviewMouseRight"
        MouseRightButtonDown="MouseRight">
  <Grid PreviewMouseRightButtonDown="PreviewMouseRight"
        MouseRightButtonDown="MouseRight">
    <Grid.RowDefinitions>
      <RowDefinition Height="Auto" />
      <RowDefinition />
      <RowDefinition Height="Auto" />
    </Grid.RowDefinitions>
    <Button Margin="10" Height="70" Width="200"
            PreviewMouseRightButtonDown="PreviewMouseRight"
            MouseRightButtonDown="MouseRight">
      <StackPanel Orientation="Horizontal"
            PreviewMouseRightButtonDown="PreviewMouseRight"
            MouseRightButtonDown="MouseRight">
      <Image Source="smile.gif" Stretch="None" Margin="5"
            PreviewMouseRightButtonDown="PreviewMouseRight"
            MouseRightButtonDown="MouseRight"/>
      <Label FontSize="18" VerticalAlignment="Center"
            PreviewMouseRightButtonDown="PreviewMouseRight"
            MouseRightButtonDown="MouseRight">OK</Label>
      </StackPanel>
    </Button>
    <ListBox Grid.Row="1" Name="lstBox" Margin="5" />
    <Button Grid.Row="2" FontSize="14" Width="140" HorizontalAlignment="Right"
            Margin="5" Click="Button_Click">Liste löschen</Button>
  </Grid>
</Window>
// Code in der Code-Behind-Datei
private void MouseRight(object sender, MouseButtonEventArgs e)
  => lstBox.Items.Add("Bubble: " + sender.ToString());
```

```
private void PreviewMouseRight(object sender, MouseButtonEventArgs e)
  => lstBox.Items.Add("Tunnel: " + sender.ToString());

private void Button_Click(object sender, RoutedEventArgs e)
  => lstBox.Items.Clear();
```

Listing 27.4 Demonstration der Routed Events

Das Klicken mit der rechten Maustaste auf das Image führt zu der in Abbildung 27.2 gezeigten Ausgabe.

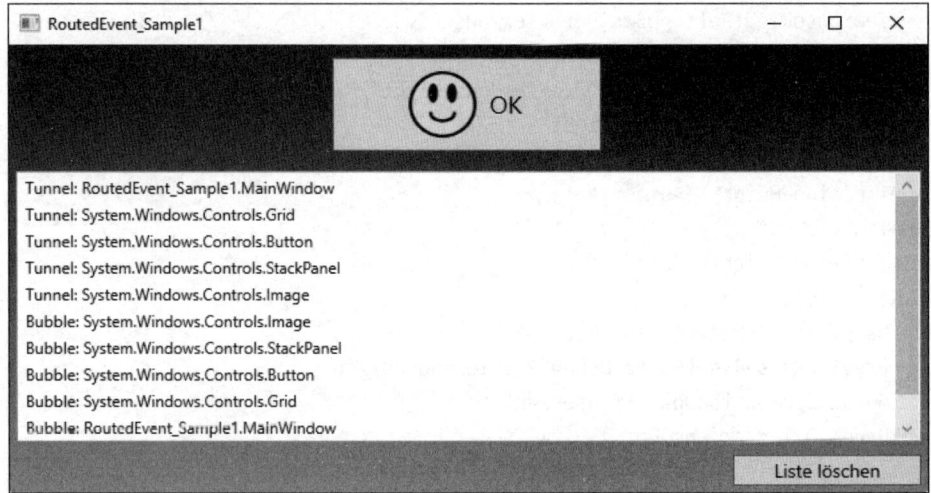

Abbildung 27.2 Routed Events beim Klicken auf das Image mit der rechten Maustaste

27.2.3 Sonderfall: Ereignisse mit der linken Maustaste

Werden die beiden Ereignisse PreviewMouseRightButtonDown und MouseRightButtonDown durch das Paar PreviewMouseLeftButtonDown und MouseLeftButtonDown ersetzt, tritt ein unerwartetes Phänomen auf: Bei den gebubbelten Events wird der letzte Ereignishandleraufruf vom Stack-Panel ausgeführt, das sich innerhalb des Buttons befindet. Alle darauffolgenden gebubbelten Events werden unterdrückt und nicht mehr ausgelöst. Ganz offensichtlich wird die Ereigniskette an dieser Stelle unterbrochen. Ursache für diese Verhaltensweise ist, dass in MouseLeft-ButtonDown das Ereignis als behandelt gekennzeichnet wird, was zur Unterbrechung der Ereigniskette führt.

In Abbildung 27.3 sehen Sie dieses Verhalten. Das Beispielprogramm, dem die Abbildung zugrunde liegt, ist in den MATERIALIEN ZUM BUCH (Download von *www.rheinwerk-verlag.de/ 4699*) unter *..\Kapitel 27\RoutedEvent_Sample2* zu finden.

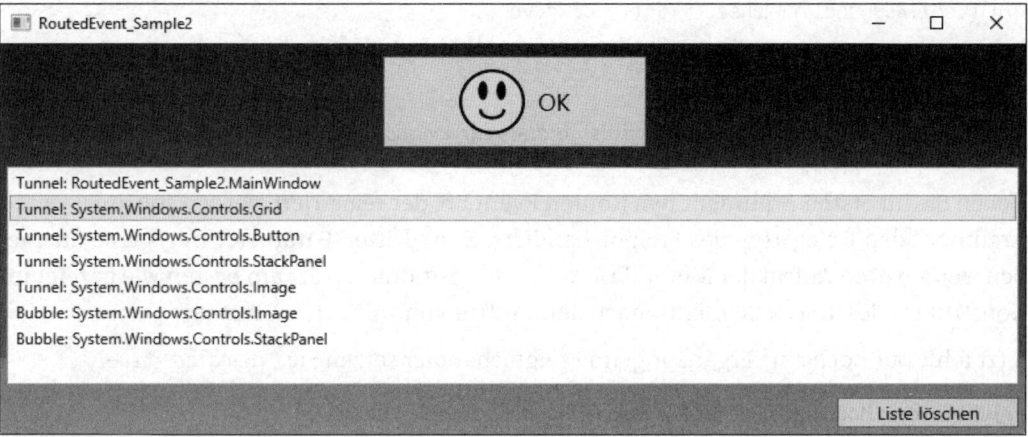

Abbildung 27.3 Die Kette der Ereignisse »PreviewMouseLeftButtonDown« und »MouseLeft-ButtonDown«

Die Ereigniskette mit »AddHandler« fortsetzen

Wie ich soeben gezeigt habe, wird die Ereigniskette unterbrochen, wenn anstatt des gebubbelten Ereignisses `MouseRightButtonDown` das Ereignis `MouseLeftButtonDown` behandelt wird. Hintergrund dieser Verhaltensweise ist, dass in der Methode `OnMouseLeftButtonDown` das Ereignis als behandelt gekennzeichnet (Näheres in Abschnitt 27.3.3) und anschließend das `Click`-Ereignis ausgelöst wird.

```
protected override void OnMouseLeftButtonDown(MouseButtonEventArgs e)
{
  base.OnMouseLeftButtonDown(e);
  e.Handled = true;
  OnClick();
}
```

Listing 27.5 Ursache des Abbruchs der Ereigniskette der Events »MouseLeftButtonDown«

Um zu erzwingen, dass dennoch alle registrierten Handler abgearbeitet werden, müssen Sie den Handler des Controls, das für den Abbruch der Ereigniskette verantwortlich ist, neu registrieren. Dazu benutzt man eine Überladung der Methode `AddHandler`.

Um das zu demonstrieren, bietet sich das Beispielprogramm *RoutedEvent_Sample2* an, das wie in Listing 27.6 gezeigt ergänzt wird:

```
public MainWindow()
{
  InitializeComponent();
```

27

```
        button1.AddHandler(MouseLeftButtonDownEvent,
                          new MouseButtonEventHandler(MouseLeft), true);
}
```

Listing 27.6 Neuregistrierung des Ereignishandlers für »MouseLeftButtonDown«

Geben Sie im ersten Argument den Routed Event an, der registriert werden soll, im zweiten Argument den Delegattyp des Ereignishandlers. Dem dritten Parameter muss true übergeben werden. Den Aufruf der Methode AddHandler positionieren Sie am besten wie gezeigt im Konstruktor des Window-Elements, nach dem Aufruf von InitializeComponent.

Jetzt fehlt nur noch eine Ergänzung: Im Ereignishandler setzen Sie e.Handled =true.

```
private void MouseLeft(object sender, MouseButtonEventArgs e)
{
    // Anweisungen
    e.Handled = false;
}
```

Listing 27.7 Ergänzung im Ereignishandler

27.3   Der Ereignishandler

Lassen Sie uns jetzt einen Blick auf die Ereignishandler der Routed Events werfen. Im Grunde genommen unterscheiden sich die Parameter nicht von denen der klassischen CLR-Events: Im ersten Parameter gibt sich der Auslöser des Events bekannt, im zweiten werden ereignisspezifische Daten bereitgestellt. Während in CLR-Ereignissen der zweite Parameter immer vom Typ EventArgs ist, basiert der zweite Parameter eines Routed Events auf dem Basistyp RoutedEventArgs, der selbst von EventArgs abgeleitet ist. Im Code des letzten Beispiels handelt es sich dabei um ein Objekt vom Typ MouseButtonEventArgs. Dieser ist über seine direkte Basis MouseEventArgs auf RoutedEventArgs zurückzuführen.

27.3.1   Die Klasse »RoutedEventArgs«

RoutedEventArgs liefert insgesamt vier interessante Informationen, die Sie Tabelle 27.1 entnehmen können.

Eigenschaft	Beschreibung
Handled	Diese Eigenschaft ermöglicht es, den Routing-Prozess zu beenden. Dazu ist Handled auf true zu setzen. Dadurch werden nachfolgende Ereignisse in der Ereigniskette nicht mehr ausgelöst.

Tabelle 27.1 Die Eigenschaften der Klasse »RoutedEventArgs«

Eigenschaft	Beschreibung
RoutedEvent	Diese Eigenschaft liefert die RoutedEvent-Instanz, die mit dem RoutedEventArgs-Objekt verbunden ist.
Source	Gibt das Element an, das für die Einleitung des Routing-Prozesses verantwortlich zeichnet.
OriginalSource	Liefert das Objekt aus dem Visual Tree, das ursächlich das Ereignis ausgelöst hat.

Tabelle 27.1 Die Eigenschaften der Klasse »RoutedEventArgs« (Forts.)

Vermutlich wird Ihnen der Unterschied zwischen den beiden Eigenschaften Source und OriginalSource nicht sofort klar sein. Die Konfusion wird vermutlich perfekt, wenn wir außer diesen beiden Eigenschaften auch den ersten Parameter (sender) des Ereignishandlers in unsere Betrachtung einbeziehen. Worin unterscheiden sich sender, Source und OriginalSource?

27.3.2   Die Quelle des Routing-Prozesses

Am besten verständlich wird der Unterschied, wenn wir die Ausgabe des Beispiels *RoutedEvent_Sample1* von oben entsprechend anpassen. Dabei ist es vollkommen ausreichend, uns auf die gebubbelten Events zu beschränken.

```
private void MouseRight(object sender, MouseButtonEventArgs e)
{
  string message = "Sender: " + sender + "\n";
  message += "Source: " + e.Source + "\n";
  message += "OriginalSource: " + e.OriginalSource + "\n";
  lstBox.Items.Add(message);
}
```

Listing 27.8 Demonstration der »EventArgs«-Parameter

Klicken wir auf das Label, werden die Resultate in der ListBox angezeigt. Der besseren Übersicht wegen sei die Ausgabe tabellarisch wiedergegeben.

27

Sender	Source	OriginalSource
Label	Label	TextBlock
StackPanel	Label	TextBlock
Button	Label	TextBlock

Tabelle 27.2 Ausgaben, wenn auf das Label geklickt wird

Sender	Source	OriginalSource
Grid	Label	TextBlock
Window	Label	TextBlock

Tabelle 27.2 Ausgaben, wenn auf das Label geklickt wird (Forts.)

Die Aussage, dass die gebubbelten Ereignisse ausgehend vom Label im Elementbaum nach oben bis zum Fenster weitergereicht werden, sehen wir in der Ausgabe des Parameters sender bestätigt. Der Parameter sender liefert also genau die Komponente, die aktuell das Ereignis ausgelöst hat – obwohl der Verursacher der Ereigniskette möglicherweise eine ganz andere Komponente ist.

Die Eigenschaft Source beschreibt den tatsächlichen Auslöser des Routing-Prozesses: Hier ist es das Label. Allgemein gesprochen handelt sich dabei um die Komponente, die sowohl im Virtual Tree als auch im Logical Tree zu finden ist.

Die Angabe OriginalSource geht ins Detail. Hierzu sei gesagt, dass jedes Steuerelement durch eine »Schablone« beschrieben wird, das sogenannte ControlTemplate. Die Komponente TextBlock ist innerhalb der ControlTemplate-Definition eines Label-Elements die Komponente, die für die Ausgabe des Textes sorgt. Somit beschreibt die Eigenschaft OriginalSource das Element aus dem Visual Tree, das im Hintergrund tatsächlich für die Eventauslösung verantwortlich ist.

27.3.3   Die Eigenschaft »Handled«

Innerhalb eines Ereignishandlers kann die Eigenschaft Handled dazu verwendet werden, ein Ereignis als »behandelt« zu markieren. Dazu wird Handled=true gesetzt. Die Folge ist, dass die Aufrufe aller weiteren Ereignishandler, die auf der Route Tunnel oder Bubble liegen, unterdrückt werden. Dies lässt sich sehr schnell anhand des Beispiels *RoutedEvent_Sample1* überprüfen:

```
private void MouseRight(object sender, MouseButtonEventArgs e)
{
  string message = "Sender: " + sender + "\n";
  message += "Source: " + e.Source + "\n";
  message += "OriginalSource: " + e.OriginalSource + "\n";
  lstBox.Items.Add(message);
  if (sender is Button) e.Handled = true;
}
```

Listing 27.9 Ergänzung des Ereignishandlers aus dem Beispiel »RoutedEvent_Sample1«

Das »äußere« StackPanel und das Window werden den Ereignishandler nicht mehr aufrufen.

27.3.4   Registrieren und Deregistrieren eines Ereignishandlers mit Code

Zur Installation des Ereignishandlers eines Routed Events stehen Ihnen zwei Möglichkeiten zur Verfügung. Sie können erstens mit += in bekannter Weise das Ereignis mit einem Ereignishandler verbinden, z. B.:

```
button1.Click += new RoutedEventHandler(button1_Click);
```

Die zweite Variante stellt die Methode AddHandler dar, die von den Klassen UIElement, UIElement3D und ContentElement bereitgestellt wird und auf das von diesen Klassen implementierte Interface IInputElement zurückzuführen ist.

```
button1.AddHandler(Button.ClickEvent, new RoutedEventHandler(button1_Click))
```

Das Deregistrieren eines Eventhandlers erfolgt ähnlich. Entweder Sie benutzen -=, also z. B.:

```
button1.Click -= new RoutedEventHandler(button1_Click);
```

oder die Methode RemoveHandler:

```
button1.RemoveHandler(Button.ClickEvent, new RoutedEventHandler(button1_Click))
```

27.4   Benutzerdefinierte Routed Events

Routed Events können nur in Klassen implementiert werden, die von einer der folgenden Basen abgeleitet sind:

- ▶ UIElement
- ▶ UIElement3D
- ▶ ContentElement

Hintergrund dessen ist, dass die Schnittstelle IInputElement implementiert sein muss, die unter anderem die Methoden AddHandler, RemoveHandler und RaiseEvent vorschreibt. Alle drei Methoden werden wir in diesem Abschnitt noch einsetzen.

Das Ereignismodell der Routed Events ähnelt dem der Dependency Properties. Ein Routed Event wird ebenfalls durch ein static readonly-Feld beschrieben, das beim WPF-Subsystem registriert werden muss. Der Typ ist dabei immer RoutedEvent. Per Konvention wird dem Bezeichner das Suffix Event angehängt.

27

Anmerkung

In diesem Abschnitt zeige ich Ihnen, wie Sie einen Routed Event bereitstellen. Damit alles nicht schwieriger ist als notwendig, wird dazu die Klasse Button aus dem Namespace System.Windows.Controls abgeleitet und um das Ereignis SayHello erweitert. Sie finden das komplette Beispiel in den MATERIALIEN ZUM BUCH (Download von *www.rheinwerk-verlag.de/4699*) unter \Kapitel 27\RoutedEvent_Sample3.

```
public class SpecializedButton : Button
{
  public static readonly RoutedEvent SayHelloEvent;
}
```

Listing 27.10 Definition des Events »SayHello«

Für die Registrierung eignet sich auch in diesem Fall der statische Konstruktor. Die Registrierung erfolgt mit der statischen Methode `RegisterRoutedEvent` der Klasse `EventManager`. Der erste Parameter der Methode erwartet den Namen des Events. Das zweite Argument beschreibt die Routing-Strategie und kann auf `Direct`, `Bubble` oder `Tunnel` eingestellt werden. Der dritte Parameter repräsentiert den Typ des Delegaten, und der vierte Parameter beschreibt den Typ der Klasse, in der der Event definiert ist.

```
static SpezializedButton()
{
  SayHalloEvent = EventManager.RegisterRoutedEvent("SayHello",
                            RoutingStrategy.Bubble,
                            typeof(RoutedEventHandler),
                            typeof(SpezializedButton));
}
```

Listing 27.11 Registrierung des Routed Events im statischen Konstruktor

Anmerkung

Ein direkter Event verhält sich in gleicher Weise wie ein klassischer CLR-Event. Er wird in einer Komponente ausgelöst und kann nicht von umgebenden Komponenten verarbeitet werden. Betrachten wir die Methode `RegisterRoutedEvent` der Klasse `EventManager`, stellen wir fest, dass uns auch die Option `RoutingStrategy.Direct` angeboten wird. Damit stellt sich die Frage, ob wir ein direktes Ereignis klassisch bereitstellen oder uns für die Registrierung beim `EventManager` entscheiden sollten.

Die Antwort ist eindeutig: Sie sollten sich für die letztgenannte Variante entscheiden. Der Grund dafür ist in verschiedenen Fähigkeiten der WPF zu finden, die voraussetzen, dass ein direkter Event als Routed Event implementiert ist. Dazu gehört beispielsweise die Fähigkeit von XAML, mit `EventTrigger`-Objekten auf Ereignisse zu reagieren.

Zum Schluss muss nur noch je ein Accessor zum Hinzufügen und Entfernen eines Ereignishandlers geschrieben werden, denn ansonsten wäre einerseits die klassische Verbindung eines Ereignisses mit einem Ereignishandler mit += nicht möglich, andererseits ließe sich ein Routed Event nicht im XAML-Code benutzen. Auch das erinnert wieder stark an die Dependency Properties mit ihrem get-/set-Wrapper.

```
public event RoutedEventHandler SayHello
{
  add { AddHandler(SpezializedButton.SayHelloEvent, value); }
  remove { RemoveHandler(SpezializedButton.SayHelloEvent, value); }
}
```

Listing 27.12 Bereitstellung der »add«/»remove«-Accessoren

Die Signatur sieht aus wie die Definition eines gewöhnlichen CLR-Ereignisses. Der Event-Wrapper beherbergt die beiden Accessoren add und remove. Bei value handelt es sich, genauso wie bei einem set-Accessor, um einen impliziten Parameter, der den Delegaten beschreibt, der entweder hinzugefügt oder entfernt werden soll. Die beiden Methoden AddHandler und RemoveHandler stammen aus dem Interface IInputElement.

27.4.1   Ereignisauslösung

Soweit vorbereitet, muss ein Event nur noch ausgelöst werden. Wann das genau passiert, ist eine Entscheidung, die der Entwickler treffen muss. Die Methode, in der das Ereignis ausgelöst wird, kann jede beliebige sein.

Das Feuern eines Routed Events unterscheidet sich von dem eines klassischen CLR-Events. Dem EventArgs-Parameter werden zuerst alle erforderlichen Informationen übergeben. Anschließend wird ein Routed Event, im Gegensatz zu den CLR-Ereignissen, mit der Methode RaiseEvent ausgelöst.

Um das Ereignis SayHello auszulösen, wird in der Klasse SpecializedButton die geerbte Methode OnClick überschrieben und in ihr der Event SayHello ausgelöst. Man könnte also sagen, dass wir damit das Click-Ereignis durch SayHello ersetzen.

```
protected override void OnClick()
{
  RoutedEventArgs e = new RoutedEventArgs();
  e.RoutedEvent = SayHalloEvent;
  e.Source = this;
  RaiseEvent(e);
}
```

Listing 27.13 Überschreiben der Methode »OnClick«

Vielleicht stellen Sie sich beim ersten Betrachten des Codes die Frage, wo die Information über den Typ des auszulösenden Events zu finden ist. Es ist die Eigenschaft RoutedEvent, die die Instanz des auszulösenden Events beschreibt. Somit nimmt das RoutedEventArgs-Objekt eine zentrale Position innerhalb der WPF ein, anders als das herkömmliche EventArgs-Objekt außerhalb der WPF.

Das Codefragment in Listing 27.13 zeigt den einfachen Einsatz des `RoutedEventArgs`-Parameters, der bis auf die in Tabelle 27.1 aufgeführten Eigenschaften keine ereignisspezifischen Daten bereitstellt. Der Parameter kann natürlich auch ein spezifisches `RoutedEventArgs`-Objekt beschreiben, in dem ereignisspezifische Daten an den registrierten Ereignishandler gesendet werden. In einem solchen Fall müssen Sie eine separate Klasse codieren, die von `RoutedEventArgs` abgeleitet ist und das `EventArgs`-Objekt mit den gewünschten Daten vor dem Auslösen des Ereignisses versorgt.

27.4.2   Das gebubbelte Ereignis im Elementbaum verwenden

Steuerelemente, die beispielsweise von `UIElement` abgeleitet sind, weisen von Anfang an zahlreiche Events auf, die als Routed Event definiert sind. Dazu gehören die von uns eingangs dieses Kapitels benutzten Ereignisse `PreviewMouseLeftButtonDown` und `MouseLeft-ButtonDown`. Jede Komponente innerhalb eines Elementbaums kann sich somit bei einem getunnelten oder gebubbelten Event direkt anmelden, weil es über diese Ereignisse verfügt.

Etwas anders ist der Sachverhalt, wenn wir in einer Komponente ein typspezifisches Ereignis einführen, wie beispielsweise den Event `SayHello` unserer Klasse `SpecializedButton`. Obwohl als Routed Event geprägt – genauer, als gebubbelter Event –, verfügt eine umgebende Komponente wie beispielsweise ein `Grid` nicht über das Ereignis `SayHello`.

Damit auch solche Ereignisse den Elementbaum durchlaufen können, definiert XAML die Attached-Event-Syntax. Damit lassen sich Ereignishandler für diesen Event auch in einer umgebenden Komponente installieren. Die allgemeine Syntax dazu sieht wie folgt aus:

```
[Typ].[Event] = "[Ereignishandler]"
```

Ist ein Objekt vom Typ `SpecializedButton` innerhalb einer `Grid`-Zelle positioniert, kann das `Grid` mit dem gebubbelten Ereignis wie in Listing 27.14 gezeigt verknüpft werden.

```
<Window ...
        xmlns:local="clr-namespace:Sample3">
  <Grid local:SpecializedButton.SayHello="Grid_SayHello">
    <local:SpecializedButton x:Name="button1" SayHello="button1_SayHello">
      SpecializedButton
    </local:SpecializedButton>
  </Grid>
</Window>
```

Listing 27.14 Typspezifische Bubbled Events im übergeordneten Element auslösen

Natürlich kann das Ereignis `SayHello` auf gleiche Weise auch im `Window` ausgelöst werden.

27.5 Mausereignisse in der WPF

Bis hierher haben wir uns die WPF-typischen Routed Events im Detail angesehen, und Sie haben gelernt, wie Sie innerhalb der Architektur der WPF arbeiten. Natürlich werden viele Ereignisse bereits von der WPF angeboten. Exemplarisch wollen wir daraus eine Gruppe herausgreifen, nämlich die Mausereignisse.

Es gibt zahlreiche Ereignisse, die im Zusammenhang mit einer Mausaktion ausgelöst werden: `MouseLeftButtonDown`, `MouseLeftButtonDown`, `MouseDoubleClick`, `MouseWheel` usw. Die aufgeführten Events sind gebubbelte Events, zu denen sich die entsprechenden getunnelten gesellen.

27.5.1 Ziehen der Maus

Lassen Sie uns ein wenig über die Mausereignisse sprechen, die im Zusammenhang mit der Bewegung der Maus über eine Komponente stehen:

▶ `MouseEnter`

▶ `PreviewMouseMove` / `MouseMove`

▶ `MouseLeave`

`MouseEnter` und `MouseLeave` sind direkte Ereignisse. Dabei wird `MouseEnter` ausgelöst, wenn der Mauszeiger in den Bereich einer Komponente eindringt, `MouseLeave`, wenn der Mauszeiger den Bereich der Komponente verlässt.

Im Gegensatz zu `MouseEnter` und `MouseLeave` hat die Bewegung des Mauszeigers über eine Komponente zwei Ereignisse zur Folge: `PreviewMouseMove` ist das getunnelte Event, `MouseMove` das gebubbelte.

Allen genannten Mausereignissen ist eins gemein: Sie übergeben dem Ereignishandler ein `MouseEventArgs`-Objekt, das mit zahlreichen Informationen aufwartet. Die wichtigsten können Sie Tabelle 27.3 entnehmen.

Eigenschaft/Methode	Beschreibung
Device	Ruft das Eingabegerät ab (der Auslöser muss nicht zwangsläufig eine Maus sein, es kann sich auch um die Tastatur handeln oder einen Touchscreen).
Handled	Beschreibt einen booleschen Wert. Ist dieser auf true festgelegt, gilt das Ereignis als behandelt.

Tabelle 27.3 Die Member der Klasse »MouseEventArgs« (Auszug)

27

Eigenschaft/Methode	Beschreibung
LeftButton MiddleButton RightButton	Ruft den Zustand der entsprechenden Maustaste ab.

Tabelle 27.3 Die Member der Klasse »MouseEventArgs« (Auszug) (Forts.)

Etwas ungewöhnlich für ein EventArgs-Objekt ist, dass mit GetPosition eine Methode bereitgestellt wird. Diese liefert uns die aktuellen Mauskoordinaten relativ zu dem Objekt, das der Methode als Argument übergeben wird. Der Rückgabewert der Methode ist eine Point-Instanz, die mit den Eigenschaften X und Y die Koordinatenwerte bezogen auf das im Argument genannte Objekt liefert.

Listing 27.15 zeigt, wie die Koordinatenwerte bezogen auf das Window in der Titelleiste des Fensters angezeigt werden können, falls die linke Maustaste beim Ziehvorgang gedrückt ist. Der Koordinatenursprung einer grafischen Komponente ist dabei in der linken oberen Ecke der Bezugskomponente.

```
private void window_MouseMove(object sender, MouseEventArgs e)
{
  if (e.LeftButton == MouseButtonState.Pressed)
  {
    Point pt = e.GetPosition(this);
    Title = "X: " + pt.X + " | Y: " + pt.Y;
  }
}
```

Listing 27.15 Anzeige der Positionskoordinaten in der Titelleiste

Die Eigenschaft LeftButton (und analog MiddleButton und RightButton) sind vom Typ der Enumeration MouseButtonState, die mit Released und Pressed nur zwei Mitglieder aufweist.

27.5.2   Auswerten der Mausklicks

Im Zusammenhang mit dem Klicken auf eine Maustaste haben Sie zahlreiche Möglichkeiten, darauf zu reagieren:

▶ PreviewMouseLeftButtonDown/MouseLeftButtonDown

▶ PreviewMouseRightButtonDown/MouseRightButtonDown

▶ PreviewMouseLeftButtonUp/MouseLeftButtonUp

▶ PreviewMouseRightButtonUp/MouseRightButtonUp

Andere WPF-Komponenten ergänzen die genannten Events um weitere Ereignisse. Beispielsweise stellt die Klasse Control darüber hinaus die Ereignisse PreviewMouseDoubleClick und MouseDoubleClick bereit.

Die Ereignisse, die im Zusammenhang mit dem Klicken stehen, stellen ein MouseButtonEventArgs-Objekt bereit. Die Klasse MouseButtonEventArgs ist von MouseEventArgs abgeleitet und ergänzt diese um weitere Member, die Sie Tabelle 27.4 entnehmen können.

Eigenschaft	Beschreibung
ButtonState	Wertet den Zustand der Taste aus, die mit dem Event verknüpft ist.
ChangedButton	Ruft die Taste ab, die mit dem Event verknüpft ist.
ClickCount	Ruft ab, wie oft die Taste gedrückt wurde. Hier lässt sich zwischen einem einfachen Klick oder einem Doppelklick unterscheiden.

Tabelle 27.4 Zusätzliche Member der Klasse »MouseButtonEventArgs«

Viele Entwickler stehen vor der Frage, ob sie bei Berücksichtigung von Mausereignissen ihren Code in das MouseDown- oder MouseUp-Ereignis codieren sollen. Die Antwort dazu lautet: In Windows-Anwendungen wird normalerweise immer auf die Up-Ereignisse reagiert.

27.5.3 Capturing

Normalerweise wird kurze Zeit nach dem Auslösen des MouseDown-Ereignisses auch das korrespondierende MouseUp-Ereignis ausgelöst. Es gibt aber durchaus Situationen, in denen das nicht der Fall ist. Stellen Sie sich einfach vor, Sie befänden sich mit der Maus über einem Element, drückten die Maustaste und zögen dann die Maus im gedrückten Zustand aus der Komponente. Erfolgt das Loslassen der Maus außerhalb der Komponente, ist diese nicht mehr Empfänger des MouseUp-Events.

Soll die Komponente dennoch das MouseUp-Ereignis empfangen, müssen Maßnahmen ergriffen werden. Dazu stellt die WPF jeder von der Klasse UIElement abgeleiteten Komponente mehrere Möglichkeiten zur Verfügung, die Mausereignisse bei Bedarf zu fangen (englisch: capture) oder wieder freizugeben (englisch: release). Fängt eine Komponente die Maus, werden die Mausereignisse für diese Komponente ausgelöst, auch dann, wenn die Maus den Bereich der Komponente bereits verlassen hat. Erst wenn die Komponente die Maus wieder freigibt, ist das Ereignisverhalten wieder »normal«.

Es stehen mehrere Möglichkeiten zur Verfügung, die Maus zu fangen. Zum einen stellt die Klasse Mouse (Namespace System.Windows.Input) mit Capture eine Methode bereit, der als Argument die Komponente übergeben werden kann, die Besitz von der Maus ergreift. Zudem erben alle von UIElement abgeleiteten Klassen die Methoden CaptureMouse und ReleaseMouseCapture und stellen darüber hinaus mit IsMouseCaptured und IsMouseCaptureWithin

27

zwei Eigenschaften bereit, die Auskunft darüber erteilen, ob die Mausereignisse für die entsprechende Komponente ausgelöst werden. Neben den genannten Eigenschaften lösen die UIElement-Komponenten auch die Ereignisse GotMouseCapture, LostMouseCapture, IsMouseCaptureChanged und IsMouseCaptureWithinChanged aus.

Das Fangen eines Mausereignisses sehen wir uns an einem Beispiel an. Nehmen wir an, in einem Window werde ein Element vom Typ Ellipse in Beige dargestellt. Das Element soll auf die beiden Ereignisse MouseDown und MouseUp in der Weise reagieren, dass beim Drücken der Maus die Ellipse mit der Füllfarbe Blau angezeigt wird, beim Loslassen der Maus soll die ursprüngliche Farbe Beige wieder zu sehen sein.

```
// Beispiel: ..\Kapitel 27\Capture_Sample
<Window ...>
  <Grid>
    <Grid.RowDefinitions>
      <RowDefinition/>
      <RowDefinition/>
    </Grid.RowDefinitions>
    <Ellipse Fill="Beige" Grid.Row="0" Name="ellipse"
             MouseDown="ellipse_MouseDown" MouseUp="ellipse_MouseUp"></Ellipse>
  </Grid>
</Window>
```

Listing 27.16 XAML-Code des Beispielprogramms »Capture_Sample«

Im ersten Entwurf können die beiden Ereignishandler folgendermaßen implementiert werden:

```
private void ellipse_MouseDown(object sender, MouseButtonEventArgs e)
{
  Ellipse item = sender as Ellipse;
  if(item != null)
    item.Fill = Brushes.Blue;
}
private void ellipse_MouseUp(object sender, MouseButtonEventArgs e)
{
  Ellipse item = sender as Ellipse;
  if(item != null)
    item.Fill = Brushes.Beige;
}
```

Solange sich der Mauszeiger beim Klicken innerhalb des Bereichs der Ellipse befindet, schaltet beim Drücken der Maus die Füllfarbe auf Blau um, beim Loslassen zurück auf Beige. Halten Sie aber die Maustaste gedrückt, ziehen dann die Maus aus dem Bereich der Ellipse heraus und lassen erst dann die gedrückte Maustaste los, bleibt die Füllfarbe Blau erhalten.

Um das Problem mit dem Capturing der Maus zu lösen, müssen wir die Maus im Ereignishandler des MouseDown-Events mit der Methode CaptureMouse fangen. Die Methode liefert den Rückgabewert true, falls der Versuch gelingt. Falls das – aus welchen Gründen auch immer – nicht gelingt, darf die Füllfarbe auch nicht geändert werden. Daher ist der MouseDown-Ereignishandler wie folgt zu ändern:

```
private void ellipse_MouseDown(object sender, MouseButtonEventArgs e)
{
  Ellipse item = sender as Ellipse;
  if(item != null && item.CaptureMouse())
    item.Fill = Brushes.Blue;
}
```

Listing 27.17 Der Ereignishandler des »MouseDown«-Events

Jetzt gilt die Maus als gefangen, denn sie ist an das Ellipse-Element gebunden. Das Programm funktioniert im ersten Moment wie gewünscht, allerdings gibt die Ellipse die Maus nicht frei. Das hat zur Konsequenz, dass weiterhin alle Mausklicks von der Ellipse empfangen werden – unabhängig davon, ob sich der Mauszeiger im Bereich der Ellipse befindet oder nicht. Zur Mausfreigabe muss zuerst überprüft werden, ob die Maus an die Ellipse gebunden ist. Hier liefert die Eigenschaft IsMouseCaptured die notwendige Information. Die Freigabe selbst erfolgt durch Aufruf der Methode ReleaseMouseCapture.

```
private void ellipse_MouseUp(object sender, MouseButtonEventArgs e)
{
  Ellipse item = sender as Ellipse;
  if (item != null)
  {
    item.Fill = Brushes.Beige;
    if (item.IsMouseCaptured)
      item.ReleaseMouseCapture();
  }
}
```

Listing 27.18 Der Ereignishandler des »MouseUp«-Events

27

Kapitel 28
Ressourcen, Styles, Trigger und Templates

Aus einer WPF-Anwendung heraus können Sie auf praktisch beliebige Ressourcen zugreifen. Dabei müssen Sie zwei Gruppen von Ressourcen unterscheiden:

- binäre Ressourcen
- logische Ressourcen

Binäre Ressourcen können zum Beispiel Videos, Musik oder auch Bilder sein, für die binäre Datenströme (Streams) notwendig sind. Im Grunde genommen handelt es sich dabei um nichtausführbare Dateien, die mit einer Anwendung ausgeliefert werden müssen. Binäre Ressourcen können in einer Assembly eingebettet sein oder als separate Datei im Dateisystem vorliegen.

Unter einer *logischen Ressource* versteht man Objekte, die an mehreren Stellen einer WPF-Anwendung genutzt werden können. Logische Ressourcen werden in der Eigenschaft Resources eines Elements gespeichert. Diese Eigenschaft wird von allen WPF-Elementen bereitgestellt, die die Klassen FrameworkElement oder FrameworkContentElement ableiten. Somit stellt nahezu jedes WPF-Element eine Resources-Eigenschaft bereit.

Die später in diesem Kapitel behandelten Styles und Templates bauen auf das Feature logischer Ressourcen auf. Mit Styles können Sie unter anderem eine oder mehrere Eigenschaften eines bestimmten Steuerelementtyps anwendungsweit vorschreiben, z. B. die Hintergrundfarbe aller Fenster.

Templates, von denen es mehrere verschiedene Varianten gibt, verändern die allgemeine Darstellung der WPF-Elemente. So lässt sich zum Beispiel mit einem Template jeder Button rund darstellen.

28.1 Binäre Ressourcen

Unter einer binären Ressource werden nichtkompilierbare Dateien verstanden, die zusammen mit der Anwendung ausgeliefert werden. Dabei kann es sich beispielsweise um Bilder oder Videos handeln. Binäre Ressourcen können entweder direkt in das Projekt integriert oder als separat in das Anwendungspaket aufzunehmende Dateien bereitgestellt werden. Wenn Sie im Projektmappen-Explorer das Projekt markieren, dann das Kontextmenü öffnen und anschließend HINZUFÜGEN • VORHANDENES ELEMENT wählen, wird die ausgewählte binäre Ressource, beispielsweise ein Bild, standardmäßig zu einer integrierten Ressource und beim Kompiliervorgang in das Kompilat aufgenommen. Sie können dann z. B. wie folgt darauf zugreifen:

```
<Button.Content>
  <Image Source="Image.png" />
</Button.Content>
```

Listing 28.1 Eine binäre Ressource nutzen (hier ein Image)

Möchten Sie das Image jedoch als separate Datei ausliefern, müssen Sie eine Eigenschaftseinstellung ändern. Dazu markieren Sie das Image in der Projektmappe und öffnen dann das Eigenschaftsfenster. Hier ist es die Eigenschaft BUILDVORGANG, die beschreibt, wie eine Komponente der Anwendung zur Verfügung gestellt wird. Die Vorgabe lautet RESOURCE (siehe Abbildung 28.1).

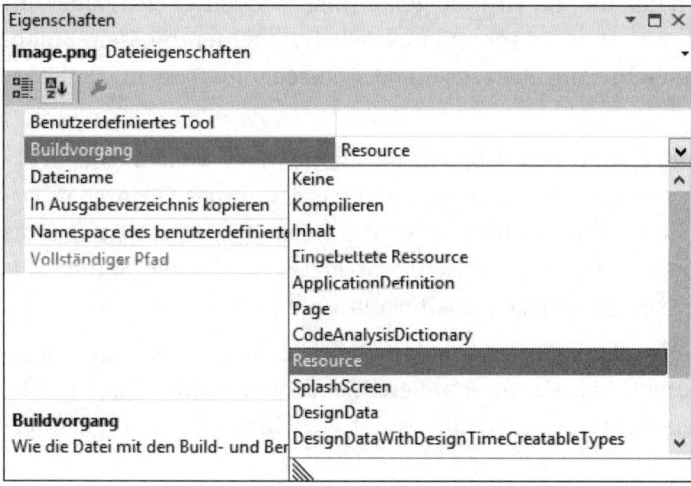

Abbildung 28.1 Die Eigenschaft »Buildvorgang«

Stellen Sie BUILDVORGANG auf INHALT ein, erwartet die Anwendung, dass das Image zur Laufzeit als separate Datei im lokalen Verzeichnis der Anwendung bereitgestellt wird. Das Kopieren in das Ausgabeverzeichnis erfolgt nicht automatisch. Das müssen Sie manuell vornehmen, oder Sie stellen die Eigenschaft IN AUSGABEVERZEICHNIS KOPIEREN auf IMMER KOPIEREN oder KOPIEREN, WENN NEUER ein.

28.1.1   Zugriff auf binäre Ressourcen

Binäre Ressourcen können grundsätzlich auf unterschiedlichen Wegen zur Verfügung gestellt werden:

► als Dateien, die entweder direkt in die Assembly kompiliert oder als Kopien im Ausgabe-verzeichnis bereitgestellt werden (Buildvorgang INHALT, siehe Abschnitt zuvor)

► Dateien, die von einer anderen Assembly zur Verfügung gestellt werden

► lose Dateien, die nicht zu der Assembly gehören und im gleichen Verzeichnis wie das Anwendungskompilat oder einem Unterverzeichnis davon zu finden sind

Gehört die binäre Ressource zur aktuellen Assembly, dann genügt ein Zugriff, wie ich ihn in Listing 28.1 bereits gezeigt habe. Wahrscheinlich werden Sie aber solche Ressourcen in einem Unterverzeichnis innerhalb der Projektmappe ablegen, beispielsweise im Verzeichnis *Images*. Der Zugriff sähe dann wie in Listing 28.2 gezeigt aus:

```
<Button.Content>
  <Image Source="Images/Image.png" />
</Button.Content>
```

Listing 28.2 Eine binäre Ressource nutzen (hier ein Image in einem Unterverzeichnis)

Hinweis

Genau genommen ist diese Syntax nur eine verkürzte Form der sogenannten Pack-URI-Syntax. Die vollständige Syntax sähe wie folgt aus:

```
<Image Source="pack://application:,,,/Images/Image.png" />
```

Sollten Sie sich für genauere Informationen zur Pack-URI-Syntax interessieren, dann sehen Sie sich dazu die Beschreibung in der Dokumentation an.

Eine binäre Ressource könnte sich auch in einer anderen Assembly befinden. Nehmen wir an, Sie hätten die Bilddatei im Unterverzeichnis *Images* der Datei *MyResources.dll* abgelegt. Dann erfolgt der Zugriff wie folgt:

```
<Button.Content>
  <Image Source="/MyResources;Component/Images/Image.png" />
</Button.Content>
```

Listing 28.3 Die Ressource aus einer anderen Assembly nutzen

Ist Ihnen die Ressource bereits zur Entwicklungszeit bekannt, sollten Sie den BUILDVOR-GANG der Ressource auf INHALT oder RESOURCE stellen (siehe Abbildung 28.1). Das ist aber nicht immer möglich, denn manchmal ist die Ressource zur Kompilierzeit noch nicht bekannt oder verfügbar. Dann müssen Sie einen relativen Pfad mit der Pack-URI-Syntax angeben. Nehmen wir an, das Bild *Image.png* befände sich nach der Kompilierung der Anwendung im Ausgabeverzeichnis der Anwendung, wäre der folgende Pack-URI anzugeben:

```
<Image Source="pack://siteoforigin:,,,/Image.png" />
```

28

28.1.2   Zugriff auf binäre Ressourcen mit C#

Nicht immer werden Sie eine binäre Ressource im XAML-Code angeben können oder wollen. Also müssen Sie der Eigenschaft Source des Image-Elements im C#-Code das gewünschte Bild zuweisen.

Die Source-Eigenschaft ist vom Typ ImageSource. Dabei handelt es sich um eine abstrakte Klasse, von der auch die Klasse BitmapImage abgeleitet ist. Ein BitmapImage-Objekt kann Bilddateien der Formate PNG, JPG, BMP und GIF beschreiben. Dem Konstruktor der Klasse BitmapImage können Sie sofort ein Uri-Objekt übergeben, das den Pfad zu der Bilddatei als Pack-URI erwartet.

```
Image image = new Image();
image.Source = new BitmapImage(
                 new Uri("pack://siteoforigin:,,,/Images/Image.png"));
```

Sollte die Ressourcendatei in die aktuelle Anwendung eingebettet sein, eignet sich auch die verkürzte Pack-URI-Syntax. Angenommen, Sie möchten einen relativen URI verwenden, könnte das wie folgt aussehen:

```
image.Source = new BitmapImage(new Uri("Images/Image.png", UriLind.Relative));
```

28.2   Logische Ressourcen

Logische Ressourcen werden meistens im XAML-Code definiert und können von unterschiedlichen Stellen aus referenziert werden. Sie können als logische Ressource Farbwerte hinterlegen, Schriftstile und vieles andere mehr. Auch allgemeine .NET-Objekte können Sie auf diese Weise als Ressource verfügbar machen.

Logische Ressourcen werden der Resources-Eigenschaft hinzugefügt, die vom Typ ResourceDictionary ist. Dabei handelt es sich um eine Auflistung, die Objekte vom Typ Object enthält. Sie können also praktisch jedes .NET-Objekt in beliebiger Anzahl dieser Auflistung hinzufügen. Die Resources-Eigenschaft wird von allen Elementen angeboten, die von FrameworkElement oder FrameworkContentElement abgeleitet sind. Das trifft auf die meisten WPF-Elemente zu.

Nachfolgend sehen Sie das Codefragment einer Ressource, die der Eigenschaft Resources des Window-Objekts hinzugefügt wird:

```
<Window ...>
  <Window.Resources>
    <!-- Ressourcen des Windows -->
  </Window.Resources>
  [...]
</Window>
```

Ressourcen lassen sich an drei Lokalitäten festlegen:

▶ Eine Ressource kann innerhalb eines WPF-Fensters angegeben werden. Dazu eignet sich das `Window` sowie nahezu jedes WPF-Steuerelement. Die Sichtbarkeit der Ressource beschränkt sich auf das definierende Element sowie alle ihm im Elementbaum untergeordneten Elemente. Daher findet man sehr häufig Ressourcen, die dem `Window` zugeordnet werden und von jedem anderen Element im Fenster referenziert werden können.

▶ Möchten Sie, dass eine logische Ressource von allen Elementen der Anwendung gleichermaßen genutzt werden kann, definieren Sie die Ressource in der Datei *App.xaml*. Der entsprechende `Resources`-Abschnitt ist dafür bereits per Vorgabe angelegt.

▶ Ressourcen lassen sich auch so festlegen, dass sie in mehreren Anwendungen verwendet werden können. Dazu werden sogenannte *Ressourcenwörterbücher* (`ResourceDictionary`s) eingesetzt.

Es sollte bereits an dieser Stelle nicht unerwähnt bleiben, dass wir zwei verschiedene Ressourcen unterscheiden müssen:

▶ statische Ressourcen

▶ dynamische Ressourcen

Statische Ressourcen müssen deklariert sein, wenn auf sie zugegriffen wird. Wird die Ressource nicht gefunden, wird beim Starten des Projekts eine Fehlermeldung ausgegeben. Dynamische Ressourcen werden erst zur Laufzeit ausgewertet. Infolgedessen kann eine dynamische Ressource auch während der Laufzeit deklariert werden.

28.2.1   Die Suche nach einer Ressource

Bei so vielen unterschiedlichen Ebenen, in denen Ressourcen bereitgestellt werden können, stellt sich sofort die Frage, nach welchem Muster die Suche nach einer Ressource abläuft. Im Grunde genommen ist der Ablauf sehr einfach. Es lassen sich drei Bereiche angeben, in denen die Suche der Reihe nach durchgeführt wird:

▶ Die Suche beginnt im logischen Elementbaum. Hier wird zuerst die `Resources`-Eigenschaft des Elements geprüft, das die Suche initiiert. Anschließend wird der logische Elementbaum aufwärts untersucht. Dabei wird in jedem Element, das sich auf dem Pfad bis hin zum Wurzelelement befindet, nach der Ressource gesucht.

▶ Wird die Ressource im logischen Elementbaum nicht gefunden, wird im `Application`-Objekt (entspricht dem `Resources`-Abschnitt in der Datei *App.xaml*) gesucht.

▶ Dem `Application`-Objekt sind noch die Systemressourcen übergeordnet. Zu den Systemressourcen werden die in den Klassen `SystemColors`, `SystemParameters` und `SystemFonts` vordefinierten Schlüssel gerechnet.

28

Wird die Ressource nicht gefunden, sind die Auswirkungen unterschiedlich, weil sie davon abhängen, wie die Ressource gebunden ist. Handelt es sich um eine statische Ressource, wird eine Ausnahme ausgelöst; ist die Ressource dynamisch angebunden, passiert nichts.

28.2.2 Definieren einer Ressource

Sehen wir uns nun die konkrete Bereitstellung einer einfachen Ressource an. Diese soll durch ein SolidColorBrush-Objekt beschrieben und im Window–Objekt bereitgestellt werden.

```
<Window.Resources>
  <SolidColorBrush Color="Blue" x:Key="brush" />
</Window.Resources>
```

Listing 28.4 Deklarieren einer Ressource

Da Sie beliebig viele Ressourcen festlegen können, muss jede Ressource innerhalb eines Resource-Abschnitts über einen eindeutigen Schlüssel identifizierbar sein. Dieser wird mit dem Key-Attribut beschrieben, das dem Namespace zugeordnet ist, der per Vorgabe durch das Namespacepräfix x: beschrieben wird. Alle deklarierten Ressourcen werden in einer Hashtable abgelegt.

Damit steht die Ressource brush aus Listing 28.4 allen Elementen des Fensters zur Verfügung. Der Zugriff erfolgt unter Zuhilfenahme der Markup Extension:

```
<Button Background="{StaticResource ResourceKey=brush}"/>
```

Hier wird innerhalb einer Markup Extension der Zugriff auf die Ressource mit StaticResource als statische Ressource definiert. Dem folgt die Angabe des Schlüssels der Ressource. Der Button wird nach dem Starten der Anwendung infolgedessen eine gelbe Hintergrundfarbe haben.

Da auf StaticResource ausschließlich die Angabe des Schlüssels erfolgen kann, ist auch die etwas kürzere Schreibweise ohne explizite Angabe von ResourceKey zulässig:

```
<Button Background="{StaticResource brush}"/>
```

Ressourcen müssen nicht immer so einfach sein wie zuvor gezeigt. Sie könnten auch einen Farbverlauf durch eine Ressource verfügbar machen:

```
<Window ...>
  <Window.Resources>
    <LinearGradientBrush x:Key="color">
      <GradientStop Color="Black" Offset="0.0" />
      <GradientStop Color="White" Offset="1.0" />
    </LinearGradientBrush>
```

```
    </Window.Resources>
    [...]
</Window>
```

Zudem beschränkt sich eine Ressource nicht nur auf WPF-Elemente. Sie können auch ein CLR-Objekt bereitstellen, beispielsweise vom Typ `Circle`:

```
<Window.Resources>
    <local:Circle x:Key="kreis" Radius="35" />
</Window.Resources>
```

Natürlich muss vorher der CLR-Namespace nebst Angabe der Assembly auf einen XML-Namespace abgebildet werden, der hier über `local` adressiert wird.

28.2.3   Zugriff auf eine logische Ressource mit C#-Code

Ressourcen können im C#-Code verändert werden. Für den Zugriff bieten sich zunächst einmal zwei syntaktische Varianten an:

```
button1.Background = (Brush)this.Resources["background"];
```

oder

```
button1.Background = (Brush)button1.FindResource("background");
```

Die Ressource, die zugewiesen werden soll, hat den Schlüsselwert `background`, der in beiden Fällen als Zeichenfolge übergeben wird. Da eine Ressource immer vom Typ `Object` ist, muss eine entsprechende Typkonvertierung erfolgen. Obwohl beide Zugriffe im ersten Moment identisch aussehen, gibt es zwischen ihnen einen entscheidenden Unterschied: Bei der ersten Variante muss das Objekt angegeben werden, dessen Ressourcen durchsucht werden. Befände der gezeigte Programmcode sich in einem Ereignishandler, würde wegen der Angabe von `this` nur die Ressourcenliste des `Window`-Objekts durchsucht werden.

Das ist vollkommen unzureichend, wenn wir nach einer Ressource suchen, die sich möglicherweise irgendwo im Elementbaum befindet. Genau an dieser Stelle hilft uns die Methode `FindResource` weiter, die bei der Suche nach der angegebenen Ressource durch den gesamten Elementbaum Richtung `Window` blubbert, bis sie fündig geworden ist. Aufgerufen wird diese Methode auf das Objekt, dem die Ressource zugewiesen werden soll.

Wird die angegebene Ressource nicht gefunden, wird eine Exception ausgelöst. Das muss natürlich im Programmcode berücksichtigt werden.

```
try
{
    button1.Background = (Brush)button1.FindResource("background");
}
catch
```

```
{
  [...]
}
```

Es gibt neben `FindResource` mit `TryFindResource` eine zweite Methode, die nach einer Ressource sucht: Im Gegensatz zu `FindResource` liefert `TryFindResource` eine `null`-Referenz, falls die Ressource nicht gefunden wird.

```
if((Brush)button1.TryFindResource("background") != null)
  [...]
```

28.2.4 »StaticResource« vs. »DynamicResource«

Logische Ressourcen ermöglichen uns, Objekte im XAML-Code zu definieren, die nicht zum Elementbaum gehören, aber innerhalb des Fensters mehrfach benutzt werden können. Referenziert werden Ressourcen entweder mit `StaticResource` oder `DynamicResource`. `StaticResource` haben Sie bereits oben gesehen und benutzt, aber was ist der Unterschied zu `DynamicResource`?

Statische Ressourcen werden nur einmal aufgelöst und referenziert. Das geschieht in dem Moment, in dem die ressourcennutzende Komponente geladen wird. Daraus kann übrigens auch der Schluss gezogen werden, dass die Ressource in diesem Moment bereits definiert sein muss, ansonsten wird das Projekt nicht kompiliert. Die Referenz wird während der gesamten Laufzeit beibehalten und kann nicht verändert werden. Weisen Sie der Ressource mit C#-Code ein neues Objekt zu, wird sich die mit `StaticResource` referenzierte Ressource unbeeindruckt zeigen und das nicht zur Kenntnis nehmen.

Ganz anders ist das Verhalten, wenn eine Ressource mit `DynamicResource` referenziert wird. Ist die Ressource beim Starten des Programms noch nicht definiert, wird kein Fehler ausgelöst. Die Definition einer dynamisch genutzten Ressource kann später zur Laufzeit erfolgen.

Wir wollen uns die geschilderten Unterschiede nun in einem Beispiel ansehen. Dazu dient uns ein Fenster, in dem zwei Textboxen angezeigt werden. Die Hintergrundfarbe dieser beiden Controls wird aus einer Ressource bezogen. Analog zum Text erfolgt die Anbindung der Ressource statisch bzw. dynamisch. Zwei Schaltflächen ändern die Ressource: Die obere weist der Ressource nur eine neue Farbe zu, die zweite erstellt sogar ein neues `SolidColorBrush`-Objekt.

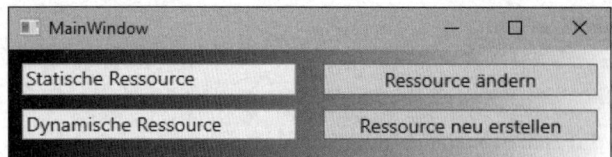

Abbildung 28.2 Fenster des Beispiels »StaticResource_DynamicResource«

```
// Beispiel: ..\Kapitel 28\StaticResource_DynamicResource
<Window ...>
  <Window.Resources>
    <SolidColorBrush x:Key="txtBground" Color="WhiteSmoke" />
  </Window.Resources>
  <Grid>
    <Grid.ColumnDefinitions>
      <ColumnDefinition />
      <ColumnDefinition />
    </Grid.ColumnDefinitions>
    <Grid.RowDefinitions>
      <RowDefinition Height="Auto" />
      <RowDefinition Height="Auto" />
    </Grid.RowDefinitions>
    <TextBox Background="{StaticResource txtBground}">
            Statische Ressource</TextBox>
    <TextBox Grid.Row="1" Background="{DynamicResource txtBground}">
            Dynamische Ressource</TextBox>
    <Button Grid.Column="1" Name="btnChange" Click="btnChange_Click">
            Ressource ändern</Button>
    <Button Grid.Column="1" Grid.Row="1" Name="btnNew" Click="btnNew_Click">
            Ressource neu erstellen</Button>
  </Grid>
</Window>
```

Listing 28.5 Der XAML-Code des Beispiels »StaticResource_DynamicResource«

Im Code-Behind werden die beiden Ereignishandler wie folgt implementiert:

```
private void btnChange_Click(object sender, RoutedEventArgs e)
{
  SolidColorBrush brush = (SolidColorBrush)FindResource("txtBground");
  brush.Color = Colors.Red;
}
private void btnNew_Click(object sender, RoutedEventArgs e)
{
  SolidColorBrush brush = new SolidColorBrush(Colors.Yellow);
  this.Resources["txtBground"] = brush;
}
```

Listing 28.6 Der C#-Code des Beispiels »StaticResource_DynamicResource«

Im Ereignishandler btnChange_Click wird im ersten Schritt die Referenz auf die Ressource txtBground abgefragt. Danach wird die Farbe verändert. Da es sich hier nur um eine einfache

28

Änderung des Werts der Ressource handelt, werden beide Textboxen zur Laufzeit davon Kenntnis nehmen.

Anders verhält es sich im Ereignishandler btnNew_Click. Es wird ein neues SolidColorBrush-Objekt erzeugt und der Ressource txtBground übergeben. Die alte Ressource wird in dem Moment überschrieben. Während die Textbox mit der statischen Bindung die Änderung nicht bemerkt und weiter an die ursprüngliche Ressource gebunden ist, wird die Textbox mit der dynamischen Anbindung die neue Ressource auswerten und sich anpassen.

> **Hinweis**
>
> Es mag im ersten Moment verlockend sein, immer mit DynamicResource an Ressourcen zu binden. Sie sollten sich das aber genau überlegen, da jeder dynamische Vorgang zu Lasten der Performance geht. Das gilt selbstverständlich auch für DynamicResource. Wenn Sie davon ausgehen können, dass sich die Ressource nicht ändert, sollten Sie daher immer mit StaticResource binden.

In einem speziellen Fall werden Sie aber nicht an DynamicResource vorbeikommen, und zwar wenn eine Ressource lexikalisch gesehen weiter innerhalb der XAML-Datei definiert ist. Sehen Sie sich dazu Listing 28.7 an:

```
<Grid Background="{DynamicResource brush}">
  <Button Height="50" Width="130">
    <Button.Resources>
      <SolidColorBrush x:Key="brush" Color="Red" />
    </Button.Resources>
  </Button>
</Grid>
```

Listing 28.7 Vorwärtsverweis mit »DynamicResource«

Die Angabe von StaticResource würde beim Kompilieren zu einer XamlParseException führen, weil zum Zeitpunkt der Auswertung der Schlüssel noch nicht bekannt ist.

28.2.5   Anbinden einer dynamischen Ressource mit C#-Code

Zur Anbindung an eine dynamische Ressource dient die Methode SetResourceReference. Die Methode hat zwei Parameter; dem ersten wird die Abhängigkeitseigenschaft übergeben, die an die Ressource dynamisch gebunden werden soll, dem zweiten Parameter der Ressourcenbezeichner:

```
button1.SetResourceReference(Button.BackgroundProperty, "background");
```

28.2.6   WPF-Elemente als Ressourcen

Als Ressource kann prinzipiell jedes beliebige Objekt verwendet werden. Eine Ressource kann per Vorgabe auch nur einmal instanziiert werden. Jeder Zugriff, ob im XAML- oder im C#-Programmcode, ist ein Zugriff auf dieselbe Instanz.

Diese Charakteristik der Ressourcen führt uns zu einer besonderen Situation, die wir an dieser Stelle betrachten wollen. Bisher haben wir nur mit einfachen Brush-Objekten die Ressourcen beschrieben. Es ist aber auch denkbar, eine UI-Komponente in einer Ressource zu beschreiben. Im nächsten Beispiel wird dazu ein Image verwendet:

```
// Beispiel: ..\Kapitel 28\Resource_with_Control
<Window ...>
  <Window.Resources>
    <Image x:Key="image" Source="smiley.jpg"  />
  </Window.Resources>
  <Grid>
    <Grid.ColumnDefinitions>
      <ColumnDefinition/>
      <ColumnDefinition/>
    </Grid.ColumnDefinitions>
    <Button Grid.Column="0" Content="{StaticResource image}" />
    <Button Grid.Column="1" Content="{StaticResource image}"/>
  </Grid>
</Window>
```

Listing 28.8 XAML-Code des Beispielprogramms »Resource_with_Control«

Nach dem Start der Anwendung werden Sie feststellen, dass die Ressource nur einmal genutzt wird (Abbildung 28.3). Der Grund ist, dass ein Image Teil des Elementbaums ist und nur einmal verwendet werden kann. Die Brush-Objekte, die wir vorher als Ressourcen definiert hatten, sind nicht Teil des Elementbaums und konnten daher von mehreren Elementen verwendet werden.

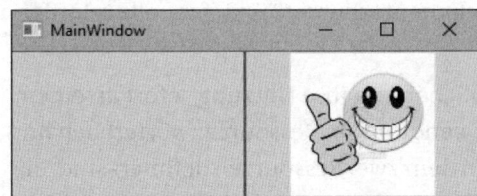

Abbildung 28.3 Ausgabe des Beispielprogramms »Resource_with_Control«

Eine Lösung des Problems wird natürlich von der WPF angeboten. Dazu wird die Ressource mit dem Attribut x:Shared=false erweitert. Das hat zur Folge, dass die Ressource bei jedem

28

Zugriff instanziiert wird. Die Standardeinstellung des Attributs ist true. Ändern Sie die Ressource wie folgt ab:

```
<Image x:Key="image" Source="smiley.jpg" x:Shared="false" />
```

Danach wird die Anwendung die Ressource so benutzen, wie Sie es sich vorgestellt haben – das Bildchen wird in beiden Teilbereichen angezeigt.

28.2.7 Anwendungsübergreifende Ressourcen

Egal, ob Sie eine Ressource in einer *App.xaml*-Datei hinterlegen, im Window oder in einer WPF-Komponente, die Ressource ist immer nur in der aktuellen Anwendung bekannt. Oft werden aber auch Ressourcen benötigt, von denen mehrere Anwendungen profitieren. Dahinter könnte vielleicht die Idee stecken, der Software ein übergreifendes, unternehmensspezifisches Layout zu geben.

Logische Ressourcen lassen sich in ein oder mehrere Ressourcenwörterbücher auslagern. Solche Ressourcenwörterbücher können von mehreren Anwendungen genutzt werden. Zudem wird der XAML-Code übersichtlicher. Sie fügen Ihrer Anwendung ein Ressourcenwörterbuch hinzu, indem Sie im Projektmappen-Explorer das Projekt markieren und dann HINZUFÜGEN • RESSOURCENWÖRTERBUCH auswählen.

Ein Ressourcenwörterbuch ist eine XAML-Datei. Die XAML-Grundstruktur eines Ressourcenwörterbuchs wird mit dem Wurzelelement ResourceDictionary beschrieben und sieht wie in Listing 28.9 gezeigt aus.

```
<ResourceDictionary
    xmlns=http://schemas.microsoft.com/winfx/2006/xaml/presentation
    xmlns:x="http://schemas.microsoft.com/winfx/2006/xaml">
    <!-- Ressourcen -->
</ResourceDictionary>
```

Listing 28.9 Grundstruktur eines Ressourcenwörterbuchs

Im Ressourcenwörterbuch sind neben dem Wurzelelement ResourceDictionary alle erforderlichen Namespaces angegeben.

Wir wollen uns den Einsatz der Ressourcenwörterbücher und ihre Nutzung sofort an einem konkreten Beispiel ansehen. Dazu wird der WPF-Anwendung ein Ressourcenwörterbuch mit dem Dateinamen *Backgrounds.xaml* hinzugefügt, in dem zwei Ressourcen definiert sind, die jeweils einen Farbverlauf beschreiben.

```
// Beispiel: ..\Kapitel 28\ResourceDictionary_Sample
<ResourceDictionary
        xmlns="http://schemas.microsoft.com/winfx/2006/xaml/presentation"
        xmlns:x="http://schemas.microsoft.com/winfx/2006/xaml">
```

```
<LinearGradientBrush x:Key="background1" StartPoint="0,0" EndPoint="1,1">
    <GradientStop Offset="0.0" Color="Gray" />
    <GradientStop Offset="1.0" Color="DarkGray" />
</LinearGradientBrush>
<LinearGradientBrush x:Key="background2"  StartPoint="0,0" EndPoint="1,1">
    <GradientStop Offset="0.0" Color="#FFF3E7E7" />
    <GradientStop Offset="1.0" Color="#FF615C5C" />
</LinearGradientBrush>
</ResourceDictionary>
```

Listing 28.10 XAML-Code im Ressourcenwörterbuch

Ressourcenwörterbücher werden wie herkömmliche Ressourcen in einem passenden Re-sources-Abschnitt verfügbar gemacht. In unserem Beispiel verwenden wir dazu das Window.

```
<Window ... Background="{DynamicResource background1}">
  <Window.Resources>
    <ResourceDictionary Source="backgrounds.xaml" />
  </Window.Resources>
  <StackPanel>
    <Button Background="{StaticResource background2}" Margin="5">
      Button 1
    </Button>
    <Button Background="{StaticResource background2}" Margin="5">
      Button 2
    </Button>
  </StackPanel>
</Window>
```

Listing 28.11 Der XAML-Code des Beispielprogramms »ResourceDictionary_Sample«

Eine Besonderheit ist im vorhergehenden XAML-Code zu entdecken: Das Window bindet die Ressource background1 dynamisch an. Das muss in diesem Fall so sein, weil die Ressource erst später verfügbar ist. Mit StaticResource würde uns der Compiler eine Fehlermeldung liefern.

Mehrere Ressourcenwörterbücher referenzieren

Sie können auch mehrere Ressourcenwörterbücher gleichzeitig einbinden. Diese müssen unter ResourceDictionary des Resources-Abschnitts mit der Eigenschaft MergedDictionaries zusammengeführt werden.

```
<Window x:Class="ExterneRessourcendatei.MainWindow"
        xmlns="http://schemas.microsoft.com/winfx/2006/xaml/presentation"
        xmlns:x="http://schemas.microsoft.com/winfx/2006/xaml"
        Title="MainWindow" Height="350" Width="525">
```

28

```
<Window.Resources>
  <ResourceDictionary>
    <ResourceDictionary.MergedDictionaries>
      <ResourceDictionary Source="Images.xaml" />
      <ResourceDictionary Source="Backgrounds.xaml" />
      [...]
    </ResourceDictionary.MergedDictionaries>
  </ResourceDictionary>
<Window.Resources>
```

Listing 28.12 Mehrere Ressourcenwörterbücher zusammenführen

Innerhalb eines Ressourcenwörterbuches müssen die Ressourcen eindeutig benannt werden. Leider lassen sich Doppeldeutigkeiten hinsichtlich der x:Key-Angaben bei mehreren Ressourcenwörterbüchern nicht vermeiden. Dann wird nach der folgenden Regel verfahren: Sollten sich in mehreren Wörterbüchern gleichnamige Ressourcen befinden, wird letztendlich die Ressource abgerufen, die zuletzt genannt ist. Da bei mehreren Ressourcenwörterbüchern die Eindeutigkeit der Schlüssel nicht gewährleistet ist, sollten Sie das Ressourcenwörterbuch mit Vorrang zuletzt zur MergedDictionaries-Eigenschaft hinzufügen.

Ressourcenwörterbücher plus lokale Ressourcen

In Listing 28.12 haben Sie gesehen, wie Sie eine beliebige Anzahl von Ressourcenwörterbüchern zusammenführen können. Etwas spezieller wird die Situation, wenn wir darüber hinaus eine lokale Ressource festlegen wollen, die nur innerhalb des Fenster benötigt wird.

Sobald Sie das ResourceDictionary-Element verwendet haben, können Sie keine weitere Ressource parallel im XAML-Code beschreiben. Man könnte sagen, dass das ResourceDictionary-Element dominant ist. Alle Ressourcen haben sich dem unterzuordnen und müssen als Content zwischen <ResourceDictionary> und dem ausleitenden </ResourceDictionary> angegeben werden.

```
<ResourceDictionary>
  <ResourceDictionary.MergedDictionaries>
    <ResourceDictionary Source="Dictionary1.xaml" />
    <ResourceDictionary Source="Dictionary2.xaml" />
  </ResourceDictionary.MergedDictionaries>
  <SolidColorBrush x:Key="color1" Color="HotPink" />
</ResourceDictionary>
```

Das gilt auch dann, wenn nur ein Ressourcenwörterbuch eingebunden wird.

28.2.8 Abrufen von Systemressourcen

Bisher haben wir nur benutzerdefinierte Ressourcen verwendet. Sie können auch auf Ressourcen zugreifen, die das System bereitstellt. WPF enthält im Namespace System.Windows drei Klassen, mit denen sich bestimmte Eigenschaften des Systems auswerten lassen:

► SystemParameters

► SystemColors

► SystemFonts

SystemFonts beschreibt Eigenschaften, die die Systemressourcen für Schriftarten verfügbar machen, SystemColors beschreibt die vom System verwendeten Farben, und SystemParameters enthält Eigenschaften, die Sie zum Abfragen von Systemeinstellungen verwenden können. Die drei Klassen enthalten in ihren Eigenschaften immer die aktuellen Werte des Betriebssystems, die von den Einstellungen in der Systemsteuerung abhängen.

Wenn Sie sich die Dokumentation dieser Klassen ansehen, werden Sie feststellen, dass für jede Systemeigenschaft zwei Eigenschaften definiert sind, zum Beispiel

► CaptionHeight

► CaptionHeightKey

in der Klasse SystemParameters. Doch wozu braucht man zwei ähnliche Eigenschaften?

CaptionHeight ist vom Typ double und gibt die Höhe der Titelleiste in Pixeln an. CaptionHeightKey hingegen ist vom Typ ResourceKey. Darüber wird der Name der Systemressource gekennzeichnet, die den Wert der Eigenschaft zurückliefert.

Möchten Sie auf eine Ressource statisch zugreifen, reicht die Angabe der Eigenschaft ohne das Suffix Key vollkommen aus. In diesem Fall reagiert die Anwendung nicht auf Änderungen an den Systemeinstellungen. Sehen wir uns eine statische Ressourcenabfrage an. Beachten Sie, dass für den Zugriff auf die Systemressourcen die Markup-Erweiterung x:Static vorgeschrieben ist.

```
<Label Content="{StaticResource {x:Static SystemParameters.CaptionHeightKey}}" />
```

Die Angabe der Markup-Erweiterung StaticResource bewirkt, dass eine Suche nach der Ressource entlang der Hierarchie angestoßen wird. Das geht zu Lasten der Performance.

Anmerkung

Mit der XAML-Markup-Erweiterung x:Static greifen Sie auf die statischen Eigenschaften, Felder oder Konstanten einer Klasse oder Aufzählung zu.

Besser ist es, direkt auf den Wert der Eigenschaft mit

```
<Label Content="{x:Static SystemParameters.CaptionHeight}" />
```

zuzugreifen. Im C#-Code können Sie den Wert der Eigenschaft mit

```
double height = SystemParameters.CaptionHeight;
```

ermitteln.

Bei einer Änderung des Werts in der Systemsteuerung nimmt die Anwendung zur Laufzeit keine Notiz von der Änderung. Soll sich die Anwendung der Änderung anpassen, müssen Sie die Ressource mit `DynamicResource` einbinden.

```
<Label Content= "{DynamicResource {x:Static SystemParameters.CaptionHeightKey}}"/>
```

Systemressourcen anpassen

Wie weiter oben schon erläutert, läuft die Suche nach einer bestimmten Ressource nach einem vorgegebenen Schema ab. Sie beginnt bei dem Element, auf dem die Markup-Erweiterung `StaticResource` oder `DynamicResource` verwendet oder die Methode `FindResource` aufgerufen wird. Wird die Ressource nicht gefunden, wird im `Application`-Objekt danach gesucht. Die letzte Ebene der Suche bilden die Systemressourcen, in denen sich die Einstellungen des Betriebssystems befinden.

Dieser Suchprozess gestattet, eine »höher liegende« Ressource durch eine »tiefer liegende« zu überschreiben, denn sobald die Suche erfolgreich war, wird sie beendet. Folglich lassen sich auch die vorgegebenen Systemressourcen sehr einfach durch anwendungsspezifische ersetzen.

Damit ist es beispielsweise sehr einfach, die Hintergrundfarbe aller Fenster einer Anwendung festzulegen. Verantwortlich dafür ist die Ressource `WindowBrushKey` in der Klasse `SystemColors`. Wünschen Sie einen roten Hintergrund bei allen Fenstern der Anwendung, ergänzen Sie den `Resource`-Abschnitt der Datei *App.xaml* einfach wie folgt:

```
<Application.Resources>
  <SolidColorBrush Color="Red" x:Key="{x:Static SystemColors.WindowBrushKey}" />
</Application.Resources>
```

Einen Farbverlauf festzuschreiben, ist mit der Ressource `WindowBrushKey` nicht möglich, da der durch diese Ressource beschriebene Wert vom Typ `SolidColorBrush` ist.

28.3   Styles

Das Layout grafischer Komponenten können Sie im XAML-Code nahezu beliebig konfigurieren. Das Einstellen diverser Eigenschaften für Font, Farbe, Größe usw. ist aber mit einem nicht unbeträchtlichen Aufwand verbunden. Insbesondere wenn mehrere Steuerelemente einheitlich gestaltet werden, ist das Endergebnis eine umfangreiche XAML-Datei, in der die Eigenschaftseinstellungen der Controls oft redundant auftreten.

An dieser Stelle betreten die *Styles* die Bühne der WPF. Styles gestatten das Zusammenfassen mehrerer Einstellungen, die zentral verfügbar gemacht werden. Das Prinzip erinnert an das von CSS (*Cascading Style Sheets*) im Zusammenspiel mit HTML. Allerdings werden Styles nicht in separate Dateien verpackt, sondern als logische Ressourcen angeboten. Daraus folgt, dass Styles lokal im Fenster, in der *App.xaml*-Datei oder in einem externen Ressourcenwörterbuch bereitgestellt werden können. Weil Styles hauptsächlich dazu benutzt werden, der Anwendung ein einheitliches, leicht und zentral änderbares Layout zu geben, scheidet in vielen Fällen die lokale Definition in einem Fenster aus.

28.3.1   Untypisierte Styles (explizite Styles)

Das Prinzip einer `Style`-Definition soll an einem Beispiel gezeigt werden. Nehmen wir dazu an, Sie möchten ein `Window`–Objekt bereitstellen, in dem sich unter anderem drei Schaltflächen befinden. Alle sollen denselben Farbverlauf haben sowie die Schriftgröße, die Höhe und den Randabstand zur umgebenden Komponente mit identischen Werten beschreiben. Das folgende Listing zeigt exemplarisch den XAML-Code für eine der drei Schaltflächen.

```
<Button Height="35" Margin="5" Content="Button1" FontSize="18" Foreground="White">
  <Button.Background>
    <LinearGradientBrush>
      <GradientStop Offset="0.0" Color="#101010" />
      <GradientStop Offset="1.0" Color="#AAAAAA" />
    </LinearGradientBrush>
  </Button.Background>
</Button>
```

Das Problem des redundanten Codes wird in diesem kleinen Beispiel bereits deutlich, denn bis auf die Beschriftung sind die insgesamt drei fiktiv angenommenen Schaltflächen identisch.

Die Gemeinsamkeiten der drei Schaltflächen sollen nun von einem Style beschrieben werden, der von diesen Schaltflächen gemeinsam genutzt wird. Styles werden in einem `Resources`-Abschnitt definiert. Daher bieten sich insgesamt vier Bereitstellungsorte an:

▶ Im Element selbst: Styles können direkt im Element angegeben werden. Neben der Komponente, in der der Style definiert ist, profitieren davon alle im Elementbaum untergeordneten Elemente der Komponente.

▶ Im `Resources`-Abschnitt des Fensters: Die Verfügbarkeit des Styles ist so auf das aktuelle Fenster begrenzt, andere Fenster können nicht von dem Style profitieren.

▶ In der *App.xaml*-Datei: Der Style kann in der gesamten Anwendung genutzt werden.

▶ In einem Ressourcenwörterbuch: Der Style steht mehreren Anwendungen zur Verfügung.

28

Kommen wir zurück zu unserer fiktiven Annahme, dass in einem Fenster drei Schaltflächen dargestellt werden sollen, die über ein spezielles, jedoch identisches Layout verfügen. Listing 28.13 beschreibt die Lösung in einem Style auf Fensterebene.

```
// Beispiel: ..\Kapitel 28\Untypisierter_Style
<Window [...]>
  <Window.Resources>
    <Style x:Key="btnStyle">
      <Setter Property="Button.Height" Value="35" />
      <Setter Property="Button.FontSize" Value="18" />
      <Setter Property="Button.Foreground" Value="White" />
      <Setter Property="Button.Margin" Value="5" />
      <Setter Property="Button.Background">
        <Setter.Value>
          <LinearGradientBrush>
            <GradientStop Offset="0.0" Color="#101010" />
            <GradientStop Offset="1.0" Color="#AAAAAA" />
          </LinearGradientBrush>
        </Setter.Value>
      </Setter>
    </Style>
  </Window.Resources>
  <StackPanel>
    <Button Style="{StaticResource btnStyle}">Button1</Button>
    <Button Style="{StaticResource btnStyle}">Button2</Button>
    <Button Style="{StaticResource btnStyle}">Button3</Button>
  </StackPanel>
</Window>
```

Listing 28.13 XAML-Code des Beispielprogramms »Untypisierter_Style«

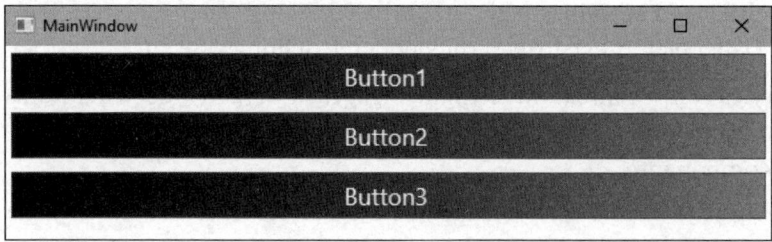

Abbildung 28.4 Die Ausgabe des Beispielprogramms »Untypisierter_Style«

Styles sind logische Ressourcen und werden durch das Element Style beschrieben. Mit x:Key erhält jeder Style einen Schlüssel, unter dem er abrufbar ist:

```
<Style x:Key="btnStyle">
```

Die Eigenschaften und ihre Werte, die ein Style definieren soll, werden durch Setter-Elemente beschrieben, z. B.:

```
<Setter Property="Button.FontSize" Value="14" />
```

Das Attribut Property gibt die Eigenschaft an, die festgelegt werden soll. Die Bezeichnung setzt sich aus dem Typ der Zielkomponente und dem Namen der Eigenschaft zusammen. Die Angabe der Zielkomponente ist notwendig, damit die WPF die Eigenschaft korrekt auflösen kann. Sie könnten in unserem Beispiel auch Control.Height anstelle von Button.Height angeben, da Height bereits in der Klasse Control deklariert ist.

Hinweis

Es gibt eine Bedingung hinsichtlich der Eigenschaften, die in Property genannt werden können: Es muss sich um eine Abhängigkeitseigenschaft (Dependency Property) handeln. Herkömmliche Eigenschaften können nicht mit dem <Setter>-Element gesetzt werden.

Über das Attribut Value teilen Sie den Wert mit, z. B.:

```
<Setter Property="Button.Height" Value="35" />
```

Um komplexere Eigenschaftswerte zu definieren, können Sie beim Attribut Value auf die Eigenschaft-Element-Schreibweise zurückgreifen. Unser Beispiel in Listing 28.13 zeigt das anhand der Eigenschaft Background.

Eine WPF-Komponente muss ausdrücklich angewiesen werden, einen Style zu nutzen. Dafür weisen alle Komponenten, die von FrameworkElement abgeleitet sind, die Eigenschaft Style auf. Da es sich bei einer Style-Definition um eine Ressource handelt, kann eine Komponente den Stil mit der Markup-Erweiterung StaticResource oder auch DynamicResource nutzen, z. B.:

```
<Button Style="{StaticResource btnStyle}">
```

Einem Steuerelement kann nur ein Style zuweisen werden. Das Zuweisen mehrerer Styles ist nicht möglich.

28.3.2 Typisierte Styles (implizite Styles)

Der Style im Beispiel *Untypisierter_Style* kann auch auf andere Steuerelemente angewendet werden, die nicht vom Typ Button sind. Styles lassen sich auch für einen bestimmten Steuerelementtyp prägen. Man spricht dabei von einer *Typisierung*. Um das zu erreichen, können Sie das im Abschnitt zuvor vorgestellte Attribut TargetType verwenden, z. B.:

```
<Style TargetType="{x:Type Button}">
```

Ist ein Style typisiert, darf kein zusätzlicher Identifizierer mit x:Key angegeben werden. Dieser würde die Wirkung der TargetType-Angabe aufheben.

28

Eine andere, kürzere Variante, den Zieldatentyp anzugeben, ist ebenfalls erlaubt:

```
<Style TargetType="Button">
```

Das Zielelement bereits in der Style-Definition zu nennen, hat den Vorteil, dass die Steuerelemente des genannten Typs den Style nicht mehr referenzieren müssen, denn er wird automatisch angewendet. Allerdings können Sie die damit frei gewordene Style-Eigenschaft eines Steuerelements nicht dazu benutzen, einen weiteren Style anzugeben.

```
// Beispiel: ..\Kapitel 28\Typisierter_Style
<Window ... >
  <Window.Resources>
    <Style TargetType="Button" >
      <Setter Property="Height" Value="35" />
      <Setter Property="FontSize" Value="18" />
      <Setter Property="Foreground" Value="White" />
      <Setter Property="Margin" Value="5" />
      <Setter Property="Background">
        <Setter.Value>
          <LinearGradientBrush>
            <GradientStop Offset="0.0" Color="#101010" />
            <GradientStop Offset="1.0" Color="#AAAAAA" />
          </LinearGradientBrush>
        </Setter.Value>
      </Setter>
    </Style>
  </Window.Resources>
  <StackPanel>
    <Button>Button1</Button>
    <Button>Button2</Button>
    <Button>Button3</Button>
  </StackPanel>
</Window>
```

Listing 28.14 XAML-Code des Beispiels »Typisierter_Style«

Das Fenster hat zur Laufzeit exakt das Aussehen, das Sie schon in Abbildung 28.4 gesehen haben.

Den benutzerdefinierten Standard-Style ausblenden

Möchten Sie, dass eine Komponente nicht von der unter TargetType angegebenen Style-Definition profitiert, übergeben Sie der Eigenschaft Style der betreffenden Komponente einfach null:

```
<Button Style="{x:null}" ... />
```

28.3.3 Erweitern eines Styles mit »BasedOn«

Nehmen wir an, in Ihrem Fenster würden sich mehrere Buttons befinden und darüber hinaus diverse Controls vom Typ RepeatButton und ToggleButton. Wie Sie sich vielleicht erinnern, lassen sich alle drei Typen auf die gemeinsame Basis ButtonBase zurückführen. Nehmen wir weiter an, Sie würden beabsichtigen, für jeden dieser Typen einen typisierten Style bereitzustellen.

Nach den bisherigen Ausführungen würden Sie drei Styles beschreiben: jeweils einen für Button, ToggleButton und RepeatButton. Die Idee ist grundsätzlich gut, aber Eigenschaftswerte, die alle drei Typen gemeinsam haben, müssten Sie in jeder Style-Definition erneut angeben. Das hört sich schon nicht mehr besonders gut an.

Tatsächlich lassen sich Styles ähnlich dem Prinzip der Vererbung erweitern. Dabei erbt ein Style die bestehenden Setter-Objekte eines anderen Styles. Die Beziehung des erweiterten Styles zu einem Basisstil wird mit der Eigenschaft BasedOn der Klasse Style erstellt. BasedOn erwartet in einer Markup Extension die Angabe der Ressource mit StaticResource. Nach allen bisherigen Ausführungen müssen wir dem Element StaticResource den Key angeben, auf den Bezug genommen werden soll.

Die Lösung könnte also wie in Listing 28.15 gezeigt aussehen.

```
<Window.Resources>
  <Style x:Key="base" TargetType="ButtonBase">
    <Setter Property="Margin" Value="6" />
    <Setter Property="Background" Value="HotPink" />
  </Style>
  <Style TargetType="Button" BasedOn="{StaticResource base}">
    <Setter Property="Width" Value="120" />
  </Style>
</Window.Resources>
<StackPanel>
  <Button Height="35" Content="Button 1" />
</StackPanel>
```

Listing 28.15 Einen Style mit »BasedOn« erweitern

Das funktioniert so weit auch bereits, und die Schaltfläche profitiert von beiden Style-Definitionen. Nicht besonders elegant sieht allerdings noch die Angabe von x:Key im Basisstyle aus. Tatsächlich können wir hinter StaticResource im erweiterten Style auch den Style des Typs angeben, der erweitert werden soll. Bezogen auf Listing 28.15 könnten wir also wie folgt schreiben:

```
BasedOn="{StaticResource {x:Type ButtonBase}}"
```

28

Im folgenden Beispielprogramm wird das gezeigt. Der Basisstil definiert den Zieldatentyp ButtonBase. Für die beiden Typen Button und ToggleButton (beide von ButtonBase abgeleitet) werden spezifische, abgeleitete Stile bereitgestellt. Beachten Sie, dass im abgeleiteten Style des Typs Button die geerbte Eigenschaft Margin überschrieben wird. Ansonsten werden Objekte vom Typ Button bzw. ToggleButton nur durch die Eigenschaften FontFamily bzw. FontWeight weiter angepasst.

```
// Beispiel: ..\Kapitel 28\BasedOn_Sample
<Window...>
  <Window.Resources>
    <Style TargetType="ButtonBase">
      <Setter Property="Height" Value="25" />
      <Setter Property="FontSize" Value="14" />
      <Setter Property="Margin" Value="6" />
      <Setter Property="Foreground" Value="White" />
      [...]
    </Style>
    <Style TargetType="ToggleButton" BasedOn="{StaticResource {x:Type ButtonBase}}">
      <Setter Property="FontWeight" Value="Bold" />
    </Style>
    <Style TargetType="Button" BasedOn="{StaticResource {x:Type ButtonBase}}">
      <Setter Property="FontFamily" Value="Courier New" />
      <Setter Property="Margin" Value="4" />
    </Style>
  </Window.Resources>
  <StackPanel>
    <Button>Button1</Button>
    <ToggleButton>ToggleButton 1</ToggleButton>
    <Button>Button2</Button>
  </StackPanel>
</Window>
```

Listing 28.16 Erweitern eines Styles mit »BasedOn«

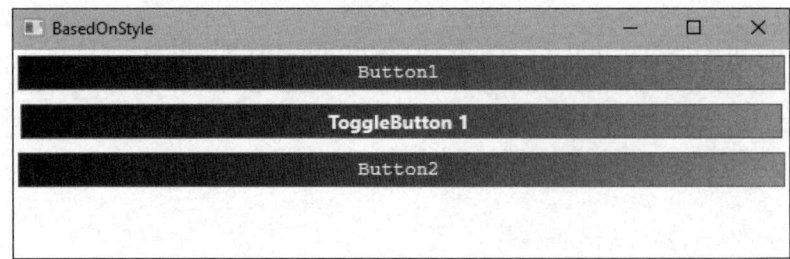

Abbildung 28.5 Ausgabe des Beispielprogramms »BasedOn_Sample«

28.3.4   Ereignisse mit »EventSetter« zentral abonnieren

Bei der Verwendung von Styles stehen Ihnen neben Setter auch EventSetter zur Verfügung. Mit EventSetter können Sie allen Elementen, die den Style benutzen, einen zentralen, gemeinsam genutzten Ereignishandler für ein bestimmtes Ereignis zuordnen. Die Bedingung dabei ist: Bei den Ereignissen muss es sich um Routed Events handeln. Außerdem ist es nicht ohne weiteres möglich, EventSetter in ein ResourceDictionary auszulagern. Der Grund ist recht simpel: Man kann in einem ResourceDictionary keinen Code für die Behandlung des Ereignisses hinterlegen.

Die Definition eines EventSetters lautet wie folgt:

```
<Style ...>
  <EventSetter Event="..." Handler="..." />
</Style>
```

Dem Attribut Event wird das Ereignis übergeben, dem Attribut Handler der entsprechende Ereignishandler. Alle Komponenten, die diesen Style verwenden, sind nun gleichermaßen mit dem angegebenen Ereignishandler verknüpft.

Registrieren Sie sowohl im Style als auch im XAML-Code einer Komponente einen Ereignishandler für dasselbe Ereignis, werden beide ausgeführt. Dabei kommt es immer zuerst zur Ausführung des Ereignishandlers, der in der Komponente direkt angegeben ist, anschließend wird der im EventSetter angegebene Ereignishandler ausgeführt.

Im folgenden Beispiel enthält das Fenster zwei ListBox-Elemente sowie eine TextBox. Die ListBox-Elemente sind an einen typisierten Style gebunden, in dem das Ereignis SelectionChanged mit einem Ereignishandler verknüpft wird. Das gleiche Ereignis wird zudem bei einem der beiden ListBox-Objekte im XAML-Code mit einem weiteren Ereignishandler verknüpft. Der den beiden ListBox-Elemente gemeinsame Ereignishandler schreibt den Inhalt des selektierten Elements in die TextBox, der zusätzliche Ereignishandler gibt darüber hinaus vor der Änderung der Textboxanzeige eine MessageBox aus.

```
// Beispiel: ..\Kapitel 28\EventSetter_Sample
<Window ...>
<Window.Resources>
  <Style TargetType="ListBox">
    <Setter Property="Margin" Value="5" />
    <EventSetter Event="SelectionChanged" Handler="lst_SelectionChanged" />
  </Style>
</Window.Resources>
<Grid>
  <Grid.ColumnDefinitions>
    <ColumnDefinition />
    <ColumnDefinition />
  </Grid.ColumnDefinitions>
```

28

```xml
<Grid.RowDefinitions>
  <RowDefinition />
  <RowDefinition Height="Auto" />
</Grid.RowDefinitions>
<ListBox Name="lstCountries">
  <ListBoxItem>Australien</ListBoxItem>
  <ListBoxItem>Thailand</ListBoxItem>
  <ListBoxItem>Seychellen</ListBoxItem>
</ListBox>
<ListBox Grid.Column="1" Name="lstCities"
        SelectionChanged="lstCities_SelectionChanged">
  <ListBoxItem>Hamburg</ListBoxItem>
  <ListBoxItem>München</ListBoxItem>
  <ListBoxItem>Berlin</ListBoxItem>
</ListBox>
<TextBox Name="txtSelection">...</TextBox>
</Grid>
</Window>
```

Listing 28.17 Definition eines »EventSetters«

Der Code in der Code-Behind-Datei enthält die beiden Ereignishandler mit dem folgenden Code:

```csharp
private void lst_SelectionChanged(object sender, SelectionChangedEventArgs e)
{
  ListBox listbox = sender as ListBox;
  txtSelection.Text = ((ListBoxItem)listbox.SelectedItem).Content.ToString();
}
private void lstCities_SelectionChanged(object sender, SelectionChangedEventArgs e)
{
  MessageBox.Show("Auswahl 'City'");
}
```

Listing 28.18 C#-Code des Beispielprogramms »EventSetter_Sample«

28.4   Trigger

Viele Steuerelemente reagieren auf den Benutzer. Ziehen Sie beispielsweise den Cursor über einen Button, wird dieser sein Aussehen ändern. Ebenso, wenn Sie darauf klicken. Sehr einfach können Sie solche Effekte in der WPF mit Triggern auslösen, ohne dass Sie eine Zeile C#-Code schreiben müssen.

Trigger gestatten es, zur Laufzeit einen Eigenschaftswert zu überprüfen. Wenn die überprüfte Eigenschaft einen bestimmten Wert einnimmt, können andere Eigenschaften auf vorgeschriebene Werte festgelegt werden. Nehmen wir eine Schaltfläche: Klicken Sie darauf, verändert sich ihr Aussehen und signalisiert auf diese Weise die Interaktion des Benutzers. Mit einem Trigger, der die Eigenschaft `IsSelected` des Buttons auf den Wert `true` hin prüft, lässt sich das ganz einfach umsetzen.

Trigger lassen sich nicht nur im Zusammenhang mit Eigenschaften verwenden. `EventTrigger` sind eine weitere Spielart und lauschen auf die Auslösung bestimmter Ereignisse. Allerdings werden beim Auftreten des vom Trigger beschriebenen Events keine Eigenschaften geändert, sondern Animationen gestartet.

Trigger werden innerhalb eines `Style`-Abschnitts definiert. Dazu definiert ein Style eine Collection, in der alle `Trigger`-Objekte verwaltet werden. Gesetzt wird die Collection mit der Eigenschaft `Triggers` des `Style`-Objekts. Insgesamt können fünf verschiedene Trigger der Collection hinzugefügt werden, die alle von `TriggerBase` abgeleitet sind. Diese können Sie Tabelle 28.1 entnehmen.

Trigger werden meist innerhalb einer `Style`-Definition beschrieben, können aber auch der Eigenschaft `Triggers` einer Komponente direkt zugewiesen werden. Eine Komponente kann sogar mit mehreren Triggern verbunden werden, damit sie auf verschiedene Zustandsänderungen unterschiedlich reagiert.

Klasse	Beschreibung
Trigger	Dieser als *Eigenschaftstrigger* bezeichnete Trigger reagiert, wenn eine Eigenschaft einen bestimmten Wert annimmt. Bei der Eigenschaft muss es sich um eine Abhängigkeitseigenschaft (Dependency Property) handeln.
MultiTrigger	Dieser Trigger ähnelt einem einzelnen `Trigger`-Objekt, beschreibt aber mehrere Bedingungen, die gleichzeitig erfüllt sein müssen.
EventTrigger	Ereignistrigger werden beim Auftreten eines Routed Events gefeuert. Beim Auftreten des Ereignisses werden Animationen gestartet.
DataTrigger	`DataTrigger` beziehen den zu prüfenden Wert aus einer Datenbindung und reagieren deshalb auch, wenn eine herkömmliche CLR-Eigenschaft einen bestimmten Wert annimmt.
MultiDataTrigger	Dieser Typ ähnelt dem `DataTrigger`, beschreibt aber mehrere Bedingungen.

Tabelle 28.1 Die von »TriggerBase« abgeleiteten Klassen

28.4.1   Einfache Trigger (Eigenschaftstrigger)

Eigenschaftstrigger werden in einem `Style` definiert. Sie müssen entweder mit `x:Key` dem Style einen Identifier geben oder mit `TargetType` den Typ des Zielelements angeben. Das ist genauso wie bei jeder anderen `Style`-Definition.

Sehen wir uns als Erstes die allgemeine Struktur eines Triggers an.

```
<Style>
  <Style.Triggers>
    <Trigger Property="..." Value="...">
      <Trigger.Setters>
        <Setter .../>
        <Setter .../>
      </Trigger.Setters>
    </Trigger>
  </Style.Triggers>
</Style>
```

Ein `Style`-Objekt verfügt über eine Auflistung aller definierten Trigger. Die Referenz darauf liefert die Eigenschaft `Triggers`. Innerhalb eines `Trigger`-Objekts wird mit der Eigenschaft `Property` die zu prüfende Abhängigkeitseigenschaft genannt. Die Eigenschaft `Value` des Trigger-Objekts gibt den Wert an, gegen den der Eigenschaftswert geprüft werden soll. Hat die Elementeigenschaft den unter `Value` eingetragenen Wert, gilt die Bedingung als erfüllt, und die Darstellung des Elements verändert sich nach den Angaben, die in den diversen `Setter`-Objekten angegeben sind.

Da bei einer erfüllten Bedingung häufig mehrere `Setter`-Objekte definiert werden, hat ein `Trigger`-Objekt eine Auflistung von `Setter`-Objekten, die über die Eigenschaft `Setters` aufgerufen wird.

In Tabelle 28.2 sind alle spezifischen Eigenschaften eines Eigenschaftstriggers aufgeführt.

Eigenschaft	Beschreibung
Property	Hier wird eine Abhängigkeitseigenschaft angegeben, die mit dem Wert in der `Value`-Eigenschaft des Triggers verglichen wird.
Setters	Diese Eigenschaft beschreibt eine Auflistung vom Typ `SetterBaseCollection`, in der alle `Setter`-Objekte aufgeführt sind, die ausgeführt werden, wenn die unter `Property` genannte Eigenschaft den Wert von `Value` annimmt.
SourceName	Soll nicht die Eigenschaft unter `Property`, sondern die eines anderen Elements ausgewertet werden, benennen Sie das auszuwertende Element mit `SourceName`.

Tabelle 28.2 Die Eigenschaften eines »Trigger«-Objekts

Eigenschaft	Beschreibung
Value	Diese Eigenschaft legt den Wert fest, der mit der unter Property angegebenen Abhängigkeitseigenschaft verglichen werden soll.

Tabelle 28.2 Die Eigenschaften eines »Trigger«-Objekts (Forts.)

Sehen wir uns die Trigger an einem konkreten Beispiel an. Das Fenster des Beispiels enthält zwei Textboxen. Beide sollen ihre Hintergrundfarbe ändern, wenn sich der Mauszeiger über einer Textbox befindet. Ein zweiter Trigger prüft, ob die Textbox selektiert ist, also den Fokus hat. Wenn das der Fall ist, sollen die Hintergrundfarbe und die Schriftfarbe das auch optisch zeigen.

```
// Beispiel: ..\Kapitel 28\Trigger_Sample
<Window ...>
  <Window.Resources>
    <Style TargetType="TextBox">
      <Setter Property="Height" Value="25" />
      <Setter Property="Margin" Value="10" />
      <Setter Property="FontSize" Value="14" />
      <Style.Triggers>
        <Trigger Property="IsMouseOver" Value="True">
          <Trigger.Setters>
            <Setter Property="Background" Value="Cyan" />
          </Trigger.Setters>
        </Trigger>
        <Trigger Property="IsFocused" Value="True">
          <Trigger.Setters>
            <Setter Property="Background" Value="DarkGray" />
            <Setter Property="Foreground" Value="White" />
          </Trigger.Setters>
        </Trigger>
      </Style.Triggers>
    </Style>
  </Window.Resources>
  <StackPanel>
    <TextBox />
    <TextBox />
  </StackPanel>
</Window>
```

Listing 28.19 Der XAML-Code des Beispielprogramms »Trigger_Sample«

28

Um Trigger zu unterstützen, bieten WPF-Elemente Eigenschaften an, aus denen der Zustand ausgelesen werden kann. Dazu gehören auch die beiden von uns im Beispielprogramm verwendeten Eigenschaften IsMouseOver und IsFocused der TextBox, die beide mit einem booleschen Wert den entsprechenden Elementzustand beschreiben. Die Prüfung einer Bedingung beschränkt sich nicht nur auf IsXxx-Eigenschaften. So lässt sich zum Beispiel auch die Eigenschaft Text einer TextBox auf einen bestimmten Inhalt hin untersuchen.

Ein Trigger nimmt Änderungen an einer oder mehreren Komponenten vor. Ändern sich die Bedingungen erneut, werden die Änderungen wieder rückgängig gemacht. Verlässt in unserem Beispiel der Mauszeiger den Bereich einer TextBox, kehrt diese in ihren Ausgangszustand zurück. Es ist dazu keine weitere Vorkehrung notwendig, da diese Logik bereits vom Trigger unterstützt wird.

28.4.2   Mehrere Bedingungen mit »MultiTrigger«

Das Auslösen eines Triggers muss nicht zwangsläufig nur von einer Bedingung abhängen. WPF stellt mit MultiTrigger ein Element zur Verfügung, das es uns erlaubt, mehrere Bedingungen zu formulieren, die alle gleichzeitig erfüllt sein müssen, damit der Trigger gefeuert wird. Das Element MultiTrigger beschreibt eine Collection, in der alle Bedingungen erfasst werden. Die Eigenschaft MultiTrigger.Conditions liefert die Referenz auf die Collection, die einzelnen Bedingungen werden durch Condition-Elemente beschrieben.

Im folgenden Beispiel enthält das Fenster eine TextBox-Komponente mit einem Textinhalt. Wenn die TextBox leer ist und sich gleichzeitig der Mauszeiger über ihr befindet, wird ihr Hintergrund in Rot dargestellt.

```
// Beispiel: ..\Kapitel 28\MultiTrigger_Sample
<Window ...>
  <Window.Resources>
    <Style TargetType="TextBox">
      <Style.Triggers>
        <MultiTrigger>
          <MultiTrigger.Conditions>
            <Condition Property="IsMouseOver" Value="true" />
            <Condition Property="Text" Value="" />
          </MultiTrigger.Conditions>
          <Setter Property="TextBox.Background" Value="Red" />
        </MultiTrigger>
      </Style.Triggers>
    </Style>
  </Window.Resources>
```

```
  <StackPanel>
    <TextBox Margin="10">
      Windows Presentation Foundation WPF
    </TextBox>
  </StackPanel>
</Window>
```

Listing 28.20 »MultiTrigger« einer »TextBox«

Mehrere Bedingungen mit »oder« verknüpfen

Die Bedingungen, die in einem MultiTrigger definiert sind, müssen gleichzeitig zutreffen, damit der Trigger gefeuert wird. Auf diese Weise wird ein logisches »Und« erreicht. Sie können mehrere Bedingungen auch mit einem logischen »Oder« verknüpfen. Dazu setzen Sie einfach mehrere Trigger direkt hintereinander.

Im folgenden Listing wird die Hintergrundfarbe einer TextBox genau dann geändert, wenn der Inhalt der TextBox entweder »WPF« oder ».NET« enthält.

```
<Style TargetType="TextBox">
  <Style.Triggers>
    <Trigger Property="Text" Value="WPF">
      <Setter Property="Background" Value="HotPink" />
    </Trigger>
    <Trigger Property="Text" Value=".NET">
      <Setter Property="Background" Value="HotPink" />
    </Trigger>
  </Style.Triggers>
</Style>
```

Listing 28.21 Zwei »oder«-verknüpfte Trigger

28.4.3 »DataTrigger«

DataTrigger ähneln den in den letzten beiden Abschnitten besprochenen Eigenschaftstriggern (Trigger und MultiTrigger). Der Unterschied zwischen DataTrigger und Trigger/MultiTrigger ist, dass Datentrigger den Wert aus einer Datenbindung beziehen. Damit wird es auch möglich, auf die Änderung einer beliebigen Eigenschaft zu reagieren, also auch einer herkömmlichen CLR-Eigenschaft.

Die Klasse DataTrigger definiert nur drei spezifische Eigenschaften, die Sie Tabelle 28.3 entnehmen können.

28

Eigenschaft	Beschreibung
Binding	Diese Eigenschaft gibt ein Objekt und eine Eigenschaft des Objekts an. Der Wert der genannten Eigenschaft wird mit dem unter Value angegebenen Wert verglichen.
Setters	Die Eigenschaft Setters beschreibt eine Auflistung, in der alle Setter-Objekte aufgeführt sind, die ausgeführt werden, wenn die unter Binding genannte Eigenschaft den Wert von Value annimmt.
Value	Diese Eigenschaft definiert den Wert, der mit dem Wert des unter Binding angegebenen Objekts verglichen werden soll.

Tabelle 28.3 Die Eigenschaften eines »DataTrigger«-Objekts

Anmerkung

An dieser Stelle muss ich thematisch etwas vorgreifen, denn Datentrigger müssen mit einem Binding-Objekt datengebunden werden. Mit Datenbinding werden wir uns erst im nächsten Kapitel detailliert auseinandersetzen. Zum groben Verständnis sei an dieser Stelle erklärt, dass dem in einer Markup-Extension erzeugten Binding-Objekt mit ElementName der Name der Komponente angegeben wird, an die gebunden werden soll. Die Eigenschaft Path beschreibt die Eigenschaft der unter ElementName genannten Komponente, an die gebunden wird.

Der Ausdruck

Binding="{Binding ElementName=textBox1, Path=Text}"

gibt demnach an, dass an die Eigenschaft Text des Objekts textBox1 gebunden werden soll.

Um einen Datentrigger zu definieren, muss ein DataTrigger zur Collection Style.Triggers hinzugefügt werden. DataTrigger haben im Gegensatz zu Trigger keine Eigenschaft Property, sondern stattdessen die Eigenschaft Binding. Wir erinnern uns: Die Eigenschaft Property des Trigger-Objekts setzt eine Dependency Property voraus. Mit der Eigenschaft Binding eines DataTrigger-Objekts können Sie sich an beliebige Eigenschaften anbinden, es muss sich nicht zwangsläufig um eine Abhängigkeitseigenschaft handeln.

Das folgende Beispiel zeigt den Einsatz eines einfachen Datentriggers.

```
// Beispiel: ..\Kapitel 28\DataTrigger_Sample
<Window ...>
<Window.Resources>
  <Style TargetType="Button">
    <Style.Triggers>
```

```
      <DataTrigger Binding="{Binding ElementName=textBox1, Path=Text}" Value="">
        <Setter Property="IsEnabled" Value="False" />
      </DataTrigger>
    </Style.Triggers>
  </Style>
</Window.Resources>
<Grid>
  <Grid.RowDefinitions>
    <RowDefinition Height="Auto" />
    <RowDefinition />
  </Grid.RowDefinitions>
  <TextBox Name="textBox1" Text="WPF" />
  <Button Grid.Row="1" Name="button1">Speichern</Button>
</Grid>
</Window>
```

Listing 28.22 Definition eines »DataTrigger«-Objekts

Das Fenster des Beispiels enthält eine TextBox und einen Button. Der Button soll immer dann aktiviert werden, wenn die TextBox nicht leer ist. Umgesetzt wird die Lösung mit einem Data-Trigger, der an die Eigenschaft Text der TextBox mit der folgenden Markup Extension gebunden wird:

```
Binding="{Binding ElementName=textBox1, Path=Text}"
```

Sollte die TextBox leer sein, wird die Eigenschaft IsEnabled des Buttons auf false gesetzt. Damit ist die Schaltfläche deaktiviert.

28.4.4   »MultiDataTrigger«

Ähnlich wie mit MultiTrigger mehrere Bedingungen gleichzeitig geprüft werden können, gibt es auch einen MultiDataTrigger. Im Grunde genommen ist das Vorgehen bei einem MultiDataTrigger identisch mit dem eines MultiTrigger-Objekts: Mehrere Bedingungen müssen gleichzeitig zutreffen, damit bestimmte Eigenschaften einen vordefinierten Wert annehmen.

Im nächsten Beispiel wird ein Bestellformular simuliert. Dazu enthält das Window zwei Check-boxen, die der Anwender bestätigen muss, bevor eine Schaltfläche vom deaktivierten Zustand in den aktivierten schaltet.

28

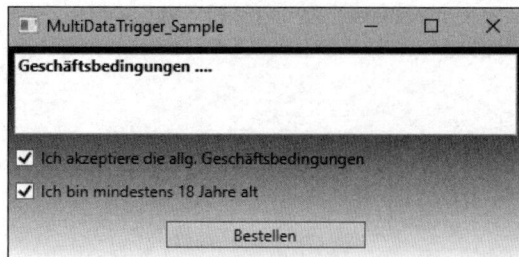

Abbildung 28.6 Fenster des Beispielprogramms »MultiDataTrigger_Sample«

```
// Beispiel: ..\Kapitel 28\MultiDataTrigger_Sample
<Window ...>
  <Grid>
    <Grid.RowDefinitions>
      <RowDefinition />
      <RowDefinition Height="Auto" />
      <RowDefinition Height="Auto" />
      <RowDefinition Height="Auto" />
    </Grid.RowDefinitions>
    <TextBox Margin="5" FontWeight="Bold">Geschäftsbedingungen ....</TextBox>
    <CheckBox Grid.Row="1" Name="cb1" Margin="5"
              Content="Ich akzeptiere die allg. Geschäftsbedingungen" />
    <CheckBox Grid.Row="2" Name="cb2" Margin="5"
              Content="Ich bin mindestens 18 Jahre alt" />
    <Button Grid.Row="3" Margin="10" FontSize="12" Width="150" Click="Button_Click">
      <Button.Style>
        <Style TargetType="Button">
          <Setter Property="Content" Value="Angaben unvollständig" />
          <Setter Property="IsEnabled" Value="False" />
          <Style.Triggers>
            <MultiDataTrigger>
              <MultiDataTrigger.Conditions>
                <Condition Binding="{Binding ElementName=cb1, Path=IsChecked}"
                           Value="true" />
                <Condition Binding="{Binding ElementName=cb2, Path=IsChecked}"
                           Value="true" />
              </MultiDataTrigger.Conditions>
              <Setter Property="IsEnabled" Value="true" />
              <Setter Property="Content" Value="Bestellen" />
            </MultiDataTrigger>
          </Style.Triggers>
        </Style>
      </Button.Style>
```

```
    </Button>
  </Grid>
</Window>
```

Listing 28.23 XAML-Code des Beispiels »MultiDataTrigger_Sample«

Ist die Schaltfläche aktiviert, kann die Bestellung abgeschickt werden. Dies wird durch eine MessageBox bestätigt und der Vorgang abgeschlossen.

28.4.5   »EventTrigger«

Ereignistrigger werden durch Ereignisse vom Typ RoutedEvent ausgelöst. Anstelle des Aufrufs eines Ereignishandlers starten Ereignistrigger Animationen. Allerdings sollten Sie unter dem Begriff »Animation« nicht nur grafische Spielereien verstehen. Auch Tabellen, die sich aktualisierende Daten in Diagrammen optisch ansprechend anzeigen, gehören zu der Gruppe der Animationen.

Sehen wir uns zuerst an, wie Ereignistrigger in XAML definiert werden:

```
<Style TargetType="{x:Type Button}">
  <Style.Triggers>
    <EventTrigger RoutedEvent="...">
      <EventTrigger.Actions>
        [...]
      </EventTrigger.Actions>
    </EventTrigger>
  </Style.Triggers>
</Style>
```

Ereignistrigger werden in einem Style-Element oder alternativ direkt in einer Komponente definiert. Das EventTrigger-Element beschreibt den Ereignistrigger; dem Attribut RoutedEvent wird der Event genannt, der getriggert werden soll. Darunter wird ein EventTrigger.Actions-Element angegeben, in dem die Aktionen festgelegt werden, die beim Auslösen des Triggers ausgeführt werden sollen.

Das folgende Beispiel demonstriert den Einsatz eines Ereignistriggers. Getriggert wird das Ereignis MouseEnter. Zur Laufzeit bewirkt das Ziehen der Maus über die Schaltfläche, dass diese zunächst unsichtbar wird, denn die Eigenschaft Opacity wird innerhalb der gestarteten Animation zuerst auf 0 gesetzt. Zur vollständigen Wiederherstellung der Sichtbarkeit ist eine Zeitspanne von 10 Sekunden festgelegt. Für den eigentlichen Ablauf einer Animation werden Storyboard-Objekte verwendet. Ein Storyboard beschreibt die Eigenschaftsänderungen, die in einer bestimmten Zeitspanne durchgeführt werden sollen.

28

```
// Beispiel: ..\Kapitel 28\EventTrigger_Sample
<Window ...>
  <Window.Resources>
    <Style TargetType="Button">
      <Setter Property="Margin" Value="5" />
      <Style.Triggers>
        <EventTrigger RoutedEvent="MouseEnter">
          <EventTrigger.Actions>
            <BeginStoryboard>
              <Storyboard>
                <DoubleAnimation From="0" To="1" Duration="0:0:10"
                                 Storyboard.TargetProperty="Opacity" />
              </Storyboard>
            </BeginStoryboard>
          </EventTrigger.Actions>
        </EventTrigger>
      </Style.Triggers>
    </Style>
  </Window.Resources>
  <Grid>
    <Grid.ColumnDefinitions>
      <ColumnDefinition Width="3*" />
      <ColumnDefinition  Width="2*"/>
    </Grid.ColumnDefinitions>
    <StackPanel Grid.Column="1">
      <Button>Button 1</Button>
      <Button>Button 2</Button>
      <Button>Button 3</Button>
    </StackPanel>
  </Grid>
</Window>
```

Listing 28.24 Ein »EventTrigger« in Aktion

Mit

```
<EventTrigger RoutedEvent="MouseEnter">
```

wird das Ereignis festgeschrieben, auf das der `EventTrigger` reagieren soll. Der Eigenschaft `Actions` des `EventSetter`-Objekts wird das `Storyboard` übergeben, das den Ablauf der Animation beschreibt. In unserem Fall handelt es sich zwar nur um ein `Storyboard`, es können aber durchaus mehrere sein. Beachten Sie hier bitte, dass die Eigenschaft `Actions` ausschließlich Animationen akzeptiert. Eigenschaften in einem Ereignistrigger direkt zu ändern ist nicht möglich.

»EventTrigger« und die Eigenschaften »EnterActions« und »ExitActions«

Vielleicht ist Ihnen aufgefallen, dass der EventTrigger neben der Eigenschaft Actions mit EnterActions und ExitActions zwei weitere Eigenschaften anbietet, die im ersten Moment weitere Alternativen zu sein scheinen. Die Animationen unter EnterActions werden ausgeführt, wenn die Bedingung des Triggers wahr ist, die durch ExitActions beschriebenen Animationen in dem Moment, wenn die Bedingungsprüfung von true auf false zurückschaltet.

Verwenden Sie jedoch eine der beiden genannten Properties für ein EventTrigger-Objekt, erhalten Sie einen Laufzeitfehler. Beide Eigenschaften können von EventTrigger nicht benutzt werden. Sehen wir uns die Zusammenhänge aller Trigger-Klassen (Trigger, DataTrigger, EventTrigger, MultiTrigger, etc.) in der Klassenhierarchie an, wird es noch befremdlicher. Alle sind auf die Basis TriggerBase zurückzuführen. Die Eigenschaften EnterActions und ExitActions sind in der Basisklasse definiert, werden also von den Ableitungen, also auch von EventTrigger, geerbt. Dennoch unterstützt diese Klasse beide Eigenschaften nicht, die anderen aber sehr wohl.

28.5 Templates

Um mehreren Steuerelementen ein identisches Layout zu verleihen und dabei redundanten Code zu vermeiden, eignen sich Styles ganz hervorragend. Die grundlegende optische Darstellung der Steuerelemente wird dabei aber nicht verändert, ein Button-Steuerelement wird beispielsweise immer als Rechteck dargestellt. Die Möglichkeiten eines Styles sind daher vergleichsweise beschränkt.

Templates gehen in dieser Hinsicht einen Schritt weiter, denn sie gestatten die individuelle Gestaltung des Layouts der Steuerelemente durch eigenen XAML-Code, ohne die elementare Funktionsweise dabei zu beeinflussen. Möglich wird das durch die konsequente Aufteilung von Logik und Darstellung in WPF. In der WinForm-API waren Logik und Darstellung so miteinander verkoppelt, dass man eigene Steuerelemente entwickeln musste, um eine individuelle Darstellung zu erzielen. Das war mit nicht unerheblichem Programmieraufwand verbunden, weil die Logik in das neue Steuerelement eingepflegt werden musste.

Doch nicht nur das Layout eines Steuerelements kann mit einem Template verändert werden. Auch die Darstellung von einzelnen Daten oder Datengruppen lässt sich mit Templates nach eigenen Vorstellungen anpassen. Deshalb werden in der WPF auch drei Arten von Templates unterschieden:

▶ ControlTemplate

▶ ItemsPanelTemplate

▶ DataTemplate

Mit einem ControlTemplate wird das Layout eines Steuerelements beschrieben, und ein Data-Template übernimmt die Darstellung der Daten eines bestimmten Typs in einem Content-

Control. Mit einem `ItemsPanelTemplate` passen Sie das Layout eines Steuerelements an, das mehrere Elemente aufnehmen kann. Dabei handelt es sich um die Steuerelemente, die von der Klasse `ItemsControl` abgeleitet sind (`ListBox`, `ComboBox`, `Menu` usw.).

In diesem Kapitel werden wir uns ausschließlich mit dem `ControlTemplate` beschäftigen, da ein `DataTemplate` und ein `ItemsPanelTemplate` meistens im Zusammenhang mit der Darstellung von Daten eingesetzt werden. Dieses Thema wird uns aber erst im folgenden Kapitel beschäftigen.

28.5.1   Allgemeines zu »ControlTemplate«-Elementen

Ein `ControlTemplate` ist für das Layout der Steuerelemente verantwortlich. Es ist nicht sehr schwierig, das Standard-Template eines Steuerelements durch ein eigenes auszutauschen, um einem Steuerelement ein individuelles Layout zu verpassen.

Nicht alle Steuerelemente lassen sich mit Templates umgestalten. Templates sind nur bei Steuerelementen möglich, die von der Klasse `Control` abgeleitet sind. Bei allen anderen erfolgt die Darstellung auch weiterhin mit Programmcode. Einige Steuerelemente bieten zudem die Möglichkeit, Teilbereiche zu ändern.

Grundlagen der Templates

Ein `ControlTemplate` wird durch die gleichnamige Klasse beschrieben und kann im XAML-Code sehr einfach definiert werden. Die Inhaltseigenschaft `VisualTree` von `ControlTemplate` beschreibt den visuellen Elementbaum, der für die Darstellung des Steuerelements verantwortlich ist. Das erläutere ich am Beispiel einer Schaltfläche. Dabei werden wir schrittweise die Darstellung eines `Button`-Objekts ändern, so dass am Ende eine optisch ansprechende Schaltfläche mit abgerundeten Ecken das Ergebnis sein wird. Listing 28.24 dient uns als Ausgangspunkt. Hier wird zunächst nur das Layout der neuen Schaltfläche beschrieben.

```
[...]
<Window.Resources>
  <ControlTemplate x:Key="roundedButton" TargetType="Button">
    <Grid>
      <Border BorderThickness="0" BorderBrush="DarkGray"
              CornerRadius="25" Name="border">
        <Rectangle RadiusX="25" RadiusY="25" x:Name="rect">
          <Rectangle.Fill>
            <RadialGradientBrush>
              <GradientStop Offset="0" Color="Wheat" />
              <GradientStop Offset="1" Color="DarkGray" />
            </RadialGradientBrush>
          </Rectangle.Fill>
        </Rectangle>
```

```
      </Border>
    </Grid>
  </ControlTemplate>
</Window.Resources>
[...]
```

Listing 28.25 Das Layout einer benutzerdefinierten Schaltfläche

Innerhalb von `ControlTemplate` ist ein `Grid`-Element mit nur einer Zelle definiert. Das ist vorteilhaft, da das `Grid` die Größe aller enthaltenen Elemente automatisch anpasst. Natürlich ist es auch möglich, einen anderen Container zu verwenden. Innerhalb des `Grid`-Objekts wird ein `Rectangle` beschrieben, dessen Füllmuster einen radialen Farbverlauf aufweist. Eingebettet ist das Element `Rectangle` in ein `Border`-Element. Dieses wird uns später dazu dienen, eine dünne Rahmenlinie um die Schaltfläche zu zeichnen.

Jedes Template muss mit einem eindeutigen Identifier signiert werden, der dem Attribut `x:Key` bekanntgegeben wird. Im Gegensatz zu einem Style ist dieses Attribut keine Option, sondern Pflicht. Das Template kann zudem von jedem Steuerelementtyp verwendet werden, vorausgesetzt, er ist von `Control` abgeleitet. Möchten Sie das Template aber auf einen bestimmten Typ beschränken, müssen Sie zusätzlich das Attribut `TargetType` angeben, z. B.:

```
<ControlTemplate x:Key="roundedButton" TargetType="Button">
  [...]
</ControlTemplate>
```

Templates lassen sich innerhalb eines beliebigen `Resources`-Abschnitts definieren. Sie werden sich aber kaum die Mühe machen, ein Template nur für ein oder mehrere Steuerelemente in einem Fenster zu entwickeln. Vielmehr soll die ganze Anwendung davon profitieren. Deshalb sind Templates meistens global innerhalb der Datei *App.xaml* oder sogar in einem Ressourcenwörterbuch definiert.

Jeder Steuerelementtyp hat sein eigenes, spezifisches Standard-Template, das von der WPF vorgegeben wird. Unser Ziel ist es, dieses durch unser eigenes Template zu ersetzen. Dazu stellen die Steuerelemente, die von `Control` abgeleitet sind, die Eigenschaft `Template` bereit. Dieser geben wir mit `StaticResource` den Verweis auf unser Template bekannt:

```
<Button Template="{StaticResource roundedButton}">...</Button>
```

In einem Fenster wollen wir zwei Buttons, die das oben gezeigte `ControlTemplate` nutzen, anzeigen. Bei einer der beiden Schaltflächen setzen wir die beiden Eigenschaften `Width` und `Height` auf einen individuellen Wert.

```
<Grid>
  <Grid.ColumnDefinitions>
    <ColumnDefinition />
    <ColumnDefinition />
```

28

```
    </Grid.ColumnDefinitions>
    <Button Template="{StaticResource roundedButton}" Margin="10">Cancel</Button>
    <Button Template="{StaticResource roundedButton}" Grid.Column="1"
           Height="70" Width="200">Ignore</Button>
</Grid>
```

Listing 28.26 Zwei Schaltflächen, die das »ControlTemplate« nutzen

Das derzeitige Resultat zeigt Abbildung 28.7.

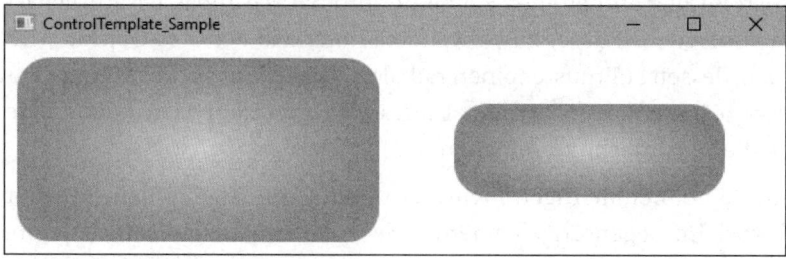

Abbildung 28.7 Button mit abgerundeten Ecken

Verbesserung des Entwurfs

Das Ergebnis ist zum jetzigen Zeitpunkt optisch durchaus schon respektabel, aber wir müssen selbstkritisch noch die folgenden Mängel feststellen:

▶ Die Schaltflächen weisen keine Beschriftung auf. Hier sind anscheinend noch Stellschrauben zu bedienen, um die Inhaltseigenschaft der zugrundeliegenden Schaltfläche auf unsere eigene Schaltfläche zu übertragen.

▶ Die beiden Schaltflächen zeigen keine optischen Änderungen – weder wenn die Maus darübergezogen wird, noch wenn auf sie geklickt wird (obwohl beide auf das Click-Ereignis reagieren).

Diesen beiden Punkten wollen wir uns nun der Reihe nach widmen.

Das Element »ContentPresenter«

Im ersten Schritt wollen wir die Beschriftung sichtbar machen. Damit betritt auch sofort eine neue Klasse die Bühne unserer Betrachtungen: ContentPresenter. Dieses Element spielt im Zusammenhang mit ContentControl-Objekten eine wichtige Rolle. ContentControl ist die Basisklasse der Steuerelemente, die genau ein Inhaltselement haben können. Zu den Content-Control-Objekten gehört also auch der Button, denn er kann als Inhalt einen einfachen Text haben, aber auch beispielsweise ein Image. Innerhalb des Templates eines ContentControl-Elements gibt ContentPresenter an, was angezeigt werden soll und wie der Inhalt angezeigt werden soll.

Die Anordnung des Elements `ContentPresenter` innerhalb des `ControlTemplate`-Objekts sieht wie folgt aus:

```
<ControlTemplate x:Key="roundedButton" TargetType="Button">
  <Grid>
    <Border>
      <Rectangle ...>
        [...]
      </Rectangle>
    </Border>
    <ContentPresenter />
  </Grid>
</ControlTemplate>
```

Schon die Anwesenheit des `ContentPresenter`-Elements reicht aus, um die Beschriftung der beiden Schaltflächen anzuzeigen. Das ist jedoch oben links im jeweiligen Steuerelement. Mit den beiden Eigenschaften `HorizontalAlignment` und `VerticalAlignment` ist es aber sehr einfach, die Beschriftung zentral auszurichten:

```
<ContentPresenter HorizontalAlignment="Center" VerticalAlignment="Center" />
```

Interaktivität mit »Trigger«

Unser `ControlTemplate` ist schon recht weit gediehen, zeigt aber immer noch keine Reaktion auf die Aktivität des Anwenders. Zieht er zum Beispiel mit der Maus über eine Schaltfläche, signalisiert keine farbliche Änderung dem Anwender, dass das Steuerelement nun aktiv ist und angeklickt werden kann.

Zur Lösung dieser Problematik bieten sich Trigger an, ähnlich wie bei den Styles. Trigger werden der Eigenschaft `Triggers` des `ControlTemplate`-Objekts zugewiesen. Das folgende Beispiel beschreibt die Änderung der Darstellung, wenn mit der Maus über den Button gezogen wird. Ist der Wert von `IsMouseOver` = true, wird der Trigger ausgelöst. Mit Hilfe von `Setter`-Elementen werden dann die Eigenschaften des Steuerelements verändert. Im Code des Beispiels wird nur der Rand des `Border`-Elements in der Farbe Schwarz angezeigt und die Breite des Rands auf eine Einheit festgelegt..

```
<ControlTemplate.Triggers>
  <Trigger Property="IsMouseOver" Value="True">
    <Setter TargetName="border" Property="BorderBrush" Value="Black" />
    <Setter TargetName="border" Property="BorderThickness" Value="1" />
  </Trigger>
</ControlTemplate.Triggers>
```

Listing 28.27 Triggern der Eigenschaft »IsMouseOver«

Im Allgemeinen wird diese Verhaltensänderung für sich allein nicht ausreichen. Klickt der Anwender auf die Schaltfläche, soll eine Änderung der Füllfarbe die Aktion optisch unterstützen. Hierzu ist ein zweiter Trigger erforderlich, der ausgelöst wird, wenn die Eigenschaft IsPressed den Wert true hat. Der entsprechende XAML-Code wäre dann zum Beispiel wie folgt:

```
<ControlTemplate x:Key="roundedButton" TargetType="Button">
  <Grid>
    [...]
  </Grid>
  <ControlTemplate.Triggers>
    <Trigger Property="IsMouseOver" Value="True">
      <Setter TargetName="border" Property="BorderBrush" Value="Black" />
      <Setter TargetName="border" Property="BorderThickness" Value="1" />
    </Trigger>
    <Trigger Property="IsPressed" Value="True">
      <Setter TargetName="rect" Property="Fill">
        <Setter.Value>
          <RadialGradientBrush>
            <GradientStop Offset="0" Color="WhiteSmoke" />
            <GradientStop Offset="1" Color="DarkGray" />
          </RadialGradientBrush>
        </Setter.Value>
      </Setter>
    </Trigger>
  </ControlTemplate.Triggers>
</ControlTemplate>
```

Listing 28.28 Die Trigger des »RoundedButtons«

In Abbildung 28.8 sehen Sie das Ergebnis der Bemühungen. Rechts ist die »normale« Darstellung des Buttons zu sehen, links ein Button, während auf ihn geklickt wird.

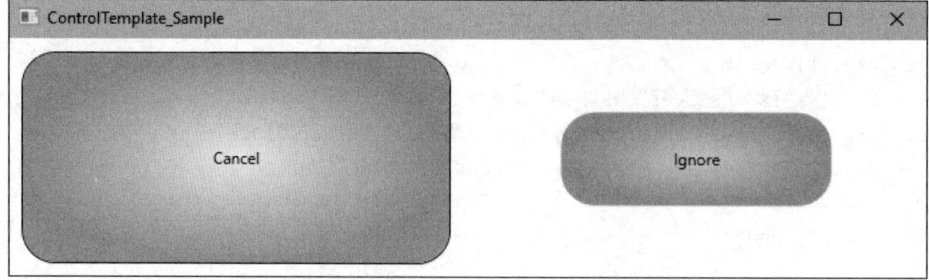

Abbildung 28.8 Änderung der Anzeige beim Klicken durch einen Trigger

> **Hinweis**
>
> Das komplette Beispiel finden Sie unter ..*Kapitel 28\ControlTemplate_Sample*.

28.5.2   Definition innerhalb eines Styles

Häufig wird innerhalb einer Anwendung ein Template definiert, das auf alle Steuerelemente des gleichen Typs angewendet werden soll, so dass das Template anwendungsintern zum Standard-Template der Steuerelemente mutiert. Dafür sind Styles besonders gut geeignet. Damit erübrigt sich ein manuelles Zuweisen des Templates an die Eigenschaft Template.

Je nachdem, wo das Template definiert ist, wird zwischen einer expliziten und impliziten Definition von ControlTemplate-Objekten unterschieden. Das folgende Codefragment zeigt ein explizites Template. Hier wird in der Eigenschaft Template des Setter-Elements auf die statische Ressource verwiesen.

```
<ControlTemplate x:Key="roundedButton" TargetType="Button">
  [...]
</ControlTemplate>
<Style x:Key="btnStyle" TargetType="Button" >
  <Setter Property="Template" Value="{StaticResource btnStyle}" />
</Style>
```

Listing 28.29 Explizites »ControlTemplate«

Im Steuerelement wird anschließend der Style bekanntgegeben.

```
<Button Style="{StaticResource btnStyle}" ... />
```

Das ControlTemplate kann auch innerhalb eines Styles definiert werden. Das erleichtert nicht nur die Wartbarkeit, sondern es entfällt beim Steuerelement auch die Angabe der Ressource mit Template oder Style.

```
<Style TargetType="Button">
  <Setter Property="Template">
    <Setter.Value>
      <ControlTemplate TargetType="Button">
        ...
      </ControlTemplate>
    </Setter.Value>
  </Setter>
</Style>
```

Listing 28.30 Implizites »ControlTemplate«

28

Kapitel 29
WPF-Datenbindung

Bindungen werden zwischen zwei Elementen definiert: Dabei handelt es sich um die Datenquelle und das Datenziel. Eine Eigenschaft des Datenziels wird an eine Datenquelle gebunden, die die Daten zur Verfügung stellt. Datenquellen können vielfältiger Natur sein:

▸ Es kann sich bei der Datenquelle um die Eigenschaft eines anderen Elements (z. B. ein WPF-Steuerelement) handeln.

▸ Die Daten können aus einer XML-Datei bezogen werden.

▸ Daten können aus einer Auflistung oder aus einer Datenbank stammen.

Eine Bedingung wird dabei an das Datenziel gestellt: Die Datenbindung funktioniert nur, wenn die Eigenschaft des Datenziels, die an eine Datenquelle gebunden wird, als Abhängigkeitseigenschaft (Dependency Property) implementiert ist. Erfreulicherweise erfüllen fast alle Eigenschaften der WPF-spezifischen Klassen diese Bedingung.

Die einfachste Bindung in der WPF ist die Bindung zwischen zwei WPF-Komponenten. Auch hier wird zwischen der Datenquelle und dem Datenziel unterschieden. Die Datenquelle stellt einen Wert zur Verfügung, das Datenziel bindet sich mit einer Eigenschaft an diesen Wert. Wie bereits erwähnt, muss die bindende Eigenschaft des Datenziels dabei eine Bedingung erfüllen: Es muss eine Abhängigkeitseigenschaft (Dependency Property) sein.

Sehen Sie sich Abbildung 29.1 an. Das Fenster enthält eine TextBox und eine ListBox. Die ListBox enthält einige Namen, von denen einer ausgewählt werden kann. Die Eigenschaft Text der TextBox ist an die ListBox in der Weise gebunden, dass der in der ListBox ausgewählte Name von der TextBox übernommen wird.

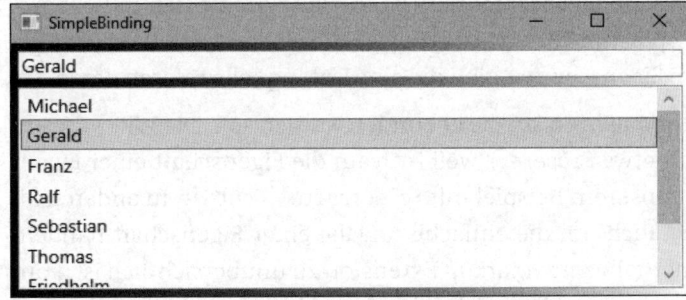

Abbildung 29.1 Einfache Datenbindung zwischen »TextBox« und »ListBox«

Nun folgt der XAML-Code, auf dem die Abbildung basiert.

```
// Beispiel: ..\Kapitel 29\SimpleBinding
<Window ...>
<Grid>
  <Grid.RowDefinitions>
    <RowDefinition Height="Auto" />
    <RowDefinition />
  </Grid.RowDefinitions>
  <TextBox Text="{Binding ElementName=listBox1, Path=SelectedItem.Content}"
           Name="textBox1" />
  <ListBox Grid.Row="1" Name="listBox1" SelectedIndex="0">
    <ListBoxItem>Michael</ListBoxItem>
    <ListBoxItem>Gerald</ListBoxItem>
    <ListBoxItem>Franz</ListBoxItem>
    <ListBoxItem>Ralf</ListBoxItem>
    <ListBoxItem>Sebastian</ListBoxItem>
    <ListBoxItem>Thomas</ListBoxItem>
    <ListBoxItem>Friedhelm</ListBoxItem>
    <ListBoxItem>Karsten</ListBoxItem>
  </ListBox>
</Grid>
</Window>
```

Listing 29.1 Der XAML-Code des Beispielprogramms »SimpleBinding«

Die Datenquelle ist die ListBox, die TextBox ist das Datenziel. Mit

`Text="{Binding ElementName=listBox1, Path=SelectedItem.Content}"`

wird die Eigenschaft Text der TextBox an das in der ListBox ausgewählte Element gebunden.

Datenbindungen werden im XAML-Code mit der Markup-Erweiterung umgesetzt. In der Markup-Erweiterung wird ein Objekt vom Typ Binding erzeugt. Dem Binding-Objekt muss die Datenquelle bekannt sein und die Eigenschaft der Datenquelle, an die gebunden wird. Die Datenquelle wird in dem Beispiel mit ElementName angegeben. Es sei aber schon jetzt darauf hingewiesen, dass es weitere Eigenschaften gibt, die eine Datenquelle referenzieren.

Path gibt die Eigenschaft der Datenquelle an, an die gebunden werden soll. Die WPF verwendet den Ausdruck Path (und nicht etwa Property), weil Path auf die Eigenschaft einer Eigenschaft zeigen kann – wie auch in unserem Beispiel mit SelectedItem.Content. In anderen Situationen kann es sich natürlich auch um die einfache Angabe einer Eigenschaft handeln (z. B. Text). Wem die Bindung innerhalb einer Markup Extension zu unübersichtlich ist, können Sie die längere, besser strukturierte explizite Schreibweise wählen:

```
<TextBox Margin="6 6 6 0" Name="textBox1" >
  <TextBox.Text>
    <Binding ElementName="listBox1", Path="SelectedItem.Content" />
  </TextBox.Text>
</TextBox>
```

Listing 29.2 Lange Schreibweise einer Datenbindung

Hinweis

Sie können auf die explizite Angabe von Path auch verzichten und die Eigenschaft direkt hinter Binding angeben:

Text="{Binding SelectedItem.Content, ElementName=textBox1}"

Bei dieser etwas kürzeren Schreibweise wird nicht der parameterlose Konstruktor der Klasse Binding aufgerufen, sondern der einfach parameterisierte, der die Path-Angabe entgegennimmt.

Eine Datenbindung ist auch mit C#-Programmcode möglich. Bezogen auf unser Beispielprogramm könnte die Bindung im Konstruktor des Window-Objekts nach dem Aufruf der Methode InitializeComponent erfolgen:

```
public MainWindow()
{
  InitializeComponent();
  Binding binding = new Binding();
  binding.Path = new PropertyPath("SelectedItem.Content");
  binding.ElementName = "listBox1";
  textBox1.SetBinding(TextBox.TextProperty, binding);
}
```

Listing 29.3 Datenbindung mit C#-Code

Bemerkenswert ist die Anbindung der Eigenschaft Text an die durch das Binding-Objekt beschriebene Datenquelle mit der Methode SetBinding, der zwei Argumente übergeben werden: Dem ersten Parameter wird die Abhängigkeitseigenschaft des Datenziels übergeben, an die gebunden werden soll, dem zweiten Parameter die Referenz auf das Binding-Objekt. Dass die Eigenschaft Path vom Typ PropertyPath ist, lässt sich darauf zurückführen, dass der Pfad relativ komplex sein kann. Im Hintergrund wird die Reflection verwendet, um die Pfadangabe aufzulösen.

29

29.1   Die Klasse »Binding«

Ein Binding-Objekt beschreibt die Bindung zwischen einer Datenquelle und der bindenden Komponente. Die wichtigsten Eigenschaften des Binding-Objekts können Sie Tabelle 29.1 entnehmen. Viele der aufgeführten Eigenschaften werden Sie im Verlauf des Kapitels innerhalb der Beispielprogramme noch wiederfinden.

Eigenschaft	Beschreibung
Converter	Diese Eigenschaft gibt an, welches Objekt als Konverter zwischen zwei Datentypen dienen soll.
ConverterParameter	Ruft den an den Konverter zu übergebenen Parameter ab.
ElementName	Diese Eigenschaft gibt den Bezeichner des Steuerelements an, das als Datenquelle dient.
FallbackValue	Diese Eigenschaft definiert einen Standardwert, der verwendet wird, wenn das Binding-Objekt noch keinen Wert zurückliefert.
IsAsync	Wird diese Eigenschaft auf true gesetzt (Standard ist false), werden die Daten aus der Datenquelle asynchron geladen oder asynchron in die Datenquelle geschrieben.
Mode	Legt den Bindungsmodus fest. Damit lässt sich die Verhaltensweise einer eventuellen gegenseitigen Aktualisierung zwischen Datenquelle und Datenziel steuern.
NotifyOnSourceUpdate NotifyOnTargetUpdate	Mit diesen Eigenschaften werden Ereignisse ermöglicht, die beim Aktualisieren der Datenquelle oder des Datenziels auftreten.
NotifyOnValidationError	Gibt an, ob das angefügte Ereignis Error für das angebundene Objekt ausgelöst werden soll.
Path	Mit Path wird die Eigenschaft festgelegt, an die Daten gebunden werden sollen.
RelativeSource	Diese Eigenschaft legt die Datenquelle relativ zum Datenziel fest.
Source	Die Eigenschaft Source legt die Quelle der Datenbindung fest.
StringFormat	Gibt an, wie eine Zeichenfolge dargestellt werden soll.

Tabelle 29.1 Die Eigenschaften eines »Binding«-Objekts (Auszug)

Eigenschaft	Beschreibung
TargetNullValue	Gibt den Wert an, der verwendet wird, wenn der Wert der Datenquelle null ist.
UpdateSourceTrigger	Mit dieser Eigenschaft wird angegeben, wann die Datenquelle aktualisiert werden soll.
ValidationRules	eine Liste von Regeln, die die Benutzereingabe überprüfen

Tabelle 29.1 Die Eigenschaften eines »Binding«-Objekts (Auszug) (Forts.)

29.1.1   Binden an eine Datenquelle

Das Einführungsbeispiel *SimpleBinding* verwendete die Eigenschaft ElementName, um die Datenquelle anzugeben (siehe Listing 29.1). ElementName wird immer dann verwendet, wenn es sich bei der Datenquelle um eine visuelle WPF-Komponente handelt. Möchten Sie an ein anderes Objekt binden, müssen Sie anstelle von ElementName eine der drei folgenden Eigenschaften angeben:

▶ Source

▶ RelativeSource

▶ DataContext

▶ ItemsSource

Die Eigenschaft »Source«

Die Eigenschaft Source ist die allgemeinste von allen. Sie können damit praktisch jedes CLR-Objekt (C#-Objekt) referenzieren. Nehmen wir an, Sie hätten eine Klasse Person implementiert und würden im XAML-Code in einem Ressourcenabschnitt ein Objekt davon erstellen. Die Bindung des Objekts an eine TextBox würde mit der Eigenschaft Source wie in Listing 29.4 gezeigt erfolgen:

```
<Window.Resources>
  <local:Person x:Key="pers" Name="Hans Schneider" />
</Window.Resources>
<Grid>
  <TextBox Text="{Binding Source={StaticResource pers}, Path=Name}" />
</Grid>
```

Listing 29.4 Bindung an ein CLR-Objekt

Hier greift die Eigenschaft Source mit StaticResource auf das weiter oben im XAML-Code definierte Objekt zu.

29

Binden an relative Datenquellen

Bindungen müssen sich nicht zwangsläufig auf ein konkretes Steuerelement oder ein CLR-Objekt beziehen. Eine Bindung kann mit RelativeSource auch auf eine relative Quelle verweisen.

Der folgende XAML-Code beschreibt einen Slider, der vom Minimalwert 0 bis zum Maximalwert 10 den jeweils aktuellen Wert einem ToolTip-Element anzeigt.

```
<Slider ToolTip="{Binding RelativeSource={RelativeSource Self}, Path=Value}" />
```

Dieser Verweis kann auch ohne Markup Extension definiert werden:

```
<Slider>
  <Slider.ToolTip>
    <Binding Path="Value">
      <Binding.RelativeSource>
        <RelativeSource Mode="Self" />
      </Binding.RelativeSource>
    </Binding>
  </Slider.ToolTip>
</Slider>
```

Listing 29.5 Relativer Verweis ohne Markup Extension

Die Eigenschaft Mode der Klasse RelativeSource ist vom Typ der Enumeration RelativeSourceMode. In dieser werden neben Self drei weitere Modi zur Angabe relativer Bezüge beschrieben, siehe Tabelle 29.2.

Modus	Beschreibung
FindAncestor	relative Navigation durch den Elementbaum mit Hilfe des gewünschten Typs und des Levels
PreviousData	In einer Auflistung rufen Sie über diesen Modus den vorherigen Datensatz ab.
Self	Verweis auf sich selbst
TemplatedParent	Dieser Modus ist nur innerhalb eines Templates sinnvoll und verweist auf sich selbst in einem Template (Self würde ControlTemplate liefern und nicht das Element selbst).

Tabelle 29.2 Die Mitglieder der Enumeration »RelativeSourceMode«

Sehen wir uns ein Beispiel zu FindAncestor an. Diese Angabe dient dazu, die Datenquelle auf ein im Elementbaum höher liegendes Element eines bestimmten Typs zu setzen. FindAncestor erwartet, dass in der AncestorType-Eigenschaft des RelativeResource-Objekts der gesuchte Typ angegeben wird.

In unserem Codefragment wollen wir die Eigenschaft Text einer TextBox an die Beschriftung der Titelleiste des Window-Elements binden (Eigenschaft Title).

```
<TextBox Text="{Binding RelativeSource={RelativeSource FindAncestor,
         AncestorType=Window}, Path=Title}"/>
```

Natürlich gibt es Fälle, in denen der angegebene Typ mehrfach im Elementbaum auftritt. Sie haben dann die Möglichkeit, mit der Eigenschaft AncestorLevel den n-ten gefundenen Treffer anzugeben. Dabei entspricht der Wert 1 dem ersten gefundenen Element dieses Typs. In der folgenden XAML-Zeile wird FindAncestor verwendet, um die Content-Eigenschaft eines Button-Objekts an die Eigenschaft Text der TextBox zu binden. Es wird dabei nach der zweiten Schaltfläche gesucht.

```
<TextBox Text="{Binding RelativeSource={RelativeSource FindAncestor,
         AncestorType=Button, AncestorLevel=2}, Path=Content}" />
```

Sollte das angegebene Element nicht gefunden werden, bleibt die TextBox leer. Es bietet sich an, dies durch eine entsprechende Ausgabe kenntlich zu machen. Hier hilft die Eigenschaft FallbackValue des Binding-Objekts weiter.

```
<TextBox Text="{Binding RelativeSource={RelativeSource FindAncestor,
         AncestorType=Button, AncestorLevel=2}, Path=Content,
         FallbackValue=Element nicht gefunden}" />
```

Sollte die Schaltfläche nicht existieren, wird in der TextBox die Zeichenfolge »Element nicht gefunden« angezeigt.

Bindungen mit »DataContext«

DataContext ist eine Eigenschaft, die von allen Klassen bereitgestellt wird, die entweder von FrameworkElement oder FrameworkContentElement abgeleitet sind. Die Eigenschaft DataContext ist vom Typ Object. Daher können Sie an DataContext jedes x-beliebige Objekt übergeben, beispielsweise im Window:

```
this.DataContext = irgendeinObjekt;
```

Jetzt können alle dem Window untergeordneten Elemente von der Angabe profitieren und das angebundene Datenobjekt nutzen. Dazu muss noch nicht einmal die Datenquelle angegeben werden. Erfolgt nämlich bei der Datenbindung keine explizite Angabe der Datenquelle, beispielsweise mit

```
<TextBox Text="{Binding Name}" />
```

wird die WPF zuerst die DataContext-Eigenschaft des betreffenden Elements, hier also der TextBox, untersuchen. Sollte diese null sein, sucht die WPF den Elementbaum in Richtung

29

des Wurzelelements so lange ab, bis sie zum ersten Mal auf eine DataContext-Eigenschaft stößt, die von null abweicht, und nutzt diese. Sollten alle DataContext-Eigenschaften null aufweisen, wird dem bindenden Element kein Wert zugewiesen. Falls erforderlich, kann ein Steuerelement im Bedarfsfall trotzdem explizit auf eine andere Datenquelle verweisen. Dazu ist nur die ausdrückliche Angabe von ElementName, Source, DataContext oder RelativeSource notwendig.

Bindungen mit »ItemsSource«

Alle Listensteuerelemente sind von der Basis ItemsControl abgeleitet. Damit erben die Ableitungen auch die Eigenschaft ItemsSource. ItemsSource erwartet ein Objekt, das die Schnittstelle IEnumerable implementiert, also seinerseits selbst eine Liste repräsentiert. Obwohl auch alle Listensteuerelemente über die Eigenschaft DataContext verfügen, ist es üblich, Listenelemente direkt an ItemsSource zu binden.

29.1.2   Mit »Path« an eine Eigenschaft der Datenquelle binden

Path erwartet die Angabe der Eigenschaft der Datenquelle, an die gebunden werden soll. Die Angabe selbst gestattet zahlreiche Möglichkeiten:

▶ Im einfachsten Fall geben Sie nur die Eigenschaft an, z. B.:

Path=Text

▶ Es kann sich um eine untergeordnete Eigenschaft einer anderen Eigenschaft handeln, wie das Beispielprogramm *SimpleBinding* gezeigt hat:

Path=SelectedItem.Content

▶ Müssen Sie an eine angehängte Eigenschaft (Attached Property) binden, schließen Sie die angehängte Eigenschaft in Klammern ein. Diese Syntax wird auch zum Binden an statische Eigenschaften verwendet, z. B.:

Path=(Grid.Row)

▶ Sie könnten auch ohne Probleme an einen bestimmten Index einer Liste binden, z. B.:

Path=Items[0].Content

▶ Mit

Path = /

wird eine Bindung an das aktuelle Element einer Auflistung erstellt. Die Datenquelle ist eine Collection.

▶ Ein Slash wird auch verwendet, wenn die Datenquelle selbst keine Collection ist, aber eine Eigenschaft vom Typ einer Collection hat. Angenommen, die Datenquelle hätte eine Property namens Customers, die viele Customer-Objekte beschreibt; dann könnten Sie mit

Path = Customers/Name

an die Eigenschaft Name des aktuellen Customer-Objekts binden.

Sehen wir uns die folgenden Listings an, die die beiden letztgenannten Punkte besser verdeutlichen. Es sei zunächst einmal die folgende Ausgangssituation angenommen:

```
class Persons
{
  private List<Person> _Liste;
  public List<Person> Liste
  {
    get => _Liste;
  }
  public Persons()
  {
    _Liste = new List<Person>();
    Liste.Add(new Person { ... });
    [...]
  }
}
class Person
{
  public string Name { get; set; }
  [...]
}
```

Listing 29.6 Die Klassen »Persons« und »Person«

Die Klasse Persons veröffentlicht über die Eigenschaft Liste eine Auflistung mehrerer Person-Objekte. Im Konstruktor des Window-Elements wird ein Persons-Objekt mit der Anweisung

```
this.DataContext = new Persons();
```

an die Eigenschaft DataContext des Fensters gebunden. Im Fenster sei eine TextBox, die an die Eigenschaft Name des in der Liste ausgewählten Elements gebunden werden soll. Mit dem folgenden Bindungscode ist das möglich:

```
<TextBox Text="{Binding Liste/Name}" />
```

Dass Sie hier keine explizite Datenquellenangabe finden, ist die kleine Magie hinter DataContext. Beachten Sie, dass Persons selbst keine Collection ist, aber eine solche hat.

Anders sieht die Anbindung im XAML-Code aus, wenn die an DataContext gebundene Datenquelle selbst eine Collection ist. Hier zunächst die Übergabe der Auflistung an die Eigenschaft DataContext:

```
List<Person> Liste = new List<Person>();
Liste.Add(new Person {...});
[...]
this.DataContext = Liste;
```

Um in der TextBox die Eigenschaft Name des aktuell in der Liste ausgewählten Elements anzuzeigen, wird die Bindung wie folgt beschrieben:

```
<TextBox Text="{Binding /Name}" />
```

Hinweis

XAML-Code lässt sich nicht debuggen. Es gibt jedoch eine Ausnahme, und das ist die Eigenschaft Path. Nehmen wir einmal an, Sie hätten im Beispiel *SimpleBinding* die Angabe von Path wie folgt geschrieben:

```
<TextBox Text="{Binding ElementName=listBox1, Path=Selecteditem.Content}"/>
```

Es müsste SelectedItem heißen und nicht Selecteditem. Das Programm startet trotzdem, allerdings wird die bindende Textbox keinen Inhalt aufweisen. Fehler dieser Art sind eigentlich schwer zu lokalisieren, aber Sie können dennoch auf eine kleine Unterstützung von Visual Studio setzen: Öffnen Sie dazu zur Laufzeit das Ausgabefenster mit DEBUGGEN • FENSTER • AUSGABE. Sie werden dort eine Zeile finden, die ziemlich genau den Fehler des Databindings lokalisiert (siehe Abbildung 29.2).

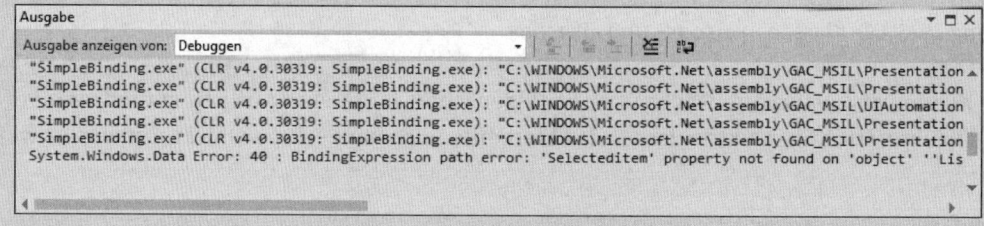

Abbildung 29.2 Hinweis auf eine fehlerhafte Datenbindung

29.1.3   Die Bindungsrichtung mit »Mode« festlegen

Das Beispielprogramm *SimpleBinding* (siehe Listing 29.1) wollen wir für einen Test benutzen. Wählen Sie dazu zur Laufzeit einen der in der ListBox eingetragenen Namen aus. Ändern Sie nun den Namen in der TextBox, und fokussieren Sie erneut die ListBox. Sie werden feststellen, dass der neue Name in der TextBox den ursprünglichen Namen in der ListBox ersetzt. Anscheinend ist das Datenziel in der Lage, die Datenquelle zu aktualisieren. Wir ergänzen nun den Bindungscode der TextBox wie folgt:

```
Text="{Binding SelectedItem.Content, ElementName=listBox1, Mode=OneWay}"
```

Wenn Sie denselben Test nun erneut durchführen, werden Sie einen gravierenden Unterschied feststellen: Die Datenquelle, also die ListBox, übernimmt die Änderung nicht mehr.

Durch unterschiedliche Angaben des Bindungsmodus lassen sich offensichtlich die wechselseitigen Änderungen zwischen der Datenquelle und dem Datenziel steuern. Mode kann Werte annehmen, die in der Enumeration BindingMode beschrieben werden. Diese können Sie Tabelle 29.3 entnehmen.

Bindungstyp	Beschreibung
Default	Hiermit wird der Standardmodus beschrieben, der für die Eigenschaft vordefiniert ist. Dabei handelt es sich meistens um den Modus TwoWay.
OneTime	Der Wert wird nur einmal von der Quelle zum Ziel übertragen. Danach findet keine Aktualisierung mehr statt.
OneWay	Der Wert wird nur von der Quelle zum Ziel übertragen. Das Datenziel kann die Datenquelle nicht aktualisieren.
OneWayToSource	Der Wert wird von der Quelle zum Ziel übertragen. Ändert sich der Wert im Datenziel, wird die Datenquelle ebenfalls aktualisiert.
TwoWay	Die Werte sowohl von der Quelle als auch vom Ziel werden in beide Richtungen übertragen.

Tabelle 29.3 Bindungsarten der Enumeration »BindingMode«

Am besten lassen sich die Einstellungen verstehen, indem Sie die entsprechenden Auswirkungen an einem Beispiel testen. Dazu dient das folgende Beispielprogramm *BindungsModi*, dessen Oberfläche Sie in Abbildung 29.3 sehen.

```
// Beispiel: ..\Kapitel 29\BindungsModi
<Window ...>
  <Grid>
    <Grid.ColumnDefinitions>
      <ColumnDefinition />
      <ColumnDefinition />
    </Grid.ColumnDefinitions>
    <Grid.RowDefinitions>
      <RowDefinition Height="Auto"/>
      <RowDefinition Height="Auto"/>
    </Grid.RowDefinitions>
    <Label Foreground="White">Datenquelle</Label>
    <Label Foreground="White" Grid.Column="1">Datenziel</Label>
    <TextBox Name="txtSource" Grid.Column="0" Grid.Row="1"
             Margin="5">Hello</TextBox>
```

```
  <TextBox Name="txtTarget" Grid.Column="1" Grid.Row="1" Margin="5"
          Text="{Binding Text, ElementName=txtSource, Mode=Default}" />
  </Grid>
</Window>
```

Listing 29.7 Der XAML-Code des Beispielprogramms

Abbildung 29.3 Ausgabe des Beispielprogramms »BindungsModi«

Ändern Sie in diesem Beispiel die verschiedenen Einstellungen von Mode. Auffällig sind dabei OneWay und OneWayToSource, die im Grunde genommen beide eine Bindung in der Art einer Einbahnstraße festschreiben. Der Modus OneWay bietet sich an, wenn dem Benutzer die Daten schreibgeschützt angezeigt werden sollen.

29.1.4   Das Aktualisieren mit »UpdateSourceTrigger« steuern

Kommen wir zurück zum Beispielprogramm *BindungsModi* mit der Einstellung TwoWay. Ändert sich die Datenquelle, wird das Ziel der Bindung sofort aktualisiert. Ändert sich hingegen das Datenziel, wird die Datenquelle erst in dem Moment aktualisiert, wenn das Datenziel den Fokus verliert. Dieses Verhalten ist nicht immer wünschenswert und kann mit der Eigenschaft UpdateSourceTrigger des Binding-Objekts gesteuert werden. Die möglichen Einstellungen der Eigenschaft UpdateSourceTrigger sind in der gleichnamigen Enumeration UpdateSourceTrigger festgelegt (siehe Tabelle 29.4).

Wert	Beschreibung
Default	Die Standardeinstellung variiert abhängig vom verwendeten Element. Bei einer TextBox ist zum Beispiel die Standardeinstellung LostFocus. In den meisten Fällen handelt es sich um PropertyChanged.
Explicit	Die Änderung muss explizit durch Aufruf der UpdateSource-Methode des BindingExpression-Objekts erfolgen.
LostFocus	Die Datenquelle wird aktualisiert, wenn das Datenziel den Fokus verliert.
PropertyChanged	Die Aktualisierung erfolgt bei jeder Änderung. Allerdings beansprucht diese Einstellung die Ressourcen sehr intensiv.

Tabelle 29.4 Einstellungen der Eigenschaft »UpdateSourceTrigger«

Denken Sie daran, dass die in der Tabelle angegebenen Werte keinen Einfluss darauf haben, wie die Datenquelle aktualisiert wird, sondern nur, wann die Datenquelle aktualisiert wird.

Mit diesem Wissen ausgestattet, können Sie nun eine Datenbindung definieren, die bei jeder Änderung sofort die Quelle über die Änderung informiert.

```
<TextBox Text="{Binding ElementName=textBox1, Path=Text, Mode=TwoWay,
           UpdateSourceTrigger=PropertyChanged}"/>
```

Sie sollten besonders bei der TextBox berücksichtigen, dass jede Änderung mit der Option PropertyChanged zu Lasten der Performance geht. Das ist auch der Grund für die Standardeinstellung LostFocus.

Die Einstellung »UpdateSourceTrigger.Explicit«

Eine Sonderstellung nimmt die Einstellung Explicit der Eigenschaft UpdateSourceTrigger ein. Die Datenquelle wird erst dann aktualisiert, wenn die Methode UpdateSource der Klasse BindingExpression aufgerufen wird. Der Aufruf könnte innerhalb eines Ereignishandlers programmiert werden, wie das Beispiel in Listing 29.8 zeigt:

```
// Beispiel: ..\Kapitel 29\ExplicitUpdate
<Window ... >
  <Grid>
    <Grid.ColumnDefinitions>
      <ColumnDefinition Width="Auto"/>
      <ColumnDefinition/>
    </Grid.ColumnDefinitions>
    <Grid.RowDefinitions>
      <RowDefinition Height="Auto"/>
      <RowDefinition Height="Auto"/>
      <RowDefinition Height="Auto"/>
    </Grid.RowDefinitions>
    <Label Margin="5">Datenquelle:</Label>
    <Label Grid.Row="1" Margin="5">Datenziel:</Label>
    <TextBox Grid.Column="1" Name="txtSource" Margin="5"></TextBox>
    <TextBox Grid.Column="1" Grid.Row="1"  Name="txtTarget" Margin="5"
           Text="{Binding Text, ElementName=txtSource,
                          UpdateSourceTrigger=Explicit}"/>
    <Button Name="btnUpdate" Grid.Column="1" Grid.Row="2" Margin="10" Height="30"
           Click="btnUpdate_Click">Aktualisieren</Button>
  </Grid>
</Window>
```

Listing 29.8 XAML-Code des Beispiels »ExplicitUpdate«

29

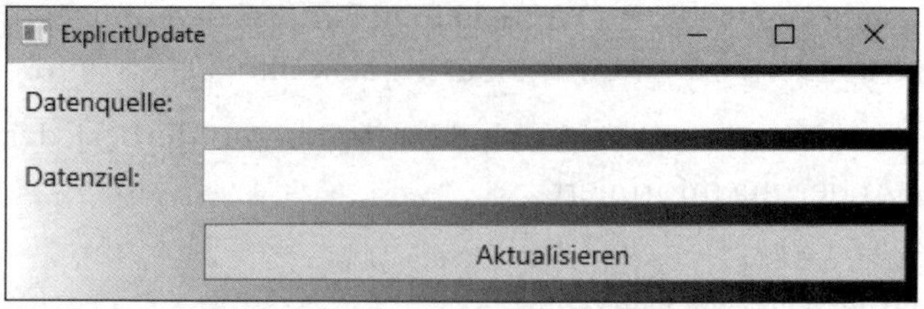

Abbildung 29.4 Fenster des Beispiels »ExplicitUpdate«

Zu dem XAML-Code gehört der Ereignishandler der Schaltfläche in der Code-Behind-Datei:

```csharp
private void btnUpdate_Click(object sender, RoutedEventArgs e)
{
  BindingExpression binding = txtTarget.GetBindingExpression(TextBox.TextProperty);
  binding.UpdateSource();
}
```

Listing 29.9 C#-Code des Beispiels »ExplicitUpdate«

Während ein Objekt vom Typ `Binding` lediglich die Eigenschaften einer Bindung beschreibt und sich somit auch für mehrere Bindungen eignet, repräsentiert das `BindingExpression`-Objekt die eigentliche Datenbindung zwischen Datenquelle und Datenziel. Eine Referenz auf das `BindingExpression`-Objekt erhalten Sie auch als Rückgabewert der Methode `SetBinding` (siehe Listing 29.3).

Neben der im Beispielprogramm eingesetzten Methode `UpdateSource` besitzt das `Binding-Expression`-Objekt die Methode `UpdateTarget`, mit der das Datenziel aktualisiert wird. `Update-Target` lässt sich sinnvoll einsetzen, wenn die Datenquelle nur eine gewöhnliche CLR-Eigenschaft ist und nicht das Interface `INotifyPropertyChanged` implementiert (mehr dazu später in diesem Kapitel).

29.1.5 Die Ereignisse »SourceUpdated« und »TargetUpdated«

Ändert sich das Datenziel oder die Datenquelle, können die Ereignisse `SourceUpdated` und `TargetUpdated` ausgelöst werden. Beide sind als Attached Events in der Klasse `Binding` definiert. `SourceUpdated` wird ausgelöst, wenn sich die Datenquelle aufgrund einer Änderung des Datenziels geändert hat. Analog wird das Ereignis `TargetUpdated` ausgelöst, wenn sich das Datenziel wegen einer Änderung der Datenquelle aktualisiert.

Ereignis	Beschreibung
SourceUpdated	Wird ausgelöst, wenn die Datenquelle wegen einer Änderung des Datenziels aktualisiert wird.

Tabelle 29.5 Ereignisse bei der Aktualisierung datengebundener Komponenten

Ereignis	Beschreibung
TargetUpdated	Wird ausgelöst, wenn das Datenziel wegen einer Änderung der Daten-quelle aktualisiert wird.

Tabelle 29.5 Ereignisse bei der Aktualisierung datengebundener Komponenten (Forts.)

Beide Ereignisse werden jedoch nicht standardmäßig ausgelöst, sie müssen zuerst aktiviert werden. Dazu dienen die beiden Eigenschaften NotifyOnSourceUpdated und NotifyOnTarget-Updated des Binding-Objekts, die auf true gesetzt werden müssen.

Sehen wir uns das im folgenden Beispiel an. Die Oberfläche ist ähnlich der des Beispiels *ExplicitUpdate*, enthält aber keinen Button. Die Eigenschaft Mode ist auf die Standardvorgabe festgelegt.

```
// Beispiel: ..\Kapitel 29\BindingEvents
<Window ...>
<Grid>
  [...]
  <Label Margin="5">Datenquelle:</Label>
  <Label Grid.Row="1" Margin="5">Datenziel:</Label>
  <TextBox Grid.Column="1" Name="txtSource" Margin="HamburgTextBox>
  <TextBox Grid.Column="1" Grid.Row="1" Name="txtTarget" Margin="5"
          Text="{Binding Text, ElementName=txtSource,
          NotifyOnSourceUpdated=True,
          NotifyOnTargetUpdated=True}"
          SourceUpdated="txtTarget_SourceUpdated"
          TargetUpdated="txtTarget_TargetUpdated" />
  </Grid>
</Window>
```

Listing 29.10 XAML-Code des Beispiels »BindingEvents«

Hier noch der C#-Code der beiden Ereignishandler:

```
private void txtTarget_SourceUpdated(object sender, DataTransferEventArgs e)
{
  MessageBox.Show("Aktualisierung der Datenquelle durchgeführt.");
}
private void txtTarget_TargetUpdated(object sender, DataTransferEventArgs e)
{
  MessageBox.Show("Datenziel hat sich aktualisiert.");
}
```

Listing 29.11 Ereignishandler des Beispiels »BindingEvents«

29

29.1.6   Beenden einer Bindung

Um eine Bindung zu lösen, rufen Sie die statische Methode `ClearBinding` der Klasse `Binding-Operations` auf und geben dabei das Zielobjekt und die abhängige Eigenschaft an:

```
BindingOperations.ClearBinding(textBox1, TextBox.TextProperty);
```

Hier wird beispielsweise die Bindung der Eigenschaft `Text` eines Elements mit dem Namen *textBox1* gelöst. Sind mehrere Eigenschaften der Zielkomponente datengebunden, können Sie auch mit einem einzigen Methodenaufruf alle Bindungen mit einer Anweisung lösen. Dazu dient die Methode `ClearAllBindings`:

```
BindingOperations.ClearAllBindings(textBox1);
```

29.2   Konverter mit »IValueConverter« und »IMultiValueConverter«

Haben Sie sich schon einmal darüber Gedanken gemacht, wie die folgende Angabe umgesetzt wird?

```
<Button Background="Blue" />
```

Wir übergeben der Eigenschaft `Background` eine Zeichenfolge, obwohl die Eigenschaft tatsächlich vom Typ `Brush` ist. Die Zeichenfolge wird anscheinend in ein Objekt vom Typ `Brush` umgewandelt. Dabei spielen Konvertierungsklassen (Konverter) die entscheidende Rolle. Konvertierungsklassen kommen unter anderem zum Einsatz, wenn man Objekteigenschaften anders anzeigen möchte, als es die `ToString`-Methode vorgibt.

Sie können mit den vom `Binding` zur Verfügung gestellten Bordmitteln eigene Konverter schreiben, die über eine Typumwandlung hinaus Werte berechnen können. Die Einsatzmöglichkeiten sind vielfältig.

Konverter werden durch Klassen beschrieben, die das Interface `IValueConverter` implementieren. Die Schnittstelle, die zum Namespace `System.Windows.Data` gehört, erzwingt die Bereitstellung der beiden Methoden `Convert` und `ConvertBack`. Dabei beschreibt `Convert` eine Konvertierung der Daten aus der Datenquelle kommend in Richtung Datenziel, `ConvertBack` die entgegengesetzte Richtung – falls das überhaupt möglich oder notwendig ist. Das Interface ist wie folgt definiert:

```
public interface IValueConverter
{
  public object Convert(object value, Type targetType,
                        object parameter, CultureInfo culture);
  public object ConvertBack(object value, Type targetType,
                            object parameter, CultureInfo culture)
}
```

Der erste Parameter beschreibt jeweils den Wert der Bindungsquelle, der zweite den Typ der Zieleigenschaft. Benötigt der Konverter zur gewünschten Ausführung weitere Informationen, können diese dem dritten Parameter übergeben werden. Mit dem vierten Parameter vom Typ `CultureInfo` lässt sich eine bestimmte Kultur angeben.

Das Besondere eines Konverters ist, dass immer dann, wenn die Bindung von der Datenquelle in Richtung des Datenziels aktiv wird, die Methode `Convert` automatisch aufgerufen wird. Aktualisiert die Datenquelle das Datenziel, kommt es zum automatischen Aufruf der Methode `ConvertBack`.

29.2.1 Einfaches Konverter-Beispiel

Stellen wir uns vor, wir hätten die folgende Klasse `Share` implementiert, die eine Aktie beschreiben soll:

```
public class Share
{
  public string Company { get; set; }
  public double Value { get; set; }
}
```

Listing 29.12 Die Klasse »Share«

Wir wollen ein Objekt dieses Typs im XAML-Code erzeugen. Dazu ist zuerst der Namespace, dem die Klassendefinition von `Share` zugeordnet ist, auf ein Namespace-Präfix abzubilden, z. B.:

```
<Window ... xmlns:local="clr-namespace:Converter_Sample1">
```

> **Hinweis**
>
> Im Visual Studio 2019 wird der lokale Namespace der aktuellen Anwendung per Vorgabe direkt mit dem Namespacepräfix `local` bekannt gegeben. Sie brauchen sich ab dieser Visual-Studio-Version also nicht selbst darum zu kümmern.

Nun können wir ein `Share`-Objekt erzeugen und müssen es im XAML-Code verfügbar machen. Dazu eignet sich generell die Eigenschaft `Resources`, die von den meisten WPF-Komponenten unterstützt wird. Um das Objekt im gesamten Fenster verfügbar zu machen, erzeugen wir das Objekt im `Window.Resources`-Abschnitt:

```
<Window.Resources>
  <local:Share x:Key="aktie" Company="Tollsoft" Value="211.73536"/>
</Window.Resources>
```

Listing 29.13 Erzeugen eines »Aktie«-Objekts im XAML-Code

29

Der Wert der Aktie und der Name des Unternehmens werden in einer TextBox angezeigt. Allerdings sollen vom Aktienpreis nur die ersten beiden Nachkommastellen berücksichtigt werden. Diese Forderung kann mit einem Konverter umgesetzt werden, wie Listing 29.14 zeigt.

```csharp
[ValueConversion(typeof(double), typeof(string))]
public class ValueConverter : IValueConverter
{
  public object Convert(object value, Type targetType,
                        object parameter, CultureInfo culture)
  {
    string param = parameter as string;
    if(param != null)
      return ((double)value).ToString(param);
    throw new InvalidCastException();
  }
  public object ConvertBack(object value, Type targetType,
                            object parameter, CultureInfo culture)
  {
    string amount = value as string;
    return System.Convert.ToDouble(amount);
  }
}
```

Listing 29.14 Konverter, der eine bestimmte Anzahl Nachkommastellen anzeigt

Die Konverterklasse implementiert die erforderliche Schnittstelle IValueConverter mit den beiden Methoden Convert und ConvertBack.

Die Idee, die sich hinter der Konvertierungsmethode Convert verbirgt, ist, eine Überladung der ToString-Methode des Typs Double zu benutzen, um mit einer numerischen Formatierungszeichenfolge das Ausgabeformat festzulegen. Die Formatierungszeichenfolge erwarten wir im dritten Parameter der Methode Convert. Da dieser Parameter vom Typ Object ist, müssen wir zuerst in einen String konvertieren. Anschließend wird der Übergabeparameter value in den Typ Double konvertiert und dann mit der Methode ToString unter Übergabe der Formatierungszeichenfolge als String an den Aufrufer zurückgeliefert.

Darüber hinaus ziert die Klasse das Attribut ValueConversionAttribute. Sie müssen es nicht unbedingt angeben, alles funktioniert auch ohne Attribut. Dennoch ist die Angabe ein guter Programmierstil, weil es dadurch möglich ist, von »außen« zu erkennen, welche Konvertierung der Konverter durchführt. Die erste Typangabe im Attribut beschreibt übrigens den Datentyp der Quelle, die zweite den Zieldatentyp.

Anmerkung

Die Implementierung der Methode ConvertBack ist nur dann erforderlich, wenn der Mode des Binding-Objekts TwoWay oder OneWayToSource ist.

Ein Objekt des Konverters wird ebenfalls unter Window.Resources verfügbar gemacht. Natürlich dürfen wir auch hier nicht vergessen, gegebenenfalls den Namespace bekanntzugeben, zu dem die Konverterklasse gehört.

```
<Window.Resources>
  <local:ValueConverter x:Key="converter" />
  <local:Share x:Key="aktie" Company="Tollsoft" Value="211.73536"  />
</Window.Resources>
```

Listing 29.15 Konverterobjekt im Abschnitt »Window.Resources« erzeugen

Jetzt müssen wir die Bindung noch dazu bringen, den Konverter zu nutzen. Das ist sehr einfach, denn das Binding-Objekt besitzt zu diesem Zweck die Eigenschaft Converter, der wir das Konverterobjekt übergeben. Dazu benötigen wir eine Markup-Erweiterung und greifen mit StaticResource auf das Konverterobjekt zu. Zur Übergabe der erforderlichen Parameter geben wir diese für die ConverterParameter-Eigenschaft des Binding-Objekts an.

Was zum Schluss noch bleibt, ist der XAML-Code:

```
<Window ... >
  <StackPanel>
    <TextBox Margin="10"
        Text="{Binding Value, Source={StaticResource aktie},
                Converter={StaticResource converter},
                ConverterParameter=#.##}" />
    <TextBox Margin="10" Text="{Binding Source={StaticResource aktie},
                                Path=Company}" />
  </StackPanel>
</Window>
```

Listing 29.16 Nutzung der Konverterklasse im XAML-Code

Hinweis

Sie finden das komplette Beispielprogramm in den MATERIALIEN ZUM BUCH (Download von *www.rheinwerk-verlag.de/4699*) unter ..\Kapitel 29\Converter_Sample1.

29

> **Anmerkung**
>
> Die Aufgabenstellung des gezeigten Beispiels kann auch anders, nämlich ohne Konverter, ge-
> löst werden. Hierzu dient die Eigenschaft `StringFormat` des `Binding`-Objekts. Die Lösung
> sähe wie folgt aus:
>
> ```
> <TextBox Margin="10" Text="{Binding Value, Source={StaticResource aktie},
>  StringFormat=#.##}" />
> ```
>
> Diese Lösung ist einfacher zu realisieren und erfordert zudem weniger Programmcode. Je
> nach Anwendung wäre diese Lösung derjenigen mit dem Konverter vorzuziehen.

29.2.2   Ein weiteres Konverter-Beispiel

Konverter werden meistens eingesetzt, um aus einem Wert ein Objekt eines bestimmten
Typs zu erzeugen. Als typisches Beispiel sei die `Background`-Eigenschaft angeführt, der im
XAML-Code eine Zeichenfolge übergeben wird, aus der ein `SolidColorBrush` generiert wird.

Im nächsten Beispielprogramm befindet sich im Ausgabeverzeichnis der Anwendung das
Verzeichnis *Images*, in dem sich einige Bilder aus verschiedenen Ländern befinden. Aus dem
Namen der Bilddatei kann auf das dargestellte Land geschlossen werden. Beim Starten der
Anwendung soll das Verzeichnis ausgelesen und die Dateinamen sollen ohne Dateiendung
in einer `ListBox` angezeigt werden. Wählt der Anwender einen Eintrag aus, wird das zugehörige Bild in einem `Image`-Element angezeigt. Zur Umsetzung dieser Idee ist ein Konverter notwendig, der aus einer Zeichenfolge das entsprechende Bild erzeugt (siehe Listing 29.17).

```
public class PathConverter : IValueConverter
{
  private string imageDirectory = Directory.GetCurrentDirectory() + @"\Images\";
  public string ImageDirectory
  {
    get => imageDirectory;
    set => imageDirectory = value;
  }
  public object Convert(object value, Type targetType,
                        object parameter, CultureInfo culture)
  {
    if (value == null)
      return null;
    string imagePath = Path.Combine(ImageDirectory, (string)value + ".jpg");
    return new BitmapImage(new Uri(imagePath));
  }
  public object ConvertBack(object value, Type targetType,
                            object parameter, CultureInfo culture)
```

```
  {
     throw new NotSupportedException();
  }
}
```

Listing 29.17 Zeichenfolge in ein Image konvertieren

Die Konverterklasse enthält eine Zeichenfolgevariable, in der der Pfad zum Verzeichnis der Bilder gespeichert wird. In der Convert-Methode wird dieser Pfad verwendet, um zusammen mit dem übergebenen ListBox-Eintrag, der das Land angibt, einen kompletten Zugriffspfad zu bilden. Zur Anbindung an eine Image-Komponente ist ein Objekt vom Typ BitmapImage geeignet. Dieses wird anhand der Pfadangabe, die als Uri-Objekt an den Konstruktor von BitmapImage übergeben wird, in Convert erzeugt.

Beim Starten der Anwendung muss nach dem Aufruf von InitializeComponent das Bildverzeichnis ausgelesen werden. Alle gefundenen Dateien werden in einem Array zwischengespeichert, das später ohne Dateiextension der ListBox hinzugefügt wird. Dabei müssen wir aufpassen, dass die Datei *Thumbs.db* nicht ebenfalls als angebliche Bilddatei als ListBox-Eintrag verwendet wird.

> **Anmerkung**
>
> Mit der Datei *Thumbs.db* verringert Windows die Ladezeiten der Vorschaubilder. Diese Datei wird erzeugt, sobald in die Miniaturansicht eines Verzeichnisses gewechselt wird. Physikalisch ist diese Datei unter
>
> *\Users\YourName\AppData\Local\Microsoft\Windows\Explorer*
>
> zu finden.

```
public MainWindow()
{
  InitializeComponent();
  string imgDirectory = Directory.GetCurrentDirectory() + @"\Images\";
  string[] liste = Directory.GetFileSystemEntries(imgDirectory);
  foreach (var item in liste)  {
    if (item != imgDirectory + "Thumbs.db")
      lstDestinations.Items.Add(System.IO.Path.GetFileNameWithoutExtension(item));
  }
  lstDestinations.SelectedIndex = 0;
}
```

Listing 29.18 Einlesen der Bilddateien

29

Im XAML-Code wird die Eigenschaft Source des Image-Elements an das ausgewählte Element gebunden. Der Konverter sorgt bei jedem Wechsel der Auswahl dafür, dass das entsprechende Bildchen angezeigt wird.

```
<Window ...>
  <Window.Resources>
    <local:PathConverter x:Key="conv" />
  </Window.Resources>
  <Grid>
    [...]
    <ListBox Name="lstDestinations" Margin="10" />
    <Image Grid.Column="1" Width="300"
           Source="{Binding ElementName=lstDestinations,
                            Path=SelectedItem,
                            Converter={StaticResource conv}}" />
  </Grid>
</Window>
```

Listing 29.19 Anbindung des Konverters

Hinweis

Sie finden das komplette Beispielprogramm unter ..\Kapitel 29\Converter_Sample2.

29.2.3   Konverter und »MultiBinding«

Bisher haben wir nur mit Datenbindungen gearbeitet, die es zuließen, eine Steuerelementeigenschaft an genau eine Eigenschaft eines Datenobjekts zu binden. Liegt der Datenbindung ein Objekt der Klasse Person mit den beiden Eigenschaften Vorname und Zuname zugrunde, müssen wir deren Werte mit dem derzeitigen Kenntnisstand in zwei separaten Steuerelementen anzeigen lassen, beispielsweise:

```
<Window.Resources>
  <local:Person x:Key="pers" Vorname="Peter" Zuname="Holzschuh" />
</Window.Resources>
<StackPanel>
  <TextBox Text="{Binding Vorname, Source={StaticResource pers}}"/>
  <TextBox Text=", " />
  <TextBox Text="{Binding Zuname, Source={StaticResource pers}}"/>
</StackPanel>
```

Listing 29.20 Einfache Datenbindung von zwei Objekteigenschaften

Unsere Zielsetzung sei es nun, beide Angaben in einer TextBox zusammenzufassen. Für solche Anwendungsfälle bietet die WPF mit der Klasse MultiBinding die Grundlage für eine einfache Lösung an, die wie folgt aussehen könnte:

```
<TextBox>
  <TextBox.Text>
    <MultiBinding>
      <Binding Source="{StaticResource pers}" Path="Zuname"/>
      <Binding Source="{StaticResource pers}" Path="Vorname"/>
    </MultiBinding>
  </TextBox.Text>
</TextBox >
```

Listing 29.21 Mehrfache Bindung an eine Elementeigenschaft

Tippen Sie diesen Code in den Code-Editor, gibt es eine Fehlermeldung. Der Grund ist, dass das MultiBinding-Objekt nicht weiß, wie es die Daten verarbeiten soll. Dazu ist auch in diesem Fall ein Konverter notwendig. Da mehrere Daten an den Konverter übertragen werden müssen, eignet sich ein Konverter vom Typ IValueConverter nicht mehr. Stattdessen kommt jetzt die Schnittstelle IMultiValueConverter ins Spiel.

Die Schnittstelle IMultiValueConverter ist der Schnittstelle IValueConverter sehr ähnlich. Der Unterschied ist im ersten Parameter der Methode Convert zu finden, der vom Typ object[] ist und somit mehrere Werte empfangen kann. Bei ConvertBack ist es dementsprechend der zweite Parameter und der Rückgabewertdatentyp vom Typ object[].

```
class PersonConverter : IMultiValueConverter
{
  public object Convert(object[] values, Type targetType,
                        object parameter, CultureInfo culture)
  {
    return (string)values[0] + ", " + (string)values[1];
  }
  public object[] ConvertBack(object value, Type[] targetTypes,
                              object parameter, CultureInfo culture)
  {
    throw new NotImplementedException();
  }
}
```

Listing 29.22 Die Konverterklasse »PersonConverter«

Zum Schluss bleibt noch, das MultiBinding-Element um den entsprechenden Konverter zu ergänzen. Dafür stellt uns das Objekt die Eigenschaft Converter bereit.

29

```
<Window ... xmlns:local="clr-namespace:MultiBindingSample">
  <Window.Resources>
    <local:PersonConverter x:Key="converter" />
    <local:Person x:Key="pers" Vorname="Peter" Zuname="Holzschuh" />
  </Window.Resources>
  <StackPanel>
    <TextBox>
      <TextBox.Text>
        <MultiBinding Converter="{StaticResource converter}">
          <Binding Source="{StaticResource pers}" Path="Zuname" />
          <Binding Source="{StaticResource pers}" Path="Vorname" />
        </MultiBinding>
      </TextBox.Text>
    </TextBox>
  </StackPanel>
</Window>
```

Listing 29.23 Multiple Bindung im XAML-Code

Hinweis

Sie finden das komplette Beispielprogramm unter ..*Kapitel 29\MultiBinding_Sample*.

29.3 Validieren von Bindungen

Zu den wichtigen Merkmalen einer Datenbindung gehört die Validierungfähigkeit. Unter *Validierung* wird das Verhalten verstanden, falsche Eingaben oder nicht akzeptable Werte abzulehnen. Die WPF bietet drei Wege an, Daten zu validieren:

▶ mit einem ExceptionValidationRule-Objekt

▶ durch Ableiten der Klasse ValidationRule

▶ durch Implementieren des Interface IDataErrorInfo

Eine Validierung wird nur stattfinden, wenn ein Wert aus dem Datenziel an die Datenquelle übergeben wird. Damit scheint klar, dass eine Validierung nur im Zusammenhang mit den beiden Modi TwoWay und OneWayToSource durchgeführt werden kann.

29.3.1 Die Validierung mit »ExceptionValidationRule«

Eine Datenvalidierung kann im set-Zweig einer Eigenschaft erfolgen. Betrachten wir die Klasse Person in Listing 29.24 und ihre Eigenschaft Age. Das Alter darf per Definition nicht negativ sein. Das führt uns zu dem Entschluss, im set-Zweig eine Ausnahme auslösen, wenn eine unzulässige negative Zuweisung erfolgt.

```csharp
public class Person
{
  private int _Age;
  public int Age
  {
    get => _Age;
    set
    {
      if (value >= 0)
        _Age = value;
      else
        throw new ArgumentException("Das Alter kann nicht negativ sein.");
    }
  }
}
```

Listing 29.24 Die Eigenschaft »Age« mit einer Exception im »set«-Zweig

Angebunden wird ein Person-Objekt im Konstruktor mit

```csharp
DataContext = new Person { Age = 34 };
```

Wir wollen uns nun das Verhalten der Age-Eigenschaft bei einer ungültigen Eingabe in einer WPF-Anwendung ansehen. Dazu soll das Window neben der Eingabemöglichkeit für Age auch die aktuellen Objektdaten anzeigen.

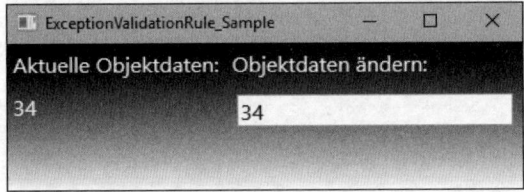

Abbildung 29.5 Das Fensterlayout des Beispiels »ExceptionValidationRule_Sample«

Der Abbildung liegt der folgende XAML-Code zugrunde:

```xml
<Window ...>
[...]
<Grid>
  [...]
  <Label Foreground="White">Aktuelle Objektdaten:</Label>
  <Label Foreground="White" Grid.Column="1">Objektdaten ändern:</Label>
```

29

```
    <Label Foreground="White" Grid.Row="1" Content="{Binding Age}"></Label>
    <TextBox Grid.Column="1" Grid.Row="1" Text="{Binding Age}" Margin="8" />
</Grid>
</Window>
```

Listing 29.25 XAML-Code des Dialogs aus Abbildung 29.5

Wenn Sie das Kompilat dieser Anwendung starten (also **nicht** aus Visual Studio heraus, sondern tatsächlich die *.exe*-Datei), werden Sie feststellen, dass eine Änderung des Alters dazu führt, dass der Anwender nicht von einer Fehleingabe in Kenntnis gesetzt wird. Es wird auch keine Ausnahme ausgelöst, wie vielleicht zu vermuten wäre.

Damit die Ausnahme zumindest zu einer Warnung führt, muss der Bindung das mögliche Auftreten einer Ausnahme bekannt gegeben werden. Das setzen Sie mit der Eigenschaft ValidatesOnExceptions um, die Sie auf True setzen:

```
<TextBox Text="{Binding Path=Alter, UpdateSourceTrigger=PropertyChanged,
            ValidatesOnExceptions=True}" />
```

Im Vergleich zu Listing 29.25 erreichen wir nun, dass bei einer Fehleingabe um die TextBox herum ein roter Rahmen gezeichnet wird, der dem Anwender einen optischen Hinweis auf eine unzulässige Eingabe liefert. Beachten Sie, dass auch die Eigenschaft UpdateSourceTrigger auf PropertyChanged der TextBox eingestellt wurde. Damit wird dem Anwender der Fehler bereits signalisiert, wenn er ein Minuszeichen einträgt.

Alternativ können Sie auch eine ExceptionValidationRule mit XAML-Code beschreiben:

```
[...]
<TextBox UpdateSourceTrigger="PropertyChanged">
  <Binding Path="Age">
    <Binding.ValidationRules>
      <ExceptionValidationRule/>
    </Binding.ValidationRules>
  </Binding>
</TextBox>
[...]
```

Listing 29.26 Ergänzung der Bindung der »TextBox«

> **Hinweis**
>
> Sie finden das komplette Beispielprogramm unter ..*Kapitel 29\ExceptionValidationRule_ Sample*.

29.3.2   Eine benutzerdefinierte »ValidationRule«

Die im vorhergehenden Abschnitt verwendete einfache Validierung mit ExceptionValidationRule wird vom .NET Framework bereitgestellt und informiert die WPF darüber, dass eine Ausnahme aufgetreten ist. Über dieses simple Szenario hinaus kann man sich auch vorstellen, eigene Regeln zu erstellen, um Werte zu überprüfen. Das könnte notwendig werden, wenn Sie keine Möglichkeit haben, eine Klasse so anzupassen, um deren Werte auf ihre Gültigkeit hin zu überprüfen. Das wäre beispielsweise der Fall, wenn die Klasse nur als Kompilat vorliegt. Sie benötigen dann eine andere Alternative.

An dieser Stelle betreten Klassen die Bühne, die von der Basis ValidationRule abgeleitet sind. Klassen, die ValidationRule ableiten, müssen die geerbte Methode Validate überschreiben. In Validate kann der eingegebene Wert überprüft werden.

Als Grundlage des folgenden Beispiels dient uns wieder die Klasse Person mit der Eigenschaft Age. Allerdings ist Age als einfache Property definiert, ohne die Gültigkeit des Alters zu überprüfen:

```
public class Person
{
  public int Age { get; set; }
}
```

Die Regel, die das Alter einer Person auf seine Gültigkeit hin überprüft, schreiben wir in einer separaten Klasse. Der Bezeichner der Klasse soll AgeValidationRule lauten. Sie muss die Basis ValidationRule ableiten und die Methode Validate überschreiben.

```
public class AgeValidationRule : ValidationRule
{
  public override ValidationResult Validate(object value, CultureInfo cultureInfo)
  {
    string wert = value as string;
    if (wert != null)
    {
      if (int.TryParse(wert, out int val))
      {
        if (val < 0)
          return new ValidationResult(false, "Alter negativ");
        else
          return ValidationResult.ValidResult;
      }
      else
        return new ValidationResult(false, "Keine Zahlen");
    }
    else
```

29

```
      return new ValidationResult(false, "Allgemeiner Fehler");
  }
}
```

Listing 29.27 Bereitstellen einer Klasse vom Typ »ValidationRule«

Dem ersten Parameter der Methode `Validate` wird der zu validierende Wert übergeben.

> **Anmerkung**
>
> Warum wird mit
>
> ```
> string wert = value as string;
> ```
>
> der übergebene Parameter `value`, der vom Typ `object` ist, in einen `string` gecastet? Sie müssen sich zur Beantwortung der Frage noch einmal vor Augen führen, dass eine Validierung immer vom Datenziel in Richtung Datenquelle durchgeführt wird. In unserem Beispiel ist das Datenziel eine TextBox, oder genauer, die Eigenschaft `Text` einer TextBox. Der Typ der Eigenschaft im Datenziel ist also ein `String`, und in diesen Originaldatentyp müssen wir `value` zuerst typkonvertieren.

Unabhängig davon, ob die Validierung zu einem positiven oder negativen Ergebnis führt, wird ein `ValidationResult`-Objekt an den Aufrufer zurückgegeben. Der Konstruktor von `ValidationResult` beschreibt zwei Parameter.

```
public ValidationResult(bool isValid, object errorContent)
```

Der erste Parameter ist entscheidend, denn er gibt über einen `bool` bekannt, ob die Validierung erfolgreich war (`true`) oder gescheitert ist (`false`). Der zweite Parameter dient dazu, zusätzliche Informationen zur fehlgeschlagenen Validierung zu liefern. Die hier angegebene Zeichenfolge werden wir als Informationsquelle für den Anwender im Fenster verwenden.

Anstatt dem Konstruktor von `ValidationResult` das Resultat `true` zu übergeben, um eine positive Überprüfung zu signalisieren, können Sie auch die statische Eigenschaft `ValidationRule.ValidResult` zurückliefern.

Zum Testen der Klasse `Person` benutzen wir ein Fenster, das ein `Label` und eine `TextBox` enthält. Im `Label` soll bei einer ungültigen Eingabe die entsprechende Fehlerinformation angezeigt werden, die von `ValidationResult` bereitgestellt wird.

```
<Window ...>
  <Grid>
    <Grid.RowDefinitions>
      <RowDefinition Height="30"/>
      <RowDefinition Height="Auto"/>
    </Grid.RowDefinitions>
    <Label Foreground="White"
```

```
        Content="{Binding ElementName=txtAlter,
        Path=(Validation.Errors)[0].ErrorContent}" />
   <TextBox Grid.Row="1" Margin="8" Name="txtAlter">
     <Binding Path="Age" UpdateSourceTrigger="PropertyChanged">
       <Binding.ValidationRules>
         <local:AgeValidationRule />
       </Binding.ValidationRules>
     </Binding>
   </TextBox>
 </Grid>
</Window>
```

Listing 29.28 Bekanntgabe des »ValidationRule«-Objekts im XAML-Code

Die Anbindung einer benutzerdefinierten Regel erfolgt über das Binding-Objekt, dessen ValidationRules-Eigenschaft das AgeValidationRule-Objekt übergeben wird. Die Klasse Validation hängt dem Datenziel einer Bindung, in unserem Beispiel also dem TextBox-Steuerelement, drei Eigenschaften an: Errors, HasError und ErrorTemplate. Die Beschreibung der genannten Eigenschaften können Sie Tabelle 29.6 entnehmen.

Eigenschaft	Beschreibung
Errors	Ruft die Liste aller ValidationError-Objekte des gebundenen Elements ab.
ErrorTemplate	Diese Eigenschaft legt das ControlTemplate fest, das bei Validierungsfehlern angezeigt wird. Die Vorgabe ist ein roter Rahmen.
HasError	Diese Eigenschaft liefert true, wenn ein Binding-Objekt einen Fehler zurückliefert.

Tabelle 29.6 Die Eigenschaften der Klasse »Validation«

Interessant ist auch die Bindung des Label-Controls an die TextBox, um deren spezifische Fehlerinformation anzuzeigen. Wird an eine angehängte Eigenschaft gebunden (und um eine solche handelt es sich bei Validation.Errors), wird diese in runde Klammern gesetzt. Validation.Errors ruft eine Liste von ValidationError-Objekten ab. Uns interessiert nur das erste Element in der Liste, da zumindest in diesem Beispiel auch nur eine Ausnahme auftreten kann. Die in AgeValidationRule definierte Zeichenfolge kann mit der Eigenschaft ErrorContent des ValidationError-Objekts ermittelt werden.

29

Hinweis

Sie finden das komplette Beispielprogramm unter ..*Kapitel 29\\UserDefinedValidationRule_Sample*.

29.3.3   Validieren mit der Schnittstelle »IDataErrorInfo«

Kommen wir zur dritten Validierungsvariante, bei der das Interface IDataErrorInfo eine Rolle spielt. Die Schnittstelle IDataErrorInfo wird von der Datenklasse implementiert – in unserem Beispiel also von der Klasse Person. Während bei den beiden zuvor behandelten Varianten eine ungültige Eingabe eine Ausnahme auslöste oder eine separate, regelbeschreibende Klasse definiert werden musste, gestattet die Schnittstelle IDataErrorInfo kompakten Code, der ohne Exception auskommt: Alle notwendigen Überprüfungen werden zentral in der Datenklasse behandelt.

IDataErrorInfo verpflichtet zur Implementierung von zwei Eigenschaften: Error und this, also einen Indexer. Die WPF nutzt jedoch ausschließlich den Indexer, die Eigenschaft Error spielt keine Rolle. Sehen wir uns jetzt die Überarbeitung der Klasse Person an.

```csharp
public class Person : IDataErrorInfo
{
  [...]
  public string Error
  {
    get => null;
  }
  public string this[string propertyName]
  {
    get
    {
      if(propertyName == "Age" && _Age < 0)
        return "Das Alter darf nicht negativ sein.";
      return null;
    }
  }
  private int _Age;
  public int Age
  {
    get => _Age;
    set => _Age = value;
  }
}
```

Listing 29.29 Das Interface »IDataErrorInfo« zur Validierung verwenden

Dem Indexer wird die zu prüfende Eigenschaft als Zeichenfolge übergeben. Die Validierung erfolgt nach Feststellung der Eigenschaft, die für den Aufruf des Indexers sorgt. Anschließend prüft der übliche Code, ob die Eigenschaft einen gültigen Wert hat. Beachten Sie, dass der neue Wert bereits in das private Feld geschrieben wurde, unabhängig von der Akzeptanz.

Wird der Inhalt der Eigenschaft als Fehler erkannt, wird eine einfache Zeichenfolge zurückgegeben, die damit den Fehler signalisiert. Ansonsten ist der Rückgabewert null.

Im XAML-Code muss der Eigenschaft ValidationRules nur ein DataErrorValidationRule-Objekt übergeben werden:

```
[...]
<TextBox>
  <Binding Path="Age" UpdateSourceTrigger="PropertyChanged">
    <Binding.ValidationRules>
      <DataErrorValidationRule />
    </Binding.ValidationRules>
  </Binding>
</TextBox>
[...]
```

Listing 29.30 Übergabe eines »DataErrorValidationRule«-Objekts

Auch in diesem Fall können Sie im XAML-Code alternativ eine kürzere Schreibweise verwenden:

```
<TextBox Text="{Binding Age, UpdateSourceTrigger="PropertyChanged",
                  ValidatesOnDataErrors=True}" />
```

> **Hinweis**
> Sie finden das komplette Beispielprogramm unter ..\Kapitel 29\IDataErrorInfo_Sample.

29.3.4   Fehlerhinweise individuell gestalten

Vielleicht ist Ihnen in den vorhergehenden Abschnitten aufgefallen, dass der rote Rahmen, der um die Textboxen bei einer ungültigen Eingabe dargestellt wird, recht unscheinbar ist. Zudem werden die Fehlermeldungen, die von der Validierung bereitgestellt werden, nicht angezeigt – es sei denn, wir positionieren ein Anzeigesteuerelement in unserem Fenster. Das haben wir auch bereits in den beiden letzten Beispielprogrammen gemacht.

Um eine aussagekräftigere Fehlermeldung anzuzeigen, können Sie für die Fehlermeldungen ein eigenes Template schreiben, das dazu dient, die Anzeige einer GUI-Komponente nach eigenen Vorstellungen nahezu beliebig anzupassen.

Ausgehend von unserem letzten Beispielprogramm (IDataErrorInfo_Sample) wollen wir die Fehlermeldungen in einem ToolTip zur Anzeige bringen. Optisch ergänzend soll der Rahmen um die TextBox nicht in Rot, sondern in der Farbe Gelb gezeichnet und vor der TextBox drei Sternchensymbole angezeigt werden.

29

Insgesamt ist der notwendige XAML-Code für die TextBox schon relativ komplex.

```xml
<TextBox Width="120" FontSize="14"  Grid.Column="1" Grid.Row="2" Margin="8">
  [...]
  <TextBox.Style>
    <Style TargetType="TextBox">
      <Setter Property="Validation.ErrorTemplate">
        <Setter.Value>
          <ControlTemplate>
            <DockPanel>
              <TextBlock DockPanel.Dock="Left" Foreground="Red"
                  FontSize="14" FontWeight="Bold"
                  ToolTip="{Binding ElementName=adorner,
                  Path=AdornedElement.(Validation.Errors)[0].ErrorContent}"
                  Text="***" />
              <Border BorderBrush="Yellow" BorderThickness="2">
                <AdornedElementPlaceholder Name="adorner" />
              </Border>
            </DockPanel>
          </ControlTemplate>
        </Setter.Value>
      </Setter>
    </Style>
  </TextBox.Style>
</TextBox>
```

Listing 29.31 Grundstruktur der benutzerdefinierten Fehlermeldung

Es wird zuerst ein Style definiert. Dieser beschreibt die Eigenschaft Validation.ErrorTemplate der TextBox. Tritt ein Validierungsfehler auf, wird dieser Style aktiv. Das Layout der Fehleranzeige wird innerhalb des ControlTemplate-Elements beschrieben.

Mit Border wird ein Rahmen beschrieben, der um ein anderes Element gezeichnet wird. Hier ist dieses Element vom Typ AdornedElementPlaceholder. Ein AdornedElementPlaceholder wird in einer ControlTemplate verwendet und stellt einen Platzhalter für das Element, das mit der Fehlermeldung markiert sein soll, dar. Adorner werden meist relativ zu dem Element positioniert, an das der Adorner gebunden ist, und stehen stets visuell im Vordergrund.

Mit dem Ausdruck

```
ToolTip="{Binding ElementName=adorner, Path=AdornedElement ...
```

wird das unter dem AdornedElementPlaceholder gelegene Element abgerufen, was in unserem Beispiel die TextBox ist. Um auf den aktuellen Fehler zugreifen zu können, muss die Eigenschaft Validation.Errors der TextBox abgerufen werden. Danach wird mit

```
Path=AdornedElement.(Validation.Errors)[0].ErrorContent}
```

auf den ersten Fehler aus der Collection zugegriffen und seine Fehlerbeschreibung abgerufen. In Abbildung 29.6 können Sie das Resultat unserer Bestrebungen bewundern.

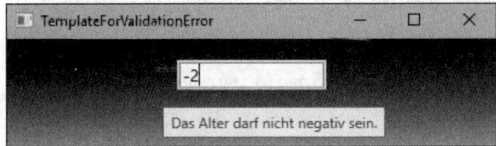

Abbildung 29.6 Template zur Anzeige eines Validierungsfehlers

> **Hinweis**
>
> Sie finden das komplette Beispielprogramm unter ..*Kapitel 29\TemplateForValidationError*.

29.3.5 Ereignisauslösung bei einem Validierungsfehler

Sie können bei einem Validierungsfehler auch ein Ereignis auslösen –zusätzlich zu der im letzten Abschnitt erläuterten optischen Anzeige. Dazu muss die Eigenschaft NotifyOnValidationError der Bindung auf true gesetzt werden, z. B.:

```
<Binding Path="Age" UpdateSourceTrigger="PropertyChanged"
        NotifyOnValidationError="True">
```

Der ausgelöste Validation.Error-Event wird im Elementbaum nach oben gebubbelt. Daher bietet es sich an, die Registrierung des Ereignishandlers im Container-Element vorzunehmen. Der Ereignishandler kann dann von mehreren Steuerelementen genutzt werden.

```
<Grid Validation.Error="Grid_Error">
  [...]
</Grid>
```

Der zweite Parameter des Ereignishandlers ist vom Typ ValidationErrorEventArgs. Dieser Typ enthält in seiner Eigenschaft Error zahlreiche Informationen, die den Validierungsfehler detailliert beschreiben. So können Sie beispielsweise auch die Fehlerbeschreibung aus der Eigenschaft ErrorContent abrufen, wie das folgende Listing zeigt:

```
private void Grid_Error(object sender, ValidationErrorEventArgs e)
{
  MessageBox.Show(e.Error.ErrorContent.ToString());
}
```

29.3.6 Mehrere Controls mit »BindingGroup« gleichzeitig validieren

Oft hängen Datenbindungen direkt voneinander ab. So sollte beispielsweise eine Adressangabe immer Straße, Ort und Postleitzahl enthalten, ein Lieferdatum darf nicht vor dem Be-

29

stelldatum liegen, usw. Die Validierungen, die Sie bisher kennengelernt haben, spiegelten immer eine 1 : 1-Beziehung wider und zielten folglich immer auf genau eine Bindung ab. Um mehrere Bindungen gemeinsam zu validieren, stellt uns die WPF die BindingGroup zur Verfügung.

Mit einer BindingGroup erreichen Sie die gemeinsame Validierung mehrerer datengebundener WPF-Komponenten. Alle datengebundenen Komponenten können die Daten nur dann in das Datenobjekt zurückschreiben, wenn alle Validierungen erfolgreich durchgeführt worden sind.

Die Validierung wird von einem Typ beschrieben, der die Klasse ValidationRule ableitet und die Validate-Methode überschreibt (siehe Abschnitt 29.3.2). Allerdings wird die Validierungsregel nicht einer einzelnen Bindung zugeteilt, sondern dem Container, der die angebundenen Daten bereitstellt. Dabei handelt es sich üblicherweise um den Container, dessen Data-Context-Eigenschaft die eigentliche Datenquelle beschreibt.

Das wollen wir uns nun an einem konkreten Beispiel ansehen. Als Datenquelle dient uns wieder ein Objekt vom Typ Person, diesmal mit den Eigenschaften Vorname und Zuname. In einem Fenster befinden sich zwei Textboxen und zwei Schaltflächen. In den Textboxen wird jeweils der Vor- und Zuname einer neuen Person eingetragen. Eine der beiden Schaltflächen dient dazu, die Einträge in einem Datenobjekt zu speichern, über die andere Schaltfläche kann der Vorgang abgebrochen werden. Zur Bedingung wird gemacht, dass nur dann gespeichert werden kann, wenn sowohl Vor- als auch Zuname angegeben sind.

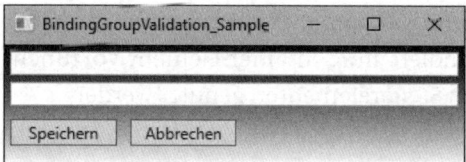

Abbildung 29.7 Das Fensterlayout des Beispiels »BindingGroupValidation_Sample«

Sehen wir uns zuerst den XAML-Code des Fensters an:

```
<Window ... Name="frmMain">
  <Grid>
    <Grid.RowDefinitions>
      <RowDefinition Height="Auto"/>
      <RowDefinition Height="Auto"/>
      <RowDefinition Height="Auto"/>
      <RowDefinition Height="Auto"/>
    </Grid.RowDefinitions>
    <TextBox Text="{Binding Vorname}" Margin="5"/>
    <TextBox Text="{Binding Zuname}" Grid.Row="1" Margin="5 0 5 5"/>
    <StackPanel Grid.Row="2" Orientation="Horizontal">
      <Button Name="btnSave" Click="btnSave_Click">Speichern</Button>
```

```
      <Button Name="btnCancel" Grid.Row="3" Click="btnCancel_Click">
        Abbrechen
      </Button>
    </StackPanel>
    <Label Name="lblErrors" Foreground="Red" Grid.Row="3"
           Content="{Binding ElementName=frmMain,
                         Path=(Validation.Errors)[0].ErrorContent}" />
  </Grid>
</Window>
```

Listing 29.32 XAML-Code des Beispiels »BindingGroupValidation_Sample«

Die Bindung des Datenobjekts erfolgt im Code-Behind an die Eigenschaft DataContext des Window-Objekts:

```
public partial class MainWindow : Window
{
  Person pers = new Person();
  public MainWindow()
  {
    InitializeComponent();
    DataContext = pers;
  }
}
```

Listing 29.33 Datenanbindung einer Person

Nun sollen die Bindungen, die als Datenquelle den DataContext des Fensters nutzen, gemeinsam validiert werden. Wie erwähnt, dient dazu ein BindingGroup-Objekt, das mit der Datenquelle verknüpft ist, das den DataContext bereitstellt. Die Verknüpfung zwischen der Data-Context-bereitstellenden Komponente und dem BindingGroup-Objekt erfolgt über eine Eigenschaft, die ebenfalls BindingGroup heißt. Alle WPF-Komponenten, die entweder von FrameworkElement oder FrameworkContentElement abgeleitet sind, haben diese Eigenschaft.

Der Eigenschaft BindingGroup wird ein BindingGroup-Objekt übergeben, dessen Eigenschaft ValidationRules ein ValidationRule-Objekt erwartet, beispielsweise:

```
<Window.BindingGroup>
  <BindingGroup>
    <BindingGroup.ValidationRules>
      <local:PersonValidationRule />
    </BindingGroup.ValidationRules>
  </BindingGroup>
</Window.BindingGroup>
```

Listing 29.34 Definition einer »BindingGroup«

Sehen Sie sich noch einmal Listing 29.32 an. Die beiden Textboxen binden sich jeweils an die Datenquelle, die durch die Eigenschaft DataContext des Fensters beschrieben wird. Da in Listing 29.34 eine BindingGroup mit einer ValidationRule angegeben ist, zeigt das Two-Way-Binding der beiden Textboxen eine besondere Verhaltensweise: Die Änderungen in den Textboxen werden nicht sofort in das Person-Objekt geschrieben. Dafür bedarf es der Überprüfung durch das ValidationRule-Objekt.

Die Validierung wird erst durch Aufruf der Methode CommitEdit auf das BindingGroup-Objekt angestoßen. CommitEdit hat einen booleschen Rückgabewert. Ist er true, konnte erfolgreich validiert werden, und die Werte konnten in das eigentliche Datenobjekt (hier also das Person-Objekt) geschrieben werden. Ansonsten ist die Rückgabe false.

Neben CommitEdit ist die Methode CancelEdit von besonderem Interesse. Der Aufruf von CancelEdit verwirft alle ausstehenden Änderungen.

In der Schaltfläche zum Speichern der neuen Daten rufen wir auf die BindingGroup die Methode CommitEdit auf. Das hat zur Folge, dass die Methode Validate der ValidationRule ausgeführt wird. Ist die Überprüfung positiv, werden die Angaben aus den Textboxen in das Person-Objekt geschrieben, ansonsten wird eine Fehlermeldung im Label des Fensters angezeigt.

Mit der Methode CancelEdit, die ebenfalls auf das BindingGroup-Objekt aufgerufen wird, kann der eingeleitete Änderungsvorgang abgebrochen werden.

```
private void btnSave_Click(object sender, RoutedEventArgs e)
{
  MessageBox.Show($"Vorname: {pers.Vorname}, Zuname: {pers.Zuname}",
                  "Vor CommitEdit");
  if (BindingGroup.CommitEdit())
    MessageBox.Show($"Vorname: {pers.Vorname}, Zuname: {pers.Zuname}",
                    "Nach CommitEdit");
}
private void btnCancel_Click(object sender, RoutedEventArgs e)
{
  this.BindingGroup.CancelEdit();
}
```

Listing 29.35 Die Ereignishandler des Beispiels

Zum Schluss fehlt uns nur noch die Validierungsklasse PersonValidationRule. Wir leiten die Klasse von ValidationRule ab und überschreiben ihre Methode Validate. Dieser Methode übergeben wir den zu prüfenden Wert als Argument. Verwenden wir das ValidationRule-Objekt jedoch innerhalb einer BindingGroup, wird dem ersten Parameter der Methode Validate die Referenz auf die BindingGroup übergeben. Letztere enthält das gebundene Datenobjekt des DataContext-Objekts, in unserem Fall also eine Person.

```
class PersonValidationRule : ValidationRule
{
  public override ValidationResult Validate(object value, CultureInfo cultureInfo)
  {
    BindingGroup bindingGroup = value as BindingGroup;
    if (bindingGroup.Items.Count == 1)
    {
      Person pers = (Person)bindingGroup.Items[0];
      string vorname = bindingGroup.GetValue(pers, "Vorname") as string;
      string zuname = bindingGroup.GetValue(pers, "Zuname") as string;
      if (string.IsNullOrWhiteSpace(vorname) || string.IsNullOrWhiteSpace(zuname))
        return new ValidationResult(false, "Geben Sie Vorname und Nachname an");
    }
    return ValidationResult.ValidResult;
  }
}
```

Listing 29.36 Die »ValidationRule« einer »BindingGroup«

Das BindingGroup-Objekt beschreibt mit der Eigenschaft Items eine Liste aller angebundenen Datenobjekte. In unserem Fall handelt es sich um ein Objekt vom Typ Person, es könnten aber auch mehrere verschiedene Objekte sein. Aus dem Datenobjekt extrahieren wir die beiden Eigenschaften Vorname und Zuname und unterziehen sie danach der gewünschten Überprüfung. Wenn beide Eigenschaften weder leer noch null sind, wird ValidationResult.ValidResult zurückgeliefert.

> **Hinweis**
>
> Sie finden das komplette Beispielprogramm unter ..\Kapitel 29\BindingGroupValidation_Sample.

29.4   Datenbindung mit »ObjectDataProvider«

Lassen Sie uns an dieser Stelle zuerst zurückblicken und uns in Erinnerung rufen, wie wir Objekte im Resource-Abschnitt eines Elements definieren:

```
<Window.Resources>
  <local:Demo x:Key="obj" Name="Testobjekt" />
< Window.Resources>
```

Listing 29.37 Ein CLR-Objekt im XAML-Code erstellen

29

Dazu ist es notwendig, zuerst den Namespace und möglicherweise die Assemblierung als XML-Namespace-Angabe bekanntzugeben. Unter Voranstellung des Namespace-Präfixes erstellen Sie ein Objekt (in Listing 29.37 vom Typ Demo) und können dem Objekt sofort Daten mit auf den Lebensweg geben. Diese Form der Instanziierung verwendet den parameterlosen Konstruktor.

Auch die Klasse ObjectDataProvider gestattet es uns, Objekte im XAML-Code zu erstellen. Aber die Möglichkeiten dieser Klasse gehen über die angesprochene Instanziierung hinaus, denn mit dieser Klasse können Sie auch parametrisierte Konstruktoren sowie Instanz- und Klassenmethoden aufrufen.

Die Klasse, an der wir ObjectDataProvider testen wollen, soll Demo sein. Sie ist mit der Methode DoSomething ausgestattet.

```
class Demo
{
    public string Name {get;set;}
    public Demo(string name) => Name = name;
    public string DoSomething(int value) => Math.Pow(value, 2).ToString();
    public static string DoSomething2(int value) => Math.Pow(value, 2).ToString();
}
```

Listing 29.38 Die Vorgabe der Klasse »Demo«

Des Weiteren muss die Bibliothek *mscorlib.dll* bekanntgegeben werden. Wir benötigen sie, um dem Konstruktorparameter eine Zeichenfolge und den beiden Methoden einen Integer übergeben zu können.

```
xmlns:sys="clr-namespace:System;assembly=mscorlib"
```

29.4.1   Aufruf eines parametrisierten Konstruktors

Widmen wir uns zunächst dem ObjectDataProvider, mit dem wir den parametrisierten Konstruktor von Demo aufrufen:

```
<ObjectDataProvider x:Key="obj1" ObjectType="{x:Type local:Demo}">
  <ObjectDataProvider.ConstructorParameters>
    <sys:String>Manfred Fischer</sys:String>
  </ObjectDataProvider.ConstructorParameters>
</ObjectDataProvider>
```

Listing 29.39 Aufruf des parametrisierten Konstruktors

Dem ObjectDataProvider-Objekt teilen wir mit der Eigenschaft ObjectType den von uns angeforderten Typ mit. Über die Eigenschaft ConstructorParameters übergeben wir dem parametrisierten Konstruktor das erforderliche Argument. Eingefasst wird das Übergabeargument in ein datentypbeschreibendes Element.

Um uns vom Erfolg des Konstruktoraufrufs zu überzeugen, reicht ein TextBlock-Element:

```
<TextBlock Text="{Binding Name, Source={StaticResource obj1}}" />
```

29.4.2   Objektmethode aufrufen

Sehr ähnlich, wie wir einen parametrisierten Konstruktor ansprechen, rufen wir auch eine Methode auf. Hierzu stellt uns das ObjectDataProvider-Objekt mit MethodName eine Eigenschaft zur Verfügung, der wir die aufzurufende Methode übergeben. Definiert die aufzurufende Methode darüber hinaus Parameter, werden diese der Eigenschaft MethodParameters bekanntgegeben. Mit der Eigenschaft ObjectInstance des ObjectDataProvider-Elements können wir auf das bereits zuvor erstellte Demo-Objekt obj1 zugreifen.

```
<ObjectDataProvider x:Key="obj2" ObjectInstance="{StaticResource obj1}"
                MethodName="DoSomething">
  <ObjectDataProvider.MethodParameters>
    <sys:Int32>12</sys:Int32>
  </ObjectDataProvider.MethodParameters>
</ObjectDataProvider>
```

Listing 29.40 Methodenaufruf im XAML-Code definieren

Um die Eigenschaft eines Steuerelements an den Rückgabewert der Methode zu binden, erstellen wir ein Binding-Objekt und teilen diesem in seiner Eigenschaft Source mit, dass auf eine Ressource statisch zugegriffen werden soll.

```
<TextBlock Text="{Binding Source={StaticResource obj2}}" />
```

Wäre der Rückgabewert der Methode eine Menge, müssten Sie an die Eigenschaft DataContext oder ItemsSource eines entsprechenden ItemsControl-Elements binden.

29.4.3   Bindung an eine statische Methode

Ganz einfach gestaltet sich auch der Zugriff auf eine statische Methode. Sie brauchen dazu natürlich keinen Konstruktor aufzurufen.

```
<ObjectDataProvider x:Key="obj3" ObjectType="{x:Type local:Demo}"
                MethodName="DoSomething2">
  <ObjectDataProvider.MethodParameters>
    <sys:Int32>17</sys:Int32>
  </ObjectDataProvider.MethodParameters>
</ObjectDataProvider>
```

Listing 29.41 Aufruf einer statischen Methode

29

In diesem Fall unterscheidet sich das Binden des Rückgabewerts der statischen Methode nicht vom Binden des Rückgabewerts der Instanzmethode – nur der Key muss entsprechend angepasst werden.

```
<TextBlock Text="{Binding Source={StaticResource obj3}}" />
```

> **Hinweis**
>
> Sie finden das komplette Beispiel unter *Beispiele\Kapitel 29\ObjectDataProvider_Sample*.

29.5 Aktualisieren von Datenklassen

In diesem und dem folgenden Abschnitt werden wir öfter mit der gleichen Klasse Person arbeiten. Um diese Klasse nicht jedes Mal in den einzelnen Beispielen neu erzeugen zu müssen, sollten wir an dieser Stelle eine Klassenbibliothek bereitstellen, die allerdings im Laufe des Kapitels passend ergänzt wird. Der Name sei *PersonLibrary*, und die anfängliche Implementierung sei wie in Listing 29.42 gezeigt.

```
public class Person
{
  private string _FirstName;
  public string FirstName
  {
    get => _FirstName;
    set => _FirstName = value;
  }
  private string _LastName;
  public string LastName
  {
    get => _LastName;
    set => _LastName = value;
  }
  private int _Age;
  public int Age
  {
    get => _Age;
    set => _Age = value;
  }
  private string _City;
  public string City
  {
```

```
      get => _City;
      set => _City = value;
   }
}
```

Listing 29.42 Definition der Klasse »Person«

Sie haben zwei Möglichkeiten, ein Objekt vom Typ Person in einer WPF-Anwendung zu erzeugen:

► im XAML-Code

► mittels C#-Code

Beide Möglichkeiten wollen wir nachfolgend kurz beleuchten.

29.5.1   Ein Objekt mit XAML-Code erzeugen und binden

Im XAML-Code können innerhalb der Eigenschaft Resources Objekte erzeugt werden. Voraussetzung dafür ist, dass der Namespace, zu dem die Klasse gehört, bekanntgegeben wird. Bezogen auf die Klasse Person der Klassenbibliothek *PersonLibrary* würde die Bekanntgabe wir folgt lauten:

```
<Window ... xmlns:lib="clr-namespace:PersonLibrary;assembly=PersonLibrary">
```

Das Namespace-Präfix ist frei wählbar, muss aber innerhalb des Window-Elements eindeutig sein. Im Resources-Abschnitt können Sie die Klasse Person instanziieren und den Eigenschaften des Objekts Anfangswerte übergeben. Allerdings sind daran zwei Bedingungen geknüpft:

► Damit die Klasse im XAML-Code direkt instanziiert werden kann, muss sie einen parameterlosen Konstruktor haben. Natürlich könnten Sie auch mit dem ObjectDataProvider ein Objekt erstellen.

► Um den Eigenschaften Werte zuzuweisen, müssen sie als Property geprägt sein, das heißt, die Eigenschaften müssen einen set- und get-Accessor haben.

Diese Bedingungen werden von der Klasse Person in Listing 29.42 erfüllt, so dass im XAML-Code ein Person-Objekt wie folgt erzeugt werden kann:

```
<Window.Resources>
   <lib:Person x:Key="pers" City="Köln" FirstName="Udo" LastName="Wolf" />
</Window.Resources>
```

Den Eigenschaften FirstName und LastName werden bereits Eigenschaftswerte übergeben. Sie dürfen natürlich nicht vergessen, der Ressource mit x:Key einen Identifizierer zu übergeben.

Wollen wir die Eigenschaft LastName des Objekts an die Eigenschaft Text einer TextBox binden, ist ein Binding-Objekt notwendig. Die Eigenschaft Source des Binding-Objekts beschreibt bekanntlich eine allgemeine Datenquelle, die keine WPF-Komponente ist. Hier müssen wir in

29

einer weiteren, verschachtelten Markup-Erweiterung unter Angabe von StaticResource und dem Key die Ressource ansprechen und können mit Path an die gewünschte Eigenschaft des Person-Objekts binden.

```
<TextBox Text="{Binding Source={StaticResource pers}, Path=LastName}" />
```

29.5.2   Ein Objekt mit C#-Code erzeugen und binden

Möchten Sie ein einzelnes Objekt im C#-Code binden, wird meistens die Eigenschaft Data-Context benutzt. Alle WPF-Elemente, die von FrameworkElement oder FrameworkContentElement abgeleitet sind, verfügen über diese Eigenschaft. Somit haben Window, Grid, StackPanel, aber auch Button und TextBox eine DataContext-Eigenschaft.

Angenommen, wir würden mit C#-Programmcode ein Person-Objekt erzeugen und beabsichtigen, es dem Datenkontext des Window-Objekts zu übergeben. Die Bindung könnte, wie in Listing 29.43 gezeigt, innerhalb des Konstruktors nach dem Aufruf der Methode InitializeComponent erfolgen.

```
public partial class MainWindow : Window
{
  Person pers = new Person { LastName = "Fischer" };
  public MainWindow()
  {
    InitializeComponent();
    DataContext = pers;
  }
}
```

Listing 29.43 Bindung an die Eigenschaft »DataContext«

Im XAML-Code erfolgt die Bindung an die Eigenschaft LastName des Objekts. Es reicht dabei vollkommen aus, hinter dem Erzeugen des Binding-Objekts in der Markup Extension die anzubindende Eigenschaft, hier LastName, direkt anzugeben.

```
<TextBox Text="{Binding Name}" />
```

Die explizite Datenquellenangabe ist nicht notwendig, da beim Fehlen der Angabe das Binding-Objekt im Elementbaum Richtung Wurzel wandert und sich die erste Eigenschaft Data-Context sucht, deren Inhalt von null abweicht. Diese wird dann als Datenquelle benutzt.

> **Hinweis**
>
> Die Suche nach der ersten DataContext-Eigenschaft, die nicht null ist, können Sie sich zunutze machen. Durch ein geschicktes Layout lassen sich auf diese Weise in einem Fenster mehrere Bereiche mit unterschiedlichen Datenquellen festlegen.

29.5.3 Aktualisieren benutzerdefinierter Objekte

Wir wollen jetzt die Klasse Person der Bibliothek *PersonLibrary* testen. Dazu erstellen wir uns ein Window-Objekt, in dem exemplarisch FirstName und LastName einer Person datengebunden in Textboxen angezeigt werden (siehe Abbildung 29.8).

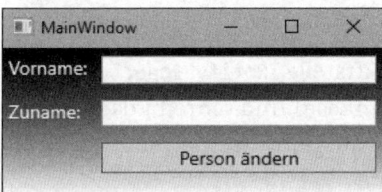

Abbildung 29.8 Einfaches Testfenster

Die Anbindung eines Person-Objekt soll im C#-Code erfolgen, praktisch genauso wie weiter oben in Listing 29.43 gezeigt. Die Eigenschaften FirstName und LastName werden im XAML-Code an die entsprechenden Textboxen gebunden. Im Click-Ereignishandler der Schaltfläche schreiben wir Code, der die beiden Eigenschaften FirstName und LastName des Person-Objekts verändert, beispielsweise von *Franz Fischer* in *Peter Müller*.

Hinweis

Sie finden das komplette Beispiel unter ..*Kapitel 29\\CLRObjectBinding*.

Was würden Sie erwarten, wenn zur Laufzeit der Anwendung auf die Schaltfläche geklickt wird? Nach dem, was wir bisher in diesem Kapitel gesagt und auch gesehen haben, sollte das Two-Way-Binding dafür sorgen, dass in den Textboxen die neuen Eigenschaftswerte angezeigt werden.

Tatsächlich werden Sie nach dem Klicken auf die Schaltfläche aber nicht die geänderten Person-Daten in den Textboxen sehen. Diese zeigen immer noch die alten Werte an. Bei genauer Analyse der aktuellen Situation muss man sich die Frage stellen, woher die Informationen stammen sollen, um die neuen Daten in den Textboxen anzuzeigen. Man kann wohl kaum davon ausgehen, dass jedes bindende Element permanent die Datenquelle nach einer etwaigen Änderung abfragt.

Um das aufgetretene Problem zu lösen, bieten sich drei Alternativen an:

▶ Sie können in jeder Eigenschaft des Objekts ein separates Ereignis bereitstellen. Jedes Ereignis muss einen Bezeichner haben, bei dem zuerst der Eigenschaftsname angegeben ist, gefolgt vom Suffix Changed. In unserem Beispiel wären insgesamt vier Events erforderlich: FirstNameChanged, LastNameChanged, AgeChanged und CityChanged. Allerdings führt dieser Lösungsansatz zu verhältnismäßig komplexem Programmcode und ist daher keine wirklich gute und akzeptable Lösung.

29

▶ Sie können jede Eigenschaft als Abhängigkeitseigenschaft implementieren. Diese Variante ist mit verhältnismäßig viel Aufwand verbunden, wie Sie in Kapitel 26, »Dependency Properties«, gelernt haben. Zudem werden Dependency Properties bevorzugt für Objekte benutzt, die eine grafische Präsentation haben. Auf der anderen Seite sorgen Dependency Properties aber auch automatisch dafür, das bindende Datenziel über eine Änderung zu informieren, so dass sich das Datenziel aktualisieren kann.

▶ Die dritte Möglichkeit ist die Implementierung der Schnittstelle INotifyPropertyChanged. Dieses Interface gehört zum Namespace System.ComponentModel und schreibt das Ereignis PropertyChanged vor, das nach der Eigenschaftsänderung ausgelöst werden soll.

Die letztgenannte Lösung mit dem Interface drängt sich in unserem Beispiel geradezu auf. Daher implementieren wir dieses Interface und kapseln darüber hinaus das Ereignis in der geschützten Methode OnPropertyChanged:

```
public class Person : INotifyPropertyChanged
{
  public event PropertyChangedEventHandler PropertyChanged;
  protected virtual void OnPropertyChanged(PropertyChangedEventArgs e)
  {
    if (PropertyChanged != null)
      PropertyChanged(this, e);
  }
  [...]
}
```

Listing 29.44 Implementieren des Interface »INotifyPropertyChanged«

Das Ereignis PropertyChanged muss ausgelöst werden, wenn sich eine Eigenschaft ändert, also innerhalb des set-Zweigs der Properties. Damit wird ein Signal gegeben, das vom Datenziel empfangen wird. Auch das Lauschen auf ein gegebenenfalls eingehendes Signal der angebundenen Komponente ist eine interne Errungenschaft der Dependency Properties.

Nun wollen wir die Eigenschaften der Klasse Person anpassen und in jedem set-Zweig nach der Änderung der Eigenschaft das Ereignis PropertyChanged auslösen.

```
public string FirstName
{
  get => _FirstName;
  set
  {
    _FirstName = value;
    OnPropertyChanged(new PropertyChangedEventArgs("FirstName"));
  }
}
```

```
private string _LastName;
public string LastName
{
  get => _LastName;
  set
  {
    _LastName = value;
    OnPropertyChanged(new PropertyChangedEventArgs("LastName"));
  }
}
[...]
```

Listing 29.45 Ergänzung der Properties in der Klasse »Person«

Ein Test mit der angepassten Klasse Person wird jetzt in der Anwendung *CLRObjectBinding* das gewünschte Resultat bringen: In den Textboxen werden nun die geänderten Daten anstandslos angezeigt.

Die Methode »SetProperty<>«

Obwohl die bis hier erarbeitete Lösung uns das gewünschte Resultat bringt, hat sie einen Nachteil. Dabei handelt es sich um die Angabe der geänderten Eigenschaft, die als Zeichenfolge an den Parameter des Konstruktors der Klasse PropertyChangedEventArgs übergeben wird:

```
OnPropertyChanged(new PropertyChangedEventArgs("LastName"));
```

Das Problem könnte das folgende sein: Sollte mit den Hilfsmitteln von Visual Studio der Name der Property geändert werden (durch Umbenennen – Refactoring), wird die Zeichenfolge nicht erfasst. Das Ereignis PropertyChanged gibt dann eine Eigenschaft an, die namentlich so nicht mehr existiert. Das löst zwar keine Exception aus, aber das Programm funktioniert auch nicht mehr so wie gefordert.

Abhilfe schafft das mit .NET 4.5 eingeführte Attribut CallerMemberName aus dem Namespace System.Runtime.CompilerServices. Sehen wir uns zunächst die vorläufige Lösung mit diesem Attribut an:

```
public event PropertyChangedEventHandler PropertyChanged;
public virtual void SetProperty<T>(ref T storage, T value,
    [CallerMemberName] string propertyname = null)
{
  storage = value;
  if (PropertyChanged != null)
    PropertyChanged(this, new PropertyChangedEventArgs(propertyname));
}
```

Listing 29.46 Die Methode »SetProperty<T>«

29

Anstatt die Auslösung des Events wie üblich in einer OnXxx-Methode zu kapseln, wird nun die generische Methode SetProperty<T> bereitgestellt. Die Methode definiert drei Parameter: Der erste erwartet die Referenz auf das private Feld, in dem der Wert der Eigenschaft gespeichert wird, und dem zweiten Parameter wird der neue Wert übergeben. In der ersten Anweisung innerhalb der Methode SetProperty erfolgt auch tatsächlich die Wertzuweisung. Auf eine entsprechende Anweisung im set-Zweig der Eigenschaft können Sie dann verzichten.

Der letzte Parameter ist als optionaler Parameter definiert. Sollte diesem Parameter kein Argument übergeben werden, wird das Attribut CallerMemberName aktiv und ermittelt den Bezeichner des Aufrufers. Dieser wird in den dritten Parameter propertyname geschrieben.

Die Methode SetProperty<> ist so allgemein gehalten, dass wir sie praktisch in jeder Klasse verwenden können, ohne auch nur geringste Anpassungen vornehmen zu müssen. Das führt sehr schnell zu der Idee, eine Basisklasse bereitzustellen, deren alleinige Aufgabe es ist, die Schnittstelle INotifyPropertyChanged zu berücksichtigen. Häufig wird diese Basis PropertyObservable genannt.

Auch die Implementierung von SetProperty<> lässt sich noch weiter verbessern, denn dem aktuellen Stand nach (siehe Listing 29.46) wird das Ereignis PropertyChanged auch dann ausgelöst, wenn die Änderung versucht, einen neuen Wert in die Property zu schreiben, der dem aktuellen Wert der Property entspricht. Um eine unnötige Ereignisauslösung zu vermeiden, genügt die folgende Anweisung:

```
if (Equals(storage, value)) return;
```

Die Datenklasse kann sich jetzt darauf verlassen, dass der neue Wert der Eigenschaft gesetzt und auch das Ereignis PropertyChanged auslöst wird, wenn tatsächlich eine Datenänderung vorliegt.

Sollte der Programmcode im set-Zweig daran interessiert sein, zu wissen, ob das Ereignis tatsächlich ausgelöst worden ist oder nicht, sollten wir die Methode SetProperty<> mit einem booleschen Rückgabewert ausstatten. Er ist false, wenn die Überprüfung mit Equals dazu führte, den Event nicht auszulösen, ansonsten ist er true.

```
public class PropertyObservable : INotifyPropertyChanged
{
  public event PropertyChangedEventHandler PropertyChanged;
  public virtual bool SetProperty<T>(ref T storage, T value,
                      [CallerMemberName] string propertyname = null)
  {
    if (Equals(storage, value)) return false;
    storage = value;
    PropertyChanged?.Invoke(this, new PropertyChangedEventArgs(propertyname));
    return true;
  }
}
```

Listing 29.47 Die endgültige Implementierung der Klasse »PropertyObservable«

```
public class Person : PropertyObservable
{
  private string _FirstName;
  public string FirstName
  {
    get => _FirstName;
    set => SetProperty(ref _FirstName, value);
  }
  private string _LastName;
  public string LastName
  {
    get => _LastName;
    set => SetProperty(ref _LastName, value);
  }
  [...]
}
```

Listing 29.48 Die überarbeitete Klasse »Person«

Jetzt ist die Klasse Person so weit vorbereitet, dass die an ein Objekt dieses Typs gebundenen Steuerelemente Notiz von einer Änderung der Eigenschaften nehmen und den angezeigten Inhalt an die neuen Daten in der Quelle anpassen können.

> **Hinweis**
>
> Sie finden die überarbeitete Klassenbibliothek unter dem Bezeichner *PersonLibrary1* in den MATERIALIEN ZUM BUCH unter ..\Kapitel 29.

29.6   Datenbindung von Listen-Steuerelementen

Die Datenbindung zwischen zwei Elementen war bisher das vorherrschende Thema in diesem Kapitel. Sie haben gesehen, wie Sie WPF-Komponenten und CLR-Objekte binden können und was dabei zu berücksichtigen ist. Im Grunde genommen war das aber nur die halbe Wahrheit, denn oft beschreibt eine Datenquelle viele Objekte. Um Objektmengen anzeigen zu können, bietet uns die WPF zahlreiche Controls an: ComboBox, ListBox, ListView, TreeView, StatusBar usw. Alle Klassen haben eins gemeinsam: Sie sind von der Basis ItemsControl abgeleitet.

Diese ItemsControl-Steuerelemente können sowohl mit der Eigenschaft DataContext als auch mit ItemsSource an eine Datenquelle gebunden werden. Während DataContext nur vom Typ Object ist und somit nur ein Objekt entgegennehmen kann, erwartet die Eigenschaft Items-Source ein Objekt, das die Schnittstelle IEnumerable implementiert.

Innerhalb der ItemsControl-Steuerelemente lässt sich die Darstellung der angezeigten Elemente mit einer DataTemplate nahezu beliebig an die eigenen Vorstellungen anpassen. Darüber hinaus wird jede auf einer Liste basierende Datenquelle von der WPF automatisch in eine View gepackt, um die Navigation, Sortierung, Filterung und Gruppierung der Daten zu ermöglichen.

29.6.1   Das Layout eines »ItemsControl«-Steuerelements anpassen

Alle von ItemsControl abgeleiteten Klassen unterstützen auf zweierlei Art und Weise die Anpassung des Layouts der anzuzeigenden Daten:

- Style
- DataTemplate

Styles sind nur mit elementaren Möglichkeiten ausgestattet und stellen ein einfaches, aber auch limitiertes Hilfsmittel zur Gestaltung des Layouts eines Listeneintrags dar. Denken Sie zum Beispiel an eine ListBox. Die angezeigten Elemente einer ListBox sind vom Typ ListBox-Item. Ihr Aussehen können Sie mit einem Style beeinflussen. Beispielsweise lässt sich die Hintergrundfarbe ändern oder ein Rahmen um jedes ListBoxItem zeichnen. Aber es bleiben immer ListBoxItem-Elemente, die darüber hinaus nur eine einzige Bindung beschreiben können.

Mit einem DataTemplate unterliegen Sie keiner Einschränkung. Ein DataTemplate gibt Auskunft darüber, welche Daten innerhalb eines ListBoxItem-Objekts angezeigt und wie sie angezeigt werden sollen. Folglich ermöglichen DataTemplate-Vorgaben auch die Bindung an mehrere Eigenschaften einer Datenquelle und eventuell darüber hinaus auch an andere Quellen.

Die Basisklasse ItemsControl stellt den abgeleiteten Klassen zahlreiche Eigenschaften zur Verfügung. Sie können einige wichtige davon Tabelle 29.7 entnehmen. Diese Eigenschaften werden wir auch im Verlauf des Kapitels in den Beispielen nutzen.

Eigenschaft	Beschreibung
AlternationCount	Mit dieser Eigenschaft lassen sich die einzelnen Elemente in einem ItemsControl unterschiedlich darstellen.
DisplayMemberPath	Diese Property gibt die Eigenschaft des Elements an, die zur Anzeige im Steuerelement verwendet wird.
GroupStyle	Diese Eigenschaft definiert einen Style, der zum Gruppieren von Elementen verwendet wird.
ItemContainerStyle	Diese Eigenschaft definiert den Style jedes einzelnen Elements.

Tabelle 29.7 Eigenschaften eines »ItemsControl«-Steuerelements

Eigenschaft	Beschreibung
ItemsSource	Beschreibt eine Menge von Elementen, die in diesem Steuerelement zur Anzeige verwendet wird. Der ItemsSource-Eigenschaft können nur Objekte vom Typ IEnumerable zugewiesen werden.
ItemTemplate	Diese Eigenschaft definiert das DataTemplate für die im Steuerelement enthaltenen Elemente.

Tabelle 29.7 Eigenschaften eines »ItemsControl«-Steuerelements (Forts.)

29.6.2   Binden an ein »ListBox«-Element

Das Binden einer Elementmenge an ein Steuerelement unterscheidet sich vom Binden eines einzelnen Objekts. Wir müssen uns daher zuerst ansehen, wie wir Listen an die entsprechenden Steuerelemente binden.

Im Beispiel *CLRObjectBinding* hatten wir zwei Eigenschaften einer Person aus der Klassenbibliothek *PersonLibrary1* an Textboxen gebunden. Im nächsten Beispiel verwenden wir ebenfalls dieselbe Klasse, möchten uns aber eine Liste von Personen in einer ListBox anzeigen lassen. Darüber hinaus sollen die Daten der aktuell in der ListBox selektierten Person in Textboxen angezeigt werden. In Abbildung 29.9 sehen Sie das Fenster zur Laufzeit.

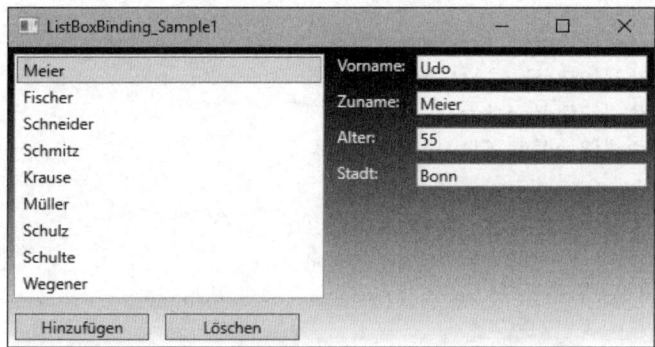

Abbildung 29.9 Ausgabe des Beispiels »ListBoxBinding_Sample1«

Sehen wir uns zuerst die wichtigsten Passagen des XAML-Codes des Beispiels an:

```
// Beispiel: ..\Kapitel 29\ListBoxBinding_Sample1
<Window ...>
  <Grid>
    <Grid.RowDefinitions>
      <RowDefinition />
      <RowDefinition Height="Auto" />
    </Grid.RowDefinitions>
```

29

```xml
      <Grid>
        <Grid.ColumnDefinitions>
          <ColumnDefinition />
          <ColumnDefinition />
        </Grid.ColumnDefinitions>
        <ListBox Name="listbox1" Margin="5" />
        <Grid Grid.Column="1"
              DataContext="{Binding SelectedItem, ElementName=listbox1}">
          <Grid.RowDefinitions>
            <RowDefinition Height="Auto" />
            <RowDefinition Height="Auto" />
            <RowDefinition Height="Auto" />
            <RowDefinition Height="Auto" />
          </Grid.RowDefinitions>
          <Grid.ColumnDefinitions>
            <ColumnDefinition Width="Auto" />
            <ColumnDefinition />
          </Grid.ColumnDefinitions>
          <Label Grid.Row="0">Vorname:</Label>
          <Label Grid.Row="1">Zuname:</Label>
          <Label Grid.Row="2">Alter:</Label>
          <Label Grid.Row="3">Stadt:</Label>
          <TextBox Grid.Row="0" Text="{Binding FirstName}" />
          <TextBox Grid.Row="1" Text="{Binding LastName}" />
          <TextBox Grid.Row="2" Text="{Binding Age}" />
          <TextBox Grid.Row="3" Text="{Binding City}" />
        </Grid>
      </Grid>
      <StackPanel Grid.Row="1" Orientation="Horizontal">
        <Button Name="btnAdd">Hinzufügen</Button>
        <Button Name="btnDelete">Löschen</Button>
      </StackPanel>
    </Grid>
</Window>
```

Listing 29.49 Der XAML-Code des Beispiels »ListBoxBinding_Sample1«

Der C#-Code in der Code-Behind-Datei gestaltet sich wie folgt:

```csharp
public partial class MainWindow : Window
{
  List<Person> list = new List<Person>();
  public MainWindow()
  {
```

```
    InitializeComponent();
    createPersons();
    listbox1.ItemsSource = list;
    listbox1.DisplayMemberPath = "LastName";
    listbox1.SelectedIndex = 0;
    listbox1.Focus();
  }
  private void createPersons()
  {
    list.Add(new Person
      { FirstName = "Udo", LastName = "Meier", Age = 55, City = "Bonn" });
    list.Add(new Person
      { FirstName = "Tom", LastName = "Fischer", Age = 32, City = "Bonn" });
    [...]
  }
}
```

Listing 29.50 Programmcode des Beispiels »ListBoxBinding_Sample1«

Die Bindung der ListBox an die Daten, die in diesem Beispiel durch die Methode createPersons geliefert werden, erfolgt im Konstruktor von MainWindow mit der Methode ItemsSource. Jedes ListBoxItem-Element beschreibt genau eine Person mit ihren insgesamt vier Eigenschaften. Wir müssen deshalb mit der Eigenschaft DisplayMemberPath die anzuzeigende Eigenschaft angeben, da wir ansonsten nur den voll qualifizierten Klassenbezeichner von Person in der ListBox sehen.

Das aktuell in der ListBox selektierte ListBoxItem wird an den DataContext des zweiten untergeordneten Grid gebunden:

```
<Grid DataContext="{Binding SelectedItem, ElementName=listBox1}">
  [...]
</Grid>
```

Die Textboxen, die sich innerhalb dieses Grid-Objekts befinden, können sich an die durch den Datenkontext beschriebene Datenquelle (also das selektierte ListBoxItem) binden, müssen aber mit Path die Eigenschaft des Person-Objektes angeben, die von Text angezeigt werden soll, z. B.:

```
<TextBox Text="{Binding FirstName}"/>
```

Wenn Sie dieses Beispiel zur Laufzeit ausprobieren, werden Sie feststellen, dass Änderungen, die Sie in den Textboxen eintragen, sofort im Person-Objekt gespeichert werden. Sie brauchen dazu nur innerhalb der Liste zu einem anderen Eintrag und wieder zurück zum editierten Element zu navigieren, um das bewiesen zu sehen. Dieses Verhalten wird durch den voreingestellten Two-Way-Bindungsmodus der TextBox sichergestellt.

29

29.6.3   Die Klasse »ObservableCollection<T>«

Weiter oben in diesem Kapitel haben Sie gesehen, dass an die Eigenschaften einer Klasse besondere Anforderungen gestellt werden, damit Eigenschaftsänderungen an die bindenden Elemente weiterleitet werden. Zur Erinnerung: Dazu war die Implementierung des Interface INotifyPropertyChanged notwendig. Das gilt in gleicher Weise für eine Collection, falls weitere Elemente hinzugefügt oder gelöscht werden sollen. Die Klasse List<T> kann die bindenden Komponenten nicht über solche Änderungen informieren. Dazu muss eine Collection die Schnittstelle INotifyCollectionChanged implementieren, was List<T> definitiv nicht macht.

Sie brauchen aber nicht selbst eine solche Klasse zu codieren, denn mit der generischen Klasse ObservableCollection<T> im Namespace System.Collections.ObjectModel stellt Ihnen .NET bereits eine entsprechende zur Verfügung. ObservableCollection<T> kann ähnlich benutzt werden wie eine herkömmliche Auflistung. Im Programmcode des Beispiels *ListBoxBinding_Sample1* müssen Sie daher nur die Klasse List<Person> durch ObservableCollection<Person> ersetzen, um die Anwendung auf Änderungen innerhalb der Liste vorzubereiten.

```
ObservableCollection<Person> liste = new ObservableCollection<Person>();
```

Nun ist es auch sinnvoll, endlich den beiden Schaltflächen HINZUFÜGEN und LÖSCHEN Leben einzuhauchen.

Hinzufügen eines Listenelements

Widmen wir uns zuerst der Schaltfläche zum Hinzufügen eines neuen Listenelements. Die Daten der hinzuzufügenden Person müssen in die vier Textboxen eingetragen werden. Eine erste Überlegung könnte sein, die Daten sofort in die Textboxen einzugeben und danach auf die Schaltfläche zum Hinzufügen zu klicken. Allerdings wird das zu einem Problem führen, da die Textboxen bereits an das aktuell ausgewählte Listenelement gebunden sind und das Two-Way-Binding dazu führen würde, dass sich die Daten des selektierten Elements in der ListBox verändern. Dieser Lösungsansatz scheidet also aus.

Ein zweiter Weg könnte über das Lösen der Bindungen der Textboxen führen. Hier könnten die beiden statischen Methoden ClearBinding oder ClearAllBindings der Klasse BindingOperations hilfreich sein. Nach dem Lösen ließen sich die gewünschten Daten der neuen Person in die Textboxen eingeben. Nach dem Hinzufügen der neuen Person zur Liste müssten die vier Bindungen mit der Methode SetBinding natürlich neu eingestellt werden. Auch wenn dieser Weg zum Erfolg führen würde, der damit verbundene Programmieraufwand wäre nicht unerheblich – verglichen mit dem Weg, den wir nun umsetzen werden.

Die beste Variante ist gleichzeitig die einfachste. Im Ereignishandler der Schaltfläche HINZUFÜGEN erzeugen wir ein neues Person-Objekt ohne weitere spezifische Daten und fügen es der Collection hinzu. Anschließend ermitteln wir den Index der neuen Person in der Liste (bekanntlich hat das zuletzt eingefügte Element einer indexbasierten Collection immer den größten verfügbaren Index). Diesen Index übergeben wir der Eigenschaft SelectedIndex der ListBox. Nun können die Personendaten in die Textboxen eingegeben werden.

```csharp
private void btnAdd_Click(object sender, RoutedEventArgs e)
{
  list.Add(new Person());
  listbox1.SelectedIndex = listbox1.Items.Count - 1;
  txtFirstName.Focus();
}
```

Listing 29.51 Programmcode zum Hinzufügen einer Person

Löschen eines Listenelements

Nicht schwierig ist auch das Löschen eines Objekts aus der Liste. Da die Indizes von ListBox und Collection für ein bestimmtes Objekt identisch sind, genügt der Aufruf der Methode RemoveAt der Collection. Es muss nur sichergestellt werden, dass die Liste zum betreffenden Zeitpunkt nicht bereits leer ist. Zudem soll das vorhergehende Element der Liste als Nächstes selektiert werden.

```csharp
private void btnDelete_Click(object sender, RoutedEventArgs e)
{
  int index = listbox1.SelectedIndex;
  if (list.Count > 0)
  {
    list.RemoveAt(index);
    if (index > 0)
      listbox1.SelectedIndex = index - 1;
    else
      listbox1.SelectedIndex = 0;
  }
  else
    MessageBox.Show("Löschen nicht möglich. Die Liste ist leer.");
}
```

Listing 29.52 Programmcode zum Löschen einer Person

Hinweis

Sie finden das komplette Beispielprogramm unter ..\Kapitel 29\ListBoxBinding_Sample2.

29.6.4   Die Darstellung eines »ListBoxItem«-Elements anpassen

Die Anzeige und das Layout der Listenelemente einer ListBox können praktisch beliebig und unbegrenzt beeinflusst werden. Dabei kommen zwei ListBox-Eigenschaften ins Spiel:

▶ ItemContainerStyle

▶ ItemTemplate

Mit ItemContainerStyle wird das Layout eines Items als Ganzes angepasst, mit ItemTemplate der angezeigte Inhalt.

Anmerkung

Die Anpassung des Layouts der ListBox, wie sie nun gezeigt wird, gilt prinzipiell auch für das Umgestalten des Layouts aller anderen ItemsControl-Steuerelemente.

Layoutanpassung mit »ListBox.ItemContainerStyle«

Sehen wir uns zunächst an, wie wir den allgemeinen Stil der ListBoxItem-Elemente mit ItemContainerStyle beeinflussen können. Dazu greifen wir auf das Beispielprogramm *ListBoxBinding_Sample2* zurück, in dessen ListBox wir nun die Darstellung der ListBoxItem-Objekte ansprechender gestalten wollen. Jeder Eintrag soll eine individuelle, alternierende Hintergrundfarbe erhalten und wird mit einer grauen Umrandung angezeigt. Das aktuell ausgewählte ListBox-Element soll ebenfalls einen eigenen Stil haben und farblich abgesetzt von den anderen erkennbar sein. Hier zunächst der XAML-Code, um den der bisherige ergänzt werden muss.

```
// Beispiel: ..\Kapitel 29\ListBoxBinding_Sample3
<ListBox Name="listBox1" Margin="5" AlternationCount="2">
  <ListBox.ItemContainerStyle>
    <Style TargetType="ListBoxItem">
      <Setter Property="Background" Value="LightBlue" />
      <Setter Property="Margin" Value="1" />
      <Setter Property="BorderBrush" Value="Gray" />
      <Setter Property="BorderThickness" Value="1" />
      <Style.Triggers>
        <Trigger Property="ItemsControl.AlternationIndex" Value="1">
          <Setter Property="Background" Value="LightGray" />
        </Trigger>
        <Trigger Property="IsSelected" Value="True">
          <Setter Property="Foreground" Value="DarkBlue" />
          <Setter Property="FontWeight" Value="Bold" />
        </Trigger>
      </Style.Triggers>
```

```
    </Style>
  </ListBox.ItemContainerStyle>
</ListBox>
```

Listing 29.53 XAML-Code des Beispielprogramms »ListBoxBindingSample2«

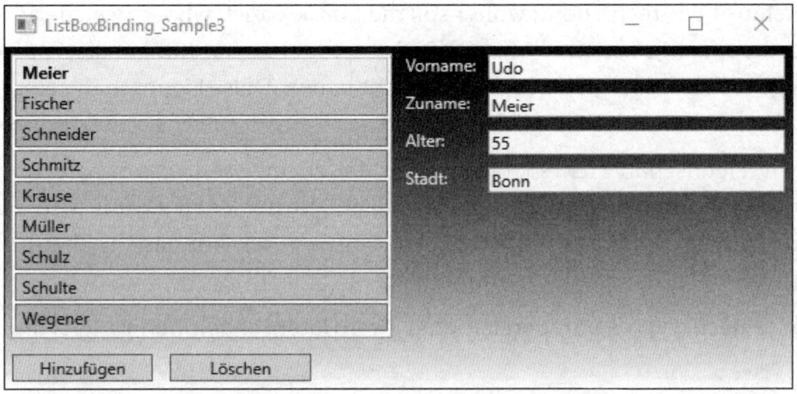

Abbildung 29.10 Laufzeitdarstellung des Beispiels »ListBoxBindingSample_3«

Der Style der einzelnen ListBox-Einträge wird durch die Eigenschaft ItemContainerStyle der ListBox beschrieben. Innerhalb des Style-Abschnitts beschreibt der erste Abschnitt die Standardschablone. Die WPF unterstützt alternierende Einträge mit der Eigenschaft AlternationCount. AlternationCount gibt an, wie viele Listeneinträge eine Gruppe bilden sollen. In unserem Beispiel handelt es sich um zwei. Per Vorgabe ist AlternationCount auf 1 eingestellt.

Jedem ListBoxItem ist ein AlternationIndex zugeordnet, der die Position innerhalb der Gruppe angibt. Für alle Elemente, die von der Gruppenposition mit dem Index 0 abweichen, muss ein eigener Trigger bereitgestellt werden, der mit AlternationIndex den von 0 abweichenden Index in der Gruppe beschreibt.

Nehmen wir beispielsweise an, wir hätten eine ListBox mit der Einstellung AlternationCount=3. Dann würde dem ersten Listenelement innerhalb der Dreiergruppe die Standardschablone zugewiesen, dem zweiten Element der Gruppe die Schablone mit AlternationIndex=1, dem dritten die mit AlternationIndex=2. Das vierte Element schließlich würde wieder mit der Standardschablone dargestellt.

Sie müssen berücksichtigen, dass AlternationIndex eine angehängte Eigenschaft ist, die in der ListBox definiert ist. Daher muss im Trigger der Klassenname mit

```
Property="ItemsControl.AlternationIndex"
```

spezifiziert werden.

Damit das aktuell ausgewählte Listenelement im Beispielprogramm optisch besser hervorgehoben wird, überprüft ein Trigger das ListBoxItem daraufhin, ob dessen Eigenschaft

29

IsSelect auf true steht. In diesem Fall wird die Schriftfarbe geändert und der Stil des Fonts auf bold gesetzt.

Datendarstellung mit »ListBox.ItemTemplate« festlegen

In der ListBox der vorhergehenden Beispiele wird nur der Name der Person angezeigt. Im Grunde genommen erstaunt das nicht, denn woher soll die ListBox auch wissen, welche andere Darstellungsform der Anzeige wir uns wünschen? Die ListBox reagiert nur auf die Angabe, die wir unter der Eigenschaft DisplayMemberPath gemacht haben. Diese Eigenschaft selbst erlaubt keine komplexeren Darstellungsmöglichkeiten.

Ein DataTemplate, das der Eigenschaft ItemTemplate der ListBox zugewiesen wird, schafft Abhilfe und gestattet es, die Inhalte und ihre Darstellung beliebig festzulegen. Damit wird es uns möglich, nicht nur mehrere Inhalte in einer Zeile auszugeben, wir können darüber hinaus in jeder anderen Weise die Darstellung manipulieren.

Grundsätzlich werden je nach Typ des Steuerelements zwei Datenschablonen unterschieden:

▶ ContentTemplate dient als Vorlage eines Content-Steuerelements.

▶ DataTemplate dient als Datenvorlage aller Steuerelemente,
   die von ItemsControl abgeleitet sind.

Sowohl ein ContentTemplate als auch ein DataTemplate können im Window.Resources-Abschnitt oder innerhalb des Steuerelements beschrieben werden.

Mit einem DataTemplate ist es möglich, ein Listenelement komplex durch mehrere WPF-Elemente zu beschreiben. Denken Sie dazu noch einmal an die Klasse Person mit den Eigenschaften FirstName, LastName, Age und City. In einem ListBoxItem wird genau eine Eigenschaft angezeigt, nämlich die, die durch die Eigenschaft DisplayMemberPath beschrieben wird. Mit einem DataTemplate lässt sich ein ListBoxItem beschreiben, in dem sich möglicherweise alle Eigenschaftswerte wiederfinden. Wenn Sie wollen, können Sie zusätzlich ein Bildchen anzeigen lassen oder eine Animation oder ein Video. Die Möglichkeiten sind unbegrenzt.

Der folgende XAML-Code erweitert das letzte Beispielprogramm *ListBoxBinding_Sample3* um ein DataTemplate, um neben dem Namen der Person auch deren Eigenschaften Age und Alter auszugeben:

```
// Beispiel: ..\Kapitel 29\ListBoxBinding_Sample4
<ListBox Name="listbox1" Margin="5" AlternationCount="2">
  <ListBox.ItemTemplate>
    <DataTemplate DataType="{x:Type local2:Person}">
      <Grid>
        <Grid.RowDefinitions>
          <RowDefinition />
```

```
            <RowDefinition />
            <RowDefinition />
          </Grid.RowDefinitions>
          <TextBlock>
            <TextBlock.Text>
              <MultiBinding Converter="{StaticResource pConv}">
                <Binding Path="LastName" />
                <Binding Path="FirstName" />
              </MultiBinding>
            </TextBlock.Text>
          </TextBlock>
          <TextBlock Grid.Row="1" Text="{Binding Age}" Foreground="Black"/>
          <TextBlock Grid.Row="2" Text="{Binding City}" Foreground="Black"/>
        </Grid>
      </DataTemplate>
    </ListBox.ItemTemplate>
</ListBox>
```

Listing 29.54 »ListBox« mit einem »DataTemplate«

Das DataTemplate wird der Eigenschaft ItemTemplate der ListBox direkt übergeben. Dem Data-Template-Element wird dabei mit DataType der Typ genannt, der durch die Datenschablone beschrieben wird.

Im DataTemplate unseres Beispielprogramms werden für jedes Listenelement im Grid insgesamt drei Zeilen verwendet. In der ersten Zeile werden LastName und FirstName gemeinsam angezeigt. Dafür ist im C#-Code eine Klasse codiert, die die Schnittstelle IMultiValueConverter implementiert. Die beiden anderen Eigenschaften eines Listenelements, Age und City, werden ebenfalls jeweils in einem TextBlock ausgegeben. In Abbildung 29.11 sehen Sie, wie die ListBox unter Zuhilfenahme der DataTemplate die Elemente anzeigt.

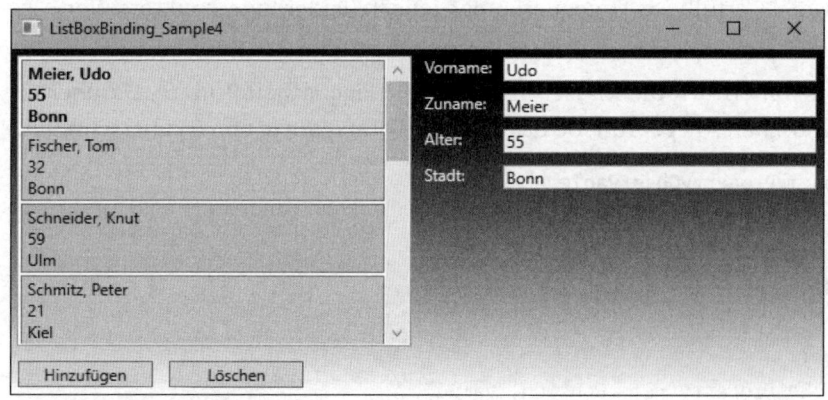

Abbildung 29.11 ListBox mit »DataTemplate«

> **Anmerkung**
>
> Sollten Sie das Beispielprogramm *ListBoxBindingSample* bis hierher anhand des Buches nachprogrammiert haben, könnte es sein, dass Sie beim Kompilieren der letzten Version eine Fehlermeldung erhalten. Prüfen Sie bitte zuerst, ob es vielleicht daran liegt, dass Sie weiterhin im Code-Behind der Eigenschaft `DisplayMemberPath` eine Elementeigenschaft angegeben haben. Sobald Sie der Property `ItemTemplate` ein `DataTemplate` übergeben, steht das im Konflikt zu `DisplayMemberPath`. Löschen Sie einfach die Zuweisung an diese Eigenschaft.

29.6.5 »DataTemplate« mit »DataTrigger«

Templates können mit Triggern ausgestattet werden. Das gilt nicht nur für ein `ContentTemplate`, sondern auch für ein `DataTemplate`. Trigger gestatten es einem Template, auf Veränderungen von Daten zu reagieren und die Darstellung anzupassen. Definieren Sie einen herkömmlichen Trigger, kann dieser nur auf die Veränderung des Steuerelements selbst reagieren. Um auf eine Veränderung der Datenquelle reagieren zu können, stellt die WPF zwei Klassen bereit:

- `DataTrigger`
- `MultiDataTrigger`

`DataTrigger` arbeiten mit der Datenbindung. Sie können eine beliebige Eigenschaft des Objekts abfragen, um unter bestimmten Umständen auf einen neuen Wert zu reagieren. Das sei am Beispiel der Klasse `Person` gezeigt. Dabei sollen die `Person`-Objekte, die das Rentenalter von 65 erreicht oder überschritten haben, in der `ListBox` mit dunkelblauem Hintergrund und weißer Schriftfarbe dargestellt werden.

Um diese Idee umsetzen zu können, benötigen wir in der Klasse `Person` eine Eigenschaft, die getriggert werden kann. Rein theoretisch könnte man auch auf die Idee kommen, zu prüfen, ob die Bedingung `Age>=65` erfüllt ist. Trigger erlauben jedoch (leider) nur, konkrete Werte zu überprüfen.

Aus diesem Grund erweitern wir die Klasse `Person` um die Eigenschaft `Pension`. Darüber hinaus wird in der Eigenschaft `Age` geprüft, ob das Alter die Altersgrenze von 65 überschreitet.

```
public class Person : PropertyObservable
{
  private bool _Pension;
  public bool Pension
  {
    get => _Pension;
    private set => SetProperty(ref _Pension, value);
  }
```

```
  private int _Age;
  public int Age
  {
    get => _Age;
    set
    {
      SetProperty(ref _Age, value);
      Pension = Age >= 65;
    }
  }
  [...]
}
```

Listing 29.55 Änderungen an der Klasse »Person«

Das DataTemplate muss an die neue Bedingung angepasst werden. Dazu wird das DataTemplate-Element um die Eigenschaft DataTemplate.Triggers ergänzt. Triggers enthält Trigger-Elemente, in denen die zu prüfende Eigenschaft und der zu prüfende Wert genannt werden. Trifft die Bedingung zu, werden die dann nachfolgend angeführten Setter angewendet.

Im Grunde genommen gleichen die DataTrigger den Trigger-Elementen, die wir in Style-Elementen definieren können. Einen wichtigen Unterschied gibt es aber dennoch: Die Setter der DataTrigger erwarten die Angabe der Eigenschaft TargetName, um das Objekt identifizieren zu können, auf das der Setter angewendet werden soll. Wir sind daher gezwungen, im XAML-Code dem Grid und den drei TextBlock-Objekten einen Namen zu geben.

```xaml
<DataTemplate DataType="{x:Type local2:Person}">
  <Grid Name="grid1">
    [...]
    <TextBlock Name="tbName">
      <TextBlock.Text>
        <MultiBinding Converter="{StaticResource pConv}">
          <Binding Path="LastName" />
          <Binding Path="FirstName" />
        </MultiBinding>
      </TextBlock.Text>
    </TextBlock>
    <TextBlock Name="tbAge" Grid.Row="1" Text="{Binding Age}"/>
    <TextBlock Name="tbCity" Grid.Row="2" Text="{Binding City}" />
  </Grid>
  <DataTemplate.Triggers>
    <DataTrigger Binding="{Binding Pension}" Value="True">
      <Setter Property="Background" Value="DarkBlue" TargetName="grid1" />
```

29

```
      <Setter Property="Foreground" Value="White" TargetName="tbName" />
      <Setter Property="Foreground" Value="White" TargetName="tbAge" />
      <Setter Property="Foreground" Value="White" TargetName="tbCity" />
    </DataTrigger>
  </DataTemplate.Triggers>
</DataTemplate>
```

Listing 29.56 Ergänzung des XAML-Codes um einen »DataTrigger«

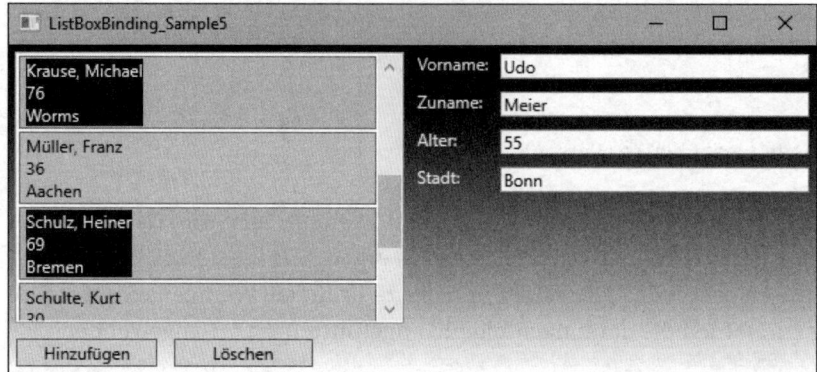

Abbildung 29.12 Die noch unvollständige Änderung des Hintergrunds

In Abbildung 29.12 sehen Sie, dass der DataTrigger bereits wie erwartet funktioniert. Allerdings ist die Darstellung der Items der älteren Personen nicht ganz optimal, da die Hintergrundfarbe nur den textuellen Bereich der Itemeinträge abdeckt und nicht die gesamte Breite der ListBox. Zudem ist ein kleiner, nicht von der dunkelblauen Hintergrundfarbe abgedeckter Rand zu erkennen.

Es bedarf nur noch minimaler Anpassungen, um zu einem ansehnlichen Resultat zu kommen. Zunächst einmal soll die dunkelblaue Farbe die gesamte Breite der ListBox einnehmen. Dazu stellt dieses Steuerelement mit HorizontalContentAlignment eine Eigenschaft bereit, die auf Stretch eingestellt werden muss.

```
<ListBox Name="lstBox" ... HorizontalContentAlignment="Stretch">
```

Der dünne Rand um den dunkelblauen Hintergrundbereich ist auf die standardmäßige Padding-Einstellung des ListBoxItem-Elements zurückzuführen. Deshalb ergänzen wir die Style-Definition dieses Elements um die Padding-Eigenschaft:

```
[...]
<ListBox.ItemContainerStyle>
  <Style TargetType="ListBoxItem">
    <Setter Property="Background" Value="LightBlue" />
    <Setter Property="Margin" Value="1" />
```

```
<Setter Property="Padding" Value="0"/>
  <Setter Property="BorderBrush" Value="Gray" />
[...]
```

Ein erneuter Start überzeugt uns von den durchgeführten Layoutanpassungen. Eine Kleinigkeit sollte noch verbessert werden: Der Inhalt der Textblöcke weist keinen Abstand zum linken Rand des ListBoxItems auf. Mit einer Margin-Vorgabe, beispielsweise

```
<TextBlock Name="tbName" Margin="4 0 0 0">
```

haben wir dann endlich unser Ziel einer optisch ansprechenden Oberfläche erreicht.

Hinweis

Sie finden das komplette Beispielprogramm unter ..*Kapitel 29\ListBoxBinding_Sample5*.

29.7 Datenbindung und das Entity Framework

In den bisherigen Beispielen haben wir immer benutzerdefinierte CLR-Objekte als Datenquelle verwendet. Häufig werden Daten jedoch aus einer Datenbank bezogen und in einem Fenster zur Anzeige gebracht. Wir wollen uns deshalb jetzt ansehen, wie wir die vom Entity Framework gelieferten Daten in einer WPF-Anwendung nutzen können.

Datenabfragen des Entity Frameworks basieren auf LINQ-Ausdrücken. Weiter oben haben Sie erfahren, dass zur Bindung an die Eigenschaft ItemsSource eines Listensteuerelements die Datenquelle die Schnittstelle IEnumerable implementieren muss. Viele LINQ-Erweiterungsmethoden liefern als Resultat einer Abfrage eine Datenmenge, die die Schnittstelle IEnumerable<T> implementiert. ItemsSource und das Ergebnis einer LINQ-Abfrage passen also prima zusammen, da die Schnittstelle IEnumerable<T> ihrerseits IEnumerable implementiert.

Wir sollten uns nun ansehen, wie wir das Ergebnis einer Abfrage binden können. Dabei wird zugrunde gelegt, dass die *Products*-Tabelle der *Northwind*-Datenbank abgefragt wird, wobei in die Ergebnismenge nur die Datensätze geschrieben werden, deren Einzelpreis größer oder gleich 50 ist. Ein erster, noch nicht funktionsfähiger Ansatz könnte wie folgt aussehen:

```
using(var context = new NorthwindEntities())
{
  var result = from p in context.Products
               where p.UnitPrice >= 50
               select new { p.ProductID, p.ProductName, p.UnitPrice};
  listControl.ItemsSource = result;
}
```

Listing 29.57 Anbindung einer LINQ-Datenquelle (nicht funktionsfähig)

29

Wo Licht ist, ist auch Schatten. So auch in diesem Fall. Im Gegensatz zur `ObservableCollec-tion<T>` wird vom `IEnumerable<T>`-Interface das Hinzufügen und Löschen von Listenelementen nicht unterstützt. Doch LINQ hält mit den beiden Methoden `ToList` und `ToArray` einfach umzusetzende Lösungen bereit.

Während `ToArray` ein Array vom Typ `T` (also ein Array generischer Typen) zurückliefert, ist es bei der Methode `ToList` der Typ `List<T>`. Damit liegen in beiden Fällen Auflistungen vor, die sich in ihrer Verhaltensweise nicht von den anderen Auflistungen unterscheiden und – um es wieder auf den Punkt zu bringen – auch das Hinzufügen und Löschen von Listenelementen ermöglichen.

Selbst dann, wenn wir weder Elemente zur Liste hinzufügen noch löschen wollen, müssten wir den Code in Listing 29.57 überarbeiten. Grund ist, dass kein Anstoß gegeben wird, die Datensätze aus der Datenbank abzufragen – die Variable `result` ist leer. Wie wir wissen, bewirkt `ToList` die sofortige Abfrage der Daten aus der Datenbank – und das Problem ist gelöst.

Mit dem Aufruf der Methode `ToList` wandeln wir das `IEnumerable<T>`-Resultat nun noch in `List<T>` um:

```
using(var context = new NorthwindEntities())
{
  var result = from p in context.Products
               where p.UnitPrice >= 50
               select new { p.ProductID, p.ProductName, p.UnitPrice};
  var liste = result.ToList();
}
```

Listing 29.58 LINQ-Abfrageresultat in den Typ »List<T>« umwandeln

29.8 Das Steuerelement »DataGrid«

Die Datenbindungs- und Gestaltungsmöglichkeiten der WPF-Steuerelemente sind wirklich bemerkenswert. Ob `ListBox`, `ComboBox`, `TreeView` oder `ListView`, Sie können die Daten ganz nach Wunsch in einem ganz individuellen Layout darstellen. Alle zu beschreiben, würde den Rahmen dieses Buches deutlich sprengen. Dennoch sollten wir uns ein Steuerelement noch einmal etwas genauer ansehen: das `DataGrid`. Dabei handelt es sich sicher zugleich um das Control mit den weitestgehenden Möglichkeiten.

29.8.1 Elementare Eigenschaften des »DataGrid«-Objekts

Es gibt zahlreiche Eigenschaften, mit denen sich das allgemeine Layout des Tabellenelements zur Laufzeit beeinflussen lässt. Die wichtigsten Eigenschaften können Sie Tabelle 29.8 entnehmen.

Eigenschaft	Beschreibung
AutogenerateColumns	Gibt an, ob alle Spalten aus dem Abfrageergebnis zum Aufbau des Grids verwendet werden sollen oder ob die Spalten im Grid manuell erzeugt werden.
ColumnHeaderHeight	Legt die Höhe der Zeile, in der die Spaltenbezeichner angezeigt werden sollen, fest.
ColumnWidth	Legt die Standardspaltenbreite fest. Diese Eigenschaft wird durch den Typ DataGridLength beschrieben, der mit seinen Eigenschaften zahlreiche Optionen beschreibt. Der Standard ist SizeToHeader.
GridLinesVisibility	Diese Eigenschaft legt fest, welche Linien zwischen den einzelnen Zellen angezeigt werden. Mögliche Optionen beschreibt die Enumeration DataGridGridlines mit All, None, Vertical und Horizontal.
HeadersVisibility	Diese Eigenschaft legt die Sichtbarkeit der Zeilen- und Spaltenköpfe fest.
HorizontalGridLinesBrush	Legt den Brush fest, mit dem die Linien zwischen den Zeilen im DataGrid gezeichnet werden.
RowBackGround bzw. AlternatingRowBackGround	Legt fest, mit welchem Hintergrund jede Zeile und jede alternierende Zeile gezeichnet werden soll.
RowHeight	Legt die Höhe jeder Zeile fest.
VerticalGridLinesBrush	Legt den Brush fest, mit dem die Linien zwischen den Spalten im DataGrid gezeichnet werden.

Tabelle 29.8 Elementare Eigenschaften des »DataGrid«-Elements

Eine der aufgeführten Eigenschaften müssen wir noch etwas genauer unter die Lupe nehmen: AutoGenerateColumns. Mit der Standardeinstellung AutoGenerateColumns=true werden, abhängig vom dargestellten Datentyp in der Spalte, fast alle Spalten als TextBlock-Spalten erzeugt. Das ist nicht sehr flexibel und gestattet keinen Gestaltungsspielraum. Setzen Sie jedoch AutoGenerateColumns=false, haben Sie die Option, aus insgesamt fünf Spaltentypen denjenigen auszusuchen, der Ihren Vorstellungen am besten entspricht. In Tabelle 29.9 sind die erwähnten fünf Spaltentypen beschrieben.

29

Spaltentyp	Beschreibung
DataGridTextColumn	Dieser Typ beschreibt DataGrid-Spalten, die zur Darstellung von Textinhalten dienen. Dazu dient für jede Zelle ein Text-Block-Element, das nur dann gegen TextBox ausgetauscht wird, wenn die Zelle editiert werden soll.
DataGridCheckBoxColumn	In der Spalte wird in jeder Zelle eine CheckBox angezeigt. Dieser Typ wird auch automatisch eingesetzt, wenn die Spalte einen booleschen Wert beschreibt.
DataGridHyperLinkColumn	In der Spalte wird ein anklickbarer Link angezeigt.
DataGridComboBox	Diese Spalte sieht zunächst so aus wie eine Spalte vom Typ DataGridTextColumn. Im Editiermodus wird daraus dann eine ComboBox.
DataGridTemplateColumn	Diese Spalte stellt die flexibelste Variante dar. Sie ermöglicht mit einem DataTemplate eine freie Gestaltungsmöglichkeit.

Tabelle 29.9 Spaltentypen eines »DataGrid«-Elements

29.8.2   Beispielprogramm mit dem »DataGrid«

Das Beispiel, an dem das DataGrid gezeigt werden soll, greift auf die *Orders*-Tabelle der *Northwind*-Datenbank zu. Diesmal wird es also nicht die Tabelle *Products* sein, weil diese Tabelle hinsichtlich dessen, was ich Ihnen zeige möchte, zu wenig Potenzial bietet.

Was wir definitiv zuerst benötigen, sind die Entitäts- und Kontextklassen. Dazu wird im ersten Schritt ein Entity Data Model erstellt. Wie das gemacht wird, habe ich in Kapitel 19, »Einführung in das Entity Framework«, gezeigt. Im Fenster ist mit einem DataGrid (Name = datagrid1) nur ein Steuerelement enthalten.

Im ersten Schritt möchten wir das DataGrid mit den Daten aus der Tabelle *Orders* füllen. Dazu ergänzen wir den Konstruktor des MainWindow-Elements wie folgt:

```
public MainWindow()
{
  InitializeComponent();
  using (var context = new NorthwindEntities())
  {
    var result = context.Orders.ToList();
    datagrid1.ItemsSource = result;
  }
}
```

Listing 29.59 Das Ergebnis der Datenabfrage an das »DataGrid« binden

Dass wir die Methode ToList aufrufen, hat einen sehr einfachen Grund: ToList erzwingt die sofortige Ausführung der Abfrage und schreibt das Ergebnis in result. Verzichten wir auf To-List, führt das zu einer Ausnahme beim Binden von result an die Eigenschaft ItemsSource. Im DataGrid sind zur Laufzeit alle Spalten der Tabelle zu sehen (siehe Abbildung 29.13).

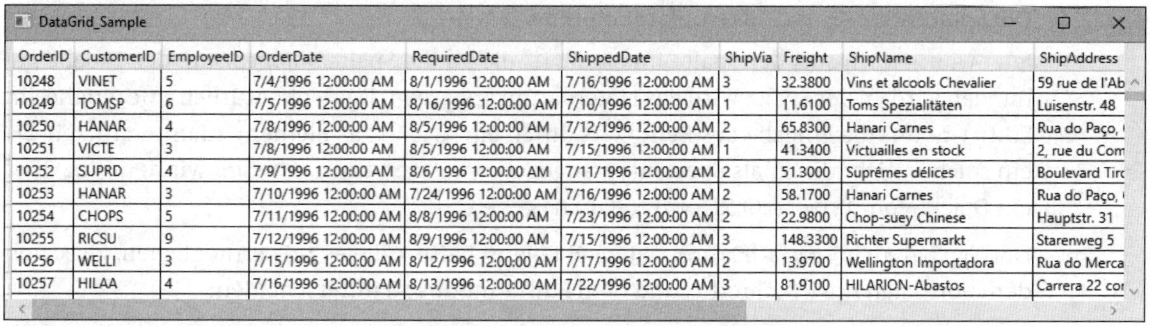

OrderID	CustomerID	EmployeeID	OrderDate	RequiredDate	ShippedDate	ShipVia	Freight	ShipName	ShipAddress
10248	VINET	5	7/4/1996 12:00:00 AM	8/1/1996 12:00:00 AM	7/16/1996 12:00:00 AM	3	32.3800	Vins et alcools Chevalier	59 rue de l'Ab
10249	TOMSP	6	7/5/1996 12:00:00 AM	8/16/1996 12:00:00 AM	7/10/1996 12:00:00 AM	1	11.6100	Toms Spezialitäten	Luisenstr. 48
10250	HANAR	4	7/8/1996 12:00:00 AM	8/5/1996 12:00:00 AM	7/12/1996 12:00:00 AM	2	65.8300	Hanari Carnes	Rua do Paço,
10251	VICTE	3	7/8/1996 12:00:00 AM	8/5/1996 12:00:00 AM	7/15/1996 12:00:00 AM	1	41.3400	Victuailles en stock	2, rue du Com
10252	SUPRD	4	7/9/1996 12:00:00 AM	8/6/1996 12:00:00 AM	7/11/1996 12:00:00 AM	2	51.3000	Suprêmes délices	Boulevard Tir
10253	HANAR	3	7/10/1996 12:00:00 AM	7/24/1996 12:00:00 AM	7/16/1996 12:00:00 AM	2	58.1700	Hanari Carnes	Rua do Paço,
10254	CHOPS	5	7/11/1996 12:00:00 AM	8/8/1996 12:00:00 AM	7/23/1996 12:00:00 AM	2	22.9800	Chop-suey Chinese	Hauptstr. 31
10255	RICSU	9	7/12/1996 12:00:00 AM	8/9/1996 12:00:00 AM	7/15/1996 12:00:00 AM	3	148.3300	Richter Supermarkt	Starenweg 5
10256	WELLI	3	7/15/1996 12:00:00 AM	8/12/1996 12:00:00 AM	7/17/1996 12:00:00 AM	2	13.9700	Wellington Importadora	Rua do Merca
10257	HILAA	4	7/16/1996 12:00:00 AM	8/13/1996 12:00:00 AM	7/22/1996 12:00:00 AM	3	81.9100	HILARION-Abastos	Carrera 22 co

Abbildung 29.13 Die Ausgabe der kompletten Tabelle »Orders« im »DataGrid«

Stellen Sie die Eigenschaft AutoGenerateColumn des DataGrid-Objekts auf false ein, wird das Festlegen der anzuzeigenden Spalten im DataGrid Ihnen überlassen. Nachfolgend wollen wir uns auf drei ausgewählte Spalten der Tabelle beschränken. Dabei betrachten wir die Spalten *OrderID*, *CustomerID* und *ShippedDate*, deren Spaltentyp wir anpassen werden. Dabei soll die Spalte *ShippedDate* vom Typ DataGridTemplateColumn sein, damit der Anwender im Editiermodus ein intuitiv besser zu handhabendes DatePicker-Element zur Änderung des Datums benutzen kann. Die Spalte für *CustomerID* soll hingegen durch den Typ DataGridComboBox dargestellt werden, um eine etwaige falsche Kundenzuordnung einfach zu korrigieren. Die Listeneinträge der ComboBox-Spalte soll darüber hinaus den tatsächlichen Kundennamen anzeigen und nicht dessen ID.

Der Spaltentyp »DataGridTextColumn«

Sobald Sie AutoGenerateColumns=false gesetzt haben, übernehmen Sie selbst die Verantwortung für die Bereitstellung der gewünschten Spalten. Jede definierte Spalte muss einer Collection des DataGrid-Objekts übergeben werden. Die Collection wird über die Eigenschaft Columns des DataGrid-Objekts referenziert.

Die einfachste Spalte ist die der Bestellnummer (*OrderID*), denn wir können hier auf eine klassische Textspalte zurückgreifen. Die Eigenschaft Header erlaubt es uns, eine spezifische Spaltenüberschrift festzulegen.

```
<DataGrid Name="datagrid1" AutoGenerateColumns="False">
  <DataGrid.Columns>
    <DataGridTextColumn Header="Bestell-Nr." Binding="{Binding OrderID}"/>
```

29

```
    </DataGrid.Columns>
</DataGrid>
```

Listing 29.60 Eine erste benutzerdefinierte Spalte im »DataGrid«

Der Spaltentyp »DataGridTemplateColumn«

Jetzt widmen wir uns der Spalte im DataGrid, die an die Spalte *ShippedDate* der Tabelle gebunden wird. In der Spalte wird das Lieferdatum angezeigt. Das legt natürlich sofort nahe, im Editiermodus die Eingabe des Benutzers durch ein DatePicker-Element zu unterstützen. Da ein solches nicht direkt als Spaltentyp angegeben werden kann, müssen wir den Weg über ein Objekt vom Typ DataGridTemplateColumn gehen.

Der Typ DataGridTemplateColumn hat zwei Eigenschaften, die es uns ermöglichen, zwischen dem normalen Ansichtsmodus und dem Editiermodus zu unterscheiden:

▶ CellTemplate
▶ CellEditingTemplate

Innerhalb jeder der beiden genannten Eigenschaften kann mit einem DataTemplate-Objekt beschrieben werden, was innerhalb einer Zelle der betreffenden Spalte angezeigt werden soll. In der Normalansicht soll es ein TextBlock-Element sein, im Editiermodus, wie oben erwähnt, ein DatePicker-Element.

```
<DataGridTemplateColumn Header="Lieferdatum">
  <DataGridTemplateColumn.CellTemplate>
    <DataTemplate>
      <TextBlock Text="{Binding ShippedDate}" />
    </DataTemplate>
  </DataGridTemplateColumn.CellTemplate>
  <DataGridTemplateColumn.CellEditingTemplate>
    <DataTemplate>
      <DatePicker SelectedDate="{Binding ShippedDate}" />
    </DataTemplate>
  </DataGridTemplateColumn.CellEditingTemplate>
</DataGridTemplateColumn>
```

Listing 29.61 Änderung der Spalte »ShippedDate«

Wenn wir in einer Zelle dieser Spalte durch Doppelklick in den Editiermodus wechseln, sieht das Resultat schon ganz passabel aus. Ein Kalender öffnet sich und ermöglicht die einfache Auswahl eines neuen Datums. Störend wird aber zumindest im deutschen Sprachraum das amerikanische Anzeigeformat des Datums einschließlich der Zeitangabe sein. Das hat sich nicht gegenüber dem geändert, was Sie bereits in Abbildung 29.13 gesehen haben. Die Lösung ist sehr einfach: Der Eigenschaft StringFormat des Binding-Objekts teilen Sie die gewünschte Darstellung des Datums mit. Das könnte wie folgt aussehen:

```
<DataGridTemplateColumn.CellTemplate>
  <DataTemplate>
    <TextBlock Text="{Binding ShippedDate, StringFormat=dd.MM.yyyy}" />
  </DataTemplate>
</DataGridTemplateColumn.CellTemplate>
```

Listing 29.62 Anpassung des Datumsformats

Der Spaltentyp »DataGridComboBoxColumn«

Etwas aufwendiger als eine DataGridTemplateColumn ist oft das Bereitstellen einer DataGrid-ComboBoxColumn. Wir wollen diesen Spaltentyp für die Spalte *CustomerID* einsetzen, um statt der für den Anwender uninteressanten Identifier den Namen des Kunden anzuzeigen. Um an die für uns interessanten Informationen der Kunden zu gelangen, ist es notwendig, die entsprechende Tabelle aus der Datenbank abzufragen.

```
var custResult = context.Customers
                    .Select( c => new { c.CustomerID, c.CompanyName})
                    .ToList();
```

Listing 29.63 Abfrage der Kunden

Anmerkung

Sollten Sie dem Beispiel folgen, wird sich vermutlich im Entity Data Model nur die Entität Orders befinden. Ergänzen Sie das Entity Data Model in diesem Fall um die Entität Customers.

Das Resultat der Abfrage aus Listing 29.63 binden wir an ein DataGridComboBoxColumn-Objekt. Wenn Sie den XAML-Code um dieses Objekt ergänzen, werden Sie sehr schnell feststellen, dass die Klasse DataGridComboBoxColumn nicht die Name-Eigenschaft unterstützt. Als Lösung bietet es sich an, einen Namen mit x:Name festzulegen. Nunmehr kann das Ergebnis der Abfrage an die Eigenschaft ItemsSource der DataGridComboBoxColumn mit

```
customerColumn.ItemsSource = custResult;
```

gebunden werden. Sehen wir uns nun den XAML-Code an.

```
<DataGridComboBoxColumn x:Name="customerColumn" Header="Kunde"
                        DisplayMemberPath="CompanyName"
                        SelectedValuePath="CustomerID"
                        SelectedValueBinding="{Binding CustomerID}" />
```

Wir setzen die Eigenschaft DisplayMemberPath auf die Spalte der Tabelle, die in der ComboBox angezeigt werden soll, also *CompanyName*. Die Eigenschaft SelectedValuePath gibt die Spalte der gebundenen Tabelle an, die mit einer Spalte einer in Beziehung stehenden Tabelle steht.

29

Hier ist es also *CustomerID*. `SelectedValueBinding` bindet sich schließlich an die in Beziehung stehende Tabelle (also *Customers*) und hier wiederum an die Spalte *CustomerID*.

In Abbildung 29.14 ist das Ergebnis der benutzerdefinierten Spalten zu sehen. Die Spalte *Lieferdatum* befindet sich dabei im Editiermodus (weil dieser am spektakulärsten ist, also reine Effekthascherei ☺).

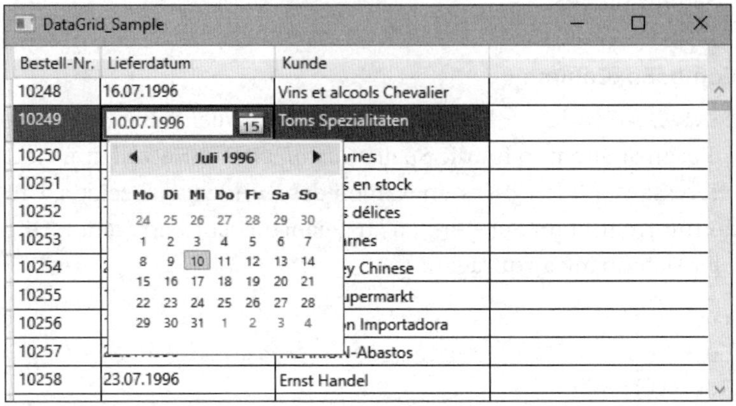

Abbildung 29.14 Die Spalte »Lieferdatum« im Editiermodus

Optische Anpassungen

Lassen Sie uns noch einen kritischen Blick auf die Darstellung des `DataGrid`-Objekts zur Laufzeit werfen, denn das wirkt noch nicht überzeugend. Drei wesentliche Kritikpunkte fallen sofort auf:

▶ Die Zeilenhintergrundfarbe sollte alternierend sein, um eine bessere Lesbarkeit der Tabelle zu gewährleisten.

▶ Die letzte Spalte (hier: *Kunde*) sollte den gesamten verbleibenden rechten Bereich im `DataGrid` beanspruchen.

▶ Der Header sollte optisch ansprechender gestaltet werden.

Beginnen wir mit dem zuerst angeführten Punkt. Ähnlich wie bei einer `ListBox` können Sie auch die Zeilen in einem `DataGrid` in alternierenden Farben anzeigen lassen. Dazu wird dem `DataGrid` im ersten Schritt die Anzahl der alternierenden Zeilen in der Eigenschaft `AlternationCount` bekannt gegeben. Ein Trigger überprüft dann jede einzelne Zeile auf ihren Index hin und setzt entsprechend die Eigenschaften.

```
<DataGrid Name="datagrid1" AutoGenerateColumns="False" AlternationCount="2">
  <DataGrid.Resources>
    <Style TargetType="DataGridRow">
      <Style.Triggers>
        <Trigger Property="ItemsControl.AlternationIndex" Value="0">
          <Setter Property="Background" Value="LightGray" />
```

```
            <Setter Property="Foreground" Value="Black" />
        </Trigger>
        <Trigger Property="ItemsControl.AlternationIndex" Value="1">
            <Setter Property="Background" Value="Gray" />
            <Setter Property="Forcground" Value="White" />
        </Trigger>
    </Style.Triggers>
  </Style>
[...]
```

Listing 29.64 Zeilen im »DataGrid« alternierend darstellen

Damit die letzte Spalte innerhalb des DataGrid-Objekts den gesamten verbleibenden Bereich in Anspruch nimmt, muss ihre Breite auf Width="*" gesetzt werden. Das *-Zeichen erinnert uns daran, dass wir in einem standardmäßigen Grid die dynamische Breite einer ColumnDefinition genauso festlegen. Gleichzeitig sollten in unserem Beispiel die Breiten der beiden anderen Spalten auf einen fixen Wert von 100 gesetzt werden.

Der Header unseres DataGrid-Elements soll im Kern einen vertikalen Farbverlauf haben. Damit einher gehen noch einige andere Änderungen, um ein optisch ansprechendes Gesamtergebnis zu erzielen.

```
<DataGrid.Resources>
  [...]
  <Style TargetType="DataGridColumnHeader">
    <Setter Property="Background" >
      <Setter.Value>
        <LinearGradientBrush StartPoint="0,0" EndPoint="0,1">
          <GradientStop Color="Black" Offset="0.0" />
          <GradientStop Color="LightGray" Offset="1.1" />
        </LinearGradientBrush>
      </Setter.Value>
    </Setter>
    <Setter Property="Foreground" Value="White" />
    <Setter Property="BorderBrush" Value="White" />
    <Setter Property="BorderThickness" Value="1 0 0 0" />
    <Setter Property="Margin" Value="-1" />
    <Setter Property="Padding" Value="3 0 0 0" />
    <Setter Property="Height" Value="30" />
    <Setter Property="FontWeight" Value="Bold" />
  </Style>
</DataGrid.Resources>
```

Listing 29.65 Anpassen des Headers

29.8.3   Details einer Zeile anzeigen

Das DataGrid unterstützt auch einen speziellen Bereich, der unterhalb der aktuell ausgewählten Zeile angezeigt werden kann und dazu dient, dem Anwender Details der Zeile zu präsentieren. In Abbildung 29.15 sehen Sie, was damit gemeint ist.

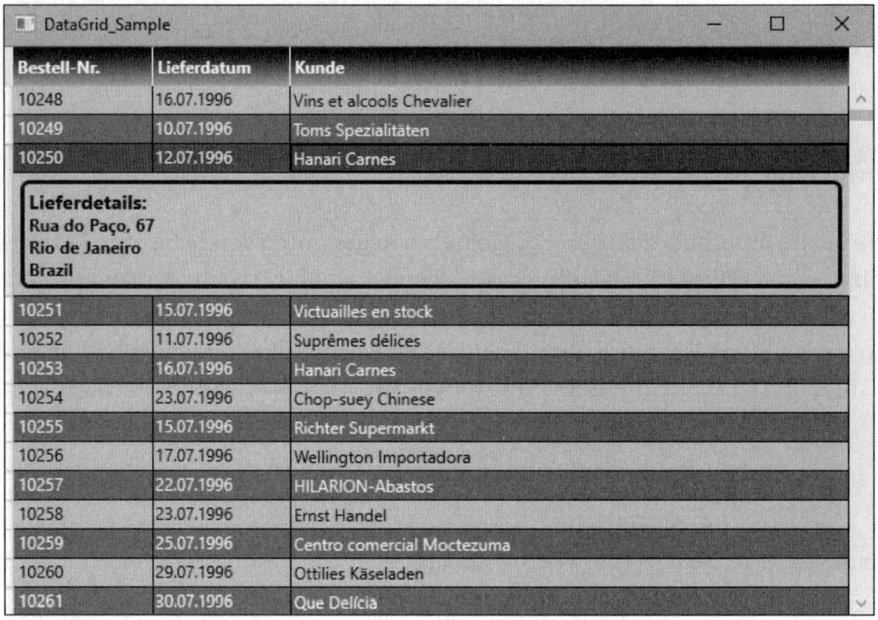

Abbildung 29.15 Zusätzliche Detailansicht der ausgewählten Datenzeile

Zur Darstellung dieses speziellen Bereichs dient die Eigenschaft RowDetailsTemplate des DataGrid-Elements. Innerhalb der Eigenschaft beschreibt ein DataTemplate den Aufbau des Anzeigebereichs. Zur Umsetzung des RowDetail-Bereichs wird innerhalb des DataTemplate-Elements zunächst ein Border-Element beschrieben, das seinerseits ein StackPanel zur Elementausrichtung enthält. TextBlock-Elemente zeigen die Daten an, die aus Bindungen bezogen werden.

```
<DataGrid>
  [...]
  <DataGrid.RowDetailsTemplate>
    <DataTemplate>
      <Border Margin="5" Padding="3" BorderBrush="DarkBlue"
              BorderThickness="3" CornerRadius="5" Background="LightGray">
        <StackPanel Orientation="Vertical">
          <TextBlock Foreground="Black" FontWeight="Bold" FontSize="14"
                     Text="Lieferdetails:"/>
          <TextBlock Foreground="DarkBlue" FontWeight="Bold"
                     Text="{Binding ShipAddress}" />
```

```
            <TextBlock Foreground="DarkBlue" FontWeight="Bold"
                       Text="{Binding ShipCity}"/>
            <TextBlock Foreground="DarkBlue" FontWeight="Bold"
                       Text="{Binding ShipCountry}"/>
        </StackPanel>
      </Border>
    </DataTemplate>
  </DataGrid.RowDetailsTemplate>
</DataGrid>
```

Listing 29.66 Das »DataGrid.RowDetailsTemplate«-Objekt

Das Anzeigeverhalten kann mit der Eigenschaft RowDetailsVisibilityMode des DataGrid-Elements beeinflusst werden. Per Vorgabe ist diese Eigenschaft auf VisibleWhenSelected eingestellt. Das heißt, der Detailbereich wird für die aktuell selektierte Zeile im DataGrid angezeigt. Außerdem bietet sich die Einstellung Visible an, was bedeutet, dass sofort alle Details für alle Zeilen angezeigt werden. Die dritte Alternative, Collapsed, bewirkt, dass die Details nie angezeigt werden.

> **Hinweis**
>
> Das komplette Beispiel finden Sie unter ..\Kapitel 29\DataGrid_Sample.

29.8.4   DataGrid und 1:n-Beziehungen

Die am häufigsten anzutreffende Beziehung zwischen zwei Tabellen einer Datenbank ist die 1:n-Beziehung. In einer 1:n-Beziehung kann ein Datensatz in einer Tabelle mit einem oder mehreren Datensätzen in einer anderen Tabelle verknüpft sein. Betrachten wir die Datenbank *Northwind* und die beiden Tabellen *Categories* und *Product*. Jeder Kategorie sind ein oder auch viele Produkte zugeordnet. Hier repräsentiert die Tabelle *Categories* die 1-Seite der Beziehung und die Tabelle *Products* die n-Seite.

Die in Beziehung stehenden Daten einer 1:n-Beziehung werden auch sehr häufig in der Benutzeroberfläche eines Fensters benötigt. Die Daten der n-Seite selbst werden sehr oft in einem DataGrid angezeigt, während sich für die 1-Seite mehrere Möglichkeiten, von einer einfachen TextBox bis hin zu einem DataGrid, anbieten.

Im folgenden Beispiel wollen wir uns ansehen, wie wir in zwei DataGrid-Controls die in Beziehung stehenden Daten der beiden erwähnten Tabellen *Categories* und *Products* darstellen können. Dabei soll für jede der beiden Tabellen ein DataGrid eingesetzt werden. Selektiert der Anwender zur Laufzeit einen Eintrag im DataGrid, das die Daten der Tabelle *Categories* anzeigt, sollen im zweiten DataGrid alle zur ausgewählten Kategorie zugeordneten Produkte angezeigt werden.

29

Zur Umsetzung der Idee benötigen wird zunächst ein Entity Data Model (siehe dazu auch Kapitel 19, »Einführung in das Entity Framework«, und Kapitel 20, »Database First mit dem EDM-Designer«) der beiden Tabellen *Products* und *Categories*. Basierend darauf schreiben wir eine LINQ-Frage, die uns »in einem Rutsch« sofort sämtliche Daten der beiden Tabellen liefert. Um wiederholtes Abfragen der Datenbank zu vermeiden, greifen wir auf die Methode Include zu. Zudem dürfen wir nicht vergessen, die Daten sofort mit ToList in den lokalen Datencache zu schreiben. Diesen binden wir im letzten Schritt an die ItemsSource-Eigenschaft des DataGrid-Objekts, in dem die *Categories*-Daten angezeigt werden sollen.

```
public MainWindow()
{
  InitializeComponent();
  using (NorthwindEntities context = new NorthwindEntities())
  {
    var query = context.Categories
                      .Include(cat => cat.Products).ToList();
    gridCategories.ItemsSource = query;
  }
}
```

Listing 29.67 Abrufen aller Kategorien und Produkte

Im Fenster platzieren wir die beiden DataGrid-Controls untereinander. Das obere soll die Kategorien anzeigen, das untere die zur ausgewählten Kategorie gehörenden Produkte. Beide DataGrid-Objekte werden durch ein GridSplitter-Element getrennt, damit der Benutzer die beiden Datenbereiche in deren Höhe variieren kann.

```
<Grid>
  <Grid.RowDefinitions>
    <RowDefinition />
    <RowDefinition Height="Auto" />
    <RowDefinition />
  </Grid.RowDefinitions>
  <DataGrid Name="gridCategories" AutoGenerateColumns="False" SelectedIndex="0">
    <DataGrid.Columns>
      <DataGridTextColumn Header="CategoryID" Binding="{Binding CategoryID}" />
      <DataGridTextColumn Header="CategoryName" Binding="{Binding CategoryName}" />
      <DataGridTextColumn Header="Description" Binding="{Binding Description}" />
    </DataGrid.Columns>
    </DataGrid>
  <GridSplitter Margin="0 3 0 3" Grid.Row="1" ShowsPreview="True"
                Background="Black" Height="5" HorizontalAlignment="Stretch" />
  <DataGrid Grid.Row="2" Name="grid2" AutoGenerateColumns="False"
```

```
            ItemsSource="{Binding ElementName=gridCategories,
              Path=SelectedItem.Products}" >
    <DataGrid.Columns>
      <DataGridTextColumn Header="ProductID" Binding="{Binding ProductID}" />
      <DataGridTextColumn Header="ProductName" Binding="{Binding ProductName}" />
      <DataGridTextColumn Header="QuantityPerUnit"
                          Binding="{Binding QuantityPerUnit}" />
    <DataGridTextColumn Header="UnitPrice" Binding="{Binding UnitPrice}" />
      <DataGridTextColumn Header="UnitsInStock" Binding="{Binding UnitsInStock}" />
      <DataGridTextColumn Header="UnitsOnOrder" Binding="{Binding UnitsOnOrder}" />
    </DataGrid.Columns>
  </DataGrid>
</Grid>
```

Listing 29.68 XAML-Code einer 1:n-Beziehung

CategoryID	CategoryName	Description	
1	Beverages	Soft drinks, coffees, teas, beers, and ales	
2	Condiments	Sweet and savory sauces, relishes, spreads, and seasonings	
3	Confections	Desserts, candies, and sweet breads	
4	Dairy Products	Cheeses	
5	Grains/Cereals	Breads, crackers, pasta, and cereal	
6	Meat/Poultry	Prepared meats	
7	Produce	Dried fruit and bean curd	
8	Seafood	Seaweed and fish	

ProductID	ProductName	QuantityPerUnit	UnitPrice	UnitsInStock	UnitsOnOrder
1	Chai	10 boxes x 20 bags	20.0000	39	0
2	Chang	24 - 12 oz bottles	19.0000	17	40
24	Guaraná Fantástica	12 - 355 ml cans	4.5000	20	0
34	Sasquatch Ale	24 - 12 oz bottles	14.0000	111	0
35	Steeleye Stout	24 - 12 oz bottles	18.0000	20	0
38	Côte de Blaye	12 - 75 cl bottles	263.5000	17	0
39	Chartreuse verte	750 cc per bottle	18.0000	69	0
43	Ipoh Coffee	16 - 500 g tins	46.0000	17	10

Abbildung 29.16 Ausgabe der 1:n-Beziehung aus Listing 29.67 und Listing 29.68

29

Hinweis

Das komplette Beispiel finden Sie unter ..\Kapitel 29\DataGrid_Sample.

Bitte beachten Sie, dass Sie möglicherweise die Verbindungszeichenfolge anpassen müssen, ehe Sie das Projekt fehlerfrei starten können.

29.9 Das »TreeView«-Control

Das TreeView-Steuerelement ist vielleicht das komplexeste Control in der WPF. Seine Aufgabe ist es, verzweigte Datenstrukturen in einem hierarchischen Baum zu visualisieren. In Kapitel 25, »WPF-Steuerelemente«, habe ich die wesentlichen Grundlagen dieses Controls bereits beschrieben. In diesem Abschnitt wollen wir einen Schritt weiter gehen und Daten dynamisch an eine TreeView binden.

Die TreeView ist ihrerseits ein Container für TreeViewItem-Objekte. Jedes TreeViewItem-Objekt ist von ItemsControl abgeleitet. Das bedeutet, dass jede TreeViewItem eine Liste von Elementen darstellen kann. Damit sind auch TreeViewItem-Objekte datenbindungsfähig.

Ein TreeView-Control mit hart codierten Daten direkt zu füllen ist nicht schwer. Wenn Sie jedoch die TreeView mit den Daten aus einer Datenbank oder einer XML-Datei dynamisch füllen wollen, müssen Sie besondere Maßnahmen ergreifen. Wichtig ist es dabei, Klassen für jede erforderliche Ebene in der TreeView bereitzustellen.

Wie Sie Daten dynamisch an eine TreeView binden können, soll das folgende Beispiel zeigen. Als Ausgangspunkt sollen uns drei Tabellen aus der Nortwind-Datenbank dienen (siehe Abbildung 29.17).

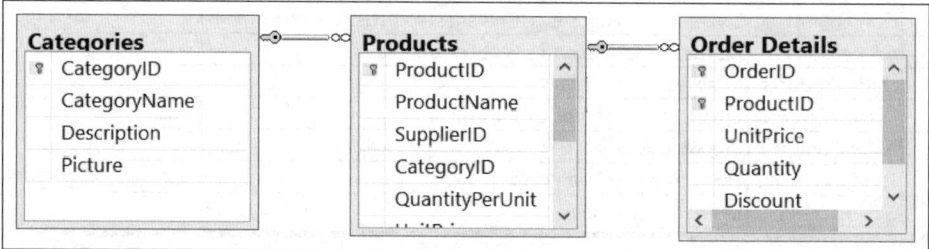

Abbildung 29.17 Die Grundlage für das Beispielprogramm mit einer datengebundenen »TreeView«

Die Daten dieser drei Tabellen werden über eine XML-Datei bereitgestellt. Um die Daten in eine XML-Datei zu schreiben, sollten Sie das Programm *GetDataApp*, das sich in der Projektmappe zu Kapitel 29 befindet, ausführen. In diesem Programm, einer Konsolenanwendung, wird ein Ordner namens *TempData* im Laufwerk *C:* erzeugt und in diesem eine XSD-Schemadatei sowie eine XML-Datei mit den Daten der drei Tabellen gespeichert.

> **Hinweis**
>
> Sollten Sie sich dafür interessieren, wie die XML-Datei mit der dazugehörigen XSD-Datei erstellt wird, schauen Sie sich das Beispielprogramm *GetDataApp* an. Es nutzt die Datenzugriff-API ADO.NET, weil sich in dieser Methoden befinden, die es auf einfache Weise ermöglichen, den lokalen Datencache eines DataSet-Objekts in ein XML-Dokument zu überführen. Das Verständnis des Programmcodes hat keinen Einfluss auf das Verständnis des TreeView-Beispielprogramms.

29.9.1 Der Programmcode

Fangen wir mit den drei Datenklassen an. Diese sind in der Quellcode-Datei *DataClasses.cs* definiert. Es sei vorausgeschickt, dass alle Klassen die Schnittstelle INotifyPropertyChanged implementieren sollen, die selbst in einer eigenen Klasse gekapselt wird.

```
public class PropertyObservable : INotifyPropertyChanged
{
  public event PropertyChangedEventHandler PropertyChanged;
  public virtual bool SetProperty<T>(ref T storage, T value,
            [CallerMemberName] string propertyname = null)
  {
    if (Equals(storage, value))
      return false;
    storage = value;
    PropertyChanged?.Invoke(this, new PropertyChangedEventArgs(propertyname));
    return true;
  }
}
```

Listing 29.69 Die Basisklasse aller Datenklassen

Kommen wir nun zu den Klassen Category, Product und OrderDetail, und schauen wir uns stellvertretend die Klasse Category in Listing 29.70 an.

```
public class Category : PropertyObservable
{
  private int categoryID;
  public int CategoryID
  {
    get => categoryID;
    set => SetProperty(ref categoryID, value);
  }
  private string categoryName;
  public string CategoryName
  {
    get => categoryName;
    set => SetProperty(ref categoryName, value);
  }
  private double description;
  public double Description
  {
    get => description;
    set => SetProperty(ref description, value);
```

```
      }
      private byte[] image;
      public byte[] Image
      {
        get => image;
        set => SetProperty(ref image, value);
      }
      private ObservableCollection<Product> products;
      public ObservableCollection<Product> Products
      {
        get => products;
        set => SetProperty(ref products, value);
      }
    }
```

Listing 29.70 Die Datenklasse »Category«

Bemerkenswert ist die letzte Eigenschaft Products. Jedem Category-Objekt sind viele Product-Objekte zugeordnet. Alle einer bestimmten Kategorie zugeordneten Produkte werden von der Eigenschaft Products beschrieben, die vom Typ ObservableCollection<Product> ist. Später werden wir im XAML-Code an diese Eigenschaft binden. Die anderen Eigenschaften der Klasse repräsentieren die nur die gleichnamigen Spalten der Tabelle und bedürfen keiner besonderen Erklärung.

Die Klasse Product ist sehr ähnlich aufgebaut. Da jedes Produkt möglicherweise vielfach in der Tabelle *OrderDetails* vertreten ist, hat die Klasse eine Eigenschaft vom Typ Observable-Collection<OrderDetail>, die auf alle entsprechenden Vorkommen verweist. Die Klasse OrderDetail wird in der TreeView die tiefste Ebene sein und hat nur einfache Eigenschaften.

Ehe wir uns dem eigentlichen Window zuwenden, gilt es, die Daten im ersten Schritt aus der XML-Datei zu laden. Sehen wir uns die Methode an, die das für uns erledigt.

```
public IList<Category> GetData()
{
  // Daten laden
  DataSet ds = new DataSet();
  ds.ReadXmlSchema(@"C:\TempData\ElementsSchema.xsd");
  ds.ReadXml(@"C:\TempData\Elements.xml");
  DataRelation relCatProd = ds.Relations["relCategoryProducts"];
  DataRelation relProdOrderdetail = ds.Relations["relProductOrderDetails"];
  ObservableCollection<Category> categories = new ObservableCollection<Category>();
  foreach (DataRow rowCat in ds.Tables["Categories"].Rows)
  {
```

```
    // enthält die Produkte jeder einzelnen Kategorie
    ObservableCollection<Product> products = new ObservableCollection<Product>();
    categories.Add(new Category
    {
      CategoryID = (int)rowCat["CategoryID"],
      CategoryName = rowCat["CategoryName"].ToString(),
      Description = rowCat["Description"].ToString(),
      Image = (byte[])rowCat["Picture"],
      Products = products
    });
    foreach (DataRow rowProduct in rowCat.GetChildRows(relCatProd))
    {
      ObservableCollection<OrderDetail> orders =
                        new ObservableCollection<OrderDetail>();
      products.Add(new Product
      {
        ProductID = (int)rowProduct["ProductID"],
        ProductName = rowProduct["ProductName"].ToString(),
        UnitPrice = (decimal)rowProduct["UnitPrice"],
        UnitsInStock = (short)rowProduct["UnitsInStock"],
        UnitsOnOrder = (short)rowProduct["UnitsOnOrder"],
        OrderDetails = orders
      });
      // alle OrderDetails eines bestimmten Produkts
      foreach (DataRow orderRow in rowProduct.GetChildRows(relProdOrderdetail))
      {
        orders.Add(new OrderDetail
        {
          OrderID = (int)orderRow["OrderID"],
          ProductID = (int)orderRow["ProductID"],
          Quantity = (short)orderRow["Quantity"],
          Discount = (float)orderRow["Discount"],
          UnitPrice = (decimal)rowProduct["UnitPrice"]
        });
      }
    }
  }
  return categories;
}
```

Listing 29.71 Methode zum Laden einer hierarchischen Struktur

29

Im ersten Schritt erstellen wir ein Objekt vom Typ `DataSet`. Dieser Typus gehört zum Namespace `System.Data`, der Teil von ADO.NET ist. Ein `DataSet` beschreibt den lokalen Datencache, die darin enthaltenen Daten werden in Tabellen organisiert. Mit den Methoden `ReadXml` und `ReadXmlSchema` lesen wir die Daten und deren Schemainformationen aus den beiden Dateien *ElementsSchema.xsd* und *Elements.xml* ein. Damit liegen die drei Tabellen *Categories*, *Products* und *OrderDetails* im `DataSet`.

In der XSD-Schemadatei sind die Beziehungen zwischen den Tabellen *Categories* und *Products* sowie zwischen *Products* und *Order Details* enthalten. Diese werden mit dem Aufruf von `ReadXmlSchema` eingelesen. Beziehungen zwischen zwei Tabellen werden durch `DataRelation`-Objekte beschrieben. Zur besseren Übersichtlichkeit im späteren Programmcode besorgen wir uns die Referenzen auf die beiden Beziehungen und schreiben sie in die Variablen `relCatProd` und `relProdOrderdetail`.

Diesen Anweisungen schließen sich drei ineinandergeschachtelte `foreach`-Schleifen an. In der ersten Schleife werden mit

```
foreach (DataRow rowCat in ds.Tables["Categories"].Rows)
```

alle Einträge der Tabelle *Categories* durchlaufen. Der Zugriff auf die im `DataSet` enthaltene Tabelle *Categories* erfolgt über den Aufruf der Eigenschaft `Tables` des `DataSet`-Objekts. `Tables` ist vom Typ `DataTableCollection` und erlaubt neben dem Index auch, den Tabellennamen anzugeben. Jede Tabelle, die vom Typ `DataTable` ist, hat mit `DataRowCollection` und `DataColumnCollection` zwei Listen, die alle Datenzeilen bzw. alle Spalten der Tabelle enthalten. Uns interessieren hier nur die Datenzeilen. Daher wird auf die Tabelle die Eigenschaft `Rows` aufgerufen, die vom Typ der erwähnten `DataRowCollection` ist.

Mit der ersten Anweisung innerhalb der Schleife,

```
ObservableCollection<Product> products = new ObservableCollection<Product>();
```

wird eine Liste für alle Produkte erzeugt, die der aktuellen Kategorie zugeordnet sind. Das Füllen der Liste erfolgt später. Das `Category`-Objekt wird mit

```
categories.Add(new Category
{
  CategoryID = (int)rowCat["CategoryID"],
  CategoryName = rowCat["CategoryName"].ToString(),
  Description = rowCat["Description"].ToString(),
  Image = (byte[])rowCat["Picture"],
  Products = products
});
```

erzeugt. Die der Eigenschaft `Products` zugewiesene Variable `products` ist zwar noch leer, wird aber bereits innerhalb der folgenden Schleife gefüllt:

```
foreach (DataRow rowProduct in rowCat.GetChildRows(relCatProd))
{
  [...]
}
```

Erklärungsbedürftig ist hier der Teilausdruck

```
rowCat.GetChildRows(relCatProd)
```

rowCat referenziert die aktuelle Kategorie und wurde in der äußeren Schleife als Laufvariable definiert. Die Methode GetChildRows ermittelt alle untergeordneten Produkte der von catRow beschriebenen Kategorie ab. Dabei nutzt die Methode die DataRelation, die die Beziehung zwischen den beiden Tabellen *Categories* und *Products* beschreibt.

Der weitere Ablauf ähnelt dem vorher für eine Kategorie beschriebenen: Erst wird eine typisierte Liste erzeugt (ObservableCollection<OrderDetail>), die alle dem aktuellen Produkt zugeordneten OrderDetails enthält. Danach wird das Product-Objekt erstellt.

Die innerste Schleife ruft mit

```
foreach (DataRow orderRow in rowProduct.GetChildRows(relProdOrderdetail))
```

alle *OrderDetail*-Einträge ab, die dem aktuellen Produkt zugeordnet sind.

Mit der letzten Anweisung in der Methode GetData wird die Liste alle Kategorien an den Aufrufer zurückgeliefert.

29.9.2 Das Window

Das Fenster des Beispielprogramms stellt in der linken Hälfte das TreeView-Steuerelement dar. Rechts werden alle Detailinformationen des in der TreeView selektierten Elements angezeigt. Das ist exemplarisch in Abbildung 29.18 zu sehen.

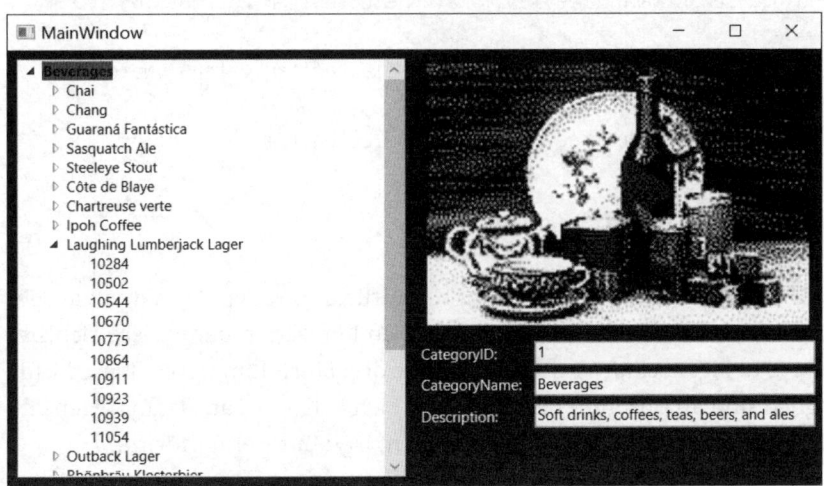

Abbildung 29.18 Ausgabe der »Category«-Informationen

Da jede der drei Ebenen in der TreeView einen anderen Typ mit unterschiedlichen Eigenschaften beschreibt, muss das bei der Darstellung der Detailinformationen berücksichtigt werden. Aus diesem Grund sind dem rechten Teilbereich des Fensters drei Grid-Objekte zugeordnet: Jeweils eins für die Typen Category, Product und OrderDetail. In jedem dieser Grid-Objekte werden die spezifischen Eigenschaften und die Daten des ausgewählten Knotens angezeigt. In Abbildung 29.18 sehen Sie die entsprechenden Daten für die selektierte Kategorie *Beverages*.

Stellvertretend für diese drei Grid-Elemente sehen wir uns nun das Grid an, in dem die Daten einer Kategorie dargestellt werden.

```xml
<Grid Grid.Column="1" Name="gridCategories" Visibility="Collapsed">
  <Grid.RowDefinitions>
    <RowDefinition Height="Auto" />
    <RowDefinition Height="Auto" />
    <RowDefinition Height="Auto" />
    <RowDefinition Height="Auto" />
  </Grid.RowDefinitions>
  <Grid.ColumnDefinitions>
    <ColumnDefinition Width="Auto"/>
    <ColumnDefinition />
  </Grid.ColumnDefinitions>
  <Label Grid.Row="1">CategoryID:</Label>
  <Label Grid.Row="2">CategoryName:</Label>
  <Label Grid.Row="3">Description:</Label>
  <Image Margin="10" Grid.ColumnSpan="2"
         Source="{Binding ElementName=treeView1, Path=SelectedItem.Image}" />
  <TextBox Grid.Row="1"
         Text="{Binding ElementName=treeView1, Path=SelectedItem.CategoryID}" />
  <TextBox Grid.Row="2"
         Text="{Binding ElementName=treeView1, Path=SelectedItem.CategoryName}"/>
  <TextBox Grid.Row="3"
         Text="{Binding ElementName=treeView1, Path=SelectedItem.Description}"/>
</Grid>
```

Listing 29.72 XAML-Layout der »Category«-Informationen

Welches der drei Grid-Objekte angezeigt wird, hängt natürlich vom Typ des aktuell ausgewählten Knotens in der TreeView ab. Die beiden verbleibenden dürfen dann nicht sichtbar sein. Hier hilft uns die Grid-Eigenschaft Visibility, wo die drei Einstellungen Collapsed, Hidden und Visible möglich sind. In unserem Beispiel bietet sich Collapsed an, da im Gegensatz zur Einstellung Hidden dann auch kein Platz für das Grid im Layout reserviert wird.

Im XAML-Code sind anfangs alle drei Grid-Objekte auf Visibility=Collapsed eingestellt und somit auch nicht sichtbar. Erst wenn der Anwender zur Laufzeit einen Knoten selektiert, soll das passende Grid angezeigt werden.

Wird in der TreeView ein anderer Knoten ausgewählt, wird das Ereignis SelectedItemChanged ausgelöst. In diesem wird gesteuert, welches der drei Grid-Elemente aufgrund der Selektierung zur Anzeige gebracht wird.

```
private void TreeView1_SelectedItemChanged(object sender,
                          RoutedPropertyChangedEventArgs<object> e)
{
  if (treeView1.SelectedItem is Category)
  {
    gridCategories.Visibility = Visibility.Visible;
    gridProducts.Visibility = Visibility.Collapsed;
    gridOrderDetails.Visibility = Visibility.Collapsed;
  }
  else if (treeView1.SelectedItem is Product)
  {
    gridCategories.Visibility = Visibility.Collapsed;
    gridProducts.Visibility = Visibility.Visible;
    gridOrderDetails.Visibility = Visibility.Collapsed;
  }
  else if (treeView1.SelectedItem is OrderDetail)
  {
    gridCategories.Visibility = Visibility.Collapsed;
    gridProducts.Visibility = Visibility.Collapsed;
    gridOrderDetails.Visibility = Visibility.Visible;
  }
}
```

Listing 29.73 Der Ereignishandler des Events »SelectedItemChanged«

Hinweis

Diese Lösung könnte durchaus weitaus eleganter codiert werden. Dazu wären Command-Bindings erforderlich, die wir erst in Kapitel 31, »WPF-Commands«, thematisieren.

29

Nun kommen wir zur TreeView. Diese binden wir im Konstruktor des Window-Objekts mit der Eigenschaft ItemsSource an den Rückgabewert der oben beschriebenen Methode GetData.

```
public MainWindow()
{
  InitializeComponent();
  treeView1.ItemsSource = GetData();
}
```

Die Tiefe jeder Ebene in der Datenquelle ist nicht bekannt, deshalb bauen wir die hierarchische Struktur dynamisch auf. Hier unterstützt uns das Element `HierarchicalDataTemplate`, das aus der Klasse `DataTemplate` abgeleitet ist. Dieses Element kann für jede Ebene verwendet werden, die ihrerseits eine untergeordnete Ebene enthält. Mit anderen Worten verwenden wir je ein `HierarchicalDataTemplate` für jede Kategorie und jedes Produkt. Für das letzte Element einer hierarchischen Struktur, in unserem Fall `OrderDetail`, reicht ein einfaches `DataTemplate` aus.

Natürlich lassen sich alle drei `DataTemplate`-Objekte ineinander verschachteln. Allerdings ist der XAML-Code dann schlecht zu überschauen. Besser ist es, jedes der drei `DataTemplate`-Elemente separat zu definieren und passend miteinander zu verbinden. Wie das Resultat aussieht, sehen Sie im folgenden Listingausschnitt.

```xml
<Window.Resources>
  <DataTemplate x:Key="level3">
    <TextBlock Text="{Binding Path=OrderID}" />
  </DataTemplate>
  <HierarchicalDataTemplate x:Key="level2"
                            ItemsSource="{Binding Path=OrderDetails}"
                            ItemTemplate="{StaticResource level3}">
    <TextBlock Text="{Binding Path=ProductName}"/>
  </HierarchicalDataTemplate>
  <HierarchicalDataTemplate x:Key="level1"
                            ItemsSource="{Binding Path=Products}"
                            ItemTemplate="{StaticResource level2}">
    <TextBlock Text="{Binding Path=CategoryName}" Foreground="DarkBlue"
               FontWeight="Bold" />
  </HierarchicalDataTemplate>
</Window.Resources>
[...]
<TreeView Name="treeView1" Margin="7"
          ItemTemplate="{StaticResource level1}"
          SelectedItemChanged="TreeView1_SelectedItemChanged"/>
```

Listing 29.74 Die »HierarchicaldataTemplate«-Objekte des Beispielprogramms

Beachten Sie insbesondere, dass die `DataTemplate`-Objekte von der inneren Ebene nach außen aufgebaut werden sollten. Die Eigenschaft `ItemTemplate` des `TreeView`-Steuerelements nutzt die Ressource mit dem Key level1. Mit diesem HierarchicalDataTemplate wird die Ebene, in der die einzelnen Kategorien dargestellt werden beschrieben. Mit der Eigenschaft ItemsSource, die an die Eigenschaft Products gebunden wird, wird die nächste Ebene einer Kategorie angegeben.

Analog wird auch das HierarchicalDataTemplate mit dem Key level2 aufgebaut. Für die Darstellung der *OrderDetail*-Informationen reicht ein einfaches DataTemplate aus, da *OrderDetail* in unserem Beispiel die letzte Ebene darstellt und selbst keine weiteren untergeordneten Elemente enthält.

Hinweis

Sie finden das komplette Beispielprogramm unter ..*Kapitel 29\TreeView_Sample*.

29.10   Navigieren, Filtern, Sortieren und Gruppieren

Neben der reinen Datendarstellung spielen oft auch andere Aspekte eine wichtige Rolle. Beispielsweise wollen die Anwender nicht alle Daten sehen, sondern diese nach gewissen Kriterien filtern. Oder die Anwender möchten die Daten sortieren und zwischen den Daten wahlfrei navigieren können. Das alles mit der WPF umzusetzen ist nicht besonders schwierig, weil die WPF die wichtigsten Komponenten dafür bereitstellt.

Binden Sie eine Collection an ein ItemsControl-Steuerelement, binden Sie im Grunde genommen nicht direkt an die Daten. Stattdessen erzeugt die WPF eine View auf die Collection, wobei die View wie ein Wrapper um die Collection agiert. Die automatisch erstellte View vom Typ CollectionView implementiert das Interface ICollectionView. Von CollectionView gibt es drei verschiedene Ableitungen:

▶ ItemCollection

▶ ListCollectionView

▶ BindingListCollectionView

Je nachdem, um welchen Listentyp der Wrapper gelegt wird, wird eine passende View erzeugt. Tabelle 29.10 listet Details dazu auf.

Klasse	Beschreibung
CollectionView	Diese View ist für einfache Auflistungen gedacht, die das Interface IEnumerable implementieren. Sie ist auch gleichzeitig Basis der anderen Klassen in dieser Tabelle.

Tabelle 29.10 Klassen, die das Interface »ICollectionView« implementieren

29

Klasse	Beschreibung
BindingListCollectionView	Diese View kapselt die Auflistungen, die das Interface IBindingList oder IBindingListView implementieren. Ein typischer Vertreter ist die Klasse System.Data.DataView.
ItemCollection	Diese Klasse wird nur von den Steuerelementen verwendet, die von ItemsControl abgeleitet sind. Diese Klasse ist ohne Konstruktor und wird von den Steuerelementen intern verwendet. Die Eigenschaft Items ist vom Typ ItemCollection.
ListCollectionView	Diese View kapselt die Auflistungen, die das Interface IList implementieren, z. B. List<T>.

Tabelle 29.10 Klassen, die das Interface »ICollectionView« implementieren (Forts.)

Eine CollectionView hat neben dem Sortieren, Filtern und Gruppieren einer Liste eine andere wichtige Aufgabe: Er verfolgt das aktuell in einem ItemsControl ausgewählte Element. Da sich mehrere Steuerelemente an dieselbe View binden können, werden neu ausgewählte Listeneinträge automatisch mit den Inhalten der Steuerelemente synchronisiert, die dieselbe View binden.

Anmerkung

Interessant ist auch die Tatsache, dass die drei Klassen ItemCollection, ListCollectionView und BindingListCollectionView die Schnittstelle IEditableCollectionView implementieren. Über dieses Interface werden den Views Methoden wie beispielsweise AddNew, Remove, RemoveAt oder auch CancelEdit verfügbar gemacht.

Die durch die WPF automatisch implizit erzeugte ICollectionView wird auch als *Standard-* oder *Defaultview* bezeichnet. Sie wird erstellt, wenn der ItemsSource-Eigenschaft eines ItemsControl-Elements eine Auflistung zugewiesen wird. Es sei angemerkt, dass Sie auch explizit eine CollectionView erstellen und sie für die ItemsSource-Eigenschaft angeben können. Die WPF ihrerseits erzeugt dann keine Defaultview.

Die Referenz auf die CollectionView können Sie mit Programmcode abrufen. Dazu dient die statische Methode GetDefaultView der Klasse CollectionViewSource. Der Methode wird als Argument die Datenquelle übergeben, z. B.:

```
ICollectionView view = CollectionViewSource.GetDefaultView(liste);
```

29.10.1   Navigieren in einer Datenmenge

Haben Sie eine Collection von Datenobjekten an ein Fenster gebunden und beabsichtigen Sie, die jeweiligen Eigenschaftswerte eines Datenobjekts in ContentControl-Elementen anzuzeigen, müssen Sie eine Navigation zu den anderen Datenobjekten ermöglichen. Umgesetzt wird so etwas in der Regel mit Navigationsschaltflächen, die eine Navigation zum nächsten Listenelement und zurück zum vorherigen ermöglichen. Üblicherweise wird auch die Navigation zum ersten und zum letzten Datenobjekt in der Liste bereitgestellt.

Die Schnittstelle `ICollectionView` bietet zur Umsetzung dieser Anforderungen zahlreiche Methoden an. Dazu gehören:

- `MoveCurrentToFirst`
- `MoveCurrentToLast`
- `MoveCurrentToNext`
- `MoveCurrentToPrevious`
- `MoveCurrentToPosition`

In Abbildung 29.19 ist die Laufzeit des nächsten Beispielprogramms dargestellt, in dem einige wichtige Methoden der Navigation verwendet werden.

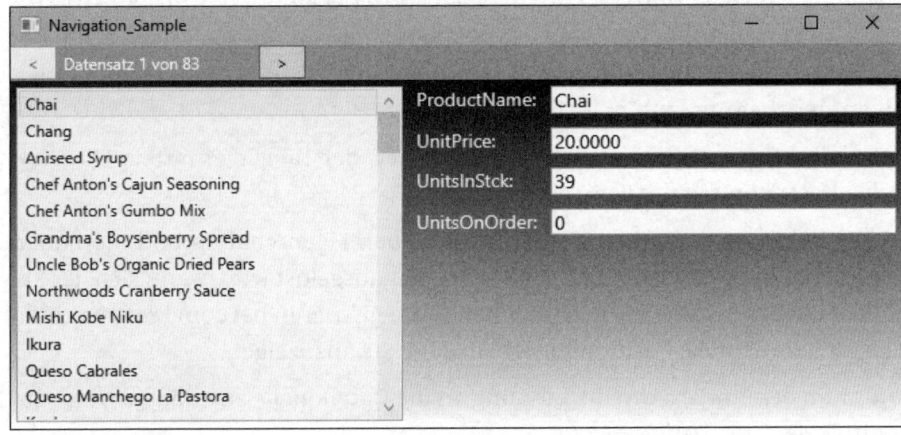

Abbildung 29.19 Ausgabe des Beispielprogramms »Navigation_Sample«

Das Beispiel basiert auf der der Tabelle *Products* der Datenbank *Northwind*. In einer `ListBox` werden alle Artikelbezeichner (Spalte *ProductName*) aus der Tabelle angezeigt. Wird zur Laufzeit ein neuer Eintrag ausgewählt, werden im rechten Teilbereich des Fensters einige Detailinformationen zum ausgewählten Artikel angezeigt. Die Navigation zum nächsten oder zum vorherigen Datensatz wird durch zwei Schaltflächen im oberen Bereich des Fensters unterstützt. Darüber hinaus wird die Position des aktuell ausgewählten Datensatzes nebst der Gesamtanzahl eingespielt.

Sehen wir uns zunächst den C#-Programmcode in der Code-Behind-Datei des Fensters an.

```
// Beispiel: ..\Kapitel 29\Navigation_Sample
public partial class MainWindow : Window
{
```

```
private ListCollectionView view;
public MainWindow()
{
  InitializeComponent();
  using (var context = new NorthwindEntities())
  {
    var query = context.Products.ToList();
    view = (ListCollectionView)CollectionViewSource.GetDefaultView(query);
    DataContext = view;
    view.CurrentChanged += view_CurrentChanged;
  }
}
}
```

Listing 29.75 Programmcode in der Code-Behind-Datei

Auf Klassenebene ist ein Feld vom Typ ListCollectionView deklariert, das im Konstruktor initialisiert wird. Die Entscheidung für diesen Typ hängt damit zusammen, dass wir die Abfrage sofort mit ToList ausführen lassen, und die Methode ein List<T>-Objekt liefert. Gemäß Tabelle 29.10 kommt daher nur ListCollectionView in Frage.

Nach der Datenbankabfrage wird die Referenz auf die View der Tabelle ermittelt. Die View wird dann an den Datenkontext des Fensters gebunden.

Die Klasse CollectionView vererbt ihren Ableitungen neben Eigenschaften und Methoden auch einige Ereignisse. Eines davon ist CurrentChanged, das ausgelöst wird, wenn sich das aktuell ausgewählte Element in der View geändert hat. Wir registrieren bei dem Ereignis einen Ereignishandler, um die aktuelle Position innerhalb der Liste anzuzeigen.

Widmen wir uns nun der ListBox. Um die Bindung an die Datenquelle zu erläutern, hier zunächst der XAML-Code:

```
<ListBox Name="lstProducts"
         DisplayMemberPath="ProductName"
         ItemsSource="{Binding}"
         SelectionChanged="lstProducts_SelectionChanged" />
```

Listing 29.76 Datenbindung der »ListBox«

Mit der Eigenschaft ItemsSource wird auf die Bindung des Window-Elements zurückgegriffen, und mit DisplayMemberPath wird die Spalte angegeben, die in der ListBox angezeigt werden soll. Es wird zudem das Ereignis SelectionChanged behandelt, da wir die View davon in Kenntnis setzen müssen, wenn sich die ausgewählte Datenzeile geändert hat. Hier auch dazu sofort der Ereignishandler:

```
private void lstProducts_SelectionChanged(...)
                    => view.MoveCurrentTo(lstProducts.SelectedItem);
```

Listing 29.77 Festlegung des neuen aktuellen Elements

Einfach zu verstehen sind die beiden Ereignishandler der Schaltflächen zur Navigation zum nächsten oder vorherigen Artikel in der View.

```
private void cmdNext_Click(object sender, RoutedEventArgs e)
                    => view.MoveCurrentToNext();
private void cmdPrevious_Click(object sender, RoutedEventArgs e)
                    => view.MoveCurrentToPrevious();
```

Listing 29.78 Ereignishandler der Navigationsschaltflächen

Jetzt fehlt nur noch der Ereignishandler des Events CurrentChanged:

```
void view_CurrentChanged(object sender, EventArgs e)
{
  txtPosition.Text = "Datensatz " + (view.CurrentPosition + 1).ToString() +
                    " von " + view.Count.ToString();
  btnPrevious.IsEnabled = view.CurrentPosition > 0;
  btnNext.IsEnabled = view.CurrentPosition < view.Count - 1;
  lstProducts.SelectedIndex = view.CurrentPosition;
  lstProducts.ScrollIntoView(lstProducts.SelectedItem);
}
```

Listing 29.79 Der Ereignishandler des Ereignisses »CurrentChanged«

Der Methodenaufruf von ScrollIntoView der ListBox bewirkt, dass in der ListBox immer das aktuell ausgewählte Element angezeigt wird. Ansonsten könnte es passieren, dass beim Navigieren durch die Liste mit einer der beiden Navigationsschaltflächen das aktuell ausgewählte Element nicht mehr im sichtbaren Bereich der ListBox angezeigt wird.

29.10.2   Sortieren von Datenmengen

Das Sortieren der durch eine View beschriebenen Elemente ist auch nicht schwierig. Dazu stellt die Schnittstelle ICollectionView den implementierenden Klassen mit SortDescriptions eine Eigenschaft bereit, die als Container mehrerer Sortierkriterien dient. Jedes Sortierkriterium wird durch ein Objekt vom Typ SortDescription beschrieben, der zum Namespace System.ComponentModel gehört.

Um ein Sortierkriterium zu definieren, übergeben Sie dem Konstruktor zwei Argumente.

```
public SortDescription(string propertyname, ListSortDirection direction)
```

Im ersten Argument wird die Eigenschaft genannt, nach der die Liste sortiert werden soll. Das zweite Argument beschreibt mit der Enumeration `ListSortDirection` die Richtung der Sortierung. Die Enumeration hat die beiden Member `Ascending` (für eine aufsteigende Reihenfolge) und `Descending` (für eine absteigende Reihenfolge).

Um Ihnen zu zeigen, wie Sie eine Sortierung umsetzen können, greifen wir auf das Beispielprogramm *Navigation_Sample* des letzten Abschnitts zurück und wollen die Produkte, die in der `ListBox` angezeigt werden, dem Artikelnamen nach sortieren.

Um ein Sortierkriterium um XAML-Code zu definieren, gehen Sie wie folgt vor:

```
<Window.Resources>
  <CollectionViewSource x:Key="sortByName" Source="{Binding}">
    <CollectionViewSource.SortDescriptions>
      <z:SortDescription PropertyName="ProductName" Direction="Ascending" />
    </CollectionViewSource.SortDescriptions>
  </CollectionViewSource>
  [...]
</Window.Resources>
```

Listing 29.80 Sortierkriterium im XAML-Code

Beachten Sie hierbei, dass die Datenquelle an das `CollectionViewSource`-Objekt gebunden wird. Als Datenquelle fungiert hier die Eigenschaft `DataContext` des Fensters. Das Namespacepräfix »z:« resultiert aus der Bekanntgabe des Namespaces `System.ComponentModel` mit

`xmlns:z="clr-namespace:System.ComponentModel;assembly=WindowsBase"`

Die `ListBox`, deren Elemente namentlich sortiert werden sollen, bindet jetzt nicht mehr direkt an den Datenkontext des Fensters, sondern an die `CollectionViewSource`:

`<ListBox ItemsSource="{Binding Source={StaticResource sortByName}}" ... />`

Damit sind bereits alle erforderlichen Schritte getan.

Sortieren mit Auswahloption

Jetzt wollen wir uns auch ansehen, wie wir im C#-Code die Sortierung erreichen können. Dabei wollen wir auch erreichen, dass der Anwender aus einem Kombinationslistenfeld selbst aussuchen kann, nach welchem Feld die Sortierung erfolgen soll (siehe Abbildung 29.20). Als Optionen werden die Spalten *ProductID*, *ProductName* und *UnitPrice* angeboten.

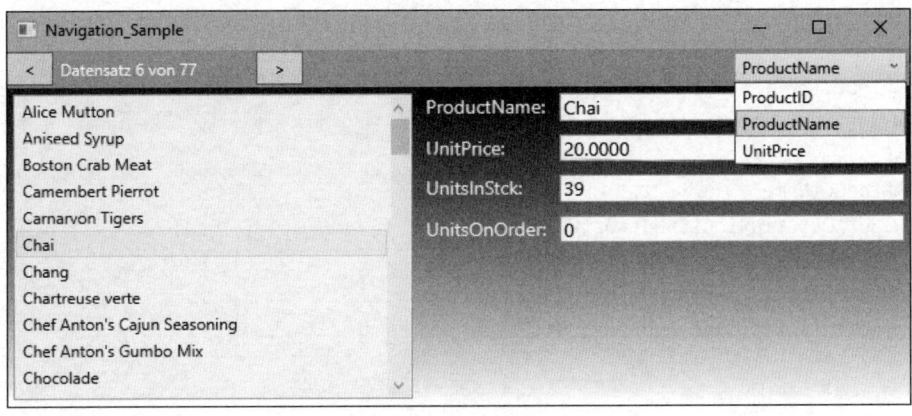

Abbildung 29.20 Auswahl der Sortierreihenfolge

```
// Beispiel: ..\Kapitel 29\SortDescription_Sample
public partial class MainWindow : Window
{
  SortDescription sortProductID = new SortDescription("ProductID",
                                      ListSortDirection.Ascending);
  SortDescription sortProductName = new SortDescription("ProductName",
                                      ListSortDirection.Ascending);
  SortDescription sortUnitPrice = new SortDescription("UnitPrice",
                                      ListSortDirection.Ascending);
  private ListCollectionView view;
  public MainWindow()
  {
    InitializeComponent();
    using (var context = new NorthwindEntities())
    {
      [...]
      view.CurrentChanged += view_CurrentChanged;
      cboSort.Items.Add("ProductID");
      cboSort.Items.Add("ProductName");
      cboSort.Items.Add("UnitPrice");
      view.SortDescriptions.Add(sortProductID);
      lstProducts.SelectedIndex = 0;
      cboSort.SelectedIndex = 0;
    }
  }
  private void cboSort_SelectionChanged(object sender, SelectionChangedEventArgs e)
  {
    view.SortDescriptions.Clear();
    string choice = cboSort.SelectedItem.ToString();
```

```
        switch (choice)
        {
          case "ProductID":
            view.SortDescriptions.Add(sortProductID);
            break;
          case "ProductName":
            view.SortDescriptions.Add(sortProductName);
            break;
          case "UnitPrice":
            view.SortDescriptions.Add(sortUnitPrice);
            break;
        }
      }
      [...]
}
```

Listing 29.81 Sortieren einer View

Die drei `SortDescription`-Objekte, die die Sortierreihenfolge beschreiben, werden auf Klassenebene definiert. Der Konstruktor ist im Vergleich zum Beispiel *Navigation_Sample* um drei Anweisungen ergänzt worden, um die `ComboBox`-Einträge bereitzustellen. Danach wird die Sortierung nach dem Feld `ProductID` als Standard nach dem Starten der Anwendung eingestellt.

Ändert der Anwender die Auswahl in der einer `ComboBox`, wird das Ereignis `SelectionChanged` ausgelöst. Darin schreiben wir den Code, der erforderlich ist, um dem `ListCollectionView`-Objekt mitzuteilen, welche neue Sortierreihenfolge gewünscht wird.

29.10.3   Filtern von Daten

Das Filtern einer Elementliste erfolgt mit der Eigenschaft `Filter` der Schnittstelle `ICollectionView`, die wie folgt definiert ist:

```
Predicate<Object> Filter {get; set;}
```

Die Eigenschaft erwartet einen Delegaten vom Typ `Predicate`, der auf eine Filtermethode zeigt, die Sie bereitstellen müssen. Auch die Definition des Delegaten müssen wir uns ansehen, um den Filter zu verstehen:

```
public delegate bool Predicate<Object>(Object item)
```

Der Rückgabewert ist `bool`, also muss auch die Methode zum Filtern einen booleschen Rückgabewert haben. An die Methode wird ein Element aus der zu filternden Liste übergeben. Die Filtermethode prüft, ob das Element dem Filter entspricht oder nicht. Je nachdem wird entweder `true` oder `false` zurückgegeben.

Wie Sie einen dynamischen Filter auf das Ergebnis einer Datenbankabfrage setzen können, zeigt das folgende Beispielprogramm *Filter_Sample*. In einem DataGrid werden die Artikel der Tabelle *Products* angezeigt. Darüber hinaus ist im Fenster eine ComboBox, die verschiedene Filterkriterien beschreibt.

```csharp
// Beispiel: ..\Kapitel 29\Filter_Sample
public partial class MainWindow : Window
{
  private ListCollectionView view;
  public MainWindow()
  {
    InitializeComponent();
    using (var context = new NorthwindEntities())
    {
      var query = context.Products.ToList();
      view = CollectionViewSource.GetDefaultView(query) as ListCollectionView;
      DataContext = view;
      cboFilter.Items.Add("[alle Artikel]");
      // ComboBox füllen
      cboFilter.Items.Add("UnitPrice > 50");
      cboFilter.Items.Add("UnitPrice < 50");
      cboFilter.Items.Add("UnitPrice > 100");
      cboFilter.SelectedIndex = 0;
    }
  }
  private void cboFilter_SelectionChanged(...)
  {
    view.Filter = new Predicate<object>(SetFilter);
  }
  private bool SetFilter(object obj)
  {
    Product prod = obj as Product;
    if(cboFilter.SelectedItem.ToString() == "[alle Artikel]") return true;
    switch (cboFilter.SelectedItem)
    {
      case "UnitPrice > 50":
        return prod.UnitPrice > 50;
      case "UnitPrice < 50":
        return prod.UnitPrice < 50;;
      case "UnitPrice > 100":
        return prod.UnitPrice > 100;
      default:
        return false;
```

29

```
        }
      }
    }
```

Listing 29.82 Programmcode des Beispiels »Filter_Sample«

Wählt der Anwender aus der ComboBox einen neuen Eintrag aus, wird das Ereignis SelectionChanged ausgelöst. Innerhalb des Ereignishandlers kommt es zum Aufruf der Methode SetFilter, in der der Filter auf das jeweils übergebene Objekt angewendet wird. SetFilter wertet dabei die in der ComboBox beschriebene Filterbedingung aus.

ProductName	SupplierID	CategoryID	QuantityPerUnit	UnitPrice	UnitsInStock	UnitsOnOrder	
il Kobe Niku	4	6	18 - 500 g pkgs.	97.0000	29	0	
arvon Tigers	7	8	16 kg pkg.	62.5000	42	0	
odney's Marmalade	8	3	30 gift boxes	81.0000	40	0	
inger Rostbratwurst	12	6	50 bags x 30 sausgs.	123.7900	0	0	0	☑
· de Blaye	18	1	12 - 75 cl bottles	263.5000	17	0	15	☐
jimup Dried Apples	24	7	50 - 300 g pkgs.	53.0000	20	0	10	☐
ette Courdavault	28	4	5 kg pkg.	55.0000	79	0	0	☐

Abbildung 29.21 Ausgabe des Beispielprogramms »Filter_Sample«

29.10.4   Gruppieren von Daten

Das Gruppieren der angezeigten Daten erfolgt ebenfalls über ein View-Objekt. Um präziser zu sein: Die Schnittstelle ICollectionView stellt dafür allen Ableitungen die Eigenschaft GroupDescriptions zur Verfügung, die vom Typ ObservableCollection<GroupDescription> ist. Da die Klasse GroupDescription ihrerseits selbst abstrakt definiert ist, gibt es mit PropertyGroupDescription eine spezialisierte Klasse, die minimal eine Zeichenfolge entgegennimmt, die die Eigenschaft angibt, nach der gruppiert werden soll, z. B.:

```
view.GroupDescriptions.Add(new PropertyGroupDescription("CategoryID"));
```

In dieser Anweisung sei vorausgesetzt, dass view die Referenz auf ein CollectionView-Objekt ist, das die Tabelle *Products* kapselt. Mit dieser Anweisung wird die Tabelle *Products* der *CategoryID* nach gruppiert. Mit PropertyGroupDescription wird die Gruppierung aller Artikel anhand der Eigenschaft *CategoryID* festgelegt.

Wie Sie das Gleiche im XAML-Code realisieren können, zeigt Listing 29.83:

```
<Window.Resources>
    <CollectionViewSource x:Key="groupView">
```

```
    <CollectionViewSource.GroupDescriptions>
        <PropertyGroupDescription PropertyName="CategoryID" />
    </CollectionViewSource.GroupDescriptions>
  </CollectionViewSource>
</Window.Resources>
```

Listing 29.83 Definition einer Gruppierung im XAML-Code

Im Konstruktor wird zunächst die Tabelle *Products* geladen. Anschließend wird das Abfrage-resultat mit der CollectionViewSource des XAML-Code verknüpft. Dazu stellt die Collec-tionViewSource die Eigenschaft Source zur Verfügung.

```
public MainWindow()
{
  InitializeComponent();
  using (var context = new NorthwindEntities())
  {
    var query = context.Products.ToList();
    var view = FindResource("groupView") as CollectionViewSource;
    view.Source = query;
  }
}
```

Listing 29.84 Binden einer Gruppierungsdefinition an die View

Die gruppierten Elemente sollen in einer ListBox angezeigt werden. Damit die ListBox von der gewünschten Gruppierung Notiz nimmt, binden wir sie an die im XAML-Code definierte CollectionViewSource.

```
<ListBox ItemsSource="{Binding Source={StaticResource groupView}}" >
```

Üblicherweise wird über jeder Gruppe ein Gruppenkopf angezeigt. Um das umzusetzen, stellt die Klasse ItemsControl allen Ableitungen die Eigenschaft GroupStyle zur Verfügung. GroupStyle beschreibt eine Collection vom Typ ObservableCollection<GroupStyle>. Die GroupStyle-Klasse veröffentlicht die Eigenschaft HeaderTemplate, mit der die Darstellung der Kopfzeile einer Gruppe in einem DataTemplate beschrieben wird.

```
<ListBox DisplayMemberPath="ProductName"
         ItemsSource="{Binding Source={StaticResource groupView}}"
  <ListBox.GroupStyle>
    <GroupStyle>
      <GroupStyle.HeaderTemplate>
        <DataTemplate>
          <TextBlock Text="{Binding Name}" />
        </DataTemplate>
```

29

```
      </GroupStyle.HeaderTemplate>
    </GroupStyle>
  </ListBox.GroupStyle>
</ListBox>
```

Listing 29.85 Festlegen des Gruppierungsheaders

Die Eigenschaft GroupStyle legt den Stil der Gruppendarstellung fest. Dazu wird der Eigenschaft HeaderTemplate ein DataTemplate übergeben, das in unserem Beispiel ein TextBlock-Element enthält, das gebunden werden muss. Hinsichtlich der Bindung des TextBlock-Elements muss man allerdings ein wenig in die Trickkiste greifen, um zum gewünschten Ziel zu kommen (die *CategoryID* in der Kopfzeile anzuzeigen). Sie dürfen nämlich nicht an die Eigenschaft *CategoryID* binden, wie zuerst zu vermuten wäre. Stattdessen erfolgt die Bindung an die Name-Eigenschaft des PropertyGroupDescription-Objekts:

```
<TextBlock Text="{Binding Path=Name}" />
```

Nach dem augenblicklichen Stand wird das Fenster zur Laufzeit so wie in Abbildung 29.22 angezeigt.

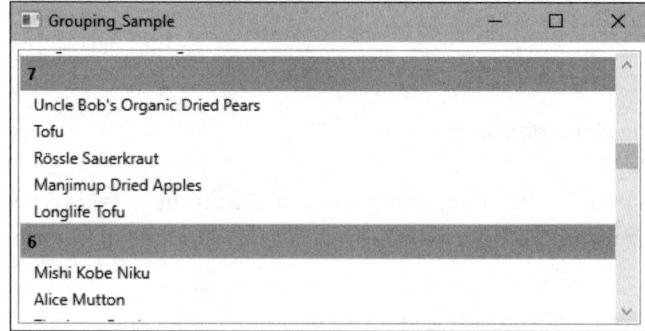

Abbildung 29.22 Resultat einer einfachen Gruppierung

Die Werte der Spalte *CategoryID* als Text in das HeaderTemplate zu schreiben, ist mit Sicherheit nicht das, was wir dem Anwender anbieten wollen. Hier wäre der komplette Kategoriebezeichner wünschenswert. Dieser verbirgt sich in der Spalte *CategoryName* der Tabelle *Categories*, die sich in einer 1:n-Beziehung zur Tabelle *Products* befindet.

Wir wollen uns den gewünschten Kategoriebezeichner direkt aus der Tabelle *Categories* besorgen und den durch *CategoryID* beschriebenen Zahlenwert durch den Namen der Kategorie ersetzen. Hier bietet es sich an, einen passenden Konverter zu schreiben, der genau diese Anforderung erfüllt.

```
public class GroupingConverter : IValueConverter
{
```

```
  public object Convert(object value, Type targetType, object parameter,
                                                   CultureInfo culture)
  {
    var context = new NorthwindEntities();
    var result = context.Categories
                        .Where(cat => cat.CategoryID == (int)value)
                        .Select(cat => new { cat.CategoryName }).Single();
    return result.CategoryName; ();
  }
  public object ConvertBack(object value, Type targetType,
                            object parameter, CultureInfo culture)
  {
    throw new NotImplementedException();
  }
}
```

Listing 29.86 Abfragen des Kategoriebezeichners

Im XAML-Code erstellen wir im Resources-Abschnitt des Fensters ein Objekt dieser Klasse:

```
<Window.Resources>
  <local:GroupingConverter x:Key="conv" />
  [...]
</Window.Resources>
```

Nun folgt noch der letzte Schritt, denn dem PropertyGroupDescription-Objekt muss das Converter-Objekt mit der Eigenschaft Converter bekanntgegeben werden:

```
<PropertyGroupDescription PropertyName="CategoryID"
                          Converter="{StaticResource conv}" />
```

Das Ergebnis dieses Beispiels sehen Sie in Abbildung 29.23.

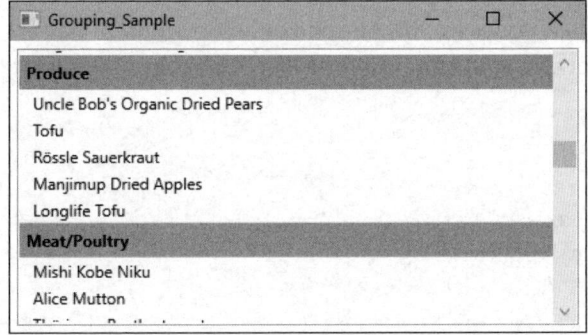

Abbildung 29.23 Die Ausgabe des Beispielprogramms »Grouping_Sample«

29

> **Hinweis**
>
> Sie finden das komplette Beispielprogramm in unter ..\Kapitel 29\Grouping_Sample (Download von www.rheinwerk-verlag.de/4699).

29.11 Dynamische Zuweisung von Styles und »DataTemplate«-Objekten

In diesem Kapitel haben wir ausgiebig Gebrauch von Styles und Templates gemacht. Die Zuweisung der Styles und DataTemplate-Objekten war dabei immer statisch und war nicht in der Lage, sich an geänderte Bedingungen dynamisch anzupassen. Natürlich ließe sich ein Style im Code unter Einsatz der beiden Methoden FindResource oder TryFindResource anpassen. Beschreibt der ursprüngliche Style jedoch Trigger, gehen sie bei der Anpassung des Styles verloren. Optimal ist daher der Einsatz der beiden genannten Methoden nicht.

Damit wir auf unterschiedliche oder geänderte Bedingungen reagieren können, stellt uns die WPF zwei Basisklassen zur Verfügung:

- StyleSelector
- DataTemplateSelector

Wie Sie die beiden Selektoren einsetzen können, möchte ich Ihnen anhand eines Beispiels zeigen. Dazu benutzen wir das Beispielprogramm *ListBoxBinding_Sample1*. In dieser Version waren die ListBoxItems noch in ihrem Originalzustand. Anstatt der Eigenschaft List-Box.ItemContainerStyle die Darstellung fest vorzuschreiben, soll das Layout nunmehr mit einem StyleSelector erfolgen.

29.11.1 Styles dynamisch ändern

Um einen StyleSelector einzusetzen, sind im Wesentlichen vier Schritte notwendig.

Im ersten Schritt müssen alle erforderlichen Styles im XAML-Code definiert werden. Wir erinnern uns: Die Hintergrundfarbe der Einträge sollte alternierend sein. Das könnte wie folgt aussehen:

```
<Window.Resources>
  [...]
  <Style x:Key="blue" TargetType="ListBoxItem">
    <Setter Property="Background" Value="LightBlue" />
    <Setter Property="Margin" Value="1" />
    <Setter Property="Padding" Value="0" />
    <Setter Property="BorderBrush" Value="Gray" />
    <Setter Property="BorderThickness" Value="1" />
  </Style>
```

```
<Style x:Key="gray" TargetType="ListBoxItem">
  <Setter Property="Background" Value="LightGray" />
  <Setter Property="Margin" Value="1" />
  <Setter Property="Padding" Value="0" />
  <Setter Property="BorderBrush" Value="Gray" />
  <Setter Property="BorderThickness" Value="1" />
</Style>
</Window.Resources>
```

Wie unschwer zu erkennen ist, sind einige Eigenschaften in jedem der beiden Styles definiert. Das können wir vermeiden, indem wir einen gemeinsamen Style definieren, der von den beiden spezifischen Styles mit `BasedOn` abgeleitet wird. Zudem haben wir dann auch einen Basisstyle, der den Trigger für die Eigenschaft `IsSelected` einführt, um das selektierte Element optisch besser darzustellen. Diese Überlegungen führen zu der Style-Definition aus Listing 29.87.

```
<Style TargetType="ListBoxItem">
  <Setter Property="Margin" Value="1" />
  <Setter Property="Padding" Value="0" />
  <Setter Property="BorderThickness" Value="1" />
  <Setter Property="BorderBrush" Value="Gray" />
  <Style.Triggers>
    <Trigger Property="IsSelected" Value="True">
      <Setter Property="Foreground" Value="DarkBlue" />
      <Setter Property="FontWeight" Value="Bold" />
    </Trigger>
  </Style.Triggers>
</Style>
<Style x:Key="blue" TargetType="ListBoxItem"
       BasedOn="{StaticResource {x:Type ListBoxItem}}">
  <Setter Property="Background" Value="LightBlue" />
</Style>
<Style x:Key="gray" TargetType="ListBoxItem"
       BasedOn="{StaticResource {x:Type ListBoxItem}}">
  <Setter Property="Background" Value="LightGray" />
</Style>
```

Listing 29.87 Style-Definition für den »StyleSelector«

Die Steuerung der Style-Auswahl übernimmt eine Klasse, die von der Basisklasse `StyleSelector` abgeleitet ist. Einen deklarativen Weg im XAML-Code gibt es dafür nicht. Die von `StyleSelector` abgeleitete Klasse ist dafür verantwortlich, jedes einzelne Listenelement zu untersuchen und ihm den entsprechenden Style zuzuweisen. Dazu muss die von `StyleSelector` geerbte Methode `SelectStyle` überschrieben werden.

29

```
public class ListBoxItemSelector : StyleSelector
{
  public Style BlueStyle { get; set; }
  public Style GrayStyle { get; set; }
  public override Style SelectStyle(object item, DependencyObject container)
  {
    ItemsControl control = ItemsControl.ItemsControlFromItemContainer(container);
    int index = control.ItemContainerGenerator.IndexFromContainer(container);
    return index % 2 == 0 ? BlueStyle : GrayStyle;
  }
}
```

Listing 29.88 Der benutzerdefinierte »StyleSelector«

Im zweiten Parameter der Methode, container, wird die Referenz des Containers übergeben. Hier handelt es sich um ein ListBoxItem. Das im Container enthaltene Objekt liefert der erste Parameter. In unserem Fall handelt es sich um ein Person-Objekt. Der Rückgabedatentyp von SelectStyle ist Style. In unserem Beispiel sind für die Beschreibung des Stils die beiden Properties BlueStyle und GrayStyle auf Klassenebene definiert. Die Auswertung des Rückgabewerts der Methode SelectStyle erfolgt später.

In der Methode SelectStyle besorgen wir uns zuerst die Referenz auf das Steuerelement, dem der Container zugeordnet ist. Bei uns handelt es sich um die Referenz auf die ListBox. Mit der Methode ItemContainerGenerator rufen wir dann das gleichnamige Objekt vom Typ ItemContainerGenerator ab. Dieses ist für das Erzeugen der ListBoxItem-Objekte für jedes Person-Objekt verantwortlich und dabei insbesondere für die Zuordnung der Elemente zu ihrem umgebenden Container. Die Methode IndexFromContainer gibt schließlich den Index des Elements zurück, der in der letzten Anweisung ausgewertet wird. Je nachdem, ob der Index eines Containerelements durch zwei teilbar ist oder nicht, wird BlueStyle oder GrayStyle zum Rückgabewert der Methode SelectStyle.

Zwischen den möglichen Rückgabewerten und den Styles im XAML-Code muss ein Bezug hergestellt werden. Das erfolgt, wenn wir ein Objekt unserer Klasse ListBoxItemSelector im XAML-Code erstellen.

```
<Window.Resources>
  [...]
  <local:ListBoxItemSelector x:Key="selector"
                             BlueStyle="{StaticResource blue}"
                             GrayStyle="{StaticResource gray}" />
</Window.Resources>
```

Listing 29.89 Zuordnung der Styles

Im letzten Schritt müssen wir das SelectorStyle-Objekt der ListBox bekannt geben. Dabei dient die Eigenschaft ItemContainerStyleSelector der ListBox. Da diese Eigenschaft in der Basis ItemsControl definiert ist, wird sie von jedem Listensteuerelement unterstützt.

```
<ListBox Name="listbox1" Margin="5"
         ItemContainerStyleSelector="{StaticResource selector}" />
```

Listing 29.90 Verknüpfen der »ListBox« mit dem »SelectorStyle«-Objekt

---

Hinweis

Sie finden das komplette Beispielprogramm unter ..\Kapitel 29\ListBoxBinding_Sample6.

29.11.2   »DataTemplate« per C#-Code auswählen

Mit einem DataTemplate wird beschrieben, wie genau ein Element in einer Auflistung dargestellt werden soll. In einem ItemsControl wird mit der Eigenschaft ItemTemplate ein DataTemplate beschrieben. Jedes Listenelement wird daraufhin so dargestellt, wie im DataTemplate beschrieben.

```
<ListBox>
  <ListBox.ItemTemplate>
    <DataTemplate DataType="{x:Type ...}">
      [...]
    </DataTemplate>
  </ListBox.ItemTemplate>
</ListBox>
```

Der Nachteil dieser Variante ist, dass das Template auf alle Listenelemente gleichermaßen angewendet wird. Abweichungen für Ausnahmen gibt es dabei nicht. Das galt auch für unser Beispielprogramm *ListBoxBinding*, als wir zum Schluss alle Personen, die das Renteneintrittsalter überschritten hatten, abweichend von den anderen Personen dargestellt haben. Dazu hatten wir unter anderem mit Pension eine neue Eigenschaft der Klasse Person hinzugefügt.

Ein anderer flexibler Weg, Personen unterschiedlich in der ListBox darzustellen, führt über einen TemplateSelector. Ähnlich wie bei einem StyleSelector wird innerhalb des Programmcodes entschieden, welches DataTemplate für jedes einzelne Element verwendet werden soll. Die Bereitstellung und Nutzung eines TemplateSelector-Objekts ähnelt dem eines StyleSelector-Objekts. Im ersten Schritt legen wir daher im XAML-Code die beiden DataTemplate-Objekte fest, die uns als Beschreibung der Darstellung der beiden Personengruppen dienen.

```
<DataTemplate x:Key="default">
  <Grid Name="grid1">
```

29

```xml
        <Grid.RowDefinitions>
          <RowDefinition />
          <RowDefinition />
          <RowDefinition />
        </Grid.RowDefinitions>
        <TextBlock Name="tbName" Margin="4 0 0 0">
          <TextBlock.Text>
            <MultiBinding Converter="{StaticResource pConv}">
              <Binding Path="LastName" />
              <Binding Path="FirstName" />
            </MultiBinding>
          </TextBlock.Text>
        </TextBlock>
        <TextBlock Margin="4 0 0 0" Name="tbAge" Grid.Row="1" Text="{Binding Age}"
                   Foreground="Black"/>
        <TextBlock Margin="4 0 0 0" Name="tbCity" Grid.Row="2" Text="{Binding City}"
                   Foreground="Black"/>
      </Grid>
</DataTemplate>
<DataTemplate x:Key="pension">
    <Grid Name="grid1" Background="DarkBlue">
      <Grid.RowDefinitions>
        <RowDefinition />
        <RowDefinition />
        <RowDefinition />
      </Grid.RowDefinitions>
      <TextBlock Name="tbName" Margin="4 0 0 0" Foreground="White">
        <TextBlock.Text>
          <MultiBinding Converter="{StaticResource pConv}">
            <Binding Path="LastName" />
            <Binding Path="FirstName" />
          </MultiBinding>
        </TextBlock.Text>
      </TextBlock>
      <TextBlock Margin="4 0 0 0" Name="tbAge" Grid.Row="1" Text="{Binding Age}"
                 Foreground="White"/>
      <TextBlock Margin="4 0 0 0" Name="tbCity" Grid.Row="2" Text="{Binding City}"
                 Foreground="White"/>
    </Grid>
</DataTemplate>
```

Listing 29.91 Definition der beiden »DataTemplate«-Elemente

Die Auswahl der zur Auswahl stehenden Templates erfolgt in einer Klasse, die die Basis DataTemplateSelector ableitet. In dieser Klasse muss die geerbte Methode SelectTemplate überschrieben werden, die eine Rückgabe vom Typ DataTemplate hat.

```csharp
public class ListBoxDataSelector : DataTemplateSelector
{
  public DataTemplate DefaultTemplate { get; set; }
  public DataTemplate PensionTemplate { get; set; }
  public override DataTemplate SelectTemplate(object item,
                                       DependencyObject container)
  {
    Person pers = item as Person;
    return pers.Age >= 65 ? PensionTemplate : DefaultTemplate;
  }
}
```

Listing 29.92 Die von »DataTemplateSelector« abgeleitete Klasse

Die Zuordnung der beiden Eigenschaften DefaultTemplate und PensionTemplate zu den entsprechenden DataTemplate-Objekten im XAML-Code erfolgt bei der Erstellung des DataTemplateSelector-Objects im XAML-Code.

```xml
<local:ListBoxDataSelector x:Key="templateSelector"
                  DefaultTemplate="{StaticResource default}"
                  PensionTemplate="{StaticResource pension}" />
```

Listing 29.93 Erzeugen des »DataTemplateSelector«-Objekts im XAML-Code

Der letzte Schritt ist es, der ListBox das DataTemplateSelector-Objekt bekannt zu geben. Dazu dient die Eigenschaft ItemTemplateSelector des Listensteuerelements.

```xml
<ListBox Name="listbox1" Margin="5"
      ItemContainerStyleSelector="{StaticResource selector}"
      HorizontalContentAlignment="Stretch"
      ItemTemplateSelector="{StaticResource templateSelector}" />
```

Listing 29.94 Die »ListBox« mit dem »DataTemplateSelector« verknüpfen

29

Hinweis
Sie finden das komplette Beispielprogramm unter ..*Kapitel 29\\ListBoxBinding_Sample7.*

Anmerkung

So ganz 100%ig entspricht das Verhalten nicht der Anwendung, die wir im Beispiel *ListBox-Binding_Sample5* erreicht haben. Ein TemplateSelector wird nämlich nur einmal aufgerufen, und zwar wenn in unserem Beispiel die ListBox zum ersten Mal gefüllt wird. Ändern wir zu einem späteren Zeitpunkt das Alter einer Person in der Weise, dass sie »plötzlich« zur Gruppe der Rentner gezählt werden muss, wird die Darstellung der personenbezogenen Daten in der ListBox nicht entsprechend angepasst. Das ließe sich nur mit relativ viel Aufwand umsetzen und würde den Rahmen des Buches sprengen.

Kapitel 30
WPF – weitergehende Techniken

Anwendungen sollen reaktionsschnell sein. Das gilt praktisch für jeden Anwendungstyp und somit auch für WPF-Anwendungen. Sie können natürlich grundsätzlich mit den bekannten Techniken der Klasse Thread oder der TPL eine multithreadingfähige WPF-Anwendung programmieren, aber es gibt einen Haken dabei: Es ist nicht möglich, aus einem Worker-Thread heraus die Eigenschaft einer WPF-Komponente zu ändern. Änderungen können nur aus dem Thread heraus erfolgen, in dem die WPF-Komponente operiert.

Viele Anwendungen sollen nicht nur auf dem deutschen Markt Abnehmer finden. Aber eine rein deutschsprachige Anwendung wird sich kaum in Großbritannien oder in China verkaufen lassen. In einem solchen Fall muss eine Anwendung auf den Einsatz in einer anderen Sprache und Kultur vorbereitet sein. Globalisierung und Lokalisierung sind hier die Stichwörter. Auch wenn Microsoft die Sprachunabhängigkeit selbst in der Vergangenheit immer ein wenig stiefmütterlich behandelt hat, mit der Architektur und den Programmiertechniken der WPF lassen sich je nach Anforderung an die Lokalisierung mehr oder weniger einfache Lösungen einsetzen.

Multithreading und Lokalisierung sind die beiden ersten Themen dieses Kapitels. Danach werden wir uns noch einmal den Steuerelementen zuwenden und sehen, wie wir unter Einbeziehung aller bisherigen Kenntnisse ein Benutzersteuerelement entwickeln können.

30.1 WPF und Multithreading

Nehmen wir an, Sie möchten in Ihrer Anwendung nur Daten speichern und dieser Vorgang könnte eine längere Zeit in Anspruch nehmen. Während des Speichervorgangs kann der Anwender nicht mit der Anwendung arbeiten. Die Anwendung scheint aus Sicht des Anwenders eingefroren zu sein, was möglicherweise zu der Mutmaßung führt, »nichts geht mehr«. Wahrscheinlich werden Sie wissen, dass der Einsatz von Multithreading das Problem recht einfach lösen kann. Sie brauchen dazu die Speicheroperation nur in einem anderen Thread auszulagern (dem Worker-Thread), während der UI-Thread weiterhin gewährleistet, dass der User mit der Anwendung weiterarbeiten kann.

Die Klasse Thread oder die TPL (Task Parallel Library) mit der Task-Klasse sind natürlich die Kandidaten, mit denen die Reaktionsfähigkeit der Anwendung sichergestellt werden kann. Aber beide Klassen zeigen auch schnell ihre Grenzen auf. Vielleicht möchten Sie den Anwender optisch über den Stand des Speichervorgangs unterrichten, beispielsweise mit dem Balken eines ProgressBar-Elements, aber vielleicht reicht es Ihnen auch aus, in einem Anzeigesteuerelement das Ende der Operation bekannt zu geben. Dann muss eine Eigenschaft des betreffenden WPF-Steuerelements unter Umständen aus dem Worker-Thread heraus passend gesetzt werden. Das geht definitiv nicht mit den bisher bekannten Mitteln – zumindest wenn die Anwendung fehlerfrei bleiben soll. Genau diese Problematik gilt es zu vermeiden.

Das folgende Beispiel zeigt zunächst, wie Sie es nicht machen dürfen.

```
<StackPanel>
  <TextBox Margin="6" Name="textbox1"/>
  <Button Name="button1" Click="button1_Click">Start</Button>
</StackPanel>
```

Im Ereignishandler des Click-Ereignisses wird ein Thread erzeugt, der auf die Methode DoSomething verweist. In dieser Methode wird die länger dauernde Ausführung durch Thread.Sleep simuliert. Anschließend wird in die TextBox des Fensters eine Ausgabe geschrieben.

```
private void button1_Click(object sender, RoutedEventArgs e)
{
  Thread thread = new Thread(DoSomething);
  thread.Start();
}

private void DoSomething()
{
  // Simulation einer lang andauernden Operation
  Thread.Sleep(4000);
  textbox1.Text = "Beendet ...";
}
```

Listing 30.1 Unzulässiger Zugriff auf die »TextBox«

Nach dem Start wird eine InvalidOperationException ausgelöst, weil versucht wird, aus dem Worker-Thread heraus die Text-Eigenschaft der TextBox, die dem UI-Thread zugeordnet ist, aufzurufen.

30.1.1   Nachrichtenschleife und »Dispatcher«-Klasse

Lassen Sie uns damit beginnen, den Begriff der *Nachrichtenschleife* zu untersuchen. Sie wissen, wenn Sie die Maus über das Fenster einer Anwendung ziehen oder eine Eingabe an der

Tastatur vornehmen, wird das Ereignis einer bestimmten Komponente ausgelöst. Die Ereignisse werden nicht direkt von der Anwendung entgegengenommen, sondern zuerst vom Betriebssystem. Das Betriebssystem leitet die Nachricht an die betreffende Anwendung weiter. Es muss dann folgerichtig eine Instanz in der Anwendung geben, die eine vom Betriebssystem empfangene Nachricht entgegennimmt und an das betreffenden Steuerelement weiterleitet. Genau das ist die Aufgabe der Nachrichtenschleife, die im Englischen als *message loop* bezeichnet wird. Die Nachrichtenschleife ist dem UI-Thread zugeordnet, also dem Thread, in dem alle WPF-Komponenten operieren – sowohl das Window–Objekt als auch alle darin enthaltenen Controls.

In der WPF wird die Nachrichtenschleife durch ein Objekt der Klasse Dispatcher beschrieben. Man kann den Dispatcher als Schaltzentrale verstehen, die darüber wacht, dass alle Vorgänge im UI-Thread kontrolliert ablaufen. Solange die Operationen innerhalb des UI-Threads erfolgen, ist alles kein Problem. Soll aber eine Komponente, die dem UI-Thread zugeordnet ist, aus einem anderen Thread angesprochen werden, muss der Dispatcher in diesen Vorgang eingebunden werden.

> **Anmerkung**
>
> Sie können sich die Wirkungsweise des Dispatchers auch bildlich gut vorstellen. Nehmen Sie an, Sie würden sich innerhalb des Bundeskanzleramts bewegen, und es stehen Ihnen (mehr oder weniger) alle Türen offen. Um aber in das Bundeskanzleramt zu gelangen, müssen Sie sich zuerst am Empfang melden, um die Berechtigung einzuholen, das Gebäude zu betreten. Das Bundeskanzleramt ist der UI-Thread, der Empfang der Dispatcher.

Es ist technisch nicht möglich, in einer Anwendung einem beliebigen Thread einen eigenen Dispatcher bereitzustellen. Daher hat eine WPF-Anwendung üblicherweise nur einen Dispatcher, der alle eingehenden Anforderungen verarbeitet. Es wird somit ein Mechanismus benötigt, um beim Zugriff auf WPF-Komponenten aus einem anderen Thread heraus wieder in den Thread zurückzuschalten, in dem die Komponenten erzeugt worden sind.

Alle sichtbaren WPF-Elemente sind mit dem Dispatcher-Objekt verknüpft. Das liegt daran, dass alle sichtbaren WPF-Elemente Abhängigkeitseigenschaften haben und somit von DependencyObject abgeleitet sind. Die Basis von DependencyObject wiederum ist die Klasse DispatcherObject (siehe Abbildung 30.1). Das DispatcherObject stellt die Referenz auf das Dispatcher-Objekt über die gleichnamige Eigenschaft Dispatcher zur Verfügung. Somit weiß jedes WPF-Element, welchem Dispatcher es zugeordnet ist, und konsequenterweise kennt es dann auch den UI-Thread.

30

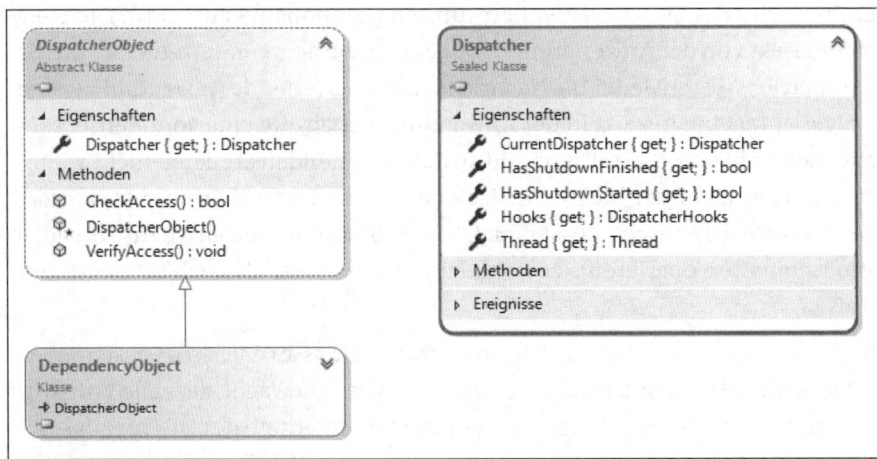

Abbildung 30.1 Vererbungsbeziehung zwischen »DispatcherObject« und »DependencyObject«

DispatcherObject weist nur eine Eigenschaft und zwei Methoden auf, die von Interesse sind. In Tabelle 30.1 sind sie beschrieben.

Eigenschaft / Methode	Beschreibung
Dispatcher	(Eigenschaft) Liefert die Referenz des Dispatcher-Objekts, das dem DispatcherObject zugeordnet ist.
CheckAccess	(Methode) Prüft, ob der aufrufende Thread auf das Dispatcher-Object zugreifen kann. Die Methode hat einen booleschen Rückgabewert. Er ist true, wenn der Aufruf aus demselben Thread kommt, ansonsten false.
VerifyAccess	(Methode) Arbeitet ähnlich wie CheckAccess, hat allerdings keinen Rückgabewert. Anstelle des Rückgabewertes false (wie bei CheckAccess) wird eine InvalidOperationException auslöst.

Tabelle 30.1 Die Eigenschaften und Methoden von »DispatcherObject«

Jetzt kennen Sie bereits die beiden Klassen, um die es sich zentral handelt:

▶ DispatcherObject

▶ Dispatcher

Fassen wir kurz an dieser Stelle zusammen: Jede WPF-Komponente ist dem UI-Thread zugeordnet, der genau eine Nachrichtenschleife hat. Die Nachrichtenschleife wird durch die Klasse Dispatcher beschrieben. Die Referenz auf die Nachrichtenschleife einer WPF-Komponente erhalten wir durch die gleichnamige Eigenschaft Dispatcher der WPF-Komponente.

Die Eigenschaft Dispatcher wird von der Basis DispatcherObject geerbt, die die Basis aller sichtbaren WPF-Komponenten ist.

Nun erklärt sich auch, warum das Beispielprogramm in Listing 30.1 nicht korrekt ausgeführt werden konnte: Die Methode DoSomething wird in einem anderen Thread, dem Worker-Thread, ausgeführt. Natürlich darf man auch in der WPF mit klassischen Threads oder Tasks arbeiten – zumindest solange nicht auf UI-Komponenten zugegriffen wird. Gegen diese Regel wird aber durch den Aufruf von textbox1.Text verstoßen.

30.1.2 Zugriff auf UI-Komponenten aus einem Worker-Thread

Damit die Methode die Operation dennoch komplett in einem anderen Thread fehlerfrei ausgeführt werden kann, wird eine Referenz auf den Dispatcher benötigt. Auf die Dispatcher-Referenz kann mit der Methode BeginInvoke die Änderung an der Text-Eigenschaft der Text-Box an den Dispatcher delegiert werden.

```
private void button1_Click(object sender, RoutedEventArgs e)
{
  Thread thread = new Thread(DoSomething);
  thread.Start();
}
private void DoSomething()
{
  Thread.Sleep(4000);
  Dispatcher.BeginInvoke((ThreadStart)delegate()
                {
                    textbox1.Text = "Beendet ...";
                });
}
```

Listing 30.2 Korrekter Zugriff auf eine UI-Komponente

Die Methode BeginInvoke ist überladen. In unserem Beispiel wurde die folgende Definition verwendet:

```
public DispatcherOperation BeginInvoke(Delegate method, params Object[] args)
```

Der erste Parameter gibt die Methode an, die ausgeführt werden soll. Beachten Sie, dass hier ein Delegat vorgeschrieben wird, der auf die Methode verweist. Dabei kann die Methode natürlich irgendwo im Code definiert sein, oder Sie schreiben eine anonyme Methode.

Der zweite Parameter hilft, von der Operation zur Ausführung benötigte Argumente an den Aufruf zu übergeben. Da der Parameter mit params spezifiziert ist, muss man nicht unbedingt Werte angeben.

30

Viele Entwickler ziehen es seit der Einführung der Task Parallel Library (TPL) vor, anstatt der Klasse Thread die einfacher zu handhabende Klasse Task einzusetzen. Deshalb sei in Listing 30.3 gezeigt, wie Sie dieselbe Aufgabenstellung mit Task lösen können.

```
private void button1_Click(object sender, RoutedEventArgs e)
{
  Task.Run(() =>
  {
    Thread.Sleep(4000);
    Dispatcher.BeginInvoke((ThreadStart)delegate()
                          {
                            textbox1.Text = "Beendet ...";
                          });
  });
}
```

Listing 30.3 Verwenden eines Tasks

30.1.3 »BeginInvoke« und »Invoke«

Auf die von Dispatcher bereitgestellte Referenz wird die Methode BeginInvoke aufgerufen, der unter anderem ein Delegat auf die Methode übergeben wird, in der die Eigenschaft einer UI-Komponente verändert werden soll. Die Änderung der UI-Komponente erfolgt dann im UI-Thread. In den Listings zuvor wird der Delegat durch eine anonyme Methode beschrieben.

BeginInvoke ist vielfach überladen. Erwähnenswert ist in diesem Zusammenhang, dass Sie beliebige Delegaten verwenden können. Sie können an BeginInvoke durchaus eine Methode mit Rückgabewert übergeben oder eine Methode mit einer beliebigen Parameterliste, weil der letzte Parameter von BeginInvoke mit params definiert ist und ein object-Array beschreibt.

Neben BeginInvoke können Sie auch die Methode Invoke der Klasse Dispatcher aufrufen. Invoke und BeginInvoke unterscheiden sich im ersten Moment nur dahingehend, dass Begin-Invoke asynchron ausgeführt wird und die Kontrolle direkt an das aufrufende Objekt zurückgibt.

Invoke arbeitet hingegen synchron. Das aufrufende Objekt wartet, bis Invoke seine Ausführung, also die Änderung der UI-Elementeigenschaft, beendet hat. Das führt im Extremfall zu einem Deadlock, so dass die Anwendung nicht mehr reagiert.

Ein weiteres Unterscheidungsmerkmal zwischen Invoke und BeginInvoke ist, dass Begin-Invoke Methode einen Rückgabewert vom Typ DispatcherOperation liefert, bei Invoke ist es nur Object. Die Rückgabe von DispatcherOperation stellt nicht nur einen gegebenenfalls vorhandenen Rückgabewert zur Verfügung (das macht der Rückgabewert von Invoke auch), sondern darüber hinaus kann der gesamte Ablauf fein gesteuert werden. Beispielsweise könnten Sie die Operation mit Abort abbrechen oder, wie Listing 30.4 zeigt, die Operation mit der Methode Wait in einen Wartezustand versetzen, bis die Änderung der Eigenschaft der UI-Komponente vollständig abgeschlossen ist.

```
private void DoSomething()
{
  Thread.Sleep(4000);
  DispatcherOperation dis = Dispatcher.BeginInvoke(
                      (ThreadStart)delegate()
                      {
                          textbox1.Text = "Beendet ...";
                      });
  dis.Wait();
}
```

Listing 30.4 Warten auf das Ende des Aufrufs von »BeginInvoke«

Zudem löst das DispatcherOperation-Objekt mit Completed und Aborted zwei Ereignisse aus, auf die Sie reagieren können.

30.1.4 Die »DispatcherObject«-Klasse

Listing 30.5 demonstriert den Einsatz der Methode CheckAccess. Im Ereignishandler Click einer Schaltfläche wird die Methode DoSomething zuerst im UI-Thread aufgerufen, anschließend in einem Worker-Thread. Zum Setzen der Text-Eigenschaft einer TextBox ist mit UpdateTextBox eine eigene Methode definiert. In DoSomething wird zunächst eine längere Operation initiiert, die durch Thread.Sleep(2000) repräsentiert wird. Anschließend folgt die Überprüfung mit CheckAccess, ob der Worker-Thread oder der UI-Thread der Aufrufer ist.

```
private void button1_Click(object sender, RoutedEventArgs e)
{
  DoSomething();
  Thread thread = new Thread(DoSomething);
  thread.Start();
}
private void DoSomething()
{
  Thread.Sleep(2000);
  if(Dispatcher.CheckAccess())
    UpdateTextBox("UI-Thread");
  else
    Dispatcher.BeginInvoke(new Action<string>(UpdateTextBox), "Worker-Thread");
}
```

30

```
private void UpdateTextBox(string output)
{
  textbox1.Text = output;
}
```

Listing 30.5 Der Einsatz der Methode »Dispatcher.CheckAccess«

Der erste Aufruf von `DoSomething` findet im UI-Thread statt. `CheckAccess` liefert den Wert `true`, also ist der direkte Aufruf der Methode `UpdateTextBox` gestattet, und Sie sehen zuerst die Ausgabe *UI-Thread* in der Textbox. Beim zweiten Aufruf hingegen liefert `CheckAccess` den Wert `false`. Deshalb muss der Aufruf von der Methode `BeginInvoke` auf den Dispatcher erfolgen.

30.2   Globalisierung und Lokalisierung

Die Begriffe Lokalisierung und Globalisierung werden oft synonym gebraucht und auch verwechselt. Unter der *Globalisierung* wird verstanden, dass eine Anwendung unterschiedliche kulturelle Formatierungen darstellen kann oder kulturell spezifische Schriftzeichen berücksichtigt. *Lokalisierung* ist die konkrete Anpassung einer Software an eine ganz bestimmte Sprache.

30.2.1   Globalisierung

Das Thema Globalisierung ist kein WPF-spezifisches Thema, da bereits im Namespace `System.Globalization` viele Klassen enthalten sind, die sich der Globalisierung widmen.

Neben der spezifischen Darstellung von Zeichen müssen Sie bei der Globalisierung insbesondere auch an die Formatierung von Datums- und Währungsformaten denken. Die typischen kulturellen Unterschiede werden von der Klasse `CultureInfo` beschrieben. `CultureInfo` enthält Informationen über die Formatierung von Währungs- und Datumsangaben und auch der Zahlen (denken Sie hier zum Beispiel an die Darstellung von Dezimalzahlen).

Wichtig wird die richtige Kutureinstellung besonders dann, wenn Sie mit dem Typ `DateTime` arbeiten. Beispielsweise wird im amerikanischen Kulturraum zuerst der Monat genannt, dann der Tag und abschließend das Jahr, jeweils getrennt durch einen Slash (/).

In Listing 30.6 wird das Datum im US-Format eingelesen. Wenn Sie es versäumen, das Format anzugeben, wird sonst aus dem 10.8.2015 sehr schnell der 8.10.2015.

```
string usDateString = "08/10/2015";
CultureInfo cultureUS = new CultureInfo("en-US");
DateTime dateUS = DateTime.Parse(usDateString, cultureUS);
Console.WriteLine(dateUS);
```

Listing 30.6 Einlesen eines Datums im US-Format

30.2.2 Lokalisierung

Lokalisierung ist eine Technik, der Microsoft immer schon relativ wenig Beachtung geschenkt hat. Gute und einfache Ansätze wurden den Entwicklern seitens Microsoft eigentlich nie an die Hand gegeben. Meistens waren wir auf Drittanbieter angewiesen oder auf Lösungsansätze, die im Web veröffentlicht wurden. Das gilt auch für das .NET Framework. Suchen Sie jedoch nach Lokalisierungsideen im Web – Sie werden viele, teilweise brillante Lösungen finden, die mehr oder weniger gut geeignet sind.

In diesem Abschnitt möchte ich Ihnen zwei verschiedene Ansätze zeigen, die in der Entwicklergemeinde weitestgehend Zuspruch gefunden haben und in der Praxis schon oft mit Erfolg eingesetzt worden sind. Ein paar weitere Ideen wären einer Erwähnung wert, aber der Umfang des Buches ist – wie schon ein paarmal in anderen Kapiteln angedeutet – begrenzt.

Lokalisierung mit Ressourcendateien

Nehmen wir an, wir hätten ein WPF-Fenster mit einer TextBox, einem Label und einem Button. Das Fenster soll mehrere Sprachen unterstützen: Deutsch, Englisch, Französisch und Italienisch. Dazu sollen der Inhalt der TextBox, die Beschriftung des Button- und des Label-Objekts und die Titelleiste des Fensters sprachangepasst angezeigt werden. Das zu lokalisierende Fenster sehen Sie in Abbildung 30.2, den dazugehörenden XAML-Code in Listing 30.7.

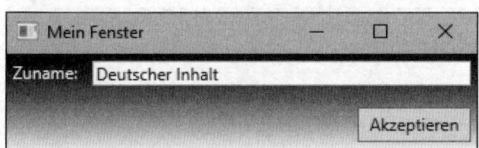

Abbildung 30.2 Zu lokalisierendes Fenster

```
<Window ... Title="Mein Fenster" Height="110" Width="350" FontSize="12">
<Grid>
  <Grid.RowDefinitions>
    <RowDefinition Height="Auto"/>
    <RowDefinition Height="Auto" />
  </Grid.RowDefinitions>
  <Grid.ColumnDefinitions>
    <ColumnDefinition Width="Auto" />
    <ColumnDefinition />
  </Grid.ColumnDefinitions>
  <Label Foreground="White" Content="Zuname:" />
  <TextBox Grid.Column="1" Margin="5" Text="Deutscher Inhalt" />
  <Button HorizontalAlignment="Right" Grid.Column="1" Grid.Row="1"
          Margin="5, 10, 5 12" Content="Akzeptieren" Width="80" Height="25" />
```

30

```
    </Grid>
</Window>
```

Listing 30.7 XAML-Code des Fensters in Abbildung 30.2

Für jede unterstützte Sprache müssen wir dem Projekt eine passende Ressourcendatei hinzufügen. Um ein wenig Ordnung im Projekt zu halten, empfiehlt es sich, alle Ressourcendateien in einem eigens zu diesem Zweck hinzugefügten Ordner innerhalb des Projekts zu verwalten. Der Name des Ordners soll in unserem Beispiel *Resources* lauten, kann jedoch beliebig gewählt werden.

Um eine Ressourcendatei dem Projekt hinzuzufügen, öffnen Sie das Kontextmenü des vorher angelegten Ordners *Resources* und wählen hier HINZUFÜGEN • NEUES ELEMENT. Wählen Sie das Angebot RESSOURCENDATEI aus, und geben Sie der Datei einen passenden Bezeichner. Im Beispielprogramm soll die Datei *MyResources.resx* heißen. Anschließend wird die Ressourcendatei im Editor wie in Abbildung 30.3 gezeigt geöffnet.

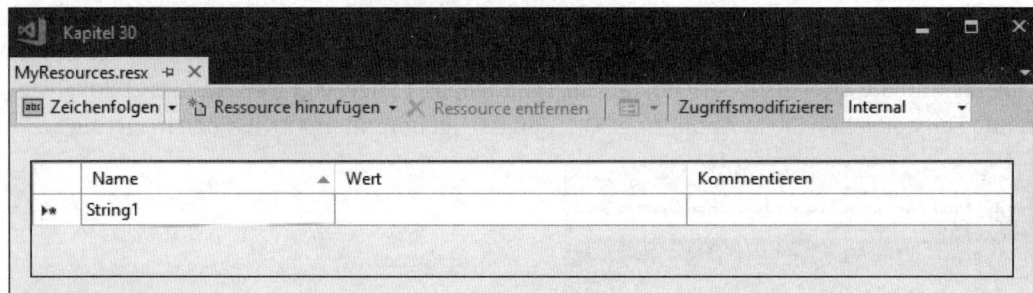

Abbildung 30.3 Ressourcendatei im Editor von Visual Studio 2019

Ressourcendateien haben die Dateiendung *.resx*. Die Struktur ähnelt einer Liste vom Typ Dictionary, da die zu lokalisierenden Werte mit einem Schlüssel verknüpft sind. Auf den Namen wird später im XAML-Code Bezug genommen. Sie sollten deshalb darauf achten, den Namen gut zu wählen, um die Gefahr von Verwechslungen möglichst gering zu halten.

In der Dropdown-Liste links in der Symbolleiste stellen Sie den Typ der Ressource ein. Standardvorgabe ist eine Zeichenfolge, aber es stehen Ihnen mit Bildern, Symbolen, Audio usw. noch einige weitere Optionen zur Verfügung. Der Name (= Schlüssel) der ersten Ressource lautet per Vorgabe *String1*, was Sie natürlich ändern dürfen. In der Spalte WERT geben Sie an, welcher Inhalt von der Ressource beschrieben wird. Zudem können Sie die Ressource kommentieren.

Mit einer einzigen Ressource werden Sie sich vermutlich kaum begnügen können. Über RESSOURCE HINZUFÜGEN in der Symbolleiste können Sie weitere hinzufügen. Ganz wichtig ist es, den ZUGRIFFSMODIFIZIERER von INTERNAL auf PUBLIC umzustellen, ansonsten haben Sie wenig Freude mit der Ressourcendatei, weil der XAML-Code keinen Zugriff darauf hat.

Anmerkung

Vergessen Sie, INTERNAL auf PUBLIC zu stellen, erhalten Sie einen XAML-Parser-Fehler. Sie können mir glauben, die Suche nach der Ursache könnte sehr lange dauern ...

In der Ressourcendatei unseres Beispielprogramms werden Einträge gemacht, wie Sie sie in Abbildung 30.4 sehen. Da die entsprechenden Eigenschaften in den WPF-Komponenten noch keinen Bezug zur Ressourcendatei haben, beziehen sie ihre Werte immer noch aus dem XAML-Code. Das werden wir später aber noch ändern.

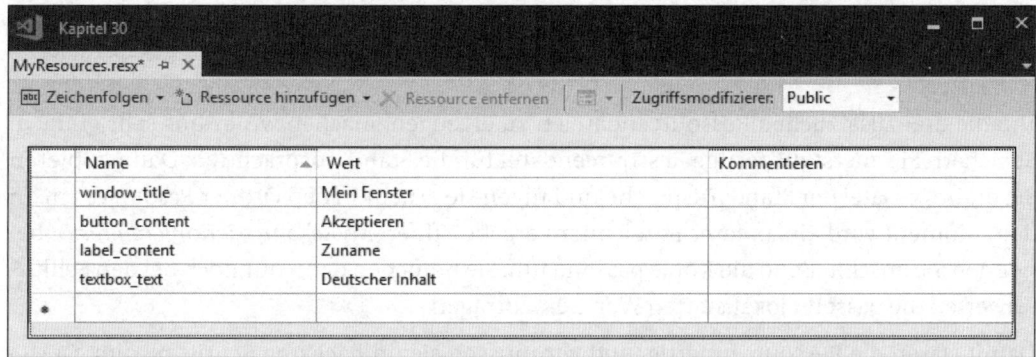

Abbildung 30.4 Inhalt der Ressourcendatei »MyResources.resx«

Jede unterstützte Sprache bedarf einer eigenen Ressourcendatei, deren Schlüsseleinträge identisch sind. Nur die von den Schlüsseln beschriebenen Werte weichen voneinander ab. Es ist daher empfehlenswert, zuerst eine Ressourcendatei komplett zu erstellen, da das Einpflegen neuer Schlüssel in alle *.resx*-Dateien viel Aufwand nach sich ziehen kann.

Weiter oben habe ich schon angedeutet, dass mit Englisch, Französisch und Italienisch drei weitere Sprachen unterstützt werden sollen. Demnach benötigen wir noch drei weitere Ressourcendateien. Die Bezeichnung der einzelnen Dateien ist von entscheidender Bedeutung, denn .NET erkennt anhand des Bezeichners die Sprache. Da wir unsere erste Ressourcendatei sehr einfach *MyResources.resx* genannt haben, müssen die drei anderen wie folgt lauten:

▶ *MyResources.en.resx*

▶ *MyResources.fr.resx*

▶ *MyResources.it.resx*

MyResources.resx ist die Ressourcendatei, die die Standardsprache festlegt. Sollte eine angeforderte Ressourcendatei nicht existieren, wird automatisch diejenige mit der Standardsprache benutzt. In vielen Fällen mag es daher vorteilhaft sein, Englisch als Standard zu benutzen.

Sie sehen anhand der drei Bezeichner, dass zwischen dem eigentlichen Dateinamen und der Dateierweiterung eine Landeskennung benutzt wird. Neben der Sprachangabe, z. B. en, kann auch ein Landeskürzel angegeben werden. Damit wird noch zwischen Ländern unterschieden, die zwar dieselbe Sprache sprechen, sich aber dennoch in Details unterscheiden. Mit der Angabe en-gb würden Sie den britischen Sprachraum beschreiben, mit en-us den US-amerikanischen.

> **Hinweis**
>
> Sollten Sie tatsächlich einmal den Code eines exotischen Landes brauchen, suchen Sie im Internet nach dem Begriff »National Language Support (NLS) API Reference«. Microsoft hat hier eine Seite hinterlegt, in der alle unterstützten Landes- und Kulturcodes aufgelistet sind.

Um die drei zusätzlichen Ressourcendateien zu erzeugen, machen wir es uns sehr einfach: Speichern Sie zuerst die fertige Ressourcendatei für die Standardsprache ab. Dann kopieren Sie die *.resx*-Datei der Standardsprache und fügen sie erneut in den Ordner *Resources* ein. In dem Moment wird ein anderer Bezeichner vergeben (hier: *MyResources–Kopieren.resx*); benennen Sie anschließend die Kopie passend um. Sie brauchen dann nur noch bei den Schlüsselwerten die passend lokalisierten Werte einzutragen.

Damit wären die Ressourcen fertig, und wir müssen sie im nächsten Schritt nur im XAML-Code verfügbar machen. Dazu ist die Angabe des CLR-Namespace notwendig, zu dem die Ressourcen gehören.

```
xmlns:resx="clr-namespace:Lokalisierung_1.Resources"
```

Im XAML-Code werden nur noch die von uns gewünschten Stellen lokalisiert. Dazu benutzt man die Markup-Expression x:static, der Schlüssel der Ressource wird danach aufgeführt.

```
<Window> [...]
        Title="{x:Static res:MyResources.window_title}">
  <Grid>
    [...]
    <Label Content="{x:Static res:MyResources.label_content}" FontSize="12" />
    <TextBox Text="{x:Static res:MyResources.textbox_text}" />
    <Button Content="{x:Static res:MyResources.button_content}" />
  </Grid>
</Window>
```

Listing 30.8 XAML-Code mit Einbindung der Schlüssel aus den Ressourcendateien

Ein Testen der Anwendung wird davon überzeugen, dass die Werte aus den Schlüsseln der Ressourcendatei tatsächlich bei der Anzeige des Fensters verwendet werden.

Zum Schluss wollen wir zusätzlich die Gewissheit haben, dass auch die anderen Sprachen berücksichtigt werden. Dazu müssen wir die Laufzeit zwingen, eine andere Sprache als die von uns gewählte Standardsprache Deutsch zu benutzen.

Umgesetzt wird das, indem wir der Laufzeit beim Starten der Anwendung mitteilen, welche Sprache verwendet werden soll. Dazu ergänzen wir die Klasse App in der Datei *App.xaml* um den parameterlosen Konstruktor mit dem folgenden Code:

```
public App() => Thread.CurrentThread.CurrentUICulture = new CultureInfo("it");
```

> **Hinweis**
>
> Sie finden den gesamten Programmcode des Beispielprogramms in den Materialien zum Buch (Download von *www.rheinwerk-verlag.de/4699*) unter *Beispiele\Kapitel 30\Lokalisierung_1*.

Lokalisierung mit dem Tool LocBaml

Die zweite Möglichkeit, die ich Ihnen vorstellen möchte, um sprachabhängige Anwendungen zu entwickeln, benutzt ein ebenfalls offenes Tool namens *LocBaml*. Um Ihnen den Einsatz zu demonstrieren, dient uns als Grundlage die Oberfläche, die wir schon in im Beispielprogramm *Lokalisierung_1* verwendet haben (siehe Listing 30.8). Um den Aufwand nicht zu groß werden zu lassen, wollen wir in diesem Beispiel nicht vier Sprachen unterstützen, sondern begnügen uns mit der deutschen und der englischen Sprachversion. In Listing 30.9 sehen Sie noch einmal den XAML-Code. Beachten Sie bitte, dass die betroffenen Steuerelemente hier bereits einen textuellen Inhalt haben.

```
// Beispiel: ..\Kapitel 30\Lokalisierung_2
<Window [...]
        Title="Mein Fenster" Height="110" Width="350">
 <Grid>
   <Grid.RowDefinitions>
     <RowDefinition Height="Auto"/>
     <RowDefinition Height="Auto" />
   </Grid.RowDefinitions>
   <Grid.ColumnDefinitions>
     <ColumnDefinition Width="Auto" />
     <ColumnDefinition />
   </Grid.ColumnDefinitions>
   <Label Margin="5, 0 10, 0" Content="Zuname" FontSize="12" />
   <TextBox Grid.Column="1" Margin="5" FontSize="12" Text="Deutscher Inhalt" />
   <Button HorizontalAlignment="Right" Grid.Column="1" Grid.Row="1"
           Margin="5, 10, 5 12" Content="Akzeptieren"
           Width="80" Height="25" FontSize="12" />
```

30

```
    </Grid>
</Window>
```

Listing 30.9 Anfänglicher XAML-Code des Beispielprogramms »Lokalisierung_2«

Die vom `Window`, von der `TextBox`, vom `Label` und vom `Button` beschriebenen Inhalte sollen nun mit Hilfe von LocBaml lokalisiert werden. LocBaml ist nach Ansicht vieler Entwickler weder einfach noch intuitiv zu bedienen. Trotzdem ist dieses Tool sehr leistungsfähig und lässt kaum Wünsche hinsichtlich der Einsatzmöglichkeiten offen. Im Folgenden werde ich Ihnen schrittweise den Ablauf zeigen, wie Sie mit LocBaml zu den erhofften Ergebnissen kommen.

Schritt 1: Identifier festlegen

Alle zu lokalisierenden WPF-Elemente der Anwendung müssen mit einem Identifizierer anwendungsweit eindeutig identifizierbar sein. Mit dem Attribut `x:Uid` definieren Sie einen solchen Identifizierer – einem WPF-Element nur einen Namen zu geben, reicht nicht aus.

```
<Label x:Uid="label1" Margin="5, 0 10, 0" Content="Zuname" FontSize="12" />
```

Anmerkung

Wie nebenbei habe ich eben angedeutet, dass die Identifizierer anwendungsweit eindeutig sein müssen. Je nachdem, wie groß Ihre Anwendung ist, kann das zu Problemen führen. Hier kann Ihnen das Kommandozeilen-Tool *MSBuild* weiterhelfen, da es unter anderen die UIDs automatisch generieren kann. Sie rufen das Tool auf und geben den Parameter /t:updateuid an, gefolgt von der Pfadangabe zu Ihrer CSPROJ-Datei. Also:

```
msbuild /t:updateuid <Dateiname>.csproj
```

Einen Nachteil darf ich Ihnen nicht verschweigen: Aus den automatisch erzeugten Identifiern können Sie nicht schließen, um welches Element es sich genau handelt. Das müssen Sie dann in Kauf nehmen.

Schritt 2: Sprachabhängiges Projekt einrichten

Im nächsten Schritt geben Sie in der *csproj.*-Datei des Projekts die verwendete Standardsprache an. Sie können diese Datei mit jedem ASCII-Editor öffnen, also auch mit dem MS-Editor. Eine *csproj.*-Datei ist eine XML-Datei. Innerhalb der Datei finden Sie das Element `PropertyGroup`. Dieses ergänzen Sie wie in Listing 30.11 um ein `UICulture`-Element:

```
<?xml version="1.0" encoding="utf-8"?>
<Project ToolsVersion="14.0" DefaultTargets="Build"
         xmlns="http://schemas.microsoft.com/developer/msbuild/2003">
  <Import ... />
  <PropertyGroup>
```

```
  <UICulture>de-DE</UICulture>
  <Configuration Condition=" '$(Configuration)' == '' ">Debug</Configuration>
  <Platform Condition=" '$(Platform)' == '' ">AnyCPU</Platform>
  <ProjectGuid>{821E4229-3760-4EAC-B097-6B7EC3090DA8}</ProjectGuid>
  [...]
</PropertyGroup>
```

Listing 30.10 Ergänzung der CSPROJ-Projektdatei

Jetzt erkennt der Compiler, dass es sich bei dem Projekt um ein sprachabhängiges Projekt handelt, dessen Standardsprache *de* ist. Mit dieser Einstellung wird der Compiler im Ausgabeverzeichnis ein neues Verzeichnis mit der Bezeichnung *de-DE* anlegen, das eine sprachabhängige Version der Assembly enthält.

Darüber hinaus ist es empfehlenswert, das Attribut `NeutralResourcesLanguage` in der Datei *assemblyinfo.cs* beispielsweise wie folgt zu hinterlegen:

```
[assembly: NeutralResourcesLanguage("de-DE",
        UltimateResourceFallbackLocation.MainAssembly)]
```

`UltimateResourceFallbackLocation` ist eine Enumeration, die nur zwei Werte bereitstellt: `Satellite` und `MainAssembly`. Dabei gilt `MainAssembly` als Standardwert, wenn nicht ausdrücklich die Enumeration mit der Option `Satellite` angegeben wird.

Haben Sie den Standardwert `MainAssembly` angegeben, wird der WPF-Ressourcenmanager zur Laufzeit eine lokalisierte Ressource immer in der »Haupt-Assembly« suchen und nicht erst nach einem passenden *de-DE*-Verzeichnis suchen. Das bedeutet einen kleinen Performancegewinn.

Es kann vorkommen, dass der Ressourcenmanager nach einer lokalisierten Ressource fahndet, sie aber nicht findet. Mit der Option `Satellite` geben Sie an, welche lokalisierte Ressource in diesem Fall verwendet werden soll.

Spätestens zu diesem Zeitpunkt sollten Sie das Projekt *Lokalisierung_2* erstmals kompilieren. Der Compiler wird im Ausgabeverzeichnis das Verzeichnis *de-DE* anlegen, in dem die Satellite-Assembly *Lokalisierung_2.resources.dll* zu finden ist.

Schritt 3: Weitere Ressourcen bereitstellen

Im dritten und letzten Schritt kommt endlich LocBaml zu Einsatz. Lassen Sie uns am Anfang den Ablauf zunächst allgemein betrachten, ehe wir alles konkret umsetzen.

LocBaml ist selbst ein .NET-Programm, das Ihnen die Lokalisierung verschiedener Ressourcen – beispielsweise Zeichenfolgen – ermöglicht. Dazu wird LocBaml zuerst dazu benutzt, aus der Satellite-Assembly eine CSV-Datei zu erzeugen. Alle lokalisierbaren Eigenschaften sind in dieser Datei zu finden, unter anderem diejenigen, die bereits im XAML-Code enthalten sind (Beschriftung der Schaltfläche usw.). Die CSV-Datei kann manuell geändert werden,

30

so dass die geänderte Datei die Werte in einer anderen Sprache beschreibt. Abschließend kommt das LocBaml-Tool noch einmal zum Einsatz, um aus der veränderten CSV-Datei eine neue, lokalisierte Satellite-Assembly zu erstellen.

> **Hinweis**
>
> Sie finden den kompletten offenen Quellcode des Projekts *LocBaml* im Verzeichnis zu Kapitel 30. Zudem finden Sie dort das Kompilat des Projekts, das Sie für eigene Versuche verwenden können.

Am einfachsten ist es, das LocBaml-Kompilat direkt in das Ausgabeverzeichnis des Projekts zu kopieren, also parallel zum *.exe*-Kompilat. Öffnen Sie danach das Konsolenfenster, navigieren Sie zum Ausgabeverzeichnis, und geben Sie den folgenden Befehl ein:

```
locbaml /parse de-DE\Lokalisierung_2.resources.dll /out:MyResources.csv
```

Mit diesem Befehl werden die in der Satellite-Assembly *Lokalisierung_3.resources.dll* enthaltenen Ressourcen ausgelesen und in eine CSV-Datei geschrieben. Die CSV-Datei finden Sie ebenfalls im Ausgabeverzeichnis des Projekts. In Abbildung 30.5 sehen Sie die erstellte CSV-Datei.

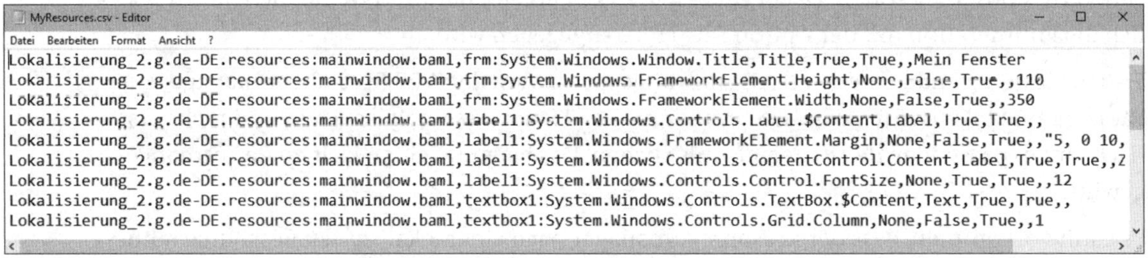

Abbildung 30.5 Die CSV-Datei des Beispielprogramms »Lokalisierung_2«

Beachten Sie bitte, dass die Datei im Grunde genommen nur eine Tabelle beschreibt, wobei die einzelnen Spalten durch Kommata separiert werden. Es handelt sich um insgesamt sieben relevante Spalten mit den in Tabelle 30.2 beschriebenen Inhalten. Die Tabelleneinträge orientieren sich an der Reihenfolge in der CSV-Datei.

Spalte	Beschreibung
BAML-Name	Bezeichner des BAML-Streams
Ressourcenschlüssel	Bezeichner der zu lokalisierenden Ressource. Die Angabe folgt dem Muster *Uid:Elementtyp:Propertyname*.

Tabelle 30.2 Die Spalten einer CSV-Datei

Spalte	Beschreibung
Lokalisierungskategorie	Hier wird ein Wert aus der Enumeration System.Windows.LocalizationCategory beschrieben.
Lesbar	Legt fest, ob der Benutzer die Ressource lesen kann.
Veränderlich	Legt fest, ob der Wert für die Lokalisierung geändert werden kann.
Kommentar	Ermöglicht Kommentare.
Wert	der eigentliche Wert der Ressource, der lokalisiert werden kann

Tabelle 30.2 Die Spalten einer CSV-Datei (Forts.)

Halten wir die wichtigste Aussage der Tabelle fest: In der letzten Spalte können Sie die Daten lokalisieren. Die Möglichkeiten gehen dabei weit über die Anpassung einer Zeichenfolge hinaus. So könnten Sie auch Margin oder FontSize lokalisieren, falls es notwendig sein sollte. Wir beschränken uns jedoch auf die Lokalisierung der Zeichenfolgen und geben anstelle von »Mein Fenster« »My window« an, anstelle von »Akzeptieren« »Accept« usw. Anschließend werden die vorgenommenen Änderungen in der CSV-Datei gespeichert.

Das Verzeichnis, das später die lokalisierte Satellite-Assembly aufnehmen soll, müssen wir noch manuell erstellen. Dazu legen wir im Ausgabeverzeichnis den zusätzlichen Ordner *en-US* an. Nun können wir mit dem LocBaml-Tool die lokalisierte Satellite-Assembly mit dem folgenden Befehl erzeugen lassen:

```
locbaml /generate de-DE\Lokalisierung_2.resources.dll
        /trans:MyResources.csv /out:en-US /cul:en-US
```

Sollten Sie nach dem letzten Schritt die Anwendung starten, wird immer noch die deutschsprachige Fassung angezeigt. Genauso wie schon im Beispiel *Lokalisierung_1* müssen wir zu Testzwecken noch die aufzurufende Lokalisierung angeben und stellen dazu in der Klasse App einen Konstruktor wie folgt zur Verfügung:

```
public partial class App : Application
{
  public App()
  {
    Thread.CurrentThread.CurrentUICulture = new CultureInfo("en-US");
  }
}
```

Listing 30.11 Der Konstruktor der Klasse »App«

30

Starten Sie nun die Anwendung, werden alle lokalisierten Zeichenfolgen in englischer Sprache angezeigt.

30.3   Benutzerdefinierte Controls

Sicherlich hat der eine oder andere Leser dieses Buches bereits Erfahrungen mit der Win-Form-API gemacht. Dann werden Sie auch wissen, dass die Entwicklung eigener Steuerelemente mit dieser Technologie sehr detaillierte Kenntnisse erforderlich machte und darüber hinaus sehr zeitaufwendig war – selbst dann, wenn nur die äußerliche Präsentation verändert werden musste. Die vergangenen Kapitel haben gezeigt, dass es sehr einfach ist, mit der WPF das Erscheinungsbild der Controls zu beeinflussen. Die Techniken, die das ermöglichen, heißen: `Style`, `ControlTemplate` und auch `DataTemplate`.

Sie können auch auf verhältnismäßig einfache Weise benutzerdefinierte Steuerelemente in der WPF erstellen. Im Vergleich zu den Änderungen mit den erwähnten Techniken können Sie mit benutzerdefinierten Steuerelementen auch die Funktionalität und Verhaltensweisen ändern oder ergänzen, seien es Eigenschaften, Methoden oder Ereignisse. Genau das zeige ich in diesem Kapitel, ohne dass wir dabei aber die eigentliche Darstellung vollkommen eigenständig vornehmen. Wir werden daher nur bereits vorhandene Controls nutzen, um daraus ein eigenes Steuerelement mit allerdings auch eigenen spezifischen Verhaltensweisen zu entwickeln.

30.3.1   Erstellen eines benutzerdefinierten Steuerelements

Sie können ein benutzerdefiniertes Steuerelement in einem üblichen WPF-Projekt neu anlegen. Empfehlenswert ist die Vorgehensweise jedoch nicht, da das Control dann auch nur innerhalb der aktuellen Anwendung zur Verfügung steht. Eine allgemeinere und damit auch bessere Lösung ist es, das neue Steuerelement in einer Klassenbibliothek zu hinterlegen und es innerhalb einer Projektmappe zu testen. Änderungen lassen sich dann sehr einfach testen, mögliche Fehlerquellen sind schneller lokalisiert.

Das wollen wir nun auch konkretisieren und dabei ein Steuerelement entwickeln, das es in einer WPF-Anwendung ermöglicht, mit drei Schiebereglern (`Slider`-Elemente) die RGB-Anteile mit Schiebereglern zu einer Farbe zu mischen, die in einer vordefinierten Fläche innerhalb des Steuerelements angezeigt wird. Wir wollen den Typ des von uns entwickelten Controls `ColorMixer` nennen. Dazu legen wir zuerst ein neues Projekt an, wie in Abbildung 30.6 zu sehen ist.

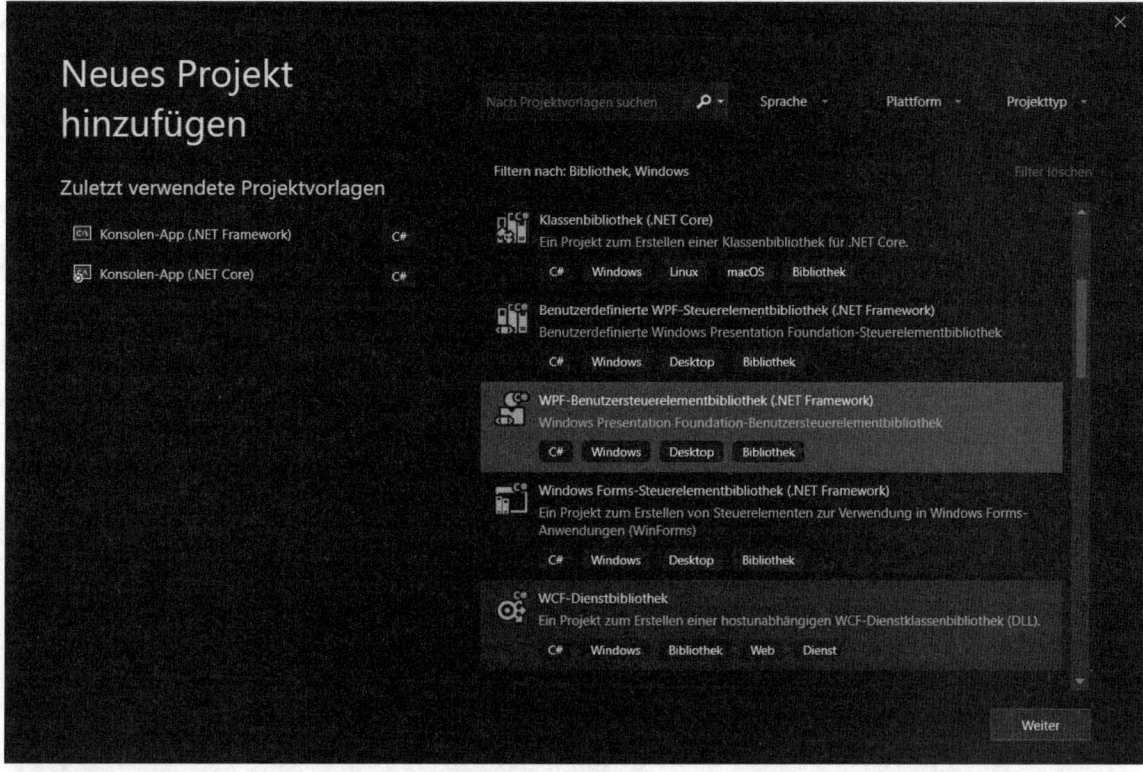

Abbildung 30.6 Anlegen des Beispiels »ColorMixer_Sample«

Im Code-Editor wird anschließend die Struktur einer Klasse UserControl1 angezeigt, die von der Basis UserControl abgeleitet ist:

```
public partial class UserControl1 : UserControl
{
  public UserControl1()
  {
    InitializeComponent();
  }
}
```

Da unsere Klasse ColorMixer heißen soll, müssen wir entsprechende Anpassungen vornehmen und dürfen dabei weder den Konstruktor vergessen noch die entsprechende Änderung in der XAML-Datei. Am einfachsten ist es, Sie löschen die automatisch erzeugte Klasse User-Control1 aus dem Projekt und fügen ein neues Element vom Typ BENUTZERSTEUERELEMENT über das Kontextmenü des Projekts hinzu.

30

Die Anforderungen, die an dieses Beispiel gestellt werden, seien wie folgt beschrieben:

▸ In einer Fläche soll eine Farbe angezeigt werden, die über drei Schieberegler reguliert wird, die die Farbanteile Rot, Grün und Blau beschreiben.

▸ Die aus den Farbanteilen gebildete Farbe soll durch die Eigenschaft Color veröffentlicht werden.

▸ Die drei Farbanteile sollen auch per Programmcode einstellbar sein. Dazu sind drei Eigenschaften notwendig, die Red, Green und Blue heißen sollen.

▸ Es soll ein Ereignis ausgelöst werden, um zu signalisieren, dass sich die Eigenschaft Color geändert hat.

▸ Über ein Command-Objekt soll der Anwender die Möglichkeit haben, zu der vorherigen Farbeinstellung zurückzuwechseln.

Die Anforderungen machen es erforderlich, neben Abhängigkeitseigenschaften (Dependency Properties) und einem Routed Event auch ein Kommando bereitzustellen.

30.3.2   Der XAML-Code des »UserControl«-Elements

Zuerst wollen wir die Oberfläche des benutzerdefinierten Steuerelements bereitstellen. Dazu wählen wir ein Grid als Layoutcontainer, in dem die drei Slider-Elemente positioniert werden. Die Fläche, innerhalb der die Hintergrundfarbe die Eigenschaft Color des Steuerelements widerspiegelt, wird durch ein Rectangle-Element beschrieben.

Da wir uns zur Vorgabe gemacht haben, die drei Eigenschaften Red, Green und Blue mit dem Steuerelement zu veröffentlichen, binden wir die Value-Eigenschaften der Slider an die entsprechenden Eigenschaften. Die Eigenschaft Fill des Rectangle-Elements binden wir an die Eigenschaft Color.

Den kompletten XAML-Code, der auch bereits die Bindungen an die noch zu codierenden Eigenschaften des Steuerelements enthält, entnehmen Sie Listing 30.12.

```
<UserControl ...
     xmlns:local="clr-namespace:ColorMixerApp"
     Name="colorMixer"
     d:DesignHeight="100" d:DesignWidth="300">
  <Grid>
    <Grid.RowDefinitions>
      <RowDefinition Height="Auto" />
      <RowDefinition Height="Auto" />
      <RowDefinition Height="Auto" />
    </Grid.RowDefinitions>
    <Grid.ColumnDefinitions>
      <ColumnDefinition />
      <ColumnDefinition Width="Auto" />
```

```xaml
      </Grid.ColumnDefinitions>
      <Slider Name="sliderRed" Minimum="0" Maximum="255"
              Margin="{Binding Padding, ElementName=colorMixer}"
              Value="{Binding ElementName=colorMixer,Path=Red}" />
      <Slider Grid.Row="1" Name="sliderGreen" Minimum="0" Maximum="255"
              Margin="{Binding Padding, ElementName=colorMixer}"
              Value="{Binding ElementName=colorMixer,Path=Green}" />
      <Slider Grid.Row="2" Name="sliderBlue" Minimum="0" Maximum="255"
              Margin="{Binding Padding, ElementName=colorMixer}"
              Value="{Binding ElementName=colorMixer,Path=Blue}" />
      <Rectangle Grid.Column="1" Grid.RowSpan="3" Width="70" Stroke="Black"
              StrokeThickness="1"
              Margin="{Binding Padding, ElementName=colorMixer}" >
        <Rectangle.Fill>
          <SolidColorBrush Color="{Binding Color, ElementName=colorMixer}"/>
        </Rectangle.Fill>
      </Rectangle>
    </Grid>
  </UserControl>
```

Listing 30.12 XAML-Code des Steuerelements »ColorMixer«

30.3.3   Die Programmlogik des Steuerelements

Die Eigenschaften

Das Steuerelement soll insgesamt vier Eigenschaften veröffentlichen, die als Abhängigkeits-eigenschaften implementiert werden sollen. Im ersten Schritt wollen wir diese Felder in der Klasse ColorMixer codieren.

```csharp
public static readonly DependencyProperty ColorProperty;
public static readonly DependencyProperty RedProperty;
public static readonly DependencyProperty GreenProperty;
public static readonly DependencyProperty BlueProperty;
```

Listing 30.13 Die Abhängigkeitseigenschaften

Wir sollten auch sofort für alle vier Eigenschaften einen Wrapper bereitstellen, damit die Eigenschaften nach außen hin wie jede übliche CLR-Property auftreten.

```csharp
public Color Color
{
  get => (Color)GetValue(ColorProperty);
  set => SetValue(ColorProperty, value);
}
```

```
public byte Red
{
  get => byte)GetValue(RedProperty);
  set => SetValue(RedProperty, value);
}
public byte Green
{
  get => (byte)GetValue(GreenProperty);
  set => SetValue(GreenProperty, value);
}
public byte Blue
{
  get => (byte)GetValue(BlueProperty);
  set => SetValue(BlueProperty, value);
}
```

Listing 30.14 Die Eigenschaftswrapper der Klasse »ColorMixer«

Initialisiert werden die in Listing 30.13 erstellten Felder im statischen Konstruktor mit der statischen Methode `Register` der Klasse `DependencyProperty`. Dabei werden nicht nur die tatsächlich von den Eigenschaften beschriebenen Datentypen festgelegt, sondern auch die spezifischen Charakteristiken der Abhängigkeitseigenschaften. Dazu wird bei der Initialisierung ein Objekt des Typs `FrameworkPropertyMetadata` übergeben, in dem alle Merkmale beschrieben werden.

Einen Umstand können wir bei der Eigenschaftsinitialisierung sofort berücksichtigen: Ändert sich eine der drei Eigenschaften `Red`, `Green` oder `Blue`, muss die Eigenschaft `Color` neu festgelegt werden. Wird andererseits die Eigenschaft `Color` verändert, hat das Einfluss auf die durch `Red`, `Green` und `Blue` beschriebenen jeweiligen Anteile.

Um alle Farben zu synchronisieren, stellen wir Methoden bereit, die an den Delegaten vom Typ `PropertyChangedCallback` im `FrameworkPropertyMetadata`-Objekt gebunden werden. Die Methodenbezeichner sollen `ColorPropertyChanged` und `RGBPropertyChanged` lauten.

Damit sieht der statische Konstruktor wie folgt aus:

```
static ColorMixer()
{
  ColorProperty = DependencyProperty.Register("Color", typeof(Color),
                      typeof(ColorMixer),
                      new FrameworkPropertyMetadata(Colors.Black,
                      new PropertyChangedCallback(ColorPropertyChanged)));
  RedProperty = DependencyProperty.Register("Red", typeof(byte),
                      typeof(ColorMixer),
```

```
                   new FrameworkPropertyMetadata(new
                   PropertyChangedCallback(RGBPropertyChanged)));
   GreenProperty = DependencyProperty.Register("Green", typeof(byte),
                   typeof(ColorMixer),
                   new FrameworkPropertyMetadata(new
                   PropertyChangedCallback(RGBPropertyChanged)));
   BlueProperty = DependencyProperty.Register("Blue", typeof(byte),
                   typeof(ColorMixer),
                   new FrameworkPropertyMetadata(new
                   PropertyChangedCallback(RGBPropertyChanged)));
}
```

Listing 30.15 Der statische Konstruktor der Klasse »ColorMixer«

Die Methoden von »ColorMixer«

Jetzt müssen wir die beiden Methoden ColorPropertyChanged und RGBPropertyChanged implementieren. Widmen wir uns zuerst der Methode RGBPropertyChanged, die immer dann ausgeführt wird, wenn sich eine der Eigenschaften Red, Green oder Blue verändert. Der Eigenschaft Property des EventArgs-Objekts entnehmen wir die Eigenschaft, die verändert wurde. Das ist wichtig, denn die Gesamteigenschaft Color muss dann in ihrem entsprechenden Farbanteil angepasst werden. Den neuen Wert können wir der NewValue-Eigenschaft des EventArgs-Objekts entnehmen.

```
private static void RGBPropertyChanged(DependencyObject sender,
                                       DependencyPropertyChangedEventArgs e){
   ColorMixer colorMixer = sender as ColorMixer;
   Color color = colorMixer.Color;
   if (e.Property == RedProperty)
     color.R = (byte)e.NewValue;
   else if (e.Property == GreenProperty)
     color.G = (byte)e.NewValue;
   else if (e.Property == BlueProperty)
     color.B = (byte)e.NewValue;
   colorMixer.Color = color;
}
```

Listing 30.16 Die Methode »RGBPropertyChanged«

Die vorgesehene Methode ColorPropertyChanged ist sehr ähnlich zu implementieren:

```
private static void ColorPropertyChanged(DependencyObject sender,
                                         DependencyPropertyChangedEventArgs e) {
   ColorMixer colorMixer = (ColorMixer)sender;
   Color newColor = (Color)e.NewValue;
```

30

```
    colorMixer.Red = newColor.R;
    colorMixer.Green = newColor.G;
    colorMixer.Blue = newColor.B;
}
```

Listing 30.17 Die Methode »ColorPropertyChanged«

Ein Ereignis bereitstellen

Nun möchten wir sicherlich auch die Möglichkeit eröffnen, dem Anwender durch eine Benachrichtigung mitzuteilen, dass sich der Farbwert des Steuerelements verändert hat. Dazu müssen wir einen Event in der Methode ColorPropertyChanged auslösen. Im Grunde genommen würde es ausreichen, ein herkömmliches CLR-Ereignis zu programmieren. Damit würden wir uns aber der Möglichkeit berauben, das Ereignis im Elementbaum nach oben blubbern zu lassen, um den Event an einer im Elementbaum höheren Stelle zu behandeln. Somit bleibt die Idee der Implementierung eines Routed Events, den wir ColorChanged nennen wollen.

Im ersten Schritt legen wir eine statische, schreibgeschützte Variable an, die mit der Methode RegisterRoutedEvent der Klasse EventManager beim System registriert wird. Wir dürfen nicht vergessen, mit einem standardmäßigen Ereigniswrapper das Ereignis zu veröffentlichen, um das Registrieren und Deregistrieren mehrerer Ereignishandler zu ermöglichen.

```
public partial class ColorMixer : UserControl
{
    public static readonly RoutedEvent ColorChangedEvent =
        EventManager.RegisterRoutedEvent("ColorChanged", RoutingStrategy.Bubble,
                typeof(RoutedPropertyChangedEventHandler<Color>),
                typeof(ColorMixer));
    public event RoutedPropertyChangedEventHandler<Color> ColorChanged
    {
        add { AddHandler(ColorChangedEvent, value); }
        remove { RemoveHandler(ColorChangedEvent, value); }
    }
    [...]
}
```

Listing 30.18 Bereitstellung des Ereignisses »ColorChanged«

Der Typ des EventArgs-Parameters ist RoutePropertyChangedEventArgs<Color>, in dem sowohl der alte als auch der neue Farbwert bereitgestellt werden. Da wir darüber hinaus die Ereignisauslösung in einer separaten Methode kapseln wollen, die wir OnColorChanged nennen, bietet es sich an, den alten und den neuen Wert an die kapselnde Methode zu übergeben.

```
public partial class ColorMixer : UserControl
{
  [...]
  private static void ColorPropertyChanged( ... )
  {
    ColorMixer colorMixer = (ColorMixer)sender;
    Color newColor = (Color)e.NewValue;
    colorMixer.Red = newColor.R;
    colorMixer.Green = newColor.G;
    colorMixer.Blue = newColor.B;
    // zusätzliche Anweisungen
    Color oldColor = (Color)e.OldValue;
    colorMixer.OnColorChanged(oldColor, newColor);
  }
  private void OnColorChanged(Color oldValue, Color newValue)
  {
    RoutedPropertyChangedEventArgs<Color> args =
        new RoutedPropertyChangedEventArgs<Color>(oldValue, newValue);
    args.RoutedEvent = ColorMixer.ColorChangedEvent;
    RaiseEvent(args);
  }
}
```

Listing 30.19 Ereignisauslösung in der Klasse »ColorMixer«

Das Steuerelement um ein »Command« ergänzen

Kommen wir nun zum letzten Schritt. Wir wollen das Steuerelement um ein Kommando ergänzen, das es uns ermöglicht, den letzten Farbwechsel wieder rückgängig zu machen. In der Klasse ApplicationCommands finden wir das dazu passend bereitgestellte Kommando Undo.

Anmerkung

Zum Thema »Commands« kommen wir in Kapitel 31.

Ehe wir uns an die Programmierung machen, müssen wir erst sicherstellen, dass der alte Wert gespeichert wird. Dazu eignet sich ein Feld in der Klasse. Wir wollen es oldColor nennen. Es ist empfehlenswert, das Feld als Nullable-Typ zu deklarieren, damit beim Start der Anwendung von dem Feld kein Farbwert beschrieben wird.

30

```
public partial class ColorMixer : UserControl
{
  private Color? previousColor;
  [...]
}
```

Listing 30.20 Ergänzung der Klasse »ColorMixer« um das Feld »oldColor«

Für die Bereitstellung des Kommandos eignet sich die Klasse CommandManager mit ihrer statischen Methode RegisterClassCommandBinding. Die Methode wird ebenfalls im statischen Konstruktor aufgerufen:

```
CommandManager.RegisterClassCommandBinding(typeof(ColorMixer),
        new CommandBinding(ApplicationCommands.Undo,
                           UndoCommand_Executed,
                           UndoCommand_CanExecute));
```

Listing 30.21 Registrieren des »Command«-Objekts beim System

Zur Fertigstellung unseres Controls bleibt noch, die beiden Ereignisse CanExecute und Execute zu implementieren:

```
private static void UndoCommand_CanExecute(object sender,
                                           CanExecuteRoutedEventArgs e)
{
  ColorMixer colorMixer= (ColorMixer)sender;
  e.CanExecute = colorMixer. previousColor.HasValue;
}
private static void UndoCommand_Executed(object sender,
                                         ExecutedRoutedEventArgs e)
{
  ColorMixer colorMixer= (ColorMixer)sender;
  colorMixer.Color = (Color) colorMixer. previousColor;
}
```

Listing 30.22 Die Ereignisse »Execute« und »CanExecute«

30.3.4   Das Steuerelement »ColorMixer« testen

Zum Abschluss wollen wir das Steuerelement ColorMixer testen. Kompilieren wir dazu zuerst das benutzerdefinierte Steuerelement. Anschließend ergänzen wir die Projektmappe um eine WPF-Testanwendung und legen einen Verweis auf das Projekt *ColorMixer*. Um die Fähigkeiten des Steuerelements zu ergründen, werden in der Oberfläche des Fensters drei Schaltflächen positioniert: Eine Schaltfläche gibt den aktuellen Farbwert aus, die zweite stellt den Anfangszustand wieder her, und mit der dritten wird das Undo-Kommando getestet.

Der XAML-Code des Fensters kann somit wie in Listing 30.23 gezeigt aussehen:

```xaml
<Window ...
        xmlns:mix="clr-namespace:ColorMixer_Sample;assembly=ColorMixer_Sample"
        Title="ColorMixerTest" Height="220" Width="350">
  <Window.Resources>
    <Style TargetType="Button">
      <Setter Property="Width" Value="90" />
      <Setter Property="Height" Value="25" />
      <Setter Property="Margin" Value="6 15 0 6" />
    </Style>
  </Window.Resources>
  <Grid>
    <Grid.RowDefinitions>
      <RowDefinition Height="Auto" />
      <RowDefinition Height="Auto" />
      <RowDefinition Height="Auto" />
    </Grid.RowDefinitions>
    <mix:ColorMixer x:Name="colorMixer" ColorChanged="colorMixer_ColorChanged"
                    Margin="5" Padding="3" />
    <StackPanel Grid.Row="1" Orientation="Horizontal">
      <Button Click="cmdGetColor_Click" Content="Farbe abrufen"/>
      <Button Click="cmdSet_Click" Content="Reset"/>
      <Button Command="Undo" CommandTarget="{Binding ElementName=colorMixer}"
              Content="Rückgängig"/>
    </StackPanel>
    <TextBlock Grid.Row="2" Width="170" FontSize="12"
               HorizontalAlignment="Left" x:Name="tblColor" Margin="10"/>
  </Grid>
</Window>
```

Listing 30.23 Der XAML-Code der Testanwendung

In der Code-Behind-Datei der Testanwendung sind nur noch die drei Ereignishandler der Schaltflächen programmiert, die keiner weiteren Erklärung bedürfen sollten:

```csharp
private void cmdGetColor_Click(object sender, RoutedEventArgs e)
{
  MessageBox.Show(colorMixer.Color.ToString(), "Farbwert");
}
private void cmdSet_Click(object sender, RoutedEventArgs e)
{
  colorMixer.Color = Colors.Black;
}
```

30

```
private void colorMixer_ColorChanged(object sender,
                             RoutedPropertyChangedEventArgs<Color> e)
{
  if (tblColor != null) tblColor.Text = "The new color is " + e.NewValue.ToString();
}
```

Listing 30.24 C#-Code der Testanwendung

In Abbildung 30.7 sehen Sie die Ausgabe des Testprogramms zur Laufzeit.

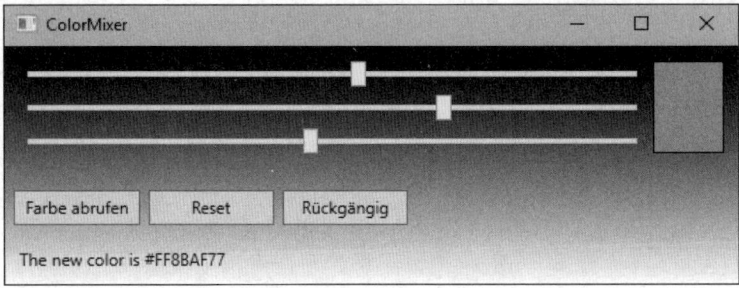

Abbildung 30.7 Die Ausgabe des Testprogramms

Hinweis

Den vollständigen Code des Beispiels aus diesem Kapitel finden Sie unter ..*Beispiele\Kapitel 30\ColorMixer_Sample* und *ColorMixerTestApp* (Download von *www.rheinwerk-verlag.de/ 4699*).

Kapitel 31
WPF-Commands

In klassischen Windows-Anwendungen wurde die Programmlogik meistens innerhalb eines Ereignishandlers codiert: Der Anwender klickt auf eine Schaltfläche, und im Hintergrund wird der mit dem Click-Ereignis verdrahtete Ereignishandler ausgeführt. Das hat so weit auch immer sehr gut funktioniert, aber die Anforderungen und Bedürfnisse in der Entwicklerszene sind stetig gewachsen. Man versucht, die enge Bindung zwischen der Oberflächenbeschreibung und der Programmlogik aufzubrechen, die Logik unabhängig von der Oberfläche zu machen. Das hat vielerlei Gründe: Eine bessere Wartbarkeit der Anwendung, die Wiederverwendung von Programmlogik. Abhängig vom Laufzeitzustand einer Anwendung musste vielfach jedes einzelne Steuerelement umständlich und unüberschaubar im Code aktiviert und deaktiviert werden. Das war der Alltag.

Um bessere Lösungen zu erreichen, wurde bereits vor längerer Zeit das sogenannte *Command-Pattern* entwickelt. Dabei handelt es sich um ein allgemeines Pattern, das es ermöglicht, eine Programmlogik als Kommando an zentraler Stelle zu implementieren. Die Logik wird dabei von einem Objekt an zentraler Stelle implementiert.

Die WPF hat die Idee des Command-Patterns aufgegriffen und macht dieses über WPF-Commands verfügbar. Die Steuerelemente greifen auf das Kommando nur noch über eine zentrale Schnittstelle zu. Weniger Code, der auch noch überschaubarer ist, sowie die allgemeine Verfügbarkeit der Programmlogik machen die WPF-Commands für viele Anwendungen interessant.

Besonders groß wird der Nutzen, wenn der Programmcode unter Einsatz des MVVM-Patterns (Model-View-ViewModel) rigoros von der Benutzeroberfläche getrennt wird. Bei diesem Entwicklungsmodell hat der Programmcode keinerlei Kenntnis von der Benutzeroberfläche (View), nur die View kennt den ihr zugeordneten Code. Der Einsatz des MVVM-Patterns macht es zum Beispiel sehr einfach, eine View gegen eine andere auszutauschen, ohne den Code neu schreiben zu müssen.

In diesem Kapitel werden wir uns zunächst mit den WPF-Commands beschäftigen. Im folgenden Kapitel, das sich mit dem MVVM-Pattern auseinandersetzt, können wir den größtmöglichen Nutzen aus den gewonnenen Erkenntnissen ziehen.

31

31.1   Allgemeine Beschreibung

Das Gesamtkonzept der Commands, die im deutschen Sprachraum auch als *Befehle* bezeichnet werden, spielen vier Komponenten eine tragende Rolle. Das führt dazu, dass die WPF-Commands im ersten Moment verhältnismäßig komplex erscheinen. Wir wollen uns daher zuerst einmal einen Überblick über die an diesem Konzept beteiligten Komponenten verschaffen:

▶ **Command**: Ein Befehl ist ein Objekt, das die Schnittstelle ICommand implementiert und eine Operation beschreibt, die ausgeführt werden soll. In klassischen Anwendungen werden die Operationen in der Regel in einem Click-Ereignishandler codiert. Befehle ersetzen schlichtweg Click-Ereignishandler. Allerdings wissen wir auch, dass es nicht immer sinnvoll ist, eine Operation zu jedem Zeitpunkt ausführen zu können. Deshalb hat ein Befehl noch eine zweite Aufgabe: Er überprüft, ob abhängig von den Umgebungsbedingungen die Operation überhaupt ausgeführt werden kann.

▶ **Befehlsquelle**: Mit der Befehlsquelle ist die Komponente gemeint, die einen Befehl anstößt. Hierbei kann es sich beispielsweise um einen Button oder ein Menüelement handeln. Befehlsquellen müssen die Schnittstelle ICommandSource implementieren.

▶ **Befehlsziel**: Damit ist das Element gemeint, auf dem das Kommando, also die Operation, ausgeführt wird.

▶ **CommandBinding**: Ein CommandBinding-Objekt sorgt für die Verknüpfung eines Befehls mit der Anwendungslogik, die im Elementbaum über Ereignishandler allen Komponenten zur Verfügung gestellt wird, die mit demselben Befehl verknüpft sind.

31.2   Ein erstes Programmbeispiel

Da Sie nun einen ersten Überblick über alle an den WPF-Commands Beteiligten bekommen haben, ist es an der Zeit, sich die Zusammenhänge in einer einfachen Anwendung anzusehen. Das Beispiel enthält noch nicht alle Möglichkeiten der Commands, sondern beschränkt sich auf das Wesentliche.

Das Fenster enthält eine Menü- und eine Symbolleiste sowie eine TextBox. Der Inhalt der TextBox soll auf einem Drucker ausgegeben werden. Die Menüleiste enthält deshalb ein entsprechendes Untermenüelement zum Starten des Druckvorgangs. Das Drucken soll auch über eine Schaltfläche in der Symbolleiste möglich sein. Weist die TextBox keinen Inhalt auf, sollen sowohl das Untermenü als auch die Schaltfläche in der Symbolleiste deaktiviert sein. In Abbildung 31.1 sehen Sie das entsprechende Fenster.

In einer klassischen Windows-Anwendung würden Sie einen Ereignishandler zum Drucken bereitstellen, der beim Auslösen der Click-Ereignisse von Menü und Schaltfläche aufgerufen wird. Darüber hinaus wäre ein zweiter Ereignishandler notwendig, um zu überprüfen, ob die

TextBox leer ist oder einen Inhalt aufweist. In diesem zweiten Ereignishandler wird die Aktivierung und Deaktivierung von Untermenü und Symbolleistenschaltfläche gesteuert.

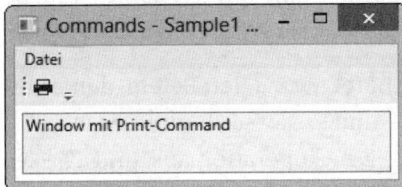

Abbildung 31.1 Das Fenster des Beispiels »Sample1«

Mit einem Command lässt sich diese Aufgabenstellung auf einfache Weise auch anders lösen. Das zeigt das folgende XAML-Listing.

```
// Beispiel: ..\Kapitel 31\Sample1
<Window ... Title="MainWindow" Height="200" Width="300">
  <Window.CommandBindings>
    <CommandBinding Command="ApplicationCommands.Print"
                    CanExecute="Print_CanExecute"
                    Executed="Print_Executed" />
  </Window.CommandBindings>
  <DockPanel>
    <Menu DockPanel.Dock="Top">
      <MenuItem Header="Datei">
        <MenuItem Command="ApplicationCommands.Print" />
      </MenuItem>
    </Menu>
    <ToolBarTray DockPanel.Dock="Top">
      <ToolBar>
        <Button Command="ApplicationCommands.Print">
          <Image Source="printer_16xLG.png" />
        </Button>
      </ToolBar>
    </ToolBarTray>
    <TextBox Name="txtContent" Margin="5" Background="AliceBlue"/>
  </DockPanel>
</Window>
```

Listing 31.1 Der XAML-Code des Beispiels »Sample1«

Lassen Sie uns einen Blick auf den XAML-Code werfen. Es fällt auf, dass sowohl das MenuItem als auch der Button eine Eigenschaft Command haben, der mit ApplicationCommands.Print jeweils der gewünschte Befehl zugewiesen wird. ApplicationCommands.Print ist ein in der WPF vordefinierter Befehl, den wir für unseren Zweck einsetzen.

31

Mit der Zuweisung ist aber noch keine Aussage darüber getroffen, was genau passiert, wenn der Print-Befehl ausgeführt wird. Diese Festlegung ist weiter oben im XAML-Code zu finden und wird von einem CommandBinding-Objekt festgeschrieben, das der CommandBindings-Collection des Window-Elements hinzugefügt wird.

Das CommandBinding-Objekt beschreibt mit seiner Eigenschaft Command den Befehl, den es repräsentiert. Die beiden weiteren Eigenschaften CanExecute und Executed abonnieren zwei Ereignishandler. Der Ereignishandler von Executed führt die Druckoperation aus, und CanExecute bindet an einen Handler, der die Aufgabe hat, zu überprüfen, ob dem Anwender die Option zum Drucken überhaupt angeboten werden kann. Das ist per Vorgabe nur dann der Fall, wenn sich Inhalt in der TextBox befindet.

Sehen wir uns nun die beiden Ereignishandler an. Der Einfachheit halber wollen wir nicht drucken, sondern geben stattdessen eine MessageBox aus.

```csharp
private void Print_CanExecute(object sender, CanExecuteRoutedEventArgs e)
{
  if(txtContent != null)
    e.CanExecute = txtContent.Text != "";
}
private void Print_Executed(object sender, ExecutedRoutedEventArgs e)
{
  MessageBox.Show("Dokument wird gedruckt.", "Drucken");
}
```

Listing 31.2 Der C#-Code des Beispiels »Sample1«

Sowohl das MenuItem als auch die Schaltfläche profitieren von ihren Befehlsbindungen: Sobald der Anwender auf eines dieser beiden genannten Elemente klickt, wird der Print-Befehl ausgeführt. Sollte sich kein Inhalt in der TextBox befinden, sind MenuItem und Button deaktiviert – ganz so, als hätten Sie die Eigenschaft IsEnabled auf false gesetzt. Das geschieht aber automatisch im Hintergrund.

Auch ein anderes interessantes Detail werden Sie feststellen: Obwohl die Eigenschaft Header des MenuItem-Objekts keinen Eintrag aufweist, wird das MenuItem nicht nur passend beschriftet, sondern es wird darüber hinaus der übliche Shortcut ([Strg]+[P]) angegeben. Es scheint so, als würde hinter den Befehlen eine Menge Magie stecken. Natürlich ist das keine Magie, sondern nur die WPF.

31.2.1   Integrierte Befehle in den UI-Komponenten

Es können in einem Fenster beliebig viele Kommandos genutzt werden. Die WPF bietet dafür über 100 vordefinierte Befehle zur Auswahl an. Die meisten sind so wie im Beispiel *Sample1* gezeigt zu behandeln. Einige wenige verlangen nur ganz wenig Aufwand, weil das Verhalten bereits innerhalb der Steuerelemente festgeschrieben ist. Als typische Beispiele seien an dieser Stelle die Kommandos ApplicationCommands.Cut, ApplicationCommands.Paste und ApplicationCommands.Copy genannt, die innerhalb der TextBox bereits fertig mit internen Ereignishandlern verdrahtet sind und dafür sorgen, dass der markierte Text der entsprechend fokussierten TextBox ausgeschnitten, eingefügt oder in die Zwischenablage kopiert werden kann.

> **Hinweis**
>
> In den MATERIALIEN ZUM BUCH (Download von *www.rheinwerk-verlag.de/4699*) finden Sie das Beispiel *Sample2*, in dem die Befehle Copy, Cut und Paste gezeigt werden. Diese sind – wie oben erwähnt – bereits vollständig von den TextBox-Elementen implementiert, so dass tatsächlich kein weiterer Programmcode mehr notwendig ist.

Es steht Ihnen als Entwickler frei, eigene Befehle zu codieren.

31.3   Die Befehlsquelle

Nachdem Sie nun einen ersten Einblick in die WPF-Technologie der Befehle bekommen haben, ist es an der Zeit, hinter die Kulissen zu schauen und den Ablauf genauer zu analysieren.

Um einen WPF-Befehl nutzen zu können, muss er mit der Eigenschaft Command eines Steuerelements verbunden werden, z. B.:

```
<Button Command="ApplicationCommands.Open" ... />
```

Das Steuerelement mutiert damit zur Befehlsquelle. Handelt es sich bei der Befehlsquelle beispielsweise um eine Schaltfläche, wird der Befehl ausgeführt, wenn der Button angeklickt wird.

Nur UI-Elemente, die die Schnittstelle ICommandSource implementieren, haben eine Command-Eigenschaft. Wie wir gesehen haben, gilt das für einen Button, aber beispielsweise nicht für die TextBox. Allgemeiner formuliert implementiert die Basisklasse ButtonBase das Interface ICommandSource und stellt damit allen abgeleiteten Typen wie Button, RepeatButton und ToggleButton die Kommandostruktur zur Verfügung. Dazu gesellen sich weitere UI-Komponenten wie MenuItem, ListBoxItem und der Hyperlink.

Das Interface ICommandSource definiert drei Eigenschaften, die Sie Tabelle 31.1 entnehmen können.

31

Eigenschaft	Beschreibung
Command	Verweist auf das verknüpfte Kommando.
CommandParameter	Beschreibt Daten, die dem Kommando zusätzlich zur Ausführung zur Verfügung gestellt werden.
CommandTarget	Beschreibt das Element, auf dem der Befehl ausgeführt werden soll.

Tabelle 31.1 Die Member der Schnittstelle »ICommandSource«

Die Eigenschaft Command ist vom Typ ICommand. Sie ruft daher ein Objekt ab, das dieses Interface implementiert. Damit ist auch schon an dieser Stelle klar, was das entscheidende Merkmal eines Befehls ist: Er muss die Schnittstelle ICommand aufweisen. Diese Erkenntnis soll uns hier genügen, da ich später noch auf die Anatomie der Befehle eingehen werde.

31.3.1   Das Befehlsziel mit »CommandTarget« angeben

Wird ein Kommando abgesetzt, ist per Vorgabe das Element, das den Fokus hat, Ziel des Befehls. Mit der Eigenschaft CommandTarget können Sie auch ein anderes Ziel festlegen, für das die Ereignisse Executed und CanExecute ausgelöst werden sollen.

Im Beispiel *Sample2* dieses Kapitels haben Sie gesehen, dass eine »Magie« dafür sorgt, dass die Befehle Copy, Cut und Paste auf dem richtigen Zielelement ausgeführt werden – nämlich der fokussierten TextBox. Im Hintergrund spielt sich dabei ein Vorgang ab, der das fokussierte Steuerelement ermittelt. Dieser Vorgang wird entweder von dem Element Menu oder von der ToolBar gesteuert.

Das Verhalten ändert sich, wenn sich die Schaltfläche, die den abonnierten Command auslöst, nicht innerhalb eines Menu-Elements oder einer ToolBar befindet. In diesem Fall muss das Ziel des Kommandos explizit angegeben werden. Dazu wird die Eigenschaft CommandTarget benutzt. Im Beispiel *Sample3* wird das gezeigt.

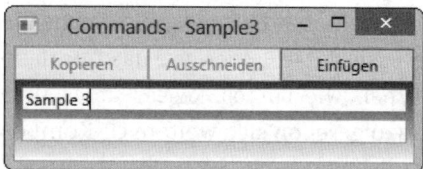

Abbildung 31.2 Fenster des Beispiels »Sample3«

```
// Beispiel: ..\Kapitel 31\Sample3
<Window ... >
  <StackPanel>
    <StackPanel Orientation=="Horizontal">
```

```
    <Button Command="ApplicationCommands.Copy"
            CommandTarget="{Binding ElementName=text1}">Kopieren
    </Button>
    <Button Command="ApplicationCommands.Cut"
            CommandTarget="{Binding ElementName=text1}">Ausschneiden
    </Button>
    <Button Command="ApplicationCommands.Paste"
            CommandTarget="{Binding ElementName=text1}">Einfügen
    </Button>
  </StackPanel>
  <TextBox Name="text1" Margin="5"/>
  <TextBox Name="text2" Margin="5, 0, 5, 5"/>
  </StackPanel>
</Window>
```

Listing 31.3 Angabe des Befehlsziels für ein »CommandTarget«

Beachten Sie, dass der Eigenschaft CommandTarget ein Binding-Objekt übergeben wird. Der Eigenschaft ElementName des Binding-Elements wird das Befehlsziel angegeben.

Das Festlegen des Befehlsziels mit CommandTarget hat den Nachteil, dass nur ein bestimmtes Element als Ziel angegeben werden kann. Im Beispielprogramm ist es die TextBox mit dem Bezeichner *text1*. In manchen Anwendungsfällen mag das genügen, aber für uns ist das völlig unzureichend, da wir mit den drei Schaltflächen zwei Eingabefelder bedienen wollen.

31.3.2   Einen Fokusbereich mit der Klasse »FocusManager« definieren

Besser ist eine Lösung, bei der auf die Angabe von CommandTarget verzichtet werden kann und ein WPF-Findungsmechanismus die aktuell fokussierte TextBox ermittelt. Genau das leistet die Klasse FocusManager mit der statischen Eigenschaft IsFocusScope=true. Mit dieser Einstellung beschreibt das Element, dem diese Eigenschaft hinzugefügt wird, einen eigenen Fokusbereich.

Hinweis

Standardmäßig beschreiben Window, Menu, ContextMenu und ToolBar auf diese Weise einen eigenen Fokusbereich.

Der Fokusbereich kann mit IsFocusScope=true für das Containersteuerelement StackPanel festgelegt werden, in dem sich die drei Schaltflächen zum Kopieren, Ausschneiden und Einfügen befinden (siehe Beispiel *Sample3*). Wichtig ist, dass die beiden Textboxen diesem Bereich nicht angehören.

31

Die entsprechenden Änderungen des Beispiels *Sample3* finden Sie in *Sample4*.

```
// Beispiel: ..\Kapitel 31\Sample4
<StackPanel>
  <StackPanel FocusManager.IsFocusScope ="True">
    <Button Command="ApplicationCommands.Copy">
      Kopieren
    </Button>
    <Button Command="ApplicationCommands.Cut">
      Ausschneiden
    </Button>
    <Button Command="ApplicationCommands.Paste">
      Einfügen
    </Button>
  </StackPanel>
  [...]
</StackPanel>
```

Listing 31.4 Dem fokusbesitzenden Element das Kommando zuteilen

31.3.3 Zusätzliche Daten mit »CommandParameter« bereitstellen

Benötigen Sie zur Ausführung des Befehls zusätzliche Argumente, können Sie sie optional der Eigenschaft CommandParameter übergeben, die vom Typ Object ist. Natürlich kann an dieser Stelle auch ein Binding-Objekt stehen, das die Referenz auf ein anderes Steuerelement übermittelt. Die grundsätzliche Vorgehensweise sehen Sie in Listing 31.5:

```
<Window.CommandBindings>
  <CommandBinding Command="ApplicationCommands.Open"
                  Executed="Open_Executed"
                  CanExecute="Open_CanExecute"/>
</Window.CommandBindings>
[...]
<Button Command="ApplicationCommands.Open"
        CommandParameter="{Binding ElementName=textBox1}"
        Content="Open">
</Button>
```

Listing 31.5 Kommandoparameter übergeben

Ausgewertet werden kann das übergebene Objekt im EventArgs-Parameter des Executed- und CanExecute-Ereignishandlers. Hier liefert die Eigenschaft Parameter das übermittelte Objekt ab und kann innerhalb der Methode benutzt werden.

```
private void Open_Executed(object sender, ExecutedRoutedEventArgs e)
{
  MessageBox.Show(e.Parameter.ToString());
}
```

Listing 31.6 Auswerten der Übergabeparameter

31.4 WPF-Commands

Die Eigenschaft Command einer Befehlsquelle erwartet ein Objekt vom Typ ICommand. Diese Schnittstelle bildet das zentrale Element der WPF-Commands und legt die Verhaltensweisen fest, die ein WPF-Befehl haben muss. Es liegt also nahe, sich zuerst mit den Mitgliedern dieser Schnittstelle zu beschäftigen, die von zwei Methoden und einem Event gebildet werden.

Mitglied	Beschreibung
CanExecute	Diese Methode hat die Aufgabe, zu prüfen, ob der Befehl, dessen Operationen durch die Methode Execute beschrieben werden, ausgeführt werden kann. Die Methode liefert einen booleschen Wert zurück.
Execute	Diese Methode enthält die Anweisungen, die ausgeführt werden sollen, wenn der Befehl aufgerufen wird.
CanExecuteChanged	Dieses Ereignis wird ausgelöst, wenn Änderungen eintreten, die sich auf die Ausführung des Befehls auswirken können.

Tabelle 31.2 Die Mitglieder der Schnittstelle »ICommand«

Ziehen wir bei den folgenden Betrachtungen wieder einen Button heran. Wird auf eine Schaltfläche geklickt und weicht die aus dem Interface ICommandSource stammende Eigenschaft Command von null ab, wird der Befehl durch Aufruf der Methode Execute ausgeführt.

Nicht in jeder Situation ist es sinnvoll, einen Befehl absetzen zu können. Stellen wir uns dazu nur vor, es würde sich um das Kommando Save handeln, das ein Dokument speichert. Nehmen wir weiter an, der Befehl Save sei mit einer Schaltfläche verknüpft. Weist das Dokument keine Änderungen auf, ist es sinnlos, den Befehl auszuführen. Besser wäre es dann, die entsprechende Schaltfläche zu deaktivieren.

Diese Aufgabe übernimmt die Methode CanExecute, die feststellt, ob der Befehl überhaupt verfügbar sein soll. Mit dem booleschen Rückgabewert wird die Schaltfläche, die den Befehl beschreibt, entweder aktiviert (true) oder deaktiviert (false). Die Eigenschaft IsEnabled der Schaltfläche passt sich automatisch dem Rückgabewert der Methode CanExecute an.

31

31.4.1   Die Arbeitsweise eines Befehls

Wir wollen uns diese Verhaltensweise an einem Beispiel veranschaulichen. Dazu wird ein benutzerdefinierter Befehl wie in Listing 31.7 gezeigt bereitgestellt:

```
public class MyCommand : ICommand
{
  public bool CanExecute(object parameter)
  {
    Debug.WriteLine("MyCommand ... CanExecute");
    return true;
  }
  public event EventHandler CanExecuteChanged;
  public void Execute(object parameter)
  {
    Debug.WriteLine("MyCommand ... Execute");
  }
}
```

Listing 31.7 Benutzerdefinierter Befehl

Wie vorgeschrieben implementiert die Klasse MyCommand die Schnittstelle ICommand. Die mit dem Befehl verbundene Operation, also die Methode Execute, beschränkt sich auf eine Ausgabe im Ausgabefenster. CanExecute schreibt ebenfalls eine Mitteilung in das Ausgabefenster und legt den Rückgabewert auf true fest. Der Befehl steht somit immer, unabhängig von jedweden Rahmenbedingungen, zur Verfügung. Das ist in manchen Fällen völlig ausreichend.

In Listing 31.8 ist der XAML-Code angegeben, der den Befehl MyCommand benutzt. Der Befehl wird als Ressource bereitgestellt, und die Command-Eigenschaft der Schaltfläche nimmt darauf Bezug.

```
// Beispiel: ..\Kapitel 31\Sample5
<Window x:Class="Sample2.MainWindow"
        Title="MainWindow" Height="150" Width="200">
  <Window.Resources>
    <local:MyCommand x:Key="cmd" />
  </Window.Resources>
  <StackPanel>
    <Button Command="{StaticResource cmd}" Margin="10" Content="Button1" />
  </StackPanel>
</Window>
```

Listing 31.8 XAML-Code des Beispiels »Sample5«

Starten Sie das Beispiel, und klicken Sie auf den Button. Im Ausgabefenster werden Sie feststellen, dass zuerst die Methode CanExecute aufgerufen wird und anschließend Execute.

31.4.2 Die Klasse »CommandManager«

In einigen Fällen mag die einfache Implementierung eines benutzerdefinierten Befehls wie in Listing 31.7 gezeigt durchaus genügen. Meistens sind jedoch die Zusammenhänge komplexer, und wir müssen gegenseitige Abhängigkeiten berücksichtigen. Das wollen wir uns an einem einfachen Beispiel ansehen. Ausgangspunkt sei ein Fenster, das neben einer TextBox zwei Schaltflächen enthält. Beide Schaltflächen sind mit unterschiedlichen benutzerdefinierten Befehlen verknüpft.

Abbildung 31.3 Das Window des Beispiels »Sample6«

Der obere Button soll deaktiviert sein, wenn die TextBox leer ist. Der Befehl, der an die obere Schaltfläche gebunden ist, muss den Textboxinhalt überprüfen und die Schaltfläche gemäß dem Rückgabewert der Methode CanExecute aktivieren. Dazu wird die Referenz der Textbox an die Eigenschaft CommandParameter des Buttons übergeben. Um den Ablauf zur Laufzeit verfolgen zu können, protokollieren die beiden Ereignishandler Execute und CanExecute ihre Ausführung im Ausgabefenster.

Der untere Button hat keine besonderen Aufgaben und ist, unabhängig von der TextBox, immer aktiviert. Einzig und allein die Ausführung der Methoden Execute und CanExecute wird ebenfalls im Ausgabefenster notiert.

Zur Umsetzung werden zwei Command-Klassen benötigt. Sie sind in Listing 31.9 aufgeführt.

```
public class MyCommand1 : ICommand
{
  public bool CanExecute(object parameter)
```

31

```
    {
      Debug.WriteLine("COMMAND 1 ... CanExecute");
      if (parameter != null)
      {
        TextBox txtBox = parameter as TextBox;
        return txtBox.Text != "";
      }
      return false;
    }
    public event EventHandler CanExecuteChanged;
    public void Execute(object parameter)
    {
      Debug.WriteLine("COMMAND 1 ... Execute");
    }
}
public class MyCommand2 : ICommand
{
  public bool CanExecute(object parameter)
  {
    Debug.WriteLine("COMMAND 2 ... CanExecute");
    return true;
  }
  public event EventHandler CanExecuteChanged;
  public void Execute(object parameter)
  {
    Debug.WriteLine("COMMAND 2 ... Execute");
  }
}
```

Listing 31.9 Die beiden benutzerdefinierten Commands im Beispiel »Sample6«

Im XAML-Code werden im Ressourcenabschnitt des Fensters die beiden Befehlsobjekte erstellt und im weiteren Verlauf von der Command-Eigenschaft der beiden Button-Elemente referenziert.

```
<Window ...
  xmlns:local="clr-namespace:Sample3"
  Title="MainWindow" Height="150" Width="250">
  <Window.Resources>
    <local:MyCommand1 x:Key="cmd1" />
    <local:MyCommand2 x:Key="cmd2" />
  </Window.Resources>
  <StackPanel>
    <TextBox Name="textBox1" Background="AliceBlue" Margin="10"/>
```

```
    <Button Command="{StaticResource cmd1}"
            CommandParameter="{Binding ElementName=textBox1}"
            Margin="10, 0, 10, 0" Content="Command 1" />
    <Button Command="{StaticResource cmd2}"
            Content="Command 2" Margin="10" />
  </StackPanel>
</Window>
```

Listing 31.10 XAML-Code des Beispiels »Sample6«

Führen wir das Beispiel aus, und konzentrieren wir uns dabei nur auf die obere Schaltfläche. Da die TextBox keinen Inhalt aufweist, ist die obere Schaltfläche nach dem Start der Anwendung deaktiviert. Tragen wir in die TextBox Inhalt ein, ändert sich der Zustand der Schaltfläche jedoch nicht. Das sollte aber gemäß unserer Forderung der Fall sein.

Nun müssen wir uns bei der Problemanalyse die Frage stellen, auf welche Weise die Schaltfläche davon unterrichtet werden soll, dass sich der Zustand der TextBox verändert hat. Es muss eine zentrale WPF-Komponente existieren, die übergreifend überwacht, ob irgendwelche Änderungen vorliegen. Den Begriff »Änderung« müssen Sie in diesem Moment ganz allgemein interpretieren, denn dabei könnte es sich beispielsweise um den Wechsel des Fokus oder um eine andere, allgemeine Zustandsänderung handeln, wie die Änderung eines Textboxinhalts oder die Änderung der Hintergrundfarbe des Fensters.

Die erforderliche Überwachung wird von einem Objekt vom Typ CommandManager umgesetzt. Liegt eine Änderung vor, löst der CommandManager den statischen Event RequerySuggested aus und ruft der Reihe nach alle bei ihm registrierten Ereignishandler des Ereignisses CanExecute auf.

Genau hier ist die Ursache zu finden, dass sich beim ersten Eintrag in die TextBox der Zustand der Schaltfläche nicht ändert: Der CommandManager hat noch keine Kenntnis davon, dass die Schaltfläche auf die Änderung reagieren soll, er kennt das Ereignis CanExecute der oberen Schaltfläche nicht. Wir müssen demnach nur dafür sorgen, dass unser Befehl MyCommand1 des Beispiels *Sample6* einen Ereignishandler bei RequerySuggested registriert.

Nun betritt der Event CanExecuteChanged aus der Schnittstelle ICommand die Bühne. Sie müssen dazu nur das Ereignis CanExecuteChanged explizit codieren:

```
public event EventHandler CanExecuteChanged
{
  add { CommandManager.RequerySuggested += value; }
  remove { CommandManager.RequerySuggested -= value; }
}
```

Listing 31.11 Registrieren eines Befehls beim »CommandManager«-Objekt

31

Damit wird dem `CommandManager` der Ereignishandler des `MyCommand1`-Objekts bekanntgegeben, der aufgerufen wird, wenn im Fenster irgendeine Änderung vorliegt. Bezogen auf unser Beispiel *Sample6* reagiert die obere Schaltfläche dann, wenn sich der Textboxinhalt verändert hat.

Es stellt sich nun natürlich sofort die Frage, wie der Ereignishandler auszusehen hat, den wir an `RequerySuggested` übergeben. Machen Sie sich keine weiteren Gedanken darüber, denn das ist die kleine WPF-Magie im Hintergrund. Der Ereignishandler wird nämlich von der `ICommandSource`-Befehlsquelle festgelegt. Im Ereignishandler wird intern die Methode `CanExecute` des entsprechenden Befehls ausgeführt und festgestellt, ob der Befehl verfügbar ist oder nicht. Ändert sich der Zustand des Befehls, kommt es zu einer erneuten Auslösung von `RequerySuggested`, und alle bei `RequerySuggested` registrierten Ereignishandler werden erneut durchlaufen.

Kommen wir zurück zu unserem Beispiel *Sample6* und ändern den Event `CanExecuteChanged` der beiden Klassen `MyCommand1` und `MyCommand2` wie in Listing 31.11 gezeigt ab. Anschließend starten Sie die Anwendung erneut. Sie werden feststellen, dass sowohl der Befehl `MyCommand1` als auch der Befehl `MyCommand2` bereits beim Initialisierungsprozess jeweils die Methode `CanExecute` aufruft. Nach dem Erstellen des Fensters erfolgt der Aufruf der beiden Methoden erneut.

Wenn Sie in der `TextBox` einen Eintrag vornehmen, werden Sie im Ausgabefenster sehen, dass in dem Moment die `CanExecute`-Methoden sowohl von `MyCommand1` als auch von `MyCommand2` aufgerufen werden, um zu überprüfen, ob die angeschlossenen Schaltflächen ihren Aktivierungszustand ändern müssen oder nicht. Sehr schön ist auch zu beobachten, dass bereits ein Fokuswechsel zu der Ereigniskette führt.

In *Sample6* erkennen Sie sehr gut, welche Auswirkungen es hat, dem statischen Ereignis `RequerySuggested` des `CommandManager`-Objekts einen Ereignishandler zu übergeben: Alle ihm bekannten Befehle und somit auch die UI-Elemente, die sich der Befehle bedienen, werden über jede Zustandsänderung im Fenster informiert. Sollte sich aufgrund veränderter Bedingungen der Aktivierungszustand einer UI-Komponente ändern, wird die Kette der beim `CommandManager` registrierten Ereignishandler erneut durchlaufen.

31.5   »RoutedCommand«-Objekte und »CommandBindings«

In unserem Beispiel *Sample6* haben wir benutzerdefinierte Befehle bereitgestellt. Dazu hatten wir eine Klasse geschrieben und das Interface `ICommand` implementiert. Die Methode `Execute` enthielt die Programmlogik, die Methode `CanExecute` hatte die Aufgabe, zu prüfen, ob der Befehl aufgrund der Rahmenbedingungen ausgeführt werden kann.

Die WPF ihrerseits stellt bereits zahlreiche vordefinierte Befehle zur Verfügung. Es ist einleuchtend, dass diese Befehle noch keine Programmlogik enthalten können, die einen allgemeinen Einsatz gewährleistet. Stellen Sie sich dazu beispielsweise nur den Befehl Open vor, der etwas öffnen soll. Nur, was soll geöffnet werden, und wie soll geöffnet werden? Die Anforderungen an den Open-Befehl können sogar innerhalb einer Anwendung sehr unterschiedlich ausfallen.

Es muss eine Möglichkeit geben, einerseits einen Befehl zu definieren, es aber andererseits dem Entwickler zu überlassen, die Logik für diesen Befehl zu schreiben. An dieser Stelle betreten die Klassen RoutedCommand und RoutedUICommand die Bühne der WPF. Beide Klassen ermöglichen es, den Programmcode vom Befehl zu trennen und separat zu schreiben.

31.5.1 Vordefinierte WPF-Commands

Die von der WPF angebotenen vordefinierten Befehle werden auf insgesamt fünf Klassen aufgeteilt. Dabei handelt es sich um die nachfolgend aufgeführten:

- ApplicationCommands (im Namespace System.Windows.Input)
- ComponentCommands (im Namespace System.Windows.Input)
- EditingCommands (im Namespace System.Windows.Documents)
- MediaCommands (im Namespace System.Windows.Input)
- NavigationCommands (im Namespace System.Windows.Input)

Alle Klassen sind als static definiert. Daraus folgt, dass auch alle Befehle statisch sind. Das folgende Codefragment zeigt exemplarisch die Klasse ApplicationCommands und den darin definierten Copy-Befehl:

```
public static class ApplicationCommands
{
    private static RoutedUICommand _Copy = new RoutedUICommand(...);
    public static RoutedUICommand Copy
    {
        get { return _Copy;}
    }
    [...]
}
```

Alle vordefinierten WPF-Befehle weisen eine Gemeinsamkeit auf: Entweder sind sie vom Typ der Klasse RoutedCommand oder von der Klasse RoutedUICommand. RoutedCommand implementiert das Interface ICommand, und RoutedUICommand ist von RoutedCommand abgeleitet. Die Klassen ApplicationCommands, EditingCommands etc. sind daher nur als Container zu verstehen, um ähnliche Befehle kategorisieren zu können.

Ihnen hier alle Befehle in allen Klassen vorzustellen, würde den Rahmen sprengen. Stellvertretend seien an dieser Stelle Close, ContextMenu, Copy, Cut, Delete, Find, Open, Paste, Print, Save, Redo und Undo genannt, die in der Klasse ApplicationCommands zu finden sind.

31

31.5.2   Die Klasse »RoutedCommand«

RoutedCommand implementiert die Schnittstelle ICommand explizit, deren Methoden CanExecute und Execute nur nach einem vorhergehenden Cast nach ICommand aufgerufen werden können. Darüber hinaus stellt die Klasse RoutedCommand mit CanExecute und Execute zwei Methoden bereit und mit InputGestures, Name und OwnerType drei Eigenschaften. Listing 31.12 zeigt die Struktur der Klasse RoutedCommand:

```
public class RoutedCommand : ICommand
{
  void ICommand.Execute(object param) { }
  bool ICommand.CanExecute(object param) { }
  public bool CanExecute(object param, IInputElement target) {  }
  public void Execute(object param, IInputElement target) {  }
  [...]
}
```

Listing 31.12 Struktur der Klasse »RoutedCommand«

Anmerkung

Die Methoden Execute und CanExecute definieren neben dem Object-Parameter einen zweiten vom Typ IInputElement. Dieser Parameter referenziert das Objekt, auf dem der Befehl ausgelöst wird. Ist der Parameter null, wird das aktuell fokussierte Element verwendet.

In Tabelle 31.3 sind alle Mitglieder der Klasse RoutedCommand aufgeführt.

Member	Beschreibung
CanExecute	Diese Methode prüft, ob der Befehl ausgeführt werden kann.
Execute	Führt den Befehl gegen das Befehlsziel aus.
InputGestures	Ruft eine Liste von InputGesture-Objekten ab.
Name	Legt den Namen des Befehls fest.
OwnerType	Ruft den Typ des Befehlsbesitzers ab.

Tabelle 31.3 Öffentliche Mitglieder der Klasse »RoutedCommand«

Die aus ICommand stammenden Methoden Execute und CanExecute werden auf die gleichnamigen Methoden der Klasse RoutedCommand umgeleitet. Diese haben die Aufgabe, per Tunneling und Bubbling den Elementbaum zu durchlaufen, um nach Ereignishandlern für die Events Executed und CanExecute zu suchen, die bei der Aktivierung des Befehls ausgeführt werden sollen. Gesucht wird dabei nach einem passenden `CommandBinding`-Objekt, das dem speziellen Befehl zugeordnet ist.

31.5.3 Befehlsbindungen mit »CommandBinding« einrichten

Nehmen wir an, beim Klicken einer Schaltfläche soll die anwendungsspezifische Hilfe geöffnet werden. Dazu soll der vordefinierte Befehl `ApplicationCommands.Help` verwendet werden. Der erste Schritt ist es, den Befehl für die `Command`-Eigenschaft der Schaltfläche anzugeben:

```
<Button Command="ApplicationCommands.Help" Content="Hilfe" />
```

Die Eigenschaft kann auch in der Kurzform

```
<Button Command="Help" Content="Hilfe" />
```

ausgedrückt werden (das gilt auch für die anderen Befehlscontainerklassen).

Der Anwender wird zu diesem Zeitpunkt die Schaltfläche zunächst nicht nutzen können, denn sie ist deaktiviert. Das ist das Standardverhalten.

Der nächste Schritt besteht darin, Ereignishandler bereitzustellen, die auf den Befehl `Help` reagieren. Dazu ist eine Instanz der Klasse `CommandBinding` erforderlich, um den Befehl mit den Ereignishandlern `CanExecute` und `Executed` verknüpfen zu können. Dabei werden die beiden Ereignisse `Executed` und `CanExecute` auf dem Objekt ausgelöst, das dem `IInputElement`-Parameter der Methoden `Execute` und `CanExecute` des `RoutedCommand`-Objekts übergeben wird.

`Executed` wird ausgelöst, wenn der Anwender auf die Befehlsquelle klickt, zum Beispiel auf eine Schaltfläche. Somit verbirgt sich hinter diesem Ereignis die Logik, die der Befehl beschreiben soll. Das zweite Ereignis `CanExecute` wird ausgelöst, wenn der Befehl seinerseits prüft, ob er für das Befehlsziel ausgeführt werden kann.

Die Aufgabe der Klasse `RoutedCommand` besteht also darin, die Methoden `Execute` und `CanExecute` der `ICommand`-Schnittstelle auf Ereignisse eines zugeordneten `CommandBinding`-Objekts umzusetzen, deren Handler der Entwickler implementieren kann.

```
<CommandBinding Command="Help"
                CanExecute="Help_CanExecute"
                Executed="Help_Executed" />
```

Listing 31.13 Definition eines »CommandBinding«-Objekts im XAML-Code

Für jeden Befehl ist ein `CommandBinding`-Objekt notwendig. Um mehrere `CommandBinding`-Objekte festlegen zu können, werden diese einer Liste hinzugefügt, die vom Typ `CommandBindingCollection` ist. Verfügbar gemacht wird die Auflistung über die Eigenschaft `CommandBindings`, die von allen Elementen unterstützt wird, die von `UIElement` abgeleitet sind. Üblicherweise wird dazu das `Window`-Element verwendet.

31

Hinweis

Leider ist es nicht möglich, Befehlsbindungen in der Datei *App.xaml* abzulegen, da die Klasse Application Befehlsbindungen nicht unterstützt. Somit bleibt Ihnen nichts anderes übrig, als alle notwendigen Befehlsbindungen in jedem Fenster anzugeben.

In unserem fiktiven Fall soll der Help-Befehl durch ein CommandBinding-Objekt im Fenster beschrieben werden. Üblicherweise erfolgt das im XAML-Code.

```
<Window.CommandBindings>
  <CommandBinding Command="Help"
                  CanExecute="Help_CanExecute"
                  Executed="Help_Executed" />
</Window.CommandBindings>
[...]
<Button Command="Help" />
```

Listing 31.14 Definieren einer Befehlsbindung

Um den Button zu aktivieren, muss im Ereignishandler des CanExecute die Eigenschaft CanExecute des CanExecuteEventArgs-Parameters auf true gesetzt werden. false ist die Vorgabe und demnach die Ursache dafür, dass der Button zunächst deaktiviert ist. In diesem Ereignishandler erfolgt in der Regel die Überprüfung einer Bedingung, um festzustellen, ob die mit dem Befehl verknüpften Controls aktiviert oder deaktiviert dargestellt werden sollen. In einigen Fällen ist es durchaus ausreichend, die Befehlsquelle dauerhaft zu aktivieren.

```
private void Help_Executed(object sender, ExecutedRoutedEventArgs e)
{
  MessageBox.Show("Logik des Help-Commands.");
}
private void Help_CanExecute(object sender, CanExecuteRoutedEventArgs e){
  e.CanExecute = true;
}
```

Listing 31.15 Ereignishandler des Ereignisses »CanExecute« und »Executed«

Die meisten vordefinierten Befehle sind nicht vom Typ RoutedCommand, sondern vom Typ RoutedUICommand. Diese Klasse ist direkt von RoutedCommand abgeleitet und stellt zusätzlich die Eigenschaft Text bereit. Dabei handelt es sich genau um die Eigenschaft, die dafür sorgt, dass beispielsweise ein MenuItem mit der passenden Beschriftung versorgt wird.

Hinweis

Der Button übernimmt bedauerlicherweise die Eigenschaft Text von RoutedUICommand nicht. Möchten Sie dennoch den Wert der Text-Eigenschaft anzeigen, verwenden Sie die folgende Syntax:

```
<Button Command="Help"
        Content="{Binding Path=Command.Text,
                    RelativeSource={RelativeSource self}}" />
```

31.5.4   Befehlsbindung mit Programmcode

Das Codefragment in Listing 31.16 zeigt, wie Sie die Befehlsbindung auch mit Code erstellen können. Sollten Sie diese Variante der XAML-Definition vorziehen, müssen Sie den Code im Konstruktor hinter der Methode InitializeComponent schreiben.

```
public MainWindow()
{
  InitializeComponent();
  CommandBinding binding = new CommandBinding(ApplicationCommands.Help);
  this.CommandBindings.Add(binding);
  binding.Executed += Help_Executed;
  binding.CanExecute += Help_CanExecute;
}
```

Listing 31.16 Befehlsbindung mit C#-Programmcode

31.5.5   Befehle mit Maus oder Tastatur aufrufen

In Windows-Anwendungen sind bestimmte Befehle häufig mit Tastenkombinationen ausführbar. Denken Sie beispielsweise an die Taste ⎋Esc⎦, mit der Sie eine laufende Aktion abbrechen oder ein Fenster schließen. Das WPF-Befehlsmodell gestattet es Ihnen, einen WPF-Command entweder mit einer Tastenkombination auszuführen oder durch Betätigung der Maus.

Diesem Zweck dient die Eigenschaft InputGestures der Klasse RoutedCommand. Sie ruft eine Auflistung vom Typ InputGestureCollection ab, in der InputGesture-Objekte angegeben sind, um den speziellen Befehl auch mit Maus oder Tastatur ausführen zu können. InputGesture ist eine abstrakte Klasse und wird von KeyGesture und MouseGesture abgeleitet.

Einige WPF-Befehle sind mit den üblichen InputGesture-Objekten bereits fertig verknüpft. Denken Sie dabei nur an Copy, Paste und Cut. Sie können aber auch zusätzliche Kombinationen für Tastatur oder Maus festlegen. Das Verfahren ähnelt sehr der Suche nach einem CommandBinding-Objekt für einen speziellen Befehl, nur dass in dem von uns betrachteten Fall nach Objekten vom Typ KeyBinding und MouseBinding gefahndet wird, die dem speziellen Befehl zugeordnet sind.

31

Um zum Beispiel die Tastenkombination [Alt]+[F10] mit dem Befehl Help zu verbinden, genügt der folgende XAML-Code:

```
<KeyBinding Command="Help" Key="F10" Modifiers="Alt" />
```

Der Eigenschaft Key wird ein Member der gleichnamigen Enumeration übergeben; Modifiers gibt die Modifizierertaste an, die der Enumeration ModifierKeys entstammt.

Sehr ähnlich können Sie auch Mausaktionen mit einem Befehl verbinden:

```
<MouseBinding Gesture="Alt+RightClick" Command="Help" />
```

In diesem Fall wird der Help-Befehl auch ausgeführt, wenn beim Klicken auf die rechte Maustaste gleichzeitig die [Alt]-Taste gedrückt ist.

Alle Maus- und Tastaturzuordnungen mit KeyBinding und MouseBinding werden in einer InputBindingCollection zusammengefasst, die über die Eigenschaft InputBindings veröffentlicht wird. Auch hierfür bietet es sich an, die Auflistung dem Window zuzuordnen.

Hinweis

In der Enumeration System.Windows.Input.MouseAction sind die möglichen Mausaktionen beschrieben, die sich mit einer Modifizierertaste kombinieren lassen und der Eigenschaft Gesture übergeben werden.

Im folgenden Beispielprogramm enthält das Fenster zwei Schaltflächen, die die Befehle Help und Open abonnieren. Jedem der beiden Befehle ist eine Tastatur- und eine Mausaktion zugeordnet.

```
// Beispiel: ..\Kapitel 31\Sample7
<Window ... >
  <Window.CommandBindings>
    <CommandBinding Command="Help"
                    CanExecute="Help_CanExecute"
                    Executed="Help_Executed" />
    <CommandBinding Command="Open"
                    CanExecute="Open_CanExecute"
                    Executed="Open_Executed" />
  </Window.CommandBindings>
  <Window.InputBindings>
    <KeyBinding Key="F10" Modifiers="Alt" Command="Help" />
    <MouseBinding Gesture="Alt+WheelClick" Command="Help" />
    <KeyBinding Key="F11" Modifiers="Control" Command="Open" />
    <MouseBinding Gesture="Alt+RightClick" Command="Open" />
  </Window.InputBindings>
  <StackPanel>
```

```
    <Button Height="45" Content="Help" Command="Help" />
    <Button Height="45" Content="Open" Command="Open" />
  </StackPanel>
</Window>
```

Listing 31.17 Das Beispielprogramm »Sample7«

Zu diesem Beispiel gehört der folgende C#-Code:

```
private void Help_Executed(object sender, ExecutedRoutedEventArgs e)
{
  MessageBox.Show("Logik des Help-Commands.");
}
private void Help_CanExecute(object sender, CanExecuteRoutedEventArgs e)
{
  e.CanExecute = true;
}
private void Open_Executed(object sender, ExecutedRoutedEventArgs e)
{
  MessageBox.Show("Logik des Open-Commands.");
}
private void Open_CanExecute(object sender, CanExecuteRoutedEventArgs e)
{
  e.CanExecute = true;
}
```

Listing 31.18 Der C#-Code des Beispiels »Sample7«

31.5.6 Benutzerdefinierter »RoutedCommand«

Zum Schluss wollen wir die gewonnenen Erkenntnisse nutzen und uns im Beispiel *Sample8* ansehen, wie Sie mit einfachen Mitteln einen eigenen Befehl basierend auf der Basis Routed-UICommand realisieren. Bereitgestellt werden soll der Befehl in einer Klasse namens CustomCommands.

```
public static class CustomCommands
{
  private static RoutedUICommand _DoSomething =
      new RoutedUICommand("Mach was ...", "DoSomething", typeof(CustomCommands),
                      new InputGestureCollection()
                      {
                        new KeyGesture(Key.Q, ModifierKeys.Alt)
                      }
                  );
```

31

```
public static RoutedUICommand DoSomething
{
  get { return _DoSomething; }
}
}
```

Listing 31.19 Definition eines benutzerdefinierten »RoutedCommand«-Objekts (»Sample8«)

Dem Konstruktor der Klasse RoutedUICommand wird zuerst der Text übergeben, der von dazu geeigneten Komponenten genutzt werden kann (z. B. einem MenuItem). Dem zweiten Parameter wird der zu verwendende Bezeichner des Befehls genannt und anschließend die Klasse, in der der Befehl definiert ist. Als letztes Argument wird der InputGestureCollection ein KeyGesture-Objekt übergeben. Damit soll festgelegt werden, dass der Befehl auch mit der Tastenkombination Alt+Q aktiviert werden kann.

Nun soll der Befehl DoSomething im XAML-Code eingesetzt werden.

```
<Window ...
  xmlns:local="clr-namespace:Sample8">
  <Window.CommandBindings>
    <CommandBinding Command="local:CustomCommands.DoSomething"
                    CanExecute="ExitCommand_CanExecute"
                    Executed="ExitCommand_Executed" />
  </Window.CommandBindings>
  <Window.InputBindings>
    <KeyBinding Command="{x:Static local:CustomCommands.DoSomething}"
                Key="F1"
                Modifiers="Control" />
  </Window.InputBindings>
  <DockPanel>
    <Menu DockPanel.Dock="Top">
      <MenuItem Header="Extras">
        <MenuItem Command="local:CustomCommands.DoSomething" />
      </MenuItem>
    </Menu>
    <Button Width="120" Height="35"
            Command="local:CustomCommands.DoSomething"
            Content="{Binding Path=Command.Text,
                              RelativeSource={RelativeSource self} }" />
  </DockPanel>
</Window>
```

Listing 31.20 Verwenden des benutzerdefinierten »RoutedCommand«-Objekts (»Sample8«)

Im Grunde genommen ändert sich im Vergleich zu den vordefinierten Commands nicht viel. Wir müssen nur den entsprechenden XML-Namespace definieren und haben anschließend Zugriff auf DoSomething unter Voranstellung des Namespace-Präfixes.

Als einzige Besonderheit wird ein KeyBinding-Objekt definiert, obwohl in der Klassendefinition bereits ein Tastaturzugriff festgelegt worden ist. Zur Laufzeit ist es daher nun möglich, sogar mit zwei unterschiedlichen Tastenkombinationen den Befehl zu aktivieren. Im MenuItem wird allerdings die hartcodierte Version verwendet.

Zum Schluss bleibt noch der C#-Code. Dieser ist sehr einfach gehalten und bedarf keiner weiteren Erklärung.

```csharp
private void DoSomething_CanExecute(object sender, CanExecuteRoutedEventArgs e)
{
  e.CanExecute = true;
}
private void DoSomething_Executed(object sender, ExecutedRoutedEventArgs e)
{
  MessageBox.Show("Befehl: DoSomething");
}
```

Listing 31.21 C#-Code des Beispiels »Sample8«

31

Kapitel 32
Das MVVM-Pattern

Das MVVM-Pattern (Model-View-ViewModel) hat sich in den letzten Jahren in den meisten Unternehmen, die WPF-Anwendungen entwickeln, etabliert. Hinter diesem vergleichsweise recht jungen Pattern verbirgt sich der Ansatz der strikten Trennung von UI-Design und UI-Code. Designern und Entwicklern wird damit die gleichzeitige Entwicklung ermöglicht, für die ein Designer möglicherweise *Microsoft Expression Blend* bevorzugen wird.

Die Trennung von UI-Design und -Code gestattet es, die in XAML beschriebene Oberfläche ohne großen Aufwand gegen eine andere auszutauschen – vielleicht, weil der Kunde es so wünscht. Andererseits kann auch die Programmlogik geändert werden, ohne dass dies eine Änderung der Oberfläche zur Konsequenz hätte.

Aufgrund der Konzeptvorgabe, dass der UI-Code keine Kenntnis vom dazugehörigen UI-Design hat, müssen keine Anpassungen vorgenommen werden. Zudem lässt sich der Code problemlos mit Unit-Tests prüfen.

Das hört sich bereits sehr vielversprechend an. Das MVVM-Konzept war für viele Unternehmen ein Grund, von der klassischen WinForm-API auf den WPF-Zug aufzuspringen. In meiner langjährigen Trainertätigkeit habe ich auch schon gehört: »Ich nutze grundsätzlich immer nur MVVM.« Dann frage ich sofort, ob das auch für eine »Hallo Welt«-Anwendung gelten würde. Was ich damit zum Ausdruck bringen möchte, ist, dass es meiner Ansicht nach eine Schwelle gibt, sich für oder gegen das MVVM zu entscheiden. Die Nutzung von MVVM kann den Code komplexer machen, es müssen viele Dinge berücksichtigt werden, die in einer klassisch programmierten Windows-Anwendung keine Rolle spielen. Sie werden das in diesem Kapitel erfahren. Sie müssen das MVVM nicht nutzen, nur weil es »State of the Art« ist. Sie müssen davon profitieren, Sie müssen damit Entwicklungszeit und -kosten senken können. Sonst könnte sich der anfänglich zusätzliche Aufwand als Bumerang erweisen.

32.1   Die Theorie hinter dem Model-View-ViewModel-Pattern

Das Pattern beschreibt drei Komponenten:

► Model
► View
► ViewModel

Wir sollten uns zunächst einmal ansehen, welche Aufgabe diesen drei Teilen zukommt:

► **Model:** Dieser Block repräsentiert die Daten, mit denen die Anwendung arbeitet. Üblicherweise enthält das Model keine Logik, die die Daten weiterbehandelt.

► **View:** Dieser Block des MVVM-Patterns beschreibt das UI-Design, also die Benutzeroberfläche. Programmcode sollte in der Code-Behind-Datei der View nicht enthalten sein, dazu dient das ViewModel. Allerdings sollten Sie diese Aussage nicht auf die Goldwaage legen: Es kommt immer wieder vor, dass eine View spezifische Interaktionen beschreibt, die für eine andere View nicht gelten würden (z. B. Mausaktionen). Sie brechen dann in keiner Weise das Prinzip des MVVM auf, wenn Sie die spezifischen Aktionen weiterhin in der View implementieren.

► **ViewModel:** Zwischen die Daten – repräsentiert durch das Model – und die Darstellung der Daten in der View ist das ViewModel geschaltet. Es ist das Bindeglied zwischen View und Model und bildet somit die Schaltzentrale des MVVM-Patterns. Im ViewModel ist zumindest die Programmlogik angesiedelt, die beim Austausch der View auch von der neuen View sofort genutzt werden könnte. Der Clou ist dabei, dass das ViewModel die View nicht kennt, von der es genutzt wird. Das macht letztendlich die vorher erwähnte strikte Trennung von UI-Design und UI-Code aus (siehe Abbildung 32.1).

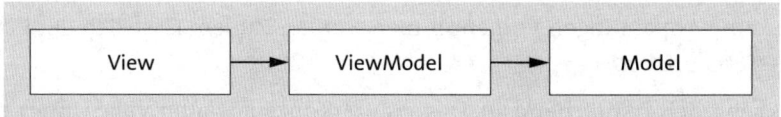

Abbildung 32.1 Das grundsätzliche Konzept des MVVM-Patterns

Die mit der WPF eingeführten Commands sowie die Datenbindungsfähigkeiten haben erst zur Umsetzung von MVVM geführt. Wie das umgesetzt wird, werden Sie im weiteren Verlauf dieses Kapitels noch sehen.

32.2   Allgemeine Beschreibung des Beispielprogramms

In diesem Kapitel werde ich Ihnen verschiedene Techniken vorstellen, die Sie vielleicht bei Ihrer nächsten WPF-Anwendung unter Einsatz des MVVM-Patterns sinnvoll nutzen können. Dabei nehme ich nicht nur Bezug auf den Einsatz von WPF-Befehlen und die Datenbindungsfähigkeit der WPF, das wäre unvollständig. Stattdessen zeige ich Ihnen auch, wie Sie auch andere Überlegungen und Vorgaben umsetzen können – ohne dass ich dabei Anspruch auf Vollständigkeit erhebe, denn das Internet ist voll von unterschiedlichen Ideen und Lösungsansätzen.

Wir werden gemeinsam alle gängigen Überlegungen und Ansätze anhand einer WPF-Anwendung schrittweise erarbeiten. Dabei stehen im Mittelpunkt Personendaten, die aus einer

XML-Datei ausgelesen, angezeigt und auch bearbeitet werden können. Mit relativ geringen Änderungen ließen sich auch Daten verarbeiten, die aus einer x-beliebigen Datenquelle stammen.

In Abbildung 32.2 sehen Sie den Zustand der Anwendung zur Laufzeit, den wir am Ende des Kapitels erreichen werden.

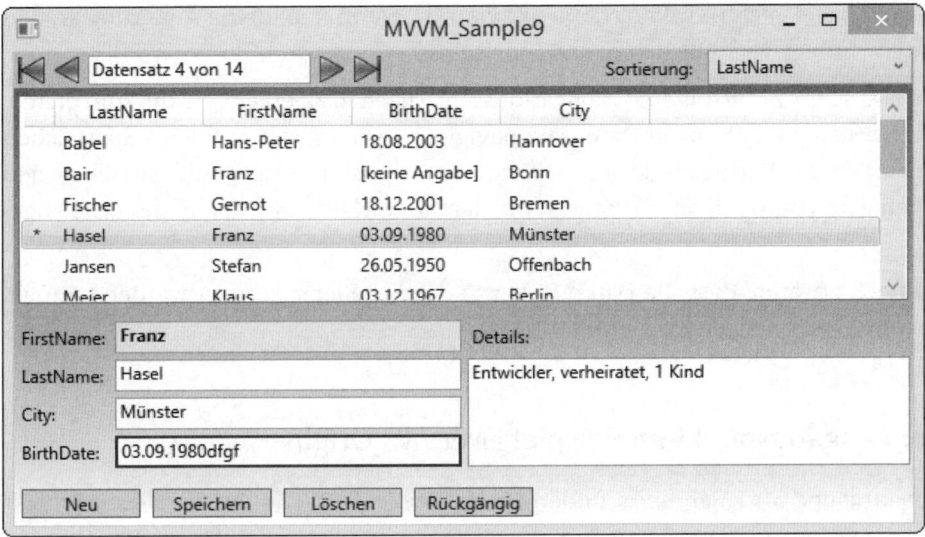

Abbildung 32.2 Das »Endergebnis« dieses Kapitels

Wie erwähnt, werden die Personendaten aus einer XML-Datei geladen und im Fenster innerhalb eines ListView-Steuerelements angezeigt. In den Textboxen sollen die Daten der aktuell im ListView-Control ausgewählten Person angezeigt werden. Eine Änderung kann nur in diesen Textboxen erfolgen.

Hinsichtlich der Textboxen nimmt die Textbox, die die Details der ausgewählten Person anzeigt, eine Sonderstellung ein. Die Detaildaten werden nämlich nur dann angezeigt, wenn mit der Maus der Bereich der entsprechenden Textbox betreten wird. Die Detaildaten werden nach dem Verlassen des Mauszeigers wieder entfernt.

Die Anwendung gestattet nicht nur das Ändern einer bereits angezeigten Person, sondern auch das Löschen. Darüber hinaus können Sie neue Personen hinzufügen.

Änderungen werden auf zweierlei Art visualisiert:

▶ Personendaten, die zwar geändert, aber noch nicht gespeichert sind, werden in der dazugehörigen TextBox farblich visualisiert (Änderung der Hintergrund- und Schriftfarbe der Textbox). In Abbildung 32.2 wurde beispielsweise der Vorname verändert.

▶ Im ListView-Control wird eine geänderte Person durch ein »*« gekennzeichnet. Somit weiß der Anwender sofort, welche Daten er verändert hat.

32

Sollte die Änderung des Geburtsdatums eine ungültige Datumsangabe aufweisen, wird der Anwender darauf aufmerksam gemacht, indem die `TextBox` rot eingefasst wird. Auch das sehen Sie in Abbildung 32.2.

Eine Änderung kann auch wieder rückgängig gemacht werden. Der Originalwert wird in diesem Fall wiederhergestellt. Dazu dient die rechte der unteren Schaltflächen.

Dass die Schaltfläche SPEICHERN nur dann aktiviert ist, wenn irgendeine Änderung an den Originaldaten vorliegt, versteht sich nahezu von selbst.

Oberhalb des `ListView`-Controls sind Navigationsschaltflächen zu erkennen, die zum ersten, vorherigen, nächsten oder letzten Datensatz navigieren. Die Images auf den Schaltflächen sind blau im Fall der Verfügbarkeit der Operation, ansonsten ausgegraut. Zwischen den Schaltflächen wird zusätzlich der aktuelle Stand der ausgewählten Person in der Liste angegeben.

Zuletzt sei noch erwähnt, dass die Daten in der `ListView` beliebig sortiert werden können. Dazu dient ein `ComboBox`-Steuerelement.

32.3   Der Ausgangspunkt im Beispiel »MVVM_Origin«

In der Projektmappe *MVVMSamples* finden Sie das Projekt *MVVM_Origin*. Dieses Projekt dient als Ausgangspunkt aller folgenden Betrachtungen in diesem Kapitel. Im Projekt wird das Fenster bereitgestellt, das Sie in Abbildung 32.2 sehen. Natürlich enthält es keinen Programmcode. Die Funktionalität statten wir in den nächsten Abschnitten Schritt für Schritt mit auf dem MVVM basierenden Features aus.

Zwei Ressourcenwörterbücher ergänzen den XAML-Code. Beide sind im Ordner *Resources* zu finden. Im Ressourcenwörterbuch *AnzeigeTextboxen.xaml* werden die drei gemeinsamen Eigenschaften der Textboxen in der View festgelegt. Im Ressourcenwörterbuch *NavigationButtons.xaml* legen `ControlTemplate`-Objekte fest, welches Bildchen abhängig vom jeweiligen Zustand der `IsEnabled`-Eigenschaft für die vier Navigationsschaltflächen angezeigt werden soll: Der deaktivierte Zustand von Schaltflächen wird üblicherweise durch ein graues Bildchen signalisiert, der aktivierte durch eine andere Farbe. Die Bilder sind im Ordner *Images* des Projekts zu finden.

32.4   Das Bereitstellen des Models

> **Anmerkung**
>
> Alle im Folgenden beschriebenen Ergänzungen finden Sie in den MATERIALIEN ZUM BUCH (Download von *www.rheinwerk-verlag.de/4699*) im Beispielprogramm *MVVM_Sample1*.

Im ersten Schritt wollen wir das Model für die Daten bereitstellen. Somit benötigen wir eine Klasse, die Eigenschaften einer Person beschreibt. Dabei handelt es sich um FirstName, Last-Name, BirthDate, City und Details. Bis auf BirthDate sind alle Eigenschaften vom Typ String, BirthDate sei vom Typ Nullable<DateTime> (DateTime?). Damit wird es später einfacher, eine fehlende Geburtsdatumsangabe zu berücksichtigen.

Listing 32.1 zeigt den ersten Ansatz anhand der Eigenschaft FirstName:

```csharp
public class Person
{
  private string _firstName;
  public string FirstName
  {
    get { return _firstName; }
    set { _firstName = value; }
  }
  [...]
}
```

Listing 32.1 Auszug aus der Klasse »Person« (vorläufig)

Um das Datenziel von einer Änderung der Datenquelle zu informieren, muss das Interface INotifyPropertyChanged implementiert werden, über das der Event PropertyChanged bereitgestellt wird. Wir erinnern uns: Das Ereignis soll immer dann ausgelöst werden, wenn sich der Eigenschaftswert verändert hat, und signalisiert damit der Datenquelle, den neuen Wert abzurufen.

Bevor wir INotifyPropertyChanged implementieren, sollten wir einen Moment über den aktuellen Tellerrand schauen, denn möglicherweise müssen noch andere Klassen diese Schnittstelle berücksichtigen. In diesem Fall würde es sich lohnen, eine allgemeine Basisklasse zu schreiben, die INotifyPropertyChanged implementiert. Die Klasse, die abstract definiert wird, nennen wir ViewModelBase und speichern sie im Ordner *ViewModel*, den wir vorher noch dem Projekt hinzufügen. In Listing 32.2 sehen Sie die Klasse ViewModelBase.

```csharp
public abstract class ViewModelBase : INotifyPropertyChanged
{
  public event PropertyChangedEventHandler PropertyChanged;
  protected void SetProperty<T>(ref T storage, T value,
                                [CallerMemberName] string property = null)
  {
    if (Object.Equals(storage, value)) return;
    storage = value;
    if (PropertyChanged != null)
```

32

```
          PropertyChanged(this, new PropertyChangedEventArgs(property));
    }
}
```

Listing 32.2 Die Klasse »ViewModelBase«, die das Interface »INotifyPropertyChanged« implementiert

Die Methode SetProperty, die den Event PropertyChanged auslöst, ist generisch und löst nicht nur das Ereignis aus, sondern speichert darüber hinaus den neuen Eigenschaftswert in dem dafür vorgesehenen privaten Feld. Dazu definiert die Methode drei Parameter: Der erste Parameter (storage) erwartet die Referenz auf das Feld, in dem der Eigenschaftswert gespeichert wird, der zweite Parameter (value) den neuen Wert der Eigenschaft. Der dritte Parameter (property) ist ein optionaler Parameter. Das vorangestellte Attribut CallerMemberName ermittelt für dem Fall, dass dem Parameter beim Aufruf der Methode kein Wert übergeben wird, per Reflection den Bezeichner des Aufrufers. Darüber hinaus wird in SetProperty überprüft, ob sich der neue Wert überhaupt vom alten unterscheidet. Wenn nicht, kommt es auch nicht zur Auslösung von PropertyChanged.

Unter Einbeziehung der Basis ViewModelBase werden jetzt im Model Person sämtliche Eigenschaften implementiert. Listing 32.3 zeigt das am Beispiel von FirstName.

```
public class Person : ViewModelBase
{
  private string _firstName;
  public string FirstName
  {
    get { return _firstName; }
    set { SetProperty<string>(ref _firstName, value); }
  }
  [...]
}
```

Listing 32.3 Die Klasse »Person«

32.5   Bereitstellen des ViewModels

Das ViewModel des MVVM-Patterns beschreibt die Anwendungslogik und wird durch eine Klasse beschrieben. Es ist genau die Komponente, von der die View ein Objekt erzeugt. Das ViewModel seinerseits stellt Eigenschaften zur Verfügung, an die sich die Komponenten in der View binden können. Ändert sich eine Eigenschaft des ViewModels, führt das im Zusammenspiel mit der Bindungscharakteristik der WPF zu einer automatischen Aktualisierung der angezeigten Daten in den angebundenen Komponenten.

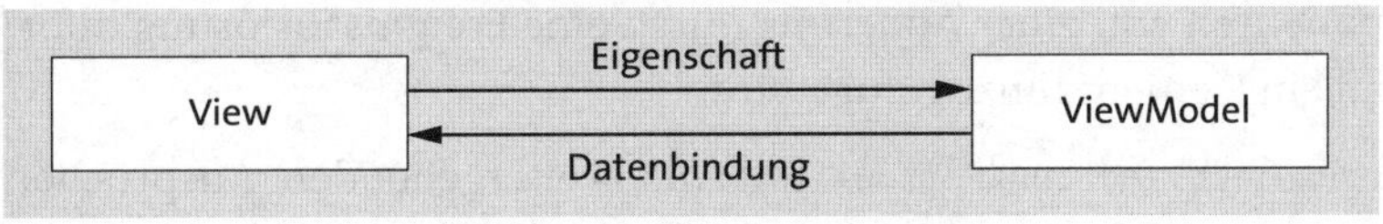

Abbildung 32.3 Die Wechselwirkung zwischen View und ViewModel

Wir stellen zuerst eine Klasse für das ViewModel bereit. Die Klasse soll `MainViewModel` heißen und im Ordner *ViewModel* abgelegt sein. Ehe wir anfangen, unseren Programmcode in das `MainViewModel` zu schreiben, wollen wir zuerst die View an das ViewModel binden.

Dazu erzeugen wir im `Resources`-Bereich des `Window`-Objekts ein Objekt vom Typ `MainView-Model`. Natürlich dürfen wir nicht vergessen, einen XML-Namespace zu deklarieren, der den CLR-Namespace beschreibt, in dem `MainViewModel` definiert ist.

```
<Window ...
  xmlns:local="clr-namespace:MVVM_Sample.ViewModel">
  <Window.Resources>
    <ResourceDictionary>
      <ResourceDictionary.MergedDictionaries>
        [...]
      </ResourceDictionary.MergedDictionaries>
      <local:MainViewModel x:Key="vm" />
    </ResourceDictionary>
  </Window.Resources>
  [...]
```

Listing 32.4 Erstellen eines ViewModel-Objekts im XAML-Code

Hinweis

Achten Sie hierbei bitte darauf, das `MainViewModel`-Objekt innerhalb des `<ResourceDictionary>`-Elements zu definieren. Ansonsten erhalten Sie eine Fehlermeldung.

Natürlich können Sie auch ein Objekt von `MainViewModel` im C#-Code der Code-Behind-Datei erzeugen. Da die meisten Entwickler aber bei Einsatz des MVVM-Patterns möglichst gänzlich ohne C#-Code auskommen wollen, wird hier die Variante im XAML-Code bevorzugt.

32.5.1   Abrufen und Bereitstellen der Daten

Im Ausgabeverzeichnis des Beispiels *MVVM_Sample1* befindet sich eine XML-Datei, in der einige Personen beschrieben sind (*Persons.xml*). Diese sollen zur Laufzeit von einer Collection verwaltet werden. Es liegt nahe, dazu eine Collection vom Typ `ObservableCollection<Person>` zu verwenden, weil diese Liste bereits die Schnittstelle `INotifyCollectionChanged` implemen-

32

tiert und bindende Komponenten von einer Änderung durch eine Ereignisauslösung informiert, beispielsweise wenn ein Element hinzugefügt wird.

Allerdings wird die `ObservableCollection<Person>` unseren weitergehenden Ansprüchen nicht ganz gerecht werden, da es unter anderem keinen allgemeinen Abruf des aktuell im Fenster ausgewählten Listenelements gibt. Hierzu eignet sich eine Klasse, die von `CollectionView` abgeleitet ist. Im Fall einer zugrundeliegenden `ObservableCollection<T>` wäre es der Typ `ListCollectionView`. Dieser bietet die Unterstützung aller `IList`-implementierenden Klassen an, zu der auch die Klasse `ObservableCollection<>` zählt.

Von den beiden Klassen `ObservableCollection<Person>` und `ListCollectionView` wird jeweils ein Objekt erzeugt, und dessen Referenzen werden als privates Feld in `MainViewModel` gespeichert. Weil das `ListCollectionView`-Objekt später in der View gebunden werden soll, wird seine Referenz von einer schreibgeschützten Property veröffentlicht. Das `ObservableCollection<Person>`-Objekt dient uns hier ausschließlich als Datenspeicher der `Person`-Objekte.

```
public class MainViewModel
{
  private ObservableCollection<Person> _personsList;
  private ListCollectionView _personsView;
  public ListCollectionView PersonsView
  {
    get { return _personsView; }
  }
}
```

Listing 32.5 Die Objekte vom Typ »ObservableCollection<Person>« und »ListCollectionView«

Das Laden der Daten in das Objekt `ObservableCollection<Person>` erfolgt in der Methode `LoadPersons`, die zuerst überprüft, ob die zu deserialisierende Datei überhaupt existiert.

```
private void LoadPersons(ref ObservableCollection<Person> liste)
{
  if(File.Exists("Persons.xml"))
  {
    FileStream fs = new FileStream("Persons.xml", FileMode.Open);
    XmlSerializer serializer =
        new XmlSerializer(typeof(ObservableCollection<Person>));
    liste = (ObservableCollection<Person>)serializer.Deserialize(fs);
    fs.Close();
  }
}
```

Listing 32.6 Das Laden der Daten aus der XML-Datei

Im folgenden Schritt wird im Konstruktor des ViewModels die `ObservableCollection` initialisiert, anschließend durch den Aufruf von `LoadPersons` gefüllt und anschließend in ein `ListCollectionView`-Objekt verpackt.

```
public MainViewModel()
{
  _personsList = new ObservableCollection<Person>();
  LoadPersons(ref _personsList);
  _personsView = new ListCollectionView(_personsList);
}
```

Listing 32.7 Die Daten laden und in einem »ListViewCollection«-Objekt verfügbar machen

32.5.2 Die Anbindung der Daten an die »ListView« der View

Im `Resources`-Abschnitt des Fensters haben wir bereits zuvor ein Objekt vom Typ `MainViewModel` erzeugt. Dieses muss nun einem `DataContext` übergeben werden. Dafür bietet sich das dem `Window`-Objekt direkt untergeordnete `Grid`-Element an.

```
<Grid DataContext="{StaticResource vm}">
```

Listing 32.8 »DataContext« des Layoutcontainers initialisieren

Die Referenz auf die `ListCollectionView` wird als Eigenschaft der Klasse `MainViewModel` veröffentlicht (Name: `PersonsView`, siehe Listing 32.5). An diese Eigenschaft soll sich das `ListView`-Steuerelement im `Window`–Objekt binden. Die Eigenschaft `ItemsSource` der `ListView` stellt die entsprechende Bindung an die Property `PersonsView` her. Auf eine Datenquellenangabe kann verzichtet werden, was zur Folge hat, dass die Bindung im Elementbaum nach oben blubbert und die nächste `DataContext`-Property sucht, die von `null` abweicht. Im `Grid`-Element wird sie fündig. Die Bindung selbst wird auf `Mode=OneWay` eingestellt, da Änderungen an den Daten einer Person in den `TextBox`-Elementen des Fensters erfolgen sollen. Die `ListView` hingegen dient als reines Anzeigesteuerelement.

Um die Eigenschaften der Personen richtig in der `ListView` anzuzeigen, bedarf es noch der passenden Zuordnung der Spalten zu den Eigenschaften. Das `GridViewColumn`-Element hat zu diesem Zweck die Property `DisplayMemberBinding`. Geben Sie hier dem `Binding`-Objekt die Eigenschaft an, die in der Spalte angezeigt werden soll.

```
<ListView ItemsSource="{Binding PersonsView, Mode=OneWay}">
  <ListView.View>
    <GridView>
      <GridViewColumn Header="" Width="20" />
      <GridViewColumn DisplayMemberBinding="{Binding LastName}" .../>
      <GridViewColumn DisplayMemberBinding="{Binding FirstName}" .../>
      <GridViewColumn DisplayMemberBinding="{Binding BirthDate}" .../>
```

32

```
    <GridViewColumn DisplayMemberBinding="{Binding City}" .../>
  </GridView>
</ListView.View>
</ListView>
```

Listing 32.9 Binden des »ListView«-Steuerelements an die Datenquelle

Jetzt wird das Listensteuerelement wie gewünscht gefüllt. Beachten Sie, dass in der ersten Spalte keine Datenbindung erfolgt. Sie wird uns später dazu dienen, einen Listeneintrag als verändert zu kennzeichnen.

32.5.3   Die Anbindung der Textboxen

Die Textboxen sollen die Eigenschaften des aktuell in der ListView ausgewählten Eintrags anzeigen. Dazu ist im ersten Schritt ein passender DataContext bereitzustellen. Dieser wird durch den im ListView-Objekt ausgewählten Eintrag beschrieben. Als Bereitsteller des Data-Context-Objekts für die Textboxen eignet sich das Grid, das im XAML-Code direkt dem <List-View>-Element folgt. Die Eigenschaft, auf die dabei Bezug genommen wird, ist SelectedItem.

Danach können wir die TextBox-Elemente an die zugeordnete Eigenschaft binden.

```
<Grid DataContext="{Binding SelectedItem, ElementName=listView}" ...>
  [...]
  <TextBox Text="{Binding FirstName}" .../>
  <TextBox Text="{Binding LastName}" .../>
  <TextBox Text="{Binding City}" .../>
  <TextBox Text="{Binding BirthDate}" .../>
```

Listing 32.10 Anbinden der Textboxen

> **Anmerkung**
>
> Wir berücksichtigen im Moment noch nicht die TextBox, in der Detailinformationen zur ausgewählten Person angezeigt werden sollen. Der Grund ist, dass diese Daten nur dann angezeigt werden sollen, wenn der Anwender den Mauszeiger über die Textbox zieht. Hier kommen spezielle Programmiertechniken zum Einsatz, die im Beispiel *MVVM_Sample4* gezeigt werden.

Die Anzeige des Geburtsdatums sowohl in der ListView als auch in der entsprechenden Text-Box entspricht natürlich bei weitem noch nicht unseren Vorstellungen. Wir werden eine Anpassung aber im weiteren Verlauf der Anwendungsentwicklung noch in Angriff nehmen und belassen es momentan so, wie es ist.

32.6   WPF-Commands und Eigenschaften im ViewModel

Anmerkung

An dieser Stelle betrachten wir das Beispiel *MVVM_Sample1* als beendet. Den Programmcode dieses Abschnitts finden Sie in den MATERIALIEN ZUM BUCH im Projekt *MVVM_Sample2*.

Im vorhergehenden Kapitel haben wir uns mit den WPF-Commands beschäftigt. Lassen Sie uns an dieser Stelle noch einmal zwei für das MVVM wichtige Punkte herauskristallisieren:

▸ Sie können eigene, benutzerdefinierte Befehle bereitstellen. Dazu schreiben Sie im einfachsten Fall eine Klasse, die die Schnittstelle ICommand implementiert.

▸ Sie können auf einen vordefinierten WPF-Command zurückgreifen und müssen für die zugeordneten CommandBinding-Objekte die Ereignishandler angeben, die ausgeführt werden sollen, wenn das Kommando aktiv wird.

Die Nutzung dieser beiden Gruppen innerhalb des MVVM-Patterns unterscheidet sich deutlich. Ich werde Ihnen beide zeigen. Zunächst behandle ich in diesem Abschnitt die benutzerdefinierten Befehle, im folgenden Abschnitt dann die Nutzung vordefinierter WPF-Commands. Benutzerdefinierte Commands werden wir für die vier Navigationsschaltflächen einsetzen, WPF-Commands für die Schaltflächen NEU, SPEICHERN, LÖSCHEN und ABBRECHEN.

32.6.1   Die Umsetzung von Commands im Model-View-ViewModel

Über die Navigationsschaltflächen kann der Anwender innerhalb der in der ListView angezeigten Elemente beliebig navigieren. In einer klassischen Anwendung würden wir das Problem vermutlich durch Abonnieren der Click-Ereignisse lösen. Im MVVM ist das nicht statthaft, denn wir wollen die gesamte Logik der Anwendung im ViewModel unterbringen. Genau an dieser Stelle betreten die WPF-Befehle die Bühne. Ein Befehl wird bekanntlich immer dann aktiv, wenn auf eine Komponente geklickt wird (zur Erinnerung: Die angeklickte Komponente muss das Interface ICommandSource implementieren). Das Anklicken wird von der Eigenschaft Command empfangen, die von den ICommandSource-Komponenten bereitgestellt wird.

Die Property Command beschreibt die Referenz auf ein Objekt, das die Schnittstelle ICommand implementiert, und stößt den Aufruf von zwei Methoden an: Die erste Methode prüft, ob der Befehl überhaupt ausgeführt werden kann, die zweite beschreibt die eigentliche Operation hinter dem Befehl.

Im MVVM werden die Command-Objekte als Eigenschaften im ViewModel bereitgestellt, an die sich die Command-Eigenschaft des ICommandSource-Objekts bindet. Die Umsetzung der Navigationsbefehle in unserem ViewModel sieht demnach wie folgt aus:

32

```
public class MainViewModel
{
  public ICommand FirstCommand { get; private set; }
  public ICommand NextCommand { get; private set; }
  public ICommand PreviousCommand { get; private set; }
  public ICommand LastCommand { get; private set; }
  [...]
}
```

Listing 32.11 Im ViewModel werden die Befehle als Eigenschaften veröffentlicht.

Die Command-Objekte werden später im Konstruktor des ViewModels erzeugt.

Lassen Sie uns aber zunächst einmal die neuen Eigenschaften nutzen und die Bindungen in der View wie im folgenden XAML-Fragment gezeigt erstellen:

```
<ToolBar Grid.Row="0" Height="24">
  <Button Command="{Binding FirstCommand}" .../>
  <Button Command="{Binding PreviousCommand}" .../>
  <TextBox Width="150" />
  <Button Command="{Binding NextCommand}" .../>
  <Button Command="{Binding LastCommand}" .../>
</ToolBar>
```

Listing 32.12 Die Bindung der Controls an die »Command«-Eigenschaften im ViewModel

Auch hier wird als Datenquelle das MainViewModel-Objekt benutzt, das wir unter Window. Resources erzeugt und im Grid über dessen Eigenschaft DataContext als Datenquelle bereitgestellt haben.

32.6.2   Die allgemeine Beschreibung eines Commands mit »RelayCommand«

Im ViewModel werden die Kommandos als Eigenschaft veröffentlicht. Alle Kommandos (in unserem Beispiel vier) sind vom Typ der Schnittstelle ICommand und müssen daher die Methoden Execute und CanExecute sowie das Ereignis CanExecuteChanged implementieren. Anstatt für jedes Kommando eine eigene Klasse zu schreiben, hat es sich durchgesetzt, das Problem mit einer Klassendefinition zu lösen. Diese Klasse wird häufig RelayCommand genannt und ist fast immer genauso oder sehr ähnlich wie in Listing 32.13 gezeigt codiert.

```
public class RelayCommand : ICommand
{
  private readonly Action<object> _executeHandler;
  private readonly Predicate<object> _canExecuteHandler;
  public RelayCommand(Action<object> execute) : this(execute, null)
  { }
```

```csharp
  public RelayCommand(Action<object> execute, Predicate<object> canExecute)
  {
    if (execute == null)
      throw new ArgumentNullException("Execute kann nicht null sein.");
    _executeHandler = execute;
    _canExecuteHandler = canExecute;
  }
  public event EventHandler CanExecuteChanged
  {
    add { CommandManager.RequerySuggested += value; }
    remove { CommandManager.RequerySuggested -= value; }
  }
  public void Execute(object parameter)
  {
    _executeHandler(parameter);
  }
  public bool CanExecute(object parameter)
  {
    if (_canExecuteHandler == null) return true;
    return _canExecuteHandler(parameter);
  }
}
```

Listing 32.13 Die Definition der Klasse »RelayCommand«

Wird ein Objekt vom Typ RelayCommand erzeugt, wird einer der beiden Konstruktoren aufgerufen. Sehen wir uns den zweiparametrigen Konstruktor an: Der erste Parameter ist vom Typ Action<>, der zweite vom Typ Predicate<>. Bei beiden Typen handelt es sich um generische Delegaten. Dabei beschreibt Action<> den Delegaten auf eine void-Methode mit einem Object-Parameter und Predicate<> den Delegaten auf eine ebenfalls einfach parametrisierte Methode, die jedoch einen booleschen Rückgabewert hat.

Mit anderen Worten: Wird ein RelayCommand-Objekt erstellt, werden Zeiger auf die Methoden übergeben, die für die Operationen des speziellen Command-Objekts verantwortlich sind. Die übergebenen Argumente werden in den privaten Feldern _executeHandler und _canExecuteHandler gespeichert.

Kommt es zur Laufzeit zur Aktivierung des Befehls, werden im RelayCommand-Objekt die Methoden CanExecute und Execute aufgerufen. Diese führen die in den privaten Feldern gespeicherten Methoden aus.

Zwei Besonderheiten sind noch erwähnenswert: An den Action<>-Parameter des Konstruktors darf nicht null übergeben werden, sonst wird eine Ausnahme ausgelöst. Das ist auch plausibel, denn hinter der Aktivierung eines Befehls muss auch Anwendungslogik stehen.

32

Andererseits darf dem Predicate<>-Parameter durchaus null übergeben werden. Das wäre der Fall, wenn ein Kommando grundsätzlich immer verfügbar sein soll. In diesem Fall wird CanExecute immer den Rückgabewert true haben. Dieser Umstand erklärt auch die Existenzberechtigung des einfach parametrisierten Konstruktors.

32.6.3 Ergänzen der Klasse »MainViewModel«

Im Konstruktor der Klasse MainViewModel werden die Eigenschaften FirstCommand, PreviousCommand usw. wie in Listing 32.14 gezeigt initialisiert:

```
public MainViewModel()
{
  [...]
  FirstCommand = new RelayCommand(FirstExecute, FirstCanExecute);
  PreviousCommand = new RelayCommand(PreviousExecute, PreviousCanExecute);
  NextCommand = new RelayCommand(NextExecute, NextCanExecute);
  LastCommand = new RelayCommand(LastExecute, LastCanExecute);
}
```

Listing 32.14 Erzeugen der »Command«-Objekte im ViewModel

Die Übergabeargumente (Methoden) an die Konstruktoren existieren noch nicht und müssen im nächsten Schritt erstellt werden.

> **Tipp**
> Gehen Sie in der Entwicklungsumgebung mit dem Mauszeiger über die Methodenbezeichner im Konstruktor. Öffnen Sie dann das Kontextmenü, und wählen Sie GENERIEREN • METHODENSTUB. Die Methodenrümpfe werden daraufhin von Visual Studio automatisch erzeugt.

Hinsichtlich der Implementierung der Methoden kommt uns zugute, dass wir die Liste der Personen über den Typ ListCollectionView verfügbar machen. Die Klasse ListCollectionView hat nicht nur die Eigenschaft CurrentItem, die das aktuell ausgewählte Listenelement zurückliefert, sondern zeichnet sich durch viele weitere nützliche Eigenschaften und Methoden aus. Mit CurrentPosition lässt sich zum Beispiel der Listenindex des aktuellen Elements abfragen oder mit diversen Methoden (z. B. MoveCurrentToFirst) sehr einfach navigieren.

Wie der Code für die Methoden unserer vier Command-Objekte aussieht, sehen Sie in Listing 32.15:

```
private bool FirstCanExecute(object obj)
{
  return _personsView.CurrentPosition > 0;
```

```csharp
}
private bool PreviousCanExecute(object obj)
{
  return _personsView.CurrentPosition > 0;
}
private bool NextCanExecute(object obj)
{
  return _personsView.CurrentPosition < _personsView.Count - 1;
}
private bool LastCanExecute(object obj)
{
  return _personsView.CurrentPosition < _personsView.Count - 1;
}
private void FirstExecute(object obj)
{
  _personsView.MoveCurrentToFirst();
}
private void PreviousExecute(object obj)
{
  _personsView.MoveCurrentToPrevious();
}
private void NextExecute(object obj)
{
  _personsView.MoveCurrentToNext();
}
private void LastExecute(object obj)
{
  _personsView.MoveCurrentToLast();
}
```

Listing 32.15 Die Methoden der Commands

Da der Code in den Methoden FirstCanExecute und PreviousCanExecute sowie NextCanExecute und LastCanExecute identisch ist, kann er durch jeweils eine Methode beschrieben werden (BackCanExecute und ForwardCanExecute). Der Konstruktor von MainViewModel muss natürlich an diese Änderung angepasst werden.

> **Anmerkung**
>
> Die Bildchen auf den Navigationsschaltflächen ändern nun auch ihre Farbe abhängig vom IsEnabled-Zustand der jeweiligen Schaltfläche. Das wurde bereits im Ressourcenwörterbuch *NavigationButtons.xaml* durch einen passenden Trigger berücksichtigt.

32

32.6.4   Die aktuelle Position des Datensatzzeigers

Zwischen den vier Navigationsschaltflächen soll die aktuelle Position des Datensatzzeigers in einer TextBox angezeigt werden. Diese Information soll die TextBox aus einer noch zu codierenden Eigenschaft des ViewModels beziehen. Unterstützung bei der Umsetzung finden wir im Ereignis CurrentChanged der ListCollectionView. Dieser Event wird immer ausgelöst, wenn ein anderer Eintrag in der Collection ausgewählt wird.

Die im ViewModel neu einzuführende Eigenschaft soll ActualPosition heißen. Diese soll einerseits gebundene Steuerelemente sofort von einer Positionsänderung benachrichtigen, andererseits dürfen gebundene Steuerelemente keinen Einfluss auf die aktuelle Position ausüben. Daher wird der Setter der Eigenschaft privatisiert.

Wir können an dieser Stelle davon profitieren, mit ViewModelBase eine Klasse definiert zu haben, die das Interface INotifyPropertyChanged und somit den Event PropertyChanged implementiert. Wir müssen dazu nur ViewModelBase als Basisklasse von MainViewModel angeben.

Damit alle angebundenen Controls über eine Änderung von ActualPosition informiert werden, wird im Setter die geerbte Methode SetProperty<> aufgerufen.

```
private string _actualPosition;
public string ActualPosition
{
  get { return _actualPosition; }
  private set { SetProperty(ref _actualPosition, value); }
}
```

Listing 32.16 Die Eigenschaft »ActualPosition« im ViewModel

Im Konstruktor des ViewModels abonnieren wir das Ereignis CurrentChanged mit

```
public MainViewModel()
{
  [...]
  _personsView.CurrentChanged += _persons_CurrentChanged;
}
```

Listing 32.17 Abonnieren des Ereignisses »ListCollectionView.CurrentChanged«

Der Ereignishandler sorgt dafür, dass im Falle eines Wechsels des ausgewählten Elements in der ListCollectionView die Eigenschaft ActualPosition angepasst wird:

```
private void _persons_CurrentChanged(object sender, EventArgs e)
{
  ActualPosition = "Datensatz " + (_personsView.CurrentPosition + 1) +
                   " von " + _personsView.Count;
}
```

Listing 32.18 Der Ereignishandler für das Ereignis »ListCollectionView.CurrentChanged«

Zum Schluss binden wir im XAML-Code der View die TextBox, die die Datensatzposition anzeigt, an die Eigenschaft ActualPosition:

```
<TextBox Width="150" Text="{Binding ActualPosition, Mode=OneWay}"/>
```

Listing 32.19 Anbinden der ViewModel-Eigenschaft »ActualPosition«

Da der Setter der Property ActualPosition als privat definiert ist, müssen Sie den Bindungsmodus auf OneWay einstellen. Machen Sie das nicht, erhalten Sie eine Fehlermeldung.

32.7   »RoutedCommand«-Objekte im MVVM

> **Anmerkung**
>
> An dieser Stelle beenden wir das Beispiel *MVVM_Sample2*. Alle folgenden Erläuterungen dieses Abschnitts finden Sie in den MATERIALIEN ZUM BUCH im Projekt *MVVM_Sample3*.

Befehle sollten im ViewModel implementiert werden. So haben wir es auch gemacht mit den Befehlen für die vier Navigationsschaltflächen. Wie zuvor erwähnt, sollen die vier unteren Schaltflächen mit vordefinierten WPF-Befehlen verknüpft werden. Diese sind allerdings nicht mehr einfache Befehle, die direkt das Interface ICommand implementieren, sondern leiten die Klasse RoutedCommands ab. Ein RoutedCommand sucht nach einem passenden CommandBinding-Objekt, um Ereignisse Executed und CanExecute zu ermitteln. Der Befehl bubbelt dazu bei seiner Aktivierung den gesamten Elementbaum nach oben, um das für ihn passende CommandBinding-Objekt zu finden.

Im ersten Moment könnten Sie in diesem Zusammenhang unter Berücksichtigung dessen, was Sie bisher gelernt haben, auf die folgende Idee kommen:

```
<Window CommandBindings="{Binding CommandBindings}" />
```

Dahinter steckt der Ansatz, eine Liste von CommandBindings im ViewModel über eine Property zugänglich zu machen. Diesem Lösungsansatz sind aber gleich zwei Riegel vorgeschoben:

▶ Die Eigenschaft CommandBindings des Fensters ist schreibgeschützt.

▶ Die Eigenschaft CommandBindings ist nicht als Dependency Property implementiert.

32

Also muss eine neue Idee geboren werden.

Puristen, die bei Einsatz des MVVM grundsätzlich jeden Code in der View vermeiden wollen, werden die Stirn runzeln. Aber ganz ohne C#-Code in der View kommt eine einfache Lösung nicht aus. Trotzdem wird die Idee der strikten Trennung von View und ViewModel nicht verworfen, wie Sie noch sehen werden.

> **Hinweis**
>
> Es sind durchaus Lösungsansätze im Internet zu finden, die den noch zu beschreibenden Weg der Nutzung von CommandBindings ohne C#-Code in der View umsetzen. Diese Ansätze sind jedoch verhältnismäßig komplex, sollten aber an dieser Stelle dennoch nicht unerwähnt bleiben.

32.7.1   Änderungen im »MainWindow«

Lassen Sie uns am Anfang den vier Schaltflächen NEU, SPEICHERN, LÖSCHEN und RÜCKGÄNGIG die speziellen Befehle zuordnen. Wir können uns auch der in den Befehlen festgelegten Beschriftung bedienen, die wir an die Content-Eigenschaft der Schaltflächen binden:

```
<StackPanel Grid.Row="3" Orientation="Horizontal">
  <Button ...
    Command="ApplicationCommands.New"
    Content="{Binding Text, Source={x:Static ApplicationCommands.New}}" />
  <Button ...
    Command="ApplicationCommands.Save"
    Content="{Binding Text, Source={x:Static ApplicationCommands.Save}}"/>
  <Button ...
    Command="ApplicationCommands.Delete"
    Content="{Binding Text, Source={x:Static ApplicationCommands.Delete}}"/>
  <Button ...
    Command="ApplicationCommands.Undo"
    Content="{Binding Text, Source={x:Static ApplicationCommands.Undo}}" />
</StackPanel>
```

Listing 32.20 Binden der Schaltflächen an vordefinierte WPF-Commands

Natürlich muss das CommandBinding-Objekt im ViewModel bereitgestellt werden. Auch in diesem Fall muss das entsprechende CommandBinding-Objekt durch eine Eigenschaft im ViewModel veröffentlich werden, z. B.:

```
public CommandBinding NewCommandBinding
{
  get { return _newCommandBinding; }
}
```

Normalerweise würde man, ohne Nutzung des MVVM-Patterns, die passenden CommandBindings im Element <Window.CommandBindings> angeben. Die Problematik, bereits am Anfang beschrieben: Die Eigenschaft CommandBindings kann im XAML-Code nicht an Daten gebunden werden.

Unter der Voraussetzung, dass die entsprechenden Eigenschaften im ViewModel NewCommandBinding, DeleteCommandBinding, SaveCommandBinding und UndoCommandBinding lauten werden, muss die Code-Behind-Datei *MainWindow.xaml.cs* der View wie folgt im Konstruktor ergänzt werden:

```
public MainWindow()
{
  InitializeComponent();
  MainViewModel vm = (MainViewModel)this.TryFindResource("vm");
  if (vm != null)
  {
    this.CommandBindings.Add(vm.NewCommandBinding);
    this.CommandBindings.Add(vm.DeleteCommandBinding);
    this.CommandBindings.Add(vm.SaveCommandBinding);
    this.CommandBindings.Add(vm.UndoCommandBinding);
  }
}
```

Listing 32.21 Befehlsbindungen im C#-Code definieren

32.7.2 Ergänzungen im ViewModel

Wir können uns nun wieder der Klasse MainViewModel zuwenden. Es gilt zunächst, die bereits im Konstruktor der View angegebenen Properties in der Klasse MainViewModel schreibgeschützt bereitzustellen:

```
private CommandBinding _newCommandBinding;
private CommandBinding _deleteCommandBinding;
private CommandBinding _saveCommandBinding;
private CommandBinding _undoCommandBinding;
public CommandBinding NewCommandBinding
{
  get { return _newCommandBinding; }
}
public CommandBinding SaveCommandBinding
```

32

```
{
  get { return _saveCommandBinding; }
}
public CommandBinding DeleteCommandBinding
{
  get { return _deleteCommandBinding; }
}
public CommandBinding UndoCommandBinding
{
  get { return _undoCommandBinding; }
}
```

Listing 32.22 Bereitstellen der Eigenschaften für die Befehlsbindungen

Die `CommandBinding`-Objekte werden in privaten Feldern gespeichert. Allerdings haben wir die Objekte noch nicht erzeugt. Das wollen wir im Konstruktor von `MainViewModel` umsetzen.

Die Klasse `CommandBinding` definiert mehrere Konstruktoren. Derjenige, der für uns interessant ist, definiert drei Parameter:

```
CommandBinding(ICommand, ExecutedRoutedEventHandler, CanExecuteRoutedEventHandler)
```

Der erste Parameter erwartet die Angabe des spezifischen Befehls, der zweite beschreibt den Delegaten für das Ereignis `Executed`, der dritte den Delegaten für das Ereignis `CanExecute`. Damit ähnelt der Konstruktor dem Konstruktor in unserer Klasse `RelayCommand`.

Mit dieser Kenntnis ausgestattet, können wir nun den Konstruktor von `MainViewModel` wie in Listing 32.23 gezeigt ergänzen.

```
public MainViewModel()
{
  [...]
  _newCommandBinding = new CommandBinding(ApplicationCommands.New,
                                    NewExecuted, NewCanExecute);
  _deleteCommandBinding = new CommandBinding(ApplicationCommands.Delete,
                                    DeleteExecuted, DeleteCanExecute);
  _saveCommandBinding = new CommandBinding(ApplicationCommands.Save,
                                    SaveExecuted, SaveCanExecute);
  _undoCommandBinding = new CommandBinding(ApplicationCommands.Undo,
                                    UndoExecuted, UndoCanExecute);
}
```

Listing 32.23 Erzeugen der »CommandBinding«-Objekte

Damit das Beispielprogramm *MVVM_Sample3* lauffähig wird, müssen wir nun die insgesamt acht Methoden bereitstellen.

32.7.3   Die Ereignishandler der »CommandBinding«-Objekte

Auf die vollständige Implementierung der Kommandos Save und Undo werden wir an dieser Stelle noch verzichten, da dabei weitergehende Aspekte eine tragende Rolle spielen, die wir bislang noch nicht berücksichtigt haben. Die Bereitstellung der Kommandos Add und Delete ist aber bereits an dieser Stelle möglich.

Gelöscht werden soll immer das aktuell ausgewählte Element in der ListView. Die Referenz darauf liefert uns die Eigenschaft CurrentItem des ListCollectionView-Objekts. Mit der Methode Remove wird unter Übergabe der Person-Referenz das betreffende Objekt gelöscht. Danach legen wir mit MoveCurrentTo das erste Element in der Liste als neu ausgewähltes Element fest.

```
private void DeleteExecuted(object sender, ExecutedRoutedEventArgs e)
{
  Person persDelete = PersonsView.CurrentItem as Person;
  if (persDelete != null)
    _personsList.Remove(persDelete);
  _personsView.MoveCurrentToFirst();
}
```

Listing 32.24 Code zum Löschen einer Person

Die LÖSCHEN-Schaltfläche kann nur dann aktiviert sein, wenn sich noch mindestens ein Element in der Liste befindet. Dazu prüfen wir, ob sich in der Liste noch weitere Personen befinden oder nicht:

```
private void DeleteCanExecute(object sender, CanExecuteRoutedEventArgs e)
{
  e.CanExecute = PersonsView.Count > 0;
}
```

Listing 32.25 Prüfroutine, ob der »Löschen«-Befehl verfügbar ist

Das Hinzufügen einer neuen Person zur Liste soll zu jedem Zeitpunkt der Laufzeit möglich sein. Daher ist die NEU-Schaltfläche immer aktiviert. Der Vorgang des Hinzufügens hat keine weiteren Besonderheiten: Es wird ein neues Person-Objekt erzeugt und zur ObservableCollection<Person> hinzugefügt. In der ListView ist die neue Person sofort am Ende der Liste zu finden, da sie von der ListCollectionView von der Änderung benachrichtigt wird.

```
private void NewCanExecute(object sender, CanExecuteRoutedEventArgs e)
{
  e.CanExecute = true;
}
private void NewExecuted(object sender, ExecutedRoutedEventArgs e)
{
```

32

```
    Person person = new Person();
    _personsList.Add(person);
    _personsView.MoveCurrentTo(person);
}
```

Listing 32.26 Die Methoden des Befehls »New«

Anmerkung

Alle Ergänzungen, die ich in diesem Abschnitt im Zusammenhang mit RoutedCommands und CommandBindings gezeigt habe, sind in den MATERIALIEN ZUM BUCH im Projekt unter *MVVM_Sample3* zu finden.

32.8   Beliebige Ereignisse mit »EventTrigger«-Objekten behandeln

Die bisher von uns eingesetzten Kommandos beziehen sich ausschließlich auf Steuerelemente, die die Schnittstelle ICommandSource implementieren. Das sind bekanntermaßen nicht sehr viele. Außerdem reagieren diese Kommandos nur, wenn auf das Steuerelement geklickt wird. Das mag in vielen Situationen ausreichend sein, schränkt andererseits die Verwendbarkeit jedoch stark ein. Was ist beispielsweise, wenn ein Mausereignis im ViewModel behandelt werden soll? Mit der Technik, die wir bisher eingesetzt haben, ist das nicht möglich.

Eine Lösung ist erstaunlicherweise in der *Blend SDK* zu finden. Expression Blend ist mit Features ausgestattet, die über das, was die WPF bereitstellt, hinausgehen. Wir können diese erweiterten Features natürlich auch in einer WPF-Anwendung nutzen. Eines der zusätzlichen Features ist, dass mit einer speziellen EventTrigger-Implementierung ein beliebiger Event verknüpft werden kann und im Falle des Auftretens des Ereignisses ein ebenfalls aus der Blend SDK stammendes InvokeCommandAction-Objekt die Ausführung eines Command-Objekts initiiert.

32.8.1   Mausereignisse triggern

In der Beispielanwendung *MVVM_Sample3* bleibt die TextBox, in der die Detailinformationen der aktuell ausgewählten Person angezeigt werden sollen, bisher noch leer, da unsere weiter oben beschriebene Forderung lautet: Diese Informationen sollen nur angezeigt werden, wenn sich der Mauszeiger über der TextBox befindet. Verlässt der Mauszeiger deren Bereich, soll die TextBox keinen Inhalt anzeigen. Somit müssen wir auf die beiden Ereignisse MouseEnter und MouseLeave reagieren – natürlich im ViewModel.

Die in der Blend SDK enthaltenen Erweiterungen stehen uns nicht sofort zur Verfügung. Dazu sind zwei vorbereitende Schritte notwendig:

▶ Wir müssen in der Anwendung zuerst einen Verweis auf die Bibliothek *System.Windows.Interactivity.dll* legen.

▶ Im zweiten Schritt muss der für uns interessante CLR-Namespace im XAML-Code des `Window`-Elements mit

```
xmlns:i="clr-namespace:System.Windows.Interactivity;
         assembly=System.Windows.Interactivity"
```

auf einen XML-Namespace abgebildet werden.

Sehen wir uns in Listing 32.27 sofort den Programmcode an, den wir zur Lösung unserer Problematik benötigen.

```
<TextBox Text="{Binding PersonDetails, UpdateSourceTrigger=PropertyChanged}" ...>
  <i:Interaction.Triggers>
    <i:EventTrigger EventName="MouseEnter">
      <i:InvokeCommandAction Command="{Binding MouseEnterCommand}" />
    </i:EventTrigger>
    <i:EventTrigger EventName="MouseLeave">
      <i:InvokeCommandAction Command="{Binding MouseLeaveCommand}" />
    </i:EventTrigger>
  </i:Interaction.Triggers>
</TextBox>
```

Listing 32.27 Mausereignisse über Commands abbilden

Der Clou der Klasse `EventTrigger` der Blend SDK ist, dass sie nicht nur mit Animationen umgehen kann, wie es die »Standard«-`EventTrigger` der WPF macht. Der »neue« `EventTrigger` akzeptiert ein Objekt vom Typ `InvokeCommandAction`, das die Schnittstelle `ICommand` implementiert und somit die `Command`-Eigenschaft verfügbar macht. Wir nutzen diese Fähigkeit, indem wir die Eigenschaft `Command` an die Eigenschaften `MouseEnterCommand` bzw. `Mouse-LeaveCommand` des ViewModels binden, die wir im nächsten Schritt noch bereitstellen müssen.

Anmerkung

An dem vom `InvokeCommandAction`-Objekt beschriebenen Befehl können mit der Eigenschaft `CommandParameter` auch Daten übergeben werden.

Die Eigenschaft `Text` der `TextBox` wird um eine Bindung an die Property `PersonDetails` des ViewModels ergänzt. Diese Eigenschaft ist im ViewModel noch nicht enthalten, wir müssen sie noch bereitstellen.

32

```csharp
private string _personDetails;
public string PersonDetails
{
  get { return _personDetails; }
  set { SetProperty(ref _personDetails, value); }
}
```

Listing 32.28 Die Property »PersonDetails« im ViewModel

Die Idee, die sich dahinter verbirgt, ist, dass beim Eintreten von MouseEnter die Person-Details-Property mit den entsprechenden Daten der ausgewählten Person gefüllt wird, beim Auftreten von MouseLeave wird der Inhalt der Eigenschaft geleert.

Wir sollten auch schon daran denken, dass die Detailinformationen einer Person geändert werden können. Daher ist der Setter der Eigenschaft PersonDetails auf public gesetzt. In der View wurde aus diesem Grund auch die Bindung an PersonDetails auf

```
UpdateSourceTrigger=PropertyChanged
```

eingestellt (siehe Listing 32.27).

Wir sollten an dieser Stelle auch noch einmal einen Blick auf den Datenkontext werfen, der für die TextBox, die die Detailinformationen anzeigt, zuständig ist: Es handelt sich um das ausgewählte Element in der ListView. Wir müssen aber die detailanzeigende TextBox an eine Eigenschaft des ViewModels binden. Deshalb ist es notwendig, der TextBox explizit den Data-Context mitzuteilen:

```xml
<TextBox DataContext="{StaticResource vm}"
         Text="{Binding PersonDetails, UpdateSourceTrigger=PropertyChanged}" ...>
```

Listing 32.29 Datenbindung der detailanzeigenden Textbox

Somit haben wir im XAML-Code alle erforderlichen Maßnahmen ergriffen und müssen jetzt nur noch das ViewModel auf die beiden neu eingeführten Befehle MouseEnterCommand und MouseLeaveCommand abstimmen.

> **Hinweis**
>
> Unter Zuhilfenahme der Blend SDK können Sie auch eine Methode aufrufen. Dazu ist es notwendig, einen weiteren Verweis zu legen. Die Bibliothek, auf die verwiesen werden muss, heißt
>
> *Microsoft.Expressions.Interactions.dll*
>
> Der CLR-Narnespace kann mit
>
> xmlns:ei="http://schemas.microsoft.com/expression/2010/interactions"
>
> auf einen XML-Namespace abgebildet werden.

Damit steht uns ein Objekt vom Typ CallMethodAction zur Verfügung. Hier geben wir zwei Eigenschaften an: MethodName beschreibt die Methode, die beim Auftreten des Ereignisses ausgeführt werden soll, und mit TargetObject binden wir uns an die Instanz des View-Models.

```
<i:Interaction.Triggers>
  <i:EventTrigger EventName="MouseEnter" >
    <ei:CallMethodAction TargetObject="{Binding}" MethodName="DoSomething"/>
  </i:EventTrigger>
</i:Interaction.Triggers>
```

32.8.2   Ergänzung des ViewModels

Beginnen wir mit den beiden Eigenschaften, die die Kommandos beschreiben, falls Mouse-Enter oder MouseLeave in der View ausgelöst werden. Beide sind selbstverständlich vom Typ ICommand.

```
public ICommand MouseEnterCommand { get; private set; }
public ICommand MouseLeaveCommand { get; private set; }
```

Listing 32.30 Die Eigenschaften für die Ereignisse »MouseEnter« und »MouseLeave«

Erzeugt werden die beiden Objekte beim Aufruf des Konstruktors. Auch hierbei ist uns die Klasse RelayCommand behilflich, der wir die Delegaten auf die Methoden übergeben, die ausgeführt werden sollen, wenn eines der beiden Ereignisse ausgelöst wird.

```
public MainViewModel()
{
  [...]
  MouseEnterCommand = new RelayCommand(MouseEnterExecute, MouseEnterCanExecute);
  MouseLeaveCommand = new RelayCommand(MouseLeaveExecute, MouseLeaveCanExecute);
}
private bool MouseLeaveCanExecute(object arg)
{
  return true;
}
private void MouseLeaveExecute(object obj)
{
  if (_personsView.CurrentItem != null)
    ((Person)_personsView.CurrentItem).Details.Value = _personDetails;
  PersonDetails = string.Empty;
}
private bool MouseEnterCanExecute(object arg)
{
```

32

```
    return true;
}
private void MouseEnterExecute(object obj)
{
  Person selPerson = _personsView.CurrentItem as Person;
  if (selPerson != null)
    PersonDetails = selPerson.Details;
}
```

Listing 32.31 Vollständige Implementierung der Eigenschaften »MouseEnterCommand« und »MouseLeaveCommand«

Betritt die Maus zur Laufzeit der Anwendung den Bereich der TextBox mit den Detailinformationen, werden diese aus den Daten der aktuell in der ListView ausgewählten Person bezogen und an die Eigenschaft PersonDetails des ViewModels übergeben. Nun kann der Anwender auch die TextBox fokussieren, um ihren Inhalt zu ändern. Die Änderungen werden von PersonDetails übernommen.

Verlässt die Maus anschließend den Bereich der TextBox, wird die Methode MouseLeaveExecute ausgeführt. Der Inhalt von PersonDetails wird dann an die Eigenschaft Details der entsprechenden Person übergeben und die TextBox geleert. Auf diese Weise lassen sich auch die Details der Person ändern.

Anmerkung

Den aktuellen Stand des Beispielprogramms finden Sie in den Materialien zum Buch unter *MVVM_Sample4*.

32.9   Die Klasse »Person« durch ein ViewModel kapseln

Anmerkung

An dieser Stelle beenden wir das Beispiel *MVVM_Sample4*. Alle folgenden Ausführungen dieses Abschnitts finden Sie in den Materialien zum Buch im Projekt *MVVM_Sample5*.

Auf Grundlage des Beispiels *MVVM_Sample4* sollten wir uns an dieser Stelle die Anwendung zur Laufzeit genau ansehen und einige Punkte notieren, die wir unbedingt noch verändern oder anpassen müssen:

▶ Die Anzeige des Geburtsdatums entspricht nicht unseren Vorstellungen. Zum einem wird das Datum nicht im üblichen deutschsprachigen Format mit einem Punkt angezeigt, zum anderen ist es ungewöhnlich, im Kontext eines Datums die Uhrzeit einzubeziehen.

▶ Beim Geburtsdatum muss sichergestellt werden, dass eine Änderung oder Neueingabe auch ein gültiges Datum beschreibt. Ist das Datum ungültig, soll das dem Anwender durch einen roten Rahmen um die Textbox sowie durch einen textuellen Hinweis innerhalb des Steuerelements signalisiert werden.

▶ Wird in den Textboxen eine Änderung an den Personendaten vorgenommen, soll sich die Hintergrundfarbe der betreffenden TextBox ändern.

▶ In der ersten Spalte der ListView soll ein veränderter Datensatz mit einem »*«-Symbol gekennzeichnet werden.

Zur Umsetzung dieser Punkte sind einige elementare Änderungen an den bisherigen Klassen erforderlich. Das fängt bei einer grundsätzlichen Überlegung an, ob die von uns verwendeten Datentypen zur Beschreibung der Person-Eigenschaften (String und DateTime) überhaupt das leisten, was wir von ihnen erwarten.

32.9.1   Die Model-spezifische Klasse »PString«

Bis auf die Property BirthDate sind alle Eigenschaften eines Person-Objekts vom Typ String. Wie Sie wissen, soll nach einer Änderung die Option bestehen, den Originalwert wiederherzustellen. Insofern gibt es von jeder Person-Eigenschaft immer zwei Versionen: den aktuellen, eventuell geänderten Wert und den Originalwert. Außerdem muss jede Eigenschaft Auskunft darüber geben, ob sich der ursprüngliche Originalwert vom aktuellen Wert unterscheidet. Diese Information wird in der View dazu benötigt, den Anwender optisch über die Änderung zu informieren.

Weder die Klasse String noch die Klasse DateTime sind in der Lage, diese Forderungen zu erfüllen. Dazu benötigen wir Datentypen, die genau dem Anforderungsprofil entsprechen. Diese wollen wir PString bzw. PDateTime nennen.

Sehen wir uns zuerst die Klasse PString in Listing 32.32 an:

```
public class PString : ViewModelBase
{
  private string _currentValue;
  private string _originalValue;
  private bool _hasChanged;
  public bool HasChanged
  {
    get { return _hasChanged; }
    set
    {
      SetProperty<bool>(ref _hasChanged, value);
    }
  }
}
```

32

```
    public PString(string value)
    {
      if (value == string.Empty) value = null;
      _currentValue = value;
      _originalValue = value;
    }
    public string Value
    {
      get { return _currentValue; }
      set
      {
        if (value == "") value = null;
        SetProperty<string>(ref _currentValue, value);
        HasChanged = _currentValue != _originalValue;
      }
    }
  }
}
```

Listing 32.32 Die Klasse »PString«

Der Originalwert der Zeichenfolge wird in _originalValue gespeichert, der aktuelle Wert in
_currentValue. Als Originalwert ist der Wert zu betrachten, wie er in der Datenquelle, in un-
serem Fall also der XML-Datei, vorliegt. Er wird nur innerhalb des Konstruktors gesetzt. Der
aktuelle Wert ist derjenige, der in der ListView und den Textboxen angezeigt wird. Erst beim
Speichern werden die aktuellen Werte zu neuen Originalwerten.

PString kapselt nicht nur den Originalwert und den aktuellen Wert, sondern hat mit Has-
Changed eine Property, die darüber Auskunft gibt, ob sich der neue Wert vom alten unterscheidet. Diese Eigenschaft soll von den Textboxen dazu benutzt werden, dem Anwender
durch eine Änderung der Hintergrundfarbe die Änderung der Person-Eigenschaft zu signalisieren.

Die eigentliche Zeichenfolge wird mit der Eigenschaft Value beschrieben. Im Setter wird
überprüft, ob sich _currentValue und _originalValue unterscheiden, und dementsprechend
HasChanged gesetzt.

Bei der Übergabe an Value könnte es sich auch um eine leere Zeichenfolge handeln. Der Eigenschaftswert wird dann auf null gesetzt. Das ermöglicht es uns, in der View mit der Eigenschaft TargetNullValue des Binding-Objekts eine spezifische Anzeige für diesen Fall zu formulieren.

32.9.2   Die Model-spezifische Klasse »PDateTime«

Sehr ähnlich wie die Klasse PString muss auch ein Datentyp codiert werden, der das Datum
beschreibt. Allerdings sind hier die Anforderungen noch höher angesetzt, denn eine Da-

tumseingabe muss ein gültiges Datum beschreiben. Die Klasse soll PDateTime heißen und ist Listing 32.33 zu entnehmen:

```csharp
public class PDateTime : ViewModelBase
{
  private DateTime? _currentValue;
  private DateTime? _originalValue;
  private bool _hasChanged;
  private bool _hasError;
  private string _errorValue;
  public PDateTime(DateTime? date)
  {
    _currentValue = date;
    _originalValue = date;
  }
  public string Value
  {
    get
    {
      if (HasError) return _errorValue;
      if (!_currentValue.HasValue) return null;
      return _currentValue.Value.ToShortDateString();
    }
    set
    {
      DateTime newValue;
      HasError = false;
      if (value == string.Empty)
        SetProperty(ref _currentValue, null);
      else if (DateTime.TryParse(value, out newValue))
        SetProperty(ref _currentValue, newValue);
      else {
        _errorValue = value;
        HasError = true;
      }
      HasChanged = _currentValue != _originalValue;
    }
  }
  public DateTime? CurrentValue
  {
    get { return _currentValue; }
  }
  public bool HasChanged
```

```
  {
    get { return _hasChanged; }
    set
    {
      SetProperty<bool>(ref _hasChanged, value);
    }
  }
  public bool HasError
  {
    get { return _hasError; }
    set
    {
      SetProperty<bool>(ref _hasError, value);
    }
  }
}
```

Listing 32.33 Die Klasse »PDateTime«

Wie auch schon in der Klasse PString wird der eigentliche Wert über die als Zeichenfolge definierte Eigenschaft Value veröffentlicht, die vom Typ String ist. Im Setter muss deshalb berücksichtigt werden, dass eine leere Zeichenfolge als null-Wert des Datums interpretiert wird. Das gibt uns auch die Möglichkeit, in einem angebundenen Steuerelement die Property TargetNullValue sinnvoll zu nutzen.

Wir müssen an dieser Stelle schon bedenken, dass wir die Daten zu einem späteren Zeitpunkt in die Datenquelle (hier eine XML-Datei) zurückschreiben wollen. Da der ursprüngliche Datentyp DateTime? ist und nicht String, stellt die schreibgeschützte Eigenschaft CurrentValue den entsprechenden Wert zur Verfügung.

Neben der bekannten Eigenschaft HasChanged, die mitteilt, ob sich der Wert verändert hat, wird von der Klasse die Eigenschaft HasError beschrieben. HasError ist true, wenn die Zeichenfolge, die der Property Value übergeben wird, nicht in ein gültiges Datum umgewandelt werden kann. Eine entsprechende Überprüfung erfolgt im Setter mit der statischen Methode TryParse.

Tritt ein Eingabefehler auf, wird HasError auf true gesetzt und die falsche Zeichenfolge in _errorInput gespeichert. Der Inhalt dieser Variablen wird im Getter von Value verwendet, um die Fehleingabe in der View anzuzeigen.

32.9.3   Die Klasse »PersonViewModel«

Die Klassen PString und PDateTime haben wir erstellt, damit die View nicht nur die Eigenschaftswerte besser verarbeiten kann, sondern in erster Linie, um innerhalb der Datentypen zusätzliche Fähigkeiten bereitzustellen (HasChanged und HasError). Diese lassen sich später von der View abrufen und passend umsetzen.

Ehe wir die View auf die neuen Datentypen hin abstimmen, müssen wir sie zunächst einmal auf eine Person abbilden. Dazu schreiben wir eine neue Klasse, die PersonViewModel heißen soll und im Ordner *ViewModel* des Projekts abgelegt wird. Ein Objekt vom Typ PersonView- Model soll das ursprüngliche Model (Person) kapseln und die Eigenschaften einer Person mit den neu geschaffenen Datentypen abbilden. Außerdem müssen wir eine weitere Eigenschaft einführen. Sie soll Changed lauten und beschreibt das Zeichen »*«, das anzeigt, wenn sich eine oder mehrere Eigenschaften der Person geändert haben. Wir benötigen diese Eigenschaft, um damit in der ersten Spalte des ListView-Objekts unserer View eine Änderung zu kennzeichnen.

In Listing 32.34 sehen Sie die neue Klasse. Dabei werden aus Platzgründen nur die beiden Eigenschaft FirstName und BirthDate berücksichtigt. Für City, Details und LastName gelten analoge Anpassungen.

```
public class PersonViewModel : ViewModelBase
{
  private Person _person;
  private PString _firstName;
  private PDateTime _birthDate;
  [...]
  private string _changed;
  public PersonViewModel(Person person)
  {
    if (person != null)
    {
      _person = person;
      initializeFields();
    }
    else
    {
      _person = new Person();
      initializeFields();
      _firstName.HasChanged = true;
      [...]
      _detailedInformation.HasChanged = true;
    }
    _firstName.PropertyChanged += person_PropertyChanged;
    _birthDate.PropertyChanged += person_PropertyChanged;
    [...]
  }
  private void initializeFields()
```

```
  {
    _firstName = new PString(_person.FirstName);
    _birthDate = new PDateTime(_person.BirthDate);
    [...]
  }
  private void person_PropertyChanged(object sender,
                                      PropertyChangedEventArgs e)
  {
    if (_firstName.HasChanged || _lastName.HasChanged ||
        _city.HasChanged || _birthDate.HasChanged || _details.HasChanged)
      Changed = "*";
    else Changed = string.Empty;
  }
  public PString FirstName
  {
    get { return _firstName; }
  }
  public PDateTime BirthDate
  {
    get { return _birthDate; }
  }
  [...]
  public string Changed
  {
    get { return _changed; }
    set
    {
      SetProperty<string>(ref _changed, value);
    }
  }
}
```

Listing 32.34 Die Klasse »PersonViewModel«

Dem Konstruktor von PersonViewModel wird entweder null oder eine konkrete Referenz auf ein Person-Objekt übergeben. Handelt es sich um ein konkretes Person-Objekt, werden seine Eigenschaftswerte in der Methode initializeFields in die Typen PString bzw. PDateTime überführt und in privaten Feldern gespeichert. Falls in der View eine neue Person erzeugt wird, wird dem Konstruktor null übergeben. Auch hier sorgt initializeFields für die Umsetzung der Datentypen. Darüber hinaus sind alle Eigenschaften der neuen Person auf Has-Changed=true zu setzen.

Die letzten Anweisungen im Konstruktor abonnieren das Ereignis PropertyChanged für die privaten Felder. Da alle auf PString und PDateTime basieren, wird der Event in den Datentypen ausgelöst, die bekanntlich über ViewModelBase die Schnittstelle INotifyPropertyChanged implementieren.

Im Ereignishandler person_PropertyChanged wird festgestellt, ob eine der personenspezifischen Eigenschaften HasChanged=true aufweist. Wenn dem so ist, hat sich der Datensatz verändert, und die Eigenschaft Changed wird auf die Zeichenfolge * gesetzt. Das ermöglicht uns in der View, den Datensatz als Ganzes als editiert zu markieren.

> **Anmerkung**
>
> Selbstverständlich könnten wir die Property Changed auch als Boolean definieren. Das würde den Aufwand in der View aber vergrößern, um in der ersten Spalte eine Änderung zu visualisieren. Andererseits wäre ein solcher Ansatz natürlich auch flexibler.

Da die Auslösung des Events PropertyChanged nun in der Klasse PersonViewModel erfolgt, kommt das Model, also die Klasse Person, wieder ohne das Interface INotifyPropertyChanged aus. Wir wollen diese Änderung durchführen, damit nicht unnötig viele Ereignisse die Gesamtperformance der Anwendung negativ beeinflussen.

32.9.4   Notwendige Anpassungen in »MainViewModel«

Die neu eingeführten Datentypen PString, PDateTime und natürlich auch PersonViewModel führen zu einigen unausweichlichen Anpassungen sowohl in der Klasse MainViewModel als auch im XAML-Code der View. Diese wollen wir nun der Reihe nach abarbeiten.

Den Typ der Liste aller Personen ändern

Die Liste der Personen wird momentan noch durch die Klasse ObservableCollection<Person> geprägt. Diese tauschen wir im ersten Schritt gegen ObservableCollection<PersonViewModel> aus. Davon sind sowohl das private Feld als auch seine Initialisierung im Konstruktor betroffen.

```
private ObservableCollection<PersonViewModel> _personsList;
[...]
_personsList = new ObservableCollection<PersonViewModel>();
```

Listing 32.35 Anpassung der »ObservableCollection<>«

Die Methoden »DeleteExecuted« und »NewExecuted«

In den beiden Methoden DeleteExecuted und NewExecuted wird momentan immer noch ein Person-Objekt gelöscht bzw. hinzugefügt. Dieses müssen wir gegen den Typ PersonViewModel austauschen.

32

```
private void DeleteExecuted(object sender, ExecutedRoutedEventArgs e)
{
  PersonViewModel persDelete = PersonsView.CurrentItem as PersonViewModel;
  if (persDelete != null)
    _personsList.Remove(persDelete);
  _personsView.MoveCurrentToFirst();
}
private void NewExecuted(object sender, ExecutedRoutedEventArgs e)
{
  PersonViewModel person = new PersonViewModel(null);
  _personsList.Add(person);
  _personsView.MoveCurrentTo(person);
}
```

Listing 32.36 Anpassung der Methoden »DeleteExecuted« und »NewExecuted«

Die Methoden »MouseEnterExecute« und »MouseLeaveExecute«

Auch die beiden Methoden, die beim Auftreten der Ereignisse MouseEnter und MouseLeave in der TextBox auftreten, sind momentan noch für den Typ Person geprägt. Wir müssen Sie wie in Listing 32.37 gezeigt ändern.

```
private void MouseEnterExecute(object obj)
{
  PersonViewModel selPerson = _personsView.CurrentItem as PersonViewModel;
  if (selPerson != null)
    PersonDetails = selPerson.Details.Value;
}
private void MouseLeaveExecute(object obj)
{
  ((PersonViewModel)_personsView.CurrentItem).Details.Value = _personDetails;
  PersonDetails = string.Empty;
}
```

Listing 32.37 Anpassung der Methoden »MouseEnterExecute« und »MouseLeaveExecute«

Deserialisieren der XML-Datei

Der letzte Änderungsschritt in MainViewModel ist das Anpassen der Methode LoadPersons zum Laden der Daten aus der XML-Datei. Da wir weiterhin davon ausgehen wollen, dass Person-Objekte in der XML-Datei gespeichert sind und nicht Objekte vom Typ PersonViewModel, deserialisieren wir die Datei zuerst in eine Liste vom Typ ObservableCollection<Person> und übergeben diese anschließend an die Variable _personsList.

```
private void LoadPersons()
{
  if (File.Exists("Persons.xml")
  {
    _personsList = new ObservableCollection<PersonViewModel>();
    FileStream fs = new FileStream("Persons.xml", FileMode.Open);
    XmlSerializer serializer =
          new XmlSerializer(typeof(ObservableCollection<Person>));
    ObservableCollection<Person> tempList =
          (ObservableCollection<Person>)serializer.Deserialize(fs);
    foreach (var item in tempList)
      _personsList.Add(new PersonViewModel(item));
    fs.Close();
  }
}
```

Listing 32.38 Änderung der Methoden zum Laden der Personendaten

Anmerkung

Es sind hinsichtlich des Speicherns und Ladens von Person-Objekten auch allgemeingültige und flexiblere Ansätze möglich, die unabhängig davon sind, in welchem Format die Daten gespeichert sind. Diese Ansätze würden über ein Interface umgesetzt, das allgemeingültige Verhaltensweisen vorschreibt, die von sogenannten Providerklassen entsprechend dem Datenformat passend umgesetzt werden.

32.9.5 Anpassungen im XAML-Code

Das »ListView«-Steuerelement

Im Steuerelement ListView greifen wir die Werte jetzt nicht mehr durch einfache Bindung von FirstName, LastName etc. ab, denn die Daten werden nun durch die Eigenschaft Value bereitgestellt. Darüber hinaus können wir jetzt die erste Spalte der ListView an die Property PersonHasChanged binden.

Da für keine Personeneigenschaft ein Wert zwingend vorgeschrieben ist, bietet es sich an, hier mit TargetNullValue eine Zeichenfolge anzugeben, die angezeigt wird, wenn eine Property keinen Inhalt aufweist.

In der ersten Spalte der GridView greifen wir die Eigenschaft Changed des PersonViewModel-Objekts ab. Es wird ein »*« gesetzt, wenn sich irgendeine Eigenschaft des Objekts verändert hat.

```
<GridView>
  <GridViewColumn DisplayMemberBinding="{Binding Changed}"
                  TargetNullValue=[keine Angabe]}" .../>
  <GridViewColumn DisplayMemberBinding="{Binding LastName.Value}"
                  TargetNullValue=[keine Angabe]}" .../>
  <GridViewColumn DisplayMemberBinding="{Binding FirstName.Value}"
                  TargetNullValue=[keine Angabe]}" .../>
  <GridViewColumn DisplayMemberBinding="{Binding BirthDate.Value,
                    TargetNullValue=[keine Angabe]}" .../>
  <GridViewColumn DisplayMemberBinding="{Binding City.Value}"
                  TargetNullValue=[keine Angabe]}" .../>
</GridView>
```

Listing 32.39 Anpassungen im Element »ListView«/»GridView«

Anpassen der »TextBox«-Elemente

Jetzt wenden wir uns den Textboxen im unteren Bereich der View zu. Auch hier ist der erste Schritt, den aktuellen Wert aus der Eigenschaft Value zu beziehen.

```
<TextBox Text="{Binding FirstName.Value}" Name="txtFirstName" .../>
<TextBox Text="{Binding LastName.Value}" Name="txtLastName" .../>
<TextBox Text="{Binding City.Value}" Name="txtCity" .../>
<TextBox Text="{Binding BirthDate.Value}" .../>
```

Listing 32.40 Anpassung der Anzeigetextboxen

Wird der Wert in einer Textbox editiert, soll das optisch durch die Änderung von Hintergrundfarbe und Schriftdarstellung hervorgehoben werden. Es bietet sich an, einen Trigger zu schreiben, der an die Eigenschaft HasChanged gebunden wird und prüft, ob deren Wert true ist. Da im Ordner *Resources* bereits ein Ressourcenwörterbuch für die Textboxen definiert ist, muss der Style für die Textboxen nur noch um das Element <Style.Triggers> ergänzt werden.

```
[...]
<Style TargetType="TextBox">
  <Setter Property="Margin" Value="2" />
  <Style.Triggers>
    <DataTrigger Binding="{Binding HasChanged}" Value="True">
      <Setter Property="Background" Value="AntiqueWhite" />
      <Setter Property="Foreground" Value="Blue" />
      <Setter Property="FontWeight" Value="Bold" />
    </DataTrigger>
```

```
    </Style.Triggers>
</Style>
```

Listing 32.41 Ergänzung des »TextBox«-Styles

Starten Sie jetzt die Anwendung, werden Sie feststellen, dass der im Trigger beschriebene optische Effekt nicht auftritt. Die Ursache dafür ist im Datenkontext zu finden, auf den sich die Bindung von HasChanged bezieht: Es ist die im ListView-Control ausgewählte Person (oder präzise: das PersonViewModel). HasChanged ist aber eine Eigenschaft des angezeigten Wertes, beispielsweise LastName.

Die einfachste Lösung des Problems wäre es, in jeder TextBox einen spezifischen Trigger bereitzustellen. Diese Lösung ist aber nicht gut, denn sie verliert ihren allgemeingültigen Charakter und erfordert relativ viel XAML-Code. Eine bessere Lösung ist es, wenn jede TextBox die DataContext-Eigenschaft selbst beschreibt. Dazu wird der Datenkontext jeder TextBox an die zugeordnete Property des ausgewählten PersonViewModel-Objekts gebunden. Listing 32.42 zeigt ein Beispiel:

```
<TextBox DataContext="{Binding FirstName}" Text="{Binding Value}" .../>
[...]
```

Listing 32.42 Änderung der Datenbindung der Textboxen

Fehleranzeige in der »TextBox« des Geburtsdatums

Erinnern wir uns noch einmal daran, dass bei einer ungültigen Datumsangabe die TextBox für das Geburtsdatum mit einem einen roten Rand dargestellt werden soll. Ein ungültiges Datum wird durch HasError der Property BirthDate beschrieben.

Da dieses Feature spezifisch für diese TextBox ist, wird der notwendige Trigger innerhalb des <TextBox>-Elements programmiert. Alle anderen, allgemeinen Vorgaben können mit basedOn aus dem Ressourcenwörterbuch übernommen werden. Das Resultat sieht wie folgt aus:

```
<TextBox DataContext="{Binding BirthDate}" Text="{Binding Value,
        TargetNullValue=[keine Angabe]}" Name="txtBirthDate" ...>
  <TextBox.Style>
    <Style TargetType="TextBox" BasedOn="{StaticResource {x:Type TextBox}}">
      <Style.Triggers>
        <DataTrigger Binding="{Binding HasError}" Value="true">
          <Setter Property="BorderThickness" Value="2" />
          <Setter Property="BorderBrush" Value="Red" />
        </DataTrigger>
      </Style.Triggers>
    </Style>
  </TextBox.Style>
</TextBox>
```

Listing 32.43 Ergänzung eines spezifischen Styles

32

32.10 Die Schaltflächen »Rückgängig« und »Speichern«

> **Anmerkung**
>
> An dieser Stelle beenden wir das Beispiel *MVVM_Sample5*. Alle folgenden Ausführungen dieses Abschnitts finden Sie in den MATERIALIEN ZUM BUCH im Projekt *MVVM_Sample6*.

Die beiden Schaltflächen SPEICHERN und RÜCKGÄNGIG sind vom Start weg deaktiviert. Sie müssen aktiviert werden, wenn zumindest ein PersonViewModel-Objekt editiert wurde oder wenn eine noch nicht gespeicherte Änderung wieder zurückgenommen werden soll. Das wollen wir im nächsten Schritt umsetzen.

32.10.1 Eine Änderung zurücknehmen

Eine Änderung wird als solche erkannt, wenn das PersonViewModel-Objekt in der ListView mit einem »*« in der ersten Spalte gekennzeichnet ist. Dafür ist die Eigenschaft Changed des PersonViewModel-Objekts zuständig. Um die Schaltfläche RÜCKGÄNGIG zu aktivieren oder deaktivieren, bedarf es in der Methode UndoCanExecute des ViewModels nur einer einfachen Überprüfung, ob es eine Änderung an den Personen Daten gibt. Außerdem muss bedacht werden, dass auch ein Eingabefehler beim Geburtsdatum zu einer Aktivierung der Schaltfläche führen muss.

```
private void UndoCanExecute(object sender, CanExecuteRoutedEventArgs e)
{
  if ((_personsView).Count == 0)
  {
    e.CanExecute = false;
    return;
  }
  e.CanExecute =
      ((PersonViewModel)_personsView.CurrentItem).Changed == "*" ||
      ((PersonViewModel)_personsView.CurrentItem).BirthDate.HasError;
}
```

Listing 32.44 Die Implementierung der Methode »UndoCanExecute«

Wir müssen auch berücksichtigen, dass durch mehrere Löschoperationen die Liste leer sein könnte. Fände am Anfang der Methode UndoCanExecute nicht eine Überprüfung statt, ob sich noch zumindest ein Objekt in der Liste befindet, würde der Abruf der Eigenschaft CurrentItem zu einer Ausnahme führen.

Ergänzung der Klasse »PString«

In allen Eigenschaften des `PersonViewModel`-Objekts werden die aus der ursprünglichen Datenquelle (XML-Dokument) bezogenen Originaldaten in den dafür vorgesehenen privaten Feldern gespeichert. Um den Originalwert wiederherzustellen, implementieren wir eine Methode namens `UndoChanges` in den Klassen `PString` und `PDateTime`.

Sehen wir uns die Methode `UndoChanges` zuerst in der Klasse `PString` an. Der »alte« Wert wird an die Eigenschaft `Value` übergeben und die Eigenschaft `HasChanged` auf `false` gesetzt.

```
public void UndoChanges()
{
  Value = _originalValue;
  HasChanged = false;
}
```

Listing 32.45 Ergänzende Methode in der Klasse »PString«

Ergänzung der Klasse »PDateTime«

Etwas aufwendiger gestaltet sich `UndoChanges` in der Klasse `PDateTime`, um den Originalwert vom Typ `DateTime?` in einen `String` umzusetzen.

```
public void UndoChanges()
{
  HasChanged = false;
  if (_originalValue == null)
    Value = string.Empty;
  else
    Value = _originalValue.Value.ToShortDateString();
}
```

Listing 32.46 Ergänzende Methode in der Klasse »PDateTime«

Ergänzung der Klasse »PersonViewModel«

Damit alle Eigenschaften eines `PersonViewModel`-Objekts auf den Originalwert zurückgesetzt werden können, müssen wir noch eine Methode in der Klasse `PersonViewModel` schreiben, die auf allen Eigenschaften des `PersonViewModel`-Objekts die zuvor entwickelte `UndoChanges`-Methode aufruft. Auch diese Methode nennen wir `UndoChanges`.

```
public void UndoChanges()
{
  _firstName.UndoChanges();
  _lastName.UndoChanges();
  _city.UndoChanges();
  _birthDate.UndoChanges();
```

32

```
    _details.UndoChanges();
}
```

Listing 32.47 Ergänzende Methode in der Klasse »PersonViewModel«

Jetzt können wir bereits den Ereignishandler UndoExecuted, der bei der Aktivierung des Befehls Undo ausgeführt wird, in der Klasse MainViewModel komplettieren.

```
private void UndoExecuted(object sender, ExecutedRoutedEventArgs e)
{
  ((PersonViewModel)_personsView.CurrentItem).UndoChanges();
}
```

Listing 32.48 Die Methode »UndoExecuted« in der Klasse »MainViewModel«

32.10.2   Die Änderungen der Listenobjekte speichern

Die Liste wird samt der Änderungen gespeichert, sobald die SPEICHERN-Schaltfläche angeklickt wird. Diese ist allerdings nur dann aktiv, wenn sich mindestens ein Listenobjekt verändert hat oder aus der Liste ein Objekt gelöscht oder ein neues Objekt hinzugefügt wurde.

Änderungen an der Klasse »MainViewModel«

Nach dem augenblicklichen Stand wird in unserem Programmcode zwar angegeben, ob sich eine Eigenschaft eines Objekts verändert hat (mit der Eigenschaft HasChanged in PString und PDateTime), und es wird mit Changed auf Basis des Typs PersonViewModel das gesamte Objekt als geändert markiert. Diese Informationen müssen noch in der Methode SaveCanExecute berücksichtigt werden, um damit die Aktivierung der SPEICHERN-Schaltfläche zu steuern.

```
private void SaveCanExecute(object sender, CanExecuteRoutedEventArgs e)
{
  foreach (PersonViewModel item in _personsView) {
    if (item.Changed == "*")
    {
      e.CanExecute = true;
      return;
    }
    else
    {
      e.CanExecute = false;
    }
  }
}
```

Listing 32.49 Die Methode »SaveCanExecute«

In der Methode SaveCanExecute werden etwaig gelöschte Personen noch nicht berücksichtigt. Dazu fehlt uns derzeit eine entsprechende auswertbare Information in der Klasse Main-ViewModel. Auch in diesem Fall wollen wir die notwendige Information in einer Eigenschaft speichern; sie soll ListChanged heißen und einen booleschen Wert zurückliefern. Der Wert sei true, wenn mindestens eine Person aus der Liste gelöscht wurde.

```
[...]
private bool _ListChanged;
public bool ListChanged
{
  get { return _ListChanged; }
  set
  {
    if (_ListChanged != value)
      SetProperty(ref _ListChanged, value);
  }
}
```

Listing 32.50 Ergänzende Eigenschaft in der Klasse »MainViewModel«

Gesetzt wird ListChanged in der Methode DeleteExecuted, die wir um eine entsprechende Anweisung ergänzen:

```
private void DeleteExecuted(object sender, ExecutedRoutedEventArgs e)
{
  PersonViewModel persDelete = PersonsView.CurrentItem as PersonViewModel;
  if (persDelete != null)
    _personsList.Remove(persDelete);
  _personsView.MoveCurrentToFirst();
  ListChanged = true;
}
```

Listing 32.51 Ergänzung der Methode »DeleteExecuted«

Die Methode SaveCanExecute, die momentan nur geänderte Objekte berücksichtigt, wird um eine Prüfung der Eigenschaft ListChanged ergänzt. Dabei wird zuerst ListChanged abgefragt. Sollte das Ergebnis false sein, wurde kein Listenobjekt gelöscht. Dann müssen in einer Schleife auch alle Listenobjekte durchlaufen werden.

```
private void SaveCanExecute(object sender, CanExecuteRoutedEventArgs e)
{
  if (ListChanged == true)
  {
    e.CanExecute = true;
    return;
```

```
    }
    foreach (PersonViewModel item in _personsView)
    {
      if (item.Changed == "*")
      {
        e.CanExecute = true;
        return;
      }
    }
    e.CanExecute = false;
}
```

Listing 32.52 Die vollständige Implementierung der Methode »SaveCanExecute«

Im Grunde genommen wäre die Methode SaveExecuted als Nächstes zu codieren. Allerdings müssen wir damit noch ein wenig warten, weil uns einige grundsätzliche Verhaltensmerkmale in den anderen Klassen noch fehlen.

Änderungen an den anderen Klassen

Nach dem erfolgreichen Speichern der geänderten Liste gelten für die geänderten und neu hinzugefügten Personen neue Originalwerte. In den beiden Klassen PString und PDateTime benötigen wir daher jeweils eine Methode, die den aktuellen Wert in das Feld mit dem Originalwert überträgt und anschließend die Eigenschaft HasChanged auf false zurücksetzt.

```
public void AcceptChanges()
{
  _originalValue = _currentValue;
  HasChanged = false;
}
```

Listing 32.53 Zusätzliche Methode in den Klassen »PString« und »PDateTime«

Der Anstoß zur Ausführung dieser Methode in den einzelnen Feldern erfolgt in der Klasse PersonViewModel. Auch hier soll die Methode AcceptChanges lauten.

```
public void AcceptChanges()
{
  FirstName.AcceptChanges();
  LastName.AcceptChanges();
  City.AcceptChanges();
  Details.AcceptChanges();
  BirthDate.AcceptChanges();
}
```

Listing 32.54 Die Methode »AcceptChanges« in der Klasse »PersonViewModel«

Die Methode `AcceptChanges` in der Klasse `PersonViewModel` muss für jedes Listenobjekt aufgerufen werden. Deshalb wird auch `MainViewModel` um eine Methode `AcceptChanges` ergänzt:

```
private void AcceptChanges()
{
  foreach (PersonViewModel item in _personsView)
    item.AcceptChanges();
}
```

Listing 32.55 Die Methode »AcceptChanges« in der Klasse »MainViewModel«

Mit den beschriebenen Ergänzungen in den verschiedenen Klassen können wir nun die Methode `SaveExecuted` bereitstellen. Wir müssen dabei bedenken, dass in der XML-Datei Elemente vom Typ `Person` gespeichert werden sollen und nicht vom Typ `PersonViewModel`. Dazu sind vorher die Elemente aus der Liste vom Typ `ObservableCollection<PersonViewModel>` an ein Objekt vom Typ `ObservableCollection<Person>` zu übergeben.

```
private void SaveExecuted(object sender, ExecutedRoutedEventArgs e)
{
  ObservableCollection<Person> person = new ObservableCollection<Person>();
  foreach(PersonViewModel item in _personsList)
  {
    Person p = new Person();
    p.FirstName = item.FirstName.Value;
    p.LastName = item.LastName.Value;
    p.City = item.City.Value;
    p.Details = item.Details.Value;
    p.BirthDate = item.BirthDate.CurrentValue;
    person.Add(p);
  }
  FileStream fs = new FileStream("Persons.xml", FileMode.Create);
  XmlSerializer serializer = new
          XmlSerializer(typeof(ObservableCollection<Person>));
  serializer.Serialize(fs, person);
  fs.Close();
  AcceptChanges();
  ListChanged = false;
}
```

Listing 32.56 Die Methode »SaveExecuted«

32

32.11   Ein Control in der View fokussieren

Anmerkung

An dieser Stelle beenden wir das Beispiel *MVVM_Sample6*. Alle folgenden Ausführungen dieses Abschnitts finden Sie in den Materialien zum Buch im Projekt *MVVM_Sample7*.

Klickt der Anwender auf die Schaltfläche Neu, wird eine neue Person erzeugt. Die personenbezogenen Daten müssen anschließend in die vier Textboxen eingetragen werden. Eine benutzerfreundliche Oberfläche wird nach dem Klicken auf die Schaltfläche Neu den Cursor in das Eingabefeld legen, in dem die erste Eingabe zu erwarten ist. In unserer Beispielanwendung demnach in die TextBox, in der der Vorname eingetragen wird.

Man kann nun darüber diskutieren, ob das Festlegen des Mauscursors im ViewModel erfolgen soll oder besser direkt in der View. Das MVVM verbietet generell nicht, auch Code in die Code-Behind-Datei zu schreiben, solange es sich um viewspezifischen Code handelt. Ob das Festlegen des Mauscursors zu einer View gehört oder eher der allgemeinen Logik im ViewModel zuzuordnen ist, mag jeder selbst entscheiden.

Wir wollen in unserem Beispiel den Cursor im ViewModel setzen. Das ist nicht ganz so einfach, weil das ViewModel keine Kenntnis von der View haben darf. Eine Angabe im ViewModel nach dem Muster

```
ControlName.Focus();
```

ist also nicht statthaft.

32.11.1   Erste Überlegungen

Das MVVM lebt von der Bindung an Eigenschaften, die im ViewModel definiert sind. Die in der View gebundenen Eigenschaften sind als Dependency Properties implementiert. Ändert sich eine gebundene Eigenschaft, wird von der Bindung der Aufruf der Methode initiiert, die durch den Delegaten vom Typ PropertyChangedCallback beschrieben wird – zumindest soweit angegeben. Das bindende Steuerelement ruft diese Methode auf und übergibt dabei seine Referenz an den ersten Parameter der Methode.

Bezogen auf unsere Überlegung, den Fokus auf ein bestimmtes Control zu setzen, wäre die durch PropertyChangedCallback beschriebene Methode in der Lage, den Fokus zu setzen, ohne dass es dabei notwendig wäre, das aufrufende Steuerelement namentlich anzugeben.

Nun stellen sich zwei Fragen:

▶ Welche Dependency Property der TextBox soll für dieses Vorhaben genutzt werden?

▶ Welche Eigenschaft im ViewModel soll geprüft werden?

Da sich keine Eigenschaft der TextBox direkt anbietet, führt der Weg der Lösung nur über eine angehängte Eigenschaft (Attached Property), die vom Typ Boolean ist. Diese Eigenschaft wollen wir im weiteren Verlauf Focus nennen. Sie sei in einer separaten Klasse namens FocusControl definiert. Die TextBox nutzt die angehängte Eigenschaft Focus und bindet sie an die noch zu definierende Eigenschaft SetFocus im ViewModel, ebenfalls vom Typ Boolean.

Über SetFocus wird das Setzen des Cursors gesteuert. Das Ändern der Eigenschaft von false in true im Execute-Handler des New-Befehls bewirkt, dass die TextBox von der Änderung erfährt und ihrerseits über die Bindung die durch den Delegaten PropertyChangedCallback beschriebene Methode aufruft, in der der Fokus der View an die TextBox weitergereicht wird.

32.11.2 Definition der angehängten Eigenschaft

Die angehängte Eigenschaft muss in einer eigenen Klasse definiert werden. Die Klasse soll FocusControl heißen, die angehängte Eigenschaft Focus. In Listing 32.57 sehen Sie die Klasse komplett.

```
public class FocusControl : DependencyObject
{
  public static readonly DependencyProperty FocusProperty =
      DependencyProperty.RegisterAttached("Focus",
                  typeof(Boolean),
                  typeof(FocusControl),
                  new PropertyMetadata(OnFocusChanged));
  private static void OnFocusChanged(DependencyObject d,
                          DependencyPropertyChangedEventArgs e)
  {
    if (d != null && d is Control)
    {
      Control sender = d as Control;
      if ((bool)e.NewValue)
      {
        sender.LostFocus += OnLostFocus;
        sender.Focus();
      }
      else
        sender.LostFocus -= OnLostFocus;
    }
  }
  private static void OnLostFocus(object sender, RoutedEventArgs e)
  {
    if (sender != null && sender is Control)
      (sender as Control).SetValue(FocusProperty, false);
```

```
  }
  public static Boolean GetFocus(DependencyObject target)
  {
    return (Boolean)target.GetValue(FocusProperty);
  }
  public static void SetFocus(DependencyObject target, bool value)
  {
    target.SetValue(FocusProperty, value);
  }
}
```

Listing 32.57 Die Klasse »FocusControl«

Eine angehängte Eigenschaft zu definieren, ähnelt der Definition einer abhängigen Eigenschaft. Der erste Unterschied ist in der registrierenden Methode zu finden. Während eine abhängige Eigenschaft mit Register registriert wird, gilt für eine angehängte Eigenschaft RegisterAttached.

Ein weiteres Unterscheidungsmerkmal ist, dass bei einer angehängten Eigenschaft kein Eigenschaftswrapper implementiert wird. Stattdessen benötigt eine angehängte Eigenschaft zwei statische Methoden, die aufgerufen werden, wenn der Wert der Eigenschaft gesetzt oder abgerufen wird. In der Klasse FocusControl heißen diese GetFocus bzw. SetFocus. Innerhalb der Methoden wird der Wert der angehängten Eigenschaft mit SetValue und GetValue gesetzt bzw. ausgelesen.

Ändert sich der Eigenschaftswert, kommt es zur Ausführung der Methode OnFocusChanged. Im ersten Parameter der Methode ist die Referenz auf das Steuerelement zu finden, das die angehängte Eigenschaft nutzt. Es wird in unserer Anwendung die TextBox sein, die fokussiert werden soll. Ist der neue Wert der Eigenschaft true, wird ein Ereignishandler beim dem Event LostFocus des Auslösers abonniert, andernfalls wird das Abonnement aufgehoben.

Nach dem Registrieren des Ereignishandlers kann die Methode Focus des Controls aufgerufen werden. Damit werden auch der Ereignishandler OnLostFocus und der Wert der Property wieder auf false zurückgesetzt.

32.11.3   Die angehängte Eigenschaft im XAML-Code

Die TextBox, die fokussiert werden soll, wird im XAML-Code um die angehängte Eigenschaft Focus wie folgt ergänzt:

```
<TextBox local:FocusControl.Focus="{Binding Source={StaticResource vm},
        Path=SetFocus, Mode=TwoWay}" ... />
```

Listing 32.58 Ergänzungen in der zu fokussierenden »TextBox«

Die Eigenschaft SetFocus, die an die angehängte Eigenschaft Focus gebunden wird, muss im ViewModel noch definiert werden. Sie ist vom Typ Boolean und wird, wie weiter oben schon angedeutet, im Execute-Handler des New-Commands auf true gesetzt. Damit wird die Bindung der Focus-Methode angestoßen und OnFocusChanged ausgeführt.

> **Tipp**
> Sie müssen unbedingt bei der Bindung sowohl die Datenquelle vm mit Source als auch deren Eigenschaft SetFocus mit Path angeben.

32.11.4   Das ViewModel ergänzen

Zum Schluss bleibt nur noch die Ergänzung des ViewModels. Hier müssen wir zuerst die Eigenschaft SetFocus bereitstellen:

```
public class MainViewModel : ViewModelBase
{
  private bool _setFocus;
  public bool SetFocus
  {
    get { return _setFocus; }
    set { SetProperty<bool>(ref _setFocus, value); }
  }
  [...]
}
```

Listing 32.59 Ergänzungen in der zu fokussierenden »TextBox«

Auf true gesetzt wird diese Eigenschaft, wenn auf die Schaltfläche NEW geklickt wird:

```
private void NewExecuted(object sender, ExecutedRoutedEventArgs e)
{
  PersonViewModel person = new PersonViewModel(null);
  _personsList.Add(person);
  _personsView.MoveCurrentTo(person);
  SetFocus = true;
}
```

Listing 32.60 Ergänzung der Methode »NewExecuted«

32

32.12 Die Listenelemente sortieren

> **Anmerkung**
>
> An dieser Stelle beenden wir das Beispiel *MVVM_Sample7*. Alle folgenden Ausführungen dieses Abschnitts finden Sie in den MATERIALIEN ZUM BUCH im Projekt *MVVM_Sample8*.

Die Anzeige in der ListView soll nach allen Spalten sortiert werden können. Dazu werden dem Anwender in der ComboBox oben rechts im Fenster die entsprechenden Auswahlmöglichkeiten angeboten.

32.12.1 Ergänzungen im XAML-Code

Im XAML-Code des Fensters wird die Eigenschaft ItemsSource der ComboBox an eine noch zu definierende Eigenschaft SortCriteria im MainViewModel gebunden. SortCriteria beschreibt hierbei ein string-Array mit den Spaltenbezeichnern. Die gewählte Option wird durch die Eigenschaft SelectedValue der ComboBox beschrieben, die an die Eigenschaft SortByProperty im MainViewModel gebunden wird.

```
[...]
<ComboBox DockPanel.Dock="Right" Width="140"
        ItemsSource="{Binding SortCriteria, Mode=OneWay}"
        SelectedValue="{Binding SortByProperty}" />
[...]
```

Listing 32.61 Der ergänzte XAML-Code der »ComboBox«

32.12.2 Ergänzungen im ViewModel

Im ViewModel wird mit _sortCriteria das string-Array beschrieben, an das sich die ComboBox bindet. Die Property SortCriteria veröffentlicht das Array.

Die aktuelle Sortierauswahl beschreibt die Eigenschaft SortByProperty. Im privatisierten Feld wird auch sofort eine Standardvorgabe getroffen.

Soll sich eine Änderung der Sortierung auf die Anzeige in der ListView auswirken, kommt uns erneut zugute, dass wir die Personen über die ListCollectionView veröffentlichen. ListCollectionView implementiert das Interface ICollectionView, das seinerseits die Property SortDescriptions vorschreibt, um innerhalb der Liste die Sortierung zu ändern. Für das Umsortieren schreiben wir mit UpdateSorting eine eigene Methode, die wir im Konstruktor aufrufen, um direkt nach dem Start der Anwendung die Liste in der angegeben Standardsortierung anzuzeigen.

```csharp
public class MainViewModel : ViewModelBase
{
  private static string[] _sortCriteria = { "LastName", "FirstName",
                                            "BirthDate", "City" };
  private string _sortByProperty = _sortCriteria[0];
  public string[] SortCriteria
  {
    get { return _sortCriteria; }
  }
  public string SortByProperty
  {
    get { return _sortByProperty; }
    set
    {
      if (value != _sortByProperty)
      {
        SetProperty(ref _sortByProperty, value);
        UpdateSorting();
      }
    }
  }
  private void UpdateSorting()
  {
    PersonsView.SortDescriptions.Clear();
    PersonsView.SortDescriptions.Add(new SortDescription
                (this.SortByProperty, ListSortDirection.Ascending));
  }
  public MainViewModel() {
    [...]
    UpdateSorting();
    _personsView.MoveCurrentToFirst();
  }
  [...]
}
```

Listing 32.62 Die Ergänzungen in der Klasse »MainViewModel«

32.12.3 Die Klassen »PString« und »PDateTime« anpassen

Ein letzter Schritt ist noch in den beiden Klassen PDateTime und PString notwendig – um die Sortierung auf diese Typen umsetzen zu können, müssen beide Klassen das Interface IComparable implementieren:

32

```
public class PDateTime : ViewModelBase, IComparable
{
  public int CompareTo(object obj)
  {
    if (obj == null) return 1;
    PDateTime item = obj as PDateTime;
    if (item == null)
      throw new ArgumentOutOfRangeException("Falscher Datentyp.");
    if( _currentValue == null && item._currentValue == null) return 0;
    if ( _currentValue == null) return -1;
    if (item._currentValue == null) return 1;
    return ((IComparable)_currentValue).CompareTo(item._currentValue);
  }
  [...]
}
```

Listing 32.63 Die Implementierung von »IComparable« in »PDateTime«

```
public class PString : ViewModelBase, IComparable
{
  public int CompareTo(object obj)
  {
    if (obj == null) return 1;
    if (object.ReferenceEquals(this, obj)) return 0;
    PString item = obj as PString;
    return String.Compare(_currentValue, item._currentValue);
  }
  [...]
}
```

Listing 32.64 Die Implementierung von »IComparable« in »PString«

32.13   Ereignisse im ViewModel auslösen

Anmerkung

An dieser Stelle beenden wir das Beispiel *MVVM_Sample8*. Alle folgenden Ausführungen dieses Abschnitts finden Sie im Projekt *MVVM_Sample9*.

Wir haben fast das anfänglich geforderte Ergebnis erreicht. Es fehlen nur noch zwei Ergänzungen, die im Zusammenhang mit Ereignissen stehen:

▶ Bevor eine Person aus der Liste gelöscht wird, soll mit einer MessageBox nachgefragt werden, ob die Person tatsächlich gelöscht werden soll. Damit verhindern wir ein versehentliches Löschen.

▶ Wird versucht, das Fenster zu schließen, während noch mindestens eine ungespeicherte Änderung an der Personenliste vorliegt, soll eine MessageBox darauf aufmerksam machen und anbieten, das Schließen abzubrechen.

32.13.1   Die Löschbestätigung

Ein Löschen ohne Bestätigung ist nicht akzeptabel. Besonders gilt das für unsere Beispielanwendung, weil es keinen Weg gibt, den Löschvorgang wieder rückgängig zu machen.

Im ViewModel definieren wir dazu den Event ConfirmDeleting vom Typ CancelEventHandler. Dieser Delegat schreibt uns mit CancelEventArgs ein Argument vor, das mit Cancel eine boolesche Eigenschaft beschreibt, die von uns dazu benutzt wird, den Löschvorgang entweder zu bestätigen (Cancel = false) oder gegebenenfalls abzubrechen (Cancel = true).

Im Gegensatz zu den sonst üblichen Gepflogenheiten reagieren wir mit einer Ausnahme, wenn das Ereignis in der View nicht behandelt wird. Somit können wir codeseitig eine Benutzerreaktion auf den eingeleiteten Löschvorgang erzwingen.

```
public event CancelEventHandler ConfirmDeleting;
public void OnConfirmDeleting(CancelEventArgs e)
{
  if (ConfirmDeleting != null)
    ConfirmDeleting(this, e);
  else
    throw new Exception("Das Löschen muss bestätigt werden.");
}
```

Listing 32.65 Der Event »ConfirmDeleting« in der Klasse »MainViewModel«

In der View abonnieren wir mit

```
vm.ConfirmDeleting += vm_ConfirmDeleting;
```

einen Ereignishandler. Darin fragen wir den Benutzer mit Hilfe einer MessageBox, ob er das Löschen bestätigen möchte oder nicht.

```
private void vm_ConfirmDeleting(object sender, CancelEventArgs e)
{
  string message = "Wollen Sie wirklich löschen?";
  string caption = "MVVM_Sample";
```

32

```
    if (MessageBoxResult.Yes == MessageBox.Show(message, caption,
                                          MessageBoxButton.YesNo,
                                          MessageBoxImage.Question,
                                          MessageBoxResult.No))
    {
      e.Cancel = false;
      return;
    }
    e.Cancel = true;
}
```

Listing 32.66 Der Ereignishandler für den Event »ConfirmDeleting«

32.13.2   Das Schließen des Fensters

Etwas aufwendiger müssen wir das Schließen des Fensters codieren. Im Fenster sollte das `Closing`-Ereignis behandelt werden. Es bietet über den `CancelEventArgs`-Parameter die Möglichkeit, die eingeleitete Operation zum Schließen des Fensters abzubrechen.

Im `Closing`-Ereignishandler soll eine Methode `CancelViewClosing` aufgerufen werden, die im ViewModel definiert ist und einen booleschen Wert zurückliefert. Dieser ist `true`, wenn noch nicht gespeichert wurde, und kann vom `CancelEventArgs`-Parameter zum Abbruch der Operation genutzt werden.

Nach dem Abonnieren des Ereignisses im Konstruktor der View mit

```
this.Closing += MainWindow_Closing;
```

können wir den Ereignishandler wie in Listing 32.67 gezeigt implementieren:

```
void MainWindow_Closing(object sender, CancelEventArgs e)
{
  e.Cancel = vm.CancelViewClosing();
}
```

Listing 32.67 Der Ereignishandler in der View

Sehen wir uns zum Abschluss noch die Methode `CancelViewClosing` im ViewModel an:

```
public void CancelViewClosing()
{
  bool hasChanged = false;
  if (ListChanged)
    hasChanged = true;
  else
    foreach (PersonViewModel item in _personsView)
      if (item.Changed == "*") hasChanged = true;
```

```
if(hasChanged)
{
  string message = "Sollen die Änderungen gespeichert werden?";
  string caption = "MVVM_Sample";
  MessageBoxResult result = MessageBox.Show(message, caption,
                                      MessageBoxButton.YesNo);
  if (result == MessageBoxResult.Yes)
    SaveExecuted(this, null);
}
}
```

Listing 32.68 Die Methode »CancelViewClosing« im ViewModel

Im ersten Schritt überprüfen wir, ob `ListChanged` den Wert `true` repräsentiert. Ist das der Fall, wurde zumindest ein Listenobjekt gelöscht, und die Liste weist zumindest diese eine Änderung gegenüber der Originaldatenquelle auf. Es erübrigt sich dann, die gesamte Personenliste zu durchlaufen, um festzustellen, ob eine Änderung an mindestens einem der enthaltenen Objekte vorliegt.

Mit einer `MessageBox` geben wir im Fall einer Listenänderung dem Anwender die Möglichkeit an die Hand, zu entscheiden, ob seine Änderungen in der Datenquelle gespeichert werden sollen oder nicht.

32

Kapitel 33
2D-Grafik

In diesem Kapitel zur WPF möchte ich Ihnen einen kurzen Einblick in die grafischen Fähigkeiten der WPF geben. Mehr noch als in den anderen Kapiteln zuvor gilt hier, dass wir uns nur auf einen oberflächlichen Streifzug durch die 2D-Grafik begeben. Auf die Betrachtung der 3D-Fähigkeiten und auch das Erzeugen von Animationen oder den Einsatz von multimedialen Elementen muss ich leider aus Platzgründen verzichten. Das würde ein weiteres Buch füllen (na ja, zumindest ein halbes ☺). Eigentlich schade, denn insbesondere diese Themen bieten viele reizvolle Effekte. So beschränke ich mich in diesem Buch auf einen Streifzug durch die 2D-Grafik, so dass Sie zumindest erahnen können, welche Fähigkeiten, jetzt rein aus grafischer Sicht, in der WPF stecken.

33.1 Shapes

33.1.1 Allgemeine Beschreibung

Die einfach zu verwendenden Shape-Elemente stellen grafische Elemente dar, die sich auf der Oberfläche platzieren lassen. Allen gemeinsam ist die Basisklasse Shape, von der es sechs Ableitungen gibt. Allen gemeinsam ist also eine gemeinsame Grundfunktionalität. Shape selbst leitet sich aus UIElement ab, so wie auch beispielsweise der Button oder die TextBox. Somit können Sie Shape-Elemente genauso wie diese Steuerelemente behandeln: Sie zeichnen sich selbst und reagieren sogar auf Maus- und Tastatureingaben.

Eine Besonderheit sollte nicht unerwähnt bleiben: Shape-Elemente können keine anderen Elemente aufnehmen, wie es üblicherweise bei den Steuerelementen der Fall ist. Sie eignen sich, um aus der Kombination mehrerer Shape-Elemente komplexere grafische Gebilde zu schaffen. Dazu sollten Sie einen Canvas-Container benutzen, da sich UIElement-Objekte darin beliebig positionieren lassen.

Als Basisklasse stellt Shape einige spezifische Eigenschaften bereit. Dazu gehört beispielsweise die Eigenschaft Fill, mit der ein Füllmuster angegeben werden kann. Füllmuster werden durch die Klasse Brush beschrieben. Zur Anpassung an den Umgebungsbereich dient die Eigenschaft Stretch. Zudem werden mit mehreren StrokeXxx-Eigenschaften Möglichkeiten zur Definition des Rahmens, der Linien und der Linienzüge angeboten.

Die von Shape abgeleiteten Klassen finden Sie in Tabelle 33.1.

Klasse	Beschreibung
Ellipse	Beschreibt Ellipsen und Kreise.
Line	Beschreibt eine durch Koordinaten definierte Linie.
Path	Beschreibt eine komplexe Struktur, die aus Linien, Bögen und Rechtecken besteht.
Polygon	Beschreibt eine Reihe von Koordinatenpunkten. Der letzte Koordinatenpunkt wird mit dem ersten verbunden, so dass eine geschlossene Fläche entsteht.
Polyline	Beschreibt eine geometrische Struktur, bei der der letzte Punkt nicht mit dem ersten verbunden wird, wie das bei Polygon der Fall ist.
Rectangle	Beschreibt ein Rechteck.

Tabelle 33.1 Die von »Shape« abgeleiteten Klassen

33.1.2   »Line«-Elemente

Linien werden über zwei Punkte definiert. Dazu dienen die Eigenschaften X1, Y1 und X2, Y2. X1 und Y1 beschreiben den Startpunkt der Linie, wobei der Ursprungspunkt der linke obere Eckpunkt des Containers ist. Die Farbe der Linie wird durch Stroke beschrieben, die Zeichenbreite durch StrokeThickness. Setzen Sie zum Zeichnen die Klasse Pen ein, können Sie die Charakteristik der Linien auch frei gestalten. Stellen Sie damit beispielsweise gestrichelte Linien dar, oder runden Sie das Linienende ab.

```xml
<Canvas>
  <Line X1="10" X2="100" Y1="110" Y2="40"
        Stroke="Blue" StrokeThickness="4" />
  <Line X1="0" X2="120" Y1="0" Y2="100"
        Stroke="Red" StrokeThickness="2" />
</Canvas>
```

Listing 33.1 Linien im XAML-Code

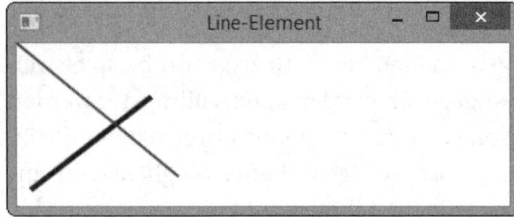

Abbildung 33.1 »Line«-Elemente in einem »Canvas«

33.1.3 »Ellipse«- und »Rectangle«-Elemente

Im XAML-Code sind sich Rectangle und Ellipse sehr ähnlich. Über Height und Width wird die Ausdehnung der beiden grafischen Elemente beschrieben. Auch hier ist der Bezugsstartpunkt der linke obere Eckpunkt des umgebenden Containers. Eine Besonderheit hat Rectangle zu bieten: Mit RadiusX und RadiusY können Sie abgerundete Ecken erzeugen. Im Gegensatz zu Line ist die Eigenschaft Fill hier sinnvoll, da es sich um flächenbeschreibende grafische Figuren handelt.

```
<Canvas>
  <Rectangle Width="120" Height="40" Stroke="Blue"
             StrokeThickness="2" Fill="AntiqueWhite"
             RadiusX="10" RadiusY="30" />
  <Ellipse Width="100" Height="100" Stroke="Black" StrokeThickness="2" />
</Canvas>
```

Listing 33.2 »Rectangle« und »Ellipse« im XAML-Code

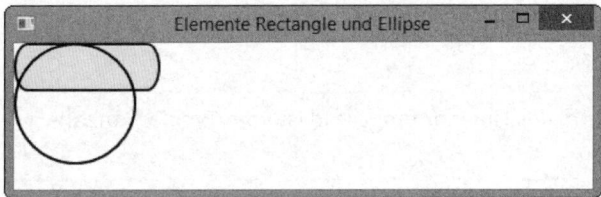

Abbildung 33.2 Die Elemente »Rectangle« und »Ellipse«

33.1.4 »Polygon« - und »Polyline« -Elemente

Zum Zeichnen eines Polygon- oder Polyline-Objekts werden die einzelnen Punkte durch den Typ Point beschrieben und einer PointCollection übergeben. Diese wird mit der Eigenschaft Points angesprochen. Bei einem Polygon werden der erste und der letzte Punkt automatisch miteinander verbunden, so dass daraus eine geschlossene Fläche resultiert.

In XAML werden die Punkte als Wertepaare angegeben. Jedes Wertepaar kann durch ein Komma getrennt werden, aber das ist optional. Somit sind die beiden folgenden XAML-Ausdrücke identisch:

```
<Polyline Points="0 0 20 30 40 70 60 30" Stroke="Black" />
<Polyline Points="0,0 20,30 40,70 60,30" Stroke="Black" />
```

33.1.5 Darstellung der Linien

Eine Vielzahl von Eigenschaften ermöglicht es, die Darstellung der Linien von Shape-Objekten zu beeinflussen. Stroke und StrokeThickness haben wir bereits benutzt. In Tabelle 33.2 sind einige der beeinflussenden Eigenschaften aufgeführt.

33

Eigenschaft	Beschreibung
Stroke	Gibt das Füllmuster an. Die Eigenschaft erwartet ein Brush-Objekt. Im einfachsten Fall geben Sie hier nur die Farbe an.
StrokeDashArray	Gibt das Strichmuster der Linie an.
StrokeDashCap	Definiert die Form der Linienenden innerhalb der Linie bei Verwendung von Mustern. Diese Eigenschaft ist vom Typ der Enumeration PenLineCap.
StrokeDashOffset	Beschreibt den Versatz, der beim Zeichnen einer Strich-Punkt-Linie verwendet wird.
StrokeEndLineCap	Definiert die Form des Linienendes und ist vom Typ der Aufzählung PenLineCap.
StrokeLineJoin	Definiert, wie zwei Linienenden miteinander verbunden werden. Die Eigenschaft ist vom Typ der Enumeration PenLineJoin.
StrokeMiterLimit	Legt fest, wie zwei Linienenden beim Aufeinandertreffen ineinander übergehen.
StrokeStartLineCap	Definiert die Form des Linienanfangs und ist vom Typ der Aufzählung PenLineCap.
StrokeThickness	Legt die Zeichenbreite fest.

Tabelle 33.2 Eigenschaften zur Darstellung der Linien

Linienenden werden durch einen Wert der Enumeration PenLineCap beschrieben. Diese Aufzählung beschreibt die Werte Flat, Round, Square und Triangle. Das dürfte keiner weiteren Erläuterung bedürfen.

Erklärungsbedürftig sind aber auf jeden Fall die beiden Eigenschaften StrokeDashArray und StrokeDashOffset. Beide gestatten die freie Definition der Linie mit Double-Werten. Die Double-Werte werden in einer Collection gelistet. Es wird immer ein Pärchen gebildet, bei dem die erste Zahl die Länge der Teillinie beschreibt, die zweite die Lücke zwischen zwei Linien. Dabei ist eine Besonderheit zu beachten: Die Werte werden immer mit der Linienbreite StrokeThickness multipliziert.

In Abbildung 33.3 sind drei Linien dargestellt, die einige der aufgeführten Eigenschaften nutzen. Die Ausgabe basiert auf dem folgenden XAML-Code:

```
<Canvas>
  <Line X1="10" X2="400" Y1="10" Y2="10" Stroke="Black"
        StrokeThickness="10"
        StrokeDashArray="2 3 2 3 2 3" StrokeStartLineCap="Square"
```

```
        StrokeDashOffset="2"
        StrokeDashCap="Round" />
    <Line X1="10" X2="400" Y1="30" Y2="30" Stroke="Blue" StrokeThickness="10"
        StrokeDashArray="1 2 4 2"
        StrokeDashCap="Triangle"/>
    <Line X1="10" X2="400" Y1="50" Y2="50" Stroke="Red" StrokeThickness="10"
        StrokeDashArray="1 0.5 5 0.5"/>
</Canvas>
```

Listing 33.3 XAML-Code zu Abbildung 33.3

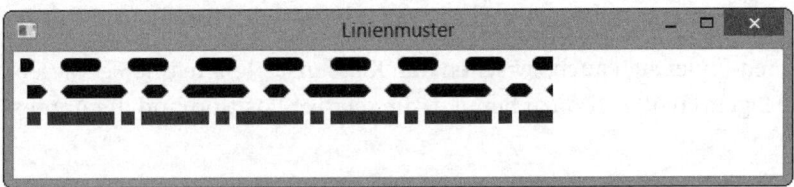

Abbildung 33.3 Verschiedene Linienmuster

33.2 Path-Elemente

In den vorhergehenden Abschnitten haben wir uns einige von Shape abgeleitete Klassen angesehen. Eine Klasse haben wir noch nicht betrachtet: Path. Von allen ist Path sicherlich das mächtigste und vielseitigste aller Shape-Elemente mit den meisten Möglichkeiten, denn mit Path lassen sich auch komplexeste Figuren erzeugen.

Ein Path beschreibt eine geometrische Figur natürlich ebenfalls mit Linien, Kreisen usw. Sollten Sie jetzt aber der Meinung sein, hier die bereits behandelten Elemente wie Line der Ellipse verwenden zu können, liegen Sie falsch. Stattdessen verwendet Path andere Elemente, die von der Klasse Geometry abgeleitet sind und in ihrem Bezeichner das Suffix Geometry haben. Dazu gehören LineGeometry, EllipseGeometry und RectangleGeometry. Ein wesentliches Unterscheidungsmerkmal zwischen Line und LineGeometry ist beispielsweise, dass LineGeometry nicht auf Ereignisse reagiert – ganz im Gegensatz zu Line. Das gilt auch für die anderen Geometry-Objekte.

Ein anderes Merkmal ist, dass sich Geometry-Elemente nicht selbst zeichnen können – sie sind beispielsweise auf Path angewiesen. Die Eigenschaften Fill oder Stroke werden Sie daher vergeblich in Geometry-Elementen suchen.

Die geometrische Figur, die durch Path beschrieben wird, geben Sie für die Path-Eigenschaft Data an, die Geometry-Elemente akzeptiert. Dabei kann es sich im einfachen Fall um genau ein Element handeln, aber auch um mehrere.

Genug der Worte, sehen wir uns nun die Festlegung einer Ellipse mit Path an.

33

```
<Path Stroke="Black">
  <Path.Data>
    <EllipseGeometry Center="100,100" RadiusX="100" RadiusY="60" />
  </Path.Data>
</Path>
```

Listing 33.4 Eine Ellipse mit »Path« im XAML-Code

Ihnen fällt vermutlich sofort auf, dass die Größe der Ellipse nun nicht mehr durch Height und Width bestimmt wird, sondern durch die Eigenschaft Center. Die Größe der Ellipse wird durch RadiusX und RadiusY festgelegt. RadiusX beschreibt dabei den Radius in X-Richtung, RadiusY in Y-Richtung.

Ein ähnlicher Unterschied findet sich auch zwischen den Klassen Rectangle und Rectangle-Geometry. Hier wird die Eigenschaft Rect dazu benutzt, die relative Position und die Abmessungen festzulegen.

```
<Path Stroke="Black">
  <Path.Data>
    <RectangleGeometry Rect="40,10,100,150" RadiusX="20" RadiusY="50" />
  </Path.Data>
</Path>
```

Listing 33.5 Relative Position und Abmessungen festlegen

Die beiden ersten Zahlen geben die Position des Bezugspunktes an (das ist die linke obere Ecke), die beiden letzten die Breite und Höhe. Mit RadiusX und RadiusY können Sie die Ecken sogar mit den angegebenen Radien runden.

33.2.1   Das Element »GeometryGroup«

So wie in den beiden Listings zuvor gezeigt, können Sie nur eine geometrische Figur ausgeben. Natürlich ließen sich mehrere Path-Elemente angeben, um zumindest optisch eine komplexe Figur zu erstellen. Aber es gibt auch einen anderen Weg, bei dem Hilfsklassen zum Einsatz kommen. Unter Zuhilfenahme von Hilfsklassen lassen sich mehrere geometrische Figuren zu einer Gesamtfigur zusammenfassen.

Zu diesen Hilfsklassen gehört GeometryGroup, die in Listing 33.6 ein EllipseGeometry und ein RectangleGeometry-Element kombiniert. Die Ausgabe sehen Sie in Abbildung 33.4.

```
<Path Fill="Blue">
  <Path.Data>
    <GeometryGroup FillRule="Nonzero">
      <EllipseGeometry Center="200,85" RadiusX="30" RadiusY="20" />
      <RectangleGeometry Rect="10,110,100,150" RadiusX="20" RadiusY="50" />
```

```
    </GeometryGroup>
   </Path.Data>
</Path>
```

Listing 33.6 Beschreibung einer geometrischen Figur

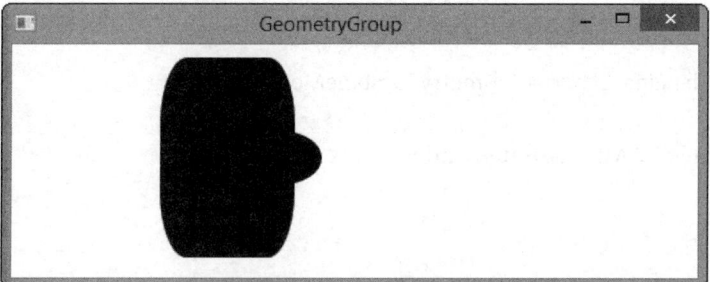

Abbildung 33.4 Eine durch »GeometryGroup« beschriebene geometrische Figur

Mit Fill wird die Füllfarbe Blau festgelegt, die für den gesamten umschlossenen Bereich der Figur steht. In die Data-Eigenschaft ist das GeometryGroup-Element eingebettet, das seinerseits die Geometry-Elemente des Rechtecks und der Ellipse enthält.

Beachten Sie in Listing 33.6 auch die Eigenschaft FillRule, die beschreibt, wie die sich überschneidenden Bereiche der Objekte kombiniert werden. FillRule können Sie entweder auf EvenOdd oder auf Nonzero setzen. In Abbildung 33.5 ist die Einstellung EvenOdd.

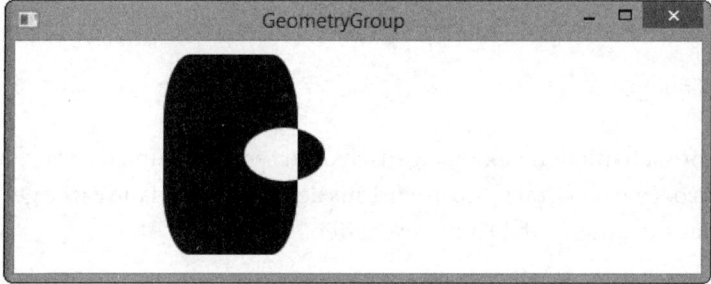

Abbildung 33.5 Auswirkung der Einstellung »EvenOdd« der Eigenschaft »FillRule«

33.2.2   Das Element »CombinedGeometry«

Mit GeometryGroup lassen sich beliebig viele Geometry-Elemente kombinieren, mit CombinedGeometry nur zwei. CombinedGeometry weist mit GeometryCombineMode eine besondere Eigenschaft auf, mit der die Kombination der beiden Elemente beschrieben wird. Die Eigenschaft ist vom Typ der Enumeration GeometryCombineMode, die die Werte Exclude, Intersect, Union und Xor enthält. Die Auswirkungen sehen Sie in Abbildung 33.6.

33

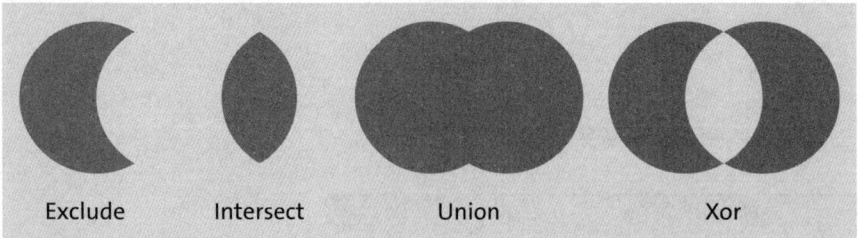

Abbildung 33.6 Auswirkungen der Eigenschaft »GeometryCombineMode«

Der Abbildung liegt der folgende XAML-Code zugrunde:

```xml
<Canvas>
  <Path Fill="Blue">
    <Path.Data>
      <CombinedGeometry GeometryCombineMode="Xor">
        <CombinedGeometry.Geometry1>
          <EllipseGeometry Center="100,100" RadiusX="50" RadiusY="50" />
        </CombinedGeometry.Geometry1>
        <CombinedGeometry.Geometry2>
          <EllipseGeometry Center="150,100" RadiusX="50" RadiusY="50" />
        </CombinedGeometry.Geometry2>
      </CombinedGeometry>
    </Path.Data>
  </Path>
</Canvas>
```

Listing 33.7 XAML-Code für Abbildung 33.6

Die beiden Geometry-Objekte müssen mit den beiden Eigenschaften Geometry1 und Geometry2 zugeordnet werden. Anders als bei einer GeometryGroup wird aus der durch die blaue Farbe gekennzeichneten Fläche eine neue geometrische Figur geschaffen.

33.2.3   Geometrische Figuren mit »PathGeometry«

GeometryGroup und CombinedGeometry sich noch beschränkt in ihren Möglichkeiten. Zur Darstellung auch komplexester geometrischer Figuren ist das Element PathGeometry bestens geeignet. Die resultierende Gesamtfigur wird dabei in mehrere einzelne Figuren zerlegt, deren Linien schrittweise zusammengefügt werden. Diese Vorgehensweise erfordert viel Detailarbeit, woraus am Ende auch ein unter Umständen sehr komplexer XAML-Code resultiert.

Das folgende Codebeispiel demonstriert den Einsatz des PathGeometry-Elements. Die Ausgabe ist kaum der Rede wert, es handelt sich um ein einfaches Quadrat.

```
<Canvas>
  <Path Stroke="#FF000000">
    <Path.Data>
      <PathGeometry>
        <PathGeometry.Figures>
          <PathFigure StartPoint="0,0" IsClosed="True">
            <LineSegment Point="100,0" />
            <LineSegment Point="100,100" />
            <LineSegment Point="0,100" />
          </PathFigure>
        </PathGeometry.Figures>
      </PathGeometry>
    </Path.Data>
  </Path>
</Canvas>
```

Listing 33.8 Darstellung eines Quadrats

Innerhalb des PathGeometry-Elements ist in der Eigenschaft Figures ein PathFigure-Element eingebettet. In diesem Beispiel handelt es sich nur um ein PathFigure-Element, es können aber beliebig viele sein. In PathFigure sind die grafischen Elemente eingebettet. An der namentlichen Kennzeichnung erkennen Sie bereits, dass es sich um eine ganz besondere Gruppe von Elementen handelt. Tatsächlich müssen sie von PathSegment abgeleitet sein.

PathSegment zeichnet sich nur durch zwei Eigenschaften aus: Mit IsStroked legen Sie fest, ob ein Element gezeichnet werden soll, und mit IsSmoothJoin bestimmen Sie, ob die Verbindung zum Vorgängerelement abgerundet werden soll oder nicht.

Im Element PathFigure wird über StartPoint der Startpunkt des geometrischen Objekts definiert. Mit IsClosed lässt sich der letzte Endpunkt des letzten geometrischen Objekts mit dem Startpunkt des ersten verbinden, um so ein geschlossenes Objekt zu erhalten.

33.3 »Brush«-Objekte

Die grafischen Elemente, auf die wohl am häufigsten zugegriffen wird, sind die Brush-Elemente, zu Deutsch Pinsel genannt. Sie beschreiben die Darstellung von Hintergründen, Füllmustern und auch anderer grafischer Elemente.

Basis aller Füllmuster ist die Klasse Brush, die zum Namespace System.Windows.Media gehört. Die Klasse Brush ist abstrakt definiert und stellt neben anderen Eigenschaften auch die Möglichkeit zur Verfügung, mit der Eigenschaft Opacity die Transparenz einzustellen. Brush wird durch TileBrush, GradientBrush und SolidColorBrush abgeleitet. Die beiden erstgenannten

33

Klassen sind ihrerseits selbst abstrakt und dienen nur der Bereitstellung weiterer Gemeinsamkeiten an deren eigene Ableitungen. Die Hierarchie sehen Sie in Abbildung 33.7.

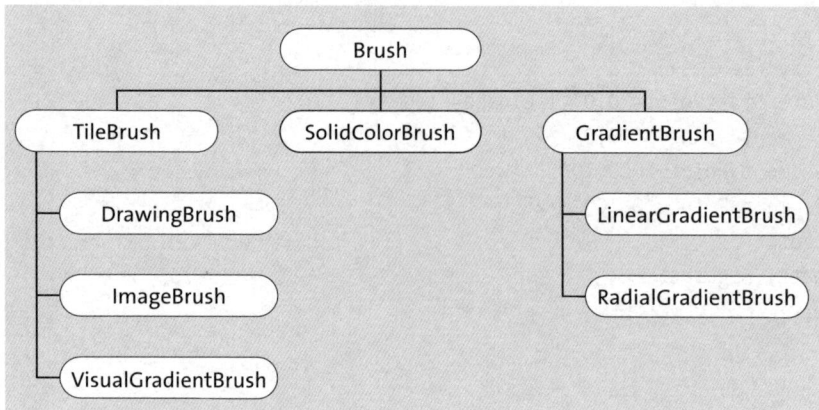

Abbildung 33.7 Die Hierarchie der »Brush«-Klassen

Eine Kurzbeschreibung der Klassen finden Sie in Tabelle 33.3. Wir werden uns im Verlauf dieses Kapitels die Klassen noch etwas genauer ansehen.

Klasse	Beschreibung
DrawingBrush	Dient zur Füllung eines Bereichs mit grafischen Elementen, Videos und Bildern.
ImageBrush	Füllt einen Bereich mit Bildern.
LinearGradientBrush	Wird verwendet, um einen linearen Farbverlauf darzustellen.
RadialGradientBrush	Wird verwendet, um einen radialen Farbverlauf darzustellen.
SolidColorBrush	Dient zum Füllen mit genau einer Farbe.
VisualBrush	Füllt einen Bereich mit einem grafischen Element.

Tabelle 33.3 Konkrete Ableitungen der Klasse »Brush«

33.3.1 »SolidColorBrush«

Möchten Sie eine Fläche mit einer Farbe füllen oder Linien in einer bestimmten Farbe zeichnen, verwenden Sie SolidColorBrush. Geben Sie die Farbe an, können Sie auf die vordefinierten Eigenschaften der Klasse Brushes zurückgreifen, beispielsweise:

```
<Rectangle Width="100" Height="60">
  <Rectangle.Fill>
```

```
    <SolidColorBrush Color="BlanchedAlmond" />
  </Rectangle.Fill>
</Rectangle>
```

Listing 33.9 Eine einfache Farbe festlegen

Der gewünschte Farbwert wird mit der Eigenschaft Color angegeben. Er kann auch ein Hexadezimalwert sein:

```
<SolidColorBrush Color="#AA8790" />
```

Bei der Angabe eines Hexadezimalwertes können Sie neben dem eigentlichen Wert des Farbtons die Angabe um eine Transparenz erweitern. Beabsichtigen Sie, eine Farbe mit 50 % Transparenz anzuzeigen, würde der Farbton wie folgt beschrieben:

```
<SolidColorBrush Color="#80AA8790" />
```

Hier wird einfach vor der sechsstelligen Hexadezimalzahl der Farbe eine zweistellige Transparenz für den sogenannten Alphakanal angegeben. Alternativ bietet sich die gleichwertige Übergabe der Transparenz an die Eigenschaft Opacity an:

```
<SolidColorBrush Opacity="0.5" Color="#AA8790" />
```

33.3.2   »LinearGradientBrush«

Die Klasse LinearGradientBrush beschreibt einen Farbverlauf zwischen zwei Punkten. Die Achse des Farbverlaufs wird als *Verlaufslinie* oder auch *Gradientenachse* bezeichnet. Diese Linie gibt die Richtung des Farbverlaufs an und wird durch die Eigenschaften StartPoint und EndPoint beschrieben. Die Definition des Koordinatensystems für den Gradienten sehen Sie in Abbildung 33.8.

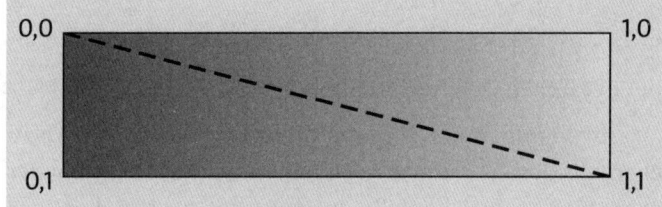

Abbildung 33.8 Koordinatendefinition

Ein Gradient, der von links nach rechts verlaufen soll, beginnt im Punkt 0,0 und endet im Punkt 1,0. Ein diagonaler Verlauf von rechts unten nach links oben beginnt im Punkt 1,1 und endet im Punkt 0,0. Um den Effekt des Gradienten zu erfahren, betrachten Sie Abbildung 33.9, in der vier Rechtecke eine jeweils anders verlaufende Gradientenachse haben. Von links nach rechts sind die Farbverläufe wie folgt definiert:

33

```
<LinearGradientBrush StartPoint="0,0" EndPoint="1,0">
<LinearGradientBrush StartPoint="0,0" EndPoint="1,1">
<LinearGradientBrush StartPoint="1,1" EndPoint="0,0">
<LinearGradientBrush StartPoint="0,1" EndPoint="0,0">
```

Listing 33.10 XAML-Code für Abbildung 33.9

Abbildung 33.9 Farbverläufe mit unterschiedlichen Gradientenachsen

Einen Farbverlauf zu erzeugen bedeutet, mindestens zwei Farben anzugeben. Hierzu wird die Klasse GradientStop benötigt. Diese versetzt uns sogar in die Lage, beliebig viele Zwischenpunkte innerhalb des Farbverlaufs festzulegen. Der relative Punkt auf der Gradientenachse wird mit der Eigenschaft Offset angegeben, die zwischen dem Startpunkt 0 und dem Endpunkt 1 liegen muss. Für jedes GradientStop-Element wird mit Color die gewünschte Farbe in dem betreffenden Punkt beschrieben.

Sehen wir uns zuerst einen einfachen Farbverlauf von Weiß nach Grau an:

```
<LinearGradientBrush StartPoint="0,0" EndPoint="1,0">
  <GradientStop Offset="0.0" Color="White" />
  <GradientStop Offset="1.0" Color="Black" />
</LinearGradientBrush>
```

Listing 33.11 Einfacher Farbverlauf

Die Darstellung entspricht dann der des linken Quadrats in Abbildung 33.9.

Beeindruckender sind natürlich Farbverläufe mit mehreren Verlaufsänderungen. Dazu geben Sie die »Zwischenstopps« ebenfalls durch GradientStop-Elemente unter Nennung der Farbe an. Die Position des Zwischenstopps wird ebenfalls durch Offset beschrieben, das dann natürlich zwischen 0 (dem Startpunkt der Gradientenachse) und 1 (dem Endpunkt der Gradientenachse) liegen muss. Da Offset vom Typ Double ist, können Sie den Zwischenstopp sehr präzise festlegen.

Listing 33.12 enthält zwei Zwischenstopps in den Farben Grau und Blau in dem an sich ansonsten von Weiß nach Schwarz definierten Farbverlauf.

```
<LinearGradientBrush StartPoint="0,0" EndPoint="1,0">
  <GradientStop Offset="0.0" Color="White" />
  <GradientStop Offset="0.4" Color="Gray" />
  <GradientStop Offset="0.6" Color="Blue" />
  <GradientStop Offset="1.0" Color="Black" />
</LinearGradientBrush>
```

Listing 33.12 Komplexer Farbverlauf

Das optische Resultat sehen Sie in Abbildung 33.10.

Abbildung 33.10 Mehrstufiger Farbverlauf

> **Hinweis**
>
> Je nach Farbwahl und der zu füllenden Fläche sind manchmal recht deutliche Sprünge im Farbverlauf zu erkennen. Diese können unter Umständen mit der Einstellung ScRGBLinear-Interpolation der Eigenschaft ColorInterpolationMode beseitigt oder doch zumindest deutlich reduziert werden.

33.3.3 »RadialGradientBrush«

Die Klasse RadialGradientBrush ähnelt der zuvor beschriebenen Klasse LinearGradientBrush mit dem Unterschied, dass keine rechteckigen Grundrisse gefüllt werden, sondern runde.

Für die Angabe des Farbverlaufs benutzen Sie erneut die Klasse GradientStop. Auch hier werden die Koordinaten zwischen 0,0 und 1,0 angegeben und beziehen sich (zunächst) auf den Mittelpunkt des zu füllenden Objekts. Sie können den Bezugspunkt aber auch mit Gradient-Origin beliebig verschieben. Mit 0.0, 0.0 befindet er sich wie bei einem rechteckigen Umriss in der linken oberen Ecke. Folglich wird der Punkt 0.5, 0.5 dem Mittelpunkt der Ellipse entsprechen.

Zur Verdeutlichung der Eigenschaft GradientOrigin werden wieder Farbverläufe von Weiß nach Blau beschrieben. Die vier XAML-Zeilen beschreiben die Kreise (besser: Kugeln), die Sie in Abbildung 33.1 von links nach rechts sehen.

33

```
<RadialGradientBrush>
<RadialGradientBrush GradientOrigin="0.3, 0.3">
<RadialGradientBrush GradientOrigin="0.5, 0.5">
<RadialGradientBrush GradientOrigin="0.8, 0.8">
```

Listing 33.13 Die Eigenschaft »GradientOrigin« des »RadialGradientBrush«-Elements

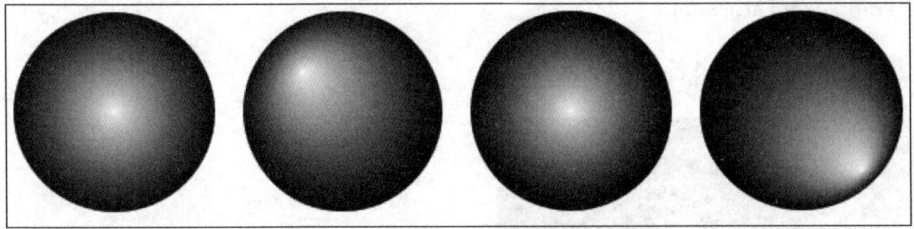

Abbildung 33.11 Die Auswirkungen von »GradientOrigin«

Optisch erinnert die Ausgabe an die Bestrahlung durch einen Scheinwerfer. Mit weiteren Eigenschaften von `RadialGradientBrush` lässt sich der Lichtkegel nahezu beliebig einstellen. Es handelt sich dabei um die Eigenschaften `RadiusX/RadiusY` sowie um `Center`. Ohne lange Worte über den damit zu erzielenden optischen Effekt zu verlieren: Schauen Sie sich bitte die beiden folgenden Abbildungen an, die verschiedene Eigenschaftseinstellungen zeigen.

```
<RadialGradientBrush RadiusX="0" RadiusY="0">
<RadialGradientBrush RadiusX="0.3" RadiusY="0.3">
<RadialGradientBrush RadiusX="0.6" RadiusY="0.6">
<RadialGradientBrush RadiusX="1.0" RadiusY="1.0">
```

Listing 33.14 XAML-Code zu Abbildung 33.12

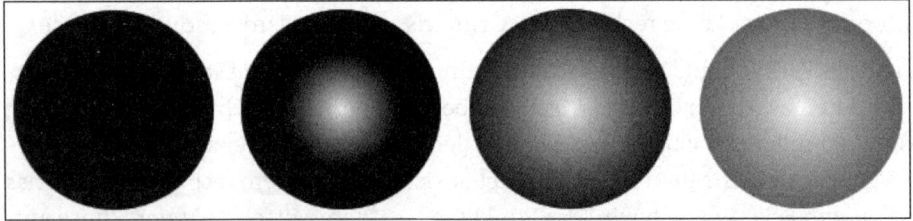

Abbildung 33.12 Die Auswirkungen der Eigenschaften »RadiusX« und »RadiusY«

```
<RadialGradientBrush Center="0.0, 0.0">
<RadialGradientBrush Center="0.3, 0.3">
<RadialGradientBrush Center="0.6, 0.6">
<RadialGradientBrush Center="1.0, 1.0">
```

Listing 33.15 XAML-Code zu Abbildung 33.13

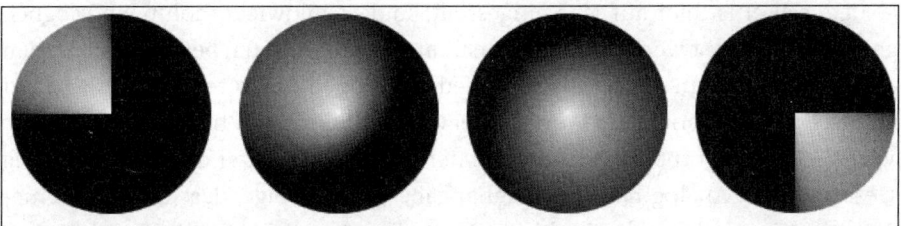

Abbildung 33.13 Die Auswirkung der Eigenschaft »Center«

33.3.4 Muster mit »TileBrush«

TileBrush ist die abstrakte Basisklasse der drei Klassen DrawingBrush, ImageBrush und Visual-Brush. Es bietet sich an, zunächst die wesentlichsten Fähigkeiten der Klasse TileBrush zu betrachten, um nachher nur noch einen Blick auf die spezifischen Möglichkeiten der Ableitungen zu werfen.

Mit TileBrush werden Muster erzeugt, die wiederholt in der Oberfläche angezeigt werden. Das erinnert an Kacheln, wodurch sich auch die Bezeichnung der Klasse erklärt (*tile*, zu Deutsch: Kachel). Zur Ausgabe mehrerer Kacheln ist zumindest die Angabe der Eigenschaften TileMode und Viewport notwendig. Mit TileMode geben Sie an, ob Sie überhaupt Kacheln anzeigen wollen und in welche Richtung. Per Vorgabe ist TileMode=Tile eingestellt. Damit werden die Kacheln in horizontaler und vertikaler Richtung auf die Fläche verteilt, mit Tile-Mode=None erfolgt keine Wiederholung des Brush-Elements. Darüber hinaus gibt es mit FlipX, FlipY und FlipXY weitere drei Einstellungen. FlipX wird die Brushes-Vorlage entlang der X-Achse gespiegelt, mit FlipY um die Y-Achse. Dass FlipXY gleichzeitig um beide Achsen spiegelt, werden Sie sich nun schon denken können.

Viewport dient der Einstellung des Versatzes und der Wiederholungsrate in X- und Y-Richtung. Sehen wir uns das an einem Beispiel an:

```
<Canvas Margin="10">
  <Rectangle Height="300" Width="350">
    <Rectangle.Fill>
      <ImageBrush Stretch="Fill" TileMode="Tile" ImageSource="Woman.jpg"
                  Viewport="0, 0, 0.333, 0.5" />
    </Rectangle.Fill>
  </Rectangle>
</Canvas>
```

Listing 33.16 Das Element »ImageBrush«

Beim Anwenden eines Brush-Objektes auf eine Fläche kann es passieren, dass die Fläche zu klein ist oder nicht ganz ausgefüllt werden kann. Über die Eigenschaft Stretch wird festgelegt, wie der Brush die Fläche ausfüllt.

33

Die TileMode-Eigenschaft ist hier auf Tile eingestellt, so dass Bildwiederholungen möglich sind. Der Eigenschaft Viewport werden vier Zahlen übergeben: Die ersten beiden beschreiben den Versatz, die beiden letzten die Anzahl der Wiederholungen. Letztere beziehen sich auf die Gesamtfläche. Dabei entspricht der Wert 1.0 der Gesamtbreite bzw. -höhe. Mit einer Breitenangabe von 0.333 beträgt die Gesamtbreite einer Kachel ein Drittel der zur Verfügung stehenden Gesamtbreite. Analog hat die Höhenangabe 0.5 zur Folge, dass die Höhe einer Kachel die Hälfte der Gesamthöhe der Fläche ist. Das Bild wird demnach in der Breite dreimal angezeigt, in der vertikalen Richtung bilden sich zwei Reihen (siehe Abbildung 33.14).

Abbildung 33.14 Gekacheltes Bild

Um den Einfluss des Versatzes zu testen, genügt eine geringe Änderung der an Viewport übermittelten Werte:

```
<ImageBrush Stretch="Fill" TileMode="Tile" ImageSource="Woman.jpg"
        Viewport="0.5, 0.33, 0.333, 0.5" />
```

Die Auswirkungen sehen Sie deutlich in Abbildung 33.15.

In den Listings wurde die Abmessung einer Kachel abhängig von der Gesamtbreite oder Höhe festgelegt. Soll die einzelne Kachel unabhängig von der Fläche gezeichnet werden, können Sie die Eigenschaft ViewportUnits auf Absolute setzen (die Vorgabe ist RelativeToBoundingBox). Dadurch wird es möglich, für die Breite und Höhe einer Kachel absolute Zahlen zu verwenden. Im folgenden Beispiel sind sie auf 120 × 160 Einheiten gesetzt.

```
<ImageBrush ViewportUnits="Absolute" TileMode="Tile" ImageSource="Woman.jpg"
        Viewport="0, 0, 120, 160" />
```

Abbildung 33.15 Der Einfluss der Eigenschaft »Viewport«

Zwei letzte Eigenschaften sollten an dieser Stelle ebenfalls erwähnt werden: Mit AlignmentX und AlignmentY kann die Startposition der ersten Kachel festgelegt werden. Beide Eigenschaften lassen die Einstellungen Left, Center und Right zu.

33.3.5 Bilder mit »ImageBrush«

Die Klasse ImageBrush zur Anzeige eines beliebigen Bildes haben wir bereits im letzten Abschnitt benutzt. Der Eigenschaft ImageSource teilen wir die Quelle des Bildes mit. Die Darstellung des Bildes kann mit Stretch beeinflusst werden. Die Eigenschaft ist vom Typ der gleichnamigen Enumeration Stretch, die vier Werte beschreibt.

Wert	Beschreibung
None	Bei dieser Einstellung bleibt die ursprüngliche Größe des Bildes erhalten.
Fill	Die Größe des Inhalts wird geändert, so dass er die Abmessungen des Ziels ausfüllt. Das Seitenverhältnis wird nicht beibehalten.
Uniform	Die Größe des Bildes passt sich den Abmessungen der Fläche so an, dass es komplett angezeigt wird, ohne dass das Seitenverhältnis verändert wird.

Tabelle 33.4 Die Werte der Enumeration »Stretch«

33

Wert	Beschreibung
UniformToFill	Die Größe des Bildes passt sich den Abmessungen der Fläche so an, dass es die Fläche komplett ausfüllt, ohne dass das Seitenverhältnis des Bildes dabei verändert wird.

Tabelle 33.4 Die Werte der Enumeration »Stretch« (Forts.)

Wie sich die Einstellungen auf die Darstellung eines Bildes auswirken, zeigt Abbildung 33.16.

Abbildung 33.16 Der Einfluss der Eigenschaft »Stretch«

33.3.6 Effekte mit »VisualBrush«

VisualBrush dürfte wohl das leistungsfähigste aller Brush-Elemente sein. Zur Füllung dienen VisualBrush alle die Elemente, die von Visual abgeleitet sind. Dazu gehören demnach neben Button- und TextBox-Elementen auch Bilder vom Typ Image.

Prinzipiell können Sie auf zwei Weisen den Inhalt eines VisualBrush-Elements erstellen:

▶ Sie weisen der Eigenschaft Visual ein neues Element zu.

▶ Sie verwenden ein bereits vorhandenes Element.

Mit VisualBrush lassen sich tolle Effekte erzielen. Hierbei kommen Eigenschaften ins Spiel, die ich bereits angesprochen habe: Stretch, Opacity, Viewport und TileMode. Sie werden aber auch Eigenschaften finden wie Transform und RelativeTransform. Transformationen sind ein mächtiges Werkzeug der WPF und werden dazu verwendet, geometrische Objekte und UI-Komponenten zu manipulieren. Darunter ist zu verstehen, geometrische Objekte zu drehen, sie rotieren zu lassen, zu skalieren oder gar zu scheren.

Das Zusammenspiel von VisualBrush und Transformationen soll das folgende Beispielprogramm demonstrieren. Bevor wir uns dem XAML-Code widmen, sehen wir uns in Abbildung 33.17 die Ausgabe des Beispielprogramms an.

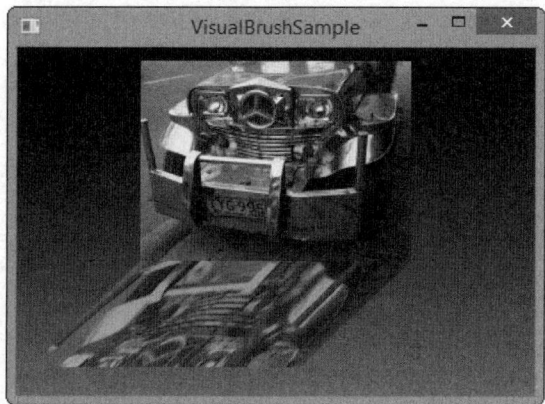

Abbildung 33.17 Ausgabe des Beispielprogramms »VisualBrushSample«

```
// Beispiel: ..\Kapitel 33\VisualBrushSample
<Window ...
        Title="VisualBrushSample" Height="300" Width="400">
  <Grid>
    <StackPanel>
      <StackPanel.Background>
        <LinearGradientBrush StartPoint="0,0" EndPoint="0,1">
          <GradientStop Offset="0.0" Color="Black" />
          <GradientStop Offset="1.0" Color="Gray" />
        </LinearGradientBrush>
      </StackPanel.Background>
      <Image Margin="0,10,0,0" Source="Jeepney.jpg" Name="Jeepney"
             Height="150" Width="200" Stretch="Uniform" />
      <Rectangle Height="80">
        <Rectangle.Fill>
          <VisualBrush Visual="{Binding ElementName=Jeepney}"
                       Stretch="None" Opacity="0.6">
            <VisualBrush.RelativeTransform>
              <TransformGroup>
                <ScaleTransform ScaleY="-1.5" />
                <TranslateTransform Y="1" />
                <SkewTransform AngleX="-12" />
              </TransformGroup>
            </VisualBrush.RelativeTransform>
          </VisualBrush>
        </Rectangle.Fill>
      </Rectangle>
    </StackPanel>
```

33

```
    </Grid>
</Window>
```

Listing 33.17 Das Beispielprogramm »VisualBrushSample«

Irgendwo im XAML-Code muss die Komponente, die mit Effekten versehen werden soll, bereits definiert sein. In unserem Beispiel handelt es sich um das durch ein Image-Element beschriebene Bildchen. Die Eigenschaft Visual des VisualBrush-Elements wird an das Image gebunden und steht somit für effektvolle Manipulationen zur Verfügung. Gleichzeitig wird die Transparenz mit der Eigenschaft Opacity auf 60 % festgelegt.

Mit RelativeTransform leiten wir die Transformation mit relativen Koordinaten ein. Eine Transformation kann sich aus mehreren Einzeleffekten zusammensetzen. Um diese zusammenzufassen, wird ein TransformGroup-Element benötigt. Dieses gruppiert mehrere Elemente, deren Basis die Klasse Transform ist. Dazu gehören die Elemente TranslateTransform, ScaleTransform und SkewTransform. ScaleTransform skaliert das visuelle Element, TranslateTransform verschiebt es, und SkewTransform beschreibt einen Neigungswinkel.

33.3.7   Das Element »DrawingBrush«

Das letzte Brush-Objekt, über das es noch Worte zu verlieren gibt, ist DrawingBrush. DrawingBrush verwendet zum Füllen der Kacheln Grafiken. Sie können damit erheblichen Einfluss auf die Zeichnung nehmen, es bleiben fast keine Wünsche offen.

Der Inhalt selbst wird durch ein Drawing-Objekt beschrieben, das der gleichnamigen Eigenschaft zugewiesen wird. Mit DrawingGroup, GeometryDrawing, GlyphRunDrawing, ImageDrawing und VideoDrawing stehen gleich fünf verschiedene Drawing-Objekte zur Verfügung.

Es sei an dieser Stelle nur so viel gesagt: Der Aufwand ist enorm. Deshalb werden solche Brush-Objekte auch eher mit Tools wie beispielsweise Expression Blend erstellt. Im Rahmen eines Buches, das nicht nur speziell auf die WPF eingeht, soll es an dieser Stelle dabei bleiben. Sollten Sie irgendwann einmal beabsichtigen, sich näher mit dem DrawingBrush zu beschäftigen, steht Ihnen zahlreiche spezielle Literatur zur Verfügung, z. B. »Windows Presentation Foundation« von Thomas Huber, Rheinwerk Verlag, Bonn 2019 (978-3-8362-7201-8).

Kapitel 34
Komponententests (Unit-Tests)

In vielen Firmen läuft die Entwicklung der Software nach einem sehr einfachen Schema ab: Es wird der notwendige Programmcode geschrieben, mehr oder weniger intensiv getestet und dann ausgeliefert. Meiner Erfahrung nach setzen erstaunlicherweise nur verhältnismäßig wenige Entwickler bzw. Unternehmen während der Entwicklungsphase Testtools wie Unit-Tests ein. Das wird einerseits damit begründet, dass schlicht und einfach die spezifischen Kenntnisse fehlen, andererseits erhöhen sich mit Unit-Tests auch die Gesamtkosten der Entwicklung. Das erinnert sehr an das leidige Thema »Dokumentation«. Auch diese wird – oft zum Leidwesen der Benutzer – allzu häufig aus Kostengründen vernachlässigt. Dabei kann der Einsatz von Unit-Tests die Qualität und Stabilität einer Anwendung deutlich verbessern.

In diesem Kapitel stelle ich Ihnen das von Microsoft im Visual Studio 2019 bereitgestellte *MSTest Unit Testing Framework* vor. Es darf aber dabei nicht verschwiegen werden, dass es neben dem in diesem Kapitel behandelten MSTest zahlreiche weitere Tools für das Unit-Testing von .NET gibt, darunter:

- NUnit
- MbUnit
- xUnit.NET

Jedes Framework hat seine eigenen Vor- und Nachteile. Komponententests mit MSTest haben zumindest den Vorteil, dass sie in Visual Studio integriert sind und wir keine weitere Software von Drittanbietern installieren müssen. Diesen Vorteil erkaufen wir uns allerdings mit einer vergleichsweise schlechten Testperformance. Auf der anderen Seite kann man sich aber sehr schnell in andere Testtools einarbeiten, wenn man einmal eines gelernt hat.

Ich möchte Ihnen in diesem Kapitel zeigen, welche Vorteile es hat, wenn Sie bereits vor oder während der Entwicklungsphase Unit-Tests einsetzen.

34.1 Was ist ein Unit-Test?

Um zu verdeutlichen, was ein Unit-Test ist und wie er eingesetzt wird, wollen wir uns das Prinzip an einem kleinen und einfachen Beispiel ansehen. Wir gehen dabei von einer Benutzeroberfläche aus, die wie in Abbildung 34.1 gezeigt aussieht.

34

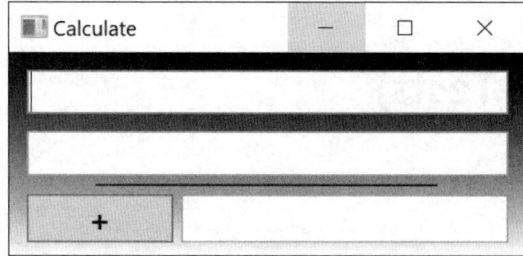

Abbildung 34.1 UI des Unit-Test-Beispiels

In die beiden oberen Textboxen soll der Benutzer jeweils eine Ganzzahl eingeben. Nach dem Klicken auf die Schaltfläche wird in der unteren Textbox die Summe der beiden Zahlen angezeigt.

Tatsächlich wird die Summenbildung nicht im Click-Ereignishandler des Buttons durchgeführt, sondern in einer externen Methode, die in einer Klassenbibliothek hinterlegt ist. Der Code im Ereignishandler sieht wie folgt aus:

```
private void BtnAdd_Click(object sender, RoutedEventArgs e)
{
  long result = Calculator.Add(Convert.ToInt32(txtOperator1.Text),
                               Convert.ToInt32(txtOperator2.Text));
  txtResult.Text = result.ToString();
}
```

Listing 34.1 Click-Ereignishandler der Schaltfläche

Sehen wir uns nun den Programmcode in der Klasse Calculator der Klassenbibliothek an:

```
public static class Calculator
{
  public static long Add(int a, int b) => a + b;
}
```

Listing 34.2 Die Methode in der Klassenbibliothek

Natürlich wird es in diesem Beispiel sehr einfach sein, das Ergebnis auf seine Richtigkeit hin zu untersuchen, und wir würden definitiv keinen Unit-Test benötigen. Aber in der Realität sind die Methoden fast immer deutlich komplexer als die in unserem Beispiel, und die korrekte Ausführung ist nicht so offensichtlich wie in Listing 34.2.

Wie sieht nun der Testcode aus, der das korrekte Ergebnis der Summenbildung prüft? Dazu ist eine spezielle Methode notwendig, die in einem separaten Testprojekt bereitgestellt wird. Wie Sie ein solches Testprojekt erzeugen, zeige ich Ihnen später. Sehen wir uns zunächst die Testmethode an.

```
[TestClass]
public class CalculatorTest
{
  [TestMethod]
  public void Test_Add()
  {
    int operator1 = 10;
    int operator2 = 5;
    long expected = 15;
    long actual = Calculator.Add(operator1, operator2);
    Assert.AreEqual(expected, actual);
  }
}
```

Listing 34.3 Methode zum Testen der Methode »Add« in der Klassenbibliothek

Es wird eine Klasse beschrieben, hier `CalculatorTest` genannt, in der die Methode `Test_Add` definiert ist. Beachten Sie, dass die Testklasse mit dem Attribut `TestClass` verknüpft ist und die Testmethode mit dem Attribut `TestMethod`.

In der Methode sind mit `operator1` und `operator2` zwei Integer-Werte definiert. Wir wissen, dass die Summe der beiden Zahlen das Ergebnis 15 haben muss. Gespeichert wird der erwartete Wert in der Variablen `expected`. Dasselbe Ergebnis muss logischerweise auch der Aufruf der Methode `Calculator.Add` liefern, wenn `operator1` und `operator2` als Argumente übergeben werden.

Nach dem Aufruf der Methode `Calculator.Add` unter Übergabe von `operator1` und `operator2` wird das Resultat des `Add`-Methodenaufrufs in `actual` gespeichert. Nun gilt es noch, den Beweis zu führen, dass das Ergebnis des Methodenaufrufs dem von uns erwartetem Wert entspricht. Dazu benutzen wir die Klasse `Assert` und rufen ihre statische Methode `AreEqual` auf. An `AreEqual` übergeben wir `expected` und `actual`. Sind beide Variableninhalte identisch, gilt der Test als bestanden, ansonsten liegt ein Fehler in der Methode `Calculator.Add` vor.

Auch wenn dieses Beispiel sehr einfach gehalten und die Methoden in der Praxis deutlich komplexer sind gibt es den Ablauf des Testens wieder.

MSTest Unit Testing wird von Microsoft kurz als *Komponententests* bezeichnet. Komponententests sind besonders hilfreich, wenn sie fester Bestandteil des Entwicklungsworkflows sind. Sobald Sie eine Methode mit Anwendungscode geschrieben haben, können Sie Komponententests erstellen, mit denen Sie das Verhalten des Codes bei der Eingabe von Standarddaten, falschen Daten und Daten an der Grenze des Gültigkeitsbereichs überprüfen können. Die Tests bieten zudem die Möglichkeit, alle im Code enthaltenen Annahmen zu überprüfen.

Mit einer besonderen Programmiertechnik, dem *Test-Driven Development* (kurz TDD genannt), werden Komponententests sogar erstellt, bevor der eigentliche Programmcode ge-

34

schrieben wird. Damit lässt sich von Anfang an prüfen, ob die Implementierung einer Methode das richtige Resultat liefert.

34.2   Ein erster Komponententest

Nachdem wir uns oben das Prinzip eines Komponententests angesehen haben, wollen wir ein konkretes Projekt erstellen, das mit MSTest getestet werden soll. Dazu schaffen wir uns zuerst die Grundlage in Form einer Klassenbibliothek. Diese enthält mit `Calculator` eine Klasse, in der vier Methoden definiert sind, die die vier Grundrechenarten beschreiben.

```
public static class Calculator
{
  public static long Add(int a, int b) => a + b;
  public static long Subtract(int a, int b) => a - b;
  public static long Multiply(int a, int b) => a * b;
  public static double Divide(double a, double b) => a / b;
}
```

Listing 34.4 Die zu testende Klasse »Calculator«

Auf eine Benutzeroberfläche, die auf die in Listing 34.4 gezeigten Methoden zugreift, wollen wir hier verzichten. Stattdessen soll die korrekte Ausführung der Methoden mit einem Komponententest bewiesen werden.

Dazu ergänzen wir die Projektmappe um ein Testprojekt. Stellen Sie im Dialog *Neues Projekt erstellen* zunächst die Auswahloption Projekttyp auf Test ein. Die Plattform sei Windows und die Sprache selbstverständlich C#. Aus der Liste der angebotenen Projektvorlagen markieren Sie, wie in Abbildung 34.2 gezeigt, Komponententestprojekt (.NET Framework). Der Name des Projekts soll *CalculatorLibrary_Test* lauten.

Nach dem Bestätigen wird das Testprojekt erstellt und der in Listing 34.5 wiedergegebene Programmcode automatisch erzeugt.

```
using System;
using Microsoft.VisualStudio.TestTools.UnitTesting;

namespace CalculatorLibrary_Test
{
  [TestClass]
  public class UnitTest1
  {
    [TestMethod]
    public void TestMethod1()
    {
```

```
      }
    }
  }
```

Listing 34.5 Der automatisch erzeugte Code eines Testprojekts

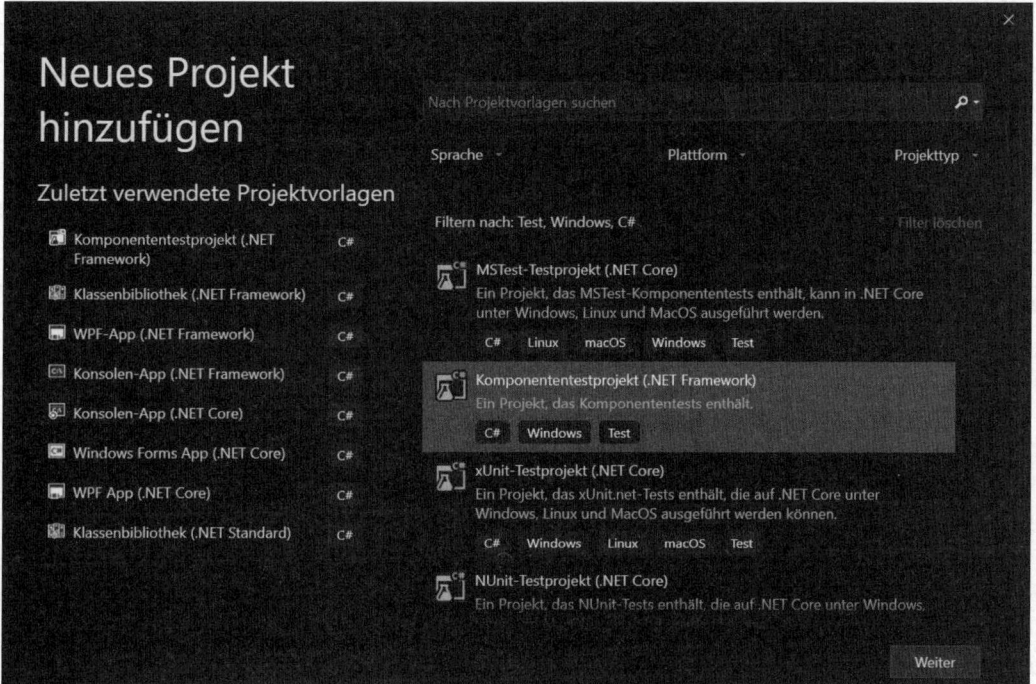

Abbildung 34.2 Hinzufügen eines Komponententest zur Projektmappe

Wir sehen eine Klasse namens `UnitTest1` und eine Methode mit dem Bezeichner `TestMethod1`. Die Klasse `UnitTest1` ist mit dem Attribut `TestClass` dekoriert, die Methode mit dem Attribut `TestMethod`. Beide genannten Attribute sind im Namespace

`Microsoft.VisualStudio.TestTools.UnitTesting`

definiert, der im oberen Bereich der Codedatei mit `using` bekanntgegeben ist. Die Attribute sind zwingend notwendig, denn ohne das `TestClass`-Attribut wird die Klasse nicht als Testklasse erkannt und ohne das Attribut `TestMethod` die Methode nicht als Testmethode.

Die Bezeichner für die Klasse als auch für die Methode sollten wir ändern, denn aus den Bezeichnern sollte sofort klar ersichtlich sein, welche Komponente bzw. welche Methode getestet wird. Deshalb benennen wir die Klasse in `CalculatorTest` um und die Methode in `Test_Add`. Die drei anderen Testmethoden zum Testen von `Calculator.Subtract`, `Calculator.Multiply` und `Calculator.Divide` werden wir später hinzufügen.

34

34.2.1 Das »AAA«-Prinzip

Der allgemein übliche Weg, einen Komponententest zu schreiben, folgt dem »AAA«-Pattern. Die drei Buchstaben stehen für *Arrange* (Vorbereitung), *Act* (Aktion) und *Assert* (Bestätigung). *Arrange* beschreibt die Daten, die wir an die zu testende Methode schicken wollen, und darüber hinaus, welches Resultat wir mit diesen Daten vom Methodenaufruf erwarten. Mit *Act* wird der Vorgang beschrieben, mit den Daten aus dem *Arrange*-Abschnitt die zu testende Methode aufzurufen. Im *Assert*-Abschnitt wird schließlich geprüft, ob sich die getestete Methode wie erwartet verhält.

Sehen wir uns das Pattern am Beispiel der Testmethode Test_Add an. Dazu ist im ersten Schritt in der Testanwendung ein Verweis auf die Klassenbibliothek zu legen. Die Bereiche *Arrange*, *Act* und *Assert* sind durch entsprechende Kommentare gekennzeichnet:

```
[TestClass]
public class CalculatorTest
{
  [TestMethod]
  public void Test_Add()
  {
    // Arrange
    int value1 = 20;
    int value2 = 60;
    long expected = 80;
    // Act
    long actual = Calculator.Add(value1, value2);
    //Assert
    Assert.AreEqual(expected, actual);
  }
}
```

Listing 34.6 Der Test der Methode »Add«

Die Klasse Assert hat zahlreiche statische Methoden, die zu Testzwecken aufgerufen werden können. Wir benutzen hier die Methode AreEqual und übergeben dem ersten Parameter den erwarteten Wert der Operation, dem zweiten Parameter das tatsächliche Resultat des Methodenaufrufs.

In gleicher Weise sollen natürlich auch die verbleibenden drei Methoden der Klasse Calculator getestet werden. Daher ergänzen wir die Klasse CalculatorTest noch wie in Listing 34.7 gezeigt.

```
[TestMethod]
public void Test_Subtract()
{
```

```
// Arrange
int value1 = 20;
int value2 = 60;
long expected = -40;
// Act
long actual = Calculator.Subtract(value1, value2);
//Assert
Assert.AreEqual(expected, actual);
}
[TestMethod]
public void Test_Multiply()
{
// Arrange
int value1 = 20;
int value2 = 60;
long expected = 1200;
// Act
long actual = Calculator.Multiply(value1, value2);
//Assert
Assert.AreEqual(expected, actual);
}
[TestMethod]
public void Test_Divide()
{
// Arrange
double value1 = 20;
double value2 = 60;
double expected = 0.3333;
// Act
double actual = Calculator.Divide(value1, value2);
//Assert
Assert.AreEqual(expected, actual, 0.01);
}
```

Listing 34.7 Ergänzende Methode in der Klasse »CalculatorTest«

Während Test_Subtract und Test_Multiply keine besonderen Herausforderungen darstellen, müssen wir der Methode Test_Divide noch unsere besondere Aufmerksamkeit schenken. Wie bekannt ist, sind Fließkommazahlen in der Programmierung naturgemäß immer mit einer gewissen Ungenauigkeit behaftet. Das macht sich auch bei dem Vergleich zweier Fließkommazahlen in der Methode AreEqual bemerkbar. Damit der Vergleich der Inhalte von expected und actual beim Test nicht immer scheitert (obwohl das Ergebnis tatsächlich korrekt ist), bietet uns eine der vielen Überladungen der Methode AreEqual an, einen gewis-

34

sen Toleranzbereich zu akzeptieren. In unserem Beispiel wurde dieser auf 0.01 festgelegt, er könnte aber auch kleiner oder auch größer sein. Das hängt von den Anforderungen an die Genauigkeit des Testergebnisses ab.

34.2.2   Automatisches Generieren eines Testprojekts

Es kann sehr viel Zeit beanspruchen, für jede zu testende Methode eine spezifische Testmethode zu schreiben. Sie können diesen Vorgang jedoch auch automatisieren. Dazu setzen Sie den Mauscursor in die Klasse Calculator und öffnen das Kontextmenü. Darin finden Sie den Menüpunkt KOMPONENTENTESTS ERSTELLEN. Klicken Sie darauf, wird ein Dialog angezeigt, in dem Sie grundlegende Einstellungen vornehmen können (siehe Abbildung 34.3). Anzumerken ist hierbei, dass bei der Vergabe der Bezeichner für die Testklasse und die einzelnen Testmethoden eine Standardvorgabe vorgeschlagen wird. Beispielsweise wird für den Bezeichner der Testklasse das Suffix Tests nach dem Bezeichner der zu testenden Klasse vorgeschlagen, für die Methoden das Suffix Test nach dem Methodennamen.

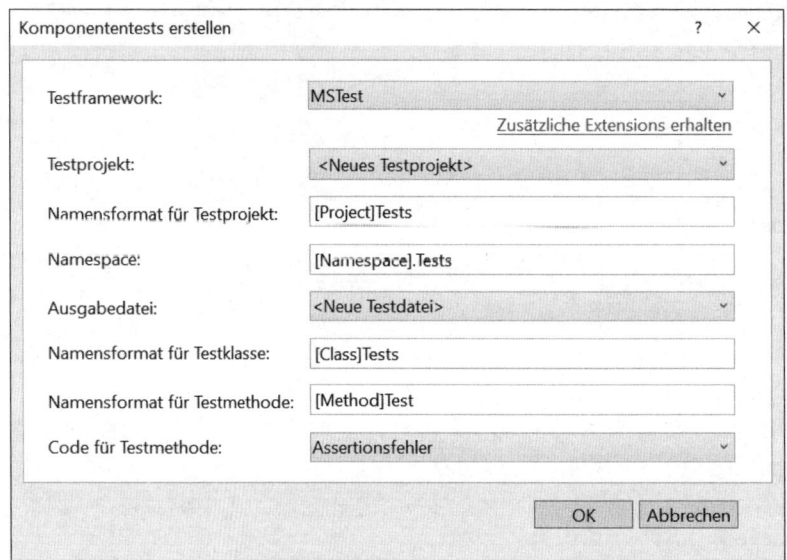

Abbildung 34.3 Automatisches Erstellen eines Komponententests

Standardmäßig schlägt der Assistent vor, in jeder Testmethode die Anweisung

```
Assert.Fail();
```

zu schreiben. Das hat den Sinn, beim Testlauf einen Fehler zu provozieren, wenn Sie vergessen haben, die Testmethode zu implementieren. Alternativ können Sie die Testmethode natürlich auch leer lassen oder eine NotImplementedException auslösen.

34.2.3   Ausführen eines Unit-Tests

Visual Studio bietet zahlreiche Möglichkeiten an, den Komponententest auszuführen. Sie können beispielsweise das Menü TEST im Visual Studio öffnen und angeben, welche Tests ausgeführt werden sollen. Unter dem Begriff »Test« ist dabei der Aufruf einer Testmethode zu verstehen. Beispielsweise können Sie auswählen, alle Tests auszuführen oder vielleicht nur die, die bei einem vorherigen Testlauf zu einem Fehler geführt haben (siehe Abbildung 34.4).

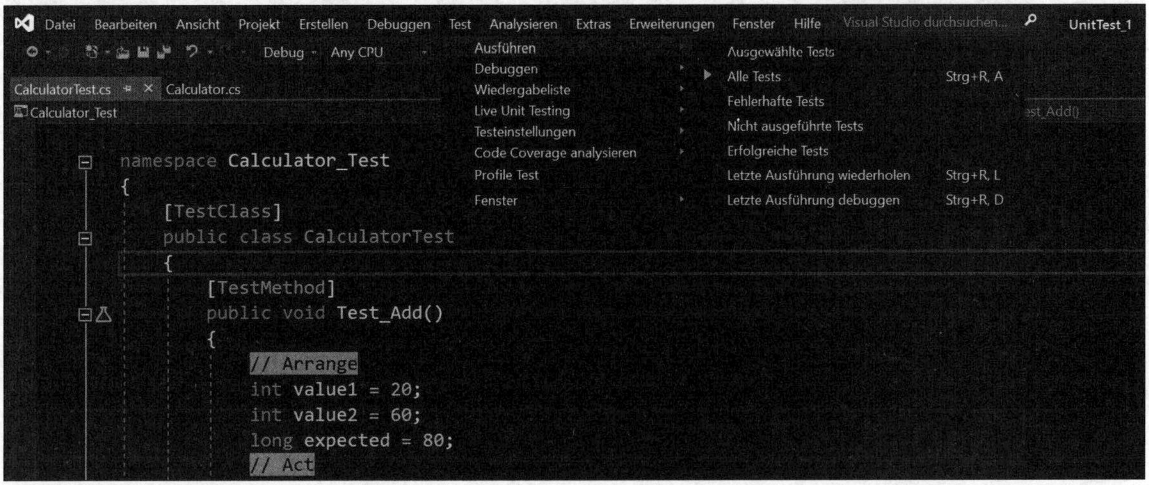

Abbildung 34.4 Tests starten mit dem Visual-Studio-Menüpunkt »Test«

Sie können aber auch direkt in den Code-Editor der Testklasse CalculatorTest gehen und dort das Kontextmenü öffnen. Die Testmethode, in der sich der Mauszeiger beim Öffnen des Kontextmenüs befindet, wird dann ausgeführt. Möchten Sie alle Tests einer Testklasse ausführen, müssen Sie den Mauszeiger einfach nur innerhalb der Testklasse positionieren, aber außerhalb der Testmethoden.

Unabhängig davon, wie Sie den Test starten, wird anschließend das Fenster des Test-Explorers geöffnet. Darin werden alle Tests der Testanwendung aufgelistet, und Sie werden davon unterrichtet, ob der Test erfolgreich war oder nicht. In Abbildung 34.5 sehen Sie die beiden möglichen Fälle. Der Abbildung liegt ein Testlauf der Test_Add-Methode zugrunde. War der Test erfolgreich, wird ein Häkchen vor der Methode dargestellt. Das sehen Sie links in der Abbildung. War der Testlauf hingegen nicht erfolgreich, macht ein Kreuz Sie darauf aufmerksam. Zudem werden ein paar zusätzliche Detailinformationen in den unteren Bereich des Test-Explorers geschrieben. Das sehen Sie im rechten Bereich von Abbildung 34.5.

34

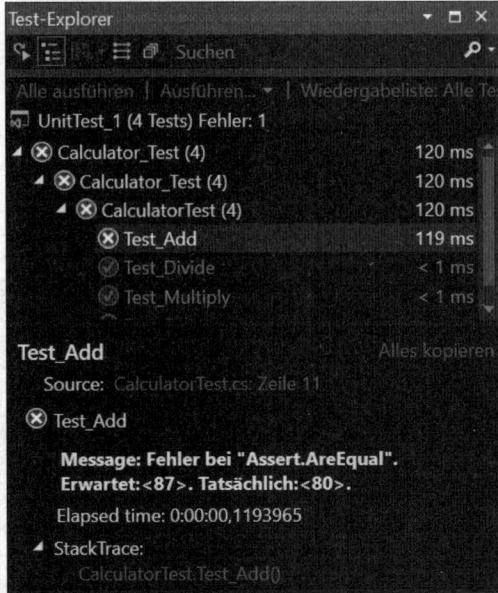

Abbildung 34.5 Der »Test-Explorer« mit einem erfolgreichen und einem gescheiterten Test

Es sei noch angemerkt, dass Sie die Tests, die ausgeführt werden sollen, auch im Test-Explorer durch Markieren angeben können. Zudem bietet die Menüleiste des Test-Explorers mit ALLE AUSFUHREN und AUSFUHREN eine weitere Auswahloption für die zu testenden Methoden.

Möchten Sie dem Testprojekt weitere Testklassen hinzufügen, markieren Sie das Testprojekt im Projektmappen-Explorer und öffnen sein Kontextmenü. Über HINZUFÜGEN und anschließend KOMPONENTENTEST wird eine weitere Testklasse dem aktuellen Projekt hinzugefügt. Die Testmethoden in der neuen Testklasse werden sofort im Test-Explorer aufgenommen und können wie zuvor beschrieben getestet werden.

Im Zusammenhang mit der Ausführung eines Komponententests ist eine weitere Option im Menü TEST von Visual Studio interessant: Wählen Sie TEST • TESTEINSTELLUNGEN • NACH DEM BUILDVORGANG TESTS AUSFÜHREN aus, wird ein kompletter Testlauf nach dem Kompilieren ausgeführt (siehe Abbildung 34.6). Das gibt Ihnen unter Umständen vor der Auslieferung des Projekts noch einmal die Gewissheit, dass alle Tests erfolgreich absolviert worden sind.

Hinweis

Sie finden das komplette Beispielprogramm in den MATERIALIEN ZUM BUCH (Download von *www.rheinwerk-verlag.de/4699*) unter ..\\Kapitel 34\\Test_1).

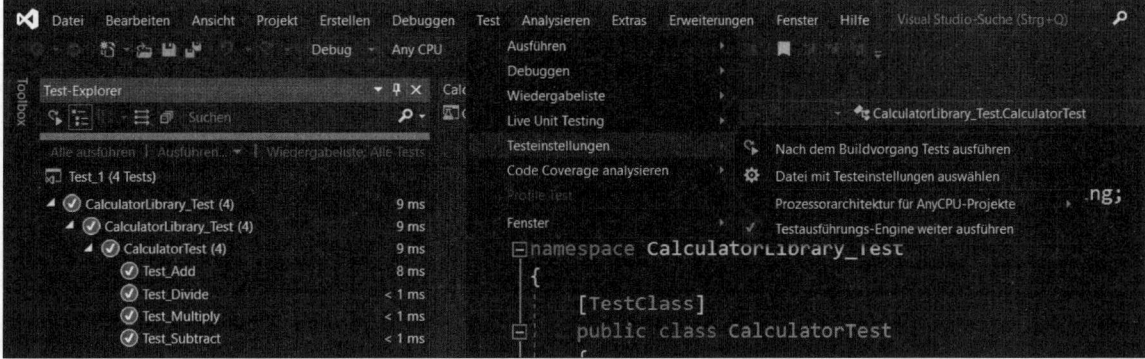

Abbildung 34.6 Testlauf nach dem Kompilieren einstellen

34.3   Komponententest schreiben und ausführen

Das Beispiel der Klassenbibliothek aus 34.2 weist in der Klasse `Calculator` nur vier Methoden auf. Selbst bei durchschnittlich großen Projekten geht die Anzahl der Methoden jedoch in die Hunderte. Schreiben wir zu jeder dieser Methoden eine Testmethode, wird die Anzeige im Test-Explorer schnell unübersichtlich. Zudem wollen wir nicht immer bei jedem Testlauf alle Testmoden zur Ausführung bringen, sondern nur bestimmte, die gewisse Kriterien erfüllen.

Der Test-Explorer erleichtert uns das gezielte Testen, indem er die Möglichkeit bietet, Testmethoden zu gruppieren oder zu filtern. Testmethoden lassen sich zudem unter Zuhilfenahme von Attributen mit Merkmalen ausstatten, die wir frei festlegen können. Sogar sogenannte Wiedergabelisten sind möglich.

Das Beispielprogramm, das in diesem Abschnitt verwendet wird, baut auf dem Beispielprogramm `Test_1` auf. Zusätzlich erweitern wir es um eine zweite Testklasse. Der Einfachheit halber ändern wir den automatisch vergebenen Bezeichner der zusätzlichen Testklasse, `UnitTest1`, nicht. In `UnitTest1` sollen mit `TestMethod1` und `TestMethod2` zwei Testmethoden stehen, die keinen Programmcode aufweisen.

34.3.1   Unit-Tests gruppieren

Im Test-Explorer können Sie Komponententests nach den folgenden Kriterien gruppieren:

► KLASSE
► DAUER
► NAMESPACE

34

▶ PROJEKT

▶ ERGEBNIS

▶ MERKMALE

Standardmäßig wird nach Klassen gruppiert. Wünschen Sie eine andere Gruppierung, wählen Sie sie im Test-Explorer aus und klicken dazu auf die dritte Schaltfläche von links (siehe Abbildung 34.7).

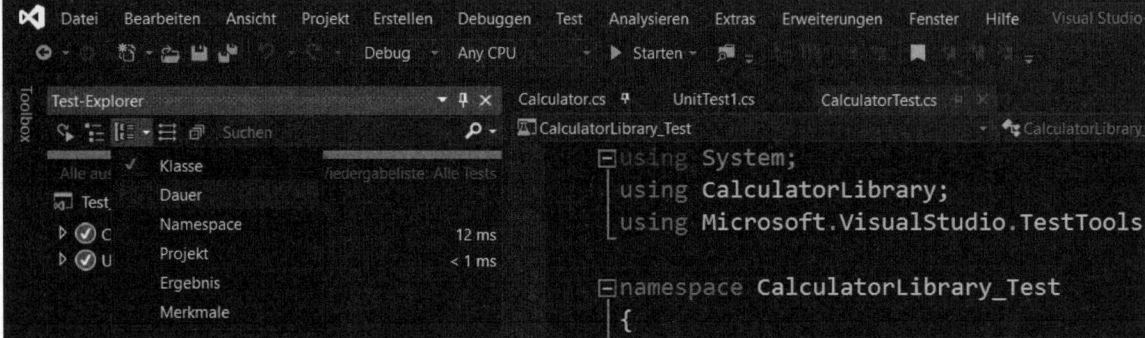

Abbildung 34.7 Komponententests gruppieren

Möchten Sie, dass nach dem Testlauf alle Methoden dem Ergebnis nach (positiv oder negativ) gruppiert werden, wählen Sie die Option ERGEBNIS aus. Die Anzeige könnte, wenn Sie im Beispielprogramm zwei Fehler eingebaut haben, wie in Abbildung 34.8 gezeigt aussehen.

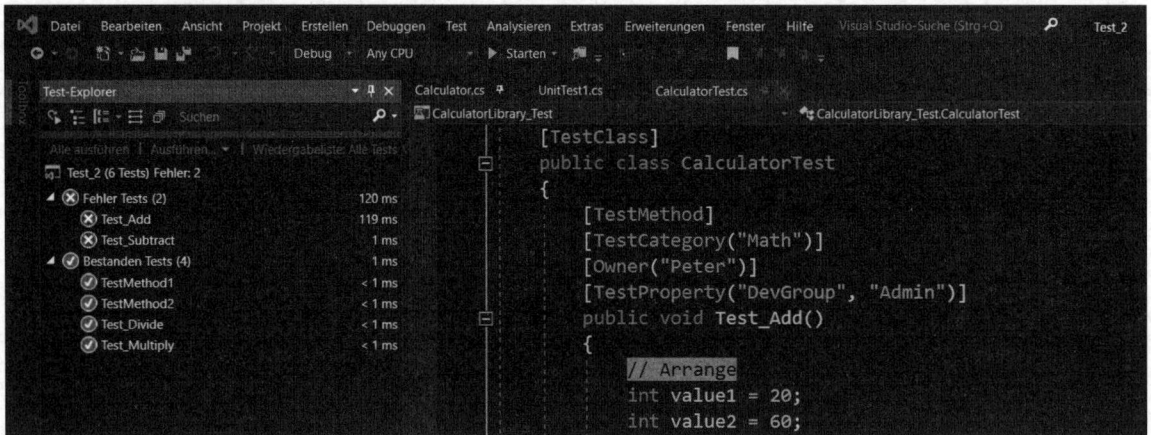

Abbildung 34.8 Komponententests gruppiert nach »Ergebnis«

Etwas ungewöhnlich mag vielleicht im ersten Moment die Option PROJEKT sein. Tatsächlich können sich aber in der Projektmappe mehrere Testanwendungen befinden, die auf diese Weise gruppiert werden können.

34.3.2   Merkmale festlegen

Die Gruppierungen, die der Test-Explorer anbietet, könnten im Einzelfall unzureichend sein. Deshalb haben wir noch die Möglichkeit, mit Hilfe von Attributen andere, spezifische Gruppierungsmerkmale zu definieren. Dazu stehen uns gleich mehrere Attribute zur Verfügung, die alle im Wesentlichen dasselbe bewirken, nämlich eine organisatorische Unterstützung bei der Durchführung verschiedener Testläufe.

Die Attribute »TestCategory« und »Owner«

Momentan sind in unserem Beispielprogramm noch keine Merkmale definiert. Das Projekt enthält nach der Ergänzung weiter oben die beiden Testklassen CategoryTest und UnitTest1. Die in den beiden Klassen definierten Testmethoden wollen wir nun zwei Kategorien zuordnen, die der Einfachheit halber Math und Demo heißen.

Um eine Testmethode einer spezifischen Kategorie zuzuordnen, wird jede Methode mit dem Attribut TestCategory verknüpft. Als Argument wird dem Attribut der Name der Kategorie übergeben.

```
[TestClass]
public class CalculatorTest
{
  [TestMethod]
  [TestCategory("Math")]
  public void Test_Add()
  {
    [...]
  }
  [TestMethod]
  [TestCategory("Math")]
  public void Test_Subtract()
  {
    [...]
  }
  [TestCategory("Math")]
  [TestMethod]
  public void Test_Multiply()
  {
    [...]
  }
```

34

```
[TestMethod]
[TestCategory("Demo")]
public void Test_Divide()
{
  [...]
}
}
[TestClass]
public class UnitTest1
{
  [TestMethod]
  [TestCategory("Math")]
  public void TestMethod1()
  {
    [...]
  }
  [TestMethod]
  [TestCategory("Demo")]
  public void TestMethod2()
  {
    [...]
  }
}
```

Listing 34.8 Methoden bestimmten Kategorien zuordnen

Nach der Ergänzung um das Attribut TestCategory müssen Sie zuerst die Projektmappe neu erstellen. Danach können Sie im Test-Explorer als Gruppierung MERKMAL auswählen und sehen die Tests wie gewünscht gruppiert (siehe Abbildung 34.9).

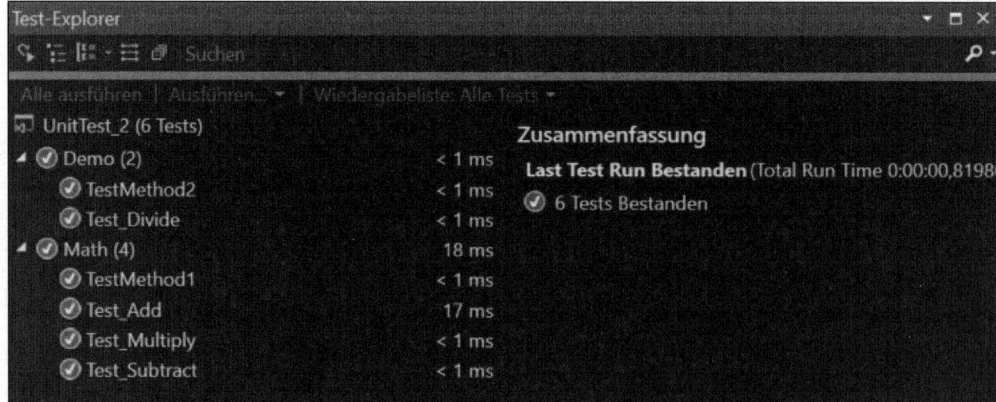

Abbildung 34.9 Nach Kategorien gruppierte Testmethoden

Eine Testmethode lässt sich auch mehreren Kategorien zuordnen. Angenommen, die Methode Test_Divide soll nicht nur zu Demo gehören, sondern auch der Kategorie Math zugeordnet werden. Sie können das Attribut TestCategory dann ein weiteres Mal angeben:

```
[TestMethod]
[TestCategory("Demo")]
[TestCategory("Math")]
public void Test_Divide()
{
  [...]
}
```

Nach der Änderung und dem erneuten Erstellen der Projektmappe wird Test_Divide in beiden Kategorien angezeigt.

Der Vorteil der Festlegung einer Kategorie für eine oder mehrere Testmethoden ist, dass Sie im Test-Explorer die Kategorie markieren können. Wählen Sie dann anschließend im Kontextmenü AUSGEWÄHLTE TEST AUSFÜHREN, werden all der Kategorie zugeordneten Testmethoden ausgeführt, die anderen nicht.

Jeder Test kann einem bestimmten Eigentümer zugeordnet werden. Dazu wird das Attribut Owner verwendet. Angenommen, Test_Add, Test_Subtract und Test_Multiply sollen einem Entwickler namens *Peter* zugeordnet werden, alle anderen Testmethoden gehören zu *Michael*. Die Testmethoden in der Klasse CalculatorTest werden dann wie in Listing 34.9 definiert.

```
[TestClass]
public class CalculatorTest
{
  [TestMethod]
  [TestCategory("Math")]
  [Owner("Peter")]
  public void Test_Add() {[...]}

  [TestMethod]
  [TestCategory("Math")]
  [Owner("Peter")]
  public void Test_Subtract() {[...]}

  [TestCategory("Math")]
  [TestMethod]
  [Owner("Peter")]
  public void Test_Multiply() {[...]}
```

34

```
[TestMethod]
[TestCategory("Demo")]
[TestCategory("Math")]
[Owner("Michael")]
public void Test_Divide() {[...]}
}
```

Listing 34.9 Das »OwnerAttribute« in der Klasse »CalculatorTest«

Das Attribut »TestProperty«

Das Attribut TestProperty scheint im ersten Moment genauso zu agieren wie das Attribut TestCategory. Das Attribut TestProperty erwartet jedoch zwei String-Argumente: Das erste Argument beschreibt den Namen der Eigenschaft, das zweite den dazugehörenden Wert. In der Klasse CalculatorTest wollen wir die vier Testmethoden mit zwei unterschiedlichen Wertangaben wie in Listing 34.10 gezeigt erweitern.

```
[TestMethod]
[TestCategory("Math")]
[TestProperty("DevGroup", "Admin")]
public void Test_Add()
{
  [...]
}
[TestMethod]
[TestCategory("Math")]
[TestProperty("DevGroup", "Admin")]
public void Test_Subtract()
{
  [...]
}
[TestCategory("Math")]
[TestMethod]
[TestProperty("DevGroup", "User")]
public void Test_Multiply()
{
  [...]
}
[TestMethod]
[TestCategory("Demo")]
[TestCategory("Math")]
[TestProperty("DevGroup", "User")]
public void Test_Divide()
```

```
{
  [...]
}
```

Listing 34.10 Änderung an den Testmethoden des Beispielprogramms »Test_2«

Nach dem Erstellen der Projektmappe und dem anschließenden Testlauf zeigt der Test-Explorer die Ausgabe aus Abbildung 34.10.

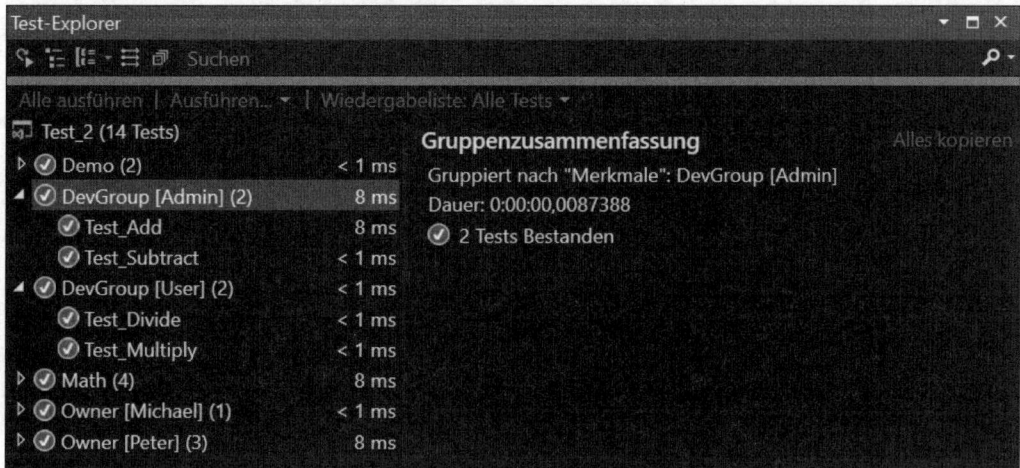

Abbildung 34.10 Anzeigegruppierung mit dem »TestProperty«-Attribut

Es werden neben DEMO und MATH, die weiterhin durch TestCategory gruppiert werden, zwei weitere Gruppen angezeigt: DEVGROUP[ADMIN] und DEVGROUP[USER]. Das Ergebnis hätten wir natürlich auch mit Hilfe des TestCategory-Attributs erzielen können. Somit stellt sich Frage, wo der Unterschied zwischen TestCategory und TestProperty zu finden ist.

Die unterschiedlichen Verhaltensweisen sind nicht nur in der Fähigkeit zur Gruppierung zu finden. Tatsächlich müssen wir etwas tiefer tauchen. TestProperty gestattet uns, Einfluss auf das Testergebnis auszuüben. Wie das umgesetzt werden kann, zeigt das folgende Beispielprogramm.

```csharp
// Beispiel: ..\Kapitel 34\Test_3
[TestClass]
public class AnotherTestClass
{
  public TestContext TestContext { get; set; }
  private string text;
  [TestInitialize]
  public void Initialize()
  {
```

34

```
    if (TestContext.Properties.Contains("DoIt"))
      text = TestContext.Properties["DoIt"] as string;
    else
      text = "default";
  }
  [TestMethod]
  public void Test_Method1()
  {
    Assert.AreEqual("default", text);
  }
  [TestMethod]
  [TestProperty("DoIt", "non-default")]
  public void Test_Method2()
  {
    Assert.AreEqual("non-default", text);
  }
}
```

Listing 34.11 Programmcode des Beispiels »Test_3«

Auf Klassenebene von AnotherTestClass ist die String-Variable text definiert und darüber hinaus eine Eigenschaft vom Typ TestContext. Allgemein gesprochen beschreibt TestContext den Kontext der Testklasse. Dabei ist jedoch darauf zu achten, dass die Eigenschaft unbedingt den Bezeichner TestContext hat.

Vergleichen wir nun die beiden Testmethoden Test_Method1 und Test_Method2. Im Gegensatz zu Test_Method1 hat Test_Method2 das TestProperty-Attribut mit dem Name-Argument DoIt und dem Wert non-default. In der Methode wird die Zeichenfolge non-default mit dem Inhalt der Variablen text verglichen, die in der Testklasse AnotherTestClass definiert ist. Hat text den Inhalt non-default, wird der Testlauf zu einem positiven Ergebnis führen.

Die in der Testklasse definierte Methode Initialize wird bei der Initialisierung des Tests aufgerufen. Mit der Anweisung

```
TestContext.Properties.Contains("DoIt")
```

wird jede Testmethode dahingehend untersucht, ob das Attribut TestProperty mit der Testmethode verknüpft ist und darüber hinaus den Namen DoIt aufweist. Ist das der Fall, wird der Wert-Parameter des TestProperty-Attributs in die Variable text geschrieben, andernfalls lautet deren Inhalt default.

Auf diese Weise ermöglicht uns TestProperty, in gewissen Grenzen auf die Ergebnisse der Testmoden Einfluss zu nehmen.

Anmerkung

Offiziell gehört auch das Attribut Priority in die Riege der Attribute, die mit einer Testmethode verknüpft werden können. Allerdings macht Priority im Grunde genommen nichts, auch nicht den vorrangigen Aufruf vor einer anderen Testmethode. Deshalb werden wir an dieser Stelle dieses Attribut nicht weiter berücksichtigen.

Gruppierte Testmethoden ausführen

Es bleibt noch zu klären, wie wir die Mitglieder einer Gruppe gemeinsam ausführen können. Dazu markieren Sie zuerst die gewünschte Gruppe im Test-Explorer. Dann öffnen Sie das Kontextmenü. Wählen Sie im Kontextmenü der ausgewählten Gruppe die Option AUSGEWÄHLTE TESTS AUSFÜHREN, werden nur die Testläufe der Methoden durchgeführt, die zu der betreffenden Gruppe gehören.

34.3.3   Wiedergabelisten

Sie haben bisher mehrere Wege kennengelernt, Tests zu gruppieren. Dazu bietet der Test-Explorer standardmäßig Optionen wie KLASSE, ERGEBNIS oder DAUER an. Über Merkmale können Sie im Zusammenspiel mit diversen Attributen auch spezifische Gruppierungskriterien festlegen.

Attribute setzen eine Änderung an den Methoden voraus. Sie können aber auch ohne zusätzliche Attribute eine Gruppierung beliebiger Testmethoden beschreiben. Jetzt kommen die sogenannten *Wiedergabelisten* ins Spiel. Wiedergabelisten können ohne Änderung des Programmcodes definiert werden und sind daher flexibler als der Einsatz von Attributen.

Das Erstellen einer Wiedergabeliste ist denkbar einfach. Markieren Sie dazu einfach nur im Test-Explorer alle Testmethoden, die zu einer neu zu erstellenden Wiedergabeliste gehören sollen. Öffnen Sie dann das Kontextmenü, und wählen Sie ZUR WIEDERGABELISTE HINZUFÜGEN aus. Ihnen wird nun angeboten, eine neue Wiedergabeliste zu erstellen. Wenn Sie das bestätigen, wird ein Dialog geöffnet, in dem Sie den Dateibezeichner der Wiedergabeliste eintragen. Wiedergabelisten haben per Vorgabe die Dateiextension *.playlist*, sind aber tatsächlich nur XML-Dateien. Der Speicherort ist das Projektverzeichnis.

Möchten Sie die Wiedergabeliste starten, klicken Sie im Test-Explorer auf den Link WIEDERGABELISTE. Es wird eine Dropdown-Liste geöffnet, in der unter anderem die Wiedergabeliste DEMOPLAYLIST zu finden ist. Diese wählen Sie aus (siehe Abbildung 34.11).

34

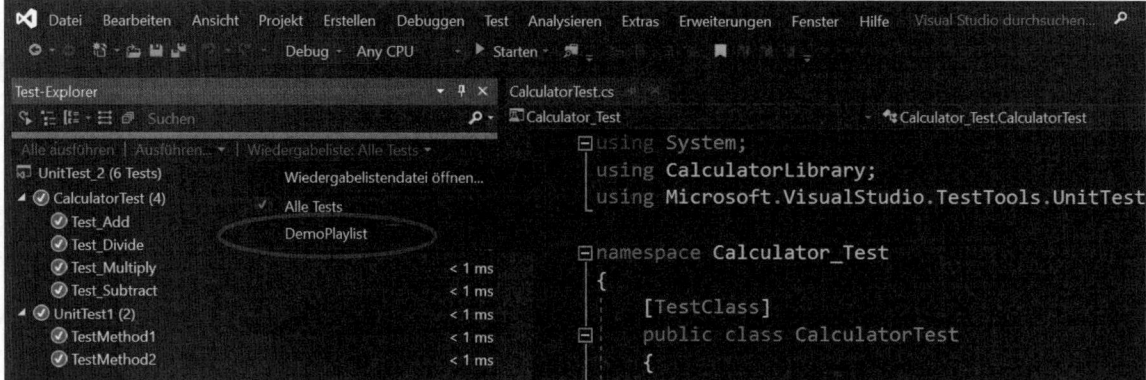

Abbildung 34.11 Auswahl einer Wiedergabeliste

Im Test-Explorer werden dann nur noch die Tests angezeigt, die zu der Wiedergabeliste gehören. Mit ALLE AUSFÜHREN im Test-Explorer können Sie die Tests dann starten.

Eine zusätzliche Testmethode zur Wiedergabeliste hinzuzufügen ist denkbar einfach. Markieren Sie die der Wiedergabeliste hinzuzufügende Methode im Test-Explorer markieren, und rufen Sie deren Kontextmenü auf. Wählen Sie jetzt ZUR WIEDERGABELISTE HINZUFÜGEN, bekommen Sie neben dem Erstellen einer neuen Wiedergabeliste auch die Option der existierenden Wiedergabeliste *DemoPlaylist* angeboten.

Um eine Testmethode aus einer Wiedergabeliste zu entfernen, ist im Kontextmenü der Testmethode im Test-Explorer AUS AKTUELLER WIEDERGABELISTE ENTFERNEN auszuwählen.

Möchten Sie eine Wiedergabeliste löschen, öffnen Sie den Windows-Explorer und navigieren zum Projektverzeichnis. Hier löschen Sie Wiedergabedatei, die wie oben erwähnt die Dateierweiterung *.playlist* hat.

34.3.4   Exceptions testen

Innerhalb einer zu testenden Methode könnte beim Eintreten gewisser Rahmenbedingungen eine Ausnahme ausgelöst werden. Diese Situation ist in der Klassenbibliothek *CalculatorLibrary* auch zu finden, wurde aber bisher noch nicht berücksichtigt: Es handelt sich um die Methode Divide. Wir müssen nämlich auch die Situation berücksichtigen, dass der Denominator die Zahl 0 beschreibt. Und eine Division durch 0 führt immer zu einem Fehler, der unter .NET mit der Ausnahme DivideByZeroException beschrieben wird.

Anmerkung

Im Fachjargon wird der Teil unter dem Bruchstrich als *Denominator* (Nenner) bezeichnet; die Zahl, die dividiert werden soll, heißt *Numerator (Zähler)*.

Die Methode Divide sieht nach der Korrektur wie folgt aus:

```
public static double Divide(double a, double b)
{
  if (b == 0)
    throw new DivideByZeroException("Unzulässige Division durch '0'.");
  return a / b;
}
```

Listing 34.12 Methode »Divide« nach der Korrektur

Zum Testen der Ausnahme müssen wir eine zweite Testmethode für die Methode Divide schreiben. Die erste Testmethode gibt für Nominator und Denominator konkrete Werte an; die zusätzliche Testmethode hat die Aufgabe, die Exception mit dem Denominatorwert 0 zu testen. Üblicherweise wird der Namen der Testmethoden so gewählt, dass sofort ersichtlich wird, welchem Testzweck die Methode dient. Deshalb soll in unserem Beispiel die Methode Test_Divide_DivideByZero heißen.

Wir müssen der Testmethode den Typ der erwarteten Ausnahme mitteilen und verknüpfen die Methode daher mit dem ExpectedException-Attribut, dem wir den Typ der erwarteten Ausnahme als Argument übergeben.

```
// Beispiel: ..\Kapitel 34\Test_4
[...]
[TestMethod]
[ExpectedException(typeof(DivideByZeroException))]
public void Test_Divide_DivideByZero()
{
  // Arrange
  double value1 = 20;
  // Act
  try
  {
    Calculator.Divide(value1, 0);
  }
  catch(DivideByZeroException ex)
  {
    // Assert
    Assert.AreEqual("Unzulässige Division durch '0'.", ex.Message);
    throw;
  }
}
```

Listing 34.13 Testen einer ausgelösten Ausnahme

34

Da der Aufruf von Divide eine Ausnahme auslöst, wird die Anweisung in einem try-Block geschrieben. Behandelt wird die Ausnahme im catch-Block. Mit Assert.AreEqual beweisen wir die Richtigkeit der Ausnahme. Zu Vergleichszwecken nutzen wir die Eigenschaft Message der Exception. Zum Schluss geben wir die Ausnahme mit throw zurück an die Methode Divide.

Hinweis

Sie können die Testmethode Test_Divide_DivideByZero auch sehr kurz halten und auf try-catch verzichten:

```
[TestMethod]
[ExpectedException(typeof(DivideByZeroException))]
public void Test_Divide_DivideByZero()
{
  double value1 = 20;
  Calculator.Divide(value1, 0);
}
```

Das Ergebnis wird dasselbe sein, der Test wird zu einem positiven Resultat führen. Wegen des Fehlens des offensichtlichen Beweises mit Assert sollten Sie die längere Fassung aus Listing 34.13 favorisieren.

34.3.5   Codeabdeckung (Code Coverage)

Wenn Sie eine Anwendung testen wollen, ist es wichtig zu wissen, ob alle Methoden der Anwendung durch Testmethoden getestet werden. Möglicherweise interessiert auch, ob der gesamte Programmcode beim Testlauf durchlaufen wird oder nicht. Das Feature der Codeabdeckung (engl.: *code coverage*) hilft Ihnen bei der Beantwortung der Frage.

Um die Codeabdeckung zu analysieren, wählen Sie im Menü TEST von Visual Studio die Option CODE COVERAGE ANALYSIEREN und anschließend ALLE TESTS aus (siehe Abbildung 34.12).

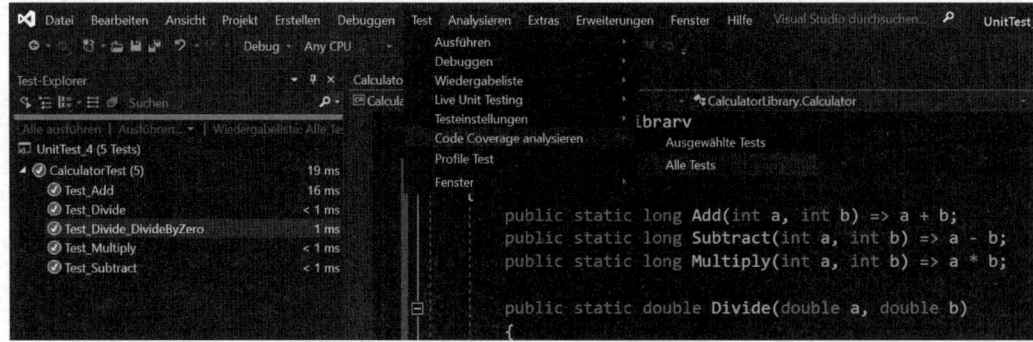

Abbildung 34.12 Codeabdeckung analysieren

Daraufhin wird das Fenster CODE COVERAGE-ERGEBNISSE geöffnet, das die Resultate der Analyse anzeigt. Bezogen auf den aktuellen Stand unseres Beispielprogramms *Test_4* wird in dem Fenster das angezeigt, was Sie in Abbildung 34.13 sehen.

Hierarchie	Nicht abgedeckt (Blöcke)	Abgedeckt (Blöcke)	Nicht abgedeckt (% Blöcke)	Abgedeckt (% Blöcke)
Andreas_WS 2019-04-27 08_45_07.cove...	2	25	7,41 %	92,59 %
calculator_test.dll	2	17	10,53 %	89,47 %
{} Calculator_Test	2	17	10,53 %	89,47 %
CalculatorTest	2	17	10,53 %	89,47 %
Test_Divide_DivideByZero()	2	5	28,57 %	71,43 %
Test_Add()	0	3	0,00 %	100,00 %
Test_Divide()	0	3	0,00 %	100,00 %
Test_Multiply()	0	3	0,00 %	100,00 %
Test_Subtract()	0	3	0,00 %	100,00 %
calculatorlibrary.dll	0	8	0,00 %	100,00 %
{} CalculatorLibrary	0	8	0,00 %	100,00 %
Calculator	0	8	0,00 %	100,00 %
Add(int, int)	0	1	0,00 %	100,00 %
Divide(double, double)	0	5	0,00 %	100,00 %
Multiply(int, int)	0	1	0,00 %	100,00 %
Subtract(int, int)	0	1	0,00 %	100,00 %

Abbildung 34.13 Ergebnisse der Code-Coverage-Analyse

In der linken Spalte sind die Hierarchien der beiden Anwendungen in der Projektmappe dargestellt. Die vier anderen Spalten nehmen Bezug auf sogenannte *Blöcke*. Ein Block ist ein Stück Code mit genau einem Einstiegs- und einem Endpunkt. Es wird angegeben, wie viele Blöcke abgedeckt und nicht abgedeckt sind, und zwar sowohl die konkrete Anzahl als auch der Prozentwert. In der Praxis gelten 80 % Abdeckung bereits als akzeptabel, in Einzelfällen darf der Wert auch geringer sein.

Anmerkung

Die Ausgabe in Abbildung 34.13 zeigt, dass es nicht sinnvoll ist, unter allen Umständen 100 % Abdeckung anzustreben. Die Methode `Test_Divide_DivideByZero` erreicht nur ca. 71 %, obwohl sie – wie im letzten Abschnitt gezeigt – 100 % des Tests durchführt. Das führt uns auch zu der folgenden Aussage: Sie sollten die Codeabdeckungsanalyse eher dazu verwenden, festzustellen, ob der Programmcode durch Tests abgedeckt wird, und nicht, ob die Testmethoden 100 % erreichen.

Klicken Sie auf die Überschrift einer der fünf Spalten im Fenster *Code Coverage-Ergebnisse*, können Sie weitere Spalten zum Dialog hinzufügen oder unerwünschte Spalten ausblenden. Interessant ist meiner Meinung nach die Option, abgedeckte und nicht abgedeckte Codezeilen anzuzeigen (siehe Abbildung 34.14). Anzumerken ist hierbei, dass bei der Bewertung der Anzahl der Codezeilen auch die öffnende und schließende geschweifte Klammer in die Bewertung einfließt.

34

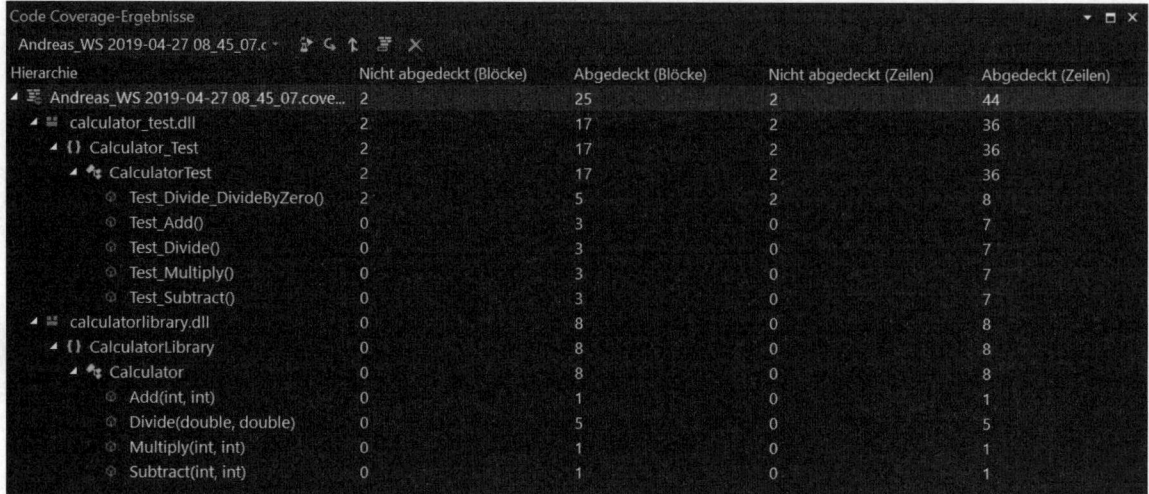

Abbildung 34.14 Code-Coverage-Ergebnisse mit veränderter Spaltenanzeige

Ergänzen wir nun die Klasse Calculator der Klassenbibliothek um die Methode DoSomething. Die Methode soll keinerlei Operationen durchführen.

```
public static int DoSomething() => 0;
```

Wir verzichten (oder besser »vergessen«), für DoSomething eine Testmethode zu implementieren. Sehen wir uns in Abbildung 34.15 an, wie sich das in der Ergebnisliste nach der Codeabdeckungsanalyse auswirkt.

Hierarchie	Nicht abgedeckt (Blöcke)	Abgedeckt (Blöcke)	Nicht abgedeckt (% Blöcke)	Abgedeckt (% Blöcke) ▲
▲ ፷ Andreas_WS 2019-04-27 09_28_36.cove...	3	25	10,71 %	89,29 %
▲ ᴴ calculatorlibrary.dll	1	8	11,11 %	88,89 %
▲ {} CalculatorLibrary	1	8	11,11 %	88,89 %
▲ ᴬ Calculator	1	8	11,11 %	88,89 %
◎ DoSomething()	1	0	100,00 %	0,00 %
◎ Add(int, int)	0	1	0,00 %	100,00 %
◎ Divide(double, double)	0	5	0,00 %	100,00 %
◎ Multiply(int, int)	0	1	0,00 %	100,00 %
◎ Subtract(int, int)	0	1	0,00 %	100,00 %
▷ ᴴ calculator_test.dll	2	17	10,53 %	89,47 %

Abbildung 34.15 Methode, die nicht getestet wird

Da es für DoSomething keine Testmethode gibt, liegt der Prozentsatz der abgedeckten Blöcke bei 0 %. Auf diese Weise kann uns die Codeabdeckungsanalyse dabei behilflich sein, Methoden aufzufinden, die keinem automatischen Test unterzogen werden.

Andererseits gewährleistet auch ein Wert von 100 % nicht, dass die Testmethode korrekt ausgeführt wird. Sie können das sehr leicht überprüfen, indem Sie den Aufruf von Assert.

AreEqual auskommentieren oder löschen. Der Test wird zwar vermelden, dass er erfolgreich verlaufen ist, aber tatsächlich wird die zu testende Methode nicht getestet. Sogar eine leere Testmethode wird das Ergebnis »erfolgreich« haben.

Möchten wir, dass die Methode DoSomething nicht von der Codeabdeckungsanalyse erfasst wird, können wir das mit dem Attribut ExcludeFromCodeCoverage steuern, z. B.:

```
[ExcludeFromCodeCoverage]
public static int DoSomething() => 0;
```

Das Attribut ist dem Namespace System.Diagnostics.CodeAnalysis zugeordnet, den Sie mit using bekanntgeben sollten.

34.3.6   Testen von privaten Methoden

Angenommen, die Methode Add in der Klassenbibliothek soll nur positive Zahlen entgegennehmen. Vielleicht würden wir dann eine Methode schreiben, die eine entsprechende Überprüfung vornimmt, also:

```
private static bool IsPositive(int number) => number > 0;
```

Da die Methode nur im Zusammenhang mit der Methode Add von Interesse ist, ist sie private. In Add wird zuerst geprüft, ob die beiden Argumente positiv sind. Nur bei erfolgreicher Überprüfung wird die Summe an den Aufrufer zurückgeliefert, ansonsten wird eine Exception ausgelöst.

```
public static long Add(int a, int b)
{
  if (IsPositive(a) && IsPositive(b))
    return a + b;
  throw new ArgumentException("Nur positive Zahlen sind erlaubt.");
}
```

Listing 34.14 Erweiterung der Methode »Add«

Da wir eine Testmethode definiert haben, die Add überprüft, könnte man jetzt argumentieren, dass Add intern IsPositive aufruft. Wenn der Test von Add erfolgreich verläuft, muss logischerweise auch IsPositive das gewünschte Ergebnis liefern.

Ganz so einfach sind die Situationen in der Praxis aber nicht. Oft weisen die privaten Methoden umfangreiche Operationen auf, die isoliert betrachtet und getestet werden müssen. Wie also können wir für eine private Methode eine eigene Testmethode schreiben? Das Problem ist dabei, dass die Methode grundsätzlich nur in der Klasse Calculator sichtbar ist.

Zur Lösung müssen wir zwei Ausgangssituationen berücksichtigen, die ein wenig unterschiedlich behandelt werden müssen:

34

- ▶ Klassenmethoden
- ▶ Instanzmethoden

Betrachten wir zuerst den Fall einer Klassenmethode. In Listing 34.15 ist bereits die Lösung zu sehen.

```
[TestMethod]
public void Test_IsPositive()
{
    PrivateType obj = new PrivateType(typeof(Calculator));
    bool actual =(bool)obj.InvokeStatic("IsPositive", 5);
    Assert.IsTrue(actual);
}
```

Listing 34.15 Testen einer privaten statischen Methode

Die wichtige Komponente in diesem Code ist die Klasse PrivateType, die uns später den Zugriff auf die privaten Member ermöglicht. PrivateType gehört zum Namespace

Microsoft.VisualStudio.TestTools.UnitTesting

der bereits mit using bekanntgegeben worden ist. Die Klasse gehört also zum MSTest Framework. Dem Konstruktor wird als Argument der Typ übergeben, auf dessen private Methode zugegriffen werden soll.

Die Methode InvokeStatic der PrivateType-Instanz erwartet im ersten Argument den Namen der privaten Methode, das zweite Argument den zu testenden Wert. InvokeStatic ist vom Typ Object, somit müssen wir das Resultat noch in bool konvertieren und in einer Variablen speichern. Die Klasse Assert weist zahlreiche statische Methoden auf. Hier bietet sich der Aufruf von IsTrue an, da wir wissen, dass die Zahl 5 zu einem positiven Ergebnis beim Testlauf führen muss.

Sehr ähnlich sieht es aus, wenn wir eine private Instanzmethode testen wollen. Nehmen wir an, IsPositive (und konsequenterweise auch die Methode Add) sei eine Instanzmethode. Wir können jetzt nicht mehr die Klasse PrivateType benutzen, da sie nur für statische Member geprägt ist. Stattdessen benutzen wir die sehr ähnliche Klasse PrivateObject mit ihrer Methode Invoke.

```
[TestMethod]
public void Test_IsPositive()
{
    PrivateObject obj = new PrivateObject(typeof(Calculator));
    bool actual = (bool)obj.Invoke("IsPositive", 5);
    Assert.IsTrue(actual);
}
```

Listing 34.16 Testen einer privaten Instanzmethode

34.3.7   Die Attribute »TimeOut« und »Ignore«

Sie könnten eine Testmethode geschrieben haben, deren Ausführungszeit sehr lange in Anspruch nimmt. Damit sind nicht nur ein paar Millisekunden mehr als gewöhnlich gemeint, sondern gleich sehr viele Sekunden oder gar Minuten. Das Problem ist, dass eine solche Methode alle anderen folgenden Testmethoden daran hindert, zur Ausführung zu gelangen. Im schlimmsten Fall könnte die eine Testmethode sogar in einer Endlosschleife enden. Zur Vermeidung solcher Fälle haben Sie zwei Möglichkeiten, zu reagieren:

- das TimeOut-Attribut
- das Ignore-Attribut

Mit dem TimeOut-Attribut legen Sie fest, nach welcher Zeit die nächste zur Ausführung stehende Testmethode aktiviert wird. Notieren Sie beispielsweise

```
[TestMethod]
[TimeOut(3000)]
public void Test_DoSomething()
{
  [...]
}
```

werden Test_Something 3000 ms zur vollständigen Ausführung zugestanden. Die Zeitspanne können Sie frei wählen. Wird sie jedoch überschritten, gilt der Test als nicht bestanden.

Drastischer ist noch das Ignore-Attribut. Es verhindert, dass eine Testmethode überhaupt ausgeführt wird. Das Ignore-Attribut können Sie auch mit einer Testklasse verknüpfen.

34.3.8   Komponententests debuggen

Komponententest zu debuggen unterscheidet sich kaum vom Debuggen des »normalen« Programmcodes. Setzen Sie Haltepunkte an den Stellen, die Sie schrittweise durchlaufen wollen. Danach öffnen Sie das Kontextmenü im Code-Editor und wählen den Punkt TEST(S) DE-BUGGEN aus. Damit wird der Debugger von Visual Studio gestartet (siehe Abbildung 34.16).

Den Code schrittweise auszuführen unterscheidet sich nicht vom schrittweisen Ausführen irgendeines anderen Codes – benutzen Sie zum Beispiel F11 .

Eine weitere Möglichkeit, das Debuggen zu starten, ist, im Test-Explorer alle Testmethoden zu selektieren, die gedebuggt werden sollen. Öffnen Sie das Kontextmenü im Test-Explorer, und wählen Sie AUSGEWÄHLTE TEST DEBUGGEN.

34

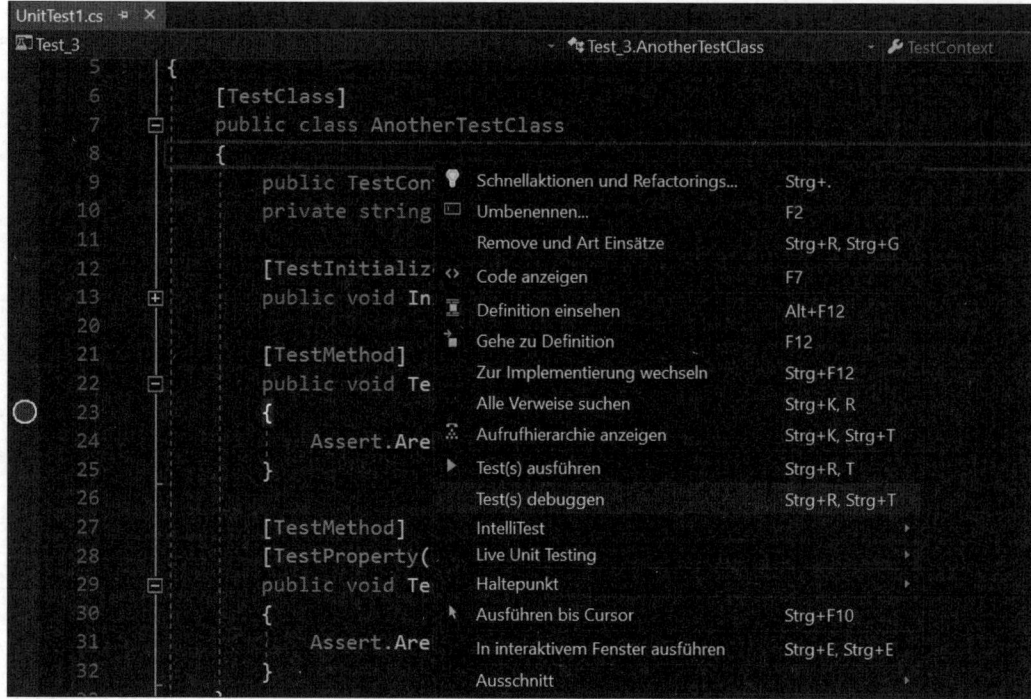

Abbildung 34.16 Debuggen eines Komponententests starten

34.4   Die Klasse »TestContext«

TestContext ist eine Klasse, die von MSTest unterstützt wird. Wenn Sie den Klassenbezeichner in den Code-Editor eintragen, den Mauszeiger darauf setzen und anschließend das Kontextmenü öffnen, werden Ihnen unter anderem im Kontextmenü die Optionen DEFINITION EINSEHEN und GEHE ZU DEFINITION angeboten. Für welche Sie sich entscheiden, spielt keine Rolle: Im erstgenannten Fall wird nur ein Zusatzfenster geöffnet, mit der zweiten Auswahl wird die Definition in einer eigenen Registerkarte geöffnet. In beiden Fällen können Sie sehen, wie die Klasse definiert ist und welche Member sie beschreibt.

Hinweis

Sie können mit dieser Technik grundsätzlich alle Typen einsehen. Manchmal führt dieser Weg schneller zum Ziel, um ad hoc eine wichtige Information zu erhalten, als der Weg über die Dokumentation.

In Abbildung 34.17 sehen Sie, wie die Informationen für TestContext angezeigt werden. Sie sehen neben zahlreichen Properties auch ein paar Methoden.

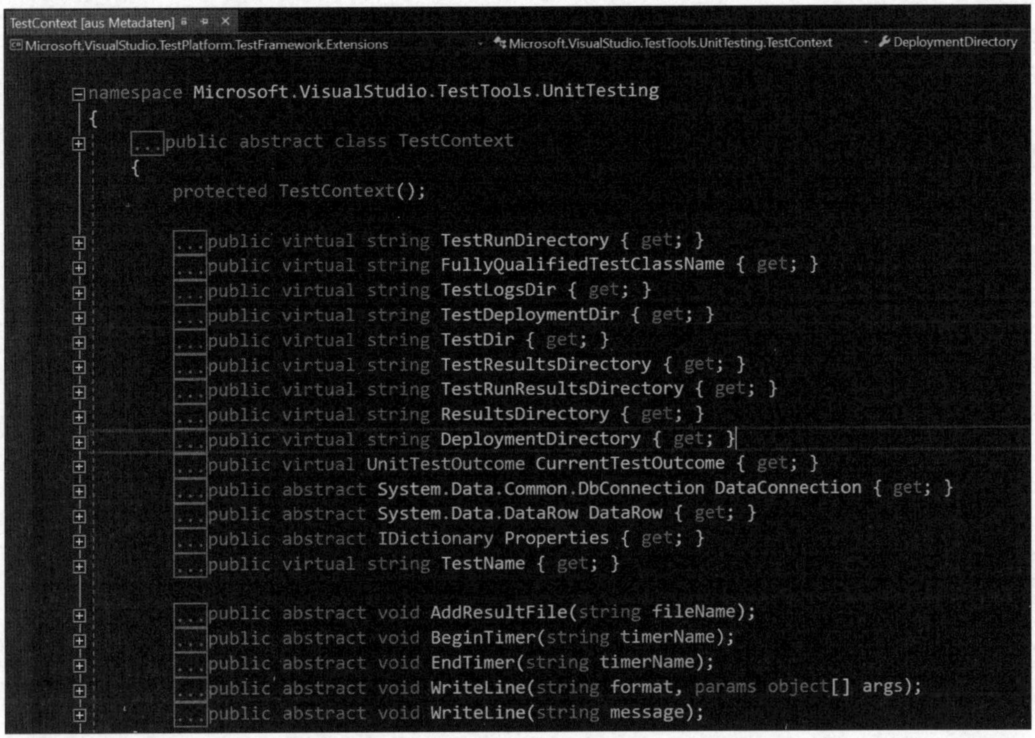

Abbildung 34.17 Die Definitionen in der Klasse »TestContext«

Bemerkenswert ist, dass die Klasse abstract definiert ist. Trotzdem müssen wir sie nicht ableiten oder uns nach einer Ableitung umsehen, denn wir können mit einem kleinen Trick sehr einfach ein Objekt von TestContext erstellen. Voraussetzung dafür ist eine Testklasse, wie beispielsweise CalculatorTest. Wir brauchen lediglich eine Property zu definieren, die vom Typ TestContext ist und auch genau so benannt wird. Greifen wir später auf die TestContext-Property zu, erhalten wir automatisch eine TestContext-Instanz.

```
[TestClass]
public class CalculatorTest
{
  public TestContext TextContext {get; set;}
  [...]
}
```

Listing 34.17 Die Eigenschaft »TestContext«

Die Eigenschaft TestContext erlaubt uns, die Eigenschaften und Methoden im TestContext-Objekt aufzurufen.

34

1433

Sehen wir uns nun die Nutzung einiger Eigenschaften von TestContext an einem konkreten Beispiel an. Dazu ergänzen wir die Testmethode Test_Add wie folgt:

```
[TestMethod]
public void Test_Add()
{
    // Arrange
    int value1 = 20;
    int value2 = 60;
    long expected = 80;
    // Act
    long actual = Calculator.Add(value1, value2);
    //Assert
    Assert.AreEqual(expected, actual);
    TestContext.WriteLine(TestContext.FullyQualifiedTestClassName);
    TestContext.WriteLine(TestContext.TestName);
    TestContext.WriteLine(TestContext.CurrentTestOutcome.ToString());
}
```

Listing 34.18 Aufruf diverser Methoden von »TestContext«

In der ersten Ausgabe geben wir den voll qualifizierenden Bezeichner der Klasse aus, in der zweiten den Namen der Testmethode und in der dritten schließlich noch das Ergebnis des Testlaufs. Wenn wir die Methode Test_Add nun einem Testlauf unterziehen, sehen wir im Test-Explorer die in der Abbildung 34.18 gezeigte Ausgabe.

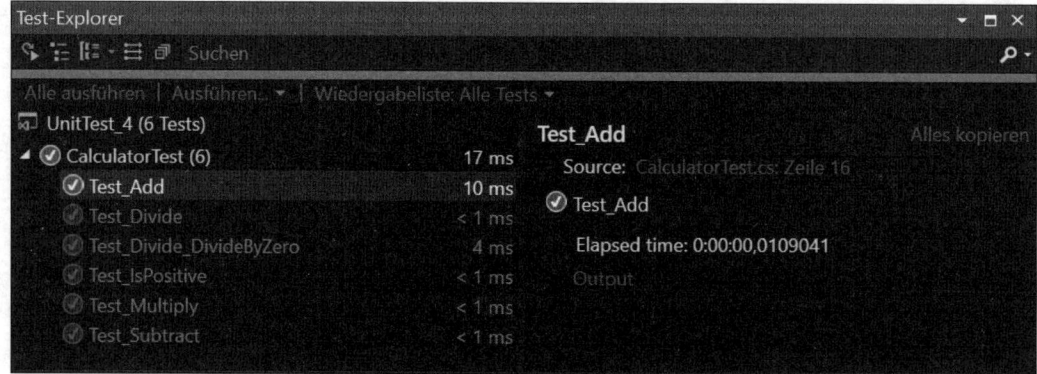

Abbildung 34.18 Test-Explorer nach dem Aufruf von »Test_Add«

Von der von uns erwarteten Ausgabe ist noch nichts zu sehen. Dazu müssen wir erst auf den Link Output klicken. Danach können Sie auch die zusätzlichen Informationen sehen, so wie in Abbildung 34.19.

Abbildung 34.19 Ausgabe der Methodenaufrufe

Während die Ausgabe des voll qualifizierenden Bezeichner und des Bezeichner der Testmethode unseren Erwartungen entspricht, schreibt die Anweisung

```
TestContext.WriteLine(TestContext.CurrentTestOutcome.ToString());
```

in die Ausgabe, dass der Testlauf aktiv ist (InProgress), obwohl zum Zeitpunkt der Ausführung der Anweisung der Test anscheinend bereits abgeschlossen ist. Die Erklärung dafür ist relativ einfach, denn der Test wird erst beim Erreichen der schließenden Klammer des Anweisungsblocks der Testmethode beendet.

Wir müssen diese Anweisung in einer anderen Methode bereitstellen, die nach dem Beenden des Tests – sofern diese Methode existiert – aufgerufen wird. In dieser Methode, die auf den Namen CleanUp hört und die mit dem Attribut TestCleanup verknüpft sein muss, wird die Anweisung geschrieben, die das Ergebnis des Methodenaufrufs ausgibt:

```
[TestCleanup]
public void CleanUp()
{
  TestContext.WriteLine(TestContext.CurrentTestOutcome.ToString());
}
```

Listing 34.19 Testfortschrittsausgabe in separater Methode

Mit dieser Änderung erreichen wir, dass die InProgress-Ausgabe aus Abbildung 34.19 nun Passed lautet.

> **Hinweis**
>
> Eine mit dem Attribut TestCleanup verknüpfte Methode wird von jedem Test in der Testklasse automatisch beim Beenden der Methode aufgerufen.

34

34.5   Data-Driven Unit Tests (datengetriebene Tests)

In einem datengetriebenen Test werden die Testläufe von den Testdaten getrennt. Bisher hatten wir es in den Beispielen genau umgekehrt gemacht: Wir hatten die Testdaten in der Testmethode definiert und ebenso das korrekte Resultat angegeben. Das mag in vielen Fällen durchaus genügen, aber es gibt Situationen, die mehrere unterschiedliche Daten für einen Test benötigen. Nehmen wir der Einfachheit halber an, wir würden beabsichtigen, die Methode Add der Klasse Calculator mit unterschiedlichen Daten zu testen. Nach dem bisherigen Kenntnisstand müssten Sie drei verschiedene Testmethoden schreiben, beispielsweise:

```
[TestMethod]
public void Test_Add1()
{
    int value1 = 20;
    int value2 = 60;
    long expected = 80;
    long actual = Calculator.Add(value1, value2);
    Assert.AreEqual(expected, actual);
}

[TestMethod]
public void Test_Add2()
{
    int value1 = 20;
    int value2 = 40;
    long expected = 20;
    long actual = Calculator.Add(value1, value2);
    Assert.AreEqual(expected, actual);
}

[TestMethod]
public void Test_Add3()
{
    int value1 = 20;
    int value2 = -60;
    long expected = -40;
    long actual = Calculator.Add(value1, value2);
    Assert.AreEqual(expected, actual);
}
```

Listing 34.20 Testen der Methode »Add« mit mehreren Testmethoden

In einem datengetriebenen Test werden die Testdaten getrennt vom Testablauf gespeichert. Während des Testlaufs wird der Ablauf je einmal für jede Zeile mit den Daten aus einer externen Datenquelle ausgeführt. Der Testlauf wird also gewissermaßen von den Daten aus der Datenquelle »getrieben«.

Als Datenquelle stehen mehrere Alternativen zur Wahl:

▶ die Tabelle einer Datenbank

▶ Daten aus einer XML-Datei

▶ CSV-Datei als Datenquelle

▶ Excel-Tabelle

▶ die Attribute DataRow oder DynamicData

Alle Möglichkeiten unterscheiden sich im Aufwand und im Handling. Für einfache Daten wird eine Excel-, XML- oder CSV-Datei vollkommen ausreichen. Hier drängen sich alternativ aber auch DataRow oder DynamicData an, die mit MSTest V2 eingeführt worden sind. Um ein Datenbankszenario zu testen, werden Sie hingegen um eine Datenbank für den Test nicht herumkommen.

Einige der genannten Alternativen möchte ich Ihnen in den folgenden Abschnitten vorstellen.

34.5.1   Eine Datenbank als Datenquelle

Möchten Sie die Daten aus einer Datenbank beziehen, müssen Sie zuerst eine Tabelle erstellen, in der die zur Überprüfung benutzten Daten eingetragen sind. Für das nächste Beispielprogramm sollten Sie daher im SQL Server eine neue Datenbank hinzufügen, die *UnitTestDB* heißt. Dieser fügen Sie eine Tabelle hinzu, deren Bezeichner *Data_AddMethod* lautet. Die Tabelle bekommt zwei Integer- und eine Long-Spalte. Die Spaltenbezeichner lauten *Value1*, *Value2* und *Result*. Anschließend tragen Sie die Daten wie in Abbildung 34.20 gezeigt ein.

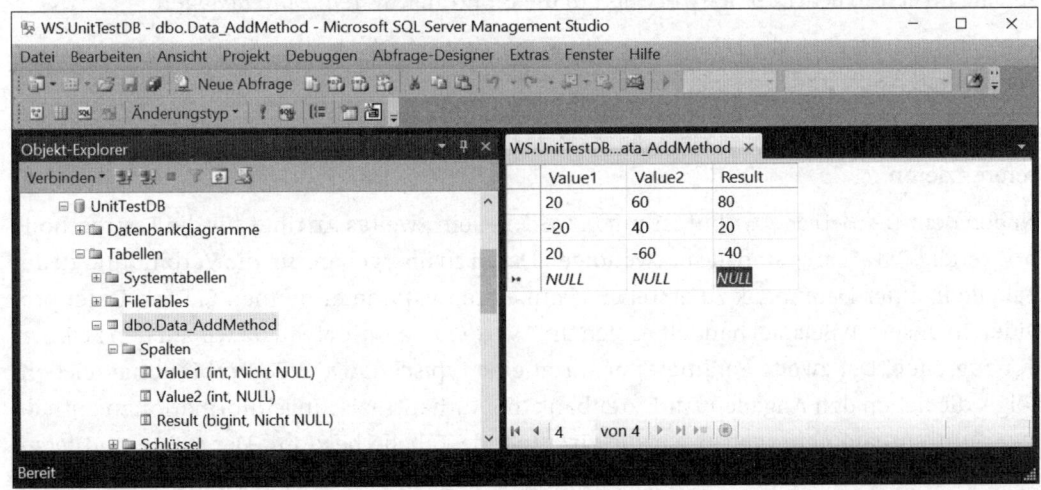

Abbildung 34.20 Die Tabelle »Data_AddMethod«

34

Damit entsprechen die Daten denjenigen, die auch in Listing 34.20 verwendet worden sind. In Listing 34.21 sehen Sie bereits die komplette Testmethode, die die Testdaten aus der Tabelle *Data_AddMethod* abfragt.

```
// Beispiel: ..\Kapitel 34\Test_5
[...]
[TestClass]
public class CalculatorTest
{
  public TestContext TestContext { get; set; }
  [TestMethod]
  [DataSource("System.Data.SqlClient",
           "Data Source=.;Database=UnitTestDB;Integrated Security=true",
           "Data_AddMethod",
           DataAccessMethod.Sequential)]
  public void Test_Add()
  {
    int value1 = Convert.ToInt32(TestContext.DataRow["Value1"]);
    int value2 = Convert.ToInt32(TestContext.DataRow["Value2"]);
    long expected = Convert.ToInt64(TestContext.DataRow["Result"]);
    long actual = Calculator.Add(value1, value2);
    Assert.AreEqual(expected, actual);
  }
}
```

Listing 34.21 Datengetriebener Test der Testmethode »Test_Add« (Datenbank)

Soll eine datengetriebene Testmethode die Testdaten aus einer Datenbank beziehen, müssen Sie im ersten Schritt einen Verweis auf die Bibliothek *System.Data.dll* legen.

Wir werden nun auch die Fähigkeiten eines `TestContext`-Objekts benötigen. Daher müssen wir im ersten Schritt dieses mit

```
public TestContext TestContext { get; set; }
```

referenzieren.

Neben dem `TestMethod`-Attribut ist mit `DataSource` ein zweites Attribut für die Testmethode notwendig. `DataSource` sind die notwendigen Daten zu übergeben, um die Verbindung zu der Tabelle in einer Datenbank zu erstellen. Dem ersten Parameter nennen Sie den Datenprovider. In unserem Beispiel handelt es sich um `System.Data.SqlClient`, da wir auf den SQL Server zugreifen. Der zweite Parameter erwartet eine typische ADO.NET-Verbindungszeichenfolge, die neben den Angaben zur Datenbank die Authentifizierungsinformationen enthält. Dem dritten Parameter geben wir die zu öffnende Tabelle bekannt. Der vierte und letzte Parameter ist vom Typ `DataAccessMethod`. Hierbei handelt es sich um eine Enumeration, die zwei Konstanten beschreibt:

▶ Random

▶ Sequential

Wählen Sie Random aus, werden die Datenzeilen der Tabelle in zufälliger Reihenfolge geliefert, mit Sequential der Reihe nach.

Wenden wir uns nun den Daten zu, die für den Testlauf verwendet werden sollen. Die Test-Context-Instanz hat, wie ich in Abschnitt 34.4 bereits beschrieben habe, zahlreiche Eigenschaften. Wir greifen die Eigenschaft DataRow ab und übergeben dem Indexer den Spaltenbezeichner der Spalte, die wir auswerten wollen. Weil der Typ der Rückgabe object ist, müssen wir noch in Int32 bzw. Int64 konvertieren. Die beiden letzten Anweisungen in der Testmethode Test_Add bedürfen wohl keiner weiteren Erläuterung.

Führen wir den Test jetzt aus und haben alles richtig gemacht, wird die Methode für jeden Datensatz der Tabelle einmal durchlaufen; insgesamt gibt es somit drei Durchläufe.

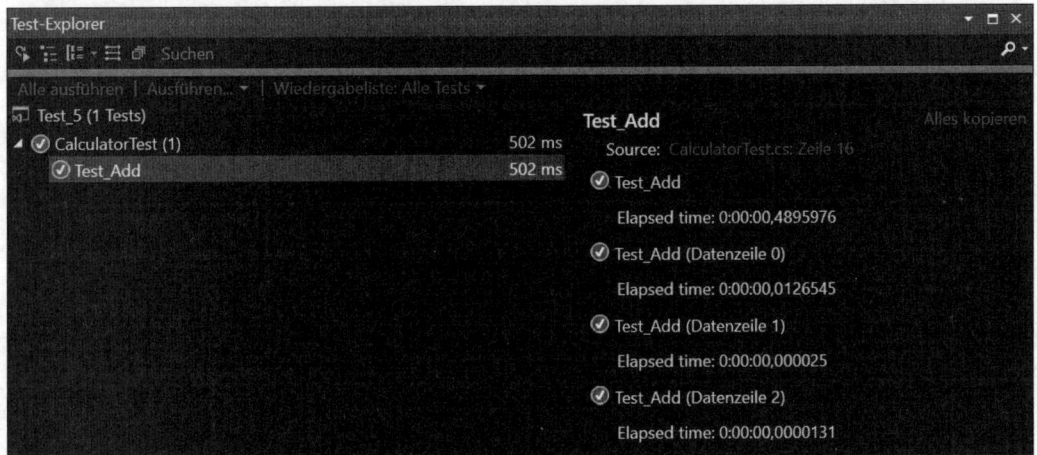

Abbildung 34.21 Datengetriebener Test (Datenbank)

34.5.2   Data-Driven Test mit XML

Es ist mit relativ viel Aufwand verbunden, eine Tabelle in einer Datenbank anzulegen. Beabsichtigen Sie, Methoden zu testen, die auf eine Datenbank zugreifen, werden Sie um diesen Lösungsansatz vermutlich nicht herumkommen. Für unser Beispiel kommt das eher dem Schießen mit Kanonen nach Spatzen gleich.

Zumindest für unser Beispiel wäre es einfacher, die Testdaten in einer XML-Datei abzulegen. Fügen Sie daher dem Testprojekt *Calculator_Library_Test* eine XML-Datei hinzu. In unserem Fall erscheint es sinnvoll, diese *Add.xml* zu nennen. Geben Sie dann die gewünschten Testdaten wie in Listing 34.22 gezeigt in die Datei ein.

34

```xml
<?xml version="1.0" encoding="utf-8" ?>
<Values>
  <Value>
    <Value1>20</Value1>
    <Value2>60</Value2>
    <Result>80</Result>
  </Value>
  <Value>
    <Value1>-20</Value1>
    <Value2>40</Value2>
    <Result>20</Result>
  </Value>
  <Value>
    <Value1>20</Value1>
    <Value2>-60</Value2>
    <Result>-40</Result>
  </Value>
</Values>
```

Listing 34.22 Testdaten in einer XML-Datei

Das Wurzelelement lautet hier `Values`, Sie können den Elementbezeichner aber frei vergeben, genauso wie alle anderen auch.

Nachdem Sie die Datei gespeichert haben, sollte sie in das Ausgabeverzeichnis der Test
anwendung kopiert werden. Sie können das sehr einfach machen, indem Sie die XML-Datei
im Projektmappen-Explorer markieren und dann im Eigenschaftsfenster die Eigenschaft IN
AUSGABEVERZEICHNIS KOPIEREN auf den Eintrag IMMER KOPIEREN stellen (siehe Abbildung 34.22).

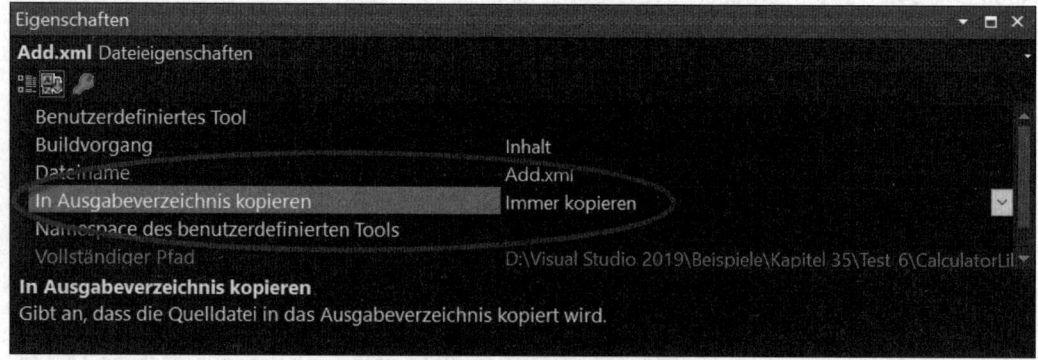

Abbildung 34.22 Kopieren der XML-Datei in das Ausgabeverzeichnis

Im nächsten Schritt muss die Vorbereitung getroffen werden, die XML-Datei beim Testlauf auszuwerten. Im Grunde genommen sieht das sehr ähnlich wie das Einlesen einer Datenbanktabelle aus, denn auch hierzu wird das Attribut DataSource verwendet. Allerdings müssen Sie als Provider

`Microsoft.VisualStudio.TestTools.DataSource.XML`

angeben. Anstatt der Verbindungszeichenfolge nennen Sie die XML-Datei und danach noch den Namen des XML-Knotens, der die einzulesenden Daten beschreibt. Der Code in der Methode selbst bleibt identisch.

```
// Beispiel: ..\Kapitel 34\Test_6
[TestClass]
public class CalculatorTest
{
  public TestContext TestContext { get; set; }
  [TestMethod]
  [DataSource("Microsoft.VisualStudio.TestTools.DataSource.XML",
              "Add.xml",
              "Value",
              DataAccessMethod.Sequential)]
  public void Test_Add()
  {
    int value1 = Convert.ToInt32(TestContext.DataRow["Value1"]);
    int value2 = Convert.ToInt32(TestContext.DataRow["Value2"]);
    long expected = Convert.ToInt64(TestContext.DataRow["Result"]);
    long actual = Calculator.Add(value1, value2);
    Assert.AreEqual(expected, actual);
  }
}
```

Listing 34.23 Datengetriebener Test der Testmethode »Test_Add« (XML-Datei)

34.5.3   Data-Driven Test mit einer CSV-Datei

Bei dieser dritten Variante werden die Testdaten in einer CSV-Datei gespeichert.

Anmerkung

Eine CSV-Datei stellt eine Tabelle als Text dar und trennt die Inhalte der einzelnen Felder und Zellen durch Zeichen, üblicherweise Komma oder Semikolon. Daher kommt auch der Name: Die Abkürzung CSV steht für »**C**omma **S**eparated **V**alues«, also Werte, die durch Kommata getrennt sind. In der ersten Zeile der CSV-Datei werden die Spaltenbezeichner kommasepariert angegeben, danach die Daten.

34

Am besten benutzen Sie zur Erstellung einer CSV-Datei den Editor. Er eignet sich besonders gut, weil Sie darin auch das erforderliche Encoding angeben können. Im Editor müssen Sie deshalb die Codierung auf ANSI stellen. Beim einfachen Hinzufügen einer Textdatei zum Projekt könnte es Ihnen ansonsten passieren, dass die Testläufe unter Einbeziehung der CSV-Datei immer zu einem Fehler führen, weil die Codierung nicht korrekt ist.

In Abbildung 34.23 sehen Sie die Daten, die in der Datei *Add.csv* eingetragen werden müssen, und in Abbildung 34.24, wie Sie die CSV-Datei speichern müssen.

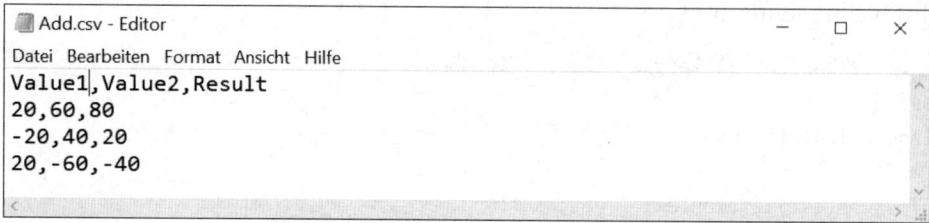

Abbildung 34.23 Inhalt der Datei »Add.csv«

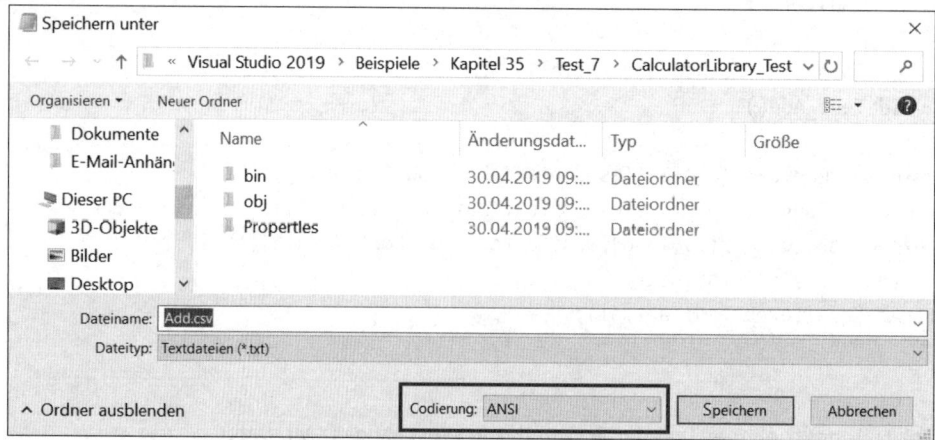

Abbildung 34.24 Speichern einer CSV-Datei

Nach diesen vorbereitenden Arbeiten können wir uns der Testmethode Test_Add zuwenden. Auch das Einlesen der in der Datei *Add.csv* gespeicherten Daten ähnelt dem Einlesen einer Datenbanktabelle oder dem Einlesen aus einer XML-Datei. Es ist auch hier zunächst eine Anpassung des Providers notwendig. Er lautet jetzt

Microsoft.VisualStudio.TestTools.DataSource.CSV

Die Angaben der Datei und der Tabelle müssen ebenfalls angepasst werden. Sie können dies Listing 34.24 entnehmen.

```
// Beispiel: ..\Kapitel 34\Test_7
[TestClass]
```

```
public class CalculatorTest
{
  public TestContext TestContext { get; set; }
  [TestMethod]
  [DataSource("Microsoft.VisualStudio.TestTools.DataSource.CSV",
              "Add.csv",
              "Add#csv",
              DataAccessMethod.Sequential)]
  public void Test_Add()
  {
    int value1 = Convert.ToInt32(TestContext.DataRow["Value1"]);
    int value2 = Convert.ToInt32(TestContext.DataRow["Value2"]);
    long expected = Convert.ToInt64(TestContext.DataRow["Result"]);
    long actual = Calculator.Add(value1, value2);
    Assert.AreEqual(expected, actual);
  }
}
```

Listing 34.24 Datengetriebener Test der Testmethode »Test_Add« (CSV-Datei)

34.5.4   Die Datenquelle in der »App.config«-Datei konfigurieren

Die Angabe der Datenquelle wurde in den Abschnitten zuvor als Argument an das Data-Source-Attribut übergeben. Das ist an sich sehr einfach, jedoch muss jede Methode, die datengetrieben definiert ist, das Attribut aufweisen.

Der Nachteil dieses Verfahrens tritt dann zutage, wenn wir die Datenquelle ändern müssen. Entscheiden Sie sich zum Beispiel dafür, anstatt einer Datenbank eine XML-Datei als Datenquelle zu verwenden, kann das weitreichende Änderungen zur Folge haben, wenn viele Methoden die gleiche Datenquelle benutzen. Ein weiterer Aspekt kommt bei großen Projekten ins Spiel: Mit einer Änderung am Programmcode muss die Testanwendung neu kompiliert werden und die Tests neu ausgeführt werden. Je nach Umfang des Testprojekts kann das eine längere Zeit in Anspruch nehmen kann.

Sowohl von ADO.NET als auch vom Entity Framework her wissen wir, dass sich häufig ändernde Daten – wie beispielsweise die Verbindungszeichenfolge – in der Konfigurationsdatei *App.config* definiert werden können. Das Ändern der Verbindungszeichenfolge hat dann nicht zur Folge, dass das gesamte Projekt überarbeitet und neu kompiliert werden muss, denn die Konfigurationsdatei wird erst beim Startvorgang ausgewertet. In ähnlicher Weise können wir auch die Informationen aus dem DataSource-Attribut in der Konfigurationsdatei hinterlegen. Das gestattet uns ein einfaches Umschalten auf eine neue Datenquelle, ohne Anpassungen im Code des Komponententests vorzunehmen und anschließend kompilieren zu müssen.

34

Im ersten Schritt müssen wir eine Anwendungskonfigurationsdatei zum Komponententest-Projekt hinzufügen. Dazu öffnen Sie das Kontextmenü des Komponententestprojekts, wählen zuerst Hinzufügen und danach Neues Element. Im sich dann öffnenden Dialog suchen Sie nach »Anwendungskonfigurationsdatei«.

Anmerkung

Der Name der hinzugefügten Konfigurationsdatei lautet per Vorgabe *App.config* und darf auch nicht verändert werden.

Ich möchte Ihnen nun zuerst die Konfigurationsdatei zeigen, die in der Lage ist, datengetrieben mit der oben erstellten Datenbank sowie der XML- und CSV-Datei zu arbeiten.

```xml
<?xml version="1.0" encoding="utf-8" ?>
<configuration>
  <configSections>
    <section name="microsoft.visualstudio.testtools"
            type="Microsoft.VisualStudio.TestTools.UnitTesting
                                          .estConfigurationSection,
            Microsoft.VisualStudio.TestPlatform.TestFramework.Extensions"/>
  </configSections>
  <connectionStrings>
    <add name="DBConnection"
        connectionString="Server=localhost;database=UnitTestDB;
                        Integrated Security=true"
        providerName="System.Data.SqlClient"/>
    <add name="XMLConnection"
        connectionString="Add.xml"
        providerName="Microsoft.VisualStudio.TestTools.DataSource.XML"/>
    <add name="CSVConnection"
        connectionString="Add.csv"
        providerName="Microsoft.VisualStudio.TestTools.DataSource.CSV"/>
  </connectionStrings>
  <microsoft.visualstudio.testtools>
    <dataSources>
      <add name="TestDataSource"
          connectionString="DBConnection"
          dataTableName="Data_AddMethod"
          dataAccessMethod="Sequential"/>
      <add name="TestDataSource"
          connectionString="XMLConnection"
          dataTableName="Value"
          dataAccessMethod="Sequential"/>
```

```
      <add name="TestDataSource"
           connectionString="CSVConnection"
           dataTableName="Add.csv"
           dataAccessMethod="Sequential"/>
    </dataSources>
  </microsoft.visualstudio.testtools>
</configuration>
```

Listing 34.25 »App.Config«-Datei

In der Konfigurationsdatei sind drei Abschnitte definiert:

▶ configSections

▶ connectionStrings

▶ microsoft.visualstudio.testtools

Im Abschnitt configSections sind Vorgaben zur Ausführung der Konfigurationsdatei festgelegt. Zumindest in Visual Studio muss die Angabe von type des Elements section genauso geschrieben werden.

Der Abschnitt connectionStrings beschreibt die Verbindungszeichenfolgen, die sehr ähnlich denjenigen sind, die Sie beim DataSource-Attribut angegeben haben. Beachten Sie aber auch, dass jede Verbindungszeichenfolge einen eindeutigen Namen benötigt, auf dem im Abschnitt

microsoft.visualstudio.testtool

Bezug genommen wird.

Im dritten und letzten Abschnitt werden im dataSources-Element die Zugriffe auf die drei Datenquellen beschrieben. In diesem Beispiel erhalten alle drei Datenquellen denselben Bezeichner, aber diese Bezeichner könnten auch unterschiedlich sein. Mit dieser Konfiguration müssten wir die Steuerung, welche Datenquelle tatsächlich von der Testmethode genutzt werden soll, durch Auskommentieren der nicht verwendeten erreichen. Geben wir jedoch drei verschiedene Datenquellennamen an, wäre eine Änderung im Programmcode notwendig, was wir doch ursprünglich vermeiden wollten.

Jetzt muss nur noch das Attribut DataSource der Testmethode angepasst werden. Dazu übergeben wir einfach den Bezeichner der Datenquelle, hier also *TestDataSource*. Ändern wir die Datenquelle, brauchen wir jetzt die Testmethode nicht mehr anzupassen.

```
// Beispiel: ..\Kapitel 34\Test_8
[TestClass]
public class CalculatorTest
{
  public TestContext TestContext { get; set; }
```

34

```
[TestMethod]
[DataSource("TestDataSource")]
public void Test_Add()
{
  int value1 = Convert.ToInt32(TestContext.DataRow["Value1"]);
  int value2 = Convert.ToInt32(TestContext.DataRow["Value2"]);
  long expected = Convert.ToInt64(TestContext.DataRow["Result"]);
  long actual = Calculator.Add(value1, value2);
  Assert.AreEqual(expected, actual);
}
}
```

Listing 34.26 An die »App.config«-Datei angepasste Testmethode

34.5.5   Testdaten mit dem Attribut »DataRow«

Soll eine Testmethode Testläufe mit mehreren unterschiedlichen Daten machen, brauchen Sie nicht unbedingt eine externe Datenquelle zu erstellen. Seit der Einführung von MSTest V2 ist es möglich, die Testdaten direkt vor die betreffende Testmethode zu positionieren. Dazu dient das Attribut DataRow. Dem Attribut werden als Argumente die Testdaten und das erwartete Resultat übergeben. Methoden, die auf diese Weise Testdaten erhalten, müssen darüber hinaus mit dem Attribut DataTestMethod dekoriert werden.

Hinsichtlich der Testmethode gibt es noch einen wichtigen Unterschied: Die müssen die Daten in der Parameterliste der Testmethode entgegennehmen. Außerdem wird das Test-Context-Objekt nicht mehr benötigt. Listing 34.27 zeigt dies. Als Testdaten werden auch in diesem Beispiel diejenigen verwendet, die wir in den letzten Abschnitten benutzt haben.

```
// Beispiel: ..\Kapitel 34 \Test_9
[TestClass]
public class CalculatorTest
{
  [DataTestMethod]
  [DataRow(20, 60, 80)]
  [DataRow(-20, 40, 20)]
  [DataRow(20, -60, -40)]
  public void Test_Add(int x, int y, long expected)
  {
    long actual = Calculator.Add(x, y);
    Assert.AreEqual(expected, actual);
  }
}
```

Listing 34.27 Datengetriebene Methode mit dem Attribut »DataRow«

Sie können beliebig viele `DataRow`-Attribute vor der Testmethode angeben. Beim Testlauf werden alle ausgewertet. Im Test-Explorer wird für jeden Testlauf die Methode einschließlich der Übergabeargumente angezeigt (siehe Abbildung 34.25).

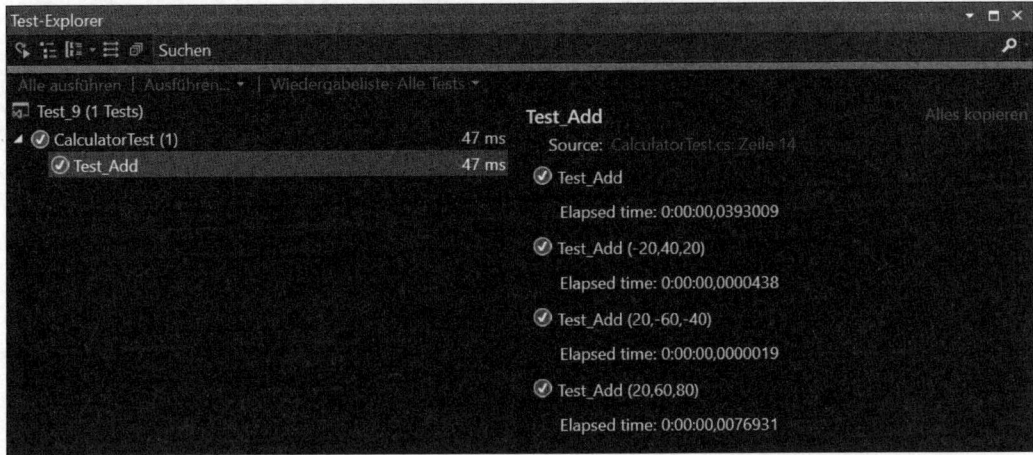

Abbildung 34.25 Testergebnisse des Beispielprogramms »Test_9«

34.5.6   Testdaten mit dem Attribut »DynamicData«

Es gibt Fälle, in denen wir die Daten nicht an `DataRow` übergeben können. Hierbei kann es sich um Daten handeln, die entweder nicht konstant sind oder einen komplexen Typ beschreiben. Eine weitere Einschränkung der Nutzung von `DataRow` ist, dass die Testdaten nur von einer Methode benutzt werden können. Sollen zwei oder gar mehr Methoden mit denselben Daten arbeiten, müssen die Angaben der `DataRow`-Attribute vor jeder Testmethode erfolgen, die diese Daten benutzen soll.

Die Lösung der genannten Probleme bietet das `DynamicData`-Attribut. Dieses Attribut ermöglicht es, Testdaten aus einer Methode oder einer Eigenschaft abzurufen Dabei muss die Methode den Rückgabedatentyp `IEnumerable<object[]>` haben bzw. die Property von diesem Typ sein. So wie bei der Verwendung von `DataRow` muss die Testmethode mit dem `DataTestMethod`-Attribut verknüpft sein.

Sehen wir uns zuerst an, wie die Methode `GetData` die Testdaten der Testmethode `Test_Add` zur Verfügung stellt.

```
// Beispiel: ..\Kapitel 34\Test_10
[TestClass]
public class CalculatorTest
{
    [DataTestMethod]
    [DynamicData(nameof(GetData), DynamicDataSourceType.Method)]
```

34

```
public void Test_Add(int x, int y, long expected)
{
  long actual = Calculator.Add(x, y);
  Assert.AreEqual(expected, actual);
}
public static IEnumerable<object[]> GetData()
{
  yield return new object[] { 20, 60, 80 };
  yield return new object[] { -20, 40, 20 };
  yield return new object[] { 20, -60, -40 };
}
}
```

Listing 34.28 Das Attribut »DynamicData« (Methodenaufruf)

Neben DataTestMethod ist die Testmethode Test_Add auch mit dem Attribut DynamicData verknüpft. DynamicData definiert zwei Parameter: Dem ersten Parameterübergeben teilen Sie
den Namen der datenspendenden Methode als Zeichenfolge mit, im zweiten Parameter
geben Sie Auskunft darüber, ob es sich im erstgenannten Argument um eine Methode oder
eine Eigenschaft handelt. So wie bei dem Attribut DataRow muss die Testmethode in der Lage
sein, die Daten in der Parameterliste entgegenzunehmen.

Die Methode, die die Daten bereitstellt, muss nur der Bedingung genügen, den Typ IEnumer-
able<object[]> an den Aufrufer zurückzugeben. In diesem Beispiel wird dazu die Funktion
yield benutzt, um mehrere Daten entsprechend zu verpacken.

Nur wenig anders sieht es aus, wenn anstelle einer Methode eine Eigenschaft aufgerufen
wird. DynamicData muss nur DynamicDataSourceType.Property mitgeteilt werden.

```
[DataTestMethod]
[DynamicData(nameof(Data), DynamicDataSourceType.Property)]
public void Test_Add(int x, int y, long expected)
{
  long actual = Calculator.Add(x, y);
  Assert.AreEqual(expected, actual);
}
public static IEnumerable<object[]> Data
{
  get
  {
    yield return new object[] { 20, 60, 80 };
    yield return new object[] { -20, 40, 20 };
    yield return new object[] { 20, -60, -40 };
```

```
  }
}
```

Listing 34.29 Das Attribut »DynamicData« (Eigenschaft)

34.6 Lebenszyklus- Attribute

In einigen Tests benötigen die beteiligten Testmethoden vordefinierte Variablen, die vor dem Testlauf bereitgestellt werden und nach dem Testlauf eventuell wieder freigegeben werden müssen. Sie können diese Anforderung erfüllen, indem Sie Methoden schreiben, die mit bestimmten Attributen von MSTest verknüpft sind. Sehen wir uns das am Beispiel der vereinfachten Klasse Rectangle an:

```csharp
public class Rectangle
{
  public int Length { get; set; }
  public int Width { get; set; }
  public long GetArea() => Length * Width;
  public long GetPerimeter() => 2 * (Length + Width);
}
```

Listing 34.30 Die vereinfachte Version der Klasse »Rectangle«

Um die beiden Methoden GetArea und GetPerimeter zu testen, könnte die Testklasse mit den beiden Testmethoden wie folgt codiert sein:

```csharp
public class Test_Rectangle
{
  [TestMethod]
  public void Test_GetArea()
  {
    Rectangle rect = new Rectangle { Length = 10, Width = 15 };
    long expected = 150;
    long actual = rect.GetArea();
    Assert.AreEqual(expected, actual);
  }
  [TestMethod]
  public void Test_GetPerimeter()
  {
    Rectangle rect = new Rectangle { Length = 10, Width = 15 };
    long expected = 50;
    long actual = rect.GetPerimeter();
    Assert.AreEqual(expected, actual);
```

```
    }
}
```

Listing 34.31 Klasse zum Testen der Methoden »Rectangle.GetArea« und »Rectangle.GetPerimeter«

In jeder der beiden Testmethoden wird ein Rectangle-Objekt mit denselben Daten für Length und Width erzeugt. Um sich wiederholenden Programmcode zu vermeiden, kommt schnell die Idee, eine allgemeine Methode zu schreiben, in der das Rectangle-Objekt erzeugt und mit den entsprechenden Eigenschaftswerten initialisiert wird. Allerdings müsste diese Methode immer dann aufgerufen werden, bevor der erste Testlauf einer der beiden Testmethoden durchgeführt wird.

Nachdem die Ausgangssituation beschrieben worden ist, wollen wir uns nun der Umsetzung widmen. Dazu gibt es mehrere Ansätze, die ich im Folgenden beschreiben werde.

34.6.1   Die Attribute »TestInitialize« und »TestCleanup«

Eine Lösung könnte sein, in klassischer Weise eine Methode zu schreiben, in der das Rectangle-Objekt erstellt wird. In Listing 34.32 heißt die Methode Setup.

```
[TestClass]
public class Test_Rectangle
{
  Rectangle rect;
  public void Setup() => rect = new Rectangle { Length = 10, Width = 15;
  [TestMethod]
  public void Test_GetArea()
  {
    Setup();
    long expected = 150;
    long actual = rect.GetArea();
    Assert.AreEqual(expected, actual);
  }
  [TestMethod]
  public void Test_GetPerimeter()
  {
    Setup();
    long expected = 50;
    long actual = rect.GetPerimeter();
    Assert.AreEqual(expected, actual);
  }
}
```

Listing 34.32 Lösungsansatz mit einer »Standardmethode«

Der Nachteil dieses Ansatzes ist, dass aus beiden Testmethoden heraus die Methode Setup aufgerufen werden muss. Besser wäre es, wenn der Aufruf automatisch erfolgen würde. Genau das leistet das Attribut TestInitialize. Eine mit TestInitialize dekorierte Methode wird von jeder Testmethode aufgerufen, bevor der Test ausgeführt wird. Damit erübrigt sich auch der explizite Setup-Aufruf in den beiden Testmethoden.

Eine mit dem TestInitialize-Attribut verknüpfte Methode wird immer dann aufgerufen, bevor eine Testmethode ausgeführt wird. Sie können auch eine Methode definieren, die immer dann ausgeführt wird, nachdem eine Testmethode ausgeführt worden ist. Eine solche Methode dient meist der Speicherbereinigung und wird mit dem Attribut TestCleanup verknüpft. Im folgenden Beispielprogramm heißt die Methode Cleanup.

```csharp
[TestClass]
public class Test_Rectangle
{
  Rectangle rect;
  [TestInitialize]
  public void Setup() => rect = new Rectangle { Length = 10, Width = 15 };
  [TestCleanup]
  public void Cleanup() => rect = null;
  [TestMethod]
  public void Test_GetArea()
  {
    long expected = 150;
    long actual = rect.GetArea();
    Assert.AreEqual(expected, actual);
  }
  [TestMethod]
  public void Test_GetPerimeter()
  {
    long expected = 50;
    long actual = rect.GetPerimeter();
    Assert.AreEqual(expected, actual);
  }
}
```

Listing 34.33 Die Attribute »TestInitialize« und »TestCleanup«

Lassen Sie uns noch einmal kurz zusammenfassen: Die Methode, die durch TestInitialize beschrieben wird, wird bei jedem Aufruf einer Testmethode ausgeführt. Nach dem Ausführen der Testmethode wird – soweit vorhanden – die mit dem Attribut TestCleanup verknüpfte Methode ausgeführt.

34

34.6.2 Die Attribute »ClassInitialize« und »ClassCleanup«

War die im letzten Abschnitt beschriebene Lösung so, wie wir uns das vorgestellt haben? Wahrscheinlich nicht, denn es wird bei jedem Aufruf einer Testmethode in der Testklasse erneut ein Objekt vom Typ Rectangle mit denselben Daten erstellt. Dabei wäre es vollkommen ausreichend, dieses Objekt nur einmal zu erzeugen.

An dieser Stelle betritt das Attribut ClassInitialize die Bühne. Eine Methode, die dieses Attribut aufweist, wird nur ein einziges Mal aufgerufen: Nämlich dann, ehe die erste Testmethode einer Testklasse ausgeführt wird. Dabei gilt es zu beachten, dass die Initialisierungsmethode public static definiert wird und einen Parameter vom Typ TestContext haben muss.

Auch für Aufräumarbeiten gibt es ein spezielles Attribut: ClassCleanup. Eine mit diesem Attribut dekorierte Methode wird automatisch aufgerufen, nachdem alle Testmethoden der Testklasse ausgeführt worden sind.

Damit können mit ClassInitialize und ClassCleanup unsere ursprünglichen Anforderungen bestens erfüllt werden. Sehen wir uns daher den Programmcode nun vollständig an.

```
// Beispiel: ..\Kapitel 34\Test_11
[TestClass]
public class Test_Rectangle
{
  static Rectangle rect;
  [ClassInitialize]
  public static void Setup(TestContext testcontext)
  {
    rect = new Rectangle { Length = 10, Width = 15 };
  }
  [ClassCleanup]
  public static void Cleanup() => rect = null;
  [TestMethod]
  public void Test_GetArea()
  {
    long expected = 150;
    long actual = rect.GetArea();
    Assert.AreEqual(expected, actual);
  }
  [TestMethod]
  public void Test_GetPerimeter()
  {
    long expected = 50;
    long actual = rect.GetPerimeter();
    Assert.AreEqual(expected, actual);
```

```
    }
}
```

Listing 34.34 Die Attribute »ClassInitialize« und »ClassCleanup«

34.6.3   Die Attribute »AssemblyInitialize« und »AssemblyCleanup«

Testanwendungen können mehrere Testklassen enthalten. Während Methoden mit den Attributen TestInitialize/TestCleanup bei jedem Aufruf einer Testmethode einer Klasse aufgerufen werden, erfolgt der Aufruf der Methoden mit den Attributen ClassInitialize und ClassCleanup nur einmal, nämlich dann, wenn zum ersten Mal auf eine Testmethode der Testklasse zugegriffen wird. Die Attribute AssemblyInitialize und AssemblyCleanup sind noch eine Ebene höher angesiedelt. Innerhalb einer Assemblierung kann nur eine Methode mit AssemblyInitialize und eine Methode mit AssemblyCleanup dekoriert werden. Die mit AssemblyInitialize verknüpfte Methode wird ausgeführt, ehe der erste Zugriff auf eine Testklasse der Assembly erfolgt; die mit AssemblyCleanup verknüpfte Methode ist die letzte aufgerufene Methode der Assembly.

Mit den beschriebenen Eigenschaften eignet sich die Methode mit dem AssemblyInitialize-Attribut besonders für die Fälle, wenn Sie allen Testmethoden globale Daten zur Verfügung stellen wollen. Wie für ClassInitialize gilt auch für AssemblyInitialize, dass die Methode public static definiert werden muss mit einem Parameter vom Typ TestContext.

34.7   Testen mit »Assert«

Jede Testmethode gibt uns irgendeine Bestätigung (engl.: *assertion*), ob der Testlauf zu einem positiven oder negativem Ergebnis geführt hat. Dazu haben wir beispielsweise die Methode Add benutzt. Wir haben in der Testmethode zwei Werte vorgegeben und wussten das Ergebnis der Addition, das wir einer Variablen zugewiesen haben. Sie hieß in unseren Beispielen immer expected. Mit den beiden vorgegebenen Werten haben wir anschließend die Methode Add aufgerufen und das Ergebnis des Methodenaufrufs mit dem von uns erwarteten Ergebnis verglichen. Entsprach der Rückgabewert dem erwarteten Ergebnis, galt der Testlauf als positiv (*passed*), im anderen Fall als negativ (*failed*). In fast allen Beispielen haben wir bisher die Methode AreEqual benutzt, um zwei Werte miteinander zu vergleichen. An sich war das nicht weiter schwer, da wir nur einfache Zahlen verglichen haben, aber wie sieht es mit Objekten aus oder – allgemein gesprochen – mit Referenztypen? Anscheinend müssen wir den Vergleich mit AreEqual und ähnlichen Methoden noch einer genaueren Untersuchung unterziehen.

Dass der Typ String etwas Besonderes ist, wissen Sie. Um es kurz zu wiederholen: Der Typ String basiert auf einer Klassendefinition und wird dennoch genauso benutzt, als wäre es ein

Wertetyp. Erzeugen Sie eine `String`-Variable, rufen Sie nicht den Konstruktor mit `new` auf, sondern weisen die Zeichenfolge direkt der Variablen zu, z. B.:

```
string text = "Hallo";
```

Weisen zwei `String`-Variablen den gleichen Inhalt auf, wird nur ein Zeichenfolgeobjekt im Speicher abgelegt und nicht zwei. Wegen der besonderen Charakteristik von `String` wundert es nicht, dass Komponententests von Zeichenfolgen mit `StringAssert` auf einer speziellen Klasse beruhen.

Einer weiteren Gruppe von Typen haben wir noch keine Beachtung geschenkt: den Collections. Auch für die Gruppe dieser Typen gibt es mit `CollectionAssert` eine spezielle Klasse.

34.7.1   Die Klasse »Assert«

Die Klasse `Assert` beschreibt viele statische Methoden, die zwei Elemente miteinander vergleichen. In Tabelle 34.1 sind die wichtigsten Methoden aufgeführt. Sie sollten auch berücksichtigen, dass viele der genannten Methoden überladen sind.

Methode	Beschreibung
`AreEqual/AreNotEqual`	Prüft, ob zwei Werte gleich sind oder nicht. Diese Methoden prüfen den Rückgabewert einer Methode daraufhin, ob das erwartete Ergebnis dem tatsächlichen Ergebnis entspricht oder nicht.
`AreEqual<>/AreNotEqual<>`	Prüft, ob zwei Werte gleich sind oder nicht. Diese Methoden prüfen den Rückgabewert einer Methode daraufhin, ob das erwartete Ergebnis dem tatsächlichen Ergebnis entspricht oder nicht. Es ist etwas Vorsicht mit dieser Methode geboten. Übergeben Sie nämlich zwei numerische Datentypen, beispielsweise `int` und `long`, werden diese als »ungleich« bewertet.
`AreSame/AreNotSame`	Prüft, ob zwei Objekte gleich sind oder nicht. Gemeint ist dabei nicht, ob die Objekte dieselben Eigenschaftswerte aufweisen, sondern ob zwei Referenzen auf denselben Speicherbereich verweisen.
`Fail`	Führt sofort zum Testergebnis *failed*.
`IsInstanceOfType/` `IsNotInstanceOfType`	Prüft, ob der Rückgabewert einer Methode einen bestimmten Typ beschreibt oder nicht.
`IsNull/IsNotNull`	Prüft, ob der Rückgabewert `null` ist oder nicht.

Tabelle 34.1 Methoden der Klasse »Assert«

Methode	Beschreibung
IsTrue/IsFalse	Prüft, ob die Bedingung true oder false ist. Diese Methode eignet sich besonders für Methoden, die einen Boolean-Rückgabewert haben.

Tabelle 34.1 Methoden der Klasse »Assert« (Forts.)

Der Unterschied zwischen den Methoden »AreEqual« und »AreEqual<T>«

Im ersten Moment scheint es keinen großen Unterschied zwischen der Methode Assert. AreEqual und der generischen Variante Assert.AreEqual<T> zu geben. Daher wollen wir an einem einfachen Beispiel den Unterschied klären.

```
[TestMethod]
public void Test_DoSomething()
{
    int value = 12;
    string number = "12";
    Assert.AreEqual(value, number);
}
```

Listing 34.35 Die nichtgenerische Methode »AreEqual«

value nimmt den Part des erwarteten Werts ein, number den des aktuellen. Wir kommen tatsächlich dazu, diesen Programmcode zu testen, obwohl durch die beiden unterschiedlichen Datentypen offensichtlich ist, dass das Ergebnis des Testlaufs *failed* sein wird. Der Fehler wird uns also erst zur Laufzeit nach dem Testen auffallen.

Jetzt tauschen wir AreEqual gegen AreEqual<T> aus. Diese generische Methode definiert in gleicher Weise wie die nichtgenerische die Übergabeparameter.

```
[TestMethod]
public void Test_DoSomething()
{
    int value = 12;
    string number = "12";
    Assert.AreEqual<int>(value, number);
}
```

Listing 34.36 Die generische Methode »AreEqual<T>«

Nun wird der Fehler nicht mehr zur Laufzeit auftreten, sondern bereits beim Kompilieren. In manchen Situationen kann demnach die generische Variante Vorteile gegenüber der nichtgenerischen haben.

34

Die Gleichheit zweier Objekte

Angenommen, wir hätten eine Klasse Person wie folgt definiert:

```
class Person
{
  public string FirstName { get; set; }
  public string LastName { get; set; }
}
```

Listing 34.37 Definition der Klasse »Person«

Im nächsten Schritt schreiben wir eine Testmethode und erzeugen zwei Objekte vom Typ Person. Beide sollen denselben Vor- und Zunamen haben. Anschließend überprüfen wir die beiden Objekte mit Hilfe der Methode Assert.AreEqual.

```
[TestMethod]
public void Test_DoSomething()
{
  Person pers1 = new Person { FirstName = "Peter", LastName = "Fischer" };
  Person pers2 = new Person { FirstName = "Peter", LastName = "Fischer" };
  Assert.AreEqual(pers1, pers2);
}
```

Listing 34.38 Vergleich zweier Referenzen

Führen wir den Test aus, wird er *failed* enden. Das dürfte uns auch schon vorher bewusst gewesen sein, weil pers1 und pers2 bekanntlich Zeiger sind, die auf die Startadressen zweier unterschiedlicher Speicherbereiche zeigen.

Gehen wir noch einen Schritt weiter und stellen uns vor, dass wir dann von Gleichheit reden wollen, wenn die Daten identisch sind – so wie auch in Listing 34.38. Eine erste Überlegung könnte sein, die von Object geerbte Methode Equals in der Klasse Person zu überschreiben. Überschreiben wir Equals, müssen wir auch GetHashCode überschreiben. Die Lösung wird zum Erfolg führen, aber es geht auch einfacher, nämlich direkt in der Testmethode.

```
[TestMethod]
public void Test_DoSomething()
{
  Person pers1 = new Person { FirstName = "Peter", LastName = "Fischer" };
  Person pers2 = new Person { FirstName = "Peter", LastName = "Fischer" };
  Assert.AreEqual(pers1.FirstName, pers2.FirstName);
  Assert.AreEqual(pers1.LastName, pers2.LastName);
}
```

Listing 34.39 Vergleich der Eigenschaftswerte

In Listing 34.39 werden die Inhalte der beiden Eigenschaften gegeneinander geprüft. Da beide Assert-Aufrufe erfolgreich sind, wird auch das Gesamtergebnis der Testmethode positiv sein.

Eine elegantere Lösung ist es, eine separate Methode zu definieren, in der der Vergleich der Eigenschaften erfolgt. Die Methode liefert einen Rückgabewert vom Typ bool, je nachdem, ob sich die Eigenschaften der beiden Objekte unterscheiden oder nicht.

Zum Schluss bleibt noch, die Testmethode anzupassen. Weil die Methode CompareProperties einen booleschen Rückgabewert hat, bietet es sich an, die beiden AreEqual-Aufrufe durch Assert.IsTrue zu ersetzen und den Methodenaufruf als Argument zu übergeben.

```
private static bool CompareProperties(Person expected, Person actual)
{
  return expected.FirstName == actual.FirstName &&
         expected.LastName == actual.LastName;
}
[TestMethod]
public void Test_DoSomething()
{
  Person pers1 = new Person { FirstName = "Peter", LastName = "Fischer" };
  Person pers2 = new Person { FirstName = "Peter", LastName = "Fischer" };
  Assert.IsTrue(CompareProperties(pers1, pers2));
}
```

Listing 34.40 Eigenschaftsvergleich mit »Assert.IsTrue«

Die Methode »IsInstanceOfType«

Sehen wir uns an einem Beispiel den Einsatz der Methode IsInstanceOfType an. Laut Dokumentation sieht die Signatur der Methode wie folgt aus:

```
public static void IsInstanceOfType(object value, Type expectedType);
```

Bemerkenswert ist, dass der expected-Parameter hier nicht an erster Stelle steht, wie wir es von Assert.AreEqual gewohnt sind. Das könnte schnell zu einem Fehler führen.

Eingesetzt wird IsInstanceOfType natürlich immer dann, wenn wir im Test eine Typüberprüfung codieren müssen. Nehmen wir an, in unserer Testanwendung hätten wir einen Verweis auf die Anwendung GeometricObjects gelegt. Wir könnten jetzt überprüfen, ob eine Circle-Referenz vom Typ GeometricObject ist.

```
[TestMethod]
public void Test_DoSomething()
{
  Circle kreis = new Circle();
```

34

```
    Assert.IsInstanceOfType(kreis, typeof(GeometricObject));
}
```

Listing 34.41 Typvergleich mit »Assert.IsInstanceOfType«

Der Testlauf wird beweisen, dass alles richtig ist, da `Circle` von `GeometricObject` abgeleitet und somit auch gleichzeitig vom Typ `GeometricObject` ist.

34.7.2   Die Klasse »StringAssert«

Wie schon der Name suggeriert, wird `StringAssert` benutzt, um Zeichenfolgen zu testen. Die wichtigsten Methoden sind in Tabelle 34.2 zu finden.

Methode	Beschreibung
Contains	Prüft, ob in einer gegebenen Zeichenfolge ein vorgegebener Teilstring enthalten ist.
Matches/DoesNotMatch	Prüft, ob eine gegebene Zeichenfolge einem vorgegebenen regulären Ausdruck entspricht oder nicht.
StartsWith/EndsWith	Prüft, ob eine gegebene Zeichenfolge mit einem vorgegebenen Teilstring beginnt oder endet.

Tabelle 34.2 Methoden der Klasse »StringAssert«

In Listing 34.42 sehen Sie den einfachen Einsatz der Methoden `StartsWith`, `EndsWith` und `Contains`. So, wie die Methodenaufrufe definiert sind, werden alle drei Tests erfolgreich ausgeführt.

```
[TestMethod]
public void Test_DoSomething()
{
  StringAssert.StartsWith("Das Wetter ist schön", "Das");
  StringAssert.EndsWith("Das Wetter ist schön", "hön");
  StringAssert.Contains("Das Wetter ist schön", "ist");
}
```

Listing 34.42 Verschiedene Methoden der Klasse »StringAssert«

Etwas gesondert betrachten müssen wir an dieser Stelle die Methode `Matches`. `Matches` verlangt als eines der beiden Argumente einen regulären Ausdruck. Im .NET Framework beschreibt die Klasse `Regex` einen regulären Ausdruck. Unter einem *regulären Ausdruck* ist eine Zeichenfolge zu verstehen, die ihrerseits mit syntaktischen Regeln die Struktur und das Muster einer Zeichenfolge beschreibt. Die *Wildcard* (das Zeichen *) ist die wohl bekannteste als auch einfachste Form eines regulären Ausdrucks. Reguläre Ausdrücke zu definieren ist sehr komplex – es gibt ganze Bücher, die sich damit beschäftigen.

In Listing 34.43 wird ein regulärer Ausdruck verwendet. Mit dessen Hilfe kann geprüft werden, ob eine gegebene Zeichenfolge eine gültige E-Mail-Adresse beschreibt. Die Überprüfung wird von der Methode `StringAssert.Matches` vorgenommen.

```
[TestMethod]
public void DoSomething()
{
  Regex regex = new Regex(@"(?!^[.+&'_-]*@.*$)(^[_\w\d+&'-]+(\.[_\w\d+&'-]*)*" +
                   @"@[\w\d-]+(\.[\w\d-]+)*\.(([\d]{1,3})|([\w]{2,}))$)");
  StringAssert.Matches("Frank@Tollsoft.de", regex);
}
```

Listing 34.43 Prüfen, ob eine Zeichenfolge einem vorgegebenen Muster entspricht

34.7.3 Die Klasse »CollectionAssert«

Die Klasse `CollectionAssert` stellt uns Methoden zur Verfügung, die zwei Listen miteinander vergleichen. Voraussetzung ist, dass die beiden Listen die Schnittstelle `ICollection` implementieren, was aber bei alle wichtigen Listenklassen der Fall ist. So wie in den Klassen `Assert` und `StringAssert` sind in `CollectionAssert` alle Methoden `static` und vielfach überladen.

Methode	Beschreibung
AllItemsAreNotNull	Prüft, ob alle Listenelemente ungleich null sind.
AllItemsAreUnique	Prüft, ob alle Listenelemente eindeutig in der Collection sind, also keine Duplikate.
AllItemsAreInstancesOfType	Prüft, ob alle Listenelemente vom gleichen Typ sind. Diese Methode ist im Zusammenhang mit nicht-generischen Listen sinnvoll einzusetzen.
AreEqual/AreNotEqual	Prüft, ob zwei Collections gleich sind. Zwei Collections gelten dann als gleich, wenn beide die gleiche Anzahl von Listenelementen aufweisen und diese den gleichen Wert haben. Es gilt dabei: {1, 2, 3} ist gleich {1, 2, 3}, aber nicht gleich {2, 1, 3}.
AreEquivalent/AreNotEquivalent	Diese Prüfung ähnelt der mit AreEqual/AreNotEqual. Der Unterschied hierbei ist, dass die Reihenfolge der Listenelemente keine Rolle spielt. Somit ist {1, 2, 3} äquivalent zu {2, 1, 3}.

Tabelle 34.3 Die Methoden der Klasse »CollectionAssert«

34

Methode	Beschreibung
Contains/DoesNotContain	Prüft, ob ein Element auch in einer Liste enthalten ist (oder nicht).
IsSubsetOf/IsNotSubsetOf	Prüft, ob eine Collection die Listenelemente einer anderen Collection enthält.

Tabelle 34.3 Die Methoden der Klasse »CollectionAssert« (Forts.)

Die Methoden von »CollectionAssert« im Einsatz

Sehen wir uns zuerst den Einsatz der Methode CollectionAssert.AreEqual an.

```
[TestMethod]
public void Test_DoSomething()
{
  List<int> list1 = new List<int> { 1, 2, 3 };
  List<int> list2 = new List<int> { 1, 2, 3 };
  CollectionAssert.AreEqual(list1, list2);
}
```

Listing 34.44 Listenvergleich mit »CollectionAssert.AreEqual«

In der Testmethode sind zwei Auflistungen vom Typ List<int> definiert. Beide Listen enthalten drei Elemente mit denselben Werten. Auch die Reihenfolge der Listenelemente ist identisch. Der Test wird daher fehlerfrei ausgeführt. Wechseln Sie jedoch in einer der beiden Listen die Listenelemente, z. B.:

```
List<int> list1 = new List<int> { 2, 1, 3 };
```

wird das Ergebnis des Testlaufs *failed* lauten. Spielt die Reihenfolge der Listenelemente keine Rolle, wäre jetzt der Einsatz der Methode AreEquivalent angesagt.

```
[TestMethod]
public void Test_DoSomething()
{
  List<int> list1 = new List<int> { 2, 1, 3 };
  List<int> list2 = new List<int> { 1, 2, 3 };
  CollectionAssert.AreEquivalent(list1, list2);
}
```

Listing 34.45 Listenvergleich mit »CollectionAssert.AreEquivalent«

In Listing 34.44 beziehungsweise Listing 34.45 waren alle Listenelemente vom Typ int. Das hat uns den Vergleich der Listenelemente vereinfacht. Basieren die Listenelemente jedoch auf einem komplexen Datentyp, beispielsweise Circle (siehe Listing 34.46), wird der Test scheitern, weil die Methode AreEqual nur die beiden Referenzen list1 und list2 auswertet und nicht in der Lage ist, die Eigenschaft Radius zu bewerten.

```
[TestMethod]
public void Test_DoSomething()
{
  List<Circle> list1 = new List<Circle>();
  list1.Add(new Circle { Radius = 45 });
  list1.Add( new Circle { Radius = 17 } );
  List<Circle> list2 = new List<Circle>();
  list2.Add(new Circle { Radius = 45 });
  list2.Add(new Circle { Radius = 17 });
  CollectionAssert.AreEqual(list1, list2);
}
```

Listing 34.46 Test mit Verweistypen

Die Lösung dieser Problematik finden wir in einer der Überladungen der Methode AreEqual. Wir müssen die Überladung wählen, die in einem dritten Parameter ein Objekt vom Typ IComparer erwartet. Mit anderen Worten wird an diesen Parameter ein Objekt übergeben, das die Schnittstelle IComparer implementiert. Diese Klasse soll CircleComparer heißen und ist, wie in Listing 34.47 gezeigt, codiert:

```
public class CircleComparer : IComparer
{
  public int Compare(object x, object y)
  {
    if (x is Circle c1 && y is Circle c2)
      return c1.Radius.CompareTo(c2.Radius);
    return -1;
  }
}
```

Listing 34.47 Vergleichsklasse für den Test mit Verweistypen

Übergeben wir jetzt ein Objekt vom Typ CircleComparer an den Aufruf der AreEqual-Methode, also:

[TestMethod]

```
public void Test_DoSomething()
{
  List<Circle> list1 = new List<Circle>();
  list1.Add(new Circle { Radius = 45 });
  list1.Add( new Circle { Radius = 17 } );
```

34

```
    List<Circle> list2 = new List<Circle>();
    list2.Add(new Circle { Radius = 45 });
    list2.Add(new Circle { Radius = 17 });
    CollectionAssert.AreEqual(list1, list2, new CircleComparer());
}
```

Listing 34.48 Vergleich von Listenelementen mit der Schnittstelle »IComparer«

wird der Test erfolgreich verlaufen, denn nun werden die Radien der Listenelemente miteinander verglichen, und die sind in beiden Fällen auch hinsichtlich der Reihenfolge identisch.

Sie können auch zum gleichen Ergebnis gelangen, ohne dass Sie die AreEqual-Methodenüberladung einsetzen, die ein IComparer-Objekt erwartet. Fassen Sie stattdessen die Radien aller Listenelemente in separaten Listen zusammen. Das gelingt unter Zuhilfenahme der Erweiterungsmethode Select, wie Listing 34.49 zeigt. Sie müssen dabei nur berücksichtigen, die Zusammenstellung mit ToList auch tatsächlich auszuführen.

```
[TestMethod]
public void Test_DoSomething()
{
  List<Circle> list1 = new List<Circle>();
  list1.Add(new Circle { Radius = 45 });
  list1.Add( new Circle { Radius = 17 } );
  List<Circle> list2 = new List<Circle>();
  list2.Add(new Circle { Radius = 45 });
  list2.Add(new Circle { Radius = 17 });
  CollectionAssert.AreEqual(list1.Select(c => c.Radius).ToList(),
                            list2.Select(c => c.Radius).ToList());
}
```

Listing 34.49 Vergleich von Listenelementen mit der Schnittstelle »Select«

34.8   Test-Driven Development – TDD

In vielen Unternehmen wird zuerst der produktive Programmcode geschrieben und erst bei Projektende ausgiebigen Tests unterworfen. Diesen Ablauf habe ich in diesem Kapitel ebenfalls beschrieben.

Das *Test-Driven Development* ist ein Entwicklungsprinzip zum Schreiben von Programmcode, das genau den umgekehrten Weg beschreibt: Es wird zuerst der Testcode geschrieben und anschließend der produktive Code.

Definieren Sie zuerst die Testmethode, wird ihre Ausführung dazu führen, dass der Test fehlschlagen wird. Aber immerhin wissen wir, welche Leistung und welches Ergebnis eine Produktivmethode erbringen muss.

Im zweiten Schritt wird der produktive Code geschrieben und – wenn notwendig – solange Tests unterworfen, bis der Testmethodenaufruf ein positives Resultat liefert. Sobald dieser Zustand erreicht ist, kann der Programmcode des produktiven Teils verbessert und erneut getestet werden. Auf diese Weise erreichen wir einen Kreislauf zwischen den Tests und dem Produktivcode, der uns garantiert, dass der Produktivcode einerseits richtige Ergebnisse liefert und andererseits bestmöglich implementiert ist.

34

Index

Die praxisorientierte Einführung in OOP

In diesem Buch finden Sie alles, was Sie brauchen, um sich in die Objektorientierung einzuarbeiten und ihre Prinzipien zur Basis Ihrer eigenen Arbeit zu machen. Die Autoren erläutern alle Themen anschaulich und verständlich mit einer Vielzahl typischer Beispiele. Anhand eines größeren Projekts bekommen Sie zudem von Anfang bis Ende gezeigt, wie Sie OOP konsequent umsetzen.

686 Seiten, gebunden, 49,90 Euro, ISBN 978-3-8362-6247-7
www.rheinwerk-verlag.de/4628

Professionelle Applikationen mit XAML und C# erstellen

Aktuell zu .NET Core 3, .NET 4.8 und Visual Studio 2019: Alles, was Sie über den Standard von Microsoft zur oberflächennahen Programmierung wissen müssen! Auf über 1.200 Seiten lernen Sie, wie Sie mit der WPF grafische Benutzeroberflächen, 2D- und 3D-Grafiken sowie Animationen entwickeln oder Audio- und Videodateien einbinden. Alle Themen werden verständlich und anhand realistischer Anwendungsbeispiele dargestellt, so dass Ihnen die Umsetzung eigener Applikationen problemlos gelingen wird. Das Buch eignet sich sowohl zum Einstieg als auch als Nachschlagewerk für die tägliche Arbeit.

1.248 Seiten, gebunden, 54,90 Euro, ISBN 978-3-8362-7201-8
www.rheinwerk-verlag.de/4949

Ihr Einstieg in die KI-Plattform von Microsoft

Auf der Azure-Plattform stellt Ihnen Microsoft eine Vielzahl an KI-Werkzeugen zur Verfügung. Diese vorkonfigurierten Dienste sowie die APIs für unterschiedliche Anwendungszwecke erleichtern Ihnen die Umsetzung eigener Deep-Learning-Projekte und verhelfen Ihnen zu einem schnellen Start in die KI-Entwicklung. Unser praxisorientierter Guide bietet Ihnen eine übersichtliche Einführung in neuronale Netze und Machine Learning – geschrieben von Microsoft-Autoren, die an der Entwicklung der Azure-KI-Werkzeuge beteiligt waren und sie genau kennen.

261 Seiten, broschiert, 39,90 Euro, ISBN 978-3-8362-6993-3
www.rheinwerk-verlag.de/4889

»Glänzend geschrieben; die Autoren habe den Stoff hervorragend aufbereitet.«

— c't

Die Basis für erfolgreiche Software heißt: fundiertes Wissen in Fachgebieten und Methoden, von der Architektur über Datenhaltung und Sicherheitsfragen bis zum Projektmanagement. Dieses Buch behandelt alle Themen umfassend und praxisnah. Die Autoren geben Ihnen Empfehlungen zu grundlegenden und aktuellen Fragen der professionellen Softwareentwicklung. Konzepte und gut erläuterte Fachbegriffe sind dabei niemals Selbstzweck, sondern stehen im Dienst der Kunst, gute Software zu entwickeln.

701 Seiten, gebunden, 49,90 Euro, ISBN 978-3-8362-4476-3
www.rheinwerk-verlag.de/4329

Best Practices für Software-Entwickler

Schrottcode integrieren, unmögliche Deadlines schaffen, perfekte Testabdeckung erreichen, Continuous Integration wahr machen, für immer mehr Sicherheit sorgen und wartbare Software abliefern … kommen Ihnen diese Erwartungen bekannt vor? Es wird Zeit für besseren Code. Dieses Buch will nur eines: Ihnen helfen, ein besserer Programmierer zu werden. Denn wenn Sie sich die Qualität von Software genauer anschauen, werden Sie sicher bestätigen, dass die Welt mehr davon braucht.

388 Seiten, broschiert, 24,90 Euro, ISBN 978-3-8362-4598-2
www.rheinwerk-verlag.de/4405